Texte, Themen und Strukturen

Handreichungen für den Unterricht

Herausgegeben von
Bernd Schurf und Andrea Wagener

Erarbeitet von
Lisa Böcker, Gerd Brenner,
Hans-Joachim Cornelißen, Dietrich Erlach,
Karlheinz Fingerhut, Margret Fingerhut,
Heinz Gierlich, Cordula Grunow,
Markus Langner, Angela Mielke,
Norbert Pabelick, Stefanie Schäfers,
Bernd Schurf, Angelika Thönneßen
und Andrea Wagener

INHALT

Vorwort   13

A   **Einführung: Grundlagen des Deutschunterrichts**   21

A1   **Realität und Fiktion – Kurzprosa lesen und verstehen**
Konzeption des Kapitels   22
1.1 Literatur und Lebenswelt – Warum wir Bücher lesen   24
1.2 Ich-Suche und Entfremdung – Kurze Geschichten interpretieren   29
1.3 Schreibprozess – Kurzprosa analytisch und gestalterisch interpretieren   41
Lernerfolgskontrolle/Klausurvorschläge   44

A2   **Das Ich als Rätsel – Gedichte verschiedener Epochen untersuchen**
Konzeption des Kapitels   50
2.1 Identität – Brechungen und Spiegelungen als lyrisches Motiv   52
2.2 Reisen zum Ich – Eine Textanalyse schreiben   60
2.3 Spiegelungen und Brechungen – Einen Poetry-Slam veranstalten   62
Lernerfolgskontrolle/Klausurvorschlag   63

A3   **Wissenschaft und Verantwortung – Dramen untersuchen und vergleichen**
Konzeption des Kapitels   66
3.1 Dürrenmatts „Physiker" – Aspekte und Methoden der Dramenanalyse   69
3.2 „Das Prinzip Verantwortung" – Sachtexte zum Thema erschließen   74
3.3 Wissenschaftlerfiguren im Drama – Faust, Galilei, Oppenheimer   78
Lernerfolgskontrolle/Klausurvorschläge   82

A4   **Zukunft in einer globalen Welt – Sachtexte analysieren und erörtern**
Konzeption des Kapitels   88
4.1 Die Welt von morgen sieht anders aus – Diskussion, Debatte, Dialog   90
4.2 Chancen und Risiken der Globalisierung – Einen Sachtext analysieren und
Stellung nehmen   93
4.3 Die textgebundene Erörterung – Das „Sanduhr-Prinzip"   96
Lernerfolgskontrolle/Klausurvorschläge   98

A5   **Kommunikation und Sprache – Kommunikationsprobleme untersuchen**
Konzeption des Kapitels   106
5.1 Kommunikation im Alltag – Mögliche Störungen erklären   109
5.2 Kommunikation in literarischen Texten – Dialogsituationen untersuchen   114
5.3 Eingefrorene Gespräche – Schreiben zu Kunstwerken   117
Lernerfolgskontrolle/Klausurvorschlag   119

A6   **Sprechen, Zuhören und Mitschreiben**
Konzeption des Kapitels   122
6.1 Referate und Kurzvorträge erarbeiten und präsentieren   124
6.2 Inhalte und Ergebnisse festhalten – Mitschriften und Protokolle   126
6.3 Bewerbungsportfolio und Vorstellungsgespräch   127

A7   **Arbeitstechniken und Methoden**
Konzeption des Kapitels   128
7.1 Texte planen, schreiben und überarbeiten – Die Schreibkompetenz verbessern   132
7.2 Die Portfolioarbeit – Sechs Phasen   134
7.3 Lesestrategien – Techniken des Lesens   135
7.4 Projektarbeit im Team – Planen, durchführen und vorstellen   139
7.5 Die Facharbeit – Besondere Lernleistungen   142

A8   **Wiederholungskurs – Grammatik, Rechtschreibung, Zeichensetzung**
Konzeption des Kapitels   146
Grammatik, Rechtschreibung, Zeichensetzung   148

INHALT 3

B Literarische Gattungen, Film und Textsorten 153

B1 Epik
Konzeption des Kapitels 154
1.1 Erzählbeispiele – Drei Erzählauszüge vergleichen 156
1.2 Literarisches Erzählen – Ein Modell 159
1.3 Literaturkritik und Kanonbildung – Wertungsfragen 162
Lernerfolgskontrolle/Klausurvorschläge 164

B2 Drama
Konzeption des Kapitels 170
2.1 Goethes „Iphigenie auf Tauris", Brechts „Der gute Mensch von Sezuan" – 172
Eingangsszenen im Vergleich
2.2 Strukturen des klassischen und des modernen Dramas – Zwei Beispiele im 175
Vergleich
2.3 Wirkungsabsichten – Was will das Theater? 181
Lernerfolgskontrolle/Klausurvorschläge 185

B3 Lyrik
Konzeption des Kapitels 192
3.1 Zwischenzeiten – Zwischen den Zeilen, zwischen den Texten 195
3.2 Des Menschen Dichten gleicht dem Wasser – Zur Struktur lyrischer Texte 197
3.3 Gedichte heute – Reflexionen zur Lyrik 204
Lernerfolgskontrolle/Klausurvorschläge 206

B4 Patrick Süskind/Tom Tykwer: „Das Parfum" – Literaturverfilmung
Konzeption des Kapitels 212
4.1 Roman und Film – Szenen im Vergleich 215
4.2 Die Grammatik der Bilder – Elemente der Filmsprache 222
4.3 Verfilmung von Literatur – Filmkritik 224
Lernerfolgskontrolle/Klausurvorschläge 226

B5 Sachtexte
Konzeption des Kapitels 234
5.1 Sachtexttypen – Intentionen unterscheiden 236
5.2 Sachtexte analysieren – Rede, Kommentar, Essay 237
5.3 Wissen für Laien – Popularisierende Sachtexte untersuchen 242
Lernerfolgskontrolle/Klausurvorschläge 244

C Epochen der deutschen Literatur 252

C1 Mittelalter, frühe Neuzeit und Barock
Konzeption des Kapitels 256
1.1 Mittelalter 259
1.2 Epochenumbruch um 1500 – Frühe Neuzeit 265
1.3 Barock 269
Lernerfolgskontrolle/Klausurvorschlag 277

C2 Aufklärung – Sturm und Drang
Konzeption des Kapitels 280
2.1 Aufklärung 283
2.2 Zum Verstand tritt das Gefühl – Empfindsamkeit, Sturm und Drang 292
Literaturstation: Bürgerliches Trauerspiel 302
Lernerfolgskontrolle/Klausurvorschläge 310

4 INHALT

C3 Klassik und Romantik

Konzeption des Kapitels 318
3.1 Klassik 320
Literaturstation: Johann Wolfgang Goethes „Faust I" 328
3.2 Romantik 335
Literaturstation: Nacht – Ein romantisches Motiv 344
Lernerfolgskontrolle/Klausurvorschläge 351

C4 Vom Vormärz zum poetischen Realismus

Konzeption des Kapitels 362
4.1 Frührealismus: Junges Deutschland und Vormärz 365
4.2 Frührealismus: Biedermeier – Erfüllte Augenblicke statt politischer Tageszeiten 369
Literaturstation: Heinrich Heines Reisebilder – Zwischen Journalismus und Literatur 373
4.3 Poetischer oder bürgerlicher Realismus 379
Literaturstation: Roman des bürgerlichen Realismus – Theodor Fontanes „Effi Briest" 385
Lernerfolgskontrolle/Klausurvorschläge 391

C5 Die Moderne – Vom Naturalismus bis zur Neuen Sachlichkeit

Konzeption des Kapitels 406
5.1 Naturalismus 411
5.2 Fin de Siècle – Symbolismus 416
5.3 Expressionismus 421
Literaturstation: Schönheit und Tod – Ein Motiv der Lyrik 426
5.4 Neue Sachlichkeit – Literatur der Weimarer Republik 430
5.5 Exilliteratur 434
Lernerfolgskontrolle/Klausurvorschläge 438

C6 Von der Nachkriegszeit bis zur Gegenwart

Konzeption des Kapitels 446
6.1 Nachkriegsliteratur 451
6.2 Kritische Literatur und Neue Subjektivität 459
6.3 Literatur nach 1989 465
Literaturstation: Novelle – Günter Grass' „Im Krebsgang" 472
Lernerfolgskontrolle/Klausurvorschläge 476

D Sprache, Medien und Rhetorik 483

D1 Die Struktur der Sprache – Wort und Bedeutung

Konzeption des Kapitels 484
1.1 Der Zeichencharakter der Sprache – Zeichen unterscheiden 486
1.2 Die Semantik der Metapher – Klassifikationen und Kontexte 489
1.3 Verständnisprobleme? – Die Fachsprache der Sprachwissenschaft 490
Lernerfolgskontrolle/Klausurvorschlag 491

D2 Sprache und Medien – Denken, Bewusstsein und Wirklichkeit

Konzeption des Kapitels 494
2.1 Sprache – Denken – Wirklichkeit 496
2.2 Krise der Wahrnehmung – Krise der Sprache 499
2.3 Medien und Realität – Medienkritik 503
Lernerfolgskontrolle/Klausurvorschläge 508

D3 Sprachentwicklung, Sprachwandel und Spracherwerb

Konzeption des Kapitels 516
3.1 Sprachgeschichte – Ursprung und Entwicklung von Sprache(n) 518
3.2 Sprachwandel – Anglizismen in Fachsprachen 523
3.3 Erst- und Zweitspracherwerb – Wie lernen Kinder sprechen? 525
Lernerfolgskontrolle/Klausurvorschläge 530

D4 Sprachliche Varietäten

Konzeption des Kapitels 538

4.1 Standardsprache – Umgangssprache – Dialekt 540

4.2 Sprache und Geschlecht – Positionen linguistischer Geschlechterforschung 544

4.3 Jugendsprachen und Ethnolekt – Sprachkontakt und Code-Switching 548

Lernerfolgskontrolle/Klausurvorschläge 551

D5 Sprache und Rhetorik

Konzeption des Kapitels 558

5.1 Der Fall Sokrates – Rhetorik und Aufrichtigkeit 560

5.2 Thema „Berlin" – Reden in historischen Entscheidungssituationen 563

5.3 Leitbilder für die Zukunft – Reden der Gegenwart 568

Lernerfolgskontrolle/Klausurvorschläge 570

E Schreiben und Sprechen – Klausuren und Abitur 577

Übersicht über klausurbezogene Analyse- und Schreibkompetenzen 578

E1 Analysierendes/Interpretierendes Schreiben

Konzeption des Kapitels 580

1.1 Analyse/Interpretation eines epischen Textes – Beispiel: Christa Wolfs „Kassandra" 583

1.2 Analyse/Interpretation eines Dramentextes – Beispiel: Johann Wolfgang Goethes „Iphigenie auf Tauris" 586

1.3 Analyse/Interpretation von Gedichten – Gedichtvergleich: Goethe/Brecht 590

1.4 Gestaltendes Interpretieren – Beispiel: Gabriele Wohmanns „Flitterwochen, dritter Tag" 594

Lernerfolgskontrolle/Klausurvorschläge 597

E2 Sachtexte analysieren

Konzeption des Kapitels 604

2.1 Analyse eines journalistischen Textes: Glosse 606

2.2 Rhetorische Analyse – Eine Rede untersuchen 609

Lernerfolgskontrolle/Klausurvorschlag 614

E3 Erörterndes Schreiben

Konzeption des Kapitels 618

3.1 Die textgebundene Erörterung 620

3.2 Die freie Erörterung 622

Lernerfolgskontrolle/Klausurvorschläge 625

E4 Angewandte Rhetorik

Konzeption des Kapitels 632

4.1 Die mündliche Abiturprüfung – Vortrag und Prüfungsgespräch 634

4.2 Eine Abiturrede verfassen und halten – Die IDEMA-Methode 635

Inhalt der CD-ROM

Auf der dem Buch beiliegenden CD-ROM finden sich alle **Klausurvorschläge** zu den Kapiteln des Schülerbandes (einschließlich Bewertungsraster) sowie zusätzlich Kopiervorlagen (**"Material"**), die dessen Themen
und Inhalte vertiefen, ergänzen und variieren. Durch die mitgelieferten Lösungsvorschläge lassen sich die
weiterführenden Materialien auch zum selbstständigen Wiederholen und Üben einsetzen.
Die CD-ROM enthält alle Klausurvorschläge, Kopiervorlagen und Lösungen als PDF- und als editierbare
Microsoft®-Word®-Datei. Die Microsoft®-Word®-Dateien können problemlos den Anforderungen des Unterrichts angepasst werden, indem Aufgaben geändert, zusätzliche Lernschritte eingefügt oder Teilaufgaben
gestrafft werden und so das Übungsmaterial passgenau auf die Lerngruppe zugeschnitten wird.
Neben Klausuren und weiterführendem Material bietet die CD-ROM Bilder, Epochenüberblicke, Grafiken
und Schaubilder aus dem Schülerband (**"Folien"**) für Beamer, Overheadprojektor oder Whiteboard-
Anwendungen, zum Teil auch als Microsoft®-PowerPoint®-Präsentation. Die Folien erlauben Ergänzungen
und Kommentierungen bei der Unterrichtsvorbereitung oder während des Unterrichts.

A   Einführung: Grundlagen des Deutschunterrichts

A1   Realität und Fiktion – Kurzprosa lesen und verstehen
Klausuren Analyse eines literarischen Textes (Epik) mit produktiv-gestaltendem Schreibauftrag:
Gabriele Wohmann: Schönes goldenes Haar (1968)
Analyse eines literarischen Textes (Epik) mit anschließender weiterführender Reflexion:
Franz Kafka: Eine kaiserliche Botschaft (1919)
Material *Daniel Pennac:* Die Rechte des Lesers (1994)
Felicitas Hoppe: Die Handlanger (1996)
Martin Buber: Die fünfzigste Pforte (1907) / *Franz Kafka:* Josef K. vor dem Türhüter (1914) /
Gotthold Ephraim Lessing: Suche nach der Wahrheit (1778)
Botho Strauß: Staustufe (2006)
Robert Walser: Ovation (1912)

A2   Das Ich als Rätsel – Gedichte verschiedener Epochen untersuchen
Klausur Analyse eines literarischen Textes (Lyrik) mit anschließender weiterführender Reflexion:
Ulla Hahn: Keine Tochter (1983)
Material *Ferdinand Freiligrath:* Die Rose (1840, Auszug)
Rolf Dieter Brinkmann: Einfaches Bild (1975)

A3   Wissenschaft und Verantwortung – Dramen untersuchen und vergleichen
Klausuren Analyse eines literarischen Textes (Dramenauszug) mit anschließender weiterführender
Reflexion:
Friedrich Dürrenmatt: Die Physiker (1962)
Analyse eines Sachtextes mit anschließender weiterführender Reflexion:
Hans Jonas: Selbstzensur der Forschung? (1987)
Material *Friedrich Dürrenmatt:* Freiheit durch Technik? (1969)
Hans Jonas: Was ist Macht und wer ist ihr Subjekt? (1981)

A4   Zukunft in einer globalen Welt – Sachtexte analysieren und erörtern
Klausuren Argumentative Entfaltung eines fachspezifischen Sachverhalts im Anschluss an eine
Textvorlage:
Elke Pickartz: Bringt die Finanzkrise die Globalisierung zum Stillstand? (2009)
Argumentative Entfaltung eines fachspezifischen Sachverhalts im Anschluss an eine
Textvorlage:
Jürgen Kaube: Immer schön sachlich bleiben (2007)

INHALT DER CD-ROM   **7**

Material   Beispiel einer möglichen Schülerlösung: Sachtextanalyse mit Stellungnahme zu Thomas Straubhaar: Warum macht Globalisierung Angst?

Beispiel einer möglichen Schülerlösung: Leserbrief zu Thomas Straubhaar: Warum macht Globalisierung Angst?

Beispiel einer möglichen Schülerlösung: textgebundene Erörterung zu Frank Hornig: Ein bunter, chaotischer Marktplatz

Adrian Pohr: Google gegen googeln (2006)

Bernd Graff: Die neuen Idiotae. Web 0.0. Das Internet verkommt zu einem Debattierklub von Anonymen, Ahnungslosen und Denunzianten. Ein Plädoyer für eine Wissensgesellschaft mit Verantwortung (2007)

Folie   Beobachtungsbogen zum Diskussionsverhalten

A5   Kommunikation und Sprache – Kommunikationsprobleme untersuchen

Klausur   Analyse eines literarischen Textes (Epik) mit weiterführendem Schreibauftrag:
Thomas Mann: Buddenbrooks (1901)

Material   *Ralf Dahrendorf:* Soziale Position und Rolle (1974)
Wolfgang Eichler / Johannes Pankau: Kommunikationsstile aus linguistischer Sicht: Gesprächsstile der Geschlechter

Folie   Das Kommunikationsquadrat

A6   Sprechen, Zuhören und Mitschreiben

Material   Blätterlawine: Rückmeldungen zu einem Referat
Referate halten: Weitere Verfahren der Zuhöreraktivierung

Folien   Visuelle Unterstützung von Referaten: Zweigdiagramm, Netzdiagramm, Flussdiagramm, Baumdiagramm

A7   Arbeitstechniken und Methoden

Material   Verschiedene Schreibfähigkeiten und -praxen – Lern- und Kompetenzmodell vs. Genie- oder Flowmodell

B   Literarische Gattungen, Film und Textsorten

Folien   Kinofilmprojektor
Theaterbühne
Lovis Corinth: Lesendes Mädchen (1888)
Ilya Kabakow: Blickst du hinauf und liest die Worte (um 1997)

B1   Epik

Klausuren   Analyse eines literarischen Textes (Epik) mit anschließender weiterführender Reflexion:
Günter Grass: Katz und Maus (1961) – Anfang der Novelle
Analyse von Sachtextauszügen mit anschließender weiterführender Reflexion:
Marcel Reich-Ranicki: Des Mörders betörender Duft (1985) / *Michael Fischer:* Ein Stänkerer gegen die Deo-Zeit (1985) / *Beatrice von Matt:* Das Scheusal als Romanheld (1985)

Material   *Franz Kafka:* Der Prozess (1914/15) – Romananfang
Arthur Schnitzler: Leutnant Gustl (1901) – Anfang einer Erzählung

Folien   Literarisches Erzählen – Ein Modell
Die Erzählstrategien

B2   Drama

Klausuren   Vergleichende Analyse von literarischen Texten (Vergleich zweier Dramenschlüsse):
J. W. Goethe: Iphigenie / *Bertolt Brecht:* Der gute Mensch von Sezuan
Argumentative Entfaltung eines fachspezifischen Sachverhalts im Anschluss an eine Textvorlage:
Max Frisch: Das Theater um des Theaters willen? (1964, Auszug)

Material   *Peter Weiss:* Notizen zum dokumentarischen Theater (1981)
Zum postdramatischen Theater: *Patrick Primavesi:* Die Ablösung des Literaturtheaters (2004) / *Ralph Köhnen:* Das postdramatische Theater (2004)

Folie   Die geschlossene Form des Dramas

INHALT DER CD-ROM

B3 Lyrik

Klausuren Analyse eines literarischen Textes (Lyrik) mit anschließender weiterführender Reflexion:
Mascha Kaléko: Der nächste Morgen (1933)
Vergleichende Analyse von literarischen Texten (Gedichtvergleich):
Eduard Mörike: Mein Fluss (1867)/*Johann Wolfgang Goethe:* Am Flusse (entst. um 1768, e. 1799)

Material „Einschlaf- und Aufwachlied" – Das Tageszeitenmotiv in Liebesgedichten (Ludwig Tieck: Schlaflied (1798)/Wolf Biermann: Einschlaf- und Aufwachlied (1974)/Eduard Mörike: Früh im Wagen (1846)/Detlev von Liliencron: Heimgang in der Frühe (1903)/Bernd Jentzsch: Guten Morgen, Herzschöne/Björn Kuhligk: Mit dir schlafen (2000))
Variationen des Tageliedmotivs (Philipp von Zesen: Lied (1641)/Saskia Fischer: Der Trennerin Taglied (1998))
„Du kleine grünumwachsne Quelle" – Wassermetaphorik in Liebesgedichten (Friedrich Leopold Graf zu Stolberg: Lied (1781)/Matthias Claudius: An eine Quelle (1766)/Joseph von Eichendorff: Der Schiffer (1808)/Gottfried Keller: Schifferliedchen (1888)/Mascha Kaléko: Für Einen (1934)/Peter Hacks: Der Begas-Brunnen)
Hans Lobentanzer: Römischer Brunnen (1982)
Hermann Korte: Umgang mit Lyrik. Historische und aktuelle Dimensionen (2003)

Folie Rhetorische Figuren

B4 Patrick Süskind/Tom Tykwer: „Das Parfum" – Literaturverfilmung

Klausuren Analyse eines medialen Textes mit anschließender weiterführender Reflexion:
Patrick Süskind/Tom Tykwer: Das Parfum (Textauszug/Filmausschnitt)
Analyse eines Sachtextes mit anschließender weiterführender Reflexion:
Katja Nicodemus: Ein großes Nasentheater

Material *Andrea Wildt:* Das Parfum (2006)
Anne Bohnenkamp: Literaturverfilmungen als intermediale Herausforderungen (2005)

Folie *Patrick Süskind:* „Das Parfum" (Buchcover) / *Tom Tykwer:* „Das Parfum" (Filmplakat)

B5 Sachtexte

Klausuren Analyse eines Sachtextes (Rezension) mit anschließender weiterführender Reflexion:
Matthias Altenburg: Toyota-Prosa. Bei Robert Schneider ist nichts unmöglich (2000)
Analyse eines Sachtextes (Rede) mit anschließender weiterführender Reflexion:
Theo Sommer: Wertewandel in einer medialen Welt (2003)

Material *Nikolaus Förster:* Natürlichkeit versus Künstlichkeit: Robert Schneiders „Schlafes Bruder" (1999)
Von der Popularisierung zur Boulevardisierung – *Josef Klein:* Merkmale von Boulevardisierung (1998)

Folie Eine Sachtextanalyse verfassen

C Epochen der deutschen Literatur

C1 Mittelalter, frühe Neuzeit und Barock

Klausur Vergleichende Analyse von literarischen Texten (Gedichtvergleich):
Christian Hofmann von Hofmannswaldau: Die Welt (1679)/*Wolf Biermann:* Lied vom donnernden Leben (1978)

Material Das Tagelied: Eine Spielart des Minnesangs (Wolfram von Eschenbach: Sîne klâwen (um 1200–1220)/Übersetzung von Martina Backes/Franz-Josef Holznagel: Tagelied (2004)
„Literaturbetrieb" vor und nach der Erfindung des Buchdrucks (Wichtige Stationen der Stoffgeschichte des „Tristan"/Hans Joachim Mähl: Nachwort zu Sebastian Brant, Das Narrenschiff (1985))
Andreas Gryphius: Abend (1663)/*Georg Trakl:* Verfall (1913)
Barthold Hinrich Brockes: Frühlings-Gedanken (1721/48)

INHALT DER CD-ROM **9**

Folien   Biblia das ist die ganze Heilige Schrifft Deudsch … (Titelblatt der ersten Gesamtausgabe der Luther-Bibel, 1534)
Der Abenteuerliche Simplicissimus Teutsch (Titelkupfer, 1669)
Miniatur des Dichters Gottfried von Straßburg aus der Manessischen bzw. Großen Heidelberger Liederhandschrift (um 1300–1340)
Epochenüberblick: Mittelalter (ca. 750–ca. 1500)
Epochenüberblick: Epochenumbruch um 1500 – Frühe Neuzeit
Ex maximo minimum (um 1609)
Theodor Kornfeld: Eine Sand=Uhr (1686)
Hans Baldung, genannt Grien: Die drei Lebensalter und der Tod (um 1510)
Epochenüberblick: Barock (ca. 1600–ca. 1750)

C2   Aufklärung – Sturm und Drang

Klausuren   Analyse eines literarischen Textes (Epik) mit anschließender weiterführender Reflexion:
Johann Wolfgang Goethe: Die Leiden des jungen Werthers (1774/87)
Analyse eines literarischen Textes (Dramenauszug) mit anschließender weiterführender Reflexion:
Friedrich Schiller: Kabale und Liebe (1784) – II/3

Material   *Gotthold Ephraim Lessing:* Die Erziehung des Menschengeschlechts (1777)
Sophie von La Roche: Geschichte des Fräuleins von Sternheim (1771)

Folien   Encyclopédie ou dictionnaire raisonné des sciences, des arts et des métiers (Titelblatt und Abb. „Art d'Écrire")
Epochenüberblick: Aufklärung (ca. 1720–1800) und Empfindsamkeit (ca. 1740–1780)
Epochenüberblick: Sturm und Drang (1770–1785)

C3   Klassik und Romantik

Klausuren   Analyse eines literarischen Textes (Lyrik) mit anschließender weiterführender Reflexion:
Johann Wolfgang Goethe: Mächtiges Überraschen (1807/08) / *Johann Wolfgang Goethe:* Mahomets-Gesang (1772/73)
Analyse eines literarischen Textes (Epik) mit anschließender weiterführender Reflexion:
Friedrich Maximilian Klinger: Fausts Leben, Taten und Höllenfahrt (1791)
Analyse eines literarischen Textes (Epik) mit anschließender weiterführender Reflexion:
Novalis: Heinrich von Ofterdingen (1802) – Romananfang

Material   *Friedrich Schiller:* Ankündigung der Zeitschrift „Die Horen" (1794)
Johann Wolfgang Goethe: Wilhelm Meisters Lehrjahre (1795/96)
E.T.A. Hoffmann: Der goldene Topf (1814)
Heinrich Heine: Die Harzreise (e. 1824; v. 1826)
Günter Kunert: Mondnacht (1982) (Vergleich mit Eichendorffs Gedicht „Mondnacht")

Folien   *Joseph Anton Koch:* Landschaft mit dem Regenbogen (um 1805)
Caspar David Friedrich: Gebirgslandschaft mit Regenbogen (1810)
Epochenüberblick: Weimarer Klassik (ca. 1786–ca. 1805)
Caspar David Friedrich: Der Wanderer über dem Nebelmeer (um 1818)
Epochenüberblick: Romantik (ca. 1795–ca. 1835)

C4   Vom Vormärz zum poetischen Realismus

Klausuren   Analyse eines literarischen Textes (Lyrik) mit anschließender weiterführender Reflexion:
Heinrich Heine: Die Wanderratten (1852) / *Heinrich Heine:* Korrespondenz-Bericht für die Augsburger Allgemeine vom 26.7.1842
Analyse eines Sachtextes mit anschließender weiterführender Reflexion:
Markus Reiter: Die Rückkehr des Biedermeier (2007)
Analyse eines literarischen Textes (Epik) mit anschließender weiterführender Reflexion gestützt auf einen sozialgeschichtlichen Sachtext:
Theodor Fontane: Frau Jenny Treibel (1893) / *Sabina Becker:* Zwischen Kritik und Affirmation (2003)
Analyse eines literarischen Textes (Epik) mit produktiv-gestaltendem Schreibauftrag:
Dieter Wellershoff: Der Liebeswunsch (2000)

10 INHALT DER CD-ROM

Material	Proletarier! – Flugblatt (1848)
	Georg Weerth: Die hundert Männer von Haswell (1845) / *Heinrich Heine:* Weberlied (1844)
	Ludwig Pfau: Herr Biedermeier (1846) / *Hans Gabriel Jentzsch:* Des Hauses Sonnenschein (1902)
	Letzte Ruhestätte Heines
	Gottfried Keller: Romeo und Julia auf dem Dorfe (1856)
	Theodor Fontane: Michel Protzen (1862)
Folien	*Eugène Delacroix:* Die Freiheit führt das Volk an (1830)
	Adolph Menzel: Abreise König Wilhelms I. zur Armee am 31. Juli 1870 (1871)
	Epochenüberblick: Frührealismus: Junges Deutschland, Vormärz, Biedermeier (1830–1848)
	Epochenüberblick: Poetischer oder bürgerlicher Realismus (ca. 1850–1890)

C5 Die Moderne – Vom Naturalismus bis zur Neuen Sachlichkeit

Klausuren	Analyse eines literarischen Textes (Dramenauszug) mit anschließender weiterführender Reflexion:
	Gerhart Hauptmann: Die Weber (1892) – Auszug aus dem 5. Akt / *Max Baginski:* Gerhart Hauptmann unter den schlesischen Webern (1905)
	Analyse eines literarischen Textes (Lyrik) mit anschließender weiterführender Reflexion:
	Rainer Maria Rilke: Spätherbst in Venedig (1908)
Material	*Arno Holz:* Die Kunst. Ihr Wesen und ihre Gesetze (1891/92)
	Georg Heym: Die Tote im Wasser (1910)
	Kurt Tucholsky: Zehn Jahre deutsche „Revolution" (1928) / *Kurt Tucholsky:* November-Umsturz (1928)
	Wilhelm Lehmann: Signale (1941) / *Bertolt Brecht:* Frühling 1938
Folien	*Guiseppe Pellizza da Volpedo:* Der vierte Stand (1901)
	Epochenüberblick – Naturalismus (ca. 1880–ca. 1900)
	Carlos Schwabe: Der Schmerz (1893)
	Michail Alexandrowitsch Wrubel: Jähzorniger Dämon (1901)
	John Everett Millais: Ophelia (1851)
	Epochenüberblick: Gegenströmungen zum Naturalismus – Fin de Siècle / Symbolismus (1890–1920)
	Epochenüberblick: Expressionismus (ca. 1910 – ca. 1925)
	Epochenüberblick: Die Literatur der Weimarer Republik (1919–1933)
	Epochenüberblick: Exilliteratur (1933–1945)

C6 Von der Nachkriegszeit bis zur Gegenwart

Klausuren	Analyse eines literarischen Textes (Epik) mit anschließender weiterführender Reflexion:
	Heinrich Böll: Abschied (1950)
	Analyse eines literarischen Textes (Lyrik) mit anschließender weiterführender Reflexion:
	Durs Grünbein: Tag X (1991)
Material	*Peter Huchel:* Der Garten des Theophrast (1962) / Kurt Hager: Freude an jedem gelungenen Werk (1963)
	Klaus Hübner: Eine unübersehbare interkulturelle Vielfalt – Migrantenliteratur in Deutschland (2008)
Folien	Epochenüberblick: Nachkriegszeit (1945 – ca. 1960)
	Epochenüberblick: Deutschsprachige Literatur zwischen 1960 und 1989

D Sprache, Medien und Rhetorik

D1 Die Struktur der Sprache – Wort und Bedeutung

Klausur	Argumentative Entfaltung eines fachspezifischen Sachverhalts im Anschluss an eine Textvorlage:
	Gerhard Kurz: Pragmatik der Metapher (1976)
Material	*Peter Bichsel:* Ein Tisch ist ein Tisch (1997)
	Metaphernbaukasten / Metaphernspiel / Geflügelte Worte

INHALT DER CD-ROM **11**

D2 Sprache und Medien – Denken, Bewusstsein und Wirklichkeit
Klausuren Analyse eines Sachtextes mit anschließender weiterführender Reflexion:
Fritz Mauthner: Eine Kritik der Sprache (1901)
Argumentative Entfaltung eines fachspezifischen Sachverhalts im Anschluss an eine
Textvorlage:
Umberto Eco: Die Multiplizierung der Medien (1983)
Material *Ulrich Schmitz:* Warum geht die Sonne auf? Sprachlicher Relativismus gibt zu denken
(2004)
Paul Celan: Wortaufschüttung, vulkanisch, meerüberrauscht (1967)/*Paul Celan:* Der
Meridian (1961)
Goedart Palm: Journalismus und Mediendämmerung – Zum Strukturwandel der virtuell
irritierten Öffentlichkeit (2005)

D3 Sprachentwicklung, Sprachwandel und Spracherwerb
Klausuren Analyse eines Sachtextes mit anschließender weiterführender Reflexion:
Ruth Berger: Babys, Frauen und die Sprachevolution (2008)
Analyse eines Sachtextes mit anschließender weiterführender Reflexion:
Claus Leggewie/Elke Mühlleitner: Anglais oblige? Englisch als Wissenschaftssprache ist
nicht das Problem, sondern der Kotau vor der Wissenschaftssupermacht USA (2007)
Material *Wolfgang Steinig:* Als die Wörter tanzen lernten – Ursprung und Gegenwart von Sprache
(2007)/*Hans Jürgen Heringer:* Was ist Sprache? (2004)
Klaus Bartels: Wörter leben – Wörter wandern (1998)
Ulrich Schmitz: Sprache in modernen Medien (2004)
Uta Quasthoff: Erklärungshypothesen zum Spracherwerb (2003)/*Peter Schlobinski:* Alte
und neue Perspektiven der Spracherwerbsforschung (2004)

D4 Sprachliche Varietäten
Klausuren Analyse eines Sachtextes mit anschließender weiterführender Reflexion:
Was ist deutsch?
Argumentative Entfaltung eines fachspezifischen Sachverhalts im Anschluss an eine
Textvorlage:
Dialekt
Material Gab es eine spezifische „DDR-Sprache"? Die Autorin Jana Hensel im Gespräch mit Ulrike
Zander (2008)
Susanne Fröhlich/Constanze Kleis: Mann-Deutsch/Deutsch-Mann (2005)
Peter Schlobinski: Denn sie wissen, was sie tun – Das Phänomen „Jugendsprachen"
(2008)

D5 Sprache und Rhetorik
Klausuren Analyse eines Sachtextes mit anschließender weiterführender Reflexion:
Wolfgang Schäuble: Rede zum Umzug von Parlament und Regierung nach Berlin (1991)
Argumentative Entfaltung eines fachspezifischen Sachverhalts im Anschluss an eine
Textvorlage:
Rolf Breitenstein: Patentrede (1981)
Material *Georg Büchner:* Dantons Tod (1835) – III/4, Dantons Verteidigungsrede vor dem
Revolutionstribunal
John F. Kennedy: Rede vor dem Schöneberger Rathaus (1963)
Uwe Pörksen: Akademie zur guten Rede (2004)

E   Schreiben und Sprechen – Klausuren und Abitur

E1 Analysierendes/Interpretierendes Schreiben
Klausuren Analyse eines literarischen Textes (Epik) mit anschließender weiterführender Reflexion:
Christa Wolf: Kassandra (1983)/*Theodor Fontane:* Effi Briest (1894/1895) (mit Beispiel
eines Schüleraufsatzes)
Vergleichende Analyse von literarischen Texten (Gedichtvergleich):
Joseph von Eichendorff: Lied (1813)/*Ulla Hahn:* Mit Haut und Haar (1981) (mit Beispiel
eines Schüleraufsatzes)

Material   Bewertung von Klausurtexten (Beispielaufsatz: Analyse/Interpretation des Auszugs aus Christa Wolfs „Kassandra")

Analysetraining: Christa Wolfs „Kassandra"/Analyse des Erzählanfangs

Hermeneutisches Verfahren (am Beispiel des Auszugs aus Goethes „Iphigenie")

Texte gestaltend interpretieren (Anschlusstext – Rolleninterview – Telefonat einer Hauptfigur)

Evaluationsbogen für das gestaltende Interpretieren (am Beispiel der Aufgabenstellung auf S. 574 im Schülerband)

Beispiel eines Schüleraufsatzes zu der Klausur *Christa Wolf:* Kassandra (1983)/ *Theodor Fontane:* Effi Briest (1894/95)

Beispiel eines Schüleraufsatzes zu der Klausur *Joseph von Eichendorff:* Lied (1813)/ *Ulla Hahn:* Mit Haut und Haar (1981)

E2   Sachtexte analysieren

Klausur   Analyse eines Sachtextes mit anschließender weiterführender Reflexion: *Navid Kermani:* Was ist deutsch an der deutschen Literatur? Kosmopolitisch, selbstkritisch und voll fremder Einflüsse: Über den Sprachraum, in dem ich schreibe (2006)

Material   *Ingo Espenhorst:* Rechtsextreme Jugendgewalt (2006)

Stefan Willeke: Mord aus der Mitte der Gesellschaft (2008)

E3   Erörterndes Schreiben

Klausuren   Argumentative Entfaltung eines fachspezifischen Sachverhalts im Anschluss an eine Textvorlage:

Jens Voss: Surfen statt denken (1999)/*Immanuel Kant:* Beantwortung der Frage: Was ist Aufklärung? (1784)

Argumentative Entfaltung eines fachspezifischen Sachverhalts im Anschluss an eine Textvorlage:

Peter Szondi: Büchner: Dantons Tod (1961)

Material   Neue Medien – Segen oder Fluch? Wie beurteilen Sie die Neuen Medien und unsere Mediengesellschaft?

Folie   Strukturierung einer Erörterung – Steigernder und dialektischer Aufbau

E4   Angewandte Rhetorik

Folie   Beobachtungsbogen für mündliche Prüfungen

Vorwort

1 Zur Grundkonzeption des Lehrwerks

Aufbauend auf der Lehrwerksreihe „Deutschbuch" für die Sekundarstufe I vermittelt „Texte, Themen und Strukturen. Deutschbuch für die Oberstufe" das gesamte **Basiswissen für den Oberstufenunterricht**. Es berücksichtigt dabei besonders die Neukonzeption des achtstufigen Gymnasiums.

„Texte, Themen und Strukturen" ist ein **Lehrwerk, das eine fachsystematische Darstellung der Gegenstände des Deutschunterrichts mit dem Prinzip des integrativen Arbeitens verbindet**. Es geht von der Erfahrung vieler Lehrerinnen und Lehrer aus, dass die Binnengliederung des Fachunterrichts in die Teildisziplinen Sprache und Literatur weder von der breiten Vielfalt der behandelten Gegenstände (Literatur, Medien, Sachtexte, theoretische Texte, historische Dokumente) her gerechtfertigt ist noch dem pädagogischen Grundsatz entspricht, dass alles erfolgreiche Lernen sich aus komplexen und realitätsnahen Lernsituationen heraus entwickelt. Gebrauchs- und Sachtexte eröffnen die Möglichkeit, ihre sprachliche Verfasstheit zu thematisieren sowie die Bedingungen sprachlichen Handelns zu reflektieren. Literarische Texte, in denen sich ein „Überschuss" an Sprache geltend macht, sind besonders geeignet, um Sprachaufmerksamkeit zu erzeugen. Bei aller notwendigen Vernetzung gibt es jedoch auch Kernbereiche des Deutschunterrichts, in denen die Schülerinnen und Schüler der Oberstufe Orientierungs- und Überblickswissen erwerben müssen. Dazu gehören Kenntnisse über literarische Gattungen und Epochen, die Fähigkeit, einen Text sprachlich und inhaltlich zu analysieren sowie die eigenen Leseerfahrungen und Analyseergebnisse überzeugend mündlich zu vertreten und schriftlich darzustellen.

Integration in „Texte, Themen und Strukturen" heißt **Integration von den Gegenstandsstrukturen her** und zugleich **Integration von den intendierten Lernprozessen her**.

Auf den Auftaktseiten der Kapitel wird den Schülerinnen und Schülern durch die Aktivierung visueller und kognitiver Erfahrungen (anhand von Kunstwerken, Fotos, Illustrationen, Cartoons und Zitaten) ein induktiver Zugang zum Kapitelthema eröffnet; motivierende und zielführende Schlüsselaufgaben bereiten das Thema vor. Anschließende **Kompetenzlisten** geben den Lernenden einen Überblick über Kenntnisse und Kompetenzen, die sie in diesem Kapitel trainieren, vertiefen oder erwerben, und helfen, Lernprozesse zu strukturieren.

Die Anknüpfung an die Alltagsrealität der Schülerinnen und Schüler bzw. an gesellschaftliche und historische Schlüsselprobleme verlangt, dass das Integrationsprinzip an manchen Stellen auch die Fachgrenzen überschreitet. Dies gilt vor allem dann, wenn Unterricht handlungs- und projektorientiert angelegt werden soll und der zu erarbeitende oder zu erforschende Bereich nicht nur Sprache und Literatur umfasst. Hier schließt das fachimmanente Integrationsprinzip nahtlos an das fächerverbindende an. Das ist gerade im Deutschunterricht insofern gerechtfertigt, als Lesefähigkeit, nämlich Textverständnis und Textauswertung, in den Sachfächern grundlegende Kompetenzen darstellen. Aus diesem Grund findet man in „Texte, Themen und Strukturen" Aufgabenstellungen, die auf Gegenstände, Textbeispiele oder Arbeitsergebnisse anderer Fächer zurückgreifen. Mit der Berücksichtigung der sprachlichen Dimension in den Sachfächern versucht dieses Deutschbuch für die Oberstufe einen **Beitrag zur intelligenten Vernetzung des schulischen Lernens und Arbeitens** zu leisten. Dabei gewährleistet das Prinzip des exemplarischen Arbeitens eine angemessene Reduktion der Stofffülle.

1.1 Die Gliederung von „Texte, Themen und Strukturen"

Die *Bildungsstandards, Lehrpläne* und die *Einheitlichen Prüfungsanforderungen in der Abiturprüfung* gliedern das Fach Deutsch in die Kompetenzbereiche „Sprechen und Zuhören", „Schreiben", „Lesen – Umgang mit Texten und Medien" sowie „Reflexion über Sprache". Darüber hinaus heben die curricularen Standards die besonderen Anforderungen an „Methoden und Arbeitstechniken", das heißt an Lernstrategien des fachlichen und fachübergreifenden Arbeitens, hervor. „Texte, Themen und Strukturen" berücksichtigt die **Einteilung des Faches in Kompetenzbereiche** bei der Anordnung der einzelnen Kapitel. Die Kompetenzbereiche werden dabei in unterrichtspraktischer Hinsicht gebündelt und sowohl systematisch entfaltet als auch im Sinne des grundlegenden Integrationsprinzips miteinander verknüpft.

„Texte, Themen und Strukturen" ist in folgende, durch ein Farbsystem gekennzeichnete Kapitel gegliedert: „Einführung: Grundlagen des Deutschunterrichts" (Großkapitel A), „Literarische Gattungen, Film und Textsorten" (Großkapitel B), „Epochen der deutschen Literatur" (Großkapitel C), „Sprache, Medien und Rhetorik" (Großkapitel D) und „Schreiben und Sprechen – Klausuren und Abitur" (Großkapitel E). Diese Konzeption bietet einerseits einen zweifachen Durchgang durch die Bereiche des Faches, wobei der erste Teil (A) für die **Einführungsphase** entwickelt wurde und ermöglicht, dass in den Kursen ein vergleichbarer Kenntnisstand für alle hergestellt wird, während die Abschnitte C bis E vorwiegend für den Unterricht in der **Qualifikationsphase** geeignet sind, welche auf die Deutschprüfungen im Abitur vorbereiten. Das Kapitel B kann sowohl in der Einführungs- als auch in der Qualifikationsphase genutzt werden, da hier das basale Gattungs- und Textsortenwissen bereitgestellt wird. Zum anderen erlaubt der systematische Kapitelaufbau den Schülerinnen und Schülern, sich selbstständig mit einzelnen Teilbereichen auseinanderzusetzen, nachzulesen und – bei gegebenen Anlässen – auch selbstständig die in werkorientiert aufgebauten Unterrichtseinheiten anfallenden Fragen der Textanalyse oder Textpräsentation auf- und nachzuarbeiten. Dabei hilft auch das Überschriftensystem mit zweigliedrigen Überschriften, in denen der erste Teil thematische Aspekte benennt und der zweite Teil die Operatoren und Verfahren aufzeigt bzw. eine Konkretion des Themas enthält. Der Kompetenzbereich „Sprechen" ist grundlegend in den Einführungskapiteln entfaltet: „Diskussion, Debatte, Dialog" (A4.1), „Kommunikation und Sprache" (A5), „Sprechen, Zuhören und Mitschreiben" (A6) sowie in dem Kapitel „Angewandte Rhetorik" (E4). Dem Bereich „Umgang mit Medien" sind zwei Kapitel gewidmet: „Literaturverfilmung" (B4) und „Medien und Realität – Medienkritik" (D2.3). Darüber hinaus wird der Umgang mit Medien in vielen weiteren Kapiteln auf der Ebene von Recherche-, Diskussions- und Erörterungsaufgaben thematisiert. Eine besondere Stellung nimmt der Kompetenzbereich „Arbeitstechniken und Methoden" ein. Einerseits ist ihm ein eigenes Kapitel (A7) gewidmet, in dem übergreifende Arbeitstechniken und Lernstrategien eingeübt werden. Andererseits werden viele grundlegende Methoden in allen anderen Kapiteln behandelt, so z. B. basale Lese- und Verstehenskompetenzen, Textüberarbeitung, Teamarbeit, Recherchestrategien, Techniken des Visualisierens und Präsentierens sowie die adäquate Umsetzung von Diskussionsformen. „Texte, Themen und Strukturen" kann also als Lehrbuch Leitmedium des gesamten Oberstufenunterrichts im Fach Deutsch sein. Das Arbeitsbuch **begleitet laufende Unterrichtsreihen** (z. B. Ganzschriftenlektüren), es ist **Grundlage eigener Unterrichtsvorhaben** (reihenbildende Funktion) und es dient den Schülerinnen und Schülern schließlich **als Nachschlagewerk zur Wiederholung und als Ratgeber** in konkreten Fragen. Hier sind besonders die farbigen **Informations- und Methodenkästen** hilfreich. Das abschließende **Orientierungswissen**, ein umfangreiches **Register** (Autoren-, Textarten-, Sach- und Begriffsregister) sowie **Grafiken und Übersichtstabellen** (z. B. zur Literaturgeschichte) dienen besonders dieser letzten Funktion des Arbeitsbuches.

Die Entscheidung für eine angemessene Berücksichtigung der Leitprinzipien „Schülerorientierung" einerseits und „Wissenschaftsorientierung" andererseits ist von den Herausgebern und Mitarbeitern so getroffen, dass in jedem Einzelfall abgewogen wird: „So viel Situations- und Erfahrungsanbindung wie möglich, so viel Fachsystematik wie nötig."

Die Folge des durchgehend geforderten Prinzips „Lernen in Zusammenhängen" ist, dass das Lehrgangsprinzip in „Texte, Themen und Strukturen" nur noch dort Gültigkeit für die Organisation von Lernprozessen hat, wo fachlichem Klärungsbedarf anders nicht zu entsprechen ist. So werden z. B. systematisch aufbauende Übungen zur Förderung der sprachlichen und stilistischen Kompetenz im „Wiederholungskurs – Grammatik, Rechtschreibung und Zeichensetzung" (Kapitel A8) organisiert. Zudem gibt es immer Angebote, die Sprachreflexion mit anderen Bereichen des Deutschunterrichts thematisch zu verklammern. Schreib- und Lesesituationen, kommunikative Verwendungssituationen, vor allem aber der Umgang mit Texten und dem eigenen Schreiben ermöglichen Einsichten in Bauformen, Funktionen und Leistungen der Sprache. Dieses Deutschbuch bietet damit viele Möglichkeiten, mit den Schülerinnen und Schülern differenziert und individuell an der Verbesserung ihrer Sprachfähigkeit zu arbeiten.

1.2 Das Prinzip der Integration der einzelnen Kapitel

„Integration" bedeutet in „Texte, Themen und Strukturen" nicht das Hintereinanderschalten von Arbeitsteilen aus den verschiedenen Kompetenzbereichen des Deutschunterrichts, um überall ein gewisses Fortschreiten zu verzeichnen. Integration bedeutet vielmehr, dass traditionell unterschiedlich zugeordnete fachspezifische Tätigkeiten der Schülerinnen und Schüler im Zusammenhang einer nachvollziehbaren Lernsituation gemeinsam entwickelt werden. Aus dem Umgang mit literarischen Texten z. B. kann eine produktiv-gestaltende Schreibaufgabe, eine analytische Operation, eine stilistische Übung oder eine Sprachbetrachtung erwachsen – je nach der konkreten Unterrichtskonstellation.

In den einzelnen Kapiteln wird der jeweils dominant gesetzte Kompetenzbereich mit weiteren Bereichen verknüpft. So ist beispielsweise die Reflexion über Sprache als Kommunikationssystem im Kapitel A 5 mit der Erschließung literarischer Texte verbunden, indem ein Transfer vom Verständnis eines Theaterstücks (Reza) bzw. von Romanauszügen (Th. Mann, Kehlmann) zur theoretischen Sprachbetrachtung von Bühler und Watzlawick hergestellt wird. Oder im Kapitel C4 (Literaturstation) schließt sich an die Auseinandersetzung mit den Reisebildern Heines eine aktualisierende und vertiefende Schreibaufgabe an (Anfertigung eines Essays).

VORWORT **15**

Oft verknüpfen Arbeitsaufträge den dominanten Kompetenzbereich mit dem ergänzenden oder erweiternden Bereich. Die Vernetzung erfolgt nicht nur auf der Ebene der Materialien, sondern konkret auf der Ebene der einzelnen Tätigkeiten der Schülerinnen und Schüler. So nehmen weiterführende Aufgaben des Recherchierens und Referierens, des Schreibens und des gestaltenden Vortragens in den Kapiteln zum Umgang mit Texten und Medien und zur Sprachreflexion eine zentrale Stellung ein.

1.3 Fachübergreifendes Lernen und Lernen in projektorientierten Vorhaben

Fachübergreifende und fächerverbindende Unterrichtsvorhaben werden in den curricularen Standards und Lehrplänen gefordert. Sie finden in „Texte, Themen und Strukturen" durch das vielfältige Angebot verschiedener Kapitelthemen und einzelner projektartiger Aufgaben ihre Entsprechung.
Beispielsweise werden die Schülerinnen und Schüler angeleitet, sich mit philosophischen Texten und Problemstellungen auseinanderzusetzen. So werden im Kapitel C2 die philosophische Problemstellung „Was ist Aufklärung?", im Kapitel C3 die ästhetische Theorie der Weimarer Klassik und Schlegels Begriff der „progressiven Universalpoesie" thematisiert. Das Großkapitel C „Epochen der deutschen Literatur" bietet zu allen Epochen fachübergreifende Fragestellungen zum politischen und kulturgeschichtlichen Hintergrund der Epoche. Darüber hinaus spielt die Verbindung der Fächer Deutsch und Kunst im Kapitel C eine tragende Rolle. Die Annäherung an eine Epoche vollzieht sich oft in der interpretierenden Betrachtung repräsentativer Kunstwerke, etwa am Beispiel von C. D. Friedrichs Gemälde „Wanderer über dem Nebelmeer" oder im Vergleich von Delacroix´ „Die Freiheit führt das Volk an" und Menzels „Abreise König Wilhelms I.". Ein Blick in den Band zeigt, dass in vielen Kapiteln Kunstwerke zum Erschließen von Texten (besonders in Großkapitel A) oder auch von sprachlichen Phänomenen (in Großkapitel D) eine erkenntnisfördernde Funktion haben. Im Kapitel „Eingefrorene Gespräche – Schreiben zu Kunstwerken" (A5.3) dienen Gemälde und Plastiken als Anlass für das produktiv-gestaltende Schreiben. Die Naturwissenschaften spielen im Kapitel „Wissenschaft und Verantwortung – Dramen untersuchen und vergleichen" (A3) eine Rolle.
Projektartige Aufgaben, die ein hohes Maß an Selbstständigkeit und Eigenverantwortlichkeit erfordern, finden sich vor allem in den Literaturstationen des Kapitels C. Die **Literaturstationen** eignen sich mit ihrem Akzent auf dem selbstgesteuerten Arbeiten in weiterführenden Arbeitsaufträgen besonders für das eigenständige Projektlernen. So konzipieren und inszenieren die Schülerinnen und Schüler z. B. in der Literaturstation „Nacht – Ein romantisches Motiv" (C3) eine literarische Revue.
Die fächerverbindenden und projektartigen Vorhaben gründen auf den pädagogischen **Prinzipien des handlungs- und erfahrungsorientierten Lernens und des selbst organisierten, teambezogenen Arbeitens**.

2 Didaktische Prinzipien in den Kompetenzbereichen

Innerhalb der Kompetenzbereiche haben sich in den letzten Jahren eine **Reihe fachdidaktisch begründeter methodischer Neuansätze** ergeben, die bereits in den Lehrplänen ihren Niederschlag gefunden haben und auch in einem aktuellen Lehrwerk wie „Texte, Themen und Strukturen" Anwendung finden. In den Bereichen „Sprechen – Zuhören" und „Schreiben" sind das die Integration des darstellenden Spiels in den Deutschunterricht, die systematische Entfaltung rhetorischer Kompetenzen und die Weiterentwicklung des Aufsatzunterrichts zur prozessorientierten Schreibdidaktik, im Bereich „Reflexion über Sprache" der integrative, funktionale und operative Grammatikunterricht, die Schulung stilistischer Fertigkeiten und die Erweiterung des Sprachbewusstseins anhand sprachtheoretischer Fragestellungen zur Struktur, Funktion, Varietät und zum Wandel von Sprache. Im Bereich „Umgang mit Texten und Medien" sind es der erweiterte Textbegriff, speziell die Integration des Umgangs mit den elektronischen Medien, und der produktiv-gestaltende Ansatz im Literaturunterricht. Das bedeutet, dass in „Texte, Themen und Strukturen" dem produktiven Schreiben in all seinen Formen der angemessene Platz eingeräumt wird. Mit Blick auf das für alle Schülerinnen und Schüler verpflichtende Zentralabitur werden aber auch die analytischen Verfahren der Texterschließung in der notwendigen Genauigkeit dargelegt.

2.1 Sprechen und Zuhören

Die didaktisch-methodischen Innovationen im Kompetenzbereich „Sprechen und Zuhören" beziehen sich weniger auf den kommunikativen Grundansatz, der weiter ausgebaut wird, indem explizit Gesprächsregeln und bewusste Formen der Gesprächsführung angeboten und gelernt werden sollen, als vielmehr auf die Wiederentdeckung von methodischen Möglichkeiten, die in den vergangenen Jahrzehnten vernachlässigt worden sind. Zu diesen gehören **rhetorische Fähigkeiten** des **freien Vortrags** und des **gestaltenden**

Sprechens (z. B. Gedichtvortrag, szenische Darstellung). Damit hängt zusammen, dass nun auch dem **Zuhören** und den dafür notwendigen Fähigkeiten und Fertigkeiten erhöhte Aufmerksamkeit zuteilwird. „Texte, Themen und Strukturen" widmet der Förderung des situations- und adressatengerechten Sprechens das einleitende Kapitel „Referate und Kurzvorträge erarbeiten und präsentieren" (A6.1) und das abschließende Kapitel „Angewandte Rhetorik im Abitur" (E4). Der gestaltende Gedichtvortrag wird z. B. in Kapitel A2.3 („Spiegelungen und Brechungen – Einen Poetry-Slam veranstalten") entfaltet, die szenische Interpretation von Dramenauszügen ist wichtiger Bestandteil der Kapitel A3 („Die Physiker") und B2 („Iphigenie auf Tauris" und „Der gute Mensch von Sezuan"). Durch das gestaltende Sprechen soll zusätzlich gewährleistet werden, dass die künstlerische Komponente (auch im Sinne einer allgemeinen ästhetischen Bildung) in diesem Arbeitsbereich angemessen berücksichtigt wird.

2.2 Schreiben

Im Kompetenzbereich „Schreiben" haben sich in der fachdidaktischen Diskussion erhebliche Veränderungen vollzogen. Nach der „kommunikativen Wende" in der Aufsatzdidaktik waren traditionelle Aufsatzgattungen und deren Begründung als „Naturarten" der Schriftlichkeit stark in Zweifel gezogen worden. Abgelehnt wird eine strenge normative Aufsatzdidaktik, die künstliche Grenzen zwischen den Schreibformen zieht und den Adressaten- und Funktionsbezug außer Acht lässt. Die Angabe des Adressaten im Thema und die Einbettung in eine wiedererkennbare Situation gelten als zentrale Schreibsteuerung. Um den **Prozesscharakter des Schreibens** zu betonen, sprechen „Texte, Themen und Strukturen" und die Lehrpläne vom Erschließen, Analysieren und Interpretieren von Texten, vom Erörtern oder Argumentieren als zentrale Schreibtätigkeiten. Schreibanlässe aufzugreifen, Stoffsammlungen, Schreibpläne und Gliederungen zu verfassen, die Intention des Schreibens zu verdeutlichen und das Geschriebene zu überarbeiten, sind Anliegen der neueren Schreibmethodik und damit auch ein wichtiges Anliegen des Deutschbuchs. Beim erörternden Schreiben wird auf den sorgfältigen Aufbau und die sprachliche Ausgestaltung der Argumentation besonderer Wert gelegt. **Produktiv-gestaltende Formen des Schreibens** erhalten in „Texte, Themen und Strukturen" einen besonderen Stellenwert. Das Spektrum reicht vom kreativen, nicht textgebundenen Schreiben bis zum produktivgestaltenden Schreiben im Anschluss an Textvorlagen. So verfassen die Schülerinnen und Schüler in Anlehnung an literarische bzw. journalistische Schreibformen Dialoge, Rollenprofile, Briefe und Essays. Wichtig neben allen Formen des „Aufsatzschreibens" ist das **funktionale, wissenschaftspropädeutische Schreiben**. Hierbei geht es um Arbeitstechniken der Schriftlichkeit, die nicht unbedingt zu in sich geschlossenen Texten führen, wohl aber im Alltag zur Bewältigung von Lernsituationen und als Vorarbeiten zu weiterem Schreiben große Bedeutung besitzen. Dazu gehören Notizzettel, Ideen- und Stoffsammlungen ebenso wie der schriftliche Entwurf von Argumentationsskizzen, die Mitschrift von Gesprächen, Protokolle und der Entwurf von Schreibplänen und Gliederungen für umfangreichere Ausführungen.
Eine wichtige Art des funktionalen Schreibens ist das **Überarbeiten von Geschriebenem**. Der Schwerpunkt „Textüberarbeitung" besitzt ein großes Gewicht im gegenwärtigen Deutschunterricht; in „Texte, Themen und Strukturen" wird er an zahlreichen Stellen integriert. Dabei ist es die Aufgabe der Lehrkraft und der Lerngruppe, im Sinne einer inneren Differenzierung und Individualisierung die jeweiligen Hinweise des Lehrbuchs situativ angemessen zu nutzen.
Das Großkapitel E „Schreiben" leitet prozess- und übungsorientiert zu allen abiturrelevanten Schreibformen an. Anhand konkreter Beispiele können die Schülerinnen und Schüler literarische Texte der verschiedenen Gattungen analysieren und interpretieren, Gedichte verschiedener Epochen vergleichen, gestaltend interpretieren, Sachtexte analysieren, eine Problemerörterung / freie Erörterung verfassen und im Anschluss an einen Text eine Erörterung verfassen. Der **Prozess des Schreibens** wird in **drei zentralen Phasen** durchlaufen: Vorbereiten (Ideensammlung/Schreibplan), Schreiben, Überarbeiten.

2.3 Reflexion über Sprache

Im Kompetenzbereich „Reflexion über Sprache" ergeben sich wesentliche Innovationen. Besonders wichtig ist der Schritt vom rein normativen systematischen Grammatikunterricht hin zur situativen, funktionalen und integrativen Sprachreflexion. Es geht um eine Verbindung des systematischen Erlernens des normativen grammatikalischen Systems mit dem operativen Lernen. Ausgangspunkt sind auch die „inneren" Regeln, über die die Schülerinnen und Schüler verfügen; Ziel ist es, die reflektorischen und stilistischen Komponenten zu stärken, auf denen Sprach- und Schreibentscheidungen basieren.
Grammatik, Stilistik und Rechtschreibung werden in „Texte, Themen und Strukturen" grundsätzlich funktional betrachtet und aus konkreten Sprachverwendungssituationen heraus thematisiert. **Im „Wiederholungskurs Grammatik, Rechtschreibung und Zeichensetzung"** (Kapitel A8), wird das entsprechende Grundwissen in systematischen Übungen trainiert. Über das Sprachkapitel hinaus besteht in den übrigen Kapiteln die Möglichkeit, Übungen zur Sprachkompetenz angemessen einzubringen. Immer wieder bietet das Lehrwerk

Anlässe, Fragen zur Stilistik, Rechtschreibung und Zeichensetzung integrativ aufzugreifen und zu sichern. Dabei wird ein besonderer Schwerpunkt auf unterschiedliche Verfahren der Überarbeitung von Schülertexten gelegt.

Sprachdidaktik in der Oberstufe bedeutet keineswegs nur Syntax, Semantik und Pragmatik. Einerseits sind ganz konkrete sprachliche Aufgaben zu bewältigen (festgelegte Textsorten wie eine Facharbeit sind abzufassen), andererseits ist die **Rolle der Sprache in zahlreichen Bereichen der Lebenswelt** zu klären (Sprachgebrauch in den Medien, Textsorten der Presse, Sprache in Gruppen und geschlechtsspezifische Sprache, Begriffs- und Gesprächsanalyse, Kommunikations- oder Gesprächstraining). Gerade hier werden in der interessierten Öffentlichkeit gravierende Defizite der Abiturientinnen und Abiturienten beklagt. Im Anschluss an die Ergebnisse neuerer Sprachwissenschaft geht „Texte, Themen und Strukturen" von einem erweiterten Begriff der „Sprachreflexion" aus. Auf einer kommunikations- und sprachtheoretischen Basis (Kapitel A5: „Kommunikation und Sprache – Kommunikationsprobleme untersuchen" und Kapitel D1: „Die Struktur der Sprache – Wort und Bedeutung") werden **aktuelle Fragestellungen des linguistischen Diskurses** entwickelt, wie z. B. „Sprache und Medien – Denken, Bewusstsein, Wirklichkeit" (D2), „Sprachentwicklung, Sprachwandel und Spracherwerb" (D3), „Sprachliche Varietäten" wie Dialekt, Sprache und Geschlecht, Jugendsprache und Ethnolekt (D4) und „Sprache und Rhetorik" (D5). Die Eingliederung des Kompetenzbereichs „Umgang mit Medien" in den Bereich „Reflexion über Sprache" fokussiert den **Aspekt der kritischen Nutzung moderner Massenmedien und elektronischer Medien.** Darüber hinaus werden informations- und kommunikationstechnologische Kompetenzen in allen weiteren Kapiteln dieses Deutschbuchs auf der Aufgabenebene thematisiert.

2.4 Umgang mit Texten und Medien

Das **Lesen und Erfassen von Texten** gilt als eine **wesentliche Kompetenz** zum Erwerb von Wissen und ist damit eine wichtige Voraussetzung für die Teilhabe an unserer Kultur, für die Mitgestaltung gesellschaftlicher Entwicklungen und für die personale und berufliche Weiterentwicklung. Ein wesentlicher Schwerpunkt des Deutschunterrichts ist die Beschäftigung und Auseinandersetzung der Schülerinnen und Schüler mit literarischen, medialen und pragmatischen Texten, zu deren didaktischer Aufbereitung und unterrichtlicher Umsetzung „Texte, Themen und Strukturen" präzise Vorschläge macht. Im Großkapitel A werden in Form von Unterrichtsvorhaben alle relevanten Textsorten thematisiert. **Strukturen und Funktionen der zentralen Gattungen** Epik, Drama, Lyrik, erweitert um Film (Literaturverfilmung) und Sachtexte, werden in Großkapitel B „Literarische Gattungen, Film und Textsorten" dargestellt. Im Vergleich von Textbeispielen aus unterschiedlichen Epochen oder Zusammenhängen erwerben die Schülerinnen und Schüler hier grundlegende Kompetenzen des Erschließens und Beurteilens.

Vor dem Hintergrund politisch-sozialer, biografischer, ideengeschichtlicher, poetologischer und rezeptionsästhetischer Problemstellungen behandelt das Großkapitel C „Epochen der deutschen Literatur" intensiv die **Erschließung literarischer Texte vom Mittelalter bis zur Gegenwart.** Dabei bieten gedanklich anspruchsvolle Materialien zu kulturellen, gesellschaftlichen und ethisch-philosophischen Fragestellungen auch vielfältige Gelegenheit zum analysierenden Umgang mit Sachtexten. Die **Literaturstationen** stellen epochenspezifische Werke oder Motive im **mentalitätsgeschichtlichen und intertextuellen Kontext** vor. Sie greifen zentrale Gattungen und Motive der Epochen, besonders der Epochenumbrüche, auf und erweitern damit das Material der Kapitel. Das gesamte **Epochenwissen** wird jeweils in übersichtlich gestalteten Informationskästen prägnant zusammengefasst.

Eine Forderung der Standards und Lehrpläne bezieht sich auf das **produktiv-gestaltende Schreiben im Literaturunterricht.** Gemeint sind unterschiedliche Formen des Wechsels der Schülerinnen und Schüler aus der Rezipienten- in die Produzentenrolle. „Texte, Themen und Strukturen" entwickelt hier zahlreiche Vorschläge, bis hin zur Einbeziehung produktiver Aufgabenstellungen in den Übungsteilen. Der Sinn dieses didaktischen Ansatzes ist es, den Schülerinnen und Schülern das Recht auf subjektive Formen des Verstehens zu verschaffen und ihnen nahezubringen, dass das fantasievolle Weiterdenken und das experimentierende Eingreifen in Gegenstände der Lektüre nicht deren Zerstörung bedeutet, sondern einen Weg zu besserem und tieferem Verstehen darstellen kann. Produktionsorientierte Arbeitsweisen beim Umgang mit Texten und Medien stellen eine wesentliche Ergänzung zu analytisch-hermeneutischen Methoden dar, die selbstverständlich ihre Berechtigung haben.

Die besondere **Funktion des ästhetischen Lernens für die Ich-Entwicklung der Jugendlichen** ist bisher immer wieder herangezogen worden, wenn es darum ging, dem Arbeitsbereich „Literatur und Literaturgeschichte" seine Sonderstellung im Deutschunterricht zuzuweisen. Für viele Jugendliche ist die Schule der zentrale Ort, an dem sie so etwas wie eine literarische Primärsozialisation erfahren. Daraus ist der Schluss zu ziehen, dass vielfältige Formen der Begegnung mit Literatur und die unterschiedlichsten Arbeitsweisen angeboten werden müssen, damit der fremde Lernstoff in den Köpfen der Adressaten lebendig werden kann.

18 VORWORT

„Texte, Themen und Strukturen" legt darüber hinaus einen Schwerpunkt auf den Umgang mit **Medien**. Kapitel B4 („Patrick Süskind/Tom Tykwer: Das Parfum – Literaturverfilmung") führt in die Grundlagen der Literaturverfilmung und in die Sprache des Films ein. Sachtexte zur Medienkritik (Schwerpunkt Fernsehen, Computer/Internet) sind in das Kapitel „Sprache und Medien" (D2) integriert.

Sach- und Gebrauchstexte werden vorwiegend unter dem Aspekt des Lesens, der Entnahme, Verknüpfung und Auswertung von Informationen angeboten. Entsprechende Aufgabenstellungen fördern das sinnerfassende Lesen und das Sichern, Reflektieren und Bewerten von Informationen. Dabei werden auch diskontinuierliche Texte und Bilder einbezogen. Im Kapitel „Sachtexte" (B5) erwerben die Schülerinnen und Schüler Grundwissen über die verschiedenen Sachtexttypen und deren Intentionen.

3 Methodische Entscheidungen

Die methodischen Entscheidungen kommen in besonderer Weise in den Arbeitsanregungen zum Ausdruck. Leitend sind die **Prinzipien des thematischen, induktiven und selbst regulierten Vorgehens**. Darüber hinaus wird den Benutzern des Lehrwerks vor allem die Mischung aus handlungsorientierten, gestaltenden und analytisch-erschließenden Aufgabenstellungen auffallen, die den Schülerinnen und Schülern auch die Möglichkeit eröffnen, über ihre Arbeit zu reflektieren.

3.1 Selbstständiges Lernen / Aufgabenstellungen

Eigenverantwortliches und handlungsorientiertes Arbeiten der Schülerinnen und Schüler fördert die Effizienz des Lernprozesses und stärkt die **Selbstständigkeit**. Diese Zielsetzung wurde bei der Formulierung der Arbeitsanregungen besonders berücksichtigt. Oftmals kann die Aufgabenstellung von der Lehrkraft je nach situativem Unterrichtsstand problemlos modifiziert werden; sie enthält Alternativen oder sie regt an, einen Versuch zu unternehmen, der nicht unbedingt zu einem vorzeigbaren „Ergebnis" kommen muss. Im Sinne der Persönlichkeitsentwicklung ist daher oftmals der Prozess des Lernens wichtiger als das jeweils entstehende Produkt. Dem werden auch die vielfach angebotenen **Formen kooperativen Lernens** gerecht, die den Prozess des individuellen Sich-Einlassens und des schrittweisen gemeinsamen Austauschs ermöglichen („Think – Pair – Share").

Aufgabenstellungen haben in „Texte, Themen und Strukturen" oft einladenden Charakter; sie enthalten mehrere Vorschläge, von denen sinnvollerweise nur einer wirklich realisiert werden sollte. Darin liegt auch eine **Aufforderung an die Schülerinnen und Schüler, selbst mitzuentscheiden**, welche der vorgeschlagenen Tätigkeiten sie für sich aussuchen. Besonders bei Vorschlägen für Gruppenarbeit und in den projektartig angelegten Teilen des Unterrichts ist es wünschenswert, dass die Lerngruppe aushandelt und selbst organisiert, was von wem zu tun ist.

Die Aufgabenstellungen des Lehrbuchs steuern den Verstehens- und Lösungsprozess oft nicht schrittweise. Materialarrangement und Aufgaben sind so angelegt, dass eigenverantwortliche Entscheidungen von der Lerngruppe getroffen werden. Anregungen zur **Anwendung prozeduraler, metakognitiver und evaluierender Strategien** fördern den kommunikativen Aufbau des Lernprozesses, sodass Wissen im Zusammenhang verfügbar wird und Ergebnisse nicht beziehungslos nebeneinanderstehen. In wechselnder Akzentuierung erfüllen die Aufgaben **Funktionen des entdeckenden Lernens, des operativen analytischen und produktiven Arbeitens sowie der transferierenden, vernetzenden Anwendung**.

3.2 Arbeitstechniken und Methoden

„Texte, Themen und Strukturen" widmet dem Kompetenzbereich „Arbeitstechniken und Methoden" einen besonderen Schwerpunkt. Der Erwerb von Techniken des zielgerichteten und selbstständigen Arbeitens hat eine grundlegende Funktion für **wissenschaftspropädeutisches Lernen** sowie für die persönliche Entfaltung und die Wahrnehmung von gesellschaftlicher Verantwortung im öffentlichen Leben. Methoden des Textverstehens, der sprachanalytischen Arbeit, der schriftlichen Darstellung, der mündlichen Verständigung, des kreativ-produktiven Arbeitens, des Präsentierens und Visualisierens, der Teamarbeit sowie des vernetzenden, fachübergreifenden und projektorientierten Arbeitens sind in den Kapiteln dieses Deutschbuchs für die Oberstufe häufig initiiert. Das Kapitel **„Arbeitstechniken und Methoden"** (A7) stellt methodische Verfahren vor, die nicht nur für den Deutschunterricht, sondern auch für anderen Fachunterricht eine wichtige Grundlage bilden, so die selbstständige Erarbeitung eines Themas im Rahmen der Facharbeit, die Portfolioarbeit, die Organisation von Projektarbeit, die Planung von Schreibprozessen sowie grundlegende Lesestrategien.

VORWORT 19

3.3 Orientierungswissen

Eine wichtige Rolle für das selbstständige Lernen – und dies gilt gleichermaßen für leistungsstärkere wie leistungsschwächere Schüler – spielt das Basiswissen. Dort, wo in den Kapiteln das von den Schülerinnen und Schülern erarbeitete Wissen gesichert werden muss, weil es die Grundlage für das weitere Vorgehen bildet, wird es zur Orientierung zusammenfassend dargestellt, und zwar unterschieden nach methodischem Wissen („Methode", blau unterlegt) und fachlichem Wissen („Information", gelb unterlegt). Auf diese Weise festigt sich auch die eingeführte Terminologie, sodass den Schülerinnen und Schülern die notwendigen Begriffe für ihre weiteren Lernaktivitäten zur Verfügung stehen. In keinem Fall beeinträchtigen diese Orientierungshilfen das Prinzip des entdeckenden Lernens. Am Ende des Bandes und in den Buchinnendeckeln wird für die Oberstufe **unverzichtbares Basiswissen im Überblick** dargestellt.

Im abschließenden Orientierungswissen wird das Grundwissen der Kompetenzbereiche jeweils auf Doppelseiten übersichtlich zusammengefasst und visualisiert: Arbeitstechniken und Methoden, Sprechen und Schreiben, Gattungen und Textsorten, literarische Epochen („Epochenschlange"), Nachdenken über Sprache. Darüber hinaus bieten die Buchinnendeckel einen anschaulich gestalteten Kulturfahrplan zur allgemeinen Geschichte, zur deutschen Literaturgeschichte, zu Kultur, Naturwissenschaften, Technik und Medien. Damit fungiert das Orientierungswissen als **systematisches Nachschlagewerk**, mit dem die Schülerinnen und Schüler selbstständig arbeiten und methodisches Strategiewissen nachschlagen und wiederholen können. Auf diese Weise erfüllt „Texte, Themen und Strukturen" auch die Anforderungen der individuellen Förderung der einzelnen Schülerin, des einzelnen Schülers und bereitet optimal auf die Anforderungen zentral gestellter Prüfungsaufgaben vor.

3.4 Hinweise zur Arbeitsorganisation

Die Arbeitsorganisation bleibt in den Aufgabenstellungen weitgehend offen. Ob etwas als Gruppenarbeit oder Einzelaufgabe gelöst werden soll, ist zunächst einmal Angelegenheit der Lehrkraft und der Lerngruppe. Aber das Lehrbuch macht auch Vorschläge, die sinnvoll sein könnten und praxiserprobt sind. Arbeitsschritte, Materialien und Aufgabenstellungen sind in „Texte, Themen und Strukturen" so organisiert, dass Lehrerinnen und Lehrer phasenweise eine stärker moderierende und prozessbegleitende Rolle einnehmen können. Diese Lehrmethoden erlauben den Schülerinnen und Schülern zunehmend ein selbsttätiges und mitverantwortliches Arbeiten, das ihre sozialen und kommunikativen Kompetenzen stärkt. Die Kapitel dieses Deutschbuchs sind nicht darauf angelegt, vollständig erarbeitet werden zu müssen, sondern eröffnen vielfältige didaktische Möglichkeiten für eine situationsgerechte Aufbereitung im Unterricht. Je nach Lernsituation und vorgesehenem Zeitrahmen können dabei auch einzelne Teilkapitel oder auch nur wenige Abschnitte in der gewünschten Schwerpunktsetzung sinnvoll behandelt werden.

4 Begleitmedien zu „Texte, Themen und Strukturen"

- **TTS Arbeitshefte**

Die Arbeitshefte mit eingelegtem Lösungsheft bieten beispielhafte Abituraufgaben und befassen sich auf der Grundlage kanonischer Lektüren, Gattungen und Themen mit allen Aufgabentypen sowie allen Aufsatzformen des Abiturs: „Texte überarbeiten: Von der Rechtschreibung zum sicheren Ausdruck", „Literarische Texte und Medien: Von der Analyse zur Interpretation", „Umgang mit Sachtexten: Analyse und Erörterung", „Die Facharbeit: Von der Planung zur Präsentation". Spezielle Arbeitshefte bereiten auf die jeweiligen Vorgaben des Zentralabiturs vor.
Bestellnummern finden Sie im Impressum S. 638.

- **TTS Kopiervorlagen zu Abiturlektüren**

Jedes Heft widmet sich einer kanonischen Lektüre, deren Kenntnis im zentral gestellten Abitur verlangt wird. Die Kopiervorlagen sind für den unmittelbaren Unterrichtseinsatz entworfen und ermöglichen die ausführliche Behandlung der Ganzschrift in thematisch orientierten Sequenzen. Sie liefern Lösungen und Klausurvorschläge zur Erleichterung der Unterrichtsvorbereitung.

- **TTS interaktiv – Software**

Die CD-ROMs zu „Literatur und Gattungen", „Literatur und Epochen", „Sprache und Kommunikation/Medien" und „Sprache und Rhetorik/Methodentraining" mit multimedialen Materialien- und Aufgabenpaketen eignen sich zur Unterrichtsgestaltung durch die Lehrkraft oder auch zur individuellen Abiturvorbereitung für Schülerinnen und Schüler zu Hause: Grundlagen auffrischen, Klausuraufgaben trainieren und Abiturvorbereitung, Unterrichtsprojekte gestalten, Sprachkompetenzen verbessern, Arbeitstechniken.
Bestellnummern finden Sie im Impressum S. 638.

- **TTS-online**

Im Internet finden Sie unter www.cornelsen.de/teachweb ein Klausurtraining zu abiturrelevanten Themen und Texten mit detaillierten Skizzierungen der Lernvoraussetzungen und differenzierten Erwartungshorizonten in Form punktgestützter Bewertungsraster.

- **Kursthemen Deutsch**

Vertiefende Unterrichtssequenzen zu den wesentlichen Themen, Epochen und Gattungen sowie zu allen Kompetenzbereichen des Deutschunterrichts werden praxisnah aufbereitet, z. B.: Epochen und Epochenumbrüche (1800/1900), Themen und Gattungen (z. B. Liebeslyrik, Exillyrik, Romane der Gegenwart, Wissenschaftsdrama), Sprachbetrachtung (z. B. Sprachkrise, Sprachwandel, Varietäten, Fachsprache), Methoden (z. B. Projektarbeit, kreatives Schreiben), Film/Literaturverfilmung. Handreichungen mit Lösungen und Klausurvorschlägen komplettieren die Bände.

A Einführung: Grundlagen des Deutschunterrichts

Konzeption des Großkapitels

Das Großkapitel A versteht sich als **Vorkurs der Qualifikationsphase** und bietet für die Jahrgangsstufe 10 eine Einführung in die Oberstufe. Die Schülerinnen und Schüler erwerben die notwendigen fachlichen und methodischen Kompetenzen in allen Arbeitsbereichen, die in der Qualifikationsphase (Jahrgangsstufen 11 und 12) vertieft und differenziert werden.

In der Regel werden die Kapitel in drei Schritten gegliedert und orientieren sich praxisnah am Aufbau von Unterrichtsvorhaben.

- **Literarische Gattungen** einschließlich theoretischer Grundlagen, literaturgeschichtlicher Kontexte und Übungen zu Schreibformaten der Klausuren (Analyse/Interpretation) werden in folgenden Kapiteln behandelt: Kurzprosa: A1, Lyrik: A2, Drama: A3, Roman: A5.2. Angebote zum **produktiv-gestaltenden Schreiben** enthalten die Teilkapitel A1.3 und A5.3.
- **Sachtexte** und ihre Analyse einschließlich der Stellungnahme bzw. Erörterung sind gesonderter Schwerpunkt in den Teilkapiteln A3.2, A4.2, A4.3.
- **Sprachreflexion** als eigener Schwerpunkt findet sich in den Kapiteln A5 (Kommunikation) und A8 (Grammatik, Rechtschreibung, Zeichensetzung).
- Der Kompetenzbereich **Sprechen und Zuhören** wird besonders in den Teilkapiteln A4.1 (Diskutieren), A6.1 (Referat, Kurzvortrag) und A6.3 (Vorstellungsgespräch) entfaltet.
- Grundlegende **Arbeitstechniken und Methoden** werden systematisch vorgestellt: Mitschrift und Protokoll (Teilkapitel A6.2), Schreibprozess (A7.1), Portfolio (A7.2), Lesestrategien (A7.3), Projektarbeit im Team (A7.4) und Facharbeit (A7.5).

	Inhalte	Kompetenzen Die Schülerinnen und Schüler
S. 15	**A Einführung: Grundlagen des Deutschunterrichts**	• benennen und reflektieren auf der Grundlage eigener Erfahrungen ihre Erwartungen an den Deutschunterricht mit Hilfe der Placemat-Methode

1 Die Bilder zeigen typische Situationen des schulischen Lernens und Arbeitens im Deutschunterricht der Oberstufe. Folgende Kompetenzbereiche werden hier visualisiert: ▶ S. 15
   1 Kommunikation und sprachliche Missverständnisse: Reflexion über Sprache
   2 Diskutieren, mündlich argumentieren, zuhören: Sprechen und Zuhören
   3 Placemat-Methode: Arbeitstechniken und Methoden / Schreiben
   4 Szenisches Interpretieren: Gestaltendes Sprechen / Umgang mit Texten
   5 Computer: Umgang mit Medien / Arbeitstechniken und Methoden / Schreiben
   6 Schreibkonferenz als kooperativer Prozess: Schreiben
   7 Bibliothek/Recherche: Arbeitstechniken und Methoden / Umgang mit Texten
   8 Lektüre: Lesen – Umgang mit Texten

2 Die Placemat-Methode ist eine Form des **kooperativen Lernens**, das sich in die Phasen Denken (Think) – Austauschen (Pair) – Vorstellen (Share) gliedert. Ziel der Methode ist, die individuellen Erwartungen der Schülerinnen und Schüler zu sichern, im Austausch mit Teampartnern zu reflektieren und so zu einer gemeinsamen Lösung zu gelangen, die im Plenum vorgestellt wird.

Die Aufgaben eignen sich in besonderer Weise, selbstständiges Lernen anzuregen und die Schülerinnen und Schüler in die Lage zu versetzen, Lernprozesse eigenverantwortlich zu gestalten.

1 Realität und Fiktion – Kurzprosa lesen und verstehen

Konzeption des Kapitels

Das erste Teilkapitel (**„Literatur und Lebenswelt – Warum wir Bücher lesen"**) enthält Kurzzitate und längere Textauszüge bekannter Autorinnen und Autoren zur Frage der Lesemotivation und des Leseverständnisses. Die Auswahl der Texte soll die Schülerinnen und Schüler dazu anregen, Stellung zu beziehen und ihre eigenen sowie fremde Haltungen zur Literatur kritisch zu prüfen. Die Reflexion von Lesebiografien dient dem Ziel, Kompetenzen im Bereich der kulturellen Teilnahme zu erwerben. Die Sequenz schließt ab mit der Reflexion grundlegender hermeneutischer und methodologischer Fragen der Literaturinterpretation. Dabei wird den Schülerinnen und Schülern bewusst, dass der Prozess des Verstehens literarischer Texte von vielfältigen Kontexten (z. B. sozial-historischen, biografischen, mentalitätsgeschichtlichen Bedingungen) und vom subjektiven Zugriff des Rezipienten auf den Text abhängig ist.

Das zweite Teilkapitel (**„Ich-Suche und Entfremdung – Kurze Geschichten interpretieren"**) beginnt mit einer Sequenz von Kurzprosatexten zu zentralen Themen der Lebenswelt auch der Schülerinnen und Schüler: Ich-Suche und Lebensentwürfe, familiäre und partnerschaftliche Beziehungen. Prototypische Alltagskurzgeschichten der 1960er Jahre mit dem thematischen Schwerpunkt „gestörte Kommunikation" sind besonders geeignet, den Gattungstyp der Kurzgeschichte zu erschließen. Die Kurzprosa zu Beginn des 21. Jahrhunderts variiert die Gattungsstrukturen und thematisiert aktuelle Beziehungsprobleme, welche die Schülerinnen und Schüler besonders ansprechen. Fachübergreifende Kompetenzen werden durch den exemplarischen Vergleich von Texten und Gemälden erworben.

In der Arbeit mit den Texten wird einerseits ein grundlegendes analytisches Instrumentarium bereitgestellt; andererseits wird ein breites methodisches Repertoire entfaltet, um den produktiv-gestaltenden und szenisch-interpretierenden Umgang mit literarischen Texten anzuregen. Die Sequenz mit motivverwandten Parabeln zu den Themenfeldern „Suche nach der Wahrheit" und „Künstlerproblematik" schult insbesondere den hermeneutischen Umgang mit der Gattung Parabel und das intertextuelle Textverstehen im historischen Kontext. Hier werden relativ komplexe Lernprozesse initiiert. In Texten Franz Kafkas und motivgleichen Texten anderer Epochen reflektieren die Schülerinnen und Schüler grundlegende Fragen der Existenz (Ich-Identität/Künstler und Gesellschaft).

Das dritte Teilkapitel (**„Schreibprozess – Kurzprosa analytisch und gestalterisch interpretieren"**) fördert im Bereich der Arbeitstechniken und Methoden die Eigenständigkeit des Lernens in besonderer Weise. Die Schülerinnen und Schüler durchlaufen den Interpretationsprozess reflektiert und lernen, die Arbeitsergebnisse in einer systematisch organisierten Gliederung zu verschriftlichen. Der Textüberarbeitung wird spezielles Gewicht verliehen; der Vergleich mit einem exemplarischen Schülerbeispiel für eine schriftliche Analyse ist dabei besonders hilfreich.

Das Gesamtkapitel endet mit Vorschlägen zum gestaltenden Interpretieren von Kurzprosa.

Literaturhinweise

Alt, Peter-André: Franz Kafka. Der ewige Sohn. Eine Biographie. Beck, München 2005

Becker, Sabina / Hummel, Christine / Sander, Gabriele: Grundkurs Literaturwissenschaft. Reclam, Stuttgart 2006

Bellmann, Werner / Hummel, Christine: Deutsche Kurzprosa der Gegenwart. Reclam, Stuttgart 2005

Brüning, Ludger / Saum, Tobias: Erfolgreich unterrichten durch kooperatives Lernen. Strategien zur Schüleraktivierung. NDS-Verlag, Essen 2007

Fingerhut, Karlheinz: Kafka für die Schule. Volk und Wissen, Berlin 1996

Fingerhut, Karlheinz: Kennst du Franz Kafka? Bertuch-Verlag, Weimar 2007

Gelfert, Hans-Dieter: Wie interpretiert man eine Novelle und eine Kurzgeschichte? Reclam, Stuttgart 1993

Greiner, Ulrich: Ulrich Greiners Leseverführer. Eine Gebrauchsanweisung zum Lesen schöner Literatur. C. H. Beck, München 2005, S. 13–15

Janssen, Bernd & Sabine: Kreative Methoden für einen lebendigen Deutschunterricht. In: Praxis Deutsch 210/2008

Klüger, Ruth: Frauen lesen anders. dtv, München 2007

Kooperatives Lernen. Praxis Deutsch 205/2007

Lesen beobachten und fördern. Praxis Deutsch 194/2005

Literarisches Lernen. Praxis Deutsch 200/2006

Manguel, Alberto: Eine Geschichte des Lesens. Rowohlt, Reinbek bei Hamburg 2000

Neue kurze Prosa. Praxis Deutsch 206/2007

Pennac, Daniel: Wie ein Roman. Kiepenheuer & Witsch, Köln 1994

Poetisches Schreiben. Praxis Deutsch 193/2005

Schutte, Jürgen: Einführung in die Literaturinterpretation. J. B. Metzler, Stuttgart, 5., aktualisierte und erweiterte Auflage 2005

Waldmann, Günter: Produktiver Umgang mit Literatur im Unterricht. Schneider Verlag Hohengehren, Baltmannsweiler, 6. Auflage 2007

	Inhalte	Kompetenzen Die Schülerinnen und Schüler
S. 16	**1 Realität und Fiktion – Kurzprosa lesen und verstehen**	▪ wenden die Metaplan-Methode an, um ihr Verständnis des Lesens zu klären
S. 16	**1.1 Literatur und Lebenswelt – Warum wir Bücher lesen**	▪ setzen sich mit Sachtexten zum Thema „Lesen" argumentativ auseinander
S. 17	**Lust am Lesen – Erfahrungen mit der erzählten Welt** *Ulrich Greiner:* Über die Lust und das Laster zu lesen *Elke Heidenreich:* Wer nicht liest, ist doof *Max Frisch:* Tagebuch. Beim Lesen	▪ beurteilen Bedeutung, Funktionen, Sinn und Zweck des Lesens kritisch ▪ reflektieren eigene Leseerfahrungen und erkennen die Bedeutung des Lesens für die Teilhabe am kulturellen Leben
S. 20	**Gibt es die richtige Interpretation? – Methoden des Verstehens** Interviews mit *Günter Grass* und *Martin Walser*	▪ erkennen die Offenheit literarischer Deutung und begreifen die Notwendigkeit einer überzeugenden Begründung von Lesarten ▪ hinterfragen provokante Thesen zum Interpretieren literarischer Texte kritisch, verfassen eigene Statements und führen eine Debatte durch
S. 21	**Modell der literarischen Kommunikation und Interpretation**	▪ erklären ein Modell der Literaturinterpretation und beziehen es auf verschiedene literaturwissenschaftliche Methoden
S. 23	**1.2 Ich-Suche und Entfremdung – Kurze Geschichten interpretieren**	▪ analysieren klassische Kurzgeschichten und moderne Kurzprosa im Hinblick auf Thema, Motive, Figuren, Handlung, Erzählstrategien, Sprache, gattungsspezifische Merkmale
S. 23	**Selbstentwürfe und Lebenskrisen – Kurzgeschichten** *Gabriele Wohmann:* Die Klavierstunde *Irene Dische:* Liebe Mom, lieber Dad *Peter Bichsel:* San Salvador *Botho Strauß:* Mikado *Maxim Biller:* Melody Bilder von *H. Matisse, D. Tanning, R. Magritte*	▪ setzen Figurenkonstellationen grafisch oder szenisch um ▪ verändern Kurzgeschichten produktiv-gestaltend ▪ setzen literarische Texte und Gemälde thematisch und formal in Beziehung
S. 31	**„Vor dem Gesetz" – Parabeln zum Motiv der Wahrheit** Parabeln von *Franz Kafka, Martin Buber* und *Bertolt Brecht* *M. C. Escher:* Relativität	▪ analysieren und deuten grundlegende inhaltliche und strukturelle Aspekte ausgewählter Parabeln in ihrer Wirkung ▪ erfassen die existenzielle Bedeutung der Wahrheits- und Künstlerproblematik
S. 35	**„Auf der Galerie" – Parabeln und Gemälde zum Thema Kunst** Parabeln von *Franz Kafka, Heinrich von Kleist* und *Thomas Bernhard* Gemälde von *G. Seurat, E. L. Kirchner* und *H. Toulouse-Lautrec*	▪ beziehen intertextuelle, historische und biografische Dimensionen in die Interpretation ein ▪ setzen die bildkünstlerische und die literarische Gestaltung eines Themas zueinander in Beziehung
S. 38	**1.3 Schreibprozess – Kurzprosa analytisch und gestalterisch interpretieren** *Franz Kafka:* Der Nachbar	▪ üben das Verfahren der schriftlichen Interpretation ein, erproben und reflektieren es ▪ nehmen im Anschluss an die Parabeltexte eigene produktive Schreibversuche vor und reflektieren deren Funktion für den Verstehensprozess

A1 KURZPROSA LESEN UND VERSTEHEN

▶ S. 16 **1.1 Literatur und Lebenswelt – Warum wir Bücher lesen**

1 Das Lesen wird auf beiden Bildern als sehr persönliche, intime Zwiesprache zwischen Leser/in und Text dargestellt. Hohe Konzentration, Interesse, Hingabe und Abgeschiedenheit von der Umgebung kennzeichnen die Figuren. Sie tauchen förmlich in die Welt des Textes ein und erschaffen beim Lesen eine eigene Welt. Die Frau scheint dabei eher zur Informationsentnahme, der Mann eher aus Genuss zu lesen. Die harmonisch-warme Farbgestaltung und die weitgehende Ausblendung des umgebenden Raums mit der Konzentration auf die sehr nahen Figuren unterstreichen die intime Atmosphäre.

2 Die Zitate zeigen das Spektrum möglicher Bedeutungen des Lesens aus der Sicht namhafter Autorinnen und Autoren der Vergangenheit und Gegenwart: Lesen als existenzieller Akt (Kafka, Wolf, Walser, Pamuk), Lesen als Schaffensprozess (Sartre, Schulze), zweckgerichtetes Lesen im Spannungsfeld der Formel „utile et delectare" (Goethe, Walser), geschlechtsspezifisches Lesen (Klüger).

3 Angeregt durch die Bilder und Zitate klären die Schülerinnen und Schüler ihr eigenes Verständnis des literarischen Lesens. Die Metaplan-Methode ermöglicht einen fortschreitenden Reflexionsprozess vom individuellen Standpunkt zur Kontextualisierung im Team, wobei die Schülerinnen und Schüler eine gemeinsame begriffliche Klärung und eine abschließende Beurteilung der unterschiedlichen Zielrichtungen des Lesens vornehmen.

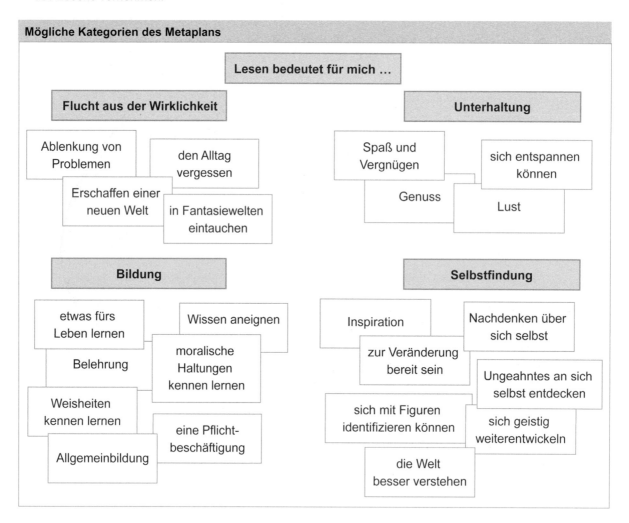

1.1 WARUM WIR BÜCHER LESEN   25

Lust am Lesen – Erfahrungen mit der erzählten Welt

Ulrich Greiner: Über die Lust und das Laster zu lesen   ► S. 17

1 a   Vermutlich widerspricht Greiner den naheliegenden Vorstellungen der Schülerinnen und Schüler vom Sinn des Lesens (Unterhaltung, Lernen).

b   Die Stellungnahmen zu Greiners Eskapismusthese werden unterschiedlich ausfallen. Vertreten Schülerinnen und Schüler die Ansicht, dass Literatur ein geeignetes Medium sei, dem Druck der Wirklichkeit zu entfliehen, sollte bei der Diskussion darauf geachtet werden, dass Eskapismus ohne die Möglichkeit der Rückanbindung an die Wirklichkeit kaum eine sinnvolle Funktion des Lesens darstellt. Lesen verstanden als schöpferische Auseinandersetzung mit eigenen Lebenserfahrungen bringt die fiktionale Scheinwelt der Literatur und die reale Welt des Lesers produktiv miteinander ins Spiel.

2 a   Die Schülerinnen und Schüler verknüpfen die Rolle der Literatur in der Öffentlichkeit zunächst mit dem höheren Bildungsanspruch. Im Vergleich zu anderen Medien, wie z. B. Film, Radio, Computer/Internet, sehen viele Jugendliche die Literatur in ihrer Generation als gleichwertig an. In der Diskussion sollte darauf geachtet werden, die Medien nicht gegeneinander auszuspielen.

b   Hier ist es lohnenswert, von konkreten Beispielen auszugehen, z. B. Thomas Mann, Jean-Paul Sartre, Simone de Beauvoir, Heinrich Böll, Christa Wolf, Günter Grass. Bei allen genannten Autoren bzw. Autorinnen ist der Anspruch, mit der Rolle des Künstlers eine moralische Instanz innerhalb der Gesellschaft zu verbinden, kritisch zu sehen. Häufig werden Schriftsteller im politischen Alltag als Autoritäten zu Rate gezogen. Für das politische Engagement lassen sich verschiedene Gründe aufführen, wie auch die Funktion des literarischen Werkes im Spannungsfeld von engagierter, gesellschaftskritischer Literatur, L'art pour l'art und vorrangig unterhaltender Literatur zu sehen ist. Das Verhältnis von Autor, Erzähler bzw. fiktivem Ich und Text ist äußerst komplex und keinesfalls deckungsgleich. Problematisch wird es, wenn die Biografie eines Künstlers und der moralische Anspruch seines Werks nicht übereinstimmen.

Elke Heidenreich: Wer nicht liest, ist doof   ► S. 18

1 An die Ausgangsthese „Wer nicht liest, ist doof" reiht sich eine Kette von korrespondierenden Folgethesen, die mehr oder weniger explizit verschiedene Qualitäten des Leseakts hervorheben. Die Thesen beziehen sich auf grundlegende Aspekte des Lesens, die den Schülerinnen und Schülern aus der vorhergehenden Arbeit bereits bekannt sein dürften (Lesen als existenzieller Akt, als Bildung, als lustvoller Akt, als intime Kommunikation zwischen Leser und Werk, als Selbstfindung und Weltverstehen).
Z. 7: „Wer nicht liest, ist doof."
Z. 15 f.: „Die Lust an der Literatur ist auch die Lust am Leben."
Z. 28 f.: „Wir sind allein miteinander: das Buch, die Lampe und ich [...]."
Z. 31 f.: „In Wirklichkeit ist jeder Leser, wenn er liest, ein Leser nur seiner selbst." (Proust)
Z. 44: „Was wir erlesen, übersteigt bei Weitem das, was wir erleben [...]."
Z. 61 f.: „Das Lesen [...] ist eine Seinsweise [...]." (Pennac)
Z. 65 f.: „Lesen ist wie atmen." (Manguel)
Z. 71 f.: „die Gegenwelt der Bücher hilft, die reale Welt besser zu begreifen."
Z. 74 f.: „Lesen ist fast immer auch Konflikt, Auseinandersetzung."
Z. 77 f.: „Ich lese [...], also bin ich."
Z. 88: „Natürlich ist Lesen auch Bildung."
Z. 91 ff.: „Literatur ist [...] eine Methode, um die Welt kennen zu lernen."
Diese thetische Form der Argumentation lässt sich nicht in Form eines durchgängig strukturierten Argumentationsschemas (These – Argument – Beleg/Beispiel) darstellen. Die Zitate fungieren zum Teil als Belege und zum Teil liefern sie neue Thesen. Aus manchen Aussagen muss man die Thesen erst erschließen.

2 Angeregt durch die biografischen Schilderungen der Autorin und der zitierten Schriftsteller schildern und reflektieren die Schülerinnen und Schüler Spuren ihrer eigenen Lesebiografie. Im Austausch miteinander sollten sie die Wirkung des Lesens den bereits erarbeiteten oder neuen Kategorien zuordnen.

26 A1 KURZPROSA LESEN UND VERSTEHEN

► S. 19 **Max Frisch: Tagebuch. Beim Lesen**

1 a   Die Rolle des Lesers hängt von der Qualität des Buches ab. Frisch ist der Meinung, dass Bücher, die lediglich belehrend sind, das heißt zum Nachvollzug der Gedanken anregen, nicht bereichern und kaum Vergnügen bereiten. Bücher hingegen, die Leerstellen aufweisen und zur Stellungnahme auffordern, regen den Leser zum Mitdenken, Mitgestalten an. So erschafft er im Akt des Lesens über eigene Gedanken eine eigene Welt.
Die Schülerinnen und Schüler werden neben aktuellen Bestsellern der Unterhaltungsliteratur (z. B. Fantasy-Romane) sicher auch Beispiele aus dem Unterricht anführen. Wichtig ist, dass sie inhaltliche und formale Aspekte aus Romanen erinnern können, in denen sie sich im Leseprozess als aktiv Gestaltende erlebt haben.

   b   **Metaphern** aus dem Bereich der Natur veranschaulichen in Bildern des Blühens, Wachsens, Gedeihens, Fruchtbringens den Prozess des aktiven Lesens: „Wir blühen aus eigenen Zweigen, aber aus der Erde eines andern." (Z. 22 f.) „Sie führen uns in den Wald, wo sich die Wege in Sträuchern und Beeren verlaufen, und wenn wir unsere Taschen gefüllt sehen, glauben wir durchaus, daß wir die Beeren selber gefunden haben." (Z. 38 ff.) Die Bildspender sollten genau benannt werden und den entsprechenden Bildfeldern des Naturbereichs zugeordnet werden. Wichtig ist, dass die Schülerinnen und Schüler entsprechende Assoziationen für den Übertragungsbereich Buch/Lesen/Leser entwickeln. Die **Personifikation** der Bücher unterstreicht den aktiven, lebendigen Austausch zwischen Buch und Leser:
   - „[…] ein Buch, das sich immerfort gescheiter erweist als der Leser […]" (Z. 24 ff.),
   - „Es fehlt ihm die Gabe des Gebens. Es braucht uns nicht." (Z. 31 ff.),
   - „Bücher, die uns […] beschenken, sind mindestens die höflicheren […]" (Z. 34 ff.),
   - „Sie führen uns in den Wald […]" (Z. 38 f.).

2   Im letzten Satz bringt Frisch das Qualitätsmerkmal eines wirksamen Buchs auf den Punkt: „Das Wirksame solcher Bücher aber besteht darin, daß kein Gedanke uns so ernsthaft überzeugen und so lebendig durchdringen kann wie jener, den uns niemand hat aussprechen müssen, den wir für den unseren halten, nur weil er nicht auf dem Papier steht –." (Z. 43 ff.). Die Gedanken, die „nicht auf dem Papier" stehen, sind **Leerstellen**. Sie müssen im Prozess des Lesens mit eigenen Vorstellungen und Empfindungen gefüllt werden.

3   Max Frischs Tagebuchnotiz aus dem Jahr 1946 formuliert einen Grundgedanken der Rezeptionsästhetik, den auch Jean-Paul Sartre 1948 – fast zeitgleich – in seinem Essay „Qu'est-ce que la littérature? / Was ist Literatur?" entwickelt: „Lesen ist gelenktes Schaffen." Sartres These enthält komprimiert die Idee, die die Schülerinnen und Schüler schon zu Beginn des Unterrichtsvorhabens kennen gelernt haben (vgl. S. 16 im Schülerband): „Mit einem Wort: Der Leser hat das Bewusstsein, gleichzeitig zu enthüllen und zu schaffen, im Schaffen zu enthüllen und durch Enthüllen zu schaffen." Im Prozess des Lesens entsteht der Text erst durch die kreative Leistung des Rezipienten.

Gibt es die richtige Interpretation? – Methoden des Verstehens

► S. 20 **Günter Grass: „Es herrscht vor die Interpretationssucht"** (Interview)

► S. 20 **Martin Walser: „Es gibt nur subjektive Interpretation"** (Interview)

1   Grass problematisiert in dem Interview die Funktion von Lesen und literarischem Verstehen im Deutschunterricht. Nach seiner Meinung ist die schulische Behandlung von Literatur einseitig ausgerichtet auf ein analytisches Interpretieren der Texte mit dem Anspruch, es gäbe ein eindeutiges Verständnis des Textes. Der Anspruch des Lesers auf eine individuelle Auseinandersetzung mit dem Text werde im Unterricht unterbunden. Dieser Umgang mit Literatur „tötet in einem sehr frühen Alter die Lust am Lesen ab" (Z. 23 f.). Dem Grundsatz der Vieldeutigkeit ästhetischer Texte werde ein solcher Unterricht nicht gerecht. In den Lernbiografien der Schülerinnen und Schüler finden sich vermutlich Erfahrungen mit beiden unterrichtlichen Haltungen zur Literaturinterpretation. Bei der Auswertung der Stellungnahmen sollte deutlich werden, dass individuelle Interpretationsansätze eine unverzichtbare Voraussetzung für einen adäquaten Umgang mit Texten sind, dass diese aber stets in einem argumentativen Bezug zum Text und zu anderen Lesarten stehen müssen.

2 Auf die These von der Vieldeutigkeit literarischer Texte geht auch Walser ein. Sein Fazit lautet, dass es nur subjektive – und damit vielfache – Deutungen eines Textes geben kann. Die Ausführungen von Frisch und Sartre können die Schülerinnen und Schüler hier noch einmal in aller Klarheit weiterentwickelt sehen: „[…] jeder Leser schreibt lesend sein Buch" (Z. 22 f.).
Es gibt keine richtige Version des Textverstehens, sondern nur eine überzeugende Argumentation für eine Deutung. Dieser Gedanke lässt sich für eine didaktische Rechtfertigung eines sach- und schülerbezogenen Umgangs mit Literatur im Unterricht nutzen. Die Schülerinnen und Schüler gewinnen Einsicht in die **Offenheit von Literatur**. Ein mögliches Ergebnis der Placemat-Arbeit könnte demnach sein, dass sich die Schülerinnen und Schüler einen Deutschunterricht wünschen, der einerseits produktiv-gestaltende Methoden des Textverstehens zulässt und andererseits im heuristisch-analytischen Bereich nicht vom Anspruch einer einzigen richtigen Interpretation ausgeht, sondern von der **überzeugenden Begründung des eigenen Textverständnisses**. Aus pädagogischer Sicht erfordert dies Eigenverantwortlichkeit auf Seiten der Schüler und beratende Hilfestellung auf Seiten der Lehrer.

3 Zur Durchführung der Debatte siehe Kapitel A4.1 (Eine Debatte organisieren), S. 77 ff. im Schülerband und S. 92 f. in diesen Handreichungen.

Modell der literarischen Kommunikation und Interpretation ▶ S. 21

1 Das Modell geht von zwei Positionen aus: Text und Kontext. Der Text steht einerseits für sich und kann andererseits je nach Produktions-, Vermittlungs- und Rezeptionsbedingungen unterschiedlich wahrgenommen werden. Diese drei Bedingungen sind wiederum abhängig von ihrem historischen, sozialen, politischen und kulturellen Zusammenhang.
Tragende literaturwissenschaftliche Methoden lassen sich weitgehend in drei Betrachtungsweisen einteilen: Je nachdem, ob Autor/in, Text oder Leser/in im Vordergrund der Interpretation stehen sollen, wendet man die produktionsorientierte, werkimmanente oder rezeptionsorientierte Methode an. Den Schülerinnen und Schülern werden die unterschiedlichen Ansätze vermutlich bekannt sein; vielfach fehlen aber präzise Fachbegriffe. Abgrenzungen und Überschneidungen der methodischen Ansätze sollten bewusst gemacht werden.

2 Bezogen auf das Modell werden die Schülerinnen und Schüler bei der Verortung der **hermeneutischen Methode** das Dreieck Autor/in – Text – Leser/in in den Blick nehmen. Bei der Erklärung der hermeneutischen Methode sollten sie die wichtige Unterscheidung zwischen aktuellem Verstehenshorizont des Lesers und geschichtlichem Horizont des Autors und seiner Epoche beachten. Von da aus entwickelt sich im hermeneutischen Zirkel des Textverstehens ein sich wiederholender Prozess von vorläufigem subjektiven Textverständnis und dessen Überprüfung am Text sowie seinen historischen Voraussetzungen. Das Textverständnis wird mit jedem Durchlaufen der Schritte differenzierter, klarer und besser begründet.

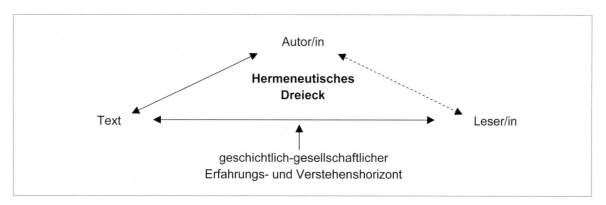

Eine Renaissance der hermeneutischen Literaturbetrachtung hat der Philosoph Hans-Georg Gadamer (1900–2002) mit seinem 1959 herausgegebenen Buch „Wahrheit und Methode" hervorgerufen. Die alte umfassende Fragestellung der Hermeneutik rückt wieder in den Vordergrund einer Theorie des Verstehens: Welche grundlegenden Bedingungen steuern den Verständigungsprozess bei der Deutung literarischer Texte? Gadamer erklärt die Möglichkeit, einen Text zu erfassen, mit der „Verschmelzung" des geschichtlichen und des gegenwärtigen Verstehenshorizonts. Die „Überlieferung, aus der wir kommen", gilt Gadamer als Grundlage für den Wahrheitsanspruch eines Textes.

Die gegenwärtige Diskussion eines **kritisch-hermeneutischen Literaturverstehens** versucht, gerade die Tradition kritisch zu hinterfragen. In der Aneignung literarischer Werke und in der Anwendung ihres Sinngehalts auf die aktuelle Lebenspraxis des Verstehenden muss sich der geschichtlich vermittelte Wahrheitsanspruch der Texte erst erweisen.

Die **dekonstruktivistische Methode** setzt ein Verständnis der Hermeneutik voraus. Entscheidend ist, dass die Schülerinnen und Schüler sich die Voraussetzung dieser gegenwärtig führenden Interpretationsmethode klarmachen. Die Dekonstruktivisten gehen von der Grundannahme aus, dass den Texten kein einheitlicher Sinngehalt zu Grunde liegt. Ein geschlossenes Sinngefüge als Ergebnis des Interpretationsprozesses wird radikal in Frage gestellt. Veränderungen und Facettenreichtum bestimmen die Analyse. Texte stehen in einem sehr komplexen intertextuellen Zusammenhang, sodass sich vielfältige Bezüge herstellen lassen, die in ihrer Kombinierbarkeit ein immer wechselndes Bild erzeugen.

Vorschlag für ein Tafelbild:

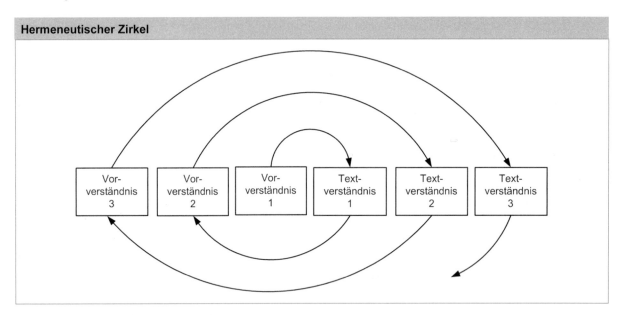

Das Ganze wird aus dem Einzelnen und das Einzelne aus dem Ganzen heraus verstanden (spiralförmiger Prozess des Verstehens).

Weiterführendes Material zu diesem Teilkapitel findet sich auf der beiliegenden CD:
- *Daniel Pennac:* Die Rechte des Lesers (1994)

1.2 Ich-Suche und Entfremdung – Kurze Geschichten interpretieren

Selbstentwürfe und Lebenskrisen – Kurzgeschichten

Gabriele Wohmann: Die Klavierstunde (1966) ▶ S. 23

1 a Die Kurzgeschichte „Die Klavierstunde" ist durch ein personales Erzählverhalten gekennzeichnet. In einer multiperspektivischen Montage wird eine Alltagsszene aus der Perspektive zweier Figuren dargestellt, hinter denen der Erzähler bzw. die Erzählerin verschwindet. Die erzählerischen Mittel der erlebten Rede und des inneren Monologs verdeutlichen in besonderer Weise die Innenperspektive der Figuren. Ungeordnete, vielfältige Wahrnehmungen, Gefühle, Assoziationen, Gedankenfetzen (bezeichnend dafür die kurzen, z. T. unvollständigen Sätze) bestimmen das Erzählen. Man kann die in einer Engführung (die Abschnitte werden immer kürzer) sich dramatisch zuspitzende Wiedergabe der Bewusstseinsinhalte durchaus als szenisches Erzählen auffassen. Erzählzeit und erzählte Zeit kommen nahezu zur Deckung. Der Leser wird unvermittelt in die Szene hineinversetzt, in der er sich zunächst kaum zurechtfindet. Eine Identifikationsfigur bietet sich nicht an.

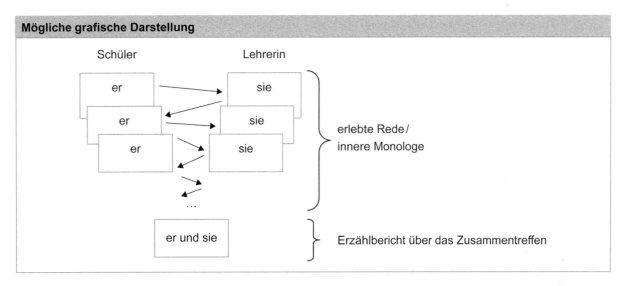

Mögliche grafische Darstellung

b Die psychische Situation der Figuren und die Wahrnehmung ihrer Umwelt werden vornehmlich durch metaphorische Wendungen und eine negativ gefärbte Wortwahl geprägt. Punktuelle Aufhellungen der Gemüter, die durch entsprechende positive Begriffe beschrieben werden, werden durch die dominierende Negativwahrnehmung wieder verdeckt.
- **Metaphern:** „[…] die schläfrige Hitze zwischen den Hauswänden im breiten Schacht der Straße" (Z. 3 ff.), „hämmernde Leere hinter der faltigen Stirnwand" (Z. 36 f.), „Reklameband, das sich durchs Halbdunkel ihres Bewußtseins schob" (Z. 53 ff.), „Das hellbeschriftete Reklameband erleuchtete die dämmrigen Bewußtseinskammern" (Z. 79 ff.), „Die Klingel zerriß die Leuchtschrift" (Z. 123 f.)
- **Wortwahl mit negativer Konnotation (vor allem Adjektive, Partizipien):** schläfrig, feindselig, hartnäckig, fürchterlich, trocken, still, finster, gähnend, seufzend, knochig, tränend, müde, renitent, hämmernd, starr, freudlos, verschwitzt, gefühllos, abgegriffen, beharrlich, stumm, düster, verworren, abstoßend, dämmrig, hart, fremd, grau, unerträglich, verblichen, trüb, unfarbig, leblos, steif, hart, platt, jammernd, widerlich, humorlos
- **Wortwahl mit positiver Konnotation (Nomen, Wertbegriffe):** „Freiheit" (Z. 16), „Lebendigkeit" (Z. 56), „Aktivität" (Z. 61)

2 Durch die beiden kurz aufeinander folgenden Positivbegriffe „Lebendigkeit" (Z. 56) und „Aktivität" (Z. 61) wird eine Veränderung der Stimmung angerissen. Der Frau wird die Möglichkeit bewusst, den Jungen wegzuschicken (Z. 55). Der Junge imaginiert das „glatte, warme Holz einer Rollerlenkstange" (Z. 68 f.) und entwickelt den Wunsch, „den Geruch von Seife" (Z. 73) wegzubekommen. Ab diesem Punkt die Geschichte umgestaltend weiterzuerzählen, bietet für die Schülerinnen und Schüler die Chance, das Problem der gestörten Beziehung positiv zu wenden, dadurch dass die Figuren zu sich selbst finden bzw. stehen. Darüber hinaus lernen die Schülerinnen und Schüler, im kreativen Verfahren vorgegebene ästhetische Gestaltungsmittel eigenständig zu erproben.

30   A1 KURZPROSA LESEN UND VERSTEHEN

Weitere produktiv-gestaltende Aufgabe: Schüler und Lehrerin durchleben jeweils einen inneren Konflikt. Entwerfen Sie Dialoge, welche die jeweils widerstreitenden Stimmen in den beiden Figuren zum Ausdruck bringen.

▶ S. 23   **Henri Matisse: Die Klavierstunde** (1916)

3   Das Gemälde von Matisse zeigt seinen Sohn Pierre am Klavier im Wohnhaus der Familie Matisse. Das Bild enthält viele Selbstzitate, so z. B. die Frau im Hintergrund, die seine Kunstkritikerin Germaine Raynal so zeigt, wie der Künstler sie auf seinem Bild „Frau auf dem Hocker" 1914 porträtierte. Am unteren linken Bildrand ist Matisses Bronzeplastik „Dekorative Figur" von 1908 abgebildet. Beide Frauenfiguren markieren Gegensätze wie Bewegung/Sinnlichkeit/Ornament und Strenge/Kontrolle/Geometrie. Die abstrakten Formen, die den flächigen Bildraum grafisch zerteilen (die Form des Dreiecks wird variantenreich wiederholt), unterstreichen die Trennung der Figuren in unterschiedliche Realitätsebenen und damit ihre Isolation und ihre rigorose Kommunikationslosigkeit.

Dennoch könnte das Gemälde eine Illustration der Kurzgeschichte von Wohmann sein. Die Bildmotive und die Stimmung der Figuren sind nahezu deckungsgleich, sodass die Wirkungen von Text und Bild korrespondieren. Die Betrachter des Bildes sind aufgefordert, die Innenwelt der Figuren (Gedanken und Empfindungen) imaginär auszugestalten.

- Figuren in ihrer Charakteristik und psychischen Disposition: sie als schemenhafte, graue Gestalt mit leerem Kopf, nur angedeutetem Körper, steif, erhoben sitzend, beobachtend; er in starker physischer Präsenz im Bildvordergrund mit dem Schrecken im Gesicht und einem Schatten, der wie ein Schnitt wirkt.
- Gegenstände wie Metronom (neben der erloschenen Kerze und der Musik ein Sinnbild für die vergehende Zeit), Klavier und weiteres Mobiliar bis hin zum „verschnörkelten Eisengitter".
- Raum, Bildaufbau: ungeklärte graue Fläche ohne räumlich-perspektivische Struktur, Distanz der Figuren; abstrakte Formen trennen die Figuren von der Außenwelt (Fenster mit grüner Fläche).
- Farbe: Die Umgebung wird in der Geschichte als „verblichen", „unfarbig", „schwachgemustert", „grau", „schwarz" wahrgenommen. Diese Farbigkeit bestimmt auch das Bild: Der größte Flächenanteil ist grau, eigentlich stärkere Farben wie Rot und Grün (Komplementärkontrast) sind getrübt, sodass die Farbigkeit insgesamt matt und ausgelaugt wirkt.

▶ S. 25   **Irene Dische: Liebe Mom, lieber Dad** (2007)

1 a   Die Ich-Erzählerin kleidet die Geschichte in Form eines Briefes. Der Brief ist zweigeteilt. Ab Z. 88 (Wendepunkt) beginnt er mit der wiederholten Anrede neu und entlarvt den vorherigen Absatz als Täuschung und Lüge. Auf die Leser wirkt der Bruch schockhaft und irritierend.
Der Unfallhergang und seine Folgen werden mit äußerster Spannung sehr detailfixiert geschildert. Am Wendepunkt wird die drastische Dramatik gebrochen und in eine völlig unerwartete positive Richtung gewendet. Die Motive der Schwangerschaft und Heirat werden wie selbstverständlich mit dem Bild der heilen Familie in Einklang gebracht („[…] ich hoffe, Ihr besucht uns bald mal", Z. 98 f.). Auch die Grußformel „In Liebe Eure Tochter Sarah" (Z. 100 f.) suggeriert Harmonie. Inwieweit diese allerdings tatsächlich vorhanden ist, bleibt vor dem Hintergrund der Drastik fraglich; man könnte sie auch als Sarkasmus lesen.
Das Schuldbekenntnis der Briefschreiberin vor dem Wendepunkt lässt sich auch als Aufforderung an die Eltern lesen, ihre eigene Schuld zu erkennen.

b   Sprachliche Mittel: Anaphorik, Parallelismen (z. B. „Ich fuhr […]. „Ich konnte […]. Ich fuhr […]. Ich fuhr […]. Ich stand […]. Ich geriet", Z. 37 ff.); stakkatohafte Aufzählungen (z. B. „Das Gesicht ist völlig kaputt – die Nase gebrochen, die Wangenknochen gebrochen, ein Riss in der Stirn, sieben Rippen, der linke Arm und die linke Hand an fünf Stellen gebrochen", Z. 63 ff.); asyndetische Reihungen (z. B. „Die übrige Zeit war ich allein. Ich habe vier Operationen hinter mir – in vier Wochen. Im Gesicht werde ich noch operiert. Vielleicht kann ich nie mehr richtig laufen. Kinder werde ich auch keine bekommen können", Z. 77 ff.); die gesamte Darstellung ist hyperbelhaft und verzerrt. Die adversative Syntax mittels der Konjunktion aber veranschaulicht das Grundmuster des Briefes, Brüche und Wendungen im psychischen Erleben der Wirklichkeit: Z. 6, 34, 36, 58, 82, 91.
Das Dilemma der Ich-Erzählerin, ihre innere Verletzung nicht verarbeiten zu können, sondern sie als äußere Entstellung und physische Vernichtung darzustellen, spiegelt sich in der Äußerung über den überlebenden indischen Jungen: „Er aber hat nicht die kleinste Schramme, die ihn von der neuen Wirklichkeit wenigstens einen Moment lang ablenken könnte." (Z. 58 ff.)

1.2 KURZE GESCHICHTEN INTERPRETIEREN

c Indem die Schülerinnen und Schüler Reaktionsmöglichkeiten der Eltern durchspielen, erfassen sie deren Rollenverhalten. Sie akzeptierten ihre Tochter bisher nur, solange sie ihren Rollenerwartungen entsprach. Eine eigene Identität gestehen sie ihr nicht zu. Die Chance einer Verhaltensänderung auf Seiten der Eltern ist durch den Brief gegeben, aber nicht sicher. Die schockartige Dramaturgie kann sowohl endgültig abschrecken als auch eine Wende in der Beziehung einleiten.

2 Sinnvoll ist eine Visualisierung in Form eines Beziehungsdiagramms:

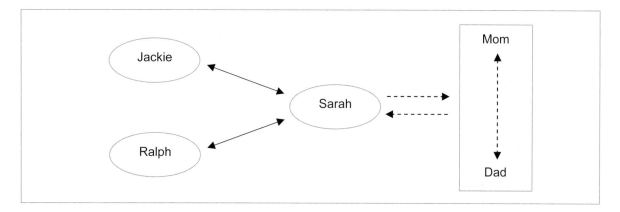

- Mom und Dad: stereotype Beziehung mit gestörter Kommunikation (vgl. Z. 30 ff.)
- Eltern → Tochter: wechselseitig gestörtes Verhältnis (Tochter soll sich anpassen)
- Tochter → Eltern: wechselseitig gestörtes Verhältnis (Eltern sollen ihre Identität akzeptieren)
- Sarah und Ralph: Liebesbeziehung / Ehepaar
- Sarah und Jackie: enge Freundschaft

3 Die Standbild- und Alter-Ego-Technik (vgl. S. 174 im Schülerband) eignet sich vorzüglich, um die analysierten Beziehungen in einem szenischen Verfahren zu vertiefen. Das Zusammenspiel von nonverbaler und verbaler Kommunikation ermöglicht ein emotionales und gleichzeitig kognitives Erfassen der Figurenkonstellation. Im spielerischen Umgang mit dem Text erweitert sich der interpretative Horizont.

4 Die Dialoge können Vorlage für ein Rollenspiel sein, in dem eine Lösung der Beziehungsstörung durch metakommunikatives Handeln angestrebt wird.

Dorothea Tanning: **Familienporträt** (1954) ▶ S. 25

5 Im Bild der surrealistischen Malerin werden familiäre Probleme thematisiert. Das äußerst wohlerzogen wirkende Mädchen schaut uns wach und aufmerksam an. Sie, der Hund, der Tisch und das Zimmer sind in den Proportionen aufeinander abgestimmt. Die Eltern hingegen wirken – in der Fantasie der Tochter – grotesk verfremdet: Wie eine bedrohliche Vision erscheinen die strengen Züge des mächtigen Vaters über der Szene. Die Mutter hingegen ist – möglicherweise als Resultat jahrelanger Unterdrückung – auf eine lächerliche Größe geschrumpft.
Das Mädchen kann noch so züchtig und gehorsam am elterlichen Tisch sitzen – jeden Augenblick wird sie sich gegen strenge Erziehung und Unverständnis auflehnen, sich erheben und das Elternhaus verlassen. Allzu deutlich spürt man die Kraft ihres reifenden Körpers und die Eindringlichkeit ihres sehnsüchtigen Blicks.
In der grotesken Verfremdung und in der von Unverständnis geprägten Familienkonstellation liegen Vergleichsaspekte zwischen dem Gemälde und der Geschichte von Irene Dische. So wie im wachen Blick der Tochter eine Aufforderung an den Betrachter liegt, Stellung zur Situation zu nehmen, zieht die Ich-Erzählerin in der Geschichte den Leser suggestiv auf ihre Seite.

Peter Bichsel: **San Salvador** (1964) ▶ S. 26

1 Die Schülerinnen und Schüler könnten in Form eines Brainwritings ihre Assoziationen zum Titel aufschreiben. Vermutlich kennen sie San Salvador, die Hauptstadt des südamerikanischen Staates El Salvador, nicht und werden ähnlich wie der Protagonist Assoziationen zur Ferne und zu südlichen Gefilden entwickeln. Wer die spanische Sprache beherrscht, kann den Namen der Stadt mit „Heiliger Retter" übersetzen und den Begriff mit der Vorstellung der Rettung aus einem tristen Alltag verknüpfen.

A1 KURZPROSA LESEN UND VERSTEHEN

2/3 Die Kurzgeschichte thematisiert die problematisch gewordene Beziehung der Eheleute Paul und Hildegard. Aus dem ziellosen Ausprobieren eines neu gekauften Füllers ergibt sich ein Schlüsselsatz („Mir ist es hier zu kalt, ich gehe nach Südamerika"), der das für den Protagonisten verdeckte Beziehungsproblem virulent macht. Eine Fluchtfantasie wird mit einer möglichen Realität konfrontiert. Der Titel „San Salvador" sowie die Begriffe „Südamerika", „Palmen" und „kalt" fungieren als metaphorisches Assoziationspotenzial. In seiner Vorstellung überträgt Paul das gewohnte, ritualisierte Rollenverhalten seiner Frau Hildegard auf die fantasierte Situation. Die Rollenübernahme orientiert sich vorwiegend an gestischen und mimischen Details, deren Wiederholungscharakter für die Perspektivfigur Paul die Monotonie der Beziehung repräsentiert.

Sprachlich gestaltet der personale Erzähler die fantasierte Szene mit Hilfe des Konjunktivs und der erlebten Rede, während die Monotonie der Beziehung sich im wiederholenden und reihenden parataktischen Stil (achtmal „dann") des Erzählberichts spiegelt. Zum Schluss holt die Realität des gewohnten Alltags den Protagonisten wieder ein. Die bereits zum dritten Mal wiederholte Wendung „saß da" deutet darauf hin, dass das alltägliche Ritual den fantasierten Ausbruch aus der Beziehung überlebt. Eine Metakommunikation im Sinne von Lösungsversuchen findet nicht statt.

Um die Erzählstruktur zu verdeutlichen, bietet sich die Form einer Tabelle an, bei der die Schritte der inneren und äußeren Handlung gegenübergestellt werden.

Erzählstruktur der Kurzgeschichte „San Salvador"		
äußere Handlung und ihre sprachliche Gestaltung	**innere Handlung und ihre sprachliche Gestaltung**	
• Ausprobieren des neuen Füllers • Schlüsselsatz („Mir ist es hier zu kalt […]") fließt aus der Feder • Sitzen • Aufräumen • Radio abdrehen • Rückkehr Hildegards • reihender, parataktischer Stil („dann") • Wiederholungen („saß da")	Gedanken und Vorstellungen Pauls: • Leben in Südamerika • Reaktionen Hildegards auf das Verschwinden des Ehemanns in Form von mimischem und gestischem Verhalten	• Konjunktivsignal der erlebten Rede • Verdichtung der Reaktionen Hildegards in Form einer sprachlichen Trias („lächeln", „verzweifeln", „sich […] abfinden", Z. 37 f.)

4 Peter Bichsels „San Salvador" ist exemplarisch für die Alltagskurzgeschichte der 1960er-Jahre. Die entscheidenden Gattungsmerkmale sind ausgestaltet: Kürze, unvermittelter Anfang und offenes Ende, Verdichtung eines existenziellen Problems auf einen Moment im ansonsten belanglosen Alltagsgeschehen, Verwendung von Alltagssprache, stereotype Syntax (Wiederholung von „dann"), Mehrdeutigkeit von Begriffen (z. B. „San Salvador", „Wellenlinien", „kalt", „Südamerika", „dunkel", „Palmen"), personales Erzählverhalten aus der Sicht einer Figur mit den sprachlichen Mitteln der erlebten Rede („dachte", Konjunktivsignale).

5 Weitere produktiv-gestaltende Aufgaben:
- Tagebucheintrag Hildegards über ihren Ehealltag mit Paul
- Hildegard sieht den Brief Pauls auf dem Tisch liegen. Beide nutzen ihn als Anlass für ein klärendes Gespräch.

▶ S. 27 **Botho Strauß: Mikado** (2006)

Die Geschichten aus Botho Strauß' Erzählband „Mikado" durchziehen die Grundmotive der Verwandlung, Rätselhaftigkeit, Verwirrung. Die Idee eines autonomen Subjekts, das sich seiner Identität sicher ist, unterwandert der Autor in vielen Facetten des Alltagslebens. Spiegelungen und Brechungen des Ichs haben Auswirkungen auf die Wahrnehmung und die zwischenmenschlichen Beziehungen. Fantasie und Realität vermischen sich wie im Traum, sodass die scheinbar vertraute Welt des Alltags zum irritierenden Labyrinth mutiert.

1.2 KURZE GESCHICHTEN INTERPRETIEREN

1 Aspekte einer systematischen Untersuchung:

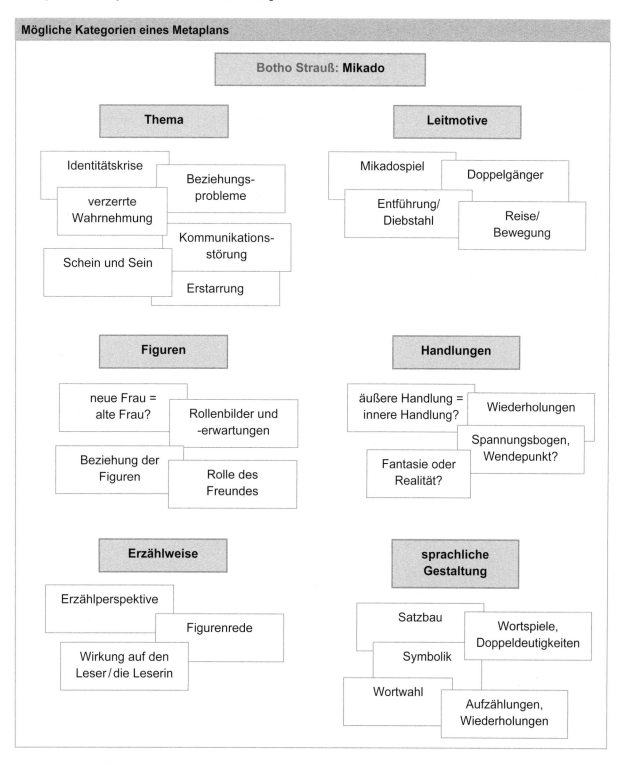

34 A1 KURZPROSA LESEN UND VERSTEHEN

2 a Charakterprofile

Mann der Entführten	neue Frau	alte Frau
verstört (Z. 19) **verwirrt** (Z. 23 f.)	**hübsch und ungezwungen** (Z. 10, 126) ◄──► neu (Z. 11) jung (Z. 96) hübsch und rund (Z. 101)	schief lächelnd (Z. 123)
unbeholfen (Z. 55) **übernächtigt** (Z. 27 f.) ◄──► ungehalten (Z. 74) unentschlossen/zögerlich (Z. 111–115, 154 ff.) verändert, aufgeräumt (Z. 130) burschikos (Z. 133)	**schlagfertig und geistesgegenwärtig** (Z. 12) **wachsam** (Z. 11), **hell und munter** (Z. 26 f.) einfühlsam (Z. 46) **naiv, bedenkenlos patent** (Z. 51) ◄──► falsch (Z. 52, 75) **sportlich** (Z. 31–40) ◄──► **Fahrradflickerin**/Heimwerkerin/Geschickte ◄──► (Z. 37, 51, 116/125)	**dezent** (Z. 123 f.) **gelehrt** (Z. 39, 50) **unsportlich** (Z. 34) **Gelehrte** (Z. 108, 123)
unruhig (Z. 138, 147) ◄──► **latent aggressiv** (Z. 150 f.) ◄──►	**ruhig** (Z. 136, 140) **offen aggressiv** (Z. 143 ff.), unfriedlich (Z. 145)	

! *Mindestens die fett gedruckten Eigenschaften sollten von den Schülerinnen und Schülern herausgefunden werden.*

Im Charakterprofil zeigt sich, dass es Kontraste zwischen den Figuren und ihrem Verhalten gibt. Auffällig ist, dass die „alte" Frau wenig differenziert charakterisiert wird. Der Mann ist nicht nur verwirrt und übernächtigt (Wahrnehmungstäuschung), sondern scheint auch – was für die Schülerinnen und Schüler schwerer zu erschließen ist –, Veränderung abzulehnen. So möchte er jeden Wandel in seiner Beziehung verhindern. Seine Rollenerwartungen an die Partnerin lassen eine Entwicklung und Neuorientierung nicht zu. Der stabile, stagnierende Alltag des Ehepaars gerät ins Wanken, dadurch dass die Frau sich plötzlich in ihrem Verhalten / ihren Interessen etc. verändert oder ihm plötzlich ihr wahrer Charakter erst auffällt. Der Mann nimmt die „neue" Frau als selbstbewusst, aktiv und eigenständig wahr, während seine „alte" Frau ihm eher zurückhaltend und unauffällig erschien. Die Andeutung „Man lädt die besten Freunde ein, und irgendein Dieb ist immer darunter" (Z. 72 f.) legt nahe, dass der ebenfalls verwandelte Freund eine Rolle für die Veränderung der Frau spielen könnte.

b Wiederholungen und Entsprechungen auf der Inhaltsebene:
- Entführung der Frau – Diebstahl der Tasche
- verwandelte Frau – verwandelter Freund
- „dies lähmende Vorausgefühl" (jetzt, Z. 58 f. – Madrid, Z. 66)
- Mikadospiel mit der „alten" Frau – Mikadospiel mit der „neuen" Frau („Dieselbe Bemerkung", Z. 124 f.)
- Unentschlossenheit, mangelnde Bereitschaft, eine Entscheidung zu treffen (Z. 111–115 und Z. 154–159)
- Ablehnung bzw. „Vernichtung" der Ehefrau: Am Ende der Geschichte vollzieht der Mann in Gedanken die Beseitigung seiner Partnerin, die sich eloquent, selbstbewusst usw. gibt. Möglicherweise hat er Ähnliches am Anfang der Geschichte mit der „alten" Frau mit ihren „alten" Eigenschaften gemacht: Er hat sie sich in Gedanken weggewünscht.

c Sprachliche Gestaltung und Erzählweise:
- Wortspiel: „Die ihm Zu-, jedoch nicht Zurückgeführte" (Z. 9)
- Doppeldeutigkeit/Homonym: die „Geschickte" (Z. 116/125)
- Kontraste: „dunkelste" (Z. 25) – „helle" (Z. 26); „ruhige Hand" (Z. 136) – „unruhige" Hand (Z. 138)

1.2 KURZE GESCHICHTEN INTERPRETIEREN   **35**

- Gestaltung der Figurenrede:
  - indirekte Rede: „[…] gab sie zu verstehen, ihr Mann habe […], er sei […], dass er sie nicht […] wiedererkenne. Solch eine Verstörung sei […] nichts Ungewöhnliches und werde sich bald wieder geben." (Z. 14 ff.)
  - Dialog: z. B. „Ganz verstehe ich es immer noch nicht, sagte er […]. Sie lächelte hinter flimmernden Speichen und sagte: […]" (Z. 54–78)
  - erlebte Rede: z. B.: „Eine Fahrradflickerin!, dachte der Mann, der ihr eine Weile bei den Verrichtungen zusah. Eine gelehrte Frau habe ich verloren und dafür eine Fahrradflickerin bekommen!" (Z. 37 ff.), „Da dachte der Mann der Entführten: Es muss doch wohl an mir liegen." (Z. 89 ff.), „Eines Tages würde sich alles klären. Oder aber es würde sich niemals klären." (Z. 110 ff.), „Gestoßen und gestochen. Nicht jetzt. Aber eines Morgens, ja. Eines Morgens bestimmt." (Z. 154 ff.)
- Symbolik:
  - Fahrrad = Bewegung
  - Mikadospiel = Vermeidung von Bewegung und Berührung

3 Entwicklung der Gefühle des Mannes, z. B.: Empörung (Z. 38 ff.), Glückserwartung (Z. 41 ff.), Zweifel (Z. 44 f.), Wut (Z. 72 ff.), Ohnmacht (Z. 110 ff.), Anpassung (Z. 129 ff.), Erniedrigung (Z. 149 ff.).
Das sprachliche Spiel mit den kontrastiven Charaktermerkmalen der Figuren und den Brechungen im System der Figurenrede, insbesondere die breit entfaltete Technik der erlebten Rede, findet eine Entsprechung im Kernproblem der Erzählung: Der innere Konflikt des Protagonisten beruht weitgehend auf einer psychischen Irritation, die zu einer verzerrten Wahrnehmung der Wirklichkeit führt. Die Geschichte ist so konstruiert, dass die Leserin / der Leser durch die Verschmelzung bzw. Überlagerung von Realität und Fantasie so wie der Protagonist Gefahr läuft, innere und äußere Handlung nicht mehr klar unterscheiden zu können. Zunächst bleibt für den Rezipienten offen, ob die „alte" und die „neue" Frau identisch, ob Verhaltens- und Wesensänderungen nur gedacht oder tatsächlich sind. Die Spiegelung bzw. Wiederholung von Motiven (siehe Aufgabe 2b) legt nahe, dass die Doppelgängerin als identische Person gesehen werden muss. Die Wahrnehmung des Protagonisten vollzieht sich als ein Prozess von Verzerrungen und Täuschungen. Ursache dafür könnte die Verdrängung der Realität sein. Konflikte im bislang scheinbar problemlosen, unauffälligen Ehealltag lassen sich nicht mehr verdrängen. Wie in einem Albtraum brechen sie plötzlich hervor und werden für den geistig starren, Neues ablehnenden und passiven Ehemann zu einem labyrinthhaften Rätsel, das nicht mehr gelöst werden kann.

René Magritte: Die Liebenden (1928)   ► S. 28

4 Magritte wie Strauß spielen mit dem Problem von Identität und Wahrnehmung der Wirklichkeit. Auf dem Gemälde erscheinen die Partner ähnlich wie in der Erzählung zugleich in intimer Nähe und in unüberbrückbarer Distanz. Der Verhüllung der Köpfe kann symbolisch für Fremdheit und Isolation, für das Nicht-Erkennen stehen. Die wechselseitige Wahrnehmung der Partner ist nicht offen und bleibt rätselhaft.

Maxim Biller: Melody (2007)   ► S. 30

Die Geschichte ist der Sammlung von Kurzprosatexten „Liebe Heute. Short stories" entnommen. Maxim Biller schildert darin in lakonischer Sprache heutige Liebeskonzepte in ihren vielfältigen Variationen. Der aus Prag stammende jüdische Autor spiegelt in seinen Texten auch eigene Lebenserfahrungen.

1 Interpretation der Geschichte anhand vorgegebener Fragen (vgl. S. 31 im Schülerband):
- **Thema und Motive:** Identität und Selbstverwirklichung in der Zweierbeziehung (Partnerschaftskrisen, Suche nach dem idealen Partner), Künstler- und Sprachkrise (Verstummen, Schweigen des Schriftstellers), Doppelgängermotiv (Variationen der Iva-Figur), religiöse Identität (Konversion zum jüdischen Glauben, Synagogenbesuch, Beschneidung).
- **Figuren/Beziehung:** Nach vielfachem Wechsel schließt sich der Kreis im Beziehungsgefüge: Nach dem Tod Ivas sieht Thomas in seiner neuen Partnerin Melody die Wiedergängerin der Verstorbenen (Z. 22). Melodys Nachfolgerin Andrea geht es nicht anders (Z. 30 ff.). Andreas Nachfolgerin Judita müsste eigentlich die ideale Frau sein, da sie Merkmale von Melody und Andrea vereint (Z. 67 ff.) und zudem – wie inzwischen auch Thomas – jüdischen Glaubens ist. Dennoch währt diese Beziehung am kürzesten (Z. 70). Thomas kehrt zu Melody zurück, und obwohl es ihnen „gut" geht (Z. 77), wird die fortdauernde Gegenwart Ivas in Thomas' Leben weiterhin als Problem der Beziehung bestehen bleiben (Z. 75).

36 A1 KURZPROSA LESEN UND VERSTEHEN

Auf der Ebene des Beziehungsgefüges gibt es neben den Wiederholungen eine Spiegelung: Melody verliebt sich wieder in ihren alten Freund Abe, so wie sich Thomas später wieder in seine alte Freundin Melody verliebt.

Die Hauptfigur Thomas verliert im Lauf der wechselnden Beziehungen stetig an Kraft und Lebensmut. Seine Tätigkeit als Schriftsteller kommt fast zum Erliegen (Z. 13 ff., 25 f., 41 f., 57 ff.).

- **Handlungen / Ereignisse / Aufbau der Erzählung:** Der Kreisverlauf der Handlung, Wiederholungen und Spiegelungen (s. o.) bestimmen den Aufbau der Erzählung. Interessant sind die harten Schnitte, mit denen die einzelnen Ereignisse (Liebesepisoden) aufeinanderstoßen (z. B. Z. 50 ff.: „Thomas traf in Frankfurt auf der Straße Andrea wieder, und sie bekamen einen Sohn.").
- **Ort, Zeitstruktur und Atmosphäre:** schneller Wechsel der Orte (Florenz/Chicago, Paris, New York, Frankfurt, Tel Aviv, Paris); ausgedehnte erzählte Zeit (sieben Jahre) – kürzeste Erzählzeit (Zeitraffung, schnelle Schnitte); Atmosphäre von Hektik und Schwindel erregendem Wechsel.
- **Erzählweise/Perspektive:** neutrales Erzählverhalten, nur der auktoriale Schlusssatz bildet mit dem doppeldeutigen Kommentar „Es geht ihnen gut" eine Ausnahme.
- **Sprachliche Gestaltung:** harte Erzählschnitte, lakonisch-verkürzter, additiver Stil, Reihungen; die Wirkung der sprachlichen Gestaltung ist zugleich tragisch und komisch.

2 Die moderne Erzählkunst bedient sich zunehmend filmischer Gestaltungsmittel, z. B. Schnitt und Montage. Die harten Erzählschnitte in Billers Kurzgeschichte legen nahe, über eine filmische Umsetzung nachzudenken:

So ließen sich z. B. Aufnahmen von im Text detailliert ausgeführten Alltagsszenen (z. B. Z. 17 f.: „Dann gab sie ihm eine Ohrfeige."; Z. 27 f.: „Oder er saß im Columbus Deli, schaute aus dem Fenster […]"; Z. 42 ff.: „Abends saßen sie zusammen vor dem Fernseher, und Thomas kritzelte abwechselnd Schimpfworte und Kosenamen in einen Block und schob ihn Melody zu.") durch harten Schnitt mit Panorama-Einstellungen der unterschiedlichen Städte zu unterschiedlichen Jahreszeiten montieren. Die wechselnden Paarkonstellationen könnten z. B. in Nahaufnahmen typischer Situationen (sich kennen lernen, streiten, lieben, sich trennen) rhythmisch eingefügt werden.

▶ S. 31 **„Vor dem Gesetz" – Parabeln zum Motiv der Wahrheit**

Die **Parabel** als metaphorische Großform von der Antike (homerisches Gleichnis / Bibelgleichnis) bis zur Gegenwart (verrätselte Parabel) mit der Grundstruktur von **Bildteil** und **Sachteil** ist im weitesten Sinne als gleichnishafte Erzählung zu verstehen. Während das biblische Gleichnis den belehrenden Charakter betont, stellt die moderne Parabel ein Modell offener Weltdeutung dar. Vorläufiger Endpunkt der Entwicklung: die Reduktion auf den metaphorischen Bildteil. Es ist nicht Aufgabe des Unterrichts, den literaturwissenschaftlichen Streit um eine exakte Abgrenzung der drei wichtigsten Formen parabolischen Sprechens abzubilden – Maschal (alttestamentliche/jüdische Tradition), Gleichnis (neutestamentliche/christliche Tradition) und Parabel (allgemeiner Gattungsbegriff der analogisierenden Beispielrede von der Antike bis zur Gegenwart im Spannungsfeld von traditioneller Lehrparabel und verrätselnder Parabel der Moderne). Entsprechend dem weitgehenden Konsens der Forschung verwenden wir im Unterricht den Begriff „Parabel" als übergreifende Gattungsbezeichnung.

Wie das allgemeine Gattungsmodell der Parabel schon nahelegt, sollten Parabeln im Unterricht nicht isoliert, sondern im Sequenzzusammenhang behandelt werden. Denkbar ist eine Ausrichtung an Epochen, Autoren, Strukturen oder Themen. „Texte, Themen und Strukturen" stellt als thematische Klammern des Unterrichtsvorhabens „Die Suche nach der Wahrheit" und die „Künstlerproblematik" ins Zentrum.

▶ S. 31 **Franz Kafka: Vor dem Gesetz (1914)**

1 Der Titel „Vor dem Gesetz" legt zunächst ein juristisches Verständnis der Problemstellung des Textes nahe. Im Leseprozess wird schnell deutlich, dass der Deutungshorizont weiter gefasst werden muss: Es geht um Lebens- und Existenzfragen sowie um grundlegende Fragen nach Wahrheit und Erkenntnis. Außerdem ist die religiöse Dimension des Textes zu berücksichtigen. Wichtig ist, den Deutungsspielraum offenzuhalten hinsichtlich der Vielfalt möglicher Interpretationsmethoden, z. B.:

- **soziologischer Ansatz:** die Parabel als Darstellung gesellschaftlicher Machtverhältnisse
- **philosophischer Ansatz:** die Parabel als Darstellung des Problems von Freiheit und Determination
- **theologischer Ansatz:** die Parabel als Ausdruck der Unfassbarkeit Gottes (der Text im Rahmen seiner chassidischen Tradition)
- **psychologischer Ansatz:** die Parabel als Ausdruck neurotisch bedingter Lebensunfähigkeit

1.2 KURZE GESCHICHTEN INTERPRETIEREN   37

2 **Figuren:** Die beiden Gegenspieler Türhüter und Mann vom Lande stehen in einem komplementären Verhältnis zueinander (Machtstruktur: Dominanz und Unterwürfigkeit). Die Motive des Mannes vom Lande, in das Gesetz einzutreten, das als Gebäude dargestellt ist, bleiben unklar, obwohl es das zentrale, existenzielle Ziel seines Lebens ist. Der Türhüter stellt sich zwar als eine untergeordnete Figur in der Machthierarchie des Gesetzes dar, fungiert aber in der Interaktion mit dem Mann in der Rolle des Machthabers („Verbot", „Verhör", „brüllt"; fremdartiges Aussehen). Das inferiore Verhalten des Mannes ist durchgängig auf der verbalen und nonverbalen Ebene ausgestaltet („ob er also später werde eintreten dürfen", Z. 6; „bückt sich", Z. 9; „seine Bitten", Z. 30; „wird kindisch", Z. 49; „bittet", Z. 51; „Größenunterschied", Z. 65; zunehmende körperliche Gebrechen, eskalierende Unterwürfigkeit).

Erzählweise: Erzählform: Er-Form; Erzählverhalten: zunächst neutrales Erzählverhalten mit zunehmend personalen Passagen aus der Perspektive des Mannes („denkt er", Z. 20; „Er vergisst", Z. 43; „er weiß nicht", Z. 54; „in seinem Kopfe", Z. 59 f.) und einigen auktorialen Kommentaren („teilnahmslose Fragen, wie sie große Herren stellen", Z. 33 f.; „Er wird kindisch", Z. 49; „hat sich sehr zu Ungunsten des Mannes verändert", Z. 65 f.); Darbietungsform: Erzählbericht mit charakterisierenden Beschreibungen und Kommentaren; szenisches Erzählen mit direkter Figurenrede, erlebte Rede aus der Sicht des Mannes.

Sprachliche Besonderheiten – Schlüsselbegriffe, Motive und Metaphorik: das *Gesetz* als Palast, die *Reise* als Lebensweg, der *Eintritt* (bzw. dessen Verweigerung) als Zugang zur Erkenntnis des eigenen Seins, das *Augenlicht* als Licht der Erkenntnis, Kontraste von *Dunkel* und *Glanz*, Macht und Ohnmacht.

3 a Der Mann vom Lande unterliegt auf der Suche nach der Wahrheit fortlaufenden Täuschungen, die sich in seiner Wahrnehmung und Deutung des Verhaltens des Türhüters manifestieren. Zudem sind seine Versuche, durch Bitten, Fragen und Warten Erkenntnis zu erlangen, der falsche Weg. Die investierte Lebenszeit führt auf Grund mangelnder Aktivität und Konsequenz sowie fehlenden Durchsetzungsvermögens nicht zum Ziel. Erst zu spät – im Tode – zeigt sich ein Ansatz an Erkenntnis („Schließlich wird sein Augenlicht schwach und er weiß nicht, ob es um ihn wirklich dunkler wird oder ob ihn nur seine Augen täuschen. Wohl aber erkennt er jetzt im Dunkel einen Glanz, der unverlöschlich aus der Türe des Gesetzes bricht." Z. 53 ff.).

  b Der Zugang zur Erkenntnis des eigenen Seins kann nach Kafkas Verständnis durch die Lektüre von Literatur erfolgen. So könnte auch diese Parabel der Schlüssel sein zur Erkenntnis existenzieller Grundfragen.

4 Kafkas Parabel ist als Bild zu verstehen. Alle Motive fungieren als Bildspender, die sich insgesamt auf das Problem der Erkenntnis übertragen lassen. Offen bleibt, in welchem Lebensbereich dieser Erkenntnisprozess sich vollziehen kann (z. B. philosophische, religiöse, existenzielle Fragestellungen). Kafkas Parabeln sind ein Prototyp der modernen Parabel, d. h. es wird auf eine Ausführung der Deutung verzichtet. Der Sachteil (das Gemeinte) muss vom Leser / von der Leserin aus dem Bildteil (dem Gesagten) produktiv erschlossen werden.

5 Kernstück des Romans „Der Prozess" ist die „Türhüter-Legende". Zur Vertiefung des hermeneutischen Methodenproblems bietet sich eine Thematisierung des Parabelkontextes durch einen entsprechenden Textauszug aus dem neunten Kapitel des Romans an.

Im Deutungsgespräch werden unterschiedliche Interpretationsansätze ausformuliert, wobei der Geistliche im Sinne des Thora-Gelehrten, d. h. des Auslegungskundigen, und Josef K. in der Rolle des hebräischen Am-ha´arez, d. h. des einfachen, unwissenden „Mannes vom Lande", auftreten.

Im Sinne des kritisch-hermeneutischen Verstehensmodells ergibt sich keine Priorität einer besonderen Deutung, sondern eine zunehmende Vernetzung und Verdichtung der unterschiedlichen Fragehorizonte. Die paradoxe Struktur der Kafka-Parabel legt zwingend nahe, dass eine eindeutige Sinnfestlegung der Textintention widerspricht.

Vergleicht man die Parabelexegese des Romans mit dem Modell des hermeneutischen Textverstehens, so zeigen sich vielfältige Parallelen. Verblüffend ist, dass das Vorgehen der Gesprächspartner im Fazit dem Stand des kritisch-hermeneutischen Diskurses der gegenwärtigen Literaturwissenschaft entspricht, einschließlich dekonstruktivistischer Ansätze.

A1 KURZPROSA LESEN UND VERSTEHEN

▶ S. 33 Martin Buber: **Die Legende des Baalschem** (1907)

1 a Die Parabel besteht aus einem Ankündigungssignal (Z. 1), einem Bildteil (Z. 1–14) und einem explizit ausgeführten Sachteil (Z. 15–22). Diese Struktur ist den Schülerinnen und Schülern möglicherweise aus biblischen Gleichnissen vertraut, z. B. dem Gleichnis vom Sämann (Lukas 8, 4–15). Der Bildteil entfaltet ähnlich wie die Gesetzesparabel das Bild von Palast, Zugang und Macht. Im Sachteil wird die Deutung des Bildes festgelegt: Es geht um den Zugang zum richtigen Glauben.

b **Analogien zu Kafkas Parabel „Vor dem Gesetz":** Gebäude mit „zahllosen Gemächern", „nur ein" Tor als Zugang, Irrwege – obwohl das Ziel eigentlich sehr nahe liegt.
Differenzen: Ankündigungssignal, ausgeführter Sachteil, im Bereich der Bildteils: viele Suchende (Königssohn und Fürsten – im Gegensatz zum einfachen „Mann vom Lande"), Labyrinth als Hindernis – Türhüter als Hindernis schon vor dem möglichen Labyrinth, Erreichen des Ziels durch den Sohn.

c Der Begriff *legenda*, das zu Lesende, ist in der jüdischen Tradition der erste Teil der Thora, nämlich das geschriebene Gesetz des Glaubens. Daran schließt sich im zweiten Teil der Thora (Exegese) die Auslegung des Gesetzes an. Da Kafka die Erzählung „Vor dem Gesetz" im „Prozess"-Roman wie auch in seinem Tagebuch als „Legende" bezeichnet, ist anzunehmen, dass er den hebräischen, also religiös besetzten Begriff auf seine eigene schriftstellerische Produktion überträgt. So wie für Kafka das Schreiben die einzige Möglichkeit existenzieller Entfaltung darstellt, so soll die Lektüre bedeutender Literatur für den Leser der zentrale Zugang zur Selbst- und Welterkenntnis sein.

▶ S. 33 M. C. Escher: **Relativität** (1953)

2 In seiner irritierenden Raumgestaltung mit Täuschungen und labyrinthischen Strukturen gestaltet Escher in seinem Bild ein ähnliches Motiv wie die beiden Autoren in ihren Parabeln. Der Titel des Bildes „Relativität" (Bedingtheit) veranschaulicht die These, dass absolute Sicherheit im Weltverstehen nicht möglich ist. Ein Vordringen zum Kern des Gebäudes (zur Wahrheit) scheint unmöglich; es bleibt bei einer ewigen Suche.

▶ S. 34 Franz Kafka: **Der Kreisel** (1920)

▶ S. 34 Bertolt Brecht: **Weise am Weisen ist die Haltung** (1930)

1 Vorschlag für ein Tafelbild:

	Franz Kafka: „Der Kreisel"	Bertolt Brecht: „Weise am Weisen ist die Haltung"
Thema/Motive	• Problem der Erkenntnis und Erkenntnissuche • Suchender allein (beobachtende Kinder) • Unerreichbarkeit des Ziels • Bewegung (Kreisel, Drehung), Peitsche • „Er taumelte"	• Problem der Erkenntnis (Weisheit) und Erkenntnisvermittlung • Suchender (Herr K.) im Dialog • Fehlen eines Ziels • Reden, Bewegung (gehen) • „täppisch gehen"
sprachliche Mittel	• Opposition von Philosoph und Kind • komplexer/hypotaktischer und parataktischer Satzbau mit unterschiedlichen Modalitäten („dass", „solange", „aber", „darum", „deshalb", „wenn", „dann") = Spiegelung des Suchprozesses • Wortspiele (Figura etymologica, Pleonasmus): „Erkenntnis" – „erkannt"; „kleinste Kleinigkeit" • Vergleich („er taumelte wie ein Kreisel")	• Opposition von Philosoph und Herrn K. • provozierende triadische Wiederholung (Z. 3 ff.: „Du sitzt unbequem, du redest unbequem, du denkst unbequem."; Z. 9 f./11: „und es ist kein Ziel […], und es ist keine Helle") • Kontrast („dunkel", „Helle")
Parabelstruktur	Ausgeführt ist nur der Bildteil, allerdings mit Hinweisen auf die Deutung (es geht um „Erkenntnis"). Sachteil: siehe Aussageabsicht	Ausgeführt ist nur der Bildteil, allerdings mit Hinweisen auf die Deutung (es geht um „Weisheit"). Sachteil: siehe Aussageabsicht

1.2 KURZE GESCHICHTEN INTERPRETIEREN

	Franz Kafka: „Der Kreisel"	Bertolt Brecht: „Weise am Weisen ist die Haltung"
mögliche Aussageabsicht	Nicht das Ziel ist das Entscheidende, sondern der Weg zur Erkenntnis. Ist das Ziel scheinbar erreicht, löst sich das Erkenntnissubjekt auf und verliert sich im Objekt.	Nicht der Inhalt ist das Entscheidende, sondern die kommunikative Vermittlung und die Einstellung dazu (im weitesten Sinne das gesellschaftliche Verhalten).
Kontext	intertextuelle Bezüge zu Kafkas Werk und Biografie (die Welt als Paradox)	intertextuelle Bezüge zu Brechts „Keuner-geschichten" und seiner Biografie (Marxismus)

2 Die Aussagen der Parabel „Der Kreisel" und der „Gesetzesparabel" decken sich weitgehend, obwohl die Bildteile unterschiedlich gestaltet sind. Es wird deutlich, dass Kafka ein zentrales Thema beschäftigt, das einen Großteil seines Werkes durchzieht: das Problem der Erkenntnis.
Trotz der unterschiedlichen politisch-gesellschaftlichen Haltungen der beiden Autoren Brecht und Kafka zeigt sich eine ähnliche Fragestellung in allen drei Texten, nämlich die Suche nach der Wahrheit. Bei Brecht sind vor allem die politisch-sozialen Faktoren (Weimarer Republik, Marxismus) entscheidend.

3 Bei der Wahl des Ausgangstextes für einen Paralleltext ist zu beachten, dass dessen Aufbau und Erzähl-struktur beibehalten werden. Einige Motive bzw. Schlüsselbegriffe sollten ausgetauscht werden. Wichtig ist, dass die neuen Begriffe im Bildteil in einem schlüssigen Zusammenhang stehen.

Schülerbeispiel

Vor der Liebe steht ein Türhüter. Zu diesem Türhüter kommt eine junge Frau aus der Kleinstadt und bittet um Eintritt in die Liebe. Aber der Türhüter sagt, dass er ihr jetzt den Eintritt nicht gewähren könne. Die Frau setzt sich auf einen Schemel und wartet. Mit der Zeit wird es ihr langweilig und sie schlendert davon. Da entdeckt sie plötzlich noch ein geöffnetes Tor. Sie kann ohne Probleme hindurchgehen. Es ist das Tor der Leidenschaft. Sie geht hinein und vergnügt sich einige Zeit darin. Nach einigen Jahren entdeckt sie ganz hinten im letzten Eck eine neue Tür, wiederum ohne Türhüter. Es ist das Tor der Vernunft. Sie geht hindurch und lebt auch hier einige Jahre. Sie vergisst ihr eigentliches Vorhaben und stirbt im hohen Alter im Reich der Vernunft. Man sagt, sie hatte ein erfülltes Leben.

(Aus: Karlheinz Fingerhut: Kafka für die Schule. Volk und Wissen, Berlin 1996, S. 16, 20)

„Auf der Galerie" – Parabeln und Gemälde zum Thema Kunst   ▶ S. 35

Diese Sequenz thematisiert die Künstlerproblematik. Die Texte von Kafka, Kleist und Bernhard sowie die Gemälde von Toulouse-Lautrec, Seurat und Kirchner erhellen sich wechselseitig im Sinne des Prinzips der Intertextualität. Die Schülerinnen und Schüler entdecken Gemeinsamkeiten und Korrespondenzen, vor allem aber auch Unterschiede und Abweichungen im Hinblick auf Motive, Figurengestaltung, Lokalitäten, Pers-pektiven und Intentionen.

Franz Kafka: Auf der Galerie (1917)   ▶ S. 35

1 a/b Das Thema der Künstlerproblematik und des Verhältnisses von Kunstwerk und Publikum entfaltet sich in kontrastiv angelegten Motiven in den beiden Teilen der Parabel: Krankheit und Schönheit (Kunst-reiterin), Brutalität und Fürsorge (Zirkusdirektor), Lärm und Stille (Brausen und Schweigen des Orchesters), Bedrohung und Huldigung (Publikum), Aktivität und Passivität (Galeriebesucher).
Die beiden Handlungsvarianten unterscheiden sich vor allem durch die sprachlich-erzählerische Gestaltung: Durch das sprachliche Signal „vielleicht" signalisiert der Erzähler im ersten Teil, dass das aktive Eingreifen des Galeriebesuchers nur als mögliche Idee gedacht werden kann, aber keinesfalls zwingend auch so stattfinden würde. Im zweiten Teil entlarvt der letzte Satz in der Figur des Galerie-besuchers die Wahrnehmung des schönen Scheins. In der Reaktion des Weinens ist zwar eine Betroffenheit spürbar, die aber unbewusst und damit wirkungslos bleibt.
Zusammenfassend schreibt der Literaturwissenschaftler Karlheinz Fingerhut: „An dieser Parabel [„Auf der Galerie"], wird allgemein die antithetische Struktur der beiden Sätze, die den Text aus-machen, hervorgehoben. Der erste Satz, ein irrealer Konditionalsatz, gilt einer Szene im Zirkus, bei der eine kranke Kunstreiterin von ihrem erbarmungslosen Chef in der Manege herumgetrieben wird.

40 A1 KURZPROSA LESEN UND VERSTEHEN

Im zweiten, durch Semikola gegliederten, ist dem der gleiche Sachverhalt als das Bild eines realen Geschehens gegenübergestellt; dementsprechend steht er im Indikativ Präsens, ist aber derart von ironischen Übertreibungen durchsetzt, dass der Leser auf das Muster der verkehrten Welt gestoßen wird und bereit ist, die zuerst geschilderte Ansicht der Szene für ‚Wahrheit‘, die zweite für die ‚Fassade‘, die als Wirklichkeit ausgegeben wird, zu halten." (Aus: Karlheinz Fingerhut: Kafka für die Schule. Volk und Wissen, Berlin 1996, S. 152)

c Die „Galerieparabel" ist eine mögliche Spiegelung des literarischen Schreibprozesses und seiner Wirkung. Die Schülerinnen und Schüler werden Begründungen durch konkrete Übertragungen der Figurenrollen finden: auf den Autor, auf seine Produktionsbedingungen einschließlich der Verlagsinstanzen, des Lesepublikums und der professionellen Kritiker.
Detaillierte Hinweise enthalten z. B. die Kafka-Biografie von Peter-André Alt: „Franz Kafka. Der ewige Sohn" (München 2005, S. 496 ff.) und Kafkas Tagebuchnotizen (z. B. vom 9. November 1911: „Lauter Theater, ich einmal oben auf der Galerie, einmal auf der Bühne").

► S. 35 Georges Seurat: **Der Zirkus** (1891)

► S. 35 Ernst Ludwig Kirchner: **Die Zirkusreiterin** (1912**)**

► S. 36 Henri Toulouse-Lautrec: **Im Zirkus Fernando: Die Kunstreiterin** (1888)

2 In der Forschung ist man geteilter Meinung, ob Kafka anlässlich seiner Paris-Besuche im Jahr 1910 die Gemälde von Seurat und Toulouse-Lautrec gesehen hat, möglicherweise auch aus Reproduktionen kannte. Davon unabhängig zeigen beide Bilder verblüffende Parallelen zu Kafkas Parabel. Auch Kirchners Bild weist einen engen mentalitätsgeschichtlichen Zusammenhang auf.
Das Gemälde **Toulouse-Lautrecs** korrespondiert mit dem ersten Teil der Parabel (Ausschnitthaftigkeit, angeschnittenes Publikum ohne Köpfe, getrübte Farbigkeit, Schwere und Hässlichkeit des Pferdekörpers, gequälte Haltung der Reiterin, aggressive Geste des Zirkusdirektors), während **Seurats** Gemälde eher dem zweiten Teil ähnelt (Gesamtansicht mit Publikum und Orchester, ungetrübte freundliche Farbigkeit, Leichtigkeit und Eleganz von Pferd und Reiterin, vorsichtig agierender Zirkusdirektor, ein Galeriebesucher im obersten Rang, der – mit gesenktem Kopf, scheinbar weinend – große Ähnlichkeit mit dem Galeriebesucher der Parabel hat). **Kirchners** Gemälde weist zwar weniger parallele Einzelmotive auf, zeigt aber in Korrespondenz zum ersten Teil der Parabel die Gefahr des künstlerischen Aktes und die Verletzbarkeit der Künstlerfigur (aggressive rote Alarmfarbe, stürzende Figur ohne Halt, Missverhältnis von Raum, Figuren und Bewegung in der extremen Enge der Zirkusmanege, Verzerrungen, schwankende Formen).

► S. 36 Heinrich von Kleist: **Die Fabel ohne Moral** (1808)

► S. 36 Thomas Bernhard: **Der Stimmenimitator** (1978)

3 Kleists „Fabel ohne Moral" und Bernhards „Stimmenimitator" stehen in der Tradition der autoreferenziellen literarischen Darstellung des Künstlers. Das frühere Beispiel aus dem Epochenumbruch um 1800 reflektiert das Verhältnis von Zivilisation/Vernunft und Natur/Ursprünglichkeit. Der zivilisatorische Erziehungsprozess zerstört die Leichtigkeit und Natürlichkeit der künstlerischen Entfaltung und die Identität von Ich, Schaffensprozess, Werk und Wirkung. (Zum weitergehenden Verständnis des Textes ist Kleists Abhandlung „Über das Marionettentheater" hilfreich.)
In **Bernhards** Text zeigt der Künstler zwar ein großes Talent in der Präsentation anderer Personen, scheitert aber an der Darstellung seiner selbst. Auch hier ist die Identität des Ichs gebrochen. Das Verhältnis zwischen Künstler und Publikum wird in Bernhards parabolischer Prosa intensiv ausgestaltet. Hier hindert das Publikum den Künstler durch seine Forderungen (Honorar, Konkurrenzveranstaltung, Wunsch nach etwas Besonderem) letztlich an der Entfaltung seiner künstlerischen Identität. Die scheinbar positive Begeisterungsfähigkeit des Publikums entlarvt sich als funktionale Strategie. Am Ende steht der Bruch von „Kunstgenießern" und Künstler.

◎ Weiterführendes Material zu diesem Teilkapitel findet sich auf der beiliegenden CD:
- *Felicitas Hoppe:* Die Handlanger (1996)
- *Martin Buber:* Die fünfzigste Pforte (1907) / *Franz Kafka:* Josef K. vor dem Türhüter (1914) / *Gotthold Ephraim Lessing:* Suche nach der Wahrheit (1778)
- *Botho Strauß:* Staustufe (2006)
- *Robert Walser:* Ovation (1912)

1.3 Schreibprozess – Kurzprosa analytisch und gestalterisch interpretieren

Die zentrale Aufgabe des Deutschunterrichts besteht darin, Prozesse des literarischen Verstehens bewusst ► S. 38
und damit diskutierbar zu machen. Dies ist die Voraussetzung für eine fundierte schriftliche Ausarbeitung
einer Textinterpretation. Auch produktiv-gestaltende Schreibprozesse eignen sich für eine vertiefte Auseinandersetzung mit dem literarischen Text, zumal hierbei von einer hohen Motivation der Schülerinnen und
Schüler auszugehen ist.

Franz Kafka: Der Nachbar (1917) ► S. 38

1 Mögliche Assoziationen zum Titel „Der Nachbar": langjährige Bekanntschaft, Freundschaft/Feindschaft,
Nachbarschaftshilfe, etwas ausleihen, Smalltalk, Neugier, Beobachtung, Neid, Beschwerden,
Lärm/Nachtruhe, Abgrenzung, ständiger Ärger.
Mögliche Bedeutungen des Begriffs „Nachbar" im Verlauf der Lektüre: Beobachtung, Abgrenzung, Neid,
Konkurrenz, Misstrauen, Verfolgungswahn, Bedrohung der Ich-Identität, Isolation.

2 a Mögliche Fragen:
Welchen Eindruck macht das Verhalten der beiden Figuren?
Wie ist das merkwürdige Verhalten des Ich-Erzählers zu erklären?
Wie stellt sich der Erzähler am Schluss der Geschichte dar?
Welche sprachlichen Signale kennzeichnen die Unsicherheit des Erzählers?
Welche sprachlichen Signale charakterisieren den Nachbarn?

   b Im Zentrum der Interpretation von Kafkas Erzählung „Der Nachbar" steht die Entfremdung der Ich-Du-
Beziehung vor den Hintergrund nachbarlicher Interaktionsrituale. Die Affinität des Themas zu privaten
und öffentlichen Interaktionssituationen der Schülerinnen und Schüler, für die unter entwicklungs-
psychologischem Aspekt Fragen der Ich-Krise und der Identitätsfindung von großer Bedeutung sind,
lässt eine engagierte Rezeptions- und Applikationstendenz vermuten, wobei auch ein besonderes
Interesse an textübergreifenden Problemlösungen zu erwarten ist.

   Thema: Die Angst eines unsicheren Menschen vor einem Konkurrenten in einer bedrohlich wirkenden
Welt (siehe auch 2c)

   Die folgende Übersicht zeigt den Zusammenhang zwischen inhaltlicher Problemstellung
(Identitätsdiffusion des Ich-Erzählers) und sprachlich-erzählerischer Gestaltung:

   Figurenanalyse/Handlungsanalyse:
   - antithetische Konstellation des Beziehungsgefüges, Spannung zwischen erzählendem Ich und dem
Nachbarn
   - „ich" und „anderer" (Alter Ego)
   - fortschreitende Selbstzweifel, Selbstverdoppelung

   Sprachliche Strukturen: semantische Oppositionen und Äquivalenzen, syntaktisch auffällige
Merkmale
   - Grundparadox:
     - Last des Reibungslosen („leicht zu führen")
     - zunehmende Verwirrung der Alltagsroutine
   - Oppositionen:
     - ich – andere
     - vermeintliche Selbstgewissheit – Unsicherheit
     - klar umrissene Arbeits- und Kommunikationsstrukturen – Verständigungsprobleme
     - berufliche Integration – Konkurrenzmodell / private Isolation etc.
     - Erfolg – Misserfolg
   - Äquivalenzen:
     - huschen – „Schwanz einer Ratte"
     - horchen – „Hörmuschel" – „Geheimnisse"
     - „einfach" – „leicht" – „frischweg"
     - klagen – „ungeschickterweise" – „die elend dünnen Wände" – zittrige Stimme

A 1 KURZPROSA LESEN UND VERSTEHEN

- Bildebene:
  - Tiermetaphorik, Tanzmetaphorik
  - Telefonsymbol
- adverbiale Modalitäten:
  - „natürlich", „manchmal", „vielleicht"
- Syntax:
  - Asyndese, Ellipse
  - monologische, rhetorische Fragen
  - pseudokausale adversative Satzverknüpfungen: „aber", „doch", „dagegen" etc.

Erzählperspektive:
- Erzählerbericht mit szenischer Darstellungstendenz (Selbstgespräch)
- Mischung von vergegenwärtigender, rückschauender und vorausdeutender Perspektive
- konsequente perspektivische Entwicklung der Thematik des Identitätsverlustes, Wechsel der Perspektive des Erzählers von vermeintlicher Selbstsicherheit zu radikalem Selbstzweifel: übertriebene Selbstsicherheit – fortlaufende Verunsicherung – endgültige Isolation

c   Die **Krise der Identität** des modernen Menschen in der Industriegesellschaft, die vor allem durch die Gesetze des Marktes geprägt ist, wird bestimmt durch die grundlegenden Oppositionen von Sicherheit und Unsicherheit, von Erfolg und Misserfolg, Integration und Isolation. Die Identitätskrise führt bis zur Selbstaufgabe des Individuums.

d   Entwicklung textimmanenter und textüberschreitender Begründungszusammenhänge für die dargestellte Identitätskrise:
Auch Informationen über den **biografischen Hintergrund** können in einer Analyse als Schlüssel des Textverstehens genutzt werden. So reflektiert Kafka die Auswirkungen des Geschäftslebens auf seine persönliche Entwicklung im „Brief an den Vater". Den Verdrängungswettbewerb zwischen kleinen Händlern und Geschäftsleuten konnte Kafka im Geschäft seiner Eltern miterleben.
Die Parabel „Der Nachbar" entstand in Kafkas Wohnung in der Alchimistengasse in Prag. Er suchte hier einen Rückzug aus der lauten elterlichen Wohnung, um in Ruhe schreiben zu können. In einem Brief an seine Verlobte Felice Bauer schreibt er: „Heute entspricht es mir ganz und gar. In allem: Der schöne Weg hinauf, die Stille dort, von einem Nachbar trennt mich nur eine sehr dünne Wand, aber der Nachbar ist still genug […]. Es ist etwas Besonderes, sein Haus zu haben, hinter der Welt die Tür nicht des Zimmers, nicht der Wohnung, sondern gleich des Hauses abzusperren; aus der Wohnungstür geradezu in den Schnee der stillen Gasse zu treten." (Franz Kafka: Briefe an Felice und andere. Korrespondenz aus der Verlobungszeit. Hg. von Ernst Heller und Jürgen Born. Frankfurt/M. 1976, S. 750 f.)
Auch die **historischen Zeitumstände** (Prag um 1900) können das Verständnis der Erzählung erweitern. Als Sekretär in der „Arbeiter-Unfall-Versicherungsanstalt" in Prag waren Kafka die Strukturen der Geschäftswelt sehr vertraut. Prag war ein bedeutendes Handels- und Finanzzentrum der Donaumonarchie, in der eine starke ökonomische Konkurrenzsituation vorherrschte. Auch in Kafkas „Prozess" erlebt der Protagonist Josef K. seinen Beruf als Bankangestellter als einen harten, existenzbedrohenden Kampf.

3 b   Die Fassung eines Schülers wurde aus zwei Gründen ausgewählt: Einerseits kann sie sprachlich und inhaltlich als beispielgebend angesehen werden; andererseits weist sie im Hinblick auf das methodische Vorgehen eine klare Strukturierung auf. So liegt es nahe, dass die Schüler/innen nach einer ersten Stellungnahme zu diesem Interpretationsentwurf das zu Grunde liegende Gliederungsschema erarbeiten. Dies könnte etwa wie folgt aussehen:

1.3 KURZPROSA ANALYTISCH UND GESTALTERISCH INTERPRETIEREN

Schülerbeispiel

1. Einleitung (Z. 1–7): Verfasser, Titel, Thema, Problematik, Gesamteindruck, weiterführende Fragestellung
2. Hauptteil (Z. 8–42):
   - Textbeschreibung (Inhalt, Aufbau, Struktur)
   - Erzählperspektive
   - Sprache, Stil, Satzbau (Parataxe, Hypotaxe)
   - zentrale Motive (Leitmotive)
   - rhetorische Mittel, Metaphorik
   - Fazit der Interpretation
3. Schluss (Z. 43–54): Bezug zur Biografie des Autors, Bezug zur Zeit

Abschließend sollte das erarbeitete Gliederungsschema eingehend im Hinblick auf mögliche Alternativen diskutiert werden. Hat man sich in der Lerngruppe auf ein brauchbares Gliederungskonzept geeinigt, empfiehlt sich eine Erprobung durch die Interpretation vergleichbarer Prosatexte.

A1.2 LERNERFOLGSKONTROLLE/KLAUSURVORSCHLAG

Analyse eines literarischen Textes mit produktiv-gestaltendem Schreibauftrag

Aufgabenstellung

1 Analysieren Sie die Kurzgeschichte „Schönes goldenes Haar" von Gabriele Wohmann. Berücksichtigen Sie dabei besonders das Zusammenspiel inhaltlicher Aspekte (Handlung, Figuren, Gesprächsverhalten) und sprachlicher Gestaltung. *(42 Punkte)*

2 a Verfassen Sie anschließend einen kurzen Dialog zwischen der Tochter Laurela und ihrem Freund, Herrn Fetter, in dem die Beziehung des jungen Paares deutlich wird. Nutzen Sie narrative Einbettungen.
b Erläutern Sie abschließend kurz die Gestaltung Ihres Dialogs. *(30 Punkte)*

Gabriele Wohmann: Schönes goldenes Haar (1968)

„Ich versteh dich nicht", sagte sie, „sowas von Gleichgültigkeit versteh ich einfach nicht. Als wär's nicht deine Tochter, dein Fleisch und Blut da oben." Sie spreizte den Zeigefinger von der Faust und deutete
5 auf die Zimmerdecke. Aufregung fleckte ihr großes freundliches Gesicht. Sie ließ die rechte Hand wieder fallen, schob den braunen Wollsocken unruhig übers Stopfei. Gegenüber knisterte die Wand der Zeitung. Sie starrte seine kurzen festen Finger an, die sich am
10 Rand ins Papier krampften: fette Krallen, mehr war nicht von ihm da, keine Augen, kein Mund. Sie rieb die Fingerkuppe über die Wollrunzeln.
„Denk doch mal nach", sagte sie. „Was sie da oben vielleicht jetzt treiben. Man könnt meinen, du hättest
15 deine eigene Jugend vergessen."
Seine Jugend? Der fremde freche junge Mann; es schien ihr, als hätten seine komischen dreisten Wünsche sie nie berührt. Sie starrte die fleischigen Krallenpaare an und fühlte sich merkwürdig losgelöst.
20 Es machte ihr Mühe, sich Laurela vorzustellen, da oben, über ihnen, mit diesem netten, wirklich netten und sogar hübschen und auch höflichen jungen Mann, diesem Herrn Fetter – ach, war es überhaupt ein Vergnügen für Frauen? Sie seufzte, ihr Blick bedachte
25 die Krallen mit Vorwurf. Richtige Opferlämmer sind Frauen.
„Ich versteh's nicht", sagte sie, „deine eigene Tochter, wirklich, ich versteh's nicht."
Der Schirm bedruckter Seiten tuschelte.
30 „Nein, ich versteh's nicht." Ihr Ton war jetzt werbendes Gejammer. Wenn man nur darüber reden könnte. Sich an irgendwas erinnern. Sie kam sich so leer und verlassen vor. Auf den geräumigen Flächen ihres Gesichtes spürte sie die gepünktelte Erregung
35 heiß. Er knüllte die Zeitung hin, sein feistes viereckiges Gesicht erschien.
„Na was denn, was denn, Herrgott noch mal, du stellst dich an", sagte er.
Sie roch den warmen Atem seines Biers und der
40 gebratenen Zwiebeln, mit denen sie ihm sein Stück Fleisch geschmückt hatte. Sie nahm den Socken, bündelte die Wolle unterm Stopfei in der heißen Faust.

Nein: das hatte mit den paar ausgeblichenen Bildern von damals überhaupt nichts mehr zu tun.
45 „Na, weißt du", sagte sie, „als wärst du nie jung gewesen." Sie lächelte steif, schwitzend zu ihm hin.
Er hob wieder die Zeitung vors Gesicht: Abendversteck. Jung? Sein Hirn schweifte gemächlich zurück. Jung? Und wie. Alles zu seiner Zeit. Er rülpste
50 Zufriedenheit aus dem prallen Stück Bauch überm Gürtel. Kein Grund zur Klage. Richtige Hühner, die Frauen, ewiges Gegacker. Er spähte über die Zeitung in ihr hilfloses redseliges Gesicht: mit wem könnte sie quasseln und rumpoussieren, wenn Laurela erst mal
55 weg wäre? Er stand rasch auf, drehte das Radio an. Die Musik schreckte das Wohnzimmer aus seinem bräunlichen Dösen.
Sie sah ihm zu, wie er zum Sessel zurückging, die Zeitung aufnahm, sich setzte. Sie lehnte sich ins
60 Polster, preßte das Stopfei gegen den Magen. Das war ihr Abend, gewiß, er und sie hier unten, sie mußten warten, das war von jetzt an alles. Und oben Laurela. O Laurelas Haar. Sie lächelte. Kein Wunder, daß sie ihr nachliefen. Sie wollte nachher noch anfangen mit
65 dem blauen Kleid, ganz eng unterm Busen, das hob ihn so richtig in die Höhe. Das Blau paßte gut zum Haar. So hübsches Haar. Wenn es goldene Seide gäbe, sähe sie aus wie Laurelas Haar. Sie räusperte sich, hörte das pappende Geräusch ihrer Lippen, saß mit
70 offenem Mund, starrte die Zeitung an, die fetten kräftigen Krallen rechts und links.
„Sie hat hübsches Haar", sagte sie. „Wie Seide, wie Gold."
Er schnickte die Seiten in ihre geknippte Form zurück.
„Na klar", sagte er.
75 Sie sah die Krallenpfoten zum Bierglas tappen und es packen. Sie hörte ihn schmatzen, schlucken. So schönes goldenes Haar. Sie bohrte die Spitze der Stopfnadel in den braunen Wollfilz. Seine und ihre Tochter. Sie betrachtete die geätzte Haut ihres Zeige-
80 fingers. Seine und ihre Tochter. Sie reckte sich in einem warmen Anschwellen von Mitleid und stolzer Verwunderung. [R]

(Aus: Gabriele Wohmann: Ländliches Fest. Erzählungen. Luchterhand, Darmstadt 1980, S. 44/45 © Piper Verlag, München)

ERWARTUNGSHORIZONT **45**

Inhaltliche Leistung

Aufgabe 1

	Anforderungen Die Schülerin / der Schüler	maximal erreichbare Punktzahl (AFB)	erreichte Punktzahl
1	verfasst eine sinnvolle Einleitung (Autorin, Textsorte, Thema etc.).	3 (I)	
2	fasst den Text kurz zusammen und erläutert die Situation, in der sich die Figuren befinden (Eltern unten in der Wohnung, Tochter mit Freund oben).	3 (I)	
3	erläutert den Aufbau der Handlung (äußere Handlung: Eltern im Gespräch; innere Handlung: Wahrnehmungen, Gedanken und Gefühle der Mutter; an einer Stelle auch des Vaters).	6 (II)	
4	untersucht die Figurengestaltung und die Gesprächssituation, z. B.: • Mutter: Frustration, Einsamkeit und Verbitterung in der eigenen Ehe, Selbstmitleid, Opferhaltung; latente Aggression („Faust", permanentes Reden); hohe Erwartungen an die Beziehung/Ehe ihrer Tochter • Projektion der eigenen Ängste und Sehnsüchte auf die Tochter (und deren Beziehung) • Ambivalenz: Mitleid und Stolz • Vater: erscheint in der Wahrnehmung seiner Frau als körperlich unangenehm, grob, desinteressiert • unterschiedliche Redeanteile (Mutter redet viel, Vater kaum) • stereotypes Geschlechterverhalten älterer Ehepartner: Sie stopft Socken, er liest Zeitung und trinkt Bier.	6 (II)	
5	untersucht die formale Gestaltung der Kurzgeschichte, z. B.: • personale Erzählstruktur (erlebte Rede/innerer Monolog) aus der Perspektive beider Eltern, vorrangig der Mutter • bildhafte Sprache: Metaphorik (Bilder für die Zeitung, Tiermetaphorik: „Krallenpaare", Z. 19, „Opferlämmer", Z. 25, „Hühner", Z. 51); Personifikation („Schirm […] tuschelte", Z. 29, „Musik schreckte", Z. 56); (Farb-)Symbolik (goldenes Haar, Z. 67, blaues Kleid, Z. 65: positiv konnotiert; braun, Z. 7, bräunlich, Z. 57: negativ konnotiert); Synästhesie („bräunliches Dösen", Z. 57); Doppeldeutigkeit („fette Krallen", Z. 10 – „Herr Fetter", Z. 23) • Syntax: Wiederholungen, Interjektionen, Fragen, Ellipsen • Merkmale der Textsorte Kurzgeschichte	9 (II)	
6	deutet unter differenzierter Beachtung des Zusammenspiels von Inhalt und sprachlicher Gestaltung Aussage und Wirkungsabsicht der Kurzgeschichte, z. B.: • Kommunikationsproblem der Partner (sie spricht, er hört kaum zu), fehlende Hörbereitschaft, Aneinandervorbeireden • nonverbale Ebene, z. B.: Zeitung, Radio, Rülpsen (Vater); Stopfei, Faust, Gesten, Unruhe, Schwitzen (Mutter) • Rollenverhalten der Partner (Forderung – Abwehr) • Lesererwartung: Möglichkeit, dass es der Tochter ähnlich ergehen wird wie ihrer Mutter, dass die Illusionen der Mutter der Realität widersprechen	9 (III)	
7	formuliert eine reflektierte Schlussfolgerung auf der Grundlage der Untersuchungsergebnisse.	6 (III)	
8	entwickelt einen weiteren, eigenständigen Gedanken. (Max. 5 Punkte)		
		42	

Autoren:
Bernd Schurf / Andrea Wagener

Texte, Themen und Strukturen
Lernerfolgskontrolle 1, S. 2

ERWARTUNGSHORIZONT

Aufgabe 2

	Anforderungen Die Schülerin / der Schüler	maximal erreichbare Punktzahl (AFB)	erreichte Punktzahl
1	bezieht sich auf die Ausgangssituation (zwei räumlich getrennte Paare).	3 (I)	
2	beachtet die formalen Kriterien des Dialogs, z. B. wörtliche Rede und Redebegleiter; narrative Elemente, z. B. erlebte Rede.	6 (II)	
3	nimmt in den eigenen Formulierungen die sprachliche Struktur der Kurzgeschichte auf, z. B. bildhafte Sprache; Syntax, z. B. Wiederholungen, Fragen, Ellipsen.	6 (II)	
4	nimmt Verhalten und Gedanken der Eltern, vor allem der Mutter, aus der Kurzgeschichte auf und bestätigt oder widerlegt sie, z. B.: • konkreter Bezug auf Erwartungen, Motive, Rituale (etwa Schönheit, Freundlichkeit, Vergnügen des jungen Paars vs. Grobheit, Abgestumpftheit, stereotypes Verhalten des alten Paars) • entweder offenes, partnerschaftliches Gespräch, welches die Illusion der Mutter bestätigt, oder Spiegelung des gestörten Kommunikationsverhaltens der Eltern	9 (III)	
5	erläutert und bewertet die inhaltliche und formale Gestaltung des Dialogs vor dem Hintergrund des Ausgangstextes.	6 (III)	
6	entwickelt einen weiteren, eigenständigen Gedanken. (Max. 4 Punkte)		
		30	

Darstellungsleistung

	Anforderungen Die Schülerin / der Schüler	maximal erreichbare Punktzahl	erreichte Punktzahl
1	strukturiert den Klausurtext schlüssig, sinnvoll verknüpft und gedanklich klar.	6	
2	schreibt fachsprachlich korrekt und differenziert zwischen beschreibenden, deutenden und wertenden Aussagen.	6	
3	belegt Aussagen funktional durch korrekte Zitate.	3	
4	formuliert begrifflich präzise und differenziert, sprachlich-stilistisch angemessen, abwechslungsreich und sicher.	10	
5	schreibt sprachlich korrekt.	3	
		28	

Verteilung der Punktezahlen auf die Notenstufen

Note	erreichte Punktzahl	Note	erreichte Punktzahl
sehr gut plus	100–95	befriedigend minus	59–55
sehr gut	94–90	ausreichend plus	54–50
sehr gut minus	89–85	ausreichend	49–45
gut plus	84–80	ausreichend minus	44–39
gut	79–75	mangelhaft plus	38–33
gut minus	74–70	mangelhaft	32–27
befriedigend plus	69–65	mangelhaft minus	26–20
befriedigend	64–60	ungenügend	19–0

A1.2 LERNERFOLGSKONTROLLE/KLAUSURVORSCHLAG

Analyse eines literarischen Textes mit anschließender weiterführender Reflexion

Aufgabenstellung

1 Analysieren Sie den Text „Eine kaiserliche Botschaft" von Franz Kafka. Berücksichtigen Sie dabei auch den literaturgeschichtlichen Kontext. *(48 Punkte)*

2 Setzen Sie den Text anschließend in Beziehung zu anderen Ihnen bekannten Parabeln mit vergleichbaren Motiven. *(24 Punkte)*

Franz Kafka: Eine kaiserliche Botschaft (1919)

Der Kaiser – so heißt es – hat Dir, dem Einzelnen, dem jämmerlichen Untertanen, dem winzig vor der kaiserlichen Sonne in die fernste Ferne geflüchteten Schatten, gerade Dir hat der Kaiser von seinem Sterbebett aus eine Botschaft gesendet. Den Boten hat er beim Bett niederknien lassen und ihm die Botschaft ins Ohr zugeflüstert; so sehr war ihm an ihr gelegen, dass er sich sie noch ins Ohr wiedersagen ließ. Durch Kopfnicken hat er die Richtigkeit des Gesagten bestätigt. Und vor der ganzen Zuschauerschaft seines Todes – alle hindernden Wände werden niedergebrochen und auf den weit und hoch sich schwingenden Freitreppen stehen im Ring die Großen des Reichs – vor allen diesen hat er den Boten abgefertigt. Der Bote hat sich gleich auf den Weg gemacht; ein kräftiger, ein unermüdlicher Mann; einmal diesen, einmal den andern Arm vorstreckend schafft er sich Bahn durch die Menge; findet er Widerstand, zeigt er auf die Brust, wo das Zeichen der Sonne ist; er kommt auch leicht vorwärts, wie kein anderer. Aber die Menge ist so groß; ihre Wohnstätten nehmen kein Ende. Öffnete sich freies Feld, wie würde er fliegen und bald wohl hörtest Du das herrliche Schlagen seiner Fäuste an Deiner Tür. Aber stattdessen, wie nutzlos müht er sich ab; immer noch zwängt er sich durch die Gemächer des innersten Palastes; niemals wird er sie überwinden; und gelänge ihm dies, nichts wäre gewonnen; die Treppen hinab müsste er sich kämpfen; und gelänge ihm dies, nichts wäre gewonnen; die Höfe wären zu durchmessen; und nach den Höfen der zweite umschließende Palast; und wieder Treppen und Höfe; und wieder ein Palast; und so weiter durch Jahrtausende; und stürzte er endlich aus dem äußersten Tor – aber niemals, niemals kann es geschehen – liegt erst die Residenzstadt vor ihm, die Mitte der Welt, hochgeschüttet voll ihres Bodensatzes. Niemand dringt hier durch und gar mit der Botschaft eines Toten. Du aber sitzt an Deinem Fenster und erträumst sie Dir, wenn der Abend kommt.

(Aus: Franz Kafka: Sämtliche Erzählungen. Hg. von Paul Raabe. S. Fischer Verlag, Frankfurt/M. 1975, S. 138f.)

Autoren: Bernd Schurf / Andrea Wagener

Texte, Themen und Strukturen
Lernerfolgskontrolle 2, S. 1

48 ERWARTUNGSHORIZONT

Inhaltliche Leistung

Aufgabe 1

	Anforderungen Die Schülerin / der Schüler	maximal erreichbare Punktzahl (AFB)	erreichte Punktzahl
1	verfasst eine sinnvolle Einleitung (Autor, Textsorte, Thema etc.).	3 (I)	
2	fasst den Text kurz zusammen und benennt die zentralen Figuren und Motive.	3 (I)	
3	erläutert die Struktur des Textes (Parabel: Bildteil/Gesagtes – zu deutender Sachteil / Gemeintes, das zu erschließen ist).	6 (II)	
4	erschließt Figurengestaltung, Handlungsstruktur, Motive und Kommunikationssituation, z. B.: • Oppositionen, z. B.: Herrscher – Untertan, Mächtiger – Winziger, Wissen – Unwissenheit, Wichtigkeit – Bedeutungslosigkeit • Labyrinth, unendlicher Weg, gestörte Raum-Zeit-Relationen, unüberwindbare Hindernisse, Unüberschaubarkeit, nutzloses Bemühen, Botschaft kommt nicht an • Sprache (Botschaft) als geheimnisvoller Akt der Kommunikation	9 (II)	
5	untersucht die formale Gestaltung der Parabel, z. B.: • Erzählstruktur: Erzähler vermittelt das Erzählte nicht unmittelbar, sondern beruft sich auf eine Überlieferung/Sage; Paradoxie des Erzählens: Erzähler gibt sich auktorial, weiß aber wenig; Parenthesen; Du-Ansprache (Doppeldeutigkeit des Adressaten: Figur im Text / Leser) • Oppositionen, z. B.: Nähe – Ferne, Licht – Schatten, Freiheit / Offenheit – Enge • Äquivalenzen, z. B.: Wiederholung, Correctio, Akkumulation • Konjunktiv Irrealis (Unmöglichkeit, Traumhaftigkeit)	9 (II)	
6	deutet unter differenzierter Beachtung des Zusammenspiels von Inhalt und sprachlicher Gestaltung die paradoxe Aussage der Parabel, z. B.: • Symbolik des Bildteils, z. B.: Kaiser / Untertan, Sonne / Schatten, Bote (Paradoxie von Macht und Ohnmacht), Botschaft als Geheimnis (Paradoxie von Bedeutung und Sinnlosigkeit), Palast / Residenzstadt (Welt als Labyrinth)	9 (III)	
7	deutet den Bildteil mit Hilfe expliziter Interpretationsmethoden, z. B.: • textimmanent (Verrätselung der Kommunikation, Hoffnungslosigkeit, Sinnlosigkeit) • biografisch-soziologisch (Gesellschaft als undurchschaubarer bürokratischer Apparat) • religiös (chassidische Tradition: göttliche Weisheit als Botschaft) • philosophisch (Erkenntnisproblematik, Suche nach Wahrheit)	6 (III)	
8	formuliert eine reflektierte Schlussfolgerung auf der Grundlage der Untersuchungsergebnisse.	3 (III)	
9	entwickelt einen weiteren, eigenständigen Gedanken. (Max. 5 Punkte)		
		48	

Autoren:
Bernd Schurf / Andrea Wagener

Texte, Themen und Strukturen
Lernerfolgskontrolle 2, S. 2

ERWARTUNGSHORIZONT **49**

Aufgabe 2

	Anforderungen Die Schülerin / der Schüler	maximal erreichbare Punktzahl (AFB)	erreichte Punktzahl
1	formuliert eine sinnvolle Überleitung.	3 (I)	
2	ordnet die Parabel in den thematischen Kontext ein, in dem sie und weitere – konkret zu benennende – Texte aus dem Unterrichtszusammenhang stehen.	3 (II)	
3	erläutert konkrete Vergleichsmomente auf der Ebene von Figuren, Handlung, Motiven, Erzählstruktur, Raum-Zeit-Struktur, sprachlicher Gestaltung etc.	6 (II)	
4	deutet vergleichend Thema, Motive und Aussageabsichten verschiedener Parabeln (intertextueller Deutungsansatz), z. B.: ▪ Gebäude-/Gesetzesparabel: Suche nach der Wahrheit / Erkenntnisproblematik ▪ Künstlerparabel: Selbstreflexion über den künstlerischen Schreibprozess	9 (III)	
5	setzt sich reflektiert mit der Bedeutung der (Kafka-)Parabel für die eigene Identitätsfindung im Leseprozess auseinander.	3 (III)	
6	entwickelt einen weiteren, eigenständigen Gedanken. (Max. 4 Punkte)		
		24	

Darstellungsleistung

	Anforderungen Die Schülerin / der Schüler	maximal erreichbare Punktzahl	erreichte Punktzahl
1	strukturiert den Klausurtext schlüssig, sinnvoll verknüpft und gedanklich klar.	6	
2	schreibt fachsprachlich korrekt und differenziert zwischen beschreibenden, deutenden und wertenden Aussagen.	6	
3	belegt Aussagen funktional durch korrekte Zitate.	3	
4	formuliert begrifflich präzise und differenziert, sprachlich-stilistisch angemessen, abwechslungsreich und sicher.	10	
5	schreibt sprachlich korrekt.	3	
		28	

Eine Zuordnung der Punktezahlen zu den Notenstufen findet sich auf S. 46 in diesem Handbuch.

Cornelsen
Autoren:
Bernd Schurf / Andrea Wagener

Texte, Themen und Strukturen
Lernerfolgskontrolle 2, S. 3

2 Das Ich als Rätsel – Gedichte verschiedener Epochen untersuchen

Konzeption des Kapitels

Lyrik gilt als die literarische Gattung, in der unverstellt persönliche Gefühle und Beobachtungen ausgesprochen werden können. Einen Schwerpunkt des Kapitels bilden moderne Gedichte, in denen das „Ich" und dessen Suche nach Identität im Vordergrund stehen. Die subjektiven Erfahrungen, Stimmungen, Hoffnungen und Ansichten über das Leben, die das lyrische Ich äußert, können von der Leserin / vom Leser auf die eigene Lebenswirklichkeit bezogen werden.

Im ersten Teilkapitel (**„Identität – Brechungen und Spiegelungen als lyrisches Motiv"**) begegnet den Schülerinnen und Schülern in Gedichten der Neuen Subjektivität (seit Ende der 1960er Jahre) eine Alltagslyrik, in der Innerlichkeit und Selbsterfahrung des lyrischen Ichs im Mittelpunkt stehen. Auch die lyrischen Texte des ausgehenden 20. und des beginnenden 21. Jahrhunderts, die insgesamt in Thematik und Form ein uneinheitliches Bild zeigen, machen häufig das eigene Ich zum Gegenstand der Betrachtung. Bei grundlegender Skepsis gegenüber allzu gewagten sprachexperimentellen Versuchen ist eine „Vorliebe für die bewegliche, in den 90er Jahren fast durchweg wieder ungereimte Lyrik mit unregelmäßigen Metren" (Korte, S. 282) zu beobachten. Im ersten Teilkapitel werden die modernen Texte mit Gedichten aus anderen literarischen Epochen (u. a. Sturm und Drang, Symbolismus) kontrastiert, wobei die analytischen und produktionsorientierten Aufgabenstellungen dazu anregen, vielfältige Beziehungen (Brechungen und Spiegelungen) herzustellen. Grundlegende Merkmale lyrischen Sprechens (Versstruktur, Semantik, bildhafte Sprache, Reimform) werden wiederholt, vertieft und auf ihre Funktionalität hin befragt.

Damit bereitet das erste das zweite Teilkapitel vor (**„Reisen zum Ich – Eine Textanalyse schreiben"**), in dem am Beispiel des Gedichts „Reisen" (1950) von Gottfried Benn die einzelnen Schritte einer Gedichtinterpretation zusammengeführt und systematisch abgehandelt werden. Texte von Schülerinnen und Schülern dienen dabei als exemplarisches Material. Die einleitenden Texte von Bertolt Brecht und Iris Radisch können in ihrer konträren Aussage eine Reflexion über die Sinnhaftigkeit einer Gedichtanalyse initiieren.

Im dritten Teilkapitel (**„Spiegelungen und Brechungen – Einen Poetry-Slam veranstalten"**) stehen die Aspekte „Schreiben" und „Vortragen" im Vordergrund. Inhaltlich ergibt sich durch das vorgegebene Thema eine Verklammerung mit den beiden vorangegangenen Teilkapiteln. Methodische Zugriffe, die die Schülerinnen und Schüler in diesem Kapitel, aber auch in früheren Jahrgangsstufen erprobt haben, werden nun wieder aufgegriffen (Parallelgedicht, Antwortgedicht etc.) und um neue kreative Schreibaufträge ergänzt. Die Präsentation der Schülerprodukte auf einer gerade bei jungen Leuten sehr beliebten Poetry-Slam-Veranstaltung ist nicht nur organisatorisch ohne größeren Aufwand realisierbar, sondern bietet den Schülerinnen und Schülern auch die Möglichkeit, sich durch die Darstellung ihrer Gedichte noch einmal auf andere Weise mit den Besonderheiten lyrischer Texte auseinanderzusetzen.

Literaturhinweise

Buchwald, Christoph (Hg.): 25. Jahrbuch der Lyrik. Die schönsten Gedichte aus 25 Jahren. Suhrkamp, Frankfurt/M. 2007
Burdorf, Dieter: Einführung in die Gedichtanalyse. Metzler, Stuttgart [2]1997
Bylanzky, Ko / Patzak, Rayl: Planet Slam 1+2, yedermann-Verlag 2002 + 2004
Ewers, Hans-Heino: Alltagslyrik und neue Subjektivität. Klett, Stuttgart 1982
Gnüg, Hiltrud: Was heißt „Neue Subjektivität?" In: Merkur, Heft 1/1978, S. 60
Korte, Hermann: Deutschsprachige Lyrik seit 1945. Metzler, Stuttgart/Weimar [2]2004
Kuhligk, Björn / Wagner, Jan (Hg.): Lyrik von Jetzt. DuMont, Köln 2003
Spinner, Kaspar H.: Umgang mit Lyrik. Schneider Verlag Hohengehren, Baltmannsweiler 1995
Waldmann, Günter: Produktiver Umgang mit Lyrik. Eine systematische Einführung in die Lyrik, ihre produktive Erfahrung und ihr Schreiben. Schneider Verlag Hohengehren, Baltmannsweiler [3]1994

A2 GEDICHTE VERSCHIEDENER EPOCHEN UNTERSUCHEN   **51**

	Inhalte	Kompetenzen
		Die Schülerinnen und Schüler
S. 41	**2 Das Ich als Rätsel – Gedichte verschiedener Epochen untersuchen** Songs von *Gloria Gaynor, Madonna, Rosenstolz*	• beschreiben die unterschiedlichen Aussagen des lyrischen Ichs über seine Befindlichkeit • benennen lyrische Formmerkmale von Songs (Metrum, Reim etc.)
S. 42	**2.1 Identität – Brechungen und Spiegelungen als lyrisches Motiv**	• ordnen das Bild von Picasso einem Gedicht zu • vergleichen Gedichte aus verschiedenen
S. 42	**Das lyrische Ich spricht – Selbstreflexionen** *Selbstbildnis* von *P. Picasso* Gedichte von *Norbert Hummelt, Sarah Kirsch, Marcel Beyer, J. W. Goethe, J. M. R. Lenz, Ulla Hahn*	Epochen im Hinblick auf die Selbstaussagen des lyrischen Ichs • beschreiben lyrische Form- und Sprachmerkmale in ihrer Funktion und Wirksamkeit • charakterisieren die Gefühlswelt des lyrischen Ichs durch produktionsorientierte Verfahren
S. 45	*Annette von Droste-Hülshoff:* Das Spiegelbild *Rolf Dieter Brinkmann:* Selbstbildnis im Supermarkt	• erläutern die Bedeutung des Spiegelmotivs in den Gedichten der Droste und Brinkmanns • vergleichen die beiden Gedichte • stellen Bezüge zwischen Form und Inhalt der beiden Gedichte her
S. 46	**„… von bitteren Salzen schwer …" – Metaphern genauer analysieren** Gedichte von *Charles Baudelaire, Detlev von Liliencron*	• erläutern, wie durch das Bildfeld „Meer" Mensch und Natur in Beziehung gesetzt werden • vergleichen die beiden Gedichte im Hinblick auf die Bedeutung der Meeresmetaphorik
S. 47	**Die Versstruktur untersuchen** Gedichte von *Barbara Köhler, Rolf Dieter Brinkmann*	• beschreiben die Disparität von Vers- und Satzstrukturen und erläutern deren Wirkung
S. 48	**Analyseaspekte vergleichend anwenden – Lyrisches Ich, Bildfeld/Metaphorik und Versstruktur** Gedichte von *Thomas Brasch, Karin Kiwus*	• weisen die Texte als Gedichte der „Neuen Subjektivität" aus • belegen diese Zuordnung durch Form- und Sprachanalyse
S. 49	**2.2 Reisen zum Ich – Eine Textanalyse schreiben** *B. Brecht:* Über das Zerpflücken von Gedichten *Iris Radisch:* Nie wieder Versfüßchen *Gottfried Benn:* Reisen	• geben die konträren Aussagen zweier Texte zur Gedichtanalyse wieder • wenden die einzelnen Schritte zur Erarbeitung einer Gedichtinterpretation an: • formulieren erste Leseeindrücke, Thema und Interpretationsthese • erkennen Formmerkmale und erfassen ihre Wirkung • entwickeln einen Schreibplan • verfassen eine Gedichtinterpretation • überarbeiten gezielt ihren Text und achten dabei auf sinnvolles Zitieren
S. 52	**2.3 Spiegelungen und Brechungen – Einen Poetry-Slam veranstalten**	• wenden kreative Schreibweisen beim Verfassen von Gedichten an • bereiten einen Poetry-Slam organisatorisch und künstlerisch vor • führen den Poetry-Slam durch

52 A2 GEDICHTE VERSCHIEDENER EPOCHEN UNTERSUCHEN

2 Das Ich als Rätsel – Gedichte verschiedener Epochen untersuchen

▶ S. 41 **Songtexte von** Gloria Gaynor, Madonna, Rosenstolz

1/2 Gloria Gaynor (eigentlich Gloria Fowles, *7.9.1949 in Newark, New Jersey) wurde in den 1970er Jahren als Disco-Sängerin berühmt. Ihr Song aus dem Jahr 1984 in dem Album „I am Gloria Gaynor" wurde vor allem von Jugendlichen in aller Welt als Ausdruck von deren Selbstverständnis gefeiert.
Übersetzung: Ich bin, was ich bin. / Ich bin meine eigene spezielle Kreation. / Komm also und schau. / Gib mir den Haken (Fußtritt) oder den Beifall. / Es ist meine Welt, / dass ich ein wenig stolz sein will auf / meine Welt. / Und es gibt keinen Ort, wo ich mich verstecken muss. / Das Leben ist überhaupt nichts wert, / bis du sagen kannst, / ich bin, was ich bin.

Ganz anders ist die Stimmung in dem Madonna-Song, in dem die Sprecherin/der Sprecher sich ihrer / seiner Identität erst durch die Beziehung zu dem angesprochenen Du sicher weiß. Die beiden letzten Verse stellen aber auch eine derartige Beziehung in Frage, sodass der Song eher eine pessimistische Grundstimmung aufweist.
Übersetzung: Ich bin nicht ich, wenn du leise gehst. / Ich bin nicht ich allein in der Nacht. / Ich bin nicht ich, weiß nicht, wen ich rufen soll. / Ich bin überhaupt nicht ich.

In dem Song der Berliner Band Rosenstolz (Sängerin AnNa R., eigentlich Andrea Natalie Rosenbaum, und Keyboardspieler, Sänger und Songschreiber Peter Plate) weicht der Zweifel an der eigenen Identität dem trotzigen Bekenntnis: „Das allein ist meine Schuld!"

4 Was Songs zu lyrischen Texten macht: z. B. bei Rosenstolz Strophik, Metrum, Reim, Refrain, rhetorische Mittel: Personifikation, Anapher, Parallelismus etc.

2.1 Identität – Brechungen und Spiegelungen als lyrisches Motiv

Das lyrische Ich spricht – Selbstreflexionen

▶ S. 42 **Norbert Hummelt: strandschrift** (1997)

▶ S. 42 **Sarah Kirsch: Trennung** (1979)

▶ S. 42 **Marcel Beyer: Stiche** (2002)

▶ S. 42 **Pablo Picasso: Selbstbildnis** (1907)

1 Picassos in Paris entstandenes Selbstporträt steht am Anfang der kubistischen Phase des Malers zwischen 1907 und 1917. Während im „Selbstbildnis mit Palette" einige Monate zuvor noch kaum Andeutungen auf den Kubismus zu finden sind, lässt sich in dem im Schülerband abgedruckten Bild von 1907 bereits die für diese Stilrichtung charakteristische Aufteilung der Fläche in eckige, kantige Facetten beobachten. Breite, gradlinige Pinselstriche und die schwarze Umrandung einzelner Flächen markieren im Zusammenhang mit der kontrastiven Farbgebung die eher verschlossenen, beinahe maskenhaften Gesichtszüge eines noch jungen Mannes, dessen weit geöffnete Augen wie ins Leere blicken. Alter und Ausdruck des im Bild dargestellten Mannes passen am besten zu dem Sprecher im Gedicht von Marcel Beyer. Das lyrische Ich erwähnt sein „übliches Hotelgesicht" (V. 9), das keinen Aufschluss über die wahre Identität des Mannes gibt und ebenfalls nur eine Maske darstellt, hinter der sich die Individualität des Hotelgastes verbirgt.

2 a In allen drei Gedichten gibt sich das lyrische Ich durch die Verwendung des Personalpronomens „ich" zu erkennen. In den Gedichten von Hummelt und Beyer erscheint das Personalpronomen auch noch im Dativ („mir"), wodurch sich besonders in dem Gedicht von Hummelt der Sprecher in Beziehung zu seiner Umwelt setzt. Bei Hummelt und Beyer verweist darüber hinaus das Possessivpronomen der 1. Person „mein", „meinem" auf das lyrische Ich, das sich selbst gleichsam distanziert gegenübersteht und kritisch betrachtet.

2.1 BRECHUNGEN UND SPIEGELUNGEN ALS LYRISCHES MOTIV

b In den Gedichten von Hummelt und Beyer werden immer wieder die gängigen Satzstrukturen durch die Verssetzung bewusst und gewollt durchbrochen, wodurch einzelne sinntragende Wörter besonders betont werden, z. B. bei Hummelt: „hier", „seine spuren", „bootswand", „nicht", „begreife" etc., bei Beyer: „Hang", „nur", „mein übliches Hotelgesicht", „Stoppeln" etc. In Sarah Kirschs Gedicht fällt die elliptische Aussage des dritten Verses auf, vor allem aber der Abbruch des letzten Verses, der das Verstummen des lyrischen Ichs sinnfällig macht und die Leserin/den Leser auffordert, den Gedanken weiterzuspinnen.

3 Vorschlag für ein Tafelbild:

Vorstellungen von den jeweiligen Sprechern in den drei Gedichten			
	Hummelt	**Kirsch**	**Beyer**
Alter	„gekrümmte[r] Mann", „noch ein Jahr": eher älter	[keine Hinweise]	mittleres Alter
Aussehen	„steifer Gang", „gekrümmt", „in dessen Jacke die Zitronenseife"	[keine Hinweise]	Narbe am Kinn, „Hotelgesicht", Bartstoppeln
Familienstand	[keine Hinweise]	[keine Hinweise]	[keine Hinweise]
Beruf	eher kein Beruf, evtl. Künstler	[keine Hinweise]	vielleicht Vertreter, Geschäftsmann
Charaktereigenschaften	sensibler Beobachter, Angst vor der Endlichkeit	Gefühl des Eingeschlossenseins, Freiheitsbedürfnis	selbstkritisch, kühler und distanzierter Beobachter

5 Die Gedichte von Hummelt, Kirsch und Beyer zeigen ein lyrisches Ich, das sich selbst und seiner Umwelt distanziert gegenübersteht. Demgegenüber bieten die Songs in Inhalt und Form, darüber hinaus natürlich durch die eingängige und Gemeinschaft stiftende Melodie, sehr gute Möglichkeiten der Identifikation mit dem lyrischen Ich und seiner Gefühlswelt.

Johann Wolfgang Goethe: Neue Liebe, neues Leben (1774/75) ▶ S. 43

1 a/b Goethes Gedicht ist im Kontext seiner Verlobung mit der Frankfurter Bankierstochter Lili Schönemann (Anfang 1775) zu sehen, einer Verbindung, die zwar von leidenschaftlicher Liebe geprägt, von Beginn an aber auf Seiten Goethes auch mit starken Zweifeln belastet war, ob die gesellschaftlichen Verpflichtungen einer solchen Bindung nicht der eigenen Berufung im Wege stehen. Goethe entzog sich dieser widersprüchlichen Gefühlslage durch eine Reise in die Schweiz. Die Verlobung wurde im Herbst 1775 aufgelöst.
Goethes Gedicht „Neue Liebe, neues Leben" gibt diese Stimmung wieder. Die erste Strophe zeigt das lyrische Ich in einem Zustand der Ratlosigkeit und Gefühlsaufwallung. Das bisherige Leben ist auf den Kopf gestellt, alles ist verändert. Der letzte Vers der ersten Strophe stellt die Frage nach den Gründen für diesen emotionalen Ausnahmezustand. Die Antwort liefert die zweite Strophe: Das lyrische Ich liebt eine Frau, deren körperliche Reize und charakterliche Vorzüge alle Versuche des lyrischen Ichs, sich aus rationalen Gründen der Geliebten zu entziehen, zunichtemachen. Die dritte Strophe steigert den Eindruck einer letztlich unfreiwilligen Bindung an die Geliebte („wider Willen", V. 20) durch Bilder, die aus dem Bereich der Magie stammen. „Zauberfädchen" (V. 17) und „Zauberkreis" (V. 21) stehen als Chiffren für ein als rätselhaft empfundenes Verfallensein an die Geliebte, aus dem sich das lyrische Ich befreien möchte („Liebe, Liebe, lass mich los!", V. 24), um wieder zu sich selbst zu finden („Muss in diesem Zauberkreise/Leben nun auf ihre Weise", V. 21 f.).

2 Der erste Vers der ersten Strophe nennt den Adressaten, an den sich das lyrische Ich wendet: Es ist das eigene Herz, das im Folgenden mit dem Personalpronomen „du"/„dich" und dem Possessivpronomen „deine" angesprochen wird. Das lyrische Ich weist dem eigenen Herzen die „Schuld" für die alles umkehrende Leidenschaft zu der geliebten Frau zu. Die Eingangsfragen der ersten beiden Strophen sowie die Ausrufesätze, zum Teil verstärkt durch die Interjektion „ach", schieben dem Herzen als Sitz der Gefühle die Verantwortung für die Gefühlsverwirrung des lyrischen Ichs zu.

54 A2 GEDICHTE VERSCHIEDENER EPOCHEN UNTERSUCHEN

3 Mögliche Lösung:
Das Gedicht kann gleichsam als ein Hilferuf des lyrischen Ichs an die als personifizierte Kraft verstandene Liebe aufgefasst werden, es aus seinen widersprüchlichen Gefühlen der Geliebten gegenüber zu befreien. Dabei wendet sich das lyrische Ich fast flehend an sein eigenes Herz, dem es die Verantwortung für die eigene Gefühlsverwirrung zuschiebt.

▶ S. 44 Jakob Michael Reinhold Lenz: **An das Herz** (1776)

1 a/b In Goethes Gedicht ist das Herz Sitz des Gefühls und der Leidenschaft und steht im Widerstreit mit der Vernunft. Das lyrische Ich möchte sich aus diesen Fesseln der Leidenschaft befreien, bekennt sich aber andererseits zu seinen Gefühlen. In Lenz' Gedicht „An das Herz", das der Dichter 1776 in mehreren Fassungen vorlegte, ist das Herz weniger das zentrale Organ für positive Empfindungen und Leidenschaften, sondern Auslöser von Qual und Schmerz. In der dritten Strophe wird das Herz als Ort der Gefühllosigkeit und Kälte besonders negativ konnotiert. Die komische Schlusswendung im letzten Vers der dritten Strophe „Aber ohne sie wär's Quark!" hebt die eher abwertenden Formulierungen der drei ersten Strophen zumindest vordergründig auf: Ein Leben ohne (Liebes-)Qualen und Schmerzen wäre langweilig und fade.

2 **Methodischer Tipp:** Anfertigung in Einzel- oder Partnerarbeit, Verbesserung und Korrektur in Form von Schreibkonferenzen (Gruppenarbeit), Vortrag vor der Klasse mit zwei Sprechern.

▶ S. 44 Ulla Hahn: **Angstlied** (1981)

1 Ulla Hahns Gedicht stammt aus dem 1981 veröffentlichten Lyrikband „Herz über Kopf", der mit über 50 000 verkauften Exemplaren zu einem der erfolgreichsten Lyrikbände in Deutschland avancierte, von der Literaturkritik allerdings kontrovers aufgenommen wurde. Dem Lob („frischer Ton", „artistischer Umgang mit der poetischen Tradition") stand der Vorwurf anachronistischer Rückwärtsgewandtheit in der Wiederbelebung traditioneller Gefühlspoesie unter Verwendung einer herkömmlichen Formen- und Bildersprache gegenüber.
Zu dem in dem Gedicht zum Ausdruck kommenden Lebensgefühl passen die Begriffe „Einsamkeit" und „Verzweiflung". Die harmonische Form des Gedichtes (alternierendes Versmaß, Kreuzreim etc.) unterstützt gerade durch den Kontrast zum Inhalt die Aussage des lyrischen Ichs.

2 a Vergleich des Lebensgefühls in Ulla Hahns Text mit dem des Sturm und Drang: Die Autoren des Sturm und Drang (etwa 1770–1785) lehnen nüchterne Rationalität ab. Herz und Gefühl, Individualität und Genie, Originalität und Schöpfertum, Natur und Ursprung zählen mehr als Verstand, Regeln und Konvention. Das Herz als Sitz der Leidenschaften, der Fantasie und Imagination ist das den Menschen bestimmende Element. In Ulla Hahns Gedicht, das der Stilrichtung der „Neuen Subjektivität" zugerechnet werden kann, herrscht ein resignativer Ton vor, der sich von Strophe zu Strophe in Form einer Klimax („kein Haus", „kein Mann", „kein Herz") steigert: Einsamkeit und das Gefühl der Verlorenheit münden in die Vorstellung von Leblosigkeit und Erstarrung. Der Verstoß gegen die grammatische Regel im ersten Vers der zweiten Strophe zu Gunsten der Gleichförmigkeit im Sinne des Parallelismus hebt diesen Vers und damit verbunden die Einsamkeit des lyrischen Ichs hervor.

b Sprachliche Mittel, die das jeweilige Lebensgefühl zum Ausdruck bringen – Vorschlag für ein Tafelbild:

	Goethe	Lenz	Hahn
Syntax	Fragesätze, Ausrufesätze	Ausrufesätze	Aussagesätze, Ellipsen
Semantik	ausdrucksstarke Verben: „bedrängen", „betrüben", „fesseln", „zerreißen" etc.	ausdrucksstarke Verben: „quälen", „schmelzen", „hassen", „zittern" etc.	dreimaliges lakonisches „haben"; Betonung sinntragender Nomen: „Haus", „Wind", „Mann", „Himmel", „Herz", „Not"
bildhafte Sprache	Personifikation Herz/Liebe; Bildfeld Magie („Zauberfädchen", „Zauberkreis")	Personifikation Herz	Bildfeld Tod / Erstarrung: „kein Herz", „tot", „verschneit", „Not"

Reimform	ababccdd (Kreuzreim, Paarreim)	1. Strophe: umschließender Reim (abba), sonst Kreuzreim Vers 1 und 4 unreiner Reim	Reim: jeweils 2. und 4. Vers, z. T. Assonanz („bang" – „an")
Lebensgefühl	Leidenschaft, Gefühl	Leidenschaft, Gefühl	Resignation, Verzweiflung, Einsamkeit

Annette von Droste-Hülshoff: **Das Spiegelbild** (1841/42)   ► S. 45

Rolf Dieter Brinkmann: **Selbstbildnis im Supermarkt** (1968)   ► S. 45

1 a/b Das Spiegelmotiv hat in der Literatur eine lange Tradition (Motiv des Narziss in der griechischen Sage). Der Blick in den Spiegel lässt die Wahrheit ans Licht kommen, er enthüllt Unbekanntes, Verborgenes und Bedrohliches, er zeigt Seiten der Seele, die dem Betrachter bislang nicht bewusst waren. Dem Spiegelmotiv verwandt ist das Motiv des Doppelgängers, das Annette von Droste-Hülshoff z. B. in ihrer Ballade „Das Fräulein von Rodenschild" aufgreift.
Methodischer Tipp: Die Aufgabe, zu dem eigenen Spiegelbild zu assoziieren, wird als vorbereitende Hausaufgabe gestellt; das Vorlesen der Beiträge erfolgt nur auf freiwilliger Basis. Die Schülerinnen und Schüler können ihre Beiträge auch zu Hause auf einen Tonträger sprechen, wodurch die Spontaneität der Eindrücke noch besser eingefangen werden kann.

Das Gedicht von Annette von Droste-Hülshoff ist nach der zweiten Strophe gekürzt. Die fehlenden Strophen lauten:

Annette von Droste-Hülshoff: **Das Spiegelbild**

[…]

Zu deiner Stirne Herrscherthron,
Wo die Gedanken leisten Fron
Wie Knechte, würd ich schüchtern blicken;
Doch von des Auges kaltem Glast,
5 Voll toten Lichts, gebrochen fast,
Gespenstig, würd, ein scheuer Gast,
Weit, weit ich meinen Schemel rücken.

Und was den Mund umspielt so lind,
So weich und hülflos wie ein Kind,
10 Das möcht in treue Hut ich bergen;
Und wieder, wenn es höhnend spielt,
Wie von gespanntem Bogen zielt,
Wenn leis es durch die Züge wühlt,
Dann möchte ich fliehen wie vor Schergen.

15 Es ist gewiss, du bist nicht Ich,
Ein fremdes Dasein, dem ich mich
Wie Moses nahe, unbeschuhet,
Voll Kräfte, die mir nicht bewusst,
Voll fremden Leides, fremder Lust;
20 Gnade mir Gott, wenn in der Brust
Mir schlummernd deine Seele ruhet.

(Aus: Annette von Droste-Hülshoff: Sämtliche Werke. Hanser, München 1952, S. 164 f.)

2 Im Gedicht Annette von Droste-Hülshoffs weist das lyrische Ich zunächst sein Spiegelbild als nicht ihm zugehörig zurück („nicht meinesgleichen", V. 7). Die dunklen Seiten der Seele („zwei Seelen", V. 5), die das lyrische Ich im Spiegelbild – allerdings noch verschwommen („deiner Augen Nebelball", V. 2) – wahrnimmt, lösen Furcht und Ablehnung aus, sie werden als nicht real zurückgewiesen („Phantom", V. 7). Die zweite Strophe erklärt das Spiegelbild als mögliches Traumbild („entschlüpft der Träume Hut", V. 8), wodurch bereits angedeutet ist, dass dem Spiegelbild insofern eine gewisse Realität zukommt, als der Traum die Wirklichkeit verarbeitet und chiffriert widerspiegelt. Im letzten Vers lässt das lyrische Ich denn auch offen, wie es sich zu den ihm bislang verborgenen Seiten seines Wesens stellen wird („Würd' ich dich lieben oder hassen?", V. 14), wenn auch offensichtlich Angst- und Ablehnungsgefühle immer noch überwiegen („zu eisen mir das warme Blut", V. 9). Erst in der letzten Strophe bekennt sich das lyrische Ich zu allen Seiten seiner ihm im Spiegelbild bewusst gewordenen Identität („Mich dünkt – ich würde um dich weinen!", V. 22).

Im Gedicht Brinkmanns erkennt das lyrische Ich in seinem Spiegelbild sofort sein wahres Ich („wie ich bin",
V. 5; „aber der Schlag trifft mich", V. 8). Der Blick auf die eigene Identität ist voller Skepsis, Kritik und
Selbstironie („Dort holt mich später dann / sicher jemand / ab", V. 13–15). Die Trostlosigkeit und Ausweglosigkeit der eigenen, als jämmerlich empfundenen Existenz wird sinnfällig in der „kahlen / Wand" (V. 10 f.),
die eine positive Lebensperspektive versperrt.

3 a Im Gedicht Droste-Hülshoffs fühlt sich das lyrische Ich von seinem Spiegelbild betrachtet und blickt
zurück in dessen Augen, die ihrerseits als Spiegel der Seele aufgefasst werden können. Der teure
Kristallspiegel mag ein Hinweis darauf sein, dass die Droste die Szenerie ihrer adeligen Umwelt als
Raum dieser Begegnung wählt. Interessant ist auch, dass das Gedicht in einer ersten Fassung den
Titel „Mein Spiegelbild" trägt, somit autobiografische Bezüge nahelegt, wobei sich natürlich eine kurz-
schlüssige Gleichsetzung von Autorin und lyrischem Ich verbietet.
In Brinkmanns Gedicht ist Schauplatz der Begegnung des lyrischen Ichs mit seinem Spiegelbild der
öffentliche Raum vor einem Supermarkt, wobei eine Fensterscheibe die Funktion des Spiegels übernimmt. Es handelt sich also um eine alltägliche, zufällige Situation (Alltagsgedichte der Neuen Subjektivität), welche die Selbstreflexion des lyrischen Ichs auslöst.

b Bei Brinkmann ist die Durchbrechung der normalen Satzstrukturen durch die eigenwillige Verssetzung
typisch für die Lyrik der Neuen Subjektivität. Sinntragende Wörter werden auf diese Weise hervorgehoben, neue Gedankenassoziationen werden hervorgerufen: z. B. durch die Trennung des Wortes
„Supermarkt" (V. 3/4), die Endstellung des Wortes „mich" (V. 8), die Einzelstellung der Wörter „weiß"
(V. 12) und „ab" (V. 15) (→ lakonische Ausdrucksweise).
Im Gedicht Droste-Hülshoffs ist vor allem die Reimform (Schweifreim: aabcccb) auffällig, die formal
darauf hinweist, dass die inhaltlichen Gegensätze (lyrisches Ich – Spiegelbild, gute und böse Seiten
der Seele) schließlich zusammengeführt werden, indem das lyrische Ich seine Identität mit all deren
Facetten annimmt.

c In beiden Gedichten kommt das Verhältnis des lyrischen Ichs zu seinem Spiegelbild in den verwende-
ten Pronomen zum Ausdruck:
Im Gedicht Droste-Hülshoffs wird das zuerst als fremd empfundene Spiegelbild vom lyrischen Ich
(Personalpronomen: „ich", „mir", „mich") gleichsam als eine andere Person mit den Personal- und
Possessivpronomen der 2. Person angesprochen: „du", „dich", „deiner", „deinen". Im letzten Vers der
letzten Strophe erscheinen die Pronomen „mich" und „dich" in einem Vers: eine sinnfällige Aufhebung
des vorangegangenen Antagonismus.
Im Gedicht Brinkmanns spricht das lyrische Ich nur von sich selbst: Personalpronomen „ich", „mich",
„mir". Es gibt keine Differenz zwischen Spiegelbild und lyrischem Ich.
Die **Personifizierungen** in Droste-Hülshoffs Gedicht (z. B. „schaust", „entschlüpft", „blassen", „trätest")
sollen die Distanz unterstreichen, die das lyrische Ich seinem Spiegelbild entgegenbringt. Die ambivalente Stimmung drückt sich auch in den **Antithesen** der zweiten Strophe aus („eisen" – „warme",
V. 9; „dunkle" – „blassen", V. 10; „dämmerndes Gesicht" – „Doppellicht", V. 11/12). **Metaphern** (z. B.
„Nebelball", V. 2), **Vergleiche** (z. B. „Kometen gleich", V. 3; „wie Spione", V. 5), **Alliterationen** („worin
wunderlich […] wie", V. 4/5) tragen zu der unheimlichen Stimmung bei.
In Brinkmanns Gedicht spiegelt sich der kritische Blick des lyrischen Ichs auf sich selbst vor allem in
der Verwendung der **sprichwörtlichen Redewendung** „Mich trifft der Schlag" (ursprüngliche Bedeutung: Mich ereilt ein Schlaganfall, ein Herz- oder Hirnschlag), mit dem der Volksmund in gewollter
Banalisierung des eigentlich Entsetzlichen auf unangenehme Überraschungen hinweisen will. Die ver-
fremdende Wirkung entsteht im Gedicht dadurch, dass die Redewendung wörtlich genommen wird:
Die Begegnung mit dem Spiegelbild wirkt wie ein Faustschlag ins Gesicht. **Metaphorisch** gedeutet
werden kann der Ausdruck „kahle Wand" (s. o.).

Weiterführendes Material zu diesem Abschnitt, das zum Vergleich mit dem Gedicht Droste-Hülshoffs einlädt,
findet sich auf der beiliegenden CD: Ferdinand Freiligrath: Die Rose.

2.1 BRECHUNGEN UND SPIEGELUNGEN ALS LYRISCHES MOTIV

„… von bitteren Salzen schwer …" – Metaphern genauer analysieren

Charles Baudelaire: **Der Mann und das Meer** (1857)   ► S. 46

Detlev von Liliencron: **In einer großen Stadt** (um 1890)   ► S. 46

1 Wahrnehmung und Erkenntnis des lyrischen Ichs in Baudelaires Gedicht:
- 1. Strophe: Das lyrische Ich erkennt in einem freien Individuum einen Menschen, der mit der Urgewalt des Meeres vergleichbar ist. Die Unergründlichkeit und Rätselhaftigkeit der menschlichen Seele entsprechen dem Abgrund des Wellentals.
- 2. Strophe: Der Mensch ist allzu gerne bereit, sich vom äußeren Schein blenden zu lassen und die Tiefen und Rätsel der Seele zu missachten.
- 3. Strophe: Meer und Mensch gleichen sich darin, dass viele ihrer Schätze und Geheimnisse verborgen bleiben.
- 4. Strophe: Doch trotz aller Wesensähnlichkeit stehen Mensch und Meer wie Ringer in einem ewigen Kampf.

Wahrnehmung und Erkenntnis des lyrischen Ichs in Liliencrons Gedicht:
- 1. Strophe: Das lyrische Ich ist Teil des Menschenstroms in einer Großstadt. Außer flüchtigen Blicken kommt es zu keiner Kontaktaufnahme. Neben diesen flüchtigen optischen Reizen nimmt das lyrische Ich hier wie in den folgenden Strophen nur das Lied eines Drehorgelspielers wahr.
- 2. Strophe: Die Flüchtigkeit und Nichtigkeit der Begegnung mit den anderen Menschen weckt beim lyrischen Ich die Assoziation der Vergänglichkeit allen Lebens.
- 3. Strophe: Das Gefühl der Vergänglichkeit und Sinnlosigkeit des Lebens bezieht das lyrische Ich nun auch auf sich selbst.

2 Vorschlag für ein Tafelbild:

Metapher	Bildspender (Herkunftsbereich)	Bildempfänger (Übertragungsbereich)	mögliche Vorstellung bei der Leserin / beim Leser
„Es ist ein Spiegel dir" (V. 2)	Gegenstand	Meer	Wie der Mensch sich im Spiegel sieht/erkennt, so stellt sich ihm das Meer als seelenverwandt dar.
„wie sein Schlund" (V. 4)	Lebewesen	Meer (→ Geist/Seele des Menschen)	tiefe, trichterförmige Öffnung der Wellentäler: Sie ist so unergründlich wie Seele und Geist des Menschen.
„von bitteren Salzen" (V. 4)	Frucht, Getränk	Wasser des Meeres (→ Geist des Menschen)	Das Meerwasser schmeckt wie eine bittere Frucht; die Bitternis verweist auf die Heimsuchungen, die das Meer für den Menschen bedeutet.
„Stöhnen seiner unbeugsamen wilden Klagen" (V. 8)	klagender Mensch	Meer (→ Seele des Menschen)	Wie der wilde, heulende Sturm das Meer aufwühlt, so wird auch die menschliche Seele von Gefühlen und Leidenschaften heftig bewegt.
„die Tiefen deiner Schründe" (V. 10)	Fels, Gebirge	Meer (→ Mensch)	Tiefe und Schroffheit der Felsspalten im Gebirge stehen für die abgrundtiefe Bodenlosigkeit des Meeres, aber auch von Seele und Geist des Menschen.
„kämpfet" (V. 13)	Sportler, Kämpfer	Meer/Mensch	Wie zwei Kämpfer stehen sich das Meer und der Mensch in einem ewigen Wettkampf gegenüber: Der Mensch versucht, den Naturgewalten des Meeres zu trotzen. Trotz der gegenseitigen Feindschaft gleichen sie sich in ihrem Vernichtungswillen.
„unbändige Brüder" (V. 16)	Mensch	Meer/Mensch	Meer und Mensch gleichen sich wie zwei Brüder.

58 A2 GEDICHTE VERSCHIEDENER EPOCHEN UNTERSUCHEN

3 In Baudelaires Gedicht dient die Meeresmetaphorik dazu, die Unergründlichkeit, die Kraft und Leidenschaft des Menschen, aber auch die dunklen Seiten seines Wesens und seiner Seele zu charakterisieren. Im Gedicht werden Mensch und Meer als „Brüder" angesprochen, das Meer wird an anderer Stelle als „Spiegel" (V. 2) bezeichnet, in dem der Mensch sein wahres Wesen erschauen kann. Dass das Meer darüber hinaus über alle Jahrhunderte hinweg für den Menschen eine gefährliche und todbringende Naturgewalt dargestellt hat und darstellt, wird in der letzten Strophe verdeutlicht, wobei die Metapher „unbändige Brüder" (V. 16) die Verwandtschaft von Mensch und Meer noch einmal zum Ausdruck bringt. In Liliencrons Großstadtgedicht, das bereits thematisch auf die großen Stadtgedichte des Expressionismus verweist, erweckt die Meeresmetaphorik das Bild eines anonymen, vereinzelten und sinnentleerten Lebens, in dem der einzelne Mensch nur ein unbedeutender Tropfen im großen Strom der Gesellschaft ist. Es kommt zu keiner Nähe zwischen den Menschen, da die Schnelligkeit und Flüchtigkeit des Großstadtlebens, symbolisiert im stetigen Fließen des Wassers, eine intensivere Form der Kontaktaufnahme verhindern. Der Blick ins Auge des Nächsten, der eigentlich einen Blick in sein Innerstes ermöglichen könnte, ist nur flüchtig. In diesem „Meer der Stadt" (V. 1, 9) treibt jeder am Nächsten vorbei und ist selbst ein Getriebener. Die Entfremdung von der Umwelt, die Entfremdung vom Mitmenschen führt zur Entfremdung vom eigenen Ich („Ein Blick auf meinen Sarg, vorüber schon", V. 11). Die Monotonie dieses Lebens, die sich formal in den reimlosen, nur wenig variierten Versen der Strophen spiegelt, gleicht dem Lied des Drehorgelspielers, der in der letzten Verszeile aller drei Strophen genannt wird.

Vorschlag für ein Tafelbild:

Ein Bildfeld in verschiedenen Bedeutungen		
	Bildfeld	**Bedeutung**
Baudelaire	Meer	Unergründlichkeit, Kraft, Leidenschaft des Menschen, Tiefe und Reichtum der Seele
Liliencron	Meer	Anonymität, Flüchtigkeit, Entfremdung und Sinnlosigkeit des Großstadtlebens

4 Vgl. Kapitel C5.3, S. 398–404 im Schülerband, und die Hinweise dazu auf S. 421–425 in diesen Handreichungen.

Die Versstruktur untersuchen

▶ S. 47 Barbara Köhler: **In the movies** (1995)

1 Der in Prosa umgeschriebene, mit Satzzeichen versehene Text beginnt: Vierundzwanzigmal pro Sekunde laufe ich mir davon. Vierundzwanzigmal pro Sekunde kommt etwas auf mich zu und sagt: „Ich laufe davon, ich bin festgehalten in den Bildern, die laufen." Das ist ein Massaker …

2 a/b In der Verwendung zahlreicher elliptischer Satzstrukturen in Köhlers Gedicht wird die schnelle Bildfolge des Films (vgl. den Titel „In the movies") formal gespiegelt. Die Enjambements verdeutlichen demgegenüber das kontinuierliche Ablaufen des Films. Die Auflösung der Satzstrukturen betont einzelne sinntragende Wörter, z. B. das Personalpronomen „Ich" (V. 3, 11).

▶ S. 48 Rolf Dieter Brinkmann: **Einen jener klassischen** (1975)

1 Das lyrische Ich geht Ende August, als der Sommer bereits an Kraft verliert, durch ein ihm bekanntes Stadtviertel in Köln. Für einen kurzen Moment unterbricht Tangomusik, die aus einem griechischen Lokal dringt, die Hektik und das Einerlei der Straßenszene. Die Besonderheit dieses kurzen Momentes hält das lyrische Ich in einem Gedicht fest.

2 a/b Der Originaltext lautet:

Rolf Dieter Brinkmann: **Einen jener klassischen**

schwarzen Tangos in Köln, Ende des
Monats August, da der Sommer schon

ganz verstaubt ist, kurz nach Laden
Schluß aus der offenen Tür einer

5 dunklen Wirtschaft, die einem
Griechen gehört, hören, ist beinahe

ein Wunder: für einen Moment eine
Überraschung, für einen Moment

Aufatmen, für einen Moment
10 eine Pause in dieser Straße,

die niemand liebt und atemlos
macht, beim Hindurchgehen. Ich

schrieb das schnell auf, bevor
der Moment in der verfluchten

15 dunstigen Abgestorbenheit Kölns
wieder erlosch.   ⬚ R

(Aus: Rolf Dieter Brinkmann: Westwärts 1 & 2.
Gedichte. Mit Fotos und Anmerkungen des Autors. Erweiterte
Neuausgabe. © 2005 by Rowohlt Verlag GmbH,
Reinbek bei Hamburg)

Durch die Strukturierung des Textes als Gedicht werden z. B. die Worte „ein Wunder", „Über-raschung", „Aufatmen" hervorgehoben, um jene Sekunde herauszustellen, „in der das Ich ganz bei sich ist, in sich ruht, aufatmet, für einen Augenblick herausgehoben, nicht entfremdet in einem hek-tischen Großstadtalltag: einem Glücksmoment. Das Subjekt ist nicht verdrängt, kann sich behaupten in einer gesteigerten Sensibilität, sprengt das in der Straße ‚eingekapselte Leben' auf und ist da. Doch diese Individuation geschieht im Stadium einer besonderen Empfänglichkeit, zufällig ausgelöst durch den Tango, für den das Ich zurzeit ein Ohr hat und so sein eigenes Gesicht erkennt." (Thomas Zenke: Der Augenblick der Sensibilität. In: Gedichte und Interpretationen. Bd. 6: Gegenwart. Hg. von Walter Hinck. Reclam, Stuttgart 1982, S. 392)

Analyseaspekte vergleichend anwenden – Lyrisches Ich, Bildfeld/Metaphorik und Versstruktur

Thomas Brasch: Lied (1977)   ▶ S. 48

Karin Kiwus: Lösung (1979)   ▶ S. 48

1 Thomas Brasch (19.2.1945–4.11.2001) starb im Alter von nur 56 Jahren an Herzversagen. Der Sohn eines hochrangigen jüdischen SED-Funktionärs, in England geboren, wurde wegen seiner literarischen Veröffentlichungen, seiner Theaterarbeit (unter anderem an der Volksbühne Berlin) und seiner politischen Äußerungen unter Ulbricht inhaftiert und verließ 1976 nach seinem Protest gegen die Ausbürgerung Wolf Biermanns die DDR zusammen mit seiner Freundin Katharina Thalbach. Im Westen nie heimisch ge-worden, gab er 1983 seine deutsche Staatsbürgerschaft ab und übersiedelte nach England. Als erfolg-reicher Dichter und Filmemacher international gefeiert, verstummte Brasch nach der Wende 1989 fast ganz, bevor er 1999 wieder mit einem Prosaband („Mädchenmörder Brunke") auf sich aufmerksam machte.

Thomas Braschs Gedicht ist vor diesem biografischen Hintergrund zu sehen. Nüchternheit der Ausdrucks-weise, die formale Strenge des Textes und ein eher elegischer Sprachton charakterisieren die Stimmung des lyrischen Ichs: Das lyrische Ich will sich nicht den (gesellschaftlichen) Verhältnissen anpassen, es fühlt sich unbehaust und verloren, Anspruch und Wirklichkeit passen nicht zueinander. Die Zerrissenheit spiegelt sich formal in den antithetischen (Konjunktion „aber" als letztes Wort der ersten fünf Verse), inhalt-lich paradoxen Aussagen, die Unvereinbares zusammenzwingen wollen. Die beiden letzten Verse, durch Paarreim und Chiasmus miteinander verklammert, ziehen ein bitteres Resümee eines aus den Fugen geratenen Lebensentwurfs.

60   A2 GEDICHTE VERSCHIEDENER EPOCHEN UNTERSUCHEN

Karin Kiwus (* 9.11.1942 in Berlin) arbeitete u. a. als Lektorin, sie leitete die Abteilung Literatur der Berliner Akademie der Künste und war Gastdozentin in den USA. Für ihr lyrisches Werk erhielt sie mehrere Preise. Karin Kiwus lebt heute in Berlin.

In ihrem Gedicht „Lösung" äußert sich das lyrische Ich resignativ und desillusioniert. Das Paradies des Liebesglücks ist nicht einmal mehr als Traum existent, es ist auf ewig verloren. In den Versen 3 und 5 der ersten Strophe wird das Gegeneinander von „du" und „ich" formal in der Endstellung der Personalpronomen gespiegelt. Das Ich fühlt sich auf sich selbst zurückgeworfen: Der erste Vers der zweiten Strophe beginnt mit dem Personalpronomen „ich", der dritte Vers endet mit dem Personalpronomen „mich". Das lyrische Ich muss jeder Utopie abschwören und sich in der Wirklichkeit des Alltags einrichten. Der Titel „Lösung" ist in diesem Zusammenhang als bitterer Euphemismus anzusehen.

2 a   Besonders hilfreich bei der Textanalyse und der Deutung der Gedichte (insbesondere des Gedichts von Karin Kiwus) sind z. B. die Verwendung der Pronomen, der Titel, die Versstruktur, rhetorische Mittel etc.

b   Vorschlag für ein Tafelbild:

Verfahren der vergleichenden Gedichtanalyse	
Vorteile	**Schwierigkeiten**
Erkennen von Gemeinsamkeiten und Unterschieden in Form und Inhalt	sinnvolle Vergleichspunkte finden
schärfere Herausarbeitung von Epochenbezügen	Gefahr des Verwischens von Unterschieden
Erkennen der unterschiedlichen Bedeutung von Bildfeldern	verengter Blick durch Aspekte aus anderen Texten

Weiterführendes Material zu diesem Teilkapitel findet sich auf der beiliegenden CD:
- *Ferdinand Freiligrath:* Die Rose (1840)
- *Rolf Dieter Brinkmann:* Einfaches Bild (1975)

2.2 Reisen zum Ich – Eine Textanalyse schreiben

▶ S. 49 Bertolt Brecht: **Über das Zerpflücken von Gedichten**

▶ S. 49 Iris Radisch: **Nie wieder Versfüßchen**

1/2 Die tabellarische Gegenüberstellung könnte z. B. so aussehen:

Bertolt Brecht: „Über das Zerpflücken von Gedichten"	Irisch Radisch: „Nie wieder Versfüßchen"
Der Laie hat als Liebhaber von Gedichten einen Widerwillen gegen das Analysieren von Gedichten.	Deutungshypothesen zu einem Gedicht sind von der Stimmung des Lesers und der Situation abhängig, in der er sich befindet.
Die Schönheit eines Gedichts wird aber durch die Analyse („das Zerpflücken") nicht zerstört.	Das Gedicht ist ein „Organismus" (Z. 26), ein lebendes Ganzes, das durch Betrachtung der Einzelteile zerstört wird.
Das Gedicht selbst ist Ergebnis eines rationalen Arbeitsprozesses.	Gedichte versteht man nur in Form der unmittelbaren Begegnung.
Nur die Analyse eines Gedichts deckt die Schönheit und Kunstfertigkeit seiner einzelnen Strophen und Verse auf.	Der Leser muss sich auf das Gedicht einlassen und nicht das Gedicht seinen Vorstellungen und Lebensverhältnissen unterordnen.

Gottfried Benn: Reisen (gedruckt 1950)   ► S. 50

Mit Gottfried Benns Gedicht „Reisen" lernen die Schülerinnen und Schüler ein Gedicht aus Benns später
Phase kennen, das in seiner traditionellen Formgebung und seinem Verzicht auf eine chiffrenhafte Bildlichkeit leicht zu verstehen ist. Die einzelnen Arbeitsschritte sind im Schülerband so ausführlich mit Beispielen
aus dem Unterricht versehen, dass eine Kommentierung und Hinweise zur Bearbeitung der Aufgaben sich
fast erübrigen. Stattdessen mag die folgende Interpretation des Gedichts der detaillierten textanalytischen
Arbeit im Unterricht die notwendige breite Grundlage liefern:

Einleitung
[Angaben zu Autor, Entstehungszeit, Titel, Textsorte, Thema, erstes Textverständnis]
In dem 1950 veröffentlichten Gedicht „Reisen" von Gottfried Benn geht es um die Suche nach dem
eigenen Ich. In einer Art Zwiegespräch mit der Leserin / dem Leser stellt sich das lyrische Ich die
Frage, ob diese Suche nach der eigenen Identität durch Reisen in ausländische Großstädte und in
fremde Kulturkreise gefördert werden kann. Diese Frage wird negativ beantwortet.

Hauptteil
*[Inhaltlicher Aufbau, Entfaltung des Motivs, Perspektive, sprachliche und formale Mittel, Bezüge zur Biografie
des Autors und zum historischen Kontext]*
Das Reisemotiv wird in vier Strophen aus jeweils vier Versen entfaltet. Dabei unterstützen das dakty-
lische Versmaß und die Reimform (bis auf die erste Strophe durchgängig Kreuzreim) formal die mit
dem Reisemotiv verbundene Vorstellung einer kontinuierlichen Vorwärtsbewegung.
In der ersten Strophe spricht das lyrische Ich den Leser direkt, allerdings in der distanzierten Form
des unpersönlichen „Sie" (V. 1, vgl. V. 5, 12) an. Auf die fast aggressiv wirkende rhetorische Frage
„Meinen Sie Zürich […] / sei eine tiefere Stadt, / […]?" (V. 1 ff.), kann es nur die Antwort „Nein" geben.
Dies auch deshalb, weil die Alliteration im dritten Vers die ironische Aussage zur Großstadt Zürich, wo
das angesprochene „Sie" offensichtlich so etwas wie „Tiefe" zu finden oder religiöse Erfahrungen zu
machen hofft, noch verstärkt: „wo man Wunder und Weihen / immer als Inhalt hat" (V. 3 f.).
Die zweite Strophe stellt in Form eines Parallelismus die rhetorische Frage noch eindringlicher. Die
Verwendung religiösen Vokabulars der jüdisch-christlichen Tradition wie „Manna" (V. 7) oder „Wüsten-
not" (V. 8) und die mit Hilfe des Kreuzreims geleistete Parallelisierung mit der auf oberflächliche Reize
(„weiß und hibiskusrot", V. 6) setzenden Karibikmetropole wirken ironisierend und desillusionierend
zugleich. Der Konjunktiv „bräche" (V. 7) belegt, dass die angesprochene Person ihr eigenes Ich auf
diese Weise nicht finden wird.
Die dritte Strophe gibt nach der nüchternen, wieder durch Alliterationen hervorgehobenen Aufreihung
von Prachtstraßen in aller Welt eine apodiktische Antwort: „fällt Sie die Leere an –" (V. 12). Die Verbal-
metapher „fällt … an" unterstreicht dabei das Schockierende und Desillusionierende dieser Erkenntnis.
Damit wird endgültig die angesprochene Person in ihrer vergeblichen Sinnsuche in Frage gestellt.
In der vierten Strophe, deren erster elliptischer Vers fast pathetisch mit der Interjektion „ach"
(V. 13) einsetzt, ändert das lyrische Ich den Ton. Der Rhythmus wirkt beruhigt und getragen, eine vielleicht sogar resignative Stimmung verdrängt den ironisch-aggressiven Sprechduktus. Nur in der Stille,
nur in der Besinnung auf sich selbst und seinen unmittelbaren Lebenszusammenhang, so das Fazit des
lyrischen Ichs, erfährt der Mensch sein eigenes Wesen und seine Bestimmung. Dem Suchen in der
Ferne, dem „Fahren" wird in einem Wortspiel das Sich-„Erfahren" (V. 13 f.) in der Zurückgezogenheit
und Stille entgegengesetzt.
Die Aussage des Gedichtes lässt sich auch mit der persönlichen Einstellung Benns nach 1945 in Verbindung bringen. Nachdem Benn sich in der Zeit des Nationalsozialismus zuerst für das Regime engagiert
hatte, wandte er sich schnell enttäuscht und angewidert vom „Dritten Reich" ab und verstand sich in
der Folgezeit als „innerer Emigrant". Diese Haltung behielt er auch nach 1945 bei. So wurde er zum
Antipoden Bertolt Brechts: statt politischer Einmischung Rückzug in die Innerlichkeit und Stille, statt
Politik Kunst.

Schluss
[Fazit, gegebenenfalls eigene Bewertung]
Das Gedicht spricht alle Menschen an, die überall nach sich selbst suchen, nur nicht in sich selbst. Der
Schluss des Gedichts erscheint mir besonders gelungen, weil es mich überzeugt, dass die Antwort auf
die Frage nach dem eigenen Ich nur in einem selbst liegen kann. Andererseits halte ich Benns apoliti-
sche Haltung, die typisch für die Zeit der Adenauer-Ära ist, gerade angesichts seiner Verstrickung in
den Nationalsozialismus für sehr zwiespältig.

62 A2 GEDICHTE VERSCHIEDENER EPOCHEN UNTERSUCHEN

▶ S. 52 **Den Text überarbeiten und dabei auf sinnvolles Zitieren achten**

1 Eine verbesserte Version des Schülertextes könnte z. B. so lauten:
In dem Gedicht „Reisen" von G. Benn geht es um das stetige Suchen nach dem eignen Ich. Das Gedicht beschreibt verschiedene Orte der Welt, „Zürich zum Beispiel" (V. 1) oder „Habana" (V. 5), die alle kurz angesprochen, aber nicht weiter behandelt werden. Sie haben keine tiefere Bedeutung, nur die fortwährend, z. B. mit dem Personalpronomen „Sie" (V. 1, 5, 12) angesprochene Person ist wichtig. Denn diese ist, wie der Titel sagt, auf „Reisen" zu ihrem eigenen Ich. Dies wird in den rhetorischen Fragen deutlich, die die beiden ersten Strophen in Form eines Parallelismus einleiten: „Meinen Sie Zürich zum Beispiel / [...] Meinen Sie, aus Habana / [...]?" (V. 1, 5). Der Konjunktiv „bräche" (V. 7) in der zweiten Strophe zeigt, dass die angesprochene Person ihr eigenes Ich noch nicht gefunden hat. Sie befindet sich immer noch auf der Suche und hofft, in den verschiedenen Ländern eine Antwort auf die Frage nach der eigenen Identität zu finden. Doch überall „fällt [...] die Leere" (V. 12) sie an und nirgendwo scheint die angeredete Person sich selbst wiederzuerkennen. „Bahnhofstraßen und Rueen, / Boulevards, Lidos, Laan –" (V. 9 f.): Damit sind belebte Straßen in aller Welt gemeint, wo sich der Angesprochene sucht. [...] Dass die angesprochene Person in Zürich nach inhaltlicher Tiefe sucht oder sich in Habana „ein ewiges Manna" (V. 7) wünscht, kommt einem seltsam und naiv vor.

Helena

2.3 Spiegelungen und Brechungen – Einen Poetry-Slam veranstalten

▶ S. 52 Das Teilkapitel ist so angelegt, dass die Schülerinnen und Schüler selbstständig und projektartig damit arbeiten können. Eine Steuerung durch die Unterrichtenden kann in zweierlei Hinsicht sinnvoll sein:
- auf organisatorischer Ebene, weil die Schülerinnen und Schüler das große Ganze bisweilen aus dem Blick verlieren; hier ist vor allem auf die frühzeitige Termin- und Raumplanung zu achten;
- auf inhaltlicher Ebene, vor allem in Hinsicht auf die Schreibimpulse, derer es bedarf, um kreative Schreibprozesse in Gang zu setzen.

Hier – neben den im Schülerband abgedruckten Anregungen – weitere Schreibimpulse:
- Verfassen Sie einen Text, indem Sie von sinntragenden Wortspielen ausgehen, z. B. „weggehen – seinen Weg gehen"; „Abfall – von jemandem abfallen – etwas fällt von einem ab"; „fahren – abfahren – wegfahren – Gefahren".
- Verfassen Sie einen Text, indem Sie Antithesen spielerisch verarbeiten, z. B.: „hoch – tief": „Hochhaus, Hochdruck, Hochzeit – Tiefgang, Tiefsee, Tiefdruck".

Wertvolle Anregungen und weitere Beispiele finden sich auch in: Praxis Deutsch, 208/2008.

A2.2 LERNERFOLGSKONTROLLE/KLAUSURVORSCHLAG **63**

Analyse eines literarischen Textes (Lyrik) mit anschließender weiterführender Reflexion

Aufgabenstellung

1 Interpretieren Sie das Gedicht „Keine Tochter" von Ulla Hahn, indem Sie besonders auf die folgenden Aspekte eingehen:
- die Dialogstruktur zu Beginn des Textes,
- das lyrische Ich in seinen Selbstaussagen,
- die besondere Bedeutung der letzten Strophe.

(48 Punkte)

2 Begründen Sie, inwiefern das Gedicht der literarischen Strömung der Neuen Subjektivität zuzurechnen ist. *(24 Punkte)*

Ulla Hahn: Keine Tochter (1983)

Ja der Kuchen ist gut – Ich habe
nie gern Süßes gegessen – Ich esse
gern noch ein Stück

Nein mir geht es nicht schlecht.
5 Viel Arbeit. Ja. Älter werde ich auch.
Noch kein Mann? Nein kein Mann.

Vorm Eigenheim mit Frau und Kind
des Sohnes wuchs der Ableger
von der Clematis vorm Elternhaus an.

10 Überm Fernsehen schläfst du ein.
Dein Kopf sackt nach vorn deine Schulter
auf meine. Ich halte still.

Näher kommst du mir nicht.
Ich bin dir wie vor meiner Zeugung
15 so fern. Verzeih ich möchte
auch keine Tochter haben wie mich.

(Aus: Ulla Hahn: Spielende. Gedichte .
© 1983, Deutsche Verlags-Anstalt, München,
in der Verlagsgruppe Random House, S. 61)

Autoren:
Markus Langner / Norbert Pabelick

Texte, Themen und Strukturen
Lernerfolgskontrolle 3, S. 1

64 ERWARTUNGSHORIZONT

Inhaltliche Leistung

Aufgabe 1

	Anforderungen Die Schülerin / der Schüler	maximal erreichbare Punktzahl (AFB)	erreichte Punktzahl
1	gibt den Inhalt des Gedichts mit eigenen Worten wieder: Dialog zwischen Tochter und Mutter beim Kaffeetisch als Ausgangspunkt und sich daran anschließende Betrachtung des lyrischen Ichs über die Beziehung zur Mutter.	6 (I)	
2	gibt die Struktur des Gedichts wieder: fünf Strophen à drei Verse; letzte Strophe hervorgehoben: vier Verse.	3 (I)	
3	gibt die Inhalte der einzelnen Strophen wieder: 　1. Strophe: Banales („Kuchen"/„Süßes") 　2. Strophe: Grundsätzliches („kein Mann") 　3. Strophe: Nennung des Bruders und seiner idealisierten Lebenssituation 　4. Strophe: Das lyrische Ich beobachtet die Mutter distanziert 　5. Strophe: Fazit des lyrischen Ichs, Beziehungslosigkeit zur Mutter	9 (I)	
4	untersucht die Dialogstruktur der ersten beiden Strophen: zaghafter Smalltalk der Tochter – antithetische Antwort der Mutter – Versuch der Tochter zu besänftigen (1. Strophe); elliptische Sätze / Einzelworte, inversive Wortstellung (V. 5); Frage der Mutter nach persönlichen Umständen der Tochter (Arbeit/Familie) → indirekte Vorwürfe der Mutter und knappe Antworten der Tochter, die ein weiteres Gespräch abwehren sollen.	9 (II)	
5	erkennt, dass in Strophe 3 das lyrische Ich in scheinbar sachlicher Betrachtung den Vorwurf und die Erwartungshaltung der Mutter kritisiert: das Lebensmodell des Bruders als Kontrast zum eigenen Leben.	3 (III)	
6	deutet die Selbstaussagen („Ich halte still", V. 12, und Strophe 5 komplett) dahingehend, dass sich das lyrische Ich von der Mutter innerlich distanziert, jedoch äußerlich keine Veränderung vornimmt.	9 (III)	
7	analysiert die letzte Strophe, insbesondere: Vergleich (V. 14), der die Distanz überdeutlich werden lässt; Hilflosigkeit und Resignation im Fazit der Tochter; Rückbezug zur Negation im Titel („Keine Tochter").	9 (II)	
8	entwickelt einen weiteren eigenständigen Gedanken. (Max. 5 Punkte)		
		48	

ERWARTUNGSHORIZONT   **65**

Aufgabe 2

	Anforderungen Die Schülerin / der Schüler	maximal erreichbare Punktzahl (AFB)	erreichte Punktzahl
1	nennt **inhaltliche** Merkmale von Texten der Neuen Subjektivität: • Alltagssituation • lakonische, eher depressive Grundstimmung • Einsamkeit und Ichbezogenheit des lyrischen Ichs • Kommunikationslosigkeit • Desillusionierung	6 (I)	
2	begründet inhaltlich, inwiefern der Text Merkmale der „Neuen Subjektivität" aufweist.	6 (III)	
3	nennt **sprachliche** Auffälligkeiten in Texten der Neuen Subjektivität: • einfache Wortwahl, Alltagssprache, Ellipsen • prosanahe Sprache: fehlende Reime, Enjambements • Betonung sinntragender Wörter durch Inversion • Häufung der Pronomen	6 (I)	
4	begründet (auf sprachlicher Ebene), inwiefern der Text diese Merkmale aufweist.	6 (III)	
5	erfüllt ein anderes aufgabenbezogenes Kriterium (etwa: Bezug zu anderen im Unterricht besprochenen Gedichten, z. B. von Rolf Dieter Brinkmann). (Max. 5 Punkte)		
		24	

Darstellungsleistung

	Anforderungen Die Schülerin / der Schüler	maximal erreichbare Punktzahl	erreichte Punktzahl
1	strukturiert den Klausurtext schlüssig, sinnvoll verknüpft und gedanklich klar.	6	
2	schreibt fachsprachlich korrekt und differenziert zwischen beschreibenden, deutenden und wertenden Aussagen.	6	
3	belegt Aussagen funktional durch korrekte Zitate.	3	
4	formuliert begrifflich präzise und differenziert, sprachlich-stilistisch angemessen, abwechslungsreich und sicher.	10	
5	schreibt sprachlich korrekt.	3	
		28	

Eine Zuordnung der Punktezahlen zu den Notenstufen findet sich auf S. 46 in diesen Handreichungen.

Cornelsen
Autoren:
Markus Langner / Norbert Pabelick

Texte, Themen und Strukturen
Lernerfolgskontrolle 3, S. 3

66 A3 WISSENSCHAFT UND VERANTWORTUNG

3 Wissenschaft und Verantwortung – Dramen untersuchen und vergleichen

Konzeption des Kapitels

Die Frage nach der Verantwortung des (Natur-)Wissenschaftlers ist von bleibender Aktualität und die Auseinandersetzung mit ihr leistet einen wichtigen Beitrag zu einer grundlegenden Wertediskussion. Darüber hinaus bietet die Beschäftigung mit dieser Frage im Deutschunterricht aber auch vielfältige Gelegenheit, fachspezifische Ziele zu verfolgen, denn das Thema spielt in der Dramenliteratur eine bedeutende Rolle und wird in den verschiedensten Sachtexten lebhaft diskutiert. So ergibt sich die Möglichkeit, anhand dieses Kapitels ein breites Spektrum an Kompetenzen zu vermitteln.

Im ersten Teilkapitel (**„Dürrenmatts ‚Physiker' – Aspekte und Methoden der Dramenanalyse"**) lernen die Schülerinnen und Schüler eines der bedeutendsten Wissenschaftsdramen des 20. Jahrhunderts kennen. Dabei arbeiten sie auf zwei Ebenen: Zum einen setzen sie sich mit der wichtigen Frage der Verantwortung des Wissenschaftlers auseinander, zum anderen erwerben und vertiefen sie grundsätzliche Kenntnisse und Verfahren zum Umgang mit dem Drama. Der Einstieg erfolgt über drei Szenenfotos, die dazu anregen sollen, eine mögliche Handlung zu erschließen. Im Folgenden sind im Schülerband die beiden zentralen Diskussionen zwischen den drei Physikern wiedergegeben, die den Kern des von Dürrenmatt thematisierten Problems enthalten. Die Schülerinnen und Schüler nähern sich diesen Texten sowohl handlungsorientiert (über Standbild, szenische Lesung, szenisches Spiel) als auch analytisch. Dabei lernen sie mit der Handlungs-, Figuren-, Dialog- und Situationsanalyse vier grundlegende Analysekategorien der werkimmanenten Dramenuntersuchung kennen und anwenden. Außerdem werden sie über Grundformen des Dramas informiert.

Im zweiten Teilkapitel (**„‚Das Prinzip Verantwortung' – Sachtexte zum Thema erschließen"**) wird das in Dürrenmatts Komödie angeschlagene Thema mit Hilfe theoretischer Texte vertieft. Auch hier wird – neben der inhaltlichen – eine methodische Ebene einbezogen: die des Umgangs mit Sachtexten. Durch einen Text über neuere Entwicklungen der Neurowissenschaften erfahren die Schülerinnen und Schüler, wie aktuell die Frage nach der Verantwortung des Wissenschaftlers nach wie vor ist.

Eine Ausweitung anderer Art bringt das dritte Teilkapitel (**„Wissenschaftlerfiguren im Drama – Faust, Galilei, Oppenheimer"**). Hier werden die Schülerinnen und Schüler mit weiteren Dramen bekannt gemacht, die sich mit Wissenschaftlerfiguren befassen, und setzen sich dabei mit weiteren Facetten des Themas auseinander: Es geht um die Motivation des Wissenschaftlers (Goethe: „Faust I"), seine gesellschaftspolitische Verantwortung (Brecht: „Leben des Galilei") und die Mitschuld der Physiker an der Atombombe (Kipphardt: „In der Sache J. Robert Oppenheimer"). Methodisch werden wiederum sowohl analytische als auch produktionsorientierte Verfahren angewendet.

Literaturhinweise
Belgrad, Jürgen / Fingerhut, Karlheinz (Hg.): Textnahes Lesen. Annäherungen an Literatur im Unterricht. Schneider Verlag Hohengehren, Baltmannsweiler 1998
Beste, Gisela: Interpretieren. In: Deutsch-Magazin (Oldenbourg Verlag) 5/2006, S. 8 ff.
Bogdal, Klaus-Michael / Korte, Hermann (Hg.): Grundzüge der Literaturdidaktik. Deutscher Taschenbuch Verlag, München 2002
Förster, Jürgen (Hg.): Schulklassiker lesen in der Medienkultur. Klett, Stuttgart 2000
Haas, Gerhard: Handlungs- und produktionsorientierter Literaturunterricht. Theorie und Praxis eines „anderen" Literaturunterrichts für die Primar- und Sekundarstufe. Kallmeyer, Seelze 1997
Handlungsorientierter Literaturunterricht. Praxis Deutsch (Sonderheft) 2000
Härle, Gerhard / Rank, Bernhard: Wege zum Lesen und zur Literatur. Schneider Verlag Hohengehren, Baltmannsweiler 2004
Hurrelmann, Bettina: Literarische Figuren. Wirklichkeit und Konstruktivität. In: Praxis Deutsch 177/2003, S. 4–12
Kammler, Clemens: Klassische Theaterstücke. In: Praxis Deutsch 204/2007, S. 6–13
Literarisches Lernen. Praxis Deutsch 200/2006
Matthiessen, Wilhelm: Drama. In: Deutsch-Magazin (Oldenbourg Verlag) 4/2006, S. 8 ff.
Scheller, Ingo: Szenische Interpretation. Theorie und Praxis eines handlungs- und erfahrungsbezogenen Literaturunterrichts in Sekundarstufe I und II. Kallmeyer, Seelze 2004

A3 WISSENSCHAFT UND VERANTWORTUNG

	Inhalte	Kompetenzen Die Schülerinnen und Schüler
S. 54	**3 Wissenschaft und Verantwortung – Dramen untersuchen und vergleichen**	• skizzieren einen möglichen Handlungsablauf • entwickeln Fragen an das Stück
S. 55	**3.1 Dürrenmatts „Physiker" – Aspekte und Methoden der Dramenanalyse** *Friedrich Dürrenmatt:* Die Physiker. Zweiter Akt, Auszug 1 und 2	• erarbeiten die zentrale Frage der „Physiker" • diskutieren die Standpunkte der drei Figuren • erörtern Möbius' „Lösung" des Problems • visualisieren Textinformationen (Diagramm) • entwerfen Regieanweisungen • setzen die Szene im szenischen Spiel um
S. 58	**Aspekte der werkimmanenten Dramenanalyse**	• wenden Aspekte und Kategorien der Dramenanalyse an
S. 60	**Brisante Fragen in einer Komödie**	• kennen Grundformen des Dramas
S. 60	*Friedrich Dürrenmatt:* Die Physiker. Einleitung	• untersuchen die Bühnenanweisung auf wesentliche Formen des epischen Theaters hin
S. 61	*Friedrich Dürrenmatt:* Aus den „21 Punkten zu den Physikern"	• setzen sich mit Aspekten der Dramentheorie Dürrenmatts auseinander
S. 61	**3.2 „Das Prinzip Verantwortung" – Sachtexte zum Thema erschließen**	• üben die systematische Erschließung eines argumentativen Sachtextes ein
S. 61	*Hans Jonas:* Eine neue Dimension menschlicher Macht	• setzen sich mit philosophischen Thesen über die Eigenart des technischen Zeitalters und ihren ethischen Konsequenzen auseinander
S. 63	*Carl Friedrich von Weizsäcker:* Ich hatte die Vorstellung, auf irgendeine Weise Einwirkungs- möglichkeiten zu haben	• setzen sich mit dem Zwiespalt des Wissenschaftlers in der Gesellschaft und mit einer Eigenart der Denkweise der Physik auseinander
S. 65	**Hirnforschung – Verantwortung der Wissenschaften heute diskutieren** *Susanne Donner:* Fremdgetaktet	• setzen sich mit einem aktuellen Beispiel für die Verantwortung der Wissenschaft auseinander („Neuroimplantate") • planen eine Podiumsdiskussion und führen sie durch
S. 66	**3.3 Wissenschaftlerfiguren im Drama – Faust, Galilei, Oppenheimer**	• untersuchen weitere Wissenschaftlerfiguren in Dramen
S. 66	*Johann Wolfgang Goethe:* Faust I	• setzen sich mit der Frage der Erkenntnis- quellen und der Motivation von Wissen- schaftlern auseinander
S. 68	*Bertolt Brecht:* Leben des Galilei	• setzen sich mit der Frage der gesellschafts- politischen Verantwortung des Wissen- schaftlers auseinander
S. 69	*Heinar Kipphardt:* In der Sache J. Robert Oppenheimer	• untersuchen einen Auszug aus einem Beispiel des Dokumentartheaters • erörtern die Frage der Verantwortung der Wissenschaft für den Einsatz der Atombombe • machen sich vergleichend die verschiedenen Facetten der Wissenschaftlerproblematik in den vorgestellten Dramen bewusst • skizzieren ein mögliches Drama zum Thema „Hirnforschung"

68 A3 WISSENSCHAFT UND VERANTWORTUNG

3 Wissenschaft und Verantwortung – Dramen untersuchen und vergleichen

▶ S. 54 1 Beschreibung der Szenenfotos: **Bild 1**: Ein Mann bedroht einen anderen mit einer Waffe, während ein dritter im Hintergrund die Szene beobachtet. Die Körperhaltung des Mannes mit der Waffe drückt, zusätzlich zu der Pistole, selbst Energie und Aggressivität aus, während der Bedrohte die Hände erhebt – eine Geste des Sich-Ergebens. Armhaltung und auch Beinstellung der dritten Figur (im Hintergrund) signalisieren deutlich Zurückhaltung; der Mann versucht beispielsweise nicht (auch nicht verbal), in das Geschehen einzugreifen. – **Bild 2**: Die drei Männer stehen einträchtig mit erhobenen Gläsern nebeneinander; sie blicken dabei einander nicht an, sondern schauen ins Publikum bzw. (die rechte Figur) leicht in die Höhe. Der gemeinsame Blick in eine ähnliche Blickrichtung (jedenfalls nicht aufeinander) verstärkt den Eindruck der Gemeinsamkeit, der bereits durch die erhobenen Gläser gezeigt wird, und drückt auch eine gewisse „heiter-gelöste Entschlossenheit" oder zumindest Entschiedenheit aus. – **Bild 3**: Profil einer Frau im weißen Kittel; der Text daneben lässt auf eine Ärztin der Anstalt schließen. Mundpartie und zurückgekämmte Haare drücken Strenge aus, ein Eindruck, der durch die Kacheln auf interessante Weise unterstrichen wird: Sie spiegeln die klinisch-kalte Atmosphäre der Anstalt wider.

2 Auch jemand, der das Stück nicht kennt, kann aus der Verbindung der Bilder mit dem Text Folgendes erschließen: Bild 1 zeigt die Physiker-Agenten „Newton" und „Einstein" (die Frisur der linken Figur zeigt, dass es sich hier um „Einstein" handelt), die sich darum streiten, wer von ihnen (d. h. welcher ihrer Geheimdienste) Möbius bekommt. Bild 2 kann unterschiedlich gedeutet werden: Der Konflikt scheint überwunden zu sein, offen bleibt aber, in welcher Weise. Die drei könnten sich (aus verschiedenen Gründen) gemeinsam für einen der Geheimdienste entschieden oder auch eine andere Lösung gefunden haben, z. B. ein Angebot an den Meistbietenden zu machen. Dass Schülerinnen und Schüler ohne Kenntnis des Stücks auf die „richtige" Lösung kommen, nämlich darauf, dass sich alle entschließen, auf Dauer freiwillig in der Anstalt zu bleiben, ist höchst unwahrscheinlich. Bild 3 zeigt durch den Kontrast der Stimmung gegenüber Bild 2, dass die heitere Gemeinschaft der Physiker in irgendeiner Weise von Dritten bedroht ist. Hier sind Spekulationen denkbar wie: Die Ärztin stößt sich an der feucht-fröhlichen Gemeinschaft ihrer Patienten. Oder: Sie ist erbost darüber, dass ihre Einrichtung dadurch missbraucht worden ist, dass sich Gesunde eingeschlichen haben. Oder: Sie selbst gehört einem weiteren Geheimdienst an, der Möbius für sich beansprucht … Man sollte sich auf diese Spekulationen durchaus einlassen und nach den jeweiligen Anhaltspunkten in den Bildern und dem Text fragen. Auf diese Weise kann man den grundsätzlich „konstruktivistischen" Charakter von Wahrnehmung und Verarbeitung bewusst machen.

3 Offene Fragen ergeben sich aus den Überlegungen in den Aufgaben 1 und 2 und sollten hier noch einmal – im Sinne einer unmittelbaren Fortführung – gebündelt und „auf den Punkt gebracht" werden. Es geht vor allem um die Fragen: Wie ist die freundliche Runde auf Bild 2 zu verstehen? Wie kommt es zu der Versöhnung zwischen den Kontrahenten von Bild 1? Worauf stoßen die Figuren an? Wer ist die Figur auf Bild 3 und welche Rolle spielt sie? Welche neue Bedrohung könnte hier sichtbar werden?

4 Die Namen „Newton" und „Einstein" sind eindeutig historischen Persönlichkeiten zuzuordnen: Isaac Newton (1643–1727), englischer Physiker, Mathematiker, Astronom und Philosoph, legte mit der Beschreibung von Gravitation und Bewegungsgesetzen die Grundlagen der klassischen Mechanik und lieferte wichtige Beiträge für die Optik. – Albert Einstein (1879–1955) entwickelte die Relativitätstheorie und gilt damit als einer der Väter des modernen physikalischen Weltbildes. Beiden gemeinsam ist also die Entwicklung neuer, bahnbrechender Theorien. Damit wird signalisiert, dass es in dem Stück ebenfalls um wichtige, vielleicht sogar revolutionäre Entwicklungen in der Physik geht. Der Name „Möbius" ist weniger eindeutig zu identifizieren. Es gab zwar einen deutschen Mathematiker und Astronomen dieses Namens (August Ferdinand Möbius, 1790–1868), der wichtige Beiträge auf dem Gebiet der analytischen Geometrie geliefert hat; allerdings wird in Dürrenmatts Stück nirgends auf diese Person Bezug genommen, sodass ungewiss ist, ob sie als Namensgeber im Hintergrund stand.

3.1 ASPEKTE UND METHODEN DER DRAMENANALYSE **69**

3.1 Dürrenmatts „Physiker" – Aspekte und Methoden der Dramenanalyse

Friedrich Dürrenmatt: Die Physiker (1962) – Zweiter Akt, Auszug 1 ▶ S. 55

Tipp zur Reihenfolge der drei Aufgaben: Wie immer bei einem handlungs- und produktionsorientierten Umgang mit fiktionalen Texten kann man auch hier mit dem handlungsorientierten Verfahren beginnen und die darin implizit enthaltene Analyse daraus entwickeln. Das heißt konkret: Man kann mit den Aufgaben 2 und 3 anfangen und die Erörterung der analytischen Fragestellung (Aufgabe 1) aus der Diskussion der Standbilder ableiten.

1 **Das Problem:** Es geht um die Frage, ob geniale wissenschaftliche Erkenntnisse, die eventuell brisant sind (vgl. Z. 55 ff.), geheim gehalten werden können (vgl. Z. 63 f.) bzw. dürfen (vgl. Z. 20 ff.).
   Newtons Standpunkt: Newton ist in gewisser Hinsicht Idealist. Nach seiner Auffassung hat das Genie – hier also: Möbius – die Pflicht, seine Erkenntnisse auch anderen zugänglich zu machen (Z. 20 ff.). Dabei sind politische Lager ihm gleichgültig, er denkt nur an die „Gemeinschaft der Physiker" (Z. 71 f.). Gleich-gültig ist ihm auch die Frage, ob die Menschen in der Lage sind, mit den Erkenntnissen verantwortungs-bewusst umzugehen (Z. 82 ff.). Mit dieser Auffassung zeigt sich Newton gleichzeitig als politisch in bedenk-licher Weise naiv. Das wird besonders deutlich im Vergleich zu seinem Kontrahenten „Einstein":
   Einsteins Standpunkt ist machtpolitisch-pragmatisch: Wissenschaft verleiht Macht, und wer diese besitzt, darf entscheiden, zu wessen Gunsten sie angewendet wird, und kann den anderen Bedingungen diktieren (Z. 75 ff.).
   Möbius hält es für die Pflicht des Forschers, die praktischen Auswirkungen seiner Forschungen zu studieren (Z. 55 ff.) und die Forschungsergebnisse gegebenenfalls unter Verschluss zu halten, wenn er nämlich der Überzeugung ist, dass die Menschheit mit ihnen nicht umgehen kann (vgl. Z. 60 ff.). Daher ist er in der Isolation der Irrenanstalt zufrieden (Z. 11 ff.).

2/3 Stellen, die besonders geeignet sind, das Verhältnis der Figuren zueinander aufzuzeigen (mit Erläute-rungen und Begründungen):
   (1) Z. 20 ff.: Ein mahnend erhobener Zeigefinger könnte Newtons Anspruch (s. o.) deutlich machen und damit eine Grundposition in Bezug auf die leitende Frage (s. o.: Problem).
   (2) Z. 40: Kann eindrucksvoll die Bedeutung der Erkenntnisse Möbius' verdeutlichen.
   (3) Z. 80–87: Durch Gesten (abwehrende Geste Newtons, während Einstein ihm einen Vogel zeigt) können die unterschiedlichen Positionen der beiden (s. o.) anschaulich werden.
   (4) Z. 100 ff.: Eine resignative Körperhaltung (hängende Schultern) zeigt die Machtlosigkeit der beiden Physiker „Newton" und „Einstein".
   Die Standbilder (1) und (3) berühren grundsätzliche Fragen im Zusammenhang mit dem im Stück aufgeworfenen Problem; die Standbilder (2) und (4) haben ihre Bedeutung mehr auf der Ebene der fiktiven Szene.

Friedrich Dürrenmatt: Die Physiker – Zweiter Akt, Auszug 2 ▶ S. 56

1 In diesem Auszug wird das Problem weitergeführt, das bereits anhand des ersten Auszugs in Aufgabe 1 (S. 56 im Schülerband, vgl. die Anmerkungen oben) thematisiert wurde: Hier werden nun zwei zentrale Probleme des Physikers in der Gesellschaft angesprochen. Das erste, gewissermaßen rein pragmatische, besteht darin, dass kein Physiker frei ist in dem Sinne, dass er über seine Forschung und ihre Verwertung eigenverantwortlich entscheiden könnte; er ist immer in Gefahr, von gesellschaftlichen Interessengruppen (Parteien, Ländern) in Dienst genommen zu werden (Z. 19–45, v. a. deutlich in Z. 24–28 und 36–44). Das zweite Problem ist grundsätzlicher Natur. Es besteht darin, dass „die Menschheit [...] noch nicht soweit" ist, mit den Erkenntnissen der Forschung umzugehen (Z. 74 ff.; Zitat Z. 82). Diese Erkenntnisse sind sehr vielschichtig: Sie ermöglichen einerseits die Freisetzung ungeheurer Energien (vgl. den Auszug auf S. 55 im Schülerband, Z. 57 ff.), die zu verheerenden Waffen werden können (S. 57, Z. 55 ff.); andererseits gehört zu diesen Erkenntnissen aber auch die Einsicht, an die „Grenzen des Erkennbaren" gestoßen zu sein: „der gewaltige Rest bleibt Geheimnis, dem Verstande unzugänglich" (Z. 75–80). Hier liegt die eigentliche Brisanz: Es geht um die Versuchung des Menschen, sich etwas Gewaltiges verfügbar zu machen, das er aber letztlich mit dem Verstand nicht erfassen und daher auch nicht beherrschen und kontrollieren kann.

A3 WISSENSCHAFT UND VERANTWORTUNG

2 a Das Diagramm, das Möbius' Entscheidung verdeutlicht, könnte so aussehen:

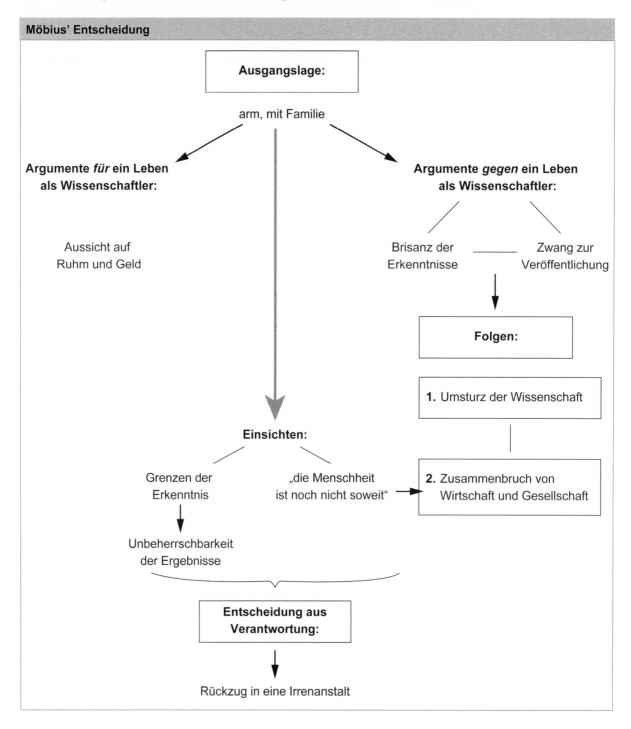

3.1 ASPEKTE UND METHODEN DER DRAMENANALYSE 71

Erfahrungsgemäß haben Schülerinnen und Schüler immer wieder Probleme mit der Erstellung von Strukturdiagrammen, die man v. a. in zwei Punkten zusammenfassen kann: Entweder sind die Elemente des Diagramms nicht hinreichend präzise oder/und das Schaubild ist unübersichtlich, weil die Struktur nicht hinreichend klar (erfasst) ist. Hilfestellung bietet das Verfahren, den Schülerinnen und Schülern „Bausteine" für ein Strukturdiagramm (auf Papier zum Zerschneiden oder als Folienschnipsel für den Overheadprojektor) zur Verfügung zu stellen. Diese Bausteine können von den Schüler/innen in ein Strukturdiagramm gebracht werden, wobei Striche, Pfeile usw. ergänzt werden müssen.

Alternativ oder zusätzlich kann man auch Möbius' Einleitung zu seiner Argumentation (Z. 1–9) grafisch darstellen lassen, etwa in Form eines Flussdiagramms (was hier aus Platzgründen hintereinander aufgeführt ist, sollte man an der Tafel oder auf dem OHP untereinander darstellen lassen): Wir sind Physiker → unsere Entscheidung muss wissenschaftlichen Ansprüchen genügen, d. h. bestimmt sein von Fakten und logischen Schlussfolgerungen, aber nicht von (bloßen) Meinungen → Orientierungsgröße ist die Vernunft → Fehlschlüsse sind zu vermeiden → am Anfang stehen Bestimmung des Ausgangspunkts und des Ziels.
Durch eine übersichtliche Darstellung wird die beeindruckende Stringenz des Gedankengangs deutlich.

b Hier sind auch die Ergebnisse von Aufgabe 1 (S. 56 im Schülerband, vgl. S. 69 in diesen Handreichungen) einzubeziehen (Standpunkte der Wissenschaftler), die grundsätzliche Positionen enthalten: Freiheit der Wissenschaft im Sinne einer ungehinderten, nicht von vornherein auf praktische Ergebnisse reduzierten Forschung; Verpflichtung des Wissenschaftlers, seine Forschungsergebnisse im weitesten Sinne in den Dienst der Menschheit zu stellen (vgl. S. 55 im Schülerband, Z. 17 ff.). Im vorliegenden Auszug werden zusätzlich und zugleich konkretisierend die Erfordernisse der Landesverteidigung angeführt, in deren Dienst die Wissenschaft stehen müsse (Z. 24 ff., 43 f.). Weitere Argumente wären:

- Was einmal ein genialer Wissenschaftler entdeckt hat, kann auch von einem anderen entdeckt werden (dazu passt auch eine Aussage Frl. Dr. von Zahnds in der Auflösungsszene der „Physiker": „Alles Denkbare wird einmal gedacht." Diogenes-Taschenbuchausgabe, S. 82). Eventuell wird es von einem Wissenschaftler gedacht, der weniger verantwortungsvoll damit umgeht; wichtiger, als die wissenschaftlichen Erkenntnisse unter Verschluss zu halten, wäre es also, eine Diskussion über den verantwortlichen Umgang damit anzustoßen.
- Die Erkenntnisse enthalten möglicherweise (und eventuell noch unabsehbar) das Potenzial zu einer sinnvollen, segensreichen Anwendung, die ein Wissenschaftler der Menschheit nicht vorenthalten darf.

3 Folgende Stichworte sollten in den Monologen der Geheimdienstler vorkommen:
- Aus der Sicht des „naiven Idealisten" Newton: ursprüngliche Überzeugung: Wissenschaft muss frei sein von Vorgaben und Einschränkungen – Wissenschaftler leistet Pionierarbeit hinsichtlich der Gewinnung von Erkenntnissen – Einsicht (wesentlich geweckt durch Möbius' nüchterne Analyse der Realität des Wissenschaftlers, vgl. S. 56 f. im Schülerband, Z. 23–47): Der Wissenschaftler unterliegt in der Realität immer gesellschaftlich-politischen Zwängen; die beschworene Freiheit des Wissenschaftlers gibt es nicht – einziger Ausweg: der Gesellschaft die Erkenntnisse vorzuenthalten bzw. positiv gewendet: sie davor zu schützen.
- Aus der Sicht des „Machtpragmatikers" Einstein: ursprüngliche Überzeugung: Wissen verleiht Macht, der Wissenschaftler soll mitentscheiden, wem er die Machtmittel anvertraut – Einsicht (wesentlich geweckt durch Möbius' Hinweis auf die Brisanz der Erkenntnisse und die Unfähigkeit der Menschen, vgl. S. 57 im Schülerband, Z. 81 f.): Die Menschen sind unfähig, mit den gewaltigen Machtmitteln sinnvoll und verantwortungsbewusst umzugehen, sie sind schlicht überfordert – einziger Ausweg wie bei Newton.

72 A3 WISSENSCHAFT UND VERANTWORTUNG

4 Einige Hinweise für die szenische Umsetzung, die in Sprechweise, Gestik und Mimik sowie in der Stellung der Figuren zueinander zu berücksichtigen wären und die leicht in Regieanweisungen umgesetzt werden können (vgl. auch den Methodenkasten auf S. 58 im Schülerband): Möbius sollte als kühler, auch abgeklärter Analytiker herausgestellt werden (bes. zu Z. 1–47); besonderes Augenmerk sollte auf den Moment des Umschwungs gerichtet werden, der in Z. 93 eingeleitet wird: Er hat eine Mischung aus Ratlosigkeit und Abwehr (Z. 93–117), Verblüffung und Betroffenheit (Z. 119 ff.) bei Newton und Einstein zur Folge bis hin zu einer Art heiterer Resignation, als sich die Physiker in das Unvermeidliche fügen (Z. 142 ff.).

► S. 58 **Aspekte der werkimmanenten Dramenanalyse**

1 Die Figuren sind geprägt durch ihre Lebensgeschichte und ihre Erfahrungen, die sich in Gewohnheiten, Eigenschaften und Verhaltensweisen niederschlagen, aber auch in Erwartungen, Wünschen und Forderungen. In der Interaktion der Figuren ergeben sich aus diesen Faktoren Handlungsabläufe und kommunikative Verhaltensweisen. Eingebettet ist dies jeweils in eine bestimmte Situation, die – außer durch die Figuren mit ihren verschiedenen, hier kurz angerissenen Facetten – durch die vorangehende Handlung geprägt ist.
Bei der Erläuterung an Beispielen können die hier fett hervorgehobenen Stichworte in Form von Fragen verwendet werden, also z. B.: Wie wirkt sich möglicherweise die Lebensgeschichte einer Figur auf ihr Verhalten in einer konkreten Situation aus? Welche Erwartungen und Wünsche prägen ihr Verhalten? Wie ist ihr Kommunikationsverhalten zu bewerten?

2 Der geschichtliche Hintergrund meint politisch-gesellschaftliche Verhältnisse, die sich z. B. in Macht- und Herrschaftsstrukturen äußern (Beispiele: Willkürherrschaft in Schillers „Kabale und Liebe", Unterdrückung und Ausbeutung in Büchners „Woyzeck"), aber auch in Wertvorstellungen (Selbstbestimmung des Bürgertums in Lessings „Emilia Galotti").

► S. 59 **Die vier Analysekategorien der werkimmanenten Ebene**

1 Die bisher erarbeiteten Analyseergebnisse zu den „Physikern" sind natürlich einzubeziehen. Dabei zeigt sich auch, dass die Kategorien nicht nur in vielfältiger Wechselbeziehung zueinander stehen (wie in dem Schaubild auf S. 58 im Schülerband durch die Pfeile dargestellt), sondern sich auch teilweise überschneiden. Hier wird deutlich, dass die Begriffe und Kategorien vor allem eine *heuristische*, gerade damit aber für eine sorgfältige und präzise Analyse äußerst wichtige Funktion haben. – Das eigentliche Ziel dieser Aufgabe ist es, die Ergebnisse unter den „allgemein gültigen" werkimmanenten Analysekategorien zum Umgang mit Dramenliteratur zu systematisieren, wobei implizit eben auch diese „Allgemeingültigkeit" bewusst gemacht und eingeübt wird.
Handlungsanalyse: Die – wesentlich durch den Dialog (s. u.) vorangetriebene – Handlung kann man folgendermaßen skizzieren: Bedrohungsszenario, bei dem „Newton" und „Einstein" noch meinen, sie könnten Möbius mit einer Mischung aus Drohung und Überredung bzw. Überzeugung dazu bewegen, seine selbst gewählte Isolation im Irrenhaus aufzugeben und einem von ihnen zu folgen (S. 55 im Schülerband, Z. 2; S. 56, Z. 97–101; hier Spannungssteigerung) – „Überzeugungsarbeit" durch Möbius (S. 56, Z. 3–9; S. 57, Z. 53 ff.); erneute Spannungssteigerung, als Möbius die einzige Konsequenz aus seinen Ausführung darlegt (dass alle im Irrenhaus bleiben müssen) und die anderen sich zunächst dagegen sträuben – Möbius' Hinweis auf die Morde und Funktion dieses Hinweises (S. 57, Z. 118 ff.) – Einlenken der anderen Physiker und Entschluss, gemeinsam in der Anstalt zu bleiben (S. 58, Z. 142 ff.).
Figurenanalyse: Möbius ist der souveräne Kopf, der nicht nur ein genialer Physiker ist, sondern auch hinsichtlich seiner ethischen Reife den anderen überlegen und in der Wahrnehmung seiner Verantwortung größte persönliche Opfer zu bringen bereit. (Dies kann man zunächst einmal so festhalten, unabhängig von der später wichtigen kritischen Erörterung der „Lösung", die Möbius für sich gewählt hat.) Dass die beiden prägenden Züge dieser Figur – rational-wissenschaftliche und ethische Überlegenheit – eng miteinander verknüpft sind, zeigt die ebenso nüchterne wie in ihrer Logik bestechende Art, wie er seine Argumentation einleitet: S. 56, Z. 1–9 (vgl. die Zusatzaufgabe auf S. 71 in diesen Handreichungen). Die anderen Figuren sind geprägt von einem naiven Idealismus bzw. nüchtern-pragmatischem Machtdenken (vgl. die Darstellung ihrer Standpunkte, S. 69 in diesen Handreichungen, zu Aufgabe 1 auf S. 56 im Schülerband).
Dialoganalyse: Die Standpunkte und ihre Begründungen sind bereits mehrfach dargelegt worden. Zu ergänzen sind folgende Aspekte:

3.1 ASPEKTE UND METHODEN DER DRAMENANALYSE 73

- Gesprächsanteil: Im ersten Auszug dominieren Newton und Einstein, Möbius antwortet zum Teil ausgesprochen knapp und schnörkellos, beschränkt sich auf das Wesentliche (v. a. S. 55 im Schülerband, Z. 9, 26 (hier auch ironisch), 30, 33, 37 ff.); im zweiten Auszug überwiegt Möbius' Gesprächsanteil, die anderen werden immer einsilbiger – Zeichen dafür, dass sie argumentativ gewissermaßen an den Rand gedrängt werden.
- Sprache: passagenweise überwiegend parataktischer Satzbau, einhämmernd (S. 55 im Schülerband, Z. 19–21; S. 57, Z. 59–61, 66 ff., 74 ff., 80 ff.); paradox zugespitzte Sentenzen: S. 57, Z. 112–114 und 129 ff.; S. 58, Z. 138 f. und 149–151.
- Gesprächsentwicklung: verläuft parallel zur Entwicklung der Handlung, die – wie ausgeführt – wesentlich durch den Dialog vorangetrieben wird.

Situationsanalyse: Unter werkübergreifendem Gesichtspunkt ist die Situation der naturwissenschaftlichen Forschung zum Zeitpunkt des Erscheinens der „Physiker" (1962) zu nennen: 1956 veröffentlichte der österreichische Wissenschaftsjournalist Robert Jungk ein Buch mit dem Titel „Heller als tausend Sonnen", in dem er die Geschichte der Atomphysik nachzeichnete und auch die persönliche Verstrickung der Wissenschaftler in die Entwicklung der Atombombe untersuchte. Friedrich Dürrenmatt rezensierte dieses Buch, war also mit der Materie bestens vertraut, als er 1959 mit der Konzeption der „Physiker" begann, die 1962 uraufgeführt wurden und auch in Buchfassung erschienen. Möbius' Hinweis, dass durch seine Forschungen „[n]eue, unvorstellbare Energien [...] freigesetzt" würden (S. 55 im Schülerband, Z. 58 f.), dürften eine direkte Anspielung auf die Atomenergie bzw. die Atombombe sein. (Vgl. zur Frage des forschungsgeschichtlichen Hintergrundes auch das Interview mit dem Physiker und Philosophen Carl Friedrich von Weizsäcker, S. 63 f. im Schülerband, und den Auszug aus Heinar Kipphardts Stück „In der Sache J. Robert Oppenheimer", S. 69 ff. im Schülerband). Hinsichtlich der aktuellen Umstände im Stück sind folgende Faktoren von Bedeutung: die Entschlossenheit Möbius', im Irrenhaus zu bleiben; der Versuch der beiden anderen Physiker, ihn für ihre jeweiligen Auftraggeber zu gewinnen; die Morde, die jeder der drei Physiker (an seiner jeweiligen Krankenschwester) begangen hat und die für Möbius zu einem letzten Argument für ein Verbleiben in der Anstalt werden, um den Morden im Nachhinein einen tieferen Sinn zu geben (vgl. S. 57 im Schülerband, Z. 123 ff.).

2 Epische Texte sind für das Lesen verfasst. Ein Geschehen wird mehr oder weniger ausführlich in erzählender Form entfaltet. Grundlegende Darstellungsmittel sind die szenische Schilderung mit hohen Dialoganteilen (erwecken den Eindruck der Unmittelbarkeit) und der epische Bericht (raffend, zusammenfassend), die häufig im Wechsel vorkommen. Ein Erzähler kann unterschiedlich deutlich in Erscheinung treten. Für weitere Informationen zur Erzähltheorie vgl. S. 159 ff. im Schülerband. Dramatische Texte sind für die Bühne verfasst, also nicht für das Lesen, sondern für das Zuschauen (bzw. bei Hörspielen für das Zuhören). Das Geschehen wird (im klassischen oder aristotelischen Theater) „unmittelbar" vor den Zuschauerinnen und Zuschauern entfaltet und auf der Bühne vergegenwärtigt. Das führt dazu, dass man sich (bei einer gelungenen Aufführung) dem Sog des Geschehens in seiner Dramatik nur schwer entziehen kann. Im Druckbild eines Theaterstücks fallen auf: vorangestelltes Figurenverzeichnis, der Text besteht fast ausschließlich aus Dialog mit vorangestellter Nennung der jeweils sprechenden Figur, es gibt unterschiedlich ausführliche Regieanweisungen, die Ort (einschließlich Ausstattung), Zeit und die Art, zu sprechen und sich zu bewegen, angeben können. Je nach Vorkenntnissen der Schülerinnen und Schüler könnten als weitere Elemente genannt werden: Fünfaktigkeit (als häufigste Aufbauform), Begriffe wie Aufzug/Akt, Auftritt/Szene, evtl. auch Elemente der Freytag'schen Pyramide.

Brisante Fragen in einer Komödie

▶ S. 60

1 a Sofern die letzte Aufgabe bearbeitet worden ist, braucht man die Ergebnisse nur auf die hier in der Aufgabenstellung genannten Aspekte zu konzentrieren:
Beim (klassischen, aristotelischen) **Drama** ist die Form der Darbietung die der unmittelbaren Vergegenwärtigung eines Geschehens auf der Bühne durch konkrete Handlung und gesprochene Sprache; die Zuschauerinnen und Zuschauer sind der *Illusion* ausgesetzt, sozusagen „live" dabei zu sein, die Wirkung ist eine unmittelbare. In **Roman** und **Erzählung** ist die Form der Darstellung der geschriebene Text, der gelesen werden muss. Dadurch wird im Prinzip – deutlich spürbar für ungeübte Leserinnen und Leser – eine gewisse Distanz aufgebaut; die Wirkung entfaltet sich stärker im Kopf der Leserin bzw. des Lesers, die/der Bilder und Zusammenhänge selbst konstruiert.

74 A3 WISSENSCHAFT UND VERANTWORTUNG

b Das **epische Theater** in der Tradition Brechts ist darauf ausgerichtet, durch verschiedene Mittel der Distanzierung die Unmittelbarkeit des Bühnengeschehens zu brechen. Die Zuschauerinnen und Zuschauer sollen aus der Illusion, ein Geschehen sozusagen real mitzuerleben, herausgerissen werden.

▶ S. 60 Friedrich Dürrenmatt: **Die Physiker** (1962) – Einleitung

2 Die ganze Einleitung repräsentiert einen „Gestus des Zeigens": Es wird gezeigt, in welchem räumlichen Rahmen das Stück spielt. Distanz schaffend wirkt dabei die Sprache, die ironisch, teilweise sarkastisch ist. Ironie (in einem eher umgangssprachlichen Sinne des „Ironisierens") kann man in folgenden Zeilen finden: Z. 4 f. („überflüssigerweise"), 6 f. („human bewaldete"), 9–11, 12 f. (ironisch-distanzierender Einschub); eher sarkastisch ist die mit zahlreichen abwertenden, geradezu schmähenden Wörtern gespickte Beschreibung der „ganze[n] geistig verwirrte[n] Elite des halben Abendlandes" (Z. 22 ff., Zitat Z. 26 f.). Allein diese Formulierung enthält zwei sprachliche Besonderheiten: das Wortspiel mit der Gegenüberstellung von „ganz" und „halb" und die „Verfälschung" der gängigen Wendung „geistige Elite" zu „geistig verwirrte Elite".

▶ S. 61 Friedrich Dürrenmatt: **Aus den „21 Punkten zu den Physikern"** (1962)

1 a Die „schlimmstmögliche Wendung" würde darin bestehen, dass Möbius' brisante Forschungsergebnisse trotz aller Vorkehrungen an die Öffentlichkeit gerieten.

b Das entspricht dem tatsächlichen Ende des Stücks: Die Anstaltsleiterin, „Fräulein Dr. h. c. Dr. med. Mathilde von Zahnd", die selbst dem Wahn verfallen ist, von König Salomo auserwählt zu sein, hat Möbius' Aufzeichnungen kopiert, bevor dieser sie vernichtet hat, und bereits mit ihrer wissenschaftlichen Auswertung und wirtschaftlichen Ausbeutung begonnen.

2 „Absurd" im Sinne von „sinnwidrig" ist auch eine Geschichte mit einer „schlimmstmöglichen Wendung" nicht: Sie hat – in einem streng logischen, nicht wertenden Verständnis – durchaus eine gewisse Sinnhaftigkeit – wenn auch eine sehr fragwürdige; in einem gewöhnlichen Sprachverständnis könnte man dies allerdings durchaus als „sinn-widrig" verstehen – nämlich „einem positiven Sinn widersprechend". Als „paradox" wird etwas bezeichnet, das einen Widerspruch in sich trägt. Dies trifft auf Dürrenmatts Komödie gleich in mehrfacher Weise zu: Möbius' Erkenntnisse enthalten einen Widerspruch: Sie sind genial und zugleich verhängnisvoll; und paradox ist schließlich die Tatsache, dass die verantwortungsbewussten Wissenschaftler in einer Irrenanstalt gefangen bleiben, während deren Leiterin wirklich irre geworden ist, aber in Freiheit und Verantwortungslosigkeit die Erkenntnisse der Wissenschaftler ausbeutet.

3 Hier könnte man auch den Begriff der „Ambivalenz" (wörtlich: „Doppelwertigkeit") verwenden: Physikalische Forschungen können segensreich, aber auch (siehe die Atombombe) verhängnisvoll sein. Ähnliches gilt für die Wirklichkeit, von der physischen Realität (Ambivalenz von Trockenheit und Hitze beispielsweise) bis hin zu sozialen Strukturen (ein soziales Umfeld kann Schutz, aber zugleich auch Einengung und Kontrolle bedeuten).

4 Die Komödie arbeitet prinzipiell mit Mitteln, die Distanz bewirken: Komik und Ironie bedeuten immer eine Brechung in der Wahrnehmung bzw. Darstellung von Wirklichkeit. Eine ähnliche Funktion schrieb Dürrenmatt auch dem Grotesken zu (vgl. die Verwendung des Begriffs in Punkt 10 der „21 Punkte"): Im Grotesken sah er „eine der großen Möglichkeiten, genau zu sein", und betrachtete es daher als ein Mittel der Distanz. Distanz aber kann man als eine (für Dürrenmatt selbst: die einzige) mögliche Form des Umgangs mit einer Welt ansehen, die widersprüchlich (paradox) erscheint und zu „schlimmstmöglichen Wendungen" neigt.

3.2 „Das Prinzip Verantwortung" – Sachtexte zum Thema erschließen

▶ S. 61 Hans Jonas: **Eine neue Dimension menschlicher Macht**

1 a Schlüsselwörter sind: „technische Zivilisation" (Z. 4) – „Weltschicksal" (Z. 4 f.) – „im Aktiven" (Z. 5) – „im Passiven" (Z. 8 f.) – „Gegenstände der Macht" (Z. 20 f.) – „Ausmaß der menschlichen Macht" (Z. 29) – „quantitativ enorm gesteigert" (Z. 31) – „auch im Inhalt qualitativ verändert" (Z. 32) – „Kommunikationswesen" (Z. 37 f.) – „man kann ganz andere Sachen tun" (Z. 44) – „genetische Manipulation" (Z. 46) – „Reichweite in die Zukunft ganz enorm verlängert" (Z. 50 f.) – „Größe der Macht" (Z. 68) – „Qualitäten der Macht" (Z. 68 f.) – „Verantwortung eine Funktion der Macht" (Z. 72 f.)

3.2 SACHTEXTE ZUM THEMA ERSCHLIESSEN

b/c Gliederung des Textes in Sinnabschnitte, logische Bezüge zwischen den Sinnabschnitten und sprachliche Signale, die den gedanklichen Aufbau deutlich machen:

Sinnabschnitte			
Z.	Inhalt/Zusammenfassung	logische Bezüge/Stellenwert im gedanklichen Aufbau	sprachliche Signale
1–14	Die technische Zivilisation ist das „Weltschicksal".	These 1 (Tatsachenbehauptung)	
14–16	Daraus ergeben sich ethische Konsequenzen.	These 2 (im Kern eine Forderung)	„Das hat gewisse Folgen" (Z. 14 f.): „Das" ist anknüpfend, „Folgen" weist voraus
16–63	Die „Gegenstände der Macht" haben sich vermehrt, und zwar in dreifacher Weise:	Argument zu These 1	„Nun sind […] ja nicht nur" (Z. 16 ff.):
	1) Man kann *mehr* machen als früher.	Konkretisierungen des Arguments	„es hat sich nicht nur" (Z. 28) – „es hat sich auch" (Z. 31 f.)
	2) Man kann *ganz neue* Dinge machen.		
	Kommunikationswesen	Beispiele zu 2	„Man kann […] illustrieren" (Z. 32 f.)
	genetische Manipulation		„Vielleicht eine noch wirksamere Illustration" (Z. 45)
	3) Die Auswirkungen auf die Zukunft sind größer.	weitere Konkretisierung des Arguments	„Vor allen Dingen" (Z. 49)
64–71	Technische Zivilisation bedeutet enorme Macht.	Zusammenfassung	„Das sind so einige […]" (Z. 64); „Man kann ganz allgemein sagen […]" (Z. 66): signalisiert Bündelung/Zusammenfassung
71–75	Wer Macht hat, hat auch Verantwortung.	Aufgreifen von These 2/ Forderung	„Nun kann man […] aufstellen" (Z. 71 f.): signalisiert neuen Gedankenschritt

Tipp zum Verfahren: Man kann die Schülerinnen und Schüler die gedankliche Struktur selbst erarbeiten lassen, man kann aber auch die einzelnen Felder aus der zweiten Spalte der Tabelle („Inhalt/Zusammenfassung") als „Bausteine" vorgeben: Man kopiert diese Bausteine und zerschneidet sie (sodass also jedes Feld tatsächlich einen Baustein ergibt); dabei sollte man für je zwei Schüler/ -innen einen „Bausatz" bereithalten. Aufgabe der Schülerinnen und Schüler ist es, aus den Bausteinen die gedankliche Struktur zu rekonstruieren. Hat man die Bausteine auf Folienschnipseln (wobei die Schrift größer sein sollte als in der Vorlage; vergrößerte Kopie anfertigen!), kann man die Rekonstruktion anschließend für den ganzen Kurs sichtbar vornehmen (lassen).
Das Verfahren ist etwas aufwändig, hat aber mehrere Vorzüge: Schülerinnen und Schüler sind oft überfordert mit der völlig selbstständigen Erschließung der gedanklichen Struktur eines Textes; bei dem hier vorgestellten Verfahren bekommen sie eine Hilfe im Sinne einer „konzeptuellen Vorgabe" (vgl. Juliane Köster: Konzeptuelle Aufgaben – Jenseits von Orientierungslosigkeit und Gängelei. In: Juliane Köster/Will Lütgert/Jürgen Creutzburg (Hg.): Aufgabenkultur und Lesekompetenz. Deutschdidaktische Positionen. Peter Lang, Frankfurt/M. 2004, S. 165–184, sowie Heinz Gierlich: Texte erschließen mit Hilfe konzeptueller Vorgaben. In: Deutschunterricht (Westermann) 5/2008, S. 30–34). Ferner ist die Zusammenfassung der einzelnen Gedankenschritte sprachlich präzise und für alle gleich, d. h. es entfällt das Ringen um Formulierungen; man kann sich auf die Erschließung der gedanklichen Struktur konzentrieren – was selbst bei den Vorgaben immer noch einen hohen Anspruch darstellt.

2 Mit solchen Bausteinen (evtl. in verkürzter Fassung) kann man natürlich auch bei der Erstellung eines Schaubildes arbeiten.

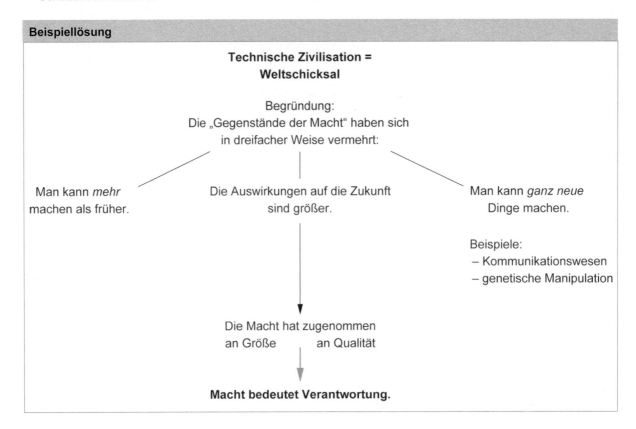

3 a Stichworte für eine begründete Zustimmung: Der Machtzuwachs durch technische Möglichkeiten ist unbestreitbar: wichtig ist v. a. der Aspekt „Auswirkungen auf die Zukunft", zum Teil in Verbindung mit dem Aspekt „neue Möglichkeiten" (z. B. Problem der Entsorgung von Atommüll, Unabsehbarkeit der Folgen genetischer Manipulation und der Gehirnmanipulationen, vgl. S. 65 f. im Schülerband). Unbestreitbar ist auch die These, dass Macht Verantwortung bedeutet: gerade angesichts der neuen Möglichkeiten und ihrer (zukunftsbezogenen) Unwägbarkeiten müssen diese Möglichkeiten verantwortungsvoll eingesetzt werden.
Stichworte für eine begründete Ablehnung bzw. Infragestellung sind schwer denkbar; allenfalls die Forderung nach Freiheit der Forschung in dem Sinne, dass diese nicht von vornherein zweck- und anwendungsorientiert geschieht, da sonst ggf. viele Möglichkeiten ausgeblendet werden. Der Aspekt „Verantwortung" ist aber im Ganzen nicht zu leugnen.

b Möglichkeiten des Einzelnen, Verantwortung wahrzunehmen: Nutzung der Mitspracherechte in demokratischen Prozessen in Politik und Gesellschaft (Parteien, Organisationen wie Greenpeace u. a.), damit Einflussnahme auf Meinungsbildung und (politische) Entscheidungen.

4 „Die Physiker" liefern geradezu eine Illustration zu dem von Jonas aufgeworfenen Problem: Es geht in dem Stück um *neue Erkenntnisse* mit ungeheuren *Auswirkungen auf die Zukunft* – und um die Frage, wie man damit *verantwortungsbewusst* umgeht.

▶ S. 63 Carl Friedrich von Weizsäcker: **Ich hatte die Vorstellung, auf irgendeine Weise Einwirkungsmöglichkeiten zu haben**

1 Der Zwiespalt, in dem Otto Hahn und Carl Friedrich von Weizsäcker sich befanden: die wissenschaftliche Forschung (hier: an der Kernspaltung) weiterführen oder nicht. Vor einer ähnlichen Frage können Wissenschaftler auch heute stehen, vor allem angesichts der Unabsehbarkeit der Folgen in der Forschung, z. B. in der Gentechnik, der Neurologie usw.

2 Die Aufgaben der Naturwissenschaftler/innen: Forschung, deren Ergebnisse nicht verheimlicht werden sollen (vgl. Z. 98 ff.), Verantwortung wahrzunehmen (vgl. auch Z. 71 ff., 106 ff.), z. B. auch durch Information der Öffentlichkeit (Meinungsbildung, Z. 116 ff.). – Grenzen erfahren sie z. B. insofern, als auch für sie die Folgen ihrer Forschung nicht immer absehbar sein können (Z. 70 ff.). – Probleme ergeben sich aus der

3.2 SACHTEXTE ZUM THEMA ERSCHLIESSEN   **77**

mangelhaften Entwicklung eines politisch-moralischen Bewusstseins (vgl. Z. 56 ff.) und aus dem mangelnden Willen der Bevölkerung, moralisch richtige Entscheidungen zu treffen (Z. 114 f.).

3 Weizsäcker hebt den Komödiencharakter des Stücks von Dürrenmatt hervor (Z. 95 f.) und betont, dass hier
   die Position des Möbius „vollkommen richtig" widerlegt werde.

4 a „Instrumental" ist die Denkweise der Physik insofern, als sie „Instrumente" liefert für Ziele und Zwecke,
     die sie nicht unbedingt selbst setzt; Hans Jonas sprach in einem ähnlichen Zusammenhang von der
     „Forschungsindustrie", die bisweilen schon eher eine „Industrieforschung" sei, also Forschung, deren
     Ziele von der Industrie vorgegeben seien. Berechtigt ist eine solche Denkweise insofern, als damit
     eine Konzentration auf die Erforschung (bzw. in der Technik: auf die Anwendung) von Abläufen und
     Verfahrensweisen sowie ihren Implikationen und Erfordernissen geschehen kann; problematisch wird
     sie aber dann, wenn sie nicht ergänzt wird durch die Wahrnehmung politisch-moralischer Verant-
     wortung, wie Weizsäcker sie fordert (Z. 56 ff., 106 ff.).

   b Die Überlegungen aus Aufgabe 4a sollten hier einbezogen werden. Weiterführende Überlegungen
      könnten sein: Notwendigkeit der Freiheit der Wissenschaft im Sinne einer Grundlagenforschung, die
      nicht von vornherein anwendungsorientiert und damit eingeengt ist; auch eine zu starke Anwendungs-
      orientierung birgt eine große Gefahr: die der Instrumentalisierung der Wissenschaft selbst, die unter
      Umständen zu Missbrauch führen kann (bloß „instrumentelles" Denken im Bereich der Genmanipula-
      tion, aber auch etwa der Schönheitschirurgie – nach dem Motto: Es wird gemacht, was der Kunde
      will). Die Gefahr des Missbrauchs meint übrigens Galilei, wenn er in Bezug auf die Wissenschaftler,
      die sich der Obrigkeit unterordnen, von einem „Geschlecht erfinderischer Zwerge" spricht, „die für
      alles gemietet werden können" (Bertolt Brecht: Leben des Galilei, S. 68 f. im Schülerband, Z. 68 f.).

Hirnforschung – Verantwortung der Wissenschaften heute diskutieren

Susanne Donner: **Fremdgetaktet**   ▶ S. 65

1 Die Tabelle könnte z. B. so aussehen:

Anwendungsmöglichkeiten für Neuroimplantate	
positive	**fragwürdige**
Heilung von Krankheiten (Vorspann)	technische Verfügungsmöglichkeit über geistige Eigenschaften (allgemein, Z. 4 f.)
Steigerung der Leistungsfähigkeit (Schachspieler, Z. 52 ff.; älterer Mensch, Z. 54 ff.)	Beispiele: militärische Anwendungen (Z. 11, 16, 17, 23 ff.)
	evtl. Einschränkung der Willensfreiheit, Fremdsteuerung, Folter (Z. 29 ff.)

Weitere denkbare Anwendungsmöglichkeiten: Steigerung der Leistungsfähigkeit in Prüfungssituationen,
im (Leistungs-)Sport; Gefahr der Manipulation durch politische oder weltanschauliche Instanzen.
Zur Internetrecherche: Die Eingabe des Stichworts „Neuroimplantate" in eine der gängigen Suchmaschinen führt zu über 6.200 Ergebnissen, die Eingabe von „Neuroenhancement" sogar zu über 8.100 (Januar
2009). Verbindet man bei der Eingabe die Begriffe „Neuroimplantate" und „Ethik", bekommt man immerhin
noch über 900 Ergebnisse. Zur weiteren Eingrenzung bzw. zur Auswahl sind die üblichen Kriterien bei der
Suche nach seriösen Quellen anzuwenden; so ist die Homepage eines philosophischen Lehrstuhls an
einer Universität anders zu bewerten als die eines Pharmakonzerns.

2 Bei der Podiumsdiskussion ist u. a. zu beachten: die Rolle der Moderatorin / des Moderators, die/der
   möglichst gleichmäßig das Wort erteilen und unter Umständen auch Diskussionsteilnehmer/innen in die
   Schranken weisen muss.

Weiterführendes Material zu diesem Teilkapitel findet sich auf der beiliegenden CD:
- *Friedrich Dürrenmatt:* Freiheit durch Technik? (1969)
- *Hans Jonas:* Was ist Macht und wer ist ihr Subjekt? (1981)

78 A3 WISSENSCHAFT UND VERANTWORTUNG

3.3 Wissenschaftlerfiguren im Drama – Faust, Galilei, Oppenheimer

► S. 66 Johann Wolfgang Goethe: **Faust I** (1808) – Nacht (V. 522–593)

1 In dem Dialog zwischen Faust und seinem Gehilfen Wagner werden zwei Aspekte der Wissenschaft thematisiert: die Frage nach der Quelle von Weisheit und Erkenntnis (z. B. V. 535 ff.) und die Frage der Präsentation der Erkenntnisse (z. B. V. 546). In beiden Punkten sind Faust und Wagner unterschiedlicher Auffassung:

Faust	Wagner
Quelle von Weisheit und Erkenntnis	
▪ Seele (V. 535, 569) ▪ Herz (V. 545, 591)	▪ Erkenntnisse weiser Männer früherer Zeiten (V. 572) ▪ die Bücher (V. 566: „Pergamente"), in denen sie festgehalten sind (für Faust spiegelt sich in ihnen nur der Leser [vgl. V. 578 f.] – ein früher „konstruktivistischer" Gedanke)
Präsentation der Erkenntnisse	
▪ Verstand (V. 550) ▪ rechter Sinn (V. 550)	▪ ausgefeilte Rhetorik (zu erschließen u. a. aus Fausts ablehnenden Äußerungen diesbezüglich: V. 523–525, 546 [„Vortrag" statt Inhalt], 549, 554)
Ziel	
▪ die Herzen ansprechen (V. 537, 544); darin besteht der „redliche […] Gewinn" (V. 548)	▪ (oberflächliche, „blendende") Wirkung erzielen (V. 525) ▪ „durch Überredung leiten" (V. 533) ▪ Bewunderung erzielen (V. 542) ▪ (wiederum zu erschließen aus dem abwertenden Kommentar Fausts, der in der „blinkenden" Rhetorik eine Vernebelungstaktik sieht, vgl. V. 554 ff.)

Auffallend ist, dass Wagner mit dem Aspekt der Wirkung (Präsentation) beginnt; dieser steht für ihn im wörtlichen Sinne „an erster Stelle", scheint wichtiger zu sein als der Inhalt.

2 Die Stichworte für die Monologe Fausts und Wagners sind in der Tabelle oben enthalten; wichtig wäre, in Fausts Monolog auch die negative Wertung der Position Wagners einzubeziehen (v. a. V. 538–545, 554–557, 575–585). Ein Kommentar zu der Auffassung Fausts aus Wagners Sicht kann im Grunde nur die Bewunderung widerspiegeln, die vor allem am Anfang deutlich wird, eventuell auch Unverständnis; für eine wirkliche Auseinandersetzung fehlt der Figur die geistige Substanz. Es ist aber denkbar, dass man den Schülerinnen und Schülern, die die Figur nicht weiter kennen, durchaus die Möglichkeit einräumt, aus der Perspektive eines „Blenders", der Wagner letztlich ist, gegen Fausts Betonung von Seele und Herz zu polemisieren.

► S. 68 Bertolt Brecht: **Leben des Galilei** (1955/56) – Auszug aus dem 14. Bild

1 Die in dem Textauszug vertretene These könnte lauten: Das oberste Ziel der Wissenschaft muss es sein, den Menschen – und gerade dem einfachen Volk – das Leben zu erleichtern. (Vgl. Z. 41 ff. und 65 ff.)

2 Galilei wirft sich fundamentales Versagen vor: Indem er seine Erkenntnisse widerrufen hat (vgl. Vorspann, S. 68 im Schülerband), hat er die Chance vertan, die Wissenschaft zu einem Instrument der Befreiung der Menschen von Bevormundung und Ausbeutung zu machen (vgl. v. a. Z. 57–67).

3.3 WISSENSCHAFTLERFIGUREN IM DRAMA   **79**

3 Die Tabelle könnte z. B. so aussehen:

Rollen der Wissenschaftler/innen in der Gesellschaft	
positive	**negative**
Sie übertragen das fundamentale wissenschaftliche Prinzip des Zweifels (Z. 3, 13, 31 f.) auf gesellschaftliche Verhältnisse (Z. 4 f., 14).	Sie beschränken sich (etwa aus Angst, vgl. Z. 44 f.) auf die bloße Wissenschaft, häufen „Wissen um des Wissens willen" an (Z. 46 f.).
Damit tragen sie zur Befreiung der Gesellschaft bei (Z. 34 ff.).	Damit entfernen sie sich immer mehr von den Menschen und ihren Bedürfnissen (vgl. Z. 51 ff.), betreiben also Wissenschaft im Elfenbeinturm.
Dazu müssen sie den Mut aufbringen, gegen die Mächtigen Widerstand zu leisten (vgl. Z. 59 ff.).	Sie überlassen ihre Erkenntnisse den Mächtigen zu deren willkürlichem Gebrauch – und sind damit lediglich „ein Geschlecht erfinderischer Zwerge, die für alles gemietet werden können" (Z. 68 f.).

Anmerkung zu Z. 68 f., „ein Geschlecht erfinderischer Zwerge, die für alles gemietet werden können":
Etwas drastischer, aber in der Zielrichtung ähnlich, drückt „Newton" in den „Physikern" den Sachverhalt aus, wenn er sich über die Anwendung der naturwissenschaftlichen Erkenntnisse durch die Techniker äußert: „Sie gehen mit der Elektrizität um wie der Zuhälter mit der Dirne." (Diogenes-Taschenbuchausgabe, S. 22) Siehe auch Weizsäckers Hinweis auf die „instrumentale Denkweise" der Physik (S. 63 im Schülerband, Z. 48 f., und S. 64, Aufgabe 4).

4 a   Sowohl bei Dürrenmatt als auch bei Brecht spielt der Gedanke der Verantwortung des Wissenschaftlers gegenüber der Gesellschaft eine zentrale Rolle. Allerdings wird Verantwortung jeweils ganz unterschiedlich verstanden: In den „Physikern" wird Verantwortung dadurch wahrgenommen, dass die Gesellschaft vor den Erkenntnissen der Forscher geschützt werden soll, weil sie – angeblich – mit ihnen nicht umgehen kann. Galilei dagegen fordert, dass die Wissenschaftler ihre Erkenntnisse nutzen, um die Gesellschaft menschlicher zu machen (auch indem sie Herrschaftsverhältnisse zu durchschauen helfen). Weizsäcker verurteilt den Weg der drei Physiker in Dürrenmatts Stück in seinem Interview ausdrücklich (vgl. S. 64 im Schülerband, Z. 101 ff.). Der Forderung Galileis würde er sicher zumindest insofern zustimmen, als er selbst ebenfalls die Wahrnehmung politisch-moralischer Verantwortung durch den Wissenschaftler fordert (vgl. S. 64 im Schülerband, Z. 61–82 und Z. 113 ff.).

   b   Die Textsorte „Essay" ist sehr anspruchsvoll. Es ist vor allem nicht einfach, auf eine stringente Gedankenführung mehr oder weniger zu verzichten und eine persönlich geprägte, auch sprachspielerische Sprache zu wählen, ohne dass das Ganze flach oder bemüht komisch bzw. ironisch wird. Inhaltlich können die Schülerinnen und Schüler z. B. folgende Bausteine verwenden:
   - Warum als Wissenschaftler Verantwortung übernehmen? Das Forschen kostet schon genug Zeit und Energie, außerdem macht es einfach Spaß, „drauflos zu forschen". Um die Verwertung sollen sich andere kümmern, die evtl. mehr Erfahrung mit Öffentlichkeitsarbeit haben.
   - Oder: Veröffentlichen ja – aber an den Meistbietenden.
   - Oder: Auch brisante Erkenntnisse müssen publik gemacht werden; begleitend muss man an einem Bewusstseinsbildungsprozess der Menschen arbeiten.
   - Oder: Auch der Wissenschaftler ist Teil der Gesellschaft, von der er ja auch (z. B. durch die Finanzierung seiner Forschung) profitiert; also ist es selbstverständlich, dass er gegenüber der Gesellschaft auch Verantwortung übernimmt.

80   A3 WISSENSCHAFT UND VERANTWORTUNG

Alternative zu den Aufgaben 3 und 4:
Man kann alternativ eine fiktive Diskussion zwischen Möbius und Galilei verfassen oder als szenisches Spiel durchführen lassen. Folgende kritische Anfragen an die jeweils andere Seite könnten geäußert werden:

- Aus Galileis Sicht wäre an Möbius in der Irrenanstalt die Frage zu richten, ob nicht die „unvorstellbaren Energien", die bei der Nutzung seiner Forschungen freigesetzt werden können, auch zu einer Humanisierung der Gesellschaft verwendet werden könnten, sodass das Verschweigen dieser Forschungen, wie Möbius es vorzieht, geradezu schuldhaft erscheint.
- Umgekehrt wäre aus Möbius' Sicht an Galilei die Frage zu richten, ob er sich über den Explosivstoff im Klaren ist, den ein radikales Infragestellen gesellschaftlicher Strukturen enthält, ob er die Auswirkungen auf die Zukunft einigermaßen kalkulieren und die abzusehenden Veränderungen und mehr noch die Unwägbarkeiten akzeptieren kann (zum Aspekt zukünftiger Auswirkungen als Element der technischen Zivilisation vgl. Hans Jonas, S. 62 im Schülerband, Z. 49 ff.; dieser Gesichtspunkt lässt sich natürlich ohne Weiteres auf gesellschaftliche Entwicklungen übertragen).

▶ S. 69   Heinar Kipphardt: **In der Sache J. Robert Oppenheimer** (UA 1964) – 1. Szene

1 a   Zutreffend ist die Aussage 2; Referenzstellen: Z. 23 ff., 95 ff. Aber auch für die dritte Aussage finden sich Grundlagen im Text: Z. 53–65.

   b   Stichworte, die vorkommen sollten: Atomenergie sehr zwiespältig (daher die „Schizophrenie" der Physiker, Z. 49 ff.); an sich positiv, ermöglicht „Überfluss", billige Energie, „Luxus" (Z. 59 f., 63). Die Atombombe kann – ebenfalls positiv – zur Abschreckung dienen (vgl. Z. 80 f.), aber die Militärs und Politiker (vgl. Z. 98 f.) haben „fürchterlichen Gebrauch" davon gemacht (Z. 55). – In einer kurzen analytischen Beschreibung kann man diese Gedanken auch in dieser Reihenfolge verwenden. In einem Monolog Oppenheimers kann man mehr Nachdenklichkeit und Betroffenheit einbringen; die Gedankenfolge ist dann weniger eine sachlogische (wie oben), sondern folgt eher den Aspekten „Erwartungen/Hoffnungen" – „Enttäuschung/Entsetzen".

2 **Parallelen zur Diskussion der drei Physiker in Dürrenmatts Komödie:** Oppenheimers Aussage, er und seine Kollegen hätten „die Arbeit [gemacht], die man von uns verlangte", aber nicht über die Verwendung zu entscheiden (Z. 23 ff.), ist vergleichbar mit dem Standpunkt „Einsteins" in den „Physikern", die Wissenschaftler hätten „Pionierarbeit zu leisten und nichts außerdem" (S. 56 im Schülerband, Z. 82 f.). Hier gibt es außerdem Parallelen zu Weizsäcker („instrumentale Denkweise" der Physik, S. 63, Z. 48 f.) und Brecht („ein Geschlecht erfinderischer Zwerge, die für alles gemietet werden können", S. 69, Z. 68 f.). Eine weitere Parallele liegt in der Einschätzung der Menschheit: Kipphardt, Z. 67 f.: „Die Welt ist auf die neuen Entdeckungen nicht eingerichtet." – Dürrenmatt, S. 57 im Schülerband, Z. 82: „die Menschheit ist noch nicht soweit."
Unterschiede: Die Darstellung der Atomenergie ist bei Kipphardt differenzierter, weil auch die Möglichkeit einer positiven Nutzung in den Blick genommen wird (Z. 53 ff., 59 ff.). Bei Dürrenmatt wird nur die Gefahr thematisiert (S. 55 im Schülerband, Z. 58 ff.). Ein weiterer Unterschied liegt in der ganz pragmatisch-nüchternen Einstellung der Kommissionsmitglieder, für die es selbstverständlich zu sein scheint, dass die entwickelte Bombe auch verwendet wurde (vgl. Z. 12 ff., 83 ff.).

3 In einem Kommentar Oppenheimers könnte die Entwicklung im Denken der Physiker deutlich werden, die aus seinen Ausführungen hervorgeht: Sie haben ursprünglich nur als Fachleute gearbeitet, die die von ihnen geforderte Arbeit getan haben (vgl. Z. 23 f.), und damit ein Beispiel geliefert für die „instrumentale Denkweise der Physik". Durch den Atombombenabwurf haben sie dann die moralische Fragwürdigkeit dieser Haltung erkannt, was der Begriff „Sünde" am Ende des Auszugs deutlich macht.

3.3 WISSENSCHAFTLERFIGUREN IM DRAMA   **81**

4 a   Die tabellarische Übersicht über die unterschiedlichen Akzentsetzungen in den Dramen könnte z. B.
so aussehen:

Autor/Drama	Art des Dramas	Akzentsetzung: Fragestellung, Konflikt
Dürrenmatt: „Die Physiker"	Komödie	Wie soll der Wissenschaftler mit brisanten Forschungen umgehen? Darf er sie veröffentlichen und damit verfügbar machen – auf die Gefahr hin, dass sie missbraucht werden?
Goethe: „Faust I"	Tragödie	Was ist die Quelle von Erkenntnis und Weisheit? Was kann man überhaupt wissen? Wie kann/soll man Wissen vermitteln? Worauf kommt es dabei an?
Brecht: „Leben des Galilei"	Schauspiel (keine genauere Bezeichnung)	gesellschaftspolitische Verantwortung gerade auch der Wissenschaftler Problem: Umgang mit einer Obrigkeit, die Wissenschaft einseitig in ihren Dienst nehmen will
Kipphardt: „Oppenheimer"	Dokumentartheater	Verantwortung der Wissenschaftler in Bezug auf neue Erkenntnisse: Darf man sich auf „reine Forschung" beschränken?

b   Man kann die Gelegenheit wahrnehmen, um die Schülerinnen und Schüler an literaturgeschichtliche
Recherchearbeiten heranzuführen, die z. B. auch für Facharbeiten wichtig sind.

c   Ein Ergebnis bezieht sich auf die Entwicklung der wissenschaftlichen Fragestellung in der Geschichte.
Dabei ist auffällig, dass bei Goethe fast ausschließlich erkenntnistheoretische Fragen im Mittelpunkt
des Interesses standen, während im 20. Jahrhundert die Aufmerksamkeit auf die Bedrohung durch
Wissenschaft und Technik gerichtet ist. Alle hier vorliegenden modernen Dramenauszüge (auch der
aus dem „Galilei", der aus der dritten, so genannten „Berliner Fassung" von 1955 stammt) sind nach
dem Abwurf der ersten Atombombe entstanden, der den deutlichsten „Sündenfall" der Wissenschaft
und Technik in der Mitte des 20. Jahrhunderts darstellt.

d   Siehe die Anregungen zu den Aufgaben 3 und 4 (S. 69 im Schülerband) auf S. 79 in diesen Handreichungen. Die dort gemachten Vorschläge kann man hier erweitern. Einbeziehen könnte man vor
allem Oppenheimer, der mit seiner differenzierten Sicht (positive und negative Aspekte der Forschung) gewissermaßen zwischen Galilei (Wissenschaft im Dienst des einfachen Volkes) und Möbius
(Verschweigen der Erkenntnisse, weil die Menschen nicht reif dafür sind) vermitteln könnte.

f   Ein möglicher wesentlicher Konflikt für ein Wissenschaftsdrama zur Hirnforschung ergibt sich aus der
Ambivalenz der Neuroimplantate, die positiv wirken, aber auch zu fragwürdigen Zwecken eingesetzt
werden können (vgl. S. 65 f. im Schülerband). Folgende Figurenprofile sind denkbar, in deren Interaktion sich der Konflikt entfalten könnte: (1) Verteidiger/in der „reinen Forschung" nach dem Grundsatz, dass das Erkenntnisinteresse des Menschen nicht beschränkt werden darf. (2) Jemand, der die
Einhaltung ethischer Prinzipien einfordert und daher vor allem auf die Gefahr des Missbrauchs hinweist. (3) Vertreter/in eines Pharmaunternehmens, das unter Missachtung ethischer Fragestellungen
nur am Profit interessiert ist. Damit sind im Wesentlichen Aspekte der Figurenanalyse genannt (vgl.
S. 59 im Schülerband), die natürlich auch für die Konzeption von Figuren beachtet werden können. Für
die Ausgestaltung der Szene sind weiter vor allem die Aspekte der Dialoganalyse wichtig (vgl. ebd.).

Analyse eines literarischen Textes mit anschließender weiterführender Reflexion

Aufgabenstellung

1 Analysieren Sie den Auszug aus dem ersten Akt der „Physiker" von Friedrich Dürrenmatt. Skizzieren Sie kurz den Handlungszusammenhang, erläutern Sie die Ausführungen Newtons und stellen Sie dar, inwiefern hier bereits das zentrale Thema der späteren Unterhaltung zwischen den drei Physikern angesprochen wird. *(48 Punkte)*

2 Formulieren Sie den Kerngedanken des Vorwurfs, den Newton am Ende des vorliegenden Auszugs erhebt, und setzen Sie sich kritisch damit auseinander. *(24 Punkte)*

Friedrich Dürrenmatt: Die Physiker (1962) – Aus dem ersten Akt

Die drei Physiker haben jeder eine Krankenschwester umgebracht, da die Gefahr bestand, dass ihre Tarnung als „Irre" auffliegen würde. Es kommt zu einer polizeilichen Untersuchung und in deren Verlauf zu dem folgenden Gespräch zwischen Inspektor Richard Voß und „Newton", der dem Inspektor kurz zuvor verraten hat, er sei in Wirklichkeit Albert Einstein.

NEWTON: Nicht wahr, Sie ärgern sich, mich nicht verhaften zu dürfen?
INSPEKTOR: Aber Albert.
NEWTON: Möchten Sie mich verhaften, weil ich die
5 Krankenschwester erdrosselt oder weil ich die Atombombe ermöglicht habe?
INSPEKTOR: Aber Albert.
NEWTON: Wenn Sie da neben der Türe den Schalter drehen, was geschieht, Richard?
10 INSPEKTOR: Das Licht geht an.
NEWTON: Sie stellen einen elektrischen Kontakt her. Verstehen Sie etwas von Elektrizität, Richard?
INSPEKTOR: Ich bin kein Physiker.
NEWTON: Ich verstehe auch wenig davon. Ich stelle
15 nur auf Grund von Naturbeobachtungen eine Theorie darüber auf. Diese Theorie schreibe ich in der Sprache der Mathematik nieder und erhalte mehrere Formeln. Dann kommen die Techniker. Sie kümmern sich nur noch um die Formeln. Sie gehen mit der Elektrizität um wie der Zuhälter mit der Dirne. Sie nützen sie aus. 20 Sie stellen Maschinen her, und brauchbar ist eine Maschine erst dann, wenn sie von der Erkenntnis unabhängig geworden ist, die zu ihrer Erfindung führte. So vermag heute jeder Esel eine Glühbirne zum Leuchten zu bringen – oder eine Atombombe zur 25 Explosion. *Er klopft dem Inspektor auf die Schulter.* Und nun wollen Sie mich dafür verhaften, Richard. Das ist nicht fair.
INSPEKTOR: Ich will Sie doch gar nicht verhaften, Albert. 30
NEWTON: Nur weil Sie mich für verrückt halten. Aber warum weigern Sie sich nicht, Licht anzudrehen, wenn Sie von Elektrizität nichts verstehen. Sie sind hier der Kriminelle, Richard. … R

(Aus: Friedrich Dürrenmatt: Die Physiker. Diogenes, Zürich 1985, S. 22 f.)

ERWARTUNGSHORIZONT   **83**

Inhaltliche Leistung

Aufgabe 1

	Anforderungen Die Schülerin / der Schüler	maximal erreichbare Punktzahl (AFB)	erreichte Punktzahl
1	verfasst eine sinnvolle Einleitung (Autor, Textauszug/Textsorte, Thema).	3 (I)	
2	fasst den Text kurz zusammen.	3 (I)	
3	beschreibt kurz den Handlungszusammenhang (Morde durch Insassen einer Irrenanstalt, die auf Grund ihrer – vermeintlichen – geistigen Erkrankung nicht belangt werden können).	3 (I)	
4	beschreibt und erläutert grotesk-paradoxe Züge des Ausschnitts: • Eigenart des Verhältnisses zwischen Inspektor und Mörder (vertraulicher Umgangston, Verzicht auf Verhaftung) • Vergleich zwischen der Ermordung einer Krankenschwester und Ermöglichung der Atombombe • Vorwurf Newtons gegenüber dem Inspektor am Ende	9 (II)	
5	erläutert das Verhältnis zwischen Naturwissenschaftler und Techniker in der Darstellung Newtons.	3 (II)	
6	erläutert Newtons Beispiel und seine Funktion im Zusammenhang (Lichtschalter – alltägliche Benutzung technischer Errungenschaften auch ohne technisches Verständnis).	6 (II)	
7	beschreibt die Sprache Newtons (Vergleich Zuhälter/Dirne, Vorwurf „Esel"), erläutert ihre Wirkung und erklärt ihre Funktion: drastische Formulierung des angesprochenen Problems.	6 (II)	
8	stellt aufgabenbezogen das Problem dar, das die drei Physiker später diskutieren: die Frage nach dem Umgang mit wissenschaftlichen Erkenntnissen, mit deren Handhabung die Menschen überfordert sind.	6 (II)	
9	weist erörternd nach und begründet, dass in der vorliegenden Unterhaltung (Inspektor/Newton) – wenn auch auf einer gewissermaßen eher harmlosen Ebene – dieses Problem bereits präfiguriert ist und damit zugleich als ein alltägliches dargestellt wird.	9 (III)	
10	entwickelt einen weiteren, eigenständigen und aufgabenbezogenen Gedanken. (Max. 5 Punkte)		
		48	

© 2009 Cornelsen Verlag, Berlin. Alle Rechte vorbehalten.

Autor:
Heinz Gierlich

Texte, Themen und Strukturen
Lernerfolgskontrolle 4, S. 2

84 ERWARTUNGSHORIZONT

Aufgabe 2

	Anforderungen Die Schülerin / der Schüler	maximal erreichbare Punktzahl (AFB)	erreichte Punktzahl
1	formuliert eine stringente Überleitung.	3 (I)	
2	erschließt als Grundlage für die anschließende Erörterung möglichst allgemeingültig den enthaltenen Vorwurf: sorglose Nutzung einer Technologie, die man nicht versteht.	3 (II)	
3	setzt sich mit dem Vorwurf differenziert auseinander, indem sie/er Argumente pro und kontra gegeneinander abwägt (z. B. pro: Unabwägbarkeit der Folgen einer Nutzung; kontra: Komplexität der Technik, die den Alltag bestimmt).	6 (III)	
4	entfaltet und untermauert die Argumente mit anschaulichen und nachvollziehbaren Beispielen.	6 (III)	
5	kommt zu einem begründeten, aus der vorangehenden Darstellung heraus logisch schlüssigen Ergebnis.	6 (III)	
		24	

Darstellungsleistung

	Anforderungen Die Schülerin / der Schüler	maximal erreichbare Punktzahl	erreichte Punktzahl
1	strukturiert den Klausurtext schlüssig, sinnvoll verknüpft und gedanklich klar.	6	
2	schreibt fachsprachlich korrekt und differenziert zwischen beschreibenden, deutenden und wertenden Aussagen.	6	
3	belegt Aussagen funktional durch korrekte Zitate.	3	
4	formuliert begrifflich präzise und differenziert, sprachlich-stilistisch angemessen, abwechslungsreich und sicher.	10	
5	schreibt sprachlich korrekt.	3	
		28	

Eine Zuordnung der Punktezahlen zu den Notenstufen findet sich auf S. 46 in diesem Handbuch.

Autor:
Heinz Gierlich

Texte, Themen und Strukturen
Lernerfolgskontrolle 4, S. 3

A3.2 LERNERFOLGSKONTROLLE/KLAUSURVORSCHLAG

Analyse eines Sachtextes mit anschließender weiterführender Reflexion

Aufgabenstellung

1 Analysieren Sie den Text des Philosophen Hans Jonas. Arbeiten Sie die Argumentationsstruktur heraus, erläutern Sie die Aussagen und fassen Sie Jonas' Standpunkt in einer schlüssigen Forderung zusammen. *(42 Punkte)*

2 Beziehen Sie die Überlegungen des Philosophen Hans Jonas auf die zentrale Problematik in Friedrich Dürrenmatts Drama „Die Physiker".
   a Stellen Sie die Entscheidung der drei Physiker in Dürrenmatts Stück sowie ihre wesentlichen Gründe dar.
   b Verfassen Sie aus Jonas' Sicht einen differenziert begründeten Appell an die drei Physiker in Dürrenmatts Stück. Ergänzen Sie dabei außer den Argumenten des Philosophen auch eigene Überlegungen.
   (30 Punkte)

Hans Jonas: **Selbstzensur der Forschung?** (1987)

Fast überall sonst in den Naturwissenschaften vermischen sich heute theoretisches und praktisches Interesse unauflöslich (man denke an Kernphysik oder Kernbiologie); und zumal im Alltag des Forschungsbetriebes – man könnte sagen der Forschungsindustrie, die so oft Industrieforschung ist – dominiert die praktische Abzweckung von vornherein, indem sie dem Forscher schon die Aufgaben stellt. Also wird der, der sie löst, zum Handlanger für die, die seine Lösung benutzen. Wird er damit für die Art dieser Nutzung, die nicht mehr in seiner Hand liegt, mitverantwortlich? Soll dann die Voraussehbarkeit gewisser Nutzungen und ihrer Folgen ein Grund für ihn werden, gewisse Aufgaben nicht anzunehmen, d. h. gewisse Forschungen zu unterlassen? Oder Ergebnisse geheim zu halten? Das wäre fast sicher vergeblich, denn der Einzelne kann ja nicht für alle Anderen gutsagen, die überall sonst in der Welt am gleichen Problem arbeiten. Außerdem aber steht dieser negativen Ausübung der Verantwortung, die der Forscher sich hiermit zuspricht, die positive Pflicht der selben Verantwortung gegenüber, wohltätigen, lebensfördernden, vielleicht kritisch notwendigen Zwecken durch die Forschung zu dienen. Und da stellt sich die wohlbekannte und gar nicht umgehbare Sachlage ein, dass ein und dasselbe wissenschaftliche Ergebnis, ein und dasselbe Können, das aus ihm erwächst, sowohl zum Nutzen als auch zum Schaden verwendbar ist, zum Guten wie zum Bösen – dass jede Macht eine Macht für beides ist und oft ohne den Willen des Ausübers beides vollbringt, sogar im gleichen Zuge des Gebrauchs. Bei solcher Zweigesichtigkeit der Macht und dazu der exzessiven Größe, die sie in der modernen Technik anzunehmen pflegt – sollte man da auf sie und ihre Mehrung, also auf die Gewinnung neuer Macht, überhaupt verzichten? Aber das können wir nicht, denn wir brauchen sie zur Förderung der menschlichen Angelegenheiten. Wir brauchen sogar ihren ständigen Fortschritt, um jedesmal mit den negativen Folgen ihrer selbst, d.h. ihres bisherigen Gebrauchs, fertig zu werden. Wir stehen also unter einem gewissen Zwang, wenn auch nicht unter einem absoluten, der jede Wahlfreiheit ausschlösse. Jedenfalls ist es zu spät, die Frage zu stellen [...], ob die Macht der Technik nicht zu groß ist für den Menschen, für das Maß seiner Zuverlässigkeit und Weisheit, zu groß auch vielleicht für die Abmaße unseres Planeten und seiner verletzlichen Biosphäre. Kein Meister kann dem Zauberlehrling den Besen wieder in den Schrank bannen.[1] Doch die sehende Furcht könnte etwas zu seiner Zügelung tun.

(Aus: Hans Jonas: Technik, Medizin und Ethik. Praxis des Prinzips Verantwortung. Suhrkamp, Frankfurt/M.: 1987, S. 77–79)

---

[1] Anspielung auf Goethes Ballade „Der Zauberlehrling", in der der Lehrling eines Zauberers einen Besen zum Leben erweckt und Arbeiten verrichten lässt, ihn aber nicht mehr bändigen kann.

ERWARTUNGSHORIZONT

Inhaltliche Leistung

Aufgabe 1

	Anforderungen Die Schülerin/der Schüler	maximal erreichbare Punktzahl (AFB)	erreichte Punktzahl
1	verfasst eine sinnvolle Einleitung (Autor, Textauszug/Textsorte, Thema).	3 (I)	
2	fasst die Argumentationsstruktur zusammen und erläutert sie: • Beschreibung der Forschungssituation/Rolle der Industrie: „praktische Abzweckung" dominiert die Forschung (Z. 6 f.) • Ableitung der zentralen Fragestellung: Mitverantwortlichkeit des Forschers und eventuell Zurückweisung von Aufträgen bzw. Verheimlichung von Forschungsergebnissen? (Z. 10–16) • Jonas' eigener Standpunkt und Begründungen: Verweigerung und Geheimhaltung sind „vergeblich"; denn ein Forscher kann nicht verhindern, dass andere dieselbe Forschung betreiben; und: wissenschaftliche Erkenntnisse (bzw. ihre praktische Anwendung) sind oft sowohl negativ als auch positiv (Ambivalenz der Forschung) (Z. 24 ff.) • weiterführende Fragestellung: Verzicht auf Machtzuwachs durch Forschung? (Z. 34 ff.) • weiterführende Begründung, warum Forschung nicht eingestellt werden darf: Verpflichtung, zum Wohl der Menschen zu forschen (Z. 37 ff.) • Fazit („also", Z. 41): keine Beschränkung der Forschung, aber Vorsicht aus begründeter Sorge (Z. 50 f.)	12 (II)	
3	benennt dabei auch die sprachlichen Signale des gedanklichen Aufbaus: „Also" (Z. 8) – „denn" (Z. 16) – „Außerdem aber" (Z. 19) – „sollte man da" (Z. 34) – „Aber" (Z. 36) – „also" (Z. 41)	9 (I)	
4	erläutert zentrale Aussagen wie • „praktische Abzweckung" (Z. 6 f.), • grundsätzliche Ambivalenz der Forschung (Z. 24 ff.) • doppelte Notwendigkeit der Forschung (um negative Folgen zu bewältigen – Z. 38 ff. – und grundsätzlich „zur Förderung der menschlichen Angelegenheiten", Z. 37 f.)	12 (II)	
5	formuliert aus Jonas' Sicht eine These in Form einer Forderung, die dessen Standpunkt zusammenfasst.	6 (III)	
6	entwickelt einen weiteren, eigenständigen und aufgabenbezogenen Gedanken. (Max. 5 Punkte)		
		42	

ERWARTUNGSHORIZONT   **87**

Aufgabe 2

	Anforderungen Die Schülerin / der Schüler	maximal erreichbare Punktzahl (AFB)	erreichte Punktzahl
1	formuliert eine sinnvolle Überleitung.	3 (I)	
2	stellt die Entscheidung der drei Physiker und ihre wichtigsten Gründe in Dürrenmatts Stück klar und präzise dar (vgl. in diesen Handreichungen die Hinweise auf S. 68 (zu Aufgabe 1, S. 54 im Schülerband) und auf S. 69 (zu Aufgabe 1–3, S. 56 im Schülerband)	6 (II)	
3	bringt Jonas' Argumentation in einen stringenten argumentativen Zusammenhang.	9 (II)	
4	entwirft einen Appell und ergänzt eigene Überlegungen, die Jonas' Sicht unterstützen (z. B. Lösung der zunehmenden Energieprobleme; Möglichkeit, sich der „Forschungsindustrie" durch internationale Gremien zu entziehen usw.).	6 (III)	
5	gestaltet ihren/seinen Text unter Beachtung der appellativen Form und der situativen Rahmenkonzeption des Stücks.	6 (III)	
		30	

Darstellungsleistung

	Anforderungen Die Schülerin / der Schüler	maximal erreichbare Punktzahl	erreichte Punktzahl
1	strukturiert den Klausurtext schlüssig, sinnvoll verknüpft und gedanklich klar.	6	
2	schreibt fachsprachlich korrekt und differenziert zwischen beschreibenden, deutenden und wertenden Aussagen.	6	
3	belegt Aussagen funktional durch korrekte Zitate.	3	
4	formuliert begrifflich präzise und differenziert, sprachlich-stilistisch angemessen, abwechslungsreich und sicher.	10	
5	schreibt sprachlich korrekt.	3	
		28	

Eine Zuordnung der Punktezahlen zu den Notenstufen findet sich auf S. 46 in diesem Handbuch.

Autor:
Heinz Gierlich

Texte, Themen und Strukturen
Lernerfolgskontrolle 5, S. 3

4 Zukunft in einer globalen Welt – Sachtexte analysieren und erörtern

Konzeption des Kapitels

Die Lebenswelt Jugendlicher wird heute mehr denn je von einem Thema bestimmt: Globalisierung.
Im ersten Teilkapitel (**„Die Welt von morgen sieht anders aus – Diskussion, Debatte, Dialog")** werden,
ausgehend von diskontinuierlichen Texten und kurzen Sachtexten, sachtheoretische Grundlagen zum
Thema wirtschaftlicher und medialer Globalisierung geschaffen. Als Vorübung zur schriftlichen Erörterung
wird dabei der methodische Schwerpunkt auf die mündliche Diskussion gelegt (von der assoziativen
„Blitzlicht-Methode" über die Plenumsdiskussion und deren Reflexion bis hin zu alternativen Gesprächsformen wie der Fishbowl-Diskussion, der „Talkshow" und der Podiumsdiskussion). Ein weiterer Schwerpunkt
liegt auf der Vorbereitung, Durchführung und Auswertung der Debatte, die in konzentrierter Form auch als
„amerikanische Debatte" zum Thema „Globalisierung" umgesetzt werden kann. Hinweise zum Dialog und
zur knappen Gesprächsnotiz beschließen das Teilkapitel.
Im zweiten Teilkapitel (**„Chancen und Risiken der Globalisierung – Einen Sachtext analysieren und
Stellung nehmen")** erarbeiten die Schülerinnen und Schüler die Schritte beim Schreibprozess einer
Sachtextanalyse; mit lückenhaften Musterlösungen werden sie zur produktiven schriftlichen Eigentätigkeit
weiter angeregt. Das Verfassen eines Leserbriefs dient abschließend als methodische Vorstufe zum
nächsten Teilkapitel.
Im dritten Teilkapitel (**„Die textgebundene Erörterung – Das „Sanduhr-Prinzip")** wechselt der inhaltliche
Fokus von den bisher eher wirtschaftlichen (betrieblichen) hin zu medialen Problemen und Chancen der
Globalisierung, die die Schülerinnen und Schüler im Anschluss an die Textanalyse erörtern können. Dazu
werden die beiden Formen der linearen und der dialektischen/antithetischen Erörterung im Verweis auf
andere Kapitel des Lehrwerks kurz resümiert und in ihrem Argumentationsaufbau noch einmal erläutert.
Systematisch üben die Schülerinnen und Schüler die textgebundene Erörterung nach dem „Sanduhr-Prinzip"
ein. Zum Abschluss leiten Anregungen zur Textüberarbeitung in Form einer Schreibkonferenz an.

Literaturhinweise

Atlas der Globalisierung. Die neuen Daten und Fakten zur Lage der Welt. Hg. von Alain Gresh u. a. TAZ Verlags- und Vertriebs
GmbH, Berlin 2006
Biermann, Heinrich / Schurf, Bernd (Hg.): Von der Sachtextanalyse zur Erörterung. Cornelsen, Berlin 1998 (= Trainingsprogramm
Deutsch Oberstufe)
Brenner, Gerd u. a.: Umgang mit Sachtexten: Analyse und Erörterung. Arbeitsheft. Cornelsen, Berlin 2004 (= Trainingsprogramm
Deutsch Oberstufe)
Der Brockhaus Wirtschaft, Betriebs- und Volkswirtschaftslehre, Börse, Finanzen, Versicherungen und Steuern. F. A. Brockhaus,
Mannheim *u. a.* 2004
Gierlich, Heinz: Sachtexte als Gegenstand des Deutschunterrichts – einige grundsätzliche Überlegungen. In: Sachtexte im
Deutschunterricht. Hg. von Martin Fix und Roland Jost. Schneider Verlag, Baltmannsweiler 2005, S. 25–46
Kunze, Ingrid: Mit Sachtexten umgehen. In: Deutschunterricht (Westermann) 4/2007, S. 4–7
Rittershofer, Werner: Wirtschafts-Lexikon. Über 4200 Stichwörter für Studium und Praxis. Deutscher Taschenbuch Verlag,
München 2002, S. 441
Spinner, Kaspar H.: Was gehört zu einer guten Argumentation? In: Praxis Deutsch 203/2007, S. 21–24
Winkler, Iris: Argumentierendes Schreiben im Deutschunterricht. Theorie und Praxis. Lang, Frankfurt/M. 2003

	Inhalte	Kompetenzen Die Schülerinnen und Schüler
S. 72	**4 Zukunft in einer globalen Welt – Sachtexte analysieren und erörtern**	• aktivieren über Landkarten mit statistischen Werten ihr Vorwissen zum Thema „Globa- lisierung"
S. 73	**4.1 Die Welt von morgen sieht anders aus – Diskussion, Debatte, Dialog** Definitionen zum Begriff „Globalisierung"	• diskutieren grundlegende Chancen und Risiken der wirtschaftlichen Globalisierung • verfügen über grundlegende Methoden des Meinungsaustauschs (Blitzlicht, Plenumsdis- kussion)
S. 74	**Eine Diskussion vorbereiten und durchführen – Expertenmeinungen berücksichtigen** Zitate von *Klaus von Dohnanyi, Joseph Stiglitz, Muhammad Yunus, Ludwig Eichinger*	• beherrschen das Formulieren und Gewichten von Argumenten • bewerten Argumentationen
S. 77	**Eine Debatte organisieren**	• beherrschen Alternativen der Gesprächs- gestaltung (Fishbowl-Diskussion, Podiums- diskussion, Talkshow, Debatte, amerikanische Debatte) und reflektieren deren Verlauf
S. 79	**Ein Problem im Dialog klären**	• beherrschen Methoden der Konfliktbewältigung (Dialog, Gesprächsnotiz)
S. 80	**4.2 Chancen und Risiken der Globali- sierung – Einen Sachtext analysieren und Stellung nehmen** *Thomas Straubhaar:* Warum macht Globalisierung Angst?	• analysieren einen Sachtext nach seinem Argumentationsaufbau • erkennen sprachliche Mittel der Argumentation in einem Sachtext • nehmen schriftlich Stellung (Leserbrief)
S. 83	**4.3 Die textgebundene Erörterung – Das „Sanduhr-Prinzip"** *Frank Hornig:* Ein bunter, chaotischer Marktplatz	• analysieren den Argumentationsgang eines Sachtextes und nehmen begründet Stellung dazu
S. 85	**Eine textgebundene Erörterung im Anschluss an eine Textanalyse vorbereiten und verfassen**	• beherrschen unterschiedliche Formen der Erörterung (linear, dialektisch/antithetisch) • erstellen einen Schreibplan und verfassen eine dialektische/antithetische Erörterung nach dem „Sanduhr-Prinzip" • revidieren ihre Schreibprodukte

4 Zukunft in einer globalen Welt – Sachtexte analysieren und erörtern

▶ S. 72 **1** Ergänzend zu der Legende der statistischen „Landkarten" des Projekts „Worldmapper" im Schülerband kann als Hintergrundinformation erläutert werden, dass das Projekt von einem geografischen Team unter der Leitung von Dann Dorling, Universität Sheffield, im Internet präsentiert wird (erste Veröffentlichung im Open Access Journal „Plos"). Das Besondere an den Darstellungen ist, dass es hierbei nicht nur um eine rein statistische Visualisierung globaler Vergleiche geht, sondern dass sich die Verteilung bestimmter Werte in der visuellen Ausbreitung der Länder widerspiegelt.
Gezeigt wird so zum Beispiel die Bevölkerungsdichte im Jahr 2000, die für die Gebiete Indiens, Chinas und Japans entsprechend vergrößert abgebildet wurde. Die geringere Bevölkerungsgröße Panamas, Namibias, Guinea-Bissaus und des Sudans (im Vergleich zu Nigeria, Ägypten, Äthiopien, dem Kongo, Südafrika und Tansania) dagegen sorgen in der visuellen Darstellung des Projekts für verkleinerte Landesdarstellungen. Über den Vergleich einer „gewöhnlichen" Weltkarte, wie sie die Schülerinnen und Schüler aus alltäglichen medialen Darstellungen kennen, mit den thematisch verfremdeten Landkarten des Worldmapper-Projektes können die Lernenden auf relevante Aspekte des Themas „Globalisierung" zu sprechen kommen.

2/3 Um das Vorwissen der Schülerinnen und Schüler zum Thema „Globalisierung" weiter zu aktivieren, eignen sich als Einstieg Methoden der Gedankenassoziation. Mit der vorgeschlagenen Blitzlicht-Methode können sich alle Schülerinnen und Schüler aktiv an einem ersten Meinungsaustausch beteiligen. Die individuell unterschiedlichen Ergebnisse der Lernenden sollen dabei noch nicht bewertet, sondern zunächst im Plenum ausgetauscht werden. Erste Pro- und Kontra-Argumente könnten, eventuell noch thesenartig, benannt werden, z. B.:
- Die modernen Technologien geben uns heute ganz andere Möglichkeiten des wirtschaftlichen Wachstums als noch im letzten Jahrhundert.
- Auf der Welt und auch in Deutschland nimmt die soziale Schere zwischen Reich und Arm immer mehr zu.
- Die neuen Medien haben die Menschen weltweit auch sozialer näher gebracht.

Für eine erste Organisation der Assoziationen kann ein Cluster hilfreich sein.

4.1 Die Welt von morgen sieht anders aus – Diskussion, Debatte, Dialog

Definitionen zum Begriff „Globalisierung"

▶ S. 73 **Gunhild Simon: Globalisierung – sprachliche Aspekte eines umstrittenen Begriffs**

▶ S. 73 **Duden: Wirtschaft von A bis Z**

1 a Das vervollständigte Cluster könnte z. B. so aussehen:

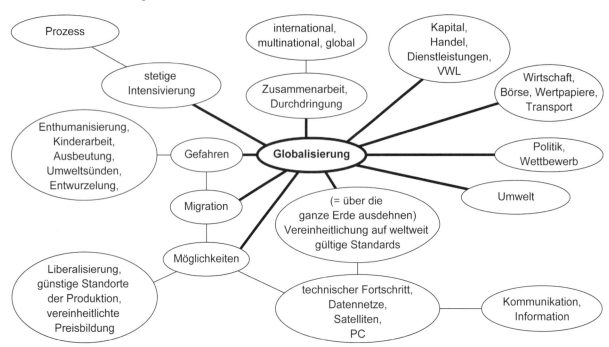

4.1 DISKUSSION, DEBATTE, DIALOG

b Hier einige weitere Zitate zur Definition des Begriffs „Globalisierung":

Die kapitalistische Wachstumsideologie befriedigt die Bedürfnisse der Weltbevölkerung nicht – und der vermehrte Konsum gefährdet durch den Treibhauseffekt die Lebensgrundlagen künftiger Generationen. Gegenentwürfe wie Nachhaltigkeit oder Negativwachstum können die Interessen von Natur und Menschen nicht schützen. In einigen Bereichen brauchen wir Wachstum, in anderen müssen wir es verhindern.

(Aus: Atlas der Globalisierung, a. a. O., S. 82; dort finden sich auf S. 82 f. auch Diagramme)

G. ist die Bezeichnung für die strategische Ausrichtung grenzüberschreitend tätiger Unternehmen, die darauf beruht, durch Ausnutzung von Kosten- und Standortvorteilen in verschiedenen Ländern Wettbewerbsvorteile zu erzielen. Dabei werden z. B. Größenvorteile erzielt durch Standardisierung und Anwendung einheitlicher Netzwerke in Beschaffung, Produktion, Verteilung und der Finanzierung unter Ausschöpfung der Möglichkeiten neuester Informationssysteme.

(Aus: Werner Rittershofer: Wirtschafts-Lexikon, a. a. O, S. 441)

Die rasant zunehmende Internationalisierung des Handels, der Kapitalmärkte sowie der Produkt- und Dienstleistungsmärkte und die internationale Verflechtung der Volkswirtschaften sind die Kernpunkte des Prozesses, der als Globalisierung bezeichnet wird.

[…] Ermöglicht wurde diese Entwicklung insbesondere durch die Digitalisierung: Die neuen Kommunikationsmittel in Form von Personal Computer, Satellitenkommunikation und Internet revolutionierten zunächst den Geld- und Kapitalmarkt. Broker konnten nun zu jeder Tages- und Nachtzeit handeln, Computerbörsen entstanden, an denen man ebenso gut Anleihen kaufen und verkaufen konnte wie an der heimischen Börse, selbst wenn man Tausende von Kilometern entfernt war. Von diesen Wirtschaftsbereichen ausgehend, erfasste die Globalisierung weitere Felder, die selbst in den gewöhnlichen Alltag hineinreichen: Wein aus Südafrika, Lammfleisch aus Neuseeland, Kartoffeln aus Zypern und Äpfel aus Chile – wer in Deutschland einkaufen geht, nimmt an der Globalisierung teil.

(Aus: Der Brockhaus Wirtschaft, a. a. O., S. 250)

Eine Diskussion vorbereiten und durchführen – Expertenmeinungen berücksichtigen ▶ S. 74

1/2 Übersicht über die Stellungnahmen sowie weitere Argumente und Beispiele zu der jeweiligen Position – Vorschlag für ein Tafelbild:

	Aspekte der Globalisierung	Stellungnahmen für oder gegen Globalisierung	mögliche weitere Argumente zu der jeweiligen Position
Klaus von Dohnanyi	Politik / Wirtschaft	PRO: „Zuwachs an Freiheit" (Z. 7) KONTRA: „eine freiere Welt bedeutet mehr Konkurrenz" (Z. 8 f.)	Anbieter können weltweit handeln, Konsumenten können aus einem globalen Angebot wählen. Auch überregional entsteht so allerdings mehr Konkurrenz auf dem Markt, was das Überleben für einzelne Anbieter erschwert.
Joseph Stiglitz	Wirtschaft / soziales Zusammenleben	KONTRA: „Hunderte Millionen Menschen, die unter der Globalisierung leiden" (Z. 5 ff.)	Wirtschaftliche Benachteiligung bedingt mediale und umgekehrt. Hilfe für ärmere Länder ist wirtschaftlich nicht rentabel für reichere Länder.
Muhammad Yunus	soziales Zusammenleben / Wirtschaft	PRO: „den Armen ihren Platz und ihren Anteil an allem geben" (Z. 18 f.)	Globalisierung als Chance, weltweite Entwicklungen zu beobachten und einzugreifen.
Ludwig Eichinger	Sprache	PRO: „Fremde Einflüsse haben die europäischen Sprachen zu dem gemacht, was sie sind." (Z. 17 ff.)	Annäherung der Sprachen ist historisch gesehen nicht aufzuhalten; etymologisch gesehen haben sich Sprachen schon immer weiterentwickelt und werden dies auch zukünftig weiter tun. Nationales Bewusstsein darf Globalisierung nicht als Bedrohung empfinden.

92 A4 ZUKUNFT IN EINER GLOBALEN WELT

3 Beispiele für stichwortartige Notizen auf Karteikarten:

> **These:** Eine freiere Welt bedeutet mehr Konkurrenz,
> → **Argument:** weil Unternehmer auch über ihren regionalen Standort hinaus Waren und Preise anbieten und ihre Ware weltweit verschicken können.
> → **Beispiel:** Einzelhandel „auf dem Lande" einer Kleinstadt, der gegenüber weltweiten Anbietern, z. B. Ebay, kaum konkurrenzfähig ist.

> **These:** Wirtschaftliche Benachteiligung bedingt mediale und umgekehrt,
> → **Argument:** da die Medien auch Informationen über die weltweiten Märkte und Entwicklungen liefern.
> → **Beispiel:** China, wo das Internet zensiert und der freie Handel auch damit kontrolliert wird.

> **These:** Den Armen ihren Platz und ihren Anteil an allem geben,
> → **Argument:** indem Preise weltweit transparent gemacht werden, von der Produktion bis zum Verkauf.
> → **Beispiel:** Kaffeehandel oder Milchpreise

> **These:** Annäherung der Sprachen ist historisch gesehen nicht aufzuhalten.
> → **Argument:** Die deutsche Sprache entwickelt sich weiter.
> → **Beispiel:** Das heutige Deutsch war im Mittelalter einmal Althochdeutsch; heutige Kritik an Anglizismen.

5 Anhaltspunkte zur Reflexion:
- Zuerst äußern sich die Schülerinnen und Schüler, die aktiv diskutiert haben: Konnten sie ihre vorbereiteten Argumente einbringen? Gelangen Bezüge zu anderen Diskussionsbeiträgen? Konnten sie Gegenargumente, die nicht stichhaltig erschienen, entkräften? Wurden ihre eigenen Argumente entkräftet? Haben die anderen ihre Argumente ihrer Meinung nach richtig verstanden? Sie vergleichen dazu ihre Aussagen ggf. mit dem Protokoll.
- Anschließend äußern sich die Beobachterinnen und Beobachter: Erschien eine Person der Diskussionsrunde besonders dominant? Woran lag das möglicherweise? Haben sich andere gar nicht oder kaum beteiligt? Wer brachte die stichhaltigsten Argumente vor? Wer fiel negativ auf? Welche Gründe gab es hierfür?
- Die Diskussionsteilnehmerinnen und -teilnehmer reflektieren ihr Verhalten und formulieren Tipps für zukünftige Diskussionen.

► S. 77 **Eine Debatte organisieren**

1 a/b Vergleich der Gesprächsformen – Vorschlag für ein Tafelbild:

	Diskussion	Podiumsdiskussion	Debatte
Organisation	• individuelle Pro- und Kontra-Standpunkte werden eingebracht	• sechs bis acht Teilnehmer/innen • Zuhörerschaft • Diskussionsleiter/in	• Antrag einer Mitgliedergruppe • klare Pro- und Kontra-Positionen • Vorsitzende/r
Durchführung	• offenes Streitgespräch mit Diskussionsleiter/in • Austausch im (Sitz-)Kreis, in dem sich alle sehen können	• zwei Phasen und räumliche Ebenen: • Diskussion der Gruppe vor der Zuhörerschaft • anschließende Rückfragen durch diese	• drei Ebenen: • Gruppe 1 muss Antrag begründen • darüber mit Gruppe 2 im gemeinsamen Gespräch beraten • Moderation durch Vorsitzende/n

4.2 EINEN SACHTEXT ANALYSIEREN UND STELLUNG NEHMEN

	Diskussion	Podiumsdiskussion	Debatte
Zweck	• freier Meinungsaustausch • gleichberechtigte Teilnehmer/innen	• Präsentation klarer Standpunkte • Klären von Verständnisfragen	• Einigung nach formal klaren Vorgaben
Vorteile	• breites Meinungsbild • direkte Reaktion auf Äußerungen	• überschaubare Zahl von Beiträgen • gleiche Verteilung von Pro- und Kontra-Statements	• überschaubare Zahl an Beiträgen und gleiche Verteilung von Pro- und Kontra-Statements • Ziel ist eine Lösung/ Einigung/Entscheidung
Nachteile	• nicht voraussagbare Reihenfolge und ggf. Länge der Beiträge	• keine direkte Einflussnahme des Publikums	• formalisierter Ablauf mit Abschluss

2 Über eine Internetrecherche kann man sich beispielsweise über Ziele des Deutschen Gewerkschaftsbundes (www.dgb.de) informieren; die Websites weiterer Gewerkschaften finden sich in einer Übersicht unter www.soliserv.de/gewerkschaften.htm. Darüber hinaus können aktuelle politische Themen über Internet-Zeitungen verfolgt werden (eine Übersicht bietet www.zeitungen-online.de).

3 Mögliche Themen für eine amerikanische Debatte: Steigende Arbeitslosenzahlen – Kürzungen/ Erhöhungen der Sozialbeiträge – Tarifverträge – Gleichstellungsquoten – Elternzeit für Mütter/Väter – Betriebskindergärten – Rückgang der Ausbildungsbetriebe – Zunahme der Zeitarbeitsfirmen usw.

Ein Problem im Dialog klären ► S. 79

1 b Muster einer Gesprächsnotiz:

Chancen und Risiken des Internets – Erfahrungsaustausch mit Sabrina
Ein Aspekt der Globalisierung ist das Internet. Auf dieses Thema haben wir uns im Kurs geeinigt. Sabrina Schmidt und Mareen Müller besprachen daher mögliche Aspekte im Hinblick auf das übergeordnete Thema „Globalisierung".
Sabrina wies darauf hin, dass die Vorkenntnisse auf dem Gebiet des Internets bei den Schülern im Deutschkurs sicherlich sehr unterschiedlich gewesen seien. [These und Beispiel]
Ich stimme dieser Meinung zu und erinnerte daran, wie hilfreich es gewesen sei, bei dem letzten Projekt im Geschichtskurs in Kleingruppen mit einigen Schülern aus dem Informatik-LK zusammengearbeitet zu haben. [These und Beispiel]
Anschließend wurden mögliche Pro- und Kontra-Argumente gesammelt.
Delbrück, den 22.6.2009   Mareen Müller

Weiterführendes Material zu diesem Teilkapitel findet sich auf der beiliegenden CD:
• Beobachtungsbogen zum Diskussionsverhalten (Folie)

4.2 Chancen und Risiken der Globalisierung – Einen Sachtext analysieren und Stellung nehmen

Thomas Straubhaar: Warum macht Globalisierung Angst? ► S. 80

1 Mögliche erste Leseeindrücke:
• Die Globalisierung ist nicht aufzuhalten.
• Nachteile der Globalisierung treffen schlechter qualifizierte Fachkräfte stärker.
• Vorteile der Globalisierung zu nutzen, bedeutet Aufschwung.

94 A4 ZUKUNFT IN EINER GLOBALEN WELT

3 Eine geordnete tabellarische Übersicht über die verschiedenen Aspekte könnte z. B. so aussehen:

Mögliche Pro-Argumente: Chancen der Globalisierung	Mögliche Kontra-Argumente: Risiken der Globalisierung
Statistisch gesehen hat sich der Lebensstandard in den letzten 50 Jahren stetig verbessert; Beispiel: Deutschland (vgl. Z. 31–34).	Zerstörung von Arbeitsplätzen, da Firmen Standorte in Billiglohnländer verlegen (vgl. Z. 5–11).
Globalisierung hebt insgesamt den Standard (vgl. Z. 43).	Flucht vermögender Steuerzahler ins Ausland wegen der Steuervorteile (vgl. Z. 10–12).
Früher arme Länder haben sich verbessert (Beispiele: Asien, Lateinamerika), wenn sie sich an der Globalisierung beteiligt haben (vgl. Z. 42–49), Afrika dagegen nicht, da es nicht davon profitiert hat (vgl. Z. 49–51).	Breite Schere zwischen Reich und Arm (vgl. Z. 13–15), Beispiel: Deutschland (vgl. Z. 34–40).
Globalisierung hat Armut nicht verursacht, kann sie aber überwinden helfen (vgl. Z. 57–60).	Statistiken belegen diese Nachteile (vgl. Z. 27).
Globalisierung schafft neue Arbeitsplätze (vgl. Z. 62 f.). Weniger bedrohte Arbeitsplätze bei Fach- und Führungskräften (vgl. Z. 98 f.)	Billige Arbeitskräfte in Billiglohnländern (vgl. Z. 86–94) bedrohen europäische Arbeitsplätze (vgl. Z. 95–99), vor allem bei einfachen Tätigkeiten.
Verbraucher profitieren (vgl. Z. 72 f.), Massenproduktion senkt Kosten (vgl. Z. 74–82) und Arbeitszeiten (vgl. Z. 82–85).	In Deutschland gibt es arme Schichten (vgl. Z. 54).
Globalisierung findet statt und sorgt für gesellschaftliche und wirtschaftliche Veränderungen, ist nicht aufzuhalten (vgl. Z. 100 ff.).	

▶ S. 81 **Eine Sachtextanalyse einschließlich Stellungnahme gliedern**

1 a **Sinnabschnitte und Stichworte für die Inhaltsangabe:**
Z. 1–31 Vernichtet die Globalisierung Arbeitsplätze?
- Firmen verlagern Arbeitsplätze in Billiglohnländer, sodass deutsche Arbeitnehmer ihre Jobs verlieren.
- Offenbar herrscht ein weltweiter Kampf um steigenden Reichtum, die Armut nimmt demgegenüber zu.
Z. 32–70 Globalisierung ermöglicht wirtschaftliches Wachstum
- stetig steigender Lebensstandard statistisch belegt;
- aber: uneinheitlicher Anstieg; Erfolge vor allem in Ländern, die die Globalisierung nutzen;
- Globalisierung ist nicht die Ursache von Armut, kann sie aber überwinden helfen.
Z. 70–85 Neue Märkte
- Billigimporte senken Preise für Verbraucher.
- Massenproduktion bedingt weltweite Konkurrenz auf dem Markt.
Z. 86–108 Zukunftsvisionen
- Arbeitnehmer aus Billiglohnländern bedrohen minderqualifizierte Arbeitnehmer in Europa.
- Globalisierung ist nicht aufzuhalten.
- Wirtschaftliche Strukturen müssen sich ihr anpassen.

b **Argumentationsaufbau:**
- Beispiel (Z. 5–7) wird zu Argument pauschalisiert (Z. 7–15), dazu der Beleg (Z. 16–26);
- Argument (Z. 29–33) und Beleg (Statistik, Z. 27) mit Beispiel (Z. 34);
- Gegenthese (Z. 35–40) mit Beleg im Rückgriff auf das vorherige Argument (Z. 41–47) und Beispielen (Z. 42–51);
- These (Z. 52–54) und Beleg (Z. 54–57);
- These (Z. 57–60) ohne Beleg oder Beispiele, die möglicherweise der Kürzung zum Opfer fielen;
- These (Z. 61–65) und Beleg (Z. 65–70), danach erneute Kürzung;
- These (Z. 70–72) und Beleg (Z. 72 f.) mit passendem Beispiel (Z. 73–75), danach Schlussfolgerung (Z. 75–85) mit rhetorischer Frage (Z. 85);

4.2 EINEN SACHTEXT ANALYSIEREN UND STELLUNG NEHMEN

- These (Z. 86–88) mit Beispiel (Z. 88–94) und Schlussfolgerung (Z. 94–99);
- These (Z. 100–103) mit abschließender Forderung bzw. Schlussfolgerung (Z. 104–108).

Der Argumentationsaufbau wirkt insgesamt schlüssig und gut strukturiert; bedingt durch die Kürzungen werden einige Argumente nicht stichhaltig belegt, der dialektische Wechsel von vorweggenommenen Gegenargumenten und eigenen (Pro-)Argumenten sowie jeweils passenden Belegen und Beispielen wird jedoch stringent verfolgt und ist gut nachvollziehbar.

c **Auffällige sprachliche Mittel und deren Wirkung:**

- Auffällig sind die Fragen (Z. 4 f., 18 ff.) und besonders die rhetorische Frage (Z. 85) an zentraler Stelle des Artikels, die durch Ironie das Gegenargument (Kritik an der Globalisierung) ins Lächerliche ziehen soll. Die Ironie ist als eher unsachliches Stilmittel zu werten, mit dem der Autor seinen eigenen Standpunkt (pro Globalisierung) verdeutlicht.
- Durch die individualisierten Beispiele (Z. 5 ff.) und die indirekte Rede (vgl. Z. 9 f.), die zudem durch Anaphern betont wird („Sie", ebd.), wirkt der Einstieg ins Thema sehr eingängig. Die Anapher wird später wieder aufgegriffen (vgl. Z. 29, 31) und stellt so Argumente und mögliche Gegenargumente sichtbar einander gegenüber. Andere Wiederholungen werden zum Teil ein wenig abgewandelt, haben aber den gleichen Effekt („Das gilt", Z. 96; „Es gilt", Z. 98).
- Geläufige Redensarten („die Reichen immer reicher und die Armen immer ärmer", Z. 14 f.) und Umgangssprache („Wer gerade seinen Job verloren hat oder […] von Sozialhilfe lebt", Z. 5 f.; „riesige Lücken klaffen", Z. 26; „abgeschnitten", Z. 51) lassen das Thema nicht nur anschaulicher, sondern auch persönlicher wirken.
- Um den Text dennoch fachlich zu gestalten, werden allgemein gut verständliche Fremdwörter und wirtschaftliche Fachbegriffe eingestreut („Billiglohnländer", Z. 11; „Status quo", Z. 40; „Nullsummenspiel", Z. 41).
- Anschauliche Wasser-Metaphern („Sie hebt die Boote insgesamt, aber eben nicht alle mit derselben Welle", Z. 43 f.; „Sich von der Welle mittragen zu lassen, verspricht mehr Erfolg, als dagegen anzuschwimmen", Z. 101 ff.) lockern den Text weiter auf und machen das Thema ein wenig verständlicher. Da sie als Personifikationen der Globalisierung verwendet werden, lassen sie das Thema konkreter wirken.
- Zentrale Schlagworte werden vielfach wiederholt, zum Teil kurz hintereinander („Armut und Not", Z. 54, 58).
- Der Satzbau ist sehr überschaubar und zum Teil elliptisch (vgl. Z. 64 ff.), was ebenso eingängig wirkt wie Reihungen (vgl. Z. 74 ff.).
- Der Autor nutzt die vereinnahmende „Wir"-Form, um den Leser von seiner Meinung zu überzeugen (vgl. Z. 82).

d Kritische Betrachtung von Straubhaars Argumenten sowie mögliche neue und Gegenargumente:

Mögliche Pro-Argumente: Chancen der Globalisierung	Neue Argumente/Gegenargumente
Statistisch gesehen hat sich der Lebensstandard in den letzten 50 Jahren stetig verbessert, Beispiel: Deutschland (vgl. Z. 31–34).	Gegenbeispiele anderer Länder, die der Autor auch selbst benennt (vgl. Z. 49 f.: Afrika)
Globalisierung hebt insgesamt den Standard (vgl. Z. 43 f.).	ethisch zu hinterfragen
Globalisierung hat Armut nicht verursacht, kann sie aber überwinden helfen (vgl. Z. 57–60).	Das Argument bleibt pauschalisiert, wenn es, siehe oben, ohnehin widerlegt werden kann.
weniger bedrohte Arbeitsplätze bei Fach- und Führungskräften (vgl. Z. 98 f.)	Nach der weltweiten Finanzkrise 2008/09 ist auch dieses Argument hinterfragbar.
Zerstörung von Arbeitsplätzen, da Firmen Standorte in Billiglohnländer verlegen (vgl. Z. 5–11)	Gegenbeispiele erfolgreicher deutscher Unternehmen, die ausschließlich in Deutschland produzieren lassen Gegenargument der hohen Exportzahlen deutscher Zuliefererprodukte
Deutschland besitzt arme Schichten (vgl. Z. 54).	Deutschland besitzt demgegenüber ein sehr gutes soziales Netz (Beispiel: fehlende Krankenversicherung in den USA).

96 A4 ZUKUNFT IN EINER GLOBALEN WELT

Mögliche Kontra-Argumente: Risiken der Globalisierung	Neue Argumente/Gegenargumente
Billige Arbeitskräfte in Billiglohnländern (vgl. Z. 86–94) bedrohen europäische Arbeitsplätze (vgl. Z. 95–99), vor allem bei einfachen Tätigkeiten.	Nachbarländer wie die Niederlande kennen das Problem der Arbeitslosigkeit nicht.

2 Eine Beispiellösung für die zusammenhängende Sachtextanalyse mit Stellungnahme findet sich auf der beigefügten CD.

▶ S. 82 **1** Eine Beispiellösung für einen Leserbrief findet sich auf der CD.

Ergänzend oder alternativ kann man die Schülerinnen und Schüler die Textform des Essays definieren lassen (vgl. den Info-Kasten auf S. 229 im Schülerband) und einen entsprechenden Schreibauftrag stellen.

◎ Weiterführendes Material zu diesem Teilkapitel findet sich auf der beiliegenden CD:
- Beispiel einer möglichen Schülerlösung (Sachtextanalyse mit Stellungnahme): Thomas Straubhaar: Warum macht Globalisierung Angst?
- Beispiel einer möglichen Schülerlösung: Leserbrief zu Thomas Straubhaars Text „Warum macht Globalisierung Angst?"

4.3 Die textgebundene Erörterung – Das „Sanduhr-Prinzip"

▶ S. 83 **Frank Hornig: Ein bunter, chaotischer Marktplatz**

1 a Mögliche erste Leseeindrücke:
- Geschichte von Wikipedia geht auf Initiative eines Mannes zurück: Jimmy Wales;
- nicht nur passives Lesen, sondern aktives Schreiben der Nutzer möglich;
- anonyme Masse an Nutzern, mögliche Fehler, mögliche Beleidigungen;
- neue Plattformen mit ähnlichem Vorgehen: Musik, Videos;
- Problem der individuellen Spuren im Netz, die nicht kontrollierbar, nicht löschbar sind.

2 a/b/c Vorbereitung der Textanalyse und -interpretation:
- Hauptthese: Die Internetuser nutzen nicht nur Websites, sondern gestalten sie auch zunehmend selbst mit. „Das Internet ist zu einem bunten, chaotischen Mitmach-Marktplatz geworden." (Z. 72 f.)
- Beleg: Dies zeigt sich an der Vielzahl interaktiver Webseiten, auf denen die Leser auch als Autoren tätig werden.
- Beispiele: Wikipedia, Google, YouTube, MySpace usw.

Aufbau des Textes:
- Beispiel Wikipedia als eine der weltweit größten Enzyklopädien, Gründer Jimmy Wales;
- Hauptthese: „eine neue Ära des Internets […]. In diesem neuen Web-Zeitalter spielen die Nutzer, die User, eine zentrale Rolle: Aus passiven Konsumenten werden höchst aktive Produzenten." (Z. 54 ff.);
- vorweggenommene Gegenargumente: „Macht des Kollektivs" (Z. 61) und des Einzelnen, verbunden mit dem Argument der „vermeintliche[n] Allwissenheit" (Z. 61 f.) und der Zurschaustellung von Individuen;
- danach Überleitung zu Gegenargumenten: „kritische Stimmen" (Z. 79), die den „Bürger-Journalismus" (Z. 89) hinterfragen;
- Beleg: Expertenmeinung von Andrew Keen: Es „sollte auch nicht jeder Autor sein" (Z. 87 f.);
- weitere Beispiele: „Sittenverfall" (Z. 90) und Rückbezug zum Ausgangsbeispiel Wikipedia;
- weitere These: „Branchenboom" (Z. 100), neue Beispiele: My Space, YouTube;
- Resümee/Schlussfolgerung ab Zeile 114: User zögen sich nackt aus, im wörtlichen wie übertragenen Sinn, zeigten sich in der Öffentlichkeit als „gläserne Mensch[en] " (Z. 119);
- Ausblick: Folge: neue, weitere Formen, wie z. B. Blogs und Podcasts, bieten Märkte für politisch gefährlichen Informationsaustausch, Bezug zu den USA, Expertenmeinung als letztes Zitat, wobei der Text gekürzt wurde und in originaler Länge vermutlich noch weiter ins Detail geht.

4.3 DIE TEXTGEBUNDENE ERÖRTERUNG

Auffällige sprachliche Mittel und deren Wirkung:
- Wertungen/Kommentare, z. B. „Es gibt aber auch Leute, die sagen, dass er diese Arbeit nicht fortsetzt, sondern zerstört" (Z. 22 ff.);
- zum Teil verbunden mit Umgangssprache, die die Wertungen polemisch wirken lässt: „Das Areal gleicht einer winzigen Rumpelkammer" (Z. 15 f.), „schludrig" (Z. 43), „Rüpelton" (Z. 94);
- zum Teil pathetische Formulierungen, um die angebliche Bedeutung des Themas für die Internetuser kritisch zu hinterfragen: „auf die Suche gemacht nach der einen, der einzigen Wahrheit" (Z. 35 ff.);
- strukturierender Satzbau durch Anaphern („Es gibt", Z. 37/38) und viel Parataxe sowie Ellipsen (vgl. Z. 75 ff.), die den Text prägnant und gut verständlich wirken lassen;
- sehr gelungen: eindringlicher Slogan („Ich surfe, also sind wir", Z. 71) in Anlehnung an philosophisches Denken der Antike, auch die Forderung „Sprich online nicht anders als im echten Leben" (Z. 97 f.) oder die Schlussfolgerung: „Das ist die neue Ökonomie der Aufmerksamkeit" (Z. 125 f.);
- Bezug zum Titel in Zeile 72 f.;
- anschauliche Redensarten lassen den Text verständlich und nicht zu wissenschaftlich wirken: „trauert einer Welt hinterher" (Z. 84), „so entblößen sich Abermillionen im Netz" (Z. 65).

d   Mögliche Aspekte der eigenen Erörterung:
Hornigs Kritik zustimmend:
- Jeder fühlt sich wichtig, wenn er im Internet nicht nur liest, sondern auch selbst schreibt; Beispiele: Foren und Online-Tagebücher, schlecht gestaltete Homepages.
- Politische Diskussionen über Datensicherheit, Abhörschutz u. Ä. greifen erst langsam auf Internet, Mails usw. über; Beispiele: Kinderpornografie und deren Verfolgung.
- Es gibt kaum Kontrollmöglichkeiten für Eltern, Lehrer und andere Erzieher über das Internetwissen der Kinder; Beipiel: Internetcafés.

Hornigs Kritik widerlegend:
- Ähnliche Kritik wie an technischen Errungenschaften der letzten Jahrhunderte; Beispiele: Röntgenstrahlen, Telefon, Schienenverkehr.
- Zu Hause sind Sicherheitsfilter im PC, beschränkter Zugriff für Kinder usw. möglich.
- Das Internet ist Teil der Globalisierung.

4/5   Eine Beispiellösung für die vollständige Analyse und Erörterung des Textes von Hornig findet sich auf der beigefügten CD.

9   Einige Hintergrundinformationen für die kritische Auseinandersetzung mit dem Thema „Internet":
- **Google:** www.google.de ist die deutsche Version der weltweit größten Suchmaschine, die die Internetrecherche nach allen Arten von Themen und Medien im World Wide Web ermöglicht.
- **MySpace:** Nach der individuellen Benutzerregistrierung bei www.myspace.com können mehrsprachige Präsentationen von Texten, Fotos, Videos, Blogs usw. privater Internetnutzer rezipiert werden. Die Beiträge sind kostenlos, wobei sich die internationale und mehrsprachige Plattform über Werbung finanziert. An gleichen Themen interessierte User können sich zu Foren zusammenschließen.
- **YouTube:** Sucht man im Internet nach kostenlosen Videos, Film- und Fernsehmitschnitten oder Musikvideos, findet man sie nach der Häufigkeit ihrer Aufrufe bewertet unter www.youtube.com.
- **Yahoo:** Die deutsche Version des Internetportals Yahoo, de.yahoo.com, bietet nach Themengebieten geordnet für den privaten und geschäftlichen Bereich vorsortierte Internetlinks.
- **Blogs:** Einfach formuliert sind Blogs öffentliche Tagebücher, in denen der Internetleser in chronologischer Reihenfolge die Einträge eines oder mehrerer Internetautoren („Blogger") verfolgen kann.
- **Foren:** Foren sind die virtuellen „schwarzen Bretter" des Internets, die zusätzlich, ähnlich einem Blog, zum öffentlichen Meinungsaustausch anregen sollen. Häufig geht es um die populärwissenschaftliche Diskussion diverser Fragestellungen, aber auch um den Austausch konkreter Informationen oder persönlicher Erfahrungen. Dabei kommt es nicht, wie beim Chatten, auf den sofortigen Austausch an, sondern auf die Dokumentation möglichst vieler verschiedener Reaktionen.

Weiterführendes Material zu diesem Teilkapitel findet sich auf der beiliegenden CD:
- Beispiel einer möglichen Schülerlösung (textgebundene Erörterung): Frank Hornig: Ein bunter, chaotischer Marktplatz
- *Adrian Pohr:* Google gegen googeln. Der Internetriese geht gegen sich selbst vor. Eine Glosse (2006)
- *Bernd Graff:* Die neuen Idiotae. Web 0.0. Das Internet verkommt zu einem Debattierklub von Anonymen, Ahnungslosen und Denunzianten (2007)

A4.2 LERNERFOLGSKONTROLLE/KLAUSURVORSCHLAG

Argumentative Entfaltung eines fachspezifischen Sachverhalts im Anschluss an eine Textvorlage

Aufgabenstellung

1. Geben Sie den Gedankengang knapp wieder und untersuchen Sie die Problemstellung und die Intentionen des Kommentars von Elke Pickartz. *(24 Punkte)*

2. Erörtern Sie anschließend, inwieweit die Globalisierung sich „entschleunigt". Beziehen Sie Ihre Kenntnisse zu allgemeinen Entwicklungen der Globalisierung mit ein. *(48 Punkte)*

Elke Pickartz: Bringt die Finanzkrise die Globalisierung zum Stillstand? (2009)

Die Finanz- und Wirtschaftskrise verändert auch den Prozess der Globalisierung. Haben Freihandel und weltweite Vernetzung eine Zukunft? Oder droht uns ein neues Zeitalter des Protektionismus[1]?

Eigentlich sollte es ein Massenprotest werden. Doch gerade einmal 1500 Menschen kamen, um jüngst vor dem Bundesfinanzministerium zu demonstrieren. Eine herbe Enttäuschung für die Aktivisten von Attac[2], die zum Protest gegen das Weltfinanzsystem aufgerufen hatten. Ihr Slogan „Das Casino schließen!" scheint derzeit kaum jemanden hinter dem Ofen hervorzulocken. Statt Hochstimmung herrscht im Lager der Globalisierungskritiker allgemeine Ratlosigkeit. Jahrelang warnten Organisationen wie Attac vor der Unkontrollierbarkeit des Finanzsystems. Nun sehen sie sich bestätigt, doch niemanden interessiert es. Von einem „Sieg, aus dem wir keinen Profit schlagen", spricht Peter Wahl von der Nichtregierungsorganisation Weed und Mitgründer von Attac Deutschland.

[...]

Skepsis gegenüber der weltweiten Integration von Handel und Finanzmärkten gab es schon immer – oft gerade in Ländern wie Deutschland, die am meisten von ihr profitieren. Umfragen des Instituts für Demoskopie Allensbach zeigen, dass die Globalisierung in den vergangenen Jahren in zunehmendem Maße als Bedrohung empfunden und für Arbeitsplatzverluste, Ungleichheit und Umweltzerstörung verantwortlich gemacht wird. Die aktuelle Krise dürfte diesen Trend noch verstärken.

Doch die Globalisierung ist nicht primär für die Krise verantwortlich. An erster Stelle standen die Maßlosigkeit und Unvorsichtigkeit der Banken, die laxe Hausbau- und Geldpolitik der USA sowie machtlose Aufsichtsbehörden. Und dennoch: Die Globalisierung hat das Versagen dieser Instanzen verschärft und potenziert. Erst die Verflechtung von Banken, Kapital- und Handelsströmen hat das Platzen der Immobilienblase in den USA zu einem weltweiten Erdbeben eskalieren lassen. Der Soziologe Ulrich Beck spricht in diesem Zusammenhang von einer neuen „Weltrisikogesellschaft": Die Vernetzung schafft weltweite Abhängigkeiten und globalisiert damit auch die Risiken. Niemand kann sich mehr in seine Ecke zurückziehen und vom Rest der Welt lossagen. Je komplexer ein System sei, desto instabiler werde es, meint auch SAP[3]-Chef Henning Kagermann. „Insofern sorgt Vernetzung für Instabilität. Die Krisen werden häufiger, sie werden unvorhersehbarer und sie werden kräftiger werden."

Doch was bedeutet das für die Zukunft der weltweiten Vernetzung? „Die Globalisierung wird sich entschleunigen", sagt [Rolf] Langhammer[4]. „Wir werden einen Rückzug auf das Nationale und das Lokale erleben." In Zeiten der Krise sei dies der natürliche Schutzreflex des Menschen.

[...]

Doch eine solche Entschleunigung muss nicht nachteilig wirken. Im Gegenteil: Sie könnte als Katalysator einer notwendigen Systemreform wirken. An deren Anfang muss die Erkenntnis stehen, dass zu einem marktwirtschaftlichen System auch Marktversagen gehört. Jeder Volkswirtschaftsstudent lernt im ersten Semester, dass Unternehmen nicht zu vollständigem Wettbewerb, sondern zu Oligopolen[5] oder Monopolen neigen und damit den Markt gefährden. Um dies zu korrigieren, gibt es Wettbewerbsrecht und Kartellbehörden.

[...]

---

[1] **Protektionismus:** Schutz inländischer Produzenten vor ausländischer Konkurrenz
[2] **Attac** versteht sich als globalisierungskritisches Netzwerk, das für eine soziale und ökologisch angemessen gestaltete Globalisierung plädiert.
[3] **SAP:** Hersteller von Unternehmenssoftware
[4] **Rolf Langhammer:** Ökonom und Vizepräsident des Kieler Weltwirtschaftsinstituts
[5] **Oligopol:** Marktform, bei der es zwar viele Nachfrager, aber nur wenige Anbieter gibt

Die eigentliche Gefahr lauert an einer anderen Stelle: Ein neuer nationaler Rückzugsreflex könnte den Protektionismus schüren und damit Welthandel und Auslandsinvestitionen dämpfen. „Das würde die Innovationsfähigkeit der Volkswirtschaften und damit das weltweite Wachstum erheblich schwächen", sagt Ökonom Langhammer.
[...]
Schon werden Gedanken an 1914 wach: Damals, kurz vor Ausbruch des Ersten Weltkriegs, zogen die Nationalstaaten nach einem halben Jahrhundert beispiellosen Freihandels die Zäune hoch und schotteten ihre Wirtschaft ab. Binnen weniger Jahre halbierte sich das weltweite Wachstum. Die Welt glitt in eine Depression[6]. Massenarbeitslosigkeit und Armut stützten die Kräfte des Nationalismus.

Heute ist die Welt weit entfernt von 1914. [...] Doch der protektionistische Schutzreflex in Zeiten hoher Unsicherheit ist ungebrochen, die Debatte um Freihandel und Globalisierung emotional hoch aufgeladen und ideologisiert. Das macht eine nüchterne Bestandsaufnahme ihrer Chancen und Risiken schwierig.

Dabei ist der Befund ziemlich eindeutig: Die ökonomische Öffnung in den letzten Jahrzehnten hat der Welt einen beispiellosen Aufschwung gebracht. Die Weltwirtschaft ist in den vergangenen 50 Jahren schneller gewachsen als jemals zuvor. Zwar bedeutet Wachstum nicht automatisch Wohlstand für alle, doch in weiten Teilen der Welt haben breite Bevölkerungsschichten von ihm profitiert. Der Anteil der Menschen, die von weniger als einem Dollar am Tag und damit in absoluter Armut leben, hat sich in den letzten 20 Jahren halbiert. Allein China hat in diesem Zeitraum rund 200 Millionen Menschen aus der Armut gehievt, was vor allem der Öffnung seiner Märkte zu verdanken ist. Erst sie hat das Arbeitspotenzial des Milliardenvolkes voll entfalten können. Nie zuvor in der Geschichte sind die Einkommen so vieler Menschen so schnell gestiegen. [...]

Der wachsende Wohlstand hat auch die Lebensqualität in weiten Teilen der Welt verbessert: So ist die Lebenserwartung in den Entwicklungsländern seit 1950 von unter 40 auf 65 Jahre gestiegen. Die Alphabetisierungsrate kletterte im gleichen Zeitraum von 40 auf rund 70 Prozent. Zwar lebt noch immer eine Milliarde Menschen in absoluter Armut, was schlimm genug ist. Doch muss diese Zahl auch vor dem Hintergrund des rasanten Bevölkerungswachstums gesehen werden: Seit dem Zweiten Weltkrieg hat sich die Erdbevölkerung mehr als verdoppelt.
[...]
Wie also sieht die Zukunft der Globalisierung aus? Die Prognosen und Szenarien sind zahlreich. Fest steht, dass die Erdbevölkerung bis 2050 noch einmal um rund 40 Prozent auf neun Milliarden Menschen anwachsen wird. Dies droht die verfügbaren Ressourcen[7] stärker zu strapazieren als je zuvor. Die Produktionszuwächse und Effizienzgewinne, die es braucht, um neun Milliarden Menschen zu ernähren und ihnen einen gewissen Lebensstandard zu sichern, sind ohne weiteren Ausbau von Welthandel und Investitionen nicht zu erreichen.

Insbesondere den Industriestaaten und großen Schwellenländern[8] muss daran gelegen sein, Protektionismus abzubauen. Doch das seit Jahren erfolglose Ringen um den Abbau von Handelsschranken in der Doha-Runde[9] zeigt, wie mühsam das Unterfangen ist. Viel wäre gewonnen, wenn in Zeiten wie diesen der natürliche Schutzreflex ausgehebelt würde. „Kapitalistische Systeme brauchen Reinigungskrisen, um sich zu erneuern", sagt Langhammer. Dem Prozess der kreativen Zerstörung, wie Schumpeter[10] ihn beschrieben habe, müsse Raum gegeben werden. In diesem Sinne bekäme auch die Globalisierung eine neue Chance, frei nach den Worten von Max Frisch: „Die Krise ist ein produktiver Zustand. Man muss ihr nur den Beigeschmack der Katastrophe nehmen."

(Zitiert nach dem Portal der WirtschaftsWoche, www.wiwo.de/politik/bringt-die-finanzkrise-die-globalisierung-zum-stillstand-382649/print/, 8.1.2009)

---

[6] **Depression:** gesteigerte Form einer wirtschaftlichen Rezession

[7] **Ressourcen:** materielle und abstrakte Grundlagen einer Wirtschaft (z. B. Rohstoffe, Kapital)
[8] **Schwellenländer:** ehemalige Entwicklungsländer, die durch verbesserte Wirtschaft und industriellen Fortschritt den Anschluss an Industriestaaten versuchen
[9] **Doha-Runde:** Treffen der Welthandelsorganisation
[10] **Joseph A. Schumpeter** (1883–1950), Wirtschaftsexperte

ERWARTUNGSHORIZONT

Inhaltliche Leistung

Aufgabe 1

	Anforderungen Die Schülerin / der Schüler	maximal erreichbare Punktzahl (AFB)	erreichte Punktzahl
1	verfasst eine themenbezogene Einleitung.	3 (I)	
2	gibt den Gedankengang des Textes knapp wieder: • Frage nach dem Ende des Zeitalters der Globalisierung ohne Antworten von „Globalisierungskritikern" • schon vor der weltweiten Wirtschaftskrise: allgemeine Befürchtungen gegen Auswirkungen der Globalisierung, z. B. auf dem Bereich des Arbeitsmarktes • Globalisierung förderte „Weltrisikogesellschaft", in der Krisen sich durch weltweite wirtschaftliche Abhängigkeiten gegenseitig bedingen und verstärken • mögliche Folge daher: zukünftige „Entschleunigung" der Globalisierung durch Konzentration auf Regional-Nationales, die aber weiteres globales Wachstum gleichzeitig hemmt („protektionistischer Schutzreflex") • wachsende Globalisierung bedeutete bisher tendenziell wachsenden Wohlstand und bessere Lebensbedingungen • steigende Weltbevölkerung mache daher Abbau des Protektionismus nötig; Krisen sollten als natürliche Entwicklung akzeptiert werden	6 (I)	
3	stellt den Argumentationsansatz von Pickartz dar: • Wirtschaftskrisen kehrten immer wieder, könnten als Reinigung des Marktes auch positiv gedeutet werden und bewirkten nur eine Verlangsamung der zukünftigen Globalisierung	3 (II)	
4	untersucht detailliert und strukturiert den Argumentationsgang des Textes: • Beispiel: Demonstrationen, Umfragen • These: Finanzkrise bestätige Globalisierungskritiker und ihre alte Skepsis • These: weitere Einflüsse, die zur weltweiten Finanzkrise führten • Beleg: Weltrisikogesellschaft • These: Globalisierung werde sich entschleunigen • Beleg: Expertenmeinungen • These: Vorteile der Krise und der Globalisierungsverlangsamung • Beleg: Tendenzen zum Protektionismus geschichtlich als Reaktion auf Krisen belegt • Folgerung/These: Protektionismus werde auch jetzt einsetzen, aber Globalisierung gehe weiter • Beleg: bisheriger Aufschwung brachte Wohlstand • Schlussfolgerung: Reinigungskrisen seien zu akzeptieren	6 (II)	
5	erschließt aus der sprachlichen Form (den Leser einbeziehende Fragen, Fachsprache, Kommentare, anschauliche Beispiele und Zitate) die Botschaft des Artikels.	3 (II)	
6	formuliert eine reflektierte Schlussfolgerung vor dem Hintergrund seiner Untersuchungsergebnisse, z. B.: • Unaufhaltsamkeit der Globalisierung, da die weltweite Vernetzung des Handels geschichtlich bedingt und zu weit fortgeschritten sei • Lehre aus dem Verhalten v. a. der Banken ziehen, das zur Finanzkrise führte, und Globalisierung weiter verfolgen	3 (III)	
7	erfüllt ein weiteres aufgabenbezogenes Kriterium. (Max. 4 Punkte)		
		24	

ERWARTUNGSHORIZONT   **101**

Aufgabe 2

	Anforderungen Die Schülerin / der Schüler	maximal erreichbare Punktzahl (AFB)	erreichte Punktzahl
1	formuliert eine aufgabenbezogene Überleitung.	3 (I)	
2	definiert den Begriff der Globalisierung.	6 (I)	
3	erläutert, dass diverse Bereiche der Wirtschaft und der Medien durch die Globalisierung beeinflusst werden.	6 (II)	
4	erläutert die Folgen der weltweiten Finanzkrise auf die wirtschaftlichen Märkte.	6 (II)	
5	prüft vor dem Hintergrund ihrer / seiner Untersuchungsergebnisse zu Punkt 3 und 4 abwägend die Frage, inwieweit Globalisierung zu kritisieren ist.	6 (III)	
6	beurteilt auf der Basis eigener Kenntnisse, Erfahrungen und Prüfungs-ergebnisse, welche Position die Autorin in ihrem Kommentar vertritt und ob sie alle relevanten Aspekte der Pro- und Kontra-Meinungen gelungen gegeneinander abwägt (z. B. im Rückgriff auf Thomas Straubhaar).	9 (III)	
7	erläutert in diesem Zusammenhang ansatzweise konträre Positionen der Globalisierungsgegner (z. B. im Rückgriff auf Joseph Stiglitz und Frank Hornig).	6 (II)	
8	beurteilt die Zukunftsprognosen der Autorin im Hinblick auf die Entschleu-nigung der Globalisierung und ihrer Auswirkungen.	6 (III)	
9	erfüllt ein weiteres aufgabenbezogenes Kriterium. (Max. 6 Punkte)		
		48	

Darstellungsleistung

	Anforderungen Die Schülerin / der Schüler	maximal erreichbare Punktzahl	erreichte Punktzahl
1	strukturiert den Klausurtext schlüssig, sinnvoll verknüpft und gedanklich klar.	6	
2	schreibt fachsprachlich korrekt und differenziert zwischen beschreibenden, deutenden und wertenden Aussagen.	6	
3	belegt Aussagen funktional durch korrekte Zitate.	3	
4	formuliert begrifflich präzise und differenziert, sprachlich-stilistisch angemessen, abwechslungsreich und sicher.	10	
5	schreibt sprachlich korrekt.	3	
		28	

Eine Zuordnung der Punktezahlen zu den Notenstufen findet sich auf S. 46 in diesem Handbuch.

Autorin:
Stefanie Schäfers

Texte, Themen und Strukturen
Lernerfolgskontrolle 6, S. 4

A4.2/4.3 LERNERFOLGSKONTROLLE/KLAUSURVORSCHLAG

Argumentative Entfaltung eines fachspezifischen Sachverhalts im Anschluss an eine Textvorlage

Aufgabenstellung

1. Geben Sie den Gedankengang knapp wieder und untersuchen Sie die Problemstellung und die Intentionen des Feuilleton-Artikels von Jürgen Kaube. *(24 Punkte)*

2. Erörtern Sie anschließend, inwieweit die Globalisierung den Einsatz neuer Medien beeinflusst. Beurteilen Sie, welchen Beitrag Kaubes Artikel dazu leistet, dass Internetuser kritisch mit dem Thema „Globalisierung" umgehen. Beziehen Sie Ihre Kenntnisse zu allgemeinen Entwicklungen der Globalisierung, z. B. im wirtschaftlichen Bereich, mit ein. *(48 Punkte)*

Jürgen Kaube: Immer schön sachlich bleiben (2007)

In der „Süddeutschen Zeitung" (SZ) erschien vor einigen Tagen ein Beitrag über das so genannte „partizipative Web". Darin wurde das Niveau vieler Internetkommentare und -diskussionen beklagt. Neigungen, die auch im Journalismus verbreitet sind, so der Artikel von Bernd Graff, toben sich mit der Lizenz „Web 2.0", also Laienjournalismus, hemmungslos aus: Pöbelei, Entrüstung, Denunziation, Häme. Ein rumorendes Plebiszit, halb anonym, von jeder Rechenschaft entlastet, bei keiner Sache dauerhaft verweilend, mache sich – zum Teil eingeladen von den Medien selber, die um der „Klickzahlen" willen zum Kommentieren ihrer Beiträge aufrufen – hier Luft.

Einen Tag zuvor hatte die SZ mitgeteilt, die Möglichkeit zu Reaktionen auf ihre Artikel im Internet ein wenig einzuschränken. Man habe insbesondere bei nachts oder an Wochenenden eingehenden Leserkommentaren die Erfahrung zunehmender Verstöße gegen Mindestgebote an Respekt und Fairness gemacht. Daher werde man die Möglichkeit, nach 19 Uhr abends und vor 8 Uhr morgens zu kommentieren, ausschließen. Vielleicht war das schon eine Reaktion auf ein Urteil des Hamburger Landgerichts vom 4. Dezember, das von dem Journalisten Stefan Niggemeier als Betreiber eines „Blogs" verlangte, Leserkommentare vor Veröffentlichung im Netz auf ihre Rechtmäßigkeit zu prüfen.

Gereizte Reaktionen der Internet-Elite

Beiden Artikeln der SZ antwortete, wiederum in den Kommentarfeldern des Internets, eine stattliche Anzahl von heftigen Protesten. Man sieht durch Kontrolle die Meinungsfreiheit gefährdet und den Sinn des Mediums Internet in Frage gestellt. Und man wirft dem Journalisten Graff Publikumsbeschimpfung vor. Man – das heißt hier allerdings noch immer: ein paar Dutzend Leute, die im Verhältnis zu den Millionen von Nutzern einzelner Websites von Zeitungen, Zeitschriften, Rundfunk- und Fernsehanstalten noch nicht als neue Öffentlichkeit ins Gewicht fallen. Die präpotente Rede davon, „das Internet" wehre sich gegen die älteren Medien, ist jedenfalls auch dann stark übertrieben, wenn man von der Minderheit derjenigen Kommentare auf den SZ-Internetseiten absieht, die eine stärkere Qualitätskontrolle bei elektronischen Leserbriefen begrüßt.

Bemerkenswert sind die gereizten Reaktionen derjenigen, die sich offenbar als Internet-Elite und Mandatsträger der Zukunft verstehen, dennoch. Vor allem, weil man sie als Fortsetzung einer mediengeschichtlich vertrauten Gleichsetzung verstehen kann. Noch jede neue Technik der Verbreitung von Information und Meinung wurde als Durchbruch zur vollkommenen Demokratie gefeiert. Das Ideal des herrschaftsfreien, und das heißt dann hier: des von Gegenlektüre und redaktionellem Eingriff befreiten Diskurses ist, dass jeder zu allem jederzeit, auch an den Wochenenden, alles sagen darf – und dass es publiziert wird.

Der Anti-Journalismus ist auf dem Weg

Dabei tritt die Zusammensetzung des normativ hoch besetzten Begriffs „öffentliche Meinung" in den Hintergrund. In ihn sind, wie der Soziologe Rudolf Stichweh einmal notiert hat, zwei spannungsvolle Worte eingegangen. Denn Öffentlichkeit bezeichnete seit je – etwa in Begriffen wie „Res publica" oder „öffentliches Recht" oder „öffentlicher Dienst" – etwas Universalistisches, Stabiles, alle Angehendes. Die Meinung hingegen trägt ihren privaten, kurzlebigen Charakter schon im Namen. Das Konzept der öffentlichen Meinung kombiniert beides: etwas Subjektives von allgemeinem Belang, etwas, das nicht ignoriert werden kann, aber auch nicht zu bestimmtem Handeln zwingt.

A4.2/4.3 LERNERFOLGSKONTROLLE/KLAUSURVORSCHLAG **103**

Bis zum Auftritt der Massenmedien hatte die öffentliche Meinung dabei stets einen lokalen Charakter.
75 Jemand wollte etwas loswerden und bediente sich dazu der Medien. Die entsprechenden Formen der Schimpf- und Beschwerderede im Internet, die Bernd Graff festgehalten hat, folgen insofern einem alten Schema: Wer zu allen spricht, neigt zur Übertreibung, weil er, um
80 alle zu interessieren, oft der Gefahr erliegt, den Allgemeinheitsgrad dessen, was ihn beschäftigt, rhetorisch zu steigern. Das gilt für Journalisten, das gilt aber auch für jene Anti-Journalisten, die jetzt die Welt in „alte Medien" und solche der Zukunft einteilen oder eine
85 ungeheure Repression darin finden, wenn eine Zeitung sagt: Wir publizieren nicht die Mitteilung jedweder ungewaschenen Subjektivität.

Das Publikum probt den Aufstand

Dabei ist das ganz normal. In Blogs mag jeder meinen,
90 denken, toben, lästern, so wie am Tresen oder zu Hause. Mit den Massenmedien selber ist aber ein ganzes System entstanden, das beanspruchte, die öffentliche Meinung selbst zu pflegen. Und die Journalisten wurden zur ersten Berufsgruppe, die bean-
95 spruchte, aus der Rolle des Publikums selber einen Beruf zu machen. Zuvor bestand das Publikum aus Laien, jetzt sollte es professionelle Laien geben. Kein Wunder, dass daran sofort Kritik geübt wurde, vor allem die, der Journalist ermittle und verdichte die
100 öffentliche Meinung weniger, als dass er sie selber mache.
Die Einträge in den Kommentarspalten der SZ dokumentieren, mit einem Wort des Soziologen Jürgen Gerhards, den „Aufstand des Publikums" gegen solche
105 Professionalität, gegen ihre Kunstfehler und Eigeninteressen. Sie folgen Linien der Kritik an Ärzten, Anwälten, Lehrern oder Priestern, wie sie seit dem 19. Jahrhundert bekannt sind und beispielsweise zu Alternativmedizin, neuen Religionen und Reform-
110 pädagogik führten. Damit aber zu neuen Formen von Professionalität und, horribile dictu[1], Autorität. Wer sich von einem Medium wie dem Internet das Gegenteil verspricht, ist kindisch. Kritik findet im Einzelfall viel Nahrung an schlechtem Deutsch, un-
115 zulänglichem Wissen, zweifelhafter Information in den klassischen Medien.

Fehler der Journalisten schneller enttarnt

Aber solche Seiten im Internet, die es besser machen wollen, werden sich ihrerseits zu einem klassischen Medium mit hoher Selektivität entwickeln müssen, 120 wollen sie nicht die Spezialisierungsvorteile verschenken, die mit Professionalisierung einhergehen. Dem trägt das Urteil des Hamburger Landgerichts Rechnung. Die Spezialisierung der einen bedeutet aber zwangsläufig den wie immer begrenzten Vertrauens- 125 vorschuss der anderen.
Als Nutzer der Fähigkeiten anderer Leute – zum Beispiel der, zu verwalten, zu trösten, zu heilen oder zu unterrichten – bescheidet man sich darum normalerweise auch mit einer weitgehend passiven Rolle. Das 130 Internet suggeriert, dass es in Bezug auf Meinung und Information anders möglich sei. Punktuell ist dem auch gar nicht zu widersprechen. Die Ärzte und Anwälte müssen heute mit anders informierten Patienten rechnen, die Medien mit einer schnelleren und stärker 135 sichtbaren Korrektur ihrer Fehler.

Medienkritik ohne Substanz

Aber Erscheinungen wie die der Lehrerkritik durch Schüler im Internet als Zunahme an Demokratie zu feiern ist mehr als dumm. Und wer als Blogger es ernst 140 mit seiner Medienkritik meint, wird die Publikumsrolle verlassen und auf die andere Seite wechseln müssen. Die vom Netz hervorgebrachte Fantasie einer Gesellschaft der Amateure wirft die Frage auf, wovon diese denn leben. Was keinen Standards folgt, hat nur 145 Ausdrucks-, aber keinen Informationswert.
Und wohinein nur Meinung investiert wurde, das verspricht auch keinen Ertrag darüber hinaus. Wie hoch wohl die Klickraten der Schmähkommentare auf Bernd Graffs Artikel selber sind? Man hat den 150 Eindruck, dass sie unterschätzen, wie abhängig ihre eigene Beachtlichkeit davon ist, dass es das Objekt ihrer Schmähung, einen klassischen Artikel, auf den sie sich alle beziehen können, überhaupt gibt.

(Aus: Frankfurter Allgemeine Zeitung, 12.12.2007)

---

[1] **horribile dictu:** lat., es ist furchtbar, das sagen zu müssen

Autorin:
Stefanie Schäfers

Texte, Themen und Strukturen
Lernerfolgskontrolle 7, S. 2

ERWARTUNGSHORIZONT

Inhaltliche Leistung

Aufgabe 1

	Anforderungen Die Schülerin / der Schüler	maximal erreichbare Punktzahl (AFB)	erreichte Punktzahl
1	verfasst eine themenbezogene Einleitung.	3 (I)	
2	gibt den Gedankengang des Textes knapp wieder, z. B.: • sinkendes Niveau von Internetbeiträgen durch unprofessionellen Journalismus, der durch klassischen Journalismus kritisiert wird • Bestreben der SZ, Onlinereaktionen auf ihre Artikel deswegen einschränken zu lassen • Folge: Protestreaktionen mit Verweis auf Meinungsfreiheit • Schwierigkeiten der Definition von „öffentlicher Meinung" im Hinblick auf die Gruppe der User, Arten der Medien und der öffentlichen Meinung (paradoxer Begriff) • neue Form des „Anti-Journalismus" bedingt Denunziationen nicht erstmalig • Schlussfolgerung: Blogger verlassen passive Userrolle, beziehen sich aber auf traditionelle Formen des Journalismus	6 (I)	
3	stellt den Argumentationsansatz Kaubes dar: • journalistische Formen haben sich gewandelt, die Grenzen zwischen Autorschaft und Rezeption sind fließend, eine Zensur im Internet gestaltet sich schwierig • Vergegenwärtigung des traditionellen Aufforderungscharakters von journalistischen Texten, rezipiert und kommentiert zu werden • Paradoxie der Reaktion der Internet- und Blogkritiker, sich mit Hilfe genau dieses Mediums eine Meinungsplattform zu verschaffen – sie selbst werden durch ihre Reaktion zu neuen Bloggern und bedienen sich damit des Mediums, das sie eigentlich kritisieren	3 (II)	
4	untersucht detailliert und strukturiert den Argumentationsgang des Textes: • Beispiel des SZ-Blogs • These: Laienjournalismus nimmt zu • Beleg: Vormarsch der neuen Medien wandelt Rezeptionsformen • These: „öffentliche Meinung" als widersprüchlicher Begriff • Beleg: Publikationen haben seit jeher Reaktionen hervorgerufen • Beispiel: Bernd Graff • These: Massenmedien sprechen öffentliche Meinung an • Beleg: Publikum hat sich erweitert, gewandelt • Beispiel: Berufsgruppen (Ärzte, Anwälte, Lehrer, Priester) • Forderung: Medienkritik bedeutet aktive Leserrolle	6 (II)	
5	erschließt aus der sprachlichen Form (Fachsprache, Kommentare, Kraftausdrücke, Umgangssprache) die Botschaft des Artikels: Journalismus sollte eine gewisse Form wahren und bedarf eines sachlich und fachlich angemessenen Stils, um argumentativ haltbare Aussagen zu machen.	3 (II)	
6	formuliert eine reflektierte Schlussfolgerung vor dem Hintergrund seiner Untersuchungsergebnisse, z. B.: • Unaufhaltsamkeit der Nutzung neuer Medien • Anerkennung der neuen Form des Laienjournalismus, gegen den es kaum eine rechtliche Handhabe, aber viele ethische Bedenken gibt	3 (III)	
7	erfüllt ein weiteres aufgabenbezogenes Kriterium. (Max. 4 Punkte)		
		24	

Autorin:
Stefanie Schäfers

ERWARTUNGSHORIZONT **105**

Aufgabe 2

	Anforderungen Die Schülerin / der Schüler	maximal erreichbare Punktzahl (AFB)	erreichte Punktzahl
1	formuliert eine aufgabenbezogene Überleitung.	3 (I)	
2	definiert den Begriff der Globalisierung im wirtschaftlichen, besonders aber im medialen Bereich.	6 (I)	
3	erläutert, dass diverse Bereiche der Wirtschaft und der allgemeinen Medien durch das Internet beeinflusst werden.	6 (II)	
4	erläutert den Einfluss neuer Medien auf den (Internet-)Journalismus, z. B. im Rückgriff auf Frank Hornigs Artikel „Ein bunter, chaotischer Marktplatz".	6 (II)	
5	prüft vor dem Hintergrund ihrer/seiner Untersuchungsergebnisse zu Punkt 3 und 4 abwägend die Frage, inwieweit Globalisierung den Einsatz neuer Medien beeinflusst.	6 (III)	
6	beurteilt auf der Basis eigener Unterrichts-/Interneterfahrungen und seiner Prüfungsergebnisse, welchen Beitrag Kaubes Artikel dazu leistet, dass Internetuser kritisch mit dem Thema „Globalisierung" umgehen.	9 (III)	
7	erläutert ansatzweise konträre Positionen der öffentlichen Rezeption, z. B. im Hinblick auf Gesetze zum Schutz der Privatsphäre, Anzeigen wegen Beleidigungen u. Ä.	6 (II)	
8	beurteilt den Stellenwert des Internets für verschiedene Usergruppen, die beruflich oder privat, mit höherem oder einfachem Bildungsstand die neuen Medien nutzen.	6 (III)	
9	erfüllt ein weiteres aufgabenbezogenes Kriterium. (Max. 6 Punkte)		
		48	

Darstellungsleistung

	Anforderungen Die Schülerin / der Schüler	maximal erreichbare Punktzahl	erreichte Punktzahl
1	strukturiert den Klausurtext schlüssig, sinnvoll verknüpft und gedanklich klar.	6	
2	schreibt fachsprachlich korrekt und differenziert zwischen beschreibenden, deutenden und wertenden Aussagen.	6	
3	belegt Aussagen funktional durch korrekte Zitate.	3	
4	formuliert begrifflich präzise und differenziert, sprachlich-stilistisch angemessen, abwechslungsreich und sicher.	10	
5	schreibt sprachlich korrekt.	3	
		28	

Eine Zuordnung der Punktezahlen zu den Notenstufen findet sich auf S. 46 in diesem Handbuch.

Cornelsen

Autorin:
Stefanie Schäfers

Texte, Themen und Strukturen
Lernerfolgskontrolle 7, S. 4

5 Kommunikation und Sprache – Kommunikationsprobleme untersuchen

Konzeption des Kapitels

Sprachliche Verständigung ist ein sehr störanfälliger Prozess, den Jugendliche in Familie und Freundschaft alltäglich erleben und für dessen psychologische Erklärungen sie sich zunehmend interessieren. Die Schülerinnen und Schüler lernen in diesem Kapitel Bedingungen und Strukturen der Kommunikation an Beispielen gestörter Gesprächssituationen vornehmlich in fiktionalen Texten kennen und können vor diesem Hintergrund ihr eigenes Gesprächsverhalten kritisch reflektieren.

Im ersten Teilkapitel (**„Kommunikation im Alltag – Mögliche Störungen erklären"**) folgt auf einen thematischen Einstieg über ein Gemälde Edward Hoppers und eine erste Annäherung anhand der Anfangsszene aus Yasmina Rezas Bühnenstück „Kunst" eine Auseinandersetzung mit kommunikationstheoretischen Modellen. Die am weitesten verbreitete und in zahlreichen Kommunikationsseminaren in allen gesellschaftlichen Bereichen grundlegende Vorstellung von kommunikativen Prozessen bietet der Ansatz Friedemann Schulz von Thuns, der aus diesem Grund auch zu Beginn der theoretischen Konzepte platziert ist, gefolgt von einem Text Paul Watzlawicks, dessen Axiome kritisch hinterfragt werden sollen. Erst am Ende steht das Organon-Modell Karl Bühlers, das wegen seiner wegweisenden und klaren Strukturierung aufgegriffen wird, auch wenn die anderen Autoren Bühlers Vorstellungen ausdifferenziert und teilweise erweitert haben. Das erste Teilkapitel stellt außerdem die Bedeutung von Rollen(erwartungen) für die Kommunikation ins Zentrum (Berufsrolle, Geschlechterrolle).

Im zweiten Teilkapitel (**„Kommunikation in literarischen Texten – Dialogsituationen untersuchen"**) geht es darum, Elemente (und Begriffe) aus den im ersten Teil erarbeiteten Kommunikationsmodellen zur Analyse zweier Romanausschnitte zu nutzen. Dabei stehen sowohl die verbalen als auch die – über den Erzähler oder die Erzählerin vermittelten – non- und paraverbalen Ausdrucksmittel im Blickpunkt. Durchgängig und abschließend soll die Rolle des Erzählers reflektiert werden, um die Grenzen der Anwendbarkeit soziologischer Modelle bei der Analyse literarischer Texte mindestens anzudeuten. Als thematische Klammer des Teilkapitels fungiert der weit gefasste Beziehungsbegriff, weil sich in seinem Kontext viele Texte finden lassen, die unter dem Aspekt der Kommunikation interessant erscheinen, und zwar sowohl Romane des 20. Jahrhunderts (Thomas Mann: „Buddenbrooks", 1901; Max Frisch: „Homo Faber", 1957) als auch zeitgenössische (Daniel Kehlmann: „Ich und Kaminski", 2003). Gerade in den modernen Romanen, in denen eine Ich-Erzählerin / ein Ich-Erzähler als Figur des Romans das Geschehen aus subjektiver Sicht darstellt und kommentiert, besitzen Beziehungs- und Kommunikationsschwierigkeiten eine zentrale Funktion. Die Analyse eines Textausschnitts aus den „Buddenbrooks" kann im Vergleich dazu zu der Erkenntnis beitragen, inwiefern gesellschaftlich bedingte Rollenerwartungen die Äußerungen der Romanfiguren immer wieder beeinflussen. Dabei bieten die Romanausschnitte Gelegenheit, neben analytischen auch produktionsorientierte Aufgaben zu bearbeiten.

Das dritte Teilkapitel (**„Eingefrorene Gespräche – Schreiben zu Kunstwerken"**) schlägt mit seinen Bildimpulsen die Brücke zum Beginn des Kapitels und liefert vielfältige Schreibanregungen für die Schülerinnen und Schüler, die gewonnenen Einsichten produktiv-gestaltend anzuwenden (Schreiben von Dialogen, Kurzgeschichten).

Literaturhinweise

Beste, Gisela: Sprechen und Zuhören, Mündlichkeit. In: Kämper-van den Boogaard, Michael (Hg.): Deutschdidaktik, Leitfaden für die Sekundarstufe I + II. Cornelsen Scriptor, Berlin [6]2008, S. 263–273

Klippert, Heinz: Kommunikationstraining I + II. Beltz, Weinheim/Basel 1995/96

Molcho, Samy: Körpersprache. Goldmann, München 1996

Schulz von Thun, Friedemann: Miteinander reden 1. Störungen und Klärungen. Allgemeine Psychologie der Kommunikation. Rowohlt, Reinbek 1981

Schulz von Thun, Friedemann: Miteinander reden 3. Das „innere Team" und situationsgerechte Kommunikation. Rowohlt, Reinbek 1998

Tannen, Deborah: Du kannst mich einfach nicht verstehen. Warum Männer und Frauen aneinander vorbeireden. Kabel, Hamburg 1991

Tannen, Deborah: Ich mein's doch nur gut. Wie Menschen in Familien aneinander vorbeireden. Ullstein, Hamburg 2002

Internetadressen

www.schulz-von-thun.de
www.abpaed.tu-darmstadt.de/arbeitsbereiche/bt/material/kommunikation.pdf (Theorien der Kommunikation, Vorlesungsmanuskript von Prof. Hein Retter)

A 5 KOMMUNIKATIONSPROBLEME UNTERSUCHEN

	Inhalte	Kompetenzen Die Schülerinnen und Schüler
S. 88	**5 Kommunikation und Sprache – Kommunikationsprobleme untersuchen** *Edward Hopper:* Chop Suey	• untersuchen das Gemälde, stellen Mutmaßungen über die Kommunikationssituationen an und verfassen davon ausgehend kurze Dialogszenen
S. 89	**5.1 Kommunikation im Alltag – Mögliche Störungen erklären** *Yasmina Reza:* Kunst	• analysieren die Exposition des Dramas nach Inhalt, Beziehungsstruktur und Situation • beurteilen die Störungen und begründen diese • wenden nonverbale (Gestik, Mimik, Körperhaltung) und paraverbale Ausdrucksmittel aktiv an
S. 90	**Kommunikationsmodelle – Sprachfunktionen erklären**	• visualisieren und ergänzen das Kommunikationsquadrat
S. 90	*Friedemann Schulz von Thun:* Das Kommunikationsquadrat	• erläutern die Theorie anhand eines Cartoons, von Alltags- szenen und des Auszugs aus „Kunst" • erproben und prüfen im Spiel die Wirkungsweise non- und paraverbalen Verhaltens
S. 92	*Paul Watzlawick u. a.:* Menschliche Kommunikation. Formen, Störungen, Paradoxien	• erkennen die Hauptthesen Watzlawicks und erläutern diese • prüfen den Auszug aus „Kunst" hinsichtlich symmetrischer und komplementärer Kommunikationsstrukturen
S. 93	*Hein Retter:* Im Wartezimmer	• verfassen ein Ende des Dialogs und vergleichen ihre Texte • reflektieren und beurteilen den Dialog im Sinne Watzlawicks • setzen Watzlawicks Ansatz in Beziehung zu dem Schulz von Thuns • erläutern Doublebind-Situationen
S. 94	**Karl Bühlers Organon-Modell – Die drei Grundfunktionen der Sprache**	• erklären Bühlers Modell und erläutern es an Beispielen • erläutern die Weiterentwicklung des Organon-Modells
S. 95	**Rollen klären – Kommunikationssituationen regeln**	• erarbeiten ausgehend von Cartoons und in eigenen Texten die Bedeutung der (sozialen) Rolle für die Kommunikation • stellen Regeln für ein gemeinsames Gesprächsverhalten auf
S. 96	**5.2 Kommunikation in literarischen Texten – Dialogsituationen untersuchen** *Thomas Mann:* Buddenbrooks	• fassen den Inhalt des Textausschnitts zusammen • analysieren das Kommunikationsverhalten der Figuren mit Hilfe der Kategorien der Kommunikationsanalyse • beschreiben die Bedeutung von Rollenerwartungen für den Verlauf des Gesprächs • charakterisieren die Bedeutung des Erzählers für die Darstellung der Kommunikationssituation
S. 99	**Beziehungs- und Kommunikationsstörungen in neuerer Literatur** *Daniel Kehlmann:* Ich und Kaminski	• vergleichen die Kommunikationssituation in Kehlmanns Romanausschnitt mit der in den „Buddenbrooks" • analysieren das Gespräch mit Hilfe der Kategorien Schulz von Thuns • erklären, warum Chancen der Metakommunikation nicht genutzt werden • beschreiben Perspektive und Haltung des Ich-Erzählers • stellen in einem Referat einen Roman ihrer Wahl vor
S. 101	**5.3 Eingefrorene Gespräche – Schreiben zu Kunstwerken** Skulpturen von *Duane Hanson* und ein Gemälde von *Edward Hopper*	• verfassen ausgehend von Skulpturen und einem Gemälde Monologe, Dialoge und Kurzgeschichten zum Thema Kommunikation • tragen ihre Texte sprechgestalterisch vor

108 A5 KOMMUNIKATIONSPROBLEME UNTERSUCHEN

5 Kommunikation und Sprache – Kommunikationsprobleme untersuchen

▶ S. 88 Edward Hopper: **Chop Suey** (1929)

1 a/b Das Gemälde „Chop Suey" (1929, Öl auf Leinwand) von Edward Hopper mit den folgenden Arbeitsanregungen erfüllt die Funktion eines thematischen Einstiegs. Wesentliche Aspekte von Kommunikation und ihrer möglichen Störungen können hier angedeutet werden: die Grundstruktur (hier: Gespräch zu zweit), die Situation (hier: öffentlicher Raum), die (hier: angenommene) Beziehung der Beteiligten, ihr (hier: von den Schülerinnen und Schüler dargestelltes) verbales und nonverbales Gesprächsverhalten.

Hoppers Gemälde zeigt das Interieur eines Bistros/Cafés. Zwei Frauen sitzen sich an einem rechteckigen Tisch gegenüber, die eine – dem Betrachter zugewandt – blickt ins Leere, während der Blick der anderen wegen des Rückenprofils nicht zu erkennen ist. Die leichte Kopfsenkung legt aber nahe, dass auch sie nicht den Blick ihres Gegenübers sucht. Im Hintergrund am linken Bildrand, fast außerhalb des vom Maler gewählten Ausschnitts, sitzen eine Frau und ein Mann an einem anderen Tisch, der Mann ist mit seiner Zigarette beschäftigt, während die Frau ebenfalls starr ins Nichts blickt. Beim Blick aus den beiden Fenstern kann man eine Leuchtreklame erkennen, die den Namen des Lokals („Chop Suey") trägt. Der Rest der Außenwelt ist merkwürdig unbestimmt, weder Menschen sind zu sehen noch andere Gebäude erkennbar.

Die Hell-Dunkel-Kontraste des Bildes sind durch die direkte Führung des Lichts erklärbar, das den Rücken der Frau im Vordergrund und auch das Gesicht der ihr gegenübersitzenden Frau erhellt, ebenso Teile der Tischplatte usw. Aus diesen Lichtreflexionen und den Schatten (z. B. des Fensterrahmens) lässt sich folgern, dass sich die Lichtquelle rechts außerhalb des Bildes befinden muss. Dadurch entsteht eine gewisse Räumlichkeit: Die beiden Frauen im Vordergrund, das Fenster, der Holzrahmen, der Mantel, der an der Garderobe hängt, und der Tisch sind heller und wirken dadurch näher. Der Hintergrund des Gemäldes ist vor allem in Schwarz und Grau gehalten – räumliche Tiefe entsteht.

Die polychrome Farbgebung (im vorderen Teil eher leuchtende, hinten vor allem gedeckte Farben) basiert auf Primärfarben und ihren Komplementärfarben: Orange, Grün, Blau und Braun gestalten den Vordergrund des Bildes. Im Hintergrund finden sich vor allem schwarze, weiße, graue und blaue Töne. Die Frau in der linken Ecke trägt eine auffällig rote Mütze und setzt damit einen Farbakzent im Hintergrund.

Die dargestellte Szene ist alltäglich und könnte vielerorts spielen. In normaler Perspektive steht der Betrachter außerhalb des Bildes und blickt direkt, vielleicht beim Betreten des Lokals, quasi zufällig in den Innenraum hinein. Die Figuren scheinen den Betrachter nicht wahrzunehmen.

Während seiner gesamten Karriere behält Edward Hopper (1882–1967) seinen Stil bei. Isolation und Vereinsamung der Menschen sind und bleiben die zentralen Motive: einfache Menschen in Alltagssituationen in Hotelbars (siehe S. 102 im Schülerband), Wartehallen oder Cafés, oft allein und fast immer verträumt und gedankenverloren.

2 a/b Beide Paare wirken trotz ihrer Sprachlosigkeit vertraut, die beiden Frauen im Vordergrund könnten Freundinnen sein oder Schwestern, die gemeinsam das Café besuchen, im Hintergrund scheint es sich um ein (Liebes-)Paar zu handeln. Der Arbeitsauftrag zielt darauf, die Szene als Teil einer Geschichte zu verstehen, in der die beiden Figuren innehalten und miteinander kommunizieren. Die Sprachlosigkeit der Inszenierung im Bild legt nahe, dass das Gespräch von einem heiklen Thema handelt oder es um eine Situation geht, in der die eine Figur der anderen etwas Wichtiges mitteilen möchte.

3 a/b Hier empfiehlt sich wegen der Dialogform die Arbeit zu zweit. Durch die inneren Monologe kann die Stimmung des Bildes aufrechterhalten werden.

c Die Situation am Tisch ermöglicht es, das szenische Spiel hier vergleichsweise leicht zu realisieren. Die relative Wortlosigkeit der Figuren lässt die Betrachter das Augenmerk ganz auf die nonverbalen Ausdrucksmittel legen. Eventuell ist es sinnvoll, Beobachtungsaufträge arbeitsteilig (nach Figuren, nach den Kategorien Gestik – Mimik – Körperhaltung) zu vergeben.

5.1 KOMMUNIKATION IM ALLTAG **109**

d Bei der Bewertung dürften die meisten Schülerinnen und Schüler inhaltliche Aspekte des Gesprächs nennen. Wichtig ist es, hier gegebenenfalls das Zusammenspiel mit den zuvor beobachteten nonverbalen Mitteln herauszustellen.

5.1 Kommunikation im Alltag – Mögliche Störungen erklären

Yasmina Reza: Kunst (1995/96) ▶ S. 89

„Kunst" (Originaltitel: „Art") ist das dritte Theaterstück der französischen Autorin Yasmina Reza. 1994 in Paris uraufgeführt, wurde es schnell zu einem Welterfolg, es erhielt zahlreiche Preise und wurde in über 40 Sprachen übersetzt.

„Eine bittere Komödie, in der die Autorin das Zerbrechen einer langjährigen Männerfreundschaft beschreibt. Auslöser dafür ist ein monochromes Bild, das sich einer der Freunde für eine Riesensumme gekauft hat. An diesem Bild entzündet sich der Streit zwischen den drei Freunden, in dessen Verlauf sich das Leben der drei und ihre gegenseitigen Beziehungen grundlegend ändern werden: Der erste begeistert sich für dieses weiße monochrome Gemälde, der zweite bekämpft es auf das Heftigste und der dritte will, da er es sich mit keinem der anderen verderben will, keine Stellung beziehen. Das Bild dient also als Katalysator, mit dessen Hilfe die Autorin auf sehr subtile und psychologisch fein gezeichnete Weise eine Situation analysiert, die drei Männer, ihre Gefühle, ihre Befindlichkeit, ihre Freundschaft, ja ihr gesamtes bisheriges Dasein auf den Prüfstand und infrage stellt." (Zitiert nach: www.theatertexte.de/data/theaterverlag_desch/736716398/show)

Über das Stück sagt die Autorin: „Das Drama von ‚Kunst' ist ja nicht, dass Serge das weiße Bild kauft, sondern dass man mit ihm nicht mehr lachen kann. […] Die Geschichte ist mir passiert mit einem Freund, der ein weißes Bild gekauft hat. Er ist Dermatologe, und ich habe dieses Bild gesehen und ihn gefragt: ‚Wie viel hast du dafür bezahlt?' Und er hat geantwortet: ‚Zweihunderttausend Francs.' Und ich brüllte vor Lachen. Er allerdings auch. […] Wir sind Freunde geblieben, weil wir lachten. Als er das Stück las, lachte er auch. Es hinderte ihn nicht daran, sein Bild weiterhin zu lieben. […]." (Zitiert nach: Wikipedia, Stichwort „Kunst (Drama)")

1 a–c Analyse der Exposition:
- Inhalt: Serge hat für viel Geld ein monochromes Bild gekauft; sein Freund Marc kommt zu Besuch und beide reden über das Bild und auch über ihre Kommunikation.
- Beziehung der Figuren zueinander: Beide Figuren sind seit vielen Jahren befreundet und reden sehr offen miteinander (siehe Aufgabe 2).
- Situation: Für Serge ist die Situation etwas Besonderes, weil er das Bild seit langer Zeit schon kaufen wollte; nun ist es endlich in seinem Besitz und hängt in seiner Wohnung. Voller Stolz präsentiert er es seinem Freund Marc. Dieser kann mit moderner Kunst offenbar nicht viel anfangen und urteilt – ausgehend vom Kaufpreis – ehrlich und rasch abwertend: „diese Scheiße" (Z. 58). Er erkennt offenbar die Bedeutung des Bildes für Serge nicht oder will dies nicht respektieren.

2 a/b Die Kommunikation ist geprägt von:
- schonungsloser Ehrlichkeit unter Freunden – Marc: „Scheiße" (Z. 58, 96); Serge: „Du hast nicht die geringste Kenntnis auf diesem Gebiet" (Z. 91 f.);
- Ironie und Spott Marcs: „einfach großartig, dass du dieses Bild gekauft hast" (Z. 75 f.);
- Arroganz Serges: „Ich war sicher, dass du das nicht begreifen würdest" (Z. 56 f.);
- Wechsel auf die Metaebene: Marc: „Du machst dich wohl über mich lustig!" (Z. 82); „Mit wem sprichst du? Mit wem sprichst du im Augenblick? Huhu! …" (Z. 87 f.).

3 Das Beiseitesprechen der Figuren kann bei dieser Aufgabe ausgeblendet werden, sodass sich eine übersichtliche Grundstruktur ergibt:
1. Vorstellen/Betrachten des Bildes → 2. Diskussion über den Kaufpreis und die Bedeutung des Bildes → 3. Metaebene (siehe Aufgabe 2).
Beobachtungsaufträge können verteilt werden. Besonders interessant für die Auswertung dürften folgende Aspekte sein:
- die Körperhaltung Serges (Stolz) zu Beginn der Szene;
- die Mimik Marcs beim Betrachten des Bildes;
- die Gestik und Mimik Serges im dritten Teil des Gesprächs.

110 A5 KOMMUNIKATIONSPROBLEME UNTERSUCHEN

Kommunikationsmodelle – Sprachfunktionen erklären

▶ S. 90 **Friedemann Schulz von Thun: Das Kommunikationsquadrat**

Die Leistung Schulz von Thuns (eines Schülers von Reinhard Tausch) besteht darin, ausgehend von bestehenden Kommunikationsmodellen ein alltagstaugliches, weit reichendes und dennoch allgemein verständliches Modell menschlicher Kommunikation entwickelt zu haben. Er geht dabei vom traditionellen Sender-Empfänger-Modell aus und differenziert die (vier) Ebenen aus, auf denen „gesendet" („vier Schnäbel") bzw. „empfangen" („vier Ohren") werden kann. Auf diese Weise lassen sich Kommunikationsstörungen ebenso analysieren wie gelingende Kommunikationen beschreiben.

1 In der Grafik ist zu ergänzen:
- Sender/**Sprecher(in)**, rechts daneben **gesendete Nachricht**
- Empfänger/**Hörer(in)**, links daneben **aufgenommene Nachricht**

2 a Erläuterung der beiden Äußerungen aus dem Cartoon auf den vier Ebenen nach Schulz von Thun:

Aussage	Sachebene	Selbstkundgabe	Beziehungsseite	Appellseite
„Du, da vorne ist grün!"	Hinweis auf die Ampelfarbe	„Ich hab es eilig."	„Du brauchst meine Hilfe."	„Gib Gas!"
„Fährst du oder fahre ich?"	Frage danach, wer am Steuer sitzt	„Ich kann selbst darauf achten!"	„Ich brauche deine Hilfe nicht!"	„Sei still!"

c Nach Schulz von Thun finden Äußerungen immer auf allen vier Ebenen statt und werden auch auf allen vier Ebenen wahrgenommen. Die entscheidende Frage besteht darin, welche Ebenen jeweils dominant sind.

3 a/b Hinweise zur Durchführung: Die Videoaufzeichnung hat den großen Vorteil, dass gerade im non- und paraverbalen Bereich ein zeitverzögertes und wiederholendes Beobachten möglich ist. Es lassen sich auch mehrere Szenen hintereinander spielen (und aufnehmen), ohne dass die Besprechung der einen das Spiel der anderen beeinflusst.

4 Die vier Seiten einer Nachricht am Beispiel einer konkreten Textstelle aus der Dramenszene „Kunst", und zwar Z. 50 f.:

Selbstkundgabe:
Ich hätte das Bild (für diesen Preis) auf keinen Fall gekauft.

Sachebene:
Hat das Bild tatsächlich so viel gekostet?

„[…] du hast doch für dieses Bild keine zweihunderttausend Francs bezahlt?"

Appellseite:
Sag mir, dass das nicht stimmt! Oder: Bring das Bild sofort zurück!

Beziehungsebene:
Wenn du mich gefragt hättest, wäre dir der Fehler nicht passiert. Oder: Warum fragst du bei solchen Summen deine Freunde nicht?

5.1 KOMMUNIKATION IM ALLTAG

Paul Watzlawick u. a.: Menschliche Kommunikation. Formen, Störungen, Paradoxien ► S. 92

Paul Watzlawick (1921–2007) wurde in Villach (Österreich) geboren. Er errang nicht nur als Kommunikationswissenschaftler, sondern auch als Psychotherapeut, Psychoanalytiker, Soziologe, Philosoph und Autor breite Anerkennung. Seine kommunikationstheoretischen Analysen fußen denn auch u. a. auf der genauen Beobachtung des Kommunikationsverhaltens schizophrener Patienten. Berühmt wurde Watzlawick durch die fünf pragmatischen Axiome seiner Kommunikationstheorie, von denen das folgende wohl am bekanntesten ist: „Man kann nicht *nicht* kommunizieren". Kommunikation findet eben nicht nur sprachlich, sondern auch nonverbal statt. Als Forschungsbeauftragter am Mental Research Institute in Palo Alto/Kalifornien entwickelte er mit weiteren Kollegen seine Doublebind-Theorie.

1 a Thesen Watzlawicks
1. Kommunikation umfasst neben dem, was gesprochen wird (Inhalt), auch das Verhalten insgesamt.
2. Verhalten hat Mitteilungscharakter in einer zwischenmenschlichen Situation. Man kann sich nicht nicht verhalten. Man kann also auch nicht *nicht* kommunizieren.
3. Neben dem Inhalt einer Mitteilung ist auch entscheidend, wie der Sender sie gemeint hat. Es gibt also zwei Ebenen: eine Inhaltsebene und eine Beziehungsebene.
4. Es gibt gleichgewichtige (symmetrische) und ungleichgewichtige (komplementäre) Beziehungen. Komplementäre Beziehungen beruhen auf gesellschaftlichen oder kulturellen Zusammenhängen. Dementsprechend gibt es symmetrische und komplementäre Kommunikation.

b Die Schülerinnen und Schüler werden zur Veranschaulichung der Thesen Watzlawicks alltägliche Situationen vom Schulhof, aus dem Unterricht und vom Schulweg nennen. Im Kontext von symmetrischer und komplementärer Kommunikation bieten sich zudem Szenen mit Eltern, Lehrern usw. an.

c Die Kategorie „symmetrisch – komplementär" aus dem Ansatz Watzlawicks könnte bei Schulz von Thun ergänzt werden; hier ist vor allem die inhaltliche Ausgestaltung der Beziehungsebene bei Schulz von Thun betroffen.

2 Die Szene aus „Kunst" ist eindeutig symmetrisch, beide Freunde stehen in keinerlei einseitiger Abhängigkeit und können frei reden, was ja an den gegenseitigen Beleidigungen, dem Spott und der Ironie auch deutlich wird.
Ergänzende Aufgabe: Stellen Sie sich vor, Marc ist nicht der Freund, sondern der Vorgesetzte von Serge. Wie würde das Gespräch über das Bild verlaufen?

Hein Retter: Im Wartezimmer ► S. 93

3 a/b Das Ende des Dialogs in der Originalfassung von Hein Retter:

ER: *(weiter)* […] Jeder hat gelesen. Wir haben weder geredet, noch irgendetwas anderes gemacht oder nicht gemacht! Wenn ich mir eine Illustrierte anschaue, interessiert mich doch gar nicht, was die anderen
5 machen; mich interessiert nur das, was ich lese. Und das nehme ich wahr, sehr genau sogar.
SIE: Nach Watzlawick heißt das: Du wolltest nicht kommunizieren, und die anderen wollten auch nicht kommunizieren, und weil man bekanntlich nicht nicht
10 kommunizieren kann, da habt ihr also kommuniziert!
ER: *(hilflos)* Neiiin! Ich wollte weder kommunizieren noch nicht kommunizieren, ich hatte keinerlei Absicht, weder den anderen mitzuteilen, dass ich kommunizieren wollte, noch dass ich nicht kommunizieren
15 wollte. Ich wollte eine Illustrierte lesen, das habe ich auch getan.

SIE: Das kommt mir sehr verdächtig vor, dass du sagst: du hattest keinerlei Absicht. Das ist es ja! Wenn du keine Absicht hast, hast du eben gerade eine Absicht, nämlich keine. Eine Absicht zu haben ist 20 Verhalten, keine Absicht zu haben ist dasselbe, nämlich Verhalten. Verhalten ist Kommunikation. Das ist Prüfungsstoff für die Vordiplomprüfung. Also hast du kommuniziert!
ER: *(erschöpft)* Gut, gut, meine Liebe! Ich gebe also 25 zu und bekenne: Ich habe kommuniziert!
SIE: *(befriedigt)* Habe ich's mir doch gedacht … warum nicht gleich so?

(Aus: Hein Retter: Theorien der Kommunikation. Vorlesungsmanuskript. Seminar für Allgemeine Pädagogik der Technischen Universität Braunschweig, 1999, S. 66. Zitiert nach: www.abpaed.tu-darmstadt.de/arbeitsbereiche/ bt/material/kommunikation.pdf)

112 A5 KOMMUNIKATIONSPROBLEME UNTERSUCHEN

4 Das Gespräch selbst ist deshalb interessant, weil – wie z. B. auch bei Texten von Loriot – der Mann sich auf der Sachebene geschlagen gibt, um auf der Beziehungsebene Ruhe zu haben.

5 Wenn einer der im Wartezimmer Wartenden das Gespräch sucht, dann entsteht tatsächlich eine kommunikative Situation, die auch von allen Beteiligten als solche betrachtet wird. Der Begriff der Absicht (wenigstens eines der Beteiligten) ist hier zentral: Will einer der an der Situation Beteiligten kommunizieren, so wird die Nicht-Kommunikation der anderen zwangsläufig zu einem Akt der Kommunikation; dann (und nur dann) lässt sich mit Watzlawick sagen: Man kann nicht *nicht* kommunizieren!

6 Diese Aufgabe – die Analyse des Dialogs mit Hilfe der Kategorien Schulz von Thuns – ist deshalb schwierig zu bearbeiten, weil sie sich auf die komplette Situation bezieht. Es ist also sinnvoll, einzelne Äußerungen genauer zu beleuchten, z. B.:

Aussage	Sachebene	Selbstkundgabe	Beziehungsebene	Appellseite
Sie: „Aha, ihr habt also kommuniziert!" (Z. 5)	Aussage über die Kommunikations-situation	„Ich verstehe etwas vom Thema, habe Watzlawick gelesen!"	„Ich erkläre dir das mal genauer."	„Sag, dass ich Recht habe!"
Er: „Unsinn!" (Z. 24)	„Was du sagst, ist inhaltlich falsch."	„Ich habe im Wartezimmer nicht kommuniziert!"	„Du kannst mir nichts einreden!"	„Hör auf!"

▶ S. 94 **Widersprüchliche Botschaften**

1 Das wohl am häufigsten verwendete Beispiel für eine Doublebind-Situation ist der Ausspruch „Sei spontan", der sich in vielen Kontexten vorstellen lässt (Liebespaar, Lehrer – Schüler, Eltern – Kind etc.). Die Botschaft ist insofern paradox, da Spontaneität nicht gewollt ist und nicht verordnet werden kann. Die Aufforderung „Hab mich endlich lieb" könnte z. B. in einer Konfliktsituation zwischen Eltern und Kind fallen. Von dem Kind wird eine Zuneigung erwartet, zu der das Kind im Verhalten der Eltern / des Elternteils keine Entsprechung sieht.

2 Die beste Lösung wäre der Weg in die Metakommunikation: Die widersprüchliche Kommunikation wird bewusst gemacht. Möglich wäre es auch, die Doublebind-Situation durch eine ebenfalls doppelsinnige oder aber auch humorvolle Antwort zu lösen.

▶ S. 94 **Karl Bühlers Organon-Modell – Die drei Grundfunktionen der Sprache**

1 Mögliche Intentionen eines Senders am Beispiel des Sprachzeichens „Feuer":

sprachliches Zeichen Z	Sinnbezug/Intention	Sprachfunktion	Erläuterung/Beispiel
„Feuer"	Sachverhalt	Darstellung	„Feuer" bei der Beschreibung eines naturwissenschaftlichen Versuchs
	Sender	Appell	„Feuer!" als militärischer Befehl
	Empfänger	Ausdruck	„Feuer" als Hilfeschrei bei einem Brand

5.1 KOMMUNIKATION IM ALLTAG   113

2 Die Aufgabe lässt sich noch um „Gesprächsformen" (3. Spalte) erweitern:

Sprachfunktion	Textsorten	Gesprächsformen
Darstellung	▪ Gebrauchsanweisung ▪ Protokoll ▪ Sachbuch ▪ Zeitungsbericht ▪ …	▪ wissenschaftliche Vorträge ▪ mündliche Referate ▪ …
Ausdruck	▪ Brief ▪ Gedicht ▪ Tagebucheintrag ▪ …	▪ Liebeserklärung ▪ vertrauliche Gespräche ▪ …
Appell	▪ Rede ▪ Flugblatt ▪ …	▪ politische Rede ▪ Predigt ▪ …

3 Weiterentwicklung des Organon-Modells – Vorschlag für ein Tafelbild:

Funktion	Bühler (1934)	Watzlawick (1969)	Schulz von Thun (1981)
Ausdruck Selbstoffenbarung	X		X
Darstellung Inhalt/Sache	X	X	X
Appell	X		X
Beziehung		X	X
Metakommunikation		X	X
	Die Zeichenfunktion der Sprache steht im Mittelpunkt.	Der Beziehungsaspekt schließt weitgehend Appell und Ausdruck mit ein. Das erkenntnisleitende Interesse ist psychologisch-therapeutisch motiviert.	Ausdifferenzierung der zentralen Kategorien von Bühler und Watzlawick im Hinblick auf Trainingssituationen der Alltagskommunikation.

Rollen klären – Kommunikationssituationen regeln ▶ S. 95

1 a/b Im linken Cartoon wird die **Geschlechterrolle** thematisiert und die Rolle des „modernen Mannes", der die ehemals traditionelle Mutterrolle übernommen hat, karikiert. Im rechten Cartoon liegen Verwechslungen von **beruflicher und privater Rolle** vor, wodurch die Szene komisch wirkt. Entscheidend sind die **Rollenerwartungen**, die eine Gesellschaft an die Rolleninhaber stellt.
Vgl. hierzu die Onlineausgabe von „Meyers Lexikon": „**Rolle**: Soziologie (soziale Rolle), die Summe von Erwartungen an das soziale Verhalten eines Menschen, der eine bestimmte soziale Position innehat; ein gesellschaftlich bereitgestelltes Verhaltensmuster, das in bestimmten Situationen ausgeführt werden kann oder muss. Der Widerspruch, der sich aus unterschiedlichen Rollenerwartungen (z. B. Familienrolle, Berufsrolle, Geschlechtsrolle, Freizeitrolle) ergeben kann, wird **Rollenkonflikt** genannt."
(Zitiert nach: http://lexikon.meyers.de/wissen/Rolle+(Sachartikel)+Soziologie)
Weiterführend kann das Arbeitsblatt: „Ralf Dahrendorf: Soziale Position und Rolle" eingesetzt werden, das auf der CD zu finden ist.

3 Falls dieser Aspekt vertiefend behandelt werden soll, kann das Arbeitsblatt: „Wolfgang Eichler / Johannes Pankau: Kommunikationsstile aus linguistischer Sicht: Gesprächsstile der Geschlechter" genutzt werden, das ebenfalls auf der CD zu finden ist. Dem Thema „Sprache und Geschlecht – Positionen linguistischer Geschlechterforschung" ist auch das Teilkapitel D4.2 (S. 524–529 im Schülerband) gewidmet.

114   A5 KOMMUNIKATIONSPROBLEME UNTERSUCHEN

4   a/b   Die Schülerinnen und Schüler könnten z. B. folgende Regeln für ein gemeinsames Gesprächsverhalten aufstellen:
1. Klar und deutlich sprechen!
2. Andere ausreden lassen!
3. Die Sachebene ansteuern!
4. Ich-Botschaften verwenden!
5. Aufeinander Bezug nehmen!

   c   Die letzte (metakommunikative) Regel könnte lauten:
6. Wer sich durch das Kommunikationsverhalten anderer gestört fühlt, kann dies jederzeit thematisieren!

◎ Weiterführendes Material zu diesem Teilkapitel findet sich auf der beiliegenden CD:
- *Ralf Dahrendorf:* Soziale Position und Rolle
- *Wolfgang Eichler/Johannes Pankau:* Kommunikationsstile aus linguistischer Sicht: Gesprächsstile der Geschlechter
- Das Kommunikationsquadrat (Folie)

5.2 Kommunikation in literarischen Texten – Dialogsituationen untersuchen

▶ S. 96   **Thomas Mann: Buddenbrooks** (1901)

1   b   Benedix Grünlich hält um die Hand von Tony Buddenbrook an, wird aber von dieser zurückgewiesen. Grünlich ignoriert Tonys abweisende Antwort und entlockt ihr durch sein erpresserisches Verhalten das Zugeständnis, dass sie ihn nicht verabscheue. (Falls der Film „Buddenbrooks" aus dem Jahr 2008 in der Regie von Heinrich Breloer herangezogen wird, ist unbedingt zu beachten, dass dort diese Szene deutlich gekürzt ist!)

   c   Der Dialog sollte als kleine Szene vor der Klasse gestaltet werden. Die Beobachtung nonverbaler und paraverbaler Elemente, durch welche die Gesprächssituation entscheidend geprägt wird, könnte als Arbeitsauftrag für die Schülerinnen und Schüler formuliert werden. Dabei ist zu überlegen, ob der Arbeitsauftrag 5 nach dem ersten Lesen eingeschoben wird. Die Darstellung des nonverbalen und paraverbalen Verhaltens der Figuren kann geradezu als Regieanweisung für die zweite Dialogrunde dienen.

2   Die Kommunikationssituation ist misslungen, da Grünlich an einem wirklichen Gespräch mit Tony, das ihm Gewissheit über deren Gefühle verschaffen könnte, gar nicht interessiert ist. Er versucht mit allen Mitteln (Schmeicheln, Vorwurf, Anschuldigung, Erpressung), Tony zu einer positiven Antwort auf seinen Heiratsantrag zu bewegen, um sich durch diese Verbindung aus seinen finanziellen Schwierigkeiten zu befreien – ein Beweggrund, der dem Leser des Romans an dieser Stelle allerdings noch unbekannt ist. Auch so schon weckt aber der theatralische, völlig unangemessene Versuch Grünlichs, das Scheitern des Antrags mit seiner existenziellen Bedrohung in Verbindung zu bringen, beim Leser den Eindruck eines unehrlichen, verlogenen Verhaltens. Tony ihrerseits fühlt sich von Grünlich in die Enge getrieben. Grünlich gelingt es, in ihr Schuldgefühle auszulösen, sodass sie aus Mitleid das Gespräch nicht abbricht, was von Grünlich sofort ausgenutzt wird. Er interpretiert Tonys verneinende Antwort auf seine absurde Frage, ob sie ihn töten wolle, bewusst falsch und deutet sie als Zugeständnis. Einer klärenden Erwiderung durch Tony entzieht er sich durch seinen überstürzten Aufbruch.

3   a/b   In den inneren Monologen müssten im Falle Grünlichs seine wahren Motive deutlich werden. Zwischen seinen Aussagen (Inhaltsebene) und seinen tatsächlichen Gefühlen für Tony (Beziehungsebene) besteht ein eklatanter Widerspruch. Grünlich bestreitet die Form der komplementären Interaktion, sodass in seinem inneren Monolog Unverständnis und auch Ärger über Tonys Verhalten zum Ausdruck kommen sollten. Tonys innerer Monolog könnte zeigen, dass sie sich durch Grünlich überrumpelt fühlt. Ihr Versuch einer symmetrischen Kommunikation scheitert. Ihre Selbstoffenbarungen müssten den Widerstreit der Gefühle spiegeln, nämlich einerseits Ablehnung, Widerwillen, Unverständnis und Verzweiflung angesichts der sie überfordernden Situation, andererseits Reue und Mitleid für ein Verhalten, das sie in Unkenntnis der wahren Motive Grünlichs für aufrichtig und ehrlich hält.

5.2 KOMMUNIKATION IN LITERARISCHEN TEXTEN

Besonders Äußerungen gegen Schluss des Gesprächs (z. B. „Ich verabscheue Sie nicht, Herr Grünlich [...]", Z. 120 f.) könnten unter dem Aspekt Inhaltsebene/Beziehungsebene in dem inneren Monolog Tonys reflektiert werden.

4 Grünlich offenbart in dieser Äußerung ein Rollenverständnis, wie es noch zu Beginn des 20. Jahrhunderts in bürgerlichen Kreisen verbreitet war: Der Frau wird die passiv-emotionale, dem Mann die aktiv-rationale Rolle zugeordnet. Die Frau dient dem Mann und ordnet sich seinen Wünschen unter.

5/6 Die Schülerinnen und Schüler könnten zuerst in einer Tabelle Zitate sammeln, um dann zu erläutern, wie die Wahrnehmung der Figuren auf Seiten des Lesers durch den Erzähler gelenkt wird. Dabei sind die Sympathien eindeutig verteilt. Schon in dieser Szene erscheint Grünlich als der schmeichlerische, autoritäre, dabei aber doch lächerlich wirkende Parvenü, dem die etwas naive und unschuldige Tony ausgeliefert ist.

	nonverbales Verhalten	paraverbales Verhalten	Innensicht der Figuren
Grünlich	„vornübergebeugt" (Z. 4); „blickte ihr tief in die [...] Augen (Z. 23 f.); „er breitete die Arme aus" (Z. 50); „atmete [...] heftig auf [...], wies mit dem Zeigefinger [...]" (Z. 71 ff.); „in aufrichtig erzürnter und gebietender Haltung" (Z. 77 f.); „Hände auf dem Rücken" (Z. 81 ff.); „sank ... sank langsam bei ihr zu Boden auf die Knie" (Z. 90 ff.) etc.	„mit bewegter Stimme" (Z. 6); „mit tief gesenkter und fast vorwurfsvoller Stimme" (Z. 35 f.); „sprach mit dem Ernst eines Mannes [...]" (Z. 52); „fragte er tonlos" (Z. 68); „rief mit fürchterlicher Stimme" (Z. 74 f.); „sagte er ganz leise" (Z. 89); „unterbrach er sich mit einer gewissen Hast" (Z. 98 f.); „und sagte ängstlich beschwichtigend" (Z. 130)	„er nötigte auch sie selbst" (Z. 3); „dass ich mich nicht [...] beleidigen lassen darf" (Z. 54 f.); „als sei er hier zu Hause" (Z. 82); „Sofort aber, als er [...], ließ er sich noch einmal nieder" (Z. 128 ff.)
Tony	„ihre Hand, die schlaff war vor Ratlosigkeit" (Z. 4 f.); „ängstlich geöffnete Augen" (Z. 23 f.); „starrte in sein rosiges Gesicht" (Z. 27); „befreite ihre Hand" (Z. 44); „blass, verweint und zitternd, das feuchte Taschentuch am Munde" (Z. 78 f.); „indem sie sich ganz ergriffen über ihn beugte" (Z. 119 f.)	„rasch und angstvoll" (Z. 30); „bemühte sich, fest zu sprechen" (Z. 32 f.); „rief sie völlig verzweifelt" (Z. 45 f.); „bereute, so heftig gewesen zu sein" (Z. 57 f.); „so ruhig sie konnte" (Z. 63 f.); „in tröstendem Ton" (Z. 103 f.); „in einem beinahe mütterlich tröstenden Ton" (Z. 125 f.)	„starrte in sein rosiges Gesicht, auf die Warze an seiner Nase und in seine Augen, die so blau waren wie diejenigen einer Gans" (Z. 27 ff.); „völlig verzweifelt" (Z. 46); „Rührung und Mitleid stiegen in ihr auf" (Z. 104 f.); „innerlich ganz fremd und gleichgültig" (Z. 107 f.); „unsinnig [...] albern" (Z. 113 f.); „völlig verwirrt und erschöpft" (Z. 143)

Beziehungs- und Kommunikationsstörungen in neuerer Literatur

Daniel Kehlmann: **Ich und Kaminski** (2003)   ▶ S. 99

1 a   In beiden Textauszügen werden gestörte Kommunikationssituationen zwischen einem Mann und einer Frau dargestellt, die nur aus der Perspektive des Mannes noch ein Paar sind bzw. ein Paar werden sollten. Während in den „Buddenbrooks" die Figuren aufeinandertreffen, findet die misslingende Kommunikation in dem zeitgenössischen Roman am Telefon statt. In beiden Situationen versteht der zurückgewiesene Mann eine beschwichtigende Bemerkung der Frau absichtlich (?) falsch: So macht sich Grünlich nach Tonys Äußerung: „Nein, nein! [...] Ich verabscheue Sie nicht" (Z. 119 ff.) erneut Hoffnungen auf die für ihn vorteilhafte Eheschließung, und der Ich-Erzähler in Kehlmanns Roman hofft auf ein Weiterbestehen der Beziehung, als Elke – mit Blick auf sein berufliches Vorankommen – sagt: „Vielleicht hast du noch eine Chance" (Z. 119 f.).

b   **Charakterisierung der Figur Elke:** Elke lässt sich durch ihr Gesprächsverhalten (bestimmt, spricht in deutlich knappen Sätzen, widerspricht Sebastian) ebenso charakterisieren wie durch ihren Lebensstil, den der Erzähler (Z. 50–58) andeutet: Sie erscheint als eine moderne, berufstätige Frau, die voll im Leben steht, sich ihren Interessen widmet und offenbar nicht mehr Willens ist, die Anwesenheit des Erzählers (ihres Freundes?) in ihrer recht luxuriösen Wohnung zu dulden.

Charakterisierung des Ich-Erzählers Sebastian Zöllner: Durch die personale Erzählweise kommt eine Diskrepanz zwischen den verbalen Äußerungen am Telefon und seiner inneren Einstellung Elke gegenüber zum Ausdruck. Zöllner versucht Elke offenbar hinzuhalten, zur Not durch Lügen (Z. 17 f. und Z. 23 ff.), und will kein Aufsehen in der Öffentlichkeit (Z. 79). Er ist offenbar einsam, wenn er sich selbst eingesteht, keine Freunde zu haben (Z. 93 ff.), und außerdem beruflich wenig erfolgreich, was am Kontrast zwischen Elkes übergroßem Wohnzimmer („hundertdreißig Quadratmeter", Z. 67 f.) und der Tatsache deutlich wird, dass Zöllner nicht mal einen Anstreicher bezahlen konnte. Der Ich-Erzähler demontiert sich selbst, wenn er suggeriert, Herr der Lage zu sein, es offensichtlich aber nicht ist: „Elke, ich werde dieses Gespräch vergessen." (Z. 80 f.)

2 a Vordergründig geht es auf der **Inhaltsebene** darum, dass Sebastian Zöllner nicht bei seiner ehemaligen Freundin wohnen soll, weil diese einen neuen Mann, Walter, kennengelernt hat. Das Thema „Wohnungsnot" wird vom Erzähler zweimal angesprochen, offensichtlich geht es jedoch um das Ende einer Beziehung. Dies thematisiert Elke nur indirekt, wenn sie ihr Mitleid zum Ausdruck bringt (Z. 59 ff.).

b Zu erwarten wäre eine **Selbstkundgabe**, als Sebastian erfährt, dass Elke ihn rausgeworfen hat („Ich räusperte mich.", Z. 35), spätestens aber, als er von Walter erfährt. Er schweigt jedoch. Die vermeintlichen Selbstkundgaben Sebastian Zöllners sind allesamt Versuche, Elkes Äußerungen zu verhindern. Er ahnt offenbar, was auf ihn zukommt. Einmal äußert der Erzähler klar sein Entsetzen über die Entwicklung: „Ich kann das einfach nicht glauben" (Z. 71).

c Die Störung in der **Beziehung** wird schon daran deutlich, dass Sebastian Zöllner dem Gespräch mit Elke am liebsten ausweichen möchte: Er will nicht kommunizieren, weil er ahnt, was kommt. Am Ende missversteht er den Satz „Vielleicht hast du noch eine Chance" (Z. 119 f.), bezieht ihn auf seine Beziehung zu Elke. Nun aber, als aus ihrer Sicht alles gesagt ist, entzieht sie sich der Kommunikation, indem sie nicht mehr ans Telefon geht.

d **Appelle** finden sich seitens Zöllners zu Beginn als indirekte Sprechakte (Z. 7, 17 f., 28), als er versucht, das Gespräch abzubrechen, und direkt, als er sein Image in der Öffentlichkeit bedroht sieht: „Nicht in die Redaktion!"

3 a/b Möglichkeiten zur Metakommunikation hätte Sebastian an den unter 2b genannten Stellen, jedoch steht zu vermuten, dass Elke sich auf diese Ebene wohl nicht (mehr) eingelassen hätte. Elke scheint sich entschieden zu haben, den Kontakt mit Sebastian abzubrechen oder allenfalls auf einer oberflächlichen Ebene zu halten, wie das Umschwenken auf berufliche Themen zeigt (Z. 113 ff.). Dass Zöllner auf dieses Thema einsteigt (und die Beziehungsthemen meidet), spricht dafür, dass die Beziehung zerrüttet ist und die Situation auch durch Metakommunikation, insbesondere am Telefon, nicht gerettet werden kann.

4 Komik entsteht zunächst dadurch, dass der Erzähler den Lesern in gespielter Souveränität mehr mitteilt als der Gesprächspartnerin Elke, was zunächst eine Identifikation mit Sebastian bedeutet, die allerdings konterkariert wird, wenn Elkes Überlegenheit deutlich wird: Sie ist erfolgreich, hat einen neuen Freund und kann Sebastian offenbar vor die Tür setzen. Komik entsteht, wenn deutlich wird, wie falsch der Erzähler seine Situation einschätzt, z. B. als er gönnerhaft versucht, das Gespräch ungeschehen zu machen (Z. 80 ff.). Zöllner erzählt lakonisch, aber nicht selbstmitleidig von seiner Einsamkeit („Einem Freund?", Z. 93). Komisch ist auch, dass Zöllner Elkes letzten Satz „Vielleicht hast du noch eine Chance", der seinen beruflichen Werdegang betrifft, auf ihre Verbindung bezieht und in völliger Übertreibung neunmal versucht, Elke zu erreichen.

5.3 SCHREIBEN ZU KUNSTWERKEN **117**

5.3 Eingefrorene Gespräche – Schreiben zu Kunstwerken

Duane Hanson: Selfportrait with Model (1979) ► S. 101

1 Die Cafészene zeigt zwei Figuren (ein Paar?), die einander zugewandt an einem Tisch sitzen, was man an der Körperhaltung und Gestik ablesen kann (zueinander ausgerichtet, offene Bein- und Armstellung, aufrechte Haltung der Oberkörper). Der Mann stützt seinen Kopf auf, wirkt deshalb statisch, was aber durch die Momentgeste des Umfassens der Getränkeflasche aufgehoben wird. Der Blick des Mannes scheint auf die Frau gerichtet, ihr Blick ruht auf einer Illustrierten, in der sie blättert. Ihre zweite Hand umfasst einen bereits geleerten Eisbecher.
Die Skulptur wirkt durch eine Mischung aus Nähe (offene Haltung, Fuß- und Beinstellung, Blick des Mannes) und Distanz (Tischplatte, Blick der Frau) fast schwebend. Das Augenblickhafte der Situation – unterstützt durch die Requisiten – verleiht dem Ganzen eine zusätzliche Spannung.
Die Requisiten konstituieren die Situation im (Eis-)Café, die zu Füßen der Frau stehende, offene Tasche deutet darauf hin, dass die beiden vom Einkauf o. Ä. kommen.

2/4 Die Situation selbst und auch die Ausgestaltung der Figuren liefern nur wenige Hinweise (s. o.) für eine Konkretisierung. Das Kunstwerk ist bedeutungsoffen und fordert vom Betrachter, der in die Szene gewissermaßen hineingezogen wird, eine sehr individuelle Füllung. Dies lässt sich gut im Vergleich der entstandenen Texte und unter Rückbezug auf die Abbildung reflektieren.

3 Im Rollenmonolog müsste eine gewisse (äußere) Sprachlosigkeit zum Ausdruck kommen, die sich durchaus darin äußern kann, dass die Figur innerlich von Gefühlen, Sehnsüchten oder Hoffnungen erfüllt ist.

Edward Hopper: Nachtschwärmer (1942) ► S. 102

1 „Nachtschwärmer" ist eines der bekanntesten Bilder des 20. Jahrhunderts. Gegenstand ist eine Bar in nächtlicher Straßenatmosphäre, die mit kühlem Neonlicht erleuchtet ist. Der Betrachter blickt von außen durch große Fensterscheiben hinein. Drinnen sitzen oder stehen drei Gäste, die scheinbar fast nichts verbindet. Neben diesen „Nachtschwärmern" an der Theke, die den Barbereich umläuft, findet sich in dessen Mitte ein Kellner, der in weißer Jacke einer Tätigkeit nachgeht. Die Beziehungen der Figuren im Bild sind ungeklärt. Noch am ehesten könnten die Frau, deren linke Hand zu dem rauchenden Mann rechts neben ihr deutet, und er ein Paar sein; vielleicht aber auch nur eine lockere Bekanntschaft, vielleicht handelt es sich auch um eine erste Begegnung. Die dritte Figur, ein Mann mit Hut in Rückenansicht, scheint zu keiner der anwesenden Personen Kontakt zu haben.
Das Arrangement der „Nachtschwärmer" wirkt besonders durch farbliche und strukturelle Kompositionen der Bar selbst und ihrer Umgebung: Die Helligkeit des Nachtcafés steht in starkem farblichen Kontrast zur umgebenden Nachtatmosphäre, die zudem durch ihre Leere (keine Menschen) auffällt. Der spitze, wenngleich abgerundete Winkel des Cafés schiebt sich gewissermaßen von rechts ins Bild. Die Farbgebung des Gemäldes arbeitet mit Kontrasten zwischen Gelb, Grün, Braun und Rot. Die Flächen sind geometrisch geformt und werden nur durch kleine Theken-Accessoires (Kaffeemaschinen, Salz- und Pfefferstreuer, Tassen) aufgebrochen wie auch von der Zigarrenwerbung (Phillies) auf der Fassadenfläche.

2 Diese Aufgabe kann auch im Unterrichtsgespräch oder in Kleingruppen vorbereitet werden. Als mögliche Wendepunkte bieten sich an:
- Eine Figur verlässt wortlos das Café.
- Eine Figur spricht – überraschenderweise – eine andere Figur an.
- Eine Figur ist mit einer anderen Figur gut bekannt oder verwandt, was der Leser aber erst am Ende erfährt.

Duane Hanson: Cheerleader, Surfer (1986/87) ► S. 102

1 Bei den dargestellten Figuren handelt es sich um die beiden Skulpturen „Cheerleader" und „Surfer", die von Duane Hanson selbst nicht in dieser Konstellation aufgestellt worden sind. Alter und Hobbys der abgebildeten Jugendlichen bieten den Schülerinnen und Schülern gute Möglichkeiten, zu den Figuren in Beziehung zu treten.

118 A5 KOMMUNIKATIONSPROBLEME UNTERSUCHEN

Die stummen Schreibgespräche leiten die Schülerinnen und Schüler in eine der beiden Rollen, aus der heraus sie schreiben, ohne dass zuvor klar ist, welche Identität die Figur hat. Die Verlangsamung im Schreibprozess kann hilfreich sein, wenn die Schülerinnen und Schüler die Aufgabe als künstlerische Herausforderung begreifen. Manche neigen allerdings dazu, die Szene schnell zu beenden.

2 Hier lassen sich arbeitsteilige Beobachtungsaufträge – ggf. auch nochmals aufgeteilt auf die beiden zu beobachtenden Figuren – vergeben, die zur differenzierten Wahrnehmung beitragen, z. B.:
Achten Sie besonders
- auf die Mimik der Figuren,
- auf ihre Gestik und Körperhaltung,
- auf die Blicke und die gegenseitigen Reaktionen,
- auf die paraverbalen Mittel (Intonation, Pausen usw.).

3 Aspekte der Diskussion könnten sein: die (große) Unbestimmtheit der dargestellten Situationen, die Unklarheit über die Beziehungen der Figuren untereinander und die distanzierte Sprachlosigkeit, die allen in diesem Teilkapitel abgebildeten Kunstwerken eigen ist. Diese Aspekte können den Schreibprozess motivieren, ggf. aber auch blockieren, weil die Schülerinnen und Schüler die vielen Leerstellen vielleicht nicht füllen können oder wollen.

A5.2 LERNERFOLGSKONTROLLE/KLAUSURVORSCHLAG

Analyse eines literarischen Textes mit anschließender weiterführender Reflexion

Aufgabenstellung

1 Analysieren und interpretieren Sie den folgenden Auszug aus Thomas Manns Roman „Buddenbrooks" unter Rückgriff auf die Ihnen bekannten Kommunikationstheorien. Gehen Sie dabei vom Kommunikationsverhalten der einzelnen Romanfiguren aus. *(48 Punkte)*

2 Erläutern Sie die Bedeutung des Erzählers für die Darstellung der Kommunikationssituation. *(24 Punkte)*

Thomas Mann: Buddenbrooks (1901)

Tony Buddenbrook ist mit Grünlich verheiratet, sie haben eine gemeinsame Tochter. Als klar wird, dass Grünlich wirtschaftlich bankrott ist und keinen gesellschaftlich angemessenen Lebensstil mehr finanzieren kann, greift Tonys Vater, der alte Buddenbrook, ein und holt seine Tochter und sein Enkelkind nach Lübeck zurück. Der folgende Auszug erzählt von der letzten Begegnung zwischen Tony und ihrem Mann; der alte Buddenbrook ist ebenfalls anwesend.

In diesem Augenblick wurden die Portieren auseinandergeschlagen und in den Salon kam Herr Grünlich. Mit raschen Schritten, die Arme ausgebreitet und den Kopf zur Seite geneigt, in der Haltung eines Mannes, welcher sagen will: Hier bin ich! Töte mich, wenn du willst! eilte er auf seine Gattin zu und sank dicht vor ihr auf beide Knie nieder. Sein Anblick war Mitleid erregend. Seine goldgelben Favoris[1] waren zerzaust, sein Leibrock war zerknittert, seine Halsbinde verschoben, sein Kragen stand offen, und auf seiner Stirn waren kleine Tropfen zu bemerken.
„Antonie ...!", sagte er. „Sieh mich hier ... Hast du ein Herz, ein fühlendes Herz? ... Höre mich an ... du siehst einen Mann vor dir, der vernichtet, zu Grunde gerichtet ist, wenn ... ja, der vor Kummer sterben wird, wenn du seine Liebe verschmähst! Hier liege ich ... bringst du es über das Herz, mir zu sagen: Ich verabscheue dich –? Ich verlasse dich –?"
Tony weinte. Es war genau wie damals im Landschaftszimmer. Wieder sah sie dies angstverzerrte Gesicht, diese flehenden Augen auf sich gerichtet, und wieder sah sie mit Erstaunen und Rührung, dass diese Angst und dieses Flehen ehrlich und ungeheuchelt waren.
„Steh auf, Grünlich", sagte sie schluchzend. „Bitte, steh doch auf!" Und sie versuchte, ihn an den Schultern emporzuheben. „Ich verabscheue dich nicht! Wie kannst du dergleichen sagen! ..." Ohne zu wissen, was sie sonst noch sprechen sollte, wandte sie sich vollkommen hilflos ihrem Vater zu. Der Konsul ergriff ihre Hand, verneigte sich vor seinem Schwiegersohn und ging mit ihr der Korridortüre zu.
„Du gehst?", rief Herr Grünlich und sprang auf die Füße ...

„Ich habe Ihnen schon ausgesprochen", sagte der Konsul, „dass ich es nicht verantworten kann, mein Kind so ganz unverschuldet dem Unglück zu überlassen, und ich füge hinzu, dass auch Sie das nicht können. Nein, mein Herr, Sie haben den Besitz meiner Tochter verscherzt. Und danken Sie Ihrem Schöpfer dafür, dass er das Herz dieses Kindes so rein und ahnungslos erhalten hat, dass sie sich ohne Abscheu von Ihnen trennt! Leben Sie wohl!"
Hier aber verlor Herr Grünlich den Kopf. Er hätte von kurzer Trennung, von Rückkehr und neuem Leben sprechen und vielleicht die Erbschaft retten können; aber es war zu Ende mit seiner Überlegung, seiner Regsamkeit und Findigkeit. Er hätte den großen, unzerbrechlichen, bronzenen Teller nehmen können, der auf der Spiegeletagere[2] stand, aber er nahm die dünne, mit Blumen bemalte Vase, die sich dicht daneben fand, und warf sie zu Boden, dass sie in tausend Stücke zersprang ...
„Ha! Schön! Gut!", schrie er. „Geh nur! Meinst du, dass ich dir nachheule, du Gans? Ach nein, Sie irren sich, meine Teuerste! Ich habe dich nur deines Geldes wegen geheiratet, aber da es noch lange nicht genug war, so mach nur, dass du wieder nach Hause kommst! Ich bin deiner überdrüssig ... überdrüssig ... überdrüssig ...!"
Johann Buddenbrook führte seine Tochter schweigend hinaus. Er selbst aber kehrte noch einmal zurück, schritt auf Herrn Grünlich zu, der, die Hände auf dem Rücken, am Fenster stand und in den Regen hinausstarrte, berührte sanft seine Schulter und sprach leise und mahnend: „Fassen Sie sich. *Beten* Sie."

(Aus: Thomas Mann: Buddenbrooks. S. Fischer, Frankfurt/M. 1960, S. 230–232 © S. Fischer Verlag, Berlin 1901. Alle Rechte vorbehalten S. Fischer Verlag, Frankfurt/M.)

---

[1] **Favoris:** Koteletten bzw. Backenbart
[2] **Etagere:** Gestell für Bücher oder Geschirr

120 ERWARTUNGSHORIZONT

Inhaltliche Leistung

Aufgabe 1

	Anforderungen Die Schülerin/der Schüler	maximal erreichbare Punktzahl (AFB)	erreichte Punktzahl
1	gibt den Inhalt der Situation wieder: Dialog Tony – Grünlich, dann Grünlich – Buddenbrook.	6 (I)	
2	analysiert die Redestrategie Grünlichs im Gespräch mit Tony: Appell an Tonys Gefühle; Selbsterniedrigung, um Mitleid zu erregen; Zuspitzung/ Übertreibung; „Erpressung" durch Androhung des eigenen Todes → Widerspruch zwischen Inhalts- und Beziehungsebene.	6 (II)	
3	untersucht dabei die sprachlichen Mittel in Grünlichs Äußerungen: Ausrufe, Ellipsen, rhetorische Fragen, Parallelismen/Anaphorik.	6 (II)	
4	analysiert den Widerspruch zwischen den Aussagen Grünlichs zu Beginn und am Ende des Textauszugs (Inhaltsebene – Beziehungsebene).	3 (II)	
5	bewertet die Schlussäußerung Grünlichs als Indiz für seinen verlogenen Charakter (alternativ: als Ausdruck völliger Hilflosigkeit und Wut).	6 (III)	
6	stellt fest, dass Tony inhaltlich keine Stellung bezieht, sondern versucht, die Situation harmonisch aufzulösen → Naivität Tonys, die Grünlich Glauben schenken will (Verkennung der Beziehungsebene).	6 (II)	
7	erläutert das nonverbale Verhalten Tonys (Weinen und Schluchzen) vor dem Hintergrund der Geschlechterrolle.	6 (II)	
8	stellt das Verhalten des alten Buddenbrook seiner Tochter gegenüber als patriarchal dar, weil er die Entscheidungen für seine Tochter trifft (asymmetrische Kommunikation).	6 (III)	
9	stellt das Verhalten des alten Buddenbrook Grünlich gegenüber als patriarchalisch und vom eigenen Standes- und Familieninteressen geprägt dar.	3 (III)	
		48	

© 2009 Cornelsen Verlag, Berlin. Alle Rechte vorbehalten.

Autoren:
Markus Langner / Norbert Pabelick

Texte, Themen und Strukturen
Lernerfolgskontrolle 8, S. 2

ERWARTUNGSHORIZONT **121**

Aufgabe 2

	Anforderungen Die Schülerin/ der Schüler	maximal erreichbare Punktzahl (AFB)	erreichte Punktzahl
1	erläutert, inwiefern der Erzähler Einblick in die Gefühlswelt seiner Figuren liefert.	3 (II)	
2	untersucht die Schilderung Grünlichs und seines Auftritts durch den Erzähler: ironisch-pathetische Überhöhung Grünlichs („Hier bin ich! […]", Z. 5 f.) bei gleichzeitiger Erniedrigung (äußeres Erscheinungsbild) → Grünlich wird ironisch demontiert und über die Situationskomik der Lächerlichkeit preisgegeben.	6 (II)	
3	erläutert, dass Tonys Gedanken und Erinnerungen empathisch geschildert werden → Lesersteuerung/Sympathie.	6 (II)	
4	erläutert, dass der Leser über die Gefühle und Gedanken des alten Buddenbrook nichts erfährt → die Figur erscheint distanziert und Grünlich überlegen.	6 (II)	
5	fasst die Ergebnisse dahingehend zusammen, dass deutlich wird, dass der Erzähler, über den Figurendialog hinaus, die Wahrnehmung des Lesers steuert.	3 (III)	
6	erfüllt ein weiteres aufgabenbezogenes Kriterium. (Max. 6 Punkte)		
		24	

Darstellungsleistung

	Anforderungen Die Schülerin/ der Schüler	maximal erreichbare Punktzahl	erreichte Punktzahl
1	strukturiert den Klausurtext schlüssig, sinnvoll verknüpft und gedanklich klar.	6	
2	schreibt fachsprachlich korrekt und differenziert zwischen beschreibenden, deutenden und wertenden Aussagen.	6	
3	belegt Aussagen funktional durch korrekte Zitate.	3	
4	formuliert begrifflich präzise und differenziert, sprachlich-stilistisch angemessen, abwechslungsreich und sicher.	10	
5	schreibt sprachlich korrekt.	3	
		28	

Eine Zuordnung der Punktezahlen zu den Notenstufen findet sich auf S. 46 in diesem Handbuch.

Autoren:
Markus Langner / Norbert Pabelick

Texte, Themen und Strukturen
Lernerfolgskontrolle 8, S. 3

6 Sprechen, Zuhören und Mitschreiben

Konzeption des Kapitels

In der Informationsgesellschaft mit ihren Datenfluten gewinnen Kompetenzen an Bedeutung, mit denen man Informationen aufnehmen, bewerten und bündeln, adressatengerecht aufbereiten und wirkungsvoll präsentieren kann. Solche Kompetenzen stehen in diesem Kapitel im Mittelpunkt.

Das erste Teilkapitel (**„Referate und Kurzvorträge erarbeiten und präsentieren"**) stellt in der Sekundarstufe II gängige Formen der Präsentation vor. Es gibt konkrete Hilfen zur Erarbeitung und insbesondere zu verschiedenen Aspekten des Vortrags strukturierter Informationen. Dabei werden auch verschiedene Formen der medialen Unterstützung vorgestellt und erprobt. Hinzu kommen Hilfen zur Evaluation von Referaten und Kurzvorträgen.

Das zweite Teilkapitel (**„Inhalte und Ergebnisse festhalten – Mitschriften und Protokolle"**) leitet die Erarbeitung verschiedener Formen des Protokolls an und gibt Hinweise, wie solche Sicherungen von Unterrichtsergebnissen bzw. anderer Arbeitsergebnisse mit Hilfe von Stichworten sinnvoll vorbereitet werden können.

Im dritten Teilkapitel (**„Bewerbungsportfolio und Vorstellungsgespräch"**) kommen biografische Stationen nach Abschluss der Sekundarstufe II in den Blick. Die Schülerinnen und Schüler erfahren, wie sie ein Bewerbungsportfolio aufbauen und wesentliche Elemente eines solchen Portfolios (Anschreiben, Lebenslauf etc.) formulieren können. Daran schließt sich die Simulation eines Vorstellungsgesprächs an.

Literaturhinweise

Bornemann, Monika und Michael/Ising, Annegret/Richter, Hans-Jörg/Schulenburg, Wencke: Referate, Vorträge, Facharbeiten. Von der cleveren Vorbereitung zur wirkungsvollen Präsentation. Bibliographisches Institut & F. A. Brockhaus, Mannheim 2003 (Reihe „Duden Lernen lernen")

Braukmann, Werner: Die Facharbeit. Pocket Teacher Abi für alle Fächer. Cornelsen Scriptor, Berlin 2001

Brenner, Gerd: Die Facharbeit: Von der Planung zur Präsentation. Cornelsen, Berlin 2002 (Reihe „Trainingsprogramm Oberstufe". Hg. von Bernd Schurf. Bd. 4)

Brenner, Gerd/Brenner, Kira: Fundgrube Methoden I. Für alle Fächer. Cornelsen Scriptor, Berlin 2005

Engst, Judith: Duden. Professionelles Bewerben – leicht gemacht. Der übersichtliche und aktuelle Ratgeber von der Stellensuche bis zum Vorstellungsgespräch. Bibliographisches Institut & F. A. Brockhaus, Mannheim [2]2007

Kratz, Hans-Jürgen: Handbuch Bewerbung. So finden Sie den richtigen Arbeitsplatz. Walhalla, Regensburg/Berlin, 8., neu bearb. Aufl. 2007

Kratz, Hans-Jürgen: Musterbriefe zur Bewerbung. Anzeigen richtig interpretieren – Bewerbungen zielorientiert formulieren. Walhalla, Regensburg, 16., aktual. Aufl. 2008

Kratz, Hans-Jürgen: Das Vorstellungsgespräch. Optimal vorbereitet auf Ihren Live-Auftritt. Walhalla, Regensburg/Berlin, 4., neu bearb. Aufl. 2007

Langer, Nicole: Referate und Vorträge halten. Compact Verlag, München 2004

Schulze, Gina: Arbeit – Leben – Glück. Wie man herausfindet, was man werden will. Deutscher Taschenbuch Verlag, München 2005

Siewert, Horst W.: Bewerben wie ein Profi. Das optimale Trainingsprogramm vom Anschreiben bis zur Einstellung. Redline Wirtschaft bei verlag moderne industrie, Frankfurt/M. [15]2003

Siewert, Horst W.: Die 100 wichtigsten Fragen im Vorstellungsgespräch. Kompetente Antworten, die überzeugen. Redline Wirtschaft bei verlag moderne industrie, Frankfurt/M., 5., aktual. Aufl. 2005

A6 SPRECHEN, ZUHÖREN UND MITSCHREIBEN

	Inhalte	Kompetenzen Die Schülerinnen und Schüler
S. 103	**6 Sprechen, Zuhören und Mitschreiben**	• bereiten Referate und Kurzvorträge fachgerecht vor
S. 103	**6.1 Referate und Kurzvorträge erarbeiten und präsentieren**	
S. 104	**Den Arbeitsprozess organisieren – Thema, Termin, Zeitplan**	• setzen in verlässlicher Weise Thema und Termin eines Referats bzw. Vortrags fest • entwickeln einen realistischen Zeitplan zur Erarbeitung des Referats
S. 104	**Von Bibliothek bis Internet – Informationen recherchieren und verarbeiten**	• recherchieren in einem (selbst)kontrollierten Verfahren in Bibliotheken und im Internet
S. 104	**Mediengestützt referieren I – Auswahl der Vortragsweise**	• erproben vom ausformulierten Text bis zum Karteikarten- und Stichwort-Verfahren verschiedene Techniken des Vortrags
S. 105	**Mediengestützt referieren II – Visualisierungstechniken auswählen und einsetzen**	• setzen Verfahren wie Zweig-, Netz-, Fluss- oder Baum-diagramm gezielt zur visuellen Unterstützung eines Vortrags ein • erproben Formen medialer Einspielungen nach dem Echo-, Reißverschluss- oder Ergänzungsprinzip
S. 107	**Aktives Zuhören organisieren – Die Zuhörenden einbeziehen**	• beziehen die Zuhörer/innen in ihre Präsentation ein und aktivieren sie so • erproben Methoden der Zuhöreraktivierung wie das Impulsreferat und den Sandwichvortrag
S. 108	**Video-Feedback – Einen Vortrag bewerten**	• bewerten Vorbereitung und Vortrag eines Referats sowie die Aktivierung der Zuhörenden mit Hilfe einer Checkliste
S. 108	**6.2 Inhalte und Ergebnisse fest-halten – Mitschriften und Protokolle**	• wenden verschiedene Formen des Protokollierens an
S. 108	**Mitschriften – Aktiv zuhören**	• fertigen eine für weitere Zwecke verwertbare Mitschrift an
S. 109	**Stichwortprotokoll – Eine Vorbereitung**	
S. 109	**Ergebnisprotokoll – Resultate festhalten**	• erkennen die Anforderungen an ein Ergebnisprotokoll (z. B. neutrale und sachliche Informationswiedergabe) • erproben die Technik, eine Mitschrift zu einem Ergebnisprotokoll auszugestalten
S. 110	**Das Verlaufsprotokoll – Den Hergang festhalten**	• erkennen die Besonderheiten und Anforderungen eines Verlaufsprotokolls (z. B. Wiedergabe persönlich zuge-ordneter Äußerungen mit Hilfe des Konjunktivs der indirekten Rede)
S. 111	**6.3 Bewerbungsportfolio und Vorstellungsgespräch**	• stellen ein Bewerbungsportfolio mit Deckblatt und Lebenslauf zusammen
S. 111	**Das Bewerbungsportfolio – Werbung in eigener Sache**	• erkennen den Aufbau eines Bewerbungsportfolios • entwickeln ein Anschreiben • setzen sich mit häufigen Fehlern in Bewerbungsschreiben auseinander • lernen das Verfahren der Initiativbewerbung kennen
S. 115	**Das Vorstellungsgespräch – Strategien der Vorbereitung**	• bereiten sich in Form einer Simulation auf ein Vorstellungsgespräch vor

124 A6 SPRECHEN, ZUHÖREN UND MITSCHREIBEN

6 Sprechen, Zuhören und Mitschreiben

▶ S. 103 **1/2** Die Karikaturen der Auftaktseite führen durch Negativbeispiele in das Kapitelthema ein. Sie machen auf typische und durch sorgfältige Planung vermeidbare Fehler beim Vortrag bzw. beim Vorstellungsgespräch aufmerksam:

- In Bild 1 versagt das technische Hilfsmittel: Die Batterie des Laptops ist leer, eine Verlängerungsschnur zur Steckdose fehlt, der Vortrag kann nicht visuell unterstützt werden. Die Referentin leidet unter der peinlichen Situation.
- In Bild 2 langweilt der steif hinter seinem Pult verschanzte Referent sein Publikum. Offensichtlich liest er sein Manuskript ab, seinen Vortragstext begleitet keinerlei körpersprachliche Unterstreichung, krampfhaft hält er sich mit der rechten Hand am Pult fest. Es gibt keinerlei Blickkontakt zu den Mitschülern, von denen die meisten aus dem Fenster schauen.
- In Bild 3 kommt ein junger Mann verspätet in allzu legerer Kleidung zu einem Bewerbungsgespräch. Er wählt eine viel zu lockere Begrüßungsformel, streckt der Personalchefin die Hand entgegen, statt deren Initiative abzuwarten. An Stelle einer Entschuldigung vergreift er sich mit seiner (womöglich eher rhetorisch gemeinten) Frage völlig im Ton.

6.1 Referate und Kurzvorträge erarbeiten und präsentieren

▶ S. 104 **Den Arbeitsprozess organisieren – Thema, Termin, Zeitplan**

1 Die Lehrperson ist dafür verantwortlich, dass die Schülerin / der Schüler eine Aufgabe erhält, die sie/er in dem vorgegebenen Zeitrahmen unter Berücksichtigung der sonstigen schulischen Belastungen bewältigen kann.

2 Bis zur Abgabe der Arbeit können mehrere Kurztreffen vereinbart werden, bei denen jeweils auch das Zeitmanagement der Schülerin / des Schülers zur Sprache kommen sollte.

▶ S. 104 **Von Bibliothek bis Internet – Informationen recherchieren und verarbeiten**

1 **a–d** Im Schülerband wird zunächst auf die Recherchemöglichkeiten in Bibliotheken hingewiesen. Damit soll der Tendenz vieler Schülerinnen und Schüler entgegengewirkt werden, sich ausschließlich auf weniger verlässliche Internetquellen zu verlassen. Diese sind bei dem vorgegebenen schrittweisen Vorgehen bei der Recherche erst an zweiter Stelle vorgesehen.

2 Hier kann z. B. eine numerische oder eine gemischte Gliederung (mit Großbuchstaben und arabischen Ziffern) gewählt werden (vgl. S. 139 im Schülerband).

3 Methodische Anregungen zur Vorbereitung und Ausgestaltung einer persönlichen Stellungnahme können in den Methodenübersichten „Möglichkeiten der Aspekte- und Stoffsammlung" und „Strukturierung einer Erörterung – Steigernder und dialektischer Aufbau" im Kapitel E3 „Erörterndes Schreiben" (S. 607 und S. 601) des Schülerbandes nachgelesen werden.

Weiterführende methodische Hinweise bei Brenner/Brenner 2005: Recherchetechniken: S. 99 ff.; Operatoren-Abfragen: S. 128 f. (vgl. Literaturhinweise, S. 122 in diesen Handreichungen).

▶ S. 104 **Mediengestützt referieren I – Auswahl der Vortragsweise**

Als weitere methodische Option – zusätzlich zu den im Methoden-Kasten „Vortragsweisen" auf S. 104 im Schülerband vorgeschlagenen alternativen Vortragsweisen: ausformulierter Text mit markierten Schlüsselwörtern und Karteikarten, auf denen Stichworte notiert sind – kann den Schülerinnen und Schülern vorgeschlagen werden, die Seiten des Vortragsmanuskripts zweizuteilen und oben nur Stichworte für einen freien Vortrag zu notieren, unten auf die gleiche Seite jedoch zur Sicherheit den zugehörigen kompletten Text zu setzen, sodass dieser bei Bedarf nachgelesen werden könnte.

6.1 REFERATE UND KURZVORTRÄGE ERARBEITEN UND PRÄSENTIEREN

1 Mögliche Lösung für die Beschriftung der Karteikarten:

---

1 Christa Wolf: Stationen ihres Lebens

- Landsberg (ehemalige deutsche Ostgebiete, heutiges Polen)
- Mecklenburg
- verschiedene große Städte der DDR

---

2 Gesellschaftliche Stellung

- Vater Ladenbesitzer
- Flüchtlingsschicksal
- Abitur/Studium
- Ehe/zwei Kinder
- Teil des kulturellen Establishments

---

3 Politische Prägung

- Kriegserfahrungen/Vertreibung
- SED (als Schülerin)
- sozialistische Überzeugungen

---

4 Kontakt zur Literatur

- Studium der Germanistik
- Verlagslektorin

---

2 Die Schülerinnen und Schüler sollten beraten werden, zunächst ein Verfahren für den Vortrag zu wählen, das sie sich unmittelbar zutrauen, und bei einem Folgereferat dann die Herausforderung zu steigern.

Mediengestützt referieren II – Visualisierungstechniken auswählen und einsetzen ▶ S. 105

1 Vergleich der Diagrammtypen: In einem Zweigdiagramm können Gesichtspunkte eines Sachverhalts systematisch aufgeschlüsselt dargestellt werden, während ein Flussdiagramm eher aufeinanderfolgende Einzelschritte einer Handlung, also prozesshafte Vorgänge, darstellen kann.

2 Andere Möglichkeiten der Visualisierung per Diagramm sind z. B. das Balken-, das Torten-/Kreis- oder das Säulendiagramm (vgl. Brenner/Brenner 2005, a. a. O., S. 250, 254 und 257.

3 Um eine möglichst breite Resonanz zu erhalten, können die Schülerinnen und Schüler für ihre Befragung eine „Blätterlawine" einsetzen (vgl. das Arbeitsblatt „Blätterlawine: Rückmeldungen zu einem Referat" auf der CD). Die Lehrer/innen sollten das Blatt für ihre Schülerinnen und Schüler kopieren und ihnen zur Verfügung stellen, damit diese ihre Mitschüler/innen befragen können.

Aktives Zuhören organisieren – Die Zuhörenden einbeziehen ▶ S. 107

1 Die Lehrperson sollte einen zeitlichen Rahmen für Verfahren wie Impulsreferat oder Sandwichvortrag vorgeben. Im Hinblick auf die Lerngruppe, vor der referiert wird, kann überlegt werden, ob eher deren Vorerfahrungen bzw. Vorkenntnisse abrufbar sind (Sandwichvortrag) oder ob der Gruppe eher mehr oder weniger wichtige Aspekte des Sachverhalts zur eigenständigen Erarbeitung überlassen werden können (Impulsreferat).

2 Das Impulsreferat setzt die Fähigkeit der Referentin / des Referenten voraus, wichtige Informationen so aufzubereiten, dass die Mitschülerinnen und Mitschüler sie eigenständig in überschaubarer Zeit erarbeiten können. Außerdem müssen entsprechende Arbeitsaufträge formuliert werden. Beim Sandwichvortrag ist die Vorbereitung der Zuhöreraktivierung weniger aufwändig.

3 Zur Auswertung des gewählten Verfahrens kann das Arbeitsblatt „Blätterlawine: Rückmeldungen zu einem Referat" (auf der CD) – evtl. in abgewandelter Form – verwendet werden. Alternativ kann auf die Methodenübersicht „Einen Vortrag bewerten – Checkliste" (S. 108 im Schülerband) zurückgegriffen werden.

Weitere Möglichkeiten der Zuhöreraktivierung stellt das Arbeitsblatt „Referate halten: Weitere Verfahren der Zuhöreraktivierung" auf der beiliegenden CD vor.

Weiterführende methodische Hinweise bei Brenner/Brenner 2005, a. a. O.: Impulsreferat: S. 230; Referat: S. 233 f.; Sandwichvortrag: S. 235.

126 A6 SPRECHEN, ZUHÖREN UND MITSCHREIBEN

▶ S. 108 **Video-Feedback – Einen Vortrag bewerten**

1 Bei der Aufnahme des Vortrags mit einer Videokamera können auch kurze Schwenks in den Zuschauer-raum vorgesehen werden.

2 Die Beurteilung des Vortrags durch das Publikum mittels der Checkliste auf S. 108 im Schülerband ist zeitökonomischer als die Alternative, allen einen Fragebogen zu geben und diese Bögen einzusammeln.

3 Jede Referentin / jeder Referent hat das Recht am eigenen Video und kann es nach der Selbstevaluation löschen, wenn dieser Wunsch besteht.

◎ Weiterführendes Material zu diesem Teilkapitel findet sich auf der beiliegenden CD:
- Blätterlawine: Rückmeldungen zu einem Referat
- Referate halten: Weitere Verfahren der Zuhöreraktivierung
- Visuelle Unterstützung von Referaten: Zweigdiagramm – Netzdiagramm – Flussdiagramm – Baumdiagramm (Folien)

6.2 Inhalte und Ergebnisse festhalten – Mitschriften und Protokolle

▶ S. 108 **Mitschriften – Aktiv zuhören**

1 Oft neigen Schüler/innen dazu, die Seiten mit ihren Notizen bis an den Seitenrand zu füllen; den Vorteil von Leerräumen entdecken sie zu spät.

2 Beispiele für weitere sinnvolle Kürzel:

Kürzel	Bedeutung	Kürzel	Bedeutung	Kürzel	Bedeutung
ä.	ähnlich	eigtl.	eigentlich	m.	männlich
Abk.	Abkürzung	erw.	erweitert	o. Ä.	oder Ähnliches
Abs.	Absatz	etw.	etwas	repr.	repräsentativ
Abschn.	Abschnitt	Ggs.	Gegensatz	S.	Seite
allg.	allgemein	gk.	gekürzt	ugs.	umgangssprachlich
Bed.	Bedeutung	hist.	historisch	V.	Vers
bes.	besonders	Jg.	Jahrgang	w.	weiblich
dgl.	dergleichen	Jgdl.	Jugendlicher	Whg.	Wiederholung
dt.	deutsch	Jh.	Jahrhundert	Z.	Zeile

Vgl. Anja Steinhauer: Duden. Das Wörterbuch der Abkürzungen. Rund 50.000 nationale und internationale Abkürzungen und Kurzwörter mit ihren Bedeutungen. Bibliographisches Institut & F. A. Brockhaus, Mannheim, 5., vollst. überarb. und erw. Aufl. 2005

▶ S. 109 **Stichwortprotokoll – Eine Vorbereitung**

1 Die Computerversion – ein Dokument mit strukturierenden Stichwort-Überschriften in bestimmten Abständen – hat den Vorteil, dass die in einen Ausdruck handschriftlich eingefügten Notizen schnell und strukturiert erfasst werden können.

2 Eine Erfahrung ist z. B., dass das Flussdiagramm als alternative Methode zur Stichwortmitschrift deutlich mehr Platz benötigt, sodass jeweils mehrere Blätter vorgehalten werden müssen.

▶ S. 109 **Ergebnisprotokoll – Resultate festhalten**

Bei der Vereinbarung eines Protokolls empfiehlt es sich, eine klare Entscheidung für ein Ergebnis- oder ein Verlaufsprotokoll zu treffen. Falls es um Unterrichtsstunden geht, in denen literarische Texte erarbeitet worden sind, bietet sich das Essay als Alternative an. In ihm kann die Schülerin / der Schüler nachweisen, dass sie/er einen Text auf der Basis der unterrichtlichen Erarbeitung gedanklich gut verarbeitet hat, wobei zusätzlich auch weiterführende persönliche Akzentsetzungen möglich sind.

1 Die Schülerinnen und Schüler können darauf hingewiesen werden, dass in Ergebnisprotokollen nicht der chronologische Ablauf einer Unterrichtsstunde abgebildet werden muss, dass es vielmehr sinnvoll ist, Einzelergebnisse gedanklich zu bündeln und zu reorganisieren, sodass sich ein systematischer Überblick über die Ergebnisse ergibt.

2 Zum Zweck der besseren Nutzbarkeit wurden in dem im Schülerband auf S. 110 auszugsweise abgedruckten Protokoll gliedernde Spiegelstriche und Hervorhebungen zentraler Aspekte durch Fettdruck eingesetzt. Den Schülerinnen und Schülern können solche Strukturierungsverfahren empfohlen werden.

Das Verlaufsprotokoll – Den Hergang festhalten ▶ S. 110

1 Der Vorlauf (Stichwortprotokoll) erscheint manchen Schülerinnen und Schülern zunächst zu aufwändig, sie stellen jedoch schnell fest, dass ein solides Verlaufsprotokoll ohne ausführliche Notizen als Arbeitsbasis nicht möglich ist.

2 Da der Konjunktiv der indirekten Rede auch noch vielen Schülerinnen und Schülern der Sekundarstufe II Probleme bereitet, empfiehlt es sich, Arbeiten an einem Verlaufsprotokoll für gezielte Übungen zu diesem grammatischen Feld zu nutzen.

6.3 Bewerbungsportfolio und Vorstellungsgespräch

Das Bewerbungsportfolio – Werbung in eigener Sache ▶ S. 111

Der kurze Textauszug „Professionelles Bewerben – leicht gemacht" von Judith Engst führt den Schülerinnen und Schülern eindringlich vor Augen, dass die äußere Form eines Schriftstücks, die ihnen oft gar nicht so sehr am Herzen liegt, in vielen beruflich relevanten Situationen von erheblicher Bedeutung ist.

1 Viele Schülerinnen und Schüler nutzen die Aufgabe, ein Bewerbungsportfolio vorzubereiten, gerne zur biografischen Selbstvergewisserung. Sie können darauf hingewiesen werden, dass es sinnvoll ist, auch im Hinblick auf eventuelle Praktika während des Studiums über eine Portfoliomappe bereits zu verfügen.

Das Anschreiben ▶ S. 111

2 Für Schülerinnen und Schüler, die bereits ein bestimmtes Studium ins Auge gefasst haben, dürften auch die Stellenausschreibungen in überregionalen Blättern von Interesse sein. Entsprechend sollte dann eine Bewerbung für einen Praktikums- oder Traineeplatz entworfen werden.

Das Deckblatt ▶ S. 113

3 Die Inhaltsübersicht auf dem Deckblatt kann genutzt werden, um die Vollständigkeit der beigelegten Materialien zu kontrollieren.

Der Lebenslauf ▶ S. 114

4 Inzwischen werden zunehmend auch internationale Lebensläufe erwartet. Hinweise auf deren Gestaltung (auch auf internationale Lebensläufe nach EU-Standard) finden sich im Internet.

Das Vorstellungsgespräch – Strategien der Vorbereitung ▶ S. 115

1 Mögliche Fragen im Vorstellungsgespräch können auch zusammen mit einer Partnerin / einem Partner durchgegangen werden, mit der/dem man über persönliche Dinge dieser Art sprechen würde.

2 Besonders die beiden ersten Fragen in dem Informationstext auf S. 115 im Schülerband können ohne eine solide Vorbereitung auf das Bewerbungsgespräch nicht hinreichend beantwortet werden. Recherchiert werden kann bei einem persönliche Besuch in der Institution/Behörde/dem Unternehmen; oft gibt es am Empfang hilfreiche Info-Broschüren. Genutzt werden kann auch die Homepage der Institution/Behörde/ des Unternehmens.

3 Trainiert werden sollten insbesondere die Fragen, die auf das Persönlichkeitsprofil der Bewerberin / des Bewerbers zielen (persönliche Stärken/Schwächen etc.).

128 A7 ARBEITSTECHNIKEN UND METHODEN

7 Arbeitstechniken und Methoden

Konzeption des Kapitels

Im ersten Teilkapitel (**„Texte planen, schreiben und überarbeiten – Die Schreibkompetenz verbessern"**) beschäftigen sich die Schülerinnen und Schüler, auch im Rückblick auf ihre eigene Schreibbiografie, grundlegend mit den komplexen Anforderungen an das schulische Schreiben; dabei reflektieren sie allgemeinere Kompetenzerwartungen und spezifische Schreibsituationen gleichermaßen. Sie werden veranlasst, sich metakognitiv-reflexiv mit Schreiberfahrungen, mit den eigenen Stärken und Schwächen bei der Erledigung vorgegebener Schreibaufgaben auseinanderzusetzen, wobei sie zwischen schulischen Lern- und Leistungssituationen unterscheiden. Übliche Schreibaufgaben im Fach Deutsch werden im Überblick in Erinnerung gerufen (analysierendes/interpretierendes, erörterndes, produktiv-gestaltendes Schreiben). Die Kapitelgliederung bildet den fünfschrittigen Schreibprozess ab: Die Aufgabenstellung verstehen – Erstes Textverständnis und Ideen formulieren – Den Text schriftlich analysieren – Einen Schreibplan erstellen – Den eigenen Text überarbeiten. Mit den Aufgabenangeboten kann konkret, ggf. aber auch nur zur Rekonstruktion vorhandener Kenntnisse und Fähigkeiten (prozedurales Wissen) gearbeitet werden. Indem einzelne Aufgaben zur Erzähltextanalyse aus den Teilkapiteln A1.2 und A1.3 aufgegriffen werden, können die Schülerinnen und Schüler hieran exemplarisch und vertiefend arbeiten – wobei nun die Gestaltung des Schreibprozesses im Fokus der Aufmerksamkeit steht. Dass man zum kompetenten Austausch über eigene und fremde Schreibprodukte Kenntnisse aus der Textlinguistik bzw. -grammatik benötigt (Text als Gewebe, Kohärenzmittel und ihre Bezeichnungen), wird erarbeitet.

Im zweiten Teilkapitel (**„Die Portfolioarbeit – Sechs Phasen"**) lernen die Schülerinnen und Schüler die Arbeit mit einem Portfolio kennen; dabei wird der Prozess der Entwicklung eines Portfolios anhand von Schülerbeispielen dargestellt. Die Aufgabenstellungen ermöglichen den Schülerinnen und Schülern zum einen methodische Reflexionen und bieten zum anderen Arbeitsanregungen zur selbstständigen Erstellung einzelner Portfolioelemente zu einem Schwerpunkt aus dem Kapitel C2, der Literaturstation zu Schillers „Kabale und Liebe". Das Teilkapitel beginnt mit einem informierenden Einstieg, dem schrittweise die Entfaltung der sechs Phasen der Portfolioarbeit – modifiziert nach Thomas Häcker – folgt: Phase 1: Vereinbarungen – Phase 2 und 3: Materialrecherche und -auswertung – Phase 4 und 5: Reflexion des Arbeitsprozesses, Nachwort und Ausblick sowie Phase 6: Präsentation.

In Kapitel A1 haben sich die Schülerinnen und Schüler bereits mit dem Thema „Leselust", mit verschiedenen Grundfunktionen des Lesens sowie Methoden des Verstehens und Interpretierens literarischer Texte auseinandergesetzt. Die Informationen und Aufgaben des dritten Teilkapitels (**„Lesestrategien – Techniken des Lesens"**) beziehen sich nun vor allem auf das Lesen von Sachtexten. Ausgehend von der Lebenswelt der Schülerinnen und Schüler werden zunächst Leseabsicht und Lesestrategie differenziert und definiert. Das Kapitel folgt dann der (um zwei Schritte) erweiterten „Fünf-Schritt-Lesemethode" und verknüpft Informationen und Tipps mit dem Nachvollzug der nun sieben Leseschritte am Beispiel des Essays „Das Nullmedium oder Warum alle Klagen über das Fernsehen gegenstandslos sind" von H. M. Enzensberger. Schülerbeispiele konkretisieren dabei das Vorgehen und erleichtern den inhaltlichen Zugriff.

Im vierten Teilkapitel (**„Projektarbeit im Team – Planen, durchführen und vorstellen"**) beschäftigen sich die Schülerinnen und Schüler mit dem Projektlernen und der Teamarbeit; es vergegenwärtigt zu Beginn wichtige Zielbestimmungen der Projektarbeit, die sich von anderen Unterrichtskonzepten unterscheiden. Die Gliederung des Teilkapitels ist an den fünf Phasen eines Projekts orientiert: Initiativ- und Informationsphase, Planungsphase, Arbeits- oder Produktionsphase, Präsentations- bzw. Aktionsphase, Evaluationsphase. Die Schülerinnen und Schüler sollen insbesondere nachvollziehen können, wie man im Projekt gemeinsam arbeitet und welche Methoden und Verfahren sich für die einzelnen Phasen des Projekts sowie als produktionsorientierte Arbeitsformen unter dem Kooperationsgebot anbieten, damit sie darüber künftig in eigenen Projekten selbstständig entscheiden können. Die Anregungen, Materialien und Methodenhinweise zu einem beispielhaften Projekt sind auf das Arbeiten in einer von mehreren Projektgruppen ausgerichtet; sie simulieren einzelne Abläufe und bieten exemplarische (Zwischen-)Ergebnisse an.

Das fünfte Teilkapitel (**„Die Facharbeit – Besondere Lernleistungen"**) leitet die Schülerinnen und Schüler an, die in vielen Bundesländern üblichen besonderen Lernleistungen der Sekundarstufe II (Facharbeiten etc.) in einem selbstkontrollierten Prozess zu bewältigen. Da die Schülerinnen und Schüler sich in der Regel zum ersten Mal einer solchen zeitaufwändigen wissenschaftspropädeutischen Herausforderung stellen müssen, sind ein ausgeprägtes Selbstmanagement und zugleich eine besondere Form der Beratung durch Fachlehrerinnen und Fachlehrer notwendig. Dazu enthält das Teilkapitel viele praktische Anregungen.

A7 ARBEITSTECHNIKEN UND METHODEN

Literaturhinweise

A7.1 Texte planen, schreiben und überarbeiten – Die Schreibkompetenz verbessern

Baurmann, Jürgen: Schreiben – Überarbeiten – Beurteilen. Ein Arbeitsbuch zur Schreibdidaktik. Kallmeyersche Verlagsbuchhandlung, Seelze 2002

Becker-Mrotzek, Michael / Böttcher, Ingrid: Schreibkompetenz entwickeln und beurteilen. Cornelsen Scriptor, Berlin 2006

Bräuer, Gerd: Schreiben als reflexive Praxis. Freiburg [2]2003

Bünting, Karl-Dieter u. a.: Schreiben im Studium: mit Erfolg. Cornelsen Scriptor, Berlin [4]2004

Feilke, Helmut / Portmann, Paul R. (Hg.): Schreiben im Umbruch. Schreibforschung und schulisches Schreiben. Klett, Stuttgart 1996

Fix, Martin: Kompetenzerwerb im Bereich „Texte schreiben". In: Heide Rösch (Hg.): Kompetenzen im Deutschunterricht. Peter Lang, Frankfurt/M. 2005, S. 111–123

Lernen durch Schreiben. Praxis Deutsch 210/2008

Merz-Grötsch, Jasmin: Methoden der Textproduktionsvermittlung. In: Ursula Bredel u.a. (Hg.): Didaktik der deutschen Sprache, Bd. 2. Schöningh, Paderborn 2003, S. 802–813

Schreiben und Umschreiben. Deutschunterricht (Westermann), Heft 1/2005

Sieber, Peter: Modelle des Schreibprozesses. In: Ursula Bredel u. a. (Hg.): Didaktik der deutschen Sprache, Bd. 1. Schöningh, Paderborn 2003, S. 208–223

Standard: Schreibkompetenz verbessern. Deutschunterricht (Westermann), Heft 1/2007

A7.2 Portfolioarbeit

Bräuer, Gerd: Portfolios: Lernen durch Reflektieren. In: Informationen zur Deutschdidaktik 22, 4/1998

Häcker, Thomas: Der Portfolioansatz – die Wiederentdeckung des Lernsubjekts. Rezeption und Entwicklungen im deutschen Sprachraum. In: Die Deutsche Schule 94, 2/2002

Häcker, Thomas: Mit der Portfoliomethode den Unterricht verändern. In: Pädagogik 57, 3/2005

Lüschow, Frank / Michel, Gerhard: Das Gespräch – ein Weg zum mündigen Lernen. Ehrenwirth, München 1996

Winter, Felix: Leistungsbewertung – eine neue Lernkultur braucht einen anderen Umgang mit Schülerleistungen. Schneider Verlag Hohengehren, Baltmannsweiler 2006

A7.3 Lesestrategien – Techniken des Lesens

Brüning, Ludger / Saum, Tobias: Erfolgreich unterrichten durch Kooperatives Lernen – Strategien zur Schüleraktivierung. Neue Deutsche Schule Verlagsgesellschaft, Essen, 3. überarb. Aufl. 2007, S. 102–110

Christmann, Ursula / Groeben, Norbert: Psychologie des Lesens. In: Franzmann, Bodo (Hg.): Handbuch Lesen. Saur, München 1999, S.145–223

Gierlich, Heinz: Mit Sachtexten umgehen. In: Deutsch extra. Cornelsen, Berlin 2002

Gierlich, Heinz: Sachtexte als Gegenstand des Deutschunterrichts – einige grundsätzliche Überlegungen". In: Martin Fix/Roland Jost (Hg.): Sachtexte im Deutschunterricht. Schneider Verlag Hohengehren, Baltmannsweiler 2005, 25–46

Rupp, Gerhard / Bonholt, Helge: Mit dem Stift zum Sinn: In: Praxis Deutsch 187/2004, S. 48–50

Willenberg, Heiner: Lesestrategien – Vermittlung zwischen Eigenständigkeit und Wissen. In: Praxis Deutsch 187/2004, S. 6–14

www.teachsam.de/pro/pro_lesen/pro_lesen.htm

A7.4 Projektarbeit im Team – Planen, durchführen und vorstellen

Bastian, Johannes u. a. (Hg.): Theorie des Projektunterrichts. Bergmann und Helbich, Hamburg 1997

Brenner, Gerd / Brenner, Kira: Fundgrube Methoden I. Für alle Fächer. Cornelsen Scriptor, Berlin 2005 (bes. Kapitel 5 bis 9, S. 110–235)

Emer, Wolfgang: „Königsform": Projektarbeit. Eine Brücke zwischen individuellem und kooperativem Lernen. In: Friedrich Jahresheft XXVI/2008: Individuell lernen – Kooperativ arbeiten. Friedrich Verlag, Seelze 2008, S. 57–59

Frey, Karl: Die Projektmethode. Beltz, Weinheim [10]2005

Hänsel, Dagmar (Hg.): Handbuch Projektunterricht. Beltz, Weinheim [2]1999

Kliebisch, Udo / Sommer, Peter: Projektarbeit. Konzeption und Beispiele. Schneider Verlag Hohengehren, Baltmannsweiler 1997

Lenzen, Dieter / Emer, Wolfgang: Projektunterricht gestalten – Schule verändern. Schneider Verlag, Baltmannsweiler 2002

Meyer, Hilbert: Unterrichtsmethoden, Bd. 2: Praxisband. Cornelsen Scriptor, Berlin [12]2007

Peterßen, Wilhelm H.: Kleines Methoden-Lexikon. Oldenbourg, München [2]2005

Reinhardt, Volker (Hg.): Projekte machen Schule. Projektunterricht in der politischen Bildung. Wochenschau-Verlag, Schwalbach/Ts. 2005

A7.5 Die Facharbeit – Besondere Lernleistungen

Bornemann, Monika und Michael / Ising, Annegret / Richter, Hans-Jörg / Schulenburg, Wencke: Referate, Vorträge, Facharbeiten. Von der cleveren Vorbereitung zur wirkungsvollen Präsentation. Bibliographisches Institut & F. A. Brockhaus, Mannheim 2003 (Reihe „Duden Lernen lernen")

Braukmann, Werner: Die Facharbeit. Pocket Teacher Abi für alle Fächer, Cornelsen Scriptor, Berlin 2001

Brenner, Gerd: Die Facharbeit: Von der Planung zur Präsentation. Cornelsen, Berlin 2002 (Reihe „Trainingsprogramm Oberstufe". Hg. von Bernd Schurf. Bd. 4)

Brenner, Gerd / Brenner, Kira: Fundgrube Methoden I. Für alle Fächer. Cornelsen Scriptor, Berlin 2005 (Recherchetechniken: S. 99ff.; Operatoren-Abfragen: S. 128f.; Präsentationstechniken: S. 229ff.)

Brenner, Gerd: Fundgrube Methoden II. Für Deutsch und Fremdsprachen. Cornelsen Scriptor, Berlin 2007 (Techniken der Textüberarbeitung: S. 214ff.)

130   A7 ARBEITSTECHNIKEN UND METHODEN

	Inhalte	Kompetenzen Die Schülerinnen und Schüler
S. 116	**7 Arbeitstechniken und Methoden**	▪ wiederholen, vertiefen und üben Methoden und Lernstrategien mit dem Ziel des eigenverantwortlichen Arbeitens
S. 117	**7.1 Texte planen, schreiben und überarbeiten – Die Schreibkompetenz verbessern**	▪ erweitern systematisch die eigenen Schreibfähigkeiten
S. 117	**Schreiben als eine komplexe Fähigkeit – Fragen im Schreibprozess reflektieren**	▪ benennen Anforderungen an kompetente Schreiber/innen ▪ reflektieren auf Grund eigener Erfahrung, wie man das Schreiben systematisch erlernen, den Schreibprozess kritisch beobachten und durch bestimmte Schreibstrategien funktional gestalten kann
S. 117	**Schreibziele unterscheiden – Schreibaufgaben verstehen** Erster Schritt: Die Aufgabenstellung verstehen Zweiter Schritt: Erstes Textverständnis und Ideen formulieren Dritter Schritt: Den Text schriftlich (im Team) analysieren Vierter Schritt: Einen Schreibplan erstellen Fünfter Schritt: Den eigenen Text überarbeiten – Schreibkonferenz	▪ differenzieren zwischen Schreibanlass, Schreibziel und Schreibsituation ▪ wenden Kenntnisse zu den geforderten intellektuellen Operationen (Operatoren-Wissen) beim Verfassen verschiedener Textformate und beim Lösen von Schreibaufgaben gezielt an ▪ erkennen, welche Typen von Problemen es beim Texteschreiben gibt und bezeichnen sie beim Austausch über eigene und fremde Schreibprodukte ▪ verfügen über entsprechende Kenntnisse der Wortarten, grammatischen und textlinguistischen Begriffe, die zur Herstellung und Beurteilung von Textkohärenz notwendig sind ▪ haben Sicherheit darin, eigene und fremde Schreibprodukte unterschiedlicher Textsorte systematisch zu kontrollieren ▪ wenden Verfahren wie die Schreibkonferenz, die Textlupe, den gegliederten Feedbackbogen und das Unterrichtsportfolio reflektiert an ▪ überarbeiten eigene Texte, setzen dabei Anregungen aus der Schreibkonferenz um und verbessern hierdurch ihre Kompetenz, inhaltliche und sprachliche Anforderungen zu verstehen ▪ reflektieren, welche Besonderheiten es beim individuellen Arbeiten und beim Schreiben im Team gibt
S. 122	**7.2 Die Portfolioarbeit – Sechs Phasen** Phase 1: Vereinbarungen Phase 2 und 3: Materialrecherche und -auswertung Phase 4 und 5: Reflexion des Arbeitsprozesses – Nachwort, Ausblick Phase 6: Präsentation	▪ erkennen und reflektieren die besonderen Merkmale der Portfolioarbeit im Vergleich mit ihnen vertrauten Formen der Materialsammlung und Dokumentation ▪ setzen sich im Sinne der Metakognition mit Zielen und Anforderungen der Portfolioarbeit auseinander ▪ differenzieren sechs Phasen der Portfolioarbeit und reflektieren ihre Funktionen ▪ untersuchen und beurteilen Schülerarbeiten auf der Basis ihrer Erkenntnisse
S. 125	**7.3 Lesestrategien – Techniken des Lesens**	▪ erkennen und differenzieren ausgehend von ihren persönlichen Leseerfahrungen unterschiedliche Leseabsichten ▪ ordnen Leseabsichten verschiedene Textsorten zu
S. 125	**Wozu lese ich? – Die Leseabsicht bestimmen**	
S. 125	**Die Leseabsicht bestimmt die Lesestrategie**	▪ unterscheiden vier verschiedene Lesestrategien und können sie der jeweiligen Leseabsicht zuordnen

S. 125	**Die erweiterte „Fünf-Schritt-Lesemethode"** *Hans Magnus Enzensberger:* Das Nullmedium oder Warum alle Klagen über das Fernsehen gegenstandslos sind	▪ erarbeiten das genannte Verfahren zur Analyse eines Sachtextes ▪ reflektieren ihr Vorwissen ▪ formulieren erste Leseeindrücke und vergleichen sie mit einem Schülerbeispiel ▪ erproben und reflektieren das Verfahren des reziproken Lesens ▪ wenden verschiedene Möglichkeiten der Textmarkierung an ▪ stellen Exzerpte zusammen ▪ visualisieren die Textstruktur ▪ setzen sich mit einem Schülerbeispiel auseinander ▪ reflektieren ihr Wissen, modifizieren ihr Vorwissen
S. 131	**7.4 Projektarbeit im Team – Planen, durchführen und vorstellen**	▪ benennen Ziele des projektorientierten Unterrichts sowie Anforderungen an Projektarbeit ▪ unterscheiden fünf Phasen eines Projekts und bestimmen ihre Funktionen
S. 131	**Projektarbeit – Phasen und Arbeitsformen** Phase I: Initiativ- und Informationsphase Phase II: Planungsphase Phase III: Arbeits- oder Produktionsphase Phase IV: Präsentations- bzw. Aktionsphase Phase V: Evaluationsphase	▪ erkennen/reflektieren die Bedeutung der Gruppenarbeit im Kontext des Projektlernens ▪ beherrschen die für die einzelnen Projektphasen geeigneten Verfahren, Dokumentations- und Präsentationsformen (Blitzlicht, Rechercheverfahren; Kartenabfrage, Placemat; Wandzeitung, Gruppenportfolio; Galeriegang, „Markt der Möglichkeiten") sowie Feedbackverfahren ▪ können auf der Basis der Informationen (Methoden-Hinweise, Aufgaben, Abbildungen) bei eigenen Projekten kompetent über geeignete Verfahren entscheiden
S. 135	**7.5 Die Facharbeit – Besondere Lernleistungen**	
S. 135	**Themen finden – Bereiche abgrenzen**	▪ orientieren sich im Feld möglicher Themenstellungen ▪ dimensionieren ein Thema angemessen und vermeiden überfordernde Themenumfänge ▪ klären Rahmenbedingungen der Facharbeit frühzeitig ab
S. 136	**Die Arbeitszeit planen – Phasen einer Facharbeit**	▪ überblicken die Phasen einer größeren Arbeit und planen sie sinnvoll
S. 137	**Informationen beschaffen – Quellen prüfen und protokollieren**	▪ recherchieren zielführend und dokumentieren Rechercheergebnisse fachgerecht ▪ schätzen die Qualität von Informationsquellen ein
S. 138	**Informationen auswerten – Die Gliederung**	▪ entwerfen in systematischer Weise eine Gliederung
S. 139	**Textentwürfe schreiben – Schreibstrategien**	▪ entwickeln Strategien zur Abfassung einer umfangreichen Arbeit
S. 140	**Fremdaussagen integrieren – Zitieren und Paraphrasieren**	▪ integrieren Quellen in Form von Zitaten und Paraphrasen fachgerecht
S. 141	**Bibliografieren – Quellen vollständig angeben**	▪ legen eine Bibliografie fachgerecht an
S. 142	**Die Facharbeit überarbeiten – Ergebnisse präsentieren**	▪ überarbeiten einen längeren eigenen Text fachgerecht ▪ entscheiden sich gezielt für eine Präsentationsmethode

132   A7 ARBEITSTECHNIKEN UND METHODEN

7   Arbeitstechniken und Methoden

► S. 116 **1/2**   Zur Einführung in das Kapitel tauschen sich die Schülerinnen und Schüler über ihnen bekannte Arbeitstechniken und Methoden aus. Die Fotos im Schülerband geben dazu erste Impulse: Sie zeigen Schülerinnen und Schüler beim Referat, bei der Gruppen-/Partnerarbeit und in der Diskussion, veranschaulichen u. a. das Markieren, eine Gliederung und das Verfahren der Textlupe.

7.1 Texte planen, schreiben und überarbeiten – Die Schreibkompetenz verbessern

► S. 117 **Schreiben als eine komplexe Fähigkeit – Fragen im Schreibprozess reflektieren**

Zum Einstieg empfiehlt es sich, mit den Schülerinnen und Schülern über das Schreiben als systematischen Kompetenzerwerb ins Gespräch zu kommen. Als Bezug eignen sich:
- der Autorentext auf S. 117 oben im Schülerband mit zentralen Begriffen wie „schulische Schreibaufgaben", „Schreiben in einer Gruppe", „Schreibprozess" und „Hilfsmittel",
- das Schaubild zu den Schreibkompetenzen auf Seite 117 im Schülerband
- sowie erste reflexive Fragen, die die Schülerinnen und Schüler in Ich-Form stellen (Aufgabe 1).

Wenn das Gespräch auch eine Haltung des „Drauflos-Schreibens" als Möglichkeit aufwirft, wenn zwischen privatem und schulischem Schreiben, zwischen aufgabengelenktem und freiem Schreiben nicht deutlich unterschieden wird oder wenn sich die Aussprache nicht leicht initiieren lässt, kann mit den Zusatztexten „Systematischer Schreibkompetenzerwerb – Schreiben als Lernprozess" und „Nur im Schreiben fühl' ich mich zu Haus" von Peter Handke gearbeitet werden, die sich auf der CD finden. Mit deren Hilfe lässt sich die im (Deutsch-)Unterricht systematisch zu entwickelnde Schreibkompetenz vom literarischen (zuweilen eher geniehaften) Schreiben und ggf. von eigenen außerschulischen Schreiberfahrungen abgrenzen. Fix (2005) und Baurmann (2002, vgl. die Literaturhinweise, S. 129 in diesen Handreichungen) nennen dort in wissenschaftlicher Sprache wichtige Dimensionen der Schreibkompetenz und beschreiben den komplexen Schreibvorgang als Gedanken- und Entscheidungsprozess, den man sich lernend aneignen muss und bewusst machen kann. Handke reflektiert in erzählender Form seinen dichterischen Produktionsprozess.

1/2   Die Schülerinnen und Schüler beschreiben und erklären für ihre eigene Schreibpraxis, wo ihre Stärken und Schwächen liegen, wie sie das Schreiben am effektivsten lernen und verbessern können. Sie werden in ihrer Reflexion zwischen Schreibsituationen und -aufgaben unterscheiden, über einzelne Prozesse und Verfahren im Deutschunterricht berichten und von diesen das private, außerschulische Schreiben abgrenzen.

► S. 117 **Schreibziele unterscheiden – Schreibaufgaben verstehen**

1/2   Zusammenfassend und die Information „Schulische Schreibformen" (S. 118 im Schülerband) ergänzend bietet sich das folgende Tafelbild an:

Wesentliche Schreiberfordernisse für das Schreiben im Deutschunterricht

- paraphrasierende und/oder zusammenfassende Textwiedergaben erstellen
- einfache (beschreibende) Aussagen über den Bezugstext herstellen
- generelle und spezielle Behauptungen über den Bezugstext aufstellen
- Wirkungseindrücke benennen, begründen, belegen
- komplexe Argumentationsketten aufbauen
- die Reichweite/Geltung von aufgestellten Behauptungen (Hypothesen) fortlaufend und abschließend prüfen
- spezifische Techniken des Zitierens und Belegens anwenden
- Wertungen und Urteile nachvollziehbar und begründet formulieren
- offene Fragen/Probleme festhalten und präzise formulieren

7.1 TEXTE PLANEN, SCHREIBEN UND ÜBERARBEITEN   133

Erster Schritt: Die Aufgabenstellung verstehen   ▶ S. 118

1/2   Es empfiehlt sich, die Schülerinnen und Schüler auf die (im jeweiligen Bundesland gültigen) Operatorenlisten zum analytischen Schreiben aufmerksam zu machen, damit sie lernen, die Operatoren/anleitenden Verben zu unterscheiden und auch die „Sachbereiche" der jeweiligen Aufgabenstellungen genau zu berücksichtigen (inhaltliche und formale Aspekte in den Teilaufgaben). Sie sollten auch darauf aufmerksam gemacht werden, welche Tipps für sinnvolle Arbeitsschritte bzw. Vorgehensweisen sich in den Aufgabenstellungen bereits verbergen.

Zweiter Schritt: Erstes Textverständnis und Ideen formulieren   ▶ S. 118

Dritter Schritt: Den Text schriftlich (im Team) analysieren   ▶ S. 119

Vierter Schritt: Einen Schreibplan erstellen   ▶ S. 119

Die erwartbaren analytischen Ergebnisse zu den beiden Erzähltexten sind in diesen Handreichungen in den Erläuterungen und Lösungshinweisen zu Teilkapitel A1.2 schon strukturiert und konkret (teil)aufgabenbezogen im Detail dargestellt (vgl. S. 31 f. zu Peter Bichsels „San Salvador" und S. 32–35 zu Botho Strauß' „Mikado").

Im Unterricht sollten die Titel-Assoziationen (Aufgabe 1a, S. 118 im Schülerband) und erste Vermutungen zum Textzitat (Aufgabe 1b) formuliert werden, bevor die Schülerinnen und Schüler mit den nachfolgenden Aufgaben die eigentliche Textbearbeitung beginnen.

Die Texte sind arbeitsteilig in Gruppen mündlich und schriftlich zu bearbeiten; Ergebnis sind konkrete inhaltliche Lösungen und verschiedene Schreibprodukte von Notizen/Skizzen über Lösungen zu Teilaufgaben bis hin zum Analyseaufsatz. Die in fünf Schritten vollzogenen (Schreib-)Prozesse, deren Arbeitsergebnisse und (Zwischen-)Produkte sollten bei jedem Arbeitsschritt ausführlich reflektiert werden.

Die Informations- und Methoden-Kästen dieses Teilkapitels sichern, erweitern und systematisieren die Kenntnisse und Erfahrungen der Schülerinnen und Schüler bezüglich der Gestaltung von Schreibprozessen – fokussiert auf aufgabengesteuertes schulisches Schreiben.

Fünfter Schritt: Den eigenen Text überarbeiten – Schreibkonferenz   ▶ S. 120

Der Methodenkasten **„Fragen zur gedanklichen Folgerichtigkeit – Kohärenz"** auf S. 120 im Schülerband unterbreitet den Schülerinnen und Schülern ein Repertoire an Prüffragen, die gewohnheitsmäßig bei der Selbstkontrolle des Geschriebenen schon während der Niederschrift und/oder direkt nach Abschluss des Schreibens beachtet werden sollten.

Zieht man den Informationskasten **„Der Text als ‚Gewebe'"** (S. 121 oben im Schülerband) mit heran und werden auch die grammatischen und stilistischen Erfordernisse im Unterricht weiterführend besprochen, können umfangreichere **Kenntnisse über Mittel der Textkohärenz** (u. a. Vorverweise/Rückbezüge) und über geeignete Wortarten abgesichert werden. Die Schülerinnen und Schüler sollten lernen, lesergerechte und gut gegliederte Texte in einer sinnvoll verknüpften Textorganisation zu schreiben.

Vorschlag für ein Tafelbild:

Beim Aneinanderfügen von Textabschnitten / bei der Textorganisation sollte beachtet werden
▪ Bezug zur Gesamtidee des Textes ▪ Ankündigungen des (weiteren) Vorgehens ▪ Überleitungsgedanken zwischen Textabschnitten ▪ ausdrückliche Einführung neuer Gedanken ▪ Rückkehr zu früheren Ausführungen ▪ Entscheidung für indirekte Leserführung (an Stelle expliziter metakommunikativer Kommentare)

Man kann die Schülerinnen und Schüler Verweisarten und Bindewörter „logisch" bestimmen lassen: Welche Arten von „Gedankenbrücken" gibt es? Dazu zählen Reihung, Hinzufügung, Zusammenfassung, Erklärung, Einschränkung, Entgegensetzung, Vergleich, Abfolge, Wahl, Begründung, Zweck, Bedingung, Folge, Einräumung. Ergänzend können zur Festigung der Kenntnisse über Mittel der Textkohärenz (Verweismittel und Bindewörter) die folgenden Tafelbilder eingesetzt werden.

134 A7 ARBEITSTECHNIKEN UND METHODEN

Bei der Verwendung von Verweismitteln ist zu beachten

- Grammatische Bezüge zwischen Verweis- und Bezugselement müssen kongruent sein.
  Besonders zu prüfen sind: Genus und Numerus von Pronomen und Artikeln; syntaktische bzw. grammatische Kongruenz der Satzteile Subjekt, Prädikat, Objekt.
- Nomen (bzw. Nominalgruppen, ggf. mit zusätzlichen Attributen) einer Verweiskette müssen bedeutungsverwandt sein, wenn sie variiert werden.
- Bei der Wiederaufnahme größerer Textelemente hat das Verweismittel oft eine verkürzende Funktion.
- In Verweisketten sollte man Monotonie vermeiden.
- Es gibt Rück- und Vorverweise (Ankündigungen).

Kenntnisse über die Wortarten sind häufig in der Sekundarstufe II nur noch rudimentär vorhanden, werden aber beim systematischen Schreiben über Texte dringend benötigt (vgl. Kapitel A8, bes. S. 143 f. im Schülerband und die entsprechenden Hinweise auf S. 148 in diesen Handreichungen). Das Wissen über Bindewörter (Konnektive/Konnektoren) und deren Funktion/Bedeutung kann mit dem folgenden Tafelbild rekapituliert werden:

Bindewörter (Konnektive/Konnektoren)

▪ Konjunktion (z. B. „denn")	▪ w-Wort (z. B. „weshalb")
▪ Subjunktion (z. B. „weil")	▪ Partikel (z. B. „ja")
▪ Bindeadverb (z. B. „nämlich")	▪ Präposition in einem Präpositionalausdruck (z. B. „wegen …")
▪ Adverbialpronomen (z. B. „deshalb")	▪ Brückenausdrücke (z. B. „Das ist der Grund dafür, dass …")

Zum prozeduralen Wissensbestand (z. T. schon in der Sekundarstufe I erworben) gehören auch die Verfahren der **Schreibkonferenz** und der **Textlupe** sowie das Wissen über geeignete Möglichkeiten, wie Anmerkungen/Fragen zum Text eines anderen notiert werden können (breiter Textrand, Feedbackbogen mit Dreierstruktur).
Eine Übersicht über mögliche Bewertungskriterien (Textlupe) und einzelne Korrekturzeichen bietet der Methoden-Kasten „Schreibkonferenz" (S. 121 f. im Schülerband); sie können induktiv (vorab) erarbeitet oder als Anleitung direkt benutzt werden. Zur systematischen kriteriengeleiteten individuellen Textüberarbeitung dienen besonders die Hinweise zur Textlupe (Spiegelstrichliste, S. 121 f. im Schülerband).

Anregung zur Erweiterung: Im Unterricht können situativ auftretende Formulierungsschwächen bzw. fehlerhafte Sätze sowie missglückte Textpassagen aus Hausaufgaben oder Klausuren aufgegriffen und mit den Kriterien der Textlupe geprüft sowie überarbeitet werden. Dabei sollten die Schülerinnen und Schüler aufgeführte Fachbegriffe (als Teil der notwendigen Beschreibungssprache) sukzessive aufbauen bzw. vertiefen (deklaratives und prozedurales Wissen).

5 Hier geht es zunächst um einen Rückgriff auf den Kapitelbeginn, auf die Reflexion der eigenen Schreibkompetenz (Selbst- und Fremddiagnose, Formulierung eigener Stärken und Schwächen mit den nun gelernten Fachbegriffen). Es werden zudem wichtige Bezüge auf andere Kapitel des Schülerbands hergestellt, die Gesamt- und Teilkompetenzen beim Verfassen schulischer bzw. deutschunterrichtlicher Schreibprodukte weiter systematisiert aufbereiten und im schreibenden Handeln prozesshaft umsetzen lassen.
Die Schülerinnen und Schüler werden angeregt, ein Unterrichtsportfolio nach dem im nächsten Teilkapitel ausführlich methodisierten Verfahren zu erstellen.

Weiterführendes Material zu diesem Teilkapitel findet sich auf der beiliegenden CD:
- Verschiedene Schreibfähigkeiten und -praxen – Lern- und Kompetenzmodell vs. Genie- oder Flowmodell

7.2 Die Portfolioarbeit – Sechs Phasen

▶ S. 122 1 Die Aufgabe stellt die Besonderheiten der Portfolioarbeit im Vergleich zu ähnlichen, den Schülerinnen und Schülern bekannten Arbeitsformen heraus. Als besondere Merkmale sind zum Beispiel zu nennen: reflexive Praxis, Adressatenorientierung und Partizipation (Beteiligung an der Beurteilung etc.).

7.3 LESESTRATEGIEN **135**

2 Abhängig von der jeweiligen Planungs- und Sachkompetenz der Schülerinnen und Schüler können sie in Kooperation mit der Lehrerin / dem Lehrer über Inhalte und Themen, Fragestellungen, die zu erreichenden Ziele, Vermittlungselemente und Rahmenbedingungen mitentscheiden.
Wichtig ist, dass die gemeinsam getroffenen Planungsentscheidungen für die Schülerinnen und Schüler sowie die Lehrkraft verbindlich, gleichzeitig aber immer offen für Revision sind. Ausgeprägtes Selbstmanagement, Kooperationsbereitschaft und Reflexionsfähigkeit sind grundlegende Kompetenzen, die für die Portfolioarbeit notwendig sind und durch diese vertieft werden.

3 Gelungen sind in dem Schülerbeispiel die Darlegung der Entwicklung des Erkenntnisinteresses, des individuellen Bezugs zum Thema, die klare Formulierung der Ausgangsfrage und die Beschreibung des (methodischen) Vorgehens. Nicht ganz so gelungen erscheint die direkte Ansprache des Lesers.

4 Die Schülerinnen und Schüler reorganisieren ihr individuelles Wissen zur Materialbeschaffung, z.B. mittels Fachliteratur, Zeitungen, Internetrecherche etc.

5 Den inhaltlichen Beitrag, den das Dokument zur Lösung bzw. zum Lernfortschritt leistet, belegen folgende Stichworte aus dem Schülerbeispiel:
- „besonders hilfreich: Peter v. Matt ‚Die Intrige – Theorie und Praxis der Hinterlist' (2006)";
- „Autor führt zahlreiche Facetten der Intrige anhand von Beispielen aus Weltliteratur auf; geht ihm wie mir um die Täter und um das Wesen der Intrigen".

Auskunft über das eigene Lernen bzw. die Lernbedingungen geben die Stichworte:
- „zwei Intrigen-Beispiele kopiert und kommentiert, um verschiedene Intrigen-Varianten vorzustellen und in Beziehung zu den Intrigen von Wurm und Marinelli zu setzen".
- „konnte das Buch nur diagonal lesen, da es über 500 Seiten hat und nicht ganz einfach zu verstehen ist (Zeitproblem!); schade eigentlich – ist sehr unterhaltsam!"

6 Das Schülerbeispiel informiert über Schwierigkeiten, deren Lösung und erreichte Ziele und es liefert einen Ausblick auf Möglichkeiten der zukünftigen Arbeit am Thema.

7.3 Lesestrategien – Techniken des Lesens

Wozu lese ich? – Die Leseabsicht bestimmen ► S. 125

1/2/3 Die Schülerinnen und Schüler reflektieren ihren „Lesealltag" und zeichnen erfahrungsgemäß ein buntes Bild ihres Lesens in den verschiedensten Situationen: vom gemütlichen Schmökern eines Romans auf dem heimischen Sofa über den Chat im Internet bis zum Lesen der Preistafel in der Pommesbude. Ausgehend von den eigenen Leseerfahrungen fällt es den Schülerinnen und Schülern dann nicht schwer, Selbstzweck (Lesen um seiner selbst willen, Freude am Lesen, auch: Unterhaltung) und Lesen als Mittel zum Zweck (z.B. Informationsbeschaffung etc.) zu differenzieren.

Die Leseabsicht bestimmt die Lesestrategie ► S. 125

1 a Die Schülerinnen und Schüler kennen zumeist alle Lesetechniken (überfliegendes/diagonales, gezieltes/selektives, intensives und navigierendes Lesen), auch in Kombination, haben sie allerdings nicht bewusst differenziert und reflektiert.

b Lesestrategien zur Erschließung eines Sachtextes: diagonales – selektives – intensives Lesen.

Die erweiterte „Fünf-Schritt-Lesemethode" ► S. 125

Hans Magnus Enzensberger: Das Nullmedium oder Warum alle Klagen über das Fernsehen gegenstandslos sind ► S. 126

1. Schritt: Vorwissen aktivieren – Den erwarteten Inhalt antizipieren ► S. 126

1/2/3 Lesekompetenz erfordert auch, Neues mit dem individuellen Kontext zu vernetzen: An was erinnert mich der Text / das Thema? Was kenne ich schon? Gibt es Verbindungen zu …? Imaginieren und Assoziieren als Strategien der Vernetzung schaffen – gerade in Partnerarbeit – neben der inhaltlichen Vorentlastung Verstehensoptionen an sich.

136 A7 ARBEITSTECHNIKEN UND METHODEN

▶ S. 126 **2. Schritt: Sich einen Überblick verschaffen**

1 Als Lesetechnik ist hier das diagonale Lesen zu wählen, da ein erster Überblick über Thema, Inhalt und Konstruktion des Textes gewonnen werden soll.

3 Das Schülerbeispiel zu der Aufgabenstellung, erste Leseeindrücke und evtl. erste Thesen zu formulieren, nennt im Sinne einer Vorentlastung wesentliche Aspekte des Textes. Denn es ist von grundlegender Bedeutung, dass die Schülerinnen und Schüler die Diktion und den essayistischen Charakter des Textes erfassen (vgl. auch Aufgabe 1a, S. 129 im Schülerband).

▶ S. 128 **3. Schritt: Fragen an den Text stellen**

Zur Methode „reziprokes Lesen": Beim reziproken Lesen im Team werden einzelne, für den Leseprozess relevante Kompetenzen (Fragen formulieren – den Text zusammenfassen – reflektieren und Reflexionen initiieren – schlussfolgern, noch Fehlendes erkennen) als Rollen auf die Gruppenmitglieder verteilt und so den Schülerinnen und Schülern ins Bewusstsein gehoben (vgl. auch „Methoden der Leseverzögerung"). In der Praxis hat es sich bewährt, Aufgaben- oder Rollenkärtchen zu verteilen, die die jeweilige Aufgabe visualisieren und/oder Leitfragen enthalten. Sie werden dann im Uhrzeigersinn weitergegeben.

1 Die Aufgabenstellung erfordert es, den Text in Abschnitte zu gliedern:
Es finden sich zunächst zwei größere Abschnitte, die sich wiederum unterteilen lassen.
- Der erste Hauptabschnitt geht vom Beginn des Textes bis Z. 76. Nach einem Einleitungssatz, der das Thema („Nullmedium") vorgibt (Z. 1–5), beleuchtet der Verfasser verschiedene Medien im Hinblick auf den durch sie vermittelten Inhalt. Dabei geht es zunächst um die alten Medien, namentlich verschiedene Druckerzeugnisse (Z. 6–29), anschließend um die jüngeren Medien wie Radio (Z. 30–54) und Fernsehen (Z. 55–76).
- Der zweite größere Abschnitt, Z. 77 bis zum Ende, behandelt die Bedeutung des Fernsehens jenseits seines Inhalts. Dabei wird zunächst die Rolle des Zuschauers herausgestellt (Z. 77–104). In einem Zwischenfazit wird anschließend festgestellt, dass es tatsächlich einen „Gebrauchswert" des Fernsehens jenseits des Inhaltes gibt (Z. 105–108). Der letzte Teil (Z. 109–149) betrachtet diesen Gebrauchswert des Fernsehens näher unter Einbeziehung gesellschaftspolitischer Probleme und weiterer Ersatzdrogen im Vergleich. Dabei werden zuletzt gar religiöse Vergleiche gezogen.

▶ S. 129 **4. Schritt: Den Text gründlich und „aktiv" lesen**

1 a Die Aufgabe dient neben der Übung der Textmarkierung der Sicherung des inhaltlichen Verständnisses der ersten Zeilen. Zugeordnet werden können die Notizen den folgenden Zeilen:
- Z. 1–5: Text beginnt mit Hauptthese, die zugleich das Thema vorgibt: die Inhaltslosigkeit der neuen Medien
- Z. 5: plakative und provokante Bezeichnung als „Nullmedien"
- Z. 6–76: These wird durch verschiedene Beispiele (Buchdruck, Radio, TV) belegt
- Z. 25 ff: Als Gegenargument gegen die Inhaltsleere von Druckerzeugnissen führt der Autor den Druckvorgang selbst an, der zwangsläufig Worte festhalte und es so dem Leser ermögliche, nach Sinn zu suchen. → Er belegt so, dass die Inhaltsleere in den Neuen Medien deutlich stärker hervortritt („Emanzipation von der Schrift", Z. 33).

b Der Argumentationsgang kann wie folgt skizziert werden:
- Der Text beginnt mit einer Hauptthese, die zugleich das Thema vorgibt: die Inhaltslosigkeit der neuen Medien, die plakativ als „Nullmedium" bezeichnet werden. Dabei vertritt der Autor die These, diese Entwicklung sei nicht neu.
- Er argumentiert anschließend mit verschiedenen Medienarten, um daran diese These zu belegen. Zunächst wird der Buchdruck genannt und hier werden einige Beispiele für Inhaltsleere aufgezählt. Um darzulegen, dass die Inhaltsleere in neuen Medien deutlich stärker hervortritt, bringt Enzensberger als Gegenargument gegen die Inhaltsleere gedruckter Erzeugnisse eben den Druckvorgang, der zwangsläufig die Worte festhält und es dem Leser so ermöglicht, einen Sinn zu suchen.
- Daher behandelt der nächste Argumentationsstrang das Radio. Als Beleg für die Inhaltsleere soll hier die Loslösung von der Schrift als Träger eines Inhaltes dienen. Dies wird in einem Gegenargument sogleich eingeschränkt: Das Vorlesen vorformulierter Texte im Radio transportiert dennoch Inhalte, ebenso Diskussionen. Nur dort, wo auf Sprache verzichtet wird, werden kaum Inhalte vermittelt.

7.3 LESESTRATEGIEN **137**

- Der nächste Argumentationsstrang beleuchtet die Rolle des Fernsehens. Erst visuelle Techniken verdrängten die Bedeutung der Sprache. Dies soll durch einen Vergleich mit dem verwandten Medium des Films verdeutlicht werden. Im Folgenden wird aufgeführt, warum das Fernsehen hinter diesem zurückbleibt.
- Anschließend wird die Rolle des Zuschauers näher betrachtet. Es wird hier die These aufgestellt, dieser wisse genau, was er tue im Umgang mit dem Fernsehen, und könne so das Fernsehen manipulieren. Er entziehe sich so bewusst selbst einer Manipulation, eben der Vermittlung von Inhalten. Anschließend wird mit Beispielen die Manipulation durch den Zuschauer erläutert. Diese Möglichkeit der Manipulation wird als Beleg für die Beliebtheit des Mediums Fernsehen losgelöst von der jeweiligen Kultur herangezogen.
- Daran macht der Verfasser zugleich eine weitere These fest, nämlich dass es einen Gebrauchswert des Fernsehens über den bloßen Inhalt hinaus gebe. Das Medium Fernsehen diene der Selbsttherapie, als Möglichkeit zum Abschalten.
- Als argumentative Stütze dient hier ein Verweis auf alternative Möglichkeiten zum Abschalten. Beispielhaft werden verschiedene Suchtmittel aufgeführt und in der Wirkung gleichgestellt. Dieser Vergleich wird in einer anschließenden Wertung zu Gunsten des Fernsehens entschieden und somit die Wirkung des Fernsehens als Ablenkung aus dem Alltag festgeschrieben.
- Direkt anschließend beginnt ein Argumentationsgang, der diese ablenkende Wirkung des Fernsehens noch weiter zuspitzt. Hier erfolgt die Argumentation in umgekehrter Reihenfolge, um die These als Ergebnis ans Ende des Textes stellen zu können. Zunächst wird die Wirkung (Meditation) erläutert (als Beleg) und dies wird als Argument verwendet, um einen religiösen Bezug zum Buddhismus herzustellen und mit dem Fazit zu enden, der Fernseher sei eine „buddhistische Maschine" (Z. 149).

5. Schritt: Den Text abschnittweise rekapitulieren

► S. 129

Die Rekapitulation der einzelnen Sinnabschnitte dient zum einen der vertieften Bewusstmachung des Inhaltes, soll die Schülerinnen und Schüler zum anderen aber auch durch die Anregung zum Exzerpieren über die bloße Textparaphrase hinausführen: Es soll Wesentliches von Unwesentlichem differenziert und der Fokus gerade auf zunächst unverständlich erscheinende Textstellen gelenkt werden, die ansonsten von den Schülerinnen und Schülern gern schnell übergangen werden. Das eigene Textverständnis wird so überprüft und der Inhalt losgelöst von der Textvorlage wiedergegeben.

6. Schritt: Den ganzen Text rekapitulieren

► S. 130

2 a/b Ein Vorschlag für ein Tafelbild zur Visualisierung des oben ausgeführten Argumentationsgangs (Alternative) findet sich auf S. 138 in diesen Handreichungen.

7. Schritt: Das Gelesene mit dem Vorwissen verknüpfen

► S. 130

1/2 Die Aufgabe leitet die Schülerinnen und Schüler sowohl zur inhaltlichen als auch methodischen Reflexion, sie formulieren und beurteilen im Sinne der Metakognition den Text und den individuellen Erkenntnisgewinn.

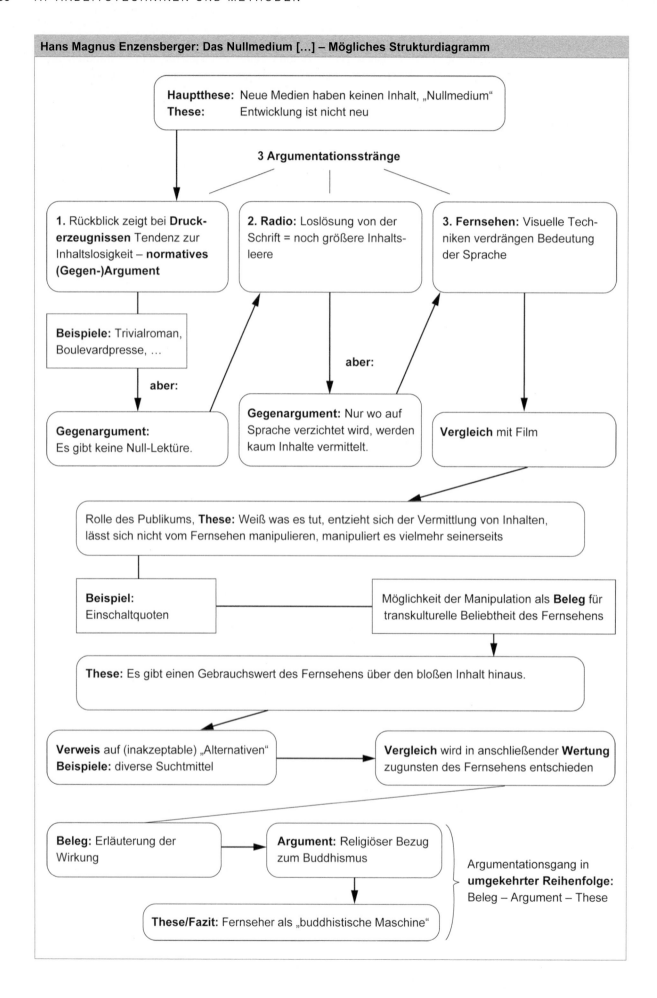

7.4 Projektarbeit im Team – Planen, durchführen und vorstellen

1/2 Es ist davon auszugehen, dass die Schülerinnen und Schüler sich sowohl zu den Abbildungen als auch zur Projektidee auf der Basis eigener Erfahrungen äußern können. Zu den Zielen von Projektarbeit und ggf. zu einzelnen Schwierigkeiten sollten sie u. a. erwähnen: ▶ S. 131

- Selbstständigkeit, Selbstorganisation, Selbststeuerung;
- Eigenverantwortlichkeit;
- Team- bzw. Kooperationsfähigkeit, Kommunikationsfähigkeit (als Schlüsselqualifikation);
- die Untergliederung des Gesamtprojekts in Teilvorhaben begründen;
- die Produkt- und Problemorientierung dabei im Auge behalten (was manchmal schwierig ist);
- begründen, weshalb man sich über Arbeitsphasen und -schritte prozesshaft verständigen muss;
- Ergebnisse und den Sinn von Verfahren/Methoden fortlaufend und abschließend beurteilen können.

Die Schülerinnen und Schüler haben möglicherweise auch Erfahrungen bei Projekten gesammelt, deren Präsentation bzw. deren Ergebnisse eine Wirkung auf die Öffentlichkeit (Schule, Gemeinde) haben sollten und einen größeren Zeitrahmen umfassten, eventuell auch in Projekten mit fächerverbindendem bzw. fachübergreifendem Zuschnitt. Die Begriffe „ganzheitliches Lernen" und „Lebenspraxis- oder Gesellschaftsbezug" werden vermutlich nur sinngemäß verwendet.

Vorschlag für ein Tafelbild:

Weitere Informationen zur Klärung des Begriffs „Projektunterricht"

Zur genaueren Eingrenzung erweist sich ein Merkmalskatalog als sinnvoll. Projektunterricht zeichnet sich aus durch:
- Handlungsorientierung, wobei körperliche und geistige Arbeit gefragt sind und möglichst alle Sinne angesprochen werden sollen […];
- Selbstorganisation und Selbstverantwortung der Schüler wie bei freier Arbeit und Lernerautonomie;
- Teamwork.

Projektunterricht kann sich auszeichnen durch:
- Situationsbezogenheit mit Verbindung zum wirklichen Leben […];
- Interessensbezogenheit, wobei das Interesse auch erst im Laufe der Zeit entstehen kann;
- zielgerichtete Planung;
- Geschwindigkeit und Vernetzung der Teilnehmer […];
- Interdisziplinarität (fächerübergreifende Projekte);
- Gesellschaftsrelevanz;
- Ganzheitlichkeit.

[…]

Nach Emer/Lenzen (2002) gliedert sich der Ablauf eines schulischen Projektunterrichts in folgende Phasen:
- Initiierung: Der Projektunterricht wird initiiert und es werden Ideen für Projekte gefunden.
- Einstieg: Die Projekte werden eingeleitet und geplant.
- Durchführung: Die Projekte werden durchgeführt und begleitet.
- Präsentation: Die Projektergebnisse werden präsentiert.
- Auswertung (Reflexion): Die Projekte werden ausgewertet und unter Umständen weitergeführt.

(Quelle: http://de.wikipedia.org/wiki/Projektunterricht)

A7 ARBEITSTECHNIKEN UND METHODEN

Projektarbeit – Phasen und Arbeitsformen

▶ S. 131 **Phase I: Initiativ- und Informationsphase**

1 Mögliche Verfahren, um Arbeitsgruppen zu bilden: nach Sympathie- bzw. Freundschaftsbeziehungen, nach Leistungs- und Interessensgesichtspunkten, als Spontangruppen, als Zufallsgruppen (nach Alphabet, Sitzordnung, Geburtsdatum, ermittelt durch Kartenziehen, Würfeln, Abzählen, gemeinsame Merkmale u. a. m.).
Mögliche Erfahrungen mit diesen Verfahren der Gruppenbildung: Arbeitsteiligkeit, Arbeitsgleichheit usw. Regeln für gute Gruppenarbeit: Übernahme von Verantwortung, Eigeninitiative, Nutzen vorhandener Sachkompetenz, ggf. arbeitsteilig einzubringen; Bezug auf eigene Erfahrungen und Fragen beim Planungsprozess, Übernahme von Rollen (Gesprächsleitung, Protokoll, Verwaltung eines Portfolios) etc. (Vgl. Friedrich-Jahresheft XXVI/2008: Individuell lernen – Kooperativ arbeiten. Friedrich Verlag, Seelze 2008, S. 9 ff).

2 a Folgende Verfahren eignen sich zum vorläufigen, noch ungeordneten Sammeln von Ideen, wobei die Perspektiven aller Schülerinnen und Schüler einfließen können: Brainstorming, Mindmap, Assoziations-/Ideenstern, Cluster, Blätterlawine, Placemat, Brainwalking, Brainwriting (vgl. S. 495 im Schülerband).

b Dem als Beispiel auf S. 132 im Schülerband abgedruckten Notizblatt (zum Projektthema „Expressionismus in der Literatur und Malerei") ist abzulesen, dass es dort zum einen offene W-Fragen gibt (Fragezeichen), dass zum anderen mit den Pfeilen und der Ergänzung in Klammer („vgl. Naturalismus") auch schon erste Erkenntnisse formuliert werden, denen weiter nachgegangen werden soll. Die unterlegten Markierungen fokussieren Schlüsselbegriffe für das Erarbeitungsprogramm („Gesellschaft", „Zeitgenossen", „Einordnung").

3/4 Die Arbeitsanregungen sind auf die Herausbildung eines eigenen Projekts ausgerichtet; es wird vor allem auf die Gruppenbildung, die gemeinsame Planungsarbeit in der Gruppe und die medialen Unterstützungsformen abgestellt. Das Verfahren des „Blitzlichts" wird im Methoden-Hinweis (S. 132 im Schülerband) erklärt; zum Brainwriting können die Schülerinnen und Schüler auf S. 495 im Schülerband Informationen finden.

5 Es ist zu betonen, dass die thematische Entfaltung und Strukturierung eines Themas und erste Vereinbarungen über häusliche Vorbereitungen sowie ggf. außerschulische Recherchen häufig viel Zeit beanspruchen. Zur Idee der Projektarbeit gehört vor allem, dass jede/r eigene Stärken nutzen können sollte und keine unliebsamen Aufgaben übernehmen muss. Die gemeinsame Planung, auch zur Gestaltung von Zeit- und Arbeitsabläufen, wird durch einen Fragenpool so festgehalten, dass dadurch die Arbeit bis zum Tag der Präsentation weiter gesteuert werden kann. Über die Prüfung und Bewertung geeigneter Informationsquellen informiert der Schülerband auf S. 137 f.

▶ S. 132 **Phase II: Planungsphase**

1/2 a Die angesprochenen Methoden zur Vorbereitung der Projektarbeit – Kartenabfrage und Placemat – werden auf S. 133 im Schülerband vorgestellt.
Zur Abbildung auf S. 133 im Schülerband (Placemat zum Beispielprojekt „Expressionismus in der Literatur und Malerei/Ludwig Meidner"): Erste Recherchen aller Gruppenmitglieder zu Ludwig Meidner haben Stichworte, thematische Schwerpunkte und weiterführende Fragen erbracht, an denen die Gruppe nun arbeiten will. Dafür ist es notwendig, individuelle Ergebnisse und Erkenntnisse zu sammeln und im Gespräch daraus ein „Gruppenergebnis" zu entwickeln. Dazu eignet sich das Placemat-Verfahren besonders gut. Wichtige Sachaspekte und Fragen zur Kunst und Person Ludwig Meidners (vgl. die Fragen in Klammern) konnten von den vier Gruppenmitgliedern auf Grund der ersten Recherchen schon in die vier äußeren Felder eingetragen werden; aus dem Austausch hierüber entwickelte sich das mittlere Feld, das mit seinen vier Einträgen Sachliches (Nr. 1 bis 3) und Mediales (Nr. 4) festhält und damit als Projekt-Arbeitsprogramm gelten kann.

7.4 PROJEKTARBEIT IM TEAM **141**

b   Die in der Aufgabenstellung und auf S. 134 im Schülerband erwähnten Präsentationsmedien für das
Projektprodukt (Wandzeitung, Vortrag, Thesenpapier, PowerPoint-Darstellung, Gruppenportfolio) und
die Präsentationsformen (Markt der Möglichkeiten, Galeriegang, vgl. S. 134 im Schülerband) sind
durch handlungsorientierte Präsentationsformen zu erweitern; dazu gehören Formen des darstellenden Spiels, ein audiovisuell gestaltetes Porträt/„Personen-Bild", eine szenische Lesung und/oder
eine Text-Bild-Collage (eventuell unter Verwendung von dem Projekt angemessenen Darstellungs-
mitteln, die für das Projektbeispiel etwa das Expressionistische „anklingen" lassen könnten) und/oder
Diskussionen, Debatten, eine Podiumsdiskussion unter Experten etc. Wichtig ist, dass die Schülerinnen und Schüler schon in der Planungsphase genaue Vorstellungen vom angestrebten Produkt des
Projekts und seiner Präsentationsweise entwickeln.

Insgesamt ist bei einem Projekt das **zielführende Planungsgespräch** in der Groß- und Kleingruppe ausgerichtet auf den Austausch über:
- Themen, Teilthemen (und was auszuschließen ist);
- Arbeitsziel(e) und -etappen, ggf. einzelne Zeitpläne;
- angestrebte Produkte;
- geeignete methodische Verfahren, Arbeitsweisen (im Einzelnen);
- die Art der Arbeitsteilung;
- Kompetenzen und angestrebte Lernerfahrungen.

Phase III: Arbeits- oder Produktionsphase

▶ S. 133

1   Zum Beispielprojekt („Expressionismus/Ludwig Meidner") werden hier einige Materialien aus dem Projekt-
bzw. Gruppenportfolio genannt, deren Kommentierung wird vorgestellt. Ihnen ist zu entnehmen, welche
geplanten Schwerpunkte mit welchen Materialien aufzubereiten sind und was die Gruppe davon für die
Präsentation des Projektprodukts nutzen kann.

Ergänzend zum Methoden-Hinweis „Die Arbeit dokumentieren" kann man die Schülerinnen und Schüler auf
folgende Aspekte aufmerksam machen:
- Im Klassenraum sollten besonders dann **Wandzeitungen** zur Kommunikation über Arbeitsstände aller
Gruppen aushängen, wenn das Projekt zeitaufwändig ist, sich die Gruppen häufiger vor Ort befinden und
auf diesem Weg miteinander kommunizieren wollen. Hierfür eignet sich auch ein so genanntes **Simultan-
protokoll**, das über den jeweiligen Arbeitsstand informiert.
- Jedes Gruppenmitglied kann auch ein individuelles **Lernjournal** führen.
- Im **Gruppenportfolio** (vgl. Teilkapitel 7.2) werden alle Materialien und Analysen sowie Gruppenprotokolle
im Fortgang der Arbeit aufbewahrt und ggf. kommentiert – jeweils mit Bezugnahme auf Sach-, Organisa-
tions- und Beziehungsaspekte der Arbeit. Letztere bekommen eine eigene Gewichtung, wenn das Portfolio selbst das Arbeitsprodukt sein und zur Bewertung sowohl des Arbeitsergebnisses als auch des
Arbeitsprozesses herangezogen werden soll.

Phase IV: Präsentations- bzw. Aktionsphase

▶ S. 134

1/2   Als Schwierigkeiten erweisen sich bei der Präsentationsform des „Galeriegangs" häufig die (nicht
selbsterklärende) Gestaltung der ausgehängten Plakate oder die Nicht-Lesbarkeit der Schrift; die
Enge vieler Klassenräume führt dazu, dass es zum Gedränge von Schülergruppen vor den Plakaten
kommt. Man sollte einen Ausstellungsraum finden oder zusätzlich Flure benutzen.
Der „Markt der Möglichkeiten" als Präsentationsform lässt das Flanieren aller Gruppenteilnehmer zu;
an den einzelnen Ständen werden die Experten befragt; sie erhalten auch Rückmeldung zu ihrem
Produkt. Zum Schluss kehren alle zum eigenen Gruppenstand / in die eigene Gruppe zurück und
werten die Rückmeldungen aus (ggf. auch im Plenum). Es empfiehlt sich, den „Flaneuren" Aufträge
mit auf den Weg zu geben, um einer Konsumentenhaltung zu begegnen.

Phase V: Evaluationsphase

▶ S. 135

1/2   Am Ende der Projektarbeit steht der Rückbezug auf anfangs gesetzte Ziele und Erkenntnisinteressen;
er wird ergänzt durch Methoden-/Verfahrenskritik im Einzelnen. In der Metakommunikation geht es
auch um den Austausch über wahrgenommene Störungen in den Gruppengesprächen – mit dem Ziel
einer kritischen Durchdringung auch der eigenen „Selbstregulierungsfähigkeiten", die für die Projektarbeit als besonders wichtig anzusehen sind.

142 A 7 ARBEITSTECHNIKEN UND METHODEN

Das Feedbackgespräch im Team (Gruppenfeedback) stellt hohe sprachliche und emotionale Anforderungen, damit die Gruppendynamik nicht leidet. Durch ein Reflexionsportfolio können auch gruppenbezogene Prozesse langfristig wirksam angegangen und dokumentiert werden (vgl. Teilkapitel A7.2). Die Prinzipien der Projektarbeit im Team – Entscheidungen gemeinsam zu treffen, deren Tragfähigkeit zu beurteilen und vor allem die eigene Lernentwicklung, den Kompetenzerwerb, aber auch mögliche Enttäuschungen dabei reflektieren zu können – müssen für die Auswertungsgespräche und -dokumente als Leitlinie gelten.

Arbeitsergebnisse und Arbeitsvorgänge sowie Erfahrungen aus der Projektarbeit, besonders mit der Eigenständigkeit und Selbstregulierung, müssen in den Teilgruppen und auch in der Gesamtgruppe (im Kurs) ausführlich aufgearbeitet, reflektiert und beurteilt werden. Die **Evaluation** bezieht sich also auf **Sachverhalte und Ergebnisse**, auf **Methoden bzw. Verfahren**, auf **Interaktionen** während des Projekts sowie auf **das eigene Verhalten und Lernen**.

Peterßen (vgl. Literaturhinweise, S. 129 in diesen Handreichungen) betont, dass vor der Gesamtevaluation in jeder Arbeitsgruppe auch eine **„Verifikation" zwischen „Soll" und „Ist"**, das heißt im Hinblick auf das geplante und dann realisierte Produkt, stattfinden müsse, was ggf. Nachbesserungsarbeiten nach sich ziehe.

Im **Feedback- oder Kritikgespräch** müssen angemessene sprachliche Formulierungen gewählt und die Sachebene und die Beziehungsebene der Kommunikation sorgfältig unterschieden werden. Manchmal liegen im Hinblick auf die Mitarbeit in der Gruppe Unterschiede zwischen **Selbsteinschätzung und Fremdeinschätzung** vor, die man durch Fragebogen herausfinden und gemeinsam besprechen kann. Hierfür werden Kriterien gebildet und es wird jeweils in „Ich-Form" und „Er-/Sie-Form" nach dem Gleichen gefragt (z. B. „Habe ich Ideen eingebracht?" und „Hat sie/er [Name der Mitschülerin / des Mitschülers] Ideen eingebracht?").

Jedes Gruppenmitglied kann für sich selbst ein persönliches **Lernjournal zur Selbstevaluation** erstellen, in dem es darauf eingeht, warum es welche Aufgaben übernommen und welche Lernerfahrungen es damit gemacht hat, womit es Schwierigkeiten hatte und wie sie zu beheben sind.

7.5 Die Facharbeit – Besondere Lernleistungen

▶ S. 135 **Themen finden – Bereiche abgrenzen**

1 Lehrpersonen sollten frühzeitig signalisieren, dass sie bei der Themenstellung auf die Wünsche von Schülerinnen und Schülern Rücksicht nehmen werden, um die Selbstinitiative der Schülerinnen und Schüler zu stärken. Dennoch sind viele Schüler/innen in der Regel auf Anregungen von Lehrpersonen angewiesen.

Weitere mögliche Themenbereiche für Facharbeiten Deutsch sind zum Beispiel:

- Werkvergleiche (z. B. von Brechts „Mutter Courage" und Grimmelshausens „Landstörzerin Courasche")
- Motivvergleiche (z. B. Vergleich des Reisemotivs in Sten Nadolnys „Netzkarte" und Eichendorffs „Aus dem Leben eines Taugenichts", Vergleich des Liebesmotivs in ausgewählten lyrischen Texten aus verschiedenen Epochen)
- Stoffvergleiche (z. B. ein Vergleich der Darstellung des Genies in Patrick Süskinds Roman „Das Parfum" und in Robert Schneiders Roman „Schlafes Bruder")
- Strukturvergleiche (z. B. von Kunst- und Volksmärchen)
- Literaturverfilmung (z. B. „Die Verwirrungen des Zöglings Törleß" oder „Homo Faber"), evtl. vergleichende Analyse ausgewählter Szenen
- Untersuchungen gattungsspezifischer Aspekte (z. B. „Die Blechtrommel" als moderner Schelmenroman)
- Geschichtsdarstellungen in der Literatur (z. B. Auseinandersetzung mit dem Bürgertum der Wilhelminischen Ära in „Der Untertan" von Heinrich Mann)
- Kinder- und Jugendliteratur (Vorstellung und Kommentierung preisgekrönter Titel aus der Jugendbuchproduktion der letzten Jahre)
- literarisches Leben (z. B. Entwicklung der Buchmessen in Frankfurt und Leipzig, ausgewählte literaturvermittelnde Sendungen im Fernsehen, Spielpläne ausgewählter deutschsprachiger Bühnen in einem bestimmten Zeitraum)
- kreative Aufgaben (z. B. Übersetzung eines kurzen literarischen Textes aus einer Fremdsprache, Gestaltung eines Programmhefts etc.)
- Sprachuntersuchungen (z. B. lokaler Ortsnamen bzw. lokal verbreiteter Familiennamen, jugendsprachlicher Besonderheiten in einem bestimmten Jahr)

7.5 DIE FACHARBEIT **143**

2 Einschätzung der Themeneingrenzung:
  (a) „Franz Kafkas Verhältnis zu seiner Familie – Einfluss auf sein literarisches Werk": Der Themenbereich ist zu umfassend und kann in einer Facharbeit eher nicht bewältigt werden.
  (b) „Verfilmungen von Kafkas Werken": zu umfangreich.
  (c) „Franz Kafkas Erzählung ‚Die Verwandlung' – Bezüge zu seinen Familienerfahrungen": Das Thema ist im Hinblick auf eine Facharbeit in sinnvoller Weise eingegrenzt.
  (d) „Michael Hanekes Verfilmung von Kafkas ‚Das Schloss'": Auch dieses Thema könnte in einer Facharbeit eventuell bewältigt werden, setzt allerdings die Lektüre eines Romans und die Analyse eines Films voraus.
  (e) „Vater- und Mutterfiguren in Kafkas Romanen": Da drei Romane durchgearbeitet und auf biografische Dokumente bezogen werden müssten, wäre ein solcher Arbeitsauftrag zu umfangreich.
  (f) „Kafkas Verhältnis zum Vater als Hintergrund für die kurze Erzählung ‚Vor dem Gesetz'": als Thema für eine Facharbeit in sinnvoller Weise eingegrenzt.
  (g) „Kafkas ‚Vor dem Gesetz' und Botho Strauß' ‚Wann merkt ein Mann' – intertextuelle Bezüge": hinreichend eingegrenzt.
  (h) „Funktionen des literarischen Schreibens bei Kafka": zu anspruchsvoll.

3 Für die Klärungen in der Absprachephase sollte sich die Lehrkraft einige Zeit nehmen, da hier wichtige Steuerungen vorgenommen werden müssen. Schülerinnen und Schüler neigen immer wieder dazu, einige der genannten Vorbereitungsschritte wenig ernst zu nehmen. Sie sollten darauf hingewiesen werden, dass es erhebliche nachträgliche Arbeit bedeuten kann, wenn sie planlos an die Erarbeitung einer Facharbeit gehen.

Die Arbeitszeit planen – Phasen der Facharbeit
▶ S. 136

1–3 Vielen Schülerinnen und Schülern fällt es nicht leicht, einen realistischen Zeitplan aufzustellen und durchzuhalten, da sie komplexe Arbeitsprozesse wie die Erstellung einer Facharbeit bisher noch nicht zu bewältigen hatten. In Beratungsgesprächen sollte daher besonders auf Phasen geachtet werden, deren Zeitaufwand unterschätzt wird (z. B. eine solide Recherche im Bereich der Printmedien).

Informationen beschaffen – Quellen prüfen und protokollieren
▶ S. 137

1 Die Übersicht soll den Schülerinnen und Schülern deutlich machen, dass das Internet nur eine unter mehreren wichtigen Informationsquellen ist.

2 Die Arbeitsanregung leitet dazu an, einen realistischen Zeitrahmen für Recherchen anzusetzen, die auf Printmedien zielen. Viele Schülerinnen und Schüler verlassen sich zu sehr darauf, Recherchen in kurzer Zeit im Internet erledigen zu können.

3 OPAC-Kataloge sind Onlinekataloge von Bibliotheken etc.; die Schülerinnen und Schüler können daher auch von ihrem heimischen oder schulischen Rechner aus Printmedien erkunden, bevor sie in diesen vor Ort recherchieren.

4 Der Arbeitsauftrag leitet dazu an, wichtige Lesefrüchte sofort zu sichern, damit sie für die Abfassung der Facharbeit in einer kompakten Zusammenstellung zur Verfügung stehen. Auf diese Weise werden zeitaufwändige Nachrecherchen vermieden.

5 Der Einsatz der „Checkliste – Einschätzung und Bewertung von Print- und Internetquellen" (auf S. 138 im Schülerband) führt dazu, dass die Schülerinnen und Schüler nicht mehr allzu sorglos mit Internetquellen umgehen und Informationen besser absichern.

6 Die Schülerinnen und Schüler sollten darauf hingewiesen werden, dass ein sorgfältiges Notieren von Quellen mühsame und zeitaufwändige Nachrecherchen gegen Ende des Arbeitsprozesses erspart.

144 A7 ARBEITSTECHNIKEN UND METHODEN

▶ S. 138 **Informationen auswerten – Die Gliederung**

1 Die Anregungen leiten dazu an, zunächst ungeordnetes Material gedanklich zu bündeln, zu hierarchisieren und zu kontrastieren. Den Schülerinnen und Schülern kann erklärt werden, dass sich bei dieser Verarbeitung eine gedankliche Dynamik ergibt, die auch eigenständige gedankliche Weiterentwicklungen ermöglicht. Damit werden Schüler/innen von der oft geäußerten Sorge befreit, bei der Erarbeitung einer Facharbeit handele es sich nur um ein „Abschreiben" anderer Autorinnen bzw. Autoren und eine eigenständige Leistung sei gar nicht möglich.

2 Die im Schülerband auf S. 139 abgedruckte Gliederung hat Anregungscharakter für eigene Entwürfe der Schüler/innen; sie sollte nicht einfach übernommen werden. An dem Beispiel können – als Vorübung für eigene Versuche – logische Zuordnungen von Teilaspekten und gedankliche Hierarchisierungen nachvollzogen werden.

▶ S. 139 **Textentwürfe schreiben – Schreibstrategien**

1 Den Schülerinnen und Schülern sollte geraten werden, ihre ersten Textentwürfe im Fluss zu halten und sich im Schreibprozess laufende Textrevisionen zuzugestehen.

2 Angesichts der späteren Bewertungsaufgabe ist es nicht ratsam, dass die betreuende Lehrperson in dieser Phase als Konzept- und Schreibberater tätig wird.

▶ S. 140 **Fremdaussagen integrieren – Zitieren und Paraphrasieren**

1 Zuordnung von Zitat und passender Regel des Zitierens:

Zitatbeispiele	Regeln des Zitierens
(a) Kafka betont die „Verschiedenheit" zwischen sich und dem Vater (Wagenbach: Kafka, S. 403).	III Zitate werden am Anfang und am Ende durch Anführungszeichen kenntlich gemacht. Nach einem Zitat wird am Ende des Satzes oder Abschnitts in einer Klammer die Quelle in Kurzform angegeben.
(b) Kafka teilt dem Vater mit, er habe immer befürchtet, dieser werde ihn „einfach niederstampfen" (ebd., S. 42).	IV Kurze Zitate werden in einen selbst formulierten Satz integriert. Wird eine Quelle wiederholt, kann der Kurztitel durch „ebd." ersetzt werden.
(c) Kafka bekennt außerdem: „[…] offen gesprochen habe ich mit dir niemals" (ebd., S. 700).	II Vollständig zitierte Sätze werden allein gestellt und durch einen Doppelpunkt abgetrennt. Werden in solchen Zitaten Wörter ausgelassen, ist das durch drei Punkte in eckigen Klammern zu kennzeichnen.
(d) Kafka gesteht dem Vater zu, er habe „[s]ein ganzes Leben lang schwer gearbeitet" (ebd., S. 699).	I Zitate, die in einen eigenen Satz eingefügt werden, müssen evtl. grammatisch angepasst werden. Veränderungen sind in eckigen Klammern anzuzeigen.

Die Schülerinnen und Schüler können darauf hingewiesen werden, dass in der Bibliografie der Facharbeit vollständige Angaben zu Quellen gemacht werden müssen, wenn diese – wie in den obigen Beispielen – zunächst nur in Kurzform verwendet worden sind. Sie können weiterhin darüber informiert werden, dass sich dieses Verfahren des Quellenverweises inzwischen weitgehend durchgesetzt hat, dass es aber weiterhin auch möglich ist, nach einem Zitat mit einer hochgestellten Ziffer auf eine Anmerkung zu verweisen, die dann am Ende der Seite eingefügt wird; diese Anmerkung enthält die kompletten bibliografischen Angaben.

2 Weiterführende Übungen zum Zitieren bei Brenner 2002, S. 69 ff. (vgl. Literaturhinweise auf S. 129 in diesen Handreichungen).

3 Weiterführende Übungen zum Paraphrasieren bei Brenner 2002, a. a. O., S. 72 ff.

7.5 DIE FACHARBEIT **145**

Bibliografieren – Quellen vollständig angeben ▶ S. 141

1 Beispiele für Quellenangaben:
- Buchveröffentlichung eines Autors: Döblin, Alfred: Berlin Alexanderplatz. Walter, Olten 1961
- Buchveröffentlichung mehrerer Autor(inn)en: Birkin, Andrew / Eichinger, Bernd / Tykwer, Tom: Das Parfum. Das Buch zum Film. Diogenes, Zürich 2006
- Zeitschriftenaufsatz: Donner, Susanne: Fremdgetaktet. In: Bild der Wissenschaft 6/2007, S. 29–39
- Internetquelle: Schulz von Thun, Friedemann: Das Kommunikationsquadrat. In: www.schulz-von-thun.de/mod-komquad.html [26.09.2008]

2 Beispiele für eine Gliederungssystematik der bibliografischen Angaben:
- Buchveröffentlichung mehrerer Autor(inn)en: Autorenname, Vorname / Autorenname, Vorname / Autorenname, Vorname [in alphabetischer Reihenfolge]: Titel. Verlag, Ort Jahr
- Text aus einem vom Autor / von der Autorin selbst veröffentlichten Sammelwerk: Autorenname, Vorname: Titel des Textes. In: Titel des Sammelwerks. Verlag, Ort Jahr, Seitenzahl (z. B.: Köhler, Barbara: In the movies. In: Blue Box. Suhrkamp, Frankfurt/M. 1995, S. 10 f.)
- Zeitungstext: Autorenname, Vorname: Titel des Textes. In: Zeitungs- bzw. Zeitschriftenname, Erscheinungsdatum bzw. Ausgabe/Jahr, Seitenangabe (z. B. S. 84–91)
- Internetquelle: Autorenname, Vorname: Titel. In: Internetadresse [Sichtungsdatum]

Die Schülerinnen und Schüler sollten evtl. darauf hingewiesen werden, dass die Internetquellen in einem eigenen Abschnitt der Bibliografie zusammengestellt werden können. Weiterführende Übungen zum Bibliografieren bei Brenner 2002, a. a. O., S. 80 ff.

Die Facharbeit überarbeiten – Ergebnisse präsentieren ▶ S. 142

1/2 Weiterführende Anregungen zur Überarbeitung von Facharbeiten, zu ihrer Präsentation und zur Reflexion des Arbeitsprozesses bei Brenner 2002, a. a. O., S. 84 ff., S. 89 ff. und S. 92 ff.

146 A8 GRAMMATIK, RECHTSCHREIBUNG, ZEICHENSETZUNG

8 Wiederholungskurs – Grammatik, Rechtschreibung, Zeichensetzung

Konzeption des Kapitels

Das Kapitel bietet Übersichten und Trainingsmöglichkeiten zu Bereichen, die bereits in der Sekundarstufe I erarbeitet worden sind, die aber erfahrungsgemäß vielen Schülerinnen und Schülern auch noch in der Sekundarstufe II Probleme bereiten. Es geht dabei nicht nur um die Beherrschung grammatischer und orthografischer Regeln, sondern auch um eine Auffrischung und Differenzierung der Fachterminologie und um Einsichten in die Funktionen grammatischer Phänomene in textlichen Zusammenhängen. Das Kapitel dient so auch der fachlichen Fundierung von Textanalysen.

Das Kapitel beginnt mit zentralen Begriffen im Bereich der Wortarten und der Syntax. Es klärt dann Bildung und Verwendung des Konjunktivs der indirekten Rede und leistet damit einen Beitrag zur fachlichen Qualifizierung von Textwiedergaben (Sachtextanalyse, textgebundene Erörterung). Es folgen Übungen zur Unterscheidung zwischen der Konjunktion „dass" und dem Pronomen „das" sowie zu ausgewählten Phänomen der Rechtschreibung und Zeichensetzung.

Das Kapitel kann insbesondere im Anschluss an Klausuren genutzt werden, wenn Schülerinnen und Schüler Hinweise benötigen, wie sie Defizite im Bereich der sprachlichen Richtigkeit aufarbeiten können.

Literaturhinweise

Bentin, Werner: Grammatik: Alles klar! Lern- und Übungsheft 4 für das 11./13. Schuljahr. Cornelsen, Berlin 2002

Brenner, Gerd: Texte schreiben: Alles klar! Trainingskurs für die Oberstufe. Cornelsen, Berlin 2004

Brenner, Gerd / Gierlich, Heinz u. a.: Texte überarbeiten: Von der Rechtschreibung zum sicheren Ausdruck. Neue Ausgabe. Cornelsen Verlag, Berlin 2006 (Texte, Themen und Strukturen – Arbeitsheft. Hg. von Bernd Schurf und Andrea Wagener)

Brenner, Gerd / Hußing-Weitz, Renate: Besser in Deutsch Oberstufe. Texte verfassen. Cornelsen Scriptor, Berlin [4]2007

Dudenredaktion (Hg.): Die deutsche Rechtschreibung. Bibliographisches Institut & F. A. Brockhaus, Mannheim, 24., völlig neu bearb. und erw. Aufl. 2006

Dudenredaktion (Hg.): Duden. Die Grammatik. Bibliographisches Institut & F. A. Brockhaus, Mannheim, 7. völlig neu erarb. und erw. Aufl. 2005

Dudenredaktion (Hg.): Korrektes Deutsch – kurz gefasst. Alltägliche Sprachschwierigkeiten und ihre Lösung. Bibliographisches Institut & F. A. Brockhaus, Mannheim 2006

Hackenbroch-Krafft, Ida: Von der Rechtschreibung zum sicheren Ausdruck. Cornelsen, Berlin 2008 (Deutschbuch – Texte und Methoden – Arbeitsheft)

Heringer, Hans-Jürgen: Grammatik und Stil. Praktische Grammatik des Deutschen. Cornelsen, Berlin 1995

Klötzer, Sylvia: Typische Fehler Deutsch. Klett-Sprachen, Stuttgart 2008 (Pons – Auf einen Blick)

Schübel, Adelbert / Pießnack, Christian: Wie gut beherrschen Abiturienten die Rechtschreibung? In: Deutschunterricht 3/2005, S. 20–25

Sick, Bastian: Der Dativ ist dem Genitiv sein Tod. Ein Wegweiser durch den Irrgarten der deutschen Sprache. Kiepenheuer & Witsch, Köln 2004

Strehl, Linda: Deutsch – Rechtschreibung und Zeichensetzung. Bibliographisches Institut & F. A. Brockhaus, Mannheim 2005 (Duden Wissen griffbereit)

A8 GRAMMATIK, RECHTSCHREIBUNG, ZEICHENSETZUNG

	Inhalte	Kompetenzen Die Schülerinnen und Schüler
S. 143	**8 Wiederholungskurs – Grammatik, Rechtschreibung, Zeichensetzung**	
S. 143	**Die Wortarten – Fachbegriffe und Funktionen**	▪ grenzen Wortarten voneinander ab ▪ unterscheiden zwischen flektierbaren und nicht flektierbaren Wortarten ▪ wenden Fachtermini im Bereich der Deklination und der Konjugation fachgerecht an
S. 144	**Satzglieder und Nebensätze – Abwechslungsreich formulieren**	▪ geben Merkmale und Funktionen von Satzgliedern und Nebensätzen/Gliedsätzen an ▪ bestimmen Satzglieder und Nebensätze mit Hilfe von Fragen ▪ lösen Satzglieder in entsprechende Gliedsätze auf
S. 146	**Der Konjunktiv der indirekten Rede – Verwendung und Bildung**	▪ geben verschiedene Funktionen des Konjunktivs an ▪ erklären die Bildung des Konjunktivs I und des Konjunktivs II ▪ verwenden die beiden Konjunktivformen in der indirekten Rede fachgerecht
S. 148	**„dass" oder „das? – Konjunktion oder Pronomen?**	▪ verwenden „dass" als Konjunktion und „das" als Pronomen in der korrekten Schreibung
S. 148	**Rechtschreibung I – „s", „ß" oder „ss"?**	▪ wenden die Regeln zur Schreibung von „s", „ß" und „ss" korrekt an
S. 149	**Rechtschreibung II – Großschreibung von Nomen/ Substantiven**	▪ setzen die Regeln zur Substantivierung korrekt um ▪ beherrschen Ausnahmeregeln zur Kleinschreibung
S. 150	**Rechtschreibung III – Getrennt- und Zusammenschreibung**	▪ wenden Regeln zur Getrennt- und Zusammenschreibung korrekt an
S. 150	**Rechtschreibung IV – „wieder-" oder „wider-", „end-" oder „ent-"?**	▪ entscheiden mit logischen Mitteln zwischen den Schreibungen „wieder-" und „wider-" sowie „end-" und „ent-"
S. 151	**Zeichensetzung – Muss- und Kann- Bestimmungen**	▪ begründen notwendige Kommas in und zwischen Sätzen ▪ beherrschen die Kommasetzung beim erweiterten Infinitiv ▪ erkennen, dass bei langen Satzgliedern, anreihenden Konjunktionen und einfachen Vergleichen kein Komma gesetzt wird

148   A8 GRAMMATIK, RECHTSCHREIBUNG, ZEICHENSETZUNG

▶ S. 143   **Die Wortarten – Fachbegriffe und Funktionen**

Übungsmaterial bei:
- Bentin 2002, S. 4 ff. (Wortarten), S. 6 ff. (Das Verb und seine Konjugation) und 22 ff. (Tempusformen des Verbs)
- Brenner/Gierlich u. a. 2006, S. 10 ff. (Wortarten und ihre Verwendung)
- Hackenbroch-Krafft 2008, S. 5 ff. (Wortarten und ihre Verwendung)

(Vgl. die Literaturhinweise auf S. 146 in diesen Handreichungen)

▶ S. 144   **Satzglieder und Nebensätze – Abwechslungsreich formulieren**

1   Mögliche Lösungen:

Frage	Beispiele für Neben- bzw. Gliedsätze
Wer? Was?	*Was übrig bleibt*, wird gleich feststehen.
Was geschieht? Was ist?	–
Wen? Was?	*Wohin wir fahren*, entscheiden wir morgen.
Wem?	Er war lästig, *wem immer er begegnete.*
Wessen?	Wir konnten uns sicher sein, *dass das gelingen würde.*
Für/auf … wen, was?	Er ist gespannt, *was er gewinnen wird.* (Auf was ist er gespannt?)
Was für ein? Was für welche?	Das Auto, *das du da siehst*, gehört seinem Vater.
Wo? Woher/Wohin?	*Wo der Boden trocken ist*, hat vorher das Auto gestanden.
Wann? Wie lange?	*Nachdem es aufgehört hatte zu regnen*, gingen wir los.
Wie?	Er löste das Problem, *indem er die Tür einfach einschlug.*
Warum? Wieso?	*Weil sie so alt ist*, kann sie nicht mehr so schnell gehen.
Wozu?	Sie lernen eifrig, *damit sie diesmal eine bessere Note schreiben.*
Unter welcher Bedingung?	*Wenn er gewinnt*, bucht er eine Reise.
Trotz was?	Er schrie, *obwohl es dazu keinen Grund gab.*
Mit welcher Folge?	Sie ließ das Seil los, *sodass sie in die Tiefe stürzte.*
Statt was?	Er traf eine Fensterscheibe, *während er auf einen Baum gezielt hatte.*
Wie was?	Er will werden, *was er sich vor Jahren vorgenommen hat.*

2   Beispiel für Umformungen:
- *Trotz seines geringen Einkommens hat er eine ziemlich hohe Summe gespendet.*
- *Obwohl sein Einkommen gering war, hat er eine ziemlich hohe Summe gespendet.*
- *Trotz seines geringen Einkommens, hat er eine Summe gespendet, die ziemlich hoch war.*
- *Trotz seines Einkommens, das gering ist, hat er eine ziemlich hohe Summe gespendet.*

Weitere Informationen und Übungsmöglichkeiten u. a. bei:
- Bentin 2002, S. 16 ff. (Die Satzglieder)
- Brenner/Hußing-Weitz 2007, S. 39 (Krüppelsätze – Syntaxdefizite/Das vergessene Zweitsubjekt), S. 40 („Weil, wenn sie geht …" – doppelte Konjunktion), S. 41 („… z. B. er ist schlau" – Inversion bei „z. B." und „weil"), S. 42 („Das Haus, was da steht …" – Falsches Verweispronomen und falsches Relativpronomen)
- Brenner/Gierlich u. a. 2006, S. 58 ff. („Wir waren aufmerksam, trotzdem es spät war" – Sätze richtig konstruieren)
- Dudenredaktion 2005, S. 1057 ff. (Adverbialsätze und verwandte Nebensätze), S. 1085 ff. (Bedeutungsrelationen von Konnektoren)
- Heringer 1995, S. 281 f. (Das Satzmuster in stilistischer Sicht), S. 332 ff. (Die Satzstellung in stilistischer Sicht)

(Vgl. die Literaturhinweise auf S. 146 in diesen Handreichungen)

A8 GRAMMATIK, RECHTSCHREIBUNG, ZEICHENSETZUNG   **149**

Der Konjunktiv der indirekten Rede – Verwendung und Bildung   ▶ S. 146

1 Lösungsbeispiele:

direkte Rede	indirekte Rede
Grass: „Literatur in deutschen Schulen ist – solange ich zurückdenken kann, bis in meine relativ kurze Schulzeit (ich bin nur bis zum Alter von 15 Jahren zur Schule gegangen) – eigentlich immer ein Alptraum gewesen." (Z. 6–10)	Grass erklärt, Literatur in deutschen Schulen sei (Konj. I) – solange er zurückdenken könne (Konj. I), bis in seine relativ kurze Schulzeit (er sei (Konj. I) nur bis zum Alter von 15 Jahren zur Schule gegangen) – eigentlich immer ein Alptraum gewesen.
Grass: „Literarische Texte werden nicht an den Schüler herangebracht, um bei ihm die Lust am Lesen auszulösen [...]." (Z. 14 ff.)	Grass stellt fest, literarische Texte würden (Konj. II) nicht an den Schüler herangebracht, um bei ihm die Lust am Lesen auszulösen ...
Grass: „Das tötet die Literatur ab." (Z. 21 f.)	Grass meint, das töte (Konj. I) die Literatur ab.
Walser: „Es lässt sich kein Verständnis vorschreiben." (Z. 9 f.)	Walser erklärt, es lasse (Konj. I) sich kein Verständnis vorschreiben.
Walser: „Es gibt nur subjektive Interpretation." (Z. 29)	Walser stellt fest, dass es nur subjektive Interpretation gebe (Konj. I).

2 Mögliche Lösung:
- Es wäre schön, wenn wir gewinnen würden. (Drückt aus, dass etwas irreal ist)
- Wären Sie so freundlich, mir die Tür aufzuhalten. (Höfliche Bitte)
- Er sagte, sie hätten Fieber. (Indirekte Rede)

Weitere Übungsmöglichkeiten u. a. bei:
- Bentin 2002, S. 12 ff. (Die Modi des Verbs)
- Brenner 2004, S. 68 ff. (Indirekte Rede gestalten)
- Brenner/Hußing-Weitz 2007, S. 45 ff. („Er sagte, er wäre krank" – Konjunktiv der indirekten Rede") und S. 90 ff. (Die Autorenschaft eines Gedankens eindeutig angeben)
- Hackenbroch-Krafft 2008, S. 10 ff. (Indikativ und Konjunktiv)

(Vgl. die Literaturhinweise auf S. 146 in diesen Handreichungen)

„dass oder „das"? – Konjunktion oder Pronomen?   ▶ S. 148

1 Lösungen:
(a) Er war so müde, dass er sofort einschlief. (Konjunktion, Konsekutivsatz)
(b) Er weiß, dass das viel Geld kostet. (dass: Konjunktion, Inhaltssatz/Objektsatz; das: Demonstrativpronomen, Subjekt)
(c) Das lasse ich mir nicht bieten. (Demonstrativpronomen, Objekt)
(d) Dass sie siegen würden, war zu erwarten. (Konjunktion, Inhaltssatz/Subjektsatz)
(e) Das Buch, das sofort verkauft wurde, hatte vorher einen Preis gewonnen. (Das: Artikel; das: Relativpronomen/Relativsatz)

2 Bestimmung der Wortarten durch Erklärung der Funktion dieser Wörter im Satz:
Es ist schon erstaunlich, dass (Konjunktion, Inhaltssatz/Subjektsatz) sich neugeborene Babys unter Wasser ganz in ihrem Element fühlen. Es ist ein Phänomen, das (Relativpronomen, Relativsatz) sich überall auf der Welt beobachten lässt. Tatsache ist nämlich, dass (Konjunktion, Inhaltssatz/Subjektsatz) das (Artikel) Kind im Mutterleib in einer ganz mit Wasser gefüllten Fruchtblase heranwächst. Aus dieser Zeit bringt das (Artikel) Baby einen Tauchreflex mit. Dieser verhindert, dass (Konjunktion, Inhaltssatz/Objektsatz) das (Artikel) Neugeborene Wasser in die Lunge bekommt.

Weitere Übungsmöglichkeiten u. a. bei:
- Brenner / Gierlich u. a. 2006, S. 43
- Brenner / Hußing-Weitz 2007, S. 56
- Hackenbroch-Krafft 2008, S. 36

(Vgl. die Literaturhinweise auf S. 146 in diesen Handreichungen)

150 A8 GRAMMATIK, RECHTSCHREIBUNG, ZEICHENSETZUNG

► S. 148 **Rechtschreibung I – „s", „ß" oder „ss"?**

1 Mögliche Lösungen:
- üß: büßen, Süße, Grüße, begrüßen, (er) verbüßt
- üss: Schüssel, Rüssel, Güsse, Schüsse, wüsste, müsste
- eiß: verschleißen, zerreißen, Fleiß, heiß, weiß

2 Beispiel:
- iss: wissen, Risse, Kissen, Bissen, hissen, vermissen, (er) misst, (ihr) wisst

Weitere Übungsmöglichkeiten u. a. bei:
- Brenner / Gierlich u. a. 2006, S. 42
- Brenner / Hußing-Weitz 2007, S. 55 ff.
- Hackenbroch-Krafft 2008, S. 35 f.

(Vgl. die Literaturhinweise auf S. 146 in diesen Handreichungen)

► S. 149 **Rechtschreibung II – Großschreibung von Nomen/Substantiven**

1 Beginn eines möglichen Textes:

Das **Wissen**, das viele sich in der Schule aneignen, könnte man als Vorratswissen bezeichnen. Im **Allgemeinen** kann man dieses **Wissen** nicht direkt praktisch einsetzen. Daran sind nicht die Lehrer schuld ...

Weitere Übungsmöglichkeiten u. a. bei:
- Brenner / Gierlich u. a. 2006, S. 44 ff. (Groß- und Kleinschreibung; Nomen und Nominalisierungen sicher erkennen; Sprachen und Herkunftsbezeichnungen)
- Brenner / Hußing-Weitz 2007, S. 57 f. (Groß- und Kleinschreibung)
- Hackenbroch-Krafft 2008, S. 32 ff. (Groß- und Kleinschreibung usw.)

(Vgl. die Literaturhinweise auf S. 146 in diesen Handreichungen)

► S. 150 **Rechtschreibung III – Getrennt- und Zusammenschreibung**

1 Mögliche Beispiele:
- Man muss jederzeit bereit sein. (Verbindungen mit „sein" werden immer getrennt geschrieben.)
- Sie wollten nicht auf der Bank sitzen bleiben. (Verbindungen aus zwei Verben werden in der Regel getrennt geschrieben.)
- Wir können das doch nicht einfach preisgeben. (Zusammensetzungen aus einem Verb und einem kaum noch als Nomen erkennbaren Wortbestandteil werden zusammen- und kleingeschrieben.)
- Nach diesem Getränk konnte er kaum noch gerade vorwärtsgehen. (Verbindungen aus Verben und Adverbien werden meist zusammengeschrieben.)
- Wir müssen das jetzt einmal richtigstellen. (= berichtigen; Adjektiv und Verb werden zusammengeschrieben, wenn sich daraus eine neue Gesamtbedeutung ergibt.)

Weitere Übungsmöglichkeiten u. a. bei:
- Brenner / Gierlich u. a. 2006, S. 48 f. (Getrennt- und Zusammenschreibung)
- Brenner / Hußing-Weitz 2007, S. 58 f. (Zusammen- und Getrenntschreibung)
- Hackenbroch-Krafft 2008, S. 40 ff. (Getrennt- und Zusammenschreibung)

(Vgl. die Literaturhinweise auf S. 146 in diesen Handreichungen)

A 8 GRAMMATIK, RECHTSCHREIBUNG, ZEICHENSETZUNG

Rechtschreibung IV – „wieder-" oder „wider-" , „end-" oder „ent-"?   ▶ S. 150

1 Mögliche Lösung:

wieder-/Wieder-		wider-/Wider-	
Wiederbewaffnung	Wiedereinführung	widerborstig	Widersacher
Wiederaufforstung	wiedervereinigen	Widerhaken	Widerspiegelung
wiederaufrichten	wiederfinden	widerlegbar	widerspenstig
wiederaufbereiten	wiederkehren	widernatürlich	Widerspruch
Wiederaufbau	wiederverwenden	widerrechtlich	widerstreben
wiederbeschaffen	…	Widerrede	…

2 Mögliche Lösung:
- end-: endlich, endgültig, beendigen, verenden, Endergebnis, Enderfolg, Endlager, Endmontage, Endlauf …
- ent-: entsaften, enttäuschen, entkräften, entmisten, Entbindung, entbrennen, Entdecker, enteignen, enteisen, entgleisen, entfachen, entfalten …

Zeichensetzung – Muss- und Kann-Bestimmungen   ▶ S. 151

1/2 Mögliche Lösung:

John Lennon, (*Beginn einer Apposition*) der kreative Kopf der erfolgreichsten Band aller Zeiten, (*Ende der Apposition*), (*Beginn einer zweiten Apposition*) der Beatles, (*Ende der zweiten Apposition*) starb infolge eines Attentats. Als er am 8. Dezember 1980 in New York zusammen mit seiner Frau, (*Beginn einer Apposition*) der Künstlerin Yoko Ono, (*Ende der Apposition*) sein Haus verließ, (*Komma zwischen Konjunktionalsatz/Nebensatz und Hauptsatz*) wurde er erschossen. Kurz zuvor hatte der Musiker noch einem Fan ein Autogramm gegeben, (*Komma zwischen einem Hauptsatz und einer Infinitivgruppe, die durch „ohne" eingeleitet wird*) ohne zu ahnen, (*Komma zwischen übergeordnetem Satz und Konjunktionalsatz/Nebensatz*) dass dieser sein späterer Mörder sein würde. Während John Lennon seinen Verletzungen erlag, (*Komma zwischen Konjunktionalsatz/Nebensatz und Hauptsatz*) blieb seine Frau unverletzt. Der Attentäter floh nach den Schüssen nicht, (*Komma vor entgegensetzender Konjunktion im Satz*) sondern blieb am Tatort und stellte sich sogar in Pose, (*Komma zwischen Hauptsatz und Konjunktionalsatz/Nebensatz*) als Polizei und Presse eintrafen. Wenn schon Mörder, (*Komma zwischen verkürztem Konjunktionalsatz/Nebensatz und Hauptsatz*) dann wollte er offenbar ein netter, (*Komma bei Aufzählung*) freundlicher, (*Komma bei Aufzählung*) ein medientauglicher Mörder sein.

Warum er John Lennon, (*Beginn einer Apposition*) den großen Musiker, (*Ende der Apposition*) umgebracht hat, (*Komma zwischen Subjektsatz/Inhaltssatz und Hauptsatz*) das wird wohl für immer sein Geheimnis bleiben. Sicher ist, (*Komma zwischen Hauptsatz und Subjektsatz/Inhaltssatz*) dass auch das amerikanische Waffenrecht es dem Einzelnen recht leicht macht, (*nicht zwingend vorgeschriebenes, aber sinnvolles Komma zur Abtrennung eines erweiterten Infinitivs*) an Waffen heranzukommen. Fast jedem ist es erlaubt, (*nicht zwingend vorgeschriebenes, aber sinnvolles Komma zur Abtrennung eines erweiterten Infinitivs*) eine Pistole oder ein Gewehr zu erwerben.

Darüber hinaus sagte ein Politiker nach dem Attentat: „Es muss auch angenommen werden, (*Komma zwischen Hauptsatz und Subjektsatz/Inhaltssatz*) dass der Täter ein Produkt der unersättlichen Darstellung von Gewalt in den Medien ist. Er mordete", (*Komma zwischen wörtlicher Rede und Begleitsatz/übergeordnetem Satz*) so betonte der Politiker, (*Komma zwischen Begleitsatz/übergeordnetem Satz und wörtlicher Rede*) „weil er berühmt werden wollte, (*Komma zwischen einem Nebensatz und einer Infinitivgruppe, die durch „um" eingeleitet wird*) um sich in Szene zu setzen. Ich bin einfach entsetzt!", (*Komma zwischen wörtlicher Rede und Begleitsatz/übergeordnetem Satz*) schloss er.

Es ist furchtbar genug, (*Komma zwischen zwei Hauptsätzen*) doch solche Aktionen werden immer wieder nachgeahmt, (*Komma bei nachgestelltem Zusatz*) und zwar leider zunehmend, (*Komma zwischen Hauptsatz und Nebensatz*) wie aktuelle Ereignisse zeigen. Dies betrifft nicht nur Prominente, (*Komma vor entgegensetzender Konjunktion im Satz*) sondern auch ganz einfache Menschen, (*Komma zwischen Hauptsatz und Relativsatz/Nebensatz*) die zufällig zur falschen Zeit am falschen Ort waren.

Weitere Übungsmöglichkeiten u. a. bei:

- Brenner / Gierlich u. a. 2006, S. 30 ff. (Die drei Grundregeln der Kommasetzung; Das Komma bei Infinitiv- und Partizipgruppen; Zeichensetzung bei indirekter Rede und Zitat)
- Brenner / Hußing-Weitz 2007, S. 63 ff.
- Hackenbroch-Krafft 2008, S. 23 ff. (Das Komma bei Infinitiv- und Partizipgruppen usw.)

(Vgl. die Literaturhinweise auf S. 146 in diesen Handreichungen)

B Literarische Gattungen, Film und Textsorten

Konzeption des Großkapitels

Der klassischen Einteilung der Gattungen in Epik, Drama und Lyrik folgend werden in dieser Reihenfolge zunächst ebenso beispielhaft wie kontrastiv gattungstypische Texte vorgestellt, durch entsprechende Theorien reflektiert und in ihrer Funktion untersucht und bewertet.

B1: Im Falle der **Epik** liegt der Schwerpunkt auf dem Vergleich dreier Roman- bzw. Erzählausschnitte (von Fontane, Döblin, Vanderbeke) und der Darlegung unterschiedlicher Erzählstrategien und Erzählweisen.

B2: Die Konzepte des **aristotelisch-klassischen sowie des modernen bzw. epischen Theaters** werden durch den Vergleich von Goethes „Iphigenie auf Tauris" und Brechts „Der gute Mensch von Sezuan" erarbeitet und mit den entsprechenden kanonischen Dramentheorien untermauert oder in ihrer Wirkung hinterfragt.

B3: Motive, Strukturen, Formen und Stilmittel **lyrischer Texte** lassen sich an Beispielen aus unterschiedlichen Epochen vergleichend erkennen und beschreiben. Als intertextuelle Klammern dienen das Motiv der Tageszeiten und das des fallenden Wassers (Springbrunnen, Wasserfall).

B4: Der **Film** als eines der bedeutenden Unterhaltungsmedien der Gegenwart gehört insofern in dieses Großkapitel, als er dramatische Mittel und erzählerische Elemente technisch durch die Kamera als Erzählerin, durch Schnitt/Montage, Licht und Ton verbindet. Dabei stellt die Verfilmung von Patrick Süskinds Welterfolg „Das Parfum" eine besondere Form vor, da hier ein literarischer Stoff filmisch adaptiert wird.

B5: Von den literarischen Gattungen sind die **Sach- oder pragmatischen Texte** als eigene Kategorie zu unterscheiden. Orientiert am Organon-Modell Karl Bühlers werden wichtige Sachtexttypen (Rezension, Rede, Kommentar, Essay, Reportage) auf ihre jeweils maßgebliche Intention hin untersucht und analysiert.

	Inhalte		Kompetenzen Die Schülerinnen und Schüler
S. 153	B	Literarische Gattungen, Film und Textsorten	• beschreiben auf der Grundlage ihres Vorwissens die einzelnen Gattungen/Medien • reflektieren ihren Umgang mit und ihren Zugang zu den unterschiedlichen Gattungen/Medien

1 a/b Die Auftaktcollage zum Gattungskapitel bildet die mit der Überschrift anvisierten fünf Genres ab, nämlich die drei literarischen Gattungen Epik, Drama und Lyrik sowie Film/Literaturverfilmung und Sachtexte. Die Bilder können dazu genutzt werden, gattungsspezifisches Vorwissen der Schülerinnen und Schüler zu aktivieren und ihre Einstellungen zu den jeweiligen Genres zur Sprache zu bringen, bevor ihre Kenntnisse mit den jeweiligen Einzelkapiteln vertieft und erweitert werden. ► S. 153

- Abbildung links oben: Kinofilmprojektor (1950er-Jahre); er exemplifiziert das Genre Film.
- Abbildung rechts oben: Deutsches Theater Berlin (Kammerspiele), typischer, in der Ausstattung klassisch anmutender Theatersaal mit einer Bühne ohne Aufbauten; die Abbildung steht für die Gattung Drama und die Tatsache, dass dramatische Texte für eine Aufführung vorgesehen sind.
- Abbildung Mitte links: Lexika-Rücken; sie stehen symbolisch für den weiteren Begriff „Sachtexte", unter dem durchaus verschiedene Textsorten/Gebrauchstexte zu fassen sind, z. B. fachwissenschaftliche Artikel, Berichte, Essays, Glossen, Reden etc.
- Abbildung links unten: „Lesendes Mädchen" (1888), Gemälde von Lovis Corinth (1858–1925); was das Mädchen liest, ist nicht zu erkennen, entsprechend kann ihre Lektüre für alle drei literarischen Gattungen stehen – wahrscheinlich ist aber eine Romanlektüre.
- Abbildung rechts unten: Installation von 1997 des russischen Künstlers Ilya Kabakow (*1933) in Münster (NRW); sie steht für die Gattung Lyrik, denn der in den Himmel ragende Sendemast beinhaltet ein Gedicht mit folgenden Versen: „Mein Lieber! Du liegst im Gras, den / Kopf im Nacken, um dich herum / keine Menschenseele, du hörst nur / den Wind und schaust hinauf in / den offenen Himmel – in das Blau / dort oben, wo die Wolken ziehen – / das ist vielleicht das Schönste, / was du im Leben getan / und gesehen hast."

Folien zur Auftaktseite finden sich auf der beiliegenden CD:
- Filmprojektor / Theaterbühne / *Lovis Corinth:* Lesendes Mädchen (1888) / *Ilya Kabakow:* Blickst du hinauf und liest die Worte (um 1997)

154 B 1 EPIK

1 Epik

Konzeption des Kapitels

In diesem Kapitel systematisieren, differenzieren und erweitern die Schülerinnen und Schüler ihre Kenntnisse, die sie in unterschiedlichen Unterrichtskontexten bei der Interpretation und beim Schreiben von Erzähltexten erworben haben. Zunächst wird ihnen ein geordneter Überblick über die Vielzahl von Untergattungen und Genres der Epik vermittelt. Im Weiteren durchlaufen sie an drei Beispielen den Verstehensprozess von der subjektiven Primärrezeption und der Formulierung eines ersten Verstehensentwurfes hin zu einer genauen, objektivierenden Abarbeitung des Primärverständnisses in einer detaillierten, systematischen Analyse. Die Analysearbeit wird unterfüttert und vertieft durch eine Übersicht über die verschiedenen Konstituenten von Erzähltexten und eine idealtypische Beschreibung unterschiedlicher Erzählstrategien. Schließlich wird noch auf die Problematik literarischer Wertung eingegangen.

Im ersten Teilkapitel (**„Erzählbeispiele – Drei Erzählauszüge vergleichen"**) werden den Schülerinnen und Schülern Auszüge aus drei umfangreicheren epischen Texten zur Erarbeitung vorgelegt. Die Auswahl war davon bestimmt, dass die Beispiele drei unterschiedlichen Epochen entstammen und die drei grundlegenden Erzählstrategien repräsentieren, die im folgenden Teilkapitel in idealtypischer Form dargestellt werden. Es handelt sich um den Anfang von Theodor Fontanes Roman „Effi Briest", der den typisch auktorialen Erzähler des 19. Jahrhunderts zeigt (was keineswegs für den gesamten Roman gilt), eine Szene aus Alfred Döblins „Berlin Alexanderplatz", ein Beispiel neutralen Erzählens aus einem Roman der 1920er Jahre (Moderne), und einen Auszug aus Birgit Vanderbekes Erzählung „Das Muschelessen" vom Ende des 20. Jahrhunderts, der für eine personale Erzählstrategie steht.

Das zweite Teilkapitel (**„Literarisches Erzählen – Ein Modell"**) versucht das, was man als „epische Ursituation" bezeichnen könnte, in einem Modell zu visualisieren und in den einzelnen Elementen zu beschreiben. Das Teilkapitel hat damit in erster Linie orientierenden, systematisches Wissen aufbauenden Charakter und kann zum Nachschlagen und Wiederholen immer wieder herangezogen werden. Die eingearbeiteten produktionsorientierten Arbeitsvorschläge dienen dazu, das durch Textanalyse und Modellbeschreibung erworbene Theoriewissen durch eigene Erfahrungen in der kreativ-gestaltenden Arbeit zu festigen und zu differenzieren.

Das dritte Teilkapitel (**„Literaturkritik und Kanonbildung – Wertungsfragen"**) beschäftigt sich, ausgehend von einer Rezension zu Patrick Süskinds populärem Roman „Das Parfum", mit Formen, Maßstäben und Funktionen der Literaturkritik. In diesem Zusammenhang wird auch auf das immer wieder diskutierte Problem eines literarischen Kanons eingegangen.

Literaturhinweise

Bauer, Matthias: Romantheorie und Erzählforschung. Eine Einführung. Metzler, Stuttgart [2]2005
Dörfler, Heinz: Moderne Romane im Unterricht. Scriptor, Frankfurt/M. 1988
Frommer, Harald: Erzählen. Eine Didaktik für die Sekundarstufe I und II. Cornelsen Scriptor, Frankfurt/M. [5]1996
Klotz, Volker: Erzählen. Von Homer zu Boccaccio, von Cervantes zu Faulkner. C. H. Beck, München 2006
Petersen, Jürgen H.: Erzählsysteme. Eine Poetik epischer Texte. Metzler, Stuttgart/Weimar 1993
Schneider, Jost: Einführung in die Roman-Analyse. Wissenschaftliche Buchgesellschaft, Darmstadt 2003
Vogt, Jochen: Aspekte erzählender Prosa. Einführung in Erzähltechnik und Romantheorie. Fink, München [10]2008
(UTB Wissenschaft)

B 1 EPIK **155**

	Inhalte	Kompetenzen Die Schülerinnen und Schüler
S. 154	**1 Epik**	▪ gewinnen einen Überblick über die Untergattungen und Genres der erzählenden Literatur
S. 155	**1.1 Erzählbeispiele – Drei Erzählauszüge vergleichen** *Theodor Fontane:* Effi Briest *Alfred Döblin:* Berlin Alexanderplatz *Birgit Vanderbeke:* Das Muschelessen	▪ fassen zu unterschiedlichen epischen Texten das Ergebnis ihrer ersten subjektiven Rezeption schriftlich zusammen und kommen im Austausch darüber in ein Interpretationsgespräch ▪ überprüfen in einer systematischen, detaillierten Analyse ihr erstes Textverständnis und erweitern es auf diese Weise ▪ vergleichen die drei Texte und kommen zu einer begründeten Beurteilung ▪ stellen die Romane bzw. die Erzählung und ihre Verfasser/in vor
S. 159	**1.2 Literarisches Erzählen – Ein Modell**	▪ setzen sich mit einem Erzählmodell auseinander ▪ beschreiben und erläutern die Konstituenten eines epischen Textes in ihren Funktionszusammenhängen
S. 160	**Erzählstrategien – Eine Idealtypik**	▪ unterscheiden die drei Erzählstrategien auktoriales, personales und neutrales Erzählen in ihrer Idealtypik ▪ nutzen ihre Kenntnis der drei idealtypischen Erzählstrategien zur Analyse epischer Texte und zum produktiv-gestaltenden Umgang mit ihnen
S. 165	**1.3 Literaturkritik und Kanonbildung – Wertungsfragen** *Jürgen Wallmann:* Der Duft des großen kleinen Genies	▪ kennen Bestandteile, Urteilskriterien und Funktionen von Rezensionen ▪ setzen sich mit den Funktionen von Literaturkritik auseinander
S. 167	**Der literarische Kanon** *Marcel Reich-Ranicki:* Brauchen wir einen Kanon?	▪ gewinnen Einblick in die Diskussion um einen Literaturkanon

1 Epik

▶ S. 154 **2 a/b** Die folgende Mindmap ordnet auf der ersten Ebene nach der Kategorie „Umfang"; auf der zweiten Ebene wird nach den Kategorien „Form", „Inhalt/Stoff", „Entstehungskontext", „Adressaten" und „künstlerische Wertung" geordnet.

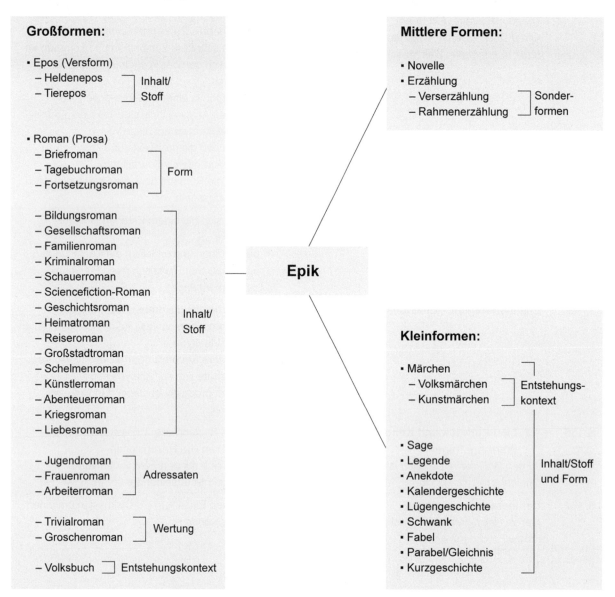

1.1 Erzählbeispiele – Drei Erzählauszüge vergleichen

▶ S. 155 Theodor Fontane: **Effi Briest** (1895) – Romananfang

▶ S. 157 Alfred Döblin: **Berlin Alexanderplatz** (1929) – Romanauszug

▶ S. 158 Birgit Vanderbeke: **Das Muschelessen** (1990) – Auszug aus einer Erzählung

1 a–c Die drei Texte sind Auszüge aus sehr unterschiedlichen Erzählwerken. Sie stammen aus verschiedenen Zeiten und weichen im dargestellten Milieu sowie in der Erzählweise deutlich voneinander ab.
- Das erste Textbeispiel repräsentiert die klassisch-auktoriale Erzählweise des 19. Jahrhunderts. Es ist Teil der Exposition zu einem der großen Gesellschaftsromane der Zeit. Die Leserin/der Leser wird in die Welt der Geschichte, die sie/ihn erwartet, mit Umsicht eingeführt. Dabei handelt es sich um die Welt der gesellschaftlich führenden Schicht, des Adels.

1.1 DREI ERZÄHLAUSZÜGE VERGLEICHEN 157

- Das zweite Textbeispiel bietet eine Milieuszene aus dem Berlin der 1920er-Jahre. Es ist der Auszug aus einem für die frühe Moderne kennzeichnenden Großstadtroman, in dessen Zentrum weniger die Geschichte einzelner Figuren als vielmehr ein Panorama des Großstadtlebens steht. Der eigentliche Protagonist des Romans ist die Stadt Berlin. Die dargestellte Szene wirkt, als habe sie ein unbeteiligter, durch die Straßen flanierender Beobachter aufgenommen und wiedergegeben.
- Das dritte Textbeispiel stammt aus einer längeren Erzählung vom Ende des 20. Jahrhunderts. In einer Zeit, da die bürgerliche Kleinfamilie in einen gesellschaftlichen Erosionsprozess geraten ist, versucht ein Familientyrann mit allen Mitteln, seine traditionelle Familienvorstellung durchzusetzen. Eines seiner Opfer, die gerade volljährig gewordene Tochter, erzählt in der Ich-Form in einem Erinnerungsmonolog von ihrer Leidensgeschichte.

Anhand der subjektiven Primärrezeptionen der Texte durch die Schülerinnen und Schüler können erste fundamentale Unterschiede in den Möglichkeiten des Erzählens festgehalten werden. Das kann als Motivationsbasis für eine genaue Textanalyse der Auszüge (Aufgabe 2) und für eine Vorstellung der Gesamtwerke bzw. für eine Klassenlektüre der Werke genutzt werden.

2 Hinweise zur Analyse der Textauszüge:

Theodor Fontane: **Effi Briest**

Figuren und ihre Beziehungen: Die Titelheldin wird namentlich vorgestellt: Effi von Briest (Z. 2, 57). Sie lebt mit ihren Eltern in dem Herrenhaus Hohen-Cremmen in Brandenburg, gehört ihrer Herkunft nach also zum preußischen Landadel (Z. 1 ff.). Sie ist in jugendlichem Alter, zwar kein Backfisch mehr, aber auch noch keine Dame; immerhin wird ihr von Offizieren der benachbarten Rathenower Garnison schon der Hof gemacht (Z. 100 ff.). Dazu passt in ihren Augen nicht recht, dass ihre Mutter sie immer noch einfache, kittelartige Jungmädchenkleider tragen lässt, die sie ironisch als „Jungenskittel" bezeichnet (Z. 72 ff., 97 f.). Ihr Aussehen ist hübsch, sie ist von schlanker, graziler Gestalt und hat braune, lebenslustige Augen (Z. 77 ff.). Mit ihrer Mutter widmet sie sich eifrig einer Handarbeit, und zwar – wie es sich für adlige Damen gehört – zu wohltätigem Zweck (Z. 47 ff.). Diese Arbeit, die sie eigentlich langweilig findet (Z. 158), unterbricht sie durch gymnastische Übungen, die sie auf ironische Weise übertrieben ausführt (Z. 59 ff.), was ihren Sinn für Witz und Komik beweist. Andere sie kennzeichnende Eigenschaften sind Übermut (Z. 78), Klugheit (Z. 80), Lebensfreude (Z. 80), Herzensgüte (Z. 80/81), aber auch eine gewisse Wildheit und Leidenschaftlichkeit (Z. 110 f.), sodass ihre Mutter sie als „Tochter der Luft" bezeichnet (Z. 91). Ihren Freundinnen erzählt sie gern romantische Liebesgeschichten (Z. 165 ff.).

Effis Mutter wird als eine schöne, schlanke Erscheinung, etwas größer als ihre Tochter (Z. 83 f.) dargestellt. Die Beziehung zwischen den beiden ist geprägt vom Stolz der Mutter auf ihr Kind, den sie aber nicht so offen zeigen will (Z. 69 f.), und auf Seiten Effis von einer geradezu stürmischen Zuneigung (Z. 109 f.). Dieses stürmische Temperament Effis löst bei der Mutter jedoch auch Sorgen und Ängste aus (Z. 111 ff.), wobei anzumerken ist, dass Effi dieses Temperament wohl von der Mutter geerbt hat (Z. 93 ff.). In ihrer Jugend hat Frau von Briest wohl eine romantische Liebesgeschichte erlebt, von der Effi weiß (Z. 162 ff.).

Effis Freundinnen sind Bertha und Hertha Jahnke, die Zwillingstöchter des örtlichen Kantors, gut gelaunte Mädchen, rundlich und klein, mit rotblondem, krausem Haar und Sommersprossen (Z. 132 ff.), und Hulda Niemeyer, einzige Tochter des Pfarrers, eine blasse Blondine, die damenhafter als die anderen wirkt, dafür aber langweilig und eingebildet, und die etwas blöde dreinblickt (Z. 142 ff.). Effi empfängt diese Freundinnen mit großer Herzlichkeit und ohne jeden Standesdünkel. Auch macht sie keinen Unterschied in ihrer Zuneigung, obwohl die Zwillinge ihr ähnlicher sind als Hulda. Effis Mutter gegenüber zeigen die Freundinnen hohen Respekt und küssen der adligen Dame zur Begrüßung die Hand (Z. 122 f.). Frau von Briest ihrerseits behandelt sie freundlich und verständnisvoll (Z. 123 ff.).

Insgesamt lernt der Leser überwiegend positiv dargestellte weibliche Figuren einer Landadelswelt kennen, unter denen die Titelheldin und Protagonistin von vornherein Sympathien erweckt und zur Identifikation einlädt. Ihr zur Leidenschaft und Wildheit neigender Charakter lässt aber auch Konflikte in der von strengen Konventionen bestimmten Adelswelt erahnen.

Handlungen, Handlungsschritte und Ereignisse: Der Roman beginnt ausgesprochen handlungsarm. Stickereien adliger Damen auf einer Herrenhausterrasse, unterbrochen von gymnastischen Übungen, ein Besuch von Freundinnen der Tochter des Hauses und die Plaudereien, die bei all dem gepflegt werden, bilden die gesamte Handlung.

Ort, Milieu, Zeit und Atmosphäre: Die detaillierte Schilderung von Ort, Milieu und Atmosphäre nimmt breiten Raum ein. Vor dem Auge der Leserin/des Lesers wird die Idylle eines sonnenbeschienenen, friedlich in der Mittagsstille daliegenden alten Landadelssitzes in der Mark Brandenburg heraufbeschworen. Das gesamte Bild ist geprägt von heiterer Ruhe, solider Schönheit, der einzelne exotische Tupfer (Canna indica,

Aloe) eingefügt sind, und gediegenem Wohlstand. Bei genauem Lesen könnten einige Details wie die zweimal erwähnte Kirchhofsmauer (Z. 17, 117), die alten Platanen, die als Friedhofsbäume gelten (Z. 30 f.), die schief stehenden Pfosten der Schaukel (Z. 27 f.) und der Schatten über der Szenerie (Z. 40) als symbolhafte Zeichen einer Bedrohung der heiteren Idylle gedeutet werden. – Die Zeit, in der die Geschichte spielt, wird nicht genau angegeben. Das dargestellte Milieu, Hinweise auf die Kleidung und gesellschaftliche Gepflogenheiten sowie der Verweis auf den damals populären Autor Fritz Reuter (Z. 136) lassen auf die Epoche, in der der Roman entstand, also die achtziger bis neunziger Jahre des 19. Jahrhunderts, schließen.

Erzählform, Erzähler/in und Erzählperspektive: Erkennbar wird ein über dem Geschehen schwebender, allwissender Erzähler, der die Leserin/den Leser in die Geschichte hineinführt. Er gibt zu Anfang einen Überblick über den Ort insgesamt, richtet dann wie in einem Zoom das Augenmerk auf die Gartenterrasse als Schauplatz des Geschehens, stellt die Figuren vor, deren Charakter er genau kennt, und gibt vereinzelte Kommentare dazu ab.

Sprachliche Gestaltung: Der Erzähler bedient sich durchgehend einer literarischen Hochsprache. Die Sätze sind relativ lang, aber übersichtlich gebaut; sie erzeugen einen gleichmäßigen, ruhigen Erzählfluss. Detaillierte, adjektivreiche Beschreibungen, die zuweilen, wenn es um die Figuren geht, einen humorvoll-ironischen Unterton annehmen können (Z. 60 ff., 132–153), wechseln mit szenischem Erzählen (Dialoge) in leichtem, zum Teil witzigem Plauderton (Z. 96–107) ab.

Alfred Döblin: Berlin Alexanderplatz

Figuren und ihre Beziehungen: Die beiden Figuren, um die es in dem Romanauszug geht, werden zunächst nur ganz anonym als „zwei" (Z. 1) eingeführt. Im zweiten Abschnitt erfahren wir, dass es sich um schon etwas ältere Bauarbeiter auf der Rosenthaler Straße in Berlin handelt (Z. 26 f.). Genauer beschrieben bzw. charakterisiert werden sie nicht. Die Leserin/der Leser erfährt nur, dass sie während ihrer Mittagspause in einer Gaststätte oder einem Imbiss sitzen, Erbsensuppe essen (Z. 2), sich danach Gurke und Schweinskopf bestellen wollen (Z. 68), dass einer von ihnen einen Bericht über eine Familientragödie – ein Mann hat nach dem Selbstmord seiner Frau die drei gmeinsamen Kinder in den Kanal geworfen – in der „Berliner Zeitung" liest (Z. 3 ff.) und den anderen, der Max heißt (Z. 14), daran teilhaben lässt, und dass Max schließlich seine Brille aufsetzt, um den Artikel selbst auch noch einmal zu lesen (Z. 43 ff.). Die beiden kommentieren das Gelesene unterschiedlich. Nur aus diesen Kommentaren kann die Leserin/der Leser auf den Charakter der beiden Figuren schließen. Der eine, dessen Name unbekannt bleibt und der zuerst liest, scheint ein Zyniker mit ausgesprochen schwarzem Humor zu sein (Z. 3/4, 20 ff., 33–42). Er hat einen gewissen Respekt vor dem Täter (Z. 36), den er sich nach der Festnahme als völlig ungerührt und ohne jede Reue vorstellt (Z. 48 ff.). Max dagegen ist empfindsamer. Ihm geht der traurige Fall zu Herzen (Z. 28 ff.), für ihn kann der Täter nach der Festnahme vor Gewissensqualen nicht schlafen (Z. 51 ff.) und er mahnt seinen Kollegen, dass er mit seinem zynischen Gerede eine Sünde auf sich lade (Z. 53 f.). Die Beziehung zwischen den beiden erscheint so, wie sie zwischen Arbeitskollegen typisch ist: Man ist im Gespräch zwar unterschiedlicher Meinung, trägt die Differenz, zum Beispiel in ethischen Fragen, aber nicht konsequent aus, sodass es zu einem ernsthaften Zerwürfnis kommen könnte, sondern wendet sich zur Bekräftigung des kollegialen Verhältnisses der gemeinsamen Essensbestellung zu.

Handlungen, Handlungsschritte und Ereignisse: Die gesamte Handlung besteht aus einem Gespräch während einer Mittagspause.

Ort, Milieu, Zeit und Atmosphäre: Der Ort ist eine Gaststätte oder ein Imbiss auf der Rosenthaler Straße in Berlin, in der Arbeiter ihre deftige Mittagsmahlzeit einnehmen. Das Gespräch kreist um den Bericht über ein krudes Verbrechen in der Boulevardpresse. Damit werden Milieu und Atmosphäre skizziert, woraus eine kundige Leserschaft aber sofort ein komplettes Bild in ihrer Vorstellung entstehen lassen kann. Die Zeit wird nicht ausdrücklich angegeben, vermutet werden kann auch hier die Entstehungszeit des Romans Ende der zwanziger Jahre des vorigen Jahrhunderts.

Erzählform, Erzähler/in und Erzählperspektive: Der Erzähler erscheint als protokollierender Beobachter, der aus der Außensicht eine Szene wiedergibt, ohne die Gefühle und Gedanken der Figuren darzustellen oder gar kommentierend zu reflektieren.

Sprachliche Gestaltung: Auffallend ist die ausgiebige Verwendung des Dialekts, die ihre Ursache in der realistischen Wiedergabe des Dialogs der Figuren hat. Die Passagen des Erzählers beschränken sich auf kurze sachliche Anmerkungen, ähnlich den Regieanweisungen in einem szenischen Text.

Birgit Vanderbeke: Das Muschelessen

Figuren und ihre Beziehungen: Protagonistin in dem Erzählungsausschnitt ist die nun volljährige Tochter einer vierköpfigen Kleinfamilie. Im Urteil dieser Familie gilt das Mädchen als uncharmant, verstockt und gefühlskalt (Z. 1–4). Besonders der Vater, der in der Familie absolut den Ton angibt, vertritt diese Ansicht, die er besonders dadurch bestätigt findet, dass die Tochter nicht mit zum Begräbnis ihrer Großmutter fahren will, die sie immer gern besucht hat. Er nennt ihr Verhalten boshaft und pietätlos (Z. 5–10). Die Tochter ist sich sicher, dass er sie für diese Verfehlung geschlagen hätte, wäre sie nicht gerade volljährig geworden. Sie hätte dasselbe Strafritual erlebt, das sie in ihrer gesamten Kindheit immer wieder erfahren hat. Dies Ritual begann mit einem Verhör im abgeschlossenen Wohnzimmer, bei dem sie aus Angst vor einer falschen Antwort nichts sagen konnte. Weil der Vater darin ein erneutes Zeichen ihrer Verstocktheit sah und weil sie die Hände aus Angst vor Schlägen vor das Gesicht hielt, steigerte er sich immer mehr in Wut (Z. 30 ff.), hielt schließlich mit der Linken ihre Hände nach unten und schlug ihr mit der Rechten ins Gesicht (Z. 79 ff.). Die Tochter erlebt diese Strafaktionen als völlig hilfloses Ausgeliefertsein, weiß, dass ihre Mutter und ihr Bruder vor der Wohnzimmertür ausgeschlossen warten (Z. 23 ff.) und denkt in ihrer Verzweiflung darüber nach, welche Verletzungsgefahr bestände, wenn sie aus dem Fenster spränge (Z. 52 f.). Sie scheint das negative Bild ihrer Familie über ihren Charakter verinnerlicht zu haben, jedenfalls setzt sie dem erkennbar nichts entgegen, hat also keine Identität entwickeln können. – Der Vater repräsentiert den Typ des gewalttätigen Familientyrannen, der Sohn und Tochter nach seinen überkommenen Vorstellungen von Geschlechtererziehung mit allen Mitteln zu formen sucht. Das Mädchen muss charmant, empfindsam und leicht lenkbar sein, der Sohn hingegen soll einen starken Charakter entwickeln (Z. 85 f.). Ein Anzeichen dafür, dass dieser Tyrann eine innere Schwäche überspielt, könnte der Griff zum Alkohol während seiner Strafaktionen sein (Z. 27, 51). – Die Mutter scheint sich der Tyrannei ihres Mannes gefügt zu haben und schaut dessen Erziehungsmaßnahmen hilflos zu.

Handlungen, Handlungsschritte und Ereignisse: Die Handlung besteht aus den Erinnerungen der Protagonistin an die Strafrituale ihres Vaters während ihrer Kindheit und Jugend.

Ort, Milieu, Zeit und Atmosphäre: Ort ist die Wohnung einer Kleinfamilie, ein nach außen abgeschlossener Raum, in den selbst die Nachbarn keinen Einblick haben dürfen (Z. 54 f.). Das Milieu ist damit in einer spießbürgerlich-engen Welt zu suchen, die keine großzügige Offenheit kennt. Hier herrschen von der Kindererziehung bis zur Wohnungseinrichtung mit der Bar im Wohnzimmerschrank die im Kleinbürgertum gängigen Konventionen. Die Atmosphäre ist von Angst, Herrschaft und Unterwerfung geprägt. Die Geschichte spielt in einer Zeit, als väterliche Autorität und dezidierte Vorstellungen von Geschlechtererziehung noch galten, also wohl in der Übergangszeit zwischen den fünfziger und siebziger Jahren des vorigen Jahrhunderts.

Erzählform, Erzähler/in und Erzählperspektive: Die Erzählerin ist zugleich die Hauptfigur der Geschichte, sie ist erlebendes und erzählendes Ich. Der gesamte Text besteht hier aus ihren Erinnerungen an die von ihrem Vater vollzogenen Bestrafungsrituale während ihrer Kindheit und Jugend.

Sprachliche Gestaltung: Der Text setzt sich aus langen, verschachtelten Sätzen zusammen, in denen die wörtlichen Reden der Figuren und die Berichte der Erzählerin mit ihren Reflexionen ineinandergeschoben sind, ohne dass dies durch entsprechende Interpunktion kenntlich gemacht wäre. Da dieses Satzmuster noch durch viele Wiederholungen im Wortlaut gekennzeichnet ist, liest sich der Text wie ein unentwegt dahinstrudelndes Kreisen. Auffallend ist der häufige Gebrauch des Konjunktivs II ab Zeile 20: Der gesamte Erinnerungsbericht an die Strafrituale ihrer Kindheit wird ja als Möglichkeit erzählt, was geschehen wäre, wenn sie bei der Weigerung, am Begräbnis der Großmutter teilzunehmen, nicht volljährig gewesen wäre. Ein weiteres Stilmerkmal sind die immer wieder aufgegriffenen Ausdrücke und Redensarten des Vaters in dem Erinnerungsmonolog der Ich-Erzählerin: „Verstocktheit" (Z. 2 f., 15 f., 31, 60 f., 83, 84), „Gefühlskälte" (Z. 3, 16), „windelweich schlagen" (Z. 19 f., 23), „mich/ihn erleben können" (Z. 21 f., 36 f., 46), „antworte gefälligst" (Z. 42, 49), „das lasse ich mir nicht bieten" (Z. 63, 76 f.), „nimm die Hand vom Gesicht" (Z. 66, 72), „in Rage bringen" (Z. 75, 82). Daran zeigt sich, wie stark die Tochter von den Erziehungsmaßnahmen des Vaters geprägt wurde, wie sehr ihr Denken und Sprechen immer noch von ihm bestimmt werden.

1.2 Literarisches Erzählen – Ein Modell

1/2   Der erläuternde Fließtext zu dem Schaubild (das sich als PowerPoint-Präsentation auf der CD findet)   ▶ S. 159
       könnte etwa so lauten:

> Das Grundmodell literarischen Erzählens besagt, dass eine Autorin oder ein Autor eine Geschichte konstruiert, wobei auch die Figur, die die Geschichte erzählt, also die Erzählerin oder der Erzähler, zur Fiktion bzw. Konstruktion gehört. Ebenso (wie Autor und Erzähler) zu unterscheiden sind die Leserin bzw. der Leser, welche die Autorin oder der Autor sich beim Schreiben

160 B1 EPIK

vorgestellt hat, also die implizite Leserin/der implizite Leser, von der realen Leserin/dem realen Leser, also der Person, die schließlich die Geschichte in Händen hält und sie liest. Den Stoff für die Geschichte gewinnt die Autorin/der Autor aus der selbst erfahrenen oder durch Medien (Berichte anderer, Zeitungen, Fernsehen, Geschichtsbücher etc.) vermittelten Wirklichkeit; der Stoff kann aber auch aus anderen Fiktionen, also aus literarischen Werken, Filmen oder Bildern, gewonnen werden.

▶ S. 160 **Erzählstrategien – Eine Idealtypik**

1 Die Aufgabe dient dazu, das passive Wissen, das durch eine bloße Lektüre der idealtypischen Entwürfe zu den unterschiedlichen Erzählstrategien entsteht, in aktives Wissen zu überführen. Schaubilder nach folgendem Muster könnten entwickelt werden:

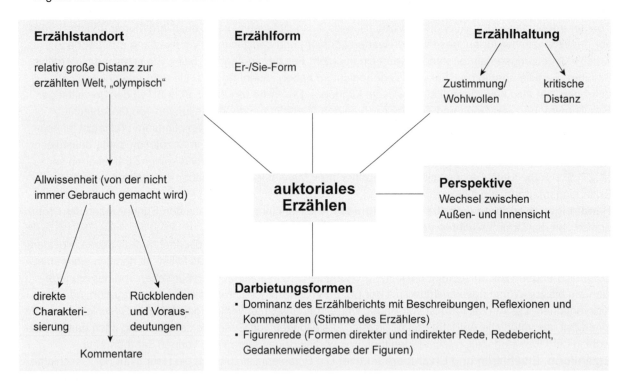

2 a Untersuchung der Erzählstrategie in den drei Erzählbeispielen mit Hilfe der idealtypischen Modelle:
„Effi Briest" (Romananfang): auktorial
- olympischer Standort: große Übersicht über die erzählte Welt und sichere Leitung des Lesers;
- Allwissenheit (Z. 1 ff., 36 ff., 69 ff., 81 ff. etc.);
- Perspektive: Dominanz der Außensicht, gelegentlicher Wechsel in die Innensicht (Z. 89 ff., 151 ff.);
- direkte Charakterisierung der Figuren (Z. 77 ff., 132 ff., 144 ff.);
- Kommentare (Z. 71 f., 132 ff.);
- Erzählhaltung: Zustimmung/Wohlwollen (Z. 71 f.);
- Er-/Sie-Erzählform;
- Vorherrschen des Erzählberichts mit Beschreibungen (Z. 1–36) und Kommentaren (s. o.);
- gelegentliche Figurenrede (Z. 89–113, 126–128, 157–171).

„Berlin Alexanderplatz" (Romanauszug): neutral
- Erzählstandort: Beobachterposition in Distanz zur Figurenwelt, Erzähler gibt sich nicht durch Kommentare und orientierende Berichte zu erkennen;
- keine Allwissenheit;
- keine direkte Charakterisierung der Figuren;
- Perspektive: Außensicht (Z. 1–3, 26–28);
- Erzählhaltung: neutrales Registrieren des Verhaltens der Figuren (Z. 1–3, 43 f., 59);
- Er-/Sie-Erzählform;
- szenisches Erzählen steht ganz im Vordergrund (wörtliche Rede bis auf Z. 1–3, 26–28, 37, 43 f., 59).

1.2 LITERARISCHES ERZÄHLEN

„Das Muschelessen" (Auszug aus einer Erzählung): personal
- Erzählstandort: Nähe zur erzählten Welt, da die Erzählerin und die das Geschehen erlebende Figur identisch sind;
- die Erzählerin kann die Gedanken und Gefühle der anderen Figuren nur aus deren Verhalten und/oder deren Äußerungen schließen, so weiß sie z. B. nur aus den Worten des Vaters, dass die Familie sie für verstockt und gefühlskalt hält;
- Perspektive: Innensicht der Ich-Erzählerin (das beschriebene Strafritual malt sie sich in ihren Gedanken als Möglichkeit aus, die eingetreten wäre, wenn sie beim Begräbnis der Großmutter nicht volljährig gewesen wäre);
- Ich-Erzählform;
- Darbietungsform: zunächst Erzählbericht, dann eine Art Reflexion der Ich-Erzählerin in der Möglichkeitsform, in der sie sich mehr und mehr ihren Erinnerungen überlässt (Erinnerungsmonolog).

b/c Durch den produktiv-gestaltenden Umgang mit den Erzählstrategien gewinnen die Schülerinnen und Schüler ein nachhaltigeres Verständnis für die Bedeutung der Art und Weise, wie eine Geschichte erzählt wird. Bei ihrer ersten Rezeption eines epischen Textes, aber auch bei dessen Analyse bzw. Interpretation neigen sie dazu, inhaltliche Aspekte in den Mittelpunkt zu stellen und erzähltechnische Fragen zu vernachlässigen. Dabei übersehen sie, dass die Wirkung einer Geschichte ganz entscheidend von der verwendeten Erzählstrategie abhängt. Durch eigene Experimente damit, z. B. durch Verschiebungen in der Erzählstrategie beim Umschreiben eines Erzähltextes, wird ihnen deren Bedeutung stärker bewusst, was zu ihrer Lese- und Verstehenskompetenz erheblich beitragen kann.

Die Geschichte – Kategorien ihrer Konstruktion und Struktur ▶ S. 163

Die Leserin/Der Leser ▶ S. 164

1 a/b Die vervollständigte Mindmap könnte z. B. so aussehen:

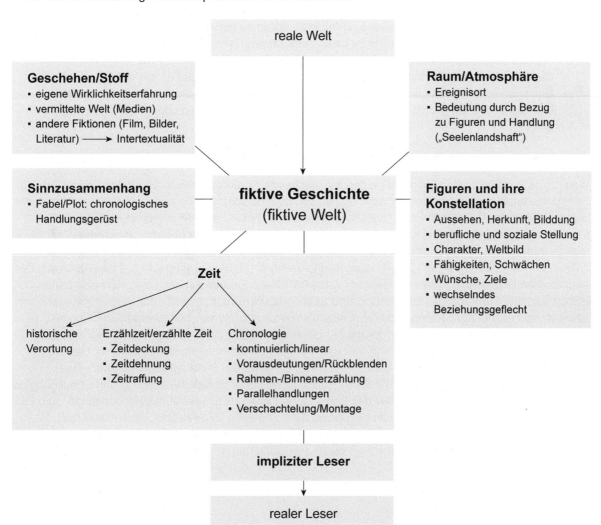

162   B1 EPIK

2   Um die einzelnen Konstruktionselemente einer Geschichte bzw. eines epischen Textes zu beschreiben und zu erläutern, ist es hilfreich, dazu Beispiele anzuführen. So kann etwa als Beispiel für die Verarbeitung eines Stoffes aus der Wirklichkeit zu einer Geschichte der Skandal um Else von Ardenne in der Berliner Gesellschaft Ende des 19. Jahrhunderts dienen, der Fontane zu seinem Roman „Effi Briest" anregte (siehe Literaturstation, S. 370 ff. im Schülerband). Für das Phänomen der Intertextualität kann das Beispiel der verschiedenen Adaptionen der Faust-Figur angeführt werden (siehe S. 305 ff. im Schülerband). Um den Begriff „Fabel" bzw. „Plot" zu verdeutlichen, können die Schülerinnen und Schüler einen Roman ihrer Wahl auf sein chronologisches Handlungsgerüst reduzieren. Zum Textelement „Figuren und ihre Konstellation" können Charakteristiken verfasst und ein Schaubild zu den Beziehungen der Figuren zueinander entworfen werden. Zu den verschiedenen Aspekten der Kategorie „Zeit" werden Textbeispiele gesucht, um sie zu verdeutlichen. Zur historischen Verortung von Erzähltexten sowie zu den unterschiedlichen Verhältnissen von Erzählzeit und erzählter Zeit lassen sich Beispiele in den Kapiteln C1 bis C6 finden.

◎   Weiterführendes Material zu diesem Teilkapitel findet sich auf der beiliegenden CD:
- *Franz Kafka:* Der Prozess – Romananfang (1914/15)
- *Arthur Schnitzler:* Leutnant Gustl – Anfang einer Erzählung (1901)
- Literarisches Erzählen – Ein Modell (Folie)
- Die Erzählstrategien (Folie)

1.3 Literaturkritik und Kanonbildung – Wertungsfragen

▶ S. 165   **Walter Hanel: Der Buchkritiker** (Karikatur)

1/2   Ausgehend von dem Cartoon, der einen Kritiker zeigt, der mit seiner Rezension einen Autor vernichtet und zum Verschwinden bringt, sollen die Schülerinnen und Schüler über mögliche nutzbringende Funktionen der Literaturkritik nachdenken. Zu fragen wäre:
- Dient Literaturkritik dem Lesepublikum, indem sie Orientierung in der Fülle der angebotenen Bücher bietet und hilft, Auswahlentscheidungen für die Lektüre zu treffen?
- Dient sie dem Autor, indem sie ihn zu einer Verbesserung seines Schreibens oder zu einer Fortsetzung seines bisherigen literarischen Tuns anhält?
- Dient sie den Verlagen, indem sie auf Bücher aufmerksam macht und für sie wirbt?
- Dient sie nicht vor allem dem so genannten literarischen Leben, indem sie die Meinungsbildung über Bücher in Gang setzt und zu einer Debatte über sie in kleineren oder größeren Kreisen anregt?

▶ S. 165   **Jürgen P. Wallmann: Der Duft des großen kleinen Genies**

1   Wallmanns Rezension hat zunächst eine deutlich **werbende Funktion,** indem sie auf den internationalen Erfolg des Autors mit einem früheren Werk und auf die äußerst positive Resonanz auf den Vorabdruck des zu besprechenden Romans in einer Tageszeitung hinweist. Dieser Funktion entsprechen auch die Einordnung des Romans in die Kategorie „niveauvoller, gut geschriebener Unterhaltungsliteratur" (Z. 29 f.) und die zahlreichen lobenden Anmerkungen zum Inhalt („originelle[r] Einfall", Z. 34) und zur Form („Virtuose in der Beschreibung", Z. 79 f.; „sprachlich so lebhaft", Z. 81 f.; „beherrscht [...] das Handwerk des traditionellen Erzählens [...] derart souverän", Z. 83–88). Diese Einordnung und diese Hinweise haben jedoch auch die **Funktion der Information und Leserorientierung.** Man weiß, mit welcher Kategorie von Literatur man es hier nach Meinung des Rezensenten zu tun hat und welche Qualitäten der Roman aufweist. Ganz eindeutig der Information und der Leserorientierung dienen die ausführliche Passage in der Mitte der Rezension (Z. 34–70), in der der Inhalt des Romans (Protagonist, Ort und Zeit, Handlung) kurz vorgestellt wird, und der Hinweis auf Interpretationsansätze am Ende der Kritik (Z. 90 ff.). Die **Funktion dem Autor gegenüber** erfüllt die Besprechung mit ihrer starken Bestätigung und Ermutigung zu weiterem Schreiben. Der **Anregung für das literarische Leben** dient das kaum eingeschränkte, zum Teil überschwängliche Lob, das dem Roman gespendet wird. Immerhin sind Ansätze, die zu einer weit kritischeren Einschätzung des Romans führen könnten, an drei Stellen erkennbar: die Hinweise auf seine Nähe zur Trivialliteratur, auf die abstrus anmutende Handlung und die traditionelle Erzählweise.

1.3 LITERATURKRITIK UND KANONBILDUNG **163**

2 Inhaltlicher Aufbau der Rezension:
1. Die Erfolge des Schriftstellers Patrick Süskind (Z. 1–22)
2. Einordnung des Romans „Das Parfum" in die Unterhaltungsliteratur mit Niveau (Z. 23–33)
3. Vorstellung des Roman-Helden (Z. 34–52)
4. Kurze Zusammenfassung der Handlung unter Aussparung des Endes (Z. 53–73)
5. Herausstreichen der erzählerischen Qualitäten des Autors (Z. 74–89)
6. Zusammenfassendes Urteil: eine spannende Lektüre, ob als Allegorie oder zur Unterhaltung gelesen (Z. 90–99)

3 Vorschlag für ein Tafelbild:

Werturteile	Kriterien
• „mit seinem geistreich-witzigen Ein-Personen-Drama" (Z. 1 f.) • „verblüffender Start eines deutschsprachigen Debütanten" (Z. 8 f.)	• die bisherigen literarischen Verdienste des Autors
• „niveauvolle […], gut geschriebene […] Unterhaltungsliteratur" (Z. 29 f.)	• Einordnung in eine Literaturskala: nicht E-Literatur (schwierig, experimentell, vgl. Z. 26), aber auch nicht Trivialliteratur (vgl. Z. 25), sondern gehobene U-Literatur
• „hat einen originellen Einfall […] virtuos durch-gespielt" (Z. 34 f.) • „hat sich […] etwas Ungewöhnliches einfallen lassen (Z. 72 f.)	• Originalität und Einfallsreichtum im inhaltlichen Bereich
• „ein Virtuose […] derart souverän" (Z. 79–87 f.)	• Kunstfertigkeit im formalen, erzähltechnischen Bereich
• „Der eine mag […]; ein anderer wird […]. Auf ihre Kosten kommen sie beide" (Z. 90–99)	• Leserbezug: Lesevergnügen für anspruchsvolle Leser und solche, die Unterhaltung suchen

4 Zur Bearbeitung dieser Aufgabe bieten sich natürlich zunächst Vergleichsrezensionen zu Patrick Süskinds Roman an (z. B.: Marcel Reich-Ranicki: „Des Mörders betörender Duft", FAZ, 2. 3. 1985; Joachim Kaiser: „Viel Flottheit und Phantasie", Süddeutsche Zeitung, 28. 3. 1985; Rudolf Krämer-Badoni: „Neuer Vampir für den Film?", Die Welt, 16. 2. 1985; Beatrice von Matt: „Das Scheusal als Romanheld", Neue Zürcher Zeitung, 5. 3. 1985; Michael Fischer: „Ein Stänkerer gegen die Deo-Zeit", Der Spiegel, 4. 3. 1985; Gerhard Stadelmaier: „Lebens-Riechlauf eines Duftmörders", Die Zeit, 15. 3. 1985; alle Rezensionen sind im Internet zu finden).

Der literarische Kanon

Marcel Reich-Ranicki: **Brauchen wir einen Kanon?** – Interview   ▶ S. 167

1 Der Literaturkritiker Marcel Reich-Ranicki hält einen literarischen Kanon für unbedingt notwendig. Ein Verzicht darauf würde für ihn einen „Rückfall in die Barbarei bedeuten" (Z. 8). Ein Kanon diene dazu, im Literaturunterricht die Werke zu vermitteln, die den Schülerinnen und Schülern zeigen könnten, dass Literatur die Aufgabe habe, den Menschen Freude, ja Glück zu bereiten. Der Kanon dürfe keine litera-rischen „Eintagsfliegen" enthalten, sondern nur Werke, die sich gehalten haben. Von Goethe gehören für Reich-Ranicki „Faust I", 20 bis 30 Gedichte, „Werther" und Auszüge aus „Dichtung und Wahrheit" dazu. Als weitere Pflichtlektüren für Abiturienten empfiehlt er „Effi Briest", „Buddenbrooks", „Der Prozess", je ein Drama von Schiller und Kleist, je einen Band mit ausgewählten Gedichten von Heine und Brecht, die Werke von Büchner und einen Lyrikauswahlband der deutschen Romantiker.

2–4 Die Bearbeitung dieser Aufgaben soll den Schülerinnen und Schülern die Problematik, die mit der so genannten Kanonfrage verbunden ist, vor Augen führen. Die Positionen werden von der Notwendig-keit eines festen Kanons zur Bewahrung der kulturellen Identität über Vorschläge für eine Art „offenen Kanon" bis hin zur Ablehnung jeglichen Kanons, der Verlagen und Buchhandel lediglich zur Belebung des Geschäfts mit klassischer Literatur diene, reichen.

Analyse eines literarischen Textes mit anschließender weiterführender Reflexion

Aufgabenstellung

1 Analysieren Sie den Erzähleinstieg in die Novelle „Katz und Maus" von Günter Grass. Gehen Sie dabei auf die Figuren und ihre Konstellation, die Darstellung von Ort, Zeit und Atmosphäre sowie auf die Erzählstrategie ein. *(48 Punkte)*

2 Vergleichen Sie die Wirkung dieses Erzähleinstiegs auf Sie als Leser/in mit einem anderen Romananfang, den Sie kennen. *(24 Punkte)*

Günter Grass: „Katz und Maus" (1961) – Anfang der Novelle

… und einmal, als Mahlke schon schwimmen konnte, lagen wir neben dem Schlagballfeld im Gras. Ich hätte zum Zahnarzt gehen sollen, aber sie ließen mich nicht, weil ich als Tickspieler schwer zu ersetzen war. Mein Zahn lärmte. Eine Katze strich diagonal durch die Wiese und wurde nicht beworfen. Einige kauten oder zupften Halme. Die Katze gehörte dem Platzverwalter und war schwarz. Hotten Sonntag rieb sein Schlagholz mit einem Wollstrumpf. Mein Zahn trat auf der Stelle. Das Turnier dauerte schon zwei Stunden. Wir hatten hoch verloren und warteten nun auf das Gegenspiel. Jung war die Katze, aber kein Kätzchen. Im Stadion wurden oft und wechselseitig Handballtore geworfen. Mein Zahn wiederholte ein einziges Wort. Auf der Aschenbahn übten Hundertmeterläufer das Starten oder waren nervös. Die Katze machte Umwege. Über den Himmel kroch langsam und laut ein dreimotoriges Flugzeug, konnte aber meinen Zahn nicht übertönen. Die schwarze Katze des Platzverwalters zeigte hinter Grashalmen ein weißes Lätzchen. Mahlke schlief. Das Krematorium zwischen den Vereinigten Friedhöfen und der Technischen Hochschule arbeitete bei Ostwind. Studienrat Mallenbrandt pfiff: Wechsel Fangball Übergetreten. Die Katze übte. Mahlke schlief oder sah so aus. Neben ihm hatte ich Zahnschmerzen. Die Katze kam übend näher. Mahlkes Adamsapfel fiel auf, weil er groß war, immer in Bewegung und einen Schatten warf. Des Platzverwalters schwarze Katze spannte sich zwischen mir und Mahlke zum Sprung. Wir bildeten ein Dreieck. Mein Zahn schwieg, trat nicht mehr auf der Stelle: denn Mahlkes Adamsapfel wurde der Katze zur Maus. So jung war die Katze, so beweglich Mahlkes Artikel – jedenfalls sprang sie Mahlke an die Gurgel; oder einer von uns griff die Katze und setzte sie Mahlke an den Hals; oder ich, mit wie ohne Zahnschmerz, packte die Katze, zeigte ihr Mahlkes Maus: und Joachim Mahlke schrie, trug aber nur unbedeutende Kratzer davon.

Ich aber, der ich Deine Maus einer und allen Katzen in den Blick brachte, muß nun schreiben. Selbst wären wir beide erfunden, ich müßte dennoch. Der uns erfand, von berufswegen, zwingt mich, wieder und wieder Deinen Adamsapfel in die Hand zu nehmen, ihn an jeden Ort zu führen, der ihn siegen oder verlieren sah; und so lasse ich am Anfang die Maus über dem Schraubenzieher hüpfen, werfe ein Volk vollgefressene Seemöwen hoch über Mahlkes Scheitel in den sprunghaften Nordost, nenne das Wetter sommerlich und anhaltend schön, vermute, daß es sich bei dem Wrack um ein ehemaliges Boot der Czaika-Klasse handelt, gebe der Ostsee die Farbe dickglasiger Seltersflaschen, lasse nun, da der Ort der Handlung südöstlich der Ansteuerungstonne Neufahrwasser festgelegt ist, Mahlkes Haut, auf der immer noch Wasser in Rinnsalen abläuft, feinkörnig bis graupelig werden; doch nicht die Furcht, sondern das übliche Frösteln nach zu langem Baden besetzte Mahlke und nahm seiner Haut die Glätte. [R]

(Aus: Günter Grass: Katz und Maus. Eine Novelle. In: Werkausgabe in zehn Bänden. Hg. Von Volker Neuhaus. Band 4. Steidl Verlag, Göttingen 1999)

ERWARTUNGSHORIZONT

Inhaltliche Leistung

Aufgabe 1

	Anforderungen Die Schülerin/ der Schüler	maximal erreichbare Punktzahl (AFB)	erreichte Punktzahl
1	verfasst eine sinnvolle Einleitung mit den wesentlichen Informationen zum Text.	3 (I)	
2	fasst den Text kurz zusammen, stellt dabei die Figuren vor, skizziert die dargestellte Situation und den Aufbau des Textes in zwei Teilen.	6 (I)	
3	untersucht die Figurengestaltung und die Beziehung der Figuren zueinander: • keine einleitende Vorstellung der Figuren, sparsame Angaben über den Ich-Erzähler und Mahlke, der ins Zentrum gerückt wird • gespanntes Verhältnis zwischen den Schulkameraden • Faszination, die von Mahlke ausgeht	9 (II)	
4	untersucht die Darstellung von Ort, Zeit und Atmosphäre: • keine genauen Angaben zu Lokalisierung und Zeit des Geschehens • Sportplatz an einem Ort an der Ostsee • historische Verortung: Schlagballspiel und dreimotoriges Flugzeug verweisen auf die Vergangenheit • die Atmosphäre ist von Langeweile und latenter Spannung in der Jungengruppe gekennzeichnet.	9 (II)	
5	untersucht die Erzählstrategie: • personales Erzählen in der Ich-Form; Ich-Erzähler als Figur der Handlung, aber nicht „Held" der Geschichte • Erzählstandort: zunächst Nähe zum erzählten Geschehen in einer detailgenauen Schilderung, dann aber Distanz durch Reflexion des Erzählvorgangs (Tempuswechsel ins Präsens), Hinweis auf die Fiktionalität und die Unterscheidung von Autor und fiktivem Erzähler, Verdeutlichung des fiktional-kreativen Prozesses durch den Ich-Erzähler • Perspektive: Außensicht, der personale Erzähler kennt das Innenleben der beobachteten Hauptfigur nicht • Erzählhaltung: Faszination des Ich-Erzählers durch die Hauptfigur, aber Relativierung durch Hinweis auf den Autor: „Der uns erfand, von berufswegen, zwingt mich" (Z. 41 f.) • vorherrschende Darbietungsform: zunächst Erzählbericht, dann Reflexion	12 (II)	
6	reflektiert die Wirkung der Erzählstrategie: • unvermittelter Einstieg, Desorientierung des Lesers, illusionsbrechendes Spiel mit der Fiktionalität als Leseanreiz, Spannungsaufbau durch Interesse an Mahlke	9 (III)	
7	entwickelt einen weiteren eigenständigen Gedanken. (Max. 4 Punkte)		
		48	

Autor: Dietrich Erlach

Texte, Themen und Strukturen
Lernerfolgskontrolle 9, S. 2

ERWARTUNGSHORIZONT

Aufgabe 2

	Anforderungen Die Schülerin/der Schüler	maximal erreichbare Punktzahl (AFB)	erreichte Punktzahl
1	benennt einen Romananfang und stellt diesen kurz vor.	3 (I)	
2	beschreibt die Erzählstrategie dieses Romananfangs in seinen wesentlichen Kategorien: • Zuordnung zu einer der Grundformen • Erzählstandort • Perspektive • Erzählhaltung • Darbietungsformen	6 (I)	
3	erläutert die Erzählstrategie in ihrer Wirkung.	6 (II)	
4	arbeitet die wesentlichen Unterschiede in der Erzählstrategie und ihrer Wirkung zwischen den beiden Romananfängen heraus.	6 (III)	
5	zieht in einer begründeten Wertung das Fazit aus dem Vergleich.	3 (III)	
6	entwickelt einen weiteren, eigenständigen Gedanken. (Max. 4 Punkte)		
		24	

Darstellungsleistung

	Anforderungen Die Schülerin/der Schüler	maximal erreichbare Punktzahl	erreichte Punktzahl
1	strukturiert den Klausurtext schlüssig, sinnvoll verknüpft und gedanklich klar.	6	
2	schreibt fachsprachlich korrekt und differenziert zwischen beschreibenden, deutenden und wertenden Aussagen.	6	
3	belegt Aussagen funktional durch korrekte Zitate.	3	
4	formuliert begrifflich präzise und differenziert, sprachlich-stilistisch angemessen, abwechslungsreich und sicher.	10	
5	schreibt sprachlich korrekt.	3	
		28	

Eine Zuordnung der Punktezahlen zu den Notenstufen findet sich auf S. 46 in diesem Handbuch.

Analyse von Sachtextauszügen mit anschließender weiterführender Reflexion

Aufgabenstellung

1. Vergleichen Sie die Auszüge aus den Rezensionen zu Patrick Süskinds Roman „Das Parfum". Untersuchen Sie dabei die Aspekte, auf die die Kritiker eingehen, welche Urteile sie über den Roman fällen und welche Kriterien sie dabei zu Grunde legen. Weisen Sie anhand der Auszüge aus den Rezensionen nach, welche Funktionen Literaturkritik hat. *(42 Punkte)*

2. Verfassen Sie eine persönliche Stellungnahme zu der Frage: Welche Eindrücke haben Sie auf Grund der Rezensionsauszüge von dem Roman gewonnen und möchten Sie ihn lesen oder nicht? *(30 Punkte)*

Marcel Reich-Ranicki: **Des Mörders betörender Duft** (1985)

Also das gibt es immer noch oder schon wieder: einen deutschen Schriftsteller, der des Deutschen mächtig ist. [...]
Aber des Lebens ungemischte Freude wird uns Lesern der zeitgenössischen deutschen Romane nur sehr selten zuteil. Wer die erste Hälfte dieses Buches geradezu mit roten Backen zur Kenntnis genommen hat, der muss später einige Enttäuschungen in Kauf nehmen. [...] In dieser zweiten Hälfte mutet Süskinds Prosa ein wenig epigonal an. Aber wen ahmt er nach? Keinen anderen als sich selber. Er wiederholt sich. Und warum, ist ihm etwa die Puste ausgegangen? Ich glaube, es gibt da noch einen anderen, vielleicht triftigeren Grund. Die Biografie des Mannes mit der einzigartigen Witterung ist zwar von Anfang an als Gleichnis angelegt, doch sind die parabolischen Elemente vorerst noch dezent: Es triumphiert immer wieder das artistische Temperament eines Erzählers, dem es Spaß macht, den Lesern allerlei vorzuflunkern und sie damit vorzüglich zu unterhalten. Nachher hingegen ist es umgekehrt, Süskind bemüht sich jetzt in wachsendem Maße um den gleichnishaften Charakter seiner Geschichte. Dieser wird tatsächlich immer deutlicher – und leider auch immer aufdringlicher. So paradox dies auch anmuten mag: Wo er dem Spieltrieb nachgibt, da gerade hat seine Prosa Gewicht, wo er aber um den tieferen Sinn seines Buches besorgt ist, da wird es oberflächlicher und auch artifizieller. [...]
Jedenfalls ist es schön, endlich einmal feststellen zu können: Unsere Literatur hat ein Talent mehr – und ein erstaunliches obendrein.

(Aus: Frankfurter Allgemeine Zeitung, 2.3.1985)

Michael Fischer: **Ein Stänkerer gegen die Deo-Zeit** (1985)

[...] Süskind, ein milder Epigone, schreibt sein Buch im Duktus traditioneller Autoren, mit der Kraft fast vergessener Worte, ein erfreulicher Anachronismus im modischen literarischen Blabla. Als ironischer Erzähler tritt er immer wieder aus den Zeilen heraus, nimmt den Leser bei der Hand und führt ihn naseweis durch seinen duften Garten der Gerüche. Autor wie Leser suhlen sich in der dicken Luft der Düfte.

In unserer Zeit, wo „sämtliche Gerüche zum Schweigen gebracht wurden" (Corbin), hat Süskind die irdischen Elemente Gestank, Schmutz, Schweiß und Scheiße wieder zum Dampfen gebracht. Sein Buch ist eine Reise zurück zu den animalischen Instinkten und eine Stänkerei gegen die moderne Deo-Zeit.

(Aus: Der Spiegel, Nr. 10, 4.3.1985)

Beatrice von Matt: **Das Scheusal als Romanheld** (1985)

[...] Es handelt sich hier um ein Stück von teilweise überaus handfertig hergerichteter Spektakelliteratur. Da werden ungehemmt alle nur denkbaren Reize eingesetzt. Der Reiz eben des Monströsen, der ausgefallenen Triebstruktur. [...] Der Reiz des historisch Exotischen kommt sodann zum Spielen. [...]
Heinrich Heine hat das Bedürfnis, das sich gegen Spießbürgerei und Langeweile regen kann, ein Bedürfnis, dem dieser pikareske Roman entgegenkommt, im Gedicht „Anno 1829" formuliert: ‚O dass ich große Laster sah / Verbrechen, blutig, kolossal – / Nur diese glatte Tugend nicht / Und zahlungsfähige Moral!"
Schon einige Zeit versuchen Schriftsteller auf solchen Lesehunger zu reagieren – es ist im Übrigen einer, von dem sich die Romanliteratur als Gattung seit je genährt hat. Die Alltagsmiseren haben die künstlerische Anziehungskraft, den Unterhaltungswert eingebüßt, so gut wie die wehleidigen Innenansichten. [...] Süskind – ohne Zweifel hochbegabt, aber unvergleichlich eindimensionaler, einspuriger als Grass, aus dessen „Blechtrommel" er tüchtig gelernt zu haben scheint – versteht sich auf die nötigen Zugaben von Trivialität. Zur Geschichte der angesprochenen Epoche etwa in Paris erfährt man herzlich wenig – einige historische Lokalitäten und Vokabeln genügen, wie in einem Kostümfilm, der ja auch Exotik und nicht Zeitanalyse einbringen will. [...]

(Aus: Neue Zürcher Zeitung, 15.3.1985)

Autor: Dietrich Erlach

Texte, Themen und Strukturen
Lernerfolgskontrolle 10, S. 1

ERWARTUNGSHORIZONT

Inhaltliche Leistung

Aufgabe 1

	Anforderungen Die Schülerin/der Schüler	maximal erreichbare Punktzahl (AFB)	erreichte Punktzahl
1	verfasst eine sinnvolle Einleitung: Gegenstand der Rezensionen, Verfasser, Fundorte, Textsorte.	3 (I)	
2	beschreibt Aspekte, auf die in den Rezensionen eingegangen wird: Reich-Ranicki: • sprachliche Gestaltung und Erzähltechnik • Intention: Unterhaltung und Denkanstoß durch Gleichnis Fischer: • sprachliche Gestaltung und Erzähltechnik • Gehalt und kritische Intention von Matt: • sprachliche Gestaltung und Erzähltechnik • Genre-Einordnung und Intention/Wirkung • Vorbild • Zeitkolorit und historische Verortung	12 (I)	
3	untersucht die Urteile, die in den Rezensionen gefällt werden, und erschließt die Kriterien: Reich-Ranicki: • ambivalentes Urteil: als Lesevergnügen gelungen, in seinem Parabelcharakter oberflächlich und artifiziell • Kriterien: Sprachbeherrschung, Lesbarkeit und Unterhaltsamkeit, Vermittlung eines tieferen Sinns Fischer: • überwiegend positives Urteil: sichere Führung des Lesers durch traditionellen Erzählstil und Kritik an der modernen „Deo-Zeit" • Kriterien: Unabhängigkeit von literarischen Moden, sinnliche Qualität der Literatur von Matt: • ambivalentes Urteil: unterhaltsames Lesevergnügen, aber weniger komplex als sein Vorbild „Die Blechtrommel", zu wenig historische Verankerung • Kriterien: Genrebeherrschung („Spektakelliteratur", Z. 2), handwerkliches Können, Anlehnung an Vorbilder, historische Verortung	15 (II)	
4	reflektiert die Funktionen von Literaturkritik anhand der Rezensionsbeispiele: • Information und Orientierung der Leserschaft • Rückmeldung an den Autor • Werbung • Belebung des literarischen Lebens	12 (III)	
5	entwickelt einen weiteren, eigenständigen Gedanken. (Max. 4 Punkte)		
		42	

ERWARTUNGSHORIZONT **169**

Aufgabe 2

	Anforderungen Die Schülerin/der Schüler	maximal erreichbare Punktzahl (AFB)	erreichte Punktzahl
1	verfasst eine angemessene Überleitung.	3 (I)	
2	fasst differenziert die Eindrücke zusammen, die sie/er auf Grund der Rezensionen von dem Roman gewonnen hat.	6 (I)	
3	erörtert auf dieser Basis ihre/seine Leseerwartungen an den Roman.	12 (II)	
4	gelangt zu einer begründeten Entscheidung hinsichtlich der Lektüre des Romans.	9 (III)	
5	entwickelt einen weiteren, eigenständigen Gedanken. (Max. 4 Punkte)		
		30	

Darstellungsleistung

	Anforderungen Die Schülerin/der Schüler	maximal erreichbare Punktzahl	erreichte Punktzahl
1	strukturiert den Klausurtext schlüssig, sinnvoll verknüpft und gedanklich klar.	6	
2	schreibt fachsprachlich korrekt und differenziert zwischen beschreibenden, deutenden und wertenden Aussagen.	6	
3	belegt Aussagen funktional durch korrekte Zitate.	3	
4	formuliert begrifflich präzise und differenziert, sprachlich-stilistisch angemessen, abwechslungsreich und sicher.	10	
5	schreibt sprachlich korrekt.	3	
		28	

Eine Zuordnung der Punktezahlen zu den Notenstufen findet sich auf S. 46 in diesem Handbuch.

Cornelsen

Autor:
Dietrich Erlach

Texte, Themen und Strukturen
Lernerfolgskontrolle 10, S. 3

2 Drama

Konzeption des Kapitels

Das Kapitel hat die Funktion, die in verschiedenen Unterrichtszusammenhängen der Sekundarstufe I erworbenen Kompetenzen zur Dramenanalyse und -interpretation zu bündeln und systematisierend zu erweitern. Dabei wird sowohl das Instrumentarium zur Mikroanalyse (Analyse einzelner Szenen) als auch das zur Makroanalyse (Analyse der Gesamtstruktur) bereitgestellt. Mitbedacht werden Vorschläge zum szenischen Interpretieren. Zweierlei Verwendung im Unterricht bietet sich an: 1. Das Kapitel wird einer Dramenbesprechung als fachmethodische Einführung vorgeschaltet. 2. Es wird in die Behandlung eines Dramas an geeigneter Stelle integriert, als eine Art Theorieschub, der die zunächst werkimmanente Interpretation durch gattungspoetologische und gattungsgeschichtliche Einordnungen erweitert.

Das erste Teilkapitel (**„Goethes ‚Iphigenie auf Tauris‘, Brechts ‚Der gute Mensch von Sezuan‘ – Eingangsszenen im Vergleich"**) gibt Gelegenheit zum Einüben der genauen Analyse von Dramenszenen (Situationsentwurf, Figuren und ihre Konstellation, Konfliktentwicklung, Szenenaufbau, Dialogführung und sprachliche Gestaltung), es bietet Anregungen zum szenischen Interpretieren, lässt aber auch im kontrastiven Vergleich der Expositionen zweier thematisch verwandter Stücke (das in einer Protagonistin verkörperte Bemühen, ein guter Mensch zu sein) historisch bedingte unterschiedliche Dramenkonzepte in der Szenenanlage deutlich werden.

Im zweiten Teilkapitel (**„Strukturen des klassischen und des modernen Dramas – Zwei Beispiele im Vergleich"**) wird dieser kontrastive Vergleich durch eine Gegenüberstellung des Gesamtaufbaus der beiden Stücke erweitert und vertieft. Aufbauend auf diese exemplarische Strukturanalyse werden die Schülerinnen und Schüler mit den idealtypischen Schemata der geschlossenen Form des klassischen Dramas und der offenen Form des epischen Theaters bekannt gemacht.

Im dritten Teilkapitel (**„Wirkungsabsichten – Was will das Theater?"**) werden Überlegungen verschiedener Theaterschaffender (vier Dramenautoren und eine Regisseurin) aus unterschiedlichen Zeiten zu den Intentionen und Wirkungsmöglichkeiten der Bühne präsentiert.

Literaturhinweise

Borchmeyer, Dieter: Iphigenie auf Tauris. In: Interpretationen. Goethes Dramen. Hg. von Walter Hinderer. Reclam, Stuttgart 1992, S. 117–157

Brauneck, Manfred/Schneilin, Gerhard: Theaterlexikon. Begriffe und Epochen, Bühnen und Ensembles. Rowohlt, Reinbek [2]1990

Geiger, Heinz/Haarmann, Hermann: Aspekte des Dramas. Eine Einführung in die Theatergeschichte und Dramenanalyse. Westdeutscher Verlag, Opladen [4]1996

Pfister, Manfred: Das Drama. Theorie und Analyse. Fink, München [11]2001

Ueding, Gert: Der gute Mensch von Sezuan. In: Brechts Dramen. Neue Interpretationen. Hg. von Walter Hinderer. Reclam, Stuttgart 1984, S. 178–193

	Inhalte	Kompetenzen Die Schülerinnen und Schüler
S. 169	**2 Drama**	▪ nähern sich über Szenenfotos unterschiedlichen Dramen-/Theaterkonzepten an ▪ rekapitulieren wesentliche Unterschiede zwischen Drama, Epik und Lyrik
S. 170	**2.1 Goethes „Iphigenie auf Tauris", Brechts „Der gute Mensch von Sezuan" – Eingangsszenen im Vergleich** *Johann Wolfgang Goethe:* Iphigenie auf Tauris *Bertolt Brecht:* Der gute Mensch von Sezuan	▪ analysieren Dramenszenen systematisch in ihren wesentlichen Aspekten (Situationsentwurf/Setting, Figuren und ihre Konstellation, Konfliktentwicklung, formaler Aufbau und Dialogführung, sprachliche Gestaltung) ▪ erkennen unterschiedliche Konzepte in der Anlage und der Wirkungsabsicht der Szenen ▪ kennen verschiedene Formen szenischen Interpretierens und setzen sie zur Ergänzung der Textanalyse effektiv ein
S. 175	**2.2 Strukturen des klassischen und des modernen Dramas – Zwei Beispiele im Vergleich** *Johann Wolfgang Goethes* „Iphigenie auf Tauris" *Bertolt Brechts* „Der gute Mensch von Sezuan"	▪ erkennen und beschreiben Strukturunterschiede in Aufbau, Handlungsführung, Gestaltung von Anfang und Schluss, räumlicher und zeitlicher Gliederung, Figurengestaltung und -konstellation zwischen Dramen verschiedenen Typs
S. 179	**Das klassische Drama** *Aristoteles:* Kennzeichen der Tragödie	▪ beschreiben und erläutern die wesentlichen Merkmale des klassisch-aristotelischen Theaters
S. 180	**Die geschlossene und die offene Form des Dramas**	▪ benennen die idealtypischen Unterschiede zwischen der geschlossenen und der offenen Form des Theaters
S. 181	**Bertolt Brechts episches Theater** *Bertolt Brecht:* Die Bühne begann zu erzählen	▪ beschreiben und erläutern als beispielhafte Form des offenen Dramas Brechts episches Theater
S. 183	**2.3 Wirkungsabsichten – Was will das Theater?** *Gotthold Ephraim Lessing:* Brief über das Trauerspiel *Friedrich Schiller:* Die Schaubühne als moralische Anstalt betrachtet *Bertolt Brecht:* Was ist mit dem epischen Theater gewonnen? *Friedrich Dürrenmatt:* Uns kommt nur noch die Komödie bei *Karin Beier:* „Klassiker sind nun mal Klassiker"	▪ erfassen den Gedankengang in literaturtheoretischen Texten und zeichnen ihn in eigenen Worten nach ▪ erkennen die Gemeinsamkeiten und Unterschiede in den auszugsweise vorgestellten Theaterkonzepten und setzen sich damit auch unter Bezug auf die Dramaturgie von Spielfilmen und Fernsehserien auseinander ▪ reflektieren ihre eigenen Theatererfahrungen und Erwartungen an das Theater

172   B2 DRAMA

2   Drama

► S. 169   **1 a**   Das linke Szenenfoto entspricht den auch bei Schülerinnen und Schülern gängigen traditionellen Vorstellungen von Theaterinszenierungen: eine stimmungsvolle, mit Licht und Schatten spielende Beleuchtung; sparsames, ausgefallenes Mobiliar; mit symbolischer Bedeutung aufgeladene Bühnenbildelemente bzw. Effekte wie hier die Spiegelung im Vordergrund des Bühnenbodens; eine kunstvoll drapierte Kostümierung der Figuren; bezeichnend erscheint auch das In-sich-Versunkensein der Figur, die offensichtlich ihre Gedanken oder Gefühle in einem Monolog ausspricht; insgesamt entrückt der Anblick in eine auf ein ästhetisches Erlebnis hin angelegte, alltagsferne Welt.

Ganz anders und traditionellen Theatervorstellungen widersprechend wirkt das rechte Bild, auf dem die Bühne eine schäbige Lagerhalle abbildet mit dem entsprechenden kalten Licht und mit Figuren in Arbeitskleidung; diese wenden sich offensichtlich an das Publikum und scheinen kollektiv etwas vorzutragen; insgesamt wird hier die Betrachterin/der Betrachter mit einem Ausschnitt aus der Alltagswirklichkeit von heute konfrontiert.

b   Im Anschluss an die Auswertung der Szenenfotos können die Schülerinnen und Schüler von ihren eigenen Theatererfahrungen berichten. Das darauf folgende Gespräch führt zu den Fragen: Was wird von einer Theateraufführung erwartet? Worin besteht die Aufgabe des Theaters? Die Antworten sollten protokolliert werden, um gegebenenfalls am Ende der Unterrichtseinheit bei der Erarbeitung des Teilkapitels 2.3 (S. 183 ff. im Schülerband) darauf zurückgreifen zu können.

2   Das Drama unterscheidet sich generell von den beiden anderen Gattungen in der Rezeptionsweise, in den wesentlichen Textkonstituenten und im Aufbau. Zu beachten ist dabei freilich, dass es – besonders in der neueren Literatur – immer wieder Grenzüberschreitungen zwischen den Gattungen und daraus entstehende Mischformen gibt.

- Rezeptionsweise: Das Drama ist ein Theatertext, also für die Inszenierung auf einer Bühne geschrieben und nicht für den Einzelleser (mit Ausnahme einzelner so genannter Lesedramen); der Rezipient erlebt das Dargestellte mit Auge und Ohr konkret mit und muss es sich nicht in der eigenen Fantasie vorstellen.
- Textkonstituenten: Der Text besteht in der Hauptsache aus Dialogen, unterbrochen von gelegentlichen Monologen; die Wechselreden der Figuren und ihr Verhalten, das die Schauspieler darstellen, bilden die Handlung, die nicht indirekt durch eine Erzählerin/einen Erzähler vermittelt wird.
- Aufbau: Das Drama gliedert sich in Szenen (Auftritte) und Akte (Aufzüge) und nicht in Kapitel (Epik) oder Strophen (Lyrik).
- In ihren Definitionsversuchen können die Schülerinnen und Schüler mit unterschiedlichen Schwerpunktbildungen die oben aufgelisteten Unterschiede zu den beiden anderen Gattungen zusammenfassen.

2.1   Goethes „Iphigenie auf Tauris", Brechts „Der gute Mensch von Sezuan" – Eingangsszenen im Vergleich

► S. 170   **1 a**   Die umfangreiche Bearbeitung dieser Aufgabe lässt sich am besten in arbeitsteiliger Kleingruppenarbeit bewältigen. Dabei sollte jede Gruppe sich einen Analyseaspekt in beiden Szenen vornehmen, damit stets auf den Vergleich hingearbeitet wird.

Ein Beispiel für das Gesamtergebnis in tabellarischer Gegenüberstellung findet sich auf S. 173 f.

2.1 EINGANGSSZENEN IM VERGLEICH

	„Iphigenie auf Tauris"	„Der gute Mensch von Sezuan"
Kontextuierung	1. Auftritt, Beginn der Exposition: Eingangsmonolog der Protagonistin, die ihre Situation reflektiert; Andeutungen zur Vorgeschichte, die als bekannt vorausgesetzt wird. 2. Auftritt: aktionistischer Dialog, in dem der Konflikt sich abzeichnet.	Beginn des „Vorspiels", das die Exposition enthält; Orientierung des Publikums über die unmittelbare Vorgeschichte und die Eingangssituation, danach Beginn der Handlung.
Gesprächs-situation (Ort, Zeit, Atmosphäre)	Tempelbezirk der Göttin Diana im Königreich Tauris – fiktive Welt des antiken griechischen Mythos nach der Zeit des Trojanischen Krieges – Würde und Erhabenheit prägen die Atmosphäre.	Eine Straße in der Hauptstadt der Provinz Sezuan. Das Stück scheint in der modernen Realität zu spielen, da es Zementfabriken, Arbeiter und Büroangestellte gibt, andererseits wandeln Götter auf der Erde, sodass der Eindruck einer konstruierten, fiktiven Welt entsteht. Die Atmosphäre ist geprägt von Armut und deutlichen gesellschaftlichen Gegensätzen.
Figuren/ Figuren-konstellation	Iphigenie: Pristerin königlicher Herkunft, Arkas: Diener hohen Ranges am Königshof in Tauris. Iphigenie leidet zwar unter dem Leben in der Fremde, hat aber eine höchst geachtete Stellung und wird vom König zur Frau begehrt. Ihr Denken und Fühlen sind von dem Wunsch bestimmt, in ihre Heimat zurückzukehren; sie will sich daher nicht an den König binden und ihre Rolle als jungfräuliche Priesterin nicht aufgeben; Heimat und Familie sind für sie die höchsten Werte trotz ihrer Opferrolle dort; gespaltenes Verhältnis zur Göttin Diana, die sie gerettet hat. Sie bleibt ihren inneren Zielen treu und bleibt gegenüber Arkas' Werbung, der eine hohe Meinung von ihr hat, standhaft. Figurenkonstellation: Arkas steht als Diener des Königs Iphigenie antagonistisch gegenüber, nimmt aber als Bittender und Werbender eine Mittlerrolle ein.	Die Protagonisten Wang und Shen Te als Repräsentanten der untersten Gesellschaftsschicht, die Mühe haben, ihre Existenz zu sichern; sie sind die Einzigen, die sich für die Götter interessieren und bereit sind, ihnen eine Unterkunft zu verschaffen; handeln aus Achtung vor den Göttern und folgen dem moralischen Verhaltenskodex, den sie mit diesen Göttern verbinden. Wang in seiner naiven Weltsicht erwartet, dass die Reichen und Mächtigen die Götter aufnehmen und mit Beschlag belegen, sodass er nicht mehr zu ihnen durchdringen kann. Die Götter: wohlgenährte Müßiggänger, hilflos der harten Wirklichkeit auf Erden aufgeliefert und lächerlich in ihren allzu menschlichen Schwächen (Ekel vor Spinnen). Figurenkonstellation: durch gesellschaftliche Positionen bestimmt, wobei den Armen (Wang und Shen Te) die Reichen gegenüberstehen; die dritte Gruppe bilden die Götter, die auf Grund der vielen Klagen zu einer Art Revisionsbesuch auf Erden weilen.
Formaler Aufbau	1. Auftritt: Monolog der Protagonistin. 2. Auftritt: Dialog (die Gliederung wird durch das Auftreten einer neuen Figur bestimmt). Der Dialog besteht aus der Wechselrede zwischen zwei Figuren. Bis auf das Nennen der Personen keine Regieanweisungen.	Als „Vorspiel" bezeichnete Einleitungsszene, gegliedert in zwei Teile: 1. Teil: Ansprache des Wasserverkäufers Wang an das Publikum; 2. Teil: Dialog Wangs mit den Göttern und seine Suche nach einer Unterkunft für sie, was in den Dialog mit Shen Te mündet. Der Dialog besteht aus der Wechselrede zwischen mehreren Figuren. Die Figurenrede (Haupttext) wird immer wieder von Regieanweisungen (Nebentext) begleitet: Angaben zur Tageszeit (Z. 3), zum Verhalten der Figuren (Z. 27 f., 42, 45, 52, 62 ff., 71, 74 f., 89, 100 f., 127 f.), zur Sprechweise der Figuren (Z. 86, 92) und zum Bühnengeschehen (Z. 27 f., 33 f., 62 ff., 74 f., 89).

174 B2 DRAMA

	„Iphigenie auf Tauris"	„Der gute Mensch von Sezuan"
Gesprächs-analyse	Monolog: Iphigenie spricht die Bäume des Hains an und gibt ihren Empfindungen des Fremdseins Ausdruck, sie beklagt dann in allgemeiner Form das Schicksal des Exilierten (Z. 18 ff.), um sich schließlich in einer Art Gebet an die Göttin zu wenden (Z. 28 ff.). Dialog: spannungsgeladene Kontroverse, in der der Wille des Königs, durch Arkas vermittelt, mit der Selbstbehauptung Iphigenies kollidiert; Vorwurf und Vertei-digung (Z. 53–70, 84–95), Bitte und Ab-lehnung (Z. 73–82, 99–131), wobei die Kontrahenten emphatisch-pathetisch ihre Position vertreten und dabei rhetorisch geschickt aufeinander eingehen; symme-trische Kommunikation mit etwa gleichen Redeanteilen.	Ansprache Wangs an das Publikum, in der er sich vorstellt, dann in das Geschehen einführt und schließlich kommentiert, was auf der Bühne zu sehen ist (vorübergehende Passanten). Im ersten Teil des Dialogs ehrerbietige Begrüßung der Götter, komplementäre Kommunikation: Kontrast zwischen herab-lassender Wortkargheit der Götter und den dienstfertigen, entschuldigenden Erklärungen Wangs zum Verhalten seiner Mitbürger. Im zweiten Teil des Dialogs Schimpfkanonade Wangs gegenüber einem reichen Mitbürger und symmetrische Kommunikation zwischen Wang und Shen Te, die seiner Bitte um Quartier für die Götter nachgibt. Das Kommu-nikationsverhalten insgesamt ist von Taktik bestimmt (Wang sucht die Hartherzigkeit der Reichen zum Teil herunterzuspielen und Shen Tes Gewerbe zu verschweigen).
Sprachliche Gestaltung (Sprachschicht und -stil, rhetorische Figuren)	In Versen verfasste hohe Sprache; ein-heitliche Sprechweise bei allen Figuren. Rhetorische Figuren: Apostrophe (Z. 55), Aufgreifen derselben Worte (Z. 66, 68 und 86, 88), Correctio (Z. 99/100), rhetorische Frage (Z. 70), Vergleich (Z. 63 f.), Sprechen in Sentenzen (Z. 70, 100 f.).	Prosa; Umgangssprache ohne kunstvolle rhetorische Figuren, zum Teil auch derbe Ausdrücke (Z. 95, 109); unterschiedliche Sprechweise der Figuren: Die Götter bedienen sich einer gehobeneren Ausdrucksweise als Wang. In seiner Eingangsrede an das Publi-kum spricht Wang sachlich-informativ, über-wiegend in einfachen, kurzen Sätzen; im Dialog mit den Göttern passt er seine Sprech-weise den Adressaten an und bemüht sich um eine gehobene Ausdrucksweise (Z. 41 f., 49 ff.); in seiner Schimpfrede ab Z. 92, in der er in den Ton einer Strafpredigt verfällt („Hast du keine Gottesfurcht? Ihr werdet in siedendem Pech braten […]", Z. 93 f.) entgleist er sprachlich und erzielt unfreiwillig komische Effekte, indem er dem Gegenstand völlig unangemessen in Gossensprache verfällt (Z. 95) und eine reli-giöse, an die Bibel erinnernde Floskel („Bis ins vierte Glied") mit einer Formulierung aus einem ganz anderen Sprachbereich kombiniert („werdet ihr daran abzuzahlen haben", Z. 96 f.), ein für Brecht typischer sprachlicher Verfrem-dungseffekt.
Adressaten-bezug	Monolog: Selbstgespräch der Figur, sie wendet sich dabei auch an Naturerschei-nungen bzw. eine Göttin. Dialog: direkter Adressat ist ausschließlich der Dialogpartner.	Publikum als direkter Adressat der Figuren-reden neben den Gesprächspartnern in der Bühnenhandlung (zu Beginn Z. 5–41, aber auch in Z. 98–100).

b Während Goethes „Iphigenie" den Zuschauer in die mythische Ferne der antiken Welt entrückt, findet er bei Brecht Versatzstücke der ihm vertrauten Wirklichkeit wieder, gemischt allerdings mit legenden-haften Momenten, da Götter auf Erden wandeln, sodass hier eine Kunstwelt entsteht, die zunächst einmal als befremdliches Konstrukt hingenommen werden muss. Den erhabenen, königlichen Figuren

2.2 STRUKTUREN DES KLASSISCHEN UND DES MODERNEN DRAMAS 175

in der „Iphigenie", deren Schicksal durch Götter bestimmt wird, stehen bei Brecht Alltagsmenschen gegenüber, die Mühe haben, ihre Existenz zu sichern. Die Götter erscheinen hier als lächerliche Figuren, als Gestalt gewordene ironische Zitate.

In ihren psychologisch verständlichen Empfindungen, die aus allgemein menschlichen Erfahrungen (Fremdsein) erwachsen, und in ihren persönlichen Konflikten, in denen überzeitliche Werte wie Liebe bzw. Heiratswunsch und Selbstbewahrung aufeinanderprallen, ermöglichen die antiken Figuren Einfühlung und bieten sich zur Identifikation an, während die Bewohner der Brechtschen Kunst-Wirklichkeit das nicht tun. Ihr Verhalten, etwa Wangs eifriges Bemühen um die Götter, auf die er seine Hoffnung setzt, erscheint befremdlich, die hartherzige Ungastlichkeit der Reichen abstoßend. Auch Shen Te, die sich selbst verkaufen muss, bietet sich zunächst nicht als Identifikationsfigur an. Hier entwickelt sich auch kein persönlicher Konflikt, der mit durchlitten werden kann, sondern hinter dem zunächst lächerlichen Erscheinen der Götter tun sich Fragen auf, wie z. B.: Wie werden sie die Klagen beheben, die zu ihnen gedrungen sind? Welche Konsequenzen lassen sich für die kleinen Leute wie Wang und Shen Te einerseits und für die mächtigen Reichen andererseits erwarten?

Die hier aufgezeigten inhaltlichen und intentionalen Unterschiede korrespondieren mit den formalen. Der Erhabenheit der Figuren in Goethes Drama entspricht die durchgehend hohe Sprache im Blankvers. Die Figuren bleiben in ihrem Sprechen unter sich (Dialog) bzw. bei sich (Monolog), das Publikum wird in die Illusion versetzt, das Geschehen wie hinter einer durchsichtigen „vierten Wand" der Bühne mitzuerleben. In Brechts Stück hingegen wird das Publikum gleich zu Beginn direkt angesprochen, was sich später während des szenischen Dialogs wiederholt (Z. 98 ff.). Damit soll den Zuschauern von vornherein bewusst gemacht werden, dass ihnen hier etwas vorgeführt wird; die Illusion, eine dramatische Geschichte hinter einer unsichtbaren „vierten Wand" der Bühne mitzuerleben, wird aufgehoben, diese „vierte Wand" wird also niedergelegt. Die einfache Alltagssprache ist nicht auf Vermittlung von Gefühlserlebnissen hin angelegt, Anleihen bei höheren Sprachregistern wie in Wangs Strafpredigt (Z. 93 ff.) gleiten ins Komische ab.

c/d Das szenische Interpretieren und der Vergleich mit einer professionellen Aufführung (auf DVD vorgeführt) dienen dazu, das Bewusstsein für das Spezifische der Gattung Drama und ihre besondere Rezeptionsweise zu schärfen, der ein bloß textanalytisches Verfahren nicht angemessen erscheint. Die Inszenierungs- und Bühnenkomponente sollte bei einer Dramenbesprechung stets mitberücksichtigt werden.

2.2 Strukturen des klassischen und des modernen Dramas – Zwei Beispiele im Vergleich

Johann Wolfgang Goethes „Iphigenie auf Tauris" (1787)   ▶ S. 175

Bertolt Brechts „Der gute Mensch von Sezuan" (1943)   ▶ S. 176

1 Die Gegenüberstellung der beiden Dramen könnte etwa so aussehen:

Vergleichsaspekte	„Iphigenie auf Tauris"	„Der gute Mensch von Sezuan"
Äußerer Aufbau/ Gliederung	5 Aufzüge, jeder Aufzug hat mehrere Auftritte	10 Szenen, umrahmt von „Vorspiel" und „Epilog", durchsetzt von „Zwischenspielen"
Handlungsführung und Spannungsaufbau	Im 1. Aufzug, der Exposition (s. Hinweise zu Aufgabe 1a, S. 172 ff. in diesen Handreichungen), wird der Konflikt zwischen Iphigenie und Thoas und damit die Grundspannung angelegt; er spitzt sich zu durch die Drohung des Königs, das Fremdenopfer wieder einzuführen. Im 2. Aufzug verschärft sich der Konflikt und die Spannung wird gesteigert, da eines der geplanten Opfer Iphigeniens Bruder ist, was zwar der Zuschauer, nicht aber Iphigenie weiß. Der Bericht von der Tragödie in ihrem Elternhaus und das traurige Schicksal Orests rücken ins Zentrum des Interesses.	In einer Art Einleitung führt im „Vorspiel" der Wasserverkäufer Wang in die Ausgangssituation ein, indem er von dem Besuch der Götter auf Erden und dem Grund dafür berichtet. Die Aufnahme der Götter bei Shen Te und ihre Entlohnung, die sie aus ihren existenziellen Nöten rettet und ihr erlaubt, das Leben eines guten Menschen zu führen, wirkt wie eine Versuchsanordnung. Die Spannung des Stücks ergibt sich nun aus der Frage: Wie wird Shen Tes Leben verlaufen und kann sie sich als guter Mensch bewähren?

Vergleichsaspekte	„Iphigenie auf Tauris"	„Der gute Mensch von Sezuan"
Handlungsführung und Spannungs-aufbau	Im 3. Aufzug geben sich die Geschwister zu erkennen, doch treten der zentrale Konflikt und seine Spannung in den Hintergrund, da Iphigenie ihren Bruder von seiner Verzweiflung und seinem Wahnsinn heilt. Im 4. Akt rückt diese Spannung wieder in den Mittelpunkt und wird gesteigert durch die geplante List zur Entführung Iphigenies und der Statue der Diana. Der 5. Akt bringt die für alle Beteiligten versöhnliche Lösung des Konflikts auf Grund von Iphigenies Wahrheitsliebe und ihrem Vertrauen in den Edelmut des Königs; das Gute und Wahre triumphiert auf ganzer Linie.	9 Szenen zeigen nun die vergeblichen Bemühungen Shen Tes, sich durch den Kauf eines Tabakladens die Grundlage für ein den Göttern wohlgefälliges Leben als guter Mensch und ein kleines privates Glück zu schaffen, bevor die Handlung in der 10. Szene mit einer Gerichtsverhandlung endet. Das Auf und Ab in den geschäftlichen und privaten Verhältnissen der Protagonistin, die sich in die mitmenschliche, liebende Shen Te und den hartherzigen Geschäftsmann Shui Ta spalten muss, erzeugt keinen einlinigen Spannungsbogen, sondern wirkt eher wie ein Kaleidoskop, dessen Bild sich in immer neuen Veränderungen zusammensetzt. Verhindert wird ein Spannungsbogen überdies durch die Zwischenspiele, die zum Teil vor dem Vorhang spielen und damit den Fortgang des Geschehens auf der Bühne unterbrechen.
Gestaltung von Anfang und Schluss	Die Exposition führt zügig in die Handlung ein, Kontext und Vorgeschichte lassen sich im Laufe des Dramas aus den Dialogen erschließen.	Auf den das Publikum in die Situation einführenden, informativ-einleitenden Charakter des „Vorspiels" wurde oben schon hingewiesen.
	Die Handlung kommt durch die friedliche Lösung des Konflikts zu einem abgerundeten Schluss, der das Publikum mit einer klaren Botschaft entlässt.	Die 10. Szene mit der Gerichtsverhandlung und dem Urteilsspruch der Götter ist durchzogen von Ironie, eine Lösung des Problems, wie Menschlichkeit unter den bestehenden ökonomischen und gesellschaftlichen Verhältnissen gelebt werden kann, wird nicht dargestellt, das Ende bleibt damit offen. Das wird in dem „Epilog", vor dem Vorhang gesprochen, noch einmal betont und das Publikum aufgefordert, sich selbst einen Schluss zu suchen.
Orte und Zeit-räume/zeitliche Zusammenhänge	Alle Szenen spielen an ein und demselben Ort.	Die Szenen und Zwischenspiele spielen an elf verschiedenen Orten.
	Zeitraum: ein Tagesablauf; die Szenen schließen zeitlich dicht aneinander an (strenge Einheit von Ort, Zeit und Handlung)	Die Handlung erstreckt sich über einen Zeitraum von mehreren Monaten (Schwangerschaft Shen Tes); die Szenen schließen zum Teil zeitlich nicht aneinander an (Auflösung der Einheit von Ort, Zeit und Handlung).
Figuren (Herkunft und Stand, Lebensumstände, Leitlinien des Handelns, Eigenschaften) und ihre Konstellation	Figuren des antiken Mythos, königlicher Abstammung.	Die Figuren bilden einen Querschnitt durch die Gesellschaft: mehrheitlich entstammen sie den unteren Schichten, es gibt aber auch Handwerker, Hausbesitzer und Vermieter, Geschäftsleute und mit Shui Ta auch einen Unternehmer.

2.2 STRUKTUREN DES KLASSISCHEN UND DES MODERNEN DRAMAS 177

Vergleichsaspekte	„Iphigenie auf Tauris"	„Der gute Mensch von Sezuan"
Figuren (Herkunft und Stand, Lebensumstände, Leitlinien des Handelns, Eigenschaften) und ihre Konstellation	Die Lebensumstände sind geprägt von Krieg, Herrschaft und Durchsetzung des Herrscherwillens (Thoas); von priesterlichem Dienst, Leben im Exil und Sehnsucht nach Heimat und Familie, Selbstbehauptung und Selbstbewahrung (Iphigenie); von der Verfolgung durch Rachegeister und der Befreiung von schwerer Schuld infolge eines Familienfluchs, Erfüllung eines göttlichen Auftrags (Orest); von Freundschaftsdienst (Pylades).	Die Lebensumstände sind entscheidend durch die ökonomischen Verhältnisse und die gesellschaftliche Position geprägt.
	Leitlinien des Handelns sind insgesamt göttliche Gebote und Aufträge, große Gefühle wie Liebe, Verehrung, Sehnsucht nach Heimat und Familie, Verzweiflung und Reue, Freundschaft, Großmut, das Sittengesetz, das Gewissen als Stimme von Vernunft und Humanität.	Die Leitlinien des Handelns werden hauptsächlich von äußeren Zwängen bestimmt: Die Armen müssen sich darauf konzentrieren, ihre Existenz zu sichern, und die Reichen folgen den Gesetzen kapitalistischen Wirtschaftens, um ihren Besitz zu erhalten. Der Stimme des Gewissens, des göttlichen Gebots, der Menschlichkeit zu folgen, führt in dem bestehenden System in den Untergang. Auch das Bemühen, eigene Lebensträume und damit sich selbst zu verwirklichen, scheitern, wie das Beispiel Suns zeigt. Es fehlt ihm an den finanziellen Voraussetzungen für ein Leben als Flieger. Als Aufseher in Shui Tas Fabrik wird er schnell vom System korrumpiert und beteiligt sich an der Ausbeutung der Arbeiter.
	Die Eigenschaften der Figuren zeigen sie als komplexe, abgerundete Charaktere, die sich wandeln können, aber letztlich geradlinig ihren Weg gehen.	Die Eigenschaften können nicht in freier Selbstbestimmung entwickelt werden. Es handelt sich nicht um souveräne Charaktere, die sich aus sich selbst heraus ausbilden, sondern um fremdbestimmte oder in sich selbst gespaltene Ausführende bestimmter Verhaltensweisen. Die Figuren der Götter sind nichts anderes als ironisierte, der Lächerlichkeit preisgegebene Verkörperungen einer zur bloßen Ideologie verkommenen Religion: Ihr Beharren auf der Möglichkeit des Gutseins in den bestehenden schlechten Verhältnissen ist nichts als Lüge, die der Stabilisierung des Systems dient.
	Die Handlung bleibt konzentriert auf wenige Figuren; ihre Beziehungen sind im Wesentlichen bestimmt durch familiäre Bindungen, staatlich-religiöse Ordnungen und tiefgründige Emotionen.	Die Figurenkonstellation zeigt eine Vielzahl von Figuren, deren Beziehungen überwiegend durch die Kategorien des Nutzens und der Existenzsicherung bestimmt sind.

2 a Eine Verlaufsübersicht zur „Iphigenie" mit den wesentlichen Handlungsmomenten könnte so aussehen:

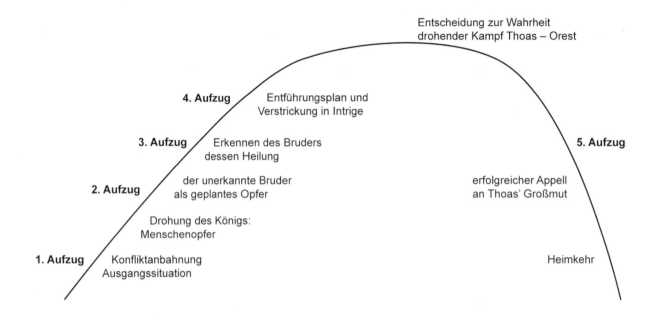

b Die wichtigsten Unterschiede in Brechts Stück: „Der gute Mensch von Sezuan" zeigt keinen zusammenhängenden, einsträngigen Handlungsverlauf, sondern die Handlung zerfasert in mehrere Stränge:
- die Suche der Götter nach dem guten Menschen (Wang-Szenen);
- Shen Tes menschenfreundlicher Kampf gegen die Armut;
- Shui Tas Fabrikgründung;
- Shen Tes Liebesgeschichte.

Das Bühnengeschehen weist hier Brüche und Sprünge auf, manche Szenen knüpfen nicht an die voraufgegangenen an (z. B. Szene 3: Abend im Stadtpark) oder verlassen sogar die Ebene der Bühnenhandlung und spielen vor dem Vorhang. Die Handlung lässt sich auch nicht in einer großen Spannungskurve mit einem klaren Endpunkt darstellen, sondern folgt eher einem Auf-und-Ab-Schema, dem ein eindeutiger Abschluss fehlt.

c Mögliche Wirkung auf das Publikum, die sich aus den jeweiligen Strukturen ergibt:
- Die gesamte Konstruktion von Goethes Drama zielt darauf ab, das Publikum in seinen Bann zu schlagen. Es soll der sich entwickelnden Handlung voller Spannung folgen und es soll sich von dem Schicksal, den Leidenschaften und dem Ethos der Figuren anrühren lassen. Freilich muss es bereit sein, sich auf die Welt der Antike einzulassen.
- Brechts Stück versetzt das Publikum schon durch das „Vorspiel", in dem es direkt angesprochen wird, in Distanz. Ihm wird ein Vorgang gezeigt, der immer wieder unterbrochen wird, den es beobachten und über den es sich ein Urteil bilden soll. Mitgefühl mit den Figuren und Anteilnahme an ihrem Schicksal können sich nur begrenzt einstellen, da sie dem Publikum immer wieder als Rollenspieler bewusst gemacht werden, besonders durch den vor dem Vorhang demonstrativ vollzogenen Rollenwechsel (Zwischenspiel nach Szene 4). Die Zuschauer/innen sollen sich auf die Beobachtung des Verhaltens der Figuren und auf die Frage nach den Gründen dafür konzentrieren.

2.2 STRUKTUREN DES KLASSISCHEN UND DES MODERNEN DRAMAS 179

Das klassische Drama

Aristoteles: Kennzeichen der Tragödie (um 335 v. Chr.) ► S. 179

1 a/b Folgende Kernbegriffe aus Aristoteles' Poetik der Tragödie sollten nach der Auswertung der Dialoge festgehalten und erläutert werden:

- Nachahmung einer edlen und abgeschlossenen Handlung: Darstellung einer Handlung auf der Bühne und nicht das Erzählen davon in einer Geschichte (vgl. Z. 5/6):
  - edel: spielt unter Göttern und in fürstlichen Häusern;
  - abgeschlossen: deutliches Ende, z. B. Tod der Hauptfigur;
- bestimmte Größe der Handlung: ein Tagesablauf (Z. 22), überschaubar und nicht weitläufig wie die Handlung des Epos → Einheit der Zeit;
- gewählte Rede: literarische Hochsprache in Versen;
- keine Beliebigkeit von Anfang und Ende der Handlung: ein in sich abgeschlossener Handlungs-bogen, bei dem Ende und Anfang aufeinander bezogen sind (Entstehung, Entwicklung und Lösung eines Konflikts) → Einheit der Handlung;
- die einzelnen Handlungsmomente als notwendige Teile eines Ganzen: kein Moment darf wegge-nommen oder umgestellt werden → Einheit der Handlung;
- Reinigung von Affekten mit Hilfe von Mitleid und Furcht: Wirkungsabsicht der Tragödie (diese Aus-sage zur so genannten Katharsis ist in der Tragödientheorie nach Aristoteles immer wieder neu interpretiert worden).

Die geschlossene und die offene Form des Dramas ► S. 180

1 Die kontrastive Übersicht könnte etwa so aussehen:

	geschlossene Form	offene Form
Handlung	• linear • keine Sprünge und Lücken • einheitlich, in sich abgeschlossen • eng verknüpfte, psychologisch konsequente Abfolge (nicht austauschbar)	• in Kurven • sprunghaft, mit vielen Aussparungen • mehrsträngig, aufgefächert • relative Eigenständigkeit einzelner Episoden (austauschbar)
Aufbau	• Gliederung in Akte und Szenen, die sich zu den Akten zusammenfügen • Szenen funktional für größeren Zusammenhang • Komposition	• lose Folge von Bildern oder Stationen • Szenen bilden eigenen Schwerpunkt • Reihung
Zeit	• geringe Ausdehnung • Szenen schließen aneinander an	• große Ausdehnung • große Distanz zwischen Szenen möglich
Ort	• wenige • eingeschränkter bzw. gar kein Wechsel	• viele • uneingeschränkter Wechsel
Figuren	• einheitlich hoher gesellschaftlicher Stand der Protagonisten • Motive im Geistigen oder abgeklärt Seelischen	• keine ständischen oder sozialen Beschränkungen bei Handlungsträgern • Motive häufig im Kreatürlichen, Unbewussten oder Sozialen
Sprache	• einheitliche, rhetorisch geformte Hochsprache, häufig in Versform (Blankvers) • Vorherrschen des aktionistischen Dialogs, der die Handlung vorantreibt	• Vielfalt der Sprechweisen (Alltagssprache, Dialekte) • verschiedene Gesprächsformen, auch stockende, zerfahrene, sprunghafte Gespräche und Geplauder

180　B2 DRAMA

2/3　Den Schülerinnen und Schülern sollte bewusst werden, dass solche Schemata wie die von der geschlossenen und offenen Form des Dramas keine Setzungen im Sinne einer normativen Poetik und damit keine möglichst genau zu beachtende Anleitung für die Produktion von Theaterstücken sind, sondern in einem deskriptiven Verfahren erstellt werden. Aus dem Vergleich der Struktur verschiedener Theaterstücke ergeben sich bestimmte Merkmale, die man als wiederkehrend, Traditionen bildend erkannt hat und die schließlich zu einer Typisierung geführt haben, deren Ergebnis dann Schemata wie die oben genannten sind. Sie lassen sich immer nur in mehr oder minder deutlichen Ausprägungen in konkreten Theaterstücken wiederfinden und dienen als ein Aspekt bei der Werkanalyse. Dabei sind sie hilfreich, wenn es darum geht, nach den strukturellen Ursachen für die Wirkungsweise des jeweiligen Stücks zu fragen. In diesem Beitrag zum Wirkungsverständnis der Stücke liegt Sinn und Zweck der deskriptiv gewonnenen Konstruktion solcher Schemata.

Bertolt Brechts episches Theater

▶ S. 182　**Bertolt Brecht: Die Bühne begann zu erzählen** (1936)

1 a　Folgen der Episierung des Theaters:
- für Inhalt und Handlungsaufbau: Es geht um die Darstellung gesellschaftlicher Verhältnisse, die als selbstständiges Element zur Geltung kommen und nicht nur indirekt im Verhalten der Figuren erkennbar werden.
- für die Einrichtung der Bühne und das Bühnenbild: Die Bühne ist nicht bloßer Handlungsrahmen für das Geschehen, Atmosphäre gebende Kulisse, sondern ergänzt die Handlung als eigenständiges Element, indem sie durch Tafeln und Projektionen zusätzliche Informationen und Kommentare liefert. Auf diese Weise wird dem Publikum immer wieder verdeutlicht, dass ihm etwas vorgeführt und demonstriert wird, das komplex ist und verschiedene Aspekte hat und zu dem man einen Standpunkt finden soll.
- für die Schauspielerinnen und Schauspieler: Sie gehen nicht in der Rolle auf, sondern halten Abstand zu ihr, indem sie immer wieder aus der Rolle heraustreten und sich direkt an das Publikum wenden oder sich vor den Augen des Publikums in die Figur verwandeln.

b　Der ergänzte Satz könnte z. B. lauten: In Brechts epischem Theater sollte es nicht mehr wie im aristotelischen Theater um Gefühlserlebnisse, um Furcht und Mitleid, gehen, sondern darum, die gezeigten Stoffe und Vorgänge aus kritischer Distanz zu betrachten, um sie in ihren Ursachen und Wirkungen zu verstehen.

2　Beispiele für Verfremdungseffekte aus „Der gute Mensch von Sezuan":
- Prinzip der Historisierung:
  Die Handlung, an der gesellschaftliche Verhältnisse gezeigt werden, die von den ökonomischen Gesetzen des Kapitalismus bestimmt werden, wird in ein China verlegt, das einerseits zur modernen Welt gehört (Fabriken, Flugzeuge etc.), in dem aber andererseits Götter auf Erden wandeln (mythische Welt).
- Dialektisches Prinzip:
  a Widersprüche im Aufbau der Handlung zeigen sich darin, dass immer wieder Szenen abwechseln, in denen die Hauptfigur den Armen hilft und in denen sie die Armen als Schmarotzer beschimpft, sie davonjagt oder als Arbeitskräfte ausbeutet.
  b Widersprüche in der Darstellung der Figuren zeigen sich darin, dass die Götter, die als höchste Instanz und Richter über die Menschheit zur Erde niedersteigen, als lächerlich macht- und hilflose Figuren gezeigt werden und dass die Hauptfigur in die gute, menschenfreundliche Shen Te und den bösen, unmenschlichen und ausbeuterischen Shui Ta aufgespaltet wird. Auch Sun zeigt zwei sich widersprechende Gesichter: Einmal ist er der Liebende, der für sich und Shen Te eine gemeinsame Zukunft plant und seinen Lebenstraum verwirklichen will, dann jedoch ist er der skrupellose Opportunist, der sich bei Shui Ta einschmeichelt und als Aufseher die Arbeiter brutal antreibt.
- Prinzip der Demonstration und Desillusionierung:
  a Schon zu Beginn tritt Wang aus seiner Rolle, indem er sich dem Publikum vorstellt und sich mit seinem Situationsbericht direkt an die Zuschauer / innen wendet. Auch Shen Te spricht immer wieder das Publikum direkt an, so in Szene 4 oder in dem Zwischenspiel nach Szene 5. Ein Höhepunkt der Illusionsbrechung ist die Verwandlung Shen Tes in Shui Ta vor dem Vorhang in dem Zwischenspiel nach Szene 4, während der sie ein Lied vorträgt, das die Handlung kommentiert. In die Reihe der kommentierenden Illusionsbrechungen fügt sich schließlich noch der Epilog ein, in dem ein Schauspieler, seine Rolle verlassend, das Publikum auffordert, die Konsequenzen aus dem Gesehenen in einem eigenen Schluss zu ziehen.

2.3 WAS WILL DAS THEATER?   **181**

b Ergänzt werden die unter a) angeführten Illusionsbrechungen noch durch inszenatorische V-Effekte wie Tafeln und Projektionen, auf die im Text jedoch nicht hingewiesen wird und die dem jeweiligen Regisseur überlassen bleiben. Dass es in Brechts Stück bei der Bühneneinrichtung nicht um das Abbild eines realen Schauplatzes gehen kann, zeigt schon ein Ortswechsel wie der von „Der Tabakladen" (Szene 5) zu „Vor dem Vorhang" (Zwischenspiel nach Szene 5), der zwei völlig verschiedene Schauplatzebenen kombiniert.

- Prinzip verschiedener „Sprachebenen": Ein Beispiel für den V-Effekt im sprachlichen Bereich ist die Vermischung verschiedener Sprachebenen bei Wangs Strafpredigt Z. 92–98, S. 172 im Schülerband (vgl. dazu den Abschnitt „Sprachliche Gestaltung" in der Übersicht auf S. 174 in diesen Handreichungen).

3 In einer Umarbeitung der Eingangsszene der „Iphigenie" im Sinne des epischen Theaters könnte zum Beispiel Iphigenie vor ihrem Monolog in einer Art Vorspiel dem Publikum vorgestellt werden. Ihr Monolog selbst könnte mit einer Einspielung ihrer geplanten Opferung vor dem Aufbruch des griechischen Heeres nach Troja auf einem Bildschirm oder einer Filmleinwand kontrastiert werden. Denkbar wäre auch die den Monolog begleitende Darstellung der Geschichte ihres Hauses, der Tantaliden, auf Tafeln oder durch Projektionen. So erhielte die Szene einen Hintergrund, der die Gefühle und Gedanken der Protagonistin indirekt kommentierte und beim Publikum Fragen aufwerfen würde.

Weiterführendes Material zu diesem Teilkapitel findet sich auf der beiliegenden CD:
- Die geschlossene Form des Dramas (Folie)

2.3 Wirkungsabsichten – Was will das Theater?

Gotthold Ephraim Lessing: **Brief an Friedrich Nicolai über das Trauerspiel** (1756)   ▶ S. 183

Friedrich Schiller: **Die Schaubühne als moralische Anstalt betrachtet** (1784)   ▶ S. 183

Bertolt Brecht: **Was ist mit dem epischen Theater gewonnen?** (1939)   ▶ S. 184

1 Folgende Stichworte zur Wirkungsabsicht des Theaters sollten berücksichtigt werden:
Bei Lessing:
- Erweiterung der Fähigkeit, Mitleid zu empfinden;
- Mitleid als gesellschaftliche Basistugend, die uns zu besseren Menschen macht.

Bei Schiller:
- Theater als Gericht über Verbrechen in Geschichte und Gegenwart (Abschreckung gegenüber verwerflichem Verhalten);
- mitreißender Ansporn zur Nachahmung tugendhaften Verhaltens;
- moralische Lehren in Einklang mit Philosophie und Religion;
- Beispiele von Schicksalen und Fähigkeit, diese zu ertragen;
- Verknüpfung von Belehrung und Unterhaltung, Bildung und Vergnügen;
- Selbstfindung durch Flucht aus dem Alltag;
- Abklärung eigener Empfindungen und Sorgen;
- Verbrüderung über alles die Menschen Trennende (Standesgrenzen) hinweg im gemeinsamen Theatererlebnis;
- alles durchdringende Empfindung, ein Mensch zu sein.

Bei Brecht:
- Aufzeigen des gegenseitigen Abhängigkeitsverhältnisses von Mensch und gesellschaftlichen Verhältnissen;
- Hinweis auf die Änderbarkeit des Menschen und der Verhältnisse;
- Vermittlung einer neuen, zeitgemäßen Haltung: der Mensch als Verändernder, der nicht nur in die Naturvorgänge (Technik) eingreifen kann, sondern auch in die gesellschaftlichen Verhältnisse;
- kein Gefühlsrausch, kein Illusionszauber, keine Wirklichkeitsflucht und Versöhnung mit dem Schicksal, sondern Aktivierung zum Eingreifen im Sinne einer Veränderung der Verhältnisse.

Übereinstimmungen aller drei Autoren: Das Theater ist ein Ort der Belehrung; es verkündet Botschaften für das Leben in einer prinzipiell als sinnvoll verstandenen Welt.

182 B2 DRAMA

Übereinstimmungen bei Lessing und Schiller: Das Theater wendet sich primär an das Gefühlsleben und vermittelt auf diesem Wege Erlebnisse, die zu einer Läuterung und Besserung des Menschen führen. Es geht um die moralische Erziehung, um die charakterliche Bildung des Individuums, das befähigt werden soll, den Idealen der Tugend und der Menschlichkeit nachzustreben.

Unterschiede dazu bei Brecht: Das Theater wendet sich mit seinem Aufzeigen der Beziehung zwischen dem Menschen und den ihn umgebenden gesellschaftlichen Verhältnissen primär an die Ratio. Es geht nicht um moralische Erziehung und charakterliche Bildung, sondern um das Aufdecken gesellschaftlicher Zusammenhänge, in die der Mensch verändernd eingreifen soll.

Unterschied zwischen Lessing und Brecht einerseits und Schiller andererseits: Schiller betont als einziger den Wirkungsaspekt der Unterhaltung und des Vergnügens, der bei ihm mit dem der Belehrung verknüpft ist. Es ist jedoch darauf hinzuweisen, dass die Unterhaltungsfunktion lediglich in den im Schülerband abgedruckten Textauszügen aus Lessings und Brechts Theaterschriften nicht berücksichtigt wird, dass die beiden Autoren sie aber nicht generell ausklammern.

2 b Die heutigen Spielfilme und Fernsehserien kommen in ihrer Dramaturgie überwiegend eher den Wirkungsabsichten des Lessing'schen und Schiller'schen Theaters nahe als denen des Brecht'schen, wenn sie denn überhaupt über bloßes Entertainment hinaus auf die Vermittlung von Botschaften und eine mehr denn oberflächliche Wirkung auf das Publikum aus sind. Wie die beiden Klassiker wollen die Leinwand- und Bildschirmdramen emotionale Erlebnisse vermitteln, über die Identifikation mit den Figuren Mitgefühl erwecken, vor dem Übeltäter schaudern lassen und über das vorbildliche Verhalten der Heldin/des Helden einen Ansporn zur Nachahmung geben. Wie Schillers Bühne wird die Leinwand bzw. der Bildschirm auch gerne zu einem Ort der Gerichtsbarkeit, auf dem die Zuschauer/innen mit „wollüstigem Entsetzen" (Schiller, Z. 19) die Untaten aus Geschichte und Gegenwart verhandelt sehen. Auch auf ergreifende Schicksale werden wir aufmerksam gemacht (Schiller, Z. 39 f.) und es wird uns Gelegenheit geboten, in der „künstlichen Welt [...] die wirkliche" hinwegzuträumen (ebd., Z. 53 f.). Brechts Wirkungsästhetik, die nicht auf Einfühlung, sondern distanzierte Betrachtung, nicht auf Anteilnahme an individuellen Schicksalen, sondern Aufklärung über gesellschaftliche Verhältnisse und deren Veränderbarkeit hin angelegt ist, hat dagegen in Film und Fernsehen relativ wenig Eingang gefunden.

▶ S. 185 **Friedrich Dürrenmatt: Uns kommt nur noch die Komödie bei** (1955)

1 Um die Aufgabe zu erfüllen und sich ein klares Verständnis des fremden Gedankengangs zu eigen zu machen, müssen zwei Arbeitsschritte geleistet werden:
- 1. Schritt: In einer genauen Analyse der Argumentationsstruktur müssen die inhaltlichen Aussagen erfasst und in ihrer argumentativen Funktion bestimmt werden (s. Tabelle).
- 2. Schritt: Die Ergebnisse dieser Analyse müssen in einem eigenständigen Text, den man als „gegliederte Inhaltsangabe" bezeichnen kann, ausformuliert werden.

Argumentationsstruktur			
		Aussage	**argumentative Funktion**
1.	Z. 1–13	Zur Tragödie gehören Schuld und Verantwortung, die heute, im Zeitalter des Kollektivismus und der gesellschaftlich-politischen Unübersichtlichkeit, nicht mehr klar erkennbar werden.	Ausgangsthese, die das Argument für die folgende Hauptthese des Textes bildet
2.	Z. 13–25	Unserer Welt kann nur die Komödie in Form der Groteske, die Ausdruck des Paradoxen ist, gerecht werden. Das Paradox besteht darin, dass unsere Welt nur noch wegen des weltvernichtenden Zerstörungsmittels, der Atombombe, existiert.	Hauptthese des Textes, verbunden mit einer Erklärung (für das Paradox in der heutigen Welt)
3.	Z. 26–33	Das Tragische hat auf der Bühne dennoch weiterhin seinen Platz, wenn sich in der Komödie für einen Moment der Blick in den Abgrund auftut.	Einschränkung der Hauptthese und ihrer Begründung

4.	Z. 34–48	Die Komödie kann Ausdruck des Verzweifelns an unserer Welt sein, sie kann aber auch das tapfere Standhalten in dieser paradoxen, unheilvollen Wirklichkeit zeigen.	Ergänzung und Präzisierung der Hauptthese
5.	Z. 49–59	Eine wesentliche Intention des Autors ist es, auf der Bühne keine allgemeine Botschaft zur Wiederherstellung der verloren gegangenen Weltordnung zu verkünden, sondern dazu aufzufordern, dem Chaos standzuhalten.	Folgerung aus der präzisierten Hauptthese

Einstiegsmöglichkeit in eine „gegliederte Inhaltsangabe":

In dem 1955 erschienen theatertheoretischen Text „Uns kommt nur noch die Komödie bei" setzt sich der Dramatiker Friedrich Dürrenmatt mit den Möglichkeiten auseinander, in seiner Zeit Tragödien oder Komödien zu schreiben. Er kommt zu dem Ergebnis, dass der Welt, wie er sie vorfindet, nur noch die Komödie in Form der Groteske, die Ausdruck des Paradoxen sei, angemessen erscheint. Das ist die zentrale These seines Textes (Z. 13 ff.). Er erklärt das Paradox dieser Welt damit, dass sie ihr Fortbestehen ausgerechnet dem Weltvernichtungsmittel, der Atombombe, verdankt. Begründet wird dieses Bekenntnis zur Komödie mit der Ausgangsthese, Tragödien seien an die Frage nach Schuld und Verantwortung gebunden, gerade diese Frage wirke aber in der gesellschaftlich-politischen Unübersichtlichkeit des vom Kollektivismus geprägten Zeitalters überholt. Im Folgenden schränkt Dürrenmatt seine Hauptthese ein und gesteht zu, dass das Tragische immer noch auf der Bühne seinen Platz habe, allerdings nur als ein Moment in der Komödie, wenn nämlich ...

2 Der grundlegende Unterschied zu den Wirkungstheorien Lessings, Schillers und Brechts liegt darin, dass es für Dürrenmatt in einer chaotischen, von Paradoxien beherrschten Welt keine allgemeinen Botschaften zur Wiederherstellung einer sinnvollen Ordnung mehr geben kann. Damit entfällt für ihn in der Gegenwart die Möglichkeit des klassischen Dramas, das von allgemein gültigen Gesetzen, Pflichten und Rechten ausgeht und so Schuldigwerden und vorbildliches Handeln vorführen kann, um sein Publikum durch Abschreckung, Mitgefühl oder Begeisterung zu bessern. Es entfällt aber auch die Möglichkeit des Lehrstücks im Stil des epischen Theaters, das die Zuschauer/innen zu einer genaueren Erkenntnis gesellschaftlicher Zusammenhänge und einer Veränderung der Verhältnisse im Sinne einer konkreten Utopie führen soll. Auf diese Situation reagiert Dürrenmatt mit seiner Form der grotesken Komödie, die keinerlei Sinn- und Gemeinschaftstiftung bietet und dem einzelnen die Wahl zwischen mit schwarzem Humor ertragener Verzweiflung und tapferem Standhalten lässt.

3 Siehe die Zusatzmaterialien zu weiteren Theaterkonzepten auf der beiliegenden CD:
- Zum Dokumentartheater: Peter Weiss: Notizen zum dokumentarischen Theater (1981)
- Zum postdramatischen Theater: Patrick Primavesi: Die Ablösung des Literaturtheaters (2004) und Ralph Köhnen: Das postdramatische Theater (2004)
jeweils mit Arbeitsaufträgen und Lösungshinweisen.

Karin Beier: „Klassiker sind nun mal Klassiker" (2008) ► S. 186

1 Karin Beier misst den Bühnenklassikern eine sehr hohe Bedeutung zu und hält sie in ihrer Eignung für die große Bühne den meisten modernen Stücken für überlegen. Ein Grund dafür ist, dass Letztere sprachlich schwächer sind (Z. 66–69). Das liege daran, dass diese Stücke Filme und eine „filmische" Sprache nachahmten (Z. 72 ff.), in der die Figuren einfach nur genau das sagten, was sie dächten (Z. 91 ff.). Es fehle ihr an „Überhöhung" bzw. „Übersetzung". Sie verlangt von den Texten eine Mehrschichtigkeit, also eine Vieldeutigkeit, die man freilegen muss (Z. 86–93). Die sieht sie offenbar eher bei den Bühnenklassikern gegeben. Außerdem greifen diese die großen Themen (Liebe, Macht, Verantwortung, Identitätsfragen) auf und sprechen damit das Publikum in besonderer Weise an (Z. 44–49). Allerdings sollte das Theater so mit den Klassikern umgehen, dass die Inszenierungen deutlich machen, worin die Aktualität der klassischen Stücke liegt. Sie müssten die dargestellten Situationen für heutige Menschen verständlich machen, die Zuschauer/innen sollten sich auf der Bühne wiedererkennen. Die Forderung nach so genannten werktreuen Inszenierungen hält Karin Beier für ein Missverständnis (Z. 6 ff., 21–29, 33 ff., 49 ff.). Damit könne das Interesse an den Klassikern abgetötet werden – eine Erfahrung, die sie als Schülerin machte (Z. 56 ff.).

3 b Wie alle Wirkungstheorien, die auf den Seiten 179 und 183 bis 185 im Schülerband vorgestellt werden, verweist Karin Beier darauf, dass das Theater nicht eingängige Unterhaltung bieten, sondern die Zuschauer/innen fordern, also anstrengend sein soll (Z. 114 ff.). Es geht um Auseinandersetzung (Z. 33 ff.), um das Aufgreifen großer Themen (Z. 47). Dabei klingen Karin Beiers Äußerungen zu Aufgabe und Anspruch des Theaters zum Teil nach Aristoteles, Lessing und Schiller, nach denen das Theater auf emotionale Erlebnisse zur Läuterung der Zuschauer/innen setzt („beim Zuschauer etwas treffen, ihn in seinen Grundfesten berühren", Z. 45 f.; „sich selber auf der Bühne erkennen" (= Identifizierung), Z. 40). Einige Äußerungen klingen jedoch auch nach Brecht („die Zuschauer zum Nachdenken anregen", Z. 38 f.; „Parabelcharakter", Z. 46). Mit ihrem Hinweis, dass es um „die Frage nach Moral, nach Verantwortung des Einzelnen" gehe (Z. 24 f.), scheint sie Schiller zu folgen und nicht Dürrenmatt, andererseits stimmt sie mit Letztgenanntem überein, wenn sie fordert, den „bösartigen Blick auf unsere Gesellschaft mit der Komödie zu paaren" (Z. 78 f.).

Weiterführendes Material zu diesem Teilkapitel findet sich auf der beiliegenden CD:
- *Peter Weiss:* Notizen zum dokumentarischen Theater (1981)
- Zum postdramatischen Theater: *Patrick Primavesi:* Die Ablösung des Literaturtheaters (2004) / Ralph Köhnen: Das postdramatische Theater (2004)

Vergleichende Analyse von literarischen Texten (Vergleich zweier Dramenschlüsse)

Aufgabenstellung

1 Analysieren Sie vergleichend die beiden Dramenschlüsse in Aufbau, Motiven und Verhalten der Figuren, Dialogführung sowie sprachlicher Gestaltung. *(48 Punkte)*

2 Stellen Sie auf der Basis Ihrer Analyse die unterschiedlichen Wirkungen dar, die für Sie von den Schlüssen ausgehen, und entscheiden Sie begründet, welcher Schluss Sie stärker anspricht. *(24 Punkte)*

Johann Wolfgang Goethe: Iphigenie auf Tauris (Ende des V. Aufzugs, 6. Auftritt)

Alle Zweifel des Königs Thoas hinsichtlich der Identität Orests sind dank Iphigenies Beteuerungen zerstreut. Orests Absicht, die Statue der Diana zu rauben, hat sich als Irrtum erwiesen. Dennoch zögert Thoas, trotz Iphigenies Wahrheitsliebe und vertrauensvoller Offenheit, die Geschwister in ihre Heimat nach Griechenland zurückkehren zu lassen.

OREST: Da alle Rettung auf der weiten Erde
Verloren schien, gibst du uns alles wieder.
Lass deine Seele sich zum Frieden wenden
O König! hindre nicht dass sie die Weihe
5 Des väterlichen Hauses nun vollbringe,
Mich der entsühnten Halle wiedergebe,
Mir auf das Haupt die alte Krone drücke,
Vergilt den Segen den sie dir gebracht
Und lass des nähern Rechtes mich genießen.
10 Gewalt und List, der Männer höchster Ruhm,
Wird durch die Wahrheit dieser hohen Seele
Beschämt und reines kindliches Vertrauen
Zu einem edeln Manne wird belohnt.
IPHIGENIE: Denk an dein Wort und lass durch
15   diese Rede
Aus einem graden treuen Munde dich
Bewegen! Sieh uns an! Du hast nicht oft
Zu solcher edeln Tat Gelegenheit.
Versagen kannst du's nicht, gewähr es bald.
20 **THOAS:** So geht!
IPHIGENIE: Nicht so mein König! ohne Segen
In Widerwillen scheid ich nicht von dir.
Verbann uns nicht! Ein freundlich Gastrecht walte
Von dir zu uns, so sind wir nicht auf ewig
25 Getrennt und abgeschieden. Wert und teuer
Wie mir mein Vater war, so bist du's mir,
Und dieser Eindruck bleibt in meiner Seele.
Bringt der Geringste deines Volkes je
Den Ton der Stimme mir ins Ohr zurück
30 Den ich an euch gewohnt zu hören bin,
Und seh ich an dem Ärmsten eure Tracht;
Empfangen will ich ihn wie einen Gott,
Ich will ihm selbst ein Lager zubereiten,
Auf einen Stuhl ihn an das Feuer laden,
35 Und nur nach dir und deinem Schicksal fragen.
O geben dir die Götter deiner Taten
Und deiner Milde wohlverdienten Lohn.
Leb wohl! O wende dich zu uns und gib
Ein holdes Wort des Abschieds mir zurück.
40 Dann schwellt der Wind die Segel sanfter an
Und Tränen fließen lindernder vom Auge
Des Scheidenden. Leb wohl und reiche mir
Zum Pfand der alten Freundschaft deine Rechte.
THOAS: Lebt wohl!

(Aus: Johann Wolfgang Goethe: Iphigenie auf Tauris. Goethes Werke. Hamburger Ausgabe. Band V. C. H. Beck, München 1977, S. 66 f.)

Bertolt Brecht: Der gute Mensch von Sezuan (Ende der 10. Szene und Epilog)

Der des Mordes angeklagte Shui Ta hat sich als Shen Te zu erkennen gegeben und hat den Göttern, die in dem Prozess die Rolle der Richter einnehmen, erklärt, dass man in einer schlechten Welt nicht gut sein könne, wenn man überleben will. Die Götter wollen davon nichts hören und betonen: „… es ist alles in Ordnung!"

Auf ein Zeichen von ihm öffnet sich die Decke. Eine rosa Wolke läßt sich hernieder. Auf ihr fahren die Götter sehr langsam nach oben […].
WANG: Bezeugt euren Respekt! Die Götter sind
5 unter uns erschienen! Drei der höchsten Götter sind nach Sezuan gekommen, einen guten Menschen zu suchen. Sie hatten ihn schon gefunden, aber …
DER ERSTE GOTT: Kein Aber! Hier ist er!
10 **ALLE:** Shen Te!
DER ERSTE GOTT: Sie ist nicht umgekommen, sie war nur verborgen. Sie wird unter euch bleiben, ein guter Mensch!
SHEN TE: Aber ich brauche den Vetter!
15 **DER ERSTE GOTT:** Nicht zu oft!
SHEN TE: Jede Woche zumindest!
DER ERSTE GOTT: Jeden Monat, das genügt!
SHEN TE: Oh, entfernt euch nicht, Erleuchtete! Ich habe noch nicht alles gesagt! Ich brauche
20 euch dringend!

DIE GÖTTER: *singen das*
„TERZETT DER ENTSCHWINDENDEN GÖTTER AUF DER WOLKE"
Leider können wir nicht bleiben
25 Mehr als eine flüchtige Stund:
Lang besehn, ihn zu beschreiben
Schwände hin der schöne Fund.
Eure Körper werfen Schatten
In der Flut des goldnen Lichts
30 Drum müßt ihr uns schon gestatten
Heimzugehn in unser Nichts.
SHEN TE: Hilfe!
DIE GÖTTER:
Und lasset, da die Suche nun vorbei
35 Uns fahren schnell hinan!
Gepriesen sei, gepriesen sei
Der gute Mensch von Sezuan!
Während Shen Te verzweifelt die Arme nach ihnen ausbreitet, verschwinden sie oben, lächelnd
40 *und winkend.*

Epilog

Vor den Vorhang tritt ein Spieler und wendet sich entschuldigend an das Publikum mit einem Epilog.
Verehrtes Publikum, jetzt kein Verdruß:
Wir wissen wohl, das ist kein rechter Schluß.
5 Vorschwebte uns: die goldene Legende.
Unter der Hand nahm sie ein bitteres Ende.
Wir stehen selbst enttäuscht und sehn betroffen
Den Vorhang zu und alle Fragen offen.
Dabei sind wir doch auf Sie angewiesen
10 Daß Sie bei uns zu Haus sind und genießen.
Wir können es uns leider nicht verhehlen:
Wir sind bankrott, wenn Sie uns nicht empfehlen!
Vielleicht fiel uns aus lauter Furcht nichts ein.

Das kam schon vor. Was könnt die Lösung sein?
15 Wir konnten keine finden, nicht einmal für Geld
Soll es ein andrer Mensch sein? Oder eine andre Welt?
Vielleicht nur andere Götter? Oder keine?
Wir sind zerschmettert und nicht nur zum Scheine!
Der einzige Ausweg wär aus diesem Ungemach
20 Sie selber dächten auf der Stelle nach
Auf welche Weis dem guten Menschen man
Zu einem guten Ende helfen kann.
Verehrtes Publikum, los, such dir selbst den Schluß!
Es muß ein guter da sein, muß, muß, muß! R

(Aus: Bertolt Brecht: Der gute Mensch von Sezuan. In: Bertolt Brecht: Gesammelte Werke. Bd. 4. Suhrkamp Verlag, Frankfurt/M. 1967, S. 1605–1607)

ERWARTUNGSHORIZONT

Inhaltliche Leistung

Aufgabe 1

	Anforderungen Die Schülerin/der Schüler	maximal erreichbare Punktzahl (AFB)	erreichte Punktzahl
1	verfasst eine sinnvolle Einleitung.	3 (I)	
2	beschreibt vergleichend die beiden Dramenschlüsse in ihrem Aufbau: • „Iphigenie": Text ganz auf den Dialog der Protagonisten beschränkt; abgerundetes, glückliches Ende • „Der gute Mensch": Text aus Dialog, Lied, ausführlichen Regieanweisungen und einem Epilog vor dem Vorhang; offener Schluss, da zentrale Frage nicht gelöst	9 (I)	
3	vergleicht die Figuren in Motiven und Verhalten: • „Iphigenie": vorbildliches Verhalten, von Achtung und Vertrauen geprägt; Motive von edlen Gefühlen (Heimweh, Versöhnung, (Gast-)Freundschaft, Großmut) bestimmt • „Der gute Mensch": naives Verkennen (Wang) und zynisches Verschleiern (Götter) der Situation; Verzweiflung und Feilschen um das Maß erlaubter Schlechtigkeit bei Shen Te; Ratlosigkeit im Fazit des Epilog-Sprechers	12 (II)	
4	vergleicht die Dialogführung: • „Iphigenie": Appelle in Form eines dringlichen Bittens – einsilbiges Zugeständnis – Verstärken der beschwörenden Bitten, Versprechen gegenseitiger Gastfreundschaft, Ausdruck des Abschiedsschmerzes – Eingeständnis innerer Überwindung und freundschaftliche Zuwendung • „Der gute Mensch": Aneinandervorbeireden; Weigerung, auf Shen Tes verzweifeltes Bitten einzugehen; lügenhaft-verschleierndes Reden der Götter; Wendung an das Publikum im Epilog als Eingeständnis der Ratlosigkeit	12 (II)	
5	untersucht vergleichend die sprachliche Gestaltung: • „Iphigenie": durchgehend hohe, gebundene Sprache (Verse); emphatisches Sprechen (Appelle, Apostrophe, Imperative, Ausrufe) • „Der gute Mensch": alltagssprachliche Prosa im Dialog; Lied der Götter in poetischer Sprache und gereimten Versen als Ausdruck geheuchelter Harmonie (passend zur rosa Wolke); simpler Paarreim und holprige, unregelmäßige Verse im Epilog zur volkstümlichen Anrede ans Publikum	12 (II)	
6	entwickelt einen weiteren, eigenständigen Gedanken. (Max. 4 Punkte)		
		48	

Autor:
Dietrich Erlach

Texte, Themen und Strukturen
Lernerfolgskontrolle 11, S. 3

ERWARTUNGSHORIZONT

Aufgabe 2

	Anforderungen Die Schülerin/der Schüler	maximal erreichbare Punktzahl (AFB)	erreichte Punktzahl
1	verfasst eine angemessene Überleitung.	3 (I)	
2	erläutert die unterschiedlichen Wirkungen: • „Iphigenie": Rührung durch das Miterleben großer Gefühle (Heimweh, Vertrauen, Gastfreundschaft, Abschiedsschmerz, Großmut) und ein versöhnendes Ende; Ermutigung zu Selbstüberwindung und edlem Verhalten • „Der gute Mensch": Mitleid und (vor allem durch den Epilog) Nachdenklichkeit über die Gründe für das Schicksal Shen Tes; Kritik am Zynismus und an der Hilflosigkeit der Götter und damit an einer zur Ideologie verkommenen Religion	6 (II)	
3	bezieht eine eigene Position im Hinblick auf die Wirkung der Dramenschlüsse.	6 (III)	
4	begründet ihre/seine Position differenziert und in einer plausiblen Argumentation.	9 (III)	
5	entwickelt einen weiteren, eigenständigen Gedanken. (Max. 4 Punkte)		
		24	

Darstellungsleistung

	Anforderungen Die Schülerin/der Schüler	maximal erreichbare Punktzahl	erreichte Punktzahl
1	strukturiert den Klausurtext schlüssig, sinnvoll verknüpft und gedanklich klar.	6	
2	schreibt fachsprachlich korrekt und differenziert zwischen beschreibenden, deutenden und wertenden Aussagen.	6	
3	belegt Aussagen funktional durch korrekte Zitate.	3	
4	formuliert begrifflich präzise und differenziert, sprachlich-stilistisch angemessen, abwechslungsreich und sicher.	10	
5	schreibt sprachlich korrekt.	3	
		28	

Eine Zuordnung der Punktezahlen zu den Notenstufen findet sich auf S. 46 in diesem Handbuch.

B2.3 LERNERFOLGSKONTROLLE/KLAUSURVORSCHLAG

Argumentative Entfaltung eines fachspezifischen Sachverhalts im Anschluss an eine Textvorlage

Aufgabenstellung

1 Erarbeiten Sie sich ein genaues Verständnis von Frischs Rede. Fassen Sie dazu die Hauptaussagen zusammen und zeigen Sie den Gedankengang in seiner Argumentationsstruktur auf. *(24 Punkte)*

2 Setzen Sie sich mit Frischs Thesen und Argumenten auseinander, ziehen Sie dabei Äußerungen anderer Autoren zu Wirkungsabsicht und Aufgabe des Theaters heran. *(48 Punkte)*

Max Frisch: Das Theater um des Theaters willen? (1964, Auszug)

1964 hielt der Roman- und Bühnenautor Max Frisch eine Rede vor theaterschaffenden Künstlern in der Frankfurter Paulskirche, dem Ort der deutschen Nationalversammlung während der Revolution von 1848.

[...] Gibt es das Theater um des Theaters willen oder werden wir, Spieler aus Lust, haftbar für die Gesellschaft, die wir unterhalten? – die Frage schien mir gestellt durch den Ort unsrer heutigen Versammlung. Die Paulskirche zu Frankfurt ist ein Ort in der deutschen Geschichte. Daß wir, Leute vom Theater, hier begrüßt worden sind, ist eine Ehrung, möglicherweise sogar ein Auftrag, zumindest eine Herausforderung zu der Frage, ob das Theater einen Beitrag leisten kann zur Gestaltung der Gesellschaft und somit der Geschichte. Erst die spielerische Hypothese, alle Theater seien außer Betrieb[1], macht mich auch meiner Skepsis gegenüber skeptisch. Gäbe es die Literatur nicht, liefe die Welt vielleicht nicht anders, aber sie würde anders gesehen, nämlich so wie die jeweiligen Nutznießer sie gesehen haben möchten: nicht in Frage gestellt. Die Umwertung im Wort, die jede Literatur um ihrer selbst willen leistet, nämlich um der Lebendigkeit des Wortes willen, ist schon ein Beitrag, eine produktive Opposition. Gewisse Haltungen von gestern, obschon noch immer vorhanden, sind heute nicht mehr vertretbar, weil die Literatur sie umgetauft hat auf ihren Wirklichkeitsgehalt hin, und das verändert nicht bloß das Bewußtsein der kleinen Schicht von Literatur-Konsumenten; der Umbau des Vokabulars erreicht alle, die sich einer geliehenen Sprache bedienen, also auch die Politiker. Wer heute gewisse Wörter braucht, wäre entlarvt: dank der Literatur, die den Kurswert der Wörter bestimmt. Ich weiß: was einmal Karl Kraus[2] geleistet hat in diesem Sinn, hat Wien vor nichts bewahrt. Aber vielleicht ist man zu unbescheiden; vielleicht wäre es der Literatur schon anzurechnen, daß beispielsweise ein Wort wie Krieg (um nur eins herauszugreifen) zumindest in Europa sich als Lockwort nicht mehr eignet. Kriegsminister heißen Verteidigungsminister. Auch dies, versteht sich, wird wieder Phrase; drum muß die Literatur an der Zeit bleiben; sie bringt, sofern sie lebendig ist, die Sprache immer und immer wieder auf den Stand der Realität, auch die Literatur, die nicht programmatisch eingreift, vielleicht vor allem die Literatur, die nicht programmatisch eingreift. „Geht einmal euren Phrasen nach bis zu dem Punkt, wo sie verkörpert werden!", sagt Büchner im Danton: „Blickt um euch, das alles habt ihr gesprochen." Das sagt die Literatur, sofern sie ihren Namen verdient; der Rest ist Belletristik. Allein die Tatsache, daß die Hitler-Herrschaft, angewiesen auf leidenschaftliche Verdummung, die Literatur der Zeit nicht dulden konnte, wäre Beweis genug, wieviel die Sprache offenbar vermag; wenn auch ein negativer Beweis. Meine Frage, ob wir das Theater nicht überschätzen, wenn wir von ihm einen Beitrag zur immerwährenden Gestaltung der Gesellschaft erwarten, scheint sich zu erübrigen, und ich könnte schließen mit der Hoffnung, das Theater übernehme die Innere Führung – wären wir nicht eben in dieser Paulskirche, also an einer Stätte deutscher Geschichte, die, nehmt alles nur in allem, sich von Schiller bis Brecht sehr wenig hat führen lassen von Deutschlands großer Literatur.
Also wieder Skepsis?
Ja.
Also Resignation?
Nein.

[R]

(Aus: Max Frisch: Der Autor und das Theater.
Rede auf der Dramaturgentagung in Frankfurt 1964.
In: Was will Literatur? Hg. von Josef Billen und Helmut H. Koch.
Schöningh, Paderborn 1975, S. 160–173)

---

[1] Zu Beginn seines Vortrags stellt Frisch die Hypothese auf, alle Theater seien geschlossen worden.
[2] **Karl Kraus:** Wiener Journalist und Schriftsteller der 1920er- und -30er-Jahre, der sein Publikum mit sprach- und gesellschaftskritischen Texten aufzurütteln versuchte

Autor:
Dietrich Erlach

Texte, Themen und Strukturen
Lernerfolgskontrolle 12, S. 1

ERWARTUNGSHORIZONT

Inhaltliche Leistung

Aufgabe 1

	Anforderungen Die Schülerin / der Schüler	maximal erreichbare Punktzahl (AFB)	erreichte Punktzahl
1	verfasst eine sinnvolle Einleitung.	3 (I)	
2	fasst den Text in seinen Hauptaussagen zusammen; dabei sollten in etwa die folgenden Thesen berücksichtigt werden: • Das Theater dient nicht nur als Kunst um der Kunst willen der Unterhaltung, sondern hat eine gesellschaftliche und damit historische Bedeutung. • Wie alle Literatur verhindert es, dass die Welt so gesehen wird, wie die jeweiligen Machthaber das wollen. • Literatur beeinflusst den Gebrauch des öffentlichen Vokabulars und trägt zu einer stetigen Neubewertung der Wörter bei. • Die Macht der Literatur zeigt sich darin, dass z. B. die Nazis sie verbannt haben. • Zwar ist Skepsis gegenüber den gesellschaftlichen Wirkungsmöglichkeiten des Theaters angebracht, nicht aber Resignation.	9 (I)	
3	untersucht den Gedankengang in seiner Argumentationsstruktur etwa in folgender Weise: 1. den Gedankengang einleitende Ausgangsfrage nach der Funktion des Theaters 2. Hauptthese von der gesellschaftlichen Bedeutung des Theaters, wobei das Theater als Teil der Literatur gilt 3. Begründung der These: ständige Umbewertung der gesellschaftlichen Verhältnisse durch Veränderungen im Gebrauch der Wörter, die durch Literatur erfolgt 4. Beleg: Abwertung des Wortes „Krieg" 5. weitere Begründung der These durch ein negatives Beispiel: Verbannung der Literatur durch das NS-Regime 6. einschränkende Schlussthese: angesichts der 1848er-Revolution Skepsis gegenüber dem Glauben an den Einfluss der Literatur auf den Gang der deutschen Geschichte, aber keine Resignation	12 (II)	
4	entwickelt einen weiteren, eigenständigen Gedanken. (Max. 4 Punkte)		
		24	

ERWARTUNGSHORIZONT 191

Aufgabe 2

	Anforderungen Die Schülerin/ der Schüler	maximal erreichbare Punktzahl (AFB)	erreichte Punktzahl
1	verfasst eine angemessene Überleitung.	3 (I)	
2	greift relevante Thesen und Argumente des Textes auf.	3 (I)	
3	erörtert diese Thesen und Argumente in einer strukturierten Argumentation.	6 (II)	
4	stellt andere theater- bzw. literaturtheoretische Konzepte dar.	12 (II)	
5	erörtert sie im Vergleich zu Frisch.	12 (III)	
6	formuliert zu den thematisierten Fragen und Problemen eine eigene Position, die plausibel begründet wird.	12 (III)	
7	entwickelt einen weiteren, eigenständigen Gedanken. (Max. 4 Punkte)		
		48	

Darstellungsleistung

	Anforderungen Die Schülerin/ der Schüler	maximal erreichbare Punktzahl	erreichte Punktzahl
1	strukturiert den Klausurtext schlüssig, sinnvoll verknüpft und gedanklich klar.	6	
2	schreibt fachsprachlich korrekt und differenziert zwischen beschreibenden, deutenden und wertenden Aussagen.	6	
3	belegt Aussagen funktional durch korrekte Zitate.	3	
4	formuliert begrifflich präzise und differenziert, sprachlich-stilistisch angemessen, abwechslungsreich und sicher.	10	
5	schreibt sprachlich korrekt.	3	
		28	

Eine Zuordnung der Punktezahlen zu den Notenstufen findet sich auf S. 46 in diesem Handbuch.

Cornelsen

Autor:
Dietrich Erlach

Texte, Themen und Strukturen
Lernerfolgskontrolle 11, S. 3

3 Lyrik

Konzeption des Kapitels

Das Kapitel lädt die Schülerinnen und Schüler in den ersten beiden Teilkapiteln dazu ein, sich unter zwei verschiedenen thematischen Schwerpunkten intensiv mit Gedichten auseinanderzusetzen und darüber die eigene Kompetenz wie auch das Vergnügen im Umgang mit Lyrik weiterzuentwickeln. Eingebettet ist dieser zentrale Teil in eine Auftaktseite und ein letztes Teilkapitel, mit denen die – auch an eigene Erfahrungen anknüpfende – Reflexion über Lyrik auf theoretischer, abstrahierender Ebene gefördert werden soll. Wichtige Ergänzungen stellen zum einen das Kapitel A2 „Das Ich als Rätsel – Gedichte verschiedener Epochen untersuchen", zum anderen das Kapitel E1.3 „Analyse/Interpretation von Gedichten – Gedichtvergleich" dar, in denen zur schriftlichen Form der Gedichtinterpretation ausführlich angeleitet wird.

Das erste Teilkapitel (**„Zwischenzeiten – Zwischen den Zeilen, zwischen den Texten"**) bietet mit Gedichten zum Motiv der Dämmerung (Morgendämmerung, Abenddämmerung) für Jugendliche ein Thema an, in dem sie sich selbst gut verorten können: Sei es, dass sie auf Grund ihrer sich verändernden Schlaf- und Wachgewohnheiten gerade solche Dämmerungszeiten bewusst erleben, sei es, dass sie – in übertragener Bedeutung – ihren eigenen momentanen Lebensabschnitt (Adoleszenz) als „Zwischenzeit" erfahren. Auf der Ebene der Literaturvermittlung geht es zudem um die Intertextualität der Gedichte, die sich in der Gestaltung des gleichen Motivs (verstärkt in den Gedichten zur Tageliedtradition) sowie in der Replik eines modernen Gedichts (von Robert Gernhardt) auf ein romantisches Gedicht (von Joseph von Eichendorff) zeigt.

Das zweite Teilkapitel (**„Des Menschen Dichten gleicht dem Wasser – Zur Struktur lyrischer Texte"**) stellt im Schülerband den zentralen Ort dar, an dem Struktur- und Gattungsmerkmale von Lyrik an Beispielen und in Informationstexten erarbeitet und dargestellt werden. Der Titel, eine Variation der ersten Verse von Goethes „Gesang der Geister über den Wassern" (vgl. S. 195 im Schülerband), kleidet das thematische Konzept des Kapitels in einen Vergleich, dass nämlich das Zusammenspiel von Form, Sprache und Inhalt sich besonders plastisch an Gedichten untersuchen lässt, die sich mit dem Element Wasser beschäftigen. So kann das Kapitel sowohl Grundlage für eine thematische Unterrichtsreihe zu „Wasserlyrik" als auch ein Nachschlagekapitel für andere Lyrikreihen sein.

Das dritte Teilkapitel (**„Gedichte heute – Reflexionen zur Lyrik"**) bietet mit drei kurzen Texten Impulse, über den Stellenwert von Lyrik in der heutigen Gesellschaft nachzudenken.

Literaturhinweise

Burdorf, Dieter: Einführung in die Gedichtanalyse. Metzler, Stuttgart/Weimar [2]1997

Das Wasserzeichen der Poesie oder Die Kunst und das Vergnügen, Gedichte zu lesen. In hundertvierundsechzig Spielarten vorgestellt von *Andreas Thalmayr.* Eichborn, Frankfurt/M. 1997

Felsner, Kristin u. a.: Arbeitsbuch Lyrik. Akademie Verlag, Berlin 2009

Franz, Kurt/Hochholzer, Rupert (Hg.): Lyrik im Deutschunterricht. Grundlagen – Methoden – Beispiele. Schneider Verlag Hohengehren, Baltmannsweiler 2006

Hassenstein, Friedrich: Gedichte im Unterricht. In: Lange, Günter u. a. (Hg.): Taschenbuch des Deutschunterrichts. Grundfragen und Praxis der Sprach- und Literaturdidaktik. Bd. 2: Literaturdidaktik. Schneider Verlag Hohengehren, Baltmannsweiler, 6., vollständig überarbeitete Aufl. 1998, S. 621–646

Holznagel, Franz-Josef u. a.: Geschichte der deutschen Lyrik. Reclam, Stuttgart 2004

Korte, Hermann: Lyrik im Unterricht. In: Grundzüge der Literaturdidaktik. Hg. v. Klaus-Michael Bogdal und Hermann Korte. Deutscher Taschenbuch Verlag, München 2002, S. 203–216

Lyrik. Deutschmagazin 1/2005

Lyrik. Deutschunterricht 1/2004

Lyrik verstehen. Praxis Deutsch 1/2009

Spinner, Kaspar H.: Umgang mit Lyrik. Schneider Verlag Hohengehren, Baltmannsweiler 1995

Waldmann, Günter: Produktiver Umgang mit Lyrik. Eine systematische Einführung in die Lyrik, ihre produktive Erfahrung und ihr Schreiben. Schneider Verlag Hohengehren, Baltmannsweiler [3]1994

	Inhalte	Kompetenzen Die Schülerinnen und Schüler
S. 188	**3 Lyrik** *Andreas Thalmayr:* Das Wasserzeichen der Poesie	▪ reflektieren ausgehend von einer Metapher ihre schulischen und privaten Erfahrungen mit Gedichten ▪ schreiben eigene Gedichte zu vorgegebenen Titeln und Verszeilen, tragen sie vor und diskutieren Interpretationsansätze
S. 189	**3.1 Zwischenzeiten – Zwischen den Zeilen, zwischen den Texten** *Dietmar von Aist:* Slâfest du, friedel ziere? *Bertolt Brecht:* Entdeckung an einer jungen Frau *Karin Kiwus:* Im ersten Licht *Eduard Mörike:* In der Frühe *Christine Busta:* In der Morgendämmerung *Joseph von Eichendorff:* Zwielicht *Robert Gernhardt:* Zu zwei Sätzen von Eichendorff	▪ finden einen persönlichen Zugang zu Gedichten, entwickeln Ideen für die Interpretation und arbeiten sie aus ▪ erkennen intertextuelle Bezüge sowie formale und inhaltliche Vergleichsmöglichkeiten zwischen Gedichten und nutzen diese für deren Verständnis ▪ erklären am Beispiel des Tagelieds, was ein literarisches Motiv ist
S. 191	**3.2 Des Menschen Dichten gleicht dem Wasser – Zur Struktur lyrischer Texte** **Der Vers – Grundelement des Gedichts** *Guillaume Apollinaire:* Die erdolchte Taube und der Springbrunnen *Heinrich Heine:* Am blassen Meeresstrande …	▪ benennen formale Merkmale von Gedichten und erläutern sie in ihrer Funktionalität für die Wirkung und Aussage des Gedichtes ▪ vergleichen die visuellen Möglichkeiten eines Figurengedichts mit den sprachlich-formalen Mitteln anderer Gedichtformen
S. 193	**Klang, Reim und Rhythmus – Strophen- und Gedichtformen** *Conrad Ferdinand Meyer:* Der römische Brunnen *Rainer Maria Rilke:* Römische Fontäne *Johann Wolfgang Goethe:* Gesang der Geister über den Wassern	▪ erkennen sprachliche Mittel in Gedichten und setzen sie in Beziehung zum Inhalt des jeweiligen Gedichtes ▪ beherrschen Fachbegriffe im Umgang mit lyrischen Texten sicher und wenden sie zutreffend an
S. 196	**Rhetorische Figuren – Beispiele und Definitionen** *Sarah Kirsch:* Schöner See Wasseraug	▪ setzen sich mit der Bildlichkeit lyrischer Sprache in Gedichtbeispielen differenziert auseinander
S. 200	**3.3 Gedichte heute – Reflexionen zur Lyrik** *Barbara Sichtermann / Joachim Scholl:* Überall und nirgends. Wo das Gedicht geblieben ist *Hilde Domin:* Frankfurter Poetik-Vorlesungen *Brigitte Oleschinski:* Die Plejaden on MTV	▪ recherchieren Biografien und Selbstaussagen von Lyrikerinnen und Lyrikern und informieren sich über deren beruflichen Alltag ▪ vergleichen unterschiedliche Positionen zum Stellenwert von Lyrik in unserer heutigen Zeit und erörtern diese

3 Lyrik

▶ S. 188 **Andreas Thalmayr: Das Wasserzeichen der Poesie**

1 Zur Erläuterung der Metapher „Das Wasserzeichen der Poesie": Ein Wasserzeichen ist ein durchscheinendes Muster im Papier zur Sicherung gegen Fälschungen bei Banknoten, Aktien, Urkunden oder Kennzeichen für die Herkunft des Papiers. Da möglicherweise nicht alle Schülerinnen und Schüler schon einmal bewusst ein solches Wasserzeichen gesehen haben, können Geldscheine oder ein Papier mit Wasserzeichen im Unterricht auch wörtlich „gegen das Licht gehalten" werden. Die übertragene Bedeutung wird von Thalmayr selbst in Z. 7–9 gut verständlich formuliert (vgl. dazu auch das „Modell der literarischen Kommunikation und Interpretation", S. 21 im Schülerband).
Für schulische Erfahrungen lässt sich die Metapher vor allem synchron verstehen: Der gleiche Text, z. B. ein Gedicht, wird von Schülerinnen, Schülern, Lehrkraft unterschiedlich gedeutet. Für die individuelle, private Leseerfahrung bestätigt sich die Metapher vielleicht eher diachron: Zu verschiedenen Zeiten, mit dem Älterwerden entfaltet ein Text, ein Gedicht eine andere Wirkung, wird anders interpretiert.

2 **Georg Grosz** (1893–1959), deutsch-amerikanischer Maler, Grafiker, Karikaturist, ist bekannt vor allem für seine gesellschaftskritischen, provokativen Gemälde aus der Zeit der Weimarer Republik, mit denen er die dunklen Seiten der Großstadt und die Gegensätze der sozialen Schichten in drastischer Weise darstellte. Sein Bild „Dämmerung" verbindet auf Grund seiner Effekte in der Maltechnik und seines Titels den Textimpuls („Wasserzeichen") mit dem Thema des ersten Teilkapitels: „Zwischenzeiten".

   a Assoziationen zu Grosz' Bild können individuell oder gemeinsam in einer Mindmap (vgl. S. 607 im Schülerband) gesammelt werden.
   Vorschlag für ein Tafelbild:

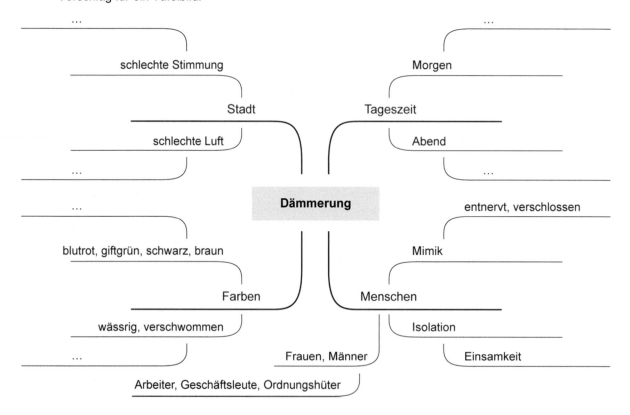

   b Der produktiv-gestaltende Schreibauftrag kann auch als Hausaufgabe erfüllt werden. Die Assoziationen aus Teilaufgabe a können weitergeführt werden, es besteht kein Zwang, alle gesammelten Begriffe zu verwenden. Inwiefern es einen deutlichen Bezug zwischen Bild und Gedicht gibt, kann den Schreibenden überlassen werden, ebenso die formale Gestalt (kein Reimzwang, viele mögliche Gedichtformen, z. B. auch Haiku, Akrostichon, Ballade etc.).

   c Für die Gruppengespräche sollten die Gedichte vervielfältigt vorliegen. Dann besteht die Möglichkeit, den „Wasserzeicheneffekt" zu verdeutlichen, indem jede/r in der Gruppe auf einer Folie über dem jeweiligen Gedichttext Randglossen und Zwischentexte notiert, die ihr/sein Textverständnis ausdrücken.

3.1 Zwischenzeiten – Zwischen den Zeilen, zwischen den Texten

Es gibt verschiedene Möglichkeiten, mit Hilfe des Schülerbandes und des Zusatzmaterials das Gedichtrepertoire zu erweitern und dabei auch weitere thematische Bereiche zu eröffnen.

Weitere **Gedichte zum Motiv der Dämmerung** im Schülerband:

- Eduard Mörike: Septembermorgen (S. 345)
- Georg Herwegh: Morgenruf (S. 345)
- Friedrich Nietzsche: Venedig (S. 395)
- Erich Fried: Wörterdämmerung (S. 477)
- Rolf Dieter Brinkmann: Einen jener klassischen (S. 48)

Für eine erweiterte **Unterrichtsreihe „Tageszeiten, Jahreszeiten"** bieten sich folgende zusätzliche Gedichte im Schülerband an:

- Georg Philipp Harsdörffer: Der Frühling (S. 252)
- Sigmund von Birken: Willkommen Lenz (S. 252)
- Johann Wolfgang Goethe: Maifest (S. 566)
- Johann Wolfgang Goethe: An den Mond (S. 273)
- Novalis: Hymnen an die Nacht (S. 329)
- Clemens Brentano: Der Spinnerin Nachtlied (S. 329)
- Joseph von Eichendorff: Mondnacht (S. 328)
- Bertolt Brecht: Über das Frühjahr (S. 253)
- Sarah Kirsch: Die Luft riecht schon nach Schnee (S. 446)
- Wolf Wondratschek: Im Sommer (S. 446)
- Durs Grünbein: Novembertage (S. 451)

Die erste Sequenz diese Kapitels (Tagelied, S. 189 f. im Schülerband) lässt sich erweitern zu einer **Unterrichtsreihe „‚Einschlaf- und Aufwachlied' – Das Tageszeitenmotiv in Liebesgedichten"**; vgl. dazu das weiterführende Material gleichen Titels sowie die Kopiervorlage „Variationen des Tageliedmotivs" auf der beiliegenden CD. Dazu passt auch das Zusatzmaterial zu Kapitel C1.1 (Mittelalter), „Das Tagelied: Eine Spielart des Minnesangs", das sich ebenfalls auf der CD findet. Zum Tageliedmotiv passt ebenfalls Johann Wolfgang Goethes Gedicht „Willkommen und Abschied". Zu diesem Gedicht gibt es ein Teilkapitel, das sich ganz der schriftlichen Textanalyse widmet, in: Deutschbuch 9. Neue Ausgabe (Cornelsen, Berlin 2008, S. 257–266).

Dietmar von Aist: **Slâfest du, friedel ziere?** (12. Jahrhundert)	▶ S. 189
Bertolt Brecht: **Entdeckung an einer jungen Frau** (um 1925)	▶ S. 189
Karin Kiwus: **Im ersten Licht** (1976)	▶ S. 189

1 Die Aufgabe, Assoziationen und Erfahrungen, Begriffe und Bilder zu Zwischenzeiten zwischen Tag und Nacht zu sammeln, sollte vor der ersten Rezeption der Gedichte bearbeitet werden, um die Assoziationen möglichst frei und individuell abzurufen. Je nach Jahreszeit und Unterrichtsstunde können auch Eindrücke vor der Schultüre eingefangen und direkt umgesetzt werden. Für die Collage sollte ein ausgewogenes Verhältnis von bildlichen (z. B. auch fotografischen) und sprachlichen Aussagen gesucht werden.

2 a/b Die erste Textrezeption sollte in diesem Fall in stiller Einzelarbeit stattfinden. Eine erste Rückmeldung auf die Lektüre kann über eine Punktabfrage erfolgen: Die Titel der Gedichte hängen bereits auf Papier-/Pappstreifen an der Tafel. Jede/r malt oder klebt farbige Punkte zu den Titeln, entweder im Sinne einer Platzierung (z. B. roter Punkt = das Gedicht hat mir am besten gefallen – blauer Punkt = das Gedicht hat mir am wenigsten gefallen) oder in einer breiteren Form der „Kommentierung" (z. B. roter Punkt = dieses Gedicht / diese Gedichte gefallen mir – grüner Punkt = dieses Gedicht / diese Gedichte finde ich reizvoll, interessant – blauer Punkt = mit diesem Gedicht / diesen Gedichten kann ich wenig/nichts anfangen). Auf dieser Grundlage können dann einzelne Gedichte ausführlicher kommentiert werden. Die Kommentierung kann nahtlos in vergleichende, die Gedichte aufeinander beziehende Aussagen überführt werden. Dabei sollten auch Beziehungen thematisiert werden, die über die schon durch die Anordnung im Buch vorgegebenen Bezüge hinausgehen (z. B. das Motiv des Einschlafens bei Dietmar von Aist, Eichendorff und Gernhardt, der Aspekt der Vergänglichkeit bei Brecht, Kiwus und Busta u. a. m.).

196 B3 LYRIK

3 Für die Aufgabe kann auch der Informationstext von Franz-Josef Holznagel zum Tagelied herangezogen werden, der im weiterführenden Material „Das Tagelied: Eine Spielart des Minnesangs" zu Kapitel C1.1 (Mittelalter) auf der beiliegenden CD zu finden ist. Ein weiteres mittelalterliches Tagelied, das dort wiedergegeben ist, bietet sich zum Vergleich an. Aus dem Text Holznagels können Vergleichskategorien gewonnen und anhand dieser Kategorien die Beobachtungen an den Gedichten geschärft und zugeordnet werden. Abgesehen von der Wächterfigur lassen sich die Kategorien aber auch ohne Zusatztext induktiv aus dem Vergleich der Gedichte im Schülerband gewinnen.

Vorschlag für ein Tafelbild:

Mittelalterliches Tagelied	Dietmar von Aist: „Slâfest du, friedel ziere?"	Brecht: „Entdeckung an einer jungen Frau"	Kiwus: „Im ersten Licht"
Situation: Liebespaar am Morgen nach einer gemeinsam verbrachten Nacht	genau so	vielleicht nur kurze, zufällige Begegnung („One-Night-Stand")?	gemeinsame Nacht, aber Liebe wird am Ende des Gedichtes explizit geleugnet
Konflikt: Wunsch, zusammenzubleiben vs. gesellschaftliche Notwendigkeit, dass der Mann geht	gegenseitiger Vorwurf: Mann gibt vor, der Frau zu folgen, Frau wirft dem Mann vor, von ihr wegzureiten (reiten → Ritter → Gesellschaft)	freiwillige Entscheidung, sich nach einer Nacht zu trennen; Verlängerung um eine weitere Nacht	Konflikt zwischen dem Zusammensein und den tatsächlichen Gefühlen
Ort: locus amoenus oder Schlafgemach	angedeuteter locus amoenus (vogellîn, linden)	„zwischen Tür und Angel" (V. 2)	Bett, verbunden mit Naturschilderungen
Wächterfigur: Vertrauter der Liebenden, aber auch Vertreter der Gesellschaft	kommt nicht explizit vor, angedeutet in V. 2 (*„man weckt uns* leider schiere")	kommt nicht vor	kommt nicht vor
Dialogform (Mann – Frau oder Liebende – Wächter) oder „neutraler" Sprecher mit eingefügten Monologen oder Dialogen	strophenweiser Wechsel: Frau – Mann – Frau	Ich-Perspektive des Mannes mit wörtlicher Rede in den letzten beiden Strophen	Ich-Perspektive, wahrscheinlich der Frau; direkte Anrede des/der anderen („du")

▶ S. 190 **Eduard Mörike: In der Frühe** (1828)

▶ S. 190 **Christine Busta: In der Morgendämmerung** (1958)

1 Zwischen Angst und Zuversicht: Vergleich der Gedichte von Mörike und Busta – Vorschlag für ein Tafelbild:

	Mörike	Busta
Angst	„verstörter Sinn" (V. 4) → „Zweifel" (V. 5) → „Nachtgespenster" (V. 6), die das lyrische Ich geängstigt, gequält (vgl. V. 7) haben	Todesnähe (vgl. V. 4), „furchtbare Asche regnet" (V. 2), „Anflug des Grässlichen" (V. 10) → existenzielle Bedrohung
Zuversicht	Der aufgehende Tag beendet die seelische Qual, die unruhig verbrachte Nacht.	Es gibt die Möglichkeit, das Drohende abzuwenden (vgl. V. 5–10), durch Mitmenschlichkeit (?) (vgl. V. 7).
religiöse Motive	„Morgenglocken"→ Kirche → religiöse Assoziationen, die die Zuversicht möglicherweise begründen	Anspielung auf die biblische Schöpfungsgeschichte (V. 11 f.), pessimistische Deutung: Todesverfallenheit des Menschen – was bedeutet das für Gott, dessen Ebenbild der Mensch ist?

3.2 ZUR STRUKTUR LYRISCHER TEXTE **197**

Joseph von Eichendorff: **Zwielicht** (1815) ▶ S. 191

Robert Gernhardt: **Zu zwei Sätzen von Eichendorff** (1999) ▶ S. 191

2 a   Im Unterschied zu den vorangegangenen Gedichten meint Eichendorff mit dem „Zwielicht" nicht die
Morgen-, sondern die Abenddämmerung, worauf Indizien wie Jagd (vgl. V. 5–7), Träume (vgl. V. 3),
die Müdigkeit (vgl. V. 13) hinweisen. Zur Deutung vgl. S. 348 f. in diesen Handreichungen. (Ein weiteres Gedicht zur Abenddämmerung findet sich im folgenden Teilkapitel, S. 192 im Schülerband,
nämlich Heines „Am blassen Meeresstrande").
Formal hat Gernhardt gegenüber dem Ausgangsgedicht nicht nur die *Strophenanzahl* um die Hälfte
gekürzt (wodurch das Gedicht pointierter wirkt), sondern auch das *Reimschema* verändert: vom umarmenden Reim zum Kreuzreim, was seinem Gedicht etwas Beschwingteres gibt, was zum heiter-
ironischen Ton passt. Dieser wiederum wird vor allem auf der *metaphorischen Ebene* erzeugt, die
Gernhardt anschließend an das Bild des ersten Verses weiterentwickelt: Die „Flügel", die zum Flug
ansetzende, wegfliegende Dämmerung wird zum Vogel, an dessen Schwanz (vor allem der konkrete
Begriff „Bürzel" in V. 4 trägt zum komischen Ausdruck des Gedichtes bei) das angesprochene Du sich
festhält und in den Himmel schwingt. Wird in der ersten Strophe der Aufstieg dargestellt, so folgt in der
zweiten Strophe der Absturz, wobei die Bildebene schlüssig fortgesetzt wird (z.B. im „Vereisen" in
großer Höhe, vgl. V. 7).
Während Eichendorff mit der abendlichen Dämmerstunde vor allem Bedrohungen von außen (Gewalt,
Heimtücke) verbindet, fokussiert Gernhardt eher die Gefahr, der sich der Mensch durch seinen eigenen Höhenflug (Selbstüberschätzung?) oder durch seine Flucht in die Dämmerung (Unaufmerksam-
keit, Wirklichkeitsverlust?) selbst aussetzt. Fazit ist in beiden Gedichten aber die Mahnung, wach und
aufmerksam zu bleiben.

b   Je nach syntaktischer Struktur des ersten und letzten Verses des für die Replik gewählten Gedichtes
ist zu überlegen, ob eine Zeile mehr dazu gegeben wird, z. B. bei Brecht am Gedichtanfang oder bei
Busta am Gedichtende. Andererseits kann der Reiz auch gerade darin bestehen, mit den Satzbruch-
stücken der Verse neue Aussagen zu arrangieren.
Die Aufgabe, eine Replik zu schreiben, kann auch freier gestellt werden, das heißt ohne die Bindung
an den ersten und letzten Vers.
Weitere Beispiele für Repliken sind Goethes „Nachtgesang" und Herweghs „Wiegenlied (S. 340 im
Schülerband) sowie „Morgenruf" von Herwegh und „An Georg Herwegh" von Heinrich Heine (S. 345 im
Schülerband). In beiden Fällen passen die Gedichte auch zum Motiv Tagesende bzw. Tagesanbruch,
wobei diese Motive hier politisch verwendet werden.

◎ Weiterführendes Material zu diesem Teilkapitel findet sich auf der beiliegenden CD:
- „Einschlaf- und Aufwachlied" – Das Tageszeitenmotiv in Liebesgedichten (Gedichte von Ludwig Tieck,
  Wolf Biermann, Eduard Mörike, Detlev von Liliencron, Bernd Jentzsch, Björn Kuhligk)
- Variationen des Tageliedmotivs (Gedichte von Philipp von Zesen und Saskia Fischer)
- Das Tagelied: Eine Spielart des Minnesangs (Zusatzmaterial zu Kapitel C1.1)

3.2 Des Menschen Dichten gleicht dem Wasser – Zur Struktur lyrischer Texte

Literaturhinweise
- Des Wassers Überfluss. Von Brunnen, Quellen und schönen Wassern. Hg. von Hermann Peter Piwitt und
  Susann Henschel. Reclam, Stuttgart 2006
- Das Meer. Gedichte. Hg. von Andrea Wüstner. Reclam, Stuttgart 2005

Das Kapitel kann sowohl ein „Nachschlagekapitel" für jegliche Lyrikreihe sein als auch Grundlage für
thematische Unterrichtsreihen. Das Grundmotiv des Kapitels ist, wie der Titel es bereits ausdrückt, „Wasser".
Es gibt verschiedene Möglichkeiten, mit Hilfe des Schülerbandes und des Zusatzmaterials das
Gedichtrepertoire zu erweitern und dabei auch weitere thematische Bereiche zu eröffnen:
Weitere **Gedichte mit dem Motiv „Wasser"** im Schülerband:
- Johann Wolfgang Goethe: An den Mond (S. 273)
- Joseph von Eichendorff: Frische Fahrt (S. 321)
- Volkslied: Edelkönigs-Kinder (S. 321 f.)

198 B3 LYRIK

- Heinrich Heine: Ich weiß nicht, was soll es bedeuten (S. 322)
- Heinrich Heine: Der Asra (S. 322)
- Charles Baudelaire: Der Mann und das Meer (S. 46)
- Detlev von Liliencron: In einer großen Stadt (S. 46)
- Volker Braun: Im Ilmtal (S. 274)
- Vgl. auch die Gedichte mit dem Ophelia-Motiv in der „Literaturstation: Schönheit und Tod" (S. 405–409)

Für eine **Unterrichtsreihe „‚Du kleine grünumwachsne Quelle' – Wassermetaphorik in Liebes-gedichten"** kann ergänzend das Zusatzmaterial gleichen Titels auf der beiliegenden CD genutzt werden.
Für eine erweiterte **Unterrichtsreihe „Naturlyrik"** können auch die hier und auf S. 195 (Dämmerungsmotiv, Tages-, Jahreszeitenlyrik) genannten Gedichte aus dem Schülerband in unterschiedlicher Weise kombiniert werden, ergänzend dazu außerdem:

- Georg Trakl: Grodek (S. 400)
- Eugen Gomringer: wind (S. 432)
- Ingeborg Bachmann: Anrufung des Großen Bären (S. 432)

Ein Teilaspekt kann in diesem Rahmen auch die Verbindung von Naturmotiven mit politisch-gesellschaft-lichen Aussagen sein, wie z. B. in den genannten Gedichten von Trakl, Bachmann und Grünbein.

Wichtige Ergänzungen zu Gattungsmerkmalen der Lyrik finden sich in Kapitel A2.1 in den Informationstexten „Das lyrische Ich" (S. 43 im Schülerband) und „Bildfeld, Metapher und Vergleich" (ebd., S. 47).

Der Vers – Grundelement des Gedichts

▶ S. 192 **Guillaume Apollinaire: Die erdolchte Taube und der Springbrunnen** (1913–1916)

Guillaume Apollinaire, 1880 in Rom geboren, französischer Schriftsteller italienisch-polnischer Abstammung; sein literarisches Werk umfasst sowohl erzählende als auch lyrische Texte. Seit 1914 schrieb und gestaltete er Bildgedichte, die er „Calligrammes" nannte. Beim Ausbruch des Ersten Weltkriegs teilte Apollinaire die allgemeine Kriegsbegeisterung und meldete sich freiwillig, wurde – nach seiner Einbürgerung in Frankreich – schließlich 1915 auch tatsächlich eingezogen. Die Fronterfahrungen führten zu einer schnellen Desillusio-nierung. Eine Kriegsverletzung machte einen längeren Genesungsurlaub notwendig, an die Front kehrte Apollinaire nicht mehr zurück. Er starb 1918 in Paris nicht im Krieg und auch nicht an dessen Folgen, son-dern an der Spanischen Grippe.

1 a Durch den ins Deutsche übersetzten Titel wird die Wahrnehmung des Figurengedichts sicher schon gelenkt, aber auch ohne diese Hilfe sind die Grundelemente „Taube" (oberer Teil) und „Spring-brunnen" (unterer Teil) gut zu erkennen. Gängige Deutungen der Symbole sind „Taube = Friede" und „Wasser = Leben". Damit stünde die figürliche Gestaltung im völligen Gegensatz zur verbalen Aus-sage, die sich um Krieg und Tod dreht. Die Taube wird aber womöglich auch viele Jugendliche an die Verwendung des Symbols in christlichen Kontexten erinnern (z. B. beliebt auf Glückwunschkarten zur Feier der Taufe, Erstkommunion oder Konfirmation). Die Taube steht im Rahmen der christlichen Dreifaltigkeitslehre für den Heiligen Geist. Der Brunnen könnte über die Assoziation Wasser ebenfalls als Hinweis auf die Taufe gedeutet werden („aus dem Wasser und dem Geist geboren zu neuem Leben"). Hinzu kommen die gut lesbaren Namen. Bei all diesen Assoziationen stört freilich das der Taube zugeordnete Attribut „erdolcht", ein deutliches Signal für Gewalt als ein Thema des Gedichts. Dennoch bestätigt eine genauere Betrachtung des Gedichtinhaltes religiöse Motive („prie"/„betet", V. 11, „firmament"/„Firmament" und „dans une eglise"/„in der Kirche", V. 15). Das zentral platzierte Fragezeichen kann deshalb nicht nur die Frageform des Gedichts charakterisieren, sondern auch Impuls sein, nach dem genaueren Inhalt zu fragen.

b Wenn es französischkundige Schülerinnen und Schüler in der Lerngruppe gibt, können diese zu-nächst auch selbst eine Übersetzung versuchen. Das zweimalige „guerre" in Verbindung mit der mehrmaligen Frage „où" (wo sind, wo ist + Namen) und mit dem Erscheinungsdatum führt rasch zu dem Gedanken, dass es hier um den Verlust von Menschen durch den Krieg geht. Weniger leicht erschließt sich die bildliche Ebene des Gedichts, also die Fortführung der figürlichen Darstellung von Taube und Brunnen mit sprachlichen Mitteln. Da kann dann eine Übersetzung wichtige Hilfe leisten:

Guillaume Apollinaire

DIE ERDOLCHTE TAUBE UND DER
SPRINGBRUNNEN

Süße   erdolchte   Gestalten   Liebe   blühende   Lippen

MIA   MAREYE

    YETTE   LORIE

ANNIE und du MARIE

wo   seid

ihr   o

junge   Mädchen

DOCH

neben dem

Springquell der

weint und der betet

gerät diese Taube in Verzückung

?

All die Erinnerungen von einst

Meine Freunde fort in dem Krieg

Sprudeln zum Firmament

Eure Blicke im schlafenden Wasser

Sterben die Melancholie

Wo sind sie Braque und Max Jacob

Derain grauäugig wie der Morgen

        Wo sind Raynal Billy Dalize

        Namen die in Schwermut verhallen

        Wie Schritte in der Kirche

        Wo ist Cremnitz der sich meldete

        Vielleicht sind sie schon tot

        Mein Herz ist der Erinnerungen voll

        Der Sprungquell beweint mein Leid.

DIE IN DEN KRIEG ZOGEN IM NORDEN SCHLAGEN SICH JETZT

Der Abend fällt O blutiges Meer

Gärten wo der rosige Lorbeer kriegerische Blüte verblutet

(Deutsch von Marie Philippe. Aus: Guillaume Apollinaire: Dichtungen.
Hg. von Flora Klee-Palyi. Limes, Wiesbaden 1953, S. 113)

Mögliche Überlegungen zur Wirkung der Gedichtformen:
- Die „Lieblichkeit" der figuralen Gestaltung nimmt dem Inhalt etwas von seiner Härte.
- Die in den Bildern transportierte religiöse Symbolik transzendiert die beschriebene grausame
Wirklichkeit und vermag vielleicht Hoffnung zu vermitteln.

Neben der Änderung der Versgestalt können auch die Veränderungen durch die Übersetzung thematisiert werden. So ist auch ohne größere Französischkenntnisse zu beobachten, dass z. B. gewisse lautliche Qualitäten verloren gehen, etwa Alliterationen (V. 11, V. 17, 19).

200 B3 LYRIK

▶ S. 192 Heinrich Heine: **Am blassen Meeresstrande …** (1825/26)

2 Das Gedicht in seiner Originalgestalt und mit Originaltitel:

Heinrich Heine: Abenddämmerung (1825/26)

Am blassen Meeresstrande
Saß ich gedankenbekümmert und einsam.
Die Sonne neigte sich tiefer, und warf
Glührote Streifen auf das Wasser,
5 Und die weißen, weiten Wellen,
Von der Flut gedrängt,
Schäumten und rauschten näher und näher –
Ein seltsam Geräusch, ein Flüstern und Pfeifen,
Ein Lachen und Murmeln, Seufzen und Sausen,
10 Dazwischen ein wiegenliedheimisches Singen –
Mir war, als hört' ich verschollne Sagen,
Uralte, liebliche Märchen,
Die ich einst, als Knabe,
Von Nachbarskindern vernahm,
15 Wenn wir am Sommerabend,
Auf den Treppensteinen der Haustür,
Zum stillen Erzählen niederkauerten,
Mit kleinen, horchenden Herzen
Und neugierklugen Augen; –
20 Während die großen Mädchen,
Neben duftenden Blumentöpfen,
Gegenüber am Fenster saßen,
Rosengesichter,
Lächelnd und mondbeglänzt.

(Aus: Heinrich Heine: Sämtliche Schriften in zwölf Bänden.
Hg. von Klaus Briegleb. Bd. 3. Ullstein, Frankfurt/M. 1981, S. 171)

a/b Beim Umschreiben des Textes in ein Gedicht und beim Finden eines Titels kann am besten mit der Placemat-Methode gearbeitet werden (vgl. S. 133 im Schülerband), da so zunächst jeder einen Vorschlag entwickeln und begründen kann. Die Gruppenarbeitsphase kann mit der Entscheidung für einen der Vorschläge oder mit einem sich aus der Diskussion ergebenden gemeinsamen Textangebot enden. Die Gruppenergebnisse werden auf Folien geschrieben und im Plenum noch einmal diskutiert oder auf Plakaten festgehalten, die in einem Galeriegang (vgl. S. 134 im Schülerband) vorgestellt und besichtigt werden können.

c Heines Gedicht bietet sich für eine ausführliche sprachliche Analyse besonders an, weil es mit einer Fülle rhetorischer Mittel arbeitet, z. B.:
- Alliterationen (z. B. „weißen, weiten Wellen", V. 5; „Seufzen und Sausen", V. 9);
- Kontraste (z. B. „Glührote Streifen" – „weißen […] Wellen", V. 4/5; „kleinen […] Herzen" – „großen Mädchen", V. 18/20);
- Inversionen (z. B. V. 1/2);
- Metapher („Rosengesichter", V. 23);
- Personifikation (z. B. „Die Sonne neigte sich tiefer und warf […]", V. 3 f.);
- Onomatopoesie (V. 7–9);
- Akkumulation (V. 7–9);
- Neologismus („wiegenliedheimisches", V. 10; „neugierklug", V. 19; „Rosengesichter", V. 23);
- Oxymoron („Zum stillen Erzählen", V. 17);
- Vergleich (ab V. 11).

Die Analyse zeigt, dass keineswegs nur die Versform den lyrischen Charakter des Textes ausmacht, sondern vor allem auch seine von der Alltagssprache deutlich unterschiedene poetische Ausdrucksweise.

3.2 ZUR STRUKTUR LYRISCHER TEXTE **201**

Klang, Reim und Rhythmus – Strophen- und Gedichtformen

Conrad Ferdinand Meyer: **Der römische Brunnen** (1869) ▶ S. 193

Rainer Maria Rilke: **Römische Fontäne** (1907) ▶ S. 193

Ausführlichere Interpretationen der Gedichte von Meyer und Rilke sowie ein historisches Foto des „Römischen Brunnens" im Park der Villa Borghese bietet das Zusatzmaterial „Römischer Brunnen" auf der beiliegenden CD.

1 Zur Verdeutlichung der Gedichtaussage können die Schülerinnen und Schüler zunächst selbst Bilder von (nicht unbedingt nur römischen) Brunnen suchen (z. B. in Reiseführern), die Meyers Beschreibung entsprechen. Alternativ können sie auch selbst eine Zeichnung anhand der Gedichtaussagen anfertigen.

    a Meyer verwendet vor allem Enjambements (V. 1/2, 3/4, 7/8), Kreuzreime und Jamben (um zwei Versfüße verkürzt und damit das Zur-Ruhe-Kommen ausdrückend im letzten Vers), um das (Über-) Fließen des Wassers poetisch zu vermitteln.

    b Die Schülerinnen und Schüler sollten für die Gestaltung von Meyers Gedicht als Figurengedicht zunächst einen oder mehrere Entwürfe machen, um die visuelle Verteilung von Buchstaben, Wörtern, Sätzen ausprobieren und austarieren zu können. Zuletzt sollte eine möglichst sauber gestaltete Reinschrift auf einem größeren Papier oder einer Pappe angefertigt werden. (Weitere Figurengedichte zur Anschauung auf S. 249 und S. 432 im Schülerband; vgl. auch die Gestaltung des Plakats ebd., S. 418.)

2 Es handelt sich bei Rilkes Gedicht um ein Sonett, das in den Quartetten auch den typischen Reim (abab abab) aufweist, während die Terzette eine ungewöhnliche Reimbindung mit einer Waisen zeigen: cdd ede. Weitere Sonette finden sich im Schülerband auf S. 250 f. (Andreas Gryphius: „Es ist alles eitel") und S. 330 (Karoline von Günderode: „Der Kuss im Traume").

3 a/b Das Gedicht von Apollinaire ist in seiner außergewöhnlichen Form bereits in Aufgabe 1 (S. 192 im Schülerband) thematisiert worden (vgl. die Hinweise dazu auf S. 198 f. in diesen Handreichungen). Stärker als bei den Gedichten von Meyer und Rilke bietet die formale, sprich figürliche Gestaltung bei Apollinaire eine zusätzliche Aussageebene, sie wirkt nicht nur im Zusammenhang mit der verbalen Aussage auf den Betrachter, sondern auch losgelöst von und geradezu im Kontrast zu ihr. Zu ergänzen ist, dass auch Apollinaire Reime und Verssprünge verwendet, die für zusätzliche Klangeffekte sorgen. Anders als Meyer und Rilke bildet Apollinaire mit seinem Gedicht aber keinen realen Brunnen ab, sondern bewegt sich trotz der Konkretisierung in der figürlichen Darstellung ausschließlich auf einer bildlichen, chiffrenhaften Ebene. Bei Meyer und Rilke dagegen liegt es ganz im Ermessen der Leserin / des Lesers, der poetischen Beschreibung des Gegenstands auch eine metaphorische Aussageebene (z. B. über menschliche Beziehungen oder das menschliche Leben überhaupt) abzugewinnen. Meyer und Rilke wiederum unterscheiden sich voneinander vor allem durch die deutlich höhere Komplexität der Satzgefüge im Rilke-Gedicht. Während bei Meyer die Dynamik des Wasserflusses über die zahlreichen Verben unmittelbar wahrnehmbar gemacht wird, bekommt Rilkes Gedicht durch die Verwendung von Partizipien statt Prädikaten und durch die Verschachtelung der Satzkonstruktionen etwas eher Kontemplatives als Dynamisches.

Johann Wolfgang Goethe: Gesang der Geister über den Wassern (1779) ▶ S. 195

1 Der Seele des Menschen wird eine Form von Unvergänglichkeit zugesprochen, die aber nicht, wie im christlichen Glauben, in einem ewigen Leben nach dem irdischen Dasein besteht, sondern in einer permanenten Wiederkehr. Die Seele des Menschen hat Anteil am „Himmlischen", Göttlichen, ist aber in ihrer irdischen Existenz unterschiedlichen Schicksalen ausgesetzt, wobei der Verlauf des Wasserfalls für den Verlauf eines menschlichen Lebens von der bewegteren Jugendzeit bis zum ruhigeren Alter gedeutet werden kann. Der Mensch ist abhängig von der Gunst oder den Widerwärtigkeiten seines Schicksals, wie das Wasser durch den Wind beeinflusst wird.

2 Es handelt sich bei diesem Goethe-Gedicht um eine Ode: Das Gedicht ist strophisch gegliedert, wobei die Strophen von unterschiedlicher Länge sind (7 – 10 – 5 – 5 – 4 – 4 Verse) und in dieser Form schon rein optisch mit einem Wasserfall verglichen werden können, der zunächst kraftvoll und mächtig entspringt und eine längere Strecke in die Tiefe fällt, dann zum Tal hin kürzere Abschnitte von Felsvorsprung zu Felsvor-

202   B 3 LYRIK

sprung hat (vgl. das Bild von Joseph Anton Koch, S. 195 im Schülerband) und dabei an Volumen verliert, bis sich die Wassermassen schließlich im Tal in einem Becken sammeln.

Typisch für die Ode ist auch die reimlose Form; die akustische Wirkung von Reimen wird ersetzt durch Klangeffekte an vielen anderen Stellen des Gedichts (vgl. die Hinweise zu Aufgabe 3). „Des Menschen Seele" ist ein großes und würdevolles Thema, zu dem der pathetische Sprachstil der Ode ebenso passt wie zu der durch den Titel des Gedichts zu Grunde gelegten Sprechsituation, dass es nämlich die „Geister über den Wassern" sind, die hier über den Menschen philosophieren.

3   a/b Diese Aufgabe kann der besonders intensiven Übung im Umgang mit den rhetorischen Mitteln dienen. Selbstverständlich sollte auch hierbei darauf geachtet werden, dass die sprachliche Analyse nicht isoliert vollzogen, sondern immer wieder auf den Inhalt zurückbezogen wird.

- In der ersten Strophe häufen sich die sprachlichen Mittel zu einem rhetorisch fulminanten Auftakt, der der spektakulären Wirkung eines großen Wasserfalls vergleichbar ist: Durch die *Inversion* in den ersten beiden Versen wird das Thema des Gedichts am Anfang betont, es folgt der zentrale *Vergleich* „Seele = Wasser", der über die folgenden Strophen ausgestaltet wird, bis am Ende ein zweites Bild, ein zweiter Vergleich hinzukommt („Schicksal = Wind"). Es folgt in V. 3/4 ein *Parallelismus*, der ebenso wie der in V. 5 folgende *Schlagreim* das Regelmäßige und Zyklische ausdrückt, das im letzten Vers der Strophe durch das am Versanfang betonte „Ewig" verstärkt wird, das zugleich in einem gewissen *Kontrast* zu dem folgenden Wort „wechselnd" steht.

- In der zweiten Strophe wird u. a. *onomatopoetisch* mit dem *st*-Laut gearbeitet, um das Sprühen und Spritzen des Wassers sinnlich wahrnehmbar zu machen („Strömt", „Steilen", „Strahl", „stäubt"), der Beschreibung als „lieblich" wird klanglich in den folgenden Versen entsprochen durch weichere Laute wie in dem *alliterierenden Neologismus* „Wolkenwellen" (auch: „wallt") und den *sch*-Lauten in „verschleiernd" und „leisrauschend". *Syntaktisch* entspricht dem beschriebenen „Strahl" die komplexe Struktur des einen Satzes, aus dem die ganze Strophe besteht. Hier wie auch in den anderen Strophen fällt der extensive Gebrauch ausdrucksstarker *Adjektive* auf, die die Anschaulichkeit des in sich schon als *Bild* angelegten Gedichtes noch erhöhen.

- In der dritten und vierten Strophe bekommt der Wasserstrahl in zwei *Personifikationen* („unmutig", „schleicht") menschliche Züge, was dem Grundvergleich („Wasser = Menschenseele, Menschenleben") in besonderem Maße entspricht. Personifiziert werden aber auch die Gestirne („Weiden ihr Antlitz"), woran sich Assoziationen an antike Göttersagen knüpfen lassen, wie ja überhaupt das ganze Gedicht das anthropologisch-theologische Thema nicht christlich, sondern mythologisch-pantheistisch behandelt.

- In der fünften Strophe kommt zum Wasser der Wind als neues Element hinzu, betont wiederum durch die *Inversionen* in V. 28 f. und die *Alliteration* in V. 28, die sich in V. 30/31 fortsetzt.

- In der sechsten Strophe schließlich häuft sich wie zu Beginn noch einmal der sprachliche Aufwand, mit dem die anthropologischen Aussagen abschließend zusammengefasst werden: in pathetischer *Apostrophe* die beiden zentralen *Vergleiche* explizierend und durch den *Parallelismus* von V. 32/33 und Vers 34/35 zu besonderer Eindringlichkeit gesteigert.

▶ S. 196 **Rhetorische Figuren – Beispiele und Definitionen**

Für die Übung im Umgang mit den rhetorischen Figuren bieten sich insbesondere die Gedichte von Heine (S. 192 im Schülerband, als Gedicht S. 200 in diesen Handreichungen) und Goethe (S. 195 im Schülerband) an. Vgl. auch die dazu gehörenden Aufgaben.

1 Mögliche Zuordnung von Wirkungen und rhetorischen Mitteln – Vorschlag für ein Tafelbild:

Wirkung	rhetorische Mittel
Anschaulichkeit, Vorstellbarkeit	z. B. Allegorie, Periphrase, Metapher, Vergleich, Hyperbel, Metonymie, Personifikation
Sinnlichkeit, ästhetischer Reiz	z. B. Synästhesie, Onomatopoesie, Alliteration, Litotes, Metapher, Euphemismus, Paronomasie
Nachdruck, Betonung, Eindringlichkeit	z. B. Akkumulation, Pleonasmus, Klimax, Tautologie, Correctio
Spannung, Erwartung	z. B. Akkumulation, Klimax, Antithese, Oxymoron, rhetorische Frage
Kommunikation, Lesereinbezug	z. B. Apostrophe, rhetorische Frage, Ironie

3.2 ZUR STRUKTUR LYRISCHER TEXTE

Sarah Kirsch: Schöner See Wasseraug (1999) ▶ S. 199

2 a Das Gedicht arbeitet sehr intensiv mit Zeilensprüngen, auch über die Strophengrenzen hinweg. Wo sich diese Technik mit komplexen, ungewohnten oder durch die fehlenden Satzzeichen nicht ohne Weiteres erkennbaren Satzstrukturen (Inversionen, Appositionen) verbindet, „stolpert" die Leserin / der Leser zunächst über vieles. Es ist deshalb eine lohnende Mühe, zunächst das Gedicht in einer Weise umzuschreiben, die diese zu Grunde liegenden syntaktischen Strukturen deutlicher macht, wie hier z. B. für die erste Strophe:

> Schöner See Wasseraug,
> ich lieg dir am Rand,
> spähe durch Gras und Wimpern,
> du lässt mir Fische springen.
> Ihr Bauchsilber sprüht in der schrägen Sonne;
> die Krähe – mit sehr gewölbten Schwungfedern – geht über dich hin,
> deine Ufer wähltest du inmitten heimischer Bäume:
> Kiefern und Laubwald, Weiden und Birken rahmen dich,
> kunstvolle Fassung deines geschuppten Glases,
> [...]

Wenn über diesen Weg zunächst für eine bessere Verständlichkeit einzelner Aussagen gesorgt worden ist, sollte aber auch erörtert werden, was das Gedicht durch die ungewöhnliche Strukturierung erreicht: z. B. eine assoziative, zunehmend hypnotisch-halluzinative Wirkung.

b Zu dieser Aufgabe sollte unbedingt der Informationskasten „Bildfeld, Metapher und Vergleich" auf S. 47 im Schülerband herangezogen werden; ergänzend dazu außerdem das Teilkapitel D1.2 „Die Semantik der Metapher" (ebd., S. 477 f.).
Bei der Analyse wird im Folgenden unterschieden zwischen der in den Strophen beschriebenen Situation, die in ihrer Anschaulichkeit Bilder vor dem Auge der Leserin / des Lesers evoziert, und sprachlichen Mitteln der Bildlichkeit, die diese situativen Bilder im Detail gestalten und zu ihrer Konstruktion beitragen.
Erste Strophe:
- Bildlichkeit der beschriebenen Situation: Eine Frau döst an einem heimischen See, inmitten von heimischer Fauna und Flora.
- Bildlichkeit in der sprachlichen Gestaltung: *Personifikation*: See als angesprochenes Du – *Metapher*: Name des Sees „Wasseraug": der See als Sehorgan – *Zeugma/Bildbruch*: „Spähe durch Gras und Wimpern" (oder Fortsetzung der Metapher „Wasseraug", dann Wimpern = Uferpflanzen) – *Metapher:* Ufer als Rahmen, See als „geschupptes Glas" → der See als gerahmtes Bild.

Zweite Strophe:
- Bildlichkeit der beschriebenen Situation: Das lyrische Ich gleitet hinüber in eine exotische Fluss-landschaft mit tropisch anmutenden Pflanzen und Tieren.
- Bildlichkeit in der sprachlichen Gestaltung: *Metapher:* „die Sonne in Tücher gewickelt" (für: Bewöl-kung) – *Vergleich*: der See „einem [...] Flussarm ähnlich".

Dritte Strophe:
- Bildlichkeit der beschriebenen Situation: Das lyrische Ich reist weiter, nun befindet es sich in einer europäischen Flusslandschaft.
- Bildlichkeit in der sprachlichen Gestaltung: *Personifikation*: der See „weiß" alle [Landschaften?]; ist er der „schöne Bruder"? Dafür spricht die Verwendung des gleichen Adjektivs wie in „Schöner See". Distanzierung durch Wechsel der Sprechrichtung: Der See wird nicht mehr als „du" angesprochen. – *Chiffre*: „Fischsuppe zu essen" = baden gehen? – Vergleich aus der zweiten Strophe (See/Fluss) wird zur sagenhaften, mythologischen Wirklichkeit durch das Lied = Literarisierung.

Das Bild „Der Wasserfall" von Franz Marc kann zum Einstieg oder zur Sicherung der Analyse der Bildlichkeit verwendet werden: Zu welcher Strophe passt das Bild? Worin müssten sich Bilder zu den beiden anderen Strophen von diesem unterscheiden? Die Schülerinnen und Schüler können auch passende Bilder zur ersten und dritten Strophe suchen oder selbst solche anfertigen.

204   B 3 LYRIK

3 Für die schriftliche Interpretation kann auch hier wieder auf Kapitel E1.3 „Analyse/Interpretation von Gedichten" zurückgegriffen werden. Die Ergebnisse aus Aufgabe 2 können z. B. unter folgendem Interpretationsansatz zusammengeführt werden:
In ihrem Gedicht „Schöner See Wasseraug" aus dem Jahr 1999 gestaltet die Dichterin Sarah Kirsch das Motiv des Fernwehs mit dem zentralen Bild eines Sees, der als „Wasseraug" zum Medium der Träumereien und Sehnsüchte eines lyrischen Ichs wird.

Weiterführendes Material zu diesem Teilkapitel findet sich auf der beiliegenden CD:
- „Du kleine grünumwachsne Quelle" – Wassermetaphorik in Liebesgedichten (Gedichte von Friedrich Leopold Graf zu Stolberg, Matthias Claudius, Joseph von Eichendorff, Gottfried Keller, Mascha Kaléko, Peter Hacks)
- *Hans Lobentanzer:* Römischer Brunnen (Bild und Beispielinterpretation)
- Rhetorische Figuren (Folie)

3.3 Gedichte heute – Reflexionen zur Lyrik

Als Ergänzung zu diesem Teilkapitel können folgende poetologische Texte aus dem Schülerband herangezogen werden:
- Bertolt Brecht: Über das Zerpflücken von Gedichten (S. 49)
- Iris Radisch: Nie wieder Versfüßchen (S. 49)
- Thomas Kraft: 13 Thesen zur Gegenwartsliteratur (S. 462 f.)
- Harald Weinrich: Linguistische Bemerkungen zur modernen Lyrik (S. 491)

Vgl. außerdem den Text von Andreas Thalmayr auf der Auftaktseite zu diesem Kapitel (S. 188 im Schülerband).

▶ S. 200 **Barbara Sichtermann / Joachim Scholl: Überall und nirgends. Wo das Gedicht geblieben ist**

Der vollständige Artikel, der weiteres Diskussionspotenzial enthält, ist nachzulesen in: 50 Klassiker. Lyrik. Bedeutende deutsche Gedichte dargestellt von Barbara Sichtermann und Joachim Scholl. Gerstenberg, Hildesheim, 2. überarbeitete Auflage 2005.

1 Mögliche zentrale Thesen des Textes zum Thema „Lyrik":
- Lyrik ist in der heutigen Zeit allgegenwärtig, man nimmt sie nur nicht bewusst als solche war.
- Themen und Mittel der Lyrik haben sich nicht grundsätzlich geändert.
- Poesie hat die Aufgabe, Kopf und Herz gleichermaßen anzusprechen.
- Poesie und Musik stehen in enger Verbindung.
- Man muss und kann unterscheiden zwischen Alltagspoesie und „echter" Lyrik.

2 Fragen, die hier erörtert werden können, sind z. B.:
- Kann man sich Gedichte „erarbeiten", oder muss man auf geniale Einfälle warten?
- Kann man vom Gedichteschreiben leben oder muss man nebenbei andere finanzielle Einnahmequellen haben?
- Was gehört, außer dem Schreiben der Gedichte, noch zum Beruf eines Dichters, einer Dichterin?

Neben Biografien in Textform können die Schülerinnen und Schüler auch Interviews in Radio und Fernsehen nutzen, müssen sich dafür freilich einen Überblick über entsprechende Programmangebote verschaffen (z. B. im Deutschlandfunk oder in WDR 5, in ARTE oder 3Sat). Im idealen Fall haben die Schülerinnen und Schüler Gelegenheit, eine lyrische Lesung zu besuchen und dazu zu nutzen, der Dichterin / dem Dichter direkt Fragen stellen zu können.

▶ S. 200 **Hilde Domin: Frankfurter Poetik-Vorlesungen**

1 Die Dichterin schreibt dem Gedicht die Möglichkeit zu, die Wirklichkeit zu ändern, indem es einen positiven Einfluss auf den Menschen nimmt, ihn humaner macht. Domin bezeichnet das Gedicht als „zwiespältig" und „widersprüchlich" (vgl. Z. 14 f.) und sieht darin eine Analogie zur Wirklichkeit, die auch so ist. Aber sie leitet daraus keinen Abbildcharakter des Gedichtes ab, vielmehr schreibt sie ihm eine eigene Wirklichkeit zu bzw. die Fähigkeit, eine neue, bessere Wirklichkeit zu erschaffen.

3.3 REFLEXIONEN ZUR LYRIK **205**

Dies ist eine sehr subjektive Position der Lyrik gegenüber, die kontrovers diskutiert werden kann und sollte, etwa am Beispiel der politischen Lyrik: Erfüllt sie den Anspruch Domins erst, wenn durch sie an der „ersten Wirklichkeit" tatsächlich etwas verändert wird, oder verändert sie diese Wirklichkeit durch ihre bloße Existenz? Was bedeutet „eine neue lebbarere Wirklichkeit" (Z. 23)? Dass Lyrik Rückzugsorte zur Verfügung stellt, in die man sich flüchten kann? Oder dass in der gedanklichen und sprachlichen Beschäftigung mit einem Thema, einem Problem dieses bereits als gelöst angesehen werden kann?

2 Einige Antworten auf die gestellte Frage, die die Diskussion anregen oder bereichern können:
- „Die Poesie ist die Ergießung des Traums in die Wirklichkeit des Lebens." (Gérard de Nerval, 1808–1855)
- „Das Lied ist ein dem Herzen abgelauschtes Selbstgespräch." (Friedrich Hebbel, 1813–1863)
- „Ein Gedicht soll ein Fest des Intellekts sein." (Paul Valéry, 1871–1943)
- „Ein Gedicht soll der Zusammenbruch des Intellekts sein." (André Breton, 1896–1966)
- Die Worte eines Gedichts mögen zweitausend oder zwanzig Jahre alt sein – das Gedicht hat kein Alter." (Oskar Loerke, 1884–1941)

Diese und weitere Zitate finden sich in der Sammlung „gespräch über lyrik. dokumente zur poetik des lyrischen. ausgewählt von walter urbanek" (C. C. Buchners Verlag, Bamberg, 2. Aufl. o. J., S. 213–231).

Brigitte Oleschinski: **Die Plejaden on MTV**   ► S. 201

Worterläuterungen:
- Nightquake: nächtliches Beben
- Plejaden: Zurückgehend auf die griechische Mythologie bezeichnet der Begriff zunächst astronomisch einen Sternhaufen im Sternbild Stier, eingebettet in leuchtende interstellare Materie („Plejaden-Nebel"); abgeleitet davon ist u. a. der Begriff als Bezeichnung für sieben alexandrinische Dichter des 3. Jahrhunderts v. Chr. („tragische Plejade") sowie für eine französische Dichterschule des 16. Jahrhunderts („La Pléiade").

1 Als Stimmen sind in der Stimmskultpur die Journalistin und die Autorin zu besetzen, eventuell auch die Off-Tonspur („Poetry on MTV"). Journalistin und Autorin wählen einen Satz aus dem Dialog, den sie wiederholt sprechen, dabei die Betonung unterschiedlich modellierend. Ein Dirigent gibt die Einsätze. Erweitert werden kann die Stimmskulptur durch „Alter Egos", die hinter die Journalistin und die Autorin treten und passend zu dem ausgewählten Satz mögliche weitere Gedanken der jeweiligen Person in diesem Moment äußern.

2 Bei der Erörterung der Frage „Gibt es ‚ein menschliches Bedürfnis nach Poesie'?" können z. B. ethnologische und anthropologische Argumente herangezogen werden:
- In allen Kulturen der Welt findet man poetische Ausdrucksformen.
- Bei Kindern entwickelt sich sehr früh mit dem Erlernen der Sprache ein besonderer Zugang zu Reimen und Rhythmen in der Sprache.

Auch Erfahrungsargumente sind einzubeziehen:
- Es gibt Momente, in denen ein Gedicht als das am besten geeignete Ausdrucksmittel erscheint – wenn man selbst keins schreiben möchte oder kann, greift man auf den vorhandenen Gedichtschatz zurück. Oleschinski räumt auf der anderen Seite aber auch ein, dass das „‚ursprüngliche' Bedürfnis" von Konventionen und gesellschaftlich-kulturellen Festlegungen überlagert wird. Hier schließt sich der Kreis zu den Aussagen von Sichtermann und Scholl zum Stellenwert des Gedichts in der heutigen Zeit. (Zur Diskussion kann auch das Zusatzmaterial auf der CD herangezogen werden, s. u.)

◎ Weiterführendes Material zu diesem Teilkapitel findet sich auf der beiliegenden CD:
- *Hermann Korte:* Umgang mit Lyrik. Historische und aktuelle Dimensionen

Analyse eines literarischen Textes mit anschließender weiterführender Reflexion

Aufgabenstellung

1 Analysieren/Interpretieren Sie das Gedicht „Der nächste Morgen" von Mascha Kaléko. *(42 Punkte)*

2 Setzen Sie anschließend das Gedicht mit anderen Ihnen bekannten Liebesgedichten, die das Tageliedmotiv verwenden, in Beziehung. Stellen Sie dar, wie Kaléko mit der Tageliedtradition umgeht.
(30 Punkte)

Mascha Kaléko: Der nächste Morgen (1933)

Wir wachten auf. Die Sonne schien nur spärlich
Durch schmale Ritzen grauer Jalousien.
Du gähntest tief. Und ich gestehe ehrlich:
Es klang nicht schön. – Mir schien es jetzt erklärlich,
5 Daß Eheleute nicht in Liebe glühn.

Ich lag im Bett. Du blicktest in den Spiegel,
Vertieftest ins Rasieren dich diskret.
Du griffst nach Bürste und Pomadentiegel.
Ich sah dich schweigend an. Du trugst das Siegel
10 Des Ehemanns, wie er im Buche steht.

Wie plötzlich mich so viele Dinge störten!
– Das Zimmer, du, der halbverwelkte Strauß,
Die Gläser, die wir gestern Abend leerten,
Die Reste des Kompotts, das wir verzehrten.
15 … Das alles sieht am Morgen anders aus.

Beim Frühstück schwiegst du. (Widmend dich den Schrippen.)
– Das ist hygienisch, aber nicht sehr schön.
Ich sah das Fruchtgelée auf deinen Lippen
Und sah dich Butterbrot in Kaffee stippen –
20 Und sowas kann ich auf den Tod nicht sehn!

Ich zog mich an. Du prüftest meine Beine.
Es roch nach längst getrunkenem Kaffee.
Ich ging zur Tür. Mein Dienst begann um neune.
Mir ahnte viel –. Doch sagt ich nur das Eine:
25 „Nun ist es aber höchste Zeit! Ich geh …" [R]

*(Aus: Mascha Kaléko: Das lyrische Stenogrammheft. Kleines Lesebuch
für Große. © 1956 by Rowohlt Verlag GmbH, Reinbek bei Hamburg)*

Inhaltliche Leistung

Aufgabe 1

	Anforderungen Die Schülerin / der Schüler	maximal erreichbare Punktzahl (AFB)	erreichte Punktzahl
1	verfasst eine sinnvolle Einleitung.	3 (I)	
2	fasst die Handlung des Gedichtes knapp zusammen.	3 (I)	
3	erläutert die Sprechsituation (weibliches lyrisches Ich, rückblickend angesprochenes männliches Du), auch im Kontrast zum weitgehenden Schweigen in der geschilderten Situation (abgesehen von der zitierten wörtlichen Rede am Gedichtende).	6 (II)	
4	deutet die Beziehung zwischen den beiden Personen, auch unter Berücksichtigung des zweimaligen Hinweises auf „Ehe".	6 (III)	
5	erläutert die sprachlichen Mittel, mit denen diese Beziehung charakterisiert wird (z. B. Verwendung der Pronomen, parataktischer Stil mit Kontrastierung von „Ich"- und „Du"-Sätzen, wertende Wortwahl).	6 (II)	
6	untersucht die Funktion, die in diesem Zusammenhang die detaillierte Beschreibung von Äußerlichkeiten, z. B. Morgenpflege des Mannes, Zustand des Zimmers, Verhalten des Mannes beim Frühstück, hat.	6 (II)	
7	deutet Anfang (Licht-/Farbbeschreibung) und Ende (doppeldeutiger Schlussvers) des Gedichts als Vorausdeutungen auf das absehbare Ende der Beziehung.	3 (III)	
8	beurteilt die Wirkung, die das Gedicht in Sprache und Inhalt auf die Leserin/den Leser hat, auch unter Berücksichtigung der formalen Gestaltung des Gedichtes (regelmäßiger fünfhebiger Jambus, in Verbindung mit parataktischem Stil: lakonisch, spannungslos; Reimschema: abaab: unausgeglichen).	3 (III)	
9	deutet, unter Beachtung des Zusammenspiels von Form und Inhalt, das Gedicht Kalékos als typisches Beispiel für die „Neue Sachlichkeit".	3 (III)	
10	formuliert die Ergebnisse der Analyse im Sinne einer reflektierten Schlussfolgerung.	3 (III)	
11	entwickelt einen weiteren, eigenständigen Gedanken. (Max. 6 Punkte)		
		42	

208 ERWARTUNGSHORIZONT

Aufgabe 2

	Anforderungen Die Schülerin / der Schüler	maximal erreichbare Punktzahl (AFB)	erreichte Punktzahl
1	verfasst eine angemessene Überleitung.	3 (I)	
2	erläutert die typischen Merkmale eines traditionellen Tagelieds, auch anhand eines Beispiels (z. B. Dietmar von Aist).	6 (II)	
3	untersucht, welche dieser Merkmale Kaléko in ihrem Gedicht aufgreift (z. B. Morgen/Aufwachen, Schlafzimmer als Ort, Naturelemente, wörtliche Rede, Abschied).	3 (II)	
4	erläutert, inwiefern das Gedicht aber auch sehr deutlich von der Tradition abweicht (z. B. Gefährdung der Beziehung nicht von außen, sondern von innen; Ungemütlichkeit des Ortes; Nüchternheit der Frau in der Betrachtung des Mannes; Trennung nicht als Schmerz, sondern als Erleichterung u. a. m.).	6 (II)	
5	vergleicht Kalékos Gedicht mit anderen Gedichten, die die Tageliedtradition deutlich variieren (z. B. Brecht, Kiwus) und setzt sich dabei mit der Zeitbezogenheit der Gedichte auseinander.	9 (III)	
6	bezieht resümierend Stellung zu der Art und Weise, wie Kaléko und andere Dichter mit der literarischen Tradition umgehen.	3 (III)	
7	entwickelt einen weiteren, eigenständigen Gedanken. (Max. 6 Punkte)		
		30	

Darstellungsleistung

	Anforderungen Die Schülerin / der Schüler	maximal erreichbare Punktzahl	erreichte Punktzahl
1	strukturiert den Klausurtext schlüssig, sinnvoll verknüpft und gedanklich klar.	6	
2	schreibt fachsprachlich korrekt und differenziert zwischen beschreibenden, deutenden und wertenden Aussagen.	6	
3	belegt Aussagen funktional durch korrekte Zitate.	3	
4	formuliert begrifflich präzise und differenziert, sprachlich-stilistisch angemessen, abwechslungsreich und sicher.	10	
5	schreibt sprachlich korrekt.	3	
		28	

Eine Zuordnung der Punktezahlen zu den Notenstufen findet sich auf S. 46 in diesem Handbuch.

© 2009 Cornelsen Verlag, Berlin. Alle Rechte vorbehalten.

Autorin:
Angela Mielke

Texte, Themen und Strukturen
Lernerfolgskontrolle 13, S. 3

Vergleichende Analyse von literarischen Texten (Gedichtvergleich)

Aufgabenstellung

1 Analysieren Sie das Gedicht „Mein Fluss" von Eduard Mörike. *(36 Punkte)*

2 Analysieren Sie vergleichend Johann Wolfgang Goethes Gedicht „Am Flusse" und berücksichtigen Sie den jeweiligen Epochenhintergrund. *(36 Punkte)*

Eduard Mörike: **Mein Fluss** (1867?)

O Fluss, mein Fluss im Morgenstrahl!
Empfange nun, empfange
Den sehnsuchtsvollen Leib einmal,
Und küsse Brust und Wange!
5 – Er fühlt mir schon herauf die Brust,
Er kühlt mit Liebesschauerlust
Und jauchzendem Gesange.

Es schlüpft der goldne Sonnenschein
In Tropfen an mir nieder,
10 Die Woge wieget aus und ein
Die hingegebnen Glieder;
Die Arme hab' ich ausgespannt,
Sie kommt auf mich herzu gerannt,
Sie fasst und lässt mich wieder.

15 Du murmelst so, mein Fluss, warum?
Du trägst seit alten Tagen
Ein seltsam Märchen mit dir um,
Und mühst dich, es zu sagen;
Du eilst so sehr und läufst so sehr,
20 Als müsstest du im Land umher,
Man weiß nicht wen, drum fragen.

Der Himmel, blau und kinderrein,
Worin die Wellen singen,
Der Himmel ist die Seele dein:
25 O lass mich ihn durchdringen!
Ich tauche mich mit Geist und Sinn
Durch die vertiefte Bläue hin,
Und kann sie nicht erschwingen!

Was ist so tief, so tief wie sie?
30 Die Liebe nur alleine.
Sie wird nicht satt und sättigt nie
Mit ihrem Wechselscheine.
– Schwill an, mein Fluss, und hebe dich!
Mit Grausen übergieße mich!
35 Mein Leben um das deine!

Du weisest schmeichelnd mich zurück
Zu deiner Blumenschwelle.
So trage denn allein dein Glück,
Und wieg auf deiner Welle
40 Der Sonne Pracht, des Mondes Ruh:
Nach tausend Irren kehrest du
Zur ewgen Mutterquelle!

(Aus: Eduard Mörike: Werke und Briefe. Bd. 1,1. Gedichte. Klett-Cotta, Stuttgart 2003, S. 53)

Johann Wolfgang Goethe: **Am Flusse** (entst. um 1768, e. 1799)

Verfließet, vielgeliebte Lieder,
Zum Meere der Vergessenheit!
Kein Mädchen sing euch lieblich wieder,
Kein Jüngling in der Blütezeit.
5 Ihr sanget nur zu meiner Lieben;
Nun spricht sie meiner Treue Hohn.
Ihr wart in's Wasser eingeschrieben,
So fließt denn auch mit ihm davon.

(Aus: Johann Wolfgang Goethe: Sämtliche Werke. Bd. 1. Gedichte 1756–1799. Deutscher Klassiker Verlag, Frankfurt/M. 1987, S. 99)

ERWARTUNGSHORIZONT

Inhaltliche Leistung

Aufgabe 1

	Anforderungen Die Schülerin / der Schüler	maximal erreichbare Punktzahl (AFB)	erreichte Punktzahl
1	verfasst eine aufgabenbezogene Einleitung.	3 (I)	
2	beschreibt die in Mörikes Gedicht dargestellte Situation (das lyrische Ich badet am frühen Morgen in einem Fluss, gibt sich dem Spiel der Wellen und seinen Gedanken hin) und die vom Dichter dafür gewählte lyrische Form (Ausdruck des Wogens, der Wellen durch mal vier-, mal dreifüßige Jamben, wechselnd männliche und weibliche Kadenzen, Reimschema: ababccb).	6 (I)	
3	erläutert die Sprechsituation (das lyrische Ich spricht mit dem Fluss wie mit einem Freund, Vertrauten) und die damit verbundenen sprachlichen Mittel (v. a. Apostrophe, Personifikation, Fragen und Aufforderungen).	6 (II)	
4	erschließt, wie sich der Gedankengang unter Einfluss des Naturerlebnisses von Strophe zu Strophe entwickelt.	6 (II)	
5	untersucht auf inhaltlicher Ebene die Stimmung des lyrischen Ichs zwischen Wohlbefinden und Melancholie, zwischen Genuss des Augenblicks und (Todes-)Sehnsucht und ordnet sprachliche Mittel zu.	6 (II)	
6	setzt sich, unter Beachtung des Zusammenspiels von Form und Inhalt, mit den existenziellen Deutungen (Liebe, Leben, Tod) auseinander, die das lyrische Ich den Naturerfahrungen (Wasser, Sonne, Himmel) zuschreibt.	6 (III)	
7	fasst die Ergebnisse der Analyse im Sinne einer reflektierten Schlussfolgerung zusammen.	3 (III)	
8	entwickelt einen weiteren, eigenständigen Gedanken. (Max. 6 Punkte)		
		36	

ERWARTUNGSHORIZONT **211**

Aufgabe 2

	Anforderungen Die Schülerin / der Schüler	maximal erreichbare Punktzahl (AFB)	erreichte Punktzahl
1	verfasst eine aufgabenbezogene Überleitung.	3 (I)	
2	beschreibt die in Goethes Gedicht dargestellte Situation (das lyrische Ich wirft seine Liebesgedichte in einen Fluss, da seine Liebste ihm untreu geworden ist) und die vom Dichter dafür gewählte lyrische Form (vierversige Liedstrophe mit Kreuzreim).	6 (I)	
3	erläutert die Sprechsituation (das lyrische Ich spricht seine Lieder an) und die damit verbundenen sprachlichen Mittel (v. a. Apostrophe, Personifikation, Tempuswechsel) in Goethes Gedicht.	6 (II)	
4	vergleicht die Gedichte von Mörike und Goethe unter sprachlichen und inhaltlichen Gesichtspunkten, v. a.: • Wassermetaphorik • Liebesthematik • Stimmung des lyrischen Ichs	6 (II)	
5	setzt sich mit der Frage auseinander, inwiefern das Mörike-Gedicht romantische Züge trägt (z. B. Naturerfahrung, [Todes-]Sehnsucht, unerfüllte Liebe, Märchen aus alten Tagen).	6 (III)	
6	nimmt kritisch Stellung zu der Möglichkeit, das Goethe-Gedicht demgegenüber einer anderen Epoche (Sturm und Drang) zuzuordnen.	6 (III)	
7	fasst die Ergebnisse des Vergleichs im Sinne einer reflektierten Schlussfolgerung zusammen.	3 (III)	
8	entwickelt einen weiteren, eigenständigen Gedanken. (Max. 6 Punkte)		
		36	

Darstellungsleistung

	Anforderungen Die Schülerin / der Schüler	maximal erreichbare Punktzahl	erreichte Punktzahl
1	strukturiert den Klausurtext schlüssig, sinnvoll verknüpft und gedanklich klar.	6	
2	schreibt fachsprachlich korrekt und differenziert zwischen beschreibenden, deutenden und wertenden Aussagen.	6	
3	belegt Aussagen funktional durch korrekte Zitate.	3	
4	formuliert begrifflich präzise und differenziert, sprachlich-stilistisch angemessen, abwechslungsreich und sicher.	10	
5	schreibt sprachlich korrekt.	3	
		28	

Eine Zuordnung der Punktezahlen zu den Notenstufen findet sich auf S. 46 in diesem Handbuch.

Autorin:
Angela Mielke

Texte, Themen und Strukturen
Lernerfolgskontrolle 14, S. 3

4   Patrick Süskind / Tom Tykwer: „Das Parfum" – Literaturverfilmung

Konzeption des Kapitels

Der Film ist ein zentrales Medium in der Lebenswirklichkeit der Schülerinnen und Schüler. Die illusionistische Vermischung von Fiktion und Realität in diesem Medium übt eine ungeheure Kraft auf das Erleben der Zuschauer aus. Die als selbstverständlich erlebte Einheit eines Films entsteht im intensiven Zusammenwirken verschiedener Zeichensysteme. Zur Entwicklung der Medienkompetenz gehört es, den komplexen Code aus Bild, Ton, Bewegung und Sprache als kunstvoll gefügte Struktur analytisch zu durchdringen. Zugleich sollen die Schülerinnen und Schüler die Intertextualität des Mediums Film erkennen und im Vergleich filmischer und literarischer Sprache die spezifische Ausdrucksweise beider Medien, Film und Roman, erfassen.

Im ersten Teilkapitel (**„Roman und Film – Szenen im Vergleich"**) vertiefen die Schülerinnen und Schüler ihre Kenntnis medienspezifischer Ausdrucksweisen von Roman und Film und lernen, beide Medien fachsprachlich präzise miteinander zu vergleichen. Ausgehend von Buchcover und Filmplakat verfolgen sie im gesamten ersten Teilkapitel die Akzentverschiebungen in der filmischen Umsetzung. Zwei in Roman und Film zentrale Schlüsselszenen (Exposition, Szene mit dem Mirabellenmädchen) stehen im Mittelpunkt der vergleichenden Analyse. Die Schülerinnen und Schüler erarbeiten einzelne Textstellen sowie die Gesamtstruktur des epischen Textes sehr genau, um sie differenziert zur Verfilmung in Beziehung zu setzen und die filmische Umsetzung fundiert zu bewerten. Im Umgang mit Einstellungsprotokollen und Sequenzplänen erweitern und vertiefen sie ihre filmanalytischen Kompetenzen.

Das zweite Teilkapitel (**„Die Grammatik der Bilder – Elemente der Filmsprache"**) setzt den Schwerpunkt auf die Bildinszenierung des Films und ist damit fachübergreifend angelegt. Mise-en-scène und Schnitt/ Montage werden an ausgewählten Szenen erarbeitet. Insbesondere werden Bildkomposition, Raumgestaltung und Farbeinsatz auf deren Wirkung hin untersucht. Neben Aspekten des Faches Kunst kommen aber auch solche des Fachs Musik zum Tragen. Das Medium Film wird hier im Sinne des erweiterten Textbegriffs als Text mit eigener „grammatischer" Struktur verstanden. Das wichtigste Gestaltungsmittel des Films, die Montage, wird in ihren unterschiedlichen Formen und Funktionen in einer komplexen Filmszene detailliert analysiert. Eine umfangreiche Übersicht über wichtige filmsprachliche Mittel schließt das Teilkapitel ab.

Im dritten Teilkapitel (**„Verfilmung von Literatur – Filmkritik"**) beschäftigen sich die Schülerinnen und Schüler mit dem Phänomen „Literaturverfilmung". Sie analysieren und beurteilen zwei prototypische Filmrezensionen im Hinblick auf ihre Argumentationsstruktur und ihre filmtheoretische Position. Vor diesem Hintergrund gelangen sie zu einer eigenen filmkritischen Urteilskompetenz und verfassen selbst eine Filmrezension. Abschließend setzen sie sich kritisch mit der Verfilmbarkeit von Literatur überhaupt auseinander. Sie lernen die verschiedenen Kategorien der Verfilmung literarischer Texte kennen, womit ihnen Handwerkszeug zur kritischen Beurteilung von Literaturverfilmungen an die Hand gegeben wird.

Literaturhinweise

Beicken, Peter: Wie interpretiert man einen Film? Reclam, Stuttgart 2005

Bohnenkamp, Anne (Hg.): Literaturverfilmungen. Reclam, Stuttgart 2005

Delseit, Wolfgang / Drost, Ralf: Patrick Süskind, Das Parfum: Erläuterungen und Dokumente. Reclam, Stuttgart 2000

Faulstich, Werner: Grundkurs Filmanalyse. Fink, München 2002

Filmdidaktik. Der Deutschunterricht. Heft 3, Friedrich, Velber 2008

Hickethier, Knut: Film- und Fernsehanalyse. Metzler, Stuttgart/Weimar, 4. Auflage 2007

Hildebrand, Jens: Film: Ratgeber für Lehrer. Aulis Verlag, Köln 2001

Kamp, Werner / Rüsel, Manfred: Vom Umgang mit Film. Volk und Wissen, Berlin 1998

Koebner, Thomas (Hg.): Reclams Sachlexikon des Films. Reclam, Stuttgart, 2. Auflage, 2007

Kötter, Engelbert / Wagener, Andrea: Literaturverfilmung: Adaption oder Kreation? Cornelsen, Berlin 2001

Kulturfiliale Gillner und Conrad (Vera Conrad, Ulrich Steller, Regine Wenger): Das Parfum. Filmheft – Materialien für den Unterricht. innovation crew GmbH. Agentur für Jugendmarketing und Schulkommunikation, Herrsching 2006 (als PDF zum download unter: www.parfum.film.de/)

Lueken, Verena: Das Parfum. Das Buch zum Film. Diogenes, Zürich 2006

Mittelberg, Ekkehart von: Patrick Süskind: Das Parfum. LiteraNova. Cornelsen, Berlin 2008

Monaco, James: Film verstehen. Rowohlt, Reinbek bei Hamburg, 10. Auflage 2000

Schnell, Ralf: Medienästhetik. Metzler, Stuttgart/Weimar 2000

Steinmetz, Rüdiger (u.a.): Grundlagen der Filmästhetik. Filme sehen lernen 1. (DVD). Zweitausendeins, Frankfurt/M. 2005

Steinmetz, Rüdiger (u.a.): Licht, Farbe, Sound. Filme sehen lernen 2. (DVD). Zweitausendeins, Frankfurt/M. 2008

	Inhalte	Kompetenzen Die Schülerinnen und Schüler
S. 202	**4 Patrick Süskind / Tom Tykwer: „Das Parfum" – Literaturverfilmung**	▪ antizipieren aus dem Vergleich von Buchcover und Filmplakat genrespezifische Eigenarten der Literaturverfilmung
S. 203	**4.1 Roman und Film – Szenen im Vergleich**	▪ verfügen über wesentliche fachspezifische Kategorien des Vergleichs unterschiedlicher Medien (z. B. rhetorische Mittel des epischen Erzählers – filmsprachliche Mittel der Kamera)
S. 203	**Der Romananfang – Der Held wird geboren** *Patrick Süskind: Das Parfum*	▪ analysieren den Romananfang differenziert nach inhaltlichen und formalen Kriterien
S. 205	**Die filmische Exposition – Annäherung an eine schwierige Figur** *Andrew Birkin / Bernd Eichinger / Tom Tykwer: Das Drehbuch*	▪ verstehen den funktionalen Zusammenhang von Bild, Ton und Bewegung im Film und erklären dessen Wirkung
S. 209	**Das Mirabellenmädchen – Der erste Mord in Film, Drehbuch und Roman**	▪ vergleichen Roman, Drehbuch, Filmbilder und Filmszenen in ihrer unterschiedlichen medienspezifischen Gestaltungsweise (Schwerpunkte: Figuren, Handlungsdramaturgie, Leitmotivik)
S. 211	**Der Film als Ganzes – Handlungsgefüge im Vergleich zum Roman**	▪ beherrschen die Arbeitstechniken Einstellungsprotokoll und Sequenzplan ▪ bewerten filmspezifische Aspekte der Literaturverfilmung argumentativ fundiert
S. 212	**4.2 Die Grammatik der Bilder – Elemente der Filmsprache** **Der Film im Detail – Inszenierte Bilder** Mise-en-scène (In-Szene-Setzen) Schnitt und Montage	▪ wenden fachübergreifendes Wissen (Kunst) auf die Analyse und Interpretation von Filmbildern an ▪ ordnen Filmbilder funktional in ihren filmischen Kontext ein (Einstellung, Szene, Sequenz) ▪ erkennen Schnitt und Montage als aussagesteuerndes Gestaltungsmittel des Films und unterscheiden verschiedene Montageformen in ihrer Wirkung ▪ analysieren eine komplexe Filmszene hinsichtlich Bildgestaltung, Montage, Sprache und Musik
S. 216	**4.3 Verfilmung von Literatur – Filmkritik**	
S. 216	**Gefühlskino? – Zwei Filmrezensionen** *Peter Körte:* Du spürst kaum einen Hauch *Michael Althen*: Ich will doch nur, dass ihr mich liebt	▪ analysieren kontroverse Filmrezensionen und beurteilen sie kritisch ▪ verfassen selbst eine Filmrezension
S. 218	**Theorie der Literaturverfilmung** *Ralf Schnell:* Literarischer Film *Knut Hickethier:* Der Film nach der Literatur ist Film	▪ erfassen Argumentationsstrukturen und filmtheoretische Grundauffassungen zur Literaturverfilmung

4 Patrick Süskind / Tom Tykwer: „Das Parfum" – Literaturverfilmung

▶ S. 202 **Das Parfum – Buchcover und Filmplakat**

1 a Mit der ausgestreckt schlafenden, nur leicht bedeckten Frauenfigur stehen beide Bilder in der Tradition der klassischen Venusdarstellungen (z. B. Tizian, Velázquez, Courbet, Füssli). Der Ausschnitt aus dem Gemälde des Rokoko-Malers Antoine Watteau, „Satyr und schlafende Nymphe" bzw. „Jupiter und Antiope" (1715), auf dem Buchcover konzentriert sich auf das Porträt der Schlafenden auf drapiertem Stoff. Wesentliche Gestaltungsmerkmale sind der ausgestreckt herunterhängende Arm und der ruhende Kopf, die für einen friedlichen, arglosen Schlaf stehen. Diese Pose nimmt das Filmplakat auf, verändert sie jedoch in entscheidenden Aspekten. Die Abgebildete ist keine konkrete Figur aus dem Film, sondern steht für den Frauentyp, auf den sich Grenouille fixiert. Die roten Haare kennzeichnen das Mirabellenmädchen und Laure Richi. Auf Laure verweisen das weiße Drapeau und die weiße Rose (Symbole der Unschuld und Reinheit, zugleich Verweis auf das Duftmotiv). Das Bild ist extrem stilisiert. Der harte Rot-Weiß-Kontrast bildet eine Diagonale, die durch den herunterhängenden Arm mit der Rose unterstrichen wird. Das Rot ist ein unnatürliches (z. B. Augenbrauen), das im Kontrast zum Weiß (Assoziation Totenlager) die Symbolik von Sinnlichkeit/Eros, aber auch Gefahr und Gewalt (Blut) annimmt. Damit übersteigt das Filmplakat das Genre: Während das Buchcover mit bildender Kunst an die kulturelle Tradition anknüpft und somit den Roman als klassisches Bildungsgut ausweist, spielt das Filmplakat mit eher reißerischen Assoziationen. Dramatik und Schock stehen im Vordergrund.

b Die Ähnlichkeiten von Buchcover und Filmplakat suggerieren dem Betrachter eine große Nähe der Stoffe und ihrer Aufbereitung in beiden Medien. Der Film wird sich relativ werktreu an die literarische Vorgabe halten. Gleichzeitig setzt der Film entscheidende filmspezifische Akzente: Konzentration auf die Morde, Verbindung von Eros und Tod, Stilisierung in der Bildsprache.

2 Die Schülerinnen und Schüler antizipieren in dieser Aufgabe Grundfragen der Filmrezeption, die für die abschließende Bewertung der Literaturverfilmung im Teilkapitel 4.3 relevant sind. Dabei sollte das Spektrum zwischen abbildhafter Werktreue und freier Interpretation der Vorlage bis zur Neuschöpfung des Stoffes in der Diskussion berücksichtigt werden. Der Spielfilm (der nicht auf Literatur beruht) bietet eine Fülle an Beurteilungskriterien, z. B. Genre (wie Sciencefiction, Fantasy, Horror, Liebeskomödie etc.), Spannung, Action, filmische Gestaltung (Kamera, Schnitttechnik, Mise-en-scène, Computeranimation), Musik, Authentizität, bestimmte Schauspieler/innen. Eine Literaturverfilmung wird häufig in erster Linie daran gemessen, wie sie sich an der Literaturvorlage orientiert. Inwieweit sie die allgemeinen Kriterien des Spielfilms erfüllt, ist ein weiterer wichtiger Bewertungsaspekt.

3 Viele Sinne lassen sich relativ unkompliziert in Filmsprache übertragen (Sehen, Hören, Fühlen); der Geruchssinn allerdings stellt besondere Anforderungen an eine filmische Umsetzung. Deshalb galt der Roman lange als unverfilmbar. Die Schülerinnen und Schüler werden vermutlich auf die Möglichkeit der sprachlichen Umsetzung des Duftmotivs (im On- und Off-Ton) verweisen. Auch könnte man den Akt des Riechens zeigen (schnuppernde Figur). Auf der gegenständlichen Ebene können mit bestimmten Dingen Gerüche assoziiert werden (Blumen, verrottendes Fleisch). Entscheidend ist aber die filmsprachliche Umsetzung über Bildgestaltung und/oder Ton (Geräusche und Musik). Besonders über synästhetische Effekte lässt sich der Geruchssinn anspruchsvoll darstellen, etwa durch intensive bzw. schwache Farben, Einstellungsgrößen (z. B. extreme Details), Geräuschverstärkung, Bewegung der Kamera (z. B. schweifende, fliegende, sich annähernde Bewegungen vom Objekt zur Nase hin oder von der Nase zum Objekt).

◎ Eine Folie zur Auftaktseite dieses Kapitels findet sich auf der beiliegenden CD:
- *Patrick Süskind:* Das Parfum (Buchcover) / *Tom Tykwer:* Das Parfum (Filmplakat)

4.1 ROMAN UND FILM **215**

4.1 Roman und Film – Szenen im Vergleich

Der Romananfang – Der Held wird geboren

Patrick Süskind: **Das Parfum** – Romananfang ▶ S. 203

1 a Mögliche erste Eindrücke: außergewöhnliche Umstände der Geburt des Protagonisten, auffällig gestaltetes Motiv des Geruchs, Beschreibung der Stadt Paris und des Fischmarkts, menschenverachtender und brutaler Umgang miteinander, historisierende Erzählweise, auffällige sprachliche Gestaltung.

b Negativer als in diesem Romananfang kann man einen Protagonisten kaum einführen. Von Anfang an hat Grenouille kaum eine Überlebenschance in seiner grausamen Umgebung. Nur durch einen Zufall bleibt er überhaupt am Leben. Drei zentrale Hinweise auf den weiteren Lebensweg Grenouilles lassen sich herausarbeiten:
- Grausamkeit und Menschenverachtung im zwischenmenschlichen Bereich prägen das Kind von Anfang an („eklige Geburt", Z. 99; „das blutige Fleisch", Z. 103; „das Ding […] verrecken lassen", Z. 152 f.)
- allgegenwärtiges Geruchsempfinden als charakteristisches Merkmal der Hauptfigur
- Spiegelung im Lebensweg der Mutter (abgestumpftes Leben, Gefühllosigkeit, Mord, Hinrichtung)

2 Die Häufung vielfältiger rhetorischer Mittel im Romananfang hat die Funktion, den Leser äußerst nah an das Geschehen und die Hauptfigur zu binden. Der auktoriale Erzähler führt uns unmittelbar ins Thema ein. Durch deiktische Signale, durch Figuren der Akkumulation und Übertreibungen bzw. Antithesen wird eine Intensität (auch der Gerüche) erzeugt, deren suggestiver Kraft sich der Leser kaum entziehen kann.
- Parallelismen/Anaphern: „Es stanken […] nach […]", „aus den […]" (Z. 21–43), „achthundert Jahre lang" (Z. 59–65), „wie ein Raubtier"/„wie eine alte Ziege" (Z. 44 f.), „so gab es keine […], keine […], keine […], keine […]." (Z. 48 ff.)
- Wiederholungen: „stanken" (Z. 21 ff.), „Gestank" (z. B. 52 ff.), „Geruch"/„Leichengeruch" (Z. 91–93); unterschiedliche grammatische Formen des Worts „stinken": „Gestank", „stanken"/„stank", „allerstinkendsten" (Z. 78)
- Alliterationen: „Küchen – Kohl" (Z. 24 f.), „Stuben stanken nach muffigem Staub" (Z. 26), „feuchten Federbetten" (Z. 28), „Geschrei, Gerenne" (Z. 133)
- Aufzählungen: „de Sades, Saint-Justs, Fouchés, Bonapartes" (Z. 8 f.), „Selbstüberhebung, Menschenverachtung, Immoralität, kurz an Gottlosigkeit" (Z. 12 f.)
- Binome: „nach Schweiß und nach ungewaschenen Kleidern" (Z. 33 f.), „sommers wie winters" (45 f.)
- Antithesen/auch Ironie: „genialsten und abscheulichsten" (Z. 2 f.), „noch ganz hübsch […] noch fast alle Zähne […] noch etwas Haar […] Gicht […] Syphilis […] Schwindsucht" (Z. 111 ff.), „lange zu leben, vielleicht fünf oder zehn Jahre lang" (Z. 115 f.)
- Hyperbeln, Superlative: „genialsten und abscheulichsten" (Z. 2 f.), „am größten"/„größte" (Z. 53 f.), „allerstinkendsten" (Z. 78), „heißesten" (Z. 81), „im höchsten Maße" (Z. 94)
- Vergleiche: „wie ein Raubtier" (Z. 44), „wie eine alte Ziege" (Z. 45), „wie ein Feld von Lilien oder wie ein enges Zimmer, in dem zuviel Narzissen stehen" (Z. 128 f.)
- Klimax: „macht man ihr den Prozeß, verurteilt sie […] und schlägt ihr […] den Kopf ab" (Z. 155 ff.)
- personale Deixis: „wir", „uns" (Z. 19 f.), lokale Deixis: „hier" (Z. 78, Z. 101), temporale Deixis: „nun" (Z. 78), „heute" (Z. 109)

Die filmische Exposition – Annäherung an eine schwierige Figur

Andrew Birkin / Bernd Eichinger / Tom Tykwer: **Das Drehbuch** ▶ S. 205

1 Der Film eröffnet mit einer Großaufnahme auf ein Gesicht als Schattenumriss. Aus dem Dunkel taucht hell ausgeleuchtet die Nase des Protagonisten auf. Damit wird das Leitmotiv des Films unmittelbar ins Zentrum gerückt. Leichte Lichtreflexe lassen Augen und Mund erahnen. Der Blick der Filmfigur in die Kamera suggeriert eine intime Komplizenschaft des Zuschauers. Er gleicht einem Blick in den Spiegel und bindet den Zuschauer stark an die Filmfigur. Was wir im Folgenden zu sehen bekommen, werden wir aus deren Sicht wahrnehmen (Reflektorfigur).
Die Düsternis der Umgebung knüpft an die finstere Stimmung des Romans an.

2 Die Kamera führt den Betrachter über nahe Einstellungsgrößen (Nah, Groß, Detail) immer dichter an die Figur Grenouilles heran, bis er durch sein Nasenloch in ihn eingesogen wird (Z. 11 f., 17, 24 f.).

B4 PATRICK SÜSKIND / TOM TYKWER: „DAS PARFUM"

3 a Das Wechselspiel bzw. der Kontrast zwischen dem Einzelnen (verurteilter Grenouille), der Staatsmacht (Justiz) und der Masse wird durch die filmspezifische Gestaltung in Bild (Kamera: Einstellungsgrößen, Kameraperspektiven und -bewegung, Mise-en-scène: Location, Requisite) und Ton
(Geräusche, Orchestermusik, Sprache) wirkungsvoll in Szene gesetzt. Es lohnt sich, ein **Einstellungsprotokoll** anzufertigen:

Einstel-lungen	Inhalte	Bild (Kamera, Mise-en-scène)	Ton (Geräusche, Musik, Sprache)
1		Dunkel Grau-/Schwarztöne	Gesang (an Gregorianik ange-lehnter Gesang, dunkle Streicher)
2	Figur mit Kerkerumfeld Gesicht	Halbnah Groß: ausgeleuchtete Nase (Detailwirkung)	Stille dumpfes, weit entferntes Rumoren der Masse Atemgeräusch Grenouilles
3	Kerkervorraum und Weg zum Balkon: halb nackter, beschmutzter Grenouille wird abgeführt	wechselnde Einstellungsgrößen, von Halbtotale bis Detail (Ketten) Dunkelheit, Brauntöne (nostalgisch)	Geräuschverstärkung Poltern, Kettenrasseln Wortfetzen, Murmeln
4	Grenouille tritt hinter den Richtern vor die Masse Urteilsverkündung: Richter, Justizbeamte und Wachleute auf dem Balkon des Gerichtsgebäudes oberhalb der Masse auf dem Marktplatz	Kamera folgt G., mit seiner Rückenfigur wird der Betrachter vors Volk geführt (Vogel-perspektive) Kontrast: Einzelfigur in Halbnah bis Nah und Masse in Totale Schnitte: Grenouille – Richter – Masse	Urteilsverkündung begleitet vom Stakkato der Massengeräusche (Jubel)
5	Konzentration auf Grenouille	Kamera fährt auf Grenouilles Gesicht zu (Nah, Groß, Detail) Dunkel	Voice-over (Erzähler) anschwellende Klänge des gesamten Orchesters (Streicher, Bläser, Klavier, Pauke, Harfe) Atemgeräusch (Einsaugen)
6		Filmtitel	Musik

b Die induktive Exposition des Films (vom Detail zum Gesamten, vom Einzelnen zur Masse) greift eine
späte Szene im Roman auf, sodass die eigentliche Filmhandlung eine Rückblende ist. Während der
Roman mit der Geburt Grenouilles einsetzt und sein Leben chronologisch erzählt, setzt der Film von
Anfang an den Schwerpunkt auf die Kriminalhandlung. Das Zuschauerinteresse richtet sich auf die
Lösung der Frage, wie es zu dieser harten Verurteilung und zu der Faszination der Masse am Unglück
des Einzelnen kommen konnte.
Genau wie im Roman wird der Geruchssinn in der filmischen Exposition dominant ins Zentrum gestellt
und als Leitmotiv konstituiert.

▶ S. 207 **Fischmarkt – Paris**

1 a Der historische Ort des Fischmarkts in Paris um 1738 wird mit hoher Authentizität geschildert.
Location, Milieu, Kostüme, Requisiten und gesellschaftliche Stände entsprechen den historischen
Gegebenheiten in unserer heutigen Vorstellung. In einer einführenden Totale erfassen die Zuschauer
den Ort des Geschehens. Dreck, Schmutz, Gestank und Elend schildert der Film atmosphärisch dicht.
Der Kontrast von entstehendem Leben (Säugling) und Tod (Fisch- und Fleischabfall, Galgen) wird
besonders stark in Szene gesetzt. Die intensive Wirkung von Ekel entsteht durch Detailaufnahmen,
die sich mit Großaufnahmen auf Gesicht und Säugling abwechseln: Schleim, Maden, Fleischfetzen,
eine Ratte, ein Schweinskopf etc.

4.1 ROMAN UND FILM

b Auf der visuellen Ebene assoziieren wir mit Lumpen, Schweiß, Schlamm, Schmutz, Schleim, Abfall, Kadavern, Würmern, Ratten, Erbrochenem etc. negative, Ekel erregende Gerüche. Gleichzeitig hören wir im On-Ton verstärkte und isoliert wirkende begleitende Einzelgeräusche (Schreie, Schnitte, Messerhacken, Glitschen, Grunzen, Erbrechen etc.), die hart hervorstechen. Durch die schnelle Schnitttechnik, in der extreme Detailaufnahmen der ekligen, blutigen Dinge und Vorgänge in rasanter Schnelligkeit aneinandergeschnitten werden, wird unsere Wahrnehmung intensiviert. Die Erzählerstimme, die aus dem Off von dem Gestank berichtet, unterstreicht lediglich das, was der Zuschauer visuell und akustisch schon wahrnimmt.

2 Absatzweise zitiert der filmische Erzähler aus dem Off (Voice-over) die originale Romanexposition. Dabei werden einige Textstellen wortgetreu übernommen, andere leicht abgewandelt und wieder andere ergänzt. Letztere fügen sich nahtlos in den Handlungszusammenhang und in die atmosphärische Wirkung des Erzähltextes. Neu hinzugefügt ist der direkte Dialog zwischen Grenouilles Mutter und dem Kunden sowie der Frauen.

Der Erzähltext evoziert den Gestank durch auffällige, differenzierte sprachliche Mittel (vgl. Aufgabe 2, S. 205 im Schülerband, S. 215 in diesen Handreichungen). Dieses wichtige epische Gestaltungsmittel des Romans transformiert der Film in reine Filmsprache (schnelle Schnitte, Detailaufnahmen von ekligen Dingen, Geräuschverstärkung).

Das Mirabellenmädchen – Der erste Mord in Film, Drehbuch und Roman ▶ S. 209

1 a Im **Roman** wird ein gefühlloser Mädchenmord geschildert. Grenouille ist wie ein Getriebener, der sich egozentrisch lediglich für seine Geruchsleidenschaft interessiert. Das Mädchen bleibt ihm gleichgültig. Nicht ihre Schönheit fasziniert ihn, sondern die durch sie ausgelöste Abstraktion des Duftes (das „apotheotische Parfum", Romanauszug, Z. 11). Das Mädchen steht so unter Schock, dass sie kaum realisiert, was ihr geschieht. Er zieht sich völlig in sein Inneres zurück, während er mordet („Er seinerseits sah sie nicht an. Ihr feines sommersprossenübersprenkeltes Gesicht […] sah er nicht, denn er hielt seine Augen fest geschlossen", Z. 42 ff.). So entsteht kein Kontakt zwischen beiden; Grenouille nimmt das Mädchen nicht als die erotische Herausforderung wahr, als die sie der Erzähler schildert, sondern als Objekt seiner Obsession.

Der **Film** setzt einen entschieden anderen Akzent. Auch wenn die Szene zunächst relativ werktreu angelegt ist, wird Grenouille als fühlendes Wesen geschildert, das der erotischen Faszination des Mädchens erliegt. Neben ihrem Duft reizen ihn auch ihre erotischen Körpersignale (Schulter, Haar, Brust). Als das Mädchen ihn wahrnimmt, droht sie durch ihr Verhalten (Schrei) eine erotische Begegnung zu verhindern. Aus Angst vor Entdeckung durch das zufällig auftauchende Passantenpaar erstickt Grenouille sie aus Versehen. Sein ihr liebevoll zugewandter Blick und seine Fassungslosigkeit sowie sein Entsetzen über die Tat unterstellen der Figur menschliche Gefühle wie Glück, Mitleid und Schuldbewusstsein.

b Luekens Aussage bezieht sich darauf, dass im Film mehr auf der Handlungsebene geschehen muss als in der Literatur. Die filmische Umsetzung des Romans verlangt demnach nach einer Figur, die sich entwickelt, zwischenmenschliche Regungen zeigt und in einem konfliktreichen Spannungsverhältnis von mörderischer Obsession und Gefühlen wie Liebe, Schuld, Zweifel steht.

Der Regisseur Tom Tykwer begründet in einem Interview diese filmspezifische Notwendigkeit, eine Heldenfigur zu schaffen, die eine Identifikationsfläche für den Zuschauer bietet: „Wir haben uns gefragt, wie man Grenouille bis zum Ende als Helden ernst nehmen kann. Deswegen haben wir seine Motivation besonders gestärkt, seine Sehnsucht danach, menschliche Nähe erleben zu können. Sein Irrweg besteht ja darin, dass er glaubt, diese Nähe erzeugen zu können, indem er sich maximal verstellt: Mit dem perfekten Parfum, glaubt er, kann ihm keiner mehr widerstehen. Aber innerhalb seines Scheiterns geht ihm auf, wie es anders hätte sein können. Nur weiß er auch, dass es zu spät ist. Es ist ein anderer Ansatz, deckt sich aber mit der Konklusion, die bei Süskind dahintersteht." (Quelle: „Das Parfum: Ein kathartisches Erlebnis. Interview mit Tom Tykwer". www.welt.de/ print-welt/article149691/Das_Parfuem_Ein_kathartisches_Erlebnis.html)

c Entsprechend den unterschiedlichen medialen Strategien von Roman und Film fungiert die Mirabellenmädchen-Episode als Schlüsselszene. In beiden Medien ist sie der Auslöser für Grenouilles mörderisches Treiben.

218 B 4 PATRICK SÜSKIND / TOM TYKWER: „DAS PARFUM"

2 Die Schülerinnen und Schüler können zu dieser Szene ein differenziertes Einstellungsprotokoll anfertigen (vgl. Aufgabe 3a, S. 206 im Schülerband, S. 216 in diesen Handreichungen).

- Themen: Geruchsobsession, Liebe und Erotik, Tod
- Motive: erotische Körpersignale (z. B. Haar, Schulter des Mädchens, Heben der Brust, Atmen), Früchte (Verführung), Riechen (erst zart und vorsichtig, dann wild und manisch), toter Körper
- Mimik, Gestik: sehr vielfältig und differenziert bei beiden Figuren (Blicke, Handbewegungen, Neigen und Drehen des Kopfes, vorsichtiges Halten und Ablegen des Körpers, erforschendes Bloßlegen und Riechen etc.)
- Musik: Leitmotiv (zunächst Streicher, Harfe und Chor, dann sirenenhafter Sologesang und Klavier); Stille beim Mord; bedrohlichere, anschwellende Musik (Ostinato) beim obsessiven Riechen
- Kamera: sehr vielfältig; besonders interessant ist die Ausgangsbewegung der Kamera auf Grenouille zu, die den Geruch verkörpert (siehe auch „Schärfe"); Kamerabewegung mit den Figuren; Detaileinstellungen auf die erotischen Körpersignale des Mädchens, auf die Früchte und auf Grenouilles Nase; Zeitlupe
- Schnitt: Überblendungen/Jumpcut (Annäherungen an das Mädchen); erzählerischer Schnitt; Schuss-Gegenschuss bei der Begegnung
- Farben: Dunkelheit mit aufleuchtenden Akzenten: rote Haare, gelbe Mirabellen, weiße Kleidungsstücke, weißer Körper des toten Mädchens
- Beleuchtung: Dunkelheit mit Lichtakzenten auf den Figuren, Glanzlichter auf nasser Straße, Feuer, Feuerwerk, Kerzenschein
- Schärfe: verschwommenes Ausgangsbild (der Geruch, der sich erst undeutlich, dann konkret auf Grenouille zubewegt)

▶ S. 211 **Der Film als Ganzes – Handlungsgefüge im Vergleich zum Roman**

1 Auf der DVD „Das Parfum" wird der Film in 30 Kapitel eingeteilt. Der folgende Sequenzplan entspricht diesen Kapiteln nicht ganz, sondern unterscheidet eindeutige Orts- und Themenwechsel. Er ist somit genauer als die Gliederung auf der DVD.

Sequenz	Dauer	Inhalt	Kommentar
Exposition	0.00.00 – 0.03.58	• Grenouille (G.) im Kerker und bei der Verurteilung • Filmtitel	• Off-Erzähler
Fischmarkt Paris	0.03.59 – 0.06.37	• G.s Geburt im Dreck des Fischmarkts • Entdeckung und Hinrichtung der Mutter	• Beginn Rückblende: • G.s Leben bis zur Verurteilung • Inszenierung des Gestanks • Analogmontage
Waisenhaus Madame Gaillard	0.06.37– 0.11.39	• Entwicklung G.s vom Säugling über die Kindheit zum Jugendlichen: extreme Außenseiterrolle; hartes Umfeld; sinnliche Wahrnehmungen	• autistische Züge G.s • erste Visualisierungen seiner olfaktorischen Fähigkeiten
Gerberei Grimal	0.11.40 – 0.13.00	• Grimal kauft G. von Gaillard • Gaillards Tod • harte, ausbeuterische Arbeit	• jede/r, den G. verlässt, stirbt
Paris Straße Parfümerie Pélissier	0.13.01 – 0.17.02	• G. ist erwachsen • G. erlebt zum ersten Mal die vielfältigen und feinen Gerüche der Stadt	• Kontrast von bisherigem Schmutz, Elend und Dunkel gegenüber der Welt der Schönheit, Eleganz und der Farben • Flut an olfaktorischen Eindrücken • Unwichtiges unscharf
Mirabellen-mädchen	0.17.03 – 0.25.34	• G. folgt dem Geruch des Mirabellen-mädchens, Feuerwerk • Annäherung über das Riechen, Ersticken des Mädchens, Geruchsobsession	• musikalisches Leitmotiv (wie Sirenengesang), Zeitlupe • erotische Verführung • erste Gefühlsregungen • erster Mord als Unfall, dissonante Musik

4.1 ROMAN UND FILM 219

Sequenz	Dauer	Inhalt	Kommentar
Gerberei Grimal	0.25.35 – 0.26.15	▪ Grimal verprügelt G. (Strafe) ▪ nachdenklicher G.	▪ Einsicht in seinen Lebenszweck
Parfümerie Baldini	0.26.15 – 0.29.01	▪ Baldini und Chénier im Gespräch über Pélissier und sein neues Parfum	▪ Brücke mit Geschäften als Szenenübergang ▪ Baldinis Gehilfe scheint souveräner und lebenstüchtiger als sein Herr
Baldinis Scheitern	0.29.02 – 0.32.10	▪ Baldini allein im Büro: Versuch, Duft zu entschlüsseln	▪ groteske Überzeichnung, Karikatur
Grenouille bei Baldini (Labor)	0.32.11 – 0.42.55	▪ im Labor: G. kann sein außerordentliches Können unter Beweis stellen ▪ Baldinis Ungeduld, Staunen, Ablehnung	▪ erster Dialog zwischen G. und einer anderen Figur ▪ Konkurrenz ▪ Baldinis Fantasie (Blumen, Frau), kreisende Kamera
	0.42.56 – 0.47.27	▪ Baldini kauft G. von Grimal, Grimals Tod ▪ G. erlernt das Handwerk des Parfümeurs von Baldini (Legende von den 13 Parfum-Essenzen) ▪ *Mindscreen:* Erinnerung an das Mirabellenmädchen ▪ Pakt zwischen G. und Baldini	▪ Kontrast Baldini (Eleganz) und Grimal (Grobheit) ▪ Überblendungen, Details eleganter Figuren und Gesten ▪ musikalisches Leitmotiv
	0.47.28 – 0.53.14	▪ G. erlernt Destillationsverfahren ▪ Experimente mit untauglichen Materialien ▪ Verzweiflung und Ohnmacht G.s	▪ Brücke mit Geschäften als Szenenübergang ▪ Farbakzent (Rosen), Rot als Symbolfarbe der Verführung
Grenouilles Krankheit und Genesung	0.53.15 – 0.55.59	▪ G. schwer erkrankt ▪ *Mindscreen:* Erinnerung an das Mirabellenmädchen ▪ G. gesundet, als er durch Baldini von dem Verfahren der Enfleurage erfährt ▪ G. will nach Grasse, erneuter Pakt ▪ Baldinis Tod	▪ Brücke mit Geschäften als Szenenübergang ▪ musikalisches Leitmotiv ▪ Einsturz der Brücke
Höhle Zentralmassiv	0.56.00 – 1.00.16	▪ G. in der Natur: auf dem Weg nach Grasse ▪ einsame, geruchsfreie Höhle ▪ *Mindscreen:* Erinnerung an das Mirabellenmädchen ▪ Zeitsprung: G. begreift, dass er keinen eigenen Geruch hat	▪ Klarheit, Reinheit, Sauberkeit in der Natur ▪ Mirabellenmädchen ohne musikalisches Leitmotiv: G. ist nicht wahrnehmbar
Provence Grasse Richis Anwesen	1.00.17 – 1.05.31	▪ Fortsetzung der Reise nach Grasse ▪ erste Begegnung mit Laura ▪ Ankunft in Grasse ▪ G. ist von Lauras Geruch und Schönheit betört	▪ Lichtfülle, Leuchten, Farbe ▪ neues musikalisches Leitmotiv: Laura
Hof von Madame Arnulfi	1.05.32 – 1.07.59	▪ Arbeiter auf den Lavendelfeldern und in der Scheune ▪ G. beginnt seine Ausbildung bei Madame Arnulfi	▪ Helligkeit, violette und gelbe Farben (Komplementärkontrast)
Nacht	1.08.00 – 1.13.01	▪ G. tötet Erntehelferin, nimmt ihren Duft durch Enfleurage im Tank und wird dabei fast von Druot entdeckt	▪ erster gezielter Mord G.s

Sequenz	Dauer	Inhalt	Kommentar
Prostituierte	1.13.02 – 1.18.34	▪ G. bei einer Prostituierten: Versuch, den Duft von einer Lebenden zu nehmen ▪ Parfumherstellung aus der Leiche, erfolgreiche Überprüfung der Methode (Hund)	▪ zweiter gezielter Mord ▪ Hund als Zeuge
Lauras Geburtstagsfest	1.18.35 – 1.25.40	▪ Montesquieus Werben um Laura ▪ Versteckspiel im Irrgarten ▪ Suche nach Laura/nach Zwillingen, G. mit Leichen (Enfleurage); er wird wieder fast von Druot entdeckt: Wirkung der Essenzen auch bei Menschen	▪ Parallelmontage ▪ Spannung, Schockeffekte (Spiel mit der Erwartungshaltung der Zuschauer)
Mordserie	1.25.41 – 1.32.43	▪ Beratung der Ratsherren über Verfolgung des Mörders ▪ weitere Morde und Enfleuragen, Zusammenstellung der Flakons ▪ Hysterie im Volk ▪ Verbannung und Verfluchung G.s (Predigt) ▪ Verhaftung des falschen Verdächtigen, Richis Zweifel	▪ Parallelmontagen ▪ Lauras Kopf im 13. Flakon (Überblendung) ▪ G. steht kurz vor der Vollendung seines Parfums (12 Essenzen)
Nacht in Grasse	1.32.08 – 1.37.15	▪ G. verfolgt Laura ▪ Freudentanz auf dem Marktplatz, Laura widersetzt sich ihrem Vater, Aussprache ▪ Angsttraum Richis	▪ Spannung
Flucht aus Grasse und Verfolgung	1.37.16 – 1.43.33	▪ Reise der Richis zum Gasthaus am Meer ▪ G. nimmt Verfolgung auf ▪ Entdeckung der Haare und Kleider der Opfer in Arnulfis Hof	▪ Parallelmontage ▪ Kameraflug auf Laura zu (Riechen wird durch räumliche Bewegung visualisiert)
Mord an Laura	1.43.34 – 1.48.09	▪ Trotz aller Sicherheitsvorkehrungen gelingt es G. problemlos, zu Laura zu gelangen: Mord, Enfleurage, Entdeckung der Toten	▪ weiße Überblendungen
Grenouille und Richi	1.48.10 – 1.52.09	▪ G. vollendet sein Parfum, wird entdeckt und verhaftet ▪ Folter und Verhör durch Richi	▪ musikalisches Leitmotiv: Laura
Hinrichtungsvorbereitungen, Massenorgie	1.52.10 – 2.05.59	▪ Volksmassen strömen nach Grasse, große Versammlung auf dem Marktplatz ▪ G. betört und manipuliert alle, einschließlich Richi, durch sein Parfum und entgeht so der Hinrichtung, Massenorgie ▪ *Mindscreen:* Erinnerung an das Mirabellenmädchen (Vereinigung in der Fantasie durch G.s Eigengeruch möglich)	▪ Ende der Rückblende: Kerker ▪ Zeitlupe ▪ Mirabellen lösen Erinnerung aus ▪ musikalisches Leitmotiv ▪ erstmals echte Gefühle (Trauer)
Epilog, Grenouilles Tod	2.06.00 – 2.12.12	▪ Erwachen, Druots Verhaftung und Hinrichtung ▪ G.s Rückkehr an den Ort seiner Geburt ▪ G.s Tod	▪ Erzähler (Voice-over) ▪ Überblendung, Detail ▪ der Kreis schließt sich (Schmutz, Dunkelheit)
Abspann	2.12.13 – 2.21.30		

4.1 ROMAN UND FILM **221**

2 a Die Tabelle könnte z. B so aussehen:

Roman	Film	Veränderungen im Film
	Exposition: Kerker, Verurteilung	verschoben/erweitert
Fischmarkt Paris	Fischmarkt Paris	
Amme Bussie, Pater Terrier		ausgelassen
Waisenhaus Madame Gaillard	Waisenhaus Madame Gaillard	reduziert
Gerberei Grimal	Gerberei Grimal	
Paris, Straße	Paris, Straße Parfümerie Pélissier	erweitert
Mirabellenmädchen	Mirabellenmädchen	
	Gerberei Grimal	
Parfümerie Baldini Baldinis Scheitern (Pélissier) Grenouille bei Baldini (Labor) Grenouilles Krankheit und Genesung	Parfümerie Baldini Baldinis Scheitern Grenouille bei Baldini (Labor) Grenouilles Krankheit und Genesung	reduziert
Höhle Zentralmassiv	Höhle Zentralmassiv	
Marquis de la Taillade-Espinasse **Parfümeur Runel**		ausgelassen
Provence, Grasse Richis Anwesen	Provence, Grasse Richis Anwesen	
Hof von Madame Arnulfi	Hof von Madame Arnulfi	
Mordserie	**Nacht**	neu hinzugefügt
	Prostituierte	
Richi und Laure	**Lauras Geburtstagsfest**	
	Mordserie	verschoben
	Nacht in Grasse	neu hinzugefügt
Flucht aus Grasse und Verfolgung	Flucht aus Grasse und Verfolgung	
Mord an Laura	Mord an Laura	
Gefangennahme, Folter, Verurteilung	Grenouille und Richi	erweitert/reduziert
Hinrichtungsvorbereitungen Massenorgie (Bacchanal)	Hinrichtungsvorbereitungen Massenorgie	
Grenouille bei Richi		ausgelassen
Epilog, Grenouilles Tod	Epilog, Grenouilles Tod	
	Abspann	

b Im Film werden drei zentrale Episoden aus dem Roman ausgelassen: Grenouille bei der Amme Bussie und bei Pater Terrier, Grenouille bei dem Marquis de la Taillade-Espinasse und beim Parfümeur Runel (Herstellung eines menschlichen Parfums), Grenouille bei Richis (als Kindersatz). Der Film muss vor allem aus Gründen der Ökonomie übernommene Szenen vereinfachen und reduzieren und auch ganze Episoden aussparen. Die Auslassungen führen hier nicht zu grundsätzlichen Veränderungen der Intention des Romans. Auf der anderen Seite muss der Film mit seinen spezifischen Gestaltungsmitteln eigene Akzente setzen und so auch ganze neu Szenen hinzufügen (ausführliche Schilderung ausgewählter Morde, Schilderung Lauras). Außerdem setzt der Film mit der neuen Exposition einen Rahmen. Die Ergänzungen im Film dienen der Spannungssteigerung und erfüllen die Zuschauererwartung an aktuelle Filme (z. B. Schockeffekte, Liebesmotiv).

c Beim detaillierten Vergleich des epischen und filmischen Handlungsgefüges ist darauf zu achten, dass die Schüler/innen fachspezifische Kategorien inhaltlicher und formaler Art auch fachsprachlich korrekt

222 B4 PATRICK SÜSKIND / TOM TYKWER: „DAS PARFUM"

anwenden. Ihnen soll bewusst werden, dass sie aus dem Literaturunterricht schon über Fachbegriffe verfügen, die sich auch für die Analyse des Mediums Film eignen. Beispiele:

- Handlungsdramaturgie (z. B. Vorausdeutungen im Roman durch den allwissenden Erzähler; Rückblende der zentralen Handlung im Film);
- erzählerische Funktion der Kamera (z. B. extreme Detailaufnahmen und Unschärfen für die Darstellung der sinnlichen Wahrnehmung Grenouilles in den Straßen von Paris; Vergleich zur weitgehend auktorialen Erzählerfunktion im Roman);
- Leitmotive (z. B. filmische Visualisierung des Riechens, musikalische Leitmotive der zentralen weiblichen Figuren; Leitmotivik durch sprachliche Mittel wie Wiederholung und Variation im Roman);
- Zeitgestaltung (z. B. filmische Zeitdehnung in der Schilderung von Grenouilles Empfinden: Zeitlupe beim Gang des Mirabellenmädchens, um ihre fließenden Bewegungen zu unterstreichen und die erotische Ausstrahlung zu intensivieren; Zeitdehnung im Roman z. B. in der ausführlichen Beschreibung von Grenouilles Gedanken und Empfindungen, erlebte Rede).

3 Im Film gibt es vier Episoden, in denen sich Grenouille an das Mirabellenmädchen erinnert (Mindscreens): in Baldinis Labor, während seiner Krankheit bei Baldini, in der Höhle (Veränderung: sie nimmt ihn nicht wahr, da er keinen Eigengeruch hat), auf dem Schafott (Veränderung: sie nimmt ihn wahr, da er nun riecht, sie vereinigen sich). Im Roman gibt es drei Rückblenden (Erinnerungen): in der Höhle (Diogenes-Ausgabe S. 166 f.), an Richis Gartenmauer (S. 215 ff.), bei Laures Enfleurage (S. 278). Hier wird das Leitmotiv des Mirabellenmädchens weniger intensiv geschildert als im Film. Im Roman wird das Mädchen auf die Abstraktion des Duftes reduziert, im Film ist sie ein Duft- und Liebesmotiv, das für Grenouilles Wandlung zum menschlichen, fühlenden Wesen steht.

4 In der Diskussion, inwieweit die filmische Umsetzung des Romans gelungen ist, sollte besonders darauf geachtet werden, dass die Schüler/innen ihre Argumente mit anschaulichen Beispielen aus Film und Roman stützen. Hinweis: Auf S. 216 f. im Schülerband und auf S. 167 und 230 f. in diesen Handreichungen finden sich Filmrezensionen mit unterschiedlichen Bewertungen der filmischen Umsetzung des Romanstoffs.

4.2 Die Grammatik der Bilder – Elemente der Filmsprache

Der Film im Detail – Inszenierte Bilder

▶ S. 212 **Mise-en-scène (In-Szene-Setzen)**

1 a Das Leitmotiv der Ästhetik des feinen Duftes (Mädchen, Parfum) spiegelt sich in der besonderen künstlerischen Gestaltung der einzelnen Einstellungen in Grasse. Die Bildgestaltung (Mise-en-scène) ist hier von ausgewählter Leuchtkraft und potenziert die Wirkung des Leitmotivs.
- Laura im Anwesen von Richi: Detailaufnahmen, extreme Ausschnitthaftigkeit, Komplementärkontrast von Blau und Orange, Wärme und Weichheit der Farben, mittige Bildteilung
- Lavendelfeld: Panorama, Tiefensog durch Linienführung auf den Fluchtpunkt zu, Betonung der Horizontalen, leuchtendes Violett
- Erntehelferin: Naheinstellung, Goldener Schnitt (harmonisches Verhältnis der Bildflächen), Hell-Dunkel-Kontrast (helle Figur vor farblich gesättigtem Grund)
- Grenouille in Arnulfis Scheune: Halbnaheinstellung, Aufsicht, Goldener Schnitt, Betonung der Diagonalen (heller Rahmen), Gelb (Komplementärkontrast zum Violett)
- Tote Erntehelferin im Tank: Naheinstellung, Symmetrie der Bildhälften, Hell-Dunkel-Kontrast, Gelb (Komplementärkontrast zum Violett)

b Die Szene mit Laura im Bad steht durch ihre Helligkeit, die Exklusivität der Materialien und die leuchtenden Farben in starkem Kontrast zu Grenouilles verkommenem Aussehen (Dämmerung) und zur nächtlichen Szene draußen. Für Grenouille ist sie „Lichtblick"/„Erleuchtung".
Die Szenen auf den Lavendelfeldern und im Hof von Madame Arnulfi sind von großer Helligkeit und werden von zwei Nachtszenen umrahmt. In der Zusammenschau ergeben sich durch den Komplementärkontrast von Violett (außen) und Gelb (innen) farbliche Korrespondenzen. Das Ästhetische (die Herstellung feiner Düfte) wird auf der Ebene der farblichen Gestaltung unterstrichen.

2 a Die Filmbilder aus der Exposition und aus der Szene mit dem Mirabellenmädchen (Paris) stehen in starkem Kontrast zu den Bildern aus der Provence. Die Szenen spielen in düsterer und ärmlicher

4.2 ELEMENTE DER FILMSPRACHE **223**

Umgebung, sind von großer Dunkelheit und zeigen die bedrängende Enge der Stadt. In der Fisch-marktszene werden durch die Mise-en-scène ekelhafte Gerüche assoziiert. In der Szene mit dem Mirabellenmädchen wird zwar die Magie des Duftes imaginiert, aber die Bildstimmung bleibt düster.

b Die Filmbilder in der Provence markieren einen deutlichen Wechsel in der Dramaturgie. Wie ein hoffnungsvoller Neuanfang gewinnen Licht, feine Farben und Weite (offene Natur) die Oberhand. Durch die Mise-en-scène werden nun feine Gerüche assoziiert. Für Grenouille bedeutet der Wechsel einen neuen Lebensabschnitt: Von nun an kann er sein Lebenswerk angehen und aus Mädchen sein Parfum herstellen.

Schnitt und Montage
► S. 213

1 Die gesamte Filmsequenz (82. bis 92. Filmminute) besteht aus Parallelmontagen mehrerer zeitgleich verlaufender Handlungsstränge. Interessant ist, wie die einzelnen Szenen montiert werden: Der Trennung der unterschiedlichen Einstellungen durch harten Schnitt wird durch die Tonspur entgegengewirkt. Die Kontinuität von Sprache und Musik verknüpft die Szenen miteinander. Während Richi im Dialog mit den Ratsherren Grenouilles Psyche analysiert und dessen Vorgehen antizipiert, zeigen die folgenden Bilder mit dem Mörder wie ein zynischer Kommentar immer genau das, was in der vorigen Szene vermutet wurde, z. B.:
- Bürgermeister: „[...] dass unsere Polizei hier machtlos ist [...]" → Mädchen wird mitten in der Stadt vom Mörder weggerissen.
- Richi: „Wir sollten versuchen, uns vorzustellen, was in ihm vorgeht, diesem Mörder." → Großeinstellung auf Grenouilles konzentrierten Blick.
- Richi: „als wäre er eine Art Sammler" → Grenouille betrachtet seine Flaschen.
- Stadtrat: „Haben Sie keinen Glauben an die Macht unserer Heiligen Mutter Kirche?" → ermordete Nonne in der Kirche.
- Bischof: „auf dass der Teufel aus seinen Knochen Suppe koche!" → Spiegelung dessen, was Grenouille die ganze Zeit über mit den Mädchen macht.

Die Sprache geht über die Rathaus- und Kathedralen-Szenen (On-Ton) hinaus und überlagert auch die Szenen mit Grenouille (Off-Ton).

Die dramatisierende, spannungssteigernde Musik, eine abgewandelte chromatische Kadenz, begleitet den Bilderwechsel der Morde und der Beratungen im Rathaus und verknüpft so die unterschiedlichen Szenen. Der anschwellende Orgelklang aus der Kirche unterstreicht auch Grenouilles Triumph, als er kurz vor der Vollendung seines Parfums den Flakon dicht vor sein Gesicht hält (Schlussszene).

2 a Es wechseln Einstellungen von Richis Rückenfigur und seinem Blick in den Garten mit Einstellungen von Grenouille beim Umgang mit den Leichen der Zwillinge. Die Form der Parallelmontage suggeriert, dass jeweils das zweite Bild eine Antwort auf das erste gibt: Richi fragt sich, wo Laura bleibt, und befürchtet ein Unglück; der Mörder transportiert eine Leiche (Laura?) ab. Das letzte Bild bringt die erleichternde Lösung: Nicht Laura ist die Tote, sondern jemand anderes. Die Parallelmontage dient der Spannungssteigerung.

b Grenouille hat bereits zwölf Essenzen aus Mädchenleichen in den Flakons gesammelt, der dreizehnte Flakon ist noch leer (Baldinis Legende von den dreizehn Essenzen). Durch die Überblendung mit Lauras Gesicht (Laura im Flakon) in der Kathedrale assoziiert der Zuschauer, dass die Essenz aus Lauras Körper den dreizehnten Flakon füllen wird.

3 a Die letzten beiden Bilder aus der Exposition (Fischmarkt) zeigen in einer Analogmontage das Gesicht der Mutter bei ihrer Entdeckung und bei ihrer Hinrichtung (Galgen). Durch diese Montageform können größere Zeiträume oder Ortswechsel bruchlos miteinander verknüpft werden.

b Die erzählende Montage durchzieht fast den gesamten Film; es geht darum, den narrativen Zusam-menhang der Bilder so zu zeigen, dass der Illusionscharakter aufrechterhalten wird. Zur Spannungs-steigerung wird häufig die Parallelmontage eingesetzt. Kontrastmontagen kehren immer wieder (z. B. Dreck und Gestank – Eleganz und Duft; Armut – Reichtum; Dunkelheit/Nacht – Helligkeit/Tag; Paris/Stadt – Provence/Natur). Die Überblendung mit Laura und dem Flakon ist eine Assoziationsmontage (der Zuschauer weiß, dass sie sterben wird). Das Schuss-Gegenschuss-Verfahren wird in vielen Szenen des kommunikativen Kontakts zweier Figuren angewendet. Besondere Montageformen, wie z. B. die Analogmontage, werden selten eingesetzt (Grenouilles Mutter am Galgen).

224 B4 PATRICK SÜSKIND / TOM TYKWER: „DAS PARFUM"

4.3 Verfilmung von Literatur – Filmkritik

Gefühlskino? – Zwei Filmrezensionen

▶ S. 216 Peter Körte: **Du spürst kaum einen Hauch**

▶ S. 216 Michael Althen: **Ich will doch nur, dass ihr mich liebt**

1 a Die Rezensenten Peter Körte und Michael Althen gelangen in ihren Rezensionen zu diametral ent-
gegengesetzten Bewertungen des Films. Körte wirft den Filmemachern vor, dass ihre Adaption sich
zu eng am Buch orientiert, mehr oder weniger Episoden des Romans illustrierend umsetzt und dabei
seine Aussage verfälscht. Althen versteht den Film als eine gelungene interpretierende Umsetzung
des Romans mit dem Fazit, dass es sogar auf der selbstreflexiven Metaebene Parallelen gibt: So wie
der Protagonist am Ende desillusioniert wird, erkennt auch der Kinobesucher die Illusion des Films.
Beide Kritiker bewerten vor allem die Filmszenen in Paris. Dabei gelangen sie zu unterschiedlichen
Urteilen. Körte reduziert seine Kritik auf die Ekelszenen und bewertet sie als am Massengeschmack
orientiert und verharmlost („chemisch gereinigt", Z. 40). Althen hingegen richtet seinen Blick auf die
schöneren Düfte in Paris und bewertet diese Szene positiv (die Kamera lässt „sich vom Geruchs-
wirrwarr einer Pariser Straße von einer Sensation zur nächsten tragen", Z. 27 ff.). Aus der Waisen-
hausszene isoliert Körte das Ekelmotiv der wurmzerfressenen Ratte, während Althen hier eine der
„schönsten Szenen" (Z. 34) sieht, in welcher der junge Grenouille die Faszination der olfaktorischen
Weltwahrnehmung entdeckt.
Beide Kritiker bewerten das Leitmotiv des Mirabellenmädchens. Körte sieht in der Szene auf dem
Schafott in der Rückerinnerung an das Mirabellenmädchen „klebrige Sentimentalität" (Z. 49 f.). Althen
betrachtet dieselbe Erinnerung als Erkenntnisszene, in der dem Protagonisten bewusst wird, dass der
olfaktorische Traum eine Illusion ist: Für zwischenmenschliche Liebe gibt es keinen Ersatz.

b Aspekte der Filmbesprechungen: Roman und Film im Vergleich, Aufgaben der Literaturverfilmung,
Kamerafunktionen, Mise-en-scène, Leitmotive, Figuren/Darsteller, Regie und Produktion, Filminten-
tion, abschließendes Urteil.

c Kernargumente der beiden Rezensionen:

Körte	Althen
zu enge, illustrierende Adaption des Romans (Scheitern des Films): „aus dem Off [werden] Süskinds Sätze rezitiert" (Z. 10), „schleppend nachbuchstabiert" (Z. 45)	eigenständige, interpretierende Adaption: „Wie im Roman wechselt die Geschichte geschickt zwischen dieser mikroskopischen Annäherung an die Dinge und einem Erzählerton aus großer Höhe [...]" (Z. 42 ff.)
Verfälschung der Romanaussage (Veränderung der Figur Grenouilles); Fehlbesetzung (Ben Wishaw als Grenouille ohne Dämonie)	„der Kontrast zwischen des Helden Sensibilität und seiner Herzenskälte ist ihr unwiderstehlicher Motor" (Z. 45 ff.)
Figuren und Motive: „Sentimentalität" (Z. 50)	Figuren und Motive: „Sensibilität" des Helden (Z. 46)
Wirkung der Filmbilder: zu sauber und additiv („wie ein Leporello", Z. 36)	Wirkung der Filmbilder: „Augenweide" (Z. 20 f.), „stets behände und lyrische Kamera" (Z. 16 f.)
Produktion: Orientierung am Publikumsgeschmack (Z. 17 ff.)	Produktion: Regisseur verwirklicht seinen Traum von Film (Z. 52 ff., 73 ff.)

Hinweise zum Verfassen einer Filmrezension:
1. Planen Sie, was Sie in die Rezension aufnehmen wollen:
   - Sammeln Sie zunächst Argumente, mit denen Sie den Film empfehlen oder ablehnen wollen.
   - Gehen Sie dabei insbesondere darauf ein, ob Sie die Art der Literaturverfilmung für gelungen
     halten oder nicht.
   - Beziehen Sie ein, wie im Film erzählt wird (filmische Gestaltungsmittel, Montage etc.).
   - Notieren Sie wichtige Informationen über den Film, die in der Rezension genannt werden müssen
     (Regisseur, Drehbuchautor, Hauptdarsteller, Länge etc.).
   - Verfassen Sie eine kurze Inhaltsangabe.

4.3 FILMKRITIK   **225**

2. Entwerfen Sie eine Gliederung. Überlegen Sie, wie sie Grundinformationen zum Film, Inhaltsangabe und Beurteilung anordnen.
3. Überlegen Sie sich einen interessanten Einstieg.
4. Schreiben Sie Ihre Rezension.
5. Überarbeiten Sie Ihre Rezensionen in einer Schreibkonferenz. Achten Sie auf folgende Punkte:
   - Ist der Text sinnvoll gegliedert?
   - Sind die wichtigsten Aspekte genannt?
   - Kommt Ihre Meinung überzeugend zum Ausdruck?
   - Gibt es Wiederholungen? Müssen Ausdrücke ersetzt und verbessert werden?
   - Achten Sie auf richtige Zeichensetzung und Rechtschreibung!

Theorie der Literaturverfilmung

Ralf Schnell: **Literarischer Film**   ► S. 218

Knut Hickethier: **Der Film nach der Literatur ist Film**   ► S. 219

2 **Position Schnells:** Literaturverfilmungen müssen enttäuschen, weil sie an die Vorstellungskraft des Lesers niemals heranreichen können. Literaturverfilmungen dürfen allerdings nicht in erster Linie an der literarischen Vorlage, sondern müssen an filmischen Kriterien gemessen werden. Sie werden zunächst als eigenständiges Kunstwerk wahrgenommen. Verglichen werden können literarische Vorlage und Film jeweils innerhalb ihrer eigenen ästhetischen Gestaltungsweisen („Äquivalenz von Texten und Bildern, Schreibweisen und Ansichten, literarischen und filmischen Wahrnehmungsweisen", Z. 76 ff.). Die alleinige „sprachlich illustrierende Wiedergabe des ‚plots'" (Z. 86 f.) kann nur zu einer misslungenen Literaturverfilmung führen.
Position Hickethiers: Hickethier vertritt eine ähnliche, aber radikalere Position als Schnell: Schon der Begriff „Literaturverfilmung" suggeriert, dass es sich nicht um ein Original, sondern um eine Kopie handelt. Für ihn ist der Film „immer zuerst Film" (Z. 9). Filme beziehen sich jenseits der Literatur auf eine breite Bezugsebene aus der Filmgeschichte (Intertextualität). Der alleinige Vergleich der Literaturverfilmung mit der Vorlage ist daher eine „unzulässige", weil eingeschränkte Wahrnehmung und Deutung des Films (Z. 41 f.).

3 **Position Körtes:** Körte nimmt zwar Hickethiers Kritik an dem Verfahren in der Einleitung seiner Rezension auf (Z. 4–5), verfährt dann aber doch nach der Methode des konkreten Vergleichs von Romanvorlage und Verfilmung. Er analysiert die „Parfum"-Verfilmung im Sinne einer illustrierenden Adaption. Nach Körtes Auffassung orientiert sich der Film bis ins Wörtliche hinein an der engen Umsetzung der epischen Vorgabe in filmische Bilder, die so keine eigenständige Sprache entwickeln können (Z. 9 ff., 18 ff., 45, 59 ff.). Auch da, wo der Film eigenständig interpretiert – in der Charakterisierung der Figur Grenouille –, misslinge er (Z. 41 ff.).
Position Althens: Althen rezensiert die Verfilmung des „Parfums" als eigenständiges Kunstwerk, indem er besonders auf die filmästhetischen Qualitäten eingeht (z. B. Z. 16 ff.). Hier entspricht der Film der These Schnells, dass die Literaturverfilmung eine „eigenständige kinematografische Qualität" besitzen sollte (Z. 54 f.). Die literarische Vorlage wird im Sinne der Äquivalenz von Roman und Film erwähnt (z. B. Z. 42 ff.). Außerdem stellt Althen den Film in den Kontext der filmischen Grundidee des Regisseurs Tykwer. Er erkennt die hohe Qualität des Films darin, eine übergreifende, selbstreflexive Aussage über das Verhältnis von Kino und Leben zu machen. So wie das Kino als zweifelhafter Ersatz für das Leben verstanden werden könne, sei für Grenouille das Parfum die entsprechende Illusion. Althen versteht die Verfilmung somit als interpretierende Adaption, in der vor allem die persönliche Rezeption des Regisseurs im Vordergrund steht.

4 Für die Schülerinnen und Schüler kann sich hier der Kreis schließen: vgl. Aufgabe 2, S. 202 im Schülerband, sowie die Hinweise auf S. 214 in diesen Handreichungen.

Weiterführendes Material zu diesem Teilkapitel findet sich auf der beiliegenden CD:
- *Andrea Wildt*: Das Parfum (2006)
- *Anne Bohnenkamp:* Literaturverfilmungen als intermediale Herausforderungen (2005)

Analyse eines medialen Textes mit anschließender weiterführender Reflexion

Aufgabenstellung

1 Analysieren Sie aus dem Film „Das Parfum" die Filmszene auf dem Hinrichtungsplatz (Minute 2:02:32–2:04:30). Berücksichtigen Sie dabei besonders die Inszenierung der Figur Grenouille. *(48 Punkte)* *(Hinweis: Sehen Sie sich den Filmausschnitt zunächst mehrfach an und notieren Sie Ihre Beobachtungen bezüglich der Aufgabenstellung in dem Einstellungsprotokoll.)*

2 Gehen Sie anschließend anhand des vorliegenden Romanauszugs der Frage nach, inwiefern die Verfilmung des Romans neue Akzente setzt. *(24 Punkte)*

Patrick Süskind: **Das Parfum** (1985) – Auszug

Die Folge war, daß die geplante Hinrichtung eines der verabscheuungswürdigsten Verbrechers seiner Zeit zum größten Bacchanal ausartete, das die Welt seit dem zweiten vorchristlichen Jahrhundert gesehen hatte: [...] Es war infernalisch.

Grenouille stand und lächelte. Vielmehr erschien es den Menschen, die ihn sahen, als lächle er mit dem unschuldigsten, liebevollsten, bezauberndsten und zugleich verführerischsten Lächeln der Welt. Aber es war in Wirklichkeit kein Lächeln, sondern ein häßliches, zynisches Grinsen, das auf seinen Lippen lag und das seinen ganzen Triumph und seine ganze Verachtung widerspiegelte. Er, Jean-Baptiste Grenouille, geboren ohne Geruch am stinkendsten Ort der Welt, stammend aus Abfall, Kot und Verwesung, aufgewachsen ohne Liebe, lebend ohne warme menschliche Seele, einzig aus Widerborstigkeit und der Kraft des Ekels, klein, gebuckelt, hinkend, häßlich, gemieden, ein Scheusal innen wie außen – er hatte es erreicht, sich vor der Welt beliebt zu machen. Was heißt beliebt! Geliebt! Verehrt! Vergöttert! Er hatte die prometheische Tat vollbracht. Den göttlichen Funken, den andre Menschen mir nichts, dir nichts in die Wiege gelegt bekommen und der ihm als einzigem vorenthalten worden war, hatte er sich durch unendliches Raffinement ertrotzt. Mehr noch! Er hatte ihn sich recht eigentlich selbst in seinem Innern geschlagen. Er war noch größer als Prometheus[1]. Er hatte sich eine Aura erschaffen, strahlender und wirkungsvoller, als sie je ein Mensch vor ihm besaß. Und er verdankte sie niemandem – keinem Vater, keiner Mutter und am allerwenigsten einem gnädigen Gott – als einzig *sich selbst*. Er war in der Tat sein eigener Gott, und ein herrlicherer Gott als jener weihrauchstinkende Gott, der in den Kirchen hauste. Vor ihm lag ein leibhaftiger Bischof auf den Knien und winselte vor Vergnügen. Die Reichen und Mächtigen, die stolzen Herren und Damen erstarben in Bewunderung, indes das Volk im weiten Rund, darunter Väter, Mütter, Brüder, Schwestern seiner Opfer, ihm zu Ehren und in seinem Namen Orgien feierten. Ein Wink von ihm, und alle würden ihrem Gott abschwören und ihn, den Großen Grenouille anbeten.

Ja, er *war* der Große Grenouille! Jetzt trat's zutage. Er war's, wie einst in seinen selbstverliebten Phantasien, so jetzt in Wirklichkeit. Er erlebte in diesem Augenblick den größten Triumph seines Lebens. Und er wurde ihm fürchterlich.

Er wurde ihm fürchterlich, denn er konnte keine Sekunde davon genießen. In dem Moment, da er aus der Kutsche auf den sonnenhellen Platz getreten war, angetan mit dem Parfum, das vor den Menschen beliebt macht, mit dem Parfum, an dem er zwei Jahre lang gearbeitet hatte, dem Parfum, das zu besitzen er sein Leben lang gedürstet hatte [...] in diesem Moment, da er sah und roch, wie unwiderstehlich es wirkte und wie mit Windeseile sich verbreitend es die Menschen um ihn her gefangennahm, – in diesem Moment stieg der ganze Ekel vor den Menschen wieder in ihm auf und vergällte ihm seinen Triumph so gründlich, daß er nicht nur keine Freude, sondern nicht einmal das geringste Gefühl von Genugtuung verspürte. Was er sich immer ersehnt hatte, daß nämlich die andern Menschen ihn liebten, wurde ihm im Augenblick seines Erfolges unerträglich, denn er selbst liebte sie nicht, er haßte sie. Und plötzlich wußte er, daß er nie in der Liebe, sondern immer nur im Haß Befriedigung fände, im Hassen und Gehaßtwerden. R

(Aus: Patrick Süskind: Das Parfum. Diogenes, Zürich 1985, S. 303–306)

---

[1] **Prometheus:** Figur der griechischen Mythologie, die das Menschengeschlecht aus Ton schöpft; bei Goethe: schöpferisches Genie, das gegen die Götter aufbegehrt (vgl. S. 276 f. im Schülerband)

Raster für ein Einstellungsprotokoll (Beobachtungsbogen für Klausuren)

Einstellung Dauer	Inhalt: Figuren/Handlung/Sprechtexte	Bild: Kamera/Mise-en-scène	Ton: Geräusche/Musik	Kommentar/Wirkung

Autoren:
Bernd Schurf / Andrea Wagener

Texte, Themen und Strukturen
Lernerfolgskontrolle 15, S. 2

228 ERWARTUNGSHORIZONT

Allgemeine Hinweise / technische Voraussetzungen

Für Klausuren, in denen Filmausschnitte gezeigt werden, sollte eventuell eine Verlängerung der Arbeitszeit von circa einer halben Stunde beantragt werden. Der Filmausschnitt kann dann allen Schülerinnen und Schülern vor der Klausur für Notizen mehrfach hintereinander vorgeführt werden. Ist dies nicht möglich, sollte der Filmausschnitt zu vorher vereinbarten Zeiten (etwa Anfang und Mitte der Klausurzeit) wiederholt gezeigt werden. Je nach technischer Ausstattung könnte auch ein weiterer mit Kopfhörer ausgestatteter Monitor (vom Raum abgewandt) während der Klausur zur Verfügung gestellt werden.

Inhaltliche Leistung

Aufgabe 1

	Anforderungen Die Schülerin / der Schüler	maximal erreichbare Punktzahl (AFB)	erreichte Punktzahl
1	verfasst eine sinnvolle Einleitung (Regisseur, Filmtitel, Szene etc.).	3 (I)	
2	stellt die Szene in den Kontext des gesamten Films.	3 (I)	
3	erläutert den Aufbau der Szene (Parallelmontage: Grenouille auf dem Hinrichtungsplatz – Mindscreen).	6 (II)	
4	untersucht die semantische Struktur der Filmszene (Thematik, Motive), z. B.: • Kontrast von Masse und Einzelnem • Kontrast von Realität (Hinrichtungsplatz) und Erinnerung (Mirabellenmädchen) • das Liebesmotiv (Motivverbindung von Nacht, Kuss, Intimität) • das Sehnsuchtsmotiv (Grenouille als fühlender Mensch)	9 (II)	
5	untersucht die formale Gestaltung der Filmszene, z. B.: • Mirabellen als verbindendes Motiv • Kontrastmontage: Totale, Distanz / Tag, Helligkeit – Groß, Nähe / Nacht, Dunkelheit • Funktion der Kamera als Erzählerin (Einstellungsgrößen, Kamerabewegung, Kameraperspektiven), subjektive Kamera (Point-of-View-Shot) • Ton: Musik (Leitmotiv), Off (Richis Ruf, der Grenouille in die Realität zurückholt)	9 (II)	
6	deutet unter differenzierter Beachtung des Zusammenspiels von Inhalt und filmsprachlicher Gestaltung die Aussage der dargestellten Szene, z. B.: • Emotionalisierung der Figur (Nachdenklichkeit, Tränen) • Veränderung der Mindscreen (Mirabellenmädchen) • Wechsel von gedanklicher Wunschwelt und tatsächlicher Erkenntnis/Enttäuschung	6 (III)	
7	stellt die Ergebnisse aus Punkt 6 in den Kontext anderer Filmszenen (Mirabellenmädchen; Filmende: Grenouille am Ziel seines Schaffens, Erkenntnis der Sinnlosigkeit seines Tuns).	6 (III)	
8	formuliert eine reflektierte Schlussfolgerung auf der Grundlage der Ergebnisse der Deutung der Filmszene.	6 (III)	
9	entwickelt einen weiteren, eigenständigen Gedanken. (Max. 5 Punkte)		
		48	

Cornelsen

Autoren:
Bernd Schurf / Andrea Wagener

Texte, Themen und Strukturen
Lernerfolgskontrolle 15, S. 3

ERWARTUNGSHORIZONT   229

Aufgabe 2

	Anforderungen Die Schülerin / der Schüler	maximal erreichbare Punktzahl (AFB)	erreichte Punktzahl
1	benennt überleitend den motivischen und formalen Zusammenhang von Roman- und Filmszene.	3 (I)	
2	untersucht vergleichend auf thematisch-motivischer Ebene, z. B.: • deckungsgleiche Aspekte in Film und Roman (weitgehende Übernahme der Bacchanal-/Hinrichtungsszene) • die Übernahme konkreter Motive (Werktreue) • die Ergänzung neuer Motive (Interpretation)	6 (II)	
3	erläutert vergleichend die erzählerische Struktur, z. B.: • detaillierte Schilderung der Innenwelt des Protagonisten, erlebte Rede im Roman • innere Leinwand (Mindscreen) im Film	6 (II)	
4	deutet die Filmszene als interpretierende Adaption des Romanauszugs, z. B.: • die Erweiterung der Szene um die Erinnerung an das Mirabellenmädchen • Umdeutung des Charakters Grenouilles • die Darstellung von innerer und äußerer Schönheit, von Liebe, Empathie, Trauer und Einsamkeit im Film • im Roman die Darstellung von innerer und äußerer Hässlichkeit, von Hass, Ekel, Verachtung, Distanz zu den Menschen, Allmachtsgefühl	6 (III)	
5	bewertet die filmische Deutung der Figur kritisch vor dem Hintergrund medialer Notwendigkeiten bzw. Anforderungen (z. B. Publikumsgeschmack).	3 (III)	
6	entwickelt einen weiteren, eigenständigen Gedanken. (Max. 4 Punkte)		
		24	

Darstellungsleistung

	Anforderungen Die Schülerin / der Schüler	maximal erreichbare Punktzahl	erreichte Punktzahl
1	strukturiert den Klausurtext schlüssig, sinnvoll verknüpft und gedanklich klar.	6	
2	schreibt fachsprachlich korrekt und differenziert zwischen beschreibenden, deutenden und wertenden Aussagen.	6	
3	belegt Aussagen funktional durch korrekte Zitate.	3	
4	formuliert begrifflich präzise und differenziert, sprachlich-stilistisch angemessen, abwechslungsreich und sicher.	10	
5	schreibt sprachlich korrekt.	3	
		28	

Eine Zuordnung der Punktezahlen zu den Notenstufen findet sich auf S. 46 in diesem Handbuch.

Autoren:
Bernd Schurf / Andrea Wagener

Texte, Themen und Strukturen
Lernerfolgskontrolle 15, S. 4

Analyse eines Sachtextes (Rezension) mit anschließender weiterführender Reflexion

Aufgabenstellung

1 Analysieren Sie die Rezension zu Tykwers Film „Das Parfum". Berücksichtigen Sie dabei besonders die Argumentationsweise und die sprachlich-rhetorische Gestaltung. *(48 Punkte)*

2 Nehmen Sie vor dem Hintergrund Ihrer Kenntnis der Arten filmischer Literaturadaption Stellung zu der These, die Verfilmung sei „das Werk eines beflissenen Illustrators" (Z. 87 f.). *(24 Punkte)*

Katja Nicodemus: **Ein großes Nasentheater** (2006)

Tom Tykwer hat Patrick Süskinds Bestseller „Das Parfum" verfilmt. Eine eigene Bilderwelt hat er aber nicht zu bieten.

Jetzt ist er also in der Welt. Drei Jahre Arbeit und 60 Millionen Euro hat der Film verschlungen, gedreht in Barcelona, München und der Provence, besetzt mit Dustin Hoffman und Alan Rickman, entstanden nach einem Roman, der sich weltweit 15 Millionen Mal verkauft hat. Für unser kleines bescheidenes Kinoländchen ist „Das Parfum" ein ziemlich dicker Flakon. Nun ist die Verfilmung eines Buches, in dessen Zentrum etwas Unsichtbares, nämlich der Geruchssinn steht, nicht eben einfach. Patrick Süskinds „Parfum" war so erfolgreich, weil es sich forsch durch das Gekröse des 18. Jahrhunderts wühlt und von der erstaunlichen Wahrnehmungswelt eines jungen Mannes erzählt, der mit einer hochsensiblen Nase gesegnet oder auch geschlagen ist. Sein Held Jean-Baptiste Grenouille, der auf dem Boden des Pariser Fischmarktes, „dem allerstinkendsten Ort von Frankreich", geboren wurde und von dort auszieht, die Welt mit betörenden Düften zu überziehen, ist ein olfaktorisches Genie, das seine Umwelt in Moleküle zerlegt und noch die winzigsten Aromen und Essenzen wittert. Grenouille entpuppt sich als Geruchs-Junkie, süchtig nach Jungfrauenausdünstungen, die er, der von niemandem geliebt wird, zum ultimativen Parfum, zur größten Liebesdroge aller Zeiten, verarbeiten will. Die Wirkung dieser Substanz, für die Grenouille zwei Dutzend Schönheiten um die Ecke bringt, muss man sich ungefähr wie eine Mischung aus Patschuli[1], Viagra und Ecstasy vorstellen.

In der Kinoadaption ist von dieser Wundermischung allerdings wenig zu spüren: Der Held des Romans „sieht" mit der Nase. Im Film sehen wir immerzu die Nase des Helden.

Tom Tykwer und der Kameramann Frank Griebe geben sich alle Mühe, dieses Organ, das zu dem jungen, durchaus talentierten Schauspieler Ben Whishaw gehört, abwechslungsreich zu filmen. Im Mondschein und bei Kerzenschimmer, mit angespannten und mit zitternden Nasenflügeln, die Luft genießerisch oder auch erstaunt einsaugend, über einem ölgefüllten Röhrchen schwebend und an den schneeweißen Brüsten einer Jungfrau schnuppernd. Nach der siebenundzwanzigsten Großaufnahme hat man fast ein wenig Mitleid mit Whishaw, der zu ewig gleichen Himmelschören immer wieder aufs Neue die Nüstern beben lässt. Aber was hat dieses Nasentheater mit der pathologischen Sinnes- und Gefühlswelt von Grenouille zu tun? Ist er nicht ein grauenvoller Experimentator, ein Frankenstein der Düfte, besessen von der Idee eines aus Frauenleichen destillierten Gesamtgeruchskunstwerks?

Tykwer und sein Produzent Bernd Eichinger setzen viel daran, ihre Bilder nicht vom perversen Innenleben dieses Helden infizieren zu lassen. Auf ihrer Leinwand sieht das Paris des 18. Jahrhunderts aus, als werde es immerzu von denselben drei Kerzen angeleuchtet. Alles dämmert in einem produktionstechnisch sicherlich recht praktischen, bräunlich-konturlosen Licht dahin, das von den nächtlichen Gassen mühelos in die Kellerräume einer Parfümerie übergeht. Im etwas angewelkten Etablissement des *maître parfumeur* Giuseppe Baldini lernt Grenouille sein Handwerk. Dustin Hofman, der sich im Alter zunehmend rampensäuisch am eigenen Spiel erfreut, verleiht dieser Nebenfigur mit rot geschminkten Bäckchen und weiß gepudertem Teint etwas Clowneskes, ja Charlie-Rivel-Haftes[2]. Nachdem er alles Parfumwissen aus seinem Meister herausgesaugt hat, zieht Grenouille weiter südlich, nach Grasse, in die französische Hauptstadt der Geruchsfabrikation, wo das Licht etwas heller leuchten darf. Hier – schließlich handelt es sich um einen Betriebsausflug des deutschen Kinos – biegt plötzlich Corinna Harfouch als Manufakturchefin im Miederkleid um die Ecke. Fast hätte man ihr vom Kinosessel aus zugewinkt.

So hangelt sich der Film an den Stationen des Romans entlang, während hin und wieder alte Bekannte

---

[1] **Patschuli:** stark riechender Duftstoff

[2] **Charlie Rivel (1896–1983):** spanischer Clown mit Weltruhm

auftauchen. Und so schicksalsschwer der Tykwer-
typische Herzschlag-Beat pocht, so athletisch sich die
Kamera in Kreisfahrten und Reißschwenks übt, bleibt
die Versinnbildlichung des Riechens doch recht banal.
85 Immer wieder rast Tykwer über Stock und Stein zu
jüngferlichen Nacken oder zoomt sich an ein kopulie-
rendes Paar heran. Das „Parfum" ist das Werk eines
beflissenen Illustrators, der den Roman nicht als Pforte
zur eigenen Vorstellungswelt zu nutzen weiß.
90 Natürlich gibt es kein Rezept für eine „Parfum"-
Verfilmung. Martin Scorsese und Steven Spielberg
sollen sich für den Stoff interessiert, Süskind sogar
von Stanley Kubrick geträumt haben. Es hätte eine
große Kitschoper, eine düstere Leichenfledderer-
95 Geschichte, ein brutaler Serienkiller-Film werden
können. Umso seltsamer, dass Eichinger und Tykwer
mit viel Aufwand ein derart biederes Werk hergestellt
haben, einen Film, der schon beim Verlassen des
Kinos auf ein paar Naseneinstellungen im Kostüm-
100 museum zusammenschrumpft.
Er habe einen Regisseur mit Visionen gesucht, sagte
der Produzent Bernd Eichinger zu seiner Wahl. Tom
Tykwer mag Fantasie und Begeisterung, Ideen und
Visionen versprühen, sein Problem ist aber, dass ihm

dafür schlichtweg die Bilder fehlen. Er ist der Maler, 105
der, mit allen Farben und Pinseln ausgerüstet, vor
seiner Staffelei steht, der, das Motiv vor Augen, von der
Überhöhung träumt und am Ende doch wieder beim
Malen nach Zahlen landet. In manchen Einstellungen
des Films ist diese Diskrepanz zwischen Großaus- 110
drucksanspruch und tatsächlichem Bild fast schmerzlich spürbar. Etwa wenn Jean-Baptiste Grenouille vor
einer riesigen Menschenmenge für seine Morde
hingerichtet werden soll. Mit Hilfe des Jungfrauen-
Parfums gelingt es ihm, die Situation zu wenden. 115
Unter dem Einfluss des Duftes verwandeln sich die
blutrünstigen Bürger von Grasse in sexuell befreite
Früh-Hippies, reißen sich die Kleider vom Leib und
sinken zu einer kollektiven Gruppensex-Orgie zu
Boden. Wahrscheinlich hatte Tykwer ein großes 120
Menschentableau vor Augen, eine Komposition der
exaltierten Körper. Zu sehen ist aber nur ein großes
Statistengewühle, über dem der unerotische Geist
eines Grünen-Parteitages schwebt, einschließlich eines
Rezzo-Schlauch[3]-Doppelgängers in der Rolle eines 125
enthemmten Bischofs.

(Aus: Die Zeit, 24. 8. 2006, Nr. 35)

[3] **Rezzo Schlauch (* 1947):** deutscher Politiker (Bündnis 90/Die
Grünen)

232 ERWARTUNGSHORIZONT

Inhaltliche Leistung

Aufgabe 1

	Anforderungen Die Schülerin / der Schüler	maximal erreichbare Punktzahl (AFB)	erreichte Punktzahl
1	verfasst eine sinnvolle Einleitung.	3 (I)	
2	benennt das Thema der Rezension: Die am hohen Anspruch gescheiterte Verfilmung von Süskinds Roman durch Tykwer/Eichinger.	3 (I)	
3	beschreibt den Aufbau der Rezension, z. B.: • provokativer Einstieg unter Einbeziehung zentraler Fakten zum Film – Herausforderungen der Romanvorlage – Überleitung zu Besonderheiten der Verfilmung – Beispiele zur filmischen Gestaltung und zum Inhalt des Films mit zentralen Thesen – Diskrepanz zwischen Anspruch und Wirklichkeit der Verfilmung	3 (I)	
4	erschließt die zentralen Thesen, dass die Verfilmung des Romans nicht einfach sei, dass sie sich zu eng an die Romanvorlage halte und dass sie dem eigenen hohen Anspruch nicht genüge.	6 (II)	
5	erläutert wichtige Belege und Beispiele, mit denen die Verfasserin ihre Thesen stützt, z. B.: • Problem der Inszenierung des Riechens • Mangel an visuellen Ideen • Biederkeit der Umsetzung	3 (II)	
6	erläutert die Differenz zwischen literarischem Anspruch (Roman) und filmischer Umsetzung, z. B.: • Weltruhm des Romans/Internationalität – „Bescheidenheit" des deutschen Kinos • „erstaunliche Wahrnehmungswelt"/„etwas Unsichtbares" im Roman – einfallslose bildliche Umsetzung im Film (Nase) • „pathologischer", „perverser" Romanheld – biedere Inszenierung ohne Wagnis • hoher filmischer Aufwand – banale Wirkung	9 (II)	
7	erschließt auffällige Gestaltungsmittel, z. B. den provokativen Titel, den polemischen Ton, die pejorativen Wendungen.	9 (II)	
8	untersucht die sprachlich-rhetorische Ebene des Textes, z. B.: • Metaphern • provokative Vergleiche • umgangssprachliche Wendungen • Aufzählungen • Diminutive • Hyperbeln	6 (II)	
9	stellt abschließend in einer kurzen reflektierten Schlussfolgerung der Argumentation der Autorin den Anspruch an Literaturverfilmungen dar.	6 (III)	
10	entwickelt einen weiteren, eigenständigen Gedanken. (Max. 6 Punkte)		
		48	

Cornelsen

Autoren:
Bernd Schurf / Andrea Wagener

Texte, Themen und Strukturen
Lernerfolgskontrolle 16, S. 3

ERWARTUNGSHORIZONT   **233**

Aufgabe 2

	Anforderungen Die Schülerin / der Schüler	maximal erreichbare Punktzahl (AFB)	erreichte Punktzahl
1	verfasst eine angemessene Überleitung.	3 (I)	
2	erläutert die Anforderungen an Literaturverfilmungen und mögliche Probleme in der filmischen Umsetzung epischer Texte.	6 (II)	
3	bewertet die Kritik der Verfasserin an Tykwers/Eichingers Verfilmung zustimmend, abwägend oder ablehnend.	3 (III)	
4	setzt die Ausführungen zu Punkt 2 vor dem Hintergrund der eigenen Einschätzung der Verfilmung „Das Parfum" in Beziehung zu theoretischen Ansätzen der Literaturverfilmung (Arten der filmischen Literaturadaption).	6 (II)	
5	setzt sich unter Rückgriff auf ausgewählte Szenen aus der Verfilmung eigenständig mit dem Problem der Verfilmung des Romans auseinander.	6 (III)	
6	entwickelt einen weiteren, eigenständigen Gedanken. (Max. 4 Punkte)		
		24	

Darstellungsleistung

	Anforderungen Die Schülerin / der Schüler	maximal erreichbare Punktzahl	erreichte Punktzahl
1	strukturiert den Klausurtext schlüssig, sinnvoll verknüpft und gedanklich klar.	6	
2	schreibt fachsprachlich korrekt und differenziert zwischen beschreibenden, deutenden und wertenden Aussagen.	6	
3	belegt Aussagen funktional durch korrekte Zitate.	3	
4	formuliert begrifflich präzise und differenziert, sprachlich-stilistisch angemessen, abwechslungsreich und sicher.	10	
5	schreibt sprachlich korrekt.	3	
		28	

Eine Zuordnung der Punktezahlen zu den Notenstufen findet sich auf S. 46 in diesem Handbuch.

Autoren:
Bernd Schurf / Andrea Wagener

Texte, Themen und Strukturen
Lernerfolgskontrolle 16, S. 4

5 Sachtexte

Konzeption des Kapitels

Abbildungen führen die Schülerinnen und Schüler an das Thema „Sachtexte" heran, indem sie einen ersten Eindruck von deren Vielzahl vermitteln. Das Stichwort „Intention", das schon in den Aufgabenstellungen der Auftaktseite vorkommt, nennt auch bereits die entscheidende Kategorie zur Unterscheidung zwischen verschiedenen Arten von Sachtexten.

Im ersten Teilkapitel (**„Sachtexttypen – Intentionen unterscheiden"**) wird genau dieser Aspekt aufgegriffen und vertieft. Anhand zweier Texte über Robert Schneiders Erfolgsroman „Schlafes Bruder" werden die beiden hauptsächlichen Intentionen von Sachtexten erarbeitet: Meinungsbildung (anhand einer Rezension von Herbert Ohrlinger) und Information (anhand eines literaturwissenschaftlichen Textes von Peter J. Brenner). Dabei werden die Schülerinnen und Schüler bereits darauf aufmerksam gemacht, dass im konkreten Text meistens beide Intentionen festzustellen sind, dass aber eine von ihnen in der Regel den Schwerpunkt bildet. Eine Übersicht über Sachtexttypen und ihre Intentionen rundet dieses Teilkapitel ab.

Im zweiten Teilkapitel (**„Sachtexte analysieren – Rede, Kommentar, Essay"**) stehen drei der wichtigsten Sachtextsorten im Mittelpunkt, die auf Meinungsbildung ausgerichtet sind: Rede, Kommentar und Essay. Die Schülerinnen und Schüler werden, unterstützt durch ausführliche Informationskästen, mit deren Aufbaumuster ebenso vertraut gemacht wie mit rhetorischen Strategien. Sie erarbeiten grundsätzliche Aspekte der Redeanalyse und üben sie anhand einer Rede des Bundespräsidenten Horst Köhler ein. Anschließend setzen sie sich mit der Argumentation in einem Kommentar zum „Fernsehen ohne Grenzen" und deren Wirkung auseinander. Anhand eines Essays von Iris Radisch über „Tendenzen der zeitgenössichen Literatur" erarbeiten sie die Spezifika dieser Textsorte. Bei der Untersuchung der Texte werden die Schülerinnen und Schüler insbesondere zur genauen Wahrnehmung und Bewertung sprachlicher Mittel der Meinungsäußerung und der jeweiligen Intention angeleitet. Abschließend erhalten sie grundlegende Hinweise zur Analyse von Sachtexten.

Das dritte Teilkapitel (**„Wissen für Laien – Popularisierende Sachtexte untersuchen"**) führt in das große und wichtige Gebiet der popularisierenden Wissensvermittlung ein. Die Schülerinnen und Schüler lernen Strategien kennen, die – etwa im Bereich des Wissenschaftsjournalismus – sehr verbreitet sind. Die Kenntnisse, die sie hier erwerben, dienen ebenso dazu, diese Strategien zu durchschauen, als auch dazu, sie selbst produktiv-gestaltend anzuwenden. So wird in diesem Teilkapitel auch ein Beitrag zur Schreibdidaktik in einem ebenso speziellen wie wichtigen Bereich geleistet. Infomationen zur Reportage und ein Vergleich zwischen Merkmalen popularisierender Sachtexte und solchen der Reportage runden das Teilkapitel ab.

Literaturhinweise

Feilke, Helmut: Lesen durch Schreiben. Fachlich argumentierende Texte verstehen und verwenden. In: Praxis Deutsch 176/2002, S. 58 ff.

Fix, Martin / Jost, Roland: Sachtexte im Deutschunterricht. Schneider Verlag Hohengehren, Baltmannsweiler 2005

Groeben, Norbert / Hurrelmann, Bettina (Hg.): Lesekompetenz. Bedingungen, Dimensionen, Funktionen. Juventa, Weinheim/München 2002

Marquardt, Doris: Sachtext. In: Lange, Günter u. a. (Hg.): Textarten – didaktisch. Eine Hilfe für den Literaturunterricht. Schneider Verlag Hohengehren, Baltmannsweiler 2001, S. 149 ff.

Mit Sachtexten umgehen. Deutschunterricht (Westermann), August 2007

Niederhauser, Jürg: Das Schreiben populärwissenschaftlicher Texte als Transfer wissenschaftlicher Texte. In: Jakobs, Eva-Maria / Knorr, Dagmar (Hg.): Schreiben in den Wissenschaften. Peter Lang, Frankfurt/M. 1997, S. 107 ff.

Sachbücher und Sachtexte lesen. Praxis Deutsch 189/2005

B5 SACHTEXTE · 235

	Inhalte	Kompetenzen Die Schülerinnen und Schüler
S. 220	**5 Sachtexte**	▪ aktivieren ihr Vorwissen über Sachtexte und verschaffen sich einen ersten Eindruck von der Komplexität des Gebiets
S. 221	**5.1 Sachtexttypen – Intentionen unterscheiden** *Herbert Ohrlinger:* Ein Neuer aus Österreich *Peter J. Brenner:* Über Robert Schneider, „Schlafes Bruder"	▪ erarbeiten exemplarisch die beiden grundlegenden Intentionen von Sachtexten: Information und Meinungsbildung ▪ erarbeiten sich einen differenzierten Überblick über verschiedene Sachtexttypen und ihre Intentionen sowie die wichtigsten Sachtextsorten ▪ erfassen und differenzieren das komplexe Gebiet der Sachtexte aus dem heuristischen Blickwinkel des Bühler'schen Modells der Funktion des sprachlichen Zeichens
S. 223	**5.2 Sachtexte analysieren – Rede, Kommentar, Essay**	▪ können drei der wichtigsten persuasiven Sachtextsorten differenzieren
S. 223	**Die Rede** *Horst Köhler:* Bildung für alle	▪ erarbeiten Aspekte und Schritte einer Redeanalyse ▪ wenden dabei allgemeine Kategorien zur Untersuchung von Sachtexten an (z. B. gedankliche Gliederung) ▪ untersuchen grundlegende rhetorische Strategien der Beeinflussung
S. 226	**Der Kommentar** *Götz Hamann:* Fernsehen ohne Grenzen	▪ unterscheiden zwischen informierenden und wertenden Passagen ▪ untersuchen die Gedankenführung als Mittel zur Überzeugung des Adressaten ▪ üben die visualisierende Darstellung von Gedankengängen ein ▪ unterscheiden Typen von Argumenten ▪ untersuchen die Wortwahl als Mittel der Meinungsbeeinflussung
S. 227	**Der Essay** *Iris Radisch:* Tendenzen der zeitgenössischen Literatur	▪ erschließen schwierige Textstellen aus dem Kontext ▪ erarbeiten die Eigenart der Textsorte Essay
S. 229	**Eine Sachtextanalyse verfassen**	▪ erarbeiten sich einen Überblick über die vielfältigen Aspekte einer umfassenden Sachtextanalyse ▪ üben die verschiedenen Schritte einer schriftlichen Sachtextanalyse ein
S. 230	**5.3 Wissen für Laien – Popularisierende Sachtexte untersuchen** *Luigi Luca Cavalli-Sforza:* Stammbäume von Völkern und Sprachen	▪ erarbeiten sich einen Überblick über grundlegende inhaltliche wie sprachliche Strategien der Popularisierung ▪ wenden ihre diesbezüglichen Kenntnisse analytisch wie auch produktiv-gestaltend an ▪ erarbeiten Parallelen zwischen Strategien der Popularisierung von Wissenschaft und der journalistischen Textsorte Reportage

236 B 5 SACHTEXTE

5 Sachtexte

▶ S. 220 **1/2** Vorläufige Definition: Sachtexte sind nicht-fiktionale Texte; sie beziehen sich auf Gegenstände und Sachverhalte in der Realität. Im Prinzip ist die Zahl möglicher Beispiele für Sachtexte riesig groß. Hier die, die vermutlich am ehesten genannt werden:

Beispiele	Intention
Zeitungs-/Zeitschriftenartikel: ▪ Bericht/Nachricht ▪ Kommentar	informieren eine Meinung äußern / auf die Meinungsbildung einwirken
Sachbuchtexte/Lehrbuchtexte	informieren
Lexikontexte	informieren
Anleitungen/Gebrauchsanweisungen	informieren / instruieren / Handlungen anleiten

5.1 Sachtexttypen – Intentionen unterscheiden

▶ S. 221 **Herbert Ohrlinger: Ein Neuer aus Österreich**

▶ S. 221 **Peter J. Brenner: Über Robert Schneider, „Schlafes Bruder"**

1/2 Vorschlag für ein Tafelbild (wobei unter „Intention" Beschreibungen mit „eigenen" Worten der Schüler/innen aufgelistet sind, unter „Sachtexttyp" Begriffe aus der Tabelle auf S. 222 im Schülerband):

Text/Autor	Haltung des Ver-fassers gegenüber dem Roman	Textsorte	Intention	Sachtexttyp
Ohrlinger	(positiv) wertend	Rezension	den Roman beur-teilen/bewerten, evtl. zum Lesen anregen/ ermuntern	persuasiv-beeinflussend
Brenner	sachlich-distanziert	literaturgeschicht-liche Abhandlung	informieren, hier: über die literatur-geschichtliche Einordnung des Romans	informativ-instruktiv

2 b/c Textbelege für die dominierende Intention und Textstellen mit davon abweichender Intention:

Text von Ohrlinger
- Belege für die dominierende Intention: deutlich wertende Stellen, z. B. „erzählt […] mit spielerischer Präzision: Mit scheinbar unerschöpflichem Einfallsreichtum versteht er […] zu gestalten" (Z. 2–7); „aufs Natürlichste […] eingebettet" (Z. 7–9); „Schneider ist dieser Versuchung nicht erlegen" (Z. 15 f.); „die Spannung […] nimmt noch einmal zu" (Z. 24 f.); „vermag dieses Hörerlebnis in ein Spracherlebnis zu verwandeln" (Z. 46 f.)
- Stellen mit „abweichender" Intention: informierende Passagen, so eine Inhaltsangabe des Roman-endes in Z. 28–44 (die sprachliche Anlehnung an den Roman in Z. 43 – die Inversion: „niemals noch" – durchbricht die sachliche Distanz der bloßen Information aber wiederum: ein Beispiel dafür, wie kleinste sprachliche Elemente eine Darstellung „färben" können); „Wunder des Hörens" (Z. 50 f.) ist zwar an sich wertend, hier aber wird das im Roman breit entfaltete Phänomen dieses Wunders mit einem Zitat sachlich benannt.

Text von Brenner
- Belege für die dominierende Intention: Die Bestimmung als sachlich darstellend (informativ-instruk-tiv) lässt sich hier am ehesten ex negativo aufzeigen, aus der Tatsache, dass nur an wenigen Stellen Wertungen zu konstatieren sind (s. u.).

- Stellen mit „abweichender" Intention: wertende Passagen, so Z. 13–16: „Der Roman scheut die Nähe zu kitschiger Sentimentalität nicht, birgt aber genügend literarische Fantasie und Gestaltungskraft". Auch die Wendung am Ende („Tatsächlich lässt sich wohl von einer Renaissance des ‚historischen Romans' sprechen", Z. 25 ff.) enthält eine subjektive Wertung, nämlich das Urteil des Literaturwissenschaftlers Brenner, dass man von einer „Renaissance" eines bestimmten Romangenres sprechen könne; der subjektive (Vermutungs-)Charakter dieser Aussage ist sprachlich durch das Adverb „wohl" (Z. 25) gekennzeichnet. Alle anderen Aussagen sind sachlich-beschreibend.

3 a Zuordnung der Sachtexttypen und Intentionen (aus der Tabelle auf S. 222 im Schülerband) zu den Sprachfunktionen in Karl Bühlers Organon-Modell:

Sprachfunktionen nach Bühler	Sachtexttyp	Intention
Ausdruck	ausdrucksbetont	expressiv/ichbezogen
Darstellung	informativ-instruktiv	darstellend/sachbezogen
Appell	argumentativ-problemlösend	darstellend/sach- und adressatenbezogen appellativ/adressatenbezogen
	persuasiv-beeinflussend	appellativ/adressatenbezogen

Das Modell leistet hier zweierlei: Zum einen wird durch die Orientierung an den (nur) drei Eckpunkten bei Bühler das komplexe Feld der Sachtexte übersichtlicher; zum anderen wird durch die Aufteilung der „Appell"-Funktion dieser wichtige Punkt ausdifferenziert.

b Vgl. S. 236 in diesen Handreichungen.

c Vgl. S. 236 f. in diesen Handreichungen.

4 Vor allem eine Rezension kann man nutzen, um den Schülerinnen und Schülern noch einmal bewusst zu machen, dass solche überwiegend wertenden Texte immer auch darstellende Passagen enthalten. Der Grund: Die Leserinnen und Leser müssen ja zumindest im Kern darüber informiert werden, worauf sich eine Meinungsäußerung bezieht.

Weiterführendes Material zu diesem Teilkapitel findet sich auf der beiliegenden CD:
- *Nikolaus Förster:* Natürlichkeit versus Künstlichkeit: Robert Schneiders „Schlafes Bruder" (1999)

5.2 Sachtexte analysieren – Rede, Kommentar, Essay

Die Rede

Horst Köhler: Bildung für alle ▶ S. 223

1 a Thema: Die derzeitige Bildungsmisere und die Notwendigkeit, sie zu überwinden
Gliederung in Sinnabschnitte:
Z. 1–28: Beschreibung der unbefriedigenden Situation
Z. 28–34: Erstmalige Betonung des persönlichen Engagements, um die Bildungssituation zu verbessern
Z. 35–46: Bisherige gute Ansätze, die aber ausgebaut werden müssen
Z. 47–62: Köhlers Bildungsbegriff; zentral: Orientierung an Werten
Z. 63–90: Bildung – gerade in diesem Sinn – ist Anliegen aller und bedarf der gemeinsamen Anstrengung

b Aspekte des Köhler'schen Bildungsbegriffs: Zur Bildung gehört zum einen Ausbildung (vgl. den Hinweis auf die Lehrstellenmisere, Z. 8 ff.). Entscheidend für den Redner ist aber die ethische Komponente (ab Z. 20); zentrale Begriffe sind hier „Herzensbildung" (Z. 57) und „Wertebewusstsein" (Z. 58 f.) als „Orientierung" für die „Urteilskraft" und „innere[r] Kompass" (Z. 48 f.). In diesem Zusammenhang Berufung auf grundlegende Werte, die zum Teil mehrfach genannt werden: „Respekt für das Andere"

238 B5 SACHTEXTE

(Z. 54), „Empathie und Solidarität" (Z. 56 f.), Verantwortung (Z. 60, 72), Gerechtigkeit, Wissbegierde und Kreativität (Z. 70 f.).

c Intention des Redners, als Forderung formuliert: „Wir alle müssen dazu beitragen, dass alle Mitbürgerinnen und Mitbürger die Chance zu einer Bildung im umfassenden Sinne erhalten – als ,Ausbildung' auf der Grundlage von ,Herzensbildung'."

2 a

Gedanklicher Aufbau und Argumentation

Beschreibung der unbefriedigenden Situation (Z. 1–28)

dabei Gegenüberstellung:

Situation in Deutschland (Z. 12 ff., 18) ◄————► bessere Lage in anderen Ländern auf Grund der positiven Einstellung der dortigen Bevölkerung (Z. 15 ff.)

↓

Zusammenfassendes Urteil: „der Befund ist beschämend" (Z. 28 f.)
Begründung: „Bildungschancen sind Lebenschancen" (Z. 29 f.)

Folgerung („Darum …", Z. 31)

↓

Eigenes Engagement in Sachen Bildung, Forderung nach „Bildung für alle"
(Z. 34, 88; Überschrift)

Vertiefung:
Was Bildung eigentlich bedeutet: „Herzensbildung", „Wertebewusstsein" (Z. 57 ff.)

Betonung des Gemeinschaftsgedankens / Wir-Gefühls:
Förderung der Bildung ist Sache aller – im Interesse einer offenen und toleranten Gesellschaft
(Aufgreifen des vertieften Bildungsbegriffs, Z. 63 ff.)
Das entspricht den Interessen und berechtigten Ansprüchen (vgl. Z. 83 f.), die viele im
persönlichen Gespräch geäußert haben (Z. 75 ff.)

↓

Appell („Auf geht's!", Z. 90)

Die Grundelemente der Argumentation sind also: negative Fakten (Z. 1 ff.), Wertvorstellungen (wozu auch ein bestimmtes Menschenbild gehört) und eine bestimmte Vorstellung von der Gesellschaft (Z. 33 f., 67 ff.).

b Rhetorische und sprachliche Strategien und ihre Wirkung:
- Konkretisierung (vgl. Z. 5: „Klingt Ihnen das zu abstrakt?") durch Vergegenwärtigung, Hinweis auf Naheliegendes („das Beispiel dieser Schule", Z. 4 f.) und durch Aufzählungen (Z. 39 f., 64 ff., 77 ff., 86 ff.) → erhöht die Glaubwürdigkeit;
- Formen der Wiederholung, zum Teil anaphorisch: „Konzentrieren wir uns" (Z. 44–46), dreimal „Bildung" am Satzanfang (Z. 49, 52, 57), anaphorisches „Erst" (Z. 58 f.), anaphorisches „Ich" (Z. 75, 77), anaphorisches „was" (Z. 80 f.), anaphorisches „auf" (Z. 86 ff.) → wirkt nachdrücklich, „einhämmernd";
- Gegenüberstellungen in verschiedenen Kontexten und mit unterschiedlicher Intention: „Andere Nationen" – „Deutschland" (Z. 15/18, antithetisch), „das Beste […] aus schwierigen Bedingungen" (Z. 38 f.; antithetisches Wortspiel), „machen immer noch das Beste […] bringen immer noch Spitzenleistungen […]. Aber mit ,immer noch' dürfen wir uns nicht länger zufriedengeben" (Z. 38 ff.) → Verdeutlichung durch Gegenüberstellung/Kontrastierung;
- affektiv-emphatische Ich-Botschaft (Z. 31 f., 75 ff.) → besonderes Gewicht der Aussage durch die Verbindung von persönlichem Anliegen („Ich"), unterstrichen durch die adverbiale Bestimmung „leidenschaftlich", die das große persönliche Engagement betont, und das Amt / die Autorität des Bundespräsidenten;

5.2 SACHTEXTE ANALYSIEREN

- affektiv-emphatische Wir-Botschaft (Z. 21, 36, 67, 73, 86 ff.), in Z. 68 verstärkt durch ein beschwörendes „doch" → Erzeugung von Wir-Gefühl;
- werbende Einräumung und Hinweis auf bereits erbrachte Leistungen: „Und es gibt ja viel Gutes, an das wir anknüpfen können." (Z. 35 ff.) → Ermutigung;
- Satzbau:
  - knappe Einleitungen mit einem Wort (Z. 12, 24) → wirkt sachlich, nüchtern, schnörkellos;
  - kurze, prägnante Sätze an hervorgehobenen Stellen (Z. 35 f.) bis hin zur sentenzhaften Formulierung („Bildung ohne Herzensbildung ist keine Bildung", Z. 57 f.) → wirkt prägnant, einprägsam/einhämmernd;
  - Parallelismus („Die Ursachen dafür mögen vielschichtig sein; der Befund ist beschämend.", Z. 27 f.) → wirkt prägnant, einprägsam/einhämmernd;
- Bildhaftigkeit: „innere[r] Kompass" (Z. 49), „Herzensbildung" (Z. 57) → macht Aussagen anschaulich, spricht daher auch das Gefühl an (Appell an die „emotionale Intelligenz" der Zuhörer, v. a. mit „Herzensbildung");
- Steigerung „Disziplinlosigkeit, ja Gewalt" (Z. 20) → wirkt nachdrücklich, eindringlich.

Der Kommentar

Götz Hamann: Fernsehen ohne Grenzen ▶ S. 226

1 a Rein informative Passagen: Z. 6–8, 19 f., 32–41, 50–62.

b Hamanns Standpunkt: Product-Placement darf nicht legalisiert werden, weil es die „Unabhängigkeit und Glaubwürdigkeit" (Z. 20 f.) der Fernsehberichterstattung untergräbt. Seine Intention: Aufrütteln – mit dem Ziel, die Pläne der EU-Kommissarin zu verhindern.

c

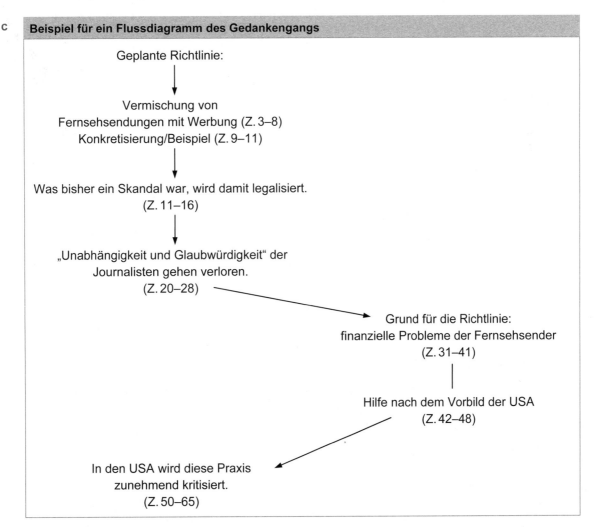

2 a In der Argumentationsstruktur überwiegen die normativen Argumente (Wertargumente), die sich vor allem in den Begriffen „dubiose[...] Geschäftemacher" (Z. 15 f.), „Unabhängigkeit und Glaubwürdigkeit" (Z. 20 f.), „Kreative"/Kreativität (Z. 64) konzentrieren. Daneben gibt es auch – gewissermaßen auf der

240 B 5 SACHTEXTE

„Gegenseite" als Argumente für die neue Richtlinie – Faktenargumente: vor allem in dem Hinweis auf die finanziell ungünstige Lage der Fernsehsender (Z. 32 ff.). In dem Abschnitt, der die Kritik in den USA darstellt (Z. 51 ff.), ist beides miteinander verbunden: Die Kritik selbst stützt sich auf Wertargumente, ihre Darstellung stellt ein Faktenargument dar.

b Die Wortwahl ist an vielen Stellen deutlich abwertend; man könnte hier von einem unterschwellig wirkenden „sprachlichen" Argument sprechen. Beispiele: „gegen Bares ins Drehbuch eingebaut" (Z. 10), „dubiose […] Geschäftemacher" (Z. 15 f.), „Dass ihr da nichts aufstößt, lässt einen schon erschauern" (Z. 29 f.), „Anschlag auf die künstlerische Freiheit" (Z. 43 f.), „falsche […] Schlüsse" (Z. 49), „Freiwild" (Z. 65, hier auch ein Wortspiel mit „Freiheit").

Der Essay

▶ S. 227 Iris Radisch: **Tendenzen der zeitgenössischen Literatur**

1 a Die Gegenüberstellung könnte z. B. so aussehen:

Forderungen der Schriftsteller an die Literatur	Radischs Urteil über diese Forderungen
Die Literatur soll besser, neuer, moderner sein. (Z. 5 f.)	Das ist keineswegs neu und modern, sondern ziemlich alt (vgl. Z. 17, 21 f., 27 f., 65 f.).
Sie soll ‚echt, real und richtig' sein (Z. 8 f.), ‚radikal realistisch' (Z. 39).	
Es soll in ihr „knallen" (Z. 35 ff.).	Das zerstört die Literatur (vgl. Z. 38 f.).

b „Werk" meint in diesem Zusammenhang das bewusst Gestaltete, künstlerisch Geschaffene, das ein Kunstwerk erst zum Kunstwerk macht und so auch einem literarischen Werk erst seine künstlerisch-literarische Qualität gibt – im Unterschied zu einer bloßen „Abbildung" von Wirklichkeit, etwa in einem Bericht oder einer Reportage. (Bei einer solchen Gegenüberstellung sollte man allerdings darauf hinweisen, dass sie stark, beinahe unzulässig vereinfacht; denn eine „Abbildung" ist ohnehin mit sprachlichen Mitteln nur sehr bedingt möglich – was schon eine Erinnerung an die „Leerstellentheorie" klarmacht.)

2 a Merkmale des Essays lassen sich auf inhaltlicher wie auf sprachlicher Ebene nachweisen:
Inhaltlich fallen vor allem mehrere Anspielungen auf und ein eher unterschwelliges Appellieren an Vorstellungen, die auch bei der Leserin bzw. dem Leser vorausgesetzt werden, ohne dass sie explizit und systematisch ausgeführt oder gar diskursiv begründet würden (oder – nach Meinung der Verfasserin – werden müssten). So wird die Forderung der genannten Schriftsteller nach dem ‚Echten, Realen und Richtigen' in der Literatur allein durch die Wendung „ausgerechnet in der Literatur" als unsinnig gekennzeichnet (Z. 9 f.), ohne dass mit Argumenten dargelegt würde, wieso dies unsinnig ist. Auch der Hinweis auf Marcel Reich-Ranickis vergleichsweise „avantgardistische" Überzeugungen verzichtet auf eine genauere Darlegung und argumentative Entfaltung; die Verfasserin setzt bei ihren Leserinnen und Lesern die Kenntnis von Reich-Ranickis Literaturverständnis voraus und spielt hier mit dem Kontrast zwischen dem fortgeschrittenen Alter des „Literaturpapstes", der zum Zeitpunkt der Veröffentlichung bereits 72 Jahre alt war (* 1920), und den damals als jung gehandelten Schriftstellern, die allerdings mit einem Seitenhieb als auch „nicht mehr ganz junge Männer" bezeichnet werden (Z. 2 f.; immerhin waren zum Zeitpunkt der Veröffentlichung – 1992 – die Genannten, nämlich Biller, Goetz und Altenburg, verglichen mit dem Literaturkritiker geradezu jugendlich; vgl. Anm. 2 auf S. 227 im Schülerband). Eine Anspielung bleibt auch der Verweis auf Goethe (Z. 65 f.), dessen „Italienische Reise" eindeutig gemeint ist, aber anders, als das in einer wissenschaftlichen Abhandlung zu erwarten wäre, nicht ausdrücklich genannt wird, geschweige denn, dass die Nennung im Sinne der „Argumentation" entfaltet würde. Die eher saloppe Formulierung „Das ist alles nicht weiter der Rede wert" (Z. 45) fasst das Urteil treffend zusammen.
Sprachlich ist die Wortwahl auffallend, die man als zugespitzt, ironisch und pointiert beschreiben kann (vgl. die letzten drei Zeilen im Informationskasten „Essay", S. 229 im Schülerband); Belege dafür sind: „Ein paar nicht mehr ganz junge Männer" (Z. 2 f.; bereits „Ein paar" wirkt in diesem Zusammenhang leicht abwertend), „aus der Klamottenkiste" (Z. 21), „stramme Häme" (Z. 30), „prachtvoll jung […] völkisch empfindsam" (Z. 33), „Geschrei" (Z. 46 f.), „auf der empfindsamen Auslandsreise" (Z. 62 f.). Eine besondere Qualität zeigt das Sprachspiel, mit dem die „empfindsamen Auslandsreise[n]" Bodo Kirchhoffs kommentiert werden (Z. 66 ff.): „der technische Kniff, dem Helden per Lufthansa zu Erfah-

5.2 SACHTEXTE ANALYSIEREN **241**

rung und Kontur zu verhelfen". Hier wird indirekt ein erzähl„technisches" Verfahren dadurch lächerlich gemacht, dass dem Autor die unsinnige Meinung unterstellt und vorgehalten wird, er könne die Probleme der Literatur durch Technik im „eigentlichen" Sinne (= Flugzeug) lösen. Zu den sprachlichen Auffälligkeiten des Textes gehören auch elliptische Konstruktionen („Kaum eine Debatte.", Z. 2; „Normale Literatur für normale Menschen.", Z. 34), von denen die letztere in ihrer sentenzhaften Art an banale Produktwerbung erinnert, die hier den Literaten in den Mund gelegt wird.

Insgesamt kann man also konstatieren, dass es sich bei dem Text von Iris Radisch um ein gelungenes Beispiel für einen Essay handelt, der gerade in seiner inhaltlichen wie sprachlichen Subjektivität nicht nur vergnüglich zu lesen ist, sondern auch zur Auseinandersetzung geradezu herausfordert.

b Der Kommentar ist stärker als der Essay auf aktuelle Ereignisse bezogen. Im Rahmen der Literatur wäre etwa ein Kommentar denkbar zu der Frage, was Literatur darf oder was man ihr verbieten darf (oder auch nicht). Solche Fragen wurden z. B. im Zusammenhang mit dem Roman „Esra" von Maxim Biller (den auch Iris Radisch erwähnt, in Z. 6) erörtert, gegen den ein Veröffentlichungsverbot verhängt wurde, weil einige Figuren relativ deutlich realen Personen entsprachen, die sich darin erkannten und bloßgestellt fühlten, weshalb sie das Verbot erwirkten. Viele Kommentare setzten sich mit diesem Vorgang kritisch auseinander. Dabei gingen die Kommentatoren zwar auch ins Grundsätzliche, aber der aktuelle Fall war immer Ausgangs- und zentraler Bezugspunkt. In einem Essay über die Frage, was Literatur darf und was Rechtsprechung ihr gegebenenfalls verbieten darf, würde der konkrete Fall bloß zum Anlass genommen, die grundsätzliche Frage stünde dagegen im Mittelpunkt.

c Die vorherrschende Intention des Textes von Iris Radisch besteht darin, die Meinung ihrer Leserinnen und Leser zu beeinflussen; genauer, die Überzeugung zu vermitteln, dass die – damals – neue und von vielen hochgelobte Literatur, die u. a. durch die eingangs genannten Namen (Z. 6 f.) repräsentiert wurde, eigentlich „keine [Literatur] ist" (Z. 39).

Eine Sachtextanalyse verfassen

▶ S. 229

1 a Im Rahmen der verschiedenen bisherigen Aufgabenstellungen wurden die Fragen beantwortet, die die textimmanenten Aspekte betreffen und die in dem Schaubild auf S. 229 im Schülerband in dem Rechteck in der Mitte aufgeführt sind. Außerdem sind zumindest im Ansatz auch die Fragen nach Autor/in und Autorintention geklärt. Die Frage nach der Leserintention lässt sich nicht allgemein beantworten, da jede Leserin / jeder Leser ihre/seine eigene Leseabsicht hat. Dennoch ist der Punkt wichtig, weil er grundsätzlich bewusst macht, dass man als Leser/in mit einer bestimmten Leseabsicht an einen Text herangeht. Zu den Fragen, die darüber hinaus noch offen sind, hier die entscheidenden Angaben:

Text	Angaben zu Autor/in	Kontext (Medium bzw. Ort der Veröffentlichung)	Leser/in (Angaben zu den Adressaten – allgemein)
Ohrlinger: „Ein Neuer aus Österreich"	Kulturjournalist	überregionale österreichische Tageszeitung „Die Presse"	Zeitungsleser/innen, die an (aktueller) Literatur interessiert sind
Brenner: „Über Robert Schneider, ‚Schlafes Bruder'"	Literaturwissenschaftler	Fachbuch „Neue deutsche Literaturgeschichte"	Leser/innen mit einem besonderen Interesse an Literatur
Köhler: „Bildung für alle"	Bundespräsident	Rede im Rahmen der „Berliner Reden", gehalten in der Kepler-Oberschule in Berlin-Neukölln	geladene Gäste aus Politik, Kultur und Wirtschaft
Hamann: „Fernsehen ohne Grenzen"	Journalist	deutsche Wochenzeitung „Die Zeit"	anspruchsvolle Zeitungsleser/innen
Radisch: „Tendenzen der zeitgenössischen Literatur"	Literaturjournalistin	deutsche Wochenzeitung „Die Zeit"	anspruchsvolle Zeitungsleser/innen mit speziellem Interesse an literarischen Fragen

242   B5 SACHTEXTE

2 Punkte, auf die man bei der Sachtextanalyse erfahrungsgemäß besonders achten muss (Schwerpunkt „Hauptteil"): aspektorientierter Aufbau, sprachliche Überleitungen zwischen den verschiedenen Gedankenschritten (sprachliche Gestaltung der „Gelenkstellen").

◎ Weiterführendes Material zu diesem Teilkapitel findet sich auf der beiliegenden CD:
  - Eine Sachtextanalyse verfassen (Folie/PowerPoint-Präsentation)

5.3 Wissen für Laien – Popularisierende Sachtexte untersuchen

▶ S. 230 1 Das Angebot an popularisierenden Zeitschriften und Magazinen ist mittlerweile unüberschaubar und bedient die verschiedensten Interessen: außer (natur-)wissenschaftlichen (z. B. „Spektrum der Wissenschaft") auch historische („Archäologie in Deutschland"), sportliche, Interessen für Computer, für Reisen und fremde Kulturen („National Geographic") usw. Abzugrenzen sind esoterische Zeitschriften. Eine besondere Sparte bilden die Zeitschriften, die im weitesten Sinne unter „Lebenshilfe" firmieren. Eine umfassende Übersicht bietet www.zeitungen.de.

2 Folgende Äußerungen zu den Unterschieden zwischen fachinterner und fachexterner Wissensvermittlung kann man erwarten:

	Wissensvermittlung	
	fachintern	fachextern
Inhalt	• spezialisiert • setzt Vorkenntnisse voraus	• nicht zu sehr spezialisiert • will auch Laien ansprechen, daher keine/nur wenige Voraussetzungen
Sprache	• anspruchsvoll • Fachsprache, viele Fremdwörter	• einfache Sprache • weitgehender Verzicht auf Fachsprache und Fremdwörter
Gestaltung, Layout	• Text überwiegt • Bilder/Grafiken nur, wenn unbedingt notwendig	• verschiedene Schrifttypen, Hervorhebungen im Druckbild • Bilder/Grafiken zur Veranschaulichung und Auflockerung

▶ S. 231 **Luigi Luca Cavalli-Sforza: Stammbäume von Völkern und Sprachen**

1 Es geht in dem Text um die Frage, wo die Ursprungsregion der Menschheit liegt und über welche Wege sich die Menschen über die Welt verbreitet haben.
Die Beurteilung des Schwierigkeitsgrades des Textes von Cavalli-Sforza wird individuell verschieden sein; grundsätzlich kann man aber sagen, dass der erste Absatz recht einfach und leicht zu verstehen ist, während der letzte (ab Z. 43) schwieriger ist. Der mittlere steht auch hinsichtlich des Schwierigkeitsgrades etwa in der Mitte. (Zu den Gründen siehe Aufgabe 2.)

2 a Der Verfasser beginnt mit einer lebendigen, beinahe szenischen (Z. 14 ff.) Schilderung des Beginns seiner Forschungstätigkeit, bei der Menschliches hervorgehoben wird: die anregende „Arbeitsatmosphäre" in dem Institut, an dem er zu forschen begann (Z. 8), und die Charakterisierung seines eigenen Projekts als „absurd ehrgeizig" (Z. 18 f.). Über den ebenfalls noch leicht nachvollziehbaren Hinweis auf parallele Forschungsergebnisse im zweiten Absatz kommt er erst in einem dritten Schritt zu einer eher komplexen Darlegung theoretischer Aspekte (Z. 43 ff.).

b Die Zuordnung von Begriffen oder sprachlichen Wendungen zu den unterschiedlichen Sprachebenen könnte z. B. so aussehen:

5.3 POPULARISIERENDE SACHTEXTE UNTERSUCHEN

Die beiden Sprachebenen	
wissenschaftliche Sprache	**Wörter und Wendungen, die eher den Laien ansprechen**
Fachbegriffe wie • „Population" (Z. 2) • „Systematiken der Sprache" (Z. 3 f.) • „Populationsgenetik" (Z. 14 f.) • „mit einem eigenen genetischen Ansatz rekonstruiert" (Z. 30 ff.) • „Klassifikation der Sprachen" (Z. 34) • „genetische Distanz" (Z. 51)	• „Arbeitsatmosphäre" (Z. 8) • „ausgefallene Ideen" (Z. 10 f.) • „brodelte es geradezu" (Z. 15) • „Verwandtschaftsgrad heutiger Bevölkerungen" (Z. 22 f.) • „Stammbaum" (z. B. Z. 24) Hinweis: Die beiden letzten Wörter bzw. Wendungen sind Beispiele für Metaphern, die in die Wissenschaftssprache Eingang gefunden haben.

3 Folgende Popularisierungsstrategien lassen sich bei Cavalli-Sforza finden:
   • Personalisierung: Dazu gehören die unter Aufgabe 2a genannten Punkte. Hervorzuheben ist die Tatsache, dass ein Forscher überhaupt in der Ich-Form schreibt – was in der Wissenschaftssprache gewöhnlich als Tabu gilt. Insgesamt ist der Anfang des Artikels deutlich narrativ; auch das gilt in der strengen wissenschaftlichen (also fachinternen) Darstellung als Tabu.
   • Sprache: „frappierend" (Z. 3) beschreibt eine sehr „menschliche" Wirkung von Forschungsergebnissen; metaphorisch und damit sehr anschaulich (anstatt wissenschaftlich-abstrakt) ist das Verb „brodeln" (Z. 15), ebenso die Begriffe „Verwandtschaftsgrad" und „Stammbaum" (Z. 22, 24, 27; siehe dazu die Tabelle zu Aufgabe 2b). Wendungen wie „greifbar nahe" (Z. 26) und „besonders bedeutsam" (Z. 32) weisen auf die Bedeutung der Forschungen hin.

4 Die beiden Ebenen der Reportage lassen sich auch in dem Text von Cavalli-Sforza (wie in vielen Texten einer popularisierenden Wissenschaftsvermittlung) finden: Auch hier wird in „besonders lebendiger und anschaulicher Weise über ein Ereignis oder eine Person informiert" (siehe dazu auch die Ausführung zu Aufgabe 2a), als Einstieg in die Beschreibung relativ komplexer wissenschaftlicher Erkenntnisse, die der „Darstellung von Hintergründen und größeren Zusammenhängen" in der Reportage entspricht.

5 Besonders leicht zu handhaben sind die Aspekte „Personalisierung" und „Visualisierung". Etwas aufwändiger, aber durchaus reizvoll ist beim popularisierenden Umschreiben fachlicher Texte (Teilaufgabe b) die „Historisierung" – sofern man entsprechende Informationen hat (natürlich sollte man nicht „drauflosfantasieren" lassen). Die sprachlichen Strategien der Popularisierung lassen sich auch produktiv-gestaltend beinahe alle leicht umsetzen, wobei man sich bei der Bildhaftigkeit auf Vergleiche konzentrieren wird, da Metaphern nicht immer gelingen. In jedem Fall bietet die Aufgabe viele Anreize zur „Reflexion über Sprache".

Weiterführendes Material zu diesem Teilkapitel findet sich auf der beiliegenden CD:
• Von der Popularisierung zur Boulevardisierung / *Josef Klein:* Merkmale von Boulevardisierung (1998)

B5.1 LERNERFOLGSKONTROLLE/KLAUSURVORSCHLAG

Analyse eines Sachtextes (Rezension) mit anschließender weiterführender Reflexion

Aufgabenstellung

1 Analysieren Sie die vorliegende Rezension zu Robert Schneiders Roman „Die Unberührten".
   - Fassen Sie Altenburgs Bewertung zusammen,
   - stellen Sie dar, worauf sie sich stützt,
   - und arbeiten Sie differenziert die Mittel heraus, mit denen Altenburg seine Meinung zum Ausdruck bringt. *(48 Punkte)*

2 Stellen Sie Altenburgs Forderungen an einen Roman, wie sie aus seiner Rezension hervorgehen, dar und setzen Sie sich kritisch damit auseinander. Beziehen Sie ein anderes Ihnen bekanntes episches Werk in Ihre Überlegungen ein. *(24 Punkte)*

Matthias Altenburg: **Toyota-Prosa. Bei Robert Schneider ist nichts unmöglich**[1] (2000)

Die „gehobene Unterhaltung" und das „intelligente Erzählen" sind die literarischen Krankheiten dieser Jahre. Nachdem die deutsche Literatur lange Zeit die Avantgarde[2] von vorgestern kopiert und endlich einen Großteil ihrer Leser vertrieben hatte, ist nun im Gefolge des so genannten neuen Realismus auch das „Blumige", die Floristenprosa, wieder gefragt.

Ein Bedürfnis, das existiert, wird früher oder später auch bedient. Denn wo es Menschen gibt, die sich zwar für Literatur nicht interessieren, die aber dennoch „gerne lesen", da finden sich bald Autoren, denen ihr Metier zwar egal ist, die aber „gerne schreiben". Wenn sich die Bedürfnisse dieser Schreiber mit den Bedürfnissen jener Leser treffen, bekommen wir es mit Büchern zu tun, die „Schinken", „Schmöker" oder „Wälzer" heißen. Das wäre weder schlimm noch der Rede wert, wenn nicht immer mehr Verlage mit Vorliebe solche Bücher druckten und wenn nicht ein größer werdender Teil der Kritik sich immer nachsichtiger mit dieser Art Bücher befasste.

[...] Gebeten, eine „gerechte" Besprechung des neuen Romans von Robert Schneider[3] zu schreiben, sieht sich der Rezensent bereits nach den ersten Seiten in die Rolle des Scharfrichters genötigt. Denn sogleich wird er einer so besinnungs- wie bedenkenlosen Sprache ausgesetzt, die mehr Gelächter als Kritik provoziert. Noch hat die Geschichte nicht begonnen, schon „lauerte" der Friede ein erstes Mal, schon sind die Berge „vergangen", und die kleine Heldin Antonia hat sich in einer Landschaft „vorgefunden". Was bleibt dem Mädchen da noch anderes übrig, als zu singen, mit „einer Fülle, die immer leuchtender wurde, ohne laut zu sein". Man wünschte sich sehr, es würde in diesem Buch ein einziges Mal einfach nur gegangen, doch hier wird stattdessen „gestapft", „gestiefelt", „gestelzt" „geschritten" und einmal sogar „gefüßelt". Hier dürfen die Leute nicht einfach fühlen oder glauben, hier „dünkt" ihnen dauernd, hier müssen sie sich ständig „wähnen". Selbst eine Impression darf nicht bloß Eindruck machen, sondern es muss in sie „gestolpert" werden, und das, kurz nachdem „eine wahre Fundgrube an Tönen und Geräuschen" „entdeckt" wurde. Hätte nur gefehlt, dass sie gefunden worden wäre, die Fundgrube. Es gibt eine „dioptriengeschwängerte Brille" und „quartergroße" Schneeflocken (quadergroß?), jemand ist „innerlich gerührt" (wie auch sonst?), bevor er seinen „Gedankenblitz nicht voll erstrahlen" (oder erblitzen?) lassen kann.

So geht das Stilblüte um Stilblüte. Der Autor schreibt mehr, als er denkt. Seine Sätze schlenkern, schwelgen, fuchteln in Räumen, die er zuvor nicht abgemessen hat. Er will Wirkung erzielen, bevor er überlegt hat, was er sonst noch will, und so zwingt er seine Figuren unausweichlich zu den absonderlichsten Verrenkungen: Alma „umhalste ihren Gatten mit strahlenden Augen ... Bald brachen die Körper ineinander wie schwer sich wälzende Gewitterwolken ... Er stürzte seinen Mund auf ihre kleinen Brüste." Toyota-Prosa: Nichts ist unmöglich.

Das kommt mimetisch[4] daher, das will scheinbar nur davon erzählen, was passiert ist und gefühlt wurde, und vernichtet doch mit jedem Satz die Wirklichkeit. Statt den Gegenstand freizuräumen vom Ballast der Konvention, sucht der Autor die abgelegensten

---

[1] Anspielung auf einen alten Werbeslogan der Autofirma Toyota: „Nichts ist unmöglich – Toyota"
[2] **Avantgarde:** Künstler, die Neues entwickeln; Vorkämpfer für neue Ideen
[3] Gemeint ist der im Jahr 2000 erschienene Roman „Die Unberührten"
[4] **mimetisch:** nachahmend

Adjektive, um zielsicher beim nächsten Klischee zu landen. Statt zu evozieren[5], behauptet er. Statt präzise zu sein, ist er preziös[6].

Und was ist mit der Geschichte? Vielleicht haben wir es ja mit einem jener Schriftsteller zu tun, die zwar nicht erzählen können, aber immerhin etwas zu erzählen haben? Doch nein, was für eine Story! Tragödien über Tragödien, Schicksale über Schicksale. Blutige Geburten, blutige Morde, blutige Leidenschaften. Und wir stehen fassungs- und verständnislos davor. Mal lieben sie sich, dann wieder nicht, dann wieder doch. Da es zu viel Mühe gemacht hätte, jeder Figur eine eigene Psychologie zu geben, müssen alle Entscheidungen „jäh", „plötzlich" oder „mit einem Mal" getroffen werden. Die Ursachen dieser Wendungen sind dann ganz tief innen oder ganz hoch oben zu suchen, an Orten jedenfalls, die für uns Verstandesmenschen kaum zugänglich sind. Und so lernt man schnell, in diesem Buch mit allem zu rechnen, außer mit Folgerichtigkeit. Wo ein Detail gefordert ist, weicht Schneider ins große Ganze aus, und wenn ihm die Geduld zur Präzision fehlt, behilft er sich mit dem Ungefähren [...].

[...] dieses Buch entzieht sich jedem Vergleich, es ist ein Solitär[7] des Versagens.

So ist das: Wer Gerechtigkeit für diesen Autor fordert, beschwört das schlimmste Urteil herauf. Ab sofort muss es heißen: Gnade für Robert Schneider!

(Aus: Die Zeit 2000, zitiert nach:
http://zeus.zeit.de/text/2000/9/200009.l-schneider_.xml, 4.5.2007)

---

[5] **evozieren:** (den Eindruck von Wirklichkeit) hervorrufen
[6] **preziös:** sich den Anschein des Besonderen und Wertvollen gebend

[7] **Solitär:** ein einzigartiges, unvergleichliches Werk (eigentlich: ein einzeln gefasster Edelstein)

ERWARTUNGSHORIZONT

Inhaltliche Leistung

Aufgabe 1

	Anforderungen Die Schülerin / der Schüler	maximal erreichbare Punktzahl (AFB)	erreichte Punktzahl
1	verfasst eine sinnvolle Einleitung (Autor, Textauszug/-sorte, Thema).	3 (I)	
2	fasst Altenburgs Bewertung des Romans von Robert Schneider zutreffend zusammen.	6 (I)	
3	erläutert, dass überwiegend die sprachliche Gestaltung, aber auch der Inhalt des Romans die Grundlagen der Bewertung bilden.	6 (II)	
4	erläutert die Rolle, die nach Altenburgs Meinung das „Bedürfnis" eines Publikums spielt, das ohne literarisches Interesse „gerne liest".	3 (II)	
5	berücksichtigt, dass der Verfasser auch den Verlagen und der literarischen Kritik eine Mitschuld gibt an den „literarischen Krankheiten".	3 (I)	
6	untersucht die sprachlichen Mittel, mit denen Altenburg seine Meinung zum Ausdruck bringt: • abwertende Wortwahl („literarische Krankheiten", Z. 2; „Stilblüte", Z. 49; „Klischee", Z. 65), z. T. auch metaphorisch („Seine Sätze schlenkern […]", Z. 50) und mit Neologismus („Floristenprosa", Z. 7) • Funktion der Anspielung auf die Autowerbung („Toyota-Prosa: […]", Z. 58 f., Überschrift) • Selbstbild des Kritikers („Scharfrichter", Z. 24; „das schlimmste Urteil", Z. 91) und (ironische) Selbstdistanzierung dadurch, dass er von sich in der 3. Person spricht („sieht sich der Rezensent", Z. 22 f.) • Hervorhebungen („gerne lesen" – „gerne schreiben", Z. 11 f.) • beinahe paradox zuspitzende Gegenüberstellungen („Er will Wirkung erzielen, bevor er überlegt hat, was er sonst noch will" (Z. 52 f.); „lernt man […] mit allem zu rechnen, außer mit Folgerichtigkeit", Z. 82 ff.; „Gerechtigkeit" vs. „Gnade", Z. 90/92) • Behauptung, dass die Sprache des Romans misslungen sei, durch bloße Häufung von Beispielen (Z. 27–48) • „Korrektur" misslungener Ausdrucksweise durch eingeklammerte und mit Fragezeichen versehene Alternativvorschläge (Z. 45 ff.) • Wortspiel („präzise – preziös", Z. 66 f.) • Ausruf („was für eine Story!", Z. 71) • Wiederholungen („Tragödien über Tragödien, Schicksale über Schicksale" (Z. 72); Wiederholung/Häufung des Wortes „blutig", Z. 73) • Vorwurf, auf bloße Wirkung zu zielen, lapidar zusammengefasst in den Worten „Der Autor schreibt mehr, als er denkt" (Z. 49 f.) und „vernichtet doch mit jedem Satz die Wirklichkeit" (Z. 62)	12 (II)	
7	benennt die inhaltlichen Schwächen, die der Verfasser dem Roman vorwirft: sinnlose Häufung von blutigen Schicksalen, keine psychologische Zeichnung der Figuren.	6 (I)	
8	untersucht die Rolle des gedanklichen Aufbaus als Mittel der Meinungsprägung, v. a. der „sarkastischen Klammer": Anfang des dritten Absatzes vs. Schlusssätze.	9 (II)	
9	entwickelt einen weiteren, eigenständigen und aufgabenbezogenen Gedanken. (Max. 5 Punkte)		
		48	

ERWARTUNGSHORIZONT **247**

Aufgabe 2

	Anforderungen Die Schülerin / der Schüler	maximal erreichbare Punktzahl (AFB)	erreichte Punktzahl
1	formuliert eine stringente Überleitung.	3 (I)	
2	erschließt aus Altenburgs Rezension die Forderungen, die der Verfasser an einen Roman stellt: ▪ präzise statt gewählter oder „gesuchter" Ausdrucksweise ▪ Verzicht auf unsinnige Häufung von Katastrophen (Schicksalsschlägen) ▪ psychologisch überzeugende Figurenzeichnung	6 (III)	
3	formuliert zu jedem dieser Punkte begründet und schlüssig eine eigene Meinung.	9 (III)	
4	demonstriert seine Meinung an einem epischen Werk nach eigener Wahl.	6 (II)	
		24	

Darstellungsleistung

	Anforderungen Die Schülerin / der Schüler	maximal erreichbare Punktzahl	erreichte Punktzahl
1	strukturiert den Klausurtext schlüssig, sinnvoll verknüpft und gedanklich klar.	6	
2	schreibt fachsprachlich korrekt und differenziert zwischen beschreibenden, deutenden und wertenden Aussagen.	6	
3	belegt Aussagen funktional durch korrekte Zitate.	3	
4	formuliert begrifflich präzise und differenziert, sprachlich-stilistisch angemessen, abwechslungsreich und sicher.	10	
5	schreibt sprachlich korrekt.	3	
		28	

Eine Zuordnung der Punktezahlen zu den Notenstufen findet sich auf S. 46 in diesem Handbuch.

Cornelsen

Autor:
Heinz Gierlich

Texte, Themen und Strukturen
Lernerfolgskontrolle 17, S. 4

Analyse eines Sachtextes (Rede) mit anschließender weiterführender Reflexion

Aufgabenstellung

1 Analysieren Sie die Rede von Theo Sommer. Arbeiten Sie dabei insbesondere den gedanklichen Aufbau sowie die inhaltlichen und sprachlichen Strategien des Redners heraus. *(42 Punkte)*

2 Setzen Sie sich mit Sommers Position zur Rolle und Aufgabe der Medien auseinander. *(30 Punkte)*

Theo Sommer: Wertewandel in einer medialen Welt (2003)

Rede vor Mitarbeitern der Wochenzeitung „Die Zeit" am 7. Mai 2003 in Dresden[1]

Ich gestehe, dass mir das Thema, das mir unsere verehrliche Geschäftsführung gestellt hat, nicht ganz geheuer ist: „Wertewandel in einer medialen Welt". Die Verknüpfung von Wertewandel und medialer Welt wirkt ein bisschen künstlich. Aber ich will's versuchen. […]

Die […] Wertegesellschaft bedarf […] der Festigung: durch Verständigung auf einen zeitgemäßen Bildungskanon; durch Festlegung von Messlatten und Maßstäben; durch die Vermittlung von Kriterien, die allein Kritikfähigkeit schaffen.

Hier schlage ich nun den Bogen zu den Medien, denn gerade hier haben die Medien eine bedeutsame Aufgabe. Nicht, dass ich glaubte, sie sollten Wertvorstellungen entwickeln – das überlassen sie besser den Philosophen. Es wäre schon viel gewonnen, wenn sie aufhörten, Werte um der Auflage oder der Einschaltquote zu verwässern oder zu zersetzen. Das heißt: wenn sie Schluss machten damit, das Brutzeln in der Pfanne für wichtiger zu halten als den Braten; wenn sie davon abließen, etwa durch die Big-Brother-Sendungen die Schranken der Privatheit geradezu provozierend ein[zu]reißen; vor allen Dingen jedoch, wenn sie dem fatalen Hang zur medialen Inszenierung abschwören wollten, der die Wirklichkeit nicht abbildet, sondern Lesern, Hörern und Zuschauern Lügen vorsetzt, die dreist als Wirklichkeit ausgegeben werden.

Mediale Inszenierung: dies ist das Stichwort für den zweiten Teil meiner heutigen Ausführungen. […] Die mediale Politikdarstellung folgt immer mehr den Regeln des Theaters: unterhaltsam muss alles sein, dramatisierend, skandalisierend, personalisierend und bildhaft (Thomas Meyer, Parlament, April 2002). Es herrschen das Melodram[2] und die Imagogie[3]. Die Politiker aber bequemen sich der Darstellungskunst der Medien an. Sie übernehmen deren Regeln, um sich im besten Licht zu präsentieren. Politik wird da leicht zu Politainment, die Parteiendemokratie zur Mediendemokratie, zur Inszenierungsdemokratie […]. Aber das ist noch nicht alles. Die kurze Reaktionszeit der Medien lässt der Politik immer weniger Zeit zum Reifen ihrer Vorhaben. Ständig wird sie gezwungen, Halbgares zu offerieren, zu kommentieren, zu dementieren. Es klafft hier, in der Sprache der Wissenschaft, ein zentraler Widerspruch zwischen politischer Prozesszeit und medialer Produktionszeit.

Und nicht nur dies. „Weiche" Themen werden wichtiger als „harte" – sie lassen sich schneller darstellen. Die Auseinandersetzung über komplizierte Inhalte verkümmert. Und das Fernsehen monopolisiert die Aufmerksamkeit. „Politik ist nur das, was prominent vor allem in den elektronischen Medien stattfindet" (Thomas Leif[4]). Die Christiansen-Runde[5] wird wichtiger als das Parlament. Der Bürger wird vom Mitwirkenden zum Zuschauer. Meinungsbildung und Willensbildung werden beliebig. In den Parteien aber erstirbt der Diskurs[6] zwischen Spitze und Basis, wenn die Führungsfiguren lieber auf der Klaviatur der Medien spielen, als sich innerhalb ihrer politischen Gruppierungen Mehrheiten zu verschaffen. […]

Auch sollten sie [die Medien] sich vor totaler Boulevardisierung hüten. Der Boulevard hat durchaus sein Recht, aber er darf nicht alles überwuchern. Es ist überlebenswichtig für die Demokratie, dass Qualitätszeitungen wie die „Zeit", aber auch viele seriöse Tageszeitungen, die „Umkehr der Wichtigkeiten" nicht mitmachen, von der Richard von Weizsäcker[7] einmal gesprochen hat, das Missverhältnis also zwischen den Dingen, über die geredet wird, und jenen anderen

---

[1] **Theo Sommer** ist einer der Herausgeber der „Zeit".
[2] **Melodram**: Theater- und Filmgenre, das bei einer meist trivialen Handlung stark auf Gefühle setzt
[3] **Imagogie**: wörtlich „Führung durch Bilder"
[4] **Thomas Leif**: deutscher Journalist und Politikwissenschaftler
[5] **Christiansen-Runde**: Fernsehtalkshow am Sonntagabend, bis 2007 moderiert von Sabine Christiansen
[6] **Diskurs**: Diskussion, Erörterung
[7] **Richard von Weizsäcker**: Bundespräsident 1984–1994

B5.2 LERNERFOLGSKONTROLLE/KLAUSURVORSCHLAG   **249**

Themen, über die geredet werden müsste. Es ist unabdingbar für die Lebendigkeit und die Relevanz des öffentlichen Diskurses, dass wir Medienleute der um sich greifenden Abflachung widerstehen. […]

75 Weizsäcker war nicht der einzige Bundespräsident, der sich Sorgen machte um den Zustand unserer Medien. Roman Herzog[8] hat das Thema immer wieder aufgegriffen. „Diese unendliche, schleichende Banalisierung und Trivialisierung macht die Hirne kaputt",

80 sagte er 1996. Und er warnte vor den Medienmechanismen, die die Inhalte der Politik verändern. Johannes Rau[9] knüpfte nahtlos an Herzog an, als er vor dem Trend zu Politainment, zum unterhaltsamen Inszenieren von Politik warnte. Er wünschte sich „eine

85 Mediendemokratie, in der das Vermitteln der Sache wichtiger ist als das Vermitteln von Bildern und Bildunterschriften".

Ich stimme dem völlig zu. Wir alle müssen uns solch eine Mediendemokratie wünschen an Stelle der voyeuristischen Entartung der Inszenierungsdemokratie. 90 Eine Rückbesinnung auf die Realität an Stelle der Realityshow tut not. Die Medienrealität muss wieder deckungsgleich werden mit der Ereignisrealität. Die Anpassung der Politik an die Erfolgsbedingungen der Medienwelt sollte dort eine Grenze finden, wo sie auf 95 Theatralisierung und Informationsverdünnung, ja: auf bloße Sinnentleerung hinausläuft. […]

(Aus: Die Zeit 24/2003. Zitiert nach:
http://www.zeit.de/reden/sommer_wertewandel [20.7.2007])

[8] **Roman Herzog:** Bundespräsident 1994–1999
[9] **Johannes Rau:** Bundespräsident 1999–2004

Autor:
Heinz Gierlich

Texte, Themen und Strukturen
Lernerfolgskontrolle 18, S. 2

250 ERWARTUNGSHORIZONT

Inhaltliche Leistung

Aufgabe 1

	Anforderungen Die Schülerin / der Schüler	maximal erreichbare Punktzahl (AFB)	erreichte Punktzahl
1	verfasst eine knappe und klare Einleitung (Autor, Adressaten, Textsorte, Thema).	3 (I)	
2	erläutert präzise den Hauptvorwurf des Redners gegenüber den Politikern und vor allem den Medien: dass die Medien die Politik immer mehr den Regeln und Erfordernissen einer Inszenierung unterwerfen und damit aushöhlen.	6 (II)	
3	analysiert den Aufbau der Rede, indem sie/er die Funktion der einzelnen Sinnabschnitte beschreibt: • Einleitung (1. Absatz) • zentrale These in Form eines Werturteils mit impliziter Forderung (2. Absatz) • Vorwurf, und zwar gegenüber den Medien wie gegenüber den Politikern (Absätze 3–6, Hauptteil des Redeauszugs) • Appell/Forderung (letzter Absatz), sprachlich erkennbar an den Modalverben „müssen" und „sollen"	6 (II)	
4	beschreibt den steigernden Aufbau des Mittelteils der Rede (Absätze 3–6): • „Aber das ist noch nicht alles." (Z. 40 f.) • „Und nicht nur dies." (Z. 48) • „Auch sollten sie [die Medien] sich vor totaler Boulevardisierung hüten." (Z. 62 f.)	6 (I)	
5	benennt die grundlegenden Argumentationsformen: Wertargumente, Hinweis auf negative Folgen, Autoritätsargumente.	6 (I)	
6	untersucht die sprachlichen Mittel: *Strategien auf der Ebene des einzelnen Wortes:* • abwertende Wortwahl, z.B. „verwässern", „zersetzen" (Z. 18), „voyeuristische Entartung" (Z. 89 f.) • Metaphorik – Anschaulichkeit, die die Gefühlsebene anspricht: „Brutzeln in der Pfanne" (Z. 19 f.), „Halbgares" (Z. 44), „Klaviatur der Medien" (Z. 59 f.); zentraler Bildbereich „Theater" als sprachliche Klammer: „Regeln des Theaters" (Z. 32), „Theatralisierung" (Z. 96) • dramatisierende Wortwahl: „total" (Z. 62), „überlebenswichtig" (Z. 65) • Neologismen (mit abwertender Intention): „Politainment" (Z. 39), „Inszenierungsdemokratie" (Z. 40), „Informationsverdünnung" (Z. 96) *Strategien auf Satzebene und satzübergreifend:* • Anaphern (2. Absatz, „durch") • Wortspiele: „Politik"/„Politainment" (Z. 38 f.), „Parteiendemokratie"/ „Mediendemokratie"/„Inszenierungsdemokratie" (Z. 39 f.) • Reihungen: „unterhaltsam […], dramatisierend, skandalisierend, personalisierend und bildhaft" (Z. 32 ff.) • Gegenüberstellungen: „zwischen politischer Prozesszeit und medialer Produktionszeit" (Z. 46 f.), „harte" und „weiche" Themen (Z. 47 ff.) • Steigerungen: „verwässern" – „zersetzen" (Z. 18), „vor allen Dingen" (Z. 23), „ja" als Correctio (Z. 96) • Einräumung: „Der Boulevard hat durchaus sein Recht, aber …" (Z. 63 f.)	15 (II)	

Autor:
Heinz Gierlich

Texte, Themen und Strukturen
Lernerfolgskontrolle 18, S. 3

ERWARTUNGSHORIZONT 251

- kurzer, lapidarer Satzbau (bewirkt Nachdrücklichkeit): „Es herrschen das Melodram und die Imagogie. Die Politiker aber bequemen sich der Darstellungskunst der Medien an. Sie übernehmen deren Regeln, um sich im besten Licht zu präsentieren." (Z. 34 ff.), „Die Christiansen-Runde wird wichtiger als das Parlament. Der Bürger wird vom Mitwirkenden zum Zuschauer. Meinungsbildung und Willensbildung werden beliebig." (Z. 54 ff.)

Sonstiges:
- Erzeugung eines Wir-Gefühls (appellativer Charakter)
- eingangs leichte Ironie: „verehrliche Geschäftsführung" (Z. 2)

| | | 42 | |

Aufgabe 2

	Anforderungen Die Schülerin / der Schüler	maximal erreichbare Punktzahl (AFB)	erreichte Punktzahl
1	formuliert eine stringente Überleitung.	3 (I)	
2	setzt sich mit Sommers Vorwürfen gegenüber den Medien an Beispielen auseinander.	6 (III)	
3	setzt sich mit Sommers Vorwürfen gegenüber Politikern auseinander.	6 (III)	
4	erörtert die Folgen der Entwicklung, wie Sommer sie zeichnet.	6 (III)	
5	nimmt Stellung zu der Forderung, die Sommer an die Medien (und implizit an die Politiker) richtet.	9 (III)	
		30	

Darstellungsleistung

	Anforderungen Die Schülerin / der Schüler	maximal erreichbare Punktzahl	erreichte Punktzahl
1	strukturiert den Klausurtext schlüssig, sinnvoll verknüpft und gedanklich klar.	6	
2	schreibt fachsprachlich korrekt und differenziert zwischen beschreibenden, deutenden und wertenden Aussagen.	6	
3	belegt Aussagen funktional durch korrekte Zitate.	3	
4	formuliert begrifflich präzise und differenziert, sprachlich-stilistisch angemessen, abwechslungsreich und sicher.	10	
5	schreibt sprachlich korrekt.	3	
		28	

Eine Zuordnung der Punktezahlen zu den Notenstufen findet sich auf S. 46 in diesem Handbuch.

Autor:
Heinz Gierlich

Texte, Themen und Strukturen
Lernerfolgskontrolle 18, S. 4

C Epochen der deutschen Literatur

Konzeption des Großkapitels

Mit dem Großkapitel C lässt sich literaturgeschichtliches Wissen in vielfältiger Form erarbeiten und reflektieren. Die prinzipiell chronologische Vorgehensweise vom Mittelalter bis zur Gegenwart wird durch zahlreiche epochenübergreifende Text- und Aufgabenangebote in den einzelnen Teilkapiteln ergänzt. Mit den Literaturstationen kann jeweils in besonderer Weise das selbstständige Lernen gefördert werden. Hier eröffnen sich thematische Fenster im Kontext der Epoche, gebunden an eine maßgebliche Gattung. Die Teilkapitel bieten am Ende jeweils in einem Epochenüberblick übersichtliche Zusammenfassungen von Informationen, die anhand von Aufgaben noch einmal vertieft werden können.

C1: Im ersten Kapitel **„Mittelalter, frühe Neuzeit und Barock"** werden die ersten Jahrhunderte deutschsprachiger Literatur in großen Etappen abgeschritten, die besonders für das Mittelalter und die frühe Neuzeit nur erste Einblicke in die Vielgestaltigkeit der Literatur dieser Zeiten geben können.

C2: Dem Epochenumbruch um 1800 sind zwei Kapitel gewidmet, von denen das erste **„Aufklärung und Sturm und Drang"** sowie die Empfindsamkeit in den Blick nimmt. Die Literaturstation **„Bürgerliches Trauerspiel"** widmet sich anhand von „Kabale und Liebe" und „Emilia Galotti" einer sich neu entwickelnden dramatischen Form, die in besonderer Weise charakteristisch für die gesellschaftliche wie literarische Umbruchsituation ist.

C3: Mit dem Kapitel **„Klassik und Romantik"** werden zwei weitere Epochen der Zeit um 1800 kontrastiert. Die Literaturstation **„Johann Wolfgang Goethes ‚Faust I'"** behandelt das in diese Zeit gehörende, jegliche Epochenzuschreibung aber verweigernde Werk, dessen Stellung in der deutschen Literaturgeschichte einzigartig ist. Die zweite Literaturstation macht zum Thema **„Nacht – Ein romantisches Motiv"** sowohl lyrische als auch epische Textangebote.

C4: Das Kapitel **„Vom Vormärz zum poetischen Realismus"** beschäftigt sich besonders mit herrschafts- wie gesellschaftspolitischen Implikationen der Literatur des 19. Jahrhunderts. Die erste Literaturstation **„Heinrich Heines Reisebilder – Zwischen Journalismus und Literatur"** thematisiert damit verbunden auch das Genre der Reiseliteratur. Die zweite Literaturstation **„Roman des bürgerlichen Realismus – Theodor Fontanes ‚Effi Briest'"** bietet zu einem der bedeutsamsten Gesellschaftsromane des 19. Jahrhunderts einen Zugang, der das Realismus-Konzept des Autors in Abgrenzung einerseits zum realen Vergleichsfall, andererseits zu einem vergleichbaren literarischen Werk, Flauberts „Madame Bovary", verdeutlicht.

C5: Das Kapitel **„Die Moderne – Vom Naturalismus bis zur Neuen Sachlichkeit"** erschließt die zunehmende Heterogenität der Literatur in sehr unterschiedlichen literarischen Strömungen der Zeit um 1900 (Naturalismus, Fin de Siècle – Symbolismus, Expressionismus), während der Weimarer Republik (Neue Sachlichkeit) sowie unter dem Vorzeichen von Nationalsozialismus und Krieg (Exilliteratur). In der Literaturstation **„Schönheit und Tod – Ein Motiv der Lyrik"** wird das Ophelia-Motiv, auch unter dem Aspekt einer Ästhetik des Hässlichen, in Gedichten und Bildern bis in die aktuelle Popmusik hinein verfolgt.

C6: Das Kapitel **„Von der Nachkriegszeit bis zur Gegenwart"** strukturiert die zweite Hälfte des 20. Jahrhunderts durch Einschnitte um das Jahr 1960 sowie mit der „Wende" 1989 und endet mit einem Ausblick auf die aktuelle Literatur des 21. Jahrhunderts. Von der Literaturstation **„Novelle – Günter Grass' ‚Im Krebsgang'"** lassen sich thematisch noch einmal Bezüge zurück ins 20. Jahrhundert herstellen, zugleich aber auch Merkmale heutigen Erzählens unter dem Begriff einer traditionellen Form (Novelle) erschließen.

C EPOCHEN DER DEUTSCHEN LITERATUR

Literaturhinweise

Bekes, Peter: Konstruktionen der Vergangenheit. Epochen und Epochenumbrüche. In: Deutschunterricht 6/2004, S. 4–9

Brenner, Peter J.: Neue deutsche Literaturgeschichte. Niemeyer, Tübingen 1996

Conrady, Karl Otto: Illusionen der Literaturgeschichte. In: Cramer, Thomas (Hg.): Literatur und Sprache im historischen Prozeß. Bd. 1. Niemeyer, Tübingen 1983, S. 11–31

Fingerhut, Karlheinz: Didaktik der Literaturgeschichte. In: Bogdal, Klaus-Michael/Korte, Hermann (Hg.): Grundzüge der Literaturdidaktik. Deutscher Taschenbuch Verlag, München 2002. S. 147–165

Korte, Hermann: Ein schwieriges Geschäft. Zum Umgang mit Literaturgeschichte in der Schule (Editorial). In: Der Deutschunterricht 6/2003: Literaturgeschichte entdecken, S. 2–10

Meid, Volker: Das Reclam Buch der deutschen Literatur. Reclam, Stuttgart 2004

Meier, Albert: Literaturgeschichtsschreibung. In: Arnold, Heinz Ludwig/Detering, Heinrich (Hg.): Grundzüge der Literaturwissenschaft. Deutscher Taschenbuch Verlag, München 1996, S. 570–584

Nutz, Maximilian: Epochenbilder in Schülerköpfen? Zur Didaktik und Methodik der Literaturgeschichte zwischen kulturellem Gedächtnis und postmoderner Konstruktion. In: Mitteilungen des Deutschen Germanistenverbandes 3/2002: Epochen, S. 330–346

	Inhalte	Kompetenzen Die Schülerinnen und Schüler
S. 233	**C Epochen der deutschen Literatur**	• aktivieren ihr Vorwissen zur Literaturgeschichte • erörtern, welche Funktionen eine Literaturgeschichte erfüllen kann bzw. soll, v. a. auch im schulischen Kontext • setzen sich kritisch mit der Verwendung von Epochenbegriffen und der Kategorisierung von Literatur in Epochen auseinander

Die in das Großkapitel einleitenden drei Seiten sollen bei den Schülerinnen und Schülern ein grundsätzliches Problembewusstsein gegenüber (eigenen und fremden) literaturgeschichtlichen Ausführungen und Zuschreibungen wecken. ► S. 233

1 Die Schülerinnen und Schüler sollten dazu angehalten werden, die Titel der abgebildeten Literaturgeschichten ganz genau zu lesen: So macht es zum Beispiel einen Unterschied im Anspruch, ob von „der" oder von „einer" Geschichte der deutschen Literatur die Rede ist. Titel wie „Frauenliteraturgeschichte" oder „Eine deutsch-jüdische Literaturgeschichte" machen deutlich, dass es nur um eingegrenzte Bereiche der Literatur gehen soll, „Daten deutscher Dichtung" oder „Deutsche Literatur in Epochen" legen den Fokus auf zeitliche Kategorisierung und Chronologie. Der Untertitel von Nussers Band „Deutsche Literatur von 1500 bis 1800" kontextuiert Literatur durch die Begriffe „Lebensformen" und „Wertvorstellungen". Dass das Schreiben von Literaturgeschichte eine längere Tradition hat, aber auch aktuell immer wieder neu unternommen wird, macht das schon optisch erkennbare unterschiedliche Alter der abgebildeten Bücher deutlich. Zahlreiche weitere Beobachtungen sind möglich – insgesamt sollte klar werden, dass es „die" deutsche Literaturgeschichte nicht gibt. Deshalb sind literaturgeschichtliche Ausführungen (auch die in Schulbüchern) immer in dem kritischen Bewusstsein zu lesen, dass diese Ausführungen nur eine begrenzte und interessengeleitete Aussagekraft haben.

2 Die Aufgabe dient dazu, das literaturgeschichtliche Vorwissen der Schülerinnen und Schüler als solches zu aktivieren. Dabei sollte ihnen genügend Zeit gegeben werden, Erinnerungen aus vielen Jahren Deutschunterricht wachrufen zu können. Hilfreiche Impulse dazu können sein:
   • An welche literarischen Texte (gerade auch ältere), die im Deutschunterricht behandelt wurden, erinnere ich mich (Romane, Dramen, Gedichte, Kurzgeschichten, Fabeln, Märchen etc.)?
   • Welchen Zeiten gehören diese Texte an? Wurde ihre Zeitzugehörigkeit im Unterricht thematisiert? Wenn ja, wie?
   • Welche Dichterinnen und Dichter kenne ich? Welcher Zeit gehören sie an?
   • Kenne ich Epochen der Literaturgeschichte? Welche? Was weiß ich über sie?
   • Was sind überhaupt „Epochen"?
   • Welche Rolle spielt Literatur heute – für den Einzelnen, für die Gesellschaft, für die Politik, für die Wirtschaft? Weiß ich etwas darüber, wie das in früheren Zeiten war?

254 C EPOCHEN DER DEUTSCHEN LITERATUR

▶ S. 234 **Zitate zur Literaturgeschichtsschreibung**

1 a Die in den Zitaten ausgedrückten Positionen lassen sich folgendermaßen paraphrasieren:
  - **Brenner:** Literaturgeschichte gewinnt ihre Bedeutung aus der Gegenwart – sie macht deutlich, wie es zum Heute (in der Literatur) gekommen ist.
  - **Meier:** Literaturgeschichte kann eine katalogisierend-archivierende und/oder eine systematisierende Funktion haben. Sie dient darüber hinaus der sachgerechten Wissensvermittlung.
  - **Engel:** Literaturgeschichte soll eine motivierende Funktion haben, die literarischen Werke selbst zu lesen.
  - **Bahr:** Literaturgeschichte bleibt immer begrenzt und subjektiv, kann durch einen wissenschaftlich-kritischen Zugang aber in gewisser Weise abgesichert werden und der Leserin/dem Leser Zugang zu Erfahrungen der Vergangenheit schaffen.
  - **Heine:** siehe unten zu Aufgabe 1c.

  Im schulischen Kontext erscheint ganz besonders die Aussage von Engel diskussionswürdig: Wie sinnvoll ist es, über literarische Texte zu sprechen oder etwas über diese zu lesen, wenn man sie selbst nicht gelesen hat?
  Auch Brenner äußert sich in seiner Literaturgeschichte (vgl. die Literaturangabe auf S. 253) dazu sehr klar: „Die Darstellung verzichtet [...] auf Zitate und weitgehend auf Inhaltsangaben, die die Illusion entstehen lassen, man könne Werke kennen, ohne sie zu lesen." (S. VII)

  b An dieser Stelle kann mit den Schülerinnen und Schülern nach der Diskussion ihrer Erwartungen an ein literaturgeschichtliches (Lehr-)Werk eine kleine „Erkundungstour" durch den Schülerband unternommen werden, damit sie diesen auch selbstständig möglichst optimal bei literaturgeschichtlichen Fragestellungen nutzen können. Dabei kann auf Folgendes aufmerksam gemacht werden:
  - die Synopse einer Grobdarstellung der deutschen Literaturgeschichte mit Daten der allgemeinen Geschichte, der Kultur-, Wissenschafts-, Technik- und Mediengeschichte auf den Einbandinnenseiten vorne und hinten;
  - die Darstellung „Literarische Epochen und Strömungen im Überblick" im Orientierungswissen (S. 622 f.);
  - die Möglichkeit, über das Quellenverzeichnis und das Sachregister gezielt nach Autorinnen/Autoren oder nach literaturgeschichtlichen Begriffen zu suchen;
  - den Aufbau des Großkapitels C in seiner Epochengliederung und mit den Informationskästen jeweils am Ende eines Teilkapitels.

  c Aus der Perspektive des Dichters Heine erscheint die Literaturgeschichte quasi als „Familiengeschichte", in der jeder Dichter, jede Dichterin seine bzw. ihre Ahnen findet. Das heißt, dass Beziehungen zwischen literarischen Werken nicht erst auf der Ebene literaturwissenschaftlicher, literaturgeschichtlicher Betrachtung hergestellt werden, sondern dass die Werke und ihre Autorinnen/Autoren selbst auch unmittelbar solche Beziehungen knüpfen (vgl. dazu auch den Begriff Intertextualität, S. 22 und S. 163 im Schülerband).

▶ S. 235 **Karl Otto Conrady: Von der Verführung durch vertraute Epochenbegriffe**

1 a Vorschlag für ein Tafelbild:

Verwendung von Epochenbegriffen	
Nutzen	**Gefahren**
• Befriedigung eines „Urbedürfnisses" des Menschen nach Ordnung und Gliederung • evtl. Eröffnung des Zugangs zu Werken für die Leserin/den Leser • evtl. Steigerung der Lesemotivation • evtl. Steigerung der Bereitschaft, sich auf Fernes und Fremdes einzulassen • kritische Auseinandersetzung mit den Umständen, die für die Herausbildung und den Gebrauch von Epochenbegriffen eine Rolle spielen	• jeder literaturgeschichtlichen Konstruktion kann widersprochen werden, keine ist absolut gültig • Illusion einer Realität, die es nicht gibt • keine literaturgeschichtliche Beschreibung kann der Fülle und Vielgestaltigkeit der Literatur selbst gerecht werden, diese abbilden • Epochenbeschreibungen und -zuordnungen sind oft nicht neutral, sondern qualifizierend/bewertend • künstliche zeitliche Abfolge von Erscheinungen, die es teilweise gleichzeitig gab/gibt • evtl. nutzloses Wissen um seiner selbst willen • evtl. Abschreckung von Leserinnen und Lesern

C EPOCHEN DER DEUTSCHEN LITERATUR **255**

b Von Conrady verwendete Metaphern:
- Bildbereich „Spiel": nutzlos, aber geistvoll, zutiefst menschlich; wichtig für die menschliche Entwicklung – also Literaturgeschichte nicht um des unmittelbaren Nutzens willen, sondern aus Freude am Sortieren, Ordnen oder auch am „Ausspielen" in Konkurrenzsituationen (z. B. Autorinnen/Autoren, Epochen, Nationalliteraturen gegeneinander);
- Bildbereich „Konstrukteure": künstliche, technische Seite der Literaturgeschichtsschreibung – Literaturgeschichte nicht als etwas natürlich Gegebenes, sondern als etwas vom Menschen Produziertes, Hergestelltes, das immer wieder verändert werden kann.

2 Der unmittelbare Bezug der kritischen Anmerkungen Conradys auf das eigene literaturgeschichtliche Agieren im Deutschunterricht ist besonders wichtig. In der kritischen Sichtung so genannter Lektürehilfen kann z. B. darauf geachtet werden,
- inwiefern komplexe literarische Werke sehr eindimensional einer Epoche zugeschrieben werden;
- inwiefern wenige Belegstellen für die Zuordnung zu einer Epoche herhalten müssen;
- inwiefern literarische Werke für die Herleitung von Epochenbegriffen funktionalisiert werden u. a. m.

Die Schülerinnen und Schüler sollten dazu angehalten werden, vor allem in ihren schriftlichen Äußerungen zu literaturgeschichtlichen Sachverhalten sehr vorsichtig in ihren Formulierungen zu sein und vorschnelle Zuschreibungen und Pauschalisierungen zu vermeiden.

3 Bei dieser Aufgabe empfiehlt es sich, mit Begriffskarten zu arbeiten: Alle auf den beiden Seiten 234/235 oben im Schülerband genannten Begriffe werden groß auf Kärtchen geschrieben und an die Tafel oder eine Magnetwand gehängt. Dort können sie immer wieder neu sortiert und in Beziehung gesetzt werden, wobei grafische Elemente wie Pfeile oder Kreise die Visualisierung durch Anordnung der Kärtchen ergänzen können. Sinnvoll ist es, nicht alle Begriffe in einer Grafik unterbringen zu wollen, sondern verschiedene Cluster zu bilden, z. B.:
- die unterschiedlichen „Geschichten" (Geistes-, Kultur-, Mentalitätsgeschichte, politische Geschichte, Sozialgeschichte u. a. m.) im Verhältnis zur Literaturgeschichte;
- Weltliteratur und Nationalliteraturen;
- Epoche und Strömung;
- Philosophie – Kunst – Musik – Medien;
- Sprache – Poetik;
- Autor/Autorin – literarisches Werk – Lebensverhältnisse – Wertvorstellungen – Literaturbetrieb – Medien.

1 Mittelalter, frühe Neuzeit und Barock

Konzeption des Kapitels

Die ersten Jahrhunderte der deutschen Literatur stellen für Lehrende wie für Schülerinnen und Schüler eine besondere Herausforderung dar. Die sprachliche Fremdheit wie die konzeptionelle Andersartigkeit der Literatur vor allem in ihrer gesellschaftlichen Bedingtheit und Funktion müssen aber nicht nur als Barrieren empfunden werden, sondern können gerade den Reiz für die Beschäftigung mit diesen Zeiten ausmachen. Das erste Teilkapitel (**„Mittelalter"**) beschränkt sich auf einen kleinen Einblick in die höfische Literatur des hohen Mittelalters. Dazu werden zwei prominente Beispiele ausgewählt. Am Beispiel Walthers von der Vogelweide können wichtige Aspekte mittelalterlicher Literatur wie Autorschaft, Medialität, Überlieferung, Topik und gesellschaftliche Inszenierung thematisiert werden. Mit dem „Tristan" Gottfrieds von Straßburg wird ein literarischer Stoff von europäischer Bedeutung und bis heute andauernder produktiver Rezeption vorgestellt.

Das zweite Teilkapitel (**„Epochenumbruch um 1500 – Frühe Neuzeit"**) lenkt den Blick zunächst auf die Mediengeschichte, die mit der Entwicklung des Buchdrucks in der Zeit um 1500 eine, wenn nicht die wichtigste Wendemarke erreicht. Als direkte Folge der neuen Technik ist der Erfolg von Sebastian Brants „Narrenschyff" zu sehen, das als erster „Bestseller" vor Goethes „Werther" gelten darf. Einen weiteren, Literatur- und Sprachgeschichte integrierenden Akzent setzt das Kapitel mit Luthers „Sendbrief vom Dolmetschen" und der Frage, welche Bedeutung Luther für die Entwicklung der deutschen Schriftsprache hatte. Hiermit stellt dieser Abschnitt auch eine Ergänzung zu Kapitel D3.1, insbesondere zum Abschnitt „Die Entwicklung des Deutschen" (S. 505–507 im Schülerband), dar.

Das dritte Teilkapitel (**„Barock"**) beginnt mit einer Bild-Text-Kombination, die Bezug nimmt auf das entscheidende, die Epoche prägende Ereignis, den Dreißigjährigen Krieg. In zwei Textblöcken werden dann Beispiele barocker Lyrik vorgestellt. Im ersten geht es um die barocken Schlüsselmotive „memento mori", „vanitas" und „carpe diem", im zweiten um Ausblicke auf die Naturlyrik der Zeit. Bei der Auswahl wurde darauf geachtet, verschiedene zeittypische Gedichtformen zu berücksichtigen sowie die sprachlich-gestalterischen Besonderheiten barocker Lyrik deutlich werden zu lassen.

Literaturhinweise
Zu C1.1 Mittelalter und C1.2 Frühe Neuzeit
Bumke, Joachim: Geschichte der deutschen Literatur im hohen Mittelalter. Deutscher Taschenbuch Verlag, München 1990
Deutsche Dichter. Leben und Werk deutschsprachiger Autoren. Hg. von Gunter E. Grimm und Frank Rainer Max. Bd. 1: Mittelalter. Bd. 2: Reformation, Renaissance und Barock. Reclam, Stuttgart 1989
Erziehung und Bildung im Mittelalter. Der Deutschunterricht 1/2003
Mittelalter. ide (Informationen zur Deutschdidaktik). Zeitschrift für den Deutschunterricht in Wissenschaft und Schule 3/2001
Müller, Jan Dirk: Mittelalterliche Literatur im Deutschunterricht. In: Didaktik Deutsch 1/1996, S. 53–62
Raitz, Walter: Ein Relikt mit Zukunft? Deutsche Literatur des Mittelalters im Unterricht. In: Der Deutschunterricht 2/1992, S. 4–11
Schmidt, Josef (Hg.): Renaissance, Humanismus, Reformation. Reclam, Stuttgart 1998 (Die deutsche Literatur. Ein Abriss in Text und Darstellung. Bd. 3)
Wehrli, Max: Geschichte der deutschen Literatur vom frühen Mittelalter bis zum Ende des 16. Jahrhunderts. Reclam, Stuttgart 1980 [u. ö.].

Zu C1.3 Barock
Fischetti, Renate (Hg.): Barock. Reclam, Stuttgart 1975 (Die deutsche Literatur in Text und Darstellung. Bd. 4)
Körsgen, Siegfried / Schweizer-Robold, Angelika: Barock. Arbeitshefte zur Literaturgeschichte. Cornelsen, Berlin 2001
Meid, Volker (Hg.): Renaissance und Barock. Gedichte und Interpretationen. Bd. 1. Reclam, Stuttgart 1982
Meid, Volker: Barocklyrik. Metzler, Stuttgart 1986

C.1 MITTELALTER, FRÜHE NEUZEIT UND BAROCK

	Inhalte	Kompetenzen Die Schülerinnen und Schüler
S. 236	**1 Mittelalter, frühe Neuzeit und Barock**	▪ aktivieren ihr Vorwissen und ihre Vorstellungen zum Mittelalter, zur frühen Neuzeit und zum Barock
S. 236	**1.1 Mittelalter**	
S. 237	**Spruchdichtung und Minnesang – Walther von der Vogelweide** *Walther von der Vogelweide:* Ich hân mîn lêhen / Si wunderwol gemachet wîp *Gerhard Hahn:* Walther von der Vogelweide	▪ differenzieren zwischen historischen Fakten und literarischen Selbstaussagen bei einem mittelalterlichen Autor ▪ stellen Unterschiede zwischen mittelalterlicher und neuzeitlicher Autorschaft heraus ▪ unterscheiden Spruchdichtung und Minnesang als typisch mittelalterliche Formen der Lyrik anhand je eines Beispiels ▪ setzen sich mit der Medialität und den Überlieferungsbedingungen mittelalterlicher Literatur auseinander ▪ erörtern und probieren Möglichkeiten bei der Übersetzung mittelhochdeutscher Texte
S. 240	**Tristan und Isolde – Eine höfisch-mittelalterliche Liebesgeschichte** *Gottfried von Straßburg:* Tristan *Dieter Kühn:* Tristan und Isolde *Jacques Le Goff:* Tristan und Isolde	▪ untersuchen einen zentralen Konflikt in einem mittelhochdeutschen Epos und dessen sprachliche Gestaltung
S. 243	**1.2 Epochenumbruch um 1500 – Frühe Neuzeit**	
S. 243	**Johannes Gutenberg und der Buchdruck – Die erste Medienrevolution**	▪ erörtern die Bedeutung der Erfindung des Buchdrucks in seiner Zeit und darüber hinaus
S. 244	**Sebastian Brants „Narrenschyff" – Der erste deutsche „Bestseller"** *Sebastian Brant:* Daß Narrenschyff ad Narragoniam	▪ untersuchen anhand eines Textauszugs Brants „Narrenschiff" und dessen Erfolg unter den Bedingungen des neuen Mediums
S. 245	**Luthers Bibelübersetzung – Auf dem Weg zur deutschen Schriftsprache** *Martin Luther:* Sendbrief vom Dolmetschen	▪ setzen sich mit Luthers sprachlichen Prämissen für seine Bibelübersetzung auseinander ▪ erarbeiten im Überblick und vertiefend an ausgewählten Beispielen für die Literatur bedeutsame Ereignisse und Veränderungen um 1500
S. 247	**1.3 Barock** *Jacques Callot:* Misères de la guerre *Hans Jakob Christoffel von Grimmelshausen:* Der Abenteuerliche Simplicissimus Teutsch	▪ vergleichen und reflektieren die Wirkung eines Bildes und eines Romanauszugs zu den Schrecken des Dreißigjährigen Krieges
S. 249	**„Memento mori", „carpe diem", „vanitas" – Schlüsselmotive der Barocklyrik** Gedichte von *Theodor Kornfeld, Johann Christian Günther, Christian Hofmann von Hofmannswaldau, Friedrich von Logau, Georg Philipp Harsdörffer, Andreas Gryphius*	▪ unterscheiden typische Gedichtformen des Barock: Emblem, Figurengedicht, Sonett ▪ kennen typische Merkmale barocker Lyrik in Bezug auf Form und Inhalt ▪ verstehen Bedeutung und Zusammenhang gängiger poetischer Motive und Topoi der Barockzeit
S. 252	**Barocke Naturlyrik – Zwei Frühlingsgedichte** Gedichte von *Sigmund von Birken, Georg Philipp Harsdörffer, Bertolt Brecht*	▪ arbeiten in einem Vergleich grundlegende Unterschiede zwischen Barocklyrik und moderner Lyrik heraus

258   C.1 MITTELALTER, FRÜHE NEUZEIT UND BAROCK

1   Mittelalter, frühe Neuzeit und Barock

▶ S. 236   **1 a/b** Das Bild links stellt das **Titelblatt der ersten Gesamtausgabe der Luther-Bibel** aus dem Jahr 1534 dar (vgl. dazu Luthers „Sendbrief vom Dolmetschen" auf S. 245 im Schülerband). Es zeigt die Front einer herrschaftlichen Architektur mit einem Balkon im oberen Teil, auf dem Gott Vater thront. Vom Balkon herab ist ein riesiger Papyrus entrollt, der den unten transkribierten Titel trägt. In allen Teilen des Bildes gibt es eine große Zahl kleiner Engel, die größte Menge umringt unten auf den Stufen vor der Front den Menschen, der dort mit einem großen Buch auf den Knien sitzt – vermutlich der Übersetzer mit seinem Werk. Der Text lautet: „Biblia / das ist / die gantze Heilige Schrifft Deudsch. Mart. Luth. Wittemberg. Begnadet mit Kürfürstlicher zu Sachsen Freiheit. Gedruckt durch Hans Lufft. M.D.XXXIIII".

Das Titelblatt in der Mitte gehört zu **Grimmelshausens „Der Abenteuerliche Simplicissimus Teutsch"** aus dem Jahr 1669 (vgl. dazu den Textauszug auf S. 248 im Schülerband). Das Titelkupfer ist wie ein Emblem (vgl. S. 249 im Schülerband) gestaltet. Das halb tierische, halb menschliche Wesen verweist auf einen Satyr (Fruchtbarkeitsdämon aus dem Gefolge des Dionysos) und damit auf die satirische Intention des Werkes (in der im 17. Jahrhundert üblichen, etymologisch allerdings nicht zutreffenden Herleitung des Begriffs „Satire"). Die Gestalt hält in ihrer rechten Hand ein Buch, dessen Seiten vielfältige auf die erzählte Geschichte hinweisende Symbole zeigen, die Finger der linken Hand können in ihrer Haltung als Spottgeste gedeutet werden. Der Text lautet: „Ich wurde durchs Fewer wie Phoenix geborn. / Ich flog durch die Lüffte! Wurd doch nit verlorn. / Ich wandert durchs Wasser, Ich raißt über Landt, / in solchem Umbschwermen macht ich mir bekandt, / was mich offt betrüebet und selten ergetzt / was war das? Ich habs in diß Buche gesetzt, / damit sich der Leser gleich, wie ich itzt thue, / entferne der Thorheit und lebe in Rhue."

Die Miniatur rechts gehört zur **Manessischen bzw. Großen Heidelberger Liederhandschrift** und stilisiert den Dichter Gottfried von Straßburg in einer höfischen Szenerie der Literaturvermittlung und -rezeption (vgl. zu Gottfried den Auszug aus dessen höfischem Roman „Tristan" auf S. 240 f. im Schülerband). Die Liederhandschrift ist in Zürich um 1300–1340 entstanden und stellt die prächtigste und bei Weitem umfangreichste Lyriksammlung dieser Zeit dar. Der Name geht auf den Sammler Rüdiger Manesse und seinen Sohn Johannes zurück. Der Titel der Miniatur lautet „Meist' Gotfrit von Strasburg".

Die zeitliche Zuordnung ist nicht mehr sehr schwierig, sobald man die angegebene Jahreszahl der Luther-Bibel entziffert hat: 1534. Daraus ergibt sich, dass die beiden anderen Bilder einmal dem 17., einmal dem 12. Jahrhundert zuzuordnen sind. Bei der Miniatur rechts lassen Kleidung und sonstige Darstellung der Figuren auf das Mittelalter schließen, bei dem Bild in der Mitte könnte, gewisse Erfahrungen mit mittelhochdeutschen Texten vorausgesetzt, außerdem die Sprachform helfen, die deutlich nicht mehr mittelhochdeutsch, sondern schon recht nah an der heutigen Sprache ist. Interessant ist zu beobachten, wie in allen drei Darstellungen Bücher bzw. Literatur in Szene gesetzt werden.

2 Es ist zu erwarten, dass die Schülerinnen und Schüler hauptsächlich zum Mittelalter persönliche Erfahrungen ins Gespräch bringen können, denn das Mittelalter ist die Epoche, anhand derer Kinder als erstes und häufig sehr früh (z. B. über Kindersachbücher oder Mittelalterfeste) ein geschichtliches Bewusstsein entwickeln. Auch mediale Erfahrungen (Mittelalterfilme, Computerspiele etc.) sollten unbedingt miteinbezogen werden. Fraglich ist, ob im Zuge der literarischen Sozialisation auch mittelalterliche Literatur eine Rolle gespielt hat, sei es durch die Lektüre von Kinder- oder Jugendbüchern zu Stoffen aus der mittelalterlichen Sagenwelt oder durch den Deutschunterricht (z. B. einzelne mittelhochdeutsche Gedichte).

Für die frühe Neuzeit hilft womöglich der Hinweis auf Luther, um gewisse Kenntnisse freizusetzen. Sicherlich wird es für die Schülerinnen und Schüler aber schwer sein, überhaupt konkrete zeitliche Grenzen für diese historische Phase zu benennen. Aus dem Geschichtsunterricht könnten die Hexenverfolgungen, die „Kopernikanische Wende", die Entdeckung Amerikas durch Kolumbus (1492) oder das Ende des byzantinischen Reiches (1453) bekannt sein. Zum Stichwort „Barock" ist am ehesten mit Assoziationen aus den Bereichen Architektur und Musik zu rechnen.

◎   Folien zur Auftaktseite dieses Kapitels finden sich auf der beiliegenden CD:
- Miniatur des Dichters Gottfried von Straßburg aus der Manessischen bzw. Großen Heidelberger Liederhandschrift (ca. 1300–1340)
- Biblia das ist die ganze Heilige Schrifft Deudsch … (Titelblatt der ersten Gesamtausgabe der Luther-Bibel, 1534)
- Der Abenteuerliche Simplicissimus Teutsch (Titelkupfer, 1669)

1.1 Mittelalter

Vgl. zu diesem Teilkapitel auch den Abschnitt zur Mittelalterrezeption in der Romantik (S. 318 f. im Schülerband).

Spruchdichtung und Minnesang – Walther von der Vogelweide　　　　　　　　　▶ S. 237

Literaturhinweise zu Walther von der Vogelweide

- *Bumke, Joachim:* Geschichte der deutschen Literatur im hohen Mittelalter (vgl. die Literaturhinweise auf S. 256), S. 124–133
- *Hahn, Gerhard:* Walther von der Vogelweide. Eine Einführung. Artemis, München/Zürich 1986
- *Möbus, Frank / Schmidt-Möbus, Friederike:* Dichterbilder. Von Walther von der Vogelweide bis Elfriede Jelinek. Reclam, Stuttgart 2003, S. 14
- *Schweikle, Günther:* Walther von der Vogelweide. In: Deutsche Dichter, Bd. 1 (vgl. die Literaturhinweise auf S. 256), S. 236–252
- *Walther von der Vogelweide:* Gedichte. Mittelhochdeutscher Text und Übertragung. Ausgewählt, übersetzt und mit einem Kommentar versehen von Peter Wapnewski. Fischer Taschenbuch Verlag, Frankfurt/M. 1962 [u. ö.]
- *Walther von der Vogelweide:* Werke. Gesamtausgabe. Bd. 1. Spruchlyrik. Mhd. / Nhd. Hg., übersetzt und kommentiert von Günther Schweikle. Reclam, Stuttgart 1994

(Dort wird jeweils auch weiterführende Literatur genannt.)

Walther von der Vogelweide: Ich hân mîn lêhen (um 1220)　　　　　　　　　▶ S. 237

1 Zu beachten: Die Zeilennummerierung im Schülerband entspricht nicht den Versen – es handelt sich um einen Spruch, der aus zehn Versen besteht!

Folgende Aussspracheregeln können für das (laute) Lesen des Spruches vermittelt werden:

- Als Grundregel gilt: Mittelhochdeutsche Wörter werden so gesprochen, wie sie geschrieben sind.
- Alle Vokale werden kurz gesprochen, wenn sie nicht durch ein Längenzeichen (^) gekennzeichnet sind.
- Doppelvokale werden getrennt gesprochen (z. B. „u-o", „o-u", „e-i"); das gilt auch für „i-e".
- Auch „st" und „sp" werden getrennt gesprochen: „s-t", „s-p".
- Nach einem Vokal ist „z" wie ein scharfes „s" zu lesen (z. B. in „daz", „baz"), im Wortanlaut und nach Konsonant dagegen wie im Neuhochdeutschen als „tz" (z. B. in „zêhen").
- Vor oder nach Konsonant ist „h" wie „ch" zu lesen (z. B. in „entfürhte", „niht").

In diesem mittelhochdeutschen Text fallen insbesondere Abweichungen im *Wortschatz* auf, d. h. Begriffe, die wir so heute nicht mehr kennen (z. B. „hornunc" = Februar, Z. 3; „minre" = weniger, Z. 5; „dunke" = dünken, „verre" = sehr (vgl. engl. very), Z. 11; „butze" = Poltergeist, Schreckgestalt, Z. 13; „wîlent" = bisher, Z. 14) bzw. die eine ungewöhnliche *Form* haben (z. B. „dester" = desto, Z. 5; „sumer" = Sommer, Z. 9; „nâhgebûren" = Nachbarn, Z. 11; „baz" = besser, Z. 11; „aten" = Atem, Z. 17) oder eine vom heutigen Gebrauch abweichende *Bedeutung* (z. B. „milte" = freigebig, Z. 7; „berâten" = sorgen für, Z. 8; „ân mînen danc" = ohne mein Dazutun, Z. 15 f.; „sanc" = Gesang als literarisch-künstlerischer Beruf, Z. 20). Weniger auffällig sind in diesem Fall *syntaktische Abweichungen* (z. B. doppelte Verneinung: „entfürhte [...] niht", Z. 3; „an *die* zêhen", Z. 3 f.; „als" zur Einführung eines Modalsatzes, Z. 14).

Das Minnelied Walthers auf S. 238 f. im Schülerband, der kurze Text aus dem „Tristan" (ebd., S. 240) sowie das Tagelied Dietmars von Aist (ebd., S. 189) können für eine erweiterte Beschreibung mittelhochdeutscher Besonderheiten hinzugenommen werden.

Wapnewski behält bei der neuhochdeutschen Übersetzung die Versform bei, aber ohne Reim. Er bleibt recht nahe an der Vorlage, bemüht sich aber, deren literarische Qualitäten angemessen und vergleichbar ausdrucksstark für unsere Zeit wiederzugeben. Dafür ergänzt er z. B. in Z. 1 „ruf ich's hinein", in Z. 9 „kühlende", er übersetzt „baz" mit dem präziseren „feiner" (Z. 11 f.) oder wählt klanglich effektvollere Wörter (z. B. Alliterationen: in Z. 4 statt „zêhen" „Füßen" zu „Februarfrost", in Z. 10 statt „hitze" „Wärme" zu „Winter"). Da, wo der mittelhochdeutsche Begriff semantisch Verschiedenes zulässt, interpretiert er auch mit der Übersetzung, z. B. „geizig" für „boese" (Z. 5).

2 a　Selbststilisierung des lyrischen Ichs:

- soziale, finanzielle Abhängigkeit;
- (berufsmäßiger) Sänger, Sangspruchdichter;
- unverschuldete Armut hat sich im negativen Ton seiner Dichtung (Schelten, Schimpfen) niedergeschlagen;

260 C.1 MITTELALTER, FRÜHE NEUZEIT UND BAROCK

- jetzt: Freude, Dankbarkeit, Erleichterung;
- insgesamt: selbstbewusste und selbstironische Darstellung.

Auffällig ist besonders die hohe Anschaulichkeit der Bilder, die Walther für diese Selbstdarstellung wählt: die an den Zehen spürbare Kälte, der stinkende Atem als Bild der mentalen, das Schreckgespenst als Ausdruck der körperlichen Misere, der Ausgleich jahreszeitlicher Unannehmlichkeiten (Kühle im Sommer, Wärme im Winter) als Umschreibung der existenziell verbesserten Lebenssituation.

Charakterisierung des Königs:
- edelmütig und „milte": Gerade diese Eigenschaft zählt im Mittelalter zu den Hochwertwörtern, mit denen die Tugenden eines Herrschers beschrieben werden. Im feudalen System der Zeit waren die Güte, die Wohltätigkeit und Freigebigkeit des Herrschers eine wichtige Voraussetzung für das Funktionieren des sozialen Gefüges.
- König als Heiler, bereinigende Kraft;
- der „Gute" in Abgrenzung zu „boese hêrren" (Z. 5).

b Die Notiz im Reiserechnungsbuch des Passauer Bischofs Wolfger aus dem Jahr 1203 belegt, dass Walther als fahrender Sänger („cantor") lebte und entsprechend von den Zuwendungen reicher Herren abhängig war. Die genannten fünf Schilling waren in ihrer Zeit ein außerordentlich hoher Betrag, der vermuten lässt, dass Walther schon damals hohes Ansehen genoss, was aber nicht grundsätzlich etwas an seiner sozial ungesicherten Stellung änderte. Die Lehens-Strophe scheint dagegen auf eine grundsätzliche Wende in Walthers Leben zu viel späterer Zeit (wahrscheinlich vor der Kaiserkrönung Friedrichs II. am 22.11.1220) hinzuweisen: In der Regel wird das hier bejubelte Lehen im Sinne von Grundbesitz verstanden, was allerdings nicht sicher zu belegen ist – es könnte sich auch hier, wie bei der Gabe Wolfgers, um ein Geldgeschenk gehandelt haben. In seinem Dank blickt Walther noch einmal zurück auf die Entbehrungen eines Fahrenden.

c Die Miniatur Walthers stammt aus dem gleichen Kodex wie die Miniatur von Gottfried von Straßburg (auf S. 236 im Schülerband; vgl. die Informationen dazu auf S. 258 in diesen Handreichungen). Wie alle Autorenbilder dieser Handschrift so ist auch dieses nicht als Porträt der historischen Person zu verstehen, sondern als Stilisierung, als ein dem Namen zugeschriebener Typus. Bei Walther handelt es sich um den Typus des Denkers, der in vergleichbarer Form in der Ikonografie seit dem Altertum in dieser Pose dargestellt wird. Der Spruch „Ich saz ûf eime steine" ist einer von drei Sprüchen im so genannten „Reichston" und passt in der Art, wie das lyrische Ich in den ersten Versen seine Position beschreibt, genau zu dieser Pose:

Walther von der Vogelweide: Ich saz ûf eime steine

Ich saz ûf eime steine
Und dahte bein mit beine.
Dar ûf satzt ich den ellenbogen,
ich hete in mîne hant gesmogen
daz kinne und ein mîn wange [...]

(Aus: Walther von der Vogelweide: Gedichte, a. a. O., S. 124 f.)

Die drei Strophen des „Reichstons" thematisieren den politischen Zustand des *rîche* nach 1197, d. h. nach dem unerwartet frühen Tod Heinrichs VI., der dem Land eine ungeklärte Nachfolgeregelung und darin begründet massive politische Wirren brachte.

3 a Die Ausführungen Hahns mahnen, die Aussagen des Spruches nicht unreflektiert als autobiografische Aussagen zu verstehen. Auch wenn diese Strophe durchaus auf die Lebenswirklichkeit Walthers bezogen werden kann, enthält sie topische Elemente (vgl. Hahn, Z. 20). So kann z. B. das „schelten" eher als Hinweis auf die traditionellen Scheltsprüche denn als individuelle Charakterisierung verstanden werden. Auch das Herrscherlob (s. o. die Hinweise zu Aufgabe 2a) bedient sich typischer Begriffe. Der Spruch kann in der Situation vor der Kaiserkrönung Friedrichs durchaus auch strategische Funktionen erfüllt haben (vgl. Hahn, Z. 21), allerdings spricht die Überlieferungssituation (nur in einer Handschrift überliefert) zugleich dafür, dass er tatsächlich für die konkrete Situation des Lehendanks kreiert wurde. Auf jeden Fall belegt die Tatsache, dass man den historisch-biografischen Hintergrund der Strophe nicht verifizieren kann, wie „lückenhaft-punktuell" (Hahn, Z. 19) die biografischen Selbstbezeugungen Walthers bleiben.

b Die von Hahn im letzten Satz genannten Begriffe lassen sich in polarisierender Vereinfachung gegenüberstellen. Vorschlag für ein Tafelbild:

	die lateinische Literatur	die zunehmend volkssprachige (deutsche) Literatur
Institutionen	• Literatur der Klöster und Kirchen, also geistliche Literatur	• Literatur der Höfe, später auch der Städte
typische Gattungen	• z. B. Bibel- und Heiligendichtungen • Gebete • Mariendichtungen etc.	• z. B. das höfische Epos • Minnesang • Spruchdichtung • Tierdichtungen etc.
Funktionen/Aufgaben	• Erbauung • geistliche Unterweisung • literarische Gestaltung religiöse Riten etc.	• Unterhaltung • gesellschaftliche Selbstinszenierung • Herrscherlob und -tadel • Repräsentation etc.

Gerhard Hahn: **Walther von der Vogelweide** (1986)　　　　　　　　　　▶ S. 238

Walther von der Vogelweide: **Si wunderwol gemachet wîp** (um 1198)　　　▶ S. 238

1 Am günstigsten ist es, das Minnelied nicht gleich in der im Buch abgedruckten Version, sondern in Form eines Strophenpuzzles auszuteilen (jede Strophe mit Übersetzung). In Partner- oder Gruppenarbeit werden mögliche Strophenfolgen erarbeitet und vorgestellt. Unterschiedliche Lösungen können plausibel begründet werden (z. B. mit der Abfolge der körperlichen Beschreibung oder mit der Komposition auf eine Schlusspointe hin) – und tatsächlich gibt es in der Überlieferung dieses Liedes eine große Varianz! Die im Buch abgedruckte Strophenfolge ist in zwei Handschriften (D und N) überliefert. Die Handschrift C (die Große Heidelberger Liederhandschrift) bietet folgende Reihenfolge (wenn man die im Schülerband abgedruckten Strophen durchnummeriert): Strophe 1 – 2 – 5 – 3 – 4, die Handschrift A (Kleine Heidelberger Liederhandschrift) 1 – 3 – 4 – 5 – 2.

Bumke (vgl. die Literaturhinweise auf S. 256 in diesen Handreichungen) schreibt dazu erläuternd: „Die Überlieferungsform der Lyrik hängt offenbar mit der Entstehung der Texte zusammen. Die Dichter haben ihren Liedern wahrscheinlich nicht immer gleich eine unveränderliche Textgestalt gegeben, sondern der Schaffensprozess wird nicht selten so verlaufen sein, dass eine Anzahl von Strophen gedichtet wurde, die sich auf verschiedene Weise zu einem Lied vereinigen ließen. Es wird auch vorgekommen sein, dass Strophen nachträglich dazugedichtet wurden. So erklärt es sich, dass Lieder, die in mehreren Handschriften überliefert sind, oft im Strophenbestand und in der Strophenfolge voneinander abweichen. Natürlich können dafür auch sekundäre Störungen verantwortlich sein." (Bumke: Geschichte der deutschen Literatur im hohen Mittelalter, a. a. O., S. 113 f.)

2 a Sprachliche Bilder in Walthers „Si wunderwol gemachet wîp"
- Bildbereich „Himmel": Haupt – Himmel (direkter Vergleich, Z. 12/13); Augen – Sterne (Metapher, Z. 16); Anblick der Geliebten noch kostbarer als Anblick des Himmels und des Himmelwagens (Z. 28 f.).
- Bildbereich „Kranker/Verwundeter": das lyrische Ich als „Sehnsuchtskranker" (Z. 21), Liebeskranker (Z. 36); schmerzhaft verwundet/getroffen von der angebeteten Frau (Z. 51 f.); liegt krank danieder, könnte aber durch ein Liebespfand, eine „Reliquie" spontan und für alle Zeit geheilt werden bzw. es würde ein Verjüngungswunder geschehen (Z. 21 f., 34–37).

b Zum Topos der „schönen Frau" gehören:
- die Beschreibung der Frau von oben nach unten, also vom Kopf zu den Füßen;
- dabei eine besonders ausführliche Beschreibung des Gesichtes, z. B. mit dem typischen Farbkontrast weiße Haut/Zähne – rote Lippen/Wangen (zu den mittelalterlichen Schönheitsvorstellungen gehörten z. B. auch gelocktes Haar, eine gerade Nase, klare, leuchtende Augen);
- die Beschreibung betrifft dann noch Hals und Brust sowie Hände und Füße;
- dagegen in der Regel Aussparung der dazwischen liegenden Körperteile bzw. stattdessen Beschreibung der Kleidung;
- mit der Beschreibung der körperlichen Schönheit geht teilweise die Beschreibung moralischer Vollkommenheit einher.

Inwiefern Walther diesem Topos in seiner Vorgehensweise von oben nach unten folgt, hängt von der Strophenfolge ab (s. o. zu Aufgabe 1). Auf jeden Fall spielt er mit dem Schlüsselloch-Blick auf die dem Bad Entsteigende augenzwinkernd mit der Norm, die intimen Körperteile auszusparen.

b/c Mit Hilfe ergänzender Literatur – vor allem, um die Bedeutung der Gesellschaft und das Spielerisch-Rollenhafte und Fiktionale der gesamten Konstellation klären zu können – lässt sich anhand dieses Minneliedes von Walther die typische Konstellation des Minnesangs gut erarbeiten und z. B. in folgender Grafik zusammenfassen:

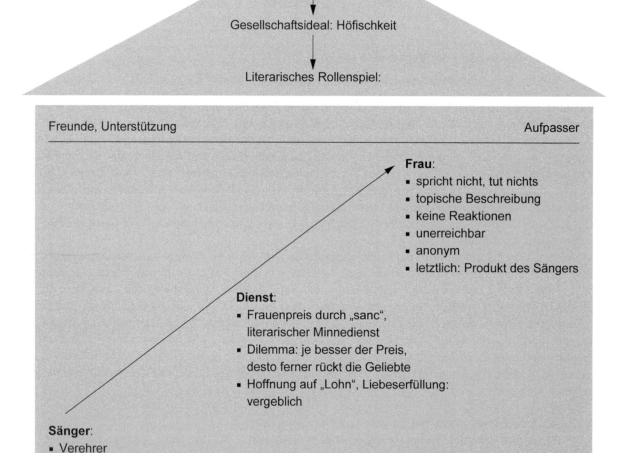

Das Beispiel macht sehr schön deutlich, dass für die ästhetische Qualität mittelalterlicher Literatur nicht die Originalität der Handlung, des Erlebnisses oder die realistische Gestaltung von Situation und Figuren von Bedeutung sind, sondern die Originalität und Virtuosität, mit der ein bekanntes Motiv, ein traditionelles Muster (Topos), eine typische Konstellation sprachlich und gedanklich ausgestaltet und variiert wird. Hierin erweist sich Walther in beiden Gattungen – dem Minnesang ebenso wie der Spruchdichtung (s. o.) – als Meister.

Literaturhinweise zum Minnesang
- *Bumke, Joachim:* Geschichte der deutschen Literatur im hohen Mittelalter, a. a. O., S. 105–116
- *Holznagel, Franz-Josef:* Die deutschsprachige Lyrik des Hochmittelalters. In: Holznagel, Franz-Josef u. a. (Hg.): Geschichte der deutschen Lyrik. Reclam, Stuttgart 2004, S. 22–54

1.1 MITTELALTER 263

Tristan und Isolde – Eine höfisch-mittelalterliche Liebesgeschichte

Gottfried von Straßburg: **Tristan** (vermutlich 1200–1210) ▶ S. 240

Dieter Kühn: **Tristan und Isolde des Gottfried von Straßburg** (1991) ▶ S. 240

Literaturhinweise
- *Bumke, Joachim:* Geschichte der deutschen Literatur im hohen Mittelalter, a.a.O., S. 186–195
- *Krohn, Rüdiger:* Gottfried von Straßburg. In: Deutsche Dichter. Bd. 1, a.a.O., S. 217–235

1 a Das Dilemma, in dem Tristan und Isolde stecken: Einerseits sind Tristan und Isolde der Wirkung des Liebestranks hilflos ausgeliefert, d. h., sie können sich ihrer Liebe zueinander einfach nicht erwehren. Andererseits trübt der Zaubertrank nicht ihr Bewusstsein, d. h., sie sind sich der Unrechtmäßigkeit ihrer Beziehung, insbesondere auch Tristans Illoyalität gegenüber seinem Onkel Marke, der ihn zu seinem Nachfolger in der Königsherrschaft bestimmt hat, ganz und gar bewusst, leiden unter entsprechenden Gewissensqualen. Hinzu kommt später die Schwierigkeit, dass Isolde Marke in der Hochzeitsnacht nicht mehr jungfräulich begegnen kann (dieses Problem wird durch die Hilfe einer treuen Freundin gelöst, die unbemerkt Isoldes Platz in der Hochzeitsnacht einnimmt). Insgesamt führt das Dilemma immer wieder und immer mehr in Verstrickungen, aus denen sich das Liebespaar nur durch eine Kette listiger Verstellungen lange Zeit immer wieder befreien kann, bis ihr Ehebruch schließlich doch entdeckt wird und Tristan gezwungen ist zu fliehen.

b Die Schülerinnen und Schüler werden beim Erfinden einer Fortsetzung der Geschichte sicherlich eigene mediale oder literarische Erfahrungen mit Dreiecks- oder Ehebruchsgeschichten, aber auch mit Märchen- oder Sagenmotiven einfließen lassen. Dies kann reflektiert und später im Zusammenhang mit dem folgenden Text von Le Goff wieder aufgegriffen werden. Gottfrieds Dichtung selbst bricht an der Stelle ab, als Tristan in England eine andere Isolde („Isolde mit den weißen Händen") kennen lernt und sich zu ihr so hingezogen fühlt, dass seine Gefühle zur ersten (blonden) Isolde ins Wanken geraten.

Es gibt zwei deutschsprachige Fortsetzungen aus dem Mittelalter, in denen der Abbruch des Werks mit Gottfrieds Tod erklärt wird. Bei beiden Fortsetzern, Ulrich von Türheim und Heinrich von Freiberg, endet die Geschichte nach verschiedenen Ereignissen tödlich: Der verwundete Tristan wartet auf die Hilfe der blonden Isolde, muss auf Grund einer Fehlinformation von Isolde Weißhand (die er zwischenzeitlich geheiratet hat) aber glauben, dass Isolde tot ist. Daraufhin stirbt er, und die blonde Isolde stirbt ihm nach. Sie werden zusammen beerdigt, auf ihrem Grab wachsen ein Rosenstrauch und eine Weinrebe ineinander.

2 Sprachliche Mittel zur Veranschaulichung der Verliebtheit:
- Personifikation der Liebe/Minne als
  - Fallenstellerin → Metapher: der Mann in der Falle, Schlinge (Z. 5, 34 ff.);
  - Kriegsführerin → Metapher: Siegesfahne hissen (Z. 8);
  - Friedenstifterin (Z. 15);
  - Verführerin → Metapher: klebt, hält fest wie Leim (Z. 57, 63);
- Metapher: vergebliche Fluchtversuche;
- Personifikation der Ehre und der Treue → ziehen, zerren an Tristan (Z. 45);
- Einssein der Liebenden („ein Herz", Z. 21);
- Vergleich: Liebe klar, rein wie Spiegelglas (Z. 20);
- Tristan: führt Selbstgespräche (Z. 27 f.).

3 Kühn behält die Versform in seiner Übersetzung bei, nicht aber die Reimform. Syntaktisch nimmt er kleinere Umstellungen vor, sodass nicht jeder Vers im Wortbestand übereinstimmt. Auch geht er bei der Übersetzung einzelner Begriffe mit einer gewissen Freiheit vor. So übersetzt er z. B. „werlde" mit „Menschheit", aus „sleich" wird „stahl", aus „zoch si beide in ir gewalt" macht er „unterwarf sie ihrer Macht". Den mittelhochdeutschen Begriff „minne" übernimmt er nicht, sondern wählt das neuzeitliche „Liebe", das aber durch den Druck in Großbuchstaben („LIEBE") vom alltäglichen Sprachgebrauch abgegrenzt wird.

Die Problematik des Übersetzens literarischer Texte kann auch im Vergleich mit einem modernen Beispiel und der Übersetzung aus einer Fremdsprache ausgeführt werden, z. B. mit dem Rimbaud-Gedicht „Ophelia I" und seiner Übersetzung auf S. 405 im Schülerband.

264 C.1 MITTELALTER, FRÜHE NEUZEIT UND BAROCK

▶ S. 241 **Jacques Le Goff: Tristan und Isolde** (2005)

1 Le Goff sieht folgende die europäische Tradition prägenden Konstellationen in der Tristan-Geschichte angelegt:
- die verhängnisvolle Liebe;
- „coup de foudre" = Liebe auf den ersten Blick;
- Liebe in einer Dreierkonstellation – Ehebruch;
- „amour passion" = leidenschaftliche Liebe;
- Liebe und Tod als fatale Beziehung.

2 Mit Hilfe des Schülerbandes lassen sich z. B. die Dreierkonstellation und das Motiv des Ehebruchs vergleichen mit Fontanes „Effi Briest" und Flauberts „Madame Bovary" (vgl. S. 370–381 im Schülerband). Fachübergreifend (in Verbindung mit dem Fach Englisch) bietet sich ein Vergleich mit der Gestaltung der „fatalen Beziehung von Liebe und Tod" in „Romeo und Julia" an. Ein Vergleich kann auch geführt werden mit Goethes „Werther", z. B. auch hinsichtlich der Rolle des Ehemanns bzw. Verlobten: Auch Albert bietet – als Individuum wie auch als Vertreter der gesellschaftlichen Ordnung – ein „relativ blasse[s] Bild".

▶ S. 241 **Epochenüberblick – Mittelalter**

1 a Zu erwarten ist, dass die Schülerinnen und Schüler zur Überlieferung und Rezeption von Literatur vor Erfindung des Buchdrucks Aussagen formulieren wie:
- Vor dem Buchdruck mussten alle Texte mit der Hand geschrieben werden.
- Die meisten Bücher wurden in Klöstern geschrieben, weil dort die Schreibkundigen lebten.
- Bücher waren wegen des großen Aufwandes ihrer Herstellung (und auch wegen der teuren Materialien) sehr kostbar – nur reiche Leute konnten sich leisten, ein Buch in Auftrag zu geben.
- Da nur wenige Menschen lesen konnten, musste die meiste Literatur vorgelesen oder vorgetragen werden.
- Literatur wurde auch mündlich weitergegeben, indem man sich bestimmte Geschichten immer wieder erzählte.

Auf der Basis des so aktivierten Vorwissens können dann Rechercheaufträge zur Absicherung und Erweiterung des Wissens verteilt werden.
Literaturhinweis
- *Meid, Volker:* Das Reclam Buch der deutschen Literatur. Reclam, Stuttgart 2004 („Buch und Handschrift", S. 16 f.; „Mündlichkeit und Schriftlichkeit", S. 18 f.; „Mäzenatentum", S. 42 f.; „Autor", S. 44 f.; „Hören, sehen, lesen", S. 70 f.)

b Für die Literatur des frühen Mittelalters ist die anonyme Überlieferung dichterischer Werke die Regel, seit der höfischen Zeit werden meistens Verfassernamen genannt, allerdings gibt es in den seltensten Fällen biografische Informationen zu diesen Namen aus anderen, nicht-literarischen oder literarischen Quellen. Folgende Aspekte können in der Diskussion bedacht werden:
- biografische vs. werkimmanente Textinterpretation;
- gesellschaftlicher Stellenwert und Stellung eines Autors;
- Selbstbewusstsein des Autors;
- Beurteilung der literarischen Qualität unabhängig vom Verfasser;
- Möglichkeiten, aus dem literarischen Text Rückschlüsse auf seinen Autor zu ziehen;
- Möglichkeiten der Legendenbildung, „Konstruktion" eines Autorbildes.

2 Mit der Vergabe von Referaten können einerseits individuelle Neigungen und das Interesse am Mittelalter genutzt und gefördert werden, andererseits auch Verbindungen zu anderen Themen und Gegenständen des Deutschunterrichts hergestellt werden. Wichtig ist es, das jeweilige Thema überschaubar einzugrenzen. Neben einer umfassenderen Information mit Hilfe von Nachschlagewerken und Darstellungen sollte immer auch die Begegnung mit den mittelalterlichen Texten selbst gefordert und ermöglicht werden (vgl. die Literaturhinweise auf S. 256 in diesen Handreichungen).

◎ Weiterführendes Material zu diesem Teilkapitel findet sich auf der beiliegenden CD:
- Das Tagelied: Eine Spielart des Minnesangs
- Vgl. zum Tagelied außerdem das Zusatzmaterial „,Einschlaf- und Aufwachlied' – Das Tageszeitenmotiv in der Liebeslyrik" zu Kapitel B3.1
- Epochenüberblick: Mittelalter (ca. 750–ca. 1500) (Folie)

1.2 Epochenumbruch um 1500 – Frühe Neuzeit

Johannes Gutenberg und der Buchdruck – Die erste Medienrevolution ▶ S. 243

Vgl. zu diesem Thema auch das Kapitel D2.3: „Medien und Realität – Medienkritik", insbesondere den Text von Werner Faulstich: „Jetzt geht die Welt zugrunde" (S. 493–495 im Schülerband).

1 Zur Bedeutung, die Gutenberg von den verschiedenen Autoren zugewiesen wird:
- **Luther:** höchste Wertschätzung der Druckkunst: ein Geschenk Gottes; dient vor allem der Verbreitung der Heiligen Schrift; aber ebenso: Erhaltung, Weiterentwicklung und Tradierung menschlichen Wissens und menschlicher Kunst wird ermöglicht;
- **Brant:** „Demokratisierung" des Wissens durch den Buchdruck: Bücher sind jetzt auch dem ärmeren Menschen zugänglich; gewisser „Nationalstolz", dass der Buchdruck in Deutschland erfunden wurde (was so nicht uneingeschränkt stimmt);
- **Hugo:** große Beständigkeit und Haltbarkeit des Buches (größer als die von Bauwerken); Unvergänglichkeit, Unzerstörbarkeit und Unaufhaltsamkeit gedruckten Gedankenguts; macht grundsätzliche gesellschaftliche Veränderungen möglich; eine völlig neue Möglichkeit für den Menschen, sich auszudrücken;
- **Updike:** vgl. unten zu Aufgabe 2a.

2 a Gutenberg kritisiert in Updikes „Dialog im Cyberspace" mit Bill Gates die Banalität der meisten Inhalte, die über das Internet transportiert werden. Er sieht ein eklatantes Missverhältnis zwischen einerseits der intellektuellen Leistung, die die „Erfindung", die technische Entwicklung des Internets darstellt, und andererseits dem anspruchslosen Gebrauch, der von diesem Medium gemacht wird. Zugleich kritisiert er den hohen Stellenwert, den der Mensch dem Medium gibt und mit dem er seine eigene Stellung relativiert, mindert. Worauf sich Gates in seiner Antwort bezieht, ist nicht ganz klar: Ist es das Internet oder der Mensch, das bzw. den er als Fehler sieht?

   b In den letzten Jahren ist im Hinblick auf die zunehmende Vormachtstellung digitaler Medien häufig vom „Ende des Gutenberg-Zeitalters" die Rede gewesen. Mit jeder technischen Neuerung (z. B. dem E-Book) stellt sich erneut die Frage, welche Zukunft das Medium des (gedruckten) Buches hat. In der Diskussion sollten möglichst viele private und berufliche Bereiche, in denen das Buch, aber auch andere Printmedien wie Zeitungen, Fachzeitschriften etc. eine Rolle spielen, bedacht werden. Die Erörterung kann dabei durchaus auch normative Fragen stellen:
   - Wäre es z. B. ökologisch betrachtet nicht besser, wenn weniger gedruckt und kopiert werden würde?
   - Wie steht es andererseits mit der „Überlieferung" (vgl. das Mittelalter!) medialer Inhalte – ist das Buch nicht ein sehr viel verlässlicherer Datenträger, eine haltbarere Form der Dokumentation als immer schneller veraltende digitale Datenformate?
   - Droht mit dem (behaupteten) Bedeutungsverlust des Buches eine (funktionale) Analphabetisierung unserer Gesellschaft und damit der Verlust kognitiver Möglichkeiten?

3 Erste Vorstellungen vom „Epochenumbruch um 1500" können geweckt und möglicherweise Vorwissen aktiviert werden, indem die geschichtliche Übersicht auf den vorderen Einbandinnenseiten des Schülerbandes konsultiert wird, wo besonders wichtige Namen und Ereignisse genannt werden (Kolumbus und die Entdeckung Amerikas, Kopernikus und sein neues Weltbild, Luther und die Reformation etc.). Der historische Stoff reicht selbstverständlich auch für mehrere Referate, wenn einzelne Aspekte vertieft behandelt werden sollen.
   Literaturhinweis
   - Das Jahrtausendbuch. Bd. 2: 1001–2000. Bertelsmann/ADAC, Gütersloh/München 2001, S. 142–213

266   C.1 MITTELALTER, FRÜHE NEUZEIT UND BAROCK

Sebastian Brants „Narrenschyff" – Der erste deutsche „Bestseller"

▶ S. 244 **Sebastian Brant: Daß Narrenschyff ad Narragoniam** (1494)

1 a   Die Vorrede verspricht, dass das Werk Weisheit, Vernunft und gute Sitten befördert, dass es umgekehrt anleitet zur Vermeidung von Narrheit, Blindheit, Irrtümern und Torheit, Dummheit, also alles in allem nützlich und heilsam für alle Menschen ist. Damit wird die belehrende Funktion in den Vordergrund gestellt. Für den enormen Erfolg des Werkes ist aber sicherlich seine unterhaltsame Wirkung, auf die die Vorrede nicht hinweist, genauso bedeutsam gewesen.

b   Unterschiede zum heutigen Sprachgebrauch zeigen sich:
- in der Orthografie bei fast allen Wörtern (besonders auffällig: keine Großschreibung von Nomen);
- in der Interpunktion: Virgel, häufig statt Komma;
- in morphologischen Unterschieden bei einzelnen Wörtern (z. B. Vorsilben bei „vermanung", „ervolgung");
- im latinisierenden Namen „Sebastianum" usw.

2   Beschreibung des Holzschnitts: Ein „Büchernarr" sitzt beengt an einem Pult, in einer Bank. Um ihn herum befinden sich überall Bücher. Er trägt eine dicke Brille und eine Schlafmütze, die Narrenkappe liegt auf seiner Schulter. Mit einem Wedel verscheucht er Fliegen (vgl. Z. 13) von einem aufgeschlagenen Buch. – Ungeachtet der vielen Bücher macht dieser Narr einen eingeschränkten, beschränkten Eindruck. Die Bücher verhelfen ihm nicht zu geistiger Freiheit und Weltoffenheit, sondern machen einen abgehärmten „Stubenhocker" aus ihm. Zwar sitzt ihm die Narrenkappe nicht auf dem Kopf, aber weit entfernt ist sie nicht, und die Schlafmütze stellt auch keine bessere Alternative dar. Dass er schlecht sieht, darf vielleicht auch als Hinweis darauf verstanden werden, dass er trotz der Bücher keinen Durchblick, Einblick, Weitblick hat. Der Fliegen-/Staubwedel verweist auf die uneigentliche, zweckentfremdete Beschäftigung mit den Büchern: Sie werden zwar sauber gehalten, aber nicht gelesen.

3   Gegenstand der Kritik im ersten Kapitel:
- Bücher besitzen, aber nicht lesen;
- gelehrter Schein statt Gelehrtsein;
- Abneigung gegen geistige Anstrengung;
- andere für sich lernen lassen;
- Vortäuschen von (lateinischer) Bildung.

Mittel der Kritik:
- Positionierung vorne im Narrenschiff: besonders kritikwürdige Stellung dieser Narrheit;
- Ich-Form → Selbstentlarvung; doppelte Dummheit: *ist* nicht nur ungebildet, sondern verteidigt dies auch noch mit fadenscheinigen Argumenten;
- Rückgriff auf ein (schlechtes) antikes Vorbild;
- stark reduzierte Lateinkenntnisse werden vorgeführt → der Lächerlichkeit preisgegeben;
- Vergleich mit Esel (der nur umschrieben wird als „Müllers Tier").

▶ S. 245 **1**   Das Erstaunliche im Hinblick auf die Jahreszahlen (Erfindung des Buchdrucks zwischen 1435 und 1450, Erscheinen des „Narrenschiffs" 1494) besteht darin, dass sich das neue Medium rund sechzig Jahre nach der Erfindung des Buchdrucks bereits in einer Weise etabliert hat, die seinen Nutzen ad absurdum führt, indem nämlich der Bücherbesitz an die Stelle tatsächlichen Wissens tritt. Offensichtlich dienten schon ein halbes Jahrhundert nach Gutenberg Bücher auch breiteren Bevölkerungsschichten mehr zu Repräsentationszwecken und als Mittel der Selbstdarstellung denn der wirklichen Lektüre, sei es zur Unterhaltung oder zum Wissenserwerb.

2   Die Schülerinnen und Schüler könnten die Satire selbstironisch auf sich und ihr Verhältnis zu Büchern, Texten beziehen (z. B. nach dem Motto: „Was ich kopiert habe, brauche ich nicht zu lesen"); oder sie unterziehen, wie in der Aufgabe vorgeschlagen, das Medium Internet einer kritischen Bestandsaufnahme, wie Updike sie ja dem alten Gutenberg in den Mund legt (vgl. S. 243 im Schülerband). Aspekte wie „googeln", Nachschlagen bei „Wikipedia", „copy and paste" u. v. a. können dabei eine Rolle spielen.

3 Literaturhinweis
- *Brant, Sebastian:* Das Narrenschiff. Übertragen von H. A. Junghans. Hg. von Hans-Joachim Mähl. Reclam, Stuttgart 1985

Anhand des Inhaltsverzeichnisses dieser Ausgabe kann man sich einen schnellen Überblick über die 112 Kapitel verschaffen, wobei häufig (aber nicht immer) die Kapitelüberschrift schon Rückschlüsse auf die jeweils beschriebene Narrheit zulässt. Sinnvoll ist es, anhand der Überschriften aus der Fülle eine interessant erscheinende Auswahl zu treffen, die dann genauer untersucht werden kann (z. B. zum Eltern-Kind-Verhältnis: „49. Schlechtes Beispiel der Eltern" und „90. Ehre Vater und Mutter"; oder zu Fragen des kommunikativen Miteinanders: „19. Von vielem Schwatzen", „41. Nicht auf alle Rede achten", „42. Von Spottvögeln", „76. Von großem Rühmen" und „101. Vom Ohrenblasen").

4 Als Gründe für den Erfolg der Satire werden z. B. angeführt:
- die vereinheitlichende Figur, das Leitbild des Narren;
- die Kombination von Text und Bild;
- die Vermischung von gelehrtem Wissen und volkstümlicher Klugheit;
- die hohe Anschaulichkeit des Textes durch die Verwendung von Sprichwörtern, Redewendungen und drastisch-volkstümlichen Bildern;
- die humoristische Schilderung in manchen Kapiteln;
- die große Wirklichkeitsnähe und detaillierte Beobachtung des Alltags der damaligen Zeit;
- die kunstvolle Handhabung der deutschen Sprache in Metrum und Rhythmus.

Luthers Bibelübersetzung – Auf dem Weg zur deutschen Schriftsprache

Martin Luther: Sendbrief vom Dolmetschen (1530) ▶ S. 245

Von Luther vgl. auch in diesem Kapitel das Zitat zur „Buchdruckerei" (S. 243 im Schülerband) sowie in Kapitel D5.1 seine Rede auf dem Reichstag zu Worms (ebd., S. 537).

1 Vorwurf von Luthers Kritikern: zu freier Umgang mit den Bibelworten in der Übersetzung.
Luthers Rechtfertigung: sehr sorgfältiges und mühevolles Erarbeiten der angemessen erscheinenden Übersetzung (auch unter Rückgriff auf die hebräischen und griechischen Urtexte); besondere Berücksichtigung der Verständlichkeit und Lesbarkeit der Übersetzung.

2 a Ansprüche Luthers an seine Übersetzung:
- sehr gute Lesbarkeit ohne Stolpern und Anstoßen;
- hohe Verständlichkeit für jedermann;
- immer den sinngemäß passendsten und wirkungsvollsten, ausdrucksstärksten deutschen Begriff finden;
- nicht die lateinische, sondern die gesprochene deutsche Sprache als Maß für die Übersetzung.

b Überprüfung dieser Ansprüche an dem Beispiel „Wes des hertz ..." (Z. 55 f.) – Vorschlag für ein Tafelbild:

lateinische Bibel	Ex abundantia cordis os loquitur.	
wörtliche Übersetzung	Aus dem Überfluss des Herzens redet der Mund.	• Wortwahl und Syntax passen sich der lateinischen Vorlage möglichst weitgehend an.
Luthers Übersetzung	Wes das hertz vol ist, des gehet der mund uber.	• Parataxe wird in Hypotaxe, Genitivkonstruktion wird in Nebensatz aufgelöst • weniger nominal, semantisch treffender • anschaulichere Gestaltung der sprachlichen Bilder

3 Bedeutung Luthers für die Entwicklung einer einheitlichen deutschen Schriftsprache (anhand des Zitats von Astrid Stedje): Luther ist nicht der Erfinder, Schöpfer einer neuen Sprachstufe, aber er befördert die Vereinheitlichung der deutschen Sprache durch die weite Verbreitung seiner Schriften, in denen er
- einerseits eine überregionale Sprachform (die sächsische Kanzleisprache) verwendet → verständlich für ober- und niederdeutsche Dialektsprecher;
- andererseits in Wortbildung und Satzbau der gesprochenen deutschen Sprache folgt → klarer, verständlicher Stil.

268　C.1 MITTELALTER, FRÜHE NEUZEIT UND BAROCK

▶ S. 246　**Epochenüberblick: Epochenumbruch um 1500 – Frühe Neuzeit**

1　Die Beschäftigung mit Nürnberg als Literaturstadt kann auch Übergänge zwischen der frühen Neuzeit und dem Barock schaffen. Wichtige Begriffe und Namen, die sich mit Nürnberg in dieser Zeit verbinden:
- Meistersang, Nürnberger Meistersinger (vgl. auch deren romantische Rezeption und Richard Wagners Oper „Die Meistersinger von Nürnberg"); Hans Rosenplüt (~1400–1473), Hans Folz (~1450–~1515), beide Meistersinger; Hans Sachs (1494–1576), Lyriker (Meistersinger) und Dramatiker;
- Fastnachtsspiel, Schuldrama;
- Konrad Celtis (1487 als erster deutscher Dichter von Kaiser Friedrich III. in Nürnberg gekrönt);
- Georg Philipp Harsdörffer (1607–1658), Barockdichter, gründete mit Johann Klaj 1644 den „Pegnesischen Blumenorden" → Poetik („Nürnberger Trichter");
- Sigmund von Birken (1626–1681), barocker Hofdichter;
- Nürnberg als einer der wichtigsten Verlags- und Druckorte.

Literaturhinweis: Erste aufschlussreiche Informationen findet man z. B. im „Reclam Buch der deutschen Dichtung" (a. a. O., unter den Stichworten „Stadt", S. 124 f.; „Meistergesang", S. 126 f.; „Hans Sachs", S. 128 f.; „Nürnberg", S. 158 f.).

2　a　Neben der Bezeichnung für eine kulturgeschichtliche Epoche des 15./16. Jahrhunderts, die ihre Vorbilder und Ideale in der Antike suchte und fand, bezeichnet Humanismus im allgemeineren Sinne eine Weltanschauung, der es um den Wert und die Würde des Menschen, um Toleranz, Freiheit und Gewaltlosigkeit geht. Sowohl in der Aufklärung als auch im „Neu-Humanismus" der Goethezeit (vgl. dazu das Kapitel zur Klassik, S. 293–303 im Schülerband) sind humanistische Ideen von zentraler Bedeutung. Auch in der Moderne entwickeln Philosophen, Psychologen, Wissenschaftler u. a. (z. B. Jean-Paul Sartre, Erich Fromm, Albert Einstein, Carl Friedrich von Weizsäcker, Walter Jens) die humanistischen Denktraditionen weiter. Humanismus gehört zu den Grundzügen der großen Weltreligionen ebenso wie zu säkularen Weltanschauungen wie z. B. dem Kommunismus, den Marx als „atheistischen Humanismus" bezeichnete. Ausdruck eines humanistischen Menschenbildes ist z. B. auch das Grundgesetz mit seinem Einstehen für Menschenwürde, Glaubens- und Gewissensfreiheit. Angesichts seiner historischen und kulturellen Bedeutsamkeit und Vielschichtigkeit eignet sich der Begriff des Humanismus ausgezeichnet für ein fächerverbindendes Unterrichtsvorhaben oder Projekt.

　　b　Die Diskussion um den Wert „humanistischer Bildung" wird auch in der Öffentlichkeit immer wieder geführt. Eingegrenzt auf die Beschäftigung mit antiker Literatur sollte sie an konkrete Literatur- und Medienerfahrungen der Schülerinnen und Schüler angebunden werden. Dabei ist an Lektüren im Latein- und Philosophieunterricht ebenso zu denken wie an die – oft monumentalen – Verfilmungen antiker Stoffe, häufig mit hohem Unterhaltungswert. Auch im Deutschunterricht kann die antike Literatur den Schülerinnen und Schülern in der literarischen Rezeption bestimmter Mythen und Sagen (z. B. Antigone, Kassandra) oder im Bereich literaturtheoretischer Aussagen (v. a. Aristoteles) begegnet sein. Gerade dort, wo die Schülerinnen und Schüler die antike Literatur in aktueller Rezeption kennen gelernt haben, ergeben sich Argumente für deren schulische Relevanz: Die antike Literatur war und ist ein wichtiger Bezugspunkt auch für die neuzeitliche Literatur und Kultur. Viele literarische Werke bis hin zur Gegenwartsliteratur, aber auch Werke anderer Künste, setzen Kenntnisse der antiken Literatur voraus.
　　　Texte der antiken Literatur findet man im Schülerband auf S. 179 (Aristoteles) und S. 535 f. (Platon); Texte der Antikerezeption gibt es besonders im Kontext des Klassik-Kapitels (ebd., S. 293–303), aber auch z. B. auf S. 170 f., 175 f., 560 f. („Iphigenie auf Tauris"), S. 323 f. („Penthesilea") sowie auf S. 443 („Ballade vom preußischen Ikarus").

3　Das Referat über den Bauernkrieg im Drama („Götz von Berlichingen" und „Florian Geyer") sollte die historischen Vorbilder der beiden Titelfiguren vorstellen und auf dieser Grundlage die beiden Dramen vergleichend analysieren. Dazu bietet sich v. a. der Aspekt des Identifikationspotenzials der beiden Titelhelden an: Während die (literarische) Gestalt des Götz im Sturm und Drang von der jüngeren Generation trotz ihres Scheiterns als Held gefeiert und das Stück begeistert aufgenommen wurde, ist die (historische) Gestalt des Florian Geyer, nachdem das Hauptmann-Stück sich auf der Bühne nur schwer hatte behaupten können, in den Ideologien des 20. Jahrhunderts immer wieder instrumentalisiert worden.

◎　Weiterführendes Material zu diesem Teilkapitel findet sich auf der beiliegenden CD:
- „Literaturbetrieb" vor und nach der Erfindung des Buchdrucks
- Epochenüberblick: Epochenumbruch um 1500 – Frühe Neuzeit (Folie)

1.3 Barock

Jacques Callot: Radierung aus den „Misères de la guerre" (1632–33) ▶ S. 247

Hans Jakob Christoffel von Grimmelshausen: Der Abenteuerliche Simplicissimus Teutsch (1669) ▶ S. 248

1 Callots Bild stammt aus einer Serie von 18 Radierungen, die der Künstler unter dem Eindruck der Schrecknisse schuf, die der Dreißigjährige Krieg über seine Heimat Lothringen brachte. Die Bilder wurden herausgegeben mit Begleittexten in Versen des Abts Michel de Marolles. Aus diesen Versen geht hervor, dass es sich bei dem im Schülerband abgedruckten Bild um eine Massenhinrichtung von so genannten Marodeuren handelt, für den Militärdienst untauglich gewordene schwache, kranke oder verkrüppelte (an einem der Gehenkten wird ein Holzbein erkennbar) ehemalige Soldaten, die sich im Gefolge des Heeres mit Bettelei oder brutalen Überfällen durchschlugen. Um sich ihrer zu entledigen, lassen die Heerführer sie vor den im Halbkreis angetretenen Truppen an einem Galgenbaum aufhängen. Dazu wird (unter dem Baum rechts zu sehen) die Trommel gerührt; Geistliche begleiten die Delinquenten bzw. nehmen ihnen die Beichte ab. Das Bild löst Grauen und Schrecken aus. Diese Wirkung wird durch die drastisch-realistische Darstellung erreicht. In den dicht an dicht hängenden Leichen, die den Verfasser des Begleittextes zu dem Vergleich „wie unheilvolles Obst" anregten, kann man einen Zug ins Groteske sehen, ein Darstellungsmittel, das für die früheren Werke Callots kennzeichnend ist.
Der Auszug aus Grimmelshausens Roman ist den Leiden der Bauernfamilien unter den ständigen Überfällen und Plünderungen durch Soldatentrupps gewidmet. Das schreckliche Geschehen wirkt jedoch weniger unmittelbar und Grauen erregend auf den Rezipienten als in Callots Radierung. Durch die Perspektive des zehnjährigen Kindes, das in seinem naiven Unverständnis die grausamen Vorgänge zum Teil durch „Als-ob"-Vergleiche in den Bereich des Harmlosen rückt, zum Teil (die verschiedenen Foltern) ungerührt berichtet, werden die dargestellten Schrecknisse ins Groteske verfremdet. Dass das Ganze ein Kunstgriff des Erzählers und nicht wirklich eine kindliche Perspektive ist, zeigt der Vergleich mit dem „gülden Fell von Kolchis" (Z. 10 f.), der dem Bauernjungen sicher nicht eingefallen wäre. Dieser Kunstgriff erweist sich als vielschichtig. Zunächst scheinen die dargestellten Grausamkeiten die Leserin / den Leser durch die perspektivisch bedingte Verfremdung ins Groteske weniger intensiv zu berühren, bei weiterem Nachdenken aber erschüttert einen gerade der kindlich-naive Versuch, mit dem Unfassbaren fertigzuwerden.

Literaturhinweis
Eine umfassende und lebendige Darstellung des Dreißigjährigen Krieges findet sich in:
- *Huf, Hans-Christian:* Mit Gottes Segen in die Hölle. Berlin, List 2006; dazu erschien 2007 unter demselben Titel eine dreiteilige ZDF-Dokumentation.

„Memento mori", „carpe diem", „vanitas" – Schlüsselmotive der Barocklyrik

Ex maximo minimum (um 1609) ▶ S. 249

Theodor Kornfeld: Eine Sand=Uhr (1686) ▶ S. 249

1 Beide Kunstgebilde (als Folie auch auf der CD) sind in ihrer Bild-Text-Kombination als Makrozeichen zu betrachten. In dem einen (Ex maximo minimum) sind Bild und Text voneinander getrennt, aber inhaltlich aufeinander bezogen, indem der Text das Bild erklärt. In dem anderen bildet der Text in seiner Druckanordnung den in der Überschrift genannten Gegenstand ab, Bild und Text ergeben also eine Einheit. Der Text erläutert hier nicht einfach den abgebildeten Gegenstand, sondern enthält eine Reflexion, die beim Betrachten daran geknüpft werden kann. Bei dem ersten Gebilde handelt es sich um ein Emblem, bei dem zweiten um ein Figurengedicht (vgl. die Information „Emblem und Figurengedicht", S. 249 im Schülerband).

2 **Aussage des Emblems:** Die Bedeutung der lateinischen Überschrift in Form eines Oxymorons (vgl. S. 251 im Schülerband) geht aus Bild und Subscriptio (Bildunterschrift) hervor: Das Größte auf Erden, der Kopf des Menschen, Ort der Vernunft und des Bildes von Gott, wird zu einem Totenschädel ohne jeden Wert, einem Sinnbild der Macht des Todes.
Wirkung: Dem Betrachter wird die Nichtswürdigkeit alles Irdischen („vanitas"), auch des Größten bewusst, des menschlichen Geistes, von dem auf Erden nur seine verrottende Hülle bleibt, der Totenschädel.

270 C.1 MITTELALTER, FRÜHE NEUZEIT UND BAROCK

Aussage des Figurengedichts: Die Sanduhr zeigt mit dem rieselnden Sand an, wie die Zeit vergeht und dass der Mensch an einen anderen Ort, ins Jenseits, muss. Vor Gottes Gericht muss er Rechenschaft über sein ganzes Leben ablegen. Daher soll er fromm sein und sich von Gott leiten lassen.

Wirkung: Das Figurengedicht appelliert an den Betrachter/Leser, an den Tod zu denken („memento mori") und sich durch ein frommes, Gott wohlgefälliges Leben darauf vorzubereiten, damit er vor dem Jüngsten Gericht bestehen kann.

3 a   Weitere Beispiele für das barocke Figurengedicht: Sigmund von Birken: „Kreuz"; Johann Christoph Männling: „Totenbahre".
Beispiele für die „konkrete Poesie": Eugen Gomringer: „Das schwarze Geheimnis" und „Wind" (vgl. S. 432 im Schülerband); viele weitere Beispiele lassen sich unter dem Suchwort „konkrete Poesie" im Internet „googeln"; vgl. auch die Literaturhinweise auf S. 457 in diesen Handreichungen.
Bei den barocken Figurengedichten handelt es sich in aller Regel um vollständige Texte, die einen Bedeutungszusammenhang ergeben. Das Druckbild visualisiert dann einen Gegenstand, der konstitutiv für diesen Bedeutungszusammenhang ist oder mit ihm in enger Verbindung steht. Bei der modernen konkreten Poesie geht es nicht mehr um einen Text als sprachliche Vermittlung eines Bedeutungszusammenhangs, sondern um einzelne Wörter oder Wortgruppen, die als Material für visuelle (zuweilen auch phonetische) Konstrukte benutzt werden. Die Wörter stehen mit dem aus ihnen konstruierten Gebilde zwar noch in einem erkennbaren Zusammenhang, sind aber nicht mehr Sinnträger zur Formulierung einer Aussage.

▶ S. 250 Johann Christian Günther: **Als er der Phyllis einen Ring mit einem Totenkopf überreichte** (1724)

▶ S. 250 Christian Hofmann von Hofmannswaldau: **Vergänglichkeit der Schönheit** (1695)

1 a/b Bei einer Rezitation bestimmen das alternierende Metrum und die Reime in ihren unterschiedlichen Schemata sowie die Wechsel zwischen klingenden und stumpfen Kadenzen den Klang der Gedichte. Die Regelmäßigkeit wird unterstrichen durch die nahezu durchgängige Pausensetzung am Ende der Verse, da sich hier fast immer Satzeinschnitte oder Satzenden befinden. Enjambements gibt es bei Günther nur zwischen den Versen 9 und 10, bei Hofmannswaldau zwischen den Versen 1 und 2. All diese auf Regelmäßigkeit hin angelegten Klangmittel dürfen nicht zu einem eintönig leiernden Vortrag führen, sondern müssen durch eine den Sinn herausarbeitende Betonung und Pausensetzung innerhalb der Verse ergänzt werden, die der Rezitation ihren individuellen, lebendigen Sprechrhythmus geben. Nur so wird der Eindruck von Harmonie entstehen, auf den der regelmäßige Bau des Klangbildes der Gedichte hin angelegt ist, und nicht der von Monotonie und Langeweile.

2   In beiden Gedichten ist das lyrische Ich ein Liebender, der die Geliebte anspricht. Zu beachten ist, dass der Sprecher nicht mit dem Autor gleichzusetzen ist und dass es sich hier nicht um den lyrischen Ausdruck eines individuellen, persönlichen Erlebnisses seinerseits handelt. Der aus der Antike geläufige, besonders in der barocken Schäferpoesie beliebte Name Phyllis bei Günther sowie die tradierten, zum gängigen poetischen Frauenpreis gehörenden Details weiblicher Schönheit bei Hofmannswaldau verweisen auf das Allgemeine und Beispielhafte, das die Gedichte zeigen wollen.
Auch in der Intention gleichen sich die Gedichte: Einer belehrenden Betrachtung schließt sich am Ende ein direkter (Günther) oder indirekter (Hofmannswaldau) Appell, eine Werbung um Erhörung des Liebhabers an.

1.3 BAROCK   271

Vorschlag für ein Tafelbild:

	„Als er der Phyllis …“	„Vergänglichkeit der Schönheit“
Belehrung	Beschreibung und Erläuterung des Ringes und seiner einzelnen Symbole	Hinweis auf die Vergänglichkeit der Schönheit in allen ihren körperlichen Attributen
Appell	Die Zeit nutzen für den Liebes- und Lebensgenuss (Motto: „carpe diem“)	Lesart 1: Hartherzigkeit und Sprödigkeit ablegen und den Liebhaber erhören, solange Schönheit und Leben noch bestehen (Motto: „carpe diem“) Lesart 2: Sich angesichts der Vergänglichkeit aller körperlichen Schönheit auf die Reinheit und Klarheit der Seele als das Unvergängliche besinnen (Motto: „memento mori“) (Der Kontext des Gedichts in der Sammlung „galanter Gedichte“ und die tradierte Bedeutung der Diamant-Metapher in diesem Kontext sprechen für die Lesart 1.)

3 Vorschlag für ein Tafelbild:

	„Als er der Phyllis …“	„Vergänglichkeit der Schönheit“
formaler Aufbau	zwei gleich gebaute Strophen	Sonett: zwei Quartette, zwei Terzette
	Kreuzreim, Reimpaar als Mittelachse, umarmender Reim	identische umarmende Reime in Quartetten, Schweifreim in Terzetten
	vierhebiges alternierendes Metrum mit Auftakt, Wechsel zwischen klingender und stumpfer Kadenz	sechshebiger Jambus mit Tendenz zur Zäsur in der Mitte (Alexandriner), Wechsel zwischen klingender und stumpfer Kadenz
inhaltlicher Aufbau	1. Strophe: Erläuterung, warum der Totenkopfring als Liebeszeichen kein Erschrecken auslösen sollte: Tod und Liebe bilden keinen Gegensatz, da beide Elementargewalten sind. 2. Strophe: Erläuterung der symbolischen Bedeutung der einzelnen Elemente (Gold, Ringform, Täubchen, Totenkopf) und Schlussfolgerung, angesichts eines möglichen baldigen Todes den Liebesgenuss nicht aufzuschieben.	V. 1 und 2: Erinnerung an die Sterblichkeit V. 3–12: Aufzählung all der körperlichen Schönheitsattribute, die vergehen, und Hinweis darauf, dass dann niemand mehr diese Schönheit verehren wird V. 13–14: als Feststellung formulierter Appell, Hartherzigkeit aufzugeben und das Werben des Liebhabers zu erhören

Die beiden Gedichte gleichen sich in ihrer regelmäßigen, von Symmetrien bestimmten formalen Struktur und in ihrem argumentativ angelegten, mit aufgefächerten Erläuterungen versehenen, auf eine Pointe hinauslaufenden inhaltlichen Aufbau.

4 Die Antithetik von „memento mori“ und „carpe diem“, die den Inhalt beider Gedichte bestimmt, findet sich auch in Hans Baldungs Bild „Die drei Lebensalter und der Tod“ (als Folie auch auf der CD). Dem „carpe-diem“-Topos entspricht die junge Frau in der Blüte des Lebens, die mit einer Hand ihr langes, offenes Haar (Zeichen erotischer Verführung) zurückstreicht und in der anderen einen Spiegel hält, in dem sie mit narzisstischem Selbstgenuss ihre Schönheit betrachtet. Der Tod, der die Sanduhr als Symbol der Vergänglichkeit mit der einen Hand drohend über den Kopf der Schönen erhebt, steht für die Gegentopoi des „memento mori“ und der „vanitas“. Er ergreift mit der anderen Hand den Schleier (Symbol bräutlicher Jugend), hinter dem sich die unwissende und unschuldige Kindheit (links unten im Bild) verbirgt, und will ihn wegziehen. Die alt gewordene Frau versucht, den drohend erhobenen Arm des Todes mit der Sanduhr abzuwehren. In dem Bild bleibt die für die Barockzeit grundlegende Antithetik zwischen „memento mori“ und „carpe diem“ bestehen, während sie in den Gedichten auf das „carpe diem“ hin aufgelöst wird.

5 Entschlüsselung der Metaphern in Anlehnung an die Information „Metaphern im Barock" auf S. 251 im Schülerband:

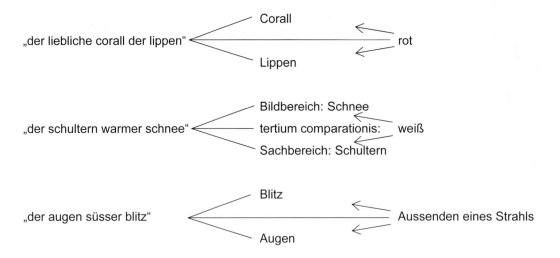

Auch hier wie bei dem „warmen Schnee" ein Oxymoron.

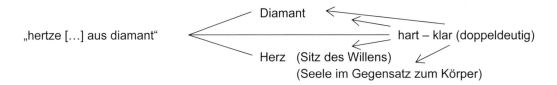

Dieses Beispiel zeigt eine Eigenart metaphorischen Sprechens: Uneindeutigkeit.

Die Bilder in Günthers Gedicht sind tradierte und in ihrer Bedeutung festgelegte Sinnbilder: Gold für Treue, Ring für Kreislauf und Wiederkehr, Täubchen für vergnügliche Zweisamkeit, Totenkopf für Vergänglichkeit.

▶ S. 251 **Friedrich von Logau: Das Beste der Welt** (1654)
▶ S. 251 **Georg Philipp Harsdörffer: Das Leben ist** (1659)
▶ S. 251 **Andreas Gryphius: Es ist alles eitel** (1636)

1 Alle drei Gedichte betonen die Vergänglichkeit und Nichtswürdigkeit der Welt und des irdischen Lebens. Es ist von Verfall, Flüchtigkeit, Wertlosigkeit, Fruchtlosigkeit und Reue am Ende gekennzeichnet.
Logau lässt in seinem Epigramm (er nennt diese Form nach einer in der Barockzeit üblichen Übersetzung Sinngedicht) als Konsequenz daraus Genugtuung erkennen. Versteckt ist darin der Appell, den Gryphius deutlicher ausspricht, sich nämlich dem zuzuwenden, was dem irdischen Leben folgt, dem Jenseitigen und Ewigen.

2 Das Adjektiv „eitel" und das davon abgeleitete Substantiv „Eitelkeit" (lat. „vanus" und „vanitas") haben eine Entwicklung durchlaufen, die in der Geschichte vieler Wörter zu beobachten ist, nämlich eine Bedeutungsverengung. Das Grimmsche Wörterbuch listet für „eitel" noch sechs Bedeutungen auf, die sich im heute gängigen Gebrauch des Wortes auf eine reduziert haben. Ursprünglich bezog sich das Wort auf die äußere Welt der Dinge und bedeutete „leer". Schon im Mittelhochdeutschen ergab sich daraus die Bedeutung „unnütz, nichtig, falsch, vergeblich", aber auch eine Verinnerlichung in Bezug auf ein menschliches Gefühl bzw. eine Eigenschaft, nämlich das Verlangen nach Bewunderung für Dinge, die den eigentlichen Wert des Menschen nicht ausmachen und damit nichtig sind, wie Schönheit, Rang, Titel, Reichtum etc. Auf diese Bedeutung hat sich der heutige Gebrauch verengt, während Gryphius in seinem Gedicht das Wort offensichtlich noch in der oben angeführten weiteren Bedeutung benutzt. Eine dritte Bedeutung, „lauter, rein", hat sich bis heute noch in einigen feststehenden Formeln erhalten: „eitel Sonnenschein", „eitel Freude".

3 Die Versuche der Schülerinnen und Schüler, die Struktur des Gryphius-Gedichts in einem Schaubild darzustellen, sollen dazu dienen, die kunstvolle, von Regelmäßigkeit bestimmte Architektonik des Gedichtes anschaulich zu machen. Denkbar wäre etwa folgende Lösung:

inhaltliche Struktur **formale Struktur**

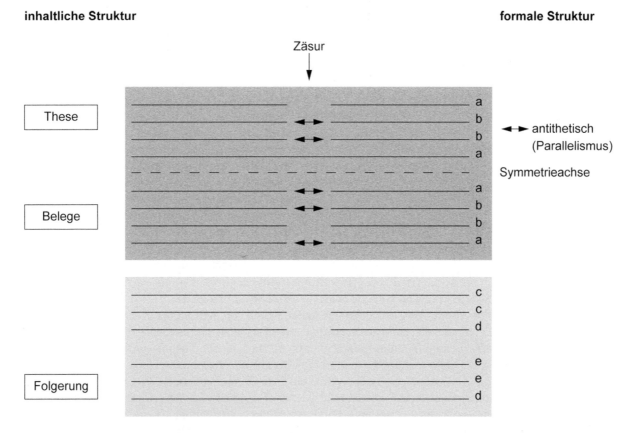

4 a Der Schluss des Originals lautet:

Georg Philipp Harsdörffer: Das Leben ist

[…]

Ein Schaum, den Flut und Wind verzehrt.
Ein Heu, das kurze Zeite bleibet.
Die Spreu, so mancher Wind vertreibet.
Ein Kauf, den man am End bereut.
Ein Lauf, der schnaufend schnell erfreut.
Ein Wasserstrom, der pfeilt geschwind.
Die Wasserblas so bald zerrinnt.
Ein Schatten, der uns macht schabab.
Die Matten, so gräbt unser Grab.

(Aus: Die Pegnitz-Schäfer: Georg Philipp Harsdörffer, Johann Klaj, Sigmund von Birken. Gedichte. Hg. von Gerhard Rühm. gerhard, Berlin 1964)

5 Das grundierende Motiv aller drei Gedichte ist das „memento mori", das in dem Emblem „Ex maximo minimum" exemplarisch deutlich zum Ausdruck kommt. Aber auch in den Gedichten von Kornfeld („Sand=Uhr") und Günther („Als er der Phyllis …") ist es ein wesentlicher Textbestandteil. Das damit verbundene Motiv der „vanitas" schiebt sich in den Gedichten von Hofmannswaldau („Vergänglichkeit der Schönheit"), Logau („Das Beste der Welt"), Harsdörffer („Das Leben ist") und Gryphius („Es ist alles eitel") in den Vordergrund. Aus diesen beiden verwandten Grundmotiven werden jedoch zwei gegensätzliche Konsequenzen gezogen: einerseits Weltabkehr und Hinwendung zum Jenseits, zum Ewigen bei Gryphius, Kornfeld und indirekt auch bei Logau, andererseits die verbleibende Zeit zum Lebens- und Liebesgenuss zu nutzen („carpe diem") bei Günther und Hofmannswaldau.

Vorschlag für ein Tafelbild:

Das allen Gedichten gemeinsame Grundmotiv:

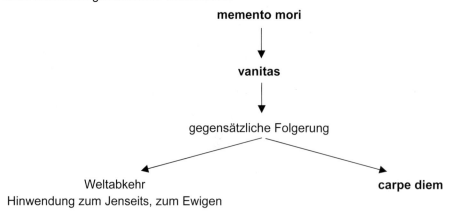

Barocke Naturlyrik – Zwei Frühlingsgedichte

▶ S. 252 **Sigmund von Birken: Willkommen Lenz** (1645)

▶ S. 252 **Georg Philipp Harsdörffer: Der Frühling** (1644)

1 In beiden Gedichten wird der Frühling personifiziert und seine Ankunft begrüßt.
In **Birkens „Willkommen Lenz"** wird er direkt angesprochen und von dem Sprecher enthusiastisch willkommen geheißen. Er wird als die schönste Jahreszeit gepriesen („des Jahres Mann", V. 2), die nach der traurigen Winterszeit die (Lebens-)Freude zurückbringt (V. 1). Nach dieser Gesamtwürdigung werden die einzelnen Qualitäten des Frühlings dargestellt: Er sorgt für Buntheit und Schönheit, erscheint als Maler der Natur (V. 2/3) und als „Auen-Freund" (V. 8); er erweckt die Erde zu neuem Leben (V. 6), indem er sie von der Kältestarre des Winters befreit (V. 5, 7); schließlich ist er es (und hier wendet sich der Sprecher vom Bereich der Natur dem Menschen zu), der neue Lebens- und Liebeslust anregt, wie sie sich in den Schäferspielen zeigen kann. Diese Schäferspiele waren eine Mode der Geselligkeit an den Höfen und in den vornehmen Kreisen, angeregt durch die in der Renaissance wiederentdeckte bukolische Literatur der Antike, bei der man sich als Schäfer bzw. Schäferin verkleidete und kleine Stücke zum Thema Liebe und Verliebtheit auf einem künstlich zur Idylle arrangierten Naturschauplatz inszenierte. Der Frühling ist „bezünger" (V. 11) dieser Vergnügungen, d. h., er gibt ihnen wieder eine Zunge, eine Sprache.
Die Wirkung ist dazu angetan, im Lesepublikum ähnlich begeisterte Reaktionen im Denken und Fühlen im Hinblick auf den Frühling auszulösen wie bei dem lyrischen Ich.
In **Harsdörffers Gedicht** ist der Frühling nicht der Adressat des Sprechers, sondern es wird über ihn gesprochen. Es kehren die gleichen Topoi zum Preis des Frühlings wieder wie in Birkens Text: die Buntheit, die der „Blumen-Mann" (V. 3) – bei Birken hieß er „Blumen-Vater" – mit sich bringt; das Erwachen der Erde zu neuem Leben (V. 5–9); die Befreiung von der Eisstarre des Winters (V. 11–12). Hinzu kommt als weiterer Topos, dass der Frühling den Tieren neue Nahrung spendet (V. 15–17). In der letzten Strophe bekommt Harsdörffers Gedicht jedoch eine Wendung, die die Behandlung des Themas „Frühling" in eine ganz andere Richtung führt als bei Birken. Der Frühlingspreis wird zu einem Gebet. Der Sprecher richtet die Bitte an Gott, seine Gabe, als die der Frühling nun erscheint, möge den Menschen zur Vorbereitung auf das Paradies hinführen. In sein Gebet bezieht der Sprecher seine Leserschaft mit ein, indem er jetzt die „wir"-Form verwendet (V. 23, 25). Die vorher so gefeierte Pracht des Frühlings wird nun mit einem krassen Wort („Koth", V. 28) völlig abgewertet angesichts des Inbegriffs aller Schönheit, die der Mensch im Paradies schaut: Gott.
Die Wirkungsabsicht liegt ganz im Gegensatz zu Birkens Gedicht nicht darin, die Leserinnen und Leser in die Begeisterung über den Frühling einstimmen zu lassen, was die ersten beiden Strophen noch vermuten lassen, sondern sie an die Nichtswürdigkeit alles Irdischen und die Hinwendung zu Gott zu erinnern. Damit wird in den beiden Gedichten in neuer Spielart der bekannte Gegensatz der barocken Leitmotive „carpe diem" und „vanitas" aufgegriffen.

1.3 BAROCK 275

2 Formanalyse zu Birken: „Willkommen Lenz"

- Aufbau: ohne Strophenunterteilung – Ringstruktur mit einer Mittelachse, da der Willkommensgruß des Titels Anfang und Ende bildet (V. 1 und 12) und in der Mitte (V. 6) wiederholt wird (Anapher);
- Satzbau: durch Willkommensgruß (V. 6) unterbrochener langer Satz mit einer weit gefächerten Aufzählung aller Qualitäten des Frühlings (Akkumulation) von V. 1–9; Abschluss und Pointierung durch einen kurzen Satz, der inhaltlich eine Klimax enthält (V. 10–11); Wiederholung des Willkommengrußes (V. 12);
- Versform: alternierendes 5-hebiges Metrum; die a-Reime (s. Reimschema) haben eine klingende, die b-Reime eine stumpfe Kadenz;
- Reimschema: verschlungene Reimkette aus zwei Reimklängen mit einer Waise als Abschluss (a-b-a-a-b-a-a-b-a-b-a-Waise);
- Metaphorik: immer neue Personifikationen des Frühlings, die großenteils sehr gesucht und ungewöhnlich wirken: „Freuden-Wiederbringer", „des Jahres Mann", „Blumen-Vater", „der Natur ihr Pinsel" (Natur als Maler), „Kältbezwinger" (Neologismus), „Auen-Freund", „Geber neuer Ruh", „Leid- und Schnee-Verschlinger" (Neologismus), „bezünger"; weitere Metaphern: „Erden-Zwinger" (Erde schön wie ein Garten), „des Winters Eise-Schuh" (Eis schnürt Bäche und Seen ein wie ein Schuh den Fuß); Allegorie: „der Flora Buhl";
- weitere rhetorische Figuren: Akkumulation (s. o.); Neologismen (s. o.); Apostrophe: die neunmal wiederholte Anrede „du"; poetischer Name „Lenz" für Frühling.

Die überaus kunstreiche Form dient der Emphase in der Begrüßung des Frühlings. Der Autor ist erkennbar bemüht, die bisherigen Lobpreisungen des Frühlings, ein gängiges Thema der Lyrik, zu übertreffen und den wohlbekannten Topoi neue Varianten hinzuzufügen.

Formanalyse zu Harsdörffer: „Der Frühling"

- Aufbau: regelmäßiger Strophenbau (jeweils 8 Verse); Mittelachse durch das Reimschema (s. u.), die auch durch den Satzbau und inhaltlich (Einsetzen eines neuen Gedankens) akzentuiert wird
- Versform: alternierendes Metrum, die Verse 1, 3, 5, 7 vierhebig, die Verse 2, 4, 6, 8 dreihebig; alle Verse mit Ausnahme des ersten beginnen mit einer unbetonten Silbe (jambisch); die ungeraden, vierhebigen Verse enden mit einer stumpfen, die anderen mit einer klingenden Kadenz;
- Reimschema: zwei Kreuzreime bilden jeweils eine Strophe (abab/cdcd);
- Metaphorik: auch hier dominieren die Personifikationen: Frühling als Blumen-Mann, aber auch der Schnee, die Erde, West- und Nordwind, der Bach, die Flut, die Schafherde (die in der Metonymie „Wollen-Herde" erscheint) werden personifiziert; weitere Metapher: Teppich für Wiese;
- weitere rhetorische Figuren: Alliterationen („froh Frühling", „weiße Wollen-Herde", „Tepich tischt und dantzet", „Gott [...] Gut"); Binnenreime („Safft und Krafft", „die Flut der Flute"); Pleonasmus („schönste Schönheit"), Apostrophe („Ach GOtt"), poetischer Name „Lenz" für Frühling.

Das in der Form etwas weniger kunstreich-ausgeklügelte Gedicht Harsdörffers kann als Lied betrachtet werden und könnte, besonders wenn man an die Schlussstrophe denkt, auch in der Kirchengemeinde gesungen werden. Die beiden Gedichte gleichen sich indessen darin, dass sie kein individuelles, persönliches Frühlingserlebnis verarbeiten, sondern ein tradiertes lyrisches Thema aufgreifen und es künstlerisch ausgestalten. Mehr oder minder vorgezeichnet wie diese Ausgestaltung mit bewährten poetischen Mitteln ist auch die inhaltlich-intentionale Ausrichtung: Es kann vor dem Hintergrund des „carpe diem" der Frühling als Freudenbringer gefeiert werden oder nach dem Muster des „vanitas"-Motivs mit all seiner Pracht als letztlich nichtiger Abglanz der wahren paradiesischen Schönheit aufgefasst werden.

3 Die beiden Gedichte und Arcimboldos Bild (S. 252 im Schülerband) sind von einem ganz ähnlichen Geist und Kunstverständnis geprägt. Es geht nicht um Naturnachahmung, um Abbildung einer wenn auch idealisierten, auf ästhetische Wirkung hin geschönten Natur, sondern um Schaffung einer Allegorie, eines Emblems. Der Frühling wird nicht als Frühlingslandschaft gezeigt, die primär die Gefühle anspricht, sondern als Person konstruiert, erfindungsreich aus gekonnt gestalteten Versatzstücken zusammengesetzt, als „Blumen-Mann" und „der Flora Buhl". Der künstlerische Prozess, die ausgestellte Kunstfertigkeit des Künstlers drängen sich in den Vordergrund, sodass eher der Kunstverstand und damit der „Witz", wie es in der Barockzeit hieß, angesprochen wird als das Gefühl, das das Sujet auslösen könnte.
Inhaltlich gleicht Birkens Gedicht Arcimboldos Bild stärker, da der Frühling hier wie dort ganz und gar in seiner erfreulichen Erscheinung, eben als Blumen-Mann, gesehen wird. Harsdörffers Abkehr von diesem Erscheinungsbild im Sinne der „vanitas" gibt es bei Arcimboldo so wenig wie bei Birken.

C.1 MITTELALTER, FRÜHE NEUZEIT UND BAROCK

▶ S. 253 **Bertolt Brecht: Über das Frühjahr** (1928)

4 Die Tabelle könnte z. B. so aussehen:

Unterschiede zwischen Brechts Gedicht zum Thema Frühling und den Barock-Gedichten		
inhaltlich	**formal**	**intentional**
• Verschwinden des Frühlings mit seinen typischen Kennzeichen (grünende Bäume, längere Tage, hellerer Himmel etc.) wird konstatiert • Grund dafür: von Industrie und Technik beherrschte Welt • Nur noch beim Durchfahren größerer Ebenen bemerken die Menschen den Wandel der Jahreszeiten, sonst sind sie allenfalls Erinnerungen in Büchern.	• Gedicht im Flattersatz, unterschiedlich lange Zeilen, weder Metrum noch Reim, also ungebundene, prosanahe Form • Verzicht auf Metaphorik, sachlich beschreibende, nüchtern feststellende Sprache • außer zwei Aufzählungen (V. 2, 6–9) keine rhetorischen Mittel	• Abgesang auf das traditionelle Frühlingsgedicht mit seiner Poetisierung der Natur (Anti-Frühlingsgedicht) • indirekte Kritik an der Verlogenheit traditioneller Frühlingsgedichte, die es auch zu Brechts Zeiten noch gab, angesichts des Verschwindens der Natur im technisch-industriellen Zeitalter • Etablierung einer neuen Form von Lyrik (vgl. Gebrauchslyrik der Neuen Sachlichkeit, S. 416 im Schülerband)

◉ Weiterführendes Material zu diesem Teilkapitel findet sich auf der beiliegenden CD:
- *Andreas Gryphius:* Abend (1663) / *GeorgTrakl:* Verfall (1913)
- *Barthold Hinrich Brockes:* Frühlings-Gedanken (1721/1748)
- Ex maximo minimum (um 1609) (Folie)
- *Theodor Kornfeld:* Eine Sand=Uhr (1686) (Folie)
- *Hans Baldung, genannt Grien:* Die drei Lebensalter und der Tod (um 1510) (Folie)
- Epochenüberblick: Barock (ca. 1600–ca. 1750) (Folie)

Vergleichende Analyse von literarischen Texten (Gedichtvergleich)

Aufgabenstellung

1 Analysieren Sie das Gedicht von Hofmannswaldau, indem Sie die formalen Merkmale, den inhaltlichen Aufbau, das Verhältnis von Sprecher und Adressaten sowie die Intention herausarbeiten. *(36 Punkte)*

2 Analysieren Sie vergleichend Wolf Biermanns „Lied vom donnernden Leben". In welchem Verhältnis sehen Sie Biermanns Lied zu Hofmannswaldaus Gedicht: Parallel- oder Gegentext? Begründen Sie Ihre Einordnung unter Berücksichtigung von Form und Aussage sowie des jeweiligen Epochenhintergrunds. *(36 Punkte)*

Christian Hofmann von Hofmannswaldau: **Die Welt** (1679)

Was ist die Welt / und ihr berühmtes gläntzen?
Was ist die Welt und ihre gantze Pracht?
Ein schnöder Schein in kurtzgefassten Gräntzen
Ein schneller Blitz bey schwartzgewölckter Nacht.
5 Ein bundtes Feld / da Kummerdisteln grünen;
Ein schön Spital / so voller Kranckheit steckt.
Ein Scavenhauß / da alle Menschen dienen /
Ein faules Grab / so Alabaster[1] deckt.
Das ist der Grund / darauff wir Menschen bauen
10 Und was das Fleisch für einen Abgott hält.
Komm Seele / komm / und lerne weiter schauen
Als sich erstreckt der Zirckel dieser Welt.
Streich ab von dir derselben kurtzes Prangen /
Halt ihre Lust vor eine schwere Last.
15 So wirstu leicht in diesen Port[2] gelangen /
Da Ewigkeit und Schönheit sich umbfast.

*(Aus: Christian Hofmann von Hofmannswaldau: Gedichte.
Auswahl und Nachwort von Manfred Windfuhr.
Reclam, Stuttgart 1964, S. 103)*

[1] **Alabaster:** Gipsart, bevorzugter Werkstoff für Plastiken
[2] **Port:** Hafen

Wolf Biermann: **Lied vom donnernden Leben** (1978)

Das kann doch nicht alles gewesn sein
Das bisschen Sonntag und Kinderschrein
    das muss doch noch irgendwo hin gehn hin
        gehn

Die Überstunden, das bisschen Kies
5 Und aabns inner Glotze das Paradies
    da in kann ich doch keinen Sinn sehn Sinn
        sehn

Das kann doch nicht alles gewesn sein
Da muss doch noch irgend was kommen! nein
    da muss noch Leebn ins Leebn eebn

10 He, Kumpel, wo bleibt da im Ernst mein Spaß?
Nur Schaffn und Raffn und Hustn und Hass
    und dann noch den Löffl abgebn gebn

Das soll nun alles gewesn sein
Das bisschen Fußball und Führerschein
15   das war nun das donnernde Leebn Leebn

Ich will noch'n bisschen was Blaues sehn
Und will noch paar eckige Rundn drehn
    und dann erst den Löffel abgebn eebn

*(Aus: Wolf Biermann: Preußischer Ikarus. Lieder, Balladen,
Gedichte, Prosa. Kiepenheuer & Witsch, Köln 1978, S. 93;
© 1975 by Wolf Biermann, Hoffmann und Campe)*

Autor:
Dietrich Erlach

Texte, Themen und Strukturen
Lernerfolgskontrolle 19, S. 1

ERWARTUNGSHORIZONT

Inhaltliche Leistung

Aufgabe 1

	Anforderungen Die Schülerin / der Schüler	maximal erreichbare Punktzahl (AFB)	erreichte Punktzahl
1	verfasst eine sinnvolle aufgabenbezogene Einleitung.	3 (I)	
2	fasst die Kernaussage des Gedichts knapp zusammen.	3 (I)	
3	erschließt den inhaltlichen Aufbau: • V. 1–2: Eröffnung des Themas durch doppelte Eingangsfrage • V. 3–8: Kette von Antworten, die die Nichtigkeit der Welt zeigen • V. 9–10: zusammenfassende Bekräftigung der Antworten • V. 11–14: Schlussfolgerung: Appell an die Seele, die Welt in ihrer Nichtigkeit richtig einzuschätzen • V. 15–16: Versprechen bei Befolgen des Appells: Eingehen ins Paradies	6 (II)	
4	untersucht wichtige formale Merkmale: • regelmäßiger Bau der Verse: alternierendes, fünfhebiges Metrum • Reimschema: vier Kreuzreime mit regelmäßigem Wechsel von klingender und stumpfer Kadenz • formaler Aufbau: keine Strophen, aber Gliederung in vier Abschnitte durch Reimschema und durch Satzbau (Punkt am Ende jeden Abschnitts); Parallelismus verstärkt durch Alliteration (V. 1–2, 3–8); asyndetische Reihung und Akkumulation (V. 3–8) • rhetorische Mittel: ausgeprägte Metaphorik (Bilder für die Welt in V. 3–8; „Port" für Jenseits, V. 15), Alliterationen (V. 3, 4, 6, 14), Apostrophe mit Wiederholung („Komm Seele / komm", V. 11)	6 (II)	
5	erläutert ihre Funktion unter Beachtung des Zusammenspiels von Inhalt und Form: • Wiederholungen, Parallelismen, Akkumulation, Metaphorik etc. bewirken eine Intensivierung der Aussagen • die Regelmäßigkeit in Aufbau, Vers und Reim spiegelt die Überzeugtheit von der Schönheit der Ewigkeit und der göttlichen Weltordnung	6 (II)	
6	setzt sich mit dem Verhältnis von Sprecher und Adressat auseinander: Das lyrische Ich spricht in seiner Reflexion über die Welt die eigene Seele an (direkter Adressat), wendet sich aber mit dem verallgemeinernden „wir Menschen" (V. 9) an alle Menschen (indirekter Adressat).	3 (III)	
7	deutet den Sinn des Gedichts unter Berücksichtigung folgender Aspekte: • Aufgreifen des typisch barocken „vanitas"-Motivs (die Welt ist geprägt von rascher Vergänglichkeit, Scheinhaftigkeit, Kummer und Krankheit, Arbeit und Unterdrückung, Verfall und Tod) • Weltabkehr und Hinwendung zum Jenseits als Ort der Ewigkeit und Schönheit und damit Ziel des Lebens • Intention der Belehrung, aber nicht im Stil einer Predigt, sondern einer Selbstreflexion	6 (III)	
8	fasst die Ergebnisse der Analyse im Sinne einer reflektierten Schlussfolgerung zusammen.	3 (III)	
9	entwickelt einen weiteren, eigenständigen Gedanken. (Max. 6 Punkte)		
		36	

Autor: Dietrich Erlach

Texte, Themen und Strukturen
Lernerfolgskontrolle 19, S. 2

ERWARTUNGSHORIZONT

Aufgabe 2

	Anforderungen Die Schülerin / der Schüler	maximal erreichbare Punktzahl (AFB)	erreichte Punktzahl
1	verfasst eine angemessene Überleitung.	3 (I)	
2	fasst die Kernaussage von Biermanns Gedichts knapp zusammen.	3 (I)	
3	vergleicht die Gedichte unter inhaltlichen Gesichtspunkten: • Parallelen: Themen auch in Biermanns Gedicht: der Zustand der Welt und die Situation des Menschen; Nichtigkeit, Vergänglichkeit, Scheinhaftigkeit, Arbeit und Kummer • Unterschiede: Biermanns Gedicht zieht die entgegengesetzte Konsequenz: keine Hinwendung zum Jenseits, sondern Wunsch nach Erfüllung des Lebens im Diesseits; Klage über die fehlenden Möglichkeiten zu einem schönen, erfüllten Leben für die einfachen Leute und damit indirekte Kritik an den gesellschaftlichen Verhältnissen	6 (II)	
4	vergleicht die Gedichte unter formalen und sprachlichen Gesichtspunkten: • Parallelen: regelmäßiger Aufbau, Reimschema, Parallelismen und Anaphern, Wiederholungen, Alliterationen, Metaphern • Unterschiede: in Biermanns Gedicht einfache Sprache mit vielen umgangssprachlichen Ausdrücken; Alltagsmetaphern und Redensarten („Kies", „Löffel abgeben", „was Blaues"); Ironie („das donnernde Leebn", V. 15) und witzige Wendungen wie das Oxymoron „eckige Rundn" (V. 17)	6 (II)	
5	deutet die Unterschiede unter Beachtung des Zusammenspiels von Inhalt und Form sowie im Hinblick auf die jeweilige Epoche: in Biermanns Gedicht keine von Ernst geprägte Reflexion, die sich an die Menschheit wendet, sondern eine eher flapsig-witzige, um Mitgefühl bittende Klage an die „Kumpel".	6 (III)	
6	erschließt vom eigenen Gesamteindruck her, in welchem Verhältnis die Gedichte zueinander stehen, und prüft, ob es sich bei dem Lied Biermanns um ein Parallelgedicht oder einen Gegentext handelt.	6 (III)	
7	fasst die Ergebnisse in einer reflektierten Schlussfolgerung zusammen.	6 (III)	
8	entwickelt einen weiteren, eigenständigen Gedanken. (Max. 6 Punkte)		
		36	

Darstellungsleistung

	Anforderungen Die Schülerin / der Schüler	maximal erreichbare Punktzahl	erreichte Punktzahl
1	strukturiert den Klausurtext schlüssig, sinnvoll verknüpft und gedanklich klar.	6	
2	schreibt fachsprachlich korrekt und differenziert zwischen beschreibenden, deutenden und wertenden Aussagen.	6	
3	belegt Aussagen funktional durch korrekte Zitate.	3	
4	formuliert begrifflich präzise und differenziert, sprachlich-stilistisch angemessen, abwechslungsreich und sicher.	10	
5	schreibt sprachlich korrekt.	3	
		28	

Eine Zuordnung der Punktezahlen zu den Notenstufen findet sich auf S. 46 in diesem Handbuch.

Autor: Dietrich Erlach

Texte, Themen und Strukturen
Lernerfolgskontrolle 19, S. 3

2 Aufklärung – Sturm und Drang

Konzeption des Kapitels

„Gott sitzt im Regimente / Und führet alles wohl", hatte der Liederdichter Paul Gerhardt zur Zeit des Barock gesungen. Gegen diese christliche Auffassung von Gott als Weltenlenker und Herrn der Geschichte wendet sich die Aufklärungsphilosophie mit der Konzentration auf den Menschen als „animal rationale". Gott wird als Ingenieur gedacht, der die Maschinerie der Welt als Schöpfer in Gang gesetzt und den Verlauf der aktuellen Ereignisse nun seinen Stellvertretern auf Erden, den Fürsten und der Kirche, überlassen habe (Deismus).

Die Epoche der Aufklärung ist Gegenstand des ersten Teilkapitels (**„Aufklärung"**). Im Zentrum steht die Preisfrage der Preußischen Akademie der Wissenschaften: „Was ist Aufklärung?" Im Schülerband finden sich Auszüge aus den Antworten des Weimarer Fürstenerziehers und Autors Christoph Martin Wieland und des Königsberger Philosophieprofessors Immanuel Kant. Behandelt wird auch das Projekt der französischen „Encyclopédie". Mit dieser Akzentsetzung wirft das Teilkapitel nicht primär die theologisch-philosophische Frage der Theodizee auf, sondern eher die praktische Frage nach der Rolle der Literatur im Rahmen eines aufgeklärten Denkens. Die Literatur übernimmt erzieherische Aufgaben. Sie ist aufklärerisch, indem sie sich in den Dienst der Wahrheit stellt, gegen Intoleranz und Aberglauben antritt, auch politisch gegen Machtmissbrauch aufbegehrt. Hier stehen spezifische Textsorten wie Fabel oder Aphorismus und Kanontexte wie Lessings „Ringparabel" im Mittelpunkt.

„Zum Verstand tritt das Gefühl – Empfindsamkeit, Sturm und Drang" ist das zweite Teilkapitel überschrieben. Die aufgeklärte Vernunft entwickelt ihr kritisches Potenzial nicht nur gegenüber der überkommenen christlichen Weltsicht, sondern sie ist auch kritisch gegenüber sich selbst. Die wichtigsten literarischen Verfechter des Aufklärungsgedankens (z. B. Lessing) weisen auf die Bedeutung der Emotionen, des Gefühls und des Willens hin. Sie zeigen auf, dass rein rationales Planen und Entscheiden nicht automatisch zu einer Verbesserung der Lebensverhältnisse führt, sondern auch der Machtausübung und Unterdrückung dienstbar sein kann. Besonders die Autoren der jungen Generation um Goethe wehren sich gegen die rein rationale Durchstrukturierung ihrer Lebensverhältnisse. Sie protestieren, indem sie im Menschen das Individuum sehen, das aus der Kraft des Gefühls sein Leben gestalten will. Eine der Wurzeln dieses Vertrauens auf das Gefühl war religiöser Natur. Die „Empfindsamen" wandten sich gegen Rationalismus und Orthodoxie in den Amtskirchen und entwickelten eine Frömmigkeit, die auf den Werten des Gefühls basierte. Goethes „Werther" kann nicht nur sprachlich, sondern auch gedanklich als säkularisierte Empfindsamkeit verstanden werden. Ergebnis ist ein neues und intensiveres Verhältnis zur Natur und eine schwärmerische Verehrung des eigenen tiefen Gefühls (Liebe, Freundschaft).

In der Folge dieser Auseinandersetzung um Verstandes- und Gefühlsfähigkeit des Individuums (Mitleidstheorie) wird sowohl die Theorie des bürgerlichen Trauerspiels entwickelt als auch die praktische Umsetzung des neuen Theaterkonzepts in konkrete Dramen unternommen. Lessings „Emilia Galotti" wie Schillers „Räuber" oder „Kabale und Liebe" verbinden die Beschäftigung mit den politischen Gegebenheiten der absolutistisch regierten Gesellschaft mit der Auseinandersetzung um die Bedeutung von Kalkül und Gefühl für die Gestaltung der Lebensverhältnisse. Im Zentrum der **„Literaturstation: Bürgerliches Trauerspiel"** stehen Schillers Trauerspiel „Kabale und Liebe" und die Frage nach den Möglichkeiten der Liebe in einer patriarchalisch und ständisch regierten Welt.

Literaturhinweise

Borries von, Ernst und Erika: Aufklärung und Empfindsamkeit, Sturm und Drang (Deutsche Literaturgeschichte in 12 Bänden, Bd. 2). Deutscher Taschenbuchverlag, München 1999

Fingerhut, Karlheinz und Margret: Aufklärung – Sturm und Drang. Kursthemen Deutsch. Cornelsen, Berlin 2002

Karthaus, Ulrich: Sturm und Drang. Epoche – Werk – Wirkung. Beck, München 2000

Lindenhahn, Reinhard: Arbeitshefte zur Literaturgeschichte: Aufklärung. Cornelsen, Berlin 1995

Luserke, Michael: Sturm und Drang. Autoren, Texte, Themen. Reclam, Stuttgart 1997

C2 AUFKLÄRUNG – STURM UND DRANG

	Inhalte	Kompetenzen Die Schülerinnen und Schüler
S. 255	**2 Aufklärung – Sturm und Drang**	• gewinnen anhand von Grafiken und Statements eine erste Vorstellung von den Begriffen „Aufklärung" und „Sturm und Drang"
S. 256	**2.1 Aufklärung**	• definieren Prinzipien aufklärerischen Denkens • erkennen die Widersprüchlichkeit des Zeitalters: einerseits Aufklärung, andererseits Faszination durch das Geheimnisvolle und Undurchschaubare
S. 256	**Die Verstandeskultur – Eine Hoffnung damals und heute?** *Chr. M. Wieland:* Sechs Antworten auf sechs Fragen zur Aufklärung *I. Kant:* Was ist Aufklärung? *R. Safranski:* Schiller oder die Erfindung des Deutschen Idealismus	
S. 261	**Die Wahrheit durch ein Bild sagen – Fabeln über die beste Staatsform** *G. E. Lessing:* Die Wasserschlange *G. K. Pfeffel:* Die Reichsgeschichte der Tiere	• lernen Aufklärung als Form der kritischen Prüfung von Traditionen kennen • lesen Fabeln auf ihre „zweite Bedeutung" hin
S. 263	**Kurz und pointiert: Maximen des richtigen Denkens und Empfindens** *I. Kant:* Der kategorische Imperativ *G. Chr. Lichtenberg:* Aphorismen *M. Claudius:* Motett / Die Liebe *G. E. Lessing:* Die Ringparabel	• erarbeiten eine erste Vorstellung von der Spannung zwischen Aufklärung und Empfindsamkeit: die erstere konzentriert sich auf den Menschen, die letztere sieht im Menschen das Geschöpf Gottes
S. 268	**2.2 Zum Verstand tritt das Gefühl –** **Empfindsamkeit, Sturm und Drang**	• nehmen pointierte Thesen, Aphorismen oder Verse zum Ausgangspunkt eigener Reflexionen
S. 269	**Natur als Spiegel der Seele** *J. W.: Goethe:* Die Leiden des jungen Werthers *F. L. Graf zu Stolberg:* Über die Fülle des Herzens *F. G. Klopstock:* Der Zürchersee *J. W. Goethe:* Ganymed / An den Mond *Volker Braun:* Im Ilmtal	• erkennen in der Sprache des Naturenthusiasmus und der Goethe'schen Hymnen Merkmale des Sturm und Drang • ordnen das Weiterleben der Lyrik dieser Zeit der produktiven Auseinandersetzung mit dem klassischen Erbe zu
S. 274	**Liebeserfahrung – Selbsterforschung und Enthusiasmus** *J. W. Goethe:* Die Leiden des jungen Werthers	• wägen kontrollierte und unkontrollierte Emotionalität gegeneinander ab
S. 276	**Rebellion: Schöpferisches Genie, edler Verbrecher, politischer Protest** *J. W. Goethe:* Prometheus *F. Schiller:* Die Räuber I/2 *G. A. Bürger:* Für wen, du gutes deutsches Volk	• grenzen das Pathos des Aufbegehrens gegen Autoritäten beim jungen Goethe von der Rebellenrede der Helden des jungen Schiller ab • analysieren politische Lyrik der Zeit
S. 281	**Literaturstation: Bürgerliches Trauerspiel I Friedrich Schiller: „Kabale und Liebe" – Ein Drama über die Paradoxien der Liebe** *F. Schiller:* Kabale und Liebe I/4 und V/7	• entwickeln aus den Dialogen der Dramenfiguren inhaltliche Reflexionen zum Thema „Liebe, Leidenschaft, Gesellschaft"
S. 285	**II Furcht und Mitleid – Die Entwicklung des bürgerlichen Trauerspiels** *G. E. Lessing:* Hamburgische Dramaturgie / Emilia Galotti V/7 / *J. J. Engel:* Über Emilia Galotti *F. Schiller:* Kabale und Liebe V/1	• verbinden die formalen Besonderheiten des bürgerlichen Trauerspiels mit der inhaltlichen Frage nach dem Recht auf den selbst gewählten Tod
S. 290	**III Das bürgerliche Trauerspiel auf der Bühne – Inszenierungen in der Kritik** Kritiken von *F. Mehring, B. Strauß* und *B. Henrichs*	• erkennen unterschiedliche Deutungen • erkennen die zunehmende Psychologisierung der Inszenierungen

2 Aufklärung – Sturm und Drang

► S. 255 Die Auftaktseite dient dazu, den Schülerinnen und Schülern eine Vorstellung von der Gleichzeitigkeit des Ungleichzeitigen in der zweiten Hälfte des 18. Jahrhunderts zu vermitteln. Dazu sind vor allem Rechercheaufgaben und ordnende Orientierungsaufgaben gedacht.

1 Der barocke Schlossgarten von Ludwigsburg ist wie auf dem Reißbrett entworfen. Der planende Mensch drückt der Natur seinen Stempel auf. Wege und Rasenflächen, Teiche, Blumen und Bäume bilden Figuren. Die Wege sind gerade und symmetrisch. Die Rationalität ist anschaulich gemacht. Der Englische Garten in München, knapp fünfzig Jahre später entworfen, passt den Park in die Landschaft ein. Es entsteht eine gefällige Anlage, die auf Harmonie zwischen Landschaftsplanung und natürlichen Vorgaben Wert legt. Es fehlt die „rationale" und geometrische Vergewaltigung der Natur.
Dem barocken Schlossgarten sind die Zitate der linken (gelben) Spalte zuzuordnen, die Zitate der rechten (grünen) Spalte passen eher zum Englischen Garten.

2 a Eine mögliche Gegenüberstellung von Kernbegriffen von Aufklärung und Sturm und Drang auf der Grundlage von Recherchen in Literaturgeschichten und im Internet:

	zentrale Begriffe der Aufklärung	entsprechende Begriffe des Sturm und Drang
Philosophie	• *Freiheit* durch das Gesetz (der Vernunft entsprechend handeln = frei handeln)	• *Freiheit* als naturgegebene Ausstattung des Menschen (Naturrecht)
	• *Autonomie* der Person über deren Ausstattung mit Vernunft/Verstand	• Das *Individuum* revoltiert gegen einengende Vorgaben/Normen der Gesellschaft.
	• *rationale Erklärung* der Welt	• *emotionale Beziehung* zur „Mutter Natur"
gesellschaftliche Werte	• Gleichheit vor dem Gesetz • Vernunft und Tätigkeit für das Allgemeinwohl • Erziehung und Aufklärung der Bevölkerung	• Liebe, Freundschaft, empfindungsbasierte zwischenmenschliche Beziehungen
politisch-moralische Werte	• Menschenrechte (das Recht auf Leben, auf Glück und Selbstverwirklichung) • Toleranz, Emanzipation (Frauen, Juden) • Religionsfreiheit • Verantwortlichkeit für das eigene Handeln (Autonomie)	• Interesse für das Genie, das besondere Individuum • Freiheit, über das eigene Leben zu entscheiden • das eigene Handeln im Einklang mit der Natur (Norm der Natürlichkeit)

b Die Zitate der linken (gelben) Spalte gehören zum Gedankenkreis der Aufklärung, die Zitate der rechten (grünen) Spalte gehören zu dem des Sturm und Drang. Besonders deutlich wird das an der Gegenüberstellung von
• Pflichtethik und revolutionärem Aufbegehren,
• der Freiheit als Unterordnung unter ein Vernunftgebot oder als großes Gefühl,
• der Natur des Menschen als Freisetzung vom Instinkt bzw. als Gefühl mütterlicher Verbundenheit mit allen Geschöpfen.

2.1 AUFKLÄRUNG   **283**

► S. 256

2.1 Aufklärung

Die „Encyclopédie" war ohne Zweifel eine der bedeutendsten Leistungen der Wissenschaft des 18. Jahrhunderts; sie sollte nach den Worten des wichtigsten Herausgebers Denis Diderot bei den Lesern dazu dienen, „die allgemeine Denkweise zu verändern".

1 1751 konnte der erste Band der „Encyclopédie" ausgeliefert werden. Aber bereits 1752 erreichten die Gegner des Projekts ein königliches *arrêt du conseil*, in dem das weitere Erscheinen der „Encyclopédie" untersagt wurde, weil diese „die königliche Autorität zerstören, den Geist der Unabhängigkeit und der Empörung stiften sowie, unter Verwendung unklarer und zweideutiger Begriffe, die Grundlagen des Irrtums, des Verfalls der Sitten, der Gottlosigkeit und des Unglaubens aufrichten" würde. Trotzdem erschien Band nach Band mit steigenden Auflagenzahlen. Im siebten Band brachte Jean-Baptiste d'Alembert, der zweite Herausgeber, einen Artikel über Genf, in dem er die republikanische Verfassung und den protestantischen Klerus der Stadt lobte. Das führte zum totalen Verbot, das aber durch den (vorgeblichen) Druck im Ausland unterlaufen wurde. An der Publikationsgeschichte der „Encyclopédie" kann studiert werden, wie Absolutismus, kirchliche Autorität und Aufklärung zueinander standen.
Die „Encyclopédie" umfasste (so begründete es D'Alembert im Vorwort) das wissenschaftliche Wissen der Zeit („Sciences", vor allem Naturwissenschaften, Mathematik), einen Überblick über die Künste („Arts") und die „Métiers", womit Industrie, Technik und moderne Verfahren der Güterproduktion gemeint sind. Der Erfolg der „Encyclopédie" konnte trotz der Behinderungen durch die absolutistischen Behörden und die Kirche in Frankreich und im europäischen Ausland ein halbes Jahrhundert andauern. Supplementbände, Neuauflagen, Kupferstichtafeln, die Maschinen und industrielle Fertigungen illustrierten, machten sie zum universellen Nachschlagewerk.

2 Eine eigene Stellungnahme der Schülerinnen und Schüler wird den Geist der Aufklärung in der Auseinandersetzung der Enzyklopädisten mit den einzelnen Gruppen der Gegner (den „Tyrannen": den Behörden des absolutistischen Staates; den „Fanatikern": den religiösen Eiferern und den Machtpolitikern der katholischen Kirche; den „Intoleranten": den Vertretern der herrschenden Lehren an den Universitäten, in den Schulen und Kirchen) erkennen und beschreiben.

Die Verstandeskultur – Eine Hoffnung damals und heute?

► S. 256

In dem Teilkapitel geht es grundsätzlich um die Frage, was von den Ideen der Aufklärung – angesichts vielfältiger Kritik an den Grundüberzeugungen (z. B. dem Fortschrittsglauben) – für uns heute weiterhin von Bedeutung ist. Christoph Martin Wielands Antwort auf die Preisfrage der Preußischen Akademie der Wissenschaften ist abgestellt auf Verständlichkeit und Bezug zum Alltag.

Christoph Martin Wieland: **Sechs Antworten auf sechs Fragen zur Aufklärung** (1784)

► S. 256

1 a   Wielands erste Antwort nutzt das Schema von Frage und Antwort, um die Metapher des Lichts für das Konzept der Aufklärung durch den Rückblick auf alltägliche Erfahrung zu erklären: So wie man im Dunkel nicht deutlich sieht, das herbeigebrachte Licht das Undeutliche klärt und Unterscheidungen möglich macht, so bringt auch die Aufklärung Licht ins Dunkel. Voraussetzung ist allerdings, dass Menschen sehen können und sehen wollen.
Die vierte Antwort konzentriert sich auf die Möglichkeiten der Forschung. Deren Aufgabe ist die kritische Prüfung der „Vorstellungen, Begriffe, Urteile und Meinungen". Hier verweist Wieland seine Leser auf deren Methoden: Analyse (das Komplexe in Teile zerlegen), genetische Erklärungen (das Einfache auf seinen Ursprung zurückführen), Hypothesenprüfung (jede Wahrheit gilt nur so lange, wie sie jeglicher Prüfung standhält).

   b   Beispiel einer „dunklen Vorstellung", die in der Epoche der Aufklärung intensiv diskutiert wurde, ist etwa die über eine „natürliche" Ungleichheit der Menschen: Adel und Bauern, Christen und Juden, Mann und Frau, Weiße und Schwarze. Die Aufklärung ging einmal den Weg, Gegenbegriffe zu entwickeln (Gleichheit der Menschen vor Gott – also auch vor dem Gesetz), dann den Weg, kritisch die hinter den Unterscheidungen sichtbaren Gründe aufzuarbeiten (Schutz von Privilegien, Ausbeutung, Stabilisierung von Machtverhältnissen), schließlich den Weg, neue Grundüberzeugungen an der Stelle der alten durchzusetzen (die Idee der Menschenrechte).

C2 AUFKLÄRUNG – STURM UND DRANG

▶ S. 257 **Immanuel Kant: Beantwortung der Frage: Was ist Aufklärung?** (1784)

Kants Schrift zählt zu den klassischen Manifesttexten der Zeit. Sie ist im Schülerband mit einer Leseprobe vertreten, die den zentralen Gedanken enthält, dass es sich bei „Aufklärung" um einen historischen Prozess handelt, den man mit der Erziehung und dem Erwachsenwerden eines Einzelmenschen vergleichen kann.

1 Damit parallelisiert Kant die Begriffe „Aufklärung" und „Emanzipation". Gleichzeitig konstatiert er eine Störung im Prozess des Erwachsenwerdens der Menschheit: Diese verharrt aus eigenem Verschulden länger in der Unmündigkeit, als es notwendig wäre. Als Gründe für diese Fehlentwicklung sieht er vor allem individuelle Fehler: Faulheit (des Denkens) und Feigheit (Erkanntes in Handlung umzusetzen) führen dazu, dass die von der Natur längst zur Freiheit berufene Menschheit in Unmündigkeit verharrt, indem sie weiterhin den (selbst ernannten) „Vormündern" Macht einräumt.
Kants Text ist nicht unpolemisch, er ist frauenfeindlich, zwischen den Zeilen sogar kritisch gegenüber der Politik des Preußenkönigs Friedrich II., auf den das zitierte Wort über Räsonnement und Gehorsam zurückgeht. Im Zentrum der Ausführung steht die Begründung eines Postulats: Die Freiheit des öffentlichen (das heißt wissenschaftlichen, öffentlich kontrollierbaren) Gebrauchs der Vernunft soll gewährt werden. Gemeint ist damit die Freiheit der Wissenschaft und der Philosophie, nicht unmittelbar die Freiheit des Einzelnen, zu tun und zu lassen, was ihm gut dünkt.
Diese Einschränkung hat konkrete Folgen. Kant sieht seine Zeit im Prozess der Aufklärung begriffen, nicht aber bereits „mündig". So glaubt er nicht daran, dass zu seiner Zeit bereits Fragen der Religion als Privatmeinungen behandelt werden können, aber er sieht optimistisch in die Zukunft. Es mehren sich, meint er, die Anzeichen, dass die selbst verschuldete Unmündigkeit „allmählich weniger werden" wird, dass also die „öffentliche Aufgeklärtheit" zunimmt.

Ein Schaubild, das die wesentlichen Aussagen Kants zum Begriff der Aufklärung enthält, könnte so aussehen:

Der Zusammenhang von Aufklärung und Freiheit
Freiheit als notwendige Bedingung vernunftgeleiteten Denkens und Handelns kann im Diskurs der Öffentlichkeit eingefordert werden.

Der „öffentliche Gebrauch der Vernunft"
Autoritäten (Fürsten, Kirche), obrigkeitsstaatliches Denken, mangelnder Mut, Trägheit und Scheu, Verantwortung zu übernehmen, können im Diskurs der Öffentlichkeit durch Philosophie und Wissenschaft kritisiert werden.

Entwicklung des Denkens in der 2. Hälfte des 18. Jh.

Nutzung des eigenen Verstandes ohne fremde Hilfe
– ohne die Vormünder, die für uns denken und entscheiden
– ohne Rücksicht auf Traditionen

Zunahme der öffentlichen Aufgeklärtheit
Die selbst ernannten „Vormünder" verlieren an Einfluss, auch wenn der „Privatgebrauch" der Vernunft (im Rahmen alltäglicher oder beruflicher Entscheidungen) eingeschränkt bleibt.

Anmerkung: Kants Aussagen zum Begriff der Aufklärung können durch weitere Hinweise auf die Entwicklung der Epoche (Orientierungswissen aus den Recherchen zu S. 255 im Schülerband) ergänzt werden (z.B. Gedanken der Toleranz, der Religionsfreiheit, der Emanzipation der Juden, der Frauen, Abschaffung der Leibeigenschaft und der Sklaverei usw.).

2 Beispiel dafür, was Kant unter dem öffentlichen und dem privaten Gebrauch der Vernunft versteht, könnte ein Minister sein, der öffentlich Maßnahmen seines Königs kritisiert, Alternativen vorschlägt, Vor- und Nachteile dieser Alternativen öffentlich diskutiert – dann aber den Anordnungen seines Landesherren folgt und umsetzt, was dieser verlangt. Goethe hat in diesem Sinne Maßnahmen seines Herzogs Karl August (z. B. den Militärpakt mit Preußen) praktisch-vernünftig gestützt, ohne öffentlichen Gebrauch seiner Vernunft zu machen und diese Maßnahmen zu kritisieren.

Rüdiger Safranski: Schiller oder die Erfindung des Deutschen Idealismus (2004) ▶ S. 259

Rüdiger Safranskis Darstellung von Schillers Situation kurz vor dessen Berufung nach Weimar erlaubt einen etwas genaueren Blick auf die Aufklärungsdebatte am Vorabend der Französischen Revolution. Es geht um Rückschläge in der von Kant linear gedachten Entwicklung der Gesellschaft hin zu mehr Rationalität und Freiheit. Natürlich ist dieser Blick ein Rückblick aus heutiger Zeit. Die „Dialektik der Aufklärung" (die Tatsache, dass der Fortschritt an Rationalität auch Gefahren und Widersprüche enthält, die den gleichzeitigen Fortschritt an Humanität behindern) ist für Safranski Bestandteil des historischen Porträts der Zeit. Die Janusköpfigkeit der Epoche, die Kant im mangelnden Mut, sich des eigenen Verstandes zu bedienen, begründet sah, konkretisiert Safranski im Widerspruch zwischen Aufklärung und der Faszination durch das Geheimnisvolle. Die Lust am Geheimnis treibt seltsame Blüten, besonders in den privilegierten Kreisen, denen die Ausbildung des Verstandes durch Schule oder Vermögen leicht gemacht war.

1 Überlegungen Schillers zum Thema „Aufklärung, Gedankenfreiheit" (nach Safranski):

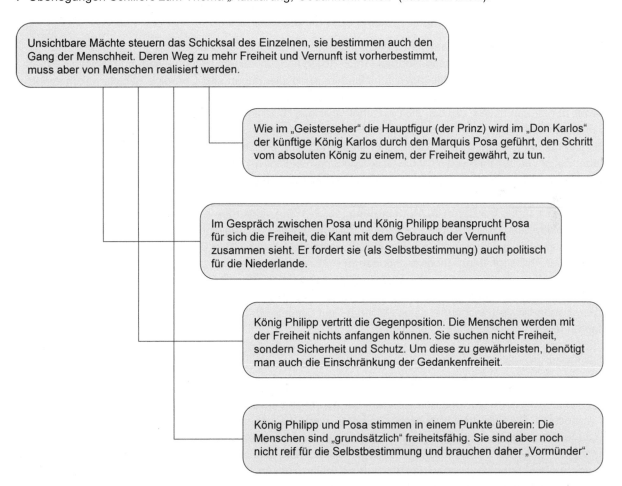

2 Kants These ist, dass der Mensch von der Natur her zur Freiheit und zur Selbstständigkeit berufen sei (naturaliter majorennes), dass nur eigenes Verschulden den Prozess der Umsetzung in konkrete Wirklichkeit behindere. Schiller sieht – in der Argumentation Posas – die Verantwortung für mangelnde Vernunft und Freiheit bei den Herrschenden. Er meint, die Könige müssten den Gang der Menschheitsentwicklung beschleunigen, indem sie Gedankenfreiheit „gewähren". Die Französische Revolution wird wenige Jahre später davon ausgehen, dass Freiheit von den Fürsten nur so weit gewährt wird, wie sie von den Bürgern erkämpft werden konnte. Die Dialektik der historischen Entwicklung besteht darin, dass die Gedanken (wie sie Kant oder Posa äußern) ihrer Realisierung nicht durch „geheimnisvolle Mächte" näher kommen, sondern nur durch politischen Einsatz von Einzelnen, die diese Gedanken begriffen haben.

286 C2 AUFKLÄRUNG – STURM UND DRANG

3 Die Aktualisierung der Argumentation des Schiller'schen Königs Philipp durch Safranski zielt auf Struktur-
ähnlichkeiten. So wie der König „des Bürgers Glück in nie bewölktem Frieden" in den Händen der politisch
Verantwortlichen am besten aufgehoben sieht, so fordert die Exekutive in einem vom Terrorismus be-
drohten demokratischen Staat oftmals Einschränkungen der Grundrechte zum Schutz vor deren
„Feinden". Die Argumentationsfigur wird immer wieder herangezogen, wenn es darum geht, Freiheitsrechte einzuschränken. Sie wird stets von denjenigen bemüht, die von diesen Einschränkungen zu profitieren gedenken (z. B. durch die Stabilisierung der Machtverhältnisse). Deswegen geht es in demokratischen Systemen nicht um das „Gewähren" oder „Verweigern" von Freiheit, sondern immer um die Kontrolle derer, die Schutz, Sicherheit und Frieden gegen Einschränkungen von Freiheitsrechten anbieten.

4 Der in Goyas Bild (S. 259 im Schülerband) eingravierte Text ist doppeldeutig. Das Bild selbst legt ihn aus:
Ein schlafender Mensch ist Repräsentant der Vernunft. Wenn diese schläft, entstehen die Ungeheuer, die
sie wachend beherrschen würde. Das Bild kann aber auch besagen, dass die schlafende Vernunft selbst
im Traum jene Ungeheuer erzeugt. Dann würde das Bild den Gedanken der „Dialektik der Aufklärung"
vorwegnehmen: Die Aufklärung, welche davon träumt, dass der Aberglaube besiegt, das Elend durch
technischen Fortschritt überwunden, die Menschheit durch erworbenen Wohlstand in die Lage versetzt
werde, die ihr bestimmte Freiheit zu leben, erzeugt in Wirklichkeit immer absurdere Ideologien, produziert
Wohlstand durch Verelendung, schafft Freiheit durch Unterdrückung in anderen Gegenden der Welt. Das
wären dann die „Monster", die die Vernunft als technische Rationalität in ihren Träumen von Aufklärung
und Emanzipation produziert.

► S. 261 **Die Wahrheit durch ein Bild sagen – Fabeln über die beste Staatsform**

Die Frage nach der besten Staatsform beschäftigte die Philosophen der Aufklärung.
Der englische Philosoph **Thomas Hobbes** (1588–1679) hatte in seinem Werk „Leviathan" (1651) die Auf-
fassung vertreten, die Menschen lägen von Natur im Krieg aller gegen alle. Der reine Selbsterhaltungstrieb
habe sie zu einem Vertrag gezwungen, in dem sie ihre natürlichen Rechte unwiderruflich einer Person, dem
König, abgetreten hätten, der nun die Herrschaft über alle Untertanen *absolut* ausübe.
Sein jüngerer Kollege **John Locke** (1632–1704) erklärte hingegen, dass jeder Mensch ein Recht auf gleiche
Behandlung ungeachtet der Herkunft, auf Freiheit und Unverletzlichkeit seiner Person und seines Eigentums
habe. Zudem sollten im Staat nicht die Gesetzgebung (Legislative) und die Regierung (Exekutive) in einer
Hand liegen. Das Volk sollte die Regierungsform selbst bestimmen können. Damit legte er die Grundlagen
der modernen Demokratie.
In Frankreich führte der Baron de **Montesquieu** (1689–1755) seine Idee der Gewaltenteilung weiter. Neben
der Legislative und der Exekutive etablierte er als dritte Gewalt die Judikative (richterliche Gewalt). Diese drei
sollten sich gegenseitig kontrollieren, damit nicht einzelne Personen oder Gruppen zu mächtig würden.
Der Genfer Philosoph **Jean-Jacques Rousseau** (1712–1778) schließlich ging davon aus, dass die Menschen von Natur aus frei und gleich und dazu fähig seien, über sich selbst zu bestimmen. Am Anfang des
Staates stehe ein in Freiheit ausgehandelter *contrat social* (Gesellschaftsvertrag), der widerrufen werden
könne, wenn ein Vertragspartner seine Pflichten nicht einhalte. Damit wurde er einer der theoretischen
Begründer der Französischen Revolution.

► S. 261 **Gotthold Ephraim Lessing: Die Wasserschlange** (1759)

1 Lessing setzt sich in seiner Umarbeitung der Äsop'schen Fabel kritisch-satirisch mit dem Verhältnis von
absolutem Fürsten und Untertan auseinander. Äsop hatte in seiner Vorlage ein eher moralisches Anliegen
verfochten: Die Frösche wären besser gefahren, wenn sie sich mit dem beschieden hätten, was sie be-
saßen. Ihre Sucht nach Neuem war ihr Unheil. Lessing verschiebt die Akzente. Die Wasserschlange argumentiert gegenüber den Fröschen zynisch. Denn sie frisst den, der (wie Hobbes) seine Rechte an einen
absoluten Fürsten abgegeben hat, damit er sie regiere, und in gleicher Weise den, der diesen Vorgang
kritisch hinterfragt. Dadurch trifft er genau die Zustände, die in der absoluten Monarchie herrschen: Von
Gottes Gnaden erhielten die Bürger den Fürsten, der sie verschlingt und zu dessen Aufgaben es gehört,
Kritik an diesem System konsequent zu unterbinden („so muss ich dich verschlingen", Z. 14 f.).
Gegenüber Schiller, der im „Fiesco" Lockes Idee aufgreift, das Volk wähle die ihm gemäße Staatsform,
um Fiesco als Demagogen und zukünftigen Tyrannen zu charakterisieren, müsste Lessing betonen, dass
seine Schlange ohne Rhetorik auskommt, niemanden betrügen muss, um an der Macht zu bleiben: Sie
herrscht einfach auf Grund ihrer Übermacht. Nicht einmal die Theorie des Gottesgnadentums hat sie zur
Legitimierung ihres Handelns nötig.

2 Hier der Text zu der weiterführenden Aufgabe:

Friedrich Schiller: **Fiesco und die Genueser** (aus: Die Verschwörung des Fiesco in Genua, II/ 8, 1783)

Schillers „republikanisches Trauerspiel" entstand noch vor seiner Flucht aus Stuttgart nach Mannheim. Fiesco setzt sich an die Spitze einer Verschwörung Genueser Adeliger gegen die tyrannische Herrschaft des Dogen Doria. Er wird, als er selbst versucht, Herzog von Genua zu werden, von Verrina, einem engagierten Republikaner, umgebracht.

FIESCO (*der sich niedersetzt*): Genueser – Das Reich der Tiere kam einst in bürgerliche Gärung, Parteien schlugen mit Parteien, und ein *Fleischerhund* bemächtigte sich des Throns. Dieser, gewohnt, das
5 Schlachtvieh an das Messer zu hetzen, hauste hündisch im Reich, klaffte, biss und nagte die Knochen seines Volks. Die Nation murrte, die Kühnsten traten zusammen, und erwürgten den fürstlichen Bullen. Itzt ward ein Reichstag gehalten, die große Frage zu
10 entscheiden, welche Regierung die glücklichste sei? Die Stimmen teilten sich dreifach. Genueser, für welche hättet ihr entschieden?
ERSTER BÜRGER: Fürs Volk. Alle fürs Volk.
FIESCO: Das Volk gewanns. Die Regierung ward
15 demokratisch. Jeder Bürger gab seine Stimme. *Mehrheit* setzte sich durch. Wenige Wochen vergingen, so kündigte der Mensch dem neu gebackenen Freistaat den Krieg an. Das Reich kam zusammen. Ross, Löwe, Tiger, Bär, Elefant und Rhinozeros traten auf und
20 brüllten laut: Zu den Waffen! Itzt kam die Reih an die übrigen. Lamm, Hase, Hirsch, Esel, das ganze Reich der Insekten, der Vögel, der Fische ganzes menschenscheues Heer – alle traten dazwischen und wimmerten: Friede! Seht, Genueser! Der Feigen waren *mehr* denn
25 der Streitbaren, der Dummen *mehr* denn der Klugen – *Mehrheit* setzte sich durch. Das Tierreich streckte die Waffen, und der Mensch brandschatzte sein Gebiet. Dieses Staatssystem ward also verworfen. Genueser, wozu wäret ihr itzt geneigt gewesen?
30 ERSTER UND ZWEITER: Zum Ausschuss[1]! Freilich, zum Ausschuss!

FIESCO: Diese Meinung gefiel! Die Staatsgeschäfte teilten sich in mehrere Kammern. *Wölfe* besorgten die Finanzen, *Füchse* waren ihre Sekretäre. *Tauben* führ-
35 ten das Kriminalgericht, *Tiger* die gütlichen Vergleiche, *Böcke* schlichteten Heuratsprozesse. Soldaten waren die *Hasen, Löwen* und *Elefant* blieben bei der Bagage[2], der *Esel* war Gesandter des Reichs, und der *Maulwurf* Oberaufseher über die Verwaltung der Ämter. Genueser, was hofft ihr von dieser weisen
40 Verteilung? Wen der Wolf nicht zerriss, den prellte der Fuchs. Wer diesem entrann, den tölpelte der Esel nieder. Tiger erwürgten die Unschuld; Diebe und Mörder begnadigte die Taube, und am Ende, wenn die Ämter niedergelegt wurden, fand sie der Maulwurf alle
45 unsträflich verwaltet. – Die Tiere empörten sich. Lasst uns einen *Monarchen* wählen, riefen sie einstimmig, der Klauen und Hirn und nur *einen* Magen hat – und *einem* Oberhaupt huldigten alle – *einem*, Genueser – aber (*indem er mit Hoheit unter sie tritt*) es war der
50 Löwe.
ALLE (*klatschen, werfen die Mützen in die Höh*): Bravo! Bravo! Das haben sie schlau gemacht!
ERSTER: Und Genua soll's nachmachen, und Genua hat seinen Mann schon.
55 FIESCO: Ich will ihn nicht wissen. Gehet heim. Denkt auf den Löwen.

(Aus: Friedrich Schiller: Sämtliche Werke. Hg. von Gerhard Fricke
und Herbert G. Göpfert in Verbindung mit Herbert Stubenrauch.
Bd. 5. Hanser, München 1965, S. 639ff.)

[1] **Ausschuss:** Gemeint ist die Staatsform der Republik (nach dem Muster der Stadtstaaten Venedig oder Genua)

[2] **Bagage:** Versorgungseinheiten der Truppe (im Gegensatz zu den kämpfenden Soldaten)

In seinem Drama „Die Verschwörung des Fiesco zu Genua" (1783) hat Schiller die Diskussion um die richtige Staatsform in eine Szene gegossen, die Züge einer als Dialog vorgestellten Fabel trägt. Fiesco führt das Volk von Modell zu Modell, um am Ende bei der Hobbes'schen Theorie als der besten Lösung zu verbleiben. Dass das nicht Schillers Ansicht ist, sondern ihm zur Charakteristik seines Helden dient, sollte hervorgehoben werden.

288 C2 AUFKLÄRUNG – STURM UND DRANG

a Fiesco verfolgt in der gesamten Szene eine einzige argumentative Strategie: Durch die Verwendung von Tiernamen charakterisiert und bewertet er menschliche Interessengruppen, die in einer Versammlung, wie sie von Hobbes, Locke oder auch Rousseau ausgedacht sein könnte, zu Wort kommen und sich durchsetzen möchten. Die ironische Pointe dieses Verfahrens (und Schillers indirekte Charakteristik der demagogischen Strategie Fiescos) besteht darin, dass zwischen dem tyrannischen Fleischerhund, mit dem er seine Rede anfängt, und dem Löwen, mit dem er aufhört, kein struktureller Unterschied (etwa im Sinne des *contrat social*) besteht. Lessing spricht in seiner Fabeltheorie von der „allgemeinen Bestandheit der Tiercharaktere". Fiesco kann also darauf rechnen, dass großen und wehrhaften Tieren Mut und Kampfeslust, den kleinen und den Haustieren hingegen Friedenssehnsucht und Feigheit unterstellt werden. Füchse gelten als listig und schlau, Tauben als naiv, Ziegenböcke als geil. Der Löwe ist traditionell der König der Tiere.

b/c Würde Fiescos Fabel in eine politische Rede umgeschrieben, so würde das Modell des Fleischerhundes für die Diktatur stehen, wie man sie in der Antike als *Tyrannis* kannte und beschrieben hatte. Die Alternative, für die die antiken Stadtstaaten wie Athen als idealisierter Erfahrungshintergrund standen, ist die *Demokratie*. In ihr jedoch zählen Mehrheiten, und die Mehrheit ist zugleich auch immer die Mehrheit der Furchtsamen und Dummen. Die Demokratie ist nicht wehrhaft, sie kann sich gegenüber äußeren Feinden nicht wirksam verteidigen. Deswegen sucht man einen Ausweg im System der Kammern, so wie es sich in Venedig oder Genua herausgebildet hatte. Aber auch in der *Republik* setzt sich Korruption fest, Ungeeignete bekleiden Ämter, treffen Entscheidungen, achten dabei vor allem auf den eigenen Vorteil. Die so entstehende „weise Verteilung" (vgl. Z. 40 f.) von Macht und Ämtern diskreditiert das System. Es bleibt die *Monarchie*, in der einer, der „Klauen und Hirn" (Z. 48) hat, die Macht übertragen bekommt.
In einer politischen Rede müsste Fiesco auf jeden Fall vermeiden, dass Anlass zu kritischen Nachfragen entstünde, denn seine Argumentation basiert vor allem auf dem Trick, dass er bei Demokratie und Ausschusssystem nur die negativen Varianten aufführt, bei der Monarchie hingegen allein die positiven erwähnt. Wer sagt, dass im Kammersystem der Stadtstaaten durchweg Dummheit und Korruption, in der Monarchie hingegen Vernunft und Tatkraft herrschen?

▶ S. 262 **Gottlieb Konrad Pfeffel: Die Reichsgeschichte der Tiere** (1783)

Die Fabel kann als Gegenentwurf zu Fiescos Rede gelesen werden. Pfeffel führt die negative Seite der absoluten Monarchie aus, die Fiesco verschweigt. Er zeigt, wie zwischen Monarchie und Diktatur nur schwer Unterscheidungen zu treffen sind: „der Löwe war und blieb Tyrann" (V. 31).

1 Pfeffel setzt bei einem „Naturzustand" an, wie ihn Rousseau beschrieben haben würde. Zwischen dem Löwen und dem „kleinen Vieh" kommt es zu einem Vertrag, der Letzterem Schutz gewähren soll. Der Vertragsgedanke wird vom Autor ausdrücklich hervorgehoben, denn der Löwe erhält seine besondere Stellung auf Grund eines Versprechens: Er will der Garant der Freiheit der Kleinen sein. Zu Anfang bewährt sich das System, der Löwe sieht sich – wie Friedrich der Große von Preußen (siehe S. 255 im Schülerband) – als den ersten Diener seines Staates. Im Vertrauen auf diese Haltung werden das Erbrecht und die Ämterhoheit eingeführt. Dieser Wandel vom Wahlkönigtum zum absoluten Fürsten verändert den Monarchen zum Tyrannen. Es entsteht das Feudalsystem des Absolutismus, in dem König, Fürsten und Herren gemeinsam das Geschäft der Unterdrückung betreiben. Einen Ausweg aus dem so entstandenen Dilemma zeigt die Fabel nicht. Aber die von Bertolt Brecht später so genannte Struktur der „weggelassenen dritten Strophe" verlangt vom Leser, dass er nach einer Lösung Ausschau hält. Die naheliegende Antwort ist: Rückkehr zu einer konstitutionellen (durch Vertrag gebundenen) Monarchie.

2 Während Schillers Fiesco in seiner „Fabel" die Menschentypen moralisch bewertet und zu Gegensatzpaaren ordnet (die Mutigen – die Furchtsamen, die Schlauen – die Naiven, die Dummen – die Gerissenen), um dann den Löwen als einzigartig (Hirn und Kralle) herauszustellen, nutzt Pfeffel die Tiere in der Tradition der feudalen Wappentiere; sie stehen für soziale Klassen: Tiger, Wolf (Raubtiere) sind adelige Herren, der Fuchs ist traditionell das Wappentier der Advokaten. Das Volk, von dem nur die „tief gesenkten Ohren" (V. 28) genannt werden, ist – wie immer in der Fabel – der Esel.

2.1 AUFKLÄRUNG **289**

3 Eine Fabel, in der am Ende eine demokratische Staatsform gefordert wird, wirft ein Problem auf. Denn Fabeln zeigen in aller Regel nicht, wie es in der Welt zugehen sollte, sondern wie es tatsächlich zugeht. Es ist möglich, dass Schüler/innen an George Orwells „Animal Farm" denken und der Solidarität der Schwachen eine literarische Chance geben. In einer solchen Fabel müsste angedeutet sein, wie die „Republik der Tiere" vor dem „Versinken in Anarchie" oder dem „Umkippen in eine Diktatur" bewahrt werden könnte (z. B. durch eine unabhängige Justiz).

4 Goethes Tierepos „Reineke Fuchs", entstanden 1793 zur Zeit der Französischen Revolution, kann durchaus als Kritik am höfischen Leben, das Goethe ja sehr gut kannte, gelesen werden. Kaulbachs Illustrationen verschärfen diese Kritik noch einmal aus der Sicht der Restauration (1846). Der König ist auf dem ersten Bild selbst als Henker des „kleinen Vieh[s]", hier des Schafes, zu sehen, während die anderen Raubtiere ihn liebedienerisch umstehen. Die Katze überbringt den Kopf des Hasen. Im zweiten Bild geht es um Ämterpatronage, der Fuchs erhält einen Orden, der Affe verliest die Ernennungsurkunde, der Esel (das Volk) verfolgt die Zeremonie mit Staunen.
Pfeffel, Goethe und Kaulbach sind sich in der negativen Bewertung der Fürstenherrschaft einig. Es ist wahrscheinlich, dass sie aus genau diesem Grunde auch die Textsorte „Tierepos" gewählt haben.

Kurz und pointiert: Maximen des richtigen Denkens und Empfindens

Immanuel Kant: **Kritik der praktischen Vernunft** – Der kategorische Imperativ (1778)   ▶ S. 263

Georg Christoph Lichtenberg: **Aus den „Sudelbüchern"** – Aphorismen (1765–1799)   ▶ S. 263

Kants „kategorischer Imperativ" ist das Zentrum seiner „Kritik der praktischen Vernunft". Die praktische Vernunft zielt auf die Prinzipien des Handelns. Und hier betont Kant – auf der Suche nach einer Formel, die beanspruchen kann, unter allen Umständen Gültigkeit zu haben – die Verallgemeinerbarkeit. Entscheidungen sollen immer so gefällt werden, dass sie als Gesetze Gerechtigkeit garantieren könnten. Lichtenbergs Aphorismen setzen bei Details menschlichen Verhaltens an. Ihre Gültigkeit ist begrenzt auf die Einsicht in einzelne Fälle.

1 Kants Imperativ ist Ergebnis philosophisch-moralischer Reflexion. Dieser theoretischen Auseinandersetzung steht Lichtenbergs Denken nahe, was die kritische Reflexion angeht. Es basiert aber auf einer anderen Grundlage, nämlich der empirischer Beobachtung. Kants Denken ist „Nachsinnen", Lichtenbergs Denken ist „Beobachten".
Folgende Grundsätze des Denkens, Schreibens, Lernens, Handelns sind in Lichtenbergs Aphorismen und Überlegungen zu erkennen, auf die Kants „kategorischer Imperativ" anzuwenden wäre:
1. *Selbstständig denken – beobachten.* Hier spricht der Empiriker. Aufklärung und naturwissenschaftliches Denken gehen zusammen und stehen gegen das Studium der antiken Schriften, gegen Autoritätsgläubigkeit und das Nacharbeiten vorgegebener „Wahrheiten". Der „Imperativ" würde eine Verallgemeinerung dieser Maxime verlangen: Verlasse dich stets auf das, was du siehst, nicht auf das, was du in alten Schriften liest.
2. *Der Zweifel als Methode – offen und frei Meinungen handeln.* Hier schließt Lichtenberg an Descartes an, der Anzweifeln oder Falsifizieren einer Aussage zum wissenschaftlichen Prinzip erhoben hatte. Lichtenberg ergänzt im Sinne des vorhergehenden Aphorismus: Der Zweifel richtet sich gegen Buchgelehrsamkeit und gegen die (akademische) Unsitte, das Gelesene gleich wieder als Zitat anzubringen. Auch der Zweifel als wissenschaftliche Methode fällt als „Maxime" unter den kategorischen Imperativ.
3. *Auf die Stimme der Erfahrung hören.* Auch hier geht es gegen spekulative (Buch-)Gelehrsamkeit. Spontane und beobachtungsgeleitete Hypothesenbildung steht am Anfang der Forscherarbeit, die nicht in „pflichtgemäßem Gewäsch" oder bloßem „Nachsinnen" über ein Phänomen enden soll. Auch hier würde die Maxime wissenschaftliches Arbeiten betreffen: „Spekuliere" nicht, „rede" nicht, sondern gehe von deinen Erfahrungen aus.
4. *Erziehung ist: Vernunft in Stufen aufbauen.* Die Aufklärung ist eine Epoche, die viel Wert auf Erziehung legt. Gegen eine Erziehung, die auf Wissensanhäufung setzt und Kinder als kleine Erwachsene sieht, betont Lichtenberg den kindgemäßen Umgang mit den Gegenständen der Bildung. Er formuliert hier zum ersten Mal den Grundgedanken der „Schwellentheorie": Aufgaben sollten immer ein wenig über dem bereits erreichten Niveau angesetzt sein, nie zu leicht oder läppisch sein, nie zu schwer, sodass sie entmutigen. Lichtenberg thematisiert hier eine seiner Erkenntnisse, leitet daraus einen Ratschlag ab. Die Anwendung des kategorischen Imperativs würde aus dem Rat eine Norm machen: Überfordere deine Kinder nicht, sondern lass Kinder von Kindern lernen.

290 C2 AUFKLÄRUNG – STURM UND DRANG

2 Kant formuliert sein Moralprinzip als Aufforderung (Imperativ), die universale Gültigkeit (kategorisch) beansprucht. Er wendet sich an den das Handeln bestimmenden Willen, als subjektive Verhaltensweisen nur diejenigen zu akzeptieren, die für jedermann jederzeit gültig sein könnten. Persönliche Interessen, Gruppenegoismen, Standesprivilegien dürfen also moralische Entscheidungen nicht bestimmen. Diese ethische Selbstkontrolle bezieht sich auf die Handlungsabsicht. Es kann sein, dass wohl die Absicht, nicht aber das Ergebnis einer Handlung diesem Imperativ entspricht. Kant sagt mit einer anderen Formulierung: „Nichts ist gut als ein guter Wille."

In der heutigen Rechtsprechung wird bei einer konkreten Handlung die Intention (die Beweggründe) des Handelnden berücksichtigt, daneben aber auch dessen Disposition (was kann er denken und wollen können) und das Resultat der Handlung (die Umstände und die daraus resultierenden Ergebnisse). Zu einer rationalen und vernunftmäßigen Begründung einer ethisch zu rechtfertigenden Lebenseinstellung gehört neben dem philosophischen Postulat der Universalität auch die Berücksichtigung der Lebensbedingungen und der Umstände, die Menschen zu ihren Handlungen veranlassen.

▶ S. 264 **Matthias Claudius: Motett** (1782) / **Die Liebe** (1797)

Kants rationale Reflexion über moralisches Verhalten, Lichtenbergs erfahrungsgeleitete Beobachtung richtigen und falschen Verhaltens wird ergänzt (und zum Teil konterkariert) von einer durch christliche Lebenserfahrung und Lebensführung geprägten moralischen Einstellung. Für sie steht der Hamburger Herausgeber des „Wandsbecker Boten" Matthias Claudius. Claudius' bekanntestes Lied „Der Mond ist aufgegangen" enthält die Bitte: „Lass uns einfältig werden / Und vor dir hier auf Erden / Wie Kinder fromm und fröhlich sein!" Kindliches Gottvertrauen setzt er damit gegen die Grundüberzeugung der Aufklärung.

3 Das „Motett" argumentiert ähnlich. Es artikuliert die Erfahrung von Zeitlichkeit und Vergänglichkeit, um Gott als ewig und als den Vater der Menschen, der sie in seinen Händen hält, dem entgegenzusetzen. In gleicher Weise wird Liebe als eine göttliche Kraft vorgestellt. „Amor vincit omnia", dies ursprünglich auf Eros gemünzte Wort aus Vergils Ekloge, ist dazu theologisch und empfindsam aufgeladen. Beweger und Erhalter der Welt ist Gott, der liebende Vater der Menschen. Sein Handeln ist für sie Richtschnur. Das oben zitierte Mond-Gedicht endet mit einer Bitte für den „kranken Nachbarn": Amor und Caritas gehören zusammen.

4 Abweichungen in den Gedichten Claudius' von der Sichtweise der Aufklärung:

Sichtweise der Aufklärung	Sichtweise Claudius' / der Empfindsamkeit
Das Licht der Aufklärung erleuchtet den Verstand / die Vernunft des Menschen.	Die eigene Empfindung und kindliches Vertrauen in göttliches Walten sollten das menschliche Handeln bestimmen.
Gott hat die Welt geschaffen, dann hat sie der Welteningenieur sich selbst überlassen. Die Verantwortung für die Welt liegt in den Händen der Menschen.	Gott hält die Welt in seinen Händen, er sorgt für die Menschen, kümmert sich um ihr Leid.
Es gilt, die Regeln, nach denen die Welt läuft, zu erkennen. Dazu dienen vorurteilslose Beobachtung und Naturforschung.	Es gilt, nach den Regeln der göttlichen Liebe zu handeln.

▶ S. 264 **Gotthold Ephraim Lessing: Die Ringparabel** (1779) – aus: Nathan der Weise

Lessing hatte für diesen parabolischen Text zwei Quellen. Die ältere (aus den „Gesta Romanorum") schildert Unterschiede zwischen den Empfängern der Ringe: Der Jude erhält das Gelobte Land, der Sarazene Reichtum, der Christ den „wahren Ring", nämlich den Glauben. Auch die Lösung des Boccaccio, die es unentschieden lässt, wer des Vaters wahrer Erbe sei, ist für Lessings Nathan nicht brauchbar, denn er soll ja eine Entscheidung herbeiführen. Also erfindet er eine dritte Version, die den Moslem nicht beleidigt, den Juden nicht diskriminiert. Sein Konzept rückt die drei Religionen nahe zueinander und betont das in ihnen enthaltene Vernünftige. Die verborgene Vernunft zeigt sich im gerechten Handeln. Es hängt also vom Verhalten der Gläubigen ab, ob ihre Religion die „wahre" ist.

2.1 AUFKLÄRUNG   291

Die Szene zwischen Saladin als Zuhörer und Nathan als „Lehrer" hat utopischen Charakter. Saladin ist zunächst über das „Märchen" enttäuscht, das seine Frage beantworten soll. Erst als Nathan die Variante vom betrogenen Betrüger erzählt: „Eure Ringe sind / Alle drei nicht echt. Der echte Ring / Vermutlich ging verloren", erweckt das Dilemma sein Interesse. Das ist die Variante der Aufklärung: Nicht das Dogma und die Tradition, sondern das Verhalten erweist die Wahrheit der Religion. Nun möchte Saladin Nathan zum Freund, von Erpressung ist nicht mehr die Rede.

1 a Zwei Botschaften vermittelt Nathan:
- Keine der drei Weltreligionen kann die „Wahrheit" für sich beanspruchen. Keine ist Gott wohlgefälliger als die andere. Daher sollte der Anhänger einer Religion gegenüber den Anhängern der anderen Toleranz üben.
- Die Wahrheit einer Religion erweist sich über das Handeln ihrer Anhänger. Durch die Lehre allein, durch Riten und Normen lässt sich ihre Wahrheit nicht erweisen.

b Würde Lessing die Nathan'sche Toleranzidee in einer polemischen Rede gegen christliche orthodoxe Eiferer vortragen, so würde er nicht eine Parabel erzählen, sondern begrifflich argumentieren.
- Er würde Thesen aufstellen wie: Die Überlieferungen aller drei Religionen sind von Menschen geschrieben, sie sind zeitabhängig, keine von Gott inspirierten Texte.
- Dann würde er auf die Ähnlichkeiten in dogmatischen Argumentationsfiguren hinweisen: Alle Religionen berufen sich auf heilige Schriften, auf Propheten und Lehrer. Die sind einander in vielem ähnlich. Die Unterschiede werden von ihren Anhängern hervorgehoben, um Abgrenzungen zu ermöglichen.
- Schließlich würde er die Abgrenzungsversuche ad absurdum führen und sein Gegenkonzept der wechselseitigen Achtung und des Wetteiferns in sozialer Gesinnung propagieren.

2 Das Verhalten, das Nathans Richter empfiehlt, zielt auf einen edlen Wettstreit um Toleranz und Aktivitäten im Dienste der Gemeinschaft. Dieses Verhalten könnte schon im Sinne der Kant'schen Gesinnungsethik interpretiert werden. Allerdings wäre zu fragen, ob der Vergleich nicht dadurch erschwert wird, dass es Lessing um das praktische Verhalten, Kant aber um die dahinter stehende Gesinnung geht. Das Motiv der Söhne, sich durch das eigene Verhalten selbst als den Auserwählten des Vaters zu erweisen, kann nicht als Maxime „einer allgemeinen Gesetzgebung" angesehen werden.

3 Die Anwendung des Aphorismus des Empiristen Lichtenberg – Meinungen, Haltungen, der Habitus prägen einen Menschen so, dass man sie aus dem Verhalten dieses Menschen erschließen und dann auch bewerten kann – ist Lessings Auffassung, aus der Perspektive eines Außenstehenden betrachtet. Das Gute und den Menschen Wohlgefällige, das einer der Söhne tut, wird ihn als Persönlichkeit so prägen, dass man aus diesem Verhalten auf die Qualität des Ratschlags des Richters in der Ringparabel, den er befolgt, schließen kann.

Epochenüberblick – Aufklärung und Empfindsamkeit ► S. 266

1 Auf S. 292 findet sich ein Beispiel eines Posters, das die Unterschiede zwischen feudaler (barocker) und bürgerlicher (aufgeklärter) Perspektive zeigt.

2 In einem Referat über Voltaires satirischen Roman käme es darauf an, Candide als einen Vertreter der Aufklärung zu zeigen, dem der Autor jedoch nicht nur wohlwollend, sondern mit Skepsis gegenübersteht. Die Romanhandlung ist dazu angetan, Candide darüber zu belehren, dass er nicht in der besten aller möglichen Welten (Leibniz) lebt, sondern dass die Welt Katastrophen kennt (das Erdbeben von Lissabon); auch Ungerechtigkeit und Kriege (der Siebenjährige Krieg) belegen, dass der einfache Optimismus nicht die angemessene Haltung zur Welt ist.

◎ Weiterführendes Material zu diesem Teilkapitel findet sich auf der beiliegenden CD:
- *Gotthold Ephraim Lessing:* Die Erziehung des Menschengeschlechts (1777)
- Encyclopédie ou dictionnaire raisonné des sciences, des arts et des métiers (Titelblatt und Abbildung „Art d'Écrire", Folie)
- Epochenüberblick: Aufklärung (ca. 1720–1800) und Empfindsamkeit (ca. 1740–1780) (Folie)

C2 AUFKLÄRUNG – STURM UND DRANG

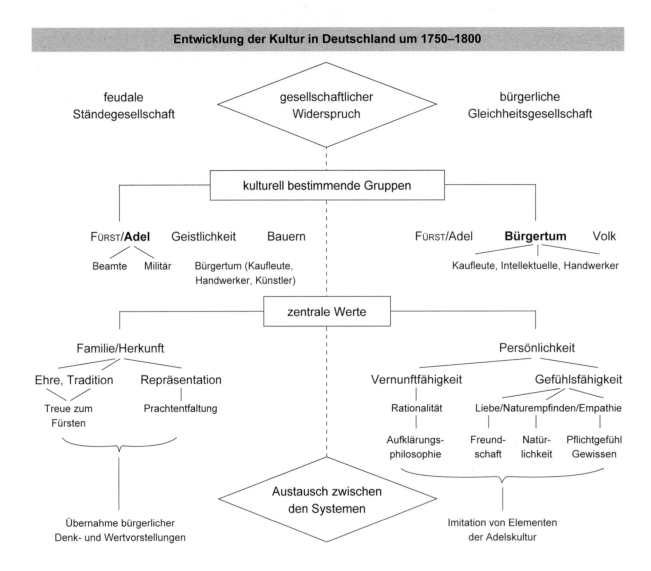

2.2 Zum Verstand tritt das Gefühl – Empfindsamkeit, Sturm und Drang

Zwischen 1770 und 1785 macht eine neue Generation von Autoren von sich reden. Sie setzen gegen die Dominanz des Verstandes (Argumentation, klare Begriffe) die Sprache des Herzens und des Gefühls (Enthusiasmus, Vokabular der Empfindungen). Die Empfindungen richten sich auf die Natur, auf Freundschaft und Liebe, sie umfassen aber auch das moralische Gewissen und das Freiheitsbewusstsein jedes einzelnen Individuums.

▶ S. 268 **Die Ausbildung einer bürgerlichen Kultur in der zweiten Hälfte des 18. Jahrhunderts**

1 a Nach Goethes Farbenlehre entstehen Farben an den Übergängen von Licht zum Dunkel. Das ist durchaus auch metaphorisch zu verstehen: Erfasst die Aufklärung (Licht) einen dunklen Raum (finsteres Mittelalter), so entstehen an den Rändern Farben. Diese Farben sprechen nicht nur die Augen an (physiologische Wirkung), sondern auch die moralische Person (sittliche Wirkung). Jede Farbe entspricht einer menschlichen Geisteshaltung, sodass Goethe in einem doppelten farbigen Ring das menschliche Geistes- und Seelenleben gliedern konnte. Rot steht für „schön", Gelb für „gut", Grün für „nützlich", Blau für „gemein". Die Übergänge repräsentieren Geisteshaltungen: Rotgelb steht für Vernunft, Gelbgrün für Verstand, Grünblau für Sinnlichkeit, Blaurot für Fantasie. Diese – von der Farbenfolge des Regenbogens abweichende – Farbgebung ist im Schülerband bei der Aufstellung der Autoren und Werke dieser Umbruchepoche benutzt worden. Lessing und die Ideale der Aufklärung sind gelb und gelbrot unterlegt, Goethe selbst vertritt Empfindsamkeit und Sturm und Drang, also die schöpferische Fantasie (Rotblau). Die Autoren des Sturm und Drang, insbesondere Schiller, erhalten die Farben Blau und Grün, weil sie sowohl der Fantasie als auch der Tatkraft der „Kerls" vertrauen und gesellschaftlich wirken wollen. Über diese Zuordnung kann man streiten, immerhin hat Goethe die Farben kreisförmig angeordnet, sodass sich Grün und Gelb wieder treffen und der Kranz der Farben das ganze Spektrum der menschlichen Seelenkräfte abbildet.

2.2 EMPFINDSAMKEIT, STURM UND DRANG

b Der Blick auf die Zeitleiste zeigt, dass die Lessing zugeordnete Spalte dreißig Jahre früher einsetzt als die, für die Schiller steht. Goethe ist „in der Mitten". Seine Werke erscheinen massiert um die Jahre 1773/74, die Schillers bilden zehn Jahre später einen Schwerpunkt. Es ist weiterhin sichtbar, dass Aufklärung die durchgängige Geisteshaltung ist. Kant veröffentlicht gleichzeitig mit Lessing und mit Schiller. Am schwächsten ist die Empfindsamkeit (zwischen Aufklärung und Sturm und Drang) ausgebildet. Klopstock und Claudius sind auch in der Unterrichtseinheit nur mit kurzen Texten oder Auszügen vertreten.

2 Um die Idee des „Epochenumbruchs" in einem Referat besonders gut herausstellen zu können, wählt man eine Kombination von Romanen (für eine Arbeitsgruppe). Der Roman „Geschichte des Fräuleins von Sternheim" von Sophie von La Roche (vgl. den Textauszug im weiterführenden Material zu diesem Teilkapitel auf der CD) ist nicht nur der erste Frauen-Unterhaltungsroman, er zeigt auch sehr deutlich die Haltung der Empfindsamkeit. Die Heldin ist eine moralisch empfindliche Person, ihr Unglück (und spätes Glück) verdankt sie ihrer Integrität, ihrer Gefühlsfähigkeit und ihrer Menschenliebe. Mit ihr kann Goethes „Werther" verglichen werden. In diesem Briefroman spiegelt der Umgang mit der Natur die Stimmungen des Helden, hier ist der Roman „empfindsam". Das gilt auch für das Verhältnis zwischen Werther und Lotte. Sturm und Drang zeigt sich in der Haltung des Helden, der sein Schicksal nicht hinnehmen will, den Tod einem Verzicht vorzieht, die Freiheit der Entscheidung über das eigene Leben propagiert. Der von dem Aufklärer Friedrich Nicolai verfasste Gegenroman „Die Freuden des jungen Werthers" geht ein auf den Kult der „Wertheriaden", spottet über Empfindelei und macht aus Werther einen vernünftigen Hausvater, der mit Lotte einen Hausstand gründet. Die Entstehungsgeschichte dieser drei Romane kann als ein Streifzug durch die Epoche und ihre Widersprüche vorgestellt werden.

Natur als Spiegel der Seele

Johann Wolfgang Goethe: Die Leiden des jungen Werthers (1774) – (Briefe vom 10. Mai und 18. August) ▶ S. 269

Die „wunderbare Heiterkeit" (Z. 2), von der Werther seinem Briefpartner Wilhelm vorschwärmt, hat keinen konkreten Inhalt. Sie wird von Werthers Naturerleben gespeist. Eine hohe Sensibilität für einzelne Erscheinungen ist gepaart mit religiöser Bewunderung für das Ganze der Natur. Dabei betont Werther den Einfluss dieser Seelenzustände auf den Künstler in ihm. Er kann nicht malen (schöpferisch sein), so sehr hat ihn das Erleben überwältigt. Er kann es aber beschreiben: Licht („die hohe Sonne", Z. 14) und Dunkel („Finsternis meines Waldes", Z. 16) erzeugen in ihm Farben. Ehrfurcht vor dem Erhabenen, Bewunderung gegenüber dem Kleinen, das Bewusstsein, selbst „Spiegel des unendlichen Gottes" (Z. 36) zu sein, schaffen in ihm das Empfinden eines intensiven Austauschs zwischen dem eigenen Inneren und der gesamten Schöpfung. Auffällig ist die Widersprüchlichkeit zwischen der „Heiterkeit" der Seele und empfundener „Gewalt der Herrlichkeit dieser Erscheinungen" (Z. 38 f.). Offensichtlich ist Werther zugleich glücklich und verunsichert. Zwischen Mai und August liegt die Begegnung mit Lotte, die in Werther Begeisterung und Verzweiflung weckt. Der Umschwung zeigt sich in den beiden Naturbeschreibungen. Im August ist Werther unglücklich. Also nimmt er nun da Elend wahr, wo vorher Glückseligkeit war, Wonne wird Pein. In einem lang ausholenden Satz zählt er auf, was „sonst" für ihn „das innere glühende heilige Leben der Natur eröffnete" (Z. 69 f.), um nun Abgründe, Wetterbäche, unter ihm dahinströmende Flüsse um sich zu sehen. Die Natur ist in der Tat Spiegel seiner Seele. Er sieht die Natur so, wie er sich selbst fühlt.

Friedrich Leopold Graf zu Stolberg: Über die Fülle des Herzens (1778) ▶ S. 270

Der Naturenthusiasmus des Goethe-Freunds und Reisegefährten der Schweizer Reise von 1775 zeigt Übergänge vom aufklärerischen zum romantischen Naturbegriff. Hier erscheint die „Mutter Natur", die zugleich als Braut angesprochen wird, als das weibliche Prinzip schlechthin. Erotische Empfindungen mischen sich mit religiösen. Schönheit, Freiheit, Einfalt der Sitten, Erfahrung der Unendlichkeit, Zusammenklang des Mannigfaltigen – all das sind Hochwertbegriffe der Epoche. Die Naturfreiheit, die man an den ländlichen Schweizern glaubt studieren zu können, gehört in die Aufklärung; die beseligenden Anblicke der Natur erinnern an die empfindsame Rheinreise der Freunde Goethe und Stolberg, die Erfahrung der Unendlichkeit erinnert an Klopstocks Oden, die auch Werther und Lotte zur Artikulation ihrer Gefühle schätzten. Der ganze Kosmos ist beseelt gedacht.

294 C2 AUFKLÄRUNG – STURM UND DRANG

▶ S. 271 **Friedrich Gottlieb Klopstock: Der Zürchersee** (1750)

Aus Platzgründen kann im Schülerband nur die erste Strophe dieses langen Gedichts abgedruckt werden. Es beschreibt ausführlich eine Fahrt über den Zürchersee, den Blick auf die „Traubengestade" der Ufer. Zum Erleben der Natur kommt für „jauchzende Jünglinge" und „fühlende Mädchen" das Erlebnis von Freundschaft und Liebe.

> Süß ist, fröhlicher Lenz, deiner Begeistrung Hauch,
> Wenn die Flur dich gebiert, wenn sich dein Odem sanft
>   In der Jünglinge Herzen
>   Und die Herzen der Mädchen gießt.

Am Ende des Gedichts steht der Wunsch: „O so bauten wir hier Hütten der Freundschaft uns", das Tal des Sees wird ein „Elysium".

1 a Das Bild von Natur und Mensch ist in den beiden Briefen Werthers im Grunde nicht unterschiedlich. Zwar dominiert im Mai-Brief Enthusiasmus und im August-Brief Melancholie, aber in beiden existiert eine tief empfundene Korrespondenz zwischen dem Inneren des fühlenden Menschen und dem Geschehen in der Natur. Die Natur ist beseelt gedacht, der Mensch ebenfalls, über diese Seele sind sie wie Teil und Ganzes miteinander verbunden. Stimmungsumschwünge spiegeln sich dementsprechend nicht nur im Naturerleben des empfindsamen menschlichen Individuums, sondern in der Natur selbst.

2 Die Sprache sowohl Werthers als auch Stolbergs ist die des Naturenthusiasmus. Es ist vor allem eine Dominanz qualifizierender Adjektive festzustellen, bei Werther z. B. „das volle warme Gefühl meines Herzens" (Z. 43 f.), „an der lebendigen Natur" (Z. 44 f.), „wird mir jetzt zu einem unerträglichen Peiniger" (Z. 47 f.). Hinzu kommen dynamisierende Verben: „keimen und quellen" (Z. 52), „lispelnde Rohre" (Z. 57), sanft wiegende Abendwinde (vgl. Z. 59 f.) usw.
Dann ist auffällig, dass mit Sprache gemalt werden soll. Besonders Stolbergs Text könnte auch als Bildbeschreibung einer italienischen Landschaft Hackerts gelten: der „Blick auf das grüne Ufer, die ruhenden Haine, die Saaten, die Triften mit hin und her irrendem Vieh" (Z. 20 ff.). Die Bildbeschreibungen sind durchsetzt mit verallgemeinernden Reflexionen, in denen Wertungen vorgenommen werden: Die „Schönheit[en] der Natur" berühren die „Saiten des menschlichen Herzens" (Z. 29 ff.) und lassen sie erklingen. Es ist von „Seelenmelodien" (Z. 32) die Rede, die kühn und sanft zugleich seien.
Im Vergleich mit einer eher nüchternen Landschaftsbeschreibung fällt der Gebetscharakter des Textes auf. Der Naturenthusiasmus dieses Stürmers und Drängers deutet auf seine Wurzeln im empfindsamen religiösen Erleben. Der Text enthält am Anfang einen Gebetsanruf „O Natur! Natur!", wählt Szenen aus der Begegnung des Menschen mit der großen und erhabenen Natur aus und entwickelt daraus ausgesprochen religiöse Empfindungen. Im „feierlichen Anblicke des unermesslichen Ozeans" (Z. 15 f.) verliert sich das Auge, es „umschweben" den Sprecher „Gedanken vom Unendlichen" (Z. 17 f.) usw.

3 Klopstock apostrophiert die Natur als „Mutter". Sie ist eine Mutter-Gottheit, die die Natur des Zürchersees und der Schweizer Alpen „erfunden" und in den kosmischen Raum „verstreut" hat. Ebenso wichtig aber ist, dass es einen menschlichen Geist gibt, der diese Schöpfung nachempfinden kann und den großen Gedanken der Erschaffung der Welt, wie sie in der Natur begegnet, noch einmal denkt. Damit ist ein Gleichgewicht zwischen Natur und natursensiblem Menschen hergestellt.

4 Die Naturauffassung in der zweiten Hälfte des 18. Jahrhunderts ist grundsätzlich zweigeteilt. Die rationalistische Philosophie zählt sie zu den „res extensae", den vorhandenen Dingen, die durch ihre Ausdehnung im Raum charakterisiert sind. Sie werden in Ruhe und Bewegung befindlich studiert und möglichst auf berechenbare Größen gebracht. Die Gesetze der Gravitation wie die der mechanischen Bewegung gehören zu derartigen Erforschungen der Natur.
Davon zu unterscheiden ist die christliche Naturauffassung, die die natürliche Umwelt des Menschen als Schöpfung sieht. Natur ist danach Werk Gottes, den göttlichen Gesetzen unterworfen, aber nicht auf mechanische Bewegungsbeziehungen reduziert. Im Gegenteil, der Blick durch das Mikroskop (in das unendlich Kleine) und durch das Fernrohr (in das unendlich große All) erzeugen Staunen. Der Mensch bemerkt, wie klein er ist, wie klein seine Erde und wie großartig dennoch die Anordnung aller Dinge. Von dieser „natura naturata" (der geschaffenen Natur) unterschieden ist die Natur als schöpferische Mutter, als Kraft, die in der Natur tätig ist, die neue Formen hervorbringt, die Pflanzen und Tiere in ihrer unendlichen

2.2 EMPFINDSAMKEIT, STURM UND DRANG

Mannigfaltigkeit erschafft, sodass dieser Prozess des Schaffens ebenfalls Staunen des betrachtenden Menschen erregt. Durch eine Neubewertung der Natur (Erwandern von Landschaften, Staunen über große und kleine natürliche Vorgänge) und des ländlichen „Lebens nach der Natur" entsteht ein neues Sozialverhalten der Menschen: Natürlichkeit in Kleidung und Ernährung, im Umgang mit anderen Menschen, in der Sprache und in den Gefühlen (für Recht, Freiheit) wird in das Denken des 19. Jahrhunderts weiterwirken.

Das Ergebnis dieser weltanschaulichen „Gemengelage" ist: Es existieren nebeneinander ein rationalistisches/mechanisches Bild der Natur in Philosophie und Naturwissenschaft, das theologisch als Werk des Schöpfergottes verstanden werden kann (natura naturata), aber auch selbst mit Zügen göttlicher Schöpferkraft ausgestattet gedacht sein kann (natura naturans). Aus beidem erwächst eine Verhaltensnorm des Menschen: Achtung und Bewunderung der Natur erzeugen den Wunsch und das Bedürfnis, „naturgemäß" zu leben. Das versucht das Schaubild zu verdeutlichen.

Johann Wolfgang Goethe: Ganymed (1774)   ▶ S. 272

Die Ganymed-Hymne, zur gleichen Zeit wie der „Werther" entstanden, benutzt das gleiche Bildarsenal (das dampfende [Nebel-]Tal, Blumen und Gräser) zur Vermischung von erotischem, religiösem und Naturenthusiasmus. Der Frühling erscheint zunächst in allegorischer Gestalt, angesprochen von einem Liebenden. Naturerleben wird wie ein erotisches Erleben dargestellt. Man kann die Akzente auch anders setzen: Die pantheistische Religiosität fantasiert Körperkontakt mit Blumen, Gras, Morgenwind und Nachtigall. In der Formulierung „umfangend umfangen" (V. 29) ist ein androgyner Aspekt dieser Liebesbeziehung fassbar. Denn die Aufwärtsbewegung des Sprechers zum „allliebende[n] Vater" (V. 32) und die korrespondierende Abwärtsbewegung der Wolken wiederholen in der kosmischen Dimension die Liebesbegegnung von Mann und Frau.

Von Goethe selbst ist die Ganymed-Hymne immer als Komplementärtext zu „Prometheus" (vgl. S. 276 im Schülerband, S. 298 f. in diesen Handreichungen) verstanden worden. Für die Zeitgenossen lag die Provokation in der Verschmelzung von Gottes-, Natur- und Liebesbeziehung. Der in beiden Hymnen fassbare Pantheismus Goethes wurde als eine nicht nur ästhetische Blasphemie empfunden.

Anton Raphael Mengs, Dresdner, später spanischer Hofmaler und römischer Freund Johann Joachim Winckelmanns, malt die Beziehung Ganymeds zu Zeus/Jupiter auf dem im Schülerband abgedruckten Bild als Knabenliebe. Die mythologisch verbrämte Provokation liegt hier in der „griechischen" Form der Erotik. Das klassizistische Konzept der Schönheit beider männlicher Gestalten kontrastiert mit der des Sturm und Drang, bei der es auf die Intensität der Empfindung und nicht auf die Ästhetik der äußeren Gestalt ankommt. Goethe benutzt die antike Ganymed-Sage ebenso frei wie die von Prometheus. Sieht sich der Sprecher der Hymne als Ganymed, müsste der liebende Zeus zugleich der Frühling sein. Ist Ganymed der Angesprochene, so ist die Aufwärtsbewegung des Sprechers zum Busen des allliebenden Vaters nicht mit der Erzählung der Sage vereinbar. Der Vergleichspunkt zwischen Hymne und Sage liegt also nicht im Inhaltlichen, sondern im Atmosphärischen: Die Beziehung zwischen Gott und Knabe ist erotisch und wird als Metapher für die Beziehung zur göttlichen Natur eingesetzt.

1   Ganymed und der Frühling werden in barocken Gemälden stets als Knaben dargestellt. Der Sprecher der ersten und zweiten Strophe könnte ein Wanderer sein, der die Liebe zwischen Zeus und Ganymed als Metapher seiner eigenen Liebe zur frühlingshaften Natur nimmt. Denn „am Busen der Natur" liegen, ist eine Haltung, die aus dem „Werther" bekannt ist. Der dritte Teil der Hymne schließlich, der die liebende Bewegung hinauf und hinab aufruft, erinnert an Bilder wie Raffaels „Himmelfahrt Mariä", auf denen Wolken die Heilige in den Himmel entrücken. So ist in dem Gedicht die gleiche Vereinigung von religiösem, auf die Natur und auf die Liebe bezogenem Hingabeenthusiasmus zu erkennen, die auch bei Werther die entscheidende Rolle spielt.

2   Die Sprache des Enthusiasmus zeigt sich in der Wortwahl („anglühen" statt „anstrahlen", „anblicken", „tausendfache Liebeswonne", „ewige Wärme", „heilig Gefühl" usw.), aber auch in der Wortstellung („Frühling, Geliebter!" statt „geliebter Frühling") und in der Ausdruckswahl („die Wolken / Neigen sich der sehnenden Liebe. / Mir, mir!", V. 24 ff. – statt „… meiner sehnenden Liebe"). Schließlich sind die Hyperbeln charakteristisch für die Sprache der Begeisterung: „tausendfach", „drängen", „unendlich", „brennender Durst", „sehnende Liebe", „allliebender Vater".

296 C2 AUFKLÄRUNG – STURM UND DRANG

3 Es existieren zwischen Sage und Hymne keine einfachen Analogiebeziehungen. Während in der Sage der Gott den Knaben raubt und zum Mundschenk der Götter macht, ist in der Hymne der Naturenthusiasmus des Sprechers in Bilder gekleidet, die Zeus zum „allliebenden Vater" stilisieren und folglich den Sprecher als den begeisterten Ganymed vorstellen. Vielleicht handelt es sich um ein Identifikationsspiel: Der Sprecher erlebt sich als Ganymed, den liebenden Geliebten des sich in der Frühlingsnatur manifestierenden Allvaters.

4 Die pantheistische Sichtweise findet sich sowohl im „Werther" als auch in „Ganymed" in der Fülle der Aussagen, die verbal zwischen Natur- und religiösem Enthusiasmus hin- und herspringen.

▶ S. 273 **Johann Wolfgang Goethe: An den Mond** (1777/89)

Das Gedicht verwandelt Bilder der Natur in solche der Seele. Die Wanderung entlang des Flusses spiegelt den Lauf der Zeit wider und ruft die Verlusterfahrungen in Erinnerung, die damit verbunden sind. Freundschaft scheint das einzig verlässliche Moment in dieser Bilanz zu sein. Das Gedicht verarbeitet Goethes „Qual" der frühen Weimarer Jahre. Der Text kann als weibliches Rollengedicht gelesen werden, in dem der Mond die Rolle des (männlichen) Freundes einnimmt. Es kann aber auch als Lob der Freundschaft (Goethes mit Herzog Karl August?) verstanden werden, die über Enttäuschungen in anderen sozialen Beziehungen (z. B. in der Liebe) hinwegtröstet. Der Gang durch die Nacht und am Fluss entlang bringt in Naturbildern und subjektiven Reflexionen zur Sprache, was den Menschen Goethe bewegt. Insofern ist „An den Mond" ein Erlebnisgedicht, dessen Erlebnis nicht in allen Einzelheiten aufgehellt werden muss, um beim Lesen nachvollzogen zu werden.

Goethes Zeichnung „Aufgehender Mond am Fluss" hält die gleiche Stimmung am gleichen Ort zur gleichen Zeit fest. Goethe hat das Blatt später seinen naturwissenschaftlichen Zeichnungen zugeordnet. Auch als Maler hat er atmosphärische Erscheinungen wie Wolken, Nebelstreifen, Mondlicht mit seelischen Erfahrungen in Zusammenhang gebracht. Das Bild ist also einerseits ein Stimmungsbild, andererseits eine ganzheitliche Betrachtung der Natur, in der äußere Erscheinungen und menschliche Empfindungen eine Einheit bilden.

1 Das in der ersten Strophe des Gedichts beschriebene „Lösen der Seele" ist Resultat des Naturerlebens. Das ist möglich, weil die Natur anthropomorphisiert wird, und zwar nach einem aus der Empfindsamkeit bekannten Muster: Schon Klopstock hatte den Mond als „Gedankenfreund" des betrachtenden Menschen apostrophiert. Goethe setzt die Metapher vom Gedankenfreund in die Vorstellung des Freundes um, der über dem „Geschick" (V. 8) des Sprechers wacht. Das nähert sich den Naturbildern der Gebete, in denen Dichter – wie Matthias Claudius in seinem „Abendlied" – den Mond in einen theologischen Kontext rücken. Und wie in einem Gebet fragt der Sprecher nach Verlorenem und macht sich Gedanken über seine Lebensführung. Aber er spricht nicht mit Gott, sondern mit dem Fluss – und mit sich selbst. Seine Lebenserfahrungen als „Qual" sind nur angedeutet. Aber der Schlüsselbegriff „Qual" durchzieht über Reime und inhaltliche Umschreibungen das gesamte Gedicht.

▶ S. 274 **Volker Braun: Im Ilmtal** (1976)

2 Volker Brauns Gang entlang der Ilm ist ebenso gedankenvoll wie der Goethes. Auch ihm geht es um das Thema „Leben mit den anderen". Die Natur ist ebenso unfreundlich wie die im zweiten Teil des Goethe'schen Gedichts. Dem dunklen Tag entsprechen die dunklen Gedanken, auch das lyrische Ich in Brauns Gedicht möchte, dass der über die Ufer getretene Fluss ihm Worte schenkt. Nicht als „Muse", die „flüstert", sondern als „lieber Fluss", der ihm Worte aus der Brust „schlägt".

Der bedeutsamste Unterschied auf dieser Folie der Ähnlichkeiten ist das Verhältnis zu den anderen Menschen. Braun entwirft das Bild einer Gemeinschaft von Genossen, die gemeinsam an einem Werk arbeiten, über die Arbeit diskutieren. Ohne diese Freunde lebt der Sprecher so hin, ein einzelner Freund kann ihn nicht retten. Der Fluss, inzwischen kanalisiert, gibt ihm Material für eine Metapher: So wie dieser Fluss sieht auch er selbst sich kanalisiert, wie der Fluss möchte er über die Ufer treten und seinen Gefühlen freien Raum geben – aber das Ziel dieses gefühlsbetonten Aufbegehrens ist, wieder in den Kreis der Genossen hineinzukommen, denn er ist nur er selbst im Kontakt mit den anderen.

Diese Umarbeitung der Goethe'schen Verse zu einem neuen Gedicht ist inspiriert von der Ideologie der sozialistischen Gemeinschaft. Das Gedicht entstand 1976, 200 Jahre nach dem Goethes und in dem Jahr, in dem die DDR (sozialistische) Autoren zu disziplinieren versuchte (Ausbürgerung Biermanns, Petition von Schriftstellerkollegen dagegen). Volker Braun, der diese Petition mit initiiert hatte, durchdenkt also an klassischer Stelle die klassische Situation des Intellektuellen, der seine Position in der politischen Landschaft finden muss. Da das „Erbe" Goethes für das Selbstverständnis der DDR von zentraler Bedeutung war, benutzt Braun als Sprecher seines Gedichts Goethes Autorität für die eigene „Nachfolge".

2.2 EMPFINDSAMKEIT, STURM UND DRANG   297

Liebeserfahrung – Selbsterforschung und Enthusiasmus

Johann Wolfgang Goethe: Die Leiden des jungen Werthers (1774)   ▶ S. 274

Werthers Liebeserklärung ist in Szene gesetzter Sturm und Drang. Dramatisch wirft er sich vor Lotte nieder, alle Gesten sind darauf abgestellt, dass seine Liebesleidenschaft als eine Art Verzweiflung erscheint. Lotte überkommt eine Ahnung des bereits geplanten Selbstmordes. Die vom Erzähler sorgsam registrierten Körperbotschaften der Partner sprechen die gleiche Sprache der Leidenschaft. Während aber Werther sich zu „wütenden Küssen" steigert, nimmt Lotte sich zurück. Sie wendet sich ab, mit erstickter Stimme und schwachen Handbewegungen, dann in „gefasstem" Ton „bebt" sie zwischen „Liebe und Zorn" (Z. 26 f.). Der Erzähler urteilt darüber und spricht von einem „edlen Gefühl", das sie Werther wegschicken heißt. Die Begegnung zeigt den Unterschied der Liebe beider „Helden" des Romans: Werther ist ganz Leidenschaft, Lottes Liebe ist „edles Gefühl", also eine durch soziale Rücksichtnahmen gedämpfte Leidenschaft. Werthers Abschiedsbrief ist ein rhetorisches Meisterstück des Aufbegehrens gegen die Konvention, die seine Liebe zu Lotte nicht billigt, ein Aufbegehren im Namen des eigenen gefeierten Hochgefühls, geliebt zu sein. Die in den vergangenen Briefen schon immer in Anspruch genommene Korrespondenz zwischen äußerer Natur und innerer Empfindung ist auch hier vorhanden: Die ganze Natur trauert, weil ihr „Sohn, […] Freund, […] Geliebter" sich „seinem Ende" naht (Z. 77 ff.). Eine Rückübersetzung in mitleidslose Prosa enthüllt leicht das Verfahren: Ich werde sterben, Lotte, die Sonne nicht mehr sehen – denn es ist heute ein trüber Tag und morgen werde ich nicht mehr leben. Auch in seinem Abschiedsbrief schwärmt Werther in den Ausdrücken des Gefühls, aber wohlgeordnet nach Bildfeldern. Das erste ist das des Feuers („durchglühte", Z. 87; „brennt", Z. 88; „das heilige Feuer", Z. 89; „warme Wonne", Z. 90), das zweite ist das der Religion („Ewigkeit", Z. 98; „Sünde", Z. 107/109/111; „Himmelswonne", Z. 110 f.; „zu meinem Vater", Z. 114; „vor dem Angesicht des Unendlichen", Z. 117 f.). Die Überblendung des Liebesdiskurses durch den theologischen Diskurs entspricht dem Sprachgestus der Empfindsamkeit. Werther versteigt sich in Spitzfindigkeiten: Für die sündige Welt soll Lotte Alberts Frau sein, in die wahre, himmlische Welt aber geht er ihr nur voraus und erwartet sie dort.

1   Der Herausgeber und Erzähler schreibt über Lotte, „tausenderlei Empfindungen zerrütteten ihr Herz" (Z. 46 f.), sie habe nicht schlafen können und ihr Blut sei in einer „fieberhaften Empörung" (Z. 45 f.) gewesen. Als auktorialer Erzähler blickt er in sie hinein und entdeckt Zweifel und Leid. Das Wichtigste aber ist, er entdeckt Empfindungen, die Lotte selbst nicht billigen mag. Sie ist gespalten. Einerseits spürt sie ihre Zuneigung zu Werther, andererseits fühlt sie sehr genau, zu welchen Komplikationen das führen muss. Ihr „Widerwille" (Z. 63 f.) ist die spontane Reaktion auf diese Doublebind-Situation.

2   Von Lotte heißt es, dass ihr „eine Ahndung seines schröcklichen Vorhabens durch die Seele zu fliegen" (Z. 4 f.) schien, dass sich ihre „Sinne verwirrten" (Z. 5 f.) und dass sie „mit einer wehmütigen Bewegung" (Z. 7 f.) sich zu Werther hinunterneigt. Das ist die Körpersprache von Mitempfinden und Liebe. Der Erzähler dieser Szene achtet sehr genau auf jede Geste und jede Seelenregung. Auf Werthers „wütende Küsse" (Z. 13 f.) reagiert Lotte mit zitternden Lippen, erstickter Stimme, sich abwendend, den Freund „mit schwacher Hand" (Z. 17) von sich wegdrückend. Ihre Reaktion ist ambivalent. Sie kämpft gegen ihre eigenen Gefühle. Das „Edle" dieses Gefühls zeigt sich in dem „gefassten Tone" (Z. 20). Es ist ein Gefühl, das Fassung verleiht und die spontanen Regungen unter Kontrolle bringt. Hier übernimmt ein Gefühl die Aufgabe des Verstandes.

3   Goethes Umarbeitung des „Werther" in klassischer Zeit ist immer dahingehend interpretiert worden, dass er dem Prinzip der „klassischen Dämpfung" gefolgt sei und Werthers Gefühlsüberschwang zurückgenommen habe. Das ist im Fassungsvergleich der hier abgedruckten Stellen nur begrenzt der Fall. Der Abschiedsbrief Werthers ist der gleiche geblieben. Geändert hat Goethe hingegen die Darstellung der Selbsterforschung Lottes nach Werthers Liebeserklärung. Im Anschluss an die Zeile „Die liebe Frau hatte die letzte Nacht wenig geschlafen" (Z. 44 f.) entwickelt er in der ersten Fassung in einer Kaskade rhetorischer Fragen die „tausenderlei Empfindungen", die ihr Herz „zerrütteten" (Z. 47). Sie fragt sich: Beeindruckt sie Werthers Leidenschaft, schmerzt sie seine Verwegenheit, bekümmert sie ein Vergleich zwischen den Glückserfahrungen vergangener und den Leiderfahrungen der letzten Tage, ist es die Unsicherheit, wie sie ihrem Mann gegenübertreten soll? Usw. Die Lotte der zweiten Fassung stellt auch allgemeine Überlegungen an zum Problem des Vertrauens zwischen Partnern, sie denkt nach über Kommunikationsdefizite zwischen sich und Albert, die Werther betreffen, sucht Gründe dafür zu finden, dass sie Albert ihre Befürchtungen in Bezug auf Werthers Selbstmordabsichten nicht mitzuteilen wagt, obwohl sie unter dieser Sprachlosigkeit leidet.

C2 AUFKLÄRUNG – STURM UND DRANG

4 Die kognitionspsychologisch ausgerichtete Begriffssemantik (vgl. Werner Herkner: Lehrbuch der Sozial-psychologie. Huber, Berlin, 5. Aufl. 1991, S. 140–170) nimmt für Allgemeinbegriffe den Aufbau semanti-scher Netzwerke an, mentaler Modelle, in denen Erinnerungen an Erfahrungen, Begriffe, Metaphern, Werte, Körperempfindungen und spezifische Bewegungen/Gesten, Mimik miteinander verschaltet sind. Wird ein Begriff für das „Wonnegefühl: Sie liebt mich" (Z. 87 f.) gebraucht, so sind „bebender Körper", „wütende Küsse", „durchglühende Empfindungen" oder „heiliges Feuer" im Hirn gegenwärtig.

Die Vernetzung von Wörtern und Begriffen im Bewusstsein

Ausdrucksverhalten
- seelenvolle Blicke
- „stammelnde Lippen"
- …

allgemein auslösende Bedingung
- letzte Gedanken an Lotte
- …

physische Aktivität
- Händedruck
- …
- …

sprachliche Bezeichnungen
- durchglühendes Wonnegefühl
- das „glühende Leben"
- …

„Sie liebt mich"

Gegenbegriffe
- ängstliche Verwirrung
- Widerwille
- …

Metaphern, Vergleiche
- „das heilige Feuer"

einzelne erinnerte Ereignisse

handelnde Person/Figur
- Lotte

Ort, Zeit
- vor einem Tag

Situation
- auf dem Kanapee

---

5 Unter dem Stichwort „Wertherfieber" sind in Suchmaschinen zahlreiche Artikel zu finden, in denen der Um-schlag von Fiktion in Wirklichkeit als historischer Fall und als allgemeines Muster behandelt wird. Die Schülerinnen und Schüler können hier viel Material finden und zugleich die unterschiedlichsten Interpreta-tionen des Phänomens kennen lernen. Wichtig ist dabei, Legendenbildung und Faktengeschichte aus-einanderzuhalten. Es ist beispielsweise sehr früh von Wertherfieber die Rede, davon, dass junge Leute sich aus Liebeskummer umbringen, aber es ist kein wirklich sicher belegter Fall bekannt, dass sich ein junger Leser der Lektüre folgend umgebracht hätte. Ebenso wenig wie Lessings „Emilia Galotti", die auf Werthers Schreibtisch lag, als er sich erschoss, für seinen Tod verantwortlich ist, ist Goethes Werther Anlass für Selbstmorde gewesen.

Rebellion: Schöpferisches Genie, edler Verbrecher, politischer Protest

▶ S. 276 **Johann Wolfgang Goethe: Prometheus** (1774)

Goethes Hymne entstand 1774 während der Arbeit an einem gleichnamigen Drama, in dem der Lehrer der Menschheit seinen Schützlingen auch die Sprache des Gefühls (für Liebe und Tod) beibringt. Nach der Ver-öffentlichung entwickelte sich der „Pantheismusstreit", in dem Goethe vorgeworfen wurde, er beschränke die Herrschaft Gottes auf den Himmel und nehme für sich selbst in Anspruch, wie ein Gott die irdische Welt gestalten zu können.
Das Thema in „Prometheus" ist der Protest des jugendlichen Genies gegen die patriarchalische Autorität (der Götter). Diese wird in Frage gestellt, und zwar als theologische, politische und familiale Autorität. Die Hymne basiert auf einer Nebenform der Sage. Prometheus wird nicht als Lehrer der Menschen und Bringer des Feuers vorgestellt, sondern als Rebell gegen Zeus, der Menschen schafft, um ihnen die eigene rebellische Gesinnung einzupflanzen. Dass Goethe Elemente des christlichen Schöpfungsmythos mit dem griechischen mischt, hat seit der Veröffentlichung für Irritationen gesorgt. In „Prometheus" konstituiert sich der Mensch als Person dadurch, dass er sich von der Autorität der Götter lossagt und sich auf sich selbst besinnt.

2.2 EMPFINDSAMKEIT, STURM UND DRANG **299**

1   Der Sprecher der Hymne identifiziert sich ganz mit der Figur des Prometheus. Der Rebell gegen die Ordnung der Götter führt auch die Sprache des Rebellen: „Ich kenne nichts Ärmer's / Unter der Sonn' als euch Götter." (V. 13 f.) Das ist Provokation. Der zentrale Gedanke: Die Götter und mit ihnen der Göttervater Zeus leben von der kindlichen und elenden Verehrung der Menschen. Die Anklage richtet sich gegen die gefühllosen Götter. Naive Menschen, die auf ihre Zuwendung hoffen, werden in ihrer Bedrängnis von ihnen allein gelassen. In dieser Situation erfährt der erwachsen werdende Mensch seine eigene Kraft: „Hast du's nicht alles selbst vollendet, / Heilig glühend Herz?" (V. 33 f.) Es wird der Entwicklungs- und Emanzipationsgedanke der Aufklärung sichtbar: Prometheus' Anklage gegen die Götter beschreibt zugleich den Prozess des Erwachsenwerdens der Menschheit. Und Prometheus sieht seine Entwicklung als prototypisch für die Menschen. Er schafft sie, damit sie den gleichen Weg gehen wie er.

2   Mit Goethe verbindet diese Haltung die unbedingte Ausrichtung an der eigenen (genialen) Person. Wie Werther der empfindsame, ist Prometheus der kraftvolle Typus des Sturm-und-Drang-Helden. Gedanklich vereint die Vorstellung von der Autonomie des Individuums Prometheus und Goethe. Das Ich und das Schicksal liegen im Streit miteinander bzw. sind Herausforderungen füreinander. Schließlich ist es die Idee der kreativen Persönlichkeit, die die Figur dieses Prometheus mit Goethe gemeinsam hat. Der eine formt Menschen, der andere literarische Gestalten „Nach meinem Bilde" (V. 53).

3   Der Mythos von Prometheus macht aus dem Titanen einen Rebellen gegen die Götter, besonders gegen Zeus, der den Menschen das Feuer vorenthalten will. Prometheus verbündet sich mit den Menschen und macht sie – durch das Feuer – zu weniger abhängigen Wesen. Dafür wird er bestraft, am Kaukasus festgeschmiedet, und der Adler des Zeus frisst täglich von seiner Leber. Erst Herakles löst Prometheus' Fesseln und tötet den Adler mit seinen Pfeilen. Goethe hat das Motiv der Rebellion aufgegriffen, dann aber in Prometheus einen Demiurgen geschaffen, der das Schaffen von Menschen aus Erde betreibt. Nach der Schöpfungsgeschichte des Alten Testaments wurde Adam auf diese Weise geschaffen. Goethe blendet also Teile des christlichen und Teile des antiken Mythos ineinander. Auch das wurde von den Zeitgenossen als Provokation empfunden.

4   Mögliche Diskussionspunkte beim Vergleich von „Ganymed" und „Prometheus": Zeus ist in beiden Hymnen eher Abbild des christlich-jüdischen, weniger des antiken Gottes. Einmal ist er der „allliebende Vater", einmal der absolute Herrscher, gegen den sich der Titan als großes Individuum auflehnt. Hingabe und zerschmelzende Liebe auf der einen, Autonomie und Rebellion auf der anderen Seite sind die beiden extremen menschlichen Verhaltensweisen gegenüber dem Göttlichen. Goethe selbst spricht von „Entselbstung" und „Verselbstung" der Person gegenüber Gott.

5   Der wesentliche Unterschied zwischen „Genesis" und „Prometheus" besteht darin, dass im Schöpfungsbericht die Erschaffung Adams Abschluss und Krönung des Schöpfungswerkes ist, während Prometheus die Menschen als seine Kinder formt, um seinen eigenen Protest gegen Zeus zu vervielfachen. Goethes/ Prometheus' Menschen sind von vornherein nicht als „Kinder Gottes" anzusehen, sondern beseelt mit dem Verlangen nach Autonomie.

Friedrich Schiller: Die Räuber (1781) – I/2   ▶ S. 277

Was Goethe in mythologischer Einkleidung vorführt, den kraftgenialischen Herausforderer der göttlichen Weltordnung, zeigt Schiller in studentischer Verkleidung. Moor und seine Mitstudenten trinken und diskutieren in einer Kneipe an der Grenze des Landes über menschliche Größe. Das Muster dieser Diskussion ist bekannt, es ist die pauschale Kritik an diesem „tintenklecksenden Säkulum" (Z. 7) durch die Kontrastierung der verachtenswert kleinen Gegenwart mit der als „groß" verstandenen Antike. Auch in der Französischen Revolution wird Robespierre den Franzosen die Römer als die vorbildhaften Akteure verlorener und wiederzugewinnender Größe vorstellen. Größe ist definiert durch die personalen und emotionalen Werte: „Taten", „Freiheit" (Z. 82). In einem auf Ordnung, Gehorsam und Rationalität basierenden System sind das revolutionäre Impulse. Sie leben davon, dass die Leitbegriffe positiv, konsensbildend und inhaltsleer sind. Weder Karl noch die anderen wissen genau, was sie sich unter „Freiheit" vorstellen, und sie füllen den Begriff zunächst mit der Energie des Protests gegen erlebte Unfreiheit. Im Namen der „Menschheit" (Z. 84 ff.) wird – in der Rolle der Räuber – Menschlichkeit zurückgestellt, weil es Menschen waren, die der Menschheit ihre Menschlichkeit geraubt haben.

300 C2 AUFKLÄRUNG – STURM UND DRANG

1 a Karl Moor und seine Freunde blicken in die Geschichte der griechischen und römischen Antike und suchen dort große Gestalten, Täter, Helden, die die Welt bewegten. Sie stellen das eigene „Säkulum" der Antike gegenüber und finden in der Gegenwart nur kleine, aber großtuende Figuren. Der Historiker dünkt sich groß, der über die Großen der Vergangenheit schreibt. „Mein Geist dürstet nach Taten, mein Atem nach Freiheit" (Z. 81 f.), sagt Moor und gibt damit zu verstehen, dass er selbst sich eher unter diese antiken Helden als zu den eigenen Zeitgenossen zählt. Vor allem gilt sein Zorn seiner Erziehung. Man habe die „Menschheit" (das große Ganze) vor ihm verborgen, indem man ihn Menschlichkeit lehrte. Die fürchterliche Zerstreuung, die er sich als Räuberhauptmann zu machen gedenkt, ist Rache an der Gesellschaft für erduldete Frustrationen. Karl Moor und Prometheus sind einander in Haltung und Argumentation sehr ähnlich. Für beide gilt: Aufbegehren im Namen der großen Persönlichkeit gegen die Normen der Götter oder der Gesellschaft ist erwachsen aus Frustration und Enttäuschung.

   b Einwände Moors gegen sein Jahrhundert in Form von Thesen:
   - Die von Plutarch (in den „bioi paralleloi", griechisch-römischen Parallelbiografien von Kaisern und Staatsmännern) vorgestellten großen Charaktere gibt es nicht mehr. Es fehlen vor allem die von Plutarch als vorbildhaft beschriebenen Tugenden (lat. „virtus").
   - Das eigene Zeitalter ist ein Zeitalter des Ersatzes wahrer Bedeutsamkeit durch nachgestellte und künstlich erzeugte Größe („Theaterfeuer" statt der Fackel des Prometheus, Z. 13 ff.).
   - Die antike Größe wird im Interesse der aktuellen Verhältnisse uminterpretiert und herabgewürdigt (Alexander der Große ein Hasenfuß, vgl. Z. 19 ff.).
   - Besonders die akademische Welt der Schulen und Hochschulen ist an diesem Niedergang beteiligt, weil ihre Mitglieder nur reden, philologisch explizieren, aber nicht handeln.
   - Abgeschmackte Konventionen „verrammeln […] die gesunde Natur" (Z. 31 f.): Die Menschen verhalten sich nicht als Menschen, sondern als Untertanen und Kleinbürger.
   - Heuchelei und Mitleidlosigkeit, Profitjagd und Gier haben Charakterkrüppel aus den Bürgern gemacht, sodass sie einander schädigen, wo sie sich helfen sollten.

2 Ein Referat über Karl Eugen von Württemberg sollte nicht so sehr auf dessen Politik (den Steuerstreit mit den Landständen, die ruinöse absolutistische Ausbeutung des Landes, die Bündnispolitik mit dem Verkauf von Landeskindern usw.) abstellen, sondern auf Karl Eugens Pläne, Menschenbildner zu sein. So wie Prometheus wollte er Menschen nach seinem Bilde formen – und er gründete zu diesem Zweck die Hohe Karlsschule, ernannte die Kadetten zu seinen „Söhnen", arbeitete auch mit Mitteln der schwarzen Pädagogik, um den Willen rebellischer Untertanen zu brechen. Der Dichter Christian Friedrich Daniel Schubart, den er zehn Jahre auf dem Hohen Asperg gefangen hielt, ist ein Beispiel seiner (Um-)Erziehungswut. In Biografien zum jungen Schiller findet man zahlreiche Hinweise.

3 Zwischen Christian Wolf aus Schillers Erzählung „Der Verbrecher aus verlorener Ehre" und Karl Moor würde die „literarische Leichenöffnung des Verbrechens" (so Schiller im Vorwort der Erzählung) als wichtigste Parallele ergeben: die Rebellion gegen die Normen der Gesellschaft aus erfahrener Kränkung, Verletzung, Frustration.

▶ S. 279 **Gottfried August Bürger: Für wen, du gutes deutsches Volk** (1793)

1 Goethe nennt den Einfall der preußisch-kaiserlichen Armee in Frankreich (um dort den König wieder in seine absolute Herrschaft einzusetzen und die vorrevolutionären Zustände wiederherzustellen) eine „Campagne". Sein Herzog gehörte zu den Heerführern und er selbst wurde von diesem veranlasst, im Tross der Armeen mitzufahren. In seiner späteren Schrift „Die Campagne in Frankreich" äußert er sich skeptisch gegenüber beiden Krieg führenden Parteien, er erkennt aber, dass mit diesem Feldzug ein neues Zeitalter anbricht, über dessen Dimensionen sich die Wenigsten angemessene Vorstellungen machen.
Gottfried August Bürgers Gedicht ist ein gereimter Leitartikel. Der Sprecher fragt sein Publikum, was das Ziel des Feldzugs sei, der von den deutschen Bürgern als Soldaten Entbehrungen und Entfernung von Herd und Familie fordert. Der Krieg, sagt er, dient der „Fürsten- und […] Adelsbrut" (V. 5). Das sind starke Worte in einer Zeit, in der die Landesherren sich von den Geistlichen ihr Gottesgnadentum bestätigen ließen. Die Redeweise ist Hochverrat, und Bürger hat gut daran getan, die Verse nicht zu veröffentlichen. Das Gedicht ist aber nicht nur Provokation, enthält nicht nur starke Worte gegen Tyrannen, sondern es gibt auch eine einfache Analyse der politischen Sachverhalte. „Sie nennen's Streit fürs Vaterland" (V. 13), ihr Ziel ist es aber, die alten Machtverhältnisse festzuklopfen („Und wollen gern bekleiben", V. 18). Die

Schlussfolgerung allerdings: Halten wir Deutsche uns heraus aus den französischen Streitigkeiten, ist ganz auf das Fassungsvermögen des Lesepublikums abgestellt und keineswegs vorausschauend politisch gedacht. Denn es war sowohl den Fürsten als auch den denkenden Bürgern in Deutschland klar, dass die Vorgänge in Frankreich nicht ohne Konsequenzen für Deutschland bleiben würden.

2 Prometheus' Protest gegen Zeus ist – abgesehen von der mythologischen Einkleidung – ein eher philosophischer Streit um die Vorherrschaft der Instanzen: göttliche Autorität oder menschliche Autonomie. Bei Karl Moor ist es der Protest des vom Schicksal Benachteiligten, der die Rahmenbedingungen seiner Existenz nicht hinnehmen will, weil es seinem Selbstbild als einem großen „Kerl" nicht entspricht. Bürger ist der Einzige, der konkrete politische Gegebenheiten anspricht. Für ihn ist die „Campagne in Frankreich" ein Betrugsunternehmen, in dem die Mächtigen von Vaterland reden, aber die eigenen Machtinteressen meinen.

Epochenüberblick – Sturm und Drang

▶ S. 280

1 Entwurf einer Mindmap zum Thema „Sturm und Drang" als literarische Strömung:

Konfliktlage zwischen aufklärerischer Rationalität und den charakterprägenden Emotionen des Einzelnen

den Schöpfer in der Natur loben (Klopstock)

religiöse Empfindsamkeit als Ursprung des Sturm und Drang (Claudius)

Erhabenheit der großen Natur (Stolberg)

empfindsam Liebende als Helden erfolgreicher Romane (La Roche, Goethe)

neue Naturempfindung: „Schön ist, Mutter Natur ..." (Klopstock, Goethe)

Liebe und Freundschaft Kult der Empfindungen (Goethe)

Kult der sozialen und personalen Sensibilität

Sturm und Drang – eine Jugendbewegung

Kult des großen Individuums

Protest gegen die Ordnung der Gesellschaft (Schiller: „Die Räuber")

soziales Mitempfinden (im bürgerlichen Trauerspiel)

politischer Protest im Umfeld der Französischen Revolution (Bürger, Schubart)

Mädchen, Kindsmörderinnen aus Not und Verzweiflung (Lenz, Wagner)

Konfliktlage in den Residenzen zwischen Hofkultur und bürgerlichen Werten

Weiterführendes Material zu diesem Teilkapitel findet sich auf der beiliegenden CD:
- *Sophie von La Roche:* Geschichte des Fräuleins von Sternheim (1771)
- Epochenüberblick: Sturm und Drang (1770–1785) (Folie)

302 C2 AUFKLÄRUNG – STURM UND DRANG

Literaturstation: Bürgerliches Trauerspiel

▶ S. 281 Im Kapitel B2 „Drama" ist bereits die Unterscheidung zwischen klassischem und epischem Theater erarbeitet worden (S. 175–183 im Schülerband, dazu S. 175–180 in diesen Handreichungen). Historisch liegt die Unterscheidung Gotthold Ephraim Lessings zwischen antik-barocker Tragödie und bürgerlichem Trauerspiel vor dieser Zäsur. Inhaltlich aber ging es um eine ähnliche Frage, nämlich die der Wirkung des Theaters auf das zuschauende Publikum.

Aristoteles hatte als Resümee der attischen Tragödie festgestellt, dass eine „Reinigung der Leidenschaften" (Katharsis) erfolge, und zwar durch „Phobos und Eleos". Diese beiden Begriffe sind in der französisch-barocken Tradition gleichgesetzt mit „Furcht und Schrecken", von Lessing aber übersetzt mit „Furcht und Mitleid". Die Tragödie lässt ihre Helden hoch steigen und tief fallen. Der Zuschauer erschrickt über die Macht der Götter / des Schicksals, die Menschen so hoch hebt und so tief fallen lässt. Lessing hingegen setzt auf Identifikation. Die Helden sollen dem Zuschauer ähnlich sein, ihr Schicksal soll jeden ereilen können. Die Ähnlichkeit erzeugt Empathie, die Empathie mit den Leidenden reinigt als „rückbezügliche Furcht" die Affekte.

Die Tatsache, dass sich das Theater auf die Gefühlsreaktionen beim Zuschauer verlässt, wird dann Brecht als perspektivlose Sentimentalität angreifen und durch einen reflektierenden Zuschauer ersetzen wollen.

In der Literaturstation steht Friedrich Schillers Schauspiel „Kabale und Liebe" im Zentrum, und zwar unter dem Aspekt der Emotionen, die auf der Bühne verhandelt werden und die in das Bewusstsein der Zuschauer hinüberwechseln sollen. Dabei wird sich herausstellen, dass an der Konstruktion der durch das Theater ausgelösten Emotionen die jeweiligen Zuschauer nicht nur passiv-aufnehmend (mitleidend) beteiligt sind, sondern konstruierend. Ganz unterschiedliche Liebesauffassungen werden thematisiert und durch die Art der Inszenierung zur Diskussion gestellt.

I Friedrich Schiller: Kabale und Liebe – Ein Drama über die Paradoxien der Liebe

▶ S. 281 **Friedrich Schiller: Kabale und Liebe** (1784) – I/4

In dieser Szene der Exposition lernen die Zuschauer die beiden Liebenden, die Helden des Stückes, kennen: Ferdinand, den jungen, selbstbewussten und stürmischen adeligen Offizier, Luise, die zurückhaltende, fast ängstliche bürgerliche Tochter des Stadtmusikers Miller. So unterschiedlich wie ihre Herkunft sind auch ihre Liebe und die Sprache, in der sie diese äußern.

▶ S. 282 **Friedrich Schiller: Kabale und Liebe** (1784) – V/7

Diese Schlussszene des Trauerspiels bildet mit der Eingangsszene eine Art Rahmung der Liebesgeschichte zwischen Luise und Ferdinand. Beide Male trinken sie eine Limonade, beide Male sprechen sie über ihre Liebe. Dazwischen liegen die Ereignisse des Stückes. Und Ferdinand, der eingangs davon gesprochen hatte, dass er die Hindernisse, die „wie Gebirge zwischen uns treten", wie Treppen nehmen und in ihre Arme fliegen wolle, hat nun die Limonade vergiftet, weil er glaubt, betrogen worden zu sein.

1 Vorstellungen von Liebe (Auswertung der Szene I/4):

Luise		Ferdinand	
Belegstelle	Deutung	Belegstelle	Deutung
„Ferdinand! ein Dolch über dir und mir! – Man trennt uns!" (Z. 47 f.)	sieht und spürt den Widerstand der Gesellschaft	„Mein Herz ist das gestrige, ist's auch das deine noch?" (Z. 9 f.)	glaubt, darin einen Mangel an Liebe zu erkennen
„Du bist ja da. Es ist vorüber." (Z. 7)	Vertrauen haben als Zeichen von Liebe	„will sehn, ob du heiter bist, und gehn und es auch sein" (Z. 11 f.)	Korrespondenz der Empfindungen als Zeichen von Liebe
„wie schön in dieser Sprache das bürgerliche Mädchen sich ausnimmt" (Z. 25 f.)	sieht in der höfischen Sprache der Liebeserklärung eine Auszeichnung des bürgerlichen Mädchens	„Ich schaue durch deine Seele wie durch das klare Wasser dieses Brillanten." (Z. 15 f.)	Liebe und Offenheit gehören zusammen. Der Liebende „durchschaut" jederzeit die Partnerin.

LITERATURSTATION: BÜRGERLICHES TRAUERSPIEL **303**

Luise		Ferdinand	
Belegstelle	Deutung	Belegstelle	Deutung
		„Wärest du ganz nur Liebe für mich, wann hättest du Zeit gehabt […].Wenn ich bei dir bin, zerschmilzt meine Vernunft […] du hast noch eine Klugheit neben deiner Liebe?" (Z. 31–37)	geht davon aus, dass Liebe keine anderen Gefühlsregungen oder Überlegungen neben sich duldet
		„Wer kann den Bund zweier Herzen lösen" (Z. 51); „Wer, als die Liebe, kann mir die Flüche versüßen" (Z. 58 f.)	pathetische Beteuerungen der Allmacht der Liebe
		„Gefahren werden meine Luise nur reizender machen" (Z. 69 ff.)	Liebe ist ein Besitz, dessen Wert sich steigert, wenn um ihn gekämpft werden kann.
„O wie sehr fürchte ich ihn – diesen Vater" (Z. 62 f.)	Die Liebe zu Ferdinand macht sie ängstlich und besorgt.	„Ich fürchte nichts – nichts – als die Grenzen deiner Liebe" (Z. 64 f.)	Hinter der Beteuerung lauert die Furcht, nicht genug geliebt zu werden.

Luises Liebe ist selbstlos, tief, echt, naiv im Schiller'schen Sinne, Ferdinands Liebe ist gemischt mit Selbstliebe, sie enthält einen Herrschaftsanspruch gegenüber der Gesellschaft und gegenüber der Partnerin.

2 Die Regieanweisungen geben die wesentlichen Körperbotschaften vor. Hier beispielhaft die Untersuchung der Szene I/4:
  ▪ Luise fällt Ferdinand um den Hals (Botschaft: spontane Zuwendung, Zeichen der Erleichterung: „Du bist ja da").
  ▪ Ferdinand nimmt ihre Hand, führt sie zum Mund. Sein Handkuss ist eine höfische Geste.
  ▪ Dann verwendet er seinen Brillantring als Metapher für die Durchsichtigkeit ihrer Seele. Er zeigt auf seinen Ring (Botschaft: nicht nur Metapher, auch kostbares Objekt, das er wie einen Gebrauchsgegenstand nutzt).
  ▪ Luise „sieht ihn eine Weile stumm und bedeutend an, dann mit Wehmut" (Z. 23 f.) (Botschaft von Blick und Sprechweise: Luise ist nachdenklich, sie ist durch Ferdinands Rede nicht aus ihrer Sorge gebracht).
  ▪ Ferdinand „befremdet" (Z. 27) (Botschaft: dass seine Rede so wenig Wirkung zeigt, irritiert ihn denn doch).
  ▪ Luise „fasst seine Hand, indem sie den Kopf schüttelt (Z. 40 f.), „[…] lässt plötzlich seine Hand fahren" (Z. 46 f.) (Botschaft: Luise wird durch Ferdinands Rede eher beunruhigt als beruhigt. Sie glaubt nicht, dass er die Schwierigkeiten so leicht – auf Grund seiner ungeheuren Liebe – überwindet.)
  ▪ Ferdinand „springt auf" (Z. 49) (Botschaft: Er ist empört über Luises Ahnung – auch darüber, dass sie ihm so wenig zutraut?). Seine Liebesbeteuerungen erreichen einen Höhepunkt, als wolle er das Vertrauen in die Kraft seiner Liebe herbeireden.

3 a Ferdinands Sprache: die Sprache des Sturm und Drang, des Enthusiasmus. Das Pathos ist zu erkennen:
  ▪ in den sporenklirrenden Formulierungen, die in die Gedanken Luises eindringen wollen: „Rede mir Wahrheit" (Z. 14); „Du bist meine Luise. Wer sagt dir, dass du noch etwas sein solltest?" (Z. 28 ff.); „Die Stürme des widrigen Schicksals sollen meine Empfindung emporblasen […]." (Z. 68 f.);
  ▪ in den hochtrabenden Vergleichen, die er verwendet: „wie durch das klare Wasser dieses Brillanten" (Z. 15 f.); die „Handschrift des Himmels in Luisens Augen" (Z. 56 f.); „Lass auch Hindernisse wie Gebirge zwischen uns treten […]" (Z. 65 f.);
  ▪ in der metaphernreichen Rede („eine Saat unendlicher unaussprechlicher Freuden schien in dem Augenblick wie in der Knospe zu liegen. – Da lag die Ewigkeit wie ein schöner Maitag, […] goldne Jahrtausende hüpften, wie Bräute […] (V/7, Z. 46 ff.).

304 C2 AUFKLÄRUNG – STURM UND DRANG

    b Luises Äußerung, die „Sprache unserer Herzen" sei „verwirrt", ist selbst metaphorische Rede. Luise will sagen, dass sie erkannt hat, wie sehr die Welt ihrer Empfindungen selbst durcheinander geraten ist. Sie muss in Ferdinands „trunkenem Aug" (V/7, Z. 26) und seinem heftigen Weinen (vgl. Z. 42) einen „frevelhaften Eigensinn" (Z. 39) erkennen. Das, was wie Liebe aussah, war Eigenliebe, die nun beleidigt ist. Die narzisstische Kränkung Ferdinands stellt Luises „Seelenstärke" (Z. 79) auf eine harte Probe.

    4 Martin Kuseij rückt in das Zentrum seiner Interpretation die Liebesauffassung Ferdinands. Er betont den Machtanspruch, der mit ihr verbunden ist. Das Neue an seiner Deutung ist, dass es keine (durch die gesellschaftlichen Zwänge, durch Kabale und menschliche Schuftigkeit erzeugte) äußere Gefährdung der Liebe zweier junger Menschen gibt, sondern dass der Wurm des bürgerlichen Trauerspiels in der Deformation der Empfindungen selbst zu suchen ist. Ferdinands „absolute" Liebe ist eine, die Ansprüche stellt und über Leichen geht.

▶ S. 284 **Weiterführende Aufgaben**

    1 Die Aussprache zwischen Ferdinand und Luise in Szene III/4 ist gekennzeichnet durch hochfliegende Planungen Ferdinands und Bedenken Luises. Ferdinand wird die Untaten seines Vaters öffentlich machen und ihn dadurch dem Henker ausliefern. Dies gewagte Spiel, „groß und vermessen wie meine Leidenschaft", soll die absolute Liebe („*Du*, Luise und *ich* und die *Liebe*!") gegen die ganze Gesellschaft in Stellung bringen. Dann will er auswandern („Mein Vaterland ist, wo mich meine Luise liebt."). Luise hingegen sieht neben der Liebe auch noch soziale Verpflichtungen. Sie hat Angst vor der „Rache des Himmels" und will nicht, dass ihre Liebe auf einem Frevel aufbaut. Dann geht sie weiter und nennt ihren Anspruch auf Ferdinand „Kirchenraub", will Ferdinand mit seinem Vater versöhnen und der „allgemeine[n] ewige[n] Ordnung" ihren Verzicht auf Ferdinand als Opfer bringen. Dann aber malt sie, um Ferdinands Zornesausbruch zu besänftigen, ihr eigenes zukünftiges Leben als Dulderin („leer und erstorben ist meine Zukunft"). Das bringt Ferdinand zur Raserei: „Schlange, du lügst". Denn er kann nicht denken, dass das emotional gegründete Pflichtdenken des bürgerlichen Mädchens keine Maskerade ist.
Ferdinands Liebe ist laut, fordernd, sie äußert sich in großen Worten. Die Luises ist das Gegenteil, sie ist nach innen gewendet, selbstzerstörerisch, sie setzt sich selbst zurück gegenüber Pflichten der Familie. Der Schluss des Gesprächs zeigt, dass Ferdinands Liebe ohne Vertrauen ist.

    2 Die Personenkonstellation des bürgerlichen Trauerspiels zeigt die Liebesbeziehung oft als konfliktträchtige Dreiecksbeziehung. Ferdinand steht zwischen Luise und der Lady (anders ausgedrückt: die Liebe Ferdinands zu Luise ist durch das Begehren der Lady bedroht). In derartigen Konstellationen wird sichtbar, in welchen persönlichen Facetten Liebe in den Texten vorkommt. Ähnliche Konstellationen finden sich auch in Romanen. In der Sturm-und-Drang-Periode bietet sich ein Vergleich mit „Werther" an. Hier ist es Lotte, die zwischen der leidenschaftlichen (und Besitz ergreifenden) Liebe Werthers und der „vernünftigen" (und daher etwas hausbackenen) Liebe Alberts zu wählen hat.

    3 Die Entfaltung von Liebeskonflikt und Ständekonflikt in verschiedenen bürgerlichen Trauerspielen:

    Gotthold Ephraim Lessing: „Emilia Galotti": Der Fürst von Guastalla trennt sich von seiner adeligen (in Dingen der Gesellschaft bewanderten) Geliebten und wendet sich Emilia Galotti zu, die als jung, naiv, bürgerlich, fromm, empfindsam vorgestellt wird. Dieser Wechsel entspricht einem Geschmackswandel der Zeit. In den empfindsamen Romanen sind die Heldinnen stets vom Typ „Emilia" gegen den Typ „Orsina" abgegrenzt (vgl. Sophie von La Roche: „Geschichte des Fräuleins von Sternheim"). Die Familie bietet der empfindsamen Tochter gesellschaftlichen Schutz. Dementsprechend muss die Hofintrige gegen die gesamte Familie, insbesondere gegen den Familienvater, eingefädelt werden. Die Bewertung durch die Autoren ist eindeutig: Die Welt des Hofes ist korrupt, die Korruption erfasst auch die Liebe.

    Jakob Michael Reinhold Lenz: „Der Hofmeister": Es werden deutliche Unterschiede als Klassenunterschiede festgestellt und in der Konversation von beiden Seiten aus anerkannt. Die Liebe, die über eine solche Grenze hinweggeht, erscheint als Grenzverletzung, aber am Ende wird sie als eine möglicherweise überwindbare dargestellt. Deswegen ist Lenz' Drama auch eine Komödie (nicht im Sinne von „lustiges Stück", sondern im Sinne von „aus dem menschlichen Leben gegriffen"). Lessing und Schiller sehen die Standesschranken schärfer als Lenz, der eine grundsätzlich aufgeklärte Haltung sowohl den Bürgern (dem Pfarrer) als auch den Standespersonen (der Obristin) zutraut.

II Furcht und Mitleid – Die Entwicklung des bürgerlichen Trauerspiels

Gotthold Ephraim Lessing: Hamburgische Dramaturgie (1768) – Zur Theorie der Katharsis ▶ S. 285

Lessings Interpretation des Aristoteles ist eigenwillig, sie geht an den Rand des vom ursprünglichen Text noch Gedeckten. Aber sie markiert den Einstieg der Dramentheorie in den Diskurs der Zeit um die Rolle des Gefühls bei der Begründung menschlichen Handelns und Denkens. Im vierundsiebzigsten Stück der Hamburgischen Dramaturgie geht es um „Furcht" statt „Schrecken". Schrecken empfindet man vor jemandem, gegenüber von etwas. Schrecken ist verbunden mit der Empfindung von Distanz. „Furcht vor" kann ergänzt werden durch „Furcht um" jemanden. Furcht ist verbunden mit der Empfindung von Nähe.

1 Lessing verbindet nun Furcht und Mitleid im fünfundsiebzigsten Stück so, dass er die Nähe, die die Furcht impliziert, mit Identifikation von Zuschauer und Helden gleichsetzt. Fürchtet man um den Helden / die Heldin, wie man auch um sich selbst fürchten würde, so leidet man mit ihm / ihr. Deswegen auch ist es nötig, dass der Held / die Heldin uns gleich sein muss. Nur mit jemandem, dessen Nähe zu uns selbst wir spüren, können wir uns identifizieren / Mitleid haben. Damit der Held uns ähnlich sei, darf er kein absoluter Bösewicht und auch kein Heiliger sein. Lessing spricht an anderer Stelle von einem „mittleren Charakter", einem Menschen, der uns gleich sei, der als Held Irrtümer begeht, der Schuld auf sich lädt, der aber auch leidet, wenn er bemerkt, was er falsch gemacht hat.

2 Die Gegenüberstellung könnte so aussehen:

	barocke/französische Tragödie	Lessings, Schillers bürgerliches Trauerspiel
Eigenschaften des Helden	▪ hochgestellt (Fürst, König) ▪ Fallhöhe ▪ überdimensionale Leidenschaften	▪ Mädchen aus bürgerlichem Haus ▪ mittlerer Held ▪ Liebe empfindsamer Menschen
Besonderheiten des Schicksals	▪ von den Göttern verhängt ▪ unverdient, ungerecht ▪ von außen hereinbrechend	▪ Ständekonflikt, Politik bilden den Rahmen der Konflikte ▪ z. T. auch selbst verschuldet (z. B. durch Leichtsinn, Naivität, Gutgläubigkeit)
Rolle/Aufgabe der Zuschauer	▪ Staunen über die Größe und Erhabenheit der handelnden Personen ▪ Erschrecken über den tiefen Fall der Helden	▪ Identifikation mit den Helden ▪ Empfinden von Mitleid
Konzept des Autors	▪ höfische Unterhaltung, Entwicklung von Diskussionsstoff	▪ Beeinflussung der Zuschauer im Sinne einer „moralischen Anstalt"
formale Regeln der Textsorte	▪ Einheit von Ort, Zeit, Handlung	▪ Auflösung dieser Einheitennorm zu Gunsten der Wahrscheinlichkeit

Gotthold Ephraim Lessing: Emilia Galotti (1772) – V/7 ▶ S. 286

1 Vater und Tochter sind – auf Grund der inszenierten „Rettung" nach dem Überfall auf die Kutsche, bei dem Appiani, Emilias Verlobter, getötet wurde – allein und quasi gefangen in dem Lustschloss des Fürsten von Guastalla. Odoardo erwägt, den Dolch gegen den Fürsten auch wirklich zu gebrauchen. Er ist davon überzeugt, dass seine junge Tochter Emilia der Situation nicht gewachsen sein kann. Er eröffnet ihr Gespräch mit einem versteckten Vorwurf: Sie sei doch sicherlich nicht so ruhig, wie sie zu sein vorgebe. Emilia nimmt diesen Vorwurf nicht wahr, sie bekräftigt, ruhig, aber nicht tatenlos zu sein. Diese Wendung überrascht den Vater. Er bemerkt Entschlossenheit, wo er weibliches Zögern oder gar Hilflosigkeit vermutet hatte. Die Dramatik des Gesprächs ergibt sich aus der schrittweise erfolgenden Korrektur der Einschätzung seiner Tochter. Ohne dass er es bemerkt, verliert Odoardo die „Meinungsführerschaft" in dem Dialog. Dann geht die Symmetrie der Gesprächspartner schrittweise verloren, Emilia übernimmt die dominierende Rolle. Odoardo beginnt mit einer allgemeinen Reflexion: Frauen seien aus feinerem, aber auch zerbrechlicherem Stoff gemacht als Männer, aber diese Tochter falle nicht unter diese generelle Feststellung. Daher sei sie eher als ein Sohn zu umarmen. Emilia hingegen geht sehr konkret auf die Problemlage ein: Der Fürst will Tochter und Familie trennen, damit er leichteres Spiel hat. Odoardo wird in eine defensive Rolle gedrängt. Angesichts der Entschlossenheit seiner Tochter wirkt er eher schwach. Auf den Dolch kommt er zu sprechen, um auch für sich selbst Tatkraft in Anspruch zu nehmen.

306 C2 AUFKLÄRUNG – STURM UND DRANG

Das ist der Einsatzpunkt für Emilias neuen Gedanken: Sie will Dolch und Tod für sich. Der Vater warnt und beschwichtigt, mahnt zur Besonnenheit: Auch sie habe nur ein Leben zu verlieren und ihre Unschuld sei über jeden Zweifel erhaben. Emilia aber entwickelt einen gegen sie selbst gerichteten Richterspruch: Sie sieht die „Gewalt", die in der Verführung steckt, sie traut sich selbst nicht, der „Tumult in meiner Seele" (Z. 47 f.) ist ihr nur zu bekannt. Sie will Odoardo dazu bringen, sie zu töten. Dazu appelliert sie an das historische Vorbild der Virginia. In ihrer stark affektgeleiteten Rede ist das kommunikative Kalkül kaum noch zu erkennen. Emilia ist diejenige, die aktiv ihre Tötung durch den Vater betreibt. Sie will Märtyrerin sein und setzt durch, dass sie es wird. Sie ist mehr Tragödienheldin als mittlere Heldin eines bürgerlichen Trauerspiels.

2 Werden die aus dem Dialog erkennbaren Gesprächszüge in einen Monolog umgeschrieben, so muss implizites Wissen (eben spontan erfolgende Gesprächsstrategien) explizit gemacht werden. Dadurch wird die wirkliche Kommunikation auf der Bühne verzerrt: Es wird explizit formuliert, was nur gefühlt oder gedacht wird, wenn in der Gesprächssituation gehandelt wird.
Das erkennt man vor allem daran, dass in einem Monolog mehr performative Verben, die die Intentionen der Sprecher bezeichnen, Verwendung finden.
Ein Beispiel: Odoardos Warnung vor dem Dolch: „Nein, das ist nicht für deine Hand" (Z. 55 f.). Diese Stelle, umgesetzt in eine Reflexion Emilias, könnte etwa so lauten: Mein Vater warnt. Nein, er will mir den Dolch nicht geben. Noch immer meint er, der Dolch und seine Handhabung seien nur etwas für Männer. Dabei sieht er doch klar, was ich will. Sterben will ich, und zwar von seiner Hand. Wenn nicht, kann ich mich auch mit einer Haarnadel umbringen. Wie aber den Vater so provozieren, dass er tut, was ich will? Die Nadel, die Rose im Haar: „Herunter mit dir! Du gehörst nicht in das Haar einer – wie mein Vater will, dass ich werden soll!" Das ist stark als Angriff auf seine männliche Ehre: Er sieht tatenlos zu, dass ich zu einer Mätresse gemacht werde. Er versteht. Und ich lege nach: „Mein Vater, wenn ich Sie erriete!" – Das heißt: Was willst du also tun? Du bist verantwortlich dafür, dass ich nicht Opfer der Leidenschaft werde. Ich sage dir, was du tun sollst. „Ehedem wohl gab es einen Vater …"

▶ S. 287 **Johann Jakob Engel: Über Emilia Galotti (1774)**

Engel bemerkt diese Gesprächsstrategie der Tochter gegenüber dem Vater – und bewertet sie skeptisch. Er kann sich nicht vorstellen, dass ein schüchternes Mädchen (so wurde Emilia zu Beginn des Dramas vorgestellt) nach dieser Erfahrung (ihr Verlobter ist noch nicht kalt) so über sich selbst denkt und redet. Er könnte sich vorstellen, dass Odoardo Mord- und Racheabsichten hat, aber dass Emilia sich selbst töten will, weil sie sich vor Verführbarkeit schützen will, das scheint ihm gegen die Norm der Natürlichkeit zu verstoßen.

1 Das Trauerspiel soll Katharsis bewirken, Reinigung der Leidenschaften. Gesetzt den Fall, es sollten die auf der Bühne gezeigten Leidenschaften veredelt werden, so müsste sich das Gebot der Theorie des bürgerlichen Trauerspiels auf die Liebesleidenschaft, die erotische Verführbarkeit beziehen. Emilia sagt ihrem Vater, dass sie „Blut" habe „als eine" (Z. 41 f.). Sie sieht sich also als Typus, als Mädchen wie viele andere auch. Und Verführbarkeit gehört nach ihrer Auffassung zur psychischen Disposition weiblicher Wesen. Der Religion als Disziplinierungsinstanz traut sie keine große Wirkung zu. Eigentlich muss sie, um ihre Unschuld zu erhalten, den Tod wählen, weil sie annimmt, lebend könne sie sich nicht vor Verführung schützen. Man kann diese Selbsteinschätzung als hysterisch, man kann sie als heroisch bewerten. In jedem Falle aber ist sie Ergebnis mangelnder Selbstreflexion. Emilia kann sich nicht erlauben zu denken, dass der Fürst, indem er sie in der Kirche verfolgte, sie so beeindruckte, dass es ihr die Sprache verschlug, dass sie das Gedächtnis an die Schmeichelrede verlor, dass sie also in ihm ihrem „Schicksal" begegnet ist. Die Frage ist, warum sie das alles nicht denken kann, sondern dabei stehen bleibt zu betonen, dass sie „Blut" habe? Eine mögliche Antwort ist, dass sie die Normen ihrer Familie (in Sonderheit ihres Vaters) so verinnerlicht hat, dass sie, um diese Normen zu schützen, ihr Leben einsetzt – und bereit ist, eine Märtyrerin dieser Norm der Familienehre zu werden.

▶ S. 288 **Friedrich Schiller: Kabale und Liebe (1784) – V/1**

Auch in dem Gespräch zwischen dem Vater Miller und seiner Tochter Luise geht es um Begehren, Liebe, Tod und die Beachtung von Normen. Auch hier will die Tochter sterben. Aber es gelingt ihr nicht, den Vater zum Mittäter zu machen.
Natürlich sind die Umstände völlig andere, ein Vergleich ist also nur auf wenige Punkte zu konzentrieren. Luise träumt von einem Tod im Stile von Romeo und Julia. Auch Werther hätte dergleichen träumen können. Im Jenseits könnten die Liebenden ohne gesellschaftliche Zwänge beisammen sein, warum sich also nicht vorzeitig dorthin begeben?

LITERATURSTATION: BÜRGERLICHES TRAUERSPIEL **307**

Dementsprechend malt sich Luise den Tod (nach antikem Vorbild) als Freund und Führer in das Jenseits aus, versucht ihren Vater von dieser Idee zu überzeugen. Doch diesem gegenüber hat sie schlechte Karten. Die moralische Entrüstung des Vaters ist theologisch untermauert, und da die Normen der Religion für beide Gesprächspartner Gültigkeit haben, gewinnt Miller sogleich die Oberhand in der Diskussion. Es geht ihm darum, die Tochter vor dem Selbstmord zu retten, und er zieht alle Register der psychologischen Angriffsstrategie, um Luise in der Defensive zu halten.

- Die erste Strategie ist: auf den Punkt bringen. Wenn sie noch vom „Feenschloss der ewigen Herrlichkeit" (Z. 9 f.) schwärmt, resümiert er „eigenmächtig Hand an dich legen" (Z. 13) und „Selbstmord" (Z. 19).
- Dann schiebt er die theologische Begründung nach: Selbstmord sei die abscheulichste Sünde, „weil Tod und Missetat zusammenfallen" (Z. 21 f.), Gnade ist nicht (mehr) zu erlangen.
- Schließlich wechselt er das Thema; von der Liebe zu Ferdinand geht er über zur Liebe zwischen Vater und Tochter. Damit hat er ein Gegengewicht zum Todeswunsch der Tochter geschaffen. Er verpflichtet sie, am Leben zu bleiben, weil sie das der Liebe ihres Vaters schulde. Die gedankliche Dramatik ist sehr viel einfacher zu durchschauen als der rhetorisch und dramatisch aufgemachte Dialog. Die Zärtlichkeit des Vaters hat Krallen. Sie hält die Tochter im Leben, weil diese sich in der Doublebind-Situation für die Liebe zum Vater entscheidet: „Vater, es sei" (Z. 93).

1 Als „Erziehungsbrief" würde die Dramatik des Dialogs in sich zusammenfallen. Es müsste rationaler argumentiert werden: über die Ansprüche, die Eltern an ihre Kinder haben, die Gefahren, die Liebesbeziehungen mit sich bringen, usw. In jedem Falle würde sowohl die Position Luises, nämlich aus den Konflikten der Beziehung und der Situation „auszusteigen", indem man in den Tod geht, als auch die Position Millers, nämlich von der Tochter zu verlangen, die Elternliebe gegen die Liebe zu Ferdinand abzuwägen, als sehr wenig überzeugend erscheinen.

2 Ein Vergleich der Gespräche über die Selbsttötung der Töchter in „Emilia Galotti" und „Kabale und Liebe" muss zuerst nach geeigneten Gesichtspunkten für eine Gegenüberstellung suchen. Die Väter erbringen hier relativ wenig Interessantes. Es handelt sich in beiden Fällen um Patriarchen, die in der Situation gesinnungsstark, aber ratlos sind. Die Töchter hingegen sind gegensätzlich angelegt und können daher ein ergiebiges Feld für Vergleiche abgeben. Emilia erweist sich als eine überraschend starke Persönlichkeit (überraschend, weil sie zu Beginn des Dramas ganz anders – mädchenhaft und nahezu kindlich – vorgestellt wurde). Luise hingegen, die im Gespräch mit der Lady und auch in den Gesprächen mit Ferdinand Empfindungsstärke und Größe gezeigt hat (obwohl das bei einem sechzehnjährigen Mädchen überraschen kann), ist hier empfindsam und schwach. Sie ist von ihrem Vorhaben offenbar selbst nicht so überzeugt (wie etwa Emilia), der Gedanke an Märtyrertum liegt ihr fern.

Zuschauer, die die Dramen heute sehen, haben Schwierigkeiten, beide Dialoge und beide Entscheidungen zu verstehen. Sie beobachten vielmehr die Zwänge, in denen die Sprechenden sich jeweils befinden. Weder sind die sozialen Normen (bei Odoardo die Familienehre, bei Miller das religiöse Verdikt gegenüber der Selbsttötung) noch die Einschätzung von Erotik oder Elternliebe als einzig handlungsleitender Impuls für uns heute in der Weise nachvollziehbar wie für die Dramenfiguren. Das Ergebnis ist in der Tat: ein kopfschüttelnder Versuch, Fremdes und Fremdgewordenes zu erklären und dadurch ein Stück weit nachzuvollziehen.

Weiterführende Aufgaben   ▶ S. 289

1 Die Theaterzeitschrift „Theater heute" bringt regelmäßig Berichte über Inszenierungen.
Im Internet bietet Google unter dem Stichwort „Kabale und Liebe Inszenierungen" zahlreiche Rezensionen zu verschiedenen Inszenierungen dieses bürgerlichen Trauerspiels. Eine große Fülle an Material muss gesichtet und ausgewertet werden. Mögliche Kategorien sind: Liebesauffassungen, Männer- und Frauenperspektive auf das Geschehen, das Verhältnis der Generationen, die politische Dimension, Macht und Ohnmacht des Einzelnen gegenüber seinen eigenen Emotionen usw.
Die Katharsis-Theorie erscheint dabei in ganz unterschiedlichen Verkleidungen:
- Wirkung der Inszenierung durch Aktualisierung;
- durch die Interpretation der Schiller'schen Sicht auf Württemberger Verhältnisse;
- durch Psychologisierungen verschiedenster Art (z. B. durch die Verlagerung des gesamten Geschehens in die Fantasie Luises).

C2 AUFKLÄRUNG – STURM UND DRANG

3 Lessings Auffassung von der Wirkung des Theaters auf den Zuschauer und Brechts Theorie des epischen Theaters – mögliche Aspekte der Gegenüberstellung:

	Lessing	Brecht
Helden	mittlerer Held, ein Mensch der Fehler macht und schuldig werden kann	ein Mensch, an dessen Fall demonstriert werden kann, wie es in der Welt zugeht
Identifikation – ja oder nein?	Menschen wie du und ich, Ähnlichkeit erzeugt Nähe. Die Wirkung des Trauerspiels basiert auf der Identifikation des Zuschauers mit dem Helden/der Heldin.	Menschen, die dem Alltag entstammen, werden in der Abhängigkeit von den Verhältnissen gezeigt. Der Zuschauer soll diese Abhängigkeit durchschauen. Also soll er mitdenken, nicht mitempfinden.
Mitleiden – ja oder nein?	Das Unglück, das den Helden trifft, könnte auch den Zuschauer treffen. Also leidet er dessen Leiden in der Fantasie mit.	Das Unglück hat Ursachen, über die sich nachzudenken lohnt, manchmal macht der Held dieses Nachdenken vor. Nicht Mitleiden, Mitdenken ist angesagt.
Theorie	Vorbild Aristoteles, Beispiel Shakespeare	Vorbild politisches Theater, Beispiel Piscator
Katastrophe/Tragik	Die Katastrophe ereignet sich im privaten Bereich (der Familie).	Die Katastrophe ist das Ergebnis gesellschaftlicher Bedingungen und mangelnder Lernbereitschaft.
Nachwirkung des Theaters beim Zuschauer	Das Mitleid ist die zentrale Kategorie des Trauerspiels. Ziel ist es, das Mitleiden als ein soziales und humanes Verhalten praktisch werden zu lassen.	Die Emotionen der Zuschauer sollen in Nachdenken übergehen, erst die Reflexion erschließt dem Leser Ansatzpunkte zur besseren Gestaltung der Wirklichkeit.
Erklärung der Genese	Die Genese von Katastrophen wird nicht erklärt, Schicksal, die Verkettung unglücklicher Umstände, auch Intrigen können zur Katastrophe führen.	Die Katastrophe wird so dargestellt, dass deren Genese gedanklich geklärt werden kann.
Sprache	Sprache des Gefühls, der Emotionen, ansonsten gehobene Standardsprache	Charakterisierung der Figuren durch ihre Sprache, z. B. Sprache des Geschäftsmanns, der Arbeiter, des Wissenschaftlers
Schauspieler	Identifikation von Spieler und Rolle	gestisches Spiel: Der Schauspieler distanziert sich von der Rolle, die er vorspielt.
Zuschauer	Der Zuschauer soll mitempfinden können.	Der Zuschauer soll mitdenken können.

4 Väter und Töchter im bürgerlichen Trauerspiel – Skizze einer Entwicklung:

Johann Christoph Gottsched: „Sterbender Cato"
Der Vater erfährt erst im Verlaufe des Stücks, dass Arsene, die Königin, seine Tochter ist. Die Wiedererkennensszene wird Ausgangspunkt eines Konflikts. Die Tochter eines Römers liebt einen potenziellen Diktator und Gegner ihres Vaters. Die Tochter steht im Konflikt zwischen Pflicht (Tochter) und Neigung (Liebe). Sie entscheidet sich „heroisch", also für die Pflicht der Römerin.

Gotthold Ephraim Lessing: „Miss Sara Sampson"
Die Tochter hat ihre Pflicht als Tochter verletzt, ist mit dem Liebhaber geflohen, empfindet Gewissensbisse. Der Liebhaber scheut sich, das Verhältnis zu legalisieren. Der Vater ist willens, alles zu verzeihen, wenn das Verhältnis legalisiert wird. Die empfindsame Tochter leidet, wenn sie sieht, wie der Vater leidet. Es wird eine Gegenfigur entwickelt: Neben die „gute Tochter" Sara tritt die selbstständige Frau am Hofe (Marwood), die Giftmörderin, die um ihren untreuen Gatten kämpft und Sara als Rivalin vernichtet.

Jakob Michael Reinhold Lenz: „Die Soldaten"

Der Vater ist ein polternder Patriarch, die Tochter eine verwöhnte und eher leichtsinnige Person. Der Vater liebt sie, kann aber von seinen Vorurteilen zunächst nicht lassen. Nach der Katastrophe (Schwangerschaft) und der Flucht der Tochter kommt die Tiefenschicht der Beziehungen ans Licht: Verzeihen und Verständnis ermöglichen ein nicht-tragisches Ende des Dramas.

Die Entwicklung zeigt sich vor allem im Verhalten der Töchter:
- Portia (Gottsched) entscheidet sich für den Vater, gegen den Liebhaber – für sie ein heroischer Entschluss.
- Das Vater-Tochter-Verhältnis in Lessings „Miss Sara Sampson" ist gekennzeichnet durch empfindsamen Protest gegen Familienzwänge einerseits und andererseits durch empfindsames Verhalten der Figuren gegeneinander (Verzeihen von Verfehlungen, Liebe, Verehrung).
- Das Verhältnis von Vater und Tochter bei Lenz ist konfliktreich, aber durch Nachgiebigkeit und Einsicht des Vaters „reparierbar".
- Erst in Lessings „Emilia Galotti" gerät das Verhältnis im Verlauf des Stückes in Bewegung: Der Vater lernt seine Tochter kennen, wie er sie zuvor nie gesehen hatte (Emanzipation).
- Bei Schiller („Kabale und Liebe") entdeckt die Tochter, dass die Liebe zu ihrem Vater stärker ist als die zu ihrem Partner, denn hier kommt die Pflicht der Bürgertochter gegenüber der Familie zusammen mit der religiösen Norm und der Forderung nach Verzicht auf emotionale Bedürfnisse.

III Das bürgerliche Trauerspiel auf der Bühne – Inszenierungen in der Kritik ► S. 290

1 **Franz Mehrings** Kritik repräsentiert die politische Deutung des Stückes (Ständekonflikt). Diese wird in kaum einer neuen Inszenierung noch hervorgehoben. An ihre Stelle sind zahlreiche Varianten psychologischer Deutungen getreten.

Botho Strauß betont die „geschädigte Beziehung" (Z. 2) und lässt offen, inwieweit Ferdinands „absolute" Liebe ein Teil des Männlichkeitswahns oder Teil des Standesunterschieds ist (Verfügung des Mannes oder des Adeligen über das bürgerliche Mädchen).

Benjamin Henrichs denkt eher an die Paradoxie und Widersprüchlichkeit der dargestellten Liebesbeziehungen. Die Tragik des Stückes liegt in der Tatsache, dass diesen Liebenden nicht zu helfen ist. Sie „sind in die Unmöglichkeit ihrer Liebe verliebt" (Z. 11 f.).

Es gibt, vor allem in den Inszenierungen der letzten dreißig Jahre, immer neue Varianten der psychologischen Deutung. Die interessantesten sind:
- Die Liebesbeziehung besteht aus einer Folge von Missverständnissen: Luise versteht die Liebe Ferdinands nicht und umgekehrt.
- Die Liebe findet jeweils im Kopf der Beteiligten statt, eine Kommunikation zwischen diesen Köpfen (diesen Aggregatzuständen der Liebe) gibt es nicht, daraus erwächst die Katastrophe.
- Das ganze Geschehen ist eine Fantasie. Sie findet allein in Luises Kopf statt: Eine sechzehnjährige Pubertierende denkt sich Liebesgeschichten als Katastrophen aus.

Im Internet sind zahlreiche Berichte und Rezensionen von Theateraufführungen des Schiller'schen Dramas auffindbar. Sie enthalten fast ausnahmslos Hinweise auf die vom Regisseur eingebrachte Liebesauffassung.

Analyse eines literarischen Textes mit anschließender weiterführender Reflexion

Aufgabenstellung
Goethe hat seinen 1774 erschienenen Erfolgsroman „Die Leiden des jungen Werthers" später überarbeitet, die zweite Fassung erschien 1787.

1 Vergleichen Sie die nachstehenden Auszüge aus den beiden Fassungen miteinander. Beachten Sie dabei besonders:
- die Darstellung von Lottes Emotionen,
- die Überlegungen, die Lotte in Bezug auf ihren Mann Albert anstellt,
- die Art, wie sie über Werther denkt und wie sie mit ihm spricht.

(48 Punkte)

2 Stellen Sie Vermutungen an, warum Goethe die Änderungen in der zweiten Fassung vorgenommen haben könnte. Achten Sie vor allem auf die Veränderung bei der Benutzung der Metapher „Herz".

(24 Punkte)

Johann Wolfgang Goethe: Die Leiden des jungen Werthers

Der „Herausgeber" der Briefe Werthers berichtet von dessen letzten Tagen. Werther ist zurückgekehrt. Lotte durchdenkt ihr Verhältnis zu Albert und zu Werther.

Zweites Buch. Erste Fassung (1774)

Um halb sieben ging er nach Albertens Hause, und fand Lotten allein, die über seinen Besuch sehr erschrocken war. Sie hatte ihrem Manne im Diskurs gesagt, dass Werther vor Weihnachtsabend nicht
5 wiederkommen würde. Er ließ bald darauf sein Pferd satteln, nahm von ihr Abschied und sagte, er wolle zu einem Beamten in der Nachbarschaft reiten, mit dem er Geschäfte abzutun habe, und so machte er sich truz der üblen Witterung fort. Lotte, die wohl wusste, dass
10 er dieses Geschäft schon lange verschoben hatte, dass es ihn eine Nacht von Hause halten würde, verstund die Pantomime nur allzu wohl und ward herzlich betrübt darüber. Sie saß in ihrer Einsamkeit, ihr Herz ward weich, sie sah das Vergangene, fühlte all ihren
15 Wert und ihre Liebe zu ihrem Manne, der nun statt des versprochenen Glücks anfing, das Elend ihres Lebens zu machen. Ihre Gedanken fielen auf Werthern. Sie schalt ihn, und konnte ihn nicht hassen. Ein geheimer Zug hatte ihr ihn vom Anfange ihrer Bekanntschaft
20 teuer gemacht, und nun, nach so viel Zeit, nach so manchen durchlebten Situationen, musste sein Eindruck unauslöschlich in ihrem Herzen sein. Ihr gepresstes Herz machte sich endlich in Tränen Luft und ging in eine stille Melancholie über, in der sie sich je
25 länger je tiefer verlor. Aber wie schlug ihr Herz, als sie Werthern die Treppe heraufkommen und außen nach ihr fragen hörte. Es war zu spät, sich verleugnen zu lassen, und sie konnte sich nur halb von ihrer Verwirrung ermannen, als er ins Zimmer trat. „Sie
30 haben nicht Wort gehalten!" rief sie ihm entgegen. „Ich habe nichts versprochen", war seine Antwort. „So hätten Sie mir wenigstens meine Bitte gewähren sollen", sagte sie; „es war Bitte um unserer beider Ruhe willen." Indem sie das sprach, hatte sie bei sich
35 überlegt, einige ihrer Freundinnen zu sich rufen zu lassen. Sie sollten Zeugen ihrer Unterredung mit Werthern sein, und abends, weil er sie nach Hause führen musste, ward sie ihn zur rechten Zeit los. Er hatte ihr einige Bücher zurückgebracht, sie fragte nach
40 einigen andern und suchte das Gespräch, in Erwartung ihrer Freundinnen, allgemein zu erhalten, als das Mädchen zurückkam und ihr hinterbrachte, wie sie sich beide entschuldigen ließen, die eine habe unangenehmen Verwandtenbesuch, und die andere möchte
45 sich nicht anziehen und in dem schmutzigen Wetter nicht gerne ausgehen.

Darüber ward sie einige Minuten nachdenkend, bis das Gefühl ihrer Unschuld sich mit einigem Stolze empörte. Sie bot Albertens Grillen Truz, und die Reinheit ihres Herzens gab ihr eine Festigkeit, dass sie
50 nicht, wie sie anfangs vorhatte, ihr Mädchen in die Stube rief, sondern, nachdem sie einige Menuetts auf dem Klavier gespielt hatte, um sich zu erholen und die Verwirrung ihres Herzens zu zu stillen, sich gelassen zu Werthern auf's Canapee setzte.
55

(Aus: Johann Wolfgang Goethe: Sämtliche Werke. Bd. 4. Artemis-Gedenkausgabe/Deutscher Taschenbuch Verlag, Zürich/München 1977, S. 363f.)

C2.2 LERNERFOLGSKONTROLLE/KLAUSURVORSCHLAG   **311**

Zweite Fassung (1787)

Lotte war indes in einen sonderbaren Zustand geraten. Nach der letzten Unterredung mit Werthern hatte sie empfunden, wie schwer es ihr fallen werde, sich von ihm zu trennen, was er leiden würde, wenn er sich von
5 ihr entfernen sollte.

Es war wie im Vorübergehn in Alberts Gegenwart gesagt worden, dass Werther vor Weihnachtsabend nicht wiederkommen werde, und Albert war zu einem Beamten in der Nachbarschaft geritten, mit dem er
10 Geschäfte abzuwickeln hatte, und wo er über Nacht ausbleiben musste.

Sie saß nun allein; keins von ihren Geschwistern war um sie, sie überließ sich ihren Gedanken, die stille über ihren Verhältnissen herumschweiften. Sie sah
15 sich nun mit dem Mann auf ewig verbunden, dessen Liebe und Treue sie kannte, dem sie von Herzen zugetan war, dessen Ruhe, dessen Zuverlässigkeit recht vom Himmel dazu bestimmt zu sein schien, dass eine wackere Frau das Glück ihres Lebens darauf
20 gründen sollte; sie fühlte, was er ihr und ihren Kindern auf immer sein würde. Auf der andern Seite war ihr Werther so teuer geworden; gleich von dem ersten Augenblick ihrer Bekanntschaft an hatte sich die Übereinstimmung ihrer Gemüter so schön gezeigt, der
25 lange dauernde Umgang mit ihm, so manche durchlebten Situationen hatten einen unauslöschlichen Eindruck auf ihr Herz gemacht. Alles, was sie Interessantes fühlte und dachte, war sie gewohnt, mit ihm zu teilen, und seine Entfernung drohete, in ihr
30 ganzes Wesen eine Lücke zu reißen, die nicht wieder ausgefüllt werden konnte. Oh, hätte sie ihn in dem Augenblick zum Bruder umwandeln können, wie glücklich wäre sie gewesen! – Hätte sie ihn einer ihrer Freundinnen verheiraten dürfen, hätte sie hoffen
35 können, auch sein Verhältnis gegen Albert ganz wiederherzustellen!

Sie hatte ihre Freundinnen der Reihe nach durchgedacht und fand bei einer jeglichen etwas auszusetzen, fand keine, der sie ihn gegönnt hätte.

Über allen diesen Betrachtungen fühlte sie erst tief, 40 ohne sich es deutlich zu machen, dass ihr herzliches heimliches Verlangen sei, ihn für sich zu behalten, und sagte sich daneben, dass sie ihn nicht behalten könne, behalten dürfe; ihr reines, schönes, sonst so leichtes und leicht sich helfendes Gemüt empfand den Druck 45 einer Schwermut, dem die Aussicht zum Glück verschlossen ist. Ihr Herz war gepresst, und eine trübe Wolke lag über ihrem Auge.

So war es halb sieben geworden, als sie Werthern die Treppe heraufkommen hörte und seinen Tritt, seine 50 Stimme, die nach ihr fragte, bald erkannte. Wie schlug ihr Herz, und wir dürfen fast sagen zum ersten Mal, bei seiner Ankunft. Sie hätte sich gern vor ihm verleugnen lassen, und als er hereintrat, rief sie ihm mit einer Art von leidenschaftlicher Verwirrung 55 entgegen: „Sie haben nicht Wort gehalten." „Ich habe nichts versprochen", war seine Antwort. „So hätten Sie wenigstens meiner Bitte stattgeben sollen", versetzte sie, „ich bat Sie um unser beider Ruhe."

Sie wusste nicht recht, was sie sagte, ebenso wenig 60 was sie tat, als sie nach einigen Freundinnen schickte, um nicht mit Werthern allein zu sein. Er legte einige Bücher hin, die er gebracht hatte, fragte nach andern, und sie wünschte, bald dass ihre Freundinnen kommen, bald dass sie wegbleiben möchten. Das 65 Mädchen kam zurück und brachte die Nachricht, dass sich beide entschuldigen ließen.

Sie wollte das Mädchen mit ihrer Arbeit in das Nebenzimmer sitzen lassen; dann besann sie sich wieder anders. Werther ging in der Stube auf und ab, 70 sie trat ans Klavier und fing ein Menuett an, sie wollte nicht fließen. Sie nahm sich zusammen und setzte sich gelassen zu Werthern, der seinen gewöhnlichen Platz auf dem Kanapee eingenommen hatte.

(Aus: Johann Wolfgang Goethe: Sämtliche Werke. Bd. 4.
Artemis-Gedenkausgabe / Deutscher Taschenbuch Verlag,
Zürich/München 1977, S. 490–492)

Autoren:
Karlheinz Fingerhut / Margret Fingerhut

Texte, Themen und Strukturen
Lernerfolgskontrolle 20, S. 2

312 ERWARTUNGSHORIZONT

Inhaltliche Leistung

Aufgabe 1

	Anforderungen Die Schülerin/der Schüler	maximal erreichbare Punktzahl (AFB)	erreichte Punktzahl
1	verfasst eine sinnvolle Einleitung: stellt Autor, Textsorte (Briefroman), Thema (Liebesgeschichte) vor etc.	3 (I)	
2	entwickelt eine Interpretationsthese, präzisiert dazu die Vorgaben der Aufgabenstellung: Den Erzähler beschäftigt bes. Lottes Doublebind-Situation. • Fassung I: Lottes Verlegenheit als Ausdruck der Befürchtung, Albert könne sie der Lüge beschuldigen. • Fassung II: Lottes Beobachtungen sind eingebettet in die Überlegung, dass es ihr schwerfallen würde, sich von Werther zu trennen.	6 (II)	
3	erschließt die Dreiecksbeziehung, in der sich Lotte befindet: • I. Albert bedeutet Sicherheit und Verlässlichkeit. • II. Werther steht der Welt ihrer Empfindungen näher. Die zweite Fassung ist hier deutlicher als die erste.	6 (II)	
4	erläutert die Veränderungen zwischen den Fassungen, die Goethe an dieser Stelle im Verhältnis zwischen Lotte und Albert vorgenommen hat: • Albert beginnt, „statt des versprochenen Glücks", „das Elend ihres Lebens zu machen" (Z. 15 ff.). • II. Lottes Reflexion wirkt eher im Sinne einer Selbstberuhigung und Rechtfertigung. Alle Vorteile der Verbindung mit Albert sind aufgezählt.	6 (II)	
5	erschließt exakt die Veränderung des Verhältnisses zu Werther: • I. „Sie schalt ihn, und konnte ihn nicht hassen" (Z. 17 f.), ihr „gepresstes Herz" (Z. 22 f.), ihre Tränen, die „stille Melancholie" (Z. 24) [gestrichen]. • II. Lotte wägt ab, vergleicht die unterschiedlichen Charaktere der beiden Männer. Als ihr „herzliches heimliches Verlangen" (Z. 41 f.) erkennt sie, dass sie am liebsten beide behalten hätte. Damit macht der Erzähler ihr Dilemma klar: Ihr ist „die Aussicht zum Glück verschlossen" (Z. 46 f.).	6 (II)	
6	erfasst in Lottes Verhalten gegenüber Werther das „Pendant" zu dem von ihr durchdachten Konflikt: a) Lotte möchte einer Begegnung ausweichen. • I. Die Umstände (die Freundinnen lassen sich entschuldigen) bewirken, dass die beiden einander allein gegenübertreten. • II. Ein widersprüchliches Verhalten ist entfaltet: Lotte „wusste nicht recht, was sie sagte, ebenso wenig was sie tat" (Z. 60 f.). b) Lotte überlegt ihr Verhalten gegenüber Albert. • I. „Sie bot Albertens Grillen Truz" (Z. 49). • II. „Sie nahm sich zusammen" (Z. 72). c) Lotte gewinnt „Haltung" gegenüber Werther. • I und II. „Gelassen" setzt sich Lotte zu Werther auf das Kanapee.	9 (II)	
7	erläutert bei der Analyse von Lottes Befindlichkeit die veränderte Charakterzeichnung: • I. Der Erzähler betont Lottes Überraschung und Unbehagen. • II. Der Erzähler tut einen Blick in Lottes Inneres: „Wie schlug ihr Herz ..." (Z. 51 f.). In „leidenschaftlicher Verwirrung" tritt sie Werther entgegen.	6 (II)	
8	geht auf Goethes Entwicklung vom Sturm und Drang hin zu der frühen Weimarer Klassik ein; entwickelt dabei einen weiteren, eigenständigen Gedanken.	6 (III)	
		48	

Autoren:
Karlheinz Fingerhut / Margret Fingerhut

Texte, Themen und Strukturen
Lernerfolgskontrolle 20, S. 3

ERWARTUNGSHORIZONT 313

Aufgabe 2

	Anforderungen Die Schülerin / der Schüler	maximal erreichbare Punktzahl (AFB)	erreichte Punktzahl
1	formuliert eine sinnvolle Überleitung	3 (I)	
2	erkennt an scheinbar unbedeutenden Unterschieden (z. B. in der Begründung von Lottes „Erschrecken" bei Werthers Erscheinen) ein gesteigertes Interesse Goethes an Lottes seelischer Befindlichkeit.	6 (II)	
3	erfasst Unterschiede in der Bewertung der emotionalen Befindlichkeit der Personen, bezieht dabei die Benutzung der Herz-Metapher ein: • I. Werther ist „unauslöschlich" in ihrem Herzen (Z. 22), Albert ist ihr Herz nur „zugetan" (II., Z. 16 f.). • II. „Herz" ist generell Metapher für den Gemütszustand. Reinheit und Verwirrung des Herzens bilden eine paradoxe Einheit.	3 (II)	
4	reflektiert allgemeine Probleme wie die „Wahrscheinlichkeit" des Erzählten, die Plausibilität der Verhaltensweise und der Überlegungen Lottes.	3 (III)	
5	deutet den Unterschied zwischen den beiden Fassungen verallgemeinernd: Goethe macht aus einer verängstigten, verärgerten Lotte (I) eine (II) zuerst verunsichert reflektierende, dann abwägende Liebende, dann eine selbstständig Entscheidende.	6 (III)	
6	nimmt wertend Stellung zu den spezifischen Merkmalen der beiden Fassungen.	3 (I)	
7	entwickelt einen weiteren eigenständigen Gedanken. (Max. 5 Punkte)		
		24	

Darstellungsleistung

	Anforderungen Die Schülerin / der Schüler	maximal erreichbare Punktzahl	erreichte Punktzahl
1	*Einleitung*: stellt den Textauszug angemessen vor und geht dabei auf die Entstehung der beiden Fassungen ein.	3	
2	*Globale Kohärenz*: bietet eine übersichtliche Gliederung der Arbeit in Analyse der Figuren und Analyse der Erzählperspektive.	3	
3	*Lokale Kohärenzen*: entwickelt grammatisch korrekt aus den Beobachtungen am Text Aussagen über das Verhalten und die Reflexionen Werthers und Lottes.	6	
4	*Begrifflichkeit/Sprachebene*: beschreibt korrekt spezifische Sprachregelungen der Empfindsamkeit / des Sturm und Drang (Vokabular der Empfindsamkeit, Vokabular des Sturm und Drang).	5	
5	*Argumentation*: verbindet Beobachtungen am Text und Schlussfolgerungen (Verallgemeinerungen) logisch miteinander.	6	
6	führt Zitationen und Textverweise korrekt und sachangemessen durch.	5	
		28	

Eine Zuordnung der Punktezahlen zu den Notenstufen findet sich auf S. 46 in diesem Handbuch.

Autoren:
Karlheinz Fingerhut / Margret Fingerhut

Texte, Themen und Strukturen
Lernerfolgskontrolle 20, S. 4

C2 BÜRGERLICHES TRAUERSPIEL – LERNERFOLGSKONTROLLE/KLAUSURVORSCHLAG

Analyse eines literarischen Textes mit anschließender weiterführender Reflexion

Aufgabenstellung

1 Analysieren Sie den Dialog zwischen Ferdinand von Walter und der Lady. Berücksichtigen Sie insbesondere den Zusammenhang von Themen und Redeweise im Dialog der beiden Dramenfiguren.
(48 Punkte)

2 Setzen Sie den abgedruckten Auszug aus Schillers Drama in Beziehung zu Lessings „Emilia Galotti", insbesondere zum dort dargestellten Verhältnis von Liebe, Leidenschaft und absolutistischer Herrschaft.
(24 Punkte)

Friedrich Schiller: **Kabale und Liebe** (1784) – II/3

Ferdinand von Walter, Sohn des Präsidenten und Offizier des Herzogs, liebt Luise, die Tochter des Stadtmusikers Miller. Zugleich wird er von der Favoritin des Fürsten, der „Lady", begehrt. Durch eine Hofintrige sollen die Liebenden getrennt und Ferdinand mit der Lady verheiratet werden. Die Lady hofft darauf, Ferdinand für sich gewinnen zu können.

FERDINAND: Ich komme auf Befehl meines Vaters –
LADY: Ich bin seine Schuldnerin.
FERDINAND: Und soll Ihnen melden, dass wir uns heuraten. So weit der Auftrag meines Vaters.
5 LADY: (*entfärbt sich und zittert*) Nicht Ihres eigenen Herzens?
FERDINAND: Minister und Kuppler pflegen das niemals zu fragen.
LADY: (*mit einer Beängstigung, dass ihr die Worte*
10 *versagen*) Und Sie selbst hätten sonst nichts beizusetzen?
FERDINAND: (*mit einem Blick auf die Mamsell*) Noch sehr viel, Mylady!
LADY: (*gibt Sophien einen Wink, diese entfernt sich*)
15 Darf ich Ihnen diesen Sofa anbieten?
FERDINAND: Ich werde kurz sein, Mylady.
LADY: Nun?
FERDINAND: Ich bin ein Mann von Ehre.
LADY: Den ich zu schätzen weiß.
20 FERDINAND: Kavalier.
LADY: Kein bessrer im Herzogtum.
FERDINAND: Und Offizier.
LADY: (*schmeichelhaft*) Sie berühren hier Vorzüge, die auch andere mit Ihnen gemein haben. Warum
25 verschweigen Sie größere, worin Sie einzig sind?
FERDINAND: (*frostig*) Hier brauch ich sie nicht.
LADY: (*mit immer steigender Angst*) Aber für was muss ich diesen Vorbericht nehmen?
FERDINAND: (*langsam und mit Nachdruck*) Für den
30 Einwurf der Ehre, wenn Sie Lust haben sollten, meine Hand zu erzwingen. […] Wir reden hier ohne Zeugen. Der Umstand, der Sie und mich – heute und nie mehr – zusammenführt, berechtigt mich, zwingt mich, Ihnen mein geheimstes Gefühl nicht zurückzuhalten. – Es
35 will mir nicht zu Kopfe, Mylady, dass eine Dame von so viel Schönheit und Geist – Eigenschaften, die ein Mann schätzen würde – sich an einen Fürsten sollte wegwerfen können, der nur das *Geschlecht* an ihr zu bewundern gelernt hat, wenn sich diese Dame nicht *schämte*, vor einen Mann mit ihrem *Herzen* zu treten. 40
LADY: (*schaut ihm groß ins Gesicht*) Reden Sie ganz aus!
FERDINAND: Sie nennen sich eine Britin. Erlauben Sie mir – ich kann es nicht glauben, dass *Sie* eine Britin sind. Die frei geborene Tochter des freiesten Volks 45 unter dem Himmel – das auch zu stolz ist, *fremder Tugend* zu räuchern – kann sich nimmermehr an *fremdes Laster* verdingen. Es ist nicht möglich, dass Sie eine Britin sind – oder das Herz dieser Britin muss um so viel *kleiner* sein, als größer und kühner 50 Britanniens Adern schlagen: […]
LADY: (*mit Sanftmut und Hoheit*) Es ist das erste Mal, Walter, dass solche Reden an mich gewagt werden, und Sie sind der einzige Mensch, dem ich darauf antworte – Dass Sie meine Hand verwerfen, darum 55 schätz ich Sie. Dass Sie mein Herz lästern, vergebe ich Ihnen. Dass es Ihr Ernst ist, glaube ich Ihnen nicht. Wer sich herausnimmt, Beleidigungen dieser Art einer Dame zu sagen, die nicht mehr als eine Nacht braucht, ihn ganz zu verderben, muss dieser Dame eine *große* 60 *Seele* zutrauen, oder – von Sinnen sein. […] Aber Sie haben die Engländerin in mir aufgefordert, und auf Vorwürfe dieser Art muss mein Vaterland Antwort haben.
FERDINAND: (*auf seinen Degen gestützt*) Ich bin be- 65 gierig.
LADY: Hören Sie also, was ich, außer Ihnen, noch niemand vertraute, noch jemals einem Menschen vertrauen will. – Ich bin nicht die Abenteurerin, Walter, für die Sie mich halten. Ich könnte großtun 70 und sagen: Ich bin fürstlichen Gebläts – aus des unglücklichen Thomas Norfolks Geschlechte, der für

C2 BÜRGERLICHES TRAUERSPIEL – LERNERFOLGSKONTROLLE/KLAUSURVORSCHLAG   **315**

die schottische Maria ein Opfer war – Mein Vater, des Königs oberster Kämmerer, wurde bezichtigt, in verrätrischem Vernehmen mit Frankreich zu stehen, durch einen Spruch der Parlamente verdammt und enthauptet. – Alle unsre Güter fielen der Krone zu. Wir selbst wurden des Landes verwiesen: Meine Mutter starb am Tage der Hinrichtung. Ich – ein vierzehnjähriges Mädchen – floh nach Teutschland mit meiner Wärterin – einem Kästchen Juwelen – und diesem Familienkreuz, das meine sterbende Mutter mit ihrem letzten Segen mir in den Busen steckte.

FERDINAND: (*wird nachdenkend und heftet wärmere Blicke auf die Lady*)

LADY: (*fährt fort mit immer zunehmender Rührung*) Krank – ohne Namen – ohne Schutz und Vermögen – eine ausländische Waise, kam ich nach Hamburg. Ich hatte nichts gelernt als das bisschen Französisch – und den Flügel – desto besser verstund ich, auf Gold und Silber zu speisen, unter damastenen Decken zu schlafen, mit einem Wink zehn Bediente fliegen zu machen und die Schmeicheleien der Großen Ihres Geschlechts aufzunehmen. – Sechs Jahre waren schon hingeweint. – Die letzte Schmucknadel flog dahin – Meine Wärterin starb und jetzt führte mein Schicksal Ihren Herzog nach Hamburg. Ich spazierte damals an den Ufern der Elbe, sah in den Strom und fing eben an zu phantasieren, ob *dieses Wasser* oder mein *Leiden* das *Tiefste* wäre? – Der Herzog sah mich, verfolgte mich, fand meinen Aufenthalt, lag zu meinen Füßen und schwur, dass er mich *liebe.* (*Sie hält in großen Bewegungen inne, dann fährt sie fort mit weinender Stimme.*) Alle Bilder meiner glücklichen Kindheit

wachten jetzt wieder mit verführendem Schimmer auf – Schwarz wie das Grab graute mich eine trostlose Zukunft an – Mein Herz brannte nach einem Herzen – Ich sank an das seinige. (*Von ihm wegstürzend.*) Jetzt verdammen Sie mich!

FERDINAND: (*sehr bewegt, eilt ihr nach und hält sie zurück*) Lady! o Himmel! Was hör ich? Was tat ich? – – Schrecklich enthüllt sich mein Frevel mir. Sie können mir nicht mehr vergeben.

LADY: (*kommt zurück und hat sich zu sammeln gesucht*) Hören Sie weiter! Der Fürst überraschte zwar meine wehrlose Jugend – aber das Blut der Norfolk empörte sich in mir: Du, eine geborene Fürstin, Emilie, rief es, und jetzt eines Fürsten Konkubine? – Stolz und Schicksal kämpften in meiner Brust, als der Fürst mich hieher brachte und auf einmal die schauderndste Szene vor meinen Augen stand. – Die Wollust der Großen dieser Welt ist die nimmersatte Hyäne, die sich mit Heißhunger Opfer sucht. – Fürchterlich hatte sie schon in diesem Lande gewütet – hatte Braut und Bräutigam zertrennt – hatte selbst der Ehen göttliches Band zerrissen – – hier das stille Glück einer Familie geschleift – dort ein junges, unerfahrnes Herz der verheerenden Pest aufgeschlossen, und sterbende Schülerinnen schäumten den Namen ihres Lehrers unter Flüchen und Zuckungen aus – Ich stellte mich zwischen das Lamm und den Tiger, nahm einen fürstlichen Eid von ihm in einer Stunde der Leidenschaft, und diese abscheuliche Opferung musste aufhören.

FERDINAND: (*rennt in der heftigsten Unruhe durch den Saal*) Nichts mehr, Mylady! Nicht weiter!

(Aus: Friedrich Schiller: Kabale und Liebe.
Reclam, Stuttgart 1987, S. 32–36)

316 ERWARTUNGSHORIZONT

Anmerkung zum Text

Ferdinand erklärt sich gegenüber der Favoritin des Fürsten als ein „Mann der Ehre", beruft sich dazu auf seinen Status als Adeliger und Offizier. Er betont gleichzeitig seine Unabhängigkeit vom Fürsten. Das ist seine Art „Stolz vor Fürstenthronen", die zu einem Sturm-und-Drang-Helden passt. Der Vorwurf, den er gegenüber der Lady erhebt, dass sie ihre Freiheit und Ehre an einen Mann „weggeworfen" habe, der ihren Geist gar nicht zu schätzen wisse, verrät bürgerliches Denken. Nur in der bürgerlichen Wertordnung sind die Empfindungen so hoch geachtet und so eng an die Liebe zu einem Partner geknüpft.

Die Lady rechtfertigt sich mit einer ausführlichen Erzählung ihrer Biografie. Sie zeigt sich dabei als eine edel denkende Person. Ferdinand, der zuerst in der Pose des Richters (auf seinen Degen gestützt) zugehört hatte, wird nachdenklich, am Ende sogar „bewegt" und gibt damit dem Publikum vor, wie es nach Meinung des Autors empfinden sollte: mit Empathie, Mitleid mit der Unglücklichen. Das Bild des Fürsten, der auf diese Weise indirekt gezeichnet wird, ist vernichtend. Nur aus Schwäche in der Stunde der Leidenschaft hat er Maßnahmen gebilligt, die den Untertanen ein halbwegs erträgliches Leben gestatten.

Die Beziehung des Textauszugs zu Lessings „Emilia Galotti" wird über den Begriff des bürgerlichen Trauerspiels hergestellt. In diesen Theaterstücken geht es immer um Auseinandersetzungen zwischen der Welt des Privaten (dem die Gefühle zugeordnet werden) und der feudalen Standestrennung am Hofe. Immer geht es auch um Übergriffe des adeligen Fürsten, welcher die bürgerliche Familie bedroht. Die tragische Entwicklung schafft Empathie auf der Seite der (schutzlos ausgelieferten) bürgerlichen Töchter. Schiller gelingt es, auch der adeligen Favoritin des Fürsten Züge einer verführten Bürgerlichen zu geben.

Inhaltliche Leistung

Aufgabe 1

	Anforderungen Die Schülerin / der Schüler	maximal erreichbare Punktzahl (AFB)	erreichte Punktzahl
1	stellt in der Einleitung die Szene vor (ordnet sie in den Gang der Handlung ein) und wirft die Hauptfragestellung – Liebe und Selbstachtung der Figuren – auf.	6 (I)	
2	gliedert den Verlauf des Gesprächs in Abschnitte, die den im Dialog versteckten „Gedankengang" der Szene abbilden.	6 (II)	
3	erschließt die Entwicklung der Beziehung zwischen den beiden Gesprächspartnern (von der leidenschaftlichen Zu- und Abneigung zu Achtung und Verstehen) und beschreibt sie angemessen.	9 (II)	
4	untersucht sprachliche Besonderheiten (etwa den Wandel in der Diktion in den Redeanteilen Ferdinands).	6 (II)	
5	erschließt Schillers Absicht, „mittlere Charaktere" vorzustellen, und erklärt sie anhand der Wendung in der Rede Ferdinands (vom Vorwurf zu Mitempfinden).	6 (II)	
6	untersucht die empfindsame Sprache der Lady (bei der Darstellung ihrer Biografie) und deutet deren Funktion für das Stück (die hassenswerte Favoritin wird dem Mitleid der Zuschauer empfohlen).	6 (III)	
7	deutet die Nähe zwischen Lady und Ferdinand („das Blut der Norfolk empörte sich in mir [...]", Z. 116 f.) mit der Mentalität des Sturm-und-Drang-Helden.	3 (III)	
8	prüft die Stellen des Textes, an denen die Lady Sprachrohr des Autors ist (Fürstenkritik), und bezieht sie in die Deutung ein.	6 (III)	
		48	

Cornelsen

Autoren:
Karlheinz Fingerhut / Margret Fingerhut

Texte, Themen und Strukturen
Lernerfolgskontrolle 21, S. 3

ERWARTUNGSHORIZONT **317**

Aufgabe 2

	Anforderungen Die Schülerin / der Schüler	maximal erreichbare Punktzahl (AFB)	erreichte Punktzahl
1	erkennt und berücksichtigt als Bezüge zwischen „Emilia Galotti" und „Kabale und Liebe" das Problem der Standesauseinandersetzungen (Übergriffe der „leidenschaftsentzügelten" Adeligen auf bürgerliche Familien).	3 (III)	
2	spricht die historische Entwicklung der (adeligen) Favoritin von der Orsina zur Lady an, desgleichen die gesteigerte Komplexität der Liebesbeziehungen: Emilia steht vor einem moralischen Dilemma. Ferdinand steht zwischen zwei Frauen.	6 (III)	
3	unterscheidet in klaren Differenzaussagen Liebe, Leidenschaft und Herrschaft bei Lessing und Schiller. (Der Fürst von Guastalla fühlt sich leidenschaftlich zu einem „bürgerlichen" Mädchen hingezogen, sucht sie mit den Mitteln des feudalen Herrschers zu erobern. Bei Schiller kann man in der Welt des Adels nicht „empfinden". Sowohl Ferdinand als auch die Lady sind, wo sie lieben, eher bürgerliche Individuen als Vertreter ihres Standes.)	6 (III)	
4	verknüpft angemessen die allgemeinen Kenntnisse über die Theorie des bürgerlichen Trauerspiels (mittlerer Held, Identifikation, Katharsis) mit den Beobachtungen am Dialog der beiden Dramenfiguren (Veränderung im Verhältnis der Sprecher).	9 (III)	
		24	

Darstellungsleistung

	Anforderungen Die Schülerin / der Schüler	maximal erreichbare Punktzahl	erreichte Punktzahl
1	*Globale Kohärenz*: bezieht Gesprächsverlauf und Charakteristik der beteiligten Figuren aufeinander.	3	
2	*Textaufbau*: gliedert die Arbeit durch Thesen oder Zwischenüberschriften, sodass ein klarer Gedankengang zu verfolgen ist.	3	
3	*Fachsprache*: verwendet bei der Untersuchung der Szene textsortenspezifische fachsprachliche Begriffe.	6	
4	*Argumentation*: erklärt das Geschehen, das in der Szene zur Sprache kommt (die „Wollust der Großen", Z. 122), mit Verweisen auf die Wirklichkeit der deutschen Residenzstadt.	3	
5	*Sprache*: formuliert sachlich.	5	
6	belegt Beobachtungen am Text durchweg richtig durch *Zitate*.	3	
7	schreibt sprachlich flüssig, in der Syntax abwechslungsreich, im Vokabular differenziert, orthografisch korrekt.	5	
		28	

Eine Zuordnung der Punktezahlen zu den Notenstufen findet sich auf S. 46 in diesem Handbuch.

Cornelsen

Autoren:
Karlheinz Fingerhut / Margret Fingerhut

Texte, Themen und Strukturen
Lernerfolgskontrolle 21, S. 4

C3 KLASSIK UND ROMANTIK

3 Klassik und Romantik

Konzeption des Kapitels

Das Kapitel dient der Beschäftigung mit dem großen mentalitäts- und literaturgeschichtlichen Epochenumbruch um 1800. Es ist im Zusammenhang mit dem Kapitel C2 „Aufklärung – Sturm und Drang" zu sehen,
ergänzt und erweitert den Einblick der Schülerinnen und Schüler in die unterschiedlichen Strömungen dieser
kulturgeschichtlichen Zeitenwende.

Das erste Teilkapitel (**„Klassik"**) gibt Gelegenheit, wesentliche Merkmale der Weimarer Klassik an exempla-
rischen Texten zu erarbeiten. Diese Texte gruppieren sich um drei Schwerpunkte: das Kunstprogramm der
Klassik mit Beiträgen Winckelmanns, Goethes und Schillers, das politische Programm, wobei die Figur des
Marquis Posa aus „Don Karlos" und Schillers Auseinandersetzung mit der Französischen Revolution im
Mittelpunkt stehen, und schließlich das Ideal der klassischen Menschenbildung. In diesem letzten Abschnitt
werden die klassischen Beispieltexte in kontrastivem Verfahren mit themenverwandten Texten anderer
Denkrichtungen bzw. anderer Epochen verglichen.

Dieser Überblick über die Klassik wird ergänzt durch die **„Literaturstation: Johann Wolfgang Goethes
‚Faust I'"**. Sie kann als vorstrukturiertes Begleitmedium bei der Ganzschriftlektüre eingesetzt werden, bietet
aber auch die Möglichkeit, in einer eigenständigen Unterrichtseinheit den Schülerinnen und Schülern einen
Einblick in dieses epochenprägende Werk zu vermitteln. Dabei wird zunächst auf die Geschichte der Faust-
Figur bis hin zu Goethes Adaption eingegangen (eine Möglichkeit, die Schülerinnen und Schüler mit dem
Phänomen der Intertextualität vertraut zu machen), dann auf die Wandlungen der Figur im Laufe von
Goethes Schaffensprozess. Im zweiten Schritt wird an Kernstellen des Dramas das zweifache Schuldig-
werden Fausts in Gelehrten- und Gretchentragödie aufgezeigt. Der dritte Schritt wendet sich schließlich
einem rezeptionsgeschichtlichen Ausblick zu.

Auch das zweite Teilkapitel (**„Romantik"**) ist in einen Epochenüberblick und eine vertiefende Literaturstation
gegliedert. Zunächst werden an Textbeispielen aus unterschiedlichen Gattungen, die um zentrale romantische Motive kreisen (Sehnsucht als Fernweh und Heimweh, Verbindung von Liebe und Tod), Einblicke in
die Literatur der Epoche vermittelt. Diese Erfahrungen mit Texten der Zeit werden dann literaturtheoretisch
vertieft durch die Auseinandersetzung mit Versatzstücken aus Beiträgen unterschiedlicher Autoren zu einem
romantischen Poesieprogramm.

Die **„Literaturstation: Nacht – Ein romantisches Motiv"** eröffnet in einem unterrichtlichen Dreischritt die
Möglichkeit, die im Überblicksteil erworbenen Kenntnisse anzuwenden und zu einer intensiveren Auseinandersetzung mit romantischer Literatur und Kunst zu gelangen. Epochentypische Gedichte können individuell oder in Kleingruppen selbstständig interpretiert und mit Bildern in Beziehung gesetzt werden, das
zeittypische Genre des Schauerromans mit seinem bis in die Moderne nachwirkenden Doppelgängermotiv
wird in Auszügen vorgestellt und schließlich werden in einem Projektvorschlag für eine literarische Revue die
kreativ-gestalterischen Fähigkeiten der Schülerinnen und Schüler angesprochen.

Literaturhinweise
Zu C3.1 Klassik
Borchmeyer, Dieter: Weimarer Klassik. Porträt einer Epoche. Athenäum/Beltz, Königstein/Weinheim 1998
Conrady, Karl Otto (Hg.): Deutsche Literatur zur Zeit der Klassik. Reclam, Stuttgart 1977
Conrady, Karl Otto: Goethe – Leben und Werk. Artemis, Zürich 1994
Dörr, Volker C.: Weimarer Klassik. Fink, Paderborn 2007
Fingerhut, Karlheinz/Fingerhut, Margret: Epochenumbruch 1800: Klassik und Romantik. Cornelsen, Berlin 2005
Gaier, Ulrich: Johann Wolfgang Goethe. Faust-Dichtungen. Bd. 2 und 3. Kommentar I u. II. Reclam, Stuttgart 1999
Kopfermann, Thomas: Epochenzentrum Weimar/Jena. Klett, Stuttgart 1999
Mohr, Deborah: Johann Wolfgang Goethe: Faust I. Texte, Themen und Strukturen. Kopiervorlagen. Cornelsen, Berlin 2009
Oellers, Norbert/Steegers, Robert: Treffpunkt Weimar. Literatur und Leben zur Zeit Goethes. Reclam, Stuttgart 1999
Safranski, Rüdiger: Friedrich Schiller oder Die Erfindung des Deutschen Idealismus. Hanser, München/Wien 2004
Weimarer Klassik. Arbeitsheft zur Literaturgeschichte. Texte. Übungen. Hg. von Reinhard Lindenhahn. Cornelsen, Berlin 1996
Ueding, Gert: Klassik und Romantik. Deutsche Literatur im Zeitalter der Französischen Revolution 1789–1815. Deutscher
Taschenbuch Verlag, München 1988

Zu C3.2 Romantik:
Die deutsche Literatur in Text und Darstellung. Bd. 8/9: Romantik I./II. Hg. von Hans-Jürgen Schmitt. Reclam, Stuttgart 1974
Fingerhut, Karlheinz/Fingerhut, Margret: Epochenumbruch 1800: Klassik und Romantik (s. o.)
Hoffmeister, Gerhart: Deutsche und europäische Romantik. Metzler, Stuttgart 1990
Kremer, Detlef: Romantik. Metzler, Stuttgart 2003
Romantik. Texte. Übungen. Arbeitsheft zur Literaturgeschichte. Hg. von Reinhard Lindenhahn. Cornelsen, Berlin 1998
Romantik. Praxis Deutsch 118/1993
Safranski, Rüdiger: Romantik. Eine deutsche Affäre. Hanser, München 2007
Wawrzyn, Lienhard (Hg.): Romantische Gedichte. Natursehnsucht und Liebesleid. Klaus Wagenbach, Berlin 2002

C3 KLASSIK UND ROMANTIK 319

	Inhalte	Kompetenzen Die Schülerinnen und Schüler
S. 292	**3 Klassik und Romantik**	• reflektieren ihr Vorverständnis zu den Epochenbegriffen „Klassik" und „Romantik"
S. 293	**3.1 Klassik**	
S. 293	**Das Kunstprogramm: Wahrheit und Schönheit** Texte von *Johann Wolfgang Goethe*, *Johann Joachim Winckelmann*, *Friedrich Schiller*	• kennen wesentliche Elemente des Kunst- und Literaturprogramms der Klassik und setzen es zu konkreten Werken in Beziehung
S. 296	**Das politische Programm: Weltbürgertum und Revolutionsskepsis** *Friedrich Schiller:* Don Karlos / Briefe über Don Karlos / Brief an den Herzog von Augustenburg	• gewinnen anhand der Analyse von Textbeispielen unterschiedlicher Textsorten einen Eindruck von der Position der Klassiker zu politisch-gesellschaftlichen Grundfragen
S. 299	**Das Ideal der Menschenbildung: „Edel sei der Mensch ..."** Texte von *Johann Wolfgang Goethe*, *Friedrich Schiller*, *Friedrich Hölderlin*, *Günter Grass*	• erarbeiten sich anhand klassischer Lehrdichtung Züge des Menschenbildes • grenzen in kontrastiven Textvergleichen dieses Menschenbild von anderen ab und setzen sich damit auseinander
S. 303	**Literaturstation: Johann Wolfgang Goethes „Faust I"**	• gewinnen einen Eindruck von der Komplexität der Faust-Figur und ihrer für den Epochenumbruch exemplarischen Bedeutung
S. 304	**I Vom Zauberer zum Sinnsucher – Wandlungen im Auftritt des Titelhelden** Auszüge aus dem Volksbuch des Buchdruckers *Johann Spies*, aus *Christopher Marlowes* „Historie vom Doktor Faustus" und aus *Goethes* „Faust"	• kennen wesentliche Stufen der Entwicklung der Faust-Figur bis zu Goethes Adaption und machen sich mit dem Phänomen der Intertextualität vertraut
S. 309	**II Scheitern und Schuld – Die zweifache Tragödie** *J. W. Goethe:* Faust I	• verschaffen sich einen Überblick über die Entwicklung der Faust-Figur bei Goethe
S. 314	**III Inszenierungen und Adaptionen – Rezeptionsgeschichtlicher Ausblick**	• setzen sich mit unterschiedlichen Inszenierungen und weiteren Beispielen aus der Rezeptionsgeschichte auseinander
S. 317	**3.2 Romantik**	
S. 318	**„Ach, wer da mitreisen könnte" – Fernweh und Heimweh"** Texte von *Ludwig Tieck* und *Joseph von Eichendorff*	• beobachten bei der Analyse unterschiedlicher Texte verschiedene Facetten des romantischen Zentralmotivs „Sehnsucht"
S. 321	**„Beisammen konnten sie dir nit kommen" – Liebe und Tod** Volkslied, Texte von *H. Heine* und *H. von Kleist*	• erarbeiten an Texten mit der Motivverknüpfung „Liebe" und „Tod" einen Aspekt romantischer Mentalität
S. 325	**„Poesie ist Darstellung [...] der inneren Welt [...]" – Aspekte eines romantischen Poesieprogramms** Texte von *Novalis* und *Friedrich Schlegel*	• kennen wesentliche Elemente des romantischen Kunst- und Literaturprogramms und grenzen es von dem der Klassik ab
S. 328	**Literaturstation: Nacht – Ein romantisches Motiv**	
S. 328	**I „O holde Nacht" – Nachtgedichte** Gedichte von *Joseph von Eichendorff*, *Clemens Brentano*, *Novalis*, *Karoline von Günderode*	• untersuchen in einem vergleichenden Interpretationsverfahren motivgleiche Gedichte und setzen sie zu Bildern der Zeit in Beziehung
S. 332	**II Nacht, Traum und Wahn – Auszüge aus einem romantischen Schauerroman** *E.T.A. Hoffmann:* Die Elixiere des Teufels	• erkennen genrespezifische Merkmale des romantischen Schauerromans in Handlungsführung, Atmosphäre und Figurengestaltung
S. 335	**III „Eine Reise durch die Nacht" – Eine literarische Revue inszenieren**	• konzipieren und präsentieren eine literarische Revue zum Thema „Nacht"

320   C3 KLASSIK UND ROMANTIK

3 Klassik und Romantik

▶ S. 292 **1/2** Es geht bei diesen Aufgaben darum, dass die Schülerinnen und Schüler über assoziative Zuord-nungen von Bildern, Stichworten und Zitaten ihr Verständnis der Begriffe „Klassik" und „Romantik" formulieren. Bewusst werden sollte ihnen dabei, dass in dieses Verständnis die alltagssprachlichen Bedeutungen der Adjektive „klassisch" und „romantisch" in ihrer diffusen Vielfalt aus den Bereichen Werbung, Lifestyle, Sport, Mode etc. einfließen, aber auch vereinzelte Wissensbestände zu den beiden Kunst-, Musik- und Literaturepochen aus verschiedenen Unterrichtsfächern, Museumsbe-suchen, Kultursendungen etc. Das Bewusstwerden der Bedeutungsbestandteile der subjektiven Begriffe und deren Quellen dient als Basis bzw. als Kontrastfolie für die wissenschaftspropädeutische Arbeit an einem Verständnis der Epochenbegriffe.

◎ Folien zur Auftaktseite dieses Kapitels finden sich auf der beiliegenden CD:
- *Joseph Anton Koch:* Landschaft mit dem Regenbogen (um 1805)
- *Caspar David Friedrich:* Gebirgslandschaft mit Regenbogen (1810)

▶ S. 293 ### 3.1 Klassik

1/2 Vergleich der Bilder „Sir Brooke Boothby" von **Joseph Wright** und „Goethe in der Campagna di Roma" von **Johann Heinrich Wilhelm Tischbein**:
Beide Bilder gehören zu einem neuen Typ von Porträtmalerei und gleichen sich auffällig, ohne dass wohl der eine Maler das Bild des anderen gekannt hätte. Offensichtlich stehen beide Maler dem Por-trätierten nahe, verehren ihn gewissermaßen; es handelt sich um das neue Genre des so genannten „Freundschaftsbildnisses". Die beiden Abgebildeten erscheinen als edle Gestalten, nehmen eine etwas gekünstelt wirkende, anmutig hingestreckte Haltung ein, wobei beide ein wenig in die Länge gezogen, also übergroß wirken. Sir Brooke ein vollendeter Edelmann in elegant-bequemer Kleidung nach der Mode der Zeit, Goethe im übergroßen hellen Reisemantel mit antikisierendem Faltenwurf ganz der Dichterfürst. Zur Inszenierung der Figuren gehört auch bei beiden Bildern, dass der Hintergrund nicht einfach den für die Person gewöhnlichen Lebensraum darstellt, sondern eine Art Erlebnisraum, eine Seelenlandschaft, die das spiegelt, was den Porträtierten innerlich bewegt.
Über diese grundsätzlichen Ähnlichkeiten hinaus gibt es jedoch auch eine Reihe von Unterschieden. Die Position der Figur auf Wrights Bild ist von Frontalität bestimmt, der Porträtierte wendet sich ganz dem Maler (und dem Betrachter) zu, blickt ihn an, ist mit ihm auf Augenhöhe. Damit entsteht eine nähere, intensivere Beziehung als auf dem Goethe-Bild. Hier wendet die Porträtfigur dem Maler nur den Oberkörper zu, das Gesicht wird im Profil gezeigt, der Blick gilt nicht dem Maler (und dem Be-trachter), sondern schweift in die Ferne, aufmerksam betrachtend. Auch wird die Gestalt des Dichters aus einer leichten Untersicht erfasst, wirkt also erhöht. Die unverkennbare Theatralik von Kostümie-rung und Kulisse rücken die Figur weiter ins Erhabene und tragen zur größeren Distanz bei. Die Antike dominiert vom Faltenwurf des Gewandes über den Sitzplatz auf den Resten eines Obelisken (die Bildentwürfe zeigten noch Hieroglyphen darauf) bis hin zu den zahlreichen Relikten, die die Landschaft durchsetzen (Mausoleum, Aquädukt, Kapitell, Relief). Von der Farbgebung her besteht eine Korrespondenz zwischen dem Mantel und dem hellen Stein des Reliefs. Was den Dichter inner-lich bewegte, ist weniger die Natur als die Zeugnisse aus der Antike, über die er nachsinnt. Auf Wrights Bild hingegen bildet reine Natur den Hintergrund, in der Farbgebung korrespondieren die zarten Rottöne des Himmels mit dem Gesicht der Figur. Enge Beziehung zur Natur, in die die Person eingebettet ist, und zum Maler-Freund, dem sie sich offen zuwendet, sprechen aus dem Bild und lassen es empfindsamer, gefühlvoller erscheinen als Tischbeins Darstellung. Dass Sir Brooke ein Buch mit in den Wald genommen hat, ist kein störender Ausdruck von Gelehrsamkeit, sondern Be-stätigung seiner Naturverbundenheit, liest er doch Rousseau (auf dem Original deutlich als Schriftzug auf dem Buch erkennbar), den Verkünder des „Zurück zur Natur".
Die beiden nahezu gleichzeitig entstandenen Bilder verweisen bei aller Ähnlichkeit auf zwei unter-schiedliche Epochentendenzen: einerseits Naturverehrung und Gefühlskult, andererseits geistige Annäherung an die Ideen der Antike. Tischbeins Gemälde leitet das erste Unterkapitel zur Klassik ein, das mit Auszügen aus Goethes „Italienischer Reise" beginnt.

3.1 KLASSIK **321**

Das Kunstprogramm: Wahrheit und Schönheit

Johann Wolfgang Goethe: **Italienische Reise** (1786/1829)   ▶ S. 293

1   Goethe rühmt vor allem die Vollkommenheit in der Konzeption der Bauwerke, die auch für einen einfachen
    Tempel gilt. Alles stimmt zusammen. Das beginnt schon mit der optimal in die Landschaft eingefügten
    Lage, auf deren Bedeutung die Baumeister der Antike und ihre Nachfolger in der Renaissance hinwiesen,
    und endet mit der konsequent dem Gesamtkonzept folgenden Gestaltung der Fassaden. (1. Textauszug)
    Die Vielfältigkeit der immer wieder überraschenden Einzeleindrücke fügt sich zu einem überwältigenden
    Ganzen zusammen, an das alle Vorstellungen nicht heranreichen und für das man keine Worte findet. Das
    Ganze drückt Größe aus, die durch einige wenige misslungene Details nicht beeinträchtigt wird. (2. Text-
    auszug)
    Die Reaktionen des Betrachters auf die antiken Bauwerke sind Begeisterung, Überwältigung, tiefer Res-
    pekt, innere Klarheit und Ruhe, ein Gefühl des Glücks. Am Ende findet er hier etwas, das sein ganzes
    Lebenskonzept bestimmt: Solidität. Gemeint ist damit eine Geisteshaltung, die in ernsthafter Tätigkeit, die
    nichts knöchern Freudloses haben darf, ihre Erfüllung findet. Eine solide Wesensart, die Gesetztheit mit
    der Fähigkeit zur Freude verbindet, befähigt dazu, die richtige Wertordnung für die Dinge der Welt zu
    finden.

2   Der Maler Joseph Anton Koch (1768–1839) reiste etwa zehn Jahre später als Goethe nach Rom, um dort
    seine künstlerischen Studien fortzusetzen. Ab 1803 erkundete er intensiv die Landschaft in der Umgebung
    von Rom. Er ließ sich von Italien und den antiken Bauwerken mit der gleichen Begeisterung inspirieren
    wie Goethe. Auf dem Bild „Landschaft mit Regenbogen" (S. 292 im Schülerband) malt er nicht wirklich-
    keitsgetreu und topografisch korrekt eine Gegend ab, sondern idealisiert sie und schafft eine harmonische
    Einheit von Natur, Menschen und antiken Gebäuden. Um den Eindruck von Ganzheit und Harmonie noch
    zu erhöhen, krönt er die Landschaft, die er in einem späteren Titel des Bildes als „heroische Landschaft"
    bezeichnete, mit dem Symbol des Regenbogens. Er reproduziert in seinem Gemälde das, was Goethe in
    seinen Beschreibungen über die „glückliche Stellung" der antiken Gebäude im Gelände (Z. 9–19) voller
    Bewunderung ausführt, und er lässt sie in der gleichen Größe und Erhabenheit erscheinen, die der Dichter
    ihnen zumisst. So kann man sagen, dass Goethes Schilderungen und Kochs Gemälde von einem ganz
    ähnlichen Geist geprägt sind.

3   Der Text wechselt zwischen anschaulicher Beschreibung und Ausdruck innerer Befindlichkeit. Stilistisch
    auffallend sind die vielen Hochwertadjektive, zum Teil im Superlativ, wie „löblichste" (Z. 2), „vollkommen"
    (Z. 7), „schön" (Z. 7, 15), „groß" (Z. 14, 32), „glücklich" (Z. 19, 31), „genialisch" (Z. 21), „licht" (Z. 27),
    „unendlich" (Z. 47), „solid" (Z. 50), „lebendig" (Z. 51), „völlig" (Z. 28), „vollständig" (Z. 4), „richtig" (Z. 57),
    „gesegnet" (Z. 58). Dazu passen die positive Assoziationen auslösenden Substantive: „Respekt" (Z. 12),
    „im Natürlichen" (Z. 14), „Klarheit" (Z. 24), „Ruhe" (Z. 24), „Treue" (Z. 27), „Ganzes" (Z. 33), „Großheit"
    (Z. 43), „Solidität" (Z. 51), „Tüchtigkeit" (Z. 53), „Ernst" (Z. 54), „Freude" (Z. 55). Im Satzbau bemerkenswert
    sind einige feierlich wirkende Ausrufe wie: „[…] und siehe, das löblichste Werk […]" (Z. 2), „Nun vorerst
    von seiner Stellung!" (Z. 8 f.), „Hievon lässt sich nun freilich nichts überliefern!" (Z. 39 f.). Gelegentliche
    Interjektionen verstärken diesen Zug zum Exklamatorischen: „ja" (Z. 47), „wahrlich" (Z. 40).
    Ganz im Vordergrund steht hier die Ausdrucksfunktion der Sprache (vgl. S. 94 f. im Schülerband). Tiefe
    Bewegtheit des Sprechers von dem, was er sieht, und seine Begeisterung darüber teilen sich den
    Lesenden nachdrücklich mit.

4   Andere Reiseberichte werden sich weit sachlich-nüchterner auf Beschreibung und Information konzentrie-
    ren, also von der Darstellungsfunktion der Sprache geprägt sein. Auch könnten ironisch-witzige, satirische
    Töne bei einem Reisebericht angeschlagen werden und damit kritische Distanz zu dem Gesehenen und
    Erfahrenen zum Ausdruck bringen. So bieten Heines Schilderungen und Kommentare seiner „Reise von
    München nach Genua" einen Kontrast zu Goethes Italienbegeisterung (zwei Auszüge daraus finden sich
    in Karlheinz Fingerhut / Margret Fingerhut: Epochenumbruch 1800: Klassik und Romantik, a. a. O.)

▶ S. 295 Johann Joachim Winckelmann: **Gedanken über die Nachahmung der griechischen Werke in der Malerei und Bildhauerkunst** (1755)

▶ S. 295 Friedrich Schiller: **Idealisierung als Aufgabe des Dichters** (1791)

▶ S. 296 Johann Wolfgang Goethe: **Natur und Kunst** (1800)

1 a   Vorschlag für ein Tafelbild:

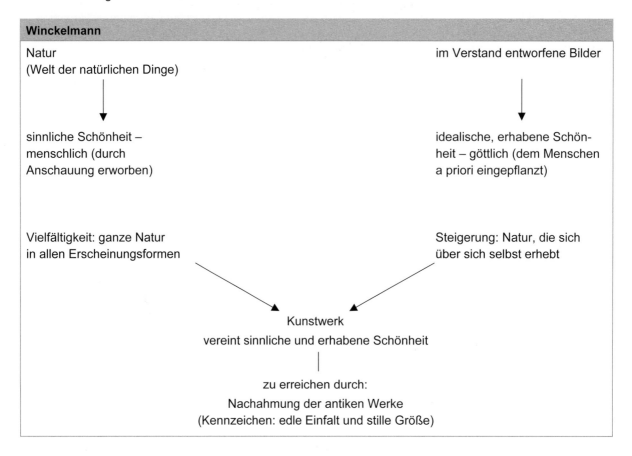

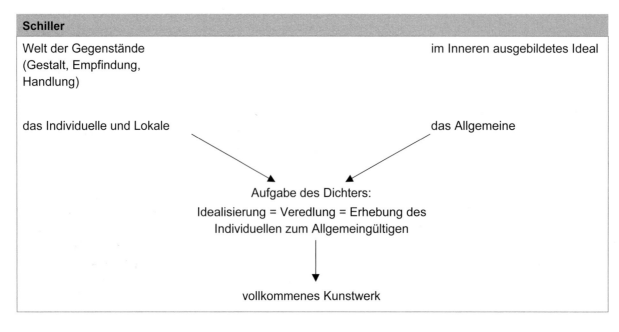

3.1 KLASSIK

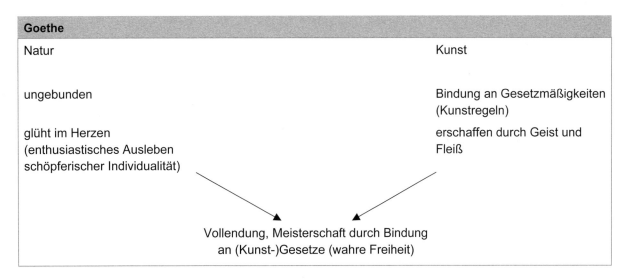

b Mögliches „Manifest" eines Kunst- und Literaturprogramms:
Die Natur ist der Bereich des sinnlich Wahrnehmbaren, der Bereich der Gegenstände in ihrer ganzen Vielfalt. Ihr kommt Schönheit in der Anschauung des Menschen zu (= sinnliche Schönheit). Es handelt sich hier um die geschaffene Natur, die natura naturata. Zum Bereich der Natur gehört aber auch die in der Natur und damit auch im Menschen wirkende schöpferische Kraft, die natura naturans.
Kunst zu schaffen heißt nun nicht, die Natur in ihren konkreten Einzelerscheinungen und der daran haftenden sinnlichen Schönheit abzubilden, sondern es muss im künstlerischen Prozess etwas dazukommen. Dem Menschen sind mit seiner Vernunft, womit er teilhat am Göttlichen, Idealvorstellungen, Urbilder a priori mitgegeben. Sie befähigen ihn dazu, das Angeschaute, die konkreten Einzelerscheinungen von allen zufälligen Beimengungen zu reinigen und den Idealbildern anzunähern. Diese Idealisierung schafft erst die über die sinnliche Schönheit hinausgehende erhabene Schönheit, die das echte Kunstwerk ausmacht, wie es die antiken Beispiele lehren. Um dies zu erreichen, genügt es nicht, der individuellen Schöpferkraft freien Lauf zu lassen. Erst nachdem der Künstler sich in den Gesetzmäßigkeiten der Kunst, z. B. am Vorbild der antiken Werke, gebildet hat, überwindet er die Willkürlichkeiten seines individuellen Schöpfertums und gelangt zur wahren künstlerischen Freiheit und der Hervorbringung vollendeter Schönheit.

2 Geeignete Beispiele, die sich den literatur- und kunstprogrammatischen Äußerungen zuordnen lassen, sind u. a.:
- aus der Bildhauerkunst: Werke Johann Gottfried Schadows oder Johann Heinrich von Danneckers;
- aus der Architektur: Werke Karl Friedrich Schinkels;
- aus der Malerei: Werke Jacques-Louis Davids, Jakob Philipp Hackerts oder Johann Heinrich Wilhelm Tischbeins (vgl. S. 293 im Schülerband).

Als Beispiele aus der Literatur empfehlen sich besonders folgende Gedichte und Texte:
- Goethe: „Mächtiges Überraschen", Elegie V aus den „Römischen Elegien", Eingangsmonolog der Iphigenie (vgl. S. 170f. im Schülerband);
- Schiller: „Der Antritt des neuen Jahrhunderts", „Die Worte des Glaubens", „Die Götter Griechenlands".

Das politische Programm: Weltbürgertum und Revolutionsskepsis

Friedrich Schiller: Don Karlos. Infant von Spanien (1884–1887) – Aus III/10 ▶ S. 296

1 Deutlich werden sollten folgende Aspekte:
Z. 3194–98: Appell an die Großmut Philipps, das Glücksstreben der Menschen zu befriedigen.
Z. 3198 f.: Neue Ideen erheben sich in Philipps Reich.
Z. 3200 f./3206 ff.: König als Gleicher unter Gleichen; gegen unnatürliche Gleichsetzung des Herrschers mit Gott.
Z. 3202–04: Posa als Sprecher aller Bürger.
Z. 3205 f.: Er suggeriert dem König, dass auch in ihm ein Funke der neuen Ideen lebt.
Z. 3206–12: König soll Vorbild beim Aufbau einer nach ewigen und wahren Prinzipien gestalteten, neuen Weltordnung werden; als mächtigster Herrscher Europas hat er die Möglichkeit dazu.
Z. 3213–16: Bitte, den ersten grundlegenden Schritt zu dieser neuen Ordnung zu tun: Gedankenfreiheit zu gewähren.
Z. 3217–20: Freiheit als Grundlage der Natur, sie wird damit als ein Naturrecht begründet.

324 C3 KLASSIK UND ROMANTIK

Z. 3236–38: Skeptische Frage des Königs, ob Posa sich zutraut, die freiheitliche Ordnung in Philipps Reich herzustellen.

Z. 3238–45: Es ist allein Aufgabe des Königs, die neue Ordnung zu schaffen, indem er seine Macht nicht mehr nur zur Erweiterung der Macht nutzt (Macht als Selbstzweck), sondern für die Wohlfahrt aller Bürger, deren ursprüngliche Würde (Menschenwürde) wiederhergestellt wird.

Z. 3245–49: Die Freiheit des Bürgers findet ihre Grenzen nur in den Rechten der Mitbürger und lässt alle Tugenden sich entfalten.

Z. 3250–52: Wenn die neue, auf Freiheit, Menschenwürde und Gleichheit aller Bürger gegründete Ordnung in Philipps Reich hergestellt ist, soll er sie in der ganzen Welt ausbreiten (universale Geltung; Rechtfertigung zur Welteroberung).

2 Freiheit ist nach Marquis Posa in der Natur begründet, sie ist ein Naturrecht. Sie manifestiert sich in der menschlichen Gesellschaft zunächst in der Gedankenfreiheit, genauer gesagt in der Freiheit, die eigenen Gedanken und Meinungen äußern zu dürfen. Die Freiheit ermöglicht alle Tugenden, die nicht erzwungen werden können, ohne dass sie ihren Charakter als Tugend verlieren. Sie findet ihre Grenzen nur in den Freiheitsrechten der Mitbürger. In einer Monarchie nach den Idealen des Marquis werden Menschenwürde (Adel der Menschheit) und Freiheitsrechte geachtet. Der Bürger ist nicht Untertan, sondern als Menschenwesen dem König gleichgestellt. Niemals dürfen die Bürger dem Herrscher als Mittel zum Zweck dienen, etwa um die Macht auszudehnen. Das würde sie ihrer Menschenwürde berauben. Vielmehr ist Ziel aller Regentschaft, den Menschen ihr Streben nach Glück zu ermöglichen und die allgemeine Wohlfahrt zu fördern.

3 Marquis Posa als „Weltbürger": Posa vertritt universal gültige Rechte: Freiheit und Menschenwürde sollen überall gelten. Dafür setzt er sich ein, er dient nicht einem Herrscher oder einem bestimmten Land. Pflicht des Staates, in dem diese Rechte gelten, ist es, sie in der ganzen Welt durchzusetzen.

4 Die durch das jambische Versmaß bewirkte gleichmäßige Rhythmisierung und Gemessenheit der Sprache hebt sie aus der Alltagssprache heraus, gibt ihr etwas Erhabenes. Sie trägt wesentlich dazu bei, den individuellen, spontanen Ausdruck durch die Bindung an die vorgegebene, feste Form eines Metrums ins Allgemeingültige zu erheben. Ein Idealisierungsprozess findet statt. Der an ein bestimmtes Hier und Jetzt gebundene, historische Moment am spanischen Königshof wird so gestaltet, dass das Allgemeine darin erkennbar wird, das auch für die Zuschauer/innen in Schillers Zeit und darüber hinaus Bedeutung hat.

▶ S. 297 Friedrich Schiller: **Briefe über Don Karlos** (1788) – Aus dem elften Brief

1 Nachzeichnung des Argumentationsgangs:
Z. 1–5: Einräumung und Bestätigung der Kritik: Der Charakter Posas hat durch seine Intrige an Schönheit und Erhabenheit verloren.

Z. 5–7: Rechtfertigung und Zurückweisung der Kritik durch die These: Wahrheit geht vor Schönheit.

Z. 7–31: Begründende Erläuterung: Wahrheit ist, dass die Liebe zu einer Idee im Gegensatz zu der Liebe zu einer Person zu derselben rücksichtslosen Missachtung der Freiheit und Würde anderer führt wie der Egoismus eines Despoten. Bei beiden nämlich liegt der Gegenstand der Liebe im eigenen Selbst, beim Idealisten in seiner Idee, beim Despoten in seinem Ego. In der Ausrichtung darauf werden andere Menschen funktionalisiert und dienen als Mittel zum Zweck.

2 Die positive Seite der politischen Aufklärung, die sich für Freiheit und Menschenrechte einsetzt, hat häufig eine negative Kehrseite: Bei der Durchsetzung dieser Rechte für die Allgemeinheit werden die Rechte Einzelner rücksichtslos verletzt. Historische Beispiele: die Französische Revolution mit der Schreckensherrschaft der Jakobiner, die Russische Revolution mit den bolschewistischen Terrormaßnahmen, Befreiungsbewegungen in den ehemaligen Kolonien, die als brutale Diktaturen enden.

▶ S. 298 Friedrich Schiller: **Brief an den Herzog Friedrich Christian von Augustenburg** (1793)

1 Folgende Aspekte sollten in den Zusammenfassungen der Kernaussagen berücksichtigt werden:
- Verschlimmerung der politischen und gesellschaftlichen Verhältnisse in Europa durch die Französische Revolution;
- Voraussetzung für die Errichtung einer freiheitlichen Staatsverfassung, das höchste Ziel aller Kultur: die Veredlung des menschlichen Charakters, damit sich Bürger entwickeln, die mit einer Verfassung umgehen können;

3.1 KLASSIK **325**

- wichtigstes Medium der Charakterbildung: Kunst und Literatur, damit neben die schon weit fortgeschrittene Verstandesaufklärung eine Veredlung der Gefühle und der Willenskräfte tritt, was unabhängig von der politischen Ordnung geschieht.

2 a Wichtigstes Ziel für Schiller ist und bleibt eine freiheitliche Staatsverfassung, in der die Menschenwürde garantiert ist. Das steht für ihn im Zentrum aller Kultur. Dies Ziel kann vorläufig aber noch nicht erreicht werden und muss Utopie bleiben. Der Grund dafür ist die charakterliche Unreife seiner Zeitgenossen, die noch nicht die vernunftgesteuerte Veredelung ihrer Gefühls- und Willenskräfte erreicht haben, um eine freiheitliche Staatsverfassung verwirklichen zu können, ohne dass die Gesellschaft in Chaos und Barbarei abgleitet. Zur Charakterbildung, die die Bürger für den zukünftigen Staat schaffen könnte, leisten Kunst und Literatur einen wesentlichen Beitrag. Beweis für diese Einschätzung der Situation ist der Verlauf der Französischen Revolution, der gezeigt hat, dass die Chancen für die Einführung einer freiheitlichen Staatsverfassung nach den Prinzipien der Aufklärung noch nicht gegeben sind.

  b Aufgabe des Schriftstellers kann es für Schiller, den Ehrenbürger der Französischen Revolution, zu seiner Zeit nicht sein, sich direkt politisch zu betätigen und auf eine gesellschaftliche Veränderung hinzuarbeiten. Vielmehr versteht er seine schriftstellerische Produktion als Beitrag zur Erziehung und Charakterbildung seines Publikums, was dazu führt, dass er mit seinem Schreiben nicht in tagesaktuelle Fragen eingreifen will. Dazu passt, was er in seinem literaturtheoretischen Programm über die Idealisierung als Aufgabe des Dichters sagt (vgl. S. 295 im Schülerband).

3 Trotz allen revolutionär erscheinenden Freiheitsstrebens seiner Helden Karl Moor und Marquis Posa stimmt deren Verhalten und die Botschaft, die mit deren Schicksal vermittelt wird, letztlich doch mit der Revolutionsskepsis überein, die der Autor in seinem Brief an den Herzog von Augustenburg so deutlich formuliert. Karls in seinem Räuberleben sich austobender Freiheitsdrang ist lediglich auf Verwirklichung individueller Größe und Rache für eine narzisstische Kränkung hin ausgerichtet. Am Ende bereut er seine gewalttätige Störung der gesellschaftlichen Ordnung und stellt sich der Bestrafung durch die Repräsentanten dieser Ordnung. Marquis Posa bittet den absolutistisch regierenden Despoten Philipp um Gewährung der Gedankenfreiheit und will durch dessen Gnade bzw. dann durch eine Intrige die neue freiheitliche Ordnung schaffen.

Johann Wolfgang Goethe / Friedrich Schiller: Deutscher Nationalcharakter (1796)　　　　　► S. 299

1 Die beiden Klassiker erteilen in diesem Epigramm in ihren gemeinsam herausgegebenen „Xenien" dem Nationalstaatsgedanken, wie er in der Französischen Revolution und in der Folgezeit im Programm der bürgerlichen Revolution in Deutschland (1848) eine zentrale Rolle spielte, eine klare Absage. Nicht die freie deutsche Republik und die Beseitigung der vielen deutschen Fürstentümer empfehlen die Klassiker ihren Landsleuten als Ziel, sondern die Bildung des Individuums zu einem innerlich freien Menschen. Damit fügt sich das Epigramm nahtlos den Gedanken Schillers im Brief an den Herzog von Augustenburg an (s. o. die Ausführungen zu den Aufgaben 1 und 2).

Das Ideal der Menschenbildung: „Edel sei der Mensch …"

Johann Wolfgang Goethe / Friedrich Schiller: Xenien (1796)　　　　　► S. 299

1/2 Die Arbeitsanregungen leiten die Schülerinnnen und Schüler dazu an, sich ein möglichst genaues Verständnis der Epigramme zu verschaffen und sich mit den Appellen, die sie an die Leserinnen und Leser richten, auseinanderzusetzen. Deutlich werden sollte, dass in den Sinnsprüchen wesentliche Maximen des klassischen Bildungsideals formuliert werden.
　　„Würde des Menschen": Dieses Epigramm überrascht, klingt es in seinem materialistischen Ansatz doch eher nach Marx und Brecht als nach Schiller und Goethe. Offenbar sind die Klassiker, im Gegensatz zu manchen ihrer ideologischen Nachfolger, nicht blind gegenüber den Voraussetzungen ihres hohen, idealistischen Erziehungsprogramms, nämlich der Notwendigkeit, zunächst einmal die elementaren Lebensbedürfnisse zu befriedigen. Das Epigramm zielt wohl spöttisch auf die allzu wirklichkeitsfernen Jünger von Aufklärung und Empfindsamkeit, die in Schwärmerei über die Würde und Güte des Menschen verfielen, ohne die Lebensbedingungen der einfachen Leute zu sehen, enthält möglicherweise aber auch einen guten Schuss Selbstironie.

„Das Höchste": Hier geht es um die möglichst vollkommene Ausbildung aller Anlagen, die dem Individuum mitgegeben sind. Wie der Schössling sich zur vollendeten Pflanze entwickelt und Blüte und Frucht trägt, so soll der Mensch sich zu dem entfalten, was in ihm als mögliches Entwicklungsziel angelegt ist. Eine Parallele zur Aussage dieses Epigramms findet sich in den Worten des Herrn im „Prolog im Himmel" in Goethes „Faust": „Wenn er mir jetzt auch nur verworren dient, / So werd' ich ihn bald in die Klarheit führen. / Weiß doch der Gärtner, wenn das Bäumchen grünt, / Dass Blüt' und Frucht die künft'gen Jahre zieren." (vgl. S. 308 im Schülerband, V. 308–311)

„Aufgabe": Hier wird der Gleichheitsbegriff im Menschenbild der Klassik formuliert. Es geht nicht um Angleichung der Menschen untereinander, ein Gleichsein eines jeden mit den anderen. Das wäre nivellierende Gleichmacherei. Vielmehr soll ein jeder seine Individualität vollkommen entfalten und damit das Höchste erreichen, wie im zweiten Epigramm gefordert. In diesem Streben nach dem Höchsten, in der umfassenden Verwirklichung der individuellen Anlagen, zeigt sich die wahre Gleichheit.

„Schöne Individualität" entwirft das menschliche Idealbild, das in der Klassik auch als „schöne Seele" bezeichnet wurde. Durch die Vernunft, an der jeder Mensch teilhat, ist das Individuum an das Ganze der Menschheit gebunden. Die Kräfte des Herzens, also Gefühl und Wünsche, machen das Individuelle aus, lassen aber auch Gemeinschaft erleben. Aus dem Herzen kommt die Stimme der Neigung. Von schöner Individualität oder einer schönen Seele kann gesprochen werden, wenn die Vernunft mit dem Gefühl in Einklang steht, wenn die Tugenden und Pflichten, die die Vernunft gebietet, aus Neigung befolgt werden.

▶ S. 300 **Johann Wolfgang Goethe: Das Göttliche** (1783)

▶ S. 300 **Friedrich Hölderlin: Hyperions Schicksalslied** (1799)

▶ S. 301 **Günter Grass: Im Ei** (1958)

1/2 Das erste spontane Verständnis der Gedichte, das in den Zeichnungen visualisiert werden soll (Aufgabe 1), wird in den anschließenden detaillierten Interpretationen überprüft (Aufgabe 2). Folgende Aspekte wären zu berücksichtigen:

Goethe: „Das Göttliche"	Hölderlin: „Hyperions Schicksalslied"	Grass: „Im Ei"
Gedankengang / inhaltlicher Aufbau		
• einleitender Appell, edel und gut zu sein • Begründung: Sonderstellung des Menschen unter allen Wesen • Vertiefung: Projektion des Göttlichen durch Idealbild des Menschen von sich selbst • Gegensatz: moralisch blindes Walten von Natur und Glück • Folgerung: Der Mensch als Naturwesen ist Daseinsgesetzen und Zufall unterworfen; Unterschied zu anderen Wesen aber: freier Wille, moralisches Handeln, ordnendes Eingreifen • Aufgreifen des einleitenden Appells (Ringstruktur) und des Projektionsgedankens	• Ansprache an die göttlichen Wesen in ihrem menschenfernen Elysium • Kennzeichnung ihres Daseins: Schicksallosigkeit, Harmonie, Schönheit, Klarheit, ewige Dauer • Gegensatz der Menschenwelt: Ausgeliefertsein an blindes Schicksal, Ruhelosigkeit, Leiden, Herabstürzen ins Ungewisse	• Kennzeichnung des Menschenlebens: in einem eng begrenzten Raum • spekulative Vorstellungen von einem höheren Wesen, dem die Menschen ausgeliefert sind und das für sie sorgt • Dasein von Unsicherheit und Unklarheit bestimmt • Zweifel an allen mit den Spekulationen verbundenen Hoffnungen und Vision einer Vernichtung der Menschenwelt

Sprecher und seine Haltung		
• Rolle eines Mahners und Ratgebers (Tradition des poeta vates, des priesterlichen Dichters), der sich damit zunächst über seine Adressaten erhebt, sich dann aber als ihnen zugehörig bekennt („wir", V. 49) und in ihrem Namen spricht	• spricht stellvertretend für Adressaten • wendet sich an die fernen, unnahbaren Götter und beklagt dann sein und seiner Mitmenschen Schicksal	• spricht stellvertretend für Adressaten, allerdings mit kritischer Distanz zu deren Verhalten und Spekulieren • aus dieser Distanz bedrohliche Frage am Ende
Sprache und Tonfall		
• Ringstruktur • an antike Odenform angelehnt • freie Rhythmen • hohe, feierliche Sprache mit vielen Apostrophen und Sentenzen	• an antike Odenform angelehnt • von trochäisch-daktylischem Metrum geprägt • poetische, bilderreiche Sprache • Antithese zwischen den ersten beiden und der dritten Strophe: positiv konnotierte Wörter vs. negativ konnotierte	• freie, prosanahe Form im Flattersatz • alltagsnahe, teils saloppe Sprache • ironisch-sarkastischer Tonfall
Gesamtaussage/Wirkungsabsicht		
• Aufforderung an die Mitmenschen, sich in einem tätigen Humanismus zu üben, in dessen Vollendung sie das Göttliche schaffen, das ihnen dann als Vorbild dienen kann • durch diese Projektion Integration von menschlichem und göttlichem Bereich	• wehmütige Hinnahme der Trennung und des Gegensatzes zwischen Götter- und Menschenwelt • die Götter blicken aus dem Elysium in stiller Klarheit auf die leidenden Menschen mit ihrem ungewissen Schicksal	• ironisch-sarkastische Absage an alle Spekulationen über ein höheres Wesen und über dessen Bezug zum Menschen • nihilistisch-apokalyptischer Ausblick

Interpretationsvergleich: Alle drei Gedichte passen nicht zum christlichen Gottesbild und zur christlichen Heilslehre und sind vom Geist der Aufklärung geprägt. Dabei ist eine fortschreitende Radikalisierung in der Abwendung von traditionellen christlich-religiösen Vorstellungen erkennbar. Goethe und Hölderlin stimmen noch darin überein, dass sie in Anlehnung an den antiken Götterhimmel von der Existenz eines Göttlichen künden. In Goethes Gedicht besteht eine enge Beziehung zwischen dem Bereich des Göttlichen und dem des Menschlichen, und zwar insofern, als das Göttliche eine Projektion edlen und guten menschlichen Verhaltens ist. Im Unterschied dazu ist in Hölderlins Gedicht eine solche enge Beziehung aufgehoben (vgl. Gesamtaussage/Wirkungsabsicht). Im Gegensatz zu den Sprechern in den beiden Oden vom Ende des 18. Jahrhunderts verweist das lyrische Ich in dem modernen Gedicht ein transzendentes Wesen ironisch in den Bereich bloßer Spekulationen.

3 Die Aufgabe fordert von den Schülerinnen und Schülern, das Fazit aus der Bearbeitung dieses Teilkapitels zum Ideal der Menschenbildung in der Klassik zu ziehen. Dabei sollten die Aspekte aus den „Xenien" (Vollendung aller Anlagen des Individuums in harmonischer Entfaltung als das Höchste; Vereinigung der Stimme der Vernunft und der des Gefühls, von Pflicht und Neigung im Ideal der schönen Individualität) mit denen aus der Ode „Das Göttliche" (tätiger Humanismus, in dem sich die in den „Xenien" genannte schöne Individualität erfüllt, als Arbeit an dem Göttlichen, das den Menschen dann zum Vorbild wird) zusammengefasst werden.

Weiterführendes Material zu diesem Teilkapitel findet sich auf der beiliegenden CD:
- *Friedrich Schiller:* Ankündigung der Zeitschrift „Die Horen" (1794)
- *Johann Wolfgang Goethe:* Wilhelm Meisters Lehrjahre (1795/96)
- Epochenüberblick: Weimarer Klassik (ca. 1786–ca. 1805)

328　C3 KLASSIK UND ROMANTIK

Literaturstation: Johann Wolfgang Goethes „Faust I"

I Vom Zauberer zum Sinnsucher – Wandlungen im Auftritt des Titelhelden

▶ S. 304　**Volksbuch des Buchdruckers Johann Spies: Historia von D. Johann Fausten** (1587)

1 a Faust als Titelheld des Volksbuchs:
- berühmter Zauberer und Meister der schwarzen Magie;
- abenteuerliches Leben und wohlverdientes schreckliches Ende;
- glanzvoll bestandenes Examen zum Magister und Doktor der Theologie;
- hochmütig, über alle Wissenschaft hinaus sich in Spekulationen ergehend;
- Abwendung von der Theologie hin zu Astrologie, Mathematik und Medizin;
- Wissendrang übersteigt alle Grenzen;
- beschwört an einem Kreuzweg im Wald den Teufel, dem er mit Leib und Seele verfällt.

2 Um allem Ärger mit der Kirche und eventuellen Druckverboten durch die Obrigkeit aus dem Wege zu gehen, kündigt Johann Spies sein Buch als authentischen, auf Selbstzeugnissen Fausts beruhenden Bericht an, den er als abschreckendes Beispiel und zur Warnung herausgebe. Ein raffinierter Werbegag, der auf die Sensationslust des Publikums spekulierte, das weniger an braver Erbauungsliteratur als an abenteuerlichen Geschichten über schaurig kühne Rebellen gegen alle Gesetze und Verbote interessiert war. Diese Spekulation ging voll und ganz auf und machte das Buch zu einem der ersten „Bestseller" des neuen, durch Gutenbergs Erfindung des Drucks mit beweglichen Lettern geschaffenen Buchmarkts. Die tatsächliche Wirkung, die Befriedigung der Leselust durch abenteuerliche und schaurige Geschichten, war also weit entfernt von der auf dem Titelblatt angekündigten Intention.

Der Sprung auf die Bühne

▶ S. 305　**Christopher Marlowe: Die tragische Historie vom Doktor Faustus** (1604) – I/1

1 a/b Deutlich werden sollte auf dem Poster zu den Gedanken und Gefühlen von Marlowes Faust:
- sein Selbstverständnis: übersteigertes Selbstbild und Überheblichkeit, grenzenloser Ehrgeiz, Skrupellosigkeit in der Wahl seiner Mittel (unter dem Deckmantel des Theologen seine gottlosen Pläne verfolgen);
- seine Aversionen und Vorlieben: Hass auf die Theologie und die anderen legitimen Wissenschaften, Hinwendung zur Magie (wobei hier erst am Ende von der schwarzen Magie, der Beschwörung des höllischen Geistes Mephistopheles, die Rede ist);
- seine Wünsche und Ziele: höchstes Wissen erreichen (Vorbilder: Aristoteles und Agrippa) und die Theologen geistig überwinden, unermesslicher Reichtum und Weltgenuss, oberste Herrschergewalt und Neuordnung der Welt nach seinem Willen, Gottgleichheit.

2 a Bei Marlowe hat die Faust-Figur eine Steigerung erfahren. Im Volksbuch war Faust in erster Linie ein Zauberer und Teufelsbündner, vor dessen schrankenloser und daher gottloser Wissbegier gewarnt wird und der vom Teufel dafür seinen vom Erzähler schadenfroh als „wohlverdient" begrüßten Lohn erhält. Daraus ist bei Marlowe ein den Bereich der Wissenschaften verlassender, nach weltlicher Macht und Größe, schließlich nach Gottgleichheit strebender Titan geworden.

b Mögliche Untertitel, die die unterschiedlichen Eindrücke von den Figuren zusammenfassen:
- Faust, ein warnendes Beispiel eines von gottloser Wissbegier getriebenen Teufelsbündners (Volksbuch)
- Faust, ein in Wissen, Macht und Lebensgefühl nach Gottgleichheit strebender Übermensch (Marlowe)

Die Selbstvorstellung Fausts in Goethes Drama

▶ S. 306　**Johann Wolfgang Goethe: Faust I** – Nacht (V. 354-385; v. 1808)

1 a/b In der gemeinsamen Einstudierung des Monologs der Faust-Figur in der Gruppe und in der Begründung der dabei getroffenen Entscheidungen verarbeiten die Schülerinnen und Schüler ihre spontanen Leseeindrücke und ersten Interpretationsüberlegungen zu Goethes Eingangsmonolog. Sie erhalten damit die Möglichkeit zu einer über die Textanalyse hinausgehenden, ganzheitlicheren Annäherung an die Figur.

LITERATURSTATION: JOHANN WOLFGANG GOETHES „FAUST I"   **329**

2 a   Die in Ich-Form verfasste Selbstreflexion dient dazu, das Textverständnis der Schülerinnen und
Schüler zu sichern; deutlich werden sollte:
- die tiefgründige Unzufriedenheit Fausts mit der ärmlichen, ruhmlosen, langweiligen Existenz als
Hochschullehrer, in der er nichts wirklich Sinnvolles bewirken kann;
- das im Gegensatz dazu hohe Selbstbewusstsein, das aus seinem akademischen Rang und seinem
freigeistigen, grenzenlosen Forscherdrang resultiert;
- die Erfahrung des Ungenügens an den traditionellen Wissenschaften und die Hinwendung zur
Magie;
- das Ziel seines Forschens: nicht Wissensanhäufung, sondern die Erkenntnis der gesamten Lebens-
zusammenhänge, der Natur in ihrer Ganzheit; darin unterscheidet sich Faust von dem traditionellen
Büchergelehrten Wagner.

  b   Züge des „typischen" Sturm-und-Drang-Helden:
- Überschreiten aller Grenzen, Titanismus (vgl. Prometheus);
- unbedingtes Streben nach Größe;
- Ich-Erweiterung;
- überschwängliche Gefühlsbestimmtheit.

3   Übereinstimmungen und Unterschiede der Faust-Figur im Volksbuch, bei Marlowe und Goethe –
mögliches Schaubild:

	Gemeinsamkeiten	Unterschiede		
		Volksbuch	Marlowe	Goethe
Situation/Lebens-umstände Fausts	Universitätslehrer, hat die vier klassi-schen Fakultäten Philosophie, Juris-prudenz, Medizin und Theologie durchlaufen, die höchste Stufe der Gelehrsamkeit erreicht	gewisser materieller Erfolg, „Welt-mensch" und erfolgreicher Arzt	unrühmliche, eher bescheidene Existenz	
Befindlichkeit	Unzufriedenheit mit seiner Situation			
Wünsche und Ziele	Hinwendung zur Magie, um grenzenloses Wissen zu erwerben	Hinwendung zur schwarzen Magie (Teufelsbund)		zunächst keine schwarze Magie
			Streben nach unbegrenztem Wissen, Reichtum und höchster weltlicher Macht, nach Gottgleichheit	Streben nach einer anderen Qualität von Erkenntnis: Einblick in das innerste Wesen der Natur

4 a/b   In der Aufgabe geht es darum, dass die Schülerinnen und Schüler zu einer persönlichen Einstellung,
einem Urteil über den Titelhelden bei Marlowe und Goethe finden. Reflektiert werden könnte dabei die
Faszination, die von der Faust-Figur ausgeht und die seit der ambivalenten Reaktion des Erzählers im
Volksbuch (Bewunderung vor dem unerschrockenen, alle Grenzen überschreitenden „gelernigen und
geschwinden Kopf" [Z. 1 f.] und Grauen vor dessen hybrid-„fürwitziger" Gottlosigkeit) die Dichter und
ihr Publikum immer wieder in ihren Bann geschlagen hat.

5   Hier sind die Einzelergebnisse zu den Arbeitsanregungen auf den Seiten 304 bis 307 im Schülerband in
einem Fließtext zusammenzufassen, um so eine Art Zwischenergebnis zur Entwicklung der Faust-Figur
bis hin zu ihrer Präsentation in Goethes Eingangsmonolog zum „Faust" festzuhalten.

330 C3 KLASSIK UND ROMANTIK

Goethes neue Kontextuierung aus dem Geiste der Klassik

▶ S. 308 Johann Wolfgang Goethe: **Faust I** – Prolog im Himmel (V. 293–343)

1 a/b In dem Schaubild muss verdeutlicht werden, dass der Herr und Mephisto keine gleichrangigen Gegenspieler sind. Der Herr nimmt Mephistos Angebot zu einer Wette nicht wirklich an, er schlägt nicht ein. Auch bittet Mephisto den Herrn um Erlaubnis für seine Versuche, Faust vom rechten Weg abzubringen (V. 312 f.).

- Faust wird nach Mephistos verächtlicher Rede über das Scheitern der Schöpfung in Bezug auf den Menschen vom Herrn genannt. Er wählt ihn als Beispiel aus und macht ihn damit zum Repräsentanten der Menschheit (V. 298). Er betrachtet ihn als in seinem Dienste stehend, nennt ihn seinen „Knecht" (V. 299), auch wenn er ihm bisher „nur verworren" gedient habe (V. 308). Damit erhält Faust gegenüber dem in der Sturm-und-Drang-Zeit entstandenen Eingangsmonolog eine neue Dimension. Der von der Faust-Tradition (Volksbuch, Marlowe) geprägte, alle Grenzen überschreitende Übermensch wird zum exemplarischen Menschen, der auf seinem Lebensweg den Reifungsprozess durchläuft, der die Vollkommenheit der Schöpfung beweist.
- Der Herr hat ein höchst positives Bild vom Menschen. Dieser hat die Fähigkeit zum Gutsein, wenn er nur dem ihm eingepflanzten „dunklen Drang" folgt, seiner innersten Triebkraft, die man mit der allem Lebendigen innewohnenden Lebensenergie gleichsetzen kann (V. 328 f.). Lebendiges Wirken, Tätigsein, das ist dem Menschen aufgegeben, damit dient er dem Herrn, seinem Schöpfer. „Erschlaffen", „unbedingte Ruh" (V. 340 f.), damit verfehlt der Mensch den Sinn seiner Existenz. Dass er sich in den Zielen, die ihm sein begrenzter Verstand und seine möglicherweise überspannte Fantasie stecken, und auf dem Weg zu diesen Zielen irrt, gehört zu seinem Menschsein. Er bedarf der Führung, die der Herr verspricht (V. 309). Diese Führung erfolgt jedoch nicht durch Anleitung von außen, z. B. religiöse Gebote und Verbote, sondern durch den im Menschen liegenden „Urquell" (V. 324), dem sein Geist folgen muss.
- Sein Verhältnis zum Menschen fasst der Herr in das Bild des Gärtners, der ein Bäumchen hegt. Wie das Bäumchen zur Blüte kommt und Früchte trägt (V. 311), so soll der Mensch die in ihm angelegten Kräfte entfalten und zur Wirkung kommen lassen. Der Herr greift dabei nicht direkt ein.
- Mephistos Menschenbild ist demgegenüber negativ, er bedauert ironisch das schwere Schicksal des Menschen (V. 296 f.). Fausts Streben, das der Herr für beispielhaft im Hinblick auf die Bestimmung des Menschen hält, erscheint ihm unsinnig und als eine Qual (V. 300 ff.). Er sieht nur die Irrtümer und Fehlschläge in dessen Streben und begreift im Grunde nicht, welcher Geist hier wirkt (V. 324 ff.) und welcher Sinn in dem Ganzen steckt. Daher glaubt er, leichtes Spiel zu haben, Faust nach seinem Willen lenken und dem Herrn abspenstig machen zu können (V. 312, 330 ff.).
- Mephistos Rolle ist ambivalent zu sehen. Er bittet den Herrn zwar einerseits um Erlaubnis für sein Verhalten (V. 313, 333) und ordnet sich damit unter, andererseits tritt er ihm als selbstbewusster Gegenspieler gegenüber, der die Schöpfung spöttisch für misslungen erklärt und die Möglichkeit des Menschen zu einer sinnvollen Existenz darin auf Grund von dessen wirrer Unzulänglichkeit verneint. Er wettet darauf, den vom Herrn selbst als Vertreter der Menschheit herausgegriffenen Faust auf seine Seite ziehen zu können. Der Herr hingegen sieht Mephisto eindeutig in einer unterlegenen, ja sogar dienenden Rolle, dem er in seinem Schöpfungsplan eine bestimmte Funktion zugewiesen hat. Als Verführer, der versucht, den Menschen von seinem Wege abzubringen, wirkt Mephisto als Unruhestifter, der den Menschen zu Auseinandersetzung, Entscheidung und weiterem Suchen antreibt und damit letztlich das bewirkt, was der Herr vom Menschen erwartet: Tätigsein und lebendiges Wirken (V. 340 ff).

2 a Die Selbstdefinition Mephistos – „Ein Teil von jener Kraft / Die stets das Böse will und stets das Gute schafft" – entspricht ganz und gar der unter dem letzten Spiegelstrich zu Aufgabe 1b kommentierten Einordnung durch den Herrn in V. 340 ff. des Auszugs aus dem „Prolog im Himmel".

b Für Goethe stehen „Gut" und „Böse" nicht unvereinbar gegeneinander, sondern befinden sich in einem Abhängigkeitsverhältnis. Einerseits betont der Herr, dass er den Teufel in einer ganz bestimmten Funktion (s. o.) eingesetzt habe, der damit von ihm abhängig ist. Andererseits ist der Herr aber auch von Mephisto abhängig, da er diesen offenbar braucht, um sein Schöpfungssystem aufrechtzuerhalten und das Erschlaffen des „dunklen Drangs", der Lebensenergie, zu verhindern. Nur so kann das für ein sinnerfülltes Dasein des Menschen notwendige Streben in Gang gehalten werden.

LITERATURSTATION: JOHANN WOLFGANG GOETHES „FAUST I"   **331**

3 Ein ähnlicher Gedanke wie in dem Epigramm „Das Höchste" findet sich in den Versen 310 ff. des „Prologs im Himmel". Wie die Pflanze willenlos gemäß ihrer Natur das, was in ihr angelegt ist, als Blüte und Frucht vollkommen zur Wirkung kommen lässt, so soll der Mensch, dem „dunklen Drang" in sich folgend, in seinem nimmer ermüdenden Streben und Tätigsein das ihm Mögliche bewirken.

II Scheitern und Schuld – Die zweifache Tragödie

Ausblick auf die Gelehrtentragödie

Johann Wolfgang Goethe: Faust I – Nacht (V. 652–719)   ▶ S. 309

Johann Wolfgang Goethe: Faust I – Studierzimmer II (V. 1635–1711)   ▶ S. 310

1 In der Szene „Nacht" hat sich Fausts Unzufriedenheit zur Verzweiflung gesteigert. Da auch die Magie im Scheitern der Erdgeistbeschwörung ihn in seinem Erkenntnisstreben und Wirkenwollen nicht weitergebracht hat, bricht sein Selbstbewusstsein völlig zusammen und der vermeintliche Übermensch fühlt sich als nichtswürdiger „Wurm" (V. 653). Um diesem unerträglichen Dasein ein Ende zu setzen, greift er zur Giftflasche. Doch sofort sieht er den Selbstmord als mutigen, alles überbietenden, letzten Schritt auf seinem Weg, als Übergang in eine neue Sphäre. Seine Verzweiflung schlägt in das Hochgefühl eines neuen Aufbruchs um, der ihm göttergleiche, „reine Tätigkeit" ermöglicht (V. 701–706). In diesem Hochgefühl nimmt er auch die Möglichkeit in Kauf, dass der Tod ins Nichts führt (V. 720).
Von diesen extremen Gefühlsumschwüngen und Spannungen in seiner inneren Befindlichkeit ist auch der Szenenauszug aus „Studierzimmer II" gekennzeichnet. Verzweifelt wirft Faust sich dem Teufel in die Arme und schlägt alle Sorgen um sein jenseitiges Seelenheil in radikaler Diesseitsbesessenheit in den Wind, traut aber andererseits Mephisto nicht zu, ihm irgendetwas bieten zu können, das ihn befriedigen würde. Er stellt sich damit über Mephisto, den er als „armen Teufel" bezeichnet, der seinen Geist nicht erfassen könne (V. 1675 ff.), und bietet ihm eine Wette an, dass er ihn nie zu einem Moment des Genießens und einer selbstzufriedenen Ruhe verführen könne (V. 1692–1698).

2 Der Tod erscheint Faust in der Szene „Nacht" als Tor zu einer neuen, höheren Seinsweise. Er gibt ihm die Möglichkeit, sein Streben über alle Grenzen hinaus fortzusetzen und in einem von der Materie losgelösten, daher reinen Bereich, wie Götter oder Geister wirken zu können. Allerdings ist er sich dieser Aussicht nicht sicher, sieht als Möglichkeit auch den Tod als Übergang ins Nichts, von der er sich jedoch nicht abschrecken lässt (V. 701–719).

3 a Grundlegende Änderungen gegenüber der Faust-Tradition: Erstens beschwört Faust hier nicht den Teufel, um von ihm einen Pakt zu erbitten, sondern Mephisto ermutigt Faust, nachdem er sich ihm als Pudel genähert hat, zu einer Art Bündnisvertrag (V. 1642–1659). Zweitens geht Faust auf den angebotenen Teufelspakt nicht ein, sondern wandelt ihn in eine Wette um (V. 1692–1698). Damit ändert sich das Beziehungsgefüge zwischen den beiden gegenüber allen Vorlagen. Faust erfährt eine deutliche Aufwertung, denn Mephisto sucht ihn von sich aus auf, und mit seinem Wettangebot stellt sich Faust auf eine Stufe mit ihm, mit seiner herablassenden Äußerung Vers 1675 ff. sogar über ihn. Die Gleichrangigkeit der beiden hat manche Interpreten zu der These von der Spaltung des Titelhelden in zwei Figuren geführt: Mephisto sei lediglich die dunkle Seite Fausts.

b Fausts und Mephistos Verständnis des Bündnisses: Mephisto versteht die Konjunktion „wenn" zeitlich. Nach Fausts Tod, im Jenseits, soll dieser ihm verfallen sein. Faust versteht das „wenn" eher konditional. Wenn es ein Drüben geben sollte, was ihn jedoch nicht interessiert (V. 1660), dann ist ihm gleichgültig, was dort mit ihm geschieht. Für Mephisto handelt es sich bei seinem Angebot um einen festen Vertrag, für Faust um ein Sich-Einlassen auf eine Möglichkeit.

c Im „Prolog im Himmel" wird der Fall „Faust" im Streitgespräch zwischen dem Herrn und Mephisto auf die Tagesordnung gesetzt. An Faust als dem Repräsentanten der Menschheit soll sich das positive Bild bewahrheiten, das der Herr vom Menschen als Krone seiner Schöpfung zeichnet. Wird er in dem von seinem „dunklen Drang" angetriebenen Streben auf dem „rechten Weg" bleiben und das erreichen und bewirken, was seinen Möglichkeiten und seiner Bestimmung entspricht, oder wird es Mephisto gelingen, ihn davon abzubringen? Die Spannung, die durch Mephistos Wettangebot im „Prolog" aufgebaut wird, gelangt hier an einen entscheidenden Punkt: Mephisto hat den Kontakt zu Faust aufgenommen und will ihn mit seinem Paktangebot seine „Straße […] führen" (Prolog-Szene, V. 314). Ein zweiter Bezug ergibt sich daraus, dass auch hier eine Wette im Mittelpunkt steht. Die Wette aus dem Prolog zwischen Mephisto und dem Herrn, auf die sich Letzterer allerdings nur indirekt eingelassen

332   C3 KLASSIK UND ROMANTIK

hat, wird ergänzt durch die Wette zwischen Faust und Mephisto. Faust lässt sich damit zwar auf den Teufelsbund ein, wettet aber darauf, dass die Angebote Mephistos nicht ausreichen werden, seine Wünsche zu befriedigen und sein Streben zu Erfüllung und Ruhe kommen zu lassen. Wie schon der Herr im „Prolog" bezweifelt Faust, dass der Teufel den Geist des Menschen, der sein Streben bestimmt, erfassen kann („Prolog", V. 324–329; „Studierzimmer", V. 1676 f.).

Damit werden wichtige Spuren für die weitere Entwicklung und den Ausgang des Dramas gelegt. Mephisto wird immer wieder versuchen, Faust in Lebensgenuss und Selbstzufriedenheit aufgehen zu lassen und sein Streben nach höheren Zielen zu durchkreuzen. Trotz aller Irrwege Fausts (Der Herr: „Es irrt der Mensch, solang' er strebt", V. 317), die die Handlung des Dramas und seine Spannung bestimmen werden, wird Mephisto seine doppelte Wette am Ende nicht gewinnen können, da das im Prolog verkündete Welt- und Menschenbild, das dem Stück seine Basis gibt und das sicherlich mit dem des Autors weitgehend übereinstimmt, damit aufgehoben bzw. zerstört würde.

▶ S. 311 **Weiterführende Aufgaben**

1 a   Der Weg des Wissenschaftlers Faust:
- Ausgangssituation: trotz seines akademischen Rangs tiefe Unzufriedenheit mit seiner Situation und seinem Erkenntnisstand auf der Grundlage der traditionellen Wissenschaften;
- 1. Schritt: Hinwendung zu Magie und Geisterbeschwörung, Scheitern der Erdgeistbeschwörung;
- 2. Schritt: Entschluss zum Selbstmord, um dadurch in unbekannte „Sphären reiner Tätigkeit" vorzustoßen oder ins Nichts zu versinken, aufgehoben durch gefühlvolle Erinnerung;
- 3. Schritt: Einlassen auf den von Mephisto angebotenen Teufelspakt, wenn auch in Form einer Wette.

  b   Mit dem oben aufgezeigten Weg wäre das Schicksal des ausgewählten modernen Wissenschaftlers zu vergleichen.

  c   Der Begriff „Gelehrtentragödie" erklärt sich von daher, dass Faust der Weg der Gelehrsamkeit, wie ihn seine Zeit anbietet, immer tiefer in die Verzweiflung führt, da diese Art von Wissensanhäufung seinem Erkenntnisstreben nicht gerecht werden kann. In Konsequenz dessen verlässt er diesen Weg dann auch, von Mephisto geführt. Die „Gelehrtentragödie" wird zu einer Lebenstragödie.

Ausblick auf die Gretchentragödie

▶ S. 312 **Johann Wolfgang Goethe: Faust I** – Garten (V. 3184–3194) – Wald und Höhle (V. 3338–3365) – Zwinger (V. 3605–3619)

1 a/b   Die Liebesbeziehung zwischen Faust und Gretchen:
Schon in der Szene **„Garten"** ist die Beziehung zwischen den beiden Liebenden komplizierter, als es auf den ersten Blick scheint. Es scheint der glückliche Moment des ersten gegenseitigen Liebesgeständnisses zu sein, doch gilt es, genauer hinzuschauen und aufmerksam auf Worte und Körpersprache zu achten. Der Szenenauszug beginnt mit dem kindlich-naiven Blumenspiel Gretchens. Sie fragt Faust nicht direkt, ob er sie liebe, sondern will durch das Blumenorakel und das indirekte, in der dritten Person formulierte „Er liebt mich!" (V. 3183) Faust zu einem deutlichen persönlichen Liebesgeständnis provozieren. Hierin zeigt sich wohl die Schüchternheit des einfachen Kleinbürgermädchens gegenüber dem weit gereisten, in ihre kleine Welt hereingeschneiten, hohen Herrn. Doch das erwartete, an ihre Person gerichtete, klare Liebesgeständnis erfolgt nicht. Faust bestätigt das Blumenorakel, indem er bei der Er-Form bleibt und das Gespräch auf die Metaebene verschiebt: „Verstehst du, was das heißt? Er liebt dich!" (V. 3186). In seiner Körpersprache wendet er sich jedoch ihr zu und ergreift ihre Hände. Diese Geste nimmt Gretchen für das erhoffte Liebesgeständnis und sie überläuft ein Wonnegefühl. Faust indessen ergeht sich in einer für Gretchen sicher rätselhaften Reflexion seines Liebesgefühls (V. 3189 ff.). Es ist eben keine direkt an sie gerichtete, auf ihre Person bezogene Liebeserklärung, sondern der Ausdruck für seinen sehnlichen Wunsch nach der Erfahrung eines unaussprechlichen, unendlichen Wonnegefühls, das er mit dem Wort „Liebe" verbindet. Er ist innerlich mit sich, mit der Erweiterung seines Horizonts nach und jenseits der Gelehrtentragödie beschäftigt, wozu eben auch die Erfahrung der Liebe gehört, die letztlich zufällig an Gretchens Person gebunden ist. Daher bleibt er auch in Gedanken versunken stehen, als Gretchen, glücklich über sein Liebesgeständnis, das sie seinem Händedruck entnommen hat und worauf sie mit derselben Geste antwortet, davonläuft, wohl um ihrem Herzen Luft zu machen (vgl. die letzte Regieanweisung).

LITERATURSTATION: JOHANN WOLFGANG GOETHES „FAUST I"   **333**

Das Unglückliche, für Gretchen Katastrophale in dieser Liebesbeziehung wird in dem Szenenauszug aus **„Wald und Höhle"** deutlich. Es geht für Faust von Anfang an nicht um eine dauerhafte, echte Liebesbindung an Gretchen, sondern um Liebeserfahrung, zu der das Ausleben seines Sexualtriebs gehört. Das ist die Seite, die zu Mephistos Plan passt, und so betätigt er sich denn eifrig als Kuppler (V. 3343 f.). Faust weiß, dass er Gretchens Leben zerstören wird, wenn er mit ihr schläft, ohne sie zu heiraten (und diese Bindung kann und will er auf Grund seines ganzen Lebenskonzepts und der Wette mit Mephisto nicht eingehen). Sein schlechtes Gewissen tobt er in einem selbstanklägerischen, rhetorisch überhöhten Redeschwall aus, in dem er sich in seiner Triebgesteuertheit als gottverhassten Unmenschen (V. 3348 f., 3356), als Naturgewalt („Wassersturz", V. 3350) und als eine Art Titan darstellt, der Gretchen und ihre Welt in Trümmer schlagen wird (V. 3359), um mit ihr zu Grunde zu gehen (V. 3365).

c   Zwischen den Szenen „Wald und Höhle" und „Zwinger" hat die Liebesnacht zwischen Faust und Gretchen stattgefunden, denn Gretchens Herz wird nun von Schuldgefühlen und Ängsten zerrissen. Dabei plagt sie wohl weniger die Reue über ihre „Sünde" als vielmehr ihre ausweglose Lage in ihrem kleinbürgerlichen gesellschaftlichen Umfeld. Wird ihr „Fehltritt" (etwa durch eine Schwangerschaft) offenbar, drohen ihr Schmach und Ächtung.

Weiterführende Aufgaben   ► S. 313

1 a   Als Schlüsselmomente in Gretchens Schicksal könnten für eine Darstellung in Standbildern gewählt werden:
- Ende der Szene „Marthens Garten", V. 3505 ff.: Faust gibt Gretchen den Schlaftrunk für ihre Mutter;
- Ende der Szene „Am Brunnen", V. 3577 ff: Gretchens Niedergeschlagenheit angesichts der drohenden gesellschaftlichen Ächtung;
- Ende der Szene „Nacht. Straße vor Gretchens Türe", V. 3732 ff: Gretchen vor dem tödlich verwundeten Valentin;
- Szene „Dom", V. 3816 ff.: Gretchens schuldgequälter Zusammenbruch;
- Szene „Kerker", V. 4507 ff: Gretchens Wahnsinn und ihre Weigerung, sich von Faust retten zu lassen.

b   Als Schuldige an Gretchens Tragödie können gelten:
- Faust, der ihr Schicksal seinem Lebenskonzept und seiner Wette mit Mephisto opfert;
- Mephisto, der die Gelegenheit nutzt, Faust in schwere Schuld zu verstricken;
- Gretchens patriarchalisch organisiertes gesellschaftliches Umfeld mit seinen rigiden Konventionen und frauenfeindlichen Gesetzen;
- Gretchen selbst in ihrer naiven Missachtung der gesellschaftlichen Gegebenheiten.

3 a/b   Die Aufgabe will die Schülerinnen und Schüler dazu anregen, sich über die so genannte Weltfahrt Fausts und sein Ende zu informieren. In Schauspielführern, aber auch im Internet findet man unterschiedlich ausführliche Inhaltsangaben zu „Faust II". Besonders Fausts Ende wird für die Schülerinnen und Schüler von Interesse sein, um die Spannung, die in der Tragödie aufgebaut wurde, zu lösen und um ihnen Gelegenheit zu geben, sich mit der Figur insgesamt auseinanderzusetzen. Wichtige Fragen bei der Betrachtung des Endes dürften sein:
- Kann das positive Ende mit Fausts Erlösung nach all der ungesühnten Schuld, die er auf sich geladen hat, und nach seinem Scheitern als Wissenschaftler und Mensch den Zuschauer/Leser befriedigen?
- Oder ist nicht doch Mephistos teuflisches Wirken der Hauptgrund für sein Scheitern?
- Lässt der verhängnisvolle Satz („Zum Augenblicke dürft' ich sagen [...], V. 11581 ff.) Mephisto zum Sieger in der Wette werden, da Faust hier doch im Konjunktiv spricht?
- Hat Faust nicht die Prognose des Herrn aus dem „Prolog im Himmel" erfüllt und sein tätiges Streben nie aufgegeben, also die Aufgabe seines Menschseins erfüllt?
- Und muss ihn der Herr nicht in teilnehmender „Liebe von oben" vor Mephistos Zugriff schützen, um seine Schöpfungsordnung zu beglaubigen?

334 C3 KLASSIK UND ROMANTIK

III Inszenierungen und Adaptionen – Rezeptionsgeschichtlicher Ausblick

► S. 314 **Drei moderne Inszenierungen von Goethes „Faust"**

1 a/b Hier geht es zunächst um eine genaue vergleichende Beschreibung der Bilder aus den drei im Vorspanntext genannten Szenen und, daran anschließend, um eine Reflexion der Wirkung, die davon ausgeht. Dabei soll den Schülerinnen und Schülern deutlich werden, dass jede Inszenierung einen ganz eigenen Charakter hat, eine eigenständige Interpretation des Dramas bietet. Die Assoziationen der Zuschauerin / des Zuschauers werden in unterschiedliche Richtungen gelenkt und die Vorstellungen, die bei einer voraufgegangenen Lektüre des Textes gewonnen wurden, treten in ein spannungsvolles Verhältnis zur jeweiligen Inszenierung. Zu problematisieren ist in diesem Zusammenhang der Begriff der „werkgetreuen Inszenierung", die sich bis auf vorsichtige Kürzungen exakt an den Text und das darin vorgegebene Szenenarrangement sowie die Regieanweisungen des Autors hält. Auch wird in Bühnenbild und Kostümierung das historische Ambiente vermittelt, in dem das Stück spielt. Schülerinnen und Schüler, überwiegend unerfahren im Umgang mit dem Medium Theater, favorisieren meist diese werkgetreuen Inszenierungen gegenüber aktualisierenden oder auf andere Weise stärker den Dramentext mit seinen Bühnenanweisungen bearbeitenden Adaptionen, wie sie das so genannte „Regietheater" liebt. Sie übersehen dabei, dass es sich in beiden Fällen um Interpretationen handelt, die bestimmte Aspekte des Stücks herausarbeiten und das Interesse des Publikums lenken wollen.

Die Bilder der **Gründgens-Inszenierung** zeigen ein recht karges, mit einfachen Versatzstücken arbeitendes Bühnenbild, das mit dem Kontrast von modernem Atommodell als dominierendem Objekt in Fausts Studierzimmer und historisierenden Kostümen die zeitlose Gültigkeit der Geschichte um den Doktor Faust demonstrieren will. Die gesamte Bühneneinrichtung hat etwas nüchtern Abstrahierendes, verzichtet auf atmosphärische Dichte und Stimmungen. Die Faust-Figur erscheint als zwar verzweifelte, aber starke Persönlichkeit, die Mephisto gegenüber mit Selbstbewusstsein auftritt. Mephisto trägt deutlich die Züge eines Teufels, der eine ironisch-intellektuelle Kälte ausstrahlt. Gretchen entspricht ganz den Vorstellungen des braven Kleinbürgermädchens ihrer Zeit, das zu Faust aufblickt und in der Liebesszene bei allem zärtlichen Gefühl es bei einem Händedruck bewenden lässt.

Dorns Inszenierung setzt viel stärker auf atmosphärische Wirkungen. Allerdings vermittelt sein Bühnenbild dem Zuschauer auch nicht den Eindruck eines altertümlichen Studierzimmers, sondern eher den eines aus dem klassischen Horrorfilm bekannten Szenarios im Kellerraum eines wahnsinnigen, obskure Ziele verfolgenden Wissenschaftlers. Die Faust-Figur erscheint dabei als verlotterte, gebrechliche Gestalt, die Mephisto als ganz und gar überlegen wirkende Erscheinung eines eleganten Lebemanns mit leicht mafiösem Einschlag unter seine Fittiche nimmt. Die Liebesszene mit Gretchen wirkt weit stärker von erotischer Leidenschaft geprägt.

Steins Inszenierung kommt dem, was man als werkgetreu bezeichnet, am nächsten. Das Ambiente zeigt zunächst das vom Mondschein beleuchtete, altertümliche Studierzimmer eines Gelehrten der Alchemistenzeit. Faust erscheint als melancholisch-versonnener Denker, der Mephisto mit zurückhaltender Skepsis begegnet. Mephisto, im Kostüm eines Edelmanns dieser Zeit, hat ganz und gar menschliche Züge und erscheint in der Physiognomie Faust gar nicht so unähnlich. In der Liebesszene, in der Faust von einem jüngeren Schauspieler verkörpert wird, wirken die beiden Protagonisten recht elegant und wahren bei aller zärtlichen Zuwendung die im Text geforderte Distanz.

► S. 315 **Weiterführende Aufgaben**

1 Es geht hier nicht um eine der typischen Feuilleton-Rezensionen, in denen die beurteilende Auseinandersetzung des Rezensenten mit dem Konzept der Inszenierung im Vordergrund steht, sondern vor allem um eine Beschreibung der einzelnen Elemente der Inszenierung und um ein Erfassen von deren Funktion für die Gesamtwirkung. Erst dann soll eine begründete Beurteilung erfolgen.

► S. 316 **Weiterleben der Faust-Figur in Literatur, Musik und Film – Weiterführende Aufgaben**

1 Die umfassendste, chronologisch geordnete Auflistung von Faust-Adaptionen, die 2005 zuletzt aktualisiert wurde, findet sich im Internet unter dem Titel: „Faust-Chronologie. Variationen des Faust-Stoffes im deutschsprachigen Kulturraum" (http://aix1.uottawa.ca/~jesleben/faust/faustchronologie.html).

3 a/b Hier können die Schülerinnen und Schüler zunächst einmal ausgehend von Goethes Charakterisierung Fausts als Prototyp des modernen Menschen selbst auf Grund ihrer Leseeindrücke und Interpretationsergebnisse der Unterrichtssequenz zu „Faust" Überlegungen dazu anstellen, worin der Grund für die außerordentliche kulturgeschichtliche Wirkung der Faust-Figur liegen mag. In einem zweiten

3.2 ROMANTIK **335**

Schritt können sie eine Recherche vorbereiten, die aus einer Umfrage in ihrem Umfeld besteht, aber auch aus einer Sammlung von Zitaten aus Lexikonartikeln, literaturgeschichtlichen Darstellungen, Interpretationen etc. zu Faust.

3.2 Romantik

Caspar David Friedrich: Der Wanderer über dem Nebelmeer (um 1818) ▶ S. 317

1 Im Mittelpunkt des Bildes (auch auf der CD zu finden) steht die dunkle Silhouette des Wanderers, die den Fluchtpunkt der Perspektive verdeckt. Das Bild gliedert sich in drei Ebenen: die untere wird beherrscht von dem Dreieck des Felsgesteins, die mittlere ist erfüllt von dem Nebelmeer, aus dem Berggipfel herausragen, und die obere gehört dem ätherisch lichten Himmel über der Bergwelt.

Die Gestalt des Wanderers wächst aus der unteren Ebene empor, teilt die mittlere und ragt noch knapp in die obere hinein, verbindet also die drei Ebenen. In der Farbgebung ergibt sich eine Bewegung, eine Art Sog vom Vordergrund zum Hintergrund. Dunkle, warme Farben (die braunen Erdtöne der Felsen, das samtige dunkle Grünblau des Wandereranzugs) bestimmen in klaren, scharfen Umrissen den Vordergrund. Das Braun wird in den Berggipfeln des Mittelteils noch aufgegriffen, tritt aber gegenüber hellen, kühleren Weiß-Grau-Blau-Tönen zurück, die dann in noch diffuserer, ätherisch wirkender Mischung den Hintergrund ausmachen. Die Umrisse verschwimmen zum Hintergrund hin mehr und mehr.

In der Gestalt des Wanderers hat sich der Maler selbst porträtiert, wie die kunstgeschichtliche Forschung annimmt. Er trägt mit dem taillierten langen Überrock die altdeutsche Tracht, die Friedrich liebte und in der er sich auch auf anderen Bildern zeigt. Bemerkenswert ist dabei, dass diese Tracht sicher zum Flanieren in der Stadt, allenfalls für Spaziergänge vor den Stadttoren passt, nicht jedoch zu einer Hochgebirgswanderung. Es handelt sich offensichtlich nicht um ein realistisches Wanderschaftsbild, um das Abbild einer realen Situation. Vielmehr vermittelt das Bild einen unwirklichen, fantastischen Eindruck. Und noch etwas ist bemerkenswert bei diesem Selbstporträt, dass sich der Maler nämlich als Rückenfigur zeigt, ein Merkmal, das auf vielen Bildern Friedrichs zu finden ist (vgl. S. 320 im Schülerband). Er lädt damit den Betrachter zur Identifikation mit der Figur ein, zieht ihn sozusagen ins Bild und fordert ihn auf, die Gedanken und Gefühle der Figur mitzuvollziehen, ein Alter Ego der Figur zu werden. Genau darauf können sich die Schülerinnen und Schüler in Aufgabe 2 in Form eines inneren Monologs einlassen.

2 Da es sich nicht um die Abbildung einer realistischen Bergwanderungssituation handelt, worauf schon die Kleidung des Wanderers hindeutet (s. o.), spiegelt alles, was das Bild zeigt, das Innenleben des Malers. Damit aber ist ein weiter Interpretationsraum eröffnet, in dem sich der zur Identifikation eingeladene Betrachter bewegen kann. Die Schülerinnen und Schüler könnten in ihren inneren Monologen davon ausgehen, dass hier jemand innerlich aus den Niederungen der alltäglichen Wirklichkeit aufgestiegen ist, um sich hohen Gedanken und Gefühlen zu überlassen. Drückt das, was der Wanderer auf dem Bild vor sich sieht, nun seine Sehnsucht nach der Unendlichkeit, nach der ewigen Natur, nach Gott aus? Oder packt ihn der Schauder vor der Leere, dem Nichts einer kalten Unendlichkeit? Oder fühlt er sich durch den Abgrund, der sich zwischen seinem Standort und der Unendlichkeit vor ihm auftut, schmerzlich getrennt vom Göttlichen? Oder ist er auf seinem Lebensweg an einen Abgrund gelangt, an dem es nicht mehr weitergeht und hinter dem eine ersehnte, aber unerreichbare, hellere Zukunft erscheint? Oder hat er sich losgelöst von aller Erdenschwere und genießt das Gefühl seiner inneren Freiheit? Oder gibt er sich nur der Sehnsucht nach (persönlicher und/oder politischer) Freiheit hin, die ihm unerreichbar erscheint?

3 a Eine Übereinstimmung zwischen diesem Bild und C. D. Friedrichs „Gebirgslandschaft mit Regenbogen" (S. 292 im Schülerband, auch auf der CD) ist die Kombination aus ungeheuer weiter, erhabener Natur und betrachtender, einsamer Figur. Diese Figur ist auf unterschiedliche Weise herausgehoben (auf dem Bild auf S. 292 durch den Lichtfleck, der sie wie in einem Spot hervortreten lässt). Beide Figuren sind durch einen Abgrund von der Weite der Gebirgslandschaft und des Himmels getrennt und erscheinen in städtischer Kleidung. Beide Bilder eröffnen dem Betrachter in ihrer Fantastik einen großen Deutungsspielraum, der vielerlei Gedanken und Gefühle zulässt.

b Beide Bilder sind keine realistischen Landschaftsabbildungen. Die Gebirgslandschaft im „Wanderer über dem Nebelmeer" ist, wie Kunsthistoriker nachgewiesen haben, weit davon entfernt, topografisch stimmig zu sein. Es werden hier verschiedene Bergformationen und Gipfelformen, die Friedrich auf seinen Wanderungen skizziert hatte, zusammengefügt, sodass eine Fantasielandschaft aus Versatzstücken entsteht. Auf die Unstimmigkeit der Kleidung des Wanderers, die ein Zeichen für die politischen Sehnsüchte des Malers ist, wurde bei den Erläuterungen zu Aufgabe 2 schon hingewiesen.

336 C3 KLASSIK UND ROMANTIK

Geradezu surrealistisch erscheint die Kombination der Naturversatzstücke in der „Gebirgslandschaft mit Regenbogen". Die in Dunkelheit gehüllte Bergwelt und der dunkle Wolkenhimmel, aus dem an einer Stelle das silberne Licht des Mondes hervorbricht, deuten darauf hin, dass auf dem Bild Nacht herrscht. Wie aber passt dazu der Regenbogen, der merkwürdig vor den Himmel gesetzt erscheint? Und woher kommt das Licht, das im Vordergrund die Büsche, den Felsbrocken und den Wanderer wie mit einem Scheinwerfer erhellt? Das Mondlicht, das an einer Stelle diffus durch die Wolken schimmert, hat nicht diese Leuchtkraft. Außerdem scheint die Lichtquelle in das Bild hineinzuleuchten, sich also gegenüber dem Mond zu befinden. Handelt es sich also um die Sonne? Dann wäre auf dem Bild Nacht und Tag zugleich. Deutlich wird damit, dass bei dieser Art von Landschaftsmalerei der Maler zwar auch das malt, was er vor sich sieht, aber nur im Detail, als Versatzstücke, aus denen er die Bilder komponiert, die er in sich sieht. Friedrichs Landschaften sind mithin in erster Linie Seelenlandschaften, in denen die Naturerscheinungen symbolischer Ausdruck von Gedanken, Träumen, Sehnsüchten, Gefühlen sind.

„Ach, wer da mitreisen könnte" – Fernweh und Heimweh

▶ S. 318   **Ludwig Tieck: Franz Sternbalds Wanderungen** (1798) – Auszug aus dem ersten Kapitel

1 a   Vorschlag für ein Tafelbild:

Vorstellungen von der „Traumreise"	damit verbundene Gefühle
▪ Italien als Ziel (Z. 18, 40 f.) ▪ Pracht und Glanz (Z. 18) ▪ Wanderung auf unbekannten Pfaden durch schattige Wälder (Z. 21 f.), fremde Städte und Menschen (Z. 22 f.) ▪ bunte, vielfältige Welt voller Überraschungen (Z. 24 f.) ▪ Kennenlernen von Künstlern (Z. 26) ▪ Begegnung mit dem Land der antiken Helden, die ihn zu Tränen gerührt hatten (Z. 27 ff.) ▪ Leben in einer bisher nur gemalten, erträumten Herrlichkeit (Z. 36 ff.)	▪ Herzenswunsch, höchstes Glück (Z. 4 f.) ▪ träumerisches Sich-Verlieren in Vorstellungen und Vergessen der Gegenwart (Z. 19–32) ▪ ungeduldiges Sehnen (Z. 44 ff.) ▪ Gefühlszwiespalt und innere Zerrissenheit (Z. 57 f.) ▪ Trauer und Abschiedsschmerz (Z. 6 f., 50 ff.) ▪ Aufwallen des Freundschaftsgefühls (Z. 94)

b   In dem Vergleich mit den Vorstellungen der Schülerinnen und Schüler sollten die ganz vage gehaltenen Vorstellungen Franz Sternbalds von Italien (schattige Wälder, fremde Städte und Menschen, buntes Leben, Treffen mit Künstlern) herausgearbeitet werden. Seine Reise hat eigentlich kein konkretes, topografisch klar umrissenes Ziel, sondern wirkt wie der Aufbruch in ein erträumtes anderes Leben, eine Welt, die er sich bisher nur auf seiner Staffelei erschaffen hat. Diese Reise löst eine begeisterte Vorfreude aus, aber auch Abschiedsschmerz und Trauer, und sie stärkt in diesem Abschiedsschmerz das Freundschaftsgefühl. Man gewinnt den Eindruck (und der Erzähler deutet das in seinem Kommentar in Z. 9–14 an), dass die Vorfreude und die ungestillte Sehnsucht nach dem erträumten Italien das entscheidende innere Erlebnis bilden und damit fast wichtiger sind als die tatsächliche Reise.

2   Das „Lied vom Reisen" spiegelt in lyrischer Form die in dem Erzählausschnitt dargestellte Aufbruchs- und Abschiedssituation mit ihren zwiespältigen Gefühlen. Es verdeutlicht und intensiviert damit die Stimmung für den Leser. Die in dieser Absicht unternommene Mischung der Gattungen ist typisch für die romantische Literatur.

3   Auf den Erzählerkommentar in Z. 9–14 und seine Funktion wurde schon unter 1b hingewiesen. Die Vorfreude auf das Glück, das Vorgefühl kann nach Auffassung des Romantikers intensiver und reiner genossen werden, da das Eintreffen des Glücks, die Erfüllung des Glückswunsches, den Abschluss bedeutet, das Ende bewusst macht und damit an das endgültige Ende, den Tod, erinnert. Zudem ist das tatsächliche Glück, wie in dem Roman z. B. die erträumte Reise, in aller Regel nicht so ungetrübt und vollkommen wie die sehnsuchtsvollen Vorstellungen davon.

4 a   Goethe erlebt Italien im Banne der Antike. Die antiken Bauwerke eröffnen ihm ein neues Kunst- und Lebensverständnis. Er erfährt nach eigenen Worten eine Art Wiedergeburt, findet zu Klarheit und Ruhe, sieht seinen Geist zur Tüchtigkeit erzogen, findet eine neue Durchdringung von Ernst und Freude. Das heißt, Goethes Italienreise ist eine Bildungsreise in umfassendem Sinne, die sein

Kunstverständnis, sein Menschenbild und seine Lebensauffassung beeinflusst. Für Tiecks Roman-
helden steht die Begegnung mit der Antike keineswegs im Mittelpunkt. Bezeichnenderweise spricht er
nicht von den antiken Denkmälern, an denen er etwa seine Kunst schulen will, sondern von einer
gefühlvollen Reminiszenz an die antiken Heroen. Er genießt in seiner Vorfreude eine Art frommen
Schauder, auf demselben Boden zu wandeln wie einst diese Sagengestalten (Z. 24 ff.).

b Tiecks Roman ist, wie der Auszug erkennen lässt, geprägt von der romantischen Mittelalterbegeiste-
rung. Er spielt am Ausgang des Mittelalters und macht den Maler Albrecht Dürer zu einer zentralen
Figur. Der Protagonist Franz Sternbald ist Lehrling in Dürers Werkstatt und bezeichnet seinen Meister,
den er tief verehrt, als „unsern Dürer" (Z. 51). Die Idylle am Abendbrottisch des Meisters Dürer zeigt
die heile Welt, die die Romantiker in der mittelalterlichen Gesellschaftsordnung und ihren Prinzipien
entdeckt zu haben glaubten. Sie sahen darin ein Gegenbild zu dem heraufziehenden, von kapitalis-
tischer Konkurrenz, Entfremdung und Materialismus bestimmten Industriezeitalter.

Joseph von Eichendorff: **Sehnsucht** (1830/31) ▶ S. 320

1 a Gilt schon allgemein, dass Gedichte, die mit den traditionellen sprachlichen Klangmitteln wie Metrum
und Reim wirken, nicht für das stille Lesen bestimmt sind, so gilt das für die romantischen Gedichte, in
denen diese Mittel zu einer besonders reichen Entfaltung kommen, ganz besonders. Viele dieser
Gedichte haben eine liedhafte Form und man hat häufig zu Recht ihre „Wortmusik" hervorgehoben.
Anhand von Eichendorffs „Sehnsucht" können die Schülerinnen und Schüler durch ein Einüben des
Vortrags für diesen Wohlklang sensibilisiert werden.
Der Rhythmus basiert auf einem trochäisch-daktylischen Metrum mit Auftakt, das jedoch nicht gleichmäßig, sondern mit leichten Variationen gehandhabt wird. Es wird so die Gefahr eines metrisch eintönigen Klapperns oder Leierns vermieden. Der Rhythmus wirkt locker und gleichsam leichtfüßig, nicht
gemessen schreitend. Der Reim zeigt für jede Strophe die Form eines doppelten Kreuzreims, wobei in
den ersten beiden Strophen die Kreuzreime überdies durch Assonanzen verbunden sind (Strophe 1:
„Sterne" / „Ferne" – „entbrennte" / „könnte"; „stand" / „Land" – „gedacht" / „-nacht"; Strophe 2: „gingen"
/ „singen" – „-schlüften" / „Klüften" – „-hang" / „entlang" – „sacht" / -„nacht"). Die Kadenzen wechseln
regelmäßig zwischen klingend und stumpf. Durch diese Handhabung des Reims entsteht ein höchst
harmonischer Klang, der durch die Vokalität im gesamten Gedicht noch verstärkt wird. In den ersten
beiden Strophen und in der ersten Hälfte der dritten dominieren die hellen Vokale (Beispiel 1. Vers:
e – ie – e – o – o – **ie – e – e** etc.), im zweiten Teil der dritten Strophe die dunklen (Beispiel 22. Vers:
a – e – **au** – e – **a** – e – **a**). Zahlreiche Wiederholungen unterstützen diese Klangharmonie noch:
Wiederholung eines ganzen Verses (8 und 24) dazu noch „-nacht" in V. 16; „rauschen", V. 14 und 23;
„hörte", V. 3 und 11; „stille", V. 4 und 12; „singen" / „sangen" V. 11 und 17.

b Dem formalen Aufbau in drei Strophen steht eine inhaltliche Zweigliederung gegenüber: Vers 1–12
und Vers 13–24. Im ersten Teil werden die Situation des lyrischen Ichs, der Anlass für sein Sprechen,
seine Wahrnehmungen und Empfindungen dargestellt. In einer klaren Sternennacht steht der
Sprecher einsam am Fenster, hört ein Posthorn aus der Ferne herüberklingen und seine Reiselust
erwacht. Verstärkt wird diese noch durch die Beobachtung von zwei Wanderern, die ein Lied singen.
Der zweite Teil enthält dann den Inhalt dieses Liedes. Es besingt zunächst (V. 13–16) die wilde, freie
Natur, dann eine kulturgeprägte Gartenlandschaft, die mit ihren Versatzstücken an die Sehnsuchts-
landschaft der Deutschen, Italien, erinnert (V. 17–24).
Zwischen den beiden Teilen ergeben sich einige Korrespondenzen: Der goldene Schein der Sterne
(V. 1) wird aufgegriffen im Mondenschein (V. 20), der Klang des Posthorns (V. 4) im Klang der Lauten
(V. 22), das am Fenster stehende Ich, das in der Ferne das Posthorn hört (V. 2 f.) in den Mädchen, die
am Fenster den Lauten lauschen (V. 21 f.); schließlich wird die „prächtige Sommernacht" am Ende der
ersten und der letzten Strophe beschworen.
Der unter 1a verdeutlichte Wohlklang des Gedichts, seine Wortmusik, korrespondiert mit den akusti-
schen Reizen, die den Inhalt und die darin zum Ausdruck gebrachte Stimmung prägen: der Ton des
Posthorns, der Gesang der Wanderer, das Rauschen der Wälder und der Brunnen, der Klang der
Lauten.

2 Sowohl bei dem Dichter Eichendorff als auch bei dem Maler Friedrich wird die Situation „am Fenster"
immer wieder dargestellt, sie scheint für das Schaffen der beiden Künstler geradezu eine Ursituation
darzustellen. Was bedeutet nun dieses Motiv? Es zeigt eine Grenz- und Schwellensituation. Die Grenze
zwischen geschlossenem Raum, der mit Enge und Gefangensein assoziiert wird, und der Weite draußen,

338   C3 KLASSIK UND ROMANTIK

die für Entgrenzung und Freiheit steht, wird durchbrochen, jedoch nur als Ausblick. Das Ich bleibt in seiner Begrenzung gefangen, schaut aber in die offene, weite Welt hinaus. Auffallend ist, dass die Identifikationsfigur am Fenster mit Symbolen des Reisens konfrontiert ist, das lyrische Ich im Gedicht mit Posthorn und Wanderern, die Rückenfigur auf dem Bild mit einem vorbeifahrenden Segelschiff. Der Platz am Fenster ist damit der Ort des Fernwehs, der Sehnsucht nach dem Aufbruch in ein von Unbegrenztheit und Freiheit bestimmtes, anderes Leben. Die Vorliebe der Romantiker für dies Motiv ist von daher leicht erklärbar. Es lässt sich als Metapher für die als krisenhaft erfahrene Situation der politischen Unterdrückung (sei es durch die Fremdherrschaft Napoleons, sei es durch die Restauration der überkommenen Fürstenherrschaft) und der Entfremdung des Individuums durch die Zwänge der Industriegesellschaft deuten, der das Ich zu entfliehen wünscht.

3 a   Der Gefühlsbegriff „Sehnsucht" bedeutet ein heftiges, oft schmerzliches Verlangen nach etwas, besonders wenn das Ersehnte fern und unerreichbar erscheint. In dem Wortbestandteil „-sucht" (von „siechen" abgeleitet, mit der ursprünglichen Bedeutung „Krankheit") wird das Psychopathologische deutlich, das in diesem Gefühl steckt. Die Sucht bezieht sich primär nicht auf das Ersehnte, sondern auf das Sich-Sehnen, auf das Gefühl, das nur solange währt, wie die Erfüllung nicht erreicht wird. Zur Sehnsucht gehört also im Grunde die Erfüllungsscheu. Im Gefühlskult der Romantik nahm dies in sich selbst kreisende Gefühl den ersten Rang ein.

b   Auf beispielhafte Weise wird dieses im Titel genannte romantische Zentralgefühl in der Konstruktion des Gedichttextes nachvollziehbar und verständlich gemacht. Das Ich am Fenster, das den Leser zur Identifikation einlädt, ist in seinem Zimmer abgetrennt von der Weite des Sternenhimmels, der Natur, der menschlichen Geselligkeit. Ein Posthorn erklingt, das Signal zum Reiseaufbruch, und lässt das Gefühl der Sehnsucht in ihm aufflammen. Bezeichnend ist, dass das Ich diesem Signal, das auch nur aus der Ferne herübertönt, nun nicht folgt, sondern mit dem Seufzer „Ach, wer da mitreisen könnte" (V. 7) antwortet, der im Modus des Konjunktivs auf das Irreale, die Unerfüllbarkeit des Wunsches hinweist. Auch an der prächtigen Sommernacht vor dem Fenster hat der Sprecher nicht direkt teil. In seiner Einsamkeit beobachtet er wehmütig zwei gesellige Wanderer und lauscht ihrem Gesang. Nur aus diesem Gesang, also in die Poesie verflüchtigt, erfährt er von den Schönheiten freier Natur, von Felsenschlüften, Wäldern und Wasserfällen, und von den Reizen einer idyllisch-lieblichen fernen Landschaft. So bleibt es bei diffus-verschwommenen Bildern von erhabenen und heiteren Gegenden, die kein konkretes Ziel für ihn sind, sondern nur als Stoff für seine Sehnsucht dienen. Auch die prächtige Sommernacht, anfangs als direkter Eindruck vor dem Fenster vorhanden, existiert am Ende nur noch im Lied der Wanderer. Das lyrische Ich gibt sich mehr und mehr einer erträumten Wunschwelt hin bzw. der unerfüllbaren Sehnsucht danach, die es – immer noch am Fenster stehend – endlos genießen kann.

▶ S. 321   **Joseph von Eichendorff: Frische Fahrt** (1815)

1 a   Folgende Vorstellungen ruft die „Frische Fahrt" hervor:
- Frühling, blauer Himmel, laue Luft;
- Klang von Hörnern, Wald als freie Natur;
- vor Unternehmungslust glänzende Augen;
- mitreißender Fluss bunten Lebens;
- Sich-treiben-Lassen und Abkehr vom bisherigen Leben;
- vielstimmige Verlockung;
- Morgenröte leuchtet;
- keine Frage nach Ziel und Ende der Fahrt.

b   Anfangs scheint es sich noch um den Aufbruch zu einer konkreten Reise im Frühling zu handeln, ab V. 5 aber mit dem Bild des magisch wilden Flusses, der das bunte Treiben des Lebens darzustellen scheint, wird deutlich, dass es sich hier um eine andere Art von Reise handelt. Es geht um einen Aufbruch aus dem Gewohnten, eine Fahrt in ein neues, verlockendes Leben. Diese Fahrt hat kein klar definiertes Ziel, ihr Sinn liegt im Aufbruch, im Sich-treiben-Lassen auf dem Strom des bunten Lebens.

2 a   Zunächst sind bei der Beschreibung des Lebensgefühls, das in dem Gedicht zum Ausdruck kommt, sicher positiv besetzte Stichworte zu erwarten, wie: Aufbruchstimmung, Jugend, Entdeckung der Schönheiten der Welt, Beginn eines neuen Lebens, Entgrenzung, Freiheit, Abenteuer, Lebensfreude, Mut.

3.2 ROMANTIK **339**

Bei genauem Hinsehen zeigt sich aber, dass das Gedicht nicht ohne Ambivalenzen ist. Folgende Stichworte könnten darauf hinweisen: Verlust der vertrauten Umgebung und Vereinzelung (V. 10), Selbstaufgabe bzw. Selbstverlust (V. 9), Verblendung durch den Glanz der Welt (V. 12), bedenkenloses Sich-treiben-Lassen und Verdrängen des Endes (V. 15 f.).

Passende Bilder zu dem Lebensgefühl, das das Gedicht vermittelt, können von den Schülerinnen und Schülern selbst gezeichnet, gemalt oder collagiert werden, können aber auch als Bildmaterial aus unterschiedlichen Quellen hinzugefügt werden.

b Die Eingangsszene aus dem „Taugenichts", der die Idealfigur romantischer Aufbruchstimmung darstellt, entspricht in Inhalt und Atmosphäre weitestgehend dem Gedicht. Auch dort ist der Frühling angebrochen, die Morgensonne (Aurora) scheint, die Stimmen der Vögel erschallen lockend und ein junger Mensch bricht aus der gewohnten, beengten Welt (Mühle des Vaters mit ihrer langweiligen Arbeit) in die weite Welt auf, lässt die Bekannten und Freunde zurück und stürzt sich in das Abenteuer eines neuen Lebens; kurz hinter seinem Dorf nimmt ihn ein Reisewagen mit zwei vornehmen Damen mit. Seine Stimmung ist von ähnlich überbordender Begeisterung geprägt wie in dem Gedicht; es heißt dazu im Text: „ich schämte mich, laut zu schreien, aber innerlichst jauchzte ich und strampelte und tanzte auf dem Wagentritt herum". Auch hier fehlt nicht die Ambivalenz in der Aufbruchstimmung: „da fiel mir erst wieder mein Dorf ein und mein Vater [...]. Mir war dabei so kurios zu Mute, als müsse ich wieder umkehren [...]." Der Unterschied des „Taugenichts" zu dem Gedicht liegt darin, dass sich der Aufbruch dort im Vertrauen auf Gott und dessen Willen vollzieht; der junge Taugenichts singt: „Wem Gott will rechte Gunst erweisen, / Den schickt er in die weite Welt" und weiter: „Den lieben Gott lass ich nur walten".

3 a Zu Gesang und Musik in den Inhalten und in der Musikalität der Sprache romantischer Literatur: In dem Auszug aus Tiecks Roman (S. 318 f. im Schülerband) spielt das Abschiedslied der Freunde eine wichtige Rolle, in Eichendorffs Gedicht „Sehnsucht" bildet der Gesang der Wanderer ein wesentliches Element und auch in dem zweiten Gedicht dieses Dichters ist von „tausend Stimmen", die „lockend schlagen" die Rede. Hinzu kommen das Posthorn und die Lauten in „Sehnsucht" bzw. der Hörnerklang in „Frische Fahrt". Die Musikalität der Sprache wurde am Beispiel des Gedichts „Sehnsucht" explizit deutlich gemacht (vgl. dazu die Hinweise zu Aufgabe 1a, S. 337 in diesen Handreichungen).

b Da Musik nicht wie Worte oder Bilder etwas bezeichnet und mehr oder minder klar umrissene Vorstellungen hervorruft, die sich immer auch oder sogar primär an den Intellekt wenden, wirkt sie unmittelbar und in erster Linie auf das Gefühl. Damit ist sie in besonderer Weise dazu geeignet, das Kunstprogramm der Romantik zu erfüllen, „Gemütserregungskunst" zu sein und die Wunden zu heilen, „die der Verstand schlägt" (beides Zitate des Dichters Novalis; vgl. dazu die Auftaktseite zum Kapitel „Klassik und Romantik", S. 292, sowie die literaturprogrammatischen Texte, S. 325 im Schülerband).

„Beisammen konnten sie dir nit kommen" – Liebe und Tod

Volkslied: Edelkönigs-Kinder ▶ S. 321

Heinrich Heine: Ich weiß nicht, was soll es bedeuten (1823) ▶ S. 322

Heinrich Heine: Der Asra (1851) ▶ S. 322

1 **„Edelkönigs-Kinder":** Erzählt wird von zwei Königskindern, die sich lieben, aber durch ein tiefes Wasser voneinander getrennt sind. Das Mädchen fordert den jungen Mann auf, zu ihr zu schwimmen, und zündet zur Orientierung drei Kerzen an. Eine falsche Nonne, die sich schlafend stellt, löscht die Kerzen und der junge Mann ertrinkt. Das Mädchen fragt ihre Mutter um Erlaubnis, einen Spaziergang am Ufer machen zu dürfen. Sie bittet einen Fischer, nach dem Toten zu suchen, der ihn auch schließlich an Land bringt. Die Königstochter hält ihren toten Prinzen in den Armen, küsst ihn und sagt ihren Eltern für immer Adieu. Die Geschichte wird von einem unbeteiligten Erzähler berichtet. Er beginnt mit der märchenhaften Formel „Es waren zwei Edelkönigs-Kinder" und stellt als Einleitung kurz die Situation vor (1. Strophe). Beim Erzählen wechselt er dann zwischen der Stimme des Mädchens in direkter Redewiedergabe (2. Strophe, 4. Strophe, 6. Strophe, V. 22–24, 8. Strophe, V. 31–32) und eigenem Erzählbericht, der sich ganz auf knappe Handlungswiedergabe beschränkt, ohne Atmosphäre oder Stimmungen auszumalen oder zu kommentieren. Das genaue Ende, wie der Tod des Mädchens aussehen wird, bleibt offen. Begeht sie Selbstmord oder stirbt sie an gebrochenem Herzen?

340   C3 KLASSIK UND ROMANTIK

„Ich weiß nicht, was soll es bedeuten": Dem Leser/Zuhörer wird ein Märchen aus alten Zeiten angekündigt. Zunächst wird kurz der Ort der Handlung vorgestellt: ein Berg am Rhein, um den eine sonn-
beschienene, ruhige Abendstimmung herrscht. Auf dem Berg sitzt wunderbarerweise ein als „die schönste
Jungfrau" bezeichnetes weibliches Wesen, das sein goldenes Haar kämmt und dabei ein Lied von
magischer Gewalt singt. Ein Schiffer auf dem Rhein wird davon so ergriffen, dass er nur zu ihr empor-
schaut, die Klippen im Fluss vergisst und mit seinem Kahn untergeht. Am Ende erfährt man den Namen
des zauberischen Wesens: Lore-Ley.
Der Erzähler spricht hier zunächst von sich selbst, es gibt also ein lyrisches Ich. Er spricht von seiner
Stimmungslage, einer unerklärlichen Traurigkeit, die wohl von einem Märchen herrührt, das ihn innerlich
gefangen hält. Er erzählt dann dies Märchen, wobei er die Atmosphäre des Ortes und die zauberische
Macht des sirenenhaften Wesens ergreifend anschaulich schildert. Am Ende, das an die erste Strophe
anknüpft und der erzählten Geschichte einen Rahmen gibt, spricht der Erzähler wieder von sich. Er gesteht, dass er sich an den traurigen Schluss der Geschichte nicht ganz genau erinnern kann, er „glaubt",
dass der Schiffer versunken sei. Und er gibt zu erkennen, dass er die alt bekannte Lokalsage von der
Loreley, dem berühmten Rheinfelsen bei Sankt Goarshausen, erzählt hat.
„Der Asra": Erzählt wird die Geschichte einer Sultanstochter, die täglich in der Abendzeit an einem
bestimmten Springbrunnen spazieren geht. Um die gleiche Zeit steht dort immer ein junger Sklave, der
von Tag zu Tag bleicher wird. Schließlich spricht sie ihn an und fragt nach Namen und Herkunft. Er gibt
die geforderte Auskunft und legt gleichzeitig damit ein Liebesgeständnis ab: Die Mitglieder des Stammes
der Asra sterben, wenn sie lieben.
Die kurze Geschichte wird von einem unbeteiligten Erzähler berichtet. Ohne Einleitung stellt er in einfachen Worten die Personen und die Situation vor, durch die Wiederholung gewinnen die „weißen
Wasser" (V. 4, 7) allerdings die Bedeutung eines Todessymbols. Auch die nur aus einem kurzen Wortwechsel, der in wörtlicher Figurenrede wiedergegeben wird, bestehende Handlung wird lapidar berichtet.
Das Ende bleibt ausgespart, ist aber vorgezeichnet.

2 a   Gemeinsam ist den Geschichten, die in den drei Gedichten erzählt werden, dass der Liebe schwer-
wiegende Hindernisse entgegenstehen, die sie zur Sehnsucht werden lassen, dem Zentralgestirn am
romantischen Gefühlshimmel (vgl. die Ausführungen zu Eichendorffs Gedicht „Sehnsucht", S. 337 f. in
diesem Handbuch). Am Ende steht in allen drei Gedichten der Tod, der endgültig die Vereinigung der
beiden Liebenden bzw. des/der Liebenden mit dem ersehnten Gegenüber verhindert.
Im Volkslied von den Königskindern versuchen die Liebenden trotz des Hindernisses (das tiefe
Wasser, das unüberwindliche gesellschaftliche Widerstände symbolisiert, wie das Verhalten der ge-
strengen Mutter und der bösartigen Nonne zeigt) zusammenzukommen. Der junge Mann zahlt dafür
mit dem Leben. Das Mädchen lässt sich dadurch von ihrer Liebe nicht abbringen und erreicht durch
eine List, dass sie ihren toten Geliebten umarmen und küssen kann. Sie will ihm in den Tod folgen,
um dann im Jenseits für immer mit ihm vereint zu sein. Diese Sublimierung konkreter irdischer Liebe
zu einer Seelenliebe im Jenseits ist eine häufig in der Romantik zu findende Variation in der Kombination der Motive Liebe und Tod.
In Heines Lied von der Lore-Ley wird der Schiffer von „wildem Weh", der Sehnsucht, ergriffen, da das
Objekt seiner Begierde eine Nixe, ein magisches Naturwesen, ist, für ihn als Menschen unerreichbar.
Ihre unwiderstehliche Verführungskraft (das lange Haar und der Sirenengesang als erotische Signale)
lässt ihn seine gewohnte Welt vergessen (die Felsenriffe im Fluss) und treibt ihn blindlings in den Tod.
Damit triumphiert die sehnsüchtige Liebe über das banale Leben.
In „Der Asra" erwächst die Sehnsucht aus der unüberwindlichen sozialen Barriere zwischen Sklave
und Prinzessin. Die kollektive Psyche des Asra-Stammes scheint vom Konzept der Liebe als Sehnsucht geprägt zu sein, sodass Lieben für den Asra Sterben bedeutet. Die Liebessehnsucht verschmilzt
mit der Todessehnsucht.

   b   Das Konzept der romantischen Liebe ist das einer schmachtenden, sehnsüchtigen Liebe, die durch
die Unerreichbarkeit des Liebesobjekts am Leben erhalten wird. Diese Art von Liebe darf nicht zu
einer gelebten Beziehung mit all ihren möglichen Konflikten im Alltag führen. Sie weicht der Wirklichkeit aus und zieht gerade aus dem Mangel an Erfüllungschancen ihren bittersüßen Genuss. Der Tod
ist dabei die radikalste und konsequenteste Form der Verhinderung aller Erfüllungschancen. Daher
wird in der romantischen Literatur und Kunst das Motiv der Liebe so gern mit dem Motiv des Todes
verknüpft.

3.2 ROMANTIK **341**

3 Weitere Beispiele von Liebeslyrik, in der das romantische Liebeskonzept besonders deutlich wird, sind:
- *Joseph von Eichendorff:* „Das zerbrochene Ringlein", „Der Gärtner"
- *Clemens Brentano:* „Der Spinnerin Nachtlied" (vgl. S. 329 im Schülerband), „Die Abendwinde wehen"
- *Heinrich Heine:* „Ein Fichtenbaum steht einsam, Lyrisches Intermezzo XXXIII"

Heinrich von Kleist: Penthesilea (1806/07) – Aus dem 23. und 24. Auftritt ► S. 323

1 a In dem Bericht aus der Perspektive Prothoes sollte das entsetzliche Geschehen aus der größeren Distanz nach der Rückkehr in die Heimat dargestellt werden. Darin sollte dann auch der Versuch unternommen werden, das Unbegreifliche, das zu Penthesileas Untergang geführt hat, zu verstehen. Dabei könnte auf den starken Charakter der Protagonistin, die das Unbedingte liebt, hingewiesen werden. Als Königin hat Penthesilea das Gesetz ihres Staates tief verinnerlicht und folgt ihm aus ganzer Überzeugung. Mit der gleichen vollständigen Hingabe folgt sie ihrem Herzen, als sie von der Liebe zu Achill ergriffen wird. Daraus ergibt sich ein unauflösbarer, tragischer Konflikt, der nur für einen Augenblick, den Penthesilea als glücklichen Moment erlebt, gelöst erscheint, als sie nämlich glaubt, Achill im Kampf überwunden und für sich gewonnen zu haben. Als sie nach ihrer Befreiung aus dem Griechenlager Achills Zweikampfforderung erhält (nicht ahnend, welches Ziel Achill verfolgt), empfindet sie das als zutiefst verletzenden Vertrauensbruch. Der ausweglose Konflikt in ihrem Inneren treibt sie in Wahnsinn und Raserei, die sie alle Grenzen des Menschlichen vergessen lassen. Als sie vor der Leiche ihres Geliebten aus ihrem Außer-sich-Sein in die Wirklichkeit zurückfindet, sagt sie sich angesichts des Opfers, das sie ihrem Staatsgesetz gebracht hat, von diesem Gesetz los. Da ihr damit aber die Basis ihrer Existenz entzogen ist und gleichzeitig der Grund dafür, die Gegenmacht ihres natürlichen Liebesverlangens, aufgeopfert worden ist, hält sie nichts mehr im Leben. Auch jetzt zeigt sich ihre ungeheure innere Stärke, wenn sie sich selbst nur aus der Kraft ihres Willens und Gefühls den Tod gibt.

b Wie in den romantischen Gedichten auf S. 321 f. im Schülerband steht der Liebe ein schwerwiegendes Hindernis entgegen, hier das Staatsgesetz des Amazonenvolkes, dem die Königin in besonderer Weise verpflichtet ist. Und wie in den Gedichten führt das unstillbare Liebesverlangen in den Tod. Wie in den Gedichten kann die Vereinigung der Liebenden nicht im Leben erfolgen, sondern erst nach Überschreitung der Schwelle zum Tod. So sagt Meroe am Ende: „Sie fogt ihm, in der Tat!" (Z. 3039). Allerdings wird in Kleists Tragödie der Liebeswunsch nicht in schwärmerischer Sehnsucht ausgelebt, sondern zeigt die ganze zerstörerische Gewalt der Liebe, die als rauschhafter Wahn alle Grenzen von Gesetz und menschlicher Gesittung überschreitet.

2 Das den gesamten Text prägende Stilmittel ist der Anakoluth, der Bruch der normalen, grammatisch korrekten Satzkonstruktion. Kaum ein Satz folgt den üblichen Satzbauregeln und nimmt seinen Verlauf ohne Brüche, Sprünge, Verschiebungen von Satzgliedern, Einschüben oder Neuansätzen. Beispiele: Z. 2644 ff. (eingeschobene wörtliche Rede), 2652 ff. (eingeschobene wörtliche Rede; wiederholender Neuansatz: „und stürzt – stürzt mit der ganzen Meute", „und reißt – reißt ihn beim Helmbusch"; Unterbrechung: „reißt ihn beim Helmbusch […] ihn nieder"); 2670 ff. (Neuansatz mit Umstellung) etc. Zu diesen sprachlichen Besonderheiten gehören auch die nachgestellten Adjektive bzw. Partizipien (Z. 2610, 2653, 2672, 2677), die Ellipsen (Z. 2610 f., 3015, 3016, 3019) und die Aufzählungsketten (Z. 2656 ff., 2701 ff., durch „und" verbunden: Z. 2644 ff.). Häufig sind überdies Wiederholungen (Z. 2700 ff., 3020, 3035) und Ausrufe bzw. Apostrophe (Z. 2658, 3013 f., 3018, 3035). Alle diese Stilmittel verweisen auf die ungeheure innere Erregung der Figuren. Indem der Dichter diese Erregung sprachlich so deutlich zum Ausdruck kommen lässt, verleiht er dem Sprechen der Figuren Authentizität und lässt das Publikum unmittelbar an dem Erregungszustand teilhaben. Ein anderes auffallendes Stilmittel sind die Tiervergleiche (Z. 2660, 2667 ff.) und Jagdmetaphern (Z. 2646 ff.), die auf die Entmenschlichung und die Gewalttätigkeit verweisen, die sich in dem Dargestellten zeigt. Gewaltvorstellungen ruft auch die am Ende entfaltete Metaphorik des Waffenschmiedens (Z. 3026–3033) hervor.

3 a Kleists Werk lässt sich nicht der Kunstprogrammatik der Weimarer Klassik zuordnen. Seine Penthesilea ist weit von der Iphigenie Goethes entfernt. Eine Ähnlichkeit besteht lediglich darin, dass beide Protagonistinnen eine starke Seele besitzen und ihrer inneren Stimme gegen die Forderungen ihrer Umwelt folgen. Allerdings speist sich diese Stimme aus ganz anderen Quellen und die Austragung des Konflikts, in dem sie stehen, führt zu ganz anderen Ergebnissen. Iphigenie besiegt alle Anfechtungen durch geheime Wünsche (Rückkehr in die Heimat unter Mitnahme des Götterstandbilds der Diana auf betrügerische Weise) in ihrer reinen, dem sittlichen Gebot der Wahrheitsliebe folgenden

C3 KLASSIK UND ROMANTIK

Seele. Sie wirkt auf die von Leidenschaften getriebenen Charaktere ihrer Umwelt läuternd und befreiend. So heilt sie ihren Bruder Orest von den Qualen, die ihm seine Rachsucht eingetragen hat, und Thoas leitet sie zu großmütiger Entsagung und Selbstüberwindung an. Sie erscheint als Verkörperung einer reinen Seele und Vorbild gelebter Humanität. Penthesileas Konflikt zwischen dem unnatürlichen, aus mythisch-archaischen Zeiten stammenden Staatsgesetz und ihrer Verfallenheit an die Liebe zu Achill (vgl. Aufgabe 1) ist elementarer, existenzieller, treibt die Protagonistin über alle Grenzen der Menschlichkeit hinaus und endet in einer grausigen Tragödie.

Der gesetzten, in ruhigem, geordnetem Satzbau dahinfließenden Sprache in Goethes Schauspiel, die auf Überzeugung des Gegenübers und auf Reflexion hin angelegt ist und zu Sentenzen neigt, steht die überaus bewegte, von zerrissenem Satzbau beherrschte Diktion in Kleists Drama gegenüber, die auf den Ausdruck heftiger Gefühle zielt (vgl. Aufgabe 2).

b   Wie die Sprache in Kleists Drama ist die Sprache in den romantischen Textbeispielen primär Gefühlsausdruck. Doch ist sie bei Kleist weniger von Harmonie, sanftem Wohlklang, Wortmusik und sehnsuchtsvoller oder frohgemuter Gestimmtheit geprägt. Vielmehr irritiert und trifft sie den Zuhörer durch ihre starke Bewegtheit und Zerrissenheit und durch die Krassheit ihrer Bilder.

**„Poesie ist Darstellung […] der inneren Welt in ihrer Gesamtheit" –
Aspekte eines romantischen Poesieprogramms**

▶ S. 325   Novalis: **Wenn nicht mehr Zahlen und Figuren** (1800)

▶ S. 325   Novalis: **Romantisieren – Fragmente zur Poetik** (1798–1800) – Auszug

▶ S. 325   Friedrich Schlegel: **116. Athenäum-Fragment** (1798) – Auszug

1 a   In Novalis Gedicht folgt einer Aufzählung von vier mit „wenn" eingeleiteten Konditionalsätzen (V. 1–10) der mit „dann" eingeleitete Hauptsatz (V. 11–12). Viermal werden Bedingungen genannt, die erfüllt werden müssen, damit eine neue Situation entstehen kann, in der das bestehende „verkehrte Wesen" (V. 12) aufgehoben wird. Die ersten drei Konditionalsätze umfassen jeweils zwei durch die Anapher „wenn" eingeleitete, parallel gebaute und durch einen Paarreim verbundene Verse. Der vierte Konditionalsatz variiert dieses Schema, indem er zwei durch „und" verbundene Paarreimverse verbindet. Der abschließende Hauptsatz umfasst dann wieder in Parallele zu den ersten drei Konditionalsätzen zwei durch einen Paarreim verbundene Verse.

b   Die Aussagen der einzelnen Teile des Gedichts lassen sich in etwa so wiedergeben:
   - Erster Konditionalsatz (V. 1–2): Die Formeln und Modelle der Naturwissenschaften und der Mathematik bieten nicht den alleinigen Zugang zur Welt.
   - Zweiter Konditionalsatz (V. 3–4): Die Dichter und die Liebenden, also diejenigen, die sich von Fantasie und Gefühl leiten lassen, haben ein tieferes Wissen als die Gelehrten.
   - Dritter Konditionalsatz (V. 5–6): Die Welt muss befreit werden zu einem Leben unabhängig von Zwecken und Nutzbarmachungen; sie muss sich selbst wieder zurückgegeben werden, muss wieder so werden, wie sie ursprünglich war.
   - Vierter Konditionalsatz (V. 7–10): Nicht das Licht (Aufklärung) allein bringt Klarheit und Wahrheit hervor, sondern es muss durch das Dunkel ergänzt werden. Die Vernunft muss mit den Kräften der Fantasie, des Gefühls und des Glaubens, die in der Dichtung den Lauf der Welt verkünden, gepaart werden.
   - Hauptsatz (V. 11–12): Wenn die genannten Bedingungen erfüllt werden, wird durch das geheimnisvolle Wort, das Zauberwort der Dichtung, die ganze verkehrte, den Ton angebende Geisteshaltung weggefegt.

Kritisiert wird in dem Gedicht damit die in der bürgerlichen Gesellschaft dominierende Haltung zur Welt, die von Naturwissenschaften, Technik und Industrie geprägt und von Zweckrationalismus, Ausbeutung der Natur und Selbstentfremdung des Menschen bestimmt ist (verkehrte Haltung). Gefordert wird demgegenüber eine Haltung, die den Kräften der Fantasie, des Gefühls und des Glaubens Raum gibt und die Natur aus ihrer Unterwerfung unter die Verwertungszwänge des Menschen befreit (richtige Haltung).

c Bei der Auswertung der Stellungnahmen der Schülerinnen und Schüler sollte deutlich werden, dass Novalis' Kritik sich gegen eine bestimmte Tendenz der Aufklärung wendet, gegen einen einseitigen Rationalismus, der die Dominanz über alle Lebensbereiche beansprucht. Der Dichter verwirft nicht generell die Vernunft und ihr Wirken als Schlüssel zur Welt (das Licht bleibt zur Klarheit nötig, muss aber ergänzt werden). Des Weiteren darf nicht übersehen werden, dass in der Epoche der Aufklärung mit der Bewegung des Sturm und Drang schon auf die Bedeutung der Gefühlskräfte hingewiesen wurde, ja, dass in dieser Bewegung die Wurzeln für die Haltung lagen, die in Novalis' Gedicht zum Ausdruck kommt.

2 Die Wünschelrute, die Eichendorffs Gedicht den Titel gibt (vgl. S. 477 im Schülerband), ist ein Instrument, mit dem in der Hand eines Kundigen und Sensiblen verborgene, unterirdische Schätze oder Wasseradern gefunden werden können. Wie mit einer Wünschelrute soll nun das Wort des Dichters die Poesie zum Leben erwecken, die in den Dingen verborgen liegt. Die uns umgebende Welt, unsere Alltagswirklichkeit mit all ihren Gegenständen ist nicht grundsätzlich getrennt vom Reich der Poesie. Die beiden Welten können vereint werden im „Zauberwort", das der magischen Fantasie des Dichters entspringt.
Erst wenn es gelingt, in eine ästhetische Kommunikation mit der Wirklichkeit einzutreten und sie damit frei von allen Zwecken und allem Nutzen zu sehen, eröffnet sich die Poesie, die Schönheit und Würde, die allen Dingen innewohnt. Eichendorff meint hier dasselbe wie Novalis in seinem Fragment, wenn er davon spricht, dem „Gemeinen einen hohen Sinn, dem Gewöhnlichen ein geheimnisvolles Ansehn, dem Bekannten die Würde des Unbekannten" zu geben (S. 325 im Schülerband, Z. 1–4).

3 a In dem Manifest zu einem romantischen Literaturprogramm, das die Schülerinnen und Schüler verfassen, sollten folgende Stichworte aufgegriffen und erläutert werden:
- Fantasie und Gefühl als Quellen der Dichtung; Intention: Wiederherstellung der ursprünglichen und wahren Welt durch ihre Poetisierung; allen Dingen, auch den alltäglichen, ein geheimnisvolles Ansehen, einen hohen Sinn, die Würde des Unbekannten, den Schein des Unendlichen geben; Ausdruck des Inneren und direkte Wirkung auf das Gefühl wie die Musik; Dichtung als reiner Wohlklang, ohne klaren Sinn; gleicht Assoziationen und Träumen, ohne erkennbaren Zusammenhang; Gedichte und vor allem Märchen als bevorzugte Formen;
- Verschmelzung aller Gattungen in Richtung auf ein Gesamtkunstwerk; Einbeziehen aller kulturellen Bereiche in die Poesie zu einer fortschreitenden Universalpoesie; Entgrenzung als bestimmendes Prinzip (dazu passen Sehnsucht und schmachtende Liebe, Reise und Aufbruch sowie die Nacht, in der alle Konturen sich auflösen, als wichtige Motive).

b Die Konzepte der Klassik und der Romantik stimmen darin überein, dass es ihnen nicht um eine Abbildung der Wirklichkeit, um Realismus, geht. In dem *Wie* der Überformung der Wirklichkeit und in der damit verbundenen Zielsetzung unterscheiden sie sich jedoch.
Der Vorgang des Idealisierens besteht darin, der Wirklichkeit eine vollendete Gestalt zu geben, sie mit dem Idealbild, das der Künstler in seinem Geist trägt, in Übereinstimmung zu bringen. Das Individuelle, Zufällige einer Erscheinung wird damit zu etwas Allgemeingültigem erhoben. Erreicht wird dies dadurch, dass der sinnliche Eindruck, den der Künstler von der Außenwelt erhält, nach den Gesetzmäßigkeiten der Kunst geformt wird, die in den Vorbildern der Antike am reinsten überliefert sind. Wirkungsabsichten sind die Erhebung der Rezipienten über den Alltag und sittliche Läuterung.
Der Vorgang des Romantisierens besteht darin, die Wirklichkeit aufzulösen und aus den Versatzstücken ein Traumbild, ein Fantasiegebilde zu erschaffen. Dabei folgt der Künstler keinen tradierten Kunstgesetzen, sondern der Stimme seines schöpferischen Inneren, seiner Individualität. Er mischt alle Gattungen und Genres, kümmert sich nicht um logische Zusammenhänge und belässt es auch beim Fragmentarischen. Entscheidend ist, dass die Wirkungsabsicht der Gemütserregung beim Rezipienten erreicht wird, dass dieser sich einem inneren Erlebnis, einem Gefühl, einer Stimmung hingeben kann.

Weiterführende Materialien zu diesem Teilkapitel finden sich auf der beiliegenden CD:
- *E.T.A. Hoffmann:* Der goldene Topf (1814)
- *Heinrich Heine:* Die Harzreise (1824/26)
- *Caspar David Friedrich:* Der Wanderer über dem Nebelmeer (um 1818) (Folie)
- Epochenüberblick: Romantik (ca. 1795–ca. 1835) (Folie)

344 C3 KLASSIK UND ROMANTIK

Literaturstation: Nacht – Ein romantisches Motiv

I „O holde Nacht" – Nachtgedichte

▶ S. 328 Joseph von Eichendorff: **Mondnacht** (1837)

▶ S. 329 Clemens Brentano: **Der Spinnerin Nachtlied** (1818)

▶ S. 329 Novalis: **Hymnen an die Nacht** (e. 1799/1800) – Beginn der 2. Hymne

▶ S. 330 Karoline von Günderode: **Der Kuss im Traume** (1802)

1 a/b Hier erhalten die Schülerinnen und Schüler zunächst einmal die Möglichkeit, spontan Zugang zu den Gedichten zu finden und sich über ihr erstes subjektives Verständnis auszutauschen.

2 Das primäre, subjektive Textverständnis wird nun in einer aspektorientierten Analyse/Interpretation überprüft, modifiziert, erweitert, vertieft. Auf folgende Aspekte könnte bei der Interpretation eingegangen werden:

Eichendorff: Mondnacht
Formaler Aufbau:
- einfache Liedform, dreistrophig;
- gleichmäßig gebaute Verse: alternierendes Metrum mit drei Hebungen und einem Auftakt; einen Bruch im regelmäßig dahinfließenden Rhythmus bilden die Auftakte der Verse 10 und 11, bei denen der Auftakt „weit" und „flog" die Betonung trägt und mit der folgenden Hebung „íhre" bzw. „dúrch" eine Synkope bildet: damit bekommt der Rhythmus hier etwas Schwebendes;
- regelmäßiger Wechsel zwischen klingender und stumpfer Kadenz;
- Kreuzreim, allerdings nicht durchgängig reine Reime (der erste und dritte Versausgang in der ersten und dritten Strophe bilden Assonanzen);
- Korrespondenz zwischen Vers- und Satzbau in der zweiten Strophe, in der ersten und dritten zum Teil Enjambements.

Inhaltlicher Aufbau:
- 1. Strophe: visionärer Eindruck einer Vereinigung von Himmel und Erde; Assoziationen eines Brautkleids der Erde; Anspielung auf den antiken Mythos der Umarmung von Uranos und Gäa;
- 2. Strophe: Aufzählung nächtlicher Natureindrücke; synästhetisch werden alle Sinne angesprochen; Eindruck von Ruhe, sanfter Bewegung, Klarheit, Weite;
- 3. Strophe: Reaktion des lyrischen Ichs auf diese Eindrücke: Entgrenzung, Flug der Seele in eine unendliche Weite, in ihre überirdische, jenseitige Heimat.

Stilmerkmale:
- vergleichende Figur des „als ob" mit Konjunktiv in der ersten und dritten Strophe;
- Personifikation von Himmel, Erde (V. 1–4), Luft (V. 5).

Form-Inhalt-Bezug / Deutungsansatz: Ringstruktur in Form und Inhalt:
- 1. Strophe: vergleichende „als ob"-Figur; Konjunktiv („als hätt"); übernatürlicher Eindruck, Anspielung auf den Mythos;
- 2. Strophe: nächtliche Natureindrücke im Reihungsstil;
- 3. Strophe: vergleichende „als ob"-Figur, Konjunktiv („als flöge"); übernatürliche, mystische Vorstellung des Seelenflugs in eine jenseitige Heimat.

Der Titel „Mondnacht" erschafft eine geheimnisvolle, traumhafte Atmosphäre. Im diffusen, alle klaren Konturen verwischenden Mondlicht, das die Erde in einer Art bräutlichem Blütenschimmer erscheinen lässt, vollzieht sich der an den antiken Mythos erinnernde Kuss von Himmel und Erde. Es bleibt jedoch eine durch das geheimnisvolle Mondlicht ausgelöste Fantasie („als ob"). In der zweiten Strophe wird die Traumebene verlassen und die nächtliche Natur wird mit allen Sinnen in ihrer Schönheit wahrgenommen. Das lyrische Ich, das nun in der dritten Strophe hervortritt, reagiert auf das traumhaft-mythische Bild der Vereinigung von Himmel und Erde und auf die harmonischen Natureindrücke mit einem Gefühl befreiender Entgrenzung über alles Irdische hinaus.

Brentano: Der Spinnerin Nachtlied

Formaler Aufbau:

- einfache Liedform, sechs Strophen;
- gleichmäßig gebaute Verse: alternierendes Metrum mit drei Hebungen und einem Auftakt; regelmäßiger Wechsel zwischen klingenden (1. und 4. Vers jeder Strophe) und stumpfen Kadenzen (2. und 3. Vers);
- umarmender Reim, wobei das Reimschema der ersten Strophe (-aren / -all / -all / -aren) und das Schema der zweiten Strophe (-einen / -ein / -ein / -einen) abwechselnd in den folgenden Strophen völlig identisch wiederkehrt, sodass es in dem ganzen Gedicht insgesamt nur vier Reime gibt; die kreuzreimartige Anordnung der a-Strophen mit den ei-Strophen variiert das umarmende Reimschema innerhalb der einzelnen Strophen – bis auf zwei Enjambements (1. Strophe: 1. und 2. Vers; 2. Strophe: 2. und 3. Vers) fallen Versenden und Satzeinschnitte zusammen, sodass sich ein Reihungsstil ergibt;
- insgesamt einfache, volksliedhafte Form.

Inhaltlicher Aufbau:

- 1. Strophe: Erinnerung des lyrischen Ichs in der Rolle einer am Spinnrad sitzenden Frau an das Glück des Zusammenseins in der Vergangenheit;
- 2. Strophe: Verlustschmerz und Einsamkeit in der Gegenwart beim nächtlichen Sitzen am Spinnrad;
- 3. Strophe: Erinnerung an das glückliche Zusammensein, aber auch an die schmerzliche Trennung;
- 4. Strophe: Bewusstsein des Getrenntseins und der Einsamkeit, aber auch Hoffnung auf erneute Vereinigung;
- 5. Strophe: Erinnerung an die Trennung, aber auch an die Zeit des Zusammenseins;
- 6. Strophe: Hoffnung auf erneute Vereinigung, aber auch schmerzliches Bewusstsein der Einsamkeit.

Stilmerkmale: Das Gedicht wird beherrscht von seiner artistisch raffinierten Klanggestalt, die im Gegensatz steht zu der einfachen, volksliedhaften Form. Die Prinzipien von Gleichklang und Variation werden geschickt kombiniert. Beim ersten Lesen/Hören entsteht der Eindruck, die Verse der ersten beiden Strophen würden in den folgenden vier Strophen in immer neuen Kombinationen wiederholt. Bei genauem Hinsehen zeigt sich, dass bis auf zwei Ausnahmen (4. und 9. Vers, 16. und 21. Vers) kein Vers identisch wiederkehrt, sondern dass die Verse in immer neuen Variationen auftauchen. Auf die Variation von umarmendem Reimschema innerhalb der Strophen und Kreuzreimschema im Wechsel der Strophen im Gegensatz zum Gleichklang der insgesamt nur vier Reime wurde oben schon hingewiesen. Die Prinzipien von Gleichklang und Variation beherrschen auch das Stilmittel der Vokalharmonie. Die erste Strophe wird beherrscht von den dunklen Vokalen „a" und „o", die zweite von den hellen „i" und „ei". In den folgenden „a-" und „ei-"Strophen mischen sich die dunklen und hellen Klänge stärker.

Form-Inhalt-Bezug / Deutungsansatz:

Die Wiederholungen in den Reimklängen und in der (nur leicht variierten) Wiederkehr der Verse sowie das durchgängige Metrum und der Reihungsstil korrespondieren mit dem gleichförmigen Sich-Drehen des Spinnrads, das für das Vergehen der Zeit steht. Die Variation in der Anlage der Vokalharmonien korrespondiert mit dem inhaltlichen Aufbau: 1. Strophe: Dominanz der dunklen Vokale und Erinnerung an das gemeinsame Glück in der Vergangenheit, 2. Strophe: Dominanz der hellen Vokale und schmerzliches Bewusstsein der Einsamkeit in der Gegenwart, dann stärkerer Wechsel in den Vokalharmonien und in den beiden Gefühls- bzw. Bewusstseinszuständen. Insgesamt lässt sich eine Dreiteilung der Zeit erkennen: die glückliche Vergangenheit, die schmerzliche Gegenwart und die an Gott geknüpfte Hoffnung auf die Zukunft mit einer möglichen Vereinigung der Liebenden im Jenseits. Die Gefühle fließen zusammen in einer wehmütigen Klage, die auf das romantische Zentralgefühl Sehnsucht hinausläuft. Ort dieser Sehnsucht ist die Mondnacht. Kaum ein Gedicht der Romantik entspricht so sehr wie dieses der Idee der Wortmusik, des Vorrangs des Wohlklangs vor aller klaren, rational nachvollziehbaren inhaltlichen Aussage.

Novalis: Hymnen an die Nacht (Auszug)

Formaler Aufbau:

- Gedichtform der Hymne, ein feierlicher Lob- und Preisgesang ohne strophische Gliederung, bestehend aus ungereimten Versen in freien Rhythmen (vgl. die Definition auf S. 194 im Schülerband);
- der freie Fluss der Sprache wird durch häufige Enjambements unterstrichen (V. 3/4, 5/6, 7/8/9).

Inhaltlicher Aufbau:

- Im ersten Teil, einem Frageteil (V. 1–6), wird gegen den Tag aufbegehrt, dem das Irdische mit seiner trivialen Geschäftigkeit zugeordnet wird. Dem wird die Nacht gegenübergestellt, mit der das Himmlische, Grenzenlose, Ewige und die geheimnisvolle Liebe in Verbindung gebracht werden.
- Im zweiten Teil, dem Antwortteil (V. 7–11), wird der Herrschaft des Lichts und des Wachens nur eine begrenzte Zeit zugemessen, die abgelöst wird von einer ewig währenden Herrschaft der Nacht und des Schlafes.

346 C3 KLASSIK UND ROMANTIK

Stilmerkmale:
- ekstatischer Ausdruck durch die Reihung dreier rhetorischer Fragen;
- die innere Bewegtheit des Sprechers zeigt sich auch in der Inversion in V. 7–9;
- Merkmal des feierlich-pathetischen Sprechens ist der vorangestellte Genitiv (pathetischer Genitiv): V. 2, 5, 10.

Form-Inhalt-Bezug / Deutungsansatz:
Auf die unterschiedliche Satzform in den beiden inhaltlichen Teilen wurde oben schon hingewiesen. In dem Gedicht wird die Nacht verherrlicht. In Umwertung der christlichen, aber auch der Aufklärungssymbolik wird das Licht abgewertet. Es schafft klare Konturen und ist daher das Trennende. Es beherrscht den Tag mit dem von Zweckrationalität bestimmten, geschäftigen Treiben der Menschen. Demgegenüber symbolisiert die Nacht Entgrenzung, Unendlichkeit, Ewigkeit und sie ist der Ort der Liebe. Verbunden mit der Verherrlichung der Nacht ist die Sehnsucht nach dem ewigen Schlaf, dem Tod, der das Tor ins Jenseits, zu einem anderen Daseinszustand öffnet. Hier können die Liebenden auf ewig vereint sein.

Günderode: Der Kuss im Traume

Formaler Aufbau:
- Sonett: zwei Quartette mit identischem umarmenden Reim, zwei Terzette durch einen Schweifreim verbunden;
- „-haucht" / „saugt" in der ersten Strophe kein reiner Reim – alternierendes Metrum mit fünf Hebungen und einem Auftakt;
- in den Quartetten Wechsel zwischen stumpfer und klingender Kadenz, in den Terzetten nur klingende Kadenzen;
- Versende und Satzeinschnitte fallen stets überein (Reihungsstil).

Inhaltlicher Aufbau:
- 1. Strophe: Erinnerung an einen Kuss, der die sehnsuchtsvolle Liebe des lyrischen Ichs gestillt hat, und Anrufung der Nacht, weiterhin die Erfüllung der Liebe zu ermöglichen;
- 2. Strophe: Verflüchtigung des Liebeserlebnisses zu einem Traum, dem nachzuhängen zum Lebensinhalt des lyrischen Ichs geworden ist; die Nacht wird damit zum Fluchtraum aus den verachteten Freuden der Welt;
- 3. Strophe: Absage an den Tag und sein grelles Licht, in dem für die Liebesgefühle des lyrischen Ichs kein Platz ist;
- 4. Strophe: Aufforderung an das eigene Ich, sich dem Irdischen ganz zu entziehen in die ewige Nacht des Todes („Lethes Fluten"), die Sehnsucht und Schmerz zur Ruhe kommen lässt;

Stilmerkmale:
- Personifikation von Kuss (V. 1 f.), Dunkelheit (V. 3) und Nacht (V. 8, 13 f.);
- beschwörende Anrede (Apostrophe) an die Dunkelheit (V. 3);
- Vergleich und mythologische Anspielung (V. 14).

Form-Inhalt-Bezug / Deutungsansatz:
Der formale Aufbau entspricht der inhaltlichen Gliederung: Die Quartette thematisieren die Erinnerung an das Liebeserlebnis, das Leben als Traum und den Fluchtraum Nacht; das erste Terzett stellt im Kontrast zu den Quartetten Tag und Licht dar und das zweite Terzett greift in einer Steigerung (Klimax) das Thema Nacht auf. Die Nacht erscheint hier als Ort einer nicht gelebten, sehnsuchtsvollen Liebe, der sich das lyrische Ich nur im Traum hingeben kann. Sie ist der Fluchtraum aus der Realität, für die der Tag mit seinem alles enthüllenden, grellen Licht steht. Am Ende zeigt sich, dass hinter der Flucht in Nacht und Dunkelheit die Sehnsucht nach der ewigen Nacht der Toten steht, die aus dem Fluss des Vergessens aller irdischen Leiden getrunken haben.

3 Mögliche Mindmap zu einem Gesamtbild romantischer Nacht:

LITERATURSTATION: NACHT – EIN ROMANTISCHES MOTIV **347**

Sinneswahrnehmungen:

- Hören: „da sang die Nachtigall" (Brentano, V. 10), „ es rauschten leis die Wälder" (Eichendorff, V. 7)
- Sehen: „im Blütenschimmer" (Eichendorff, V. 3); „so sternklar war die Nacht" (ebd., V. 8); „Der Mond scheint klar und rein" (Brentano, V. 23)
- Spüren: „Die Luft ging durch die Felder" (Eichendorff, V. 5); „Weil nur die Nacht so süßen Balsam haucht" (Günderode, V. 8)

Nacht

Kontrastierung – Tag und Morgen:

- „unselige Geschäftigkeit" (Novalis, V. 3)
- „Zugemessen ward / Dem Lichte Seine Zeit" (ebd., V. 7f.)
- „Der Tag ist karg an liebesüßen Wonnen" (Günderode, V. 9)
- „seines Lichtes eitles Prangen" (ebd., V. 10)
- „mich verzehren seiner Sonne Gluten" (ebd., V. 11)

Personifizierungen:

- „Nacht [...] stillet dein Verlangen" (Günderode, V. 13)
- „der Nacht Herrschaft" (Novalis, V. 10)
- „Komm, Dunkelheit! Mich traulich zu umnachten" (Günderode, V. 3)
- „Weil nur die Nacht so süßen Balsam haucht" (ebd., V. 8)

Mythisierungen:

- „der Himmel die Erde still geküsst" (Eichendorff, V. 1f.)
- „Den himmlischen Anflug der Nacht" (Novalis, V. 4)
- „zeitlos ist der Nacht Herrschaft" (ebd., V. 10)
- „Und heilt den Schmerz, wie Lethes kühle Fluten" (Günderode, V.14)

Situationen und Befindlichkeiten des Menschen:

- „meine Seele spannte / weit ihre Flügel aus" (Eichendorff, V. 9f.)
- „Ich sing und kann nicht weinen" (Brentano, V. 5)
- „Denk ich wohl dein allein / Mein Herz ist klar und rein" (ebd., V. 14f.)
- „Gott wolle uns vereinen" (ebd., V. 16)
- „Drum leb' ich, ewig Träume zu betrachten, / Kann aller andern Freuden Glanz verachten" (Günderode, V. 6f.)
- „Hüll' dich in Nacht, sie stillet dein Verlangen / Und heilt den Schmerz" (ebd., V. 13f.)

Weiterführende Aufgaben   ▶ S. 331

2 In den Bildern von **C. D. Friedrich** „Mann und Frau in Betrachtung des Mondes" und **C. Wagner** „Bei Mondschein" (S. 328 und 329 im Schülerband) bildet der Mond mit seinem milden, diffusen Licht das Zentrum. Vom dunklen Vordergrund wird der Blick des Betrachters in die Tiefe des hellen Mondhimmels im Hintergrund gezogen. Der Eindruck von Weite, von Unendlichkeit stellt sich ein. Auf die Bedeutung der Rückenansicht der Figuren bei Friedrich wurde schon anlässlich der Bilder auf S. 317 und 320 im Schülerband hingewiesen (vgl. S. 335 in diesen Handreichungen). Die Landschaften im Vordergrund mit ihren zum Teil bizarren, schemenhaften Formen erscheinen geheimnisvoll und beschäftigen die Fantasie des Betrachters. Die nahe verwandten Farbtöne in beiden Bildern verbinden alle Erscheinungen, verschmelzen sie nahezu zu einem Element. Man fühlt sich an die Verschmelzung von Himmel und Erde in Eichendorffs Gedicht „Mondnacht" erinnert, zu dem beide Bilder in ihrem Stimmungs- und Gefühlsausdruck vollkommen passen. Indem sie ein Gefühl der Entgrenzung und der Unendlichkeit vermitteln, lassen sie sich aber auch mit den Gedichten von Novalis und der Günderode in Verbindung bringen. Schließlich findet sich in dem durch eine liebevolle Geste der Frau verbundenen Paar auf Friedrichs Bild auch das mit der Nacht verbundene Liebesmotiv aus den Gedichten Brentanos und der Günderode wieder.
Füsslis Bild (S. 329 im Schülerband) mit den in hellem Licht erscheinenden, tanzenden, schwebenden Feen und dem aus der Dunkelheit nach ihnen greifenden Prinz Arthur stellt das typische Beispiel eines Traumbildes dar und lässt sich mit Günderodes „Kuss im Traume" in Beziehung setzen.
Schinkels Bild „Die Nacht" (S. 330 im Schülerband) personifiziert die Nacht zu einer Göttin mit Gefolge, die über der dunklen Erde schwebt und von einer Aureole aus Sternen umgeben ist, deren perfekte Kreisform Vollkommenheit symbolisiert. Diese Glorifizierung und Mythisierung der Nacht findet sich in den Gedichten von Novalis und der Günderode wieder.

348 C3 KLASSIK UND ROMANTIK

3 Weitere romantische Nacht-Gedichte:
- Clemens Brentano: „Sprich aus der Ferne" (1801), „Hörst du wie die Brunnen rauschen" (1827)
- Joseph von Eichendorff: „Der Einsiedler" (1817), „Nachts" (1824), „In der Fremde" (1833), „Lockung" (1834)
- Nikolaus Lenau: „Schilflieder 5" (1832)
- Eduard Mörike: „Gesang zu Zweien in der Nacht" (1832), „Um Mitternacht" (1828)
- Ludwig Tieck: „Wunder der Liebe" (1804)

II Nacht, Traum und Wahn – Auszüge aus einem romantischen Schauerroman

▶ S. 332 Ernst Theodor Amadeus Hoffmann: **Die Elixiere des Teufels** (1815/16)

1 a Schauer erregende Momente:

Ort und Atmosphäre	Figuren und ihre Beziehungen	Handlungsablauf
• finstere Nacht in einem dichten Wald (Z. 1 ff.) • Unwetter: rote Blitze, schwarze Wolken, Sturm, Donner mit tausendfachem Echo, Ströme von Regen, umstürzende Bäume (Z. 8 ff.) • Abirren von der Straße auf einen Waldweg (Z. 26 ff.) • Nacht im Zimmer eines einsamen Gehöfts im Wald (Z. 38 ff.) • Klosterkerker (Z. 96 ff.) • Brausen und Pfeifen in den Lüften, Erschütterungen wie durch ein Erdbeben (Z. 106 ff.) • Umherirren im Wald (Z. 122 f.)	• Medardus' Traum von der Furcht erregenden Begegnung mit einem Doppelgänger in Kapuzinertracht, den er für den Teufel hält (Z. 53 ff.) • Kampf mit dem Gespenst, dem er die Finger wie Krallen in die Augen bohrt (Z. 71 ff.) • nach dem Erwachen Verwandlung des Kapuziners in eine reale, fremde Gestalt, die wahnsinnig erscheint (Z. 83 ff.) • Bericht des Försters über die Herkunft der Gestalt: Parallelen zum Schicksal des Medardus (Z. 89 ff.)	• Medardus' Flucht, Unterbrechung durch einen Radbruch in einem Unwetter (Z. 1 ff.) • Verirren im Wald und Zuflucht in einem einsamen Gehöft (Z. 26 ff.) • Medardus' Kampf im Traum mit gespenstischem Doppelgänger, den er für den Teufel hält (Z. 53 ff.) • Übergang des Traums in Wirklichkeit: gespensterhafte Gestalt entpuppt sich als wahnsinniger Fremder (Z. 82 ff.) • Geschichte des Fremden: Kloster, Trinken eines Elixiers, wüstes Leben, Kerker, Teufelsbündnis, Bruch dieses Bündnisses, wahnsinniges Umherirren im Wald (Z. 92 ff.)

b Es handelt sich hier um personales Erzählen in der Ich-Form. Das gilt sowohl für die Geschichte des Medardus als auch für die eingeblendete Geschichte seines Doppelgängers, des Kapuzinermönchs. Die unheimlichen Abenteuer und Träume dieser Figuren erlebt der Leser unmittelbar aus deren Sicht. Kein auktorialer Erzähler liefert aus seiner distanzierten Übersicht heraus Erklärungen für die fantastisch-gespenstischen Vorgänge. Der Leser bleibt auf das Wissen, die Eindrücke und die Gefühle der das Geschehen erlebenden Figuren beschränkt. So bleibt die Schauer erregende Wirkung der grauenvollen Vorgänge, in die das erlebende und erzählende Ich den Leser hineinzieht, in ihrer Fantastik und Unerklärlichkeit für ihn erhalten.

2 a Die Nacht erscheint hier nicht als der von der Wirklichkeit der Tagesgeschäftigkeit erlösende Fluchtraum, der Geborgenheit bietet, der Liebe Raum gibt und die Sehnsucht nach Entgrenzung und Unendlichkeit weckt wie in den Gedichten. Vielmehr eröffnen sich im Schauerroman die dunklen, dämonischen Seiten der Nacht. Sie ist häufig verbunden mit einem Rasen der Elemente (Sturm, Gewitter, Erdbeben), lässt den Menschen in die Irre gehen, erzeugt Albträume und erweckt Gespenster und teuflische Mächte zum Leben. Die romantische Nacht als Ort der Entgrenzung und mit ihrem Bezug zum Unendlichen erscheint jetzt ambivalent: Der Flug der Seele in die Weite und Unendlichkeit, zu dem die Bilder, Gedichte und Geschichten einladen, kann sie in ihre paradiesische Heimat führen (wie in Eichendorffs „Mondnacht"), er kann sie aber auch in ein leeres, schauerliches Nichts bzw. in den Abgrund stürzen lassen, in dem die Dämonen und Teufel hausen.

b In dem **Gedicht „Zwielicht"** wird die positive Sicht auf die Nacht, die aus den anderen Gedichten Eichendorffs sprach (vgl. „Sehnsucht", S. 320, „Mondnacht", S. 328 im Schülerband), konterkariert.

Hier werden der Nacht folgende Eigenschaften zugeschrieben:

- Natur erscheint schaurig in der Dämmrung;
- Wolken erinnern an schwere Träume und erwecken Grauen;
- die Hörner der Jäger im Wald bedeuten Bedrohung;
- Dämmerung ist der Ort von Falschheit und Tücke, Untergang und Verlorenheit;
- Ermahnung, wach und munter zu bleiben.

Die erste Strophe erinnert weitgehend an das Erscheinungsbild der Nacht im Schauerroman und zeigt, dass die Ambivalenz in der Darstellung der Nacht durchaus auch im Werk eines Dichters zu finden ist. Darüber hinaus erinnert das Gedicht daran, dass die Romantik (wie jede Epoche) nicht als einheitliche, geistes- und formgeschichtlich homogene Bewegung zu sehen ist, sondern Brüche und Widersprüche bis in das Werk eines einzelnen Autors hinein aufweist. Die Ermahnung zu verstandeshellerer Wachheit und tätiger Munterkeit macht deutlich, dass im Werk des Romantikers Eichendorff mit seiner poetischen Verklärung von Nacht und Traum als Fluchtraum aus der Geschäftigkeit des Tages gelegentlich auch auf geradezu aufklärerische Weise zu Tugenden aufgerufen wird, die zur Bewältigung der Tagesgeschäfte nötig sind.

c Mögliche Aspekte zur Ergänzung der Mindmap (vgl. S. 347 in diesen Handreichungen):

- Sinneswahrnehmungen: *Hören*: „Schaurig rühren sich die Bäume" („Zwielicht", V. 2), „Jäger […] blasen" (ebd., V. 7), „der Sturm […] brausend vor sich herjagte" („Elixiere", Z. 10 f.), „Donner hallte furchbar" (ebd., Z. 11 f.), „Tannen krachten" (ebd., Z. 14 f.) – *Sehen*: „Wolken ziehn wie schwere Träume" („Zwielicht", V. 3); „zogen schwärzer und schwärzer die Wolken" („Elixiere", Z. 9 f.), „rote Blitze" (ebd., Z. 13);
- Kontrastierung – Tag und Morgen: „Was heut müde gehet unter, / Hebt sich morgen neugeboren" („Zwielicht", V. 13 f.)
- Situationen und Befindlichkeiten des Menschen: „Trau ihm nicht zu dieser Stunde" („Zwielicht", V. 10); „Hüte dich, bleib' wach und munter!" (ebd., V. 16); „es folterte mich ein entsetzliches Traumbild" („Elixiere", Z. 42 f.); „trat im glühend roten Scheine der Satan zu mir" (ebd., Z. 99 f.); „Eine unbeschreibliche Angst zerriss mein Herz" (ebd., Z. 116 f.)

Weiterführende Aufgaben   ▶ S. 334

1 a Nachdem Medardus schon in dem Grafen Viktorin einen Doppelgänger gefunden hatte, dessen Tod sein Schicksal in höchst verhängnisvolle Bahnen lenkt, begegnet er nun, zunächst im Traum, einem zweiten Doppelgänger, dem Kapuzinermönch. Dieser fordert den träumenden Medardus zu einem grausigen Kampf auf Leben und Tod heraus. Medardus hält sein Ebenbild für den Teufel und wehrt sich verzweifelt gegen ihn. Der Albtraum geht in die Wirklichkeit über, als beim Erwachen tatsächlich die Gestalt eines Kapuziners in Medardus' Zimmer sitzt, nun aber mit dem von Wahnsinn gezeichneten Gesicht eines Fremden. Als indessen Medardus dessen Geschichte erfährt, verwandelt der fremde Mönch sich doch wieder in eine Art Doppelgänger, da sich in dessen Schicksal die Geschichte des Medardus spiegelt.

Das Doppelgängermotiv verweist auf die Vielschichtigkeit und Komplexität der Identität. Das Ich ist nicht eindimensional, es hat mehrere Seiten. Das Ich auf der Suche nach sich selbst macht eine Differenzerfahrung, erfährt sich als multiple Persönlichkeit. Medardus geht in ein Kloster, flieht die Welt, sucht in der Kontemplation Vergeistigung und höchste Reinheit. Bei diesem Streben nach Spiritualität lässt sich jedoch die animalisch-triebhafte Seite seines Ichs nicht völlig unterdrücken. Sie erwacht zu eigenem Leben und nimmt in einer Persönlichkeitsspaltung eine eigene Gestalt an als dunkle Kehrseite des erstrebten vergeistigten Ichs. In der Existenz des Doppelgängers tritt Medardus in schizophrener Selbstbegegnung sein eigenes Ich als Verkörperung seiner dunklen, verdrängten Kräfte gegenüber.

Das Motiv des Doppelgängers gewann in der Romantik eine besondere Bedeutung. Dies hing zusammen mit dem übersteigerten Subjektivismus der Romantiker, mit ihrer Wendung nach Innen und der Missachtung der äußeren Wirklichkeit. Diese Erfahrung einer Dissonanz zwischen Ich und Welt und die damit verbundene gesellschaftliche Desintegration führte jedoch zu einer Überforderung des Ichs, das nun ganz auf sich allein zurückgeworfen war. Es verlor sich im Chaos seiner Gefühle, Wünsche, Bestrebungen und verinnerlichten von außen kommenden Forderungen. Desintegration des Selbst und Ich-Fragmentierung waren die Folgen, die literarisch dann u. a. im Motiv des Doppelgängers verarbeitet wurden. Die Hingabe an wechselnde Stimmungen, die Vorliebe für das diffuse und nie zu stillende Gefühl der Sehnsucht, das Verschwimmen von Traum und Wirklichkeit, das

350 C3 KLASSIK UND ROMANTIK

Interesse an Zuständen des Außer-sich-Seins und des Wahnsinns hängen ebenfalls mit der Diffusion des Ichs zusammen.

Damit hatte sich das Ideal einer sich um ganzheitliche Ausbildung bemühenden, in tätiger Humanität die Wirklichkeit bewältigenden Persönlichkeit, das den Klassikern vorgeschwebt war, aufgelöst.

b   Die von den Schülerinnen und Schülern konzipierten weiteren Episoden sollten in personalem Erzählen unter Wahrung der Ich-Form verfasst werden. Außerdem sollten sie unter den Aspekten Ort und Atmosphäre, Figuren und ihre Konstellation sowie im Handlungsverlauf typische Elemente des Schauerromans aufweisen.

▶ S. 335 **III „Eine Reise durch die Nacht" – Eine literarische Revue inszenieren**

1–3   Bei der Planung und Durchführung dieses Projekts (geeignet auch für die Verbindung mit den Fächern Kunst und Musik) setzen sich die Schülerinnen und Schüler produktiv-gestaltend noch einmal mit dem Thema „Nacht" und seinen verschiedenen Facetten auseinander.

Nach der Phase der Textsammlung sollte daran gedacht werden, die unterschiedlichen Texte zu bestimmten Einheiten zu bündeln, um so der Revue eine Struktur zu geben.

So könnte ein erster Teil um Schlaflieder und Gute-Nacht-Geschichten kreisen, die zum Teil auch durchaus Böse-Nacht-Geschichten sein könnten. Die Bühne könnte in Anlehnung an die Splitscreen im Film in mehrere Spielorte unterteilt werden. Zum Beispiel singen an einem Spielort Vater und/oder Mutter dem Kind das „Wiegenlied" von Detlev von Liliencron, an einem anderen wird das Sterntaler-Märchen der Brüder Grimm und/oder eine seiner Verfremdungen erzählt, an einem dritten wird das gruselige „Schlaflied" der Band „Die Ärzte" zur Gitarre vorgetragen, an einem vierten wird Goethes Ballade „Erlkönig" inszeniert etc.

Ein zweiter Teil könnte um allerlei Nachtgestalten in den Kneipen und Nachtcafés der Stadt kreisen. Hier hätten die Nacht-Texte des Expressionismus, der 1920er Jahre und der heutigen Zeit ihren Platz. Der Reigen könnte von „Punkt" des Expressionisten Alfred Lichtenstein über Gedichte im Stile von Kästners „Trottoircafés bei Nacht" und von Mascha Kalékos „Spät nachts" bis hin zu Frank Sinatras „Strangers in the Night" reichen. Auch Geschichten wie Kafkas „Ein Brudermord" könnten an einem der Kneipentische erzählt werden. Musikalische Auftritte ließen sich hier an vielen Stellen einbauen.

Ein dritter Teil könnte dann zum Ausklang ganz der romantischen Nacht, gewidmet sein, wie die Schülerinnen und Schüler sie in der Literaturstation (S. 328 ff. im Schülerband) kennen gelernt haben – durchbrochen vielleicht aber auch von Texten, die die romantischen Stimmungsbilder konterkarieren.

◉   Weiterführende Materialien zu diesem Teilkapitel finden sich auf der beiliegenden CD:
▪ *Günter Kunert:* Mondnacht (1982) – Vergleich mit Eichendorffs Gedicht „Mondnacht"

C3.1 LERNERFOLGSKONTROLLE/KLAUSURVORSCHLAG

Analyse eines literarischen Textes mit anschließender weiterführender Reflexion

Aufgabenstellung

1 Analysieren und interpretieren Sie das Gedicht „Mächtiges Überraschen" von Johann Wolfgang Goethe. Deuten Sie das hier dargestellte Naturbild. *(42 Punkte)*

2 Setzen Sie dazu das Bild des Stromes in Beziehung, wie es in Goethes Gedicht „Mahomets-Gesang" entwickelt wird. Berücksichtigen Sie dabei vor allem den Epochenhintergrund. *(30 Punkte)*

Johann Wolfgang Goethe: Mächtiges Überraschen (1807/1808)

Ein Strom entrauscht umwölktem Felsensaale,
    Dem Ozean sich eilig zu verbinden;
    Was auch sich spiegeln mag von Grund zu Gründen,
    Er wandelt unaufhaltsam fort zu Tale.

5 Dämonisch aber stürzt mit einem Male –
    Ihr folgen Berg und Wald in Wirbelwinden –
    Sich Oreas[1], Behagen dort zu finden,
    Und hemmt den Lauf, begrenzt die weite Schale.

Die Welle sprüht und staunt zurück und weichet
10   Und schwillt bergan, sich immer selbst zu trinken;
    Gehemmt ist nun zum Vater hin das Streben.

Sie schwankt und ruht, zum See zurückgedeichet;
    Gestirne, spiegelnd sich, beschaun das Blinken
    Des Wellenschlags am Fels, ein neues Leben.

(Aus: Goethes Werke. Hamburger Ausgabe. Hg. von Erich Trunz. Bd. 1. C. H. Beck, München 1981, S. 294)

[1] **Oreas:** Bergnymphe, personifiziert den Berg

Johann Wolfgang Goethe: Mahomets-Gesang (1772/1773)

Seht den Felsenquell
Freudehell,
Wie ein Sternenblick!
Über Wolken
5 Nährten seine Jugend
Gute Geister
Zwischen Klippen im Gebüsch.

Jünglingfrisch
Tanzt er aus der Wolke
10 Auf die Marmorfelsen nieder,
Jauchzet wieder
Nach dem Himmel.

Durch die Gipfelgänge
Jagt er bunten Kieseln nach,
15 Und mit frühem Führertritt
Reißt er seine Bruderquellen
Mit sich fort.

Drunten werden in dem Tal
Unter seinem Fußtritt Blumen,
20 Und die Wiese
Lebt von seinem Hauch.

Doch ihn hält kein Schattental,
Keine Blumen,
Die ihm seine Knie' umschlingen,
25 Ihm mit Liebesaugen schmeicheln;
Nach der Ebne dringt sein Lauf,
Schlangewandelnd.

Bäche schmiegen
Sich gesellig an.
30 Nun tritt er
In die Ebne silberprangend,
Und die Ebne prangt mit ihm,
Und die Flüsse von der Ebne
Und die Bäche von Gebürgen

Autor:
Dietrich Erlach

Texte, Themen und Strukturen
Lernerfolgskontrolle 22, S. 1

352 C3.1 LERNERFOLGSKONTROLLE/KLAUSURVORSCHLAG

35 Jauchzen ihm und rufen: Bruder,
Bruder, nimm die Brüder mit,
Mit zu deinem alten Vater,
Zu dem ew'gen Ozean,
Der mit weitverbreit'ten Armen
40 Unsrer wartet;
Die sich, ach, vergebens öffnen,
Seine Sehnenden zu fassen;
Denn uns frisst in öder Wüste
Gier'ger Sand,
45 Die Sonne droben
Saugt an unserm Blut,
Ein Hügel
Hemmet uns zum Teiche.
Bruder,
50 Nimm die Brüder von der Ebne,
Nimm die Brüder von Gebürgen
Mit, zu deinem Vater mit!

Kommt ihr alle! –
Und nun schwillt er
55 Herrlicher, ein ganz Geschlechte

Trägt den Fürsten hoch empor,
Und im rollenden Triumphe
Gibt er Ländern Namen, Städte
Werden unter seinem Fuß.

60 Unaufhaltsam rauscht er über,
Lässt der Türne Flammengipfel,
Marmorhäuser, eine Schöpfung
Seiner Fülle, hinter sich.

Zedernhäuser trägt der Atlas
65 Auf den Riesenschultern, sausend
Wehen über seinem Haupte
Tausend Segel auf zum Himmel
Seine Macht und Herrlichkeit.

Und so trägt er seine Brüder,
70 Seine Schätze, seine Kinder
Dem erwartenden Erzeuger
Freudebrausend an das Herz.

(Aus: Goethes Werke. Hamburger Ausgabe. Hg. von Erich Trunz.
Bd. 1. C. H. Beck, München 1981, S. 42–44)

ERWARTUNGSHORIZONT

Inhaltliche Leistung

Aufgabe 1

	Anforderungen Die Schülerin / der Schüler	maximal erreichbare Punktzahl (AFB)	erreichte Punktzahl
1	verfasst eine sinnvolle Einleitung.	3 (I)	
2	fasst den Inhalt des Gedichts zusammen, beschreibt und erläutert das Naturbild, das darin aufgebaut wird: • V. 1–4: Der Strom entspringt im wolkenverhangenen Gebirge und begibt sich, unaufhaltsam dahinfließend, auf seinen Weg zum Ozean; der Strom wird personifiziert („wandelt", will sich dem Ozean verbinden). • V. 5–8: Ein Bergrutsch, personifiziert als mythische Gestalt einer antiken Nymphe, hemmt das Dahinströmen. • V. 9–11: Die Wellen des Flusses branden gegen das Hindernis des Berghangs an, der Weg zum angestrebten Ziel, zum Ozean hin ist blockiert. • V. 12–14: Die Wellen ebben ab, ein See mit ruhiger Oberfläche entsteht, in dem sich die Gestirne spiegeln; eine neue Lebensform ist entstanden.	6 (II)	
3	untersucht die Form des Gedichts: • Aufgreifen der tradierten Form des Sonetts: zwei Quartette mit identischem umarmendem Reim (abba) und zwei Terzette mit einer dreifachen Reimreihe (cde – cde) • festes Metrum: fünfhebiger Jambus mit durchgehend klingender Kadenz • rhetorische Figuren: grammatischer Reim („von Grund zu Gründen", V. 3), Alliteration (V. 6, 9), Akkumulation (V. 9–10); auffallend sind die vielen Personifikationen: Strom (1. Strophe), Bergrutsch (2. Strophe), Welle (3. Strophe), Ozean (V. 11), Gestirne (V. 13)	6 (II)	
4	stellt Bezüge zwischen Form und Inhalt her, z. B.: • Mit der fest gefügten Form des Sonetts, die dem freien Dahinströmen der Sprache Grenzen setzt und es unter vorgegebene Gesetze zwingt, korrespondiert der dargestellte Naturvorgang, in dem der Strom gehemmt und in eine neue Form gezwungen wird. • Der Rückgriff auf eine mythologische Figur der Antike und das Aufgreifen tradierter Formgesetze entsprechen dem inhaltlichen Hinweis auf das Spiegeln der Gestirne (Bezug zum Ewigen, Göttlichen). • Das beherrschende Stilmittel der Personifikation legt eine Übertragung in den Sinnbereich des Menschlichen nahe.	12 (II)	
5	entwickelt eine symbolische Deutung des Naturbildes: • Wasserlauf symbolisiert das menschliche Leben, aktives Streben auf ein Ziel hin • stürmischer Verlauf zu Beginn (Jugendzeit), Schicksalsschläge durch das Einwirken äußerer Mächte hemmen den Lauf • stilleres, ruhigeres Leben, ein Zu-sich-selbst-Kommen; eine neue, evtl. harmonischere Lebensform durch Reflexion des Ewigen, Göttlichen • Ziel ist nicht mehr, mit dem Ewigen eins werden zu wollen (Ozean), sondern als dessen Spiegel zu dienen • Begrenzung statt Entgrenzung (vgl. Goethes Gedicht „Natur und Kunst")	12 (III)	
6	fasst die Ergebnisse im Sinne einer reflektierten Schlussfolgerung zusammen.	3 (III)	
7	entwickelt einen weiteren, eigenständigen Gedanken. (Max. 6 Punkte)		
		42	

Autor:
Dietrich Erlach

Texte, Themen und Strukturen
Lernerfolgskontrolle 22, S. 3

Aufgabe 2

	Anforderungen Die Schülerin / der Schüler	maximal erreichbare Punktzahl (AFB)	erreichte Punktzahl
1	verfasst eine angemessene Überleitung.	3 (I)	
2	beschreibt das Bild des Stroms in „Mahomets-Gesang" und erschließt Unterschiede: • unaufhaltsames, alles mitreißendes Dahinströmen bis zum Ende • Leben spendende Kraft • riesenhafte Stärke • sehnsuchtsvolles Aufgehen im Göttlichen, Ewigen; Entgrenzung	6 (II)	
3	erläutert Unterschiede in der Gestaltung: freirhythmische Kurzverse mit Enjambements als formale Entsprechung zum unaufhaltsamen, alles mitreißenden Dahinströmen bis zum Ende.	3 (II)	
4	deutet dieses Bild als Symbol eines anderen Lebensideals: Es gilt, unbeirrt seinen Weg zu gehen, der eigenen Bestimmung zu folgen; dabei werden Kraft und Stärke gezeigt.	6 (III)	
5	deutet die Untersuchungsergebnisse unter Einbeziehung mentalitätsgeschichtlicher und literarhistorischer Unterschiede zwischen Klassik und Sturm und Drang.	12 (III)	
6	entwickelt einen weiteren, eigenständigen Gedanken. (Max. 5 Punkte)		
		30	

Darstellungsleistung

	Anforderungen Die Schülerin / der Schüler	maximal erreichbare Punktzahl	erreichte Punktzahl
1	strukturiert den Klausurtext schlüssig, sinnvoll verknüpft und gedanklich klar.	6	
2	schreibt fachsprachlich korrekt und differenziert zwischen beschreibenden, deutenden und wertenden Aussagen.	6	
3	belegt Aussagen funktional durch korrekte Zitate.	3	
4	formuliert begrifflich präzise und differenziert, sprachlich-stilistisch angemessen, abwechslungsreich und sicher.	10	
5	schreibt sprachlich korrekt.	3	
		28	

Eine Zuordnung der Punktezahlen zu den Notenstufen findet sich auf S. 46 in diesem Handbuch.

Analyse eines literarischen Textes mit anschließender weiterführender Reflexion

Aufgabenstellung

1 Analysieren/Interpretieren Sie den Auszug aus dem Anfang von Friedrich Maximilian Klingers Roman „Fausts Leben, Taten und Höllenfahrt"; untersuchen Sie insbesondere die Erzählstrategie, den Situationsentwurf, die Figuren und ihre Handlungsmotive. *(42 Punkte)*

2 Vergleichen Sie Klingers Adaption der Faust-Figur mit der Goethes. Beurteilen Sie anschließend die jeweilige Schwerpunktsetzung. *(30 Punkte)*

Friedrich Maximilian Klinger: **Fausts Leben, Taten und Höllenfahrt** (1791)

Nun zog Faust nach der Vorschrift der Magie den fürchterlichen Kreis, der ihn auf ewig der Ob- und Vorsicht des Höchsten und den süßen Banden der Menschheit entreißen sollte. Seine Augen glühten, sein Herz schlug, seine Haare stiegen auf seinem Haupt empor. In diesem Augenblick glaubte er seinen alten Vater, sein junges Weib und seine Kinder zu sehen, die in Verzweiflung die Hände rangen. Dann sah er sie auf die Knie fallen und für ihn zu dem beten, dem er eben entsagen wollte. „Es ist der Mangel, es ist mein Elend, das sie in Verzweiflung stürzt", schrie er wild und stampfte mit dem Fuße auf den Boden. Sein stolzer Geist zürnte der Schwäche seines Herzens. Er drang abermals nach dem Kreise, der Sturm rasselte an seinen Fenstern, die Grundfeste des Hauses zitterte. Eine edle Gestalt trat vor ihn, und rief ihm zu: „Faust! Faust!"

Faust: Wer bist du, der du mein kühnes Werk unterbrichst?

Gestalt: Ich bin der Genius der Menschheit und will dich retten, wenn du zu retten bist.

Faust: Was kannst du mir geben, meinen Durst nach Wissen, meinen Drang nach Genuss und Freiheit zu stillen?

Gestalt: Demut, Unterwerfung im Leiden, Genügsamkeit und hohes Gefühl deines Selbst, sanften Tod und Licht nach diesem Leben.

Faust: Verschwinde, Traumbild meiner erhitzten Fantasie, ich erkenne dich an der List, womit du die Elenden täuschest, die du der Gewalt unterworfen hast. Gaukele vor der Stirne des Bettlers, des zertretnen Sklaven, des Mönchs und aller derer, die ihr Herz durch unnatürliche Bande gefesselt haben und ihren Sinn durch Kunst hinaufschrauben, um der Klaue der Verzweiflung zu entwischen. Die Kräfte meines Herzens wollen Raum, und der verantworte für ihr Wirken, der mir sie gegeben hat.

„Du wirst mich wiedersehen", seufzte der Genius und verschwand.

Faust rief: „Necken mich die Märchen der Amme noch am Rande der Hölle? Sie sollen mich nicht abhalten, das Dunkel zu durchbrechen. Ich will wissen, was der düstre Vorhang verbirgt, den eine tyrannische Hand vor unsre Augen gezogen hat. Hab ich mich so gebildet, dass das Los der Beschränktheit meine Kraft empört? Hab ich die Flamme der Leidenschaft in meinem Busen angeblasen? Hab ich den Trieb, immer zu wachsen und nie stille zu stehen, in mein Herz gelegt? Hab ich meinen Geist so gestimmt, dass er sich nicht unterwerfen und die Verachtung nicht ertragen kann? Wie, ich, der Topf, von fremder Hand gebildet, soll darum einst gewaltsam zerschlagen werden, weil er dem Werkmeister nicht nach seinem Sinn gelang, weil er dem niedrigen Gebrauch nicht entspricht, zu dem er ihn geformt zu haben scheint? Und immer nur Gefäß, immer nur Werkzeug, immer nur Unterwerfung; wozu denn dies widersprechende lautschreiende Gefühl von Freiheit und eigner Kraft dem Sklaven? Ewigkeit! Dauer! Schallt ein Sinn heraus? Was der Mensch fühlt, genießt und fasst, nur das ist sein, alles Übrige ist Erscheinung, die er nicht erklären kann. Der Stier nutzt die Kraft seiner Hörner und trotzt auf sie, der Hirsch seine Leichtigkeit, dem Jäger zu entfliehen; ist das, was den Menschen unterscheidet, weniger sein? Ich hab es lange genug mit den Menschen und allem dem, was sie ersonnen, versucht, sie haben mich in Staub getreten; Schatten habe ich für Wahrheit ergriffen, lass mich's nun mit dem Teufel versuchen!" Hier sprang er wild begeistert in den Kreis hinein, und Klagetön seines Weibes, seiner Kinder, seines Vaters erscholl in der Ferne: „Ach verloren! ewig verloren!"

(Aus: Friedrich Maximilian Klinger: Fausts Leben, Taten und Höllenfahrt. Aufbau Verlag, Berlin 1958, S. 17ff.)

ERWARTUNGSHORIZONT

Inhaltliche Leistung

Aufgabe 1

	Anforderungen Die Schülerin / der Schüler	maximal erreichbare Punktzahl (AFB)	erreichte Punktzahl
1	verfasst eine sinnvolle Einleitung.	3 (I)	
2	fasst den Inhalt in seinen wesentlichen Momenten zutreffend und übersichtlich zusammen.	3 (I)	
3	untersucht die Erzählstrategie in wichtigen Aspekten: Er-Form; auktoriales Erzählverhalten in der Einleitung mit der Vorausdeutung (Z. 2–4) und dem Wechsel von Außensicht (Z. 1, 4–6, 11–12, 13 ff.) und Innensicht (Z. 6 ff., 12 f.); neutrales Erzählverhalten in dem szenischen Erzählen ab Z. 17; Erzählhaltung erscheint insgesamt neutral.	6 (II)	
4	erläutert den Situationsentwurf: Szene im Hause Fausts; Korrespondenz zwischen Atmosphäre (um das Haus tobender Sturm) und dem dramatischen Geschehen sowie Fausts innerer Aufgewühltheit.	6 (II)	
5	erschließt die Figuren und ihre Konstellation sowie die Handlungsmotive der Figuren, z. B.: Faust hat sich der schwarzen Magie ergeben und beschwört den Teufel; seine verzweifelte Familie betet für ihn; innerer Kampf Fausts zwischen Mitleid mit seiner Familie und seinem stolzen, alle Bindungen abwerfenden Geist; Rettungsversuch durch den „Genius der Menschheit" (Repräsentant christlicher Tradition und personifiziertes Gewissen Fausts); Ablehnung der christlichen Religion mit ihrer Demut und Unterwerfung unter Autoritäten; Wunsch nach Durchbrechen aller Schranken und grenzenloser Freiheit; Vertrauen auf die eigene Kraft; Schuld an seiner Auflehnung und seinem „Sündenfall" wird dem Schöpfer zugeschoben, der ihm seine Leidenschaft, seine Kraft und sein Freiheitsstreben eingepflanzt hat; setzt seinen Entschluss zum Teufelsbündnis in die Tat um; Klage seiner Familie über seine ewige Verdammnis.	9 (II)	
6	deutet unter differenzierter Betrachtung des Zusammenspiels von Inhalt und Gestaltung Aussage und Wirkungsabsicht des Textes.	9 (III)	
7	formuliert auf der Grundlage der Ergebnisse eine reflektierte Schlussfolgerung.	6 (III)	
8	entwickelt einen weiteren, eigenständigen Gedanken (Max. 5 Punkte)		
		42	

ERWARTUNGSHORIZONT

Aufgabe 2

	Anforderungen Die Schülerin / der Schüler	maximal erreichbare Punktzahl (AFB)	erreichte Punktzahl
1	verfasst eine angemessene Überleitung.	3 (I)	
2	fasst wesentliche Merkmale von Goethes Faust-Figur zusammen.	9 (I)	
3	vergleicht Klingers Adaption der Faust-Figur mit der Goethes und arbeitet dabei Gemeinsamkeiten und Unterschiede heraus: - Gemeinsamkeiten: Verzweiflung über seine Situation; unbändiges Streben nach ständiger Vervollkommnung; Bereitschaft zum Überschreiten aller Grenzen; Vertrauen in die eigene Kraft und Neigung zu überhöhtem Selbstbewusstsein; Rolle als Repräsentant der Menschheit („Genius der Menschheit" wendet sich an ihn, im „Prolog im Himmel" bei Goethe misst der Herr Faust diese Bedeutung zu) - Unterschiede: Fausts häusliche Situation als Familienvater und damit Wegfall der Gretchentragödie; lässt sich in Anlehnung an das Volksbuch von sich aus mit dem Teufel ein (in Abwendung von der christlichen Religion)	9 (II)	
4	deutet vergleichend die Aussage des Romanauszugs: Die Akzentsetzung liegt bei Klinger stärker auf Ich-Erweiterung, Freiheitsdrang und Auflehnung gegen alle Autoritäten, weniger auf Erkenntnisstreben nach innerstem Naturzusammenhang und rastlos tätigem Welterfahren.	6 (III)	
5	fasst die Ergebnisse im Sinne einer reflektierten Schlussfolgerung zusammen und kommt zu einer plausibel begründeten Beurteilung der beiden Faust-Adaptionen.	3 (III)	
6	entwickelt einen weiteren, eigenständigen Gedanken. (Max. 5 Punkte)		
		30	

Darstellungsleistung

	Anforderungen Die Schülerin / der Schüler	maximal erreichbare Punktzahl	erreichte Punktzahl
1	strukturiert den Klausurtext schlüssig, sinnvoll verknüpft und gedanklich klar.	6	
2	schreibt fachsprachlich korrekt und differenziert zwischen beschreibenden, deutenden und wertenden Aussagen.	6	
3	belegt Aussagen funktional durch korrekte Zitate.	3	
4	formuliert begrifflich präzise und differenziert, sprachlich-stilistisch angemessen, abwechslungsreich und sicher.	10	
5	schreibt sprachlich korrekt.	3	
		28	

Eine Zuordnung der Punktezahlen zu den Notenstufen findet sich auf S. 46 in diesem Handbuch.

Autor: Dietrich Erlach

Texte, Themen und Strukturen
Lernerfolgskontrolle 23, S. 3

C3.2 LERNERFOLGSKONTROLLE/KLAUSURVORSCHLAG

Analyse eines literarischen Textes mit anschließender weiterführender Reflexion

Aufgabenstellung

1 Analysieren/Interpretieren Sie den Anfang von Novalis' Roman „Heinrich von Ofterdingen". Untersuchen Sie insbesondere die Erzählweise, die Charakterisierung der Titelfigur und die Funktion der Traumbilder. *(42 Punkte)*

2 Stellen Sie wesentliche Merkmale romantischen Kunstverständnisses und romantischer Weltsicht dar und setzen Sie diese zu dem Text in Beziehung. *(30 Punkte)*

Novalis: **Heinrich von Ofterdingen** (1802) – Romananfang

In dem Fragment gebliebenen Roman schildert Novalis die fiktive Lebens- und Bildungsgeschichte eines mittelalterlichen Sängers und Dichters.

Die Eltern lagen schon und schliefen, die Wanduhr schlug ihren einförmigen Takt, vor den klappernden Fenstern sauste der Wind; abwechselnd wurde die Stube hell von dem Schimmer des Mondes. Der Jüng-
5 ling lag unruhig auf seinem Lager und gedachte des Fremden und seiner Erzählungen. Nicht die Schätze sind es, die ein so unaussprechliches Verlangen in mir geweckt haben, sagte er zu sich selbst: fernab liegt mir alle Habsucht: aber die blaue Blume sehn' ich mich zu
10 erblicken. Sie liegt mir unaufhörlich im Sinn, und ich kann nichts anderes dichten und denken. So ist mir noch nie zu Mute gewesen: es ist, als hätt' ich vorhin geträumt, oder ich wäre in eine andere Welt hinübergeschlummert; denn in der Welt, in der ich sonst lebte,
15 wer hätte da sich um Blumen bekümmert, und gar von einer so seltsamen Leidenschaft für eine Blume hab' ich damals nie gehört. Wo eigentlich nur der Fremde herkam? Keiner von uns hat je einen ähnlichen Menschen gesehn; doch weiß ich nicht, warum nur ich
20 von seinen Reden so ergriffen worden bin; die andern haben ja das Nämliche gehört, und keinem ist so etwas begegnet. […] Der Jüngling verlor sich allmählich in süßen Fantasien und entschlummerte. Da träumte ihm erst von unabsehlichen Fernen und wilden, unbe-
25 kannten Gegenden. Er wanderte über Meere mit unbegreiflicher Leichtigkeit; wunderliche Tiere sah er; er lebte mit mannigfaltigen Menschen, bald im Kriege, in wildem Getümmel, in stillen Hütten. Er geriet in Gefangenschaft und die schmählichste Not. Alle Empfin-
30 dungen stiegen bis zu einer nie gekannten Höhe in ihm. Er durchlebte ein unendlich buntes Leben; starb und kam wieder, liebte bis zur höchsten Leidenschaft und war dann wieder auf ewig von seiner Geliebten getrennt. Endlich gegen Morgen, wie draußen die
35 Dämmerung anbrach, wurde es stiller in seiner Seele, klarer und bleibender wurden die Bilder. Es kam ihm vor, als ginge er in einem dunkeln Walde allein. Nur

selten schimmerte der Tag durch das grüne Netz. Bald kam er vor eine Felsenschlucht, die bergan stieg. Er musste über bemooste Steine klettern, die ein ehe- 40 maliger Strom heruntergerissen hatte. Je höher er kam, desto lichter wurde der Wald. Endlich gelangte er zu einer kleinen Wiese, die am Hange des Berges lag. Hinter der Wiese erhob sich eine hohe Klippe, an deren Fuß er eine Öffnung erblickte, die der Anfang 45 eines in den Felsen gehauenen Ganges zu sein schien. Der Gang führte ihn gemächlich eine Zeitlang eben fort, bis zu einer großen Weitung, aus der ihm schon von fern ein helles Licht entgegenglänzte. Wie er hineintrat, ward er einen mächtigen Strahl gewahr, der 50 wie aus einem Springquell bis an die Decke des Gewölbes stieg und oben in unzählige Funken zerstäubte, die sich unten in einem großen Becken sammelten; der Strahl glänzte wie entzündetes Gold; nicht das mindeste Geräusch war zu hören, eine heilige 55 Stille umgab das herrliche Schauspiel. Er näherte sich dem Becken, das mit unendlichen Farben wogte und zitterte. Die Wände der Höhle waren mit dieser Flüssigkeit überzogen, die nicht heiß, sondern kühl war und an den Wänden nur ein mattes, bläuliches 60 Licht von sich warf. Er tauchte seine Hand in das Becken und benetzte seine Lippen. Es war, als durchdränge ihn ein geistiger Hauch, und er fühlte sich innigst gestärkt und erfrischt. Ein unwiderstehliches Verlangen ergriff ihn, sich zu baden, er entkleidete 65 sich und stieg in das Becken. Es dünkte ihn, als umflösse ihn eine Wolke des Abendrots; eine himmlische Empfindung überströmte sein Inneres; mit inniger Wollust strebten unzählbare Gedanken in ihm sich zu vermischen; neue, nie gesehene Bilder entstan- 70 den, die auch ineinanderflossen und zu sichtbaren Wesen um ihn wurden, und jede Welle des lieblichen Elements schmiegte sich wie ein zarter Busen an ihn. Die Flut schien eine Auflösung reizender Mädchen,

Autor: Dietrich Erlach

Texte, Themen und Strukturen
Lernerfolgskontrolle 24, S. 1

die an dem Jünglinge sich augenblicklich verkörperten.

Berauscht von Entzücken und doch jedes Eindrucks bewusst, schwamm er gemach dem leuchtenden Strome nach, der aus dem Becken in den Felsen hineinfloss. Eine Art von süßem Schlummer befiel ihn, in welchem er unbeschreibliche Begebenheiten träumte und woraus ihn eine andere Erleuchtung weckte. Er fand sich auf einem weichen Rasen am Rande einer Quelle, die in die Luft hinausquoll und sich darin zu verzehren schien. Dunkelblaue Felsen mit bunten Adern erhoben sich in einiger Entfernung; das Tageslicht, das ihn umgab, war heller und milder als das gewöhnliche, der Himmel war schwarzblau und völlig rein. Was ihn aber mit voller Macht anzog, war eine hohe lichtblaue Blume, die zunächst an der Quelle stand und ihn mit ihren breiten, glänzenden Blättern berührte. Rund um sie her standen unzählige Blumen von allen Farben und der köstlichste Geruch erfüllte die Luft. Er sah nichts als die blaue Blume und betrachtete sie lange mit unnennbarer Zärtlichkeit.

(Aus: Novalis: Gedichte und Prosa. Hg. von Herbert Uerlings. Artemis & Winkler, Düsseldorf 2001, S. 221f.)

Inhaltliche Leistung

Aufgabe 1

	Anforderungen Die Schülerin/der Schüler	maximal erreichbare Punktzahl (AFB)	erreichte Punktzahl
1	verfasst eine sinnvolle Einleitung.	3 (I)	
2	fasst den Romananfang zusammen und gliedert ihn plausibel in Erzählschritte: (1) Z. 1–5: kurze Einleitung mit Einführung in die Situation (2) Z. 5–22: Erinnerung des Protagonisten an die Erzählung des Fremden (3) Z. 22–34: Traum von einem erfüllten, abenteuerlichen Leben (4) Z. 34–80: Traum von der Wanderung zu der geheimnisvollen Grotte und das Bad im Brunnen (5) Z. 80–95: Traum im Traum und die Entdeckung der blauen Blume	3 (I)	
3	erschließt den Gehalt der einzelnen Erzählschritte: (1) stimmungsvolles Bild der Nacht (2) Begegnung mit einem rätselhaften Fremden, der Sehnsucht nach einem Leben fern der Alltagswirklichkeit weckt; Einführung des Motivs der blauen Blume, die Heinrich in ihren Bann schlägt (3) Hinübergleiten in einen Traum von unendlich fernen, fremden Ländern und von einem bunten Leben mit allem, was ein Mensch erleben kann: Gefahren und Glück, Liebe und Trennung, Tod und Wiedergeburt (4) Traum von einer Wanderung durch wilde Natur, die zu einer märchenhaften, weiten Grotte mit zauberhaftem Licht- und Farbspiel eines Springbrunnens führt; vollkommene Stille wie in einem Sakralbau; mystisches blaues Licht; Bad, das alle Gedanken und Gefühle belebt und zu einem Einklang bringt, der körperlich-sinnliche Kraft entfaltet (5) Strom aus dem Brunnenbecken führt zu Schlaf und Traum im Traum; Erwachen aus diesem „Binnentraum" in einer Gebirgslandschaft am Tage, aber unter einem schwarzblauen Himmel; Entdeckung der blauen Blume	6 (II)	
4	untersucht die Erzählweise: zu Beginn kurzer Erzählbericht in der Er-Form eines auktorialen Erzählers; dann erhält die Erzählfigur das Wort: Monolog in der Ich-Form; in den folgenden Erzählschritten Rückkehr zum Berichten des Erzählers in der Er-Form, berichtet werden jedoch ausschließlich die Träume der Erzählfigur, der Erzähler versetzt sich also ganz in die Figur (Perspektive der Innensicht); der Leser wird damit in den Bann der märchenhaften Traumerlebnisse der Erzählfigur gezogen.	6 (II)	
5	erschließt auffällige sprachliche Gestaltungsmittel, z. B.: Adjektive und Verben, die vielfältige Sinneseindrücke wiedergeben, bilderreiche Sprache, Metaphern, Symbole, Vergleiche, konjunktivisches Sprechen, Alliterationen, Kontraste, Inversionen im Satzbau.	3 (II)	
6	entwickelt plausible Deutungsansätze, indem sie/er die Figur des Heinrich charakterisiert: voll innerer Unruhe; unterscheidet sich von allen anderen, da nur er von den Worten des Fremden ergriffen wird und nur er Sehnsucht nach einer anderen Welt fern des Alltags hat; fantasiebegabter Träumer, der sich seine Welt im Inneren erschafft.	6 (II)	
7	vertieft die Deutungsansätze, indem sie/er unter Beachtung von Inhalt und formaler Gestaltung auf die Traumbilder eingeht: Traum als (einzige) Möglichkeit für ein buntes, reich erfülltes Leben (Traum als Lebensersatz); alle	9 (III)	

ERWARTUNGSHORIZONT

	Kräfte des Inneren (Gefühl, Sinnlichkeit, Vernunft, Fantasie) vereint in einem rauschhaften Erlebnis (Bad im Zauberbrunnen); Prinzip der Verschmelzung und Entgrenzung im Spiel der Farben, von Licht und Dunkelheit, Tag und Nacht; blaue Blume als Symbol der Sehnsucht nach der im Traum erlebten anderen Welt, nach Liebe, nach Unendlichkeit etc.		
8	fasst die Ergebnisse in einer reflektierten Schlussfolgerung zusammen.	6 (III)	
9	entwickelt einen weiteren, eigenständigen Gedanken. (Max. 6 Punkte)		
		42	

Aufgabe 2

	Anforderungen Die Schülerin / der Schüler	maximal erreichbare Punktzahl (AFB)	erreichte Punktzahl
1	verfasst eine angemessene Überleitung.	3 (I)	
2	stellt wichtige Merkmale des romantischen Kunstverständnisses und der romantischen Weltsicht dar.	9 (II)	
3	bewertet inhaltliche Aspekte des Romananfangs als typisch für die Romantik: Vorliebe für die Motive Nacht und Traum; Sehnsucht als zentrales Motiv (Symbol der blauen Blume); Vorliebe für alles Märchenhafte; Natur als Fluchtraum, der Geheimnisse birgt; Traum von einem bunten, abenteuerlichen Leben als Kontrast zur Alltagswelt (Poetisierung der Welt); Verschmelzung aller inneren Kräfte und damit Sieg über die Vernunft; Sehnsucht nach Entgrenzung und Unendlichkeit.	6 (III)	
4	deutet die verwendeten Gestaltungsmittel in Bezug zum romantischen Kunstprogramm, z. B.: Bevorzugung der Ich-Form, des personalen Erzählens, der Innensicht; Anklänge an das Märchen; bilderreiche Sprache, Symbolik (blaue Blume); konjunktivisches Erzählen, Vergleiche.	6 (III)	
5	fasst die Ergebnisse in einer reflektierten Schlussfolgerung zusammen.	6 (III)	
6	entwickelt einen weiteren, eigenständigen Gedanken. (Max. 5 Punkte)		
		30	

Darstellungsleistung

	Anforderungen Die Schülerin / der Schüler	maximal erreichbare Punktzahl	erreichte Punktzahl
1	strukturiert den Klausurtext schlüssig, sinnvoll verknüpft und gedanklich klar.	6	
2	schreibt fachsprachlich korrekt und differenziert zwischen beschreibenden, deutenden und wertenden Aussagen.	6	
3	belegt Aussagen funktional durch korrekte Zitate.	3	
4	formuliert begrifflich präzise und differenziert, sprachlich-stilistisch angemessen, abwechslungsreich und sicher.	10	
5	schreibt sprachlich korrekt.	3	
		28	

Eine Zuordnung der Punktezahlen zu den Notenstufen findet sich auf S. 46 in diesem Handbuch.

Autor: Dietrich Erlach

Texte, Themen und Strukturen
Lernerfolgskontrolle 24, S. 4

4 Vom Vormärz zum poetischen Realismus

Konzeption des Kapitels

Die Debatten der Literaturwissenschaftler um Epochenbezeichnungen haben gerade für den in diesem Kapitel zu behandelnden Abschnitt der Literaturgeschichte kaum Klarheit gebracht. Je nachdem, ob der Blick zurück zu Klassik und Romantik oder nach vorn, zur literarischen Moderne, gerichtet ist, wird dem Begriff „Biedermeier" oder dem Begriff „Vormärz" der Vorzug gegeben. Neuerdings spricht man auch von „Frührealismus", der in die spezifisch deutsche Variante des in Europa seit den 1830er Jahren vorherrschenden Realismus, den „poetischen" Realismus der Jahre bis etwa 1900, übergeht.

Die „progressive" Seite des zeitgeschichtlichen Porträts der nachnapoleonischen Ära setzt ein mit der Kritik an der deutschen Misere der Restaurationszeit. Erst 1830, als in Frankreich der „Bürgerkönig" Louis Philippe das Regiment übernommen hatte, erhoben sich auch in Deutschland Stimmen, die bürgerliche Freiheiten und nationale Einheit sowie die 1815 versprochenen Verfassungen einklagten. Das erste Teilkapitel (**„Frührealismus: Junges Deutschland und Vormärz"**) konzentriert sich auf typische neue Textsorten, die politische Rede, den politisch-literarischen Essay, die Parodie, die Flugschrift, das politische Volkslied, behandelt aber auch eine Szene aus Georg Büchners sozialem Drama „Woyzeck".

Im Zentrum des zweiten Teilkapitels (**„Frührealismus: Biedermeier – Erfüllte Augenblicke statt politischer Tageszeiten"**) steht die Perspektive des „Biedermeier". Die Konzentration aufs Private macht aus dem deutschen Bürger den „Michel" mit der Schlafmütze. Andererseits repräsentiert das Biedermeier bürgerliche Werte (Manieren, Bildung, Selbstdisziplin), die in der globalisierten Welt der Gegenwart so sehr geschätzt werden, dass man von einer „Rückkehr des Biedermeier" spricht. Didaktisch montiert das Teilkapitel Texte der Zeit als Kontrastpaare: die Interpretation der Jahres- und Tageszeiten, den Gedanken der weiblichen Emanzipation. Dazwischen findet sich das „Textpaar" eines theoretischen Essays (Stifter) und einer Novelle (Mörike), in dem es um die literarische Errungenschaft des Biedermeier geht, nämlich den subtilen Blick auf das Kleine, auf das ästhetisch Kreative, das einen Blick auf die Regeln des Weltgeschehens freigibt.

Die **„Literaturstation: Heinrich Heines Reisebilder – Zwischen Journalismus und Literatur"** rückt am Beispiel von Texten Heines den Funktionsübergang zwischen journalistischen Texten (Korrespondentenbericht) und literarischem Reisebild in den Blick. Es geht zunächst um das Verhältnis zwischen Deutschland und Frankreich sowie das zwischen Restauration und Revolution, dann, in einem zweiten Schritt, um den Unterschied zwischen Korrespondentenbericht und poetischer Bearbeitung historischer Fakten. Schließlich erhalten die Schülerinnen und Schüler Gelegenheit, ein eigenes Reisebild zu verfassen und kritisch zu würdigen.

Das dritte Teilkapitel (**„Poetischer oder bürgerlicher Realismus"**) vermittelt einen Eindruck von der deutschen Spielart des europäischen bürgerlichen Realismus in der zweiten Hälfte des 19. Jahrhunderts. Anhand der Gegenüberstellung eines für die Epoche repräsentativen Gemäldes und eines literaturtheoretischen Textes wird zunächst eine Vorstellung davon vermittelt, was der Begriff „Realismus" hier bedeutet. Diese Vorstellung wird dann an Beispielen aus der literarischen Praxis (Auszüge aus Romanen von Wilhelm Raabe und Theodor Fontane sowie aus Hebbels Drama „Maria Magdalene") abgearbeitet.

Die **„Literaturstation: Roman des bürgerlichen Realismus – Theodor Fontanes ‚Effi Briest'"** zu einem der Hauptwerke der Epoche schließt sich an. Gedacht ist diese Literaturstation als Begleitmedium zu einer Lektüre des gesamten Romans. In einem ersten Schritt wird das Problem des Verhältnisses von literarischer Fiktion und Wirklichkeit thematisiert, in einem zweiten Schritt wird in parallelen Textauszügen ein Vergleich mit einem motivgleichen Werk des französischen Realismus, Flauberts „Madame Bovary", angeboten. Abschließend erhalten die Schülerinnen und Schüler Gelegenheit, ihre Erfahrungen aus der Begegnung mit den beiden Titelheldinnen produktiv-gestaltend zu verarbeiten.

(Literaturhinweise auf S. 364)

C4 VOM VORMÄRZ ZUM POETISCHEN REALISMUS

	Inhalte	Kompetenzen Die Schülerinnen und Schüler
S. 336	**4 Vom Vormärz zum poetischen Realismus**	▪ gewinnen aus epochentypischen Gemälden (von Eugène Delacroix und Adolph Menzel) eine erste Vorstellung von „Realismus" als Stil- und Epochenbegriff
S. 337	**4.1 Frührealismus: Junges Deutschland und Vormärz** **Kritik an der deutschen Misere – Die Literatur wird politisch** *Philipp Jakob Siebenpfeiffer:* Aus der Rede auf dem Hambacher Fest *Georg Herwegh:* Die Literatur im Jahre 1840/ Wiegenlied	▪ erkennen und benennen die grundlegenden Forderungen der bürgerlichen Schicht (in politisch-philosophischen Manifesttexten)
S. 340	**Literatur als soziales Gewissen –** **Georg Büchner, Georg Weerth** *Georg Büchner:* Woyzeck/Der hessische Landbote *Georg Weerth:* Die rheinischen Weinbauern	▪ analysieren verschiedene Textsorten der „Literatur der Bewegung" auf ihren jeweiligen politischen Gehalt und ihre Schreibweisen hin
S. 345	**4.2 Frührealismus: Biedermeier – Erfüllte Augenblicke statt politischer Tageszeiten** *Eduard Mörike:* Septembermorgen *Georg Herwegh:* Morgenruf *Heinrich Heine:* An Georg Herwegh *Adalbert Stifter:* Aus der Vorrede zu Bunte Steine *Eduard Mörike:* Mozart auf der Reise nach Prag *Annette von Droste-Hülshoff:* Am Turme *Louise Aston:* Lebensmotto	▪ lernen unterschiedliche epochentypische Symbolcodes verstehen und für die Deutung von literarischen Texten nutzen ▪ wenden die abstrakten Postulate einer epochentypischen Poetik auf einen literarischen Text(auszug) an ▪ interpretieren vergleichend lyrische (Manifest-)Texte zum Thema Frauenemanzipation
S. 351	**Literaturstation: Heinrich Heines Reisebilder –** **Zwischen Journalismus und Literatur** **I Zwischen den Stühlen – Heines Lebensstationen zwischen Deutschland und Frankreich** *Heinrich Heine:* Reisebilder II. Ideen. Das Buch Le Grand/Anno 1839/Weltlauf	▪ erkennen an Heines autobiografischem Reisebild den Übergang von Bericht/ Erzählung zu politischem Bekenntnis ▪ setzen die Prosa des Reisebilds vergleichend in Beziehung zu Gedichten aus dem Exil
S. 355	**II „Toujours lui" – Napoleons Beisetzung im „Korrespondentenbericht" und in zwei „Reisebildern" Heines** *Georg Bernhard Depping:* Korrespondenz-Nachrichten *Heinrich Heine:* Lutetia/Deutschland. Ein Wintermärchen/Vorrede zur französischen Ausgabe der Lutetia	▪ erarbeiten durch Vergleichen und Umformulieren den Unterschied zwischen journalistischer Berichterstattung, Reisebild und poetischem Reisebild ▪ beziehen theoretische Selbstaussagen Heines zur Arbeit als Journalist auf die vorliegenden Texte
S. 358	**III Ein „Reisebild" verfassen – Essayistisch schreiben**	▪ verfassen – auf der Grundlage vorgegebener Fakten – ein Reisebild
S. 360	**4.3 Poetischer oder bürgerlicher Realismus** *Theodor Fontane:* Was verstehen wir unter Realismus?	▪ begreifen den poetischen Realismus als eine besondere Realismusform ▪ kennen Merkmale dieser Art von Realismus und identifizieren sie an literarischen Werken und solchen der bildenden Kunst ▪ analysieren Auszüge aus Texten unterschiedlicher Gattungen unter Berücksichtigung des darin erkennbaren Realismuskonzepts
S. 361	**Milieus und Figuren – Merkmale realistischen Erzählens** *Wilhelm Raabe:* Der Hungerpastor *Theodor Fontane:* Frau Jenny Treibel	
S. 365	**Eine bürgerliche Familienkatastrophe –** **Drama des Realismus** *Friedrich Hebbel:* Maria Magdalene	

S. 370	**Literaturstation: Roman des bürgerlichen Realismus – Theodor Fontanes „Effi Briest" I Else und Effi – Ehebruch im 19. Jahrhundert – Realität und Fiktion**	▪ reflektieren an einem Beispiel die Beziehung von Wirklichkeit und Fiktion ▪ setzen sich vor dem realen gesellschaftlichen Hintergrund mit der Schuldfrage in „Effi Briest" auseinander
S. 376	**II Effi und Emma – Ein Vergleich mit Gustave Flauberts „Madame Bovary"**	▪ vergleichen wichtige Handlungsmomente aus „Effi Briest" mit Parallelstellen aus Flauberts „Madame Bovary" im Hinblick auf Figurengestaltung, Intentionen und Erzählweise
S. 381	**III Figuren zum Sprechen bringen – Produktivgestaltendes Schreiben**	▪ verarbeiten ihre Leseerfahrungen in Versuchen eigenen produktiven Gestaltens

Literaturhinweise

Zu C4.1 Junges Deutschland und Vormärz / C4.2 Biedermeier / Literaturstation: Heinrich Heines Reisebilder

Bark, Joachim: Biedermeier und Vormärz / Bürgerlicher Realismus. Geschichte der deutschen Literatur. Bd. 3. Klett, Stuttgart 2001

Eke, Norbert Otto: Einführung in die Literatur des Vormärz. Wissenschaftliche Buchgesellschaft, Darmstadt 2005

Fingerhut, Karlheinz / Fingerhut, Margret: Schreibweisen des Realismus: Vom 19. Jahrhundert bis zur Gegenwart. Cornelsen, Berlin 2007

Hardtwig, Wolfgang: Vormärz. Der monarchische Staat und das Bürgertum. Deutscher Taschenbuch Verlag, München 1985

Lindenhahn, Reinhard: Frührealismus: Vormärz, Junges Deutschland, Biedermeier. Arbeitshefte zur Literaturgeschichte. Cornelsen, Berlin 2001

Sengle, Friedrich: Biedermeierzeit. Deutsche Literatur im Spannungsfeld zwischen Restauration und Revolution 1815–1848. 2 Bde. Metzler, Stuttgart 1971/1972

Stein, Peter: Epochenproblem „Vormärz" (1815–1848). Metzler, Stuttgart 1974

Van Rinsum, Annemarie und Wolfgang: Frührealismus 1815–1848 (= Deutsche Literaturgeschichte 6). Deutscher Taschenbuch Verlag, München [3]2004

Zu C4.3 Poetischer oder bürgerlicher Realismus / Literaturstation: Roman des bürgerlichen Realismus

Aust, Hugo: Realismus. Lehrbuch Germanistik XI. Metzler, Stuttgart 2006

Becker, Sabina: Bürgerlicher Realismus. Literatur und Kultur im bürgerlichen Zeitalter. Francke, Tübingen/Basel 2003

Fingerhut, Karlheinz / Fingerhut, Margret: Schreibweisen des Realismus (s. o.)

Hamann, Elsbeth: Theodor Fontane, Effi Briest. Interpretation. Oldenbourg, München 2001

Hoppe, Almut: Theodor Fontane: Effi Briest. Texte, Themen und Strukturen Kopiervorlagen. Cornelsen, Berlin 2008

Huyssen, Andreas (Hg.): Bürgerlicher Realismus. Die deutsche Literatur. Ein Abriss in Text und Darstellung. Bd. 11. Reclam, Stuttgart 1974

Kaltwasser, Vera: Die Tragödie von Emma und Charles Bovary. Annäherung an Flauberts Figuren. In: Praxis Deutsch 177/2003, S. 58–61

Müller, Klaus-Detlef (Hg.): Bürgerlicher Realismus. Grundlagen und Interpretationen. Athenaeum, Bodenheim 1984

Seiler, Bernd W. / Milde, Jan-Torsten: Fontanes „Effi Briest". Ein Kommentar mit Bildern, Texten, Tönen. (CD-ROM). C. C. Buchner, Bamberg 2004

Theodor Fontane: Effi Briest. Literamedia Unterrichtsvorschläge und Kopiervorlagen. Hg. von Fritz L. Hofmann. Cornelsen, Berlin 2006

Weymann, Dorothee: Realismus. Texte. Übungen. Arbeitsheft zur Literaturgeschichte. Cornelsen, Berlin 1999

4.1 JUNGES DEUTSCHLAND UND VORMÄRZ **365**

4 Vom Vormärz zum poetischen Realismus

Zwei Gemälde – „Die Freiheit führt das Volk an" von **Eugène Delacroix** und „Abreise König Willhelms I. zur Armee am 31. Juli 1870" von **Adolph Menzel** – sollen Beginn und Abschluss des 19. Jahrhunderts anzeigen, gleichzeitig zwei Entwicklungsrichtungen porträtieren: die revolutionäre und demokratische Erneuerung Europas einerseits und die Herausbildung der Wilhelminischen Gesellschaft, die bis in den Ersten Weltkrieg hinein das Leben in Deutschland prägte, andererseits.

► S. 336

1 Die Bilder sind „Ikonen" der politischen Strömungen der Zeit und gleichzeitig abgeschilderte Wirklichkeit. Eugène Delacroix' Bild zeigt eine Barrikade aus dem Paris der Revolution von 1830, es heroisiert den Freiheitskampf des Volks von Paris, knüpft an die idealisierende Malweise der Napoleonischen Ära (J. L. David) an, aber es hält sich (anders als etwa die romantischen Bilder Philipp Otto Runges) an die Lebenswirklichkeit. Die Figuren auf dem Bild Adolph Menzels sind gekleidet wie die Zeitgenossen der Vorkriegszeit; Fahnen, Jubel der Massen, Festtagsstimmung sind Thema und zugleich Abschilderungen gelebter Berliner Wirklichkeit.

⊚ Folien zur Auftaktseite dieses Kapitels finden sich auf der beiliegenden CD:
- *Eugène Delacroix:* Die Freiheit führt das Volk an (1830)
- *Adolph Menzel:* Abreise König Wilhelms I. zur Armee am 31. Juli 1870 (1871)

4.1 Frührealismus: Junges Deutschland und Vormärz

Der Begriff „Realismus" fungiert in diesem Kapitel der Literaturgeschichte als Oberbegriff für die Zeit zwischen Klassik/Romantik und Moderne. Zwei gegensätzliche Strömungen beherrschten die geistige und kulturelle Entwicklung des Bürgertums und fanden im „Frührealismus" Ausdruck. Einerseits waren seit der napoleonischen Herrschaft über Europa auch in Deutschland die Bedürfnisse nach politischen Veränderungen, nach Bürgerfreiheit und nationaler Einheit, immer deutlicher artikuliert worden, andererseits hatte die Enttäuschung über die von den Regierungen betriebene Politik der Restauration der vorrevolutionären Zustände viele intellektuelle Meinungsführer zum Rückzug aus politischem Engagement und zur Konzentration auf das Private veranlasst. Die Literatur war an beiden kulturellen Bewegungen beteiligt. Diejenigen, die auf revolutionäre Erneuerung setzten und dafür schrieben, wurden als Vorläufer der Märzrevolution von 1848 angesehen und als „Vormärzautoren" geführt. Die anderen, die die Aufgabe der Literatur mehr im privaten Bereich sahen, wurden dem „Biedermeier" zugeordnet. Von der Romantik unterschieden sich beide Gruppen aber dadurch, dass sie sich mit der Lebenswirklichkeit auseinandersetzten. Die „politischen" Schriftsteller kritisierten die Stagnation in Deutschland als „deutsche Misere", die „biedermeierlichen" Autoren konzentrierten sich auf die alltägliche Lebenswelt des Einzelnen, aber auch sie nahmen dabei die Wirklichkeit so in den Blick, wie sie sie im überschaubaren Bereich des bürgerlichen Daseins „real" erfuhren.

► S. 337

Kritik an der deutschen Misere – Die Literatur wird politisch

► S. 337

Mitten in der Epoche des „Vormärz" fand Heinrich Heine den metaphorisch-ironischen Titel für seine Reise durch Deutschland: „Deutschland. Ein Wintermärchen". In dem Begriff „Wintermärchen" ist alles vereinigt: als politische Metapher bezeichnet „Winter" die Erstarrung der Restaurationszeit, als Naturmetapher verweist „Winter" auf den Zyklus der Jahreszeiten, folglich auf den zu erwartenden Frühling, als „Märchen" verweist er zurück auf Deutschland, Land der Romantik und der Märchen, aber auch auf Kindheit und Fantasien, die utopisches Denken auszeichnet. Die Kritik an der „deutschen Misere" ist immer auch gespeist von der Hoffnung auf Erneuerung.

Philipp Jakob Siebenpfeiffer: **Aus der Rede auf dem Hambacher Fest** (1832)

► S. 337

Der von den 36 deutschen Landesregierungen gepflegte nationale Hass auf den Usurpator Napoleon hatte es nicht vermocht, das Überspringen französischer demokratischer Gedanken in deutsche Köpfe zu verhindern. Als 1830 in Paris die dort wieder eingesetzten Bourbonen vertrieben wurden und ein „Bürgerkönig" (Louis Philippe) das Regiment übernahm, forderte man auch in Deutschland bürgerliche Freiheiten (z.B. die Pressefreiheit). Heine brachte die Entwicklung auf den Bild-Punkt: „Der gallische Hahn hat zum zweiten Mal gekräht, und auch in Deutschland wird es Tag."

366 C4 VOM VORMÄRZ ZUM POETISCHEN REALISMUS

1 Siebenpfeiffer fordert Patriotismus. Dieser würde den Wunsch nach einer „freimenschliche[n] Heimat" (Z. 10) entzünden. Er lobt deutsche Philosophie, Wissenschaft und Literatur, auch den Einsatz für die Befreiung Griechenlands von der türkischen Herrschaft, aber nur, um zu tadeln, dass man die gleiche Energie nicht auf das eigene Land lenkt und die eigene Freiheit erstreitet. In prophetischer Diktion („Es wird kommen der Tag", Z. 24) wird eine Zukunft beschworen, in der die Gebrechen der Vergangenheit (Zollgrenzen, Regionalismen, fürstliche Einzelinteressen) überwunden sein werden. Dazu malt er in rhetorischen Oppositionen die (feudale) Vergangenheit negativ, die (nationale) Zukunft positiv.

Vorschlag für ein Tafelbild:

Kritik	Vision
• Wir durchforschen die „Körper- und Geisteswelt", aber Regungen der Vaterlandsliebe sind uns untersagt (vgl. Z. 4 ff.). • Wir helfen Griechen und Polen, wir beneiden Amerika, aber „beugen […] den Nacken unter das Joch der eigenen Dränger" (Z. 11 ff.).	• Deutsche von den Alpen bis zur Nordsee, vom Rhein bis zur Elbe sind als „Brüder" vereint. • Alle Zeichen der Trennung (Zölle) sind verschwunden. • Freie Straßen und Ströme bringen Umschwung für die Nationalkräfte.
• Fürsten im „Hermelin feudalistischer Gottstatthalterschaft" (Z. 35 ff.)	• „männliche […] Toga deutscher Nationalwürde" (Z. 37 f.)
• Beamte, Krieger in Uniform	• Kämpfer mit der Volksbinde
• 34 Höfe, die für „hündische […] Unterwerfung" Almosen geben (Z. 42 f.)	• Städte, „emporblühend aus eigenem Saft" und patriotischer Tat (Z. 44 f.)
	• bürgerliche Freiheit und politische Einheit • Freiheit, Recht, Aufklärung • „Vaterland – Volkshoheit – Völkerbund" (Z. 69)

2 Es finden sich Abwertungen des Status quo; aufgewertet wird der Status eines zukünftigen national geeinten und freien Deutschlands.

3 Merkmale der politischen Utopie Siebenpfeiffers (inspiriert von den Idealen der Französischen Revolution) sind:
  • nationale Einheit („ein starkes, selbst gewobenes Bruderband", Z. 48): Brüderlichkeit;
  • ökonomischer Aufschwung („frei emporblühend aus eigenem Saft", Z. 44 f.);
  • Gleichheit der Personen („alle Bürger mit gleicher Liebe, gleichem Schutz umfasst", Z. 58 f.);
  • Freiheit und Recht und Aufklärung (Z. 61 f.).

4 Ein Zeitungsartikel über Siebenpfeiffers Rede verlangt nicht nur das Referat der Rede, sondern auch eine Stellungnahme des Journalisten. Er muss Zustimmung oder Kritik an den Ausführungen eindeutig zu erkennen geben.

Auf der beiliegenden CD findet sich ein Flugblatt „Proletarier", das zum Vergleich mit der Rede Siebenpfeiffers einlädt.

▶ S. 339 **Georg Herwegh: Die Literatur im Jahre 1840**

Herwegh war der am deutlichsten „politische" Autor des Vormärz. Seine Erfolgstexte, die Gedichte aus der Sammlung „Lieder eines Lebendigen", elektrisierten die bürgerliche Öffentlichkeit. Eine erfolgreiche Lesereise durch deutsche Städte zeigte, dass er den Nerv der Zeit getroffen hatte. Der neue preußische König lud den Dichter zu einer Audienz. Auf der forderte Herwegh, wie Schillers Marquis Posa, „Gedankenfreiheit" und überschritt damit die Grenzen, die einem Dichter gesteckt waren.

1 Herweghs Parallelen zwischen dem Jahrzehnt 1830–1840 in Deutschland und der Heimkehr des antiken Helden Odysseus nach zehnjähriger Irrfahrt – mögliche Gesichtspunkte, die noch in die Tabelle einzutragen sind:

4.1 JUNGES DEUTSCHLAND UND VORMÄRZ

Analogie/Entsprechung	Homer, Odysseus-Sage	Die Zeit nach der Julirevolution 1830
Die Freiheit (und die Literatur) verhalten sich wie Penelope.	Zehn Jahre täuscht Penelope die Freier, die unrechtmäßig Anspruch auf das Erbe des Odysseus erheben.	Zehn Jahre wartet man in Deutschland auf das Ende der Fürstenherrschaft.
Ausblick in die Zukunft bei Homer und in Deutschland	Odysseus kommt nach Hause und bestraft die Freier.	Es wird ein Befreier kommen, der der Freiheit zu ihrem Recht verhilft.
Die Literatur hat Irrfahrten hinter sich wie Odysseus.	Während der Irrfahrten kämpft Odysseus gegen Riesen, Monster, Götter.	Die Literatur wird gegen die Herrschaft der vielen Fürsten kämpfen.
Techniken der Ohnmächtigen: List und Geduld	Penelope trennt das Gewebte auf, um die Freier hinzuhalten, wartet auf Odysseus.	Zehn Jahre wartet das Volk auf das Ende der Fürstenherrschaft und den Befreier; es täuscht die zudringlichen Machthaber durch seine Geduld.
zehn Jahre Ithaka – zehn Jahre Deutschland	Zehn Jahre wartet Penelope, während die Freier prassen und zudringlich werden.	zehn Jahre Warten (Stagnation) und Misswirtschaft (Prassen der Fürsten) in Deutschland
Freiheit und Literatur entwickeln sich in der Zeit.	Zehn Jahre irrt Odysseus auf den Meeren.	zehn Jahre Versuche und Proben der Literatur um den richtigen Weg
Schlussfolgerung aus der Analogie: Wiedererlangung rechtmäßiger Herrschaft nach zehn Jahren Irrtum offene Frage: der Weg, den diese Wiedererlangung nehmen wird		
bewaffneter Kampf oder intellektueller Kampf?	Wird Penelope ein Schwert oder eine Feder auf das Gewebe sticken?	Schwert und Feder gehören zusammen, sie sind die Embleme der neuen Zeit.

Georg Herwegh: Wiegenlied (1842)   ▶ S. 340

Johann Wolfgang Goethe: Nachtgesang (1804)   ▶ S. 340

Goethe galt den Autoren des Vormärz als ein Vertreter der überholten, überkommenen Gesellschaft. Der Geheimrat als Fürstenknecht. Wenige (so Heinrich Heine) machten einen Unterschied zwischen dem Dichter und dem politisch engagierten Minister eines Kleinstaats. Der gewichtigste Vorwurf war der des „Quietismus" und der politischen Abstinenz der klassischen Literatur. Deswegen wählt Herwegh eines der bekanntesten Liebesgedichte Goethes im orientalisierenden Stil, in dem es um den Liebesdialog zweier empfindsamer Seelen geht, um eine politische Parodie auf den Quietismus im politischen Deutschland zu konstruieren.

1   Herwegh kritisiert in seiner Parodie in erster Linie die Konzentration der Lyrik auf Themen wie Liebe und individuelle Glücks- oder Leiderfahrungen. (In einem anderen Manifestgedicht – „Morgenruf", S. 345 im Schülerband – formuliert er: „die Rosen der Liebe vom Haupt / Und ein flammendes Schwert um die Lenden!") An ihre Stelle setzt er die Kritik an der Schlafmützigkeit und der Untertanenmentalität in Deutschland als neue Aufgabe der Lyrik. Er verwendet den Refrain des Goethe-Gedichts ironisch.

2   Die letzte Strophe in Herweghs Gedicht ist ironisch und doppeldeutig zugleich. Einmal besagt sie, dass es in Deutschland noch nicht die materielle Not gibt, die die Grundlage einer Revolution bilden könnte, zum anderen besagt sie (als „zweite" Botschaft), dass es selbst in den Rheinlanden (die traditionell frankreich-nahe Gesellschaften hatten) keine „Sansculottes", keine Revolutionäre, mehr gebe.

3   Die Zeichnung im „Eulenspiegel" aus dem Jahre 1849 zeigt den deutschen Michel als einen wandlungsfähigen Charakter. War er im Frühjahr 1848 noch revolutionär gesinnt (mit Heckerbart und phrygischer Mütze mit blau-weiß-roter Kokarde, dem Sinnbild der Freiheit bei den Jakobinern), so ist er im Spätjahr bereits wieder rasiert und mit der Schlafmütze ausgestattet; gleichzeitig ist er vom wild blickenden Revolutionär zum missmutigen Bürger mutiert. Der Karikaturist im „Eulenspiegel" und der Parodist Herwegh teilen das gleiche Urteil über den deutschen Bürger.

368 C4 VOM VORMÄRZ ZUM POETISCHEN REALISMUS

Literatur als soziales Gewissen – Georg Büchner, Georg Weerth

▶ S. 340 **Georg Büchner: Woyzeck** (1836/37) – Die Hauptmannszene

Die einzelnen Szenen in Büchners Stück haben eine relative Selbstständigkeit. Woyzeck wird einmal in seinem Verhältnis zu seinem Vorgesetzten (dem Hauptmann) gezeigt, in zwei anderen Szenen in seinem Verhältnis zu dem zynischen Garnisonsarzt, der medizinische Versuche mit ihm anstellt.

1 Der Hauptmann ist ein Schwätzer, der redend seine Zeit totschlägt, Woyzeck versucht ernsthaft zu antworten. Der Hauptmann bedient sich der Floskeln, die ihm die Sprache der Mittelschicht zur Verfügung stellt, Woyzeck der Sprechsprache der Unterschicht.

2 a Der Hauptmann „philosophiert" (über das Thema der verfließenden Zeit) und entwickelt seine Vorstellung eines „guten" Menschen. Der hat ein gutes Gewissen, er hetzt sich nicht, er spricht mit den anderen Menschen (um die Zeit herumzubringen), er hat „Moral", er beherrscht sich – und ist gerührt darüber. – Wenn er von Woyzeck als einem „guten Menschen" spricht, meint er etwas anderes. Er gibt gönnerhaft ein Urteil ab, das Woyzeck zwar arm und ohne „Tugend" sei, aber doch eigentlich im Grunde ein guter Kerl.

b Während der Hauptmann die Begriffe „guter Mensch" und „tugendhaft" konturlos (ohne Gegenbegriff) gebraucht, denkt Woyzeck kausal. Er sieht, dass Tugend nicht mit Armut zusammengeht. Tugend ist ein Luxus, den sich Wohlhabende leisten können. Die Armen haben „Natur". Hinter dieser Zuordnung steckt das idealistische Konzept, dass der Mensch „frei" sei, wenn er in der Lage ist, sich selbst die Regeln des Handelns zu geben. Woyzeck hält Büchners „realistische" Sicht von der Determination des Menschen durch Triebe und die Lebensumstände dagegen. Es ist anzunehmen, dass Woyzeck hier wie sein Autor denkt, es aber in seiner Sprache äußert.

3 Es kann erörtert werden, ob Büchner in satirischer Absicht die Karikatur eines Offiziers entworfen hat oder ob er „realistisch" auf die Bühne bringt, was in den Garnisonsstädten wie Gießen oder Kassel Alltag war. Die Überzeichnungen sprechen für die These „Satire". Vor allem die versteckte Steigerung im Reden des Hauptmanns (von der verfließenden Zeit über die Tugend zu der Vorstellung, dass das „Denken" den Menschen unruhig, gehetzt und krank macht) lässt die Vermutung zu, dass Büchner dem Hauptmann Symptome einer hypochondrischen Paranoia zuschreibt, ansonsten aber „realistisch" die Abhängigkeitsverhältnisse erfasst.

▶ S. 342 **Georg Büchner: Der hessische Landbote** (1834)

Durch die beiden Verfasser der Flugschrift sind zwei unterschiedliche „Handschriften" zusammengekommen. Weidig war Theologe, und er wusste, dass die Bauern, an die sie ihre Schrift richteten, die Bibel besser kannten als ökonomische oder philosophische Überlegungen aufgeklärter Wissenschaftler. Büchner hingegen war ein politisch engagierter Sozialwissenschaftler, der die Schriften und die Entwicklung der Französischen Revolution studiert hatte und von daher an die Notwendigkeit einer Umwälzung der Verhältnisse glaubte.

1 a Der Slogan der Schrift, „Friede den Hütten! Krieg den Palästen!", könnte der Rhetorik Robespierres entstammen, der Hinweis auf die Schöpfungsgeschichte (am fünften Tag wurden die Tiere, am sechsten der Mensch geschaffen) leitet eine Buß- oder Strafpredigt ein, weil die Klassenteilung keine biblische Rechtfertigung hat. Dass die Geschöpfe des fünften Tages allesamt als „Gewürm" bezeichnet werden, macht klar, dass hier eine Abwertung vorgenommen wird, die ebenfalls nur polemisch zu verstehen ist. Zum Stil der Polemik gehört der gesamte folgende Abschnitt, der die Ausbeutung der Bauern in einem landwirtschaftlichen Bild beschreibt.
Einen Stilwandel hin zu einer Sachinformation enthält dann der folgende Absatz, der mit Zahlenmaterial aufwartet, das den Lesern schwer verdaulich gewesen sein dürfte. Sehr verständlich sind hingegen die Auslegungen der Zahlen. Hier werden deutliche Worte gefunden und Urteile gefällt. Schwitzen, stöhnen, hungern für Staat, Regierung, Erpresser. Die politische Rede richtet sich gegen den Staat und die von der Ordnung Profitierenden.
Biblische Formulierungen („Hebt die Augen auf […]", Z. 38; „das Häuflein […] eurer Presser", Z. 38 f.; „Eurer sind", Z. 42 f.; „Wer das Schwert erhebt […], der wird durch das Schwert […] umkommen", Z. 47 ff.) haben das Pathos der Propheten und die Autorität der Aussprüche Christi. Die Bildung von

4.2 BIEDERMEIER **369**

Kontrastpaaren (Volk – Presser, wenige – viele, „Leichenfeld" – „Paradies", „Dornäcker der Knecht-
schaft" – „Weinberge der Freiheit") dient dem gleichen Zweck.

b   Die Verfasser wissen, dass ihre Adressaten fromme Bauern sind, die den Katechismus und die Bibel
genau kennen. Deswegen bedienen sie sich der Sprache des Alten Testaments, wenn sie die politischen Zustände als gegen Gottes Ordnung gerichtetes Unrecht brandmarken („Herrschet über alles
Getier", Z. 7 f. – und Bauern und Bürger gehören als Menschen nicht zu dem „Getier"). Offensichtlich
halten die Verfasser die Zeit für gekommen, dass ihnen die Adressaten folgen. Sie sehen sich selbst
als Führer an und schreiben sich einen Auftrag zu. Sie bezeichnen sich als „Männer, durch welche er
[Gott] die Völker aus der Dienstbarkeit zur Freiheit führt" (Z. 54 ff.), und spielen damit auf Mose und die
Befreiung des Volkes Israel aus der Fron der Ägypter an.

2   **Weiterführende Aufgabe:** Die Einschätzung des Blattes und seiner Verfasser schwankt in der Büchner-
forschung. Umstritten ist auch eine Ausgabe, die Weidigs und Büchners Formulierungen durch unterschiedlichen Druck kenntlich zu machen sucht. Als sicher kann man lediglich annehmen, dass es den
Verfassern nicht nur um Aufklärung ging, sondern um Aktion. Das Hambacher Fest hatte Reden gebracht,
hatte aber die „Gegner" (Adel, Regierung, Besitzbürger) nicht klar benannt. Hier geht der Aufruf deutlich
über das Freiheitsbegehren der liberalen Bürgerschaft hinaus. Es ist weiter (aus Briefen) belegt, dass
Büchner glaubte, jede Revolution brauche als materiellen Antrieb Hunger und Not, aber als Zielvorstellung
eine Idee. Büchner spricht von „religiösem Fanatismus". Deswegen nahm er die Französische Revolution
zum Vorbild. Ob er für sich oder Weidig die Rolle eines Revolutionsführers erträumte, ist unklar.

Weiterführende Literatur

- *Büchner, Georg / Weidig, Ludwig:* Der Hessische Landbote. Texte, Briefe, Prozessakten. Kommentiert
  von Hans Magnus Enzensberger. Insel, Frankfurt/M. 1965
- *Mayer, Thomas Michael:* Büchner und Weidig – Frühkommunismus und revolutionäre Demokratie. Zur
  Textverteilung des Hessischen Landboten. In: Heinz Ludwig Arnold (Hg.): Georg Büchner I/II. edition
  text + kritik, München ²1982 (Text + Kritik Sonderband), S. 16–298

Georg Weerth: Die rheinischen Weinbauern (1846)   ▶ S. 344

1   a/b Georg Weerths politisches Gedicht steht in der Tradition des Volkslieds. Auch dort sind einfache,
sprechsprachliche Formulierungen gewählt, es wird „naiv" erzählt, was geschah: Eine Naturkatas-
trophe beendet die Hoffnungen auf eine gute Ernte und die Möglichkeit, Steuern und Zinsen zu
zahlen. Die Überschrift nennt die „Weinbauern", in einer anderen Fassung die „Winzer"; das Gedicht
spricht ihre Erfahrung aus und endet in einer bitteren, zynischen „Lebensregel", die ihnen vom
Sprecher des Gedichts in den Mund gelegt wird.
Das Gedicht ist dennoch keine „Elendspoesie", es heischt nicht Mitleid, sondern bedient sich (vor
Brecht) des gestischen Sprechens, das aus den berichteten Fakten Schlussfolgerungen zu ziehen
einlädt. Wichtig ist, dass in polemischer Rede (die „Pointe" am Schluss) Gott und Teufel einander
gleichgesetzt werden. Beide sind Peiniger der Bauern.

◎   Weiterführendes Material zu diesem Teilkapitel findet sich auf der beiliegenden CD:
- Proletarier! (1848) – Flugblatt
- *Georg Weerth:* Die hundert Männer von Haswell (1845) / *Heinrich Heine:* Weberlied (1844)

4.2 Frührealismus: Biedermeier – Erfüllte Augenblicke statt politischer Tageszeiten

Die hier gewählte Überschrift muss – um alle unter ihr zusammengestellten Texte der Zeit erfassen zu kön-   ▶ S. 345
nen – metaphorisch gelesen werden. Das Bedichten von Tages- und Jahreszeiten (Frühlings-, Herbst-,
Blumengedichte) gilt den Vormärzautoren als Ausweichen vor den Problemen der Zeit. Sie kritisieren damit
die Dichter der späten Romantik und des Biedermeier. Sie selbst nehmen die Tageszeiten als politische
Metaphern: Sonnenaufgang = Neuanfang. Ihr Urteil ist parteilich und ungerecht. Denn viele der Autoren des
Biedermeier dachten durchaus politisch (Adalbert Stifter zum Beispiel, auch Eduard Mörike waren intensiv in
die historischen Entwicklungen involviert). Aber sie waren der Meinung, dass es nicht die Aufgabe der Dichtung sei, politische Bekenntnisse und Aufrufe zu formulieren. Sie waren Realisten, die sehr genau auf Details
in der Alltagswelt achteten. Dazu gehörten auch der genaue Blick nach Innen, das Porträtieren von Auswirkungen der Lebenserfahrungen in der Seele der Menschen. Erfüllte Augenblicke sind solche, in denen ein
einzelner Mensch beim Betrachten eines Stückes, eines Ausschnitts der Welt eine Idee von den Zusammen-

370 C4 VOM VORMÄRZ ZUM POETISCHEN REALISMUS

hängen zwischen Welt und empfindendem Ich entwickelt und formuliert. Ein solcher Augenblick ist etwa der, in dem Mozart (in der Novelle Mörikes, S. 347 im Schülerband) in Erinnerung an ein früh gehörtes Lied den Duft der zerschnittenen Orange einatmet.

▶ S. 345 Eduard Mörike: **Septembermorgen** (1827)

▶ S. 345 Georg Herwegh: **Morgenruf** (1841)

▶ S. 345 Heinrich Heine: **An Georg Herwegh** (1842)

1 a Dass Tages- und Jahreszeiten in Gedichten in Korrespondenz zu Empfindungen gesetzt werden, gehört zur Tradition der Lyrik. Frühling z. B. ist eine Zeit des Aufbruchs in der Natur und – entsprechend – in der Stimmung der Menschen. Das gilt auch für Morgen und Abend. Sie korrespondieren mit „Erwachen" und „zur Ruhe gehen".
Mörikes „Septembermorgen" mischt zwei Empfindungen: Herbstgefühl und Morgenerleben. Hinzu kommt, dass auch Nebel, der sich auflöst und der Klarheit weicht, symbolisch gelesen werden kann. So entsteht durch die genaue Beobachtung der dem Menschen nahegerückten Natur (ruhen, träumen sind menschliche Tätigkeiten) und eine spezifisch lyrische Sprechweise (Reime, Kadenzen) das Naturbild eines erfüllten Augenblicks. In Erwartung des blauen Himmels und des goldenen Herbstes ist der morgendliche Nebel eine positive Botschaft.
Herweghs Gedicht benutzt ebenfalls die Tageszeiten-Metaphorik, auch er sieht im erwachenden Tag ein Zeichen des Aufbruchs. Er bereichert die Opposition Tag/Licht – Nacht/Dunkel um die von Lerche und Nachtigall, auch er verwendet lyrische Sprechweisen als Stimmungsträger: Der Morgenruf trifft in daktylischen Versen bewegt das Ohr. Der kämpferischen Sprache entsprechen die Bilder vom gegürteten Schwert und der blutig endenden Nacht.

b Die Stimmungen der beiden Gedichte sind typisch für den Gegensatz von Biedermeier und Vormärz, der die Epoche prägt. Mörikes Gedicht konzentriert sich auf die Naturerfahrung des achtsamen Wanderers. Der Blick in die Natur ist zugleich ein Blick nach innen. Das Thema des Gedichts ist die Korrespondenz zwischen herbstlichem Naturerleben und einem Lebensgefühl zwischen Erwartung und Erfüllung. Herweghs Gedicht ist ein Manifesttext, ein Aufruf, der die Sprache der Naturbilder ins Politische übersetzt. Der Ruf der Lerche und der Anbruch des Tages symbolisieren das Erwachen des politischen Bewusstseins und der Kampfbereitschaft.

2 Heines Gedicht „An Georg Herwegh" kommentiert diesen Aufbruch der „Lieder eines Lebendigen", die in Deutschland ein so bedeutendes Echo erfahren hatten, mit einer skeptischen Betrachtung. Er identifiziert den Dichter mit seiner Metapher (Lerche) und charakterisiert seine Lyrik durch weitere, aber jetzt ironisch gesetzte martialische Metaphern: Die „eiserne" Lerche steigt mit „klirrendem Jubel" zum „heilgen Sonnenlichte" (V. 1–3). Auch diese eher pessimistische Bewertung der politischen Lage in Deutschland (politischer Winter) gehört zum Vormärz. Denn die politischen Tages- und Jahreszeiten der lyrischen Manifesttexte sind noch weit entfernt vom „erfüllten Augenblick" des Sieges, den Herwegh herbeischreiben möchte.

▶ S. 346 Adalbert Stifter: **Aus der Vorrede zu Bunte Steine** (1853)

Stifters Vorrede zu seiner Sammlung von Erzählungen gilt als wichtige und programmatische Äußerung der Weltanschauung des Biedermeier. Der zentrale Begriff des „sanften Gesetzes" rückt die sorgfältige Beobachtung der scheinbar nebensächlichen und alltäglichen Vorgänge in der Natur und im menschlichen Leben in das Zentrum der Aufmerksamkeit. „Das Wehen der Luft, das Rieseln des Wassers, das Wachsen des Getreides, das Wogen des Meeres […] halte ich für groß." Groß ist auch das „menschenerhaltende Gesetz", „wodurch das menschliche Geschlecht geleitet wird". Mörikes „Septembermorgen" ist ein Blick auf die Vorgänge der Natur, der – rein, einfach und in die Tiefe gehend – diesem sanften Gesetz entspricht.

1 a In dem abgedruckten Abschnitt geht es Stifter darum, das „sanfte Gesetz" in den Kosmos der Naturgesetze einzufügen. Er spricht als Frührealist: So wie die Naturforscher im Laufe der Entwicklung ihrer Wissenschaft die einzelnen Phänomene, die früher Bewunderung oder Schrecken ausgelöst hatten, im Detail studieren, gesetzmäßige Abläufe erkennen und entzaubern, so soll auch der Menschenforscher (und der Dichter und Schriftsteller ist ein solcher) durch genaues Studium seelischer Regungen im Kleinen die Gesetzmäßigkeiten, „wodurch das menschliche Geschlecht geleitet wird" (Z. 41 f.), erkennen. Deswegen gilt ihm „groß" (erforschenswürdig), was in einem bürgerlichen „Leben voll Gerechtigkeit, Einfachheit, Bezwingung seiner selbst, Verstandesgemäßheit, Wirksamkeit in seinem

Kreise" (Z. 27 f.) zu beobachten ist. Nicht das Dramatische, sondern das Kleine, scheinbar Geringe, zeigt uns die Gesetze, die uns regieren.

b   Die durchgehende Gültigkeit von Gesetzen im Bereich der Natur ist relativ leicht durch Beispiele zu belegen. Die statische elektrische Spannung, die sich in Gewittern entlädt, kann als elektrischer Funke durch das Reiben eines Kamms auf einem Wollärmel „kopiert" werden. Im Bereich von Stifters „sanftem Gesetz" ist es schwerer, überzeugende Beispiele beizubringen. Denn wir können nicht davon ausgehen, dass menschliche Verhaltensmuster, die wir in der Familie beobachten, auch in der Politik oder der Geschichte als Regeln oder Gesetze vorkommen. Immerhin aber lassen sich einige – nicht eben sanfte – „Gesetze" erkennen: Frustration erzeugt Aggression, Freude steckt an, positive Erfahrungen von Zuwendung erzeugen Freundlichkeit, negative Erfahrungen von Abweisung erzeugen Misstrauen usw.

Eduard Mörike: **Mozart auf der Reise nach Prag** (1856)

► S. 347

Mörikes späte Novelle erzählt ein erfundenes Ereignis. Es gibt kein Zeugnis, dass Mozart auf der Reise nach Prag eine Nacht in einem gräflichen Schloss verbracht hat. Mörike ging es also nicht um die Beschreibung eines Reiseereignisses, sondern um ein anderes Thema. Die Interpreten der Novelle verweisen auf das Thema der Künstlerexistenz, auf das Thema der Todesahnung, auf das Thema der kulturell hochgebildeten, aber dem Untergang geweihten Adelsgesellschaft. In dem gewählten Textauszug geht es um das „sanfte Gesetz" der künstlerischen Inspiration.

1 a   Mörike porträtiert den Spaziergänger Mozart als einen in Gedanken versunkenen Mann, der nicht mit wachen, erkundenden Blicken einen unbekannten Park durchmustert, sondern sich treiben und seine Schritte durch den Zufall – und durch Eindrücke des Gehörs – lenken lässt. „Das Ohr behaglich […] hingegeben" und „das Aug' [auf etwas beiläufig Auffälliges] geheftet" (Z. 9 ff.), widerfahren ihm Empfindungen: „Anschauung des Südens" (Z. 15) und „Erinnerung aus seiner Knabenzeit" (Z. 16). Ein nachdenkliches Lächeln ist Zeichen des Eintauchens in eine nicht gegenwärtige Welt. Mörike beschreibt suggestiv, wie Mozarts Vorstellungswelt aus dem gegenwärtigen Erlebnis heraus entsteht: Taktile Empfindungen („herrliche Ründe", „saftige Kühle in hohler Hand", Z. 18 f.) evozieren Reminiszenzen (eine Jugendszene, eine musikalische Erinnerung). Der Künstler in ihm ist, wie Stifters Erforscher des sanften Gesetzes, sofort bereit, träumerisch der unbestimmten Spur zu folgen. Die „künstlerische Geistesabwesenheit" (Z. 30 f.) ist gekennzeichnet durch gesteigerte Sinneswahrnehmung bei gleichzeitiger mentaler Aktivierung des Gedächtnisses. Der Erzähler beobachtet ihn dabei. Er beschreibt genau, was Mozart tut, sucht nach Erklärungen und stellt Hypothesen auf: „Es mochte ihn dabei entfernt ein dunkles Durstgefühl geleitet haben" (Z. 39 f.). Dass diese träumerische Versunkenheit abrupt durch den Gärtner unterbrochen wird, ist Teil der Erzählregie. Im weiteren Verlauf wird sich klären, wie Mozart in der inspirierenden Geselligkeit der adeligen Runde auf der Spur seines Primäreindrucks die Melodie für ein ihm noch fehlendes volkstümliches Lied in der Oper „Don Giovanni" ausarbeiten wird.

b   Das Innere Mozarts ist ein suchendes. Nicht gedankenverloren, sondern in Gedanken suchend durchwandert er den Park. Das Außen des gepflegten Parks assoziiert „Süden" und „Italien": Pinien, reichlich blühende Blumenparterre, der Springbrunnen, die Orangenbäume. Gehen und Nachdenken gehören zusammen, die Assoziationen verknüpfen sich zu einem Bild und einer musikalischen Reminiszenz. Dabei entsprechen sich Details beider Sphären, des Innen und des Außen. Der Duft der Orange, intensiviert durch das Aufschneiden der reifen Frucht, korrespondiert mit „dunklem Durstgefühl" und musikalischer „Sättigung" durch die Erinnerung.

2   Die musikalische Inspiration ist von Mörike in einem wahrnehmungsverzögernden Akt der Beschreibung entfaltet. Die Erzählzeit ist gedehnt gegenüber dem erlebten Augenblick zwischen Berühren und Betrachten der Frucht. Wenn es heißt, dass Mozart „minutenlang" (Z. 43) auf die Schnittflächen blickt, so bedeutet das eine Aufforderung an den Leser, die Lektüre zu unterbrechen und selbst eine Minute darüber nachzudenken, was das musikalische Genie während dieses Rituals der Zerlegung und des Wiederzusammenfügens der Orangenhälften bewegt. Die Antwort ist offen, man ahnt aber, dass Mozart jetzt nicht nur die Spur der musikalischen Reminiszenz verfolgt, sondern dass ihn melancholische Betrachtungen bedrängen. Vorsichtig, „ganz sachte" (Z. 45) trennt und vereinigt er die Teile – und der Leser erkennt in dieser Handlung ein Symbol des Zerlegens und Wieder-Komponierens, der auch den musikalischen Schaffensprozess bestimmt.

372 C4 VOM VORMÄRZ ZUM POETISCHEN REALISMUS

▶ S. 348 **Annette von Droste-Hülshoff: Am Turme** (1842)

Annette von Droste-Hülshoff wird – vorwiegend wegen ihrer Balladen und wegen der Novelle „Die Judenbuche" – als eine frühe Realistin angesehen. Ihre religiöse und Naturlyrik hingegen wird eher dem Biedermeier zugerechnet. Auf ihr Gedicht „Am Turme" trifft beides nicht recht zu, denn in eine fantasievolle Beschreibung des Blicks vom Meersburger Turm hinunter auf den Bodensee mischen sich Gedanken der Frauenemanzipation, die eher vom Vormärz inspiriert sein könnten.

1 a Der Text setzt ein mit einer Symbolhandlung der Sprecherin. Sie löst ihre Haare und lässt sie im Winde wehen. Die aufgelösten Haare, der Sturm und die Fantasie von einem Zweikampf bilden zusammen ein Bildfeld, das nicht zu einer „sittsamen" Tochter der Zeit passt. Auch die in den drei restlichen Strophen entfalteten Fantasien gehören eher zu einem typischen Jungen, sodass der Wunsch „Wär' ich ein Mann doch mindestens nur" (V. 27) die plausible Schlussfolgerung ist.

  b Übersetzt in einen inneren Monolog würden sich die Gedanken kaum ändern. Sie wären vielleicht konkreter durchsetzt mit Anspielungen auf Ereignisse der Zeit, auf Ge- und Verbote, mit denen sich eine Frau in damaliger Zeit auseinandersetzen musste. Ein solcher Monolog könnte auch Gedanken auf den Begriff bringen, die erst in einer Interpretation des Textes zum Tragen kommen können.

  Vorschlag für ein Tafelbild:

Textstellen	Gedanken (innerer Monolog)
im Sturm auf dem Turmbalkon stehen und die Haare flattern lassen (vgl. V. 1–4)	Immer haben Frauen auf Türmen gestanden und auf etwas gewartet, auf den Liebsten zum Beispiel. Sie sind eingesperrt und unter Aufsicht. Aber sie haben Sehnsüchte. Auch ich stehe hier, ich will allein sein und etwas von mir selbst spüren.
„O wilder Geselle, o toller Fant, / Ich möchte dich kräftig umschlingen" (V. 5 f.)	Etwas Wildes, etwas Ungezügeltes möchte ich tun, mit dem Sturm fortfliegen, kämpfen, das Leben spüren, wo es bedroht ist.
„die tobende Meute" (der Wellen) (V. 14)	Die bewegten Wellen lassen Bilder von Hunden, Treibjagd, Gefahr und Beute in mir aufsteigen. Das Leben ist Jagd und Kampf und Beutemachen.
Standarte, Schiffe	Jeder Eindruck der Sinne verwandelt sich in Bilder, die etwas bedeuten, etwas anbieten oder die Fantasie anstacheln. Und es könnten Seeräuber oder Soldaten sein, deren Leben ich führte, sie wären voll Abenteuer und Leben.
Jäger, Soldat, Mann	Das Leben eines Mannes ist wirkliches Leben, den Frauen bleibt nur die Welt der Fantasie. Ich möchte ein Mann sein.

▶ S. 349 **Louise Aston: Lebensmotto** (1846)

Louise Astons Gedichte sind Manifeste eines Lebens, das männliche Vorstellungen von intensiv gelebtem Leben umsetzt. Sie gehört zu den lange unbeachtet gebliebenen Autorinnen des Vormärz. Ihr Gedicht „Lebensmotto" geht nicht von einer Situation aus, die dann durchdacht und in Bedeutung „übersetzt" wird (wie „Am Turme"), sondern nutzt, wie Herweghs „Morgenruf", Bilder der Natur als Metaphern für Gedanken.

2 Das Gedicht Annette von Droste-Hülshoffs ist melancholisch, ohne resignativ zu sein („Nun muss ich sitzen so fein und klar", V. 29), das von Louise Aston trotzig („Und solang' die Pulse beben, / Bis zum letzten Atemzug, / Weih' der Liebe ich dies Leben, / Ihrem Segen, ihrem Fluch!", V. 22 ff.). Beide wissen sich im Widerspruch zu den Anforderungen der Zeit an die Rolle einer jungen Frau, beide spielen Alternativen durch, aber die eine Sprecherin fügt sich, die andere rebelliert.

3 Die literaturgeschichtliche Zuordnung ist bei Louise Aston einfacher als bei Annette von Droste-Hülshoff. Droste-Hülshoff setzt Naturbeobachtungen in Metaphern für ihre Gedanken um, Louise Aston hat ein Schiller'sches Begriffspathos zur Verfügung: Meer des Lebens, Gewitterstürme, Flammenbild; ihr Gedicht könnte in einer Anthologie neben denen Herweghs stehen. Das Gedicht der Droste passt weder zu Mörikes noch zu Stifters Texten.

LITERATURSTATION: HEINRICH HEINES REISEBILDER **373**

Epochenüberblick – Frührealismus: Junges Deutschland, Vormärz, Biedermeier ▶ S. 349

1 Der Kerngedanke des von den Schülerinnen und Schülern zu verfassenden Essays ist in der Aufgabenstellung schon genannt: Der Realismus des Biedermeier hat eine andere Perspektive als der des Vormärz. Beide literarischen Strömungen wollen – anders als die Romantik – Wirklichkeit in ihren literarischen
Texten spürbar machen. Für die Autoren des Biedermeier ist „Realität" eine den Sinnen und den Empfindungen zugängliche Welt, für die Vormärzdichter ist „Realität" dort, wo Politik das Leben prägt, wo ökonomische und gesellschaftliche Normen bestimmend sind, gegen sie ihr Freiheitsbegehren, Gerechtig-
keitsgefühl, soziales Mitempfinden mobilisieren. Beide haben – anders als später die Naturalisten – eine
Wirklichkeit hinter dem alltäglichen Augenschein im Blick.
Zur Unterstützung können Epochendarstellungen in Literaturgeschichten und literarischen Lexika herangezogen werden. Auch die Wikipedia-Artikel enthalten gut gegliederte Informationen, die hier Verwendung
finden können.

◎ Weiterführendes Material zu diesem Teilkapitel findet sich auf der beiliegenden CD:
- *Ludwig Pfau:* Herr Biedermeier / *Hans Gabriel Jentzsch:* Des Hauses Sonnenschein
- Epochenüberblick: Frührealismus: Junges Deutschland, Vormärz, Biedermeier (1830–1848) (Folie)

Literaturstation: Heinrich Heines Reisebilder – Zwischen Journalismus und Literatur

Im Zentrum dieser Literaturstation steht Heinrich Heines Doppelrolle als Dichter und Publizist, seine Vermitt-
lerrolle zwischen Deutschland und Frankreich und zwischen Romantik und Vormärz. Einige dieser „Doppelt-
heiten" sind Entwicklungsstationen eines Autors, der mit seiner Zeit geht, andere hingegen sind Paradoxien
der Epoche, die Heine selbst nicht auflösen konnte.

I Zwischen den Stühlen – Heines Lebensstationen zwischen Deutschland und Frankreich ▶ S. 351

Drei aus dem Kontext biografischer Erfahrungen entstandene Texte repräsentieren schlaglichtartig den
jungen Autor der „Reisebilder" (1827), den umstrittenen deutschen Autor im Pariser Exil (1839), den nach
1848 in seiner „Matratzengruft" eingeschlossenen leidenden Menschen Heine (1851). Sie zeigen zugleich
das formale Spektrum des Heine'schen Werkes: geistreiche und politisch angriffslustige Reiseprosa, aus der
romantischen Tradition erwachsene politische Lyrik, in der jüdischen Tradition gegründete späte Gedanken-
lyrik der „Lamentationen" des „Romanzero".

Heinrich Heine: Reisebilder II. Ideen. Das Buch Le Grand (1827) ▶ S. 352

Heine stellt in seinem Reisebild seine Geburtsstadt Düsseldorf vor. Er geht dabei vor allem auf den Regime-
wechsel vom deutschen Kurfürsten („Der Kurfürst lässt sich bedanken") zum französischen Besatzungsregi-
ment ein. Er vertritt dezidiert eine „rheinische" Position. Die Franzosen waren in Düsseldorf keineswegs so
verhasst, wie es die spätere deutsche Geschichtsschreibung dargestellt hat, sondern viele Bürger, vor allem
die jüdischen, schätzten die Errungenschaften des Code civil, der bürgerliche Gleichberechtigung für alle
brachte. In dem im Schülerband abgedruckten Auszug wird eine fiktive Figur, der Trommler Le Grand, eingeführt, ein Soldat der Grande Armée, der als Tambour in Düsseldorf stationiert ist und bei dem der junge
Heine angeblich die richtige Sicht auf geschichtliche Verläufe gewinnt. Insofern ist der Text kein rein faktisch-
autobiografisches Werk, auch kein Reisebild im engeren Sinn, schon gar nicht ein Korrespondentenbericht
über die französische Besatzung, sondern ein Erzähltext zwischen Fiktion und Faktizität.

1 a Die französischen Begriffe, die der Knabe nicht versteht, sind Kernbegriffe der Französischen Revolution: „liberté" (Z. 23 f.) und „égalité" (Z. 26). Sie werden von Heines Monsieur Le Grand auf der Trommel
„erklärt". Der Marseiller Marsch, mit dem er „liberté" erklärt, gehört zur französischen Nationalhymne
und ruft den Marsch der Marseiller Bürger in das revolutionäre Paris in Erinnerung. Er gilt als „Grün-
dungshymne" der Republik („Allons enfants de la patrie / Le jour de gloire est arrivé"). In gleicher
Weise verfährt Le Grand bei dem Begriff „égalité". Hier „erklärt" das Revolutionslied „Ça ira, ça ira"
den sozialrevolutionären Elan der Revolution. Gleichheit bedeutet: Abbau der Standesschranken.

b Der erwartete dritte Begriff ist „fraternité", Brüderlichkeit. Er fehlt; stattdessen wird – in satirischer Absicht – „bêtise", „Dummheit", erklärt. Und zwar anhand des Dessauer Marschs. Dieser Marsch galt und
gilt auch heute noch als Inbegriff des Militärmarschs. „Gleichschritt" ist bei Heine Synonym für ein dumpf-
es System von Befehl und Gehorsam. Der Verweis auf die Interventionsarmee, die 1792 in Frankreich einmarschierte, macht den Marsch zugleich zum Symbol für den Untertanengeist als Feind der
Freiheit.

374 C4 VOM VORMÄRZ ZUM POETISCHEN REALISMUS

c „Neuere Geschichte" ist hier für Heine die Geschichte der Französischen Revolution und deren Ausbreitung nach Deutschland. Dabei kontrastiert er in satirischer Absicht deutsche (an das herrschende
Restaurationssystem angepasste) Geschichtsschreibung und die eigene (französische) Perspektive.

2 Die Trommel hat in der Tradition eine doppelte Bedeutung. Sie ist (ebenso wie die Trompete) das bevorzugte Instrument des Militärs und sie gilt als laut und eintönig. Für Heine ist sie Symbol der französischen
Besetzung Deutschlands und der Unterwerfung eines feudalen Systems unter die Militärherrschaft des
französischen Volkskaisers. Die Trommel ist damit ein Propagandasymbol. In seinem Gedicht „Doktrin"
formuliert Heine: „Schlage die Trommel und fürchte dich nicht". Monsieur Le Grand und seine Trommel
sind also in diesem Text die Personifizierungen des Geistes der Revolution, der Heine als begeisterten
Anhänger in Deutschland gewinnt.
Die Blumen bilden einen gewissen Kontrast zu der Trommel. Repräsentiert diese das vormärzliche politische Engagement des Autors, so sind die Blumen romantische Reminiszenzen. Linden, Nachtigallen,
Wasserfall – das sind die klassischen Ingredienzien des „locus amoenus" schon der mittelalterlichen
Literatur. In Novalis' berühmtem ersten Kapitel des „Ofterdingen" oder im Märchen von „Hyazinth und
Rosenblütchen" sind es die sprechenden Blumen, die den Traum-Hofstaat des Helden bilden. Hier sind
diese romantischen Reminiszenzen ironisch gebrochen. Die Lilie ist „nervenkrank" und „wehmütig zärtlich"
(Z. 47 f.), die Rose „trunkenrot" (Z. 48). Diese Anthropomorphisierung hat einen tieferen Sinn: Der Reise-
bild-Autor porträtiert sich selbst als Romantiker, der mit den Blumen des Hofgartens wie mit den dort
flanierenden Frauen ein gutes Verhältnis hat – und der dann aus dieser Welt hinaus und in die des
Trommlers der Revolution hinübertritt.

3 Frankreich ist dargestellt als Ursprungsland der Revolution, von dem aus Napoleon den Siegeszug durch
Europa antrat. Deutschland hingegen ist Philisterland, Raum der Romantik, in dem Blumen reden, auch
wenn sie etwas neurasthenisch sind. Traditionell stehen Blumennamen für Frauen. Heine benutzt das, um
geistreiche kleine und etwas frivole Anspielungen zu machen. „Reseden" wachsen gelb und zumeist unbeachtet am Wegrand. Mit ihnen steht er zurzeit schlecht, hat sie aber in früheren Zeiten als „besonders
intime" Freundinnen gehabt, Myrthen (Eheschließung) und Lorbeer (Dichterruhm) gehörten seinerzeit
noch nicht zu seinen Erfahrungen.

► S. 353 Heinrich Heine: **Anno 1839**

Die zweite „Station" in Heines deutsch-französischer Biografie ist die des Exils in Paris. Heine war gleich
nach der Revolution von 1830 als Korrespondent der „Augsburger Allgemeinen Zeitung" nach Paris gegangen. Er berichtet zunächst über Kunst, Kultur, Politik der neuen Regierung des „Bürgerkönigs" Louis
Philippe, dann behinderte die Zensur die Fortsetzung seiner Berichterstattung über die „französischen Zustände". Heine war auch innerhalb der deutschen Pariser Exilszene nicht unumstritten. Ludwig Börne, der
bekannteste deutsche Radikaldemokrat, schrieb über ihn, dass er „ein Talent, doch keinen Charakter"
besitze und als Dichter zuweilen einen „aristokratischen" Stil pflege. Heine wehrte sich, indem er die „Bierstimmen" der deutschen Oppositionellen verspottete.

1 a Heines Gedicht gehört in den Kontext der Pariser Exilerfahrungen, die auch bekanntere Gedichte wie
„Denk ich an Deutschland in der Nacht / So bin ich um den Schlaf gebracht" zum Ausdruck bringen.
Sie sind gekennzeichnet einerseits durch Sehnsucht nach der Heimat, nach der Sprache, auch nach
den Menschen, die ihm nahestanden, andererseits durch Achtung, Respekt und auch Zuneigung, die
die Franzosen in seinen Augen verdienen. Zugleich werden beide nationalen Urteilsstereotype iro-
nisch-kritisch relativiert. So entstehen ambivalente Kontrastpaare. Das besondere Verfahren Heines
ist, dass er das Land der Liebe und Sehnsucht fast ausschließlich mit negativen, das Frankreich,
dessen er überdrüssig wird, mit positiven Klischees bedenkt. So entsteht eine typisch romantische
Umkehrung: Das, was man eigentlich ablehnen und zurückweisen müsste, liebt man (vielleicht ohne
es zu wollen), dessen, was man schätzt (und eigentlich lieben müsste), wird man überdrüssig. Dabei
sind einzelne Aussagen ironisch durch Anzüglichkeiten „vergiftet", zum Beispiel das deutsche
„Frauenzimmer", das „schweigend sich zu Bette legt" (V. 15 f.).

LITERATURSTATION: HEINRICH HEINES REISEBILDER

b   Das national eingestellte Publikum zu Heines Zeit (die „Bierstimmen" schwarz-rot-goldener Patrioten) ist ironieunempfindlich, es wird die sterotypen Charakteristiken Deutschlands – trotz der beteuerten Liebe zu Deutschland – als Beleidigung des Nationalcharakters der Deutschen verstehen. Die Liberalen waren seinerzeit (und sind auch heute noch) frankophiler. Aber auch für sie gelten die Heterostereotypen über Franzosen: gesellig, rational, ohne Gemütstiefe. Das heißt, sie beobachten weithin das Gleiche, bewerten es nur unterschiedlich.

2   Ein fiktives Interview mit dem für wenige Wochen nach Hamburg zurückgekehrten Heinrich Heine würde sich an dem zwanzigsten Kapitel des „Wintermärchen" ausrichten können. Dort versucht die Mutter den Sohn über sein Leben in Frankreich und seine Urteile über Deutschland auszufragen – und erhält geistreiche, aber immer ausweichende Antworten. Der Befragte wird durch und durch „diplomatisch" über Deutsche und Franzosen sprechen.

Heinrich Heine: **Weltlauf** (1851)   ► S. 354

Die Revolution von 1848, der Heine nie einen besonderen Elan zugetraut hatte, ist gescheitert. Der gesundheitliche Zustand des Dichters ist bedauernswert. Nach seinem Zusammenbruch 1848 kann er das Bett nicht mehr verlassen. In diesem Zustand entsteht aber eine erstaunliche Vielzahl von Gedichten. Er sammelt die Produktion von drei Jahren im „Romanzero". Dessen zweites Buch „Lamentationen" (Klage-Gedichte), enthält einen Zyklus „Lazarus", in dem die biblische Gestalt des von den Toten erweckten Leichnams als Metapher für den auf dem Krankenlager dahinsiechenden Poeten steht. Dieser Zyklus wird mit dem Gedicht „Weltlauf" eröffnet.

2   Das Gedicht ist eine zugleich lakonische und sarkastische Anwendung der Bibelstelle aus Lukas 19,26 oder Matt. 25,29 („Ich aber sage euch, wer da hat, dem wird gegeben werden; von dem aber, der nicht hat, wird auch das genommen werden, das er hat") auf die Lebenschancen in der bürgerlichen Gesellschaft. Heine meint die Verse sowohl persönlich (er sorgt sich um seine finanzielle Zukunft, streitet mit Campe um das Honorar für den Gedichtband) als auch als allgemeines ökonomisches Weltgesetz, das er in seiner Pariser Exilzeit in der Epoche des „Bürgerkönigs" Louis Philippe hautnah hat kennen lernen müssen.

II „Toujours lui" – Napoleons Beisetzung im „Korrespondentenbericht" und in zwei „Reisebildern" Heines

Georg Bernhard Depping: **Korrespondenz-Nachrichten** – Paris, Januar 1841   ► S. 355

Das „Morgenblatt für gebildete Stände" war 1807 als Konkurrenzblatt der „Allgemeinen Zeitung" gegründet worden. Seine Besonderheit waren „Korrespondenz-Nachrichten". Den Nachrichten aus Paris wurde besondere Aufmerksamkeit gezollt. Zunächst war die imperiale napoleonische Kultur von Interesse, danach, in der Restaurationszeit, waren es Parteien und politische Gruppierungen (Republikaner, Royalisten, Bonapartisten, Saint-Simonisten, später Kommunisten). Von 1810 bis 1850 war Georg Bernhard Depping in Paris ständiger Korrespondent. Er sollte über Ereignisse berichten, zugleich aber auch „allgemeinere Räsonnements über den Charakter der Franzosen" bieten und die „Veränderungen der Lebensformen" beobachten.

Heinrich Heine: **Lutetia** (1851) – Paris, 11. Januar 1841   ► S. 356

Heines Berichterstattung aus Paris für die „Augsburger Allgemeine Zeitung" erfolgte ohne Namensnennung (auch um keine Probleme mit der Zensur zu bekommen, denn alles, was Heine schrieb, war ja seit 1835 verboten). Acht Jahre hatte er nichts mehr für die Zeitung geschrieben, als er 1840 zwei politische Artikel einsandte, die der Herausgeber Kolb aber nicht druckte. Er schrieb an Heine, er wolle seine Leser lieber mit „Berichten über Kunst und Literatur erfreuen". „Am liebsten wären mir streng abgeschlossene Miniaturbilder, Porträts, Gemälde in engem Rahmen, wo Sie die Person, den Gegenstand aus sich heraus erklären." Er forderte Heine auf: „Blicken Sie um sich, schildern Sie […] das Volk in seinem Leben und Treiben […] geben Sie uns, statt französischer Politik […] französisches Leben." (Heinrich Heine: Sämtliche Werke. Bd. 10. Ullstein, Frankfurt/M. 1981, S. 491) Heine sah sich also als politischer Journalist einer doppelten Zensur ausgesetzt, der des Staates und der der Zeitung. Seine literarische Schreibweise diente ihm daher oft dazu, diese beiden Barrieren zu umgehen. So ist sein Bericht über die Beisetzung Napoleons sowohl Bild der Bevölkerung als auch Bild der politischen Entwicklung als auch Blick in eine für Deutschland bedeutsame demokratischere Zukunft.

376 C4 VOM VORMÄRZ ZUM POETISCHEN REALISMUS

▶ S. 357 **Heinrich Heine: Deutschland. Ein Wintermärchen (1843)**

Durch eine Irreführung der preußischen Behörden (Heine schrieb einen Brief an die Mutter in Hamburg, er werde sie besuchen, auf dem Seewege nach Hamburg kommen) gelang es Heine, im Herbst 1843 durch Deutschland zu reisen. Die Reiseeindrücke verarbeitete er zu poetischen Reisebildern, in denen er Ereignisse, Hintergründe und eigene Ideen über Deutschlands Gegenwart und Zukunft miteinander verwob.

1 Depping erinnert aus deutscher Perspektive an ein verzerrtes Bild der Franzosen von Napoleon: Sie haben seinen Despotismus vergessen, sie urteilen nicht unparteiisch, denn er hat Frankreichs Größe bestätigt. Deshalb kann ihr Enthusiasmus und der Mut, mit dem selbst Damen der Kälte trotzen, aus deutscher Sicht etwas herablassend belächelt werden. Auch die Kritik an dem unnötigen Kostenaufwand der Organisation zeigt dem Korrespondenten, dass hier mehr Enthusiasmus als Vernunft am Werke war. Heine wendet sich explizit gegen eine solche Sicht. Er sieht nicht nur „Pomp und Gepränge" (Z. 4 f.), sondern tief erschütterte Gefühle des französischen Volkes. Napoleon ist für die Pariser seiner Meinung nach ein Symbol und sein Leichenzug die Demonstration „gebrochene[r] Hoffnungen" (Z. 20). Heines Blick auf Napoleon und die Franzosen ist von intensivem Mitempfinden bestimmt. Seine Darstellung des imperialen Märchentraums im Augenblick seiner definitiven Zerstörung kann auch als sein Beitrag zur Romantisierung der jüngsten Vergangenheit angesehen werden.

Der Gang eines „Reiseberichts" von Fakten – zu Ideen – zurück zu den Fakten:

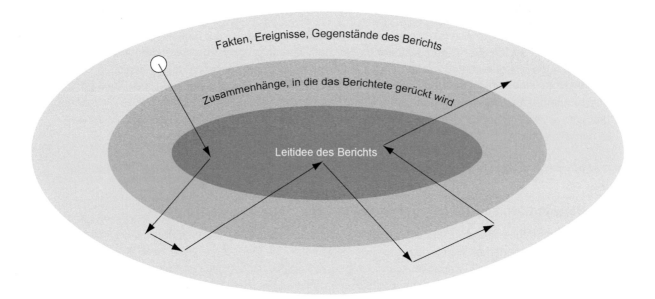

2 Die Korrespondentenberichte Deppings erstreckten sich oft über mehrere Ausgaben der Zeitung. Sie unterstellten, dass die Leser des Blattes über Wochen hinweg ein Thema verfolgten. Das ist in heutigen Zeitungen nicht mehr der Fall. Aber auch in den gegenwärtigen überregionalen Zeitungen („Süddeutsche", „Zeit", „FAZ") finden sich immer wieder Berichte aus den Hauptstädten und aus politisch wichtigen Regionen, in denen eine fassliche Anschauung der Lebensformen, der Mentalität und des „Nationalcharakters" geboten werden soll. Charakteristische Schilderungen von Land und Leuten, aufgehängt an besonders berichtenswerten Ereignissen, finden sich z. B. in Reisereportagen, in so genannten Hintergrundberichten zu bedeutenden Ereignissen wie Wahlen, Regierungsbildungen und Staatsbesuchen. Auch Katastrophen können Anlass für derartige Berichte sein. Diese Artikel haben in aller Regel ansprechende und rhetorisch aufgezogene Überschriften, während sie in Deppings Zeiten – so wie heute noch im öffentlich-rechtlichen Fernsehprogramm – lediglich mit der Gattungsbezeichnung „Korrespondenten berichten" angekündigt wurden.

3 Textstellen, an denen der Unterschied zwischen der Schreibweise des Journalisten (Korrespondenzbericht), des Reiseschriftstellers (Reisebild) und des Dichters (poetisches Reisebild) besonders sichtbar wird:

Korrespondenzbericht Deppings	Reisebild Heines („Lutetia")	poetisches Reisebild Heines („Wintermärchen")
„zwei merkwürdige Totenfeiern" in Paris (Z. 1 f.) Anknüpfung an frühere Berichte	„Ich kann nicht mit den Berichterstattern übereinstimmen" (Z. 1 f.). Positionierung des Verfassers gegenüber anderen Berichten	„Der Kaiser ist auferstanden seitdem" (V. 1). Deutung und Analogie Napoleon – Christus
Strenge Kälte behindert die Zurüstung des Fests. Faktenbericht zum Wetter	„Diese Nebel aber zerrannen wunderbar, sobald der Leichenzug in den Champs-Élysées anlangte." (Z. 36 ff.) Symbolik des Naturgeschehens: Hinweis auf Napoleon als „Sonnenkönig"	Symbolik des Wetters deutet auf die politische Problematik: Die Pracht des Zuges (dreimal „golden") als imperialer Traum steht gegen das Wetter als Zeichen der Unwirtlichkeit der Epoche.
Die Pariser Damen trotzen der Kälte und beweisen Ausdauer. Ein Seitenblick auf die Bevölkerung, kommentiert die Damen und den Schnupfen.	„Überreste jener Legionen" (Z. 45), „Invaliden der großen Armee" (Z. 50 f.), „Leidtragende" (Z. 49) schwanken einher „wie Karikaturen" (Z. 51). Der Berichterstatter kommentiert aus der Perspektive des persönlich Betroffenen.	„Die Menschen schauten so geisterhaft / In alter Erinnrung verloren" (V. 17 f.). Das Thema ist nicht mehr das Ereignis, sondern der historische Rückblick auf einen vergangenen Hoffnungsträger.
„Ungeheure Summen sind [...] verschwendet worden" (Z. 38 f.). Räsonnement über das berichtete Faktum	„Der Kaiser ist tot. Mit ihm starb der letzte Held" (Z. 54 f.). romantisierendes Resümee	„Ich weinte an jenem Tag" (V. 21). persönliches Bekenntnis zur französischen Perspektive auf Napoleon
sonderbare Einfälle bei der Vorbereitung und Organisation der Festlichkeit Der Korrespondent greift Fakten am Rand auf, um nicht auf die politische Bedeutung des Ereignisses eingehen zu müssen.	In Napoleons Sarg werden „alle Freuden, Leiden, glorreiche Irrtümer und gebrochene Hoffnungen" der Väter zu Grabe getragen (Z. 19 f.). Blick vom Bericht auf die „Lebensvorgänge" im Lande	„Der imperiale Märchentraum / War wieder heraufbeschworen." (V. 19 f.) Die Symbolik der Szene leitet über zum Thema der Erinnerung und der verlorenen Hoffnung auf Veränderung.

Heinrich Heine: Vorrede zur französischen Ausgabe der Lutetia (1851) – Literarische Berichterstattung ▶ S. 357

Als Heine seine Paris-Berichte für die „Augsburger Allgemeine Zeitung" verfasste, durfte er nicht als politischer Schriftsteller auftreten, sondern musste die politischen Botschaften an seine Leser anonym in Bildern von „Land und Leuten" verstecken. Als er diese Berichte (zusammen mit den zurückgewiesenen) als „Pariser Berichte aus der parlamentarischen Periode (1840–1843)" zusammenfasste und unter dem lateinischen Namen von Paris „Lutetia" dem deutschen Lesepublikum vorlegte, war bereits die Revolution von 1848 gescheitert, und die Vergangenheit erscheint ihm „wie ein Roman", der „zugleich ein historisches Aktenstück" ist (Werke 10, a. a. O., S. 961). Heine besorgte gleichzeitig eine französische Fassung, denn er war der Ansicht, dass das, was er über die Vergangenheit der Franzosen in Paris zu sagen hatte, gleichzeitig ein Blick in die notwendigerweise „demokratische" Zukunft Deutschlands und Frankreichs und den zu erwartenden „Weltkuddelmuddel" eröffnen würde.

1 Verfahren, die Heine wählte, um trotz Zensur sein journalistisches Anliegen zu verfolgen:
- „alle Fakta der Zeit [...] gleichsam wie in einem Weltarchiv einzuregistrieren" (Z. 6–10): Zusammenhänge sichtbar machen, z. B. zwischen einzelnen Ereignissen und historischen Gegebenheiten, ethnischen oder soziokulturellen Besonderheiten usw.; die Interessen der Weltmächte und der ökonomischen Verflechtungen aufzeigen;
- „was ich dachte und fühlte, in die Form des Faktums zu kleiden" (Z. 13 f.): die eigenen Ansichten als Verlautbarung oder als Meinungsäußerung Beteiligter vorstellen (vgl. Z. 14 f.), auch „Volkes Meinung" als zu berichtendes Allgemeinurteil im Sinne der eigenen Sicht einfärben;
- Dinge „indirekt" (Z. 23 f.) kundgeben;
- die Tonart der „Indifferenz" wählen (vgl. Z. 23): die geforderte Objektivität durch Unterdrückung von Gefühl vorgeben – oder kühl über Gefühle, die andere Beteiligte äußern, berichten;

378 C4 VOM VORMÄRZ ZUM POETISCHEN REALISMUS

- die „Einheit der Ansichten" (Z. 33) hinter der Fülle der Fakten: immer wieder auf Kernideen zurück-kommen, z. B. die Notwendigkeit demokratischer Entwicklung, die konstante Werthaltung des Bericht-erstatters, der Verweis auf die Menschenrechte.

▶ S. 358 **Weiterführende Aufgaben**

1 a In den Berichten über die Beisetzung Napoleons im Invalidendom gelingt die „Einordnung in das Welt-archiv" vor allem in Heines „Lutetia"-Bericht, indem Napoleon zum Repräsentanten einer Epoche ge-macht wird, deren Glanz verbleicht, die aber historisch bedeutsam ist für die Entwicklung in Frankreich und in Deutschland. Gedachtes als „Faktum" findet sich ebendort als Verhalten der Zuschauer und der Invaliden, ebenso der Bericht über die Gefühle des französischen Volkes. Die Einheit der Ansichten ist am deutlichsten in den Versen des „Wintermärchens" zu spüren: die Stimmung der Melancholie.

  b Eine persönliche Sicht der Fakten prägt vor allem das „Wintermärchen", wenn Heine seine eigenen auf Napoleon und Deutschland bezogenen Gedanken (sic transit gloria mundi = Vergänglichkeit des Ruhms) in seinen Bericht einbezieht.

2 Ein gutes Beispiel aus Börnes „Briefen aus Paris" ist dessen Brief vom 21. September 1830: Im Jahre 1822 hatte Börne in seinen „Schilderungen aus Paris" für Cottas „Morgenblatt für gebildete Stände" einen Essay über den Grève-Platz in Paris verfasst und darin das Pariser Volk anlässlich der Hinrichtung von vier Offizieren beschrieben, die wegen der Teilnahme an einer Verschwörung gegen den König zum Tode verurteilt waren. Er hatte dies zum Anlass genommen, die Korruption und das Spitzelwesen unter dem nach 1815 wieder installierten Regiment der Bourbonen zu kritisieren und den Freiheitswillen der Hinge-richteten zu loben (vgl. Ludwig Börne: Sämtliche Schriften. Hg. von I. und P. Rippmann. Bd. 2. Metzler, Stuttgart 1964, S. 34–39). 1830 schrieb er am 20. September über die Deutschen in Paris und erinnert sich an diese Hinrichtung, denn zu ihren Ehren sollte eine Prozession zum Grève-Platz veranstaltet werden (vgl. Sämtliche Schriften, Bd. 4, S. 1129). Der siebente Brief aus Paris schließlich (Sämtliche Werke, Bd. 3, S. 31–36) nimmt diese Prozession zum Anlass, um den Trauerzug zu beschreiben, der zu Ehren dieser Märtyrer der Freiheit veranstaltet wird. Er stellt – ähnlich wie Heine bei der Bestattung Napoleons – generelle Reflexionen an über geschichtliche Prozesse, über Macht und Ohnmacht des Volkes, über die List und Skrupellosigkeit der Herrschenden. Sein Zorn richtet sich einerseits gegen die „niederträchtige Feigheit des Volkes", das diese Hinrichtungen hingenommen hatte. Dann erzählt er von den Heldentaten der Studenten der Polytechnischen Schule während der Revolution von 1830, die hier die Brücke über die Seine stürmten und fielen. Er reflektiert über „Tugend, Entsagung, Aufopfrung", über Helden also, die „Zukunft zur Gegenwart machen". Die Schreibweise ist Heines „Lutetia"-Kapitel im Aufbau sehr ähnlich: Von den Fakten zu den Hintergründen zu den leitenden Ideen und wieder zurück zu den kleinen Ereignissen vor Ort führt er den Leser und registriert so jedes berichtete Faktum im „Welt-archiv" der Emanzipationsgeschichte des französischen (und vielleicht auch des deutschen) Volkes.

  Weiterführende Literatur
  - *Preisendanz, Wolfgang:* Der Funktionsübergang von Dichtung und Publizistik. In: ders.: Heinrich Heine, Werkstrukturen und Epochenbezüge. Fink, München 1973, S. 21–69
  - *Fischer, Bernhard:* Paris, London und anderswo. Zur Welterfahrung in Hermann Hauffs Morgenblatt der 1830er Jahre. In: Jahrbuch der Deutschen Schillergesellschaft LII (2008), S. 329–373

▶ S. 358 **III Ein „Reisebild" verfassen – Essayistisch schreiben**

1 Ein Reisebild ist eine Momentaufnahme. Die Fakten, die Erwähnung finden, schaffen zugleich Atmo-sphäre, indem sie vermischt sind mit subjektiven Reaktionen des Betrachters oder des Autors, der das Reisebild „malt". Im Gegensatz aber zur Landschaftsmalerei ist es dem Schriftsteller, der mit Worten und in der Zeit arbeitet, gestattet, Vor- und Rückblenden einzuschalten. Man „sieht" also in einem Reisebild oft etwas, was man im gegenwärtigen Augenblick gerade nicht „sieht", eben das, was war, und das, was kommen kann. Das Reisebild hat neben dem Faktischen immer weitere Themen: das „Image" der be-schriebenen Stadt, historische oder kulturelle oder mentalitätsmäßige Auffälligkeiten, ein besonderes Ereignis oder eine wichtige Persönlichkeit, um derentwillen dies Bild von dieser Reise entworfen wird. Auch Reflexionen und Reminiszenzen, die der Autor einflicht, weil sie ihm beim „Malen" seines Bildes durch den Kopf schießen, gehören zu dem „poetischen Beiwerk" des Reisebilds.

4.3 POETISCHER ODER BÜRGERLICHER REALISMUS

Ein Reisebild der spätsommerlichen Metropole schuf Kurt Tucholsky mit dem Text „Das verzauberte Paris" (1927). Darin geht er von der einfachen, aber verblüffenden Feststellung aus: Paris im August, das ist eine Stadt dieses Namens, aber das ist nicht Paris, wie wir es uns vorstellen: Weltstadt, Lichtstadt, Stadt urbanen Lebens (vgl. Kurt Tucholsky: Gesammelte Werke. Hg. von Mary Tucholsky und Fritz J. Raddatz. Bd. V. Rowohlt, Reinbek 1976, S. 291–293).

Projektvorschläge ▶ S. 359

Als Beispiel für ein Reisebild aus Paris eignet sich der Anfang von Rainer Maria Rilkes Roman „Die Aufzeichnungen des Malte Laurids Brigge" (S. 393 im Schülerband). Daran lässt sich besonders gut beobachten, wie das „Allgemeine" (eben das Bild der Stadt und der Bewohner, das der Schreiber empfindet und für seine Leser entwirft) mit „Speziellem" (also beiläufigen Ereignissen, die die Erlebnisse des ersten Tages in Paris ausmachen) verknüpft ist.

◎ Weiterführendes Material zu diesem Teilkapitel findet sich auf der beiliegenden CD:
- Letzte Ruhestätte Heines

4.3 Poetischer oder bürgerlicher Realismus

Theodor Fontane: **Was verstehen wir unter Realismus?** (1853) ▶ S. 360

1 a Aspekte von Mimesis und Poiesis in Fontanes Realismus-Konzept – Vorschlag für ein Tafelbild:

Mimesis	Poiesis
Widerspiegelung alles wirklichen Lebens (Z. 19/20)	im Elemente der Kunst (Z. 21)
Schlüsselwörter: • das „volle Menschenleben" als Stoff (Z. 13, 17) • nicht bloß Sinnenwelt, sondern auch Gedanken und Gefühle (Innenwelt) (Z. 25–30) • Vermeidung von Misere, d. h. von nackter Wiedergabe des Elends und der Schattenseiten des Lebens (Z. 2–8)	Schlüsselwörter: • Läuterung (Z. 10) • künstlerischer Zugriff auf den Stoff (Z. 15 f.)
Ziel: das Wahre (Z. 32)	

b Die Definitionsversuche des Begriffs „poetischer Realismus" könnten in etwa auf folgenden Text hinauslaufen:
Ziel des bürgerlichen oder poetischen Realismus ist das Wahre. Gemeint ist damit die Nachahmung der Wirklichkeit, aber in künstlerischer Gestaltung. Die Wirklichkeit in ihrer ganzen Fülle, sowohl die mit den Sinnen wahrnehmbare Außenwelt als auch die Innenwelt der Gedanken und Gefühle, wird als Stoff aufgegriffen und vom Künstler bearbeitet und geformt. Das Wahre entsteht vor allem nicht durch die nackte Wiedergabe von Elend und den Schattenseiten des Lebens. Die bloße Wirklichkeit bedarf der Läuterung im Prozess der künstlerischen Bearbeitung, womit die Befreiung von den Schlacken des Groben, Rohen, Hässlichen gemeint ist.

2 Menzels großformatiges Gemälde **„Das Eisenwalzwerk (Moderne Cyklopen)"** entspricht im Wesentlichen dem Realismusverständnis seines Zeitgenossen Fontane. Nach Fontane kann die ganze Fülle der Wirklichkeit Gegenstand der Kunst werden und so greift Menzel einen für seine Zeit neuen, wichtigen Bereich heraus, auf den sich die Kunst vorher, zumal die klassizistische und romantische Kunst, nicht eingelassen hatte, die industrielle Arbeitswelt. Er fährt in das oberschlesische Industriegebiet und fertigt in einem Schienenwalzwerk eine Sammlung von Hunderten von Zeichnungen an, die er, zurück in Berlin, in einer Eisengießerei noch erweitert. Allerdings geht es ihm, wie dann sein Gemälde zeigt, nicht darum, die schrecklichen Arbeitsbedingungen und das Elend der Arbeiter zu zeigen, ganz im Sinne von Fontanes Ablehnung der Misere-Malerei. Vielmehr unterzieht Menzel seinen Wirklichkeitsausschnitt einer läuternden, künstlerischen Gestaltung, in der trotz der Fülle an Details, die auf den ersten Blick chaotisch wirken mag, nichts dem blinden Zufall, wie er in der Realität walten mag, überlassen bleibt.
Der Stoff der Wirklichkeit wird in einer Komposition künstlerisch angeordnet. Deutlich ist eine horizontale Gliederung zu erkennen. Der obere Teil wird von einer rauchigen Atmosphäre und bläulichem Tageslicht bestimmt; ein perspektivisch angeordnetes Gestänge unterteilt den Raum, in dem der Bogen eines

380 C4 VOM VORMÄRZ ZUM POETISCHEN REALISMUS

Schwungrades als geometrischer Kontrast zu den geraden Linien des Gestänges einen Blickfang bietet. Der untere Teil kontrastiert mit dem oberen durch das auf den ersten Blick ungeordnete Figurengewimmel und durch die Hell-Dunkel-Effekte in der Farbgebung (Gelb- und Rottöne der Glut, schwarze Gestalten). Bei genauerem Hinsehen lässt sich aber noch eine vertikale Dreiteilung des unteren Bildteils erkennen: links eine vom Feuer abgewandte Gruppe von Arbeitern, abgetrennt davon durch eine schmale Schneise das Zentrum des Bildes mit den Arbeitern, die sich dem glühenden Eisen zuwenden, und rechts eine hauptsächlich ins Dunkle gehüllte Gruppe von Arbeitern bei einer Essenspause. Insgesamt wird die eher düstere, schmutzige Atmosphäre der Wirklichkeit einer Fabrikhalle in ein ästhetisch reizvolles Spiel von geometrischen Formen, Farben, Licht und Schatten überführt, eine künstlerische Läuterung im Sinne Fontanes ist erfolgt.

Dass es sich hier nicht um die von Fontane verworfene Misere-Malerei handelt, hebt noch einmal ganz deutlich der Untertitel „Moderne Cyklopen" hervor, der allerdings nicht von Menzel stammt. Die Arbeiter werden mit dem Bereich des Mythos in Verbindung gebracht und damit heroisiert. Das Wahre, das Fontane als Ziel des Realismus proklamiert, kann man hier darin sehen, dass die Realität der modernen Fabrikhallen detailgenau wahrgenommen wird, dass sie aber durch die künstlerische Gestaltung als wichtiger Bereich der Lebenswirklichkeit der Zeit in ihrer Bedeutung gewürdigt wird.

3 In der weiteren Beschäftigung mit **Adolph Menzel** und seinem Werk sollte die Ambivalenz, die Leben und Künstlerkarriere des Malers prägen, deutlich werden. Er gleicht darin vielen Künstlern der Epoche, unter anderem auch Fontane, mit dem er in der bürgerlich-fortschrittlichen literarischen Gesellschaft „Tunnel über der Spree" zusammentraf. Einerseits führte Menzel ein bürgerlich-repräsentatives Leben und galt mit seinen vielen Historienbildern aus der preußischen Geschichte als eine Art Hofmaler der Hohenzollern (Beispiel: „Abreise König Wilhelms I", S. 336 im Schülerband), andererseits war er ein Maler, der sich der Realität des modernen Lebens zuwandte (Beispiel: „Eisenwalzwerk") und der vom Adel dominierten preußischen Gesellschaft durchaus kritisch gegenüberstand. Menzels Biografie, seine Auffassungen und sein Werk können durchaus als Anschauungsmaterial für vieles dienen, was im Epochenüberblick auf S. 367 f. im Schülerband zusammengefasst ist.

Milieus und Figuren – Merkmale realistischen Erzählens

▶ S. 361 **Wilhelm Raabe: Der Hungerpastor** (1864) – Antrittsbesuch des Hauslehrers

▶ S. 363 **Theodor Fontane: Frau Jenny Treibel** (1893) – Die Kommerzienrätin besucht ihr Elternhaus

Die Schülerinnen und Schüler werden dazu angeleitet, sich in drei Schritten ein Textverständnis zu erarbeiten.

1 a Zunächst erhalten sie die Gelegenheit, ihr erstes, subjektives Leseverständnis zu artikulieren und sich darüber auszutauschen. Dabei könnten Übereinstimmungen in den beiden Texten entdeckt werden: Beide führen den Leser in ein Milieu, in dem Standesunterschiede eine wichtige Rolle spielen. Wohnung, Lage und Umgebung der Wohnung sowie Lebensstil lassen diese Standesunterschiede deutlich hervortreten. In beiden Texten handelt es sich um Besuchssituationen, in denen Figuren unterschiedlichen Standes zusammentreffen. Die Protagonisten Hans Unwirsch und Jenny Treibel stammen aus so genannten kleinen Verhältnissen und steigen auf, Unwirsch durch Bildung, Jenny durch Heirat. Da diese Standes- und Milieufragen offenbar im Zentrum des Erzählens stehen, handelt es sich bei beiden Texten um Auszüge aus Werken der Gattung Gesellschaftsroman.

b In einem zweiten Schritt können die Schülerinnen und Schüler ihr Erstverständnis modifizieren, erweitern und vertiefen, indem sie sich in Kleingruppen in einem ganzheitlich angelegten Interpretationsverfahren (Standbilder) zumindest mit einem der Texte intensiver auseinandersetzen.

2 a Im dritten Schritt sollte dann die Abarbeitung des subjektiven Verständnisses am Text durch eine möglichst genaue Analyse geleistet werden. Eine Übersicht könnte z. B. so aussehen:

4.3 POETISCHER ODER BÜRGERLICHER REALISMUS **381**

	„Der Hungerpastor"	„Frau Jenny Treibel"
Handlungsverlauf und inhaltlicher Aufbau	▪ Ankunft Unwirschs an der Villa des Geheimen Rates; Darstellung des Viertels und des Eingangsbereichs des Hauses	▪ Ankunft der Kommerzienrätin Treibel mit ihrer Gesellschafterin vor dem Haus, dem ihr Besuch gilt; Lokalisierung des Hauses und Hinweis auf sein Aussehen
	▪ Zusammentreffen mit dem Geheimen Rat in dessen Arbeitszimmer	▪ Eintritt in das Treppenhaus, dessen Aussehen und Atmosphäre
	▪ Zusammentreffen mit der Herrin des Hauses in deren prachtvollem Salon	▪ Erinnerung der Protagonistin an ihre Kindheit und Jugendzeit in einem Kramladen in derselben Straße
	▪ Begegnung mit dem verzogenen siebenjährigen Sohn des Hauses und Einweisung Unwirschs in seine Aufgaben als Hauslehrer	▪ Besuch in der Wohnung eines befreundeten Professors, Zusammentreffen mit dessen Tochter
Situationsentwurf	▪ keine genauen Daten zur zeitlichen Einordnung	▪ keine genauen Daten zur zeitlichen Einordnung
	▪ Ort: vornehmes Viertel in einer größeren Stadt; Räume in einer Villa dieses Viertels	▪ Ort: Platz- und Straßennamen aus Berlin; die Adlerstraße gehört nicht zu den vornehmen Vierteln; altmodisches, wenig schönes Mehrparteienmietshaus
	▪ Atmosphäre: Vornehmheit, Reichtum, Eleganz, feierliche Würde	▪ Atmosphäre: dunkles, leicht schäbiges Treppenhaus; Gemisch aus Küchengeruch und Seifendunst; Bescheidenheit einer Mietwohnung
	▪ Milieu: großbürgerlich-adlig	▪ Milieu: kleinbürgerlich
Figuren	▪ Protagonist: durch Theologiestudium zum Hauslehrer aufgestiegen; Verwirrtheit, Unsicherheit, Befangenheit und beflissene Unterwürfigkeit im Haus seiner Arbeitgeber ▪ Geheimer Rat Götz: schwarzgekleidete, lange, dürre Gestalt; ernst und zugeknöpft; Aktenmensch; wirkt wie von einem künstlichen Mechanismus angetrieben; steht unter der Fuchtel seiner adligen Frau ▪ die Herrin des Hauses: schwarzgekleidete, stattliche Dame; ernstes, feierliches, gravitätisches Verhalten; dominant; frömmelnd; arrogant; lässt ihrem verzogenen Sohn alle Unarten durchgehen; schlechtes Verhältnis zu ihrer selbstbewussten, humorvollen und offenbar freigeistigen Tochter ▪ Aimé: siebenjähriger Sohn des Hauses mit aggressivem, unerträglichem Benehmen; völlig verzogen und von der Mutter verhätschelt	▪ Protagonistin: korpulente Dame, die mit ihren gut 50 Jahren noch sehr gut aussieht; führt ein luxuriöses Leben; ist durch Heirat von einer Krämerstochter zur Kommerzienrätin aufgestiegen; erinnert sich nicht ohne Wehmut an ihre kleinbürgerliche Kindheit und Jugend; hält Freundschaft zu dem unter ihrem Stand befindlichen Professor Schmidt und dessen Tochter ▪ Corinna: Tochter des Professors; gebildet, kommt aus der Philharmonie; betrachtet die Kommerzienrätin als mütterliche Freundin ▪ Nebenfiguren wie Gesellschafterin der Kommerzienrätin und Frau Schmolke, Wirtschafterin des Professors
	▪ Verhältnis der Personen zueinander und ihr Verhalten werden ganz stark von ihrem Standesbewusstsein bestimmt	▪ Verhalten der Figuren und ihr Verhältnis zu anderen werden auch hier von ihrem Standesbewusstsein bestimmt, dieses erscheint aber weniger ausgeprägt

	„Der Hungerpastor"	„Frau Jenny Treibel"
Erzählperspektive und Erzählhaltung	▪ auktoriales Erzählen in der Er-Form eines distanziert über der Szene schwebenden, genau beobachtenden Erzählers mit Überblick	▪ auktoriales Erzählen in der Er-Form eines distanziert über der Szene schwebenden, genau beobachtenden Erzählers mit Überblick
	▪ Vorherrschen des Erzählberichts, von der Perspektive der Außensicht bestimmt	▪ Vorherrschen des Erzählberichts, Außensicht von längerer Passage der Innensicht (Erinnerung Jennys, Z. 51–72) unterbrochen, größere Nähe zur Hauptfigur
	▪ Erzähler bezieht direkt charakterisierend und wertend Stellung	▪ Erzähler bezieht direkt charakterisierend und wertend Stellung
	▪ eingestreute Figurenreden als Mittel indirekter Charakterisierung (Selbstentlarvung)	▪ Figurenrede als Dialog in authentischer Sprache (szenisches Erzählen)
	▪ Erzählhaltung von ironisch-kritischer Distanz zu Figuren und Vorgängen geprägt; Tendenz zu satirischer Karikierung	▪ Erzählhaltung eher neutral mit Tendenz zu humorvoll-ironischem Unterton (Erinnerung Jennys, Beschreibung der Wirtschafterin, Z. 84–91)

b   In beiden Romanauszügen lassen sich Elemente des poetischen Realismus erkennen. Es wird ein Stück zeitgenössischer Wirklichkeit detailgenau und atmosphärisch dicht widergespiegelt. Dieses wird aber nicht „nackt" (vgl. Fontanes Theorietext, S. 360 im Schülerband, Z. 2), also in einer um bloße Exaktheit bemühten Eins-zu-eins-Abbildung wiedergegeben, zumal nicht die hässlichen und abstoßenden Seiten. Vielmehr findet durch die ordnende, von einer bestimmten Intention und einem bestimmten Stilwillen geleitete Hand des Künstlers eine Bearbeitung statt. Hier geschieht das durch das auktoriale Erzählen, das eine bestimmte Erzählerfigur mit ihren Fokussierungen auf bestimmte Szenen und Figuren, ihrer Perspektivik, ihrer Haltung zu der erzählten Welt erkennbar werden lässt. In beiden Fällen ist diese Haltung und damit die Gestaltung des Wirklichkeitsstoffs von Humor und Ironie geprägt, bei Raabe in einer schärferen, an die Satire grenzenden Form, bei Fontane in einer milderen, den Figuren liebevoller zugewandten Spielart.

3   Das Umschreiben aus einer anderen Erzählhaltung heraus dient dazu, durch die Abweichung vom Original dessen besondere Form in der erzählerischen Gestaltung umso klarer hervortreten zu lassen. Es ergänzt und vertieft also die in den ersten Aufgaben geforderte analytische Arbeit am Text. Denkbar ist hier die Wahl einer neutralen Erzählhaltung, die stärker auf ein sachliches Referieren aus ist, oder eine von noch schärferer Kritik geprägte Erzählhaltung.

4   Hauptkriterien für die Exposés, in denen die Schülerinnen und Schüler ihre Vorstellungen von der weiteren Geschichte Hans Unwirschs skizzieren, sind:
   ▪ ob sie wichtige Handlungsmomente aufgreifen und weiterführen (die Befangenheit Unwirschs in dem ihm fremden Milieu und das Verhältnis zu dem livrierten Hausdiener; die Beziehung zu der offenbar freigeistigen, in einer gewissen Opposition zum Elternhaus stehenden Kleophea; das Verhältnis zu dem gravitätisch-steifen Geheimen Rat und seiner dominanten Frau, der bigotten Haustyrannin; das Verhältnis zu seinem völlig verzogenen Schüler; das weitere Schicksal Unwirschs vor diesem Hintergrund);
   ▪ ob der weitere Weg der Figuren stringent und ohne irritierende Brüche in ihrem Charakter fortgesetzt wird.

Eine bürgerliche Familienkatastrophe – Drama des Realismus

▶ S. 365   Friedrich Hebbel: **Maria Magdalene** (1844)

1   Ein Beispiel für eine tabellarische Übersicht über Gesprächsverlauf und Gesprächsverhalten in den beiden Auszügen bietet S. 383.

4.3 POETISCHER ODER BÜRGERLICHER REALISMUS

Auszug aus II/1: Gespräch Klaras mit ihrem Vater, Meister Anton	
Gesprächsverlauf	**Gesprächsverhalten**
Z. 1 — Klara versucht ihren Vater zu beruhigen	respektvolle Anrede in der dritten Person
Z. 2–4 — Zurückweisung von Klaras Beruhigungsversuchen	führt auf ironisch-aggressive Weise Klaras Beruhigung ad absurdum
Z. 4–10 — Ermahnung an Klara, wie ihre Mutter tugendhaft zu bleiben	im Imperativ formulierte Aufforderung
Z. 10–23 — erpresserische Drohung mit Selbstmord, wenn Klara in Schande fällt	malt seinen Selbstmord mit brutaler Anschaulichkeit aus, unterstreicht die Ernsthaftigkeit der Drohung durch einen Schwur
Z. 23–26 — Anton begründet seine Drohung mit seiner Lebensmaxime: Ehre bewahren	apodiktische Selbstaussage

Auszug aus III/2 und III/4: Gespräch Klaras mit ihrem Exverlobten Leonhard	
Gesprächsverlauf	**Gesprächsverhalten**
Z. 1–3 — Klaras Aufforderung, sie zu heiraten	Drohung und Schwur des Vaters als entscheidendes Motiv an den Anfang gestellt; Aufforderung in krasser Direktheit und Offenheit
Z. 4–11 — Leonhard fragt nach einem von Herzen kommenden Liebesbekenntnis.	Leonhard weist Klaras Forderung zurück, indem er in einer Kette von bloß rhetorischen Fragen in verlogener Weise einen aufrichtigen Liebesschwur von ihr verlangt.
Z. 12–42 — Klara kann den Liebesschwur nicht leisten, unterstreicht jedoch die wiederholte Aufforderung, sie zu heiraten, durch das Versprechen totaler Unterwerfung (sklavenhaftes Dasein im Dienst Leonhards und baldiger Tod); sie verdeutlicht damit ihr Bild von Leonhard.	Klara wiederholt ihre im Imperativ vorgebrachte Aufforderung (Z. 34); sie malt die Selbstauslöschung ihrer Person im Dienst Leonhards in krasser Deutlichkeit und Detailgenauigkeit aus.
Z. 43–45 — Leonhards Zurückweisung der Forderung	Leonhard kleidet seine Ablehnung in eine rhetorische Frage in allgemeiner Form.
Z. 46–62 — Selbstmorddrohung Klaras und deren Begründung: nicht Angst vor Schande, sondern Verantwortung für den Selbstmord des Vaters	Auf Leonhards Ablehnung hin verdeutlicht Klara ihre Situation im Hinblick auf die religiöse Dimension: Sie kann ihre Schande als Strafe ertragen, aber nicht Verantwortung für den Tod des Vaters beim Jüngsten Gericht auf sich laden.
Z. 63–75 — Leonhard entzieht sich seiner Verantwortung, indem er die Situation als etwas ganz Alltägliches bagatellisiert.	Zynisch stellt Leonhard Klaras Schicksal als einen Fall von Tausenden dar; Antons Drohung nimmt er unter Verweis auf das Verhalten anderer nicht ernst.
Z. 76–78 — Klara zeigt ihre Verachtung für Leonhards moralische Schwäche.	emphatischer Ausruf als Ausdruck ihrer Verachtung
Z. 80–98 — Leonhards endgültige Zurückweisung von Klaras Forderung und seine auf Recht und Gesetz gestützte Begründung	Herablassende, verlogen selbstgerechte Redeweise Leonhards, der moralisches Recht und das Gesetz für sich in Anspruch nimmt; am Ende wird in dem Hinweis auf eine neue Liaison, die seiner Karriere nützlich ist, seine moralische Verwerflichkeit und Verlogenheit (Z. 94 f.) besonders deutlich.

384 C4 VOM VORMÄRZ ZUM POETISCHEN REALISMUS

2 a **Klaras äußere Situation:** Elternhaus im Handwerkermilieu – hilft der Mutter im Haushalt – Heirat als vorgezeichnetes Lebensschicksal – verlobt mit dem Schreiber Leonhard, der in ihr eine gute Partie sieht – voreheliche Schwangerschaft, da sie auf Leonhards ernsthafte Absichten vertraut und seinem Drängen nachgegeben hat – Tod der Mutter auf Grund der Verhaftung von Klaras Bruder, die sich später als unrechtmäßig herausstellt – wachsende Verantwortung für die Haushaltsführung und für die Bewahrung der Familienehre – einzige Stütze ihres Vaters – Aufkündigung der Verlobung durch Leonhard, der aus Berechnung nicht bereit ist, diese Aufkündigung zurückzunehmen und Klara zu heiraten.
Klaras innere Situation: Klara ist durch ihre voreheliche Schwangerschaft und den Schwur ihres Vaters, sich umzubringen, wenn auch sie Schande über die Familie bringt, in eine innere Notlage geraten, aus der es in ihren Augen nur einen Ausweg gibt: Leonhard muss sie heiraten, aus welchen Gründen und unter welchen Bedingungen auch immer. Dann würde ihr Kind ehelich geboren und ihr moralischer Fehltritt bliebe verborgen. Ihr Vater hätte keinen Grund, seinen schrecklichen Schwur einzulösen. Als Leonhard das ablehnt, wird die Situation für sie ausweglos. Klaras Bewusstsein wird von den Normen der kirchlichen Morallehre und den gesellschaftlichen Wertvorstellungen und Konventionen ihres kleinbürgerlichen Milieus bestimmt. Voreheliche Schwangerschaft bedeutet Sünde, vor allem aber Schande für die Familie des Mädchens. Für Klaras Vater gilt die Familienehre – und das ist in erster Linie seine Ehre – als das höchste Gut. Ihr Verlust bedeutet gesellschaftliche Ächtung, auch materielle Nachteile, z. B. fehlende Heirats- und Versorgungschancen für die Tochter. An der Einhaltung des Schwurs durch ihren Vater, der ein Ehrenmann ist, zweifelt Klara nicht, wodurch sie für den Tod des Vaters verantwortlich wäre. Das jedoch wäre eine der schwersten Sünden, da der Vater nächst Gott die höchste Autorität in ihrem Leben darstellt.

b Die Kommentare der Schülerinnen und Schüler werden in der Verteilung der Schuld unterschiedliche Gewichtungen vornehmen, die im Unterrichtsgespräch zu vergleichen und abzuwägen sind. Folgende Aspekte könnten u. a. berücksichtigt werden:
Individuelle Schuld:
- das Verhalten Leonhards, der aus kalter Berechnung handelt, sich hinter formalem Recht verschanzt, auf gesellschaftliche Gepflogenheiten verweist und keine persönliche Verantwortung übernimmt;
- das Verhalten Meister Antons, der seinen starren Ehrbegriff zu seiner Lebensgrundlage und seinem Erziehungsgrundsatz macht und Klara mit seiner Selbstmorddrohung in eine Zwangslage bringt;
- das Verhalten Klaras, die sich mit Leonhard einlässt, ohne ihn wirklich zu lieben.
Gesellschaftliche Zwänge:
- die kleinbürgerliche Umwelt, die sich rigoros an ihre patriarchalisch geprägten Konventionen hält und Verstöße dagegen brutal sanktioniert (Meister Anton und Klara als Opfer?);
- der rigide Moralkodex der christlichen Kirchen, der die kleinbürgerliche Gesellschaft prägt.

3 Hier dienen die Standbilder dazu, die in der Textanalyse erarbeiteten Interpretationsergebnisse zu veranschaulichen und den kognitiven Zugang zu einem Textverständnis zu erweitern.

4 Hauptkriterium für die Entwürfe zur Fortsetzung des Stücks ist die Plausibilität im Rückbezug auf die Anlage des Konflikts und auf die Charakterzeichnung der Figuren in den Auszügen aus Hebbels Drama.

5 Friedrich Hebbel griff die Tradition des bürgerlichen Trauerspiels aus der Epoche der Aufklärung und des Sturm und Drang auf und fügte mit seiner „Maria Magdalene" dieser Gattung ein letztes Beispiel an. Er griff in der Konfliktanlage und im Figurenarsenal auf die Vorbilder vom Ende des 18. Jahrhunderts zurück, wich in einigen Aspekten aber auch davon ab. Das notwendige Vergleichsmaterial finden die Schülerinnen und Schüler in der „Literaturstation: Bürgerliches Trauerspiel" mit Auszügen aus Schillers „Kabale und Liebe" und Lessings „Emilia Galotti" (S. 281 ff. im Schülerband). Herangezogen werden kann auch die Gretchentragödie aus Goethes „Faust", die ebenfalls Züge des bürgerlichen Trauerspiels aufweist (vgl. die „Literaturstation: Johann Wolfgang Goethes ‚Faust I'", S. 312 ff. im Schülerband).
Figuren und ihre Konstellation: Gemeinsames Kennzeichen aller bürgerlichen Trauerspiele ist, dass ihre tragischen Opfer junge Frauen sind (Emilia, Luise, Gretchen, Klara), die an der patriarchalisch geprägten Gesellschaft zu Grunde gehen. Auch weist das Figurengeflecht, in dem sie stehen, starke Übereinstimmungen auf: Sie sind Mitglieder von Kleinfamilien, die von bürgerlichen Moralvorstellungen geprägt sind (auch wenn Emilias Familie zum Landadel gehört). Sie leben im Haus der Eltern und helfen der Mutter, die Hauswirtschaft zu führen. Erwartet wird von ihnen die Heirat eines geeigneten Brautwerbers und ein Leben nach dem Vorbild der Mutter. Dominante Bezugsperson ist aber nicht die Mutter, sondern der Vater, das Oberhaupt der Familie, das nach Gott die höchste Autorität darstellt. Der Vater

LITERATURSTATION: THEODOR FONTANES „EFFI BRIEST"

versorgt die Familie und wacht über ihre Ehre, dafür schuldet sie ihm Gehorsam, Liebe und Verehrung. Dies wird in besonderem Maße von den Töchtern erwartet. Gretchen bildet hier eine Ausnahme, da der Vater gestorben ist. Meister Anton, der Musikus Miller und Odoardo Galotti unterscheiden sich in ihrem Selbstverständnis, ihren Idealen und Erziehungsprinzipien grundsätzlich nicht, lediglich in der Art, wie sie diese Prinzipien durchsetzen. Klara, Luise und Emilia sind nicht zuletzt Opfer ihrer Väter, auch wenn die emotionalen Beziehungen in den drei Fällen variieren.

Konfliktgestaltung: Kern des Konflikts ist in allen bürgerlichen Trauerspielen der Zusammenstoß von Liebe und Sexualität auf der einen Seite und bürgerlicher Moral bzw. gesellschaftlichen Zwängen auf der anderen. Dabei ist die Bindung an die Moral nicht nur ein äußerer Zwang, sondern sie ist von den Protagonistinnen tief verinnerlicht durch ihren Glauben an die Lehren der Kirche und durch die Liebe zum Vater, dessen Ehre und damit verbunden dessen Lebensgrundlage auf dem Spiel stehen. In der Ausführung dieses Grundkonflikts unterscheiden sich die Stücke. In „Kabale und Liebe", in „Emilia Galotti" und auch in „Faust" spielen Standesunterschied und Standeskonflikt eine wesentliche Rolle in der Liebestragödie, wenn auch auf unterschiedliche Weise. In „Maria Magdalene" ist die Tragödie ganz in das Milieu des Kleinbürgertums verlagert. Der Aspekt einer Kritik am amoralischen Adel, der bei Lessing und Schiller von großer Bedeutung ist, spielt hier keine Rolle. Dort sind die bürgerlichen Mädchen auch Opfer des lasterhaften Adels und nicht nur ihrer Väter bzw. der von ihnen verkörperten bürgerlichen Moral wie in Hebbels Drama.

Sprache: Die Sprache in den bürgerlichen Trauerspielen des 18. Jahrhunderts ist stärker von Emotionen geprägt, wirkt gefühlvoller, bewegter, poetischer. In Hebbels Stück erscheint die Sprache kälter, härter, zum Teil von brutaler Direktheit.

6 Die Diskussion, inwieweit die Definitionen des bürgerlichen oder poetischen Realismus (S. 368 f. im Schülerband) auf Hebbels „Maria Magdalene" zutreffen, könnte von der Frage ausgehen, ob im Zentrum von Hebbels Tragödie die „gesellschaftlichen Verhältnisse" (vgl. den Epochenüberblick S. 368) stehen, ob diese also der Hauptgrund für Klaras Untergang sind, oder ob nicht doch die charakterlichen Defizite einzelner Individuen, wie zum Beispiel Leonhards kalt berechnende und verantwortungslose Haltung oder Meister Antons unmenschlich starres Beharren auf seinem Ehrbegriff, in erster Linie dafür verantwortlich sind. Weiterhin könnte diskutiert werden, ob Hebbels drastische Darstellung als eine „poetisch-verklärende Bearbeitung der Wirklichkeit" (ebd., S. 369) bezeichnet werden kann. Von den Charakteristika der epischen Werke des poetischen Realismus scheint sein Realismus doch ein gutes Stück entfernt zu sein.

Weiterführendes Material zu diesem Teilkapitel findet sich auf der beiliegenden CD:
- *Gottfried Keller:* Romeo und Julia auf dem Dorfe (1856)
- *Theodor Fontane:* Michel Protzen (1862)
- Epochenüberblick: Poetischer oder bürgerlicher Realismus (ca. 1850–1890) (Folie)

Literaturstation: Roman des bürgerlichen Realismus – Theodor Fontanes „Effi Briest"

I Else und Effi: Ehebruch im 19. Jahrhundert – Realität und Fiktion   ▶ S. 370

Manfred Franke: **Leben und Roman der Elisabeth von Ardenne. Fontanes „Effi Briest"** (1994)   ▶ S. 371

1 Deutliche Parallelen zwischen Fontanes Roman und der Biografie der Else von Plotho, spätere von Ardenne, zeigen sich in Handlungsort, Herkunft und Milieu. Hier wie dort wächst die Protagonistin auf einem Rittergut mit dörflicher Umgebung in einer preußischen Provinz auf. Effi und Else, deren Namen schon gewisse Ähnlichkeiten aufweisen, gehören also in die Welt des preußischen Landadels. Übereinstimmungen zeigen sich auch in Grundzügen des Charakters: Beide sind gekennzeichnet durch ihr lebhaftes Temperament, ihr unkonventionelles Verhalten und ihre Tendenz zu einer gewissen Wildheit und Freiheitsliebe. Beider Erziehung erfolgt mit viel Wohlwollen und Freundlichkeit, ohne strenge Beachtung der Etikette. Ihre Freunde finden sie in der Dorfjugend.

Dennoch lässt Fontanes Erzählung Änderungen gegenüber seinem Vorbild in der Realität erkennen: Effi ist Einzelkind, rückt also stärker in den Mittelpunkt des Interesses ihrer familiären Umwelt. Auch genießt sie nicht ganz so große Freiräume wie Else, sie treibt sich nicht mit den Jungen aus dem Dorf herum und hütet nicht mit ihnen die Kühe. Ihre Bekanntschaft besteht immerhin aus den Töchtern der Dorfhonoratioren. Doch zieht auch Elses Mutter, als ihre Tochter älter wird, die Zügel an (Z. 40). Das Interesse Effis und ihrer Freundinnen richtet sich auf Liebesgeschichten, womit der Erzähler in Fontanes Roman gleich zu Beginn auf das Hauptthema hinleitet.

386   C4 VOM VORMÄRZ ZUM POETISCHEN REALISMUS

2 Die Recherche des Begriffs „viktorianische Zeit" soll dazu dienen, Hintergrundwissen zu dem von Prüderie geprägten Verhalten von Elses Mutter zu liefern, die sich weigert, ihrer Tochter Gründe und Erklärungen für ihre Verbote zu nennen, wenn es um den Umgang mit den Hütejungen geht (Z. 36 ff.).

▶ S. 372 **Überblick „Ardenne-Affäre" – „Effi Briest"**

1 Fontanes Änderungsprinzipien kann man als Konzentration und Verdichtung sowie Zuspitzung und Dramatisierung bezeichnen.

- Konzentration und Verdichtung: Vor Effis Heirat gibt es keine lange Werbungs- und Verlobungszeit; nicht nach zehn, sondern anderthalb Ehejahren erfolgt Effis Ehebruch. Effi stirbt mit 30 und nicht mit 99 Jahren.
- Zuspitzung und Dramatisierung: Der Grund für das Duell und die Scheidung ist in „Effi Briest" eine kurze, längst zurückliegende Affäre, was die Katastrophe als besonders sinnlos erscheinen lässt. Der Ehemann sucht hier nicht nach belastenden Zeugnissen während der Affäre, deren er seine Frau verdächtigt, sondern entdeckt sie zufällig, als die Affäre längst beendet ist, von der er nie etwas geahnt hat. Effi zerbricht an ihrem Schicksal und stirbt, während Else ein neues Leben beginnt und 99 Jahre alt wird. Ardenne heiratet erneut und macht weiter Karriere, während Innstetten alle Lebensfreude verliert, sich als Gescheiterter fühlt und allein bleibt.

In diesen Prinzipien zeigt sich die künstlerische Bearbeitung des Stoffs aus der Wirklichkeit, die Fontane in der Darstellung seines Realismuskonzepts (vgl. S. 360 im Schülerband) fordert. Er arbeitet damit das Wahre im Sinne seiner Intention heraus, nämlich die Macht der gesellschaftlichen Normen und Konventionen zu zeigen, deren bemitleidenswerte Opfer Effi und letztlich auch Innstetten sind.

2 Den Schülerinnen und Schülern sollte die Problematik einer Gleichsetzung von realer Person und Romanfigur, wie sie die Titel der beiden Biografien vornehmen, deutlich werden. Hat nicht Fontane trotz aller Parallelen in den Lebensumständen und im Charakter der beiden Frauen mit Effi eine eigene, fiktionale Figur geschaffen, die sich vor allem in ihrem Schicksal in markanter Weise von Elisabeth von Ardenne unterscheidet (vgl. Aufgabe 1)? War es seine Intention, einen Schlüsselroman zu schreiben, in dem es um eine literarisch verbrämte Aufdeckung der Skandalgeschichte im Hause Ardenne geht? Oder greift er nicht doch eher nur Elemente der skandalösen Vorkommnisse und Züge ihrer weiblichen Mittelpunktfigur auf, formt sie aber so um, dass durch Verdichtung und Zuspitzung eine über den Einzelfall hinausgreifende, tragische Geschichte entsteht, die auf Mitleid erregende Weise ein gesellschaftliches Problem thematisiert?

3 Die Aufgabe – der Vergleich von Aufbau und Darbietungsform der Biografien von Budjuhn und Franke sowie ihr jeweiliger Bezug zu Fontanes „Effi Briest" – eignet sich besonders für ein Referat in Partnerarbeit oder eine Facharbeit. Frankes Buch ist eine von wissenschaftlichem Stil geprägte Lebensbeschreibung, die ausführlich Quellen (Aufzeichnungen Elses, Briefe der an der Affäre Beteiligten) zitiert und kommentiert. Budjuhns Buch hat stärker narrativen Charakter, seine Biografie hat dabei romanhafte Züge, da er immer wieder fiktive Dialoge einfügt.

Die Schuldfrage im Roman und das gesellschaftliche Bewusstsein

▶ S. 373 **Friedrich Carl von Savigny: Zur Strafbarkeit des Ehebruchs beider Geschlechter** (1848)

1 a Argumentationsstruktur:
1. Formulierung des juristischen Problems bzw. der Ausgangsfrage: Soll Ehebruch bei beiden Geschlechtern gleich oder verschieden bestraft werden? (Z. 1–4)
2. These des Redners, die dem Gesetzesentwurf entspricht: Der Ehebruch der Frau ist schwerer zu bestrafen. (Z. 4–8)
3. Drei Argumente als Begründung:
- erstes Argument: Überzeugung, dass der Ehebruch der Frau moralisch verwerflicher ist, da ihre Lebensaufgabe die Familie ist (Z. 10–15);
- zweites Argument: allgemeines Gefühl (Z. 16 f.) / allgemeine Ansicht (Z. 22), dass der Mann die Achtung der Gesellschaft und damit seine Ehre bei Duldung des Ehebruchs seiner Frau verliert, während im umgekehrten Fall die Frau Mitgefühl und besondere Achtung erfährt (Z. 16–31);
- drittes Argument: Unsicherheit der Vaterschaft, die nur bei Ehebruch der Frau eintritt, gefährdet das Wesen der Ehe und das natürliche Verhältnis zu den Kindern (Z. 33–41).

LITERATURSTATION: THEODOR FONTANES „EFFI BRIEST" **387**

b   Savignys Argumentation zeigt die für das 19. Jahrhundert mit seinen patriarchalischen Strukturen auf allen gesellschaftlichen Gebieten vorherrschende Denkweise. Sie bereitet den Boden für Effis Schicksal. Nach dieser Denkweise kann Effis ehebrecherisches Verhalten nur streng verurteilt werden. Ihr Mann muss sich in seiner Ehre tief getroffen fühlen und darf die Sache nicht auf sich beruhen lassen. Eine Konsequenz dieser Denkweise ist, dass das Gesetz auf Innstettens Seite steht und dass Effi schuldig geschieden wird. Die Folge davon ist, dass ihr das Sorgerecht für ihr Kind entzogen wird. Die Gesellschaft, in der sie sich vorher bewegt hat, ist ihr von da an verschlossen. Auf ihren Eltern lastet der Druck, sich von ihr zu distanzieren, um gesellschaftlich anerkannt zu bleiben. Möglicherweise verstoßen sie ihre Tochter aber auch aus eigenem Antrieb, wenn sie nämlich der oben beschriebenen Denkweise selbst streng verhaftet sind. Effi verliert ihre Familie, ist gesellschaftlich geächtet und bleibt auf sich allein gestellt.

c   Savignys Argumentation ist alles andere als plausibel und schlüssig. Er beruft sich zur Begründung seines Gesetzesentwurfs auf nichts anderes als seine Überzeugung, die er lediglich auf ein allgemein verbreitetes Gefühl stützt. Nur mit der Unsicherheit der Vaterschaft versucht er ein Faktenargument anzuführen, aus dem er aber fragwürdige Folgerungen zieht. Im Grunde zeigt sich hier, wie stark selbst in dem so wichtigen politischen Bereich der Gesetzgebung häufig nicht rationale Argumentation zählt, sondern die schlichte Berufung auf die von Konventionen und Vorurteilen geprägte Stimme des Zeitgeistes.

Theodor Fontane: Effi Briest (1895) – Effis Auseinandersetzung mit der Schuldfrage   ▶ S. 373

1 a   Darstellung von Effis Auseinandersetzung mit ihrem Schuldbewusstsein durch den Erzähler:
Auszug aus Kapitel 32: Der Erzähler gibt Effis Gefühle und Gedanken wieder, bleibt jedoch in der Er-/Sie-Form und kennzeichnet dabei kommentierend ihre Schuldgefühle (Z. 5–7); am Ende geht seine Darstellung in eine erlebte Rede über (Z. 10–15). Effi befindet sich in einem Zustand innerlicher Aufgewühltheit. Sie sehnt sich danach, ihr Kind zu sehen, kann Innstetten aber nicht darum bitten, weil sich ihre Gefühle ihm gegenüber im Widerstreit befinden. Sie weiß um ihre Schuld, steigert sich aber mit einer gewissen Künstlichkeit in ihr Schuldgefühl hinein und redet sich ein, dass Innstetten in seinem Verhalten Recht hatte. Mit all dem versucht sie, die andere Stimme ihres Inneren zu übertönen, die nämlich Innstetten ins Unrecht setzt, weil er das längst vergangene Geschehen angesichts des neuen Lebens, das die Familie in Berlin führt, nicht auf sich beruhen lassen kann.
Auszug aus Kapitel 33: Der Erzähler überlässt hier Effi das Wort, die in einem halblaut vor sich hin gesprochenen Monolog ihren Gefühlen freien Lauf lässt. Auch hier gesteht Effi ihre Schuld ein und bittet Gott um Vergebung (Z. 5–9). Stärker als im ersten Auszug betont sie hier aber Innstettens Schuld an der Familientragödie. Sie klagt ihn wegen seines kleinlichen, engstirnigen und grausamen Verhaltens an. In einem Hassausbruch macht sie ihrem Herzen Luft, der sich zunächst gegen Innstetten, dann aber auch gegen die von ihm gegen die Mutter erzogene Tochter Annie richtet. Letztlich richtet er sich in dem diffusen „euch" gegen die ganze Gesellschaft mit ihrem starren Tugend- und Moralsystem (Z. 21, 33). Zumindest ansatzweise und für einen Augenblick lehnt sich Effi gegen ihre gesellschaftliche Umgebung mit ihren zu Götzen erhobenen Begriffen von Ehre (Z. 23) und Tugend (Z. 33) auf. Sie scheint sich von dieser Gesellschaft loszusagen, um leben zu können: „Weg mit euch. Ich muss leben …" (Z. 33 f.). Allerdings zeigt der Nachsatz („… aber ewig wird es ja wohl nicht dauern", Z. 34 f.), dass es sich nicht um den Aufbruch in eine neue Existenz handelt, sondern um den Wunsch nach einem baldigen Tod und einer kurzen Zeitspanne befreiten Lebens bis dahin.
Auszug aus Kapitel 36: In der Form des szenischen Erzählens lässt hier der Erzähler Effi kurz vor ihrem Tod das Fazit aus ihrer Auseinandersetzung mit der Schuldfrage ziehen. Die innere Aufgewühltheit ihrer im Widerstreit liegenden Gefühle und Gedanken ist ruhiger Abgeklärtheit gewichen. Sie geht mit Gott, ihren Mitmenschen und auch mit Innstetten versöhnt ihrem Tod entgegen (Z. 3–5). Alle Anklagen gegen Innstetten nimmt sie zurück und nimmt alle Schuld auf sich. Innstetten habe nicht anders handeln können und habe in allem Recht gehabt, auch in der Erziehung Annies gegen sie (Z. 25–32). Und sie will, dass Innstetten das erfährt (Z. 32–34). Dieses alles bringt ihr ein „Gefühl der Befreiung" (Z. 48). Effis vollständige Übernahme der Schuld und die innere Aussöhnung mit Innstetten wird jedoch durch eine Bemerkung auch wieder in Frage gestellt: „er […] war so edel, wie jemand sein kann, der ohne rechte Liebe ist" (Z. 35–37). Damit bleibt ein Makel an Innstetten haften, der letztendlich die Schuldfrage doch wieder offenlässt.

388 C 4 VOM VORMÄRZ ZUM POETISCHEN REALISMUS

b In den Darstellungen der Schülerinnen und Schüler sollte deutlich werden, dass Effis Auseinandersetzung mit der Schuldfrage von dem Widerstreit zwischen eigenem Schuldeingeständnis und der Schuldzuweisung an Innstetten geprägt ist und mehrere Stadien durchläuft, wie sie in den Ausführungen zu Aufgabe 1a klar erkennbar werden.

Hinzuweisen ist darauf, dass Effis Umgang mit der Schuldfrage von ihrer Erziehung und darüber hinaus von den gesellschaftlichen Normen und Konventionen wesentlich bestimmt wird. Die Reaktion ihrer Eltern auf Effis Verhalten wird in der Schuldzuweisung ihrer Mutter in dem abschließenden Gespräch deutlich (Kapitel 36, Z. 8–10). Effis Hass- und Ekelausbruch gegen die gesellschaftlichen Leitvorstellungen von „Ehre" und „Tugend" (Kapitel 33, Z. 23–33) zeigt, unter welchem moralischen Druck durch ihr Umfeld sie steht. Schließlich fügt sie sich mit der Bemerkung „ja, was sollt' er am Ende anders tun?" (Kapitel 36, Z. 27), mit der sie Innstettens Verhalten rechtfertigt, unter die Macht der gesellschaftlichen Gegebenheiten.

Der Erzähler nimmt keine direkt erkennbare Position zu der Schuldfrage ein, wie es etwa durch eigene Kommentare und Urteile geschehen könnte. Immer wieder lässt er Effi ausführlich selbst zu Wort kommen oder gibt ihre Gedanken und Gefühle in zurückhaltend neutraler Erzählhaltung wieder, sodass der Leser in der Schuldfrage zu einem eigenen Urteil kommen muss. Durch die Identifikation mit der Protagonistin, die der Erzähler mit seiner Nähe zu der Figur beim Leser schafft, lädt er diesen freilich ein, sie eher als Opfer denn als Schuldige an ihrem Schicksal zu sehen. So wird der Leser denn am Ende trotz Effis Schuldbekenntnis und vollständiger Unterwerfung unter die gesellschaftlichen Normen mit Effis natürlicher Menschlichkeit sympathisieren und in Innstetten bzw. in dem von ihm repräsentierten gesellschaftlichen System den eigentlich Schuldigen sehen.

2 Für die in der Aufgabe skizzierte kritische Position – Fontane habe seinen Roman mit dem abschließenden Schuldbekenntnis seiner Protagonistin in Resignation und damit letztlich in einer Hinnahme der gesellschaftlichen Zustände enden lassen – spricht die Rücknahme der in Kapitel 33 dargestellten Auflehnung Effis durch das resignative Verhalten, das in Kapitel 36 deutlich wird. Dagegen spricht aber Effis beiläufig vorgebrachte Einschränkung des Schuldfreispruchs für Innstetten, dass er nämlich ohne rechte Liebe sei, was ihn und das gesellschaftliche System, das er repräsentiert, erheblich desavouiert. Dagegen spricht darüber hinaus der prinzipielle rezeptionsästhetische Einwand, dass die dargestellten Gedanken und Gefühle der Protagonistin beim Leser nicht die gleichen Gedanken und Gefühle hervorrufen müssen. Für die Gesamtaussage des Romans ist es nicht wichtig, dass Effi am Ende zu einer kritischen Reflexion der gesellschaftlichen Verhältnisse gelangt, sondern dass diese der Leser leistet, der ihr Schicksal betrachtet. Und vielleicht verstärkt ja gerade die hilflose und traurig selbstanklägerische Resignation Effis vor ihrem allzu frühen Tod diese kritische Reflexion des Lesers in Richtung auf eine Verurteilung des gesellschaftlichen Systems, dem sie zum Opfer fällt.

▶ S. 375 **Weiterführende Aufgaben**

1/2 Diese Aufgaben bieten die Möglichkeit, exemplarisch dem Problem von Literaturverfilmungen nachzugehen. Handelt es sich im Einzelfall eher um eine um Werktreue bemühte Illustration der Vorlage, um eine interpretierende Transformation oder um eine Aneignung von literarischem Rohstoff, in der nur bestimmte Figuren und/oder Motive übernommen werden? Ist die Übernahme des Titels überhaupt berechtigt, wenn man an die Konstruktion der Geschichte und vor allem an die Gesamtaussage denkt, die vermittelt wird? Zwei der in der zweiten Aufgabe aufgeführten Filme verzichten denn auch auf den Fontane'schen Titel. (Zur Literaturverfilmung vgl. Kapitel B4, S. 202–219 im Schülerband, zur Theorie der Literaturverfilmung und zu den unterschiedlichen Arten der Adaption ebd., S. 218 f.)

▶ S. 376 **II Effi und Emma – Ein Vergleich mit Gustave Flauberts „Madame Bovary"**

1 Hier geht es zunächst darum, dass die Schülerinnen und Schüler sich über ihr erstes subjektives Verständnis der Textauszüge austauschen und ihre Eindrücke von den beiden Frauenfiguren in einem ersten Interpretationsgespräch klären. Das auf diese Weise gewonnene primäre Textverständnis wird dann anhand der folgenden analytischen Aufgaben überprüft, modifiziert und erweitert.

2 Inhaltliche Gemeinsamkeiten und Unterschiede in den Textauszügen sind in der Tabelle auf S. 389 zusammengefasst.

LITERATURSTATION: THEODOR FONTANES „EFFI BRIEST"   **389**

Gemeinsamkeiten	Unterschiede
Die Ehe (Auszüge aus: „Effi Briest", 13. Kapitel – „Madame Bovary", 1. Teil, Kapitel VII)	
<ul><li>Langeweile in der Ehe</li><li>Mangel an Zärtlichkeit und Leidenschaft</li><li>Zusammenleben von Ritualen bestimmt</li></ul>	<ul><li>äußere Lebensumstände: Adelshaushalt vs. bürgerlicher Haushalt eines Landarztes</li><li>unterschiedliche Rituale auf Grund der unterschiedlichen Berufe der Männer (hoher Regierungsbeamter vs. Landarzt)</li><li>aktiveres Bemühen Emmas, durch Deklamationen und Lieder Liebesstimmung zu erzeugen</li></ul>
Der Beginn der Affäre („Effi Briest", 19./20. Kapitel – „Madame Bovary", 2. Teil, Kapitel IX)	
<ul><li>Verehrer, die die beiden Frauen zu einer Liebschaft verführen wollen</li><li>Ort der Verführung ist ein Stück unheimlicher, freier Natur (Sumpf, Wald)</li><li>zunächst Erschrecken und Zurückweichen vor der Annäherung auf Seiten der Frauen</li><li>dann Gefühlsüberwältigung und ohnmächtiges Nachgeben</li><li>bewusstes Sich-Einlassen auf die Liebesaffäre</li></ul>	<ul><li>Effi wird von Crampas im Rahmen eines gesellschaftlichen Ereignisses (Schlittenpartie) überrumpelt, während Emma sich mit Rodolphe zu einem Ausritt verabredet hat.</li><li>Bei Fontane ist nur von „heißen Küssen" (Z. 38) die Rede (dass es dabei nicht bleibt, wird vom Erzähler auch später immer nur angedeutet), während es von Emma heißt: „in einem langen Erschauern gab sie sich hin." (Z. 59 f.)</li><li>Innstetten ahnt etwas von dem, was im Schlitten vorgefallen ist, und sieht Effi im Traum in symbolischer Vorausahnung mit Crampas im Schloon versinken.</li><li>Effi leidet an dem Versteckspiel der Affäre, die gegen ihre offene Natur ist, die sie aber vor sich selbst nicht beschönigt. Emma dagegen genießt ohne jedes Schuldbewusstsein ihre Liebesfreuden wie in einem Glücksrausch; entzückt fühlt sie sich den bisher beneideten Heldinnen ihrer Liebesromane gleich; auch empfindet sie ihren Ehebruch als wohlverdiente Rache an ihrem Mann.</li></ul>
Das Ende („Effi Briest", 36. Kapitel – „Madame Bovary", 3. Teil, Kapitel VIII)	
<ul><li>früher Tod der Protagonistinnen</li></ul>	<ul><li>Effi zerbricht an ihrem Schicksal, das die Folge ihres Ehebruchs ist, und erkrankt schwer. Emma hat nichts bereut und war bemüht, ein Leben in Luxus zu führen, die daraus resultierende finanzielle Verschuldung treibt sie in den Selbstmord. Effi dagegen erscheint eher als tragisches Opfer der Gesellschaft.</li><li>Effi sehnt sich nach Erlösung, die sie auch in der Hinwendung zu Gott zu finden sucht; nachdem sie alle Schuld auf sich genommen und sich innerlich mit Innstetten ausgesöhnt hat (Gespräch mit der Mutter), stirbt sie friedlich; ihr Tod erscheint verklärt. Emmas Leben dagegen endet in einem grauenvollen, quälenden Todeskampf, der als eine Art Selbsthinrichtung erscheint.</li></ul>

3 a   Erzählstrategie in „Effi Briest":
(Vgl. dazu auch Kapitel B1 Epik, Aufgabe 2a, S. 162 im Schülerband, und die Hinweise dazu auf
S. 160 in diesen Handreichungen)
Es handelt sich hier um den auktorialen Erzähler, der in der Er-/Sie-Form erzählt. Er hat einen
sicheren Überblick über das Geschehen und leitet den Leser behutsam durch die erzählte Welt, indem
er häufig direkte Charakterisierungen der Figuren einstreut (S. 376, Z. 1–4; S. 377, Z. 7; S. 379, Z. 69–
82), über das Innenleben aller Figuren immer wieder Auskunft gibt (S. 377, Z. 9 f., 15–20; S. 378,
Z. 38 f., 50 f.; S. 379, Z. 65 ff.) und Kommentare abgibt (S. 377, Z. 27–32; S. 380, Z. 12 ff.). Signalisiert er
mit all dem den Erzählstandort eines allwissenden, olympischen Erzählers, so ist seine Erzählhaltung
zu den Figuren doch durch Nähe im Sinne von Sympathie und Zuwendung gekennzeichnet. So
präsentiert er zum Beispiel den nüchtern-trockenen Ehelangweiler Innstetten nicht mit kalter Sachlichkeit oder gar sarkastisch abwertend, sondern mit milder Nachsicht, der es nicht an Freundlichkeit fehlt
(S. 376, Z. 1–4). Den Verführer Crampas kennzeichnet er als sensiblen Frauenkenner (S. 377, Z. 7–
10). Besonders aber wird seine Erzählhaltung der Nähe und des Verständnisses für seine Figuren in
der mitfühlenden Anrede „Arme Effi, du hattest […]" (S. 380, Z. 12) deutlich. Die leise Kritik, die der

Erzähler zuvor in einer direkten Charakterisierung an Effis Mangel an moralischer Standhaftigkeit und ihrem Sich-Treibenlassen geübt hatte (S. 379, Z. 70–73) – was jedoch gleich durch Hinweise auf positive Eigenschaften abgemildert wurde (S. 379, Z. 77 f., 81 f.) –, gerät durch diese Anrede vollends in Vergessenheit und sichert Effi die ganze Sympathie des Lesers. – Insgesamt ist der Erzählbericht, der als Darbietungsform dominiert (wobei darin immer wieder Äußerungen der Figuren in direkter, wörtlicher (z. B. S. 376, Z. 11 ff., 14) oder in indirekter Rede (S. 376, Z. 16 ff.) eingewoben sind), eher auf Einfühlung als auf distanzierte, nüchterne Betrachtung hin angelegt.

Erzählstrategie in „Madame Bovary:

Auch hier handelt es sich um einen Er-/Sie-Erzähler, doch ist sein Verhalten weniger auktorial als vielmehr neutral. Er verzichtet weitgehend auf direkte Charakterisierungen der Figuren und auf Kommentare (Ausnahme: 1. Textauszug, Z. 26–29), die dem Leser bestimmte Einstellungen und Urteile nahelegen, das heißt, der Leser wird vom Erzähler weniger durch die erzählte Welt geführt als mit ihr konfrontiert. Der Standpunkt dieses Erzählers ist der eines distanzierten Beobachters, der überwiegend aus der Perspektive der Außensicht Vorgänge bzw. das Verhalten der Figuren beschreibt. Typische Beispiele dafür sind der Beginn des ersten Textauszugs (Z. 1–23), der größte Teil des zweiten Textauszugs (Z. 1–65), in dem sich die Beschreibung des Verhaltens mit Dialogwiedergabe (szenischem Erzählen) mischt, und der komplette dritte Textauszug, in dem der Todeskampf Emmas detailliert beschrieben wird. Wird einmal in die Innensicht gewechselt, wie am Ende des zweiten Textauszugs (Z. 66–86), so erfolgt auch das im Stil einer sachlich-distanzierten Beschreibung. Überhaupt lässt die Erzählhaltung keinerlei Nähe und Anteilnahme am Schicksal der Figuren erkennen. Sie werden in all ihrer Schwäche und mit ihren Fehlern vorgeführt. So wird zum Beispiel die klägliche Rolle Bovarys als Liebhaber weit krasser dargestellt als die Innstettens. Dort hatte der Erzähler noch eine freundlich-humorvolle Ausdrucksweise gewählt (1. Textauszug, Z. 1–4 und 33–36), hier heißt es lapidar und drastisch: „begab sich sodann zu Bett, legte sich auf den Rücken und schnarchte" (Z. 12 f.) oder „er umarmte sie zu gewissen Stunden. Es war eine Gewohnheit unter anderen, wie ein nach dem eintönigen Abendessen vorgesehener Nachtisch" (Z. 32–35). Auch der Liebhaber Rodolphe mit seinen Verstellungskünsten (2. Textauszug, Z. 27–36) und seinem falschen Pathos (Z. 40–46) wird aus dieser kritischen Distanz präsentiert. Selbst mit seiner Protagonistin und ihrem Schicksal geht dieser Erzähler schonungslos und ohne Anteilnahme um. In der einzigen direkten Charakterisierung der Textauszüge wird ihre mentale und emotionale Unzulänglichkeit kritisiert (1. Textauszug, Z. 27–29), in der Beschreibung ihres Innenlebens werden ihre Skrupellosigkeit und die Korrumpierung ihres Charakters durch kitschige Liebesromane aufgedeckt (2. Textauszug, Z. 66–86) und am Ende wird ihr Todeskampf mitleidlos mit allen grauenvollen Details beschrieben. – Insgesamt dominiert der Erzählbericht wie bei Fontane, doch hat er hier einen deutlich anderen Charakter, der dem Leser die Rolle eines nüchtern distanzierten Betrachters zuweist, dem es ganz und gar selbst überlassen bleibt, seine Einstellung zu den Figuren zu finden.

b Die oben beschriebene Erzählweise wird in dem Bild karikiert. Flaubert erscheint hier als Anatom, der mit Lupe und Skalpell seine wissenschaftliche Arbeit emotional unbeteiligt, sachlich-nüchtern (wie sein Gesichtsausdruck deutlich zeigt) verrichtet. So auch habe der Autor seine Figuren mit der Schreibfeder gleichsam seziert.

c In einer Karikatur zur Erzählweise Fontanes müssten dessen Nähe zu seinen Figuren und die Anteilnahme an ihrem Schicksal („Arme Effi", S. 380, Z. 12) deutlich werden.

4 Hier soll den Schülerinnen und Schülern anknüpfend an ihre ersten spontanen Eindrücke (vgl. Aufgabe 1) nach den Objektivierungen durch die Textanalyse noch einmal Gelegenheit gegeben werden, ihre subjektiven, emotional gefärbten Leseerfahrungen aufzuarbeiten. Dabei werden die Bewertungen der Figuren, die (kritischen) Intentionen der beiden Autoren und die damit verbundenen unterschiedlichen Arten realistischen Erzählens eine Rolle spielen.

▶ S. 381 **III Figuren zum Sprechen bringen – Produktiv-gestaltendes Schreiben**

1 Angeregt durch den kurzen Auszug aus Christiane Brückners Text „Effi Briest an den tauben Hund Rollo", der zeigt, wie man literarische Figuren zum Reden bringen kann, sollen die Schülerinnen und Schüler Schreib- und Inszenierungsanlässe suchen und ausprobieren, um ihre Leseerfahrungen produktiv-gestaltend zu verarbeiten und mit ihrer eigenen Lebenswirklichkeit zu verbinden. Als Projekt geplant, können die unterschiedlichen Produkte in einem Reader gesammelt und/oder bei einem literarischen Abend einem Publikum vorgestellt werden.

Analyse eines literarischen Textes mit anschließender weiterführender Reflexion

Aufgabenstellung

Seit dem Hambacher Fest (1830) und Goethes Tod (1832) hatte sich in Deutschland wenig bis nichts geändert, auch nicht durch die verunglückte Revolution von 1848. Noch immer schufteten die Bauern auf den Feldern für Steuern und Abgaben. Die liberalen Besitzbürger hingegen hatten ihren Frieden mit den Regierungen gemacht. Handel, Eisenbahn, Bergbau und Industrie brachten ihnen Profite. Es entstand die Schicht der lohnabhängigen Arbeiter.

1 Interpretieren Sie Heines nachgelassenes Gedicht „Die Wanderratten" als politisches Gedicht. *(48 Punkte)*

2 Setzen Sie Ihre Textdeutung in Beziehung zu dem bereits 1842 entstandenen Auszug aus Heines Schrift „Lutetia" (veröffentlicht 1854). *(24 Punkte)*

Heinrich Heine: Die Wanderratten (1852)

Es gibt zwei Sorten Ratten:
Die hungrigen und satten.
Die satten bleiben vergnügt zu Haus,
Die hungrigen aber wandern aus.

5 Sie wandern viel tausend Meilen,
Ganz ohne Rasten und Weilen,
Gradaus in ihrem grimmigen Lauf,
Nicht Wind noch Wetter hält sie auf.

Sie klimmen wohl über die Höhen,
10 Sie schwimmen wohl durch die Seen;
Gar manche ersäuft oder bricht das Genick,
Die lebenden lassen die toten zurück.

Es haben diese Käuze
Gar fürchterliche Schnäuze;
15 Sie tragen die Köpfe geschoren egal,
Ganz radikal, ganz rattenkahl.

Die radikale Rotte
Weiß nichts von einem Gotte.
Sie lassen nicht taufen ihre Brut,
20 Die Weiber sind Gemeindegut.

Der sinnliche Rattenhaufen,
Er will nur fressen und saufen,
Er denkt nicht, während er säuft und frisst,
Dass unsre Seele unsterblich ist.

25 So eine wilde Ratze,
Die fürchtet nicht Hölle, nicht Katze;
Sie hat kein Gut, sie hat kein Geld
Und wünscht aufs Neue zu teilen die Welt.

Die Wanderratten, o wehe!
30 Sie sind schon in der Nähe.
Sie rücken heran, ich höre schon
Ihr Pfeifen – die Zahl ist Legion.

O wehe! wir sind verloren,
Sie sind schon vor den Toren!
35 Der Bürgermeister und Senat,
Sie schütteln die Köpfe, und keiner weiß Rat.

Die Bürgerschaft greift zu den Waffen,
Die Glocken läuten die Pfaffen.
Gefährdet ist das Palladium[1]
40 Des sittlichen Staats, das Eigentum.

Nicht Glockengeläute, nicht Pfaffengebete,
Nicht hochwohlweise Senatsdekrete,
Auch nicht Kanonen, viel Hundertpfünder,
Sie helfen Euch heute, Ihr lieben Kinder!

45 Heut helfen Euch nicht die Wortgespinste
Der abgelebten Redekünste.
Man fängt nicht Ratten mit Syllogismen[2],
Sie springen über die feinsten Sophismen[3].

Im hungrigen Magen Eingang finden
50 Nur Suppenlogik mit Knödelgründen,
Nur Argumente von Rinderbraten,
Begleitet mit Göttinger Wurst-Zitaten.

Ein schweigender Stockfisch, in Butter gesotten,
Behaget den radikalen Rotten
55 Viel besser als ein Mirabeau[4]
Und alle Redner seit Cicero[5].

(Aus: Heinrich Heine: Sämtliche Schriften. Hg. von Klaus Briegleb. Bd. 11. Hanser, München 1976, S. 306 f.)

[1] **Palladium:** Kultbild der Göttin Athene, dessen Besitz den Bestand der Stadt verbürgte
[2] **Syllogismus:** Denkfigur aus der Logik
[3] **Sophismen:** Philosophie: ausgeklügelte Gedankenfiguren
[4] **Mirabeau:** Redner und Politiker der Französischen Revolution
[5] **Cicero:** durch seine Reden berühmter Politiker Roms

Heinrich Heine: Korrespondenz-Bericht für die Augsburger Allgemeine vom 26.7.1842
[zum Thema französisches Bürgertum und Kommunismus]

Die Bourgeoisie selbst ist ebenfalls vom Dämon des Zerstörens besessen, und wenn sie auch die Republik nicht eben fürchtet, so hat sie doch eine instinktmäßige Angst vor dem Kommunismus, vor jenen düstern Gesellen, die wie Ratten aus den Trümmern des jetzigen Regiments hervorstürzen würden. Ja, vor einer Republik von der frühern Sorte, selbst vor ein bisschen Robespierrismus[1], hätte die französische Bourgeoisie keine Furcht, und sie würde sich leicht mit dieser Regierungsform aussöhnen und ruhig auf die Wache ziehen und die Tuilerien beschützen, gleichviel ob hier ein Ludwig Philipp oder ein Comité du Salut public[2] residiert; denn die Bourgeoisie will vor allem Ordnung und Schutz der bestehenden Eigentumsrechte – Begehrnisse, die eine Republik ebenso gut wie das Königtum gewähren kann. Aber diese Boutiquiers[3] ahnen, wie gesagt, instinktmäßig, dass die Republik heutzutage nicht mehr die Prinzipien der neunziger Jahre vertreten möchte, sondern nur die Form wäre, worin sich eine neue, unerhörte Proletarierherrschaft mit allen Glaubenssätzen der Gütergemeinschaft geltend machen würde. Sie sind Konservative durch äußere Notwendigkeit, nicht durch innern Trieb, und die Furcht ist hier die Stütze aller Dinge.

(Aus: Heinrich Heine: Lutetia, Teil II. In: Heinrich Heine: Sämtliche Schriften. Hg. von Klaus Briegleb. Bd. 9. Hanser, München 1976, S. 414)

[1] **Robespierrismus:** zu Maximilien de Robespierre (1758–1794), einer der einflussreichsten Männer während der ersten fünf Jahre der Französischen Revolution, Anführer der Jakobiner, betrieb die Hinrichtung Ludwigs XVI. und setzte die Schreckensherrschaft („terreur") durch

[2] **Comité du Salut public:** Wohlfahrtsausschuss, Ausschuss der öffentlichen Wohlfahrt und der allgemeinen Verteidigung, 1793–1794 die faktische Regierung Frankreichs, 1795 aufgelöst

[3] **Boutiquiers:** Geschäftsleute

ERWARTUNGSHORIZONT   **393**

Inhaltliche Leistung

Aufgabe 1

	Anforderungen Die Schülerin / der Schüler	maximal erreichbare Punktzahl (AFB)	erreichte Punktzahl
1	verfasst eine sinnvolle Einleitung (Autor, Textsorte, Thema etc.).	3 (I)	
2	gibt die im Gedicht imaginierte Szene (die Wanderratten bedrohen eine Stadt) in eigenen Worten angemessen wieder.	3 (I)	
3	gliedert den Textverlauf in drei Großabschnitte und erschließt diese thematisch: • Strophen 1–7: Beschreibung des Proletariats unter dem Bild der Wanderratten • Strophen 8–10: Die Bedrohung des bürgerlichen Eigentums und die Hilflosigkeit der bürgerlichen Gesellschaft • Strophen 11–14: Die Ratschläge des Sprechers: a) Was hilft nicht? b) Was könnte helfen?	9 (II)	
4	untersucht einzelne poetisch-rhetorische Verfahren in der Schreibweise Heines, die die Wirkung der Bedrohung dramatisch steigern und zugleich ironisch brechen: Alliterationen („radikale Rotte", V. 17), Binnenreime, ironische Wortzusammensetzungen, die Kombination von Nahrung und Gesinnung („Suppenlogik mit Knödelgründen", V. 50).	6 (II)	
5	erschließt in den einzelnen beschreibenden Strophen Anspielungen auf die Wirklichkeit der Epoche. Die „radikale Rotte" der Ratten wird beschrieben als: • Atheisten • ohne Achtung der Familienbindungen • Propagandisten sexueller Freizügigkeit • revolutionär gesinnte Gegner des Eigentums	9 (II)	
6	erläutert die Haltung des Sprechers: Der malt das Schreckbildnis der Wanderratten genüsslich aus (er will die Bürger, die „lieben Kinder" (V. 44), erschrecken), um dann in bildhafter und anschaulicher Redeweise (als Lehrer dieser Kinder) klarzumachen, dass nur die Verbesserung der sozialen Lage des Proletariats auf Dauer das bürgerliche Eigentum schützen wird.	9 (II)	
7	erkennt und begründet, dass die „Ratschläge", die der Sprecher den verstörten und verängstigten Bürgern gibt, eine Mischung aus Spott auf wohlmeinende Reden und ernst gemeinten (materialistisch argumentierenden) Vorschlägen sind.	9 (III)	
8	entwickelt einen weiteren, eigenständigen Gedanken. (Max. 5 Punkte)		
		48	

Cornelsen   Autoren:
Karlheinz Fingerhut / Margret Fingerhut

Texte, Themen und Strukturen
Lernerfolgskontrolle 25, S. 3

394 ERWARTUNGSHORIZONT

Aufgabe 2

	Anforderungen Die Schülerin / der Schüler	maximal erreichbare Punktzahl (AFB)	erreichte Punktzahl
1	bezieht sich auf die Ausgangssituation (Heine in Paris als Korrespondent, der über politischen Ereignisse und Entwicklungen nach Deutschland berichtet).	3 (I)	
2	gibt Heines Beobachtungen zur Angst der Bourgeoisie vor dem Gedankengut des Kommunismus korrekt und vollständig wieder; erfasst dabei den Unterschied zwischen dem bürgerlichen Radikalismus der Französischen Revolutionäre (Robespierre) und dem Kommunismus (Angriff auf das Privateigentum).	3 (II)	
3	stellt dar, dass Heines Beschreibung der Wanderratten damals geläufigen Urteilen der bürgerlichen Leserschaft über das Proletariat entsprach.	3 (III)	
4	stellt Bezüge zur Epoche des Vormärz her, geht dabei auch auf die Revolution von 1848 ein, in der in Deutschland bürgerliche Forderungen (Pressefreiheit, nationale Einheit) im Zentrum standen. Soziale Anklagen (Heine, „Weberlied", Georg Weerth) sind aus der Vormärzzeit bekannt, aber von der Bedrohung des Eigentums ist zu dieser Zeit in Deutschland nicht die Rede.	6 (III)	
5	stellt die Beziehung zwischen Gedicht und journalistischem Text (der die im Gedicht angesprochene Konstellation vorwegnimmt) her.	3 (II)	
6	nimmt Stellung zu Heines Interpretation von Bürgertum und Proletariat. Entwickelt dabei einen weiteren, eigenständigen Gedanken.	6 (III)	
		24	

Darstellungsleistung

	Anforderungen Die Schülerin / der Schüler	maximal erreichbare Punktzahl	erreichte Punktzahl
1	strukturiert den Klausurtext schlüssig, sinnvoll verknüpft und gedanklich klar.	6	
2	schreibt fachsprachlich korrekt und differenziert zwischen beschreibenden, deutenden und wertenden Aussagen.	6	
3	belegt Aussagen funktional durch korrekte Zitate.	3	
4	formuliert begrifflich präzise und differenziert, sprachlich-stilistisch angemessen, abwechslungsreich und sicher.	10	
5	schreibt sprachlich korrekt.	3	
		28	

Eine Zuordnung der Punktezahlen zu den Notenstufen findet sich auf S. 46 in diesem Handbuch.

Cornelsen Autoren:
Karlheinz Fingerhut / Margret Fingerhut

Texte, Themen und Strukturen
Lernerfolgskontrolle 25, S. 4

C4.2 LERNERFOLGSKONTROLLE/KLAUSURVORSCHLAG   395

Analyse eines Sachtextes mit anschließender weiterführender Reflexion

Aufgabenstellung

1 Analysieren Sie die folgenden Auszüge aus der Wochenendbeilage einer überregionalen Zeitung. Stellen Sie dabei insbesondere dar, wie der Autor seine These einer „Rückkehr des Biedermeier" entwickelt. *(48 Punkte)*

2 Nehmen Sie Stellung zu der Frage: Passt das Bild des Biedermeier, das Markus Reiter entwirft, zu den Texten dieser Epoche, die Sie kennen gelernt haben? *(24 Punkte)*

Markus Reiter: **Die Rückkehr des Biedermeier** (2007)

Die Globalisierung verändert die Gesellschaft und löst zugleich Sehnsucht nach einer Bürgerlichkeit aus, die es noch nie gegeben hat.

Die Ordnung der bürgerlichen Welt kehrt zurück. Sei
5 es Disziplin in der Schule, die Rolle der Frau und der Familie, der Werte von Bildung, Arbeit, Fleiß und Ordnung und der guten Manieren – all das hat in den vergangenen Jahren an Wert gewonnen. Im Fachmagazin „Managerseminare" bilanzierte jüngst Petra
10 Schubert, Mitglied der Geschäftsleitung bei der Unternehmensberatung Kienbaum: „Für Führungspositionen werden in Deutschland (wieder) Menschen ausgesucht, die eher den konservativen Werten entsprechen." Ausgerechnet im Angesicht der Globalisierung schei-
15 nen die Menschen ihren Bezugspunkt wieder in der Bürgerlichkeit des 19. Jahrhunderts zu suchen. Ein Blick in die Liste der Sachbuch-Bestseller der vergangenen Jahre erzählt viel über die Sehnsucht nach den Idealen der Bürgerlichkeit – und zugleich darüber,
20 dass es sich bei ihnen um Schimären handelt. […]

■ Unter der Androhung der demografischen Katastrophe kehrt eine *Vorstellung von Familie* zurück, die letztlich erst durch die bürgerliche Gesellschaft möglich geworden und keineswegs seit Ewigkeiten
25 so Brauch gewesen war. Das Mittelalter kannte weder die Kleinfamilie noch das Ideal von mehreren Generationen unter einem Dach […]. Erst um 1800 taucht die wunderliche Vorstellung auf, dass sich Mann und Frau, so sie denn heirateten, lieben soll-
30 ten. Ehen waren in der Zeit davor Zweckbündnisse, geschmiedet von den Mächtigen aus Kalkül, bei den weniger Privilegierten aus purer wirtschaftlicher Notwendigkeit.

■ *Gute Manieren* sind wieder in. Das lässt sich den
35 Ratgeberseiten der Illustrierten ebenso entnehmen wie den Worten der Karriereberater. Amazon listet 319 Bücher zum Thema Benehmen auf.

■ *Bildung* adelte, aber erst im 19. Jahrhundert im Verständnis der bürgerlichen Welt. Zuvor galt
40 Bildung bestenfalls als eine nette Dreingabe, die half, in der höfischen Gesellschaft flink zu parlieren. Für den Bürger hingegen galt Bildung als Ausweis für die höhere Gesellschaft. Schließlich kostete es Zeit, sie sich anzueignen; von echtem Nut-

zen in den Alltagsgeschäften war sie nicht. Heute, 45 da wirtschaftlicher Erfolg nicht mehr an Bildung gebunden ist, weil man mit einem weitgehend bildungsgutfreien BWL-Studium in die besten Positionen kommt, scheinen die Menschen das Entschwindende plötzlich zu vermissen. 50

■ Die Sehnsucht nach den *bürgerlichen Werten* gleicht den Phantomschmerzen eines Amputierten. Ihr einstiger Träger, das deutsche Bürgertum, existiert nicht mehr. […] Heute, zu Beginn des 21. Jahrhunderts, taucht die Bürgerlichkeit als Treibgut von 55 irgendwoher wieder auf – und wirkt gerade deshalb so verloren, weil im Grunde niemand weiß, wie die herumliegenden Teile zusammenpassen und was um Himmels willen man mit ihnen anfangen kann. […] 60

Wie geht das also zusammen, das Verschwinden des Bürgertums und die Renaissance der bürgerlichen Werte? Zwei Gründe lassen sich vermuten. Zum einen schmerzt der Verlust. Mit den bürgerlichen Idealen ist die Gesellschaft ja nicht immer schlecht gefahren. 65 Bürgerlichkeit war Emanzipation. Zum anderen waren die bürgerlichen Ideale auch eine Art Selbstverpflichtung zu einem zivilisierten Umgang mit den anderen. Genau dies vermissen viele Menschen heute schmerzlich. Die Raffgierigen sind zusätzlich auch noch stil- 70 und kulturlos. Junge Hedgefondsmanager mit gigantischen Einkommen, die „Buddenbrooks" für ein holländisches Modelabel halten, zerfleddern alteingesessene Firmen und setzen die Mitarbeiter auf die Straße. Erinnert das nicht an ungebremste Gier herrschender 75 Eliten in vorrevolutionärer Zeit? Es schwingt in dieser heutigen Bürgerlichkeitssehnsucht ein Hauch von Biedermeier mit. Damals sollte der napoleonische Sturm über Europa wie die revolutionären Wirren danach vergessen gemacht werden. Heute wünscht man sich in 80 den rauen Zeiten der Globalisierung, dass brave bürgerliche Werte den zivilisierten Umgang miteinander bestimmen. […] Mit anderen Worten: die Werte sollen frustrierte Angehörige des Prekariats ebenso im Zaum halten wie gierige Manager. Diese Form ohne Inhalt 85 soll auch dem Willen der Apologeten der „Neuen Bürgerlichkeit" nach noch ein langes Leben beschieden sein.

(Aus: Stuttgarter Zeitung, 23.6.2007)

396 ERWARTUNGSHORIZONT

Inhaltliche Leistung

Aufgabe 1

	Anforderungen Die Schülerin / der Schüler	maximal erreichbare Punktzahl (AFB)	erreichte Punktzahl
1	verfasst eine sinnvolle Einleitung (Autor, Textsorte, Thema etc.).	3 (I)	
2	gibt möglichst vollständig das von dem Journalisten gezeichnete Bild von „Bürgerlichkeit" wieder (Ordnung, Disziplin, Familie, Bildung, Benehmen, Verantwortungsbewusstsein), das zahlreiche ethische Normen des Zusammenlebens erfasst.	6 (I)	
3	erläutert den Aufbau der Argumentation (Merkmale der biedermeierlichen Kultur, Spurensuche davon in der „modernen" Kultur der Gegenwart).	9 (II)	
4	erfasst angemessen die Gründe, die für diese Renaissance der Werte angeführt werden: Die Desorientierung, die die Globalisierung mit sich bringt, lässt die Werte der Vergangenheit als „Treibgut" (Z. 55) wieder auftauchen. Zu der Bewertung der Werte als Treibgut nimmt er/sie Stellung und begründet die eigene Position.	9 (II)	
5	untersucht die sprechenden und suggestiven Bilder und Vergleiche, mit denen dieses „Wiederauftauchen" bürgerlicher Ideale geschildert wird („Phantomschmerzen", Z. 52, „Treibgut", Z. 55 usw.) und bestimmt deren Funktionen durch Hinweise auf journalistisches Schreiben.	3 (II)	
6	setzt sich kritisch mit den Belegbeispielen auseinander, die jeweils angeführt werden, um das Wiedererstarken traditioneller Werte auf „Biedermeier" zu konzentrieren: ausgesucht moderne Statements in Managerseminaren, Bestseller-Publikationen, Hedgefondsmanager usw.; kommt dabei zu einem eigenen Urteil (etwa: Wie repräsentativ sind diese „Fundstellen" neuen biedermeierlichen Denkens?).	9 (III)	
7	beurteilt die vom Verfasser ausgeführte Paradoxie, dass das gesellschaftliche Substrat der „Neuen Bürgerlichkeit", eben das Bürgertum, nicht mehr existiert.	3 (III)	
8	nimmt Stellung zu der Behauptung des Verfassers, dass die Funktion dieser Renaissance neuer Bürgerlichkeit darin besteht, die frustrierten Angehörigen des Prekariats (der neuen Armen) ebenso wie die Gier der Globalisierungsgewinner im Zaum zu halten.	6 (III)	
9	entwickelt einen eigenen weiterführenden Gedanken. (Max. 4 Punkte)		
		48	

Cornelsen

Autoren:
Karlheinz Fingerhut / Margret Fingerhut

Texte, Themen und Strukturen
Lernerfolgskontrolle 26, S. 2

ERWARTUNGSHORIZONT

Aufgabe 2

	Anforderungen Die Schülerin / der Schüler	maximal erreichbare Punktzahl (AFB)	erreichte Punktzahl
1	verfasst eine angemessene Überleitung, bezieht sich stets präzise auf die Aussagen des Artikels, fasst diese dazu in eigenen Worten zusammen.	3 (I)	
2	arbeitet die Aussagen des Artikels zum Biedermeier in Thesen um, sodass eine Vergleichsgrundlage mit den literarischen Texten entsteht, z. B.: Ehe und Familie – geben Sicherheit; Manieren – Benimm zählt etwas; Bildung – dient dem Aufstieg; bürgerliche Werte – garantieren zivilisierten Umgang miteinander. Findet dann Vergleichspunkte zu den literarischen Texten, z. B. die wohlerzogene junge Frau „Am Turme" (Droste-Hülshoff, S. 348 im Schülerband): die Familiensicherheit als Last empfindend, träumt von unzivilisierten Szenen der Jagd, des Kampfes.	6 (II)	
3	nimmt begründet Stellung zur historischen Analogie Biedermeier (Napoleonerfahrung soll verarbeitet werden) und Jetztzeit (Globalisierung soll verarbeitet werden) und zur Analogie zwischen dem Luxus des vorrevolutionären Ancien Régimes und der gegenwärtigen Überflussgesellschaft. (Ist auch heute eine Revolution zu erwarten?)	3 (III)	
4	erläutert einzelne Formulierungsentscheidungen des Verfassers, z. B. in der „heutigen Bürgerlichkeitssehnsucht [schwinge] ein Hauch von Biedermeier" mit (Z. 77 ff.), erschließt hier Quellen der impliziten Wertung (brave Bürgerlichkeit, raue Globalisierung …) und stellt fest, dass Bürgerlichkeitssehnsucht in den literarischen Texten des Biedermeier-Kapitels im Schülerband nicht vorkommt, sondern dass es dort um die Sensibilität des Künstlers (Mozart) oder die Sehnsucht nach Befreiung aus bürgerlichen Fesseln (Droste-Hülshoff) geht.	6 (II)	
5	erläutert und bewertet die inhaltliche und rhetorische Präsentation der Inhalte des Feuilletonartikels im Vergleich mit der auf Empfindungen zielenden Präsentation in Gedichten der Zeit des Biedermeier (Mörike, Droste-Hülshoff, Louise Aston).	6 (III)	
6	entwickelt einen weiteren, eigenständigen Gedanken. (Max. 4 Punkte)		
		24	

Darstellungsleistung

	Anforderungen Die Schülerin / der Schüler	maximal erreichbare Punktzahl	erreichte Punktzahl
1	strukturiert den Klausurtext schlüssig, sinnvoll verknüpft und gedanklich klar.	6	
2	schreibt fachsprachlich korrekt und differenziert zwischen beschreibenden, deutenden und wertenden Aussagen.	6	
3	belegt Aussagen funktional durch korrekte Zitate.	3	
4	formuliert begrifflich präzise und differenziert, sprachlich-stilistisch angemessen, abwechslungsreich und sicher.	10	
5	schreibt sprachlich korrekt.	3	
		28	

Eine Zuordnung der Punktezahlen zu den Notenstufen findet sich auf S. 46 in diesem Handbuch.

C4.3 LERNERFOLGSKONTROLLE/KLAUSURVORSCHLAG

Analyse eines literarischen Textes mit anschließender weiterführender Reflexion gestützt auf einen sozialgeschichtlichen Sachtext

Aufgabenstellung

1 Analysieren Sie den Auszug aus Theodor Fontanes Roman „Frau Jenny Treibel". Gehen Sie dabei besonders auf die Charakterzeichnung der Titelfigur und die Erzählweise ein. *(48 Punkte)*

2 Prüfen Sie, inwieweit sich der sozialgeschichtliche Text von Sabina Becker für eine Interpretation des Romanauszugs eignet. Denken Sie dabei auch an die Haltung des Erzählers und seine Wirkungsabsicht. *(24 Punkte)*

Theodor Fontane: **Frau Jenny Treibel** (1893) – Romanauszug

Jenny Treibel, geb. Bürstenbinder, stammt aus kleinbürgerlichem Milieu. Bei ihrer Heirat entscheidet sie sich gegen den Gymnasialprofessor Willibald Schmidt, der ihr den Hof macht, und für den reichen Fabrikanten Treibel, der den Titel eines Kommerzienrats trägt. Schmidts und Treibels bleiben sich aber freundschaftlich verbunden und verkehren gesellschaftlich miteinander. Wenn die Romanhandlung beginnt, lebt Schmidt, der früh verwitwet ist, mit seiner erwachsenen Tochter Corinna zusammen, die mit ihrem Temperament und ihrer geistigen Regsamkeit ganz in die Fußstapfen des Vaters tritt; Treibels haben zwei Söhne, deren Existenz ganz auf die Übernahme des väterlichen Erbes ausgerichtet ist. Bei einer Landpartie mit mehreren Bekannten und Freunden des Hauses Treibel, unter ihnen auch die Schmidts, verlobt sich Leopold, der jüngere Treibel-Sohn, heimlich mit Corinna. Der Textauszug beginnt mit der Rückkehr von dieser Landpartie.

Ziemlich um dieselbe Zeit, wo der Felgentreu'sche Wagen in der Adlerstraße hielt, um daselbst abzusetzen, hielt auch der Treibel'sche Wagen vor der kommerzienrätlichen Wohnung, und die Rätin samt
5 ihrem Sohn Leopold stiegen aus, während der alte Treibel auf seinem Platze blieb und das junge Paar[1] – das wieder die Pferde geschont hatte – die Köpenicker Straße hinunter bis an den „Holzhof" begleitete. Von dort aus, nach einem herzhaften Schmatz (denn er
10 spielte gern den zärtlichen Schwiegervater), ließ er sich zu Buggenhagens fahren, wo Parteiversammlung war. Er wollte doch mal wieder sehen, wie's stünde, und, wenn nötig, auch zeigen, dass ihn die Korrespondenz in der „Nationalzeitung" nicht niederge-
15 schmettert habe.

Die Kommerzienrätin, die für gewöhnlich die politischen Gänge Treibels belächelte, wenn nicht beargwöhnte – was auch vorkam –, heute segnete sie Buggenhagen und war froh, ein paar Stunden allein
20 sein zu können. Der Gang mit Willibald hatte so vieles wieder in ihr angeregt. Die Gewissheit, sich verstanden zu sehen – es war doch eigentlich das Höhere. „Viele beneiden mich, aber was hab ich am Ende? Stuck und Goldleisten und die Honig[2] mit ihrem
25 sauersüßen Gesicht. Treibel ist gut, besonders auch gegen mich: aber die Prosa lastet bleischwer auf ihm, und wenn er es nicht empfindet, ich empfinde es ... Und dabei Kommerzienrätin und immer wieder Kommerzienrätin. Es geht nun schon in das zehnte Jahr, und er rückt nicht höher hinauf, trotz aller
30 Anstrengungen. Und wenn es so bleibt, und es wird so bleiben, so weiß ich wirklich nicht, ob nicht das andere, das auf Kunst und Wissenschaft deutet, doch einen feineren Klang hat. Ja, den hat es ... Und mit den ewigen guten Verhältnissen! Ich kann doch auch
35 nur eine Tasse Kaffee trinken, und wenn ich mich zu Bett lege, so kommt es darauf an, dass ich schlafe, Birkenmaser oder Nussbaum macht keinen Unterschied, aber Schlaf oder Nichtschlaf, das macht einen, und mitunter flieht mich der Schlaf, der des Lebens
40 Bestes ist, weil er uns das Leben vergessen lässt ... Und auch die Kinder wären anders. Wenn ich die Corinna ansehe, das sprüht alles von Lust und Leben, und wenn sie bloß so macht, so steckt sie meine beiden Jungen in die Tasche. Mit Otto ist nicht viel, und mit
45 Leopold ist gar nichts."

Jenny, während sie sich in süße Selbsttäuschungen wie diese versenkte, trat ans Fenster und sah abwechselnd auf den Vorgarten und die Straße.

*[Leopold bittet zu später Stunde durch den Hausdiener
50 seine Mutter um eine Unterredung.]*

„Was bedeutet das, Leopold? Es ist jetzt zehn, also nachtschlafende Zeit, und da [...] willst [du] mich sprechen. Es ist mir neu, dass du was auf der Seele hast, was keinen Aufschub bis morgen früh duldet.
55 Was hast du vor? Was willst du?"

---
[1] **das junge Paar:** Treibels älterer Sohn Otto und dessen Ehefrau
[2] **Fräulein Honig:** Wirtschafterin im Hause Treibel

Autor: Dietrich Erlach

Texte, Themen und Strukturen

„Mich verheiraten, Mutter. Ich habe mich verlobt."
Die Kommerzienrätin fuhr zurück, und ein Glück war es, dass das Fenster, an dem sie stand, ihr eine Lehne gab. Auf viel Gutes hatte sie nicht gerechnet, aber eine Verlobung über ihren Kopf weg, das war doch mehr, als sie gefürchtet. War es eine der Felgentreus? Sie hielt beide für dumme Dinger und die ganze Felgentreuerei für erheblich unterm Stand: er, der Alte, war Lageraufseher in einem großen Ledergeschäft gewesen und hatte schließlich die hübsche Wirtschaftsmamsell des Prinzipals, eines mit seiner weiblichen Umgebung oft wechselnden Witwers, geheiratet. So hatte die Sache begonnen und ließ in ihren Augen viel zu wünschen übrig. Aber verglichen mit den Munks, war es noch lange das Schlimmste nicht, und so sagte sie denn:

„Elfriede oder Bianca?"
„Keine von beiden."
„Also ..."
„.Corinna."
Das war zu viel. Jenny kam in ein halb ohnmächtiges Schwanken, und sie wäre, angesichts ihres Sohnes, zu Boden gefallen, wenn sie der schnell Herzuspringende nicht aufgefangen hätte. Sie war nicht leicht zu halten und noch weniger leicht zu tragen; aber der arme Leopold, den die ganze Situation über sich selbst hinaushob, bewährte sich auch physisch und trug die Mama bis ans Sofa.

(Aus: Theodor Fontane: Frau Jenny Treibel. In: Sämtliche Werke. Romane. Erzählungen. Gedichte. Hg. von Walter Keitel. Bd. 4. Wissenschaftliche Buchgesellschaft, Darmstadt 1963, S. 427–431)

Sabina Becker: **Zwischen Kritik und Affirmation**[1] (2003) – Sachbuchauszug

Im Zuge des wirtschaftlichen Aufstiegs zeigte sich immer deutlicher, dass sich die Freiheitsvorstellungen der Bourgeoisie[2] von denen der liberalen Intelligenz zunehmend entfernten. Das Besitzbürgertum, vor allem die Industriellen, verstanden unter Freiheit, Liberalismus und Liberalität primär die uneingeschränkte Kapitalisierung und Ökonomisierung des Lebens, die Freiheit des ökonomischen Wettbewerbs also, während das liberale Bildungsbürgertum und die liberale, auch die literarische Intelligenz Liberalität mit demokratischer Entfaltung des Individuums sowie mit dessen humanitärer Bildung und Ausbildung gleichsetzten.

Innerhalb des liberalen Bildungsbürgertums begrüßte man die politische Realisierung der nationalen Einheit durch Bismarcks Machtpolitik, ein Vorhaben, an dessen Einlösung man selbst gearbeitet hatte, aber gescheitert war. Doch zugleich nahm die Skepsis an der durch das (Besitz-)Bürgertum betriebenen Materialisierung nahezu aller Lebensbereiche zu. Ein expansives, materialistisches Wirtschaftsdenken dominierte die Mentalität und Einstellung weiter Teile des Bürgertums. Es löste ein kulturelles und soziales Unbehagen aus, das in bildungsbürgerlichen Kreisen zu einer sich bis zur Jahrhundertwende verschärfenden Kritik am kapitalistischen Agieren der Bourgeoisie führte.

Diese dem offiziellen Fortschrittsoptimismus des Bürgertums, aber auch des wilhelminischen Staats entgegenstehende pessimistische Haltung trat innerhalb der Literatur als eine Selbstkritik der bürgerlichen Gesellschaft auf. [...]

Die primär nach materiellen und ökonomischen Belangen ausgerichtete bürgerliche Gesellschaft wird [...] kritisch beschrieben: Man erinnert das an ökonomischen Werten interessierte Besitzbürgertum, das mit dem Zuwachs an wirtschaftlicher Macht seinen Ausschluss von der politischen Herrschaft zu kompensieren suchte, an seine humanitären Verpflichtungen und ehemaligen liberalen Ziele respektive bürgerlichen Werte.

(Aus: Sabina Becker: Bürgerlicher Realismus. Literatur und Kultur im bürgerlichen Zeitalter 1848–1900. A. Francke, Tübingen/Basel 2003, S. 34f.)

[1] **Affirmation:** Bejahung, Zustimmung
[2] **Bourgeoisie:** hier: Besitzbürgertum

ERWARTUNGSHORIZONT

Inhaltliche Leistung

Aufgabe 1

	Anforderungen Die Schülerin / der Schüler	maximal erreichbare Punktzahl (AFB)	erreichte Punktzahl
1	verfasst eine sinnvolle Einleitung.	3 (I)	
2	beschreibt und charakterisiert die Titelfigur und geht dabei besonders auf ihre Lebensumstände ein: • aus kleinbürgerlichen Verhältnissen, Aufstieg durch Heirat, die keine Liebesheirat, sondern von gesellschaftlichem Ehrgeiz bestimmt ist • Kommerzienrätin mit hohem Lebensstandard • traditionelle Frauenrolle: nicht berufstätig, apolitisch, herrscht über Familie und Haushalt	6 (I)	
3	beschreibt und erläutert ihr Verhalten: • bestimmt von materiellen Interessen und Standesfragen, die ihre Hochschätzung von Kunst und Wissenschaft als Gerede entlarven	6 (II)	
4	erschließt Gefühle und Gedanken der Titelfigur: • Ehrgeiz in Bezug auf weiteren gesellschaftlichen Aufstieg • Anwandlung von Unzufriedenheit mit ihrer auf Wohlstand ausgerichteten, als prosaisch empfundenen Existenz • sentimentale Sehnsucht nach etwas „Höherem", einem Leben mit Kunst und Wissenschaft • entsetzte Ablehnung der nicht standesgemäßen Verlobung des Sohnes	9 (II)	
5	untersucht das Erzählverhalten: auktorialer Erzähler, der in der Er-/Sie-Form erzählt; lenkt Urteile und Einstellung des Lesers zu den Figuren durch Kommentare (Z. 47 f.)	6 (II)	
6	erschließt und deutet die Erzählhaltung gegenüber der Protagonistin: eher kritisch (vgl. Kommentar Z. 47 f., Widerspruch zwischen schwärmerischem Gerede und Reaktion auf die Verlobung).	9 (III)	
7	erläutert die Darbietungsform und die entsprechenden sprachlichen Mittel: Vorherrschen der Innensicht, teils in berichtender Gedanken- und Gefühlswiedergabe (Z. 8–15), teils in innerem Monolog (Z. 23–46), teils in erlebter Rede (Z. 60–70).	9 (II)	
8	entwickelt einen weiteren, eigenständigen Gedanken. (Max. 5 Punkte)		
		48	

Autor:
Dietrich Erlach

Texte, Themen und Strukturen
Lernerfolgskontrolle 27, S. 3

ERWARTUNGSHORIZONT **401**

Aufgabe 2

	Anforderungen Die Schülerin / der Schüler	maximal erreichbare Punktzahl (AFB)	erreichte Punktzahl
1	verfasst eine angemessene Überleitung.	3 (I)	
2	zeigt auf und erläutert, dass der Sachtext eine Einordnung der Handlung und der Figuren des Romans in die gesellschaftlichen Gegebenheiten der Zeit ermöglicht: der Roman wird interpretiert als beispielhafte Veranschaulichung der Spaltung des Bürgertums in Bourgeosie (Familie Treibel) und Bildungsbürgertum (Willibald Schmidt und Tochter Corinna).	9 (II)	
3	deutet den bürgerlichen Literaten Fontane als Beispiel für die „pessimistische Haltung" bildungsbürgerlicher Kreise und die „Selbstkritik der bürgerlichen Gesellschaft" (Sachtext Z. 30–32); auch die Wirkungsabsicht seines Erzählers ist es, den „primär nach materiellen und ökonomischen Belangen ausgerichteten" Teil des Bürgertums zu kritisieren und an die „humanitären Verpflichtungen und ehemaligen […] bürgerlichen Werte" zu erinnern (Z. 33 f. und 39 ff.).	12 (III)	
4	entwickelt einen weiteren, eigenständigen Gedanken. (Max. 4 Punkte)		
		24	

Darstellungsleistung

	Anforderungen Die Schülerin / der Schüler	maximal erreichbare Punktzahl	erreichte Punktzahl
1	strukturiert den Klausurtext schlüssig, sinnvoll verknüpft und gedanklich klar.	6	
2	schreibt fachsprachlich korrekt und differenziert zwischen beschreibenden, deutenden und wertenden Aussagen.	6	
3	belegt Aussagen funktional durch korrekte Zitate.	3	
4	formuliert begrifflich präzise und differenziert, sprachlich-stilistisch angemessen, abwechslungsreich und sicher.	10	
5	schreibt sprachlich korrekt.	3	
		28	

Eine Zuordnung der Punktezahlen zu den Notenstufen findet sich auf S. 46 in diesem Handbuch.

Autor:
Dietrich Erlach

Texte, Themen und Strukturen
Lernerfolgskontrolle 27, S. 4

Analyse eines literarischen Textes mit produktiv-gestaltendem Schreibauftrag

Aufgabenstellung

1 Analysieren Sie den Auszug aus Dieter Wellershoffs Roman „Der Liebeswunsch". Gehen Sie dabei der Frage nach, inwieweit der Roman an Theodor Fontanes „Effi Briest" erinnert. *(48 Punkte)*

2 Entwerfen Sie in einem Exposé Anjas weitere Geschichte als moderne Variation zu „Effi Briest". Begründen Sie anschließend kurz ihre Übernahmen und Abweichungen. *(24 Punkte)*

Dieter Wellershoff: **Der Liebeswunsch** (2000) – Romanauszug

Die 27-jährige Literaturstudentin Anja heiratet den 15 Jahre älteren Leonhard, von Beruf Vorsitzender Richter am Landgericht. Im ersten Jahr ihrer Ehe wird der Sohn Daniel geboren. Anja ist nun Hausfrau und Mutter. Die Familie lebt in einem geräumigen Reihenhaus in einem guten Viertel. Anja nimmt mit ihrem Mann am gesellschaftlichen Leben teil. Der Roman wird aus wechselnden Perspektiven erzählt.

Mit mir stimmte etwas nicht. Ich, die dieses beneidenswerte Leben führte, war unsicher, konfus, unausgeglichen, undankbar – das machte mich mir selber fremd. Wer war ich eigentlich, dass ich so wenig aus meinem Leben zu machen verstand? Was war los mit mir? Ich wusste es nicht, sah nur, dass ich mein Glückssoll nicht erfüllte, und gab mir Mühe, es zu erreichen. Ich gab mir Mühe mit Daniel, mit dem Haushalt, mit dem gesellschaftlichen Leben. Und ich gab mir Mühe, wenn ich mit Leonhard schlief. Ich versuchte mich in der Rolle einer fantasievollen Bettgenossin. Leonhard ließ sich zögernd darauf ein. Im Grunde mochte er es nicht. Es machte ihn unsicher, und ich wurde ihm nur fremd. Einmal wies er mich zurecht, weil ich ein obszönes Wort gebraucht hatte. Er ergriff diese Gelegenheit, um mich zu beschämen und mich in meine alten Unsicherheiten zurückzustoßen.

Ich war danach gehemmter als vorher, aber er schien damit zufrieden zu sein. Ihm ist etwas anderes wichtig im Leben. Er will für einen bedeutenden Mann gehalten werden. Auch in moralischer Hinsicht sucht er Bewunderung. Er gilt als fortschrittlich, als aufgeklärt. Einige seiner Urteile sind in die Fachliteratur eingegangen. Er scheut sich nicht vor Arbeit, nicht vor Ehrenämtern. Er ist ein Mann, der mit seiner Rolle verwachsen ist. Doch vor allem liebe er sein Zuhause, und seine Familie sei ihm das Höchste, hat er gesagt, als man ihn in der Zeitung nach seinem Leben und seinen Vorlieben befragte. Er wusste natürlich, dass ich das Interview lesen würde. Es war eine indirekte, halboffizielle Mitteilung an mich, eine Verlautbarung.

Was ist mit mir? Warum habe ich Lust, ihm Unrecht zu tun? Warum bin ich so gereizt? Alle scheinen Leonhard anders zu sehen als ich. Er hat Freunde, er ist ein geschätzter Mann.

Das strenge Gesicht meiner Mutter, das aufblüht, wenn sie Leonhard sieht. Ihre Fragen am Telefon: „Wie geht's Daniel, wie geht's Leonhard? Grüß ihn bitte von mir. Sag ihm, er soll sich schonen. Sag ihm, ich hätte das gesagt. Und gib beiden einen Kuss von mir."
Ich habe den Mann geheiratet, der die Wahl meiner Mutter ist.
„Du hast das große Los gezogen, Anja."
Immer wieder sagte sie es mir. Leonhard, ein guter Hausvater und Ehemann, bei dem Daniel und ich gut aufgehoben sind, ein zuverlässiger, ordentlicher, allgemein geachteter Mann, so viel reifer, so viel erwachsener als ich.
Durch Leonhard lernte ich die Welt kennen. Wenn wir reisten, fuhren wir immer an Orte, die er von einer seiner früheren Reisen kannte. Er führte mich überall herum, erklärte mir alles Wissenswerte. Ich sollte lernen, die Welt mit seinen Augen zu sehen. Ich war für ihn ein leeres Gefäß, bereit, alles aufzunehmen, was er in mich hineinlegte. Von Anfang an gab ich ihm recht. Ich war die Bedürftige, die Beschenkte. Ich hatte noch kein nennenswertes Leben gehabt.
Von überall schickten wir Ansichtskarten an meine Mutter, die sie alle aufbewahrte. Sie schrieb, sie könne sich alles so gut vorstellen, als ob sie uns begleitet hätte.
„Du hast das große Los gezogen, Anja."
Immer wieder sagte sie es mir, und ich antwortete: „Ja, das habe ich wohl." Ich lebte mich immer mehr ein in diese Rolle einer glücklichen jungen Frau und versuchte, alle davon zu überzeugen. Alle um mich herum sollten es bestätigen. Wenn mich jemand beglückwünschte oder zum Schein beneidete, lächelte ich wie zur Entschuldigung: Ich wisse natürlich auch, dass Glück nicht die Regel sei.
Ich glaubte nicht wirklich, was ich sagte, und versuchte, es mir deshalb immer wieder einzureden.

Autor: Dietrich Erlach

Texte, Themen und Strukturen
Lernerfolgskontrolle 28, S. 1

75 Wenn meine Mutter zu Besuch kommt, hat Leonhard sie vermutlich gerufen. Sie kommt, um mich zu entlasten, weil ich meine Pflichten vernachlässige, depressiv oder neurasthenisch[1] bin. Sie wird sagen: „Überlass mir mal alles hier. Fahrt ruhig einmal zu
80 zweit weg. Ich glaube, das braucht ihr mal." Ich kann nicht antworten, dass ich gerade das fürchte.

[1] **neurasthenisch:** chronisch erschöpft

Nein, ich kann nicht mehr Tage und Wochen mit ihm allein sein. Ich fürchte mein Verstummen, weil ich mein Geständnis fürchte. Ich habe Angst, dass ich alles zerstöre, hoffe immer, dass ich mich wieder fange. 85
Ich weiß nicht wie.

(Aus: Dieter Wellershoff: Der Liebeswunsch.
© *by Kiepenheuer & Witsch, Köln 2000, S. 96–99)*

Inhaltliche Leistung

Aufgabe 1

	Anforderungen Die Schülerin / der Schüler	maximal erreichbare Punktzahl (AFB)	erreichte Punktzahl
1	verfasst eine sinnvolle Einleitung.	3 (I)	
2	beschreibt die übereinstimmende Figurenkonstellation in beiden Romanen: • eine junge Frau geht eine Ehe mit einem deutlich älterem Mann ein, der ihr überlegen erscheint (kein symmetrisches Verhältnis) • die Mutter der Frau steht auf Seiten des Ehemanns, hat ihrer Tochter zu der Ehe geraten • ein Kind in der Ehe	6 (I)	
3	benennt die ähnlichen Lebensumstände in beiden Texten: • hohe berufliche Stellung des Mannes und entsprechendes Ansehen • Wohlstand der Familie • Rolle der Frau als Hausfrau und Mutter	6 (I)	
4	untersucht übereinstimmende Aspekte im Charakter der Protagonisten: • der Mann geht in seinem Beruf, seinem Amt auf, in dem er sehr erfolgreich ist; neigt zu Belehrung und Schulmeisterei; kein aufmerksamer und fantasievoller Liebhaber; lebt nach den Normen der Gesellschaft und sucht moralische Bewunderung • die Frau ist verunsichert, frustriert, fühlt sich von sich selbst entfremdet, ist innerlich zerrissen; sie leidet unter dem unerfüllten ehelichen Liebesleben und der schulmeisternden Dominanz ihres Mannes; Zwiespalt zwischen dem Bemühen, ihre Rolle als glückliche junge Frau zu erfüllen und dem inneren Widerstand gegen die gesamte Situation	9 (II)	
5	stellt das unterschiedliche gesellschaftliche Milieu dar: bürgerliches Milieu vs. Adelsgesellschaft.	6 (II)	
6	erschließt unterschiedliche Züge im Charakter der Protagonistinnen: Anja erscheint von ihrem Wesen her weniger lebensfroh, verspielt und mit romantischen Neigungen als Effi, vielmehr neigt sie zu Depression und Neurasthenie; sie versucht in der sexuellen Beziehung des Paares die Initiative zu ergreifen, was Effi nach den Normen und Konventionen im Hinblick auf das Frauenbild ihrer Zeit nicht gestattet ist.	9 (II)	
7	untersucht die Erzählweise: im Text von Wellershoff gibt es keinen auktorialen Erzähler, der die erzählerischen Fäden in der Hand behält wie bei Fontane; stattdessen verschwindet der Erzähler ganz hinter der Figur, die in einem langen inneren Monolog zu Wort kommt; der Erzähler legt hier keine Einstellungen und Deutungen nahe, der Leser muss sich selbst ein Urteil bilden.	9 (II)	
8	entwickelt einen weiteren, eigenständigen Gedanken. (Max. 4 Punkte)		
		48	

ERWARTUNGSHORIZONT **405**

Aufgabe 2

	Anforderungen Die Schülerin / der Schüler	maximal erreichbare Punktzahl (AFB)	erreichte Punktzahl
1	verfasst eine sinnvolle Überleitung.	3 (I)	
2	verfasst ein Exposé, in dem er für den Leser nachvollziehbar die weitere Geschichte Anjas unter Beachtung folgender Kriterien entwickelt: • Parallelen zu der Geschichte Effi Briests werden deutlich erkennbar • die Voraussetzungen, die durch den Romanauszug gegeben sind, werden beachtet und damit Brüche und Unwahrscheinlichkeiten vermieden • auf Grund geänderter gesellschaftlicher Normen und Konventionen werden sinnvolle Abweichungen von der Geschichte Effis vorgenommen	12 (III)	
3	begründet plausibel und überzeugend die wesentlichen Entscheidungen in der Konstruktion ihrer/seiner Geschichte und reflektiert dabei die gegenüber dem 19. Jahrhundert geänderten Normen, Konventionen, gesellschaftlichen Verhältnisse, Rollenbilder etc.	9 (III)	
4	entwickelt einen weiteren, eigenständigen Gedanken. (Max. 4 Punkte)		
		24	

Darstellungsleistung

	Anforderungen Die Schülerin / der Schüler	maximal erreichbare Punktzahl	erreichte Punktzahl
1	strukturiert den Klausurtext schlüssig, sinnvoll verknüpft und gedanklich klar.	6	
2	schreibt fachsprachlich korrekt und differenziert zwischen beschreibenden, deutenden und wertenden Aussagen.	6	
3	belegt Aussagen funktional durch korrekte Zitate.	3	
4	formuliert begrifflich präzise und differenziert, sprachlich-stilistisch angemessen, abwechslungsreich und sicher.	10	
5	schreibt sprachlich korrekt.	3	
		28	

Eine Zuordnung der Punktezahlen zu den Notenstufen findet sich auf S. 46 in diesem Handbuch.

Autor:
Dietrich Erlach

Texte, Themen und Strukturen
Lernerfolgskontrolle 28, S. 4

5 Die Moderne – Vom Naturalismus bis zur Neuen Sachlichkeit

Konzeption des Kapitels

„Modern" ist ein schillernder Begriff. Seine genaue Bedeutung lässt sich jeweils nur in den konkreten Kontexten der Verwendung bestimmen. In der Alltagssprache besagt er häufig nicht mehr als „zeitgemäß" oder „Neuem gegenüber aufgeschlossen". Gegenbegriffe sind „traditionell" oder, wertend gemeint, „veraltet". In der Literaturgeschichtsschreibung bezeichnet „Moderne" eine in sich stark gegliederte Makro-Epoche. Einige Literarhistoriker und Literaturgeschichten lassen diese Moderne bereits mit der Frühromantik beginnen, andere, so auch „Texte, Themen und Strukturen", gehen davon aus, dass die Moderne mit dem Übergang vom 19. in das 20. Jahrhundert zusammenfällt. Das wichtigste Unterscheidungsmerkmal ist hier der konsequente Bruch mit den klassisch-romantischen Traditionen, die das „bürgerliche Zeitalter" des 19. Jahrhunderts bestimmen. Erkennbar wird dieser Bruch an der Abkehr von der gegenständlichen Malerei, von der Ästhetik des „Wahren, Guten, Schönen", von der auf Harmonie abzielenden Musik. Das Kapitel ist so aufgebaut, dass jeweils herrschende Strömungen der Moderne mit ihren zentralen Motiven, Perspektiven und ästhetischen Konzepten vorgestellt werden.

„Naturalismus" bezeichnet die Spielart der Literatur, die einen realistischen Blick auf die gesellschaftliche Wirklichkeit wirft, sich dazu mit den Natur- und Sozialwissenschaften der Zeit verbündet und die Probleme der Arbeiterschaft in den schnell wachsenden Großstädten thematisiert. Das erste Teilkapitel (**„Naturalismus, 1880–1900"**) akzentuiert die jeweiligen Innovationen der Erzählweise, der politischen Wertungen, der „wissenschaftlichen" Schreibweisen naturalistischer Autoren.

Im zweiten Teilkapitel (**„Fin de Siècle – Symbolismus, 1890–1920"**) setzen sich die Schülerinnen und Schüler mit der Kunst um 1900 auseinander. Anhand von Gemälden, Romanauszügen und Lyrikbeispielen lernen sie in Abgrenzung zum Naturalismus die Stimmung der Künstlergeneration der Jahrhundertwende zwischen Untergang und Aufbruch kennen. Tendenzen zu wirklichkeitsüberhöhender Exklusivität werden im Kontrast zum Versuch der Wirklichkeitsabbildung nachweisbar. Venedig als Symbol für Schönheit und Vergänglichkeit rückt beispielhaft in den Blick.

Im dritten Teilkapitel (**„Expressionismus, 1910–1925"**) liegt der Schwerpunkt bei der expressionistischen Ausdruckskunst, die zentral Apokalypse, Weltende und Krieg in der Lyrik thematisiert, von Verbrechen und Wahnsinn in Prosatexten erzählt. Experimentelle Neuschöpfungen in Sprache und Form werden als kennzeichnend für diese Epoche analysiert.

Anhand der **„Literaturstation: Schönheit und Tod – Ein Motiv der Lyrik"** untersuchen die Schülerinnen und Schüler selbstständig das Ophelia-Motiv kunst- und literaturgeschichtlich. Die Thematik von Werden und Vergehen, die Verknüpfung von Schönheit und Hässlichkeit mit dem Tod kann mit dem Ophelia-Motiv bis in die heutige Zeit vertieft werden.

Ausgangspunkt des vierten Teilkapitels (**„Neue Sachlichkeit – Literatur der Weimarer Republik, 1919–1933"**) ist die Großstadterfahrung in den Jahren nach dem Ersten Weltkrieg. Die Weimarer Republik erscheint als eine Berliner Republik mit neuen, „modernen" Lebensformen, insbesondere in der sozialen Gruppe der Angestellten.

Das fünfte Teilkapitel (**„Exilliteratur, 1933–1945"**) konzentriert sich auf die politische Verarbeitung der Exilerfahrung deutscher Schriftstellerinnen und Schriftsteller, die wegen ihrer Gegnerschaft zum Nationalsozialismus Deutschland verlassen mussten und ihr Schreiben benutzten, um mit dieser Erfahrung fertigzuwerden und gleichzeitig ihre Leser über die wahren Zustände in Deutschland zu informieren.

Literaturhinweise

Expressionismus. Der Deutschunterricht 2/1990

Expressionismus und Dadaismus. Die deutsche Literatur. Ein Abriss in Text und Darstellung. Hg. von Otto F. Best und Hans-Jürgen Schmitt. Bd. 14. Reclam, Stuttgart 1978

Fähnders, Walter: Avantgarde und Moderne 1890–1933. Metzler, Stuttgart 1998

Feilchenfeldt, Konrad: Deutsche Exilliteratur 1933–1945. Kommentar zu einer Epoche. Winkler, München 1986

Fingerhut, Karlheinz/Fingerhut Margret: Schreibweisen des Realismus: Vom 19. Jahrhundert bis zur Gegenwart. Cornelsen, Berlin 2007 (Kursthemen Deutsch)

Fischer, Jens Malte: Fin de Siècle. Kommentar zu einer Epoche. Winkler, München 1978

Grunow, Cordula u. a.: Epochenumbruch 1900: Krise der Sprache. Cornelsen, Berlin 2002 (Kursthemen Deutsch)

Jahrhundertende – Jahrhundertwende. Der Deutschunterricht 2/2000

Ladnar, Ulrike: Literatur um 1900. Cornelsen, Berlin 2000 (Arbeitsheft zur Literaturgeschichte)

Lehnert, Herbert: Geschichte der deutschen Literatur vom Jugendstil bis zum Expressionismus. Reclam, Stuttgart 1978

Leiß, Ingo/Stadler, Hermann: Deutsche Literaturgeschichte. Bd. 8: Wege in die Moderne 1890–1918. Deutscher Taschenbuch Verlag, München 1997

Leiß, Ingo/Stadler, Hermann: Deutsche Literaturgeschichte. Bd. 9: Weimarer Republik 1918–1933. Deutscher Taschenbuch Verlag, München 2003

Lindenhahn, Reinhard: Expressionismus. Cornelsen, Berlin 1999 (Arbeitsheft zur Literaturgeschichte)

Loewy, Ernst (Hg.): Exil. Literarische und politische Texte aus dem deutschen Exil 1933–1945. Bd. 1: Mit dem Gesicht nach Deutschland. Bd. 2: Erbärmlichkeit und Größe. Bd. 3: Perspektiven. Fischer, Frankfurt/M. 1981/82

Naturalismus. Der Deutschunterricht 2/1988

Riegel, Paul/Rinsum, Wolfgang van: Deutsche Literaturgeschichte. Bd. 10: Drittes Reich und Exil. Deutscher Taschenbuch Verlag, München 2000

Vietta, Silvio: Die literarische Moderne. Eine problemgeschichtliche Darstellung der deutschsprachigen Literatur von Hölderlin bis Thomas Bernhard. Metzler, Stuttgart 1992

Walter, Hans-Albert: Deutsche Exilliteratur 1933–1950. Bd. 1.1: Die Mentalität der Weimardeutschen. Die Politisierung der Intellektuellen. Metzler, Stuttgart/Weimar 2003. Bd. 3: Internierung, Flucht und Lebensbedingungen im Zweiten Weltkrieg. Metzler, Stuttgart/Weimar 1998

Wunbarg, Gotthart: Jahrhundertwende. Studien zur Literatur der Moderne. Gunter Narr, Tübingen 2001

C5 DIE MODERNE

	Inhalte	Kompetenzen Die Schülerinnen und Schüler
S. 382	**5 Die Moderne – Vom Naturalismus bis zur Neuen Sachlichkeit**	• erarbeiten anhand von Bildimpulsen erste Merkmale der Moderne
S. 383	**5.1 Naturalismus (1880–1900)**	
S. 384	**Die Masse – Ein neuer Protagonist** *Émile Zola:* Germinal *Gerhart Hauptmann:* Die Weber Gemälde von *Giuseppe Pellizza da Volpedo*	• erkennen und beschreiben die naturalistische Sicht auf menschliches Verhalten in der Masse unter den Bedingungen eines elenden Lebens
S. 386	**Ein neues Menschenbild – Eine neue Technik der Darstellung** *Arno Holz/Johannes Schlaf:* Papa Hamlet	• erarbeiten Charakteristika des naturalistischen „Sekundenstils"
S. 387	**Was bedeutet „Naturalismus"? – Leitsätze einer Kunstprogrammatik**	• nutzen theoretische Standortbestimmungen für die Interpretation von Texten
S. 390	**5.2 Fin de Siècle – Symbolismus (1890–1920)**	• erkennen neue Aufgaben und Strukturen von Literatur und Kunst als Merkmale des Umbruchs der Jahrhundertwende
S. 390	**Das Geheimnis hinter der Wirklichkeit – „Nerven, Nerven, Nerven"** Bilder von *Carlos Schwabe* und *Michail Alexandrowitsch Wrubel* *Hermann Bahr:* Symbolisten	• beschreiben die (neue) Auffassung von Wirklichkeit anhand von Gemälden • reflektieren den Symbolbegriff im Alltag und grenzen ihn gegen den der Symbolisten ab • erläutern die neue Kunstauffassung in Abgrenzung zum Naturalismus
S. 391	**Angst und Lebenskrise – Symbole des Verfalls und Todes** *Arthur Schnitzler:* Fräulein Else *Rainer Maria Rilke:* Die Aufzeichnungen des Malte Laurids Brigge *Thomas Mann:* Der Tod in Venedig *Friedrich Nietzsche:* Venedig *Hugo von Hofmannsthal:* Ballade des äußeren Lebens *Stefan George:* komm in den totgesagten park Bilder von *Claude Monet* und *Stanislaw Wyspianski*	• setzen sich anhand von Auszügen aus verschiedenen Erzähltexten (Schnitzler, Rilke, Thomas Mann) mit epochentypischen Merkmalen auseinander • untersuchen unterschiedliche Venedig-Bilder in Literatur und Malerei • deuten Gedichte (Hofmannsthal, George) vor dem Hintergrund epochaler Merkmale • zeigen Unterschiede zwischen Epochen (Naturalismus – Symbolismus) auf
S. 397	**Gegenströmungen zum Naturalismus – Fin de Siècle / Symbolismus (1890–1920)**	• erstellen eine Wandzeitung „rund um Venedig-Bilder" (Literatur und Kunst) • recherchieren Begriffe wie „Jugendstil", „Impressionismus", „Surrealismus", „Sezession" und „Neuromantik" und halten dazu Referate mit Anschauungsmaterialien
S. 398	**5.3 Expressionismus (1910–1925)** Bilder von *Edvard Munch* und *George Grosz* *Margarete Susman:* Expressionismus	• reflektieren programmatische literarische und bildnerische Ziele expressionistischer Künstler • setzen literarische Texte und Gemälde thematisch und formal in Beziehung
S. 399	**Apokalypse und Krieg – Motive expressionistischer Lyrik** *Else Lasker-Schüler:* Weltende *Jakob van Hoddis:* Weltende *Alfred Lichtenstein:* Doch kommt ein Krieg *Georg Trakl:* Grodek *August Stramm:* Patrouille	• entwerfen eine Stimmskulptur als interpretativen Zugriff • erarbeiten Weltende, Apokalypse und Krieg als typische Themen expressionistischer Künstler/innen • beziehen historische und biografische Dimensionen (v. a. den Ersten Weltkrieg) in die Interpretation ein

S. 401	**Mörder und Verlorene – Beispiele expressionistischer Prosa** *Franz Kafka:* Ein Brudermord *Gottfried Benn:* Gehirne	<ul><li>analysieren moderne Kurzprosa im Hinblick auf Thema, Motive, Figuren, Handlung, Erzählstrategien, Sprache, gattungsspezifische Merkmale</li><li>erarbeiten „Verbrechen" und „Wahnsinn" als Themen expressionistischer Literatur</li><li>setzen sich produktiv-gestaltend mit dem Inhalt der Erzählung Kafkas auseinander</li><li>untersuchen Merkmale expressionistischen Erzählens am Beispiel</li><li>recherchieren Gedichte zum Thema „Krieg" aus anderen Epochen (z. B. aus dem Barock) und führen Gedichtvergleiche durch</li></ul>
S. 405	**Literaturstation: Schönheit und Tod – Ein Motiv der Lyrik**	<ul><li>verfolgen ein Motiv (Ophelia) in der Literatur, der bildenden Kunst und Musik bis heute</li></ul>
S. 405	**I Das Ophelia-Motiv – Die schöne Wasserleiche** *Arthur Rimbaud:* Ophelia I Bilder von *J. E. Millais* und *G. Crewdson*	<ul><li>erfassen dabei gestalterische sowie thematische Gemeinsamkeiten und Unterschiede der so genannten „Wasserleichenpoesie und -malerei"</li><li>erläutern die Bedeutung des Ophelia-Motivs</li><li>setzen die malerische und die literarische Gestaltung des Ophelia-Motivs zueinander in Beziehung</li><li>üben das Verfahren der schriftlichen Lyrikinterpretation weiter ein, erproben und reflektieren es</li><li>beziehen historisch unterschiedliche Kontexte in die Lyrikinterpretation mit ein</li><li>nehmen eigene produktive Schreibversuche vor und reflektieren deren Funktion für den Verstehensprozess</li></ul>
S. 406	**II Die Ästhetik des Hässlichen – Eine hässlich-schöne Wasserleiche?** *Georg Heym:* Ophelia I *Gottfried Benn:* Schöne Jugend *Bertolt Brecht:* Vom ertrunkenen Mädchen *Peter Huchel:* Ophelia Bilder von *Alfred Kubin* und *Edvard Munch*	
S. 409	**III „All beauty must die" – Das Ophelia-Motiv in der Pop-Musik** *Nick Cave:* Where the Wild Roses Grow	<ul><li>untersuchen das Ophelia-Motiv in einem modernen Popsong</li><li>diskutieren eine zentrale These: „All beauty must die"</li></ul>
S. 410	**5.4 Neue Sachlichkeit – Literatur der Weimarer Republik (1919–1933)**	
S. 410	**Das Motiv der Großstadt – Leben, Lust und Leiden** *Alfred Döblin:* Berlin Alexanderplatz *Irmgard Keun:* Das kunstseidene Mädchen *Erich Kästner:* Sachliche Romanze *Mascha Kaléko:* Großstadtliebe *Hermann Hesse:* Der Steppenwolf	<ul><li>erkennen Modernitätserfahrungen (Desorientierung des Ichs, Verlusterfahrungen, „Melancholie") als epochentypisch</li><li>beschreiben unterschiedliche Darstellungsweisen (Sachlichkeit in der Lyrik, Satire in der Prosa)</li></ul>
S. 414	**Demokratie ohne Demokraten – Ein Thema gesellschaftskritischer Literatur** *Heinrich Mann:* Der Untertan	<ul><li>erkennen in der Romanfigur den Prototyp der autoritären Persönlichkeit</li></ul>
S. 417	**5.5 Exilliteratur (1933–1945)**	
	Lion Feuchtwanger: Der Schriftsteller im Exil *Hilde Domin:* Hier *Mascha Kaléko:* Der kleine Unterschied *Bertolt Brecht:* Schlechte Zeit für Lyrik *Anna Seghers:* Das siebte Kreuz	<ul><li>unterscheiden persönliche Aussagen (Befindlichkeit, Fremdheitserfahrung) und allgemeine Aussagen (Exil, politische Kritik) in literarischen Texten des Exils 1933–1945 und beziehen sie aufeinander</li></ul>

410 C5 DIE MODERNE

5 Die Moderne – Vom Naturalismus bis zur Neuen Sachlichkeit

▶ S. 382 Die auf den Auftaktseiten zusammengestellten Bilder akzentuieren formale Innovationen, die „moderne" Malerei von der traditionellen „wirklichkeitsgetreuen" Wiedergabe eines Naturausschnitts abgrenzen. Deswegen ist auch kein „naturalistisches" Gemälde einbezogen, das – wie etwa die Bilder Leibls oder Menzels – Personen und ihre Umgebung „charakteristisch" vorstellen und damit die Abbildfunktion der Malerei an ihr (vorläufiges) Ende führen.

1 Das „Champagnerplakat" des tschechischen Malers Alfons Maria Mucha repräsentiert den Ästhetizismus (vgl. Teilkapitel 5.2) in der Variante des so genannten Jugendstils. In dieser repräsentativ und ästhetisch (mit Vignetten, Ornamenten) kolorierten Lithografie wird die Frauengestalt wie eine künstliche Kostbarkeit in dekorativ geschwungenen Linien und umgeben von floralen Ornamenten vorgestellt. Die Wiedereinbeziehung der Kunst in das Alltägliche war Programm. Im Sinne einer umfassenden künstlerischen Neugestaltung aller alltäglichen Dinge wurde auch der Entwurf von Reklameplakaten zu einer Kunstübung. Picassos „Les Demoiselles d'Avignon" können als programmatisches Bild zwischen Primitivismus und Kubismus eingeordnet werden. Der Kubismus verachtet die organische Form, reduziert alles auf geometrische Schemata, so auch hier die Gestalten der fünf Frauen, Prostituierte aus der Rue d'Avignon in Barcelona, deren Körper und Gesichter in verwinkelte Formen verwandelt sind. Man sieht die Gesichter von vorne und zugleich die Nase im Profil. Die beiden Frauen rechts, für deren Darstellung Picasso afrikanische Masken kopierte (Primitivismus), sind besonders deformiert. Augen und Münder sind falsch angeordnet. Der „Sinn" dieser Deformationen ist eine dezidiert antiästhetische Ästhetik. Picasso hasst den Schönheitskult, wie er in Werken des Jugendstils zum Tragen kommt.

2 Moderne bedeutet auch den Beginn der Fotografie als Kunst. Die Frauenfotos zeigen Frauen in herausfordernden und selbstbewussten Posen – rechts im Sinne der Moderne der „Belle Époque" um 1910, links im Sinne eines in den 1920er Jahren modernen Lifestyles. Die Kleidung der Frau ist jeweils als modernes „Kunstwerk" zu sehen. Die einer Magazin-Reklame entnommene Fotografie „Frau auf dem Motorrad" kann so als eine ikonische Umsetzung eines auf Gegenwart bezogenen Lebensgefühls angesehen werden (Motorrad, Zigarette, Kapotthut und bloße Beine in Stöckelschuhen sind dessen Zeichen).

a In den Clustern wird ein „Ast" die unterstellte psychische Befindlichkeit der Frauen enthalten: Selbstbewusstsein, Wissen um die eigene Attraktivität, ein weiterer wird die „Accessoires" der Moderne und Emanzipation umfassen: Hut, Stock bzw. Motorrad, ein dritter die „Mode", also figurbetonende Kleidungsstücke, 1910 eine Ganzkörperbekleidung, die Busen und Po betont, später eine sparsame Bekleidung, die auf Nonchalance, Lässigkeit und Lebensbejahung hin ausgerichtet ist. Daneben sind der Gesichtsausdruck (Mimik) und die Körperbotschaft (Haltung) von Interesse (hoheitsvoll, distanziert vs. Kontakt aufnehmend).

b Möglicher Anfang einer Glosse über die Veränderungen im Erscheinungsbild, der Lebenssituation und -einstellung von Frauen zwischen dem 19. und 20. Jahrhundert:

Es ändern sich die Formen
Fotoalben erzählen Geschichten aus dem Alltag. Die Frisuren ändern sich, die Protagonisten werden alt, neue Gesichter treten hinzu, die Haltungen bleiben gleich. Immer stellen sich Männer steif und gewichtig, raumgreifend auf, wenn sie wissen, dass die Linse auf sie gerichtet ist, auch Frauen werfen sich in Pose. Sie kämmen sich sorgfältig, bevor sie sich fotografieren lassen. Hier sehen wir eine mit breitkrempigem Blumenhut, auf einen Spazierstock gestützt. Es ist die Zeit, als die Herrn „Kreissägen" trugen und niemand sich getraute, ins Wasser zu gehen und zu schwimmen ...

3 a Die Häuserfassaden erzählen ebenfalls Geschichten von den Fantasien ihrer Erbauer und Bewohner. Die Fassade im **Gründerstil** ist geprägt von Prunk und Stuck. Reminiszenzen an barocke Kirchen tauchen auf, die Balkons sind individuell gestaltet und abgesetzt wie die Orgelempore in einer süddeutschen Basilika, die Fassade ist horizontal und vertikal gegliedert, sodass man die „Belétage" im obersten Stock vermuten muss: In der vierten Etage ist man über den gemeinen Straßenverkehr der Großstadt erhaben.

5.1 NATURALISMUS (1880–1900) **411**

Die **Bauhausarchitektur** setzt hingegen auf Rationalität, auf Ökonomie und Gleichberechtigung. Deswegen betont sie stark die Horizontale. Die meisten Fenster sind gleich groß, schmucklos und funktional zu Dreier- und Vierergruppen angeordnet. Haustüren und Treppenhäuser der verschiedenen Eingänge sind ebenfalls gleich, sogar die Kellerfenster fügen sich in dies rational geordnete Gesamtbild. Sie bilden, wie die Fenster des Dachgeschosses, ein „Band".

b   Das Staatliche Bauhaus Weimar, 1919 von Walter Gropius als Kunstschule gegründet, gilt heute als ein Zentrum der klassischen Moderne auf allen Gebieten der freien und angewandten Kunst. Umgangssprachlich wird „Bauhaus" auch mit Moderne in Architektur und Design gleichgesetzt. Die Entwürfe von Bauhausarchitekten und -designern werden indes länderübergreifend unter Begriffen wie „Funktionalismus", „Klassische Moderne", „Neue Sachlichkeit", „Internationaler Stil" eingeordnet. Im Bauhaus wurden die traditionell getrennten Bereiche der darstellenden und der angewandten Kunst miteinander verbunden, sodass das Design vieler Gebrauchsgegenstände das Siegel „Bauhaus" trägt.

4   Gemeinsam ist allen Bildern, dass „Moderne" etwas Provozierendes hat. Moderne bedeutet Bruch mit Traditionen, Umkehr des Geläufigen und Gewohnten. Dabei kann die Richtung, in der diese Provokation zielt, sehr unterschiedlich sein: Harmonisches wird disharmonisch (wie die Gesichter der Frauen bei Picasso), sorgfältig nach der Natur Gemaltes wird zerlegt und neu komponiert, wobei in den Neukompositionen die Brüche und Verwerfungen moderner Lebenserfahrungen sichtbar werden (noch einmal die Frauen). Schließlich ist Moderne charakterisiert durch das Abschneiden der Verbindung zur Geschichte oder zur Vergangenheit. Nur die Oberfläche und das Jetzt und Heute zählen. Ein Vergleich mit Kunstlexika und Kulturgeschichten erbringt: Die Situation des Umbruchs und des Wertewandels wird überall betont. In den Kunstlexika ist dieser Wandel aber zumeist konzentriert auf Formenwandel und Wandel der Kunststile, in Kulturgeschichten auf den Wandel der Mentalität der Menschen.

5.1 Naturalismus (1880–1900)

Im Zentrum der Vorstellung von „Naturalismus", die hier aufgebaut werden soll, steht das Interesse für die Arbeiterschaft, den „vierten Stand".

2 a   Das Bild **Giuseppe Pellizza da Volpedos** (auch auf der CD enthalten) ist ein programmatisches Gemälde. Es bildet naturalistisch eine marschierende Masse ab, „konstruiert" aber zugleich die Hierarchie von Führerfiguren, die vor der Menge einhergehen. Zu diesen gehört auch eine Frau, die ihr Kind trägt. Alle Dynamik des Schreitens geht davon aus, dass die Arbeiter, wenn auch nicht marschierend, so doch in einer quasimilitärischen Formation auftreten. Demonstration von Geschlossenheit und Entschlossenheit gehören zur „Wirklichkeit" der neuen Arbeiterparteien, die bürgerliche Zuschauer durchaus als bedrohlich empfinden mussten. Das Bild wäre geeignet als Illustration zu Heinrich Heines „Wanderratten" (vgl. S. 391 in diesen Handreichungen). Farblich einförmige (braune) Arbeitskleidung, ausladende Armbewegungen und eine energische Bewegung der Figuren setzen diese „Wirklichkeit" optisch um.

▸ S. 383

b   Adolph Menzels „Abreise König Wilhelms I." (S. 336 im Schülerband) zeigt die Menge der festlich gekleideten Bürger, die ihren König feiern. Die Lebendigkeit der Szene resultiert aus den unterschiedlichen Haltungen, Gesten und Kleidungen der Figuren. Alle verhalten sich irgendwie „individuell": die eine schaut neugierig, die andere drängt sich vor, die dritte bezeugt Achtung, indem sie sich ins Leere verneigt. Menzels „Das Eisenwalzwerk" (S. 360 im Schülerband) zeigt die Menge der Arbeiter in den verschiedenen Tätigkeiten. Realistisch sind beide insofern, als „Ausschnitte aus der wirklichen Welt" unter Einhaltung von Perspektive und Atmosphäre abgebildet sind (vgl. S. 379 f. in diesen Handreichungen). Das naturalistische Bild Da Volpedos ist ihnen gegenüber eher politisch, programmatisch, plakativ (eine Frühform des „sozialistischen Realismus", vgl. S. 435 im Schülerband) als realistisch, woraus ersichtlich wird, dass „Naturalismus" nicht gleichzusetzen ist mit möglichst exakter Mimesis.

412 C 5 DIE MODERNE

Die Masse – Ein neuer Protagonist

▶ S. 384 **Émile Zola: Germinal** (1895) – Auszug 4. Kapitel, 5. Teil

Zolas Naturalismus ist politisch parteilich. Er klagt an, dass sich die Bourgeoisie im Prozess der Industriali-sierung schamlos bereichert, während die Arbeiterschaft in Elend versinkt. Sein Roman „Germinal" (der Titel ist symbolisch zu lesen im Sinne der Naturbilder des Vormärz: Frühling = Aufbruch) schildert den Aufbruch der Arbeiterschaft wie eine Illustration zur „Marseillaise" der Arbeiterbewegung, der „Internationale", deren deutsche Version 1910 von Emil Luckhardt so formuliert wurde: „Wacht auf, Verdammte dieser Erde, / die stets man noch zum Hungern zwingt! / Das Recht wie Glut im Kraterherde, / nun mit Macht zum Durchbruch dringt. / Reinen Tisch macht mit dem Bedränger! / Heer der Sklaven, wache auf! / Ein Nichts zu sein, tragt es nicht länger! / Alles zu werden, strömt zuhauf!" (www.volksliederarchiv.de/text986.html)

1/2 Der Textausschnitt erhält seine Dynamik aus dem Psychogramm der Masse. Der Erzähler befindet sich in einer Beobachterposition. Er sieht die fünf Kilometer Wegstrecke, er sieht zugleich die Wut, die die Erschöpften ihre Müdigkeit nicht spüren lässt. Dabei bewertet er die Verhaltensweisen der Menschen durchaus kritisch: Er stellt fest, dass die Kohlearbeiter aus perspektivloser Wut die Erd-arbeiter mit Steinen bewerfen, er spricht von „regellose[n] Rotten" (Z. 16), wo in Da Volpedos Bild eine geordnete Menge marschiert, er kritisiert, dass sie, in Ermangelung von Verantwortlichen, auf die sich ihr Zorn hätte richten können, Sachen zerstören. Er bietet psychologische Erklärungen (der Jahre hindurch erduldete Hunger als Grund für politisch unsinnige Aktionen). Dann führt er seinen „Helden" als Führer der Arbeiterschaft ein: Etienne unterbindet das ehrlose Plündern, aber er kann nicht ver-hindern, dass Zerstörungswut und nicht politisches Bewusstsein die Handlungsweise der Masse bestimmt. In diesem Punkt ist Zola Naturalist und nicht sozialistischer Realist.

3 Der Schlusssatz des Romans artikuliert als Hoffnung (die im Titel angedeutete) Perspektive einer weiteren Entwicklung: Ein neues Geschlecht wächst heran, das die gesellschaftliche Ordnung des Oben und Unten sprengen wird. Diese Hoffnung ist als Teilaspekt der Umwälzungen der „Moderne" auf eine gewaltsame Selbstbefreiung der Unterdrückten gerichtet. Sie setzte voraus, dass die ungeordnete Wut in geordnete politische Bahnen gelenkt werden kann, sodass aus der Hungerrevolte (wie der Textauszug sie zeigt) eine wirkliche Revolution entstehen würde.

▶ S. 385 **Gerhart Hauptmann: Die Weber** (1892) – Auszug 4. Akt

Der „Weberaufstand" von 1844 ist in Hauptmanns fünfzig Jahre später uraufgeführtem Drama eine Hunger-revolte und insofern vergleichbar dem in „Germinal" geschilderten Geschehen. Auch die erregte Menge der Weber sucht nach einem Schuldigen, der „Sägespäne fressen" (= totgeschlagen werden) soll. Als das nicht gelingt, richtet sich der Zorn gegen Sachen: „arm soll a wern" (Z. 57 ff.).

1 a Beim Umschreiben in einen Erzähltext müssen sich die Schülerinnen und Schüler entscheiden, ob auktorial (wie bei Zola), also aus der Warte eines Beobachters, oder ob personal, aus der Perspektive eines der Beteiligten, erzählt wird. Bei einem personalen Erzähler (etwa: ein alter Weber erinnert sich) wäre Dialekt erforderlich. Ein auktorialer Erzähler könnte auch die Regieanweisungen (die in Haupt-manns Stück sehr ausführlich sind und eine narrative Struktur aufweisen) auswerten. Ein Beispiel:

> Die hungrigen und verzweifelten Weber stürmen die Villa Dreißigers. Sie sind eingeschüchtert von der Pracht, die sie hier zum ersten Mal sehen. Im ersten Augenblick wagen sie kaum ein-zutreten, dann aber überwinden sie ihre Schüchternheit, dringen ein und betrachten die Einrich-tung. Sie steigen auf Stühle, um die Bilder besser anschauen zu können. Es entsteht ein beein-druckender Kontrast: die zerlumpten und elenden Weber vor den prächtigen Kulissen der Villa. Dann kommen die Hauptakteure des Aufstands. Sie suchen den Hausherrn, um sich an ihm für die erlittene Ausbeutung zu rächen. ...

b Die Weber sprechen schlesischen Dialekt, Standardsprache ist ihnen fremd. Hauptmann hat in einer ersten Fassung des Stückes „echten", authentischen Dialekt verwendet, dadurch war das Stück einem weitem Publikum unverständlich. Also entwarf er eine Kunstform des Dialekts, die Merkmale des Schlesischen mit solchen der Umgangssprache mischte, verständlich war und dennoch Lokalkolorit enthielt, den Eindruck von Authentizität erweckte.

5.1 NATURALISMUS (1880–1900) **413**

2 Die „Masse" der Arbeiter übt eine Faszination auf den bürgerlichen Betrachter aus, der gewöhnt ist, sich und die anderen als Individuen zu sehen. Die „Masse" erhält in den beiden Texten und den Bildern von Da Volpedo und Käthe Kollwitz eine eigene Dynamik, die eng mit dem Begriff der Revolte und der ungezügelten Emotionen verbunden wird. Schon die Romantiker, z. B. Kleist im „Erdbeben in Chili", verleihen der aufgebrachten Menge dämonische Züge. Käthe Kollwitz' grafische Gestaltung des „Weberzugs" (vgl. S. 385 im Schülerband) enthält die Aspekte „spontane Zusammenrottung", „Entschlossenheit", „Bewaffnung". Letztere lässt eher an einen Bauern- als an einen Weberaufstand denken. Giuseppe Pellizza da Volpedos nicht einmal zehn Jahre später gemaltes Bild (S. 383 im Schülerband) geht einen Schritt weiter und zeigt die marschierende Kolonne der Arbeiter in geordneter „Formation". In beiden Bildern tragen Mütter ihre Kinder mit sich. Der Textauszug aus „Germinal" und der aus Hauptmanns „Webern" sind da einander wesentlich näher. Als Naturalisten beschreiben beide das perspektivlose Aufbegehren und die Unfähigkeit der Masse zu wirklich politischer Aktion.

3 Die Reaktion des Berliner Polizeipräsidenten Ernst Freiherr von Richthofen auf Hauptmanns Drama enthält in Kurzform die Antwort auf diese Frage. Er begründete das Verbot folgendermaßen: „[…] die ganze Staats- und Gesellschaftsordnung der Zeit, in welcher die Handlung sich abspielt, [ist hier] als des Bestehens unwert geschildert und die Beteiligung am Aufstand als Pflicht des tüchtigen Menschen hingestellt. Es ist zu befürchten, dass das Stück durch die intensivierende schauspielerische Darstellung auf dem Theater einen Anziehungspunkt für den zu Demonstrationen geneigten sozialdemokratischen Teil der Bevölkerung Berlins bietet, für deren Lehren und Klagen über die Unterdrückung und Ausbeutung des Arbeiters durch die Fabrikanten das Stück durch seine tendenziöse Charakterisierung hervorragende Propaganda macht." (Quelle: www.kalenderblatt.de [Donnerstag, 26. Februar 1893])

Ein neues Menschenbild – Eine neue Technik der Darstellung

Arno Holz / Johannes Schlaf: **Papa Hamlet** (1889) – Auszug ▶ S. 386

Die Erzählung ist der Prototyp eines naturalistischen „Elendsgemäldes". Es stehen nicht wirkliche Proletarier oder die arbeitende Bevölkerung im Mittelpunkt, sondern die Familie eines heruntergekommenen, arbeitslosen Schauspielers. Auf der anderen Seite lassen sich eine ganze Reihe von Stilzügen der naturalistischen Prosa nachweisen, zum Beispiel der lautmalerische und zugleich symbolisch zu lesende, syntaktisch unvollständige Schlusssatz des abgedruckten Abschnitts.

1 „Dachstube" ist seit den Tagen des Vormärz Synonym für „Elendsquartier". Es kann nicht geheizt werden, Thienwiebels Frau ist lungenkrank, sein Kind hat Asthma, er selbst trinkt und ist ein durch und durch heruntergekommener, haltloser Charakter, der zu Selbstmitleid neigt. Die Familie hat kein Geld und weiß nicht, wie sie überleben soll, die Frau insbesondere ist schwach und den brutalen Gefühlsschwankungen ihres Mannes hilflos ausgesetzt. In dieser nervlichen Überforderungssituation wendet sich die Aggression des Mannes gegen das schreiende kranke Kind. Das Menschenbild, das hinter dieser Konstellation steht, ist klar als Determinismus zu erkennen. Holz/Schlaf haben, zur Verstärkung, den Kontrast zwischen dem Schauspieler und seiner bevorzugten Rolle, nämlich Shakespeares Hamlet, einbezogen. Dieser elende Thienwiebel spielt auch in seiner Familie immer noch den Hamlet, während er selbst schon etwas ganz anderes, nämlich ein auf der Grenze zum Wahnsinn vegetierendes menschliches Wrack ist.

2 a **Erzähltechnische Mittel:** Übergänge zwischen neutraler, registrierender Erzählerposition, einleitungslos eingeblendeter wörtlicher Figurenrede und dramatisch angelegtem Dialog (vgl. Z. 1–15). Oft weiß man erst nach einiger Zeit, um was es im Gespräch der Eheleute geht. Thienwiebel hat offenbar vergeblich um Anstellung oder Aufschub der Miete nachgesucht und ertrinkt nun in Selbstmitleid. Die seelische Situation wird nicht auktorial erklärt oder erläutert, sondern spiegelt sich in der Rede: „Ach Gott! Ach Gott!" Auch das Geschehen danach (um das schreiende Kind) ist eher protokolliert als erzählt. Der Leser hört die Rede der Figur im Dunkel der Kammer, mehr nicht. Lediglich die notwendigsten Informationen werden erzählend gegeben: „Der kleine Fortinbras jappte!" (Z. 56 f.)
   Sprachliche Mittel:
   - Parallelismus: „Nicht mal Platz […] hat man" / „Nicht mal schlafen kann man" (Z. 2–5); „Ach Gott! Ach Gott!" (Z. 21, 25, 27);
   - expressive sprechsprachliche Wiederholungen: „Ach, nich doch, Niels! Nich doch!" (Z. 33); „Das Kind […], Das – Kind […], Das – Kind"(Z. 33–35); „Niels, was, was – machst du denn bloß?! Er, er – schreit ja gar nicht mehr!" (Z. 69 f.);
   - Metonymien: „Ihre beiden Hände hinten hatten sich platt über die Tapete gespreizt" (Z. 79 ff.).

Wirkung: Die größte Wirkung geht von der gewählten Erzählstrategie aus. Der neutrale Erzähler registriert im Sekundenstil rein die Oberfläche des Geschehens. Der Leser muss aus den protokollierten Äußerungen auf die seelische Situation der Figuren rückschließen. Die Frage, ob der Vater in einem Anfall von Wut den Tod des kleinen Fortinbras verursacht hat oder ob der Asthmaanfall des Kindes tödlich war, bleibt unentschieden. Emotionen werden erkennbar, wenn der Erzähler sich nicht an seine Strategie hält, sondern über die Wortwahl Gefühlen Raum gibt, etwa in Z. 38–42: „Durch das *dumpfe Gegurgel* […] war es jetzt wie ein *dünnes, heiseres Gebell* gebrochen. *Aus den Lappen her wühlte es,* der ganze Korb war in ein Knacken geraten."

b „Sekundenstil" wurde als besonderes Merkmal naturalistischer Prosa am Beispiel von „Papa Hamlet" entdeckt. Ziel ist es, Erzählzeit und erzählte Zeit zur Deckung zu bringen. Konkret: Das Lesen des Abschnittes dauert genau so lange wie das Ereignis, das in ihm erzählt ist. Im Sekundenstil werden kleinste Bewegungen oder Geräusche registriert, Details sind protokollarisch festgehalten. Das natürliche Sprechen wird imitiert (Stammeln, Dialekt, Ausrufe, unvollständige Sätze). Der Erzähler folgt dem Geschehen Schritt für Schritt. Indiz dafür ist die ungewöhnliche Tempuswahl: Plusquamperfekt statt erzählendes Präteritum („Er war jetzt wieder in die Pantoffeln gefahren. […] Das Geschirr […] hatte wieder zu klirren begonnen", Z. 45–48). So soll eine Annäherung zwischen der äußeren und inneren Wirklichkeit erreicht werden. Das Milieu und die Lebensumstände werden dadurch lebendig, zum Teil lebendiger als die vorkommenden Figuren.

3 Beispiel einer Umschrift in einen auktorial angelegten Erzähltext:

Jens Thienwiebel war betrunken, als er nach Hause kam. Sofort kroch er unter die Decke. Die Unterhose ließ er an und schimpfte vor sich hin: „Nicht mal Platz zum Schlafen hat man." Dabei drehte er sich so in die Decke, dass er sie seiner Frau wegnahm. Die lag nun bloß und hustete. Statt sie zuzudecken, jammerte er: „Ach Gott, ja! Und nu bist du auch noch so krank!" Die Frau schluchzte leise. Sie wagte es, ihn daran zu erinnern, dass er das Angebot hätte annehmen sollen, das die Familie vor der bittersten Not gerettet haben würde. „Hast du ihn denn nicht wenigstens zu Haus getroffen?", fragte sie. Er wich ihr aus: „Du weißt ja, er hat auch nichts!" Dann fing er selbst zu weinen an und ließ sein Gesicht auf ihre Brust fallen …

Veränderte Wirkung: Der auktoriale Erzähler erklärt dem Leser die Zusammenhänge, er kommentiert das Verhalten der Figuren, er kennt ihre Beweggründe und analysiert ihre Schwächen.

▶ S. 387 **Was bedeutet „Naturalismus"? – Leitsätze einer Kunstprogrammatik**

Conrad Alberti, der Chefredakteur der „Berliner Morgenpost" und „radikale Realist", betont die Gleichwertigkeit aller Stoffe für die künstlerische Darstellung. Er stellt sich damit gegen die klassische Ästhetik, die immer für eine Auswahl der „würdigen" Gegenstände und der „passenden" Darstellungsweise eingetreten war. Wie der naturalistische Maler Leibl steht er auf dem Standpunkt, dass ein Kohlkopf ebenso Gegenstand des Künstlers sein kann wie eine Madonna. Begründet wird diese Auffassung mit den Naturgesetzen, die ohne Ausnahme in allen Gegenständen wirksam sind. „Größe und Vernunft" der Natur erscheinen ihm „in der Form der Gesetzmäßigkeit" – und da sich die Kunst auf die Suche nach einer angemessenen Darstellung dieser Gesetze macht, ist jeder Gegenstand ihr gleich wichtig.
Émile Zola, der für die deutschen Naturalisten ein Vorbild abgab, bezieht auf sich das Bild des Chirurgen, das allgemein auf seinen realistischen Schriftstellerkollegen Flaubert (vgl. S. 380 im Schülerband) angewendet wurde. Er studiert und analysiert seine Romanfiguren, so wie es der Pathologe tut. Damit rückt er den naturalistischen Autor neben den Wissenschaftler.
Wilhelm Bölsche, Journalist und Anhänger Darwins, vertieft die Bedeutung der Naturwissenschaft für den Naturalisten. Sein Ausgangspunkt ist der Determinismus. Nur wenn es keine Willensfreiheit gibt, lassen sich die mechanischen Gesetze studieren, nach denen auch das menschliche Leben im Sozialen („äußere Veranlassung") und Psychischen („innere Disposition") abläuft. Alles kann erklärt und auf „Faktoren" zurückgeführt werden. Es bleibt nirgendwo ein „Rest". Deswegen sei eine „mathematische […] Durchdringung der ganzen Handlungsweise eines Menschen" möglich. Eine Literatur, die Gestalten schaffe, „die logisch sind wie die Natur", sei würdig, „realistische Dichtung" (gemeint ist „Naturalismus") zu heißen.

5.1 NATURALISMUS (1880–1900) 415

Arno Holz ist in der Aufstellung im Schülerband nur mit seiner schwer verständlichen Formel vertreten. Der im weiterführenden Material auf der beiliegenden CD angebotene Text „Die Kunst. Ihr Wesen und ihre Gesetze" von Holz macht klar: Für ihn ist das Ideal eine künstlerische Darstellung, die mit der Natur gleichauf ist, die den gleichen Gesetzen folgt und der das „x", nämlich die Gestaltung, möglichst störungsfrei und authentisch gelingt. Ein fotografierter Soldat wäre für ihn eher als Kunst anzusehen als ein von einem Expressionisten wie Otto Dix gemalter.

1 Mögliche Thesen zu einem Programm des Naturalismus (auf der Basis der Äußerungen von Alberti, Zola, Bölsche und Holz):
- Naturalismus ist der Versuch, auch in der bildenden Kunst und der Literatur nach naturwissenschaftlichen Gesetzen zu schaffen. Das Verhalten der Menschen in einem Roman müsste jeweils aus Faktoren der Umwelt oder der psychischen Dispositionen zu erklären sein.
- Naturalismus ist – wegen des grundsätzlichen Determinismus – an den Massen der arbeitenden Bevölkerung interessiert. Man möchte die „Masse" so studieren, dass man deren Verhalten exakt beschreiben und vorhersehen kann.
- Naturalismus verlangt einen neutralen Erzähler, der wie ein Pathologe analysiert, aber nicht eingreift und auch keine Gefühle zeigt.

2 Die Darstellungen der Hungeraufstände bei Zola und auch bei Hauptmann sind einerseits im Sinne der naturalistischen Programmatik zu sehen: Es wird nach den „Faktoren" gefragt, die das Handeln der Akteure bestimmen. Andererseits sind die Autoren keine gefühllosen Registratoren der Ereignisse, sondern sie nehmen Partei. Insofern sind ihre Werke „Literatur" und nicht einfach die Umsetzung eines theoretischen Konzepts.

3 a Das Kunstprogramm des Realisten Fontane in „Was verstehen wir unter Realismus" (S. 360 im Schülerband) macht Front gegen den Naturalismus. Es gehe nicht um „das nackte Wiedergeben alltäglichen Lebens" (Z. 2), sondern um die künstlerische Gestaltung des Materials. Der Realismus solle das „ganze, reiche Leben" (Z. 22) erfassen, alles „Wirkliche". Aber er soll es künstlerisch bearbeiten, was implizit bedeutet, er soll es zu Kunstwerken „läutern" (vgl. die Hinweise auf S. 379 in diesen Handreichungen).
Die Naturalisten wollen gerade das nicht. Die künstlerische Bearbeitung (Holz spricht von „x") ist der Wahrheit der Natur eher abträglich als förderlich.

b Zu den Erwartungen der Schülerinnen und Schüler an eine „realistische" Kunst:
Es gibt sehr unterschiedliche Theorien darüber, was Realismus in der Kunst leisten kann oder soll. Im Zentrum steht die Idee der *Mimesis*. Die Nachahmung der Wirklichkeit kann aber nicht zu einer vollständigen Abbildlichkeit kommen. Schon wenn wir die Welt wahrnehmen, ordnen wir die einzelnen Elemente in unserem Kopf nach Maßgabe der Erfahrungen, die wir selbst bislang mit der Wirklichkeit gemacht haben. Dasselbe gilt auch für den realistischen Künstler. Die Idee der Naturalisten, diese „Abweichungen" möglichst zu minimieren, ist sicher ein Irrtum. Stattdessen muss realistische Kunst die möglichen Spielräume der Wirklichkeitsinterpretationen sichtbar machen. Konkret: Die Auswahlentscheidungen, die als „Gestaltung" gerechtfertigte Verschönerung des Darzustellenden, die versteckten Wirklichkeitsbewertungen, müssen in die realistischen Texte Eingang finden. Dazu gehören auch politisch motivierte gestalterische Eingriffe, wie sie der Brecht'sche oder der sozialistische Realismus vornimmt.
Der „neue Realismus" der Gegenwartsliteratur enthält daher sehr häufig reflektierende Passagen, in denen Figuren oder Erzähler darüber nachdenken, wie sie die Wirklichkeit wahrnehmen.

416   C5 DIE MODERNE

▶ S. 388   **Epochenüberblick – Naturalismus**

1 Eine mögliche Mindmap:

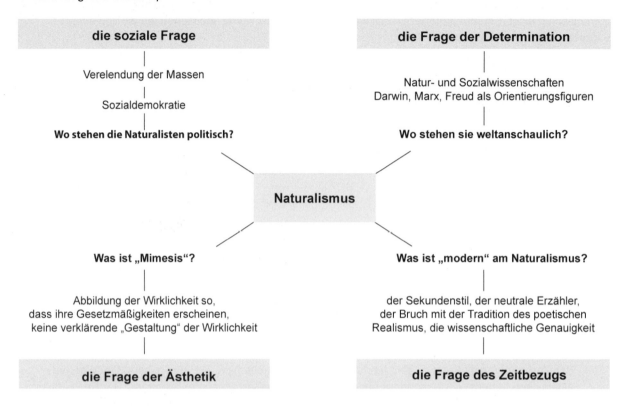

2 In dem Kursheft „Schreibweisen des Realismus" (vgl. die Literaturhinweise auf S. 407 in diesen Handreichungen) wird im letzten Kapitel der zeitgenössische Fotorealismus als Spielart naturalistischer Konzepte in der modernen Kunst vorgestellt.

Weiterführendes Material zu diesem Teilkapitel findet sich auf der beiliegenden CD:
- *Arno Holz:* Die Kunst. Ihr Wesen und ihre Gesetze
- *Guiseppe Pellizza da Volpedo:* Der vierte Stand (1901) (Folie)
- Epochenüberblick: Naturalismus (ca. 1880–ca. 1900) (Folie)

5.2 Fin de Siècle – Symbolismus (1890–1920)

▶ S. 390   **Das Geheimnis hinter der Wirklichkeit – „Nerven, Nerven, Nerven"**

1/2   Die beiden in das Teilkapitel einführenden Gemälde – „Der Schmerz" von Carlos Schwabe und „Jähzorniger Dämon" von Michail Alexandrowitsch Wrubel – entsprechen dem Drang der Kunst um 1900, sich von der Darstellung der (deprimierenden) Wirklichkeit, von objektiven Beschreibungen abzugrenzen und sich selbst zu thematisieren. Die Gestaltungsweise betont das gekünstelte Exklusive, den Schönheitsdrang der Künstler in Distanz zur Realität. Gefühle, Träume, Gedanken, die „innere Wirklichkeit" sowie deren Ursachen und Wirkungen sollen nicht realistisch nachgebildet werden, sondern symbolhaft zur Darstellung kommen; Irreales und Fantastisches werden dem Rationalismus und Determinismus der Zeit entgegengesetzt. Das symbolistische Verfahren sucht ein eher fremdes Symbol, das die Stimmungslage aber treffen kann; formale Ästhetisierung, eher rätselhafte Symbolik sind kennzeichnend.
Das Gemälde „Der Schmerz" von **Carlos Schwabe** (Hochformat) verbildlicht ein Gefühl, ein Empfinden. Zwischen sandfarbene Häuserwände gepresst ragt eine lange, schmale, dunkel gehaltene Bildfigur empor. Die Zartheit des Gesichts lässt an eine Frauengestalt denken. Ihr leidender, ausdrucksstarker Gesichtsausdruck bringt ihre feinen Gesichtszüge zur Geltung. Sie wirkt in dem klaren Bildaufbau (auffallend sind die senkrechten Bildlinien) wie ein weiteres Ornament – wie eine Säulenheilige, verschlossen, trotz Schmerz erhaben. Sie befindet sich hinter einem grünlichen Pflanzenvorhang, der mit Blüten (Wicken) in zartem Rosa durchwirkt ist. Der Betrachter kann den Weltschmerz nachempfinden.

5.2 FIN DE SIÈCLE – SYMBOLISMUS (1890–1920)   **417**

Der russische Künstler **Michail Alexandrowitsch Wrubel** (1856–1910) ist bekannt für seine symbolistischen Arbeiten, die häufig durch sich kreuzende bzw. angeschnittene Linien geprägt sind. Er schuf eine Reihe von Gemälden zum Thema „Der Dämon". Das abgebildete Werk besticht durch die kühlen Farben, seine Blau-Grün-Töne färben die wellenartigen, miteinander verschlungenen Ornamente ein. Versinnlicht wird das Dahinströmen, vielleicht auch Besessenwerden durch einen Dämon, der so gar nicht jähzornig wirkt (vgl. den Titel), in dem aber anscheinend derartige Kräfte schlummern, was das unterschwellig Bedrohliche in Szene setzt.

3 a/b Symbole sind Erkennungszeichen, sie können (zeitweise) nur für eine bestimmte Gruppe von Menschen erkennbar sein, z. B. ist in biblischen Zeiten der Fisch das Geheimzeichen der Christen, andere Symbole sind (inzwischen) weltweit bekannt, z. B. das Kreuz als Zeichen des Christentums. Ein Gegenstand kann auch nur für einen Menschen persönlich zum Symbol werden, z. B. eine selbst gesammelte Muschel am Meer, die für ein schönes Ferienerlebnis, ein inneres Freiheitsgefühl steht. Auch Zahlen können symbolisch gedeutet werden, z. B. die Zahl 40: 40 Tage lebte Jesus in der Wüste, um zu beten und zu fasten; die Fastenzeit, von Aschermittwoch bis Ostersonntag, dauert – abzüglich der sechs Fastensonntage – 40 Tage. Die magische Zahl 3 spielt in zahlreichen Märchen eine Rolle („Der Teufel mit den drei goldenen Haaren", drei Wünsche hat der Märchenheld meist frei).

Hermann Bahr: **Symbolisten** (1894)   ▶ S. 390

1/2 Zum Symbolbegriff im Symbolismus: Der Symbolismus ist eine künstlerische Haltung, die sich dem Realismus bzw. Rationalismus und dem Naturalismus entgegenstellt. Als erster Theoretiker stellte Hermann Bahr (1863–1934) das Programm des Naturalismus in Frage, dem es seiner Meinung nach nur um die „Wirklichkeit der Straße", nicht aber um die „Wirklichkeit der Seele" gehe. Dem Symbolisten dienen Symbole als Ausdrucksmittel, um mystische und auch religiöse Zusammenhänge zu schaffen. Wichtige Themen sind Eros und Tod. Der Künstler im Symbolismus wird zu einem Seher, der Zeichen, Verweise, Analogien erkennt. Er nimmt die Eindrücke mit verschiedenen Sinnen wahr (Synästhesien) und bildet eine Einheit, die oft metaphorisch („symbolistisch") ausgedrückt wird. Kreiert wird eine künstliche Wirklichkeit. Dabei spielt die Reizempfindlichkeit eine große Rolle, mit der die „innere Wirklichkeit" aufgespürt wird (daher der Begriff „Nervenkunst"). Der Kunst fällt die Aufgabe zu, diese Innensichten – vor allem mittels Symbolen – auszudrücken.

Angst und Lebenskrise – Symbole des Verfalls und Todes

Arthur Schnitzler: **Fräulein Else** (1924) – Auszug   ▶ S. 391

1/2 Das mehrmalige Lesen ist erforderlich, weil der Textauszug aus Schnitzlers „Fräulein Else" zunächst verwirrend erscheint: Wer spricht? Wer redet mit wem? Welche Perspektive wird gerade eingenommen? Das Fehlen von Redebegleitsätzen und Kommentaren eines Erzählers ist auf den ersten Blick leseunfreundlich. Genau diese Leseschwierigkeit aber führt dazu, sich in die Hauptfigur hineinzudenken, ihr verstörtes Gemüt nachzuempfinden, die Perspektive von Else in ihrem psychischen Ausnahmezustand einzunehmen. Sie ist „ohn-mächtig", ohne das Bewusstsein verloren zu haben, sie hört und sieht alles, ist aber nicht zu – für andere Figuren – wahrnehmbaren Reaktionen fähig. Sie ist wie eine Gefangene, die nicht agieren kann. Sie hört verschiedene Gesprächspartner, sie kommentiert das Gesprochene innerlich, die Unmittelbarkeit ihrer Gefühle und Gedanken wirkt auf den Leser ein. Dadurch werden ihre „geschärften" Sinne verdeutlicht – es liegt keine Bewusstseinstrübung vor, sondern Erhellendes, Entlarvendes. Im Sinne von Hermann Bahr sollen die Nerven in diese Stimmung gezwungen werden.

3 „Fräulein Else" kann als Monolognovelle bezeichnet werden, da hier der innere Monolog als Erzählstrategie in den Vordergrund tritt. Der Leser erlebt die Szenerie als Eindruck und Gedanken(sprünge) der Heldin. Die „subjektive Wirklichkeit" einer psychisch angeschlagenen, verstörten Figur wird gezeigt. Die Handlung ist durch die jeweilige Gefühlslage Elses geprägt. Dadurch ist die Erzählweise sprunghaft, assoziativ, unvermittelt. Eine Ich-Erzählung wäre demgegenüber distanziert, abgeklärt, durch Reflexionen und Abstand gebrochen.

418 C5 DIE MODERNE

▶ S. 393 **Rainer Maria Rilke: Die Aufzeichnungen des Malte Laurids Brigge** (1910) – Romanbeginn

1 a Paris ist dem Leser als Stadt der Liebe bekannt; auch die Formulierung, Paris sei eine Stadt, in der man sterben möchte, weil man so wunderbar und ausgelassen in ihr leben könne, ist tradiert. Bei Rilke allerdings wird Paris zu einer Stadt, in der man „mitten im Leben" stirbt. Der Spaziergang durch die Stadt wird für den Ich-Erzähler (Malte) zur Offenlegung einer symbolischen Seelenlandschaft – sie sagt mehr über ihn und seine Gefühlslage aus als über Paris. Seine Sinneseindrücke:

- Sehen: Krankenhäuser, einen kranken Menschen, der schwankt und umfällt, eine Menschenmenge, die ihn umringt, eine schwangere Frau, die sich an einer Mauer entlangtastet, ein großes Gebäude mit einer Kuppel (= Militärhospital), ein Haus, ein schlafendes Kind in einem stehenden Kinderwagen – dick, grünlich, mit abheilendem Hautausschlag auf der Stirn, den Mund offen;
- Lesen: im Stadtplan „Maison-d'accouchement" (Entbindungsanstalt), „Val-de-grâce" („Tal der Ehre", ein Militärhospital); eine Hausinschrift: „Asyle de nuit" (Nachtasyl), die Preisliste für Übernachtungen;
- Riechen: Jodoform, Fett von Pommes frites, den Geruch nach Angst (Z. 20 f. und 32 f.).

b/c Überlegungen zur emotionalen Haltung des Ich-Erzählers: Aus allen Sinneseindrücken, die auf den ersten Blick dem bloßen Registrieren und Aufzählen von Fakten gleichkommen, spricht beobachtende Neugier, Abscheu, Ekel, Offenheit, Trauer, Ablehnung, Verständnislosigkeit, Abgrenzung, „Angst" – seine „innere Wirklichkeit": Hinter der „gesehenen" Wirklichkeit steckt die eigene Lebensangst.
An die Stelle naturalistischer Beschreibung der sozialen Wirklichkeit tritt der innere Zugang zum Wahrgenommenen; das Schlüsselwort „Angst" weist darauf hin: Leben ist für Malte gleichbedeutend mit Sterben. Überall und permanent sieht er Zeichen des Verfalls, des Todes, des Lebenskampfes. Der Leser fragt sich: Gibt es ein Überleben? Gibt es kleine Zeichen des Hoffnungsvollen – vielleicht der abheilende Ausschlag des Kindes, die niedrigen Preise? Sehen bedeutet hier, dass Malte nicht das oberflächlich Sichtbare der Stadt / der Welt wahrnimmt, sondern sein Inneres, das heißt die in ihm durch seine Beobachtungen hervorgerufenen subjektiven Gefühle.

2 Das Verfassen ähnlicher Großstadtskizzen aus der Ich-Perspektive lässt den Schülerinnen und Schülern Freiraum, eigene Eindrücke auch kritisch zu versprachlichen. Sie sind aufgefordert, nicht das Äußere zu beschreiben, sondern subjektive Empfindungen, Stimmungslagen auszudrücken: das „Ich" als empfindender Beobachter einer Stadt.

▶ S. 393 **Thomas Mann: Der Tod in Venedig** (1912) – Novellenauszug, 3. Kapitel

1 a/b Hauptfigur der Novelle ist Aschenbach: Außenseiter, Künstlerfigur, „der Reisende" (wohin geht die Reise?). Erzählperspektive: auktorialer Erzähler mit personalen Zügen (Aschenbach wird zur Perspektivfigur des Erzählers); die Steuerung der Leseindrücke durch den Erzähler ist erkennbar, z. B. „In leisem Schwanken fühlte er sich dem Gedränge, dem Stimmengewirr entgleiten." (Z. 31 f.) Die zweite Hälfte des Textauszugs wird von der Gesprächssituation zwischen Aschenbach und dem Gondoliere bestimmt: Die direkte Rede wird immer wieder von Erzählerkommentaren begleitet, die die Gefühle Aschenbachs erläutern (z. B. „Er schwieg. Aber die schroffe, überhebliche, einem Fremden gegenüber so wenig landesübliche Art des Menschen schien unleidlich.", Z. 83–86).
Die Gondel (Barke) wird als „seltsame[s] Fahrzeug" (Z. 5 f.) beschrieben, „aus balladesken Zeiten ganz unverändert überkommen" (Z. 6 f.), „eigentümlich schwarz" (Z. 7) wie es Särge sind, der „sargschwarz lackierte, mattschwarz gepolsterter Armstuhl" (Z. 14 f.) darin als „der weichste, üppigste, der erschlaffendste Sitz von der Welt" (Z. 15 f.); der „Schnabel der Barke" ragt „steil, schwarz und an der Spitze hellebardenartig bewehrt" (Z. 36 f.) empor. Die Gondel weckt sogleich ambivalente Gefühlseindrücke, „einen flüchtigen Schauder, eine geheime Scheu und Beklommenheit" (Z. 1 f.), sie „erinnert an lautlose und verbrecherische Abenteuer in plätschernder Nacht" (Z. 9 f.); es folgen Assoziationen mit dem Tod, die Gondel erinnert an „letzte, schweigsame Fahrt" (Z. 12 f.). Während der Überfahrt lehnt sich Aschenbach in die weichen Kissen, empfindet den warmen Wind, schließt die Augen, fühlt sich „ent-gleiten", spürt das „leise Schwanken", hört nur das Plätschern des Ruders, vernimmt die „besondere Stille der Wasserstadt" (Z. 22 f.). Er empfindet Genuss bei der „so ungewohnten als süßen Lässigkeit" (Z. 29). „Die Fahrt wird kurz sein, dachte er, möchte sie immer währen!" (Z. 29 f.) Die symbolische Anspielung auf die Reise über Styx und Lethe ins Schattenreich ist überdeutlich. Auch der so auffällige Gondoliere spielt auf den Fährmann aus der griechischen Mytologie an; in seiner Feststellung „Sie werden bezahlen" (Z. 118) hat das Futur Verweisungscharakter: Aschenbach wird in Venedig sterben. Erst am Ende der Novelle wird diese Zukunftsansage zur Gegenwart.

5.2 FIN DE SIÈCLE – SYMBOLISMUS (1890–1920) **419**

Vorschlag für ein Tafelbild:

Symbolik in dem Auszug aus Thomas Manns „Tod in Venedig"		
Gondel	eine Art Sarg/Bahre, erinnert an den Tod	Dingsymbol, Symbol von Werden und Vergehen, letzte Fahrt/Reise
Sitz	„der erschlaffendste Sitz von der Welt"	der inneren Erschöpfung seinen Lauf lassen bis zum Tod
Gondoliere	„Sie werden bezahlen."	Symbolgestalt: eine Art Todesbote, Charon-Gestalt (griech. Mythologie), der über Styx und Lethe ins Schattenreich geleitet
Todesfarben am Gondoliere	gelb (Schärpe), rot (rötlicher Bart), weiße Zähne	Farbsymbolik verweist auf den Tod
Wind Scirocco	warm, lau, krankheitserregend	Todeszeichen
Stille	über den Wassern	religiöse und Todessymbolik
Venedig	„Wasserstadt"	Symbol von Schönheit und Vergänglichkeit (dem Tod geweiht)

2 Zur Verfilmung der Novelle durch Luchino Visconti, „Morte a Venezia" (1971): Visconti erzählt aus der Perspektive Aschenbachs: Er ist im Film ein erfolgloser, vereinsamter und kranker Komponist aus Deutschland, der nach Venedig reist. Dem Gondoliere, der ihn mit seinem Gepäck zum Lido übersetzt, fehlt eine Lizenz und er widersetzt sich den Wünschen Aschenbachs.

Friedrich Nietzsche: Venedig (1888)   ▶ S. 395

1 Das reimlose Gedicht wirkt durch den Klang, die Musikalität der Verszeilen (Entsprechung von Inhalt und Form). Die Zeitangaben „in brauner Nacht" (V. 2) und „Dämmrung" (V. 7) verweisen auf einen Zwischenzustand vor der Dunkelheit, vermitteln eine Art „Weichzeichnereffekt". Das gewählte Tempus – durchgängig Präteritum – verweist auf ein vergangenes Erlebnis.
Das lyrische Ich steht „an der Brücke" (gebannt von den Höreindrücken), hört Gesang vom Wasser her („Fernher"), sieht Gondeln, Lichter in die Dämmerung fahren (visuelle Eindrücke), fühlt sich davon angerührt (die Seele, metaphorisch als „Saitenspiel", wird in Vibrationen versetzt), singt ein Gondellied mit: „unsichtbar berührt", „heimlich", „zitternd". Das Gedicht endet mit einer offenen Frage: „Hörte jemand ihr zu?" (Gibt es weitere Seelenverwandte?)
Synästhesien: „Gesang; / goldener Tropfen quoll's / über die zitternde [Wasser-]Fläche weg" (V. 3–5), „Meine Seele […] / sang sich" (V. 8 f.) „zitternd vor bunter Seligkeit" (V. 11).
In dem Gedicht kommt Nietzsches Venedig-Schwärmerei zum Ausdruck. In Abgrenzung zu Elendsschilderungen und umtriebigem industriellem Stadtleben, wie es naturalistische Künstler thematisieren, wird die Schönheit der Stadt gleichsam „besungen"; die abendliche Stimmung, das Hinweg-„Schwimmen" verweisen jedoch in aller Sanftheit auf das Todgeweihte dieser Stadt. Die Seele wird in einen schwebenden Zustand versetzt. Die Reize der Lagunenstadt werden hier im dekadenten Ästhetizismus aufgegriffen. Nietzsche gehört zu jenen, die Venedig unmittelbar mit Wagners „Tristan" verbunden haben: „Wenn ich ein andres Wort für Musik suche, so finde ich immer nur das Wort Venedig. Ich weiß keinen Unterschied zwischen Tränen und Musik zu machen – ich weiß das Glück, den Süden nicht ohne Schauder von Furchtsamkeit zu denken." (Friedrich Nietzsche: Ecce homo. Werke II. Hg. von Karl Schlechta. München 1960, S. 1092 f.)
Sehr gut vorstellbar wäre, dass auch Aschenbach abends an einer Brücke in Venedig steht und derartig angerührt wird. Venedig ist in beiden Texten von ambivalenten Gefühlen und Bildern geprägt: von unwiderstehlicher Anziehungskraft, Faszination, Lebensfreude und Melancholie, Schönheit und Vergänglichkeit, Liebe und Tod.

2 **Claude Monet** (1840–1926) wollte lange Zeit nicht nach Venedig reisen und fuhr erst mit 68 Jahren (im Jahre 1908) das erste Mal dorthin. Fasziniert von der Stadt malte er anschließend eine venezianische Bilderfolge. Mit den hervorstechenden Blautönen mit farbigen Lichtreflexen, den zarten Rosatönen, die eine lebendige Wasserlandschaft zeigen, ähnelt das auf S. 395 im Schülerband wiedergegebene Bild seinen Seerosen-Gemälden. Die berauschende Schönheit der Farben soll die Faszination der Lagunenstadt spiegeln, der Betrachter wird hier in eine eher heitere Stimmung versetzt.

420 C 5 DIE MODERNE

▶ S. 396 Hugo von Hofmannsthal: **Ballade des äußeren Lebens** (1896)

▶ S. 396 Stefan George: **komm in den totgesagten park** (1897)

1 a/b Mögliche Schülerbeiträge in den Clustern:
- Abend: Ausklang des Tages, Abendessen, Dämmerung/Dunkelheit, Gemütlichkeit, den Tag ausklingen lassen, Ruhe, Vorbereitung auf Partytime/Ausgehen usw.
- Herbst: Buntheit, reiche Ernte, (goldene) Oktobersonne, Vorbote des Winters usw.

Vergleich mit den Gedichten: eher (realistische) Natur- bzw. Stimmungsbilder in den Schülerbeiträgen, während „Abend" und „Herbst" bei George und Hofmannsthal symbolistisch eingesetzt werden, künstlich, überhöht.

2 Stichworte für Analysen / Interpretationen der Gedichte:

Hofmannsthal: „Ballade des äußeren Lebens"
Schon der Titel weckt die Fragehaltung des Lesers: Was bedeutet „äußeres" Leben? Was wäre ein „inneres Leben"? Was macht den Sinn des Lebens aus? Bei Hofmannsthal sind gleich von Anfang an Lebensgefühl und Todesproblematik eng miteinander verwoben, wenn schon beim Aufwachsen der Kinder das Sterben mitgedacht wird. Der Tod wird sofort in das Leben integriert: „wachsen auf und sterben" (V. 2). Analog wird das Reifen der Früchte (V. 4 ff.) in Zusammenhang mit ihrem Verderben betrachtet. Das Alter wird durch die „Müdigkeit der Glieder" (V. 9) angesprochen; das Wort „Abend" (V. 20) kann als Lebensabend gedeutet werden. Die Kürze des Lebens wird hervorgehoben. Die Nähe zwischen Geburt bzw. Aufwachsen des Kindes und dem Tod wirkt beunruhigend – der Abend ist die Zeit, die diese Vergänglichkeit vor Augen führt. Das menschliche Dasein erscheint richtungslos, der immer wehende Wind (V. 7) und die richtungslosen Straßen (V. 10) symbolisieren die Ziel-, Sinn- und Beziehungslosigkeit des Lebens. Die „hohlen Waben" im letzten Vers erinnern an das Bild der „tiefen Augen" der Kinder, die im ersten Vers genannt werden: Leere, Trauer werden hervorgerufen, denn der Mensch wird sich der Vergänglichkeit alles Irdischen, der Äußerlichkeit des Lebens bewusst: „Was frommt's, dergleichen viel gesehen haben?" (V. 19)
Die Verse sind nicht durchgängig gereimt, einzelne Reime werden über die (insgesamt sieben) Strophen hinweg aufgenommen, Enjambements betonen einzelne Wörter. Die letzte Verszeile erfährt, da sie allein steht, besondere Betonung. Auffällige rhetorische Gestaltungsmittel sind Kontraste („wachsen auf und sterben", V. 2; „Lust und Müdigkeit", V. 9; „Lachen, Weinen und Erbleichen", V. 15), die auf die Vergänglichkeit des Lebens verweisen, Vergleiche („wie tote Vögel", V. 5; „Wie schwerer Honig", V. 22) sowie Parallelismen („Und […]", V. 1, 4–7, 9, 10), in denen das Gleichmaß des Lebens anklingt, und Alliterationen („weht der Wind", V. 7; „Tiefsinn und Trauer", V. 21).

George: „komm in den totgesagten park"
Das Gedicht eröffnet Georges Gedichtzyklus „Das Jahr der Seele" (1897) und will kein naturgetreues, detailliertes Bild einer Park- bzw. Herbstlandschaft zeigen, sondern eine Phase, eine Gestimmtheit der Seele, Inneres. Der Park ist ein Ort der gehegten, geordneten, kultivierten Natur, der Künstlichkeit, ein von Menschen gestalteter Raum. Der kunstvollen Struktur der Parkanlage entspricht die Musikalität der Sprache. Der Wechsel des Reimschemas in jeder Strophe zu je vier jambischen Versen – 1. Strophe: Kreuzreim, 2. Strophe: Paarreim, das erste Reimpaar greift einen Reim der ersten Strophe wieder auf, 3. Strophe: umarmender Reim – spiegelt in der Sprache das Kranzwinden. Mit Leichtigkeit werden die verschiedenen Verse und Strophen miteinander verschlungen. Der Kranz wird zum Symbol für das Geschaute in der Natur, er ist ein ästhetisches Gebilde, ein kunstvoll geschaffenes Sinnbild des Herbstes (= Kunstprodukt). Angesprochen wird ein ästhetisierender Flaneur im Park. Sprachlich auffallend ist eine Häufung von Imperativen: „Komm", „schau", „nimm", „erlese", „küsse", „flicht", „Vergiss […] nicht", „verwinde". Die zarten, weichen Farben („das tiefe gelb", „das weiche grau", welkende Rosen) und die letzten leuchtenden Farben im Herbst – das Blau des Himmels, das Purpurrot des wilden Weins – unterstützen das Stimmungsbild. Sprache wird als Kostbarkeit verstanden und ästhetisierend verwendet. Der Aura des Erlesenen, des Exklusiven entspricht das Schriftbild des Gedichts – es ist „wie gemalt". Im Symbolismus wird die Musikalität der Sprache in den Vordergrund gestellt, das Leben wird ästhetisiert.

5.3 EXPRESSIONISMUS (1910–1925)   **421**

3 Unterschiede zwischen Naturalismus und Symbolismus – Vorschlag für ein Tafelbild:

Naturalismus	Symbolismus
angestrebte Deckungsgleichheit zwischen Realität und künstlerischem Abbild	Ästhetisierung der Wirklichkeit
Darstellung sozialer Verhältnisse/Missstände, des Lebens der „kleinen Leute"	Darstellung innerer Vorgänge, des „Seelenlebens"
genaue Beobachtung der äußeren Wirklichkeit	symbolistische Überhöhung der „inneren Wirklichkeit"
angestrebte (vermeintlich wissenschaftliche) Objektivität der Darstellung	erhöhte Sensibilität, Kult des Subjektiven („Nervenkunst")
Ausweitung des Begriffs des Ästhetischen auf die hässlichen, erschreckenden Seiten des Lebens	Ästhetisierung, Verfeinerung
Orientierung an wissenschaftlichen Erkenntnissen	L'art pour l'art
die „Masse" als Held	…
…	

Gegenströmungen zum Naturalismus – Fin de Siècle / Symbolismus   ▶ S. 397

1 **Literaturhinweise**, um Material für die Wandzeitung zusammenzustellen:
- *Tötschinger, Gerhard:* „Nur Venedig ist ein bissel anders". Geschichten und Anekdoten aus einer besonderen Stadt. Amalthea, Wien 2002 (mit Illustrationen)
- Venedig. Von Canaletto und Turner bis Monet. Hatje Cantz, Ostfildern 2008
- Venedig. Anders Reisen. Rowohlt, Reinbek 1998

Weiterführendes Material zu diesem Teilkapitel findet sich auf der beiliegenden CD:
- *Carlos Schwabe:* Der Schmerz (1893) (Folie)
- *Michail Alexandrowitsch Wrubel:* Jähzorniger Dämon (1901) (Folie)
- Epochenüberblick: Gegenströmungen zum Naturalismus – Fin de Siècle/Symbolismus (1890–1920) (Folie)

5.3 Expressionismus (1910–1925)

1 a/b Von beiden Bildern – „Der Schrei" von Edvard Munch und „Explosion" von George Grosz – geht   ▶ S. 398
Durchdringendes aus. Die Betrachterin / der Betrachter hört regelrecht den gellenden Schrei eines Menschen, ohne einen Grund zu erkennen. Die gesamte Existenz, das Leben scheint betroffen, markerschütternd. Angesichts des Bildes von Grosz platzt einem nahezu das Trommelfell, die Explosion wird mit glühenden Rottönen dargestellt, die einem ins Auge „knallen". Diese körperlichen Empfindungen sollen von den Schülerinnen und Schülern in eine Klangcollage umgesetzt werden, die sicherlich ebenso verstörend sein wird wie die Bilder selbst.
- Mögliche Klangcollage zu Munchs Gemälde „Der Schrei": z. B. hohe Töne, quietschend, pfeifend, durchdringend (z. B. Trillerpfeifen, Triangeln) usw.
- Mögliche Klangcollage zu Grosz' Bild „Explosion": z. B. gellende Töne gemischt mit dumpfen (Ein-) Schlägen, gewaltige Trommeln (Percussion); abwechselnd rhythmisch/unrhythmisch usw.

Die Begründung der Gestaltungsentscheidungen durch die Schülerinnen und Schüler dient der Reflexion ihrer Interpretation.

2 Vergleich der beiden expressionistischen Bilder mit denen der Symbolisten:
- Symbolisten: eher nach innen gekehrt, still, begrenzt, Rahmengebung, Stilisierung der Wirklichkeit; Farbgebung eher zurückgenommen, zarte/weiche/gedämpfte Farben; meditativ wirkend;
- Expressionisten: nach außen gerichtet, Dargestelltes tritt aus dem Bildrahmen hinaus in die Weite, in alle Richtungen geöffnet, weltumgreifend; kräftige Farben, zum Teil leuchtend, ins Auge springend, erregend; auf Grosz' Bild „Explosion" zerbersten wie ein zersplitternder Spiegel die Gebäude, in deren Trümmern Flammen wüten, menschliche Gliedmaßen fliegen zerfetzt durch die Luft, die Nacht in der Großstadt Berlin hat sich in ein apokalyptisches Inferno verwandelt.

422 C5 DIE MODERNE

▶ S. 398 **Margarete Susman: Expressionismus** (1918)

1 Beide Bilder – das von Munch wie auch das von Grosz – können zur Veranschaulichung des expressionistischen Manifestes gewählt werden: Die Welt kann so nicht bleiben, so meinten die Expressionisten. Der **expressionistische Schrei** als Ausdruck der Seele und Aufforderung zum Handeln findet sich in Munchs Gemälde „Der Schrei" ebenso wie im Text Susmans: „Nur schreien können wir – schreien mit aller Kraft unserer armen, erstickten Menschenstimme – schreien, dass wir den grauenhaften Lärm des Geschehens übertönen – schreien, dass wir gehört werden von den Menschen, von Gott. Dieser Schrei, der zum Himmel gellende Schrei" (Z. 8–15) „dieser Aufschrei der sich entscheidenden Seele ist Expressionismus." (Z. 46 f.)

Die **Sprengung** aller ästhetischen, gesellschaftlichen und persönlichen Grenzen mit dem Ziel der Befreiung findet sich in Grosz' „Explosion" und in Susmans Manifest: „Die Welt aus ihren Angeln […] heben" (Z. 1 f.); „das Rasen gegen sie [= die Welt] erfüllt uns bis zum Zerspringen" (Z. 5 f.); „Denn anders als in Krämpfen kann unserer Welt die Erneuerung nicht kommen" (Z. 61 f.); „Uns Unseligen kommt Gott nicht im sanften Säuseln." (Z. 65 f.)

2 a/b Susmans Text ist ein programmatischer Aufruf:

- Wille zur Veränderung der Welt auf Grund des Leidens an der (gesellschaftlichen/künstlerischen) Realität;
- Sehnsucht nach Aufbruch und Revolution;
- Ablehnung tradierter Formkunst, von Harmonie und Schönheit;
- Dichten = revolutionäre Tat.

Das neue Kunstkonzept spiegelt sich in der Sprache des Manifests: Häufungen von (rhetorischen) Fragen fordern zur Tat auf, verlangen nach Antworten; Wiederholungen von Schlüsselwörtern („Schrei"/„schreien"/„Aufschrei") erscheinen als Reduktion auf das Wesentliche, Ausdruck innerer Bewegtheit, Empörung gegen das Bisherige; der Einpeitscheffekt wird weiter verstärkt durch Parallelismen und Wiederholungen (z. B. Z. 7 ff.), durch ausdrucksstarke Adjektive (z. B. „alte […] verrottete […] Lebensformen", Z. 2 f.; „arme […], erstickte […] Menschenstimme, Z. 9 f.; „furchtbare Umklammerung", Z. 22), durch Klimax (z. B. „handeln, wirken, ändern", Z. 7) , Alliteration (z. B. „verworrenem, verratenem Idealismus", Z. 33), Antithese (z. B. „in Schönheit oder Hässlichkeit, in Ehre oder Schmach, […] in Liebe oder Hass", Z. 37 ff.) usw.

3 Die Sprache wird im Expressionismus hart, fordernd, aufrüttelnd. Die Intention: Das Wesen der Dinge, die „Wahrheit" soll in Sprache gefasst werden, diese Wahrheit soll hinausgeschrien werden. Es scheint keine Zeit, keine Stimmung mehr zu sein für Feines, Ästhetisierendes, für sinnliche Erlebnisse, die die Seele beflügeln, für Musikalität und visualisierende Eindrücke, die Inneres in Schwingungen bringen.

Apokalypse und Krieg – Motive expressionistischer Lyrik

▶ S. 399 **Else Lasker-Schüler: Weltende** (1905)

▶ S. 399 **Jakob van Hoddis: Weltende** (1911)

1 Else Lasker-Schülers dreistrophiges Gedicht spiegelt die apokalyptische Welterfahrung der jungen Expressionisten: Melancholie und Trauer werden verbunden mit Sehnsucht und (Vor-)Ahnung. Die Dichterin arbeitet dabei mit traditionellen Vergleichen („als ob …" mit Konjunktiv, V. 2; „wie", V. 7). Die erste Strophe beschreibt „ein Weinen in der Welt" (V. 1), die zweite Strophe formuliert eine Aufforderung („Komm"), die dritte die direkte Ansprache an ein (geliebtes) „Du" mit dem Schlüsselwort „Sehnsucht" (V. 9). Liebe bietet – noch – eine Zuflucht vor dem Weltende, die Seele ist noch nicht vereinsamt, sondern kann sich an ein Du wenden, es bietet einen Haltepunkt gegen alle mangelnde Wärme in der Welt, in der jegliche gewohnte Ordnung und Sicherheit zu Grunde gegangen sind.

Als bildliche Darstellung ist z. B. denkbar: eine (Stadt-)Landschaft in dunklen Farben, verhangen, bedrückend (vgl. „ein Weinen", „der bleierne Schatten", „grabesschwer", „Wie in Särgen", „sterben müssen"), in einer (verborgenen) Ecke ein sich küssendes Liebespaar, das fast aus dem Bild, aus der Welt entschwindet.

2 Mit der Methode der Stimmskulptur kann das Groteske des Gedichts von van Hoddis interpretierend gestaltet werden. Deutlich werden müsste die ungewöhnliche Sicht der Wirklichkeit. Die Welt ist ver-rückt: Menschen werden verdinglicht („gehn entzwei", V. 3), Katastrophales wird aus der (unpersönlichen) Distanz gesehen („liest man", V. 4), Banales und Naturkatastrophen (Sturm, Bahnunglück/Schnupfen) werden parallel gestaltet. Der Begriff „Bürger" (V. 1) wirft einen kritischen Blick auf das wilhelminische

Zeitalter (starres, autoritäres Denken, Wohlstand, das Gesicherte, Etablierte) – dem Bürger wird der Hut entrissen.

Es gibt merkwürdige syntaktische Fügungen und Attribute: „die wilden Meere hupfen" (V. 5); Satzende und Zeilenende stimmen nahezu überein (Zeilen- oder Reihenstil); Simultanstil erweckt den Eindruck des Gleichzeitigen. Die äußere Form – fünfhebiger Jambus bis auf V. 3 – widerspricht, scheinbar, dem Chaos des nahenden Weltuntergangs, denn sie ist eher statisch, geordnet. Aber ist es nicht so, dass die Menschen nicht begreifen, was um sie herum geschieht? Das Ungeheuerliche besteht darin, dass es gar nicht wahrgenommen wird. Am Anfang der zweiten Strophe wird diese Ruhe etwas gestört, in V. 5 wird das „Hupfen" des Meeres durch ein Enjambement veranschaulicht, indem die Verszeilen geradezu „überschwappen", aber das Banale siegt: Ein Schnupfen ist eben keine Krankheit zum Tode.

3 Beide Gedichte zeigen die „neue Realität" der Expressionisten in Inhalt und Form (stärker bei van Hoddis): Die Welt ist aus den Fugen geraten: Wer nimmt dies wahr? Wie kann man darauf aufmerksam machen?

Alfred Lichtenstein: **Doch kommt ein Krieg** (1914) ▶ S. 400

Georg Trakl: **Grodek** (1915) ▶ S. 400

August Stramm: **Patrouille** (1915) ▶ S. 400

1 Alle drei Gedichte haben die tödlichen Gefahren und schrecklichen, eigentlich nicht beschreibbaren Erlebnisse eines Krieges zum Thema.

Lichtensteins Gedicht „Doch kommt ein Krieg" zeichnet optisch und akustisch eine zerstörerische Kriegslandschaft, ein Inferno.
- Farben: Rottöne (z.T. gemischt mit Gelbtönen) werden assoziiert: „Nächte brennen" (V. 3), „Verblutest" (V. 5), „Flammen" (V. 6), es gibt aber keine Farbadjektive außer „weiß": „steigt ein weißer Dampf" (V. 9).
- Geräuschassoziationen werden v. a. durch Verben erzeugt: „Trompeten kreischen", „Zerknallst", „Äcker röcheln", „Kirchtürme stürzen", „Städte krachen", „platzen die Granaten".
- Kontraste: „du frierst [...]. Dir ist heiß" (V. 4); „Du hungerst. / Ertrinkst" (V. 4 f.).
- Tempus: Nur in V. 1. eine Präteritumform: „Zu lange **war** schon Frieden", doch die Friedenszeit gehört der Vergangenheit an; alle anderen Verbformen stehen im Präsens, was die Unmittelbarkeit des Geschehens verdeutlicht: Der Krieg ist gegenwärtig. Ein (tröstlicher) Ausblick wird nicht gegeben: Es gibt keine Futurform, wie es keine Zukunft gibt.
- Grammatische Struktur: zunächst noch kurze Hauptsätze, dann Reduktion auf Verbformen in der 2. Person (V. 5–7), dann Hauptsätze, die nur aus Subjekt und Prädikat bestehen, schließlich Satzreihe.
- Der lyrische Sprecher spricht direkt ein „Du" an (V. 3, 4, 10); das „Du" entfällt in V. 5: auch sprachlich eine Reduktion auf das, was dem Menschen geschieht: „Ertrinkst. Zerknallst. Verblutest." Eine Gegenwehr, ein Entkommen ist unmöglich.

„Grodek" ist **Trakls** letztes Gedicht. Es thematisiert die grauenhaften Kriegserlebnisse, indem subjektive Sinneswahrnehmungen wiedergegeben werden, die bis hin zu nicht mehr auflösbaren Chiffren reichen. Eine Reihe von Bildern entsteht: Herbst, Abend, Verfall, Tod, Dunkelheit, Nacht, Verwesung, Zerstörung: das Chaos einer Untergangsvision.
- Farben: Goldene Ebenen, blaue Seen, rotes Gewölk, goldenes Gezweig unter der besonderen Leuchtkraft der Abendsonne beschreiben nur scheinbar eine Idylle: „darüber die Sonne / Düstrer hinrollt" (V. 3 f.); einen Kontrast bilden die „mondne Kühle" (V. 9) und „schwarze Verwesung" (V. 10).
- Geräusche: Die Wälder tönen von Waffen wider, von den sterbenden Kriegern vernimmt man „die wilde Klage / Ihrer zerbrochenen Münder" (V. 5 f.). Es folgt im Kontrast die Stille im „schweigenden Hain" (V. 12); anschließend heißt es: „Und leise tönen im Rohr die dunkeln Flöten des Herbstes" (V. 14).
- Das durchgehend gewählte Präsens erzeugt Unmittelbarkeit.
- Sprecher des Gedichts: Es gibt kein lyrisches Ich, der Sprecher verschwindet hinter diesen schrecklichen Bildern, resignierend dem Tod entgegensehend; schemenhaft hat er eine Vision der geliebten Schwester, eine Art Schattenreich assoziierend; das Gedicht ist geprägt von Trauer, erzeugt wird ein „gewaltiger Schmerz" (V. 16).

424 C5 DIE MODERNE

Das Gedicht „Patrouille" von **August Stramm** ist ein Beispiel für das Zerbrechen der Sprache. Diese wird auf das einzelne Wort reduziert, hier vor allem auf Nomen und Verben; syntaktische, grammatikalische Bezüge werden aufgebrochen, ungewöhnliche Verbformen („feinden" statt sich „anfeinden") verwendet. Das Sinnwidrige/Unsagbare eines Kriegs wird zum Ausdruck gebracht. Der Titel weist darauf hin, dass es um Soldaten geht, die Aufklärungsarbeit leisten. Die assoziative Aneinanderreihung der (tödlichen) Eindrücke kennt keine Satzzeichen. Charakteristisch sind die Personifikationen: Alle Gegenstände werden für das patrouillierende Ich zur tödlichen Bedrohung. Der Feind lauert überall, alles bedeutet Gefahr, sogar Fenster, die Einblick gewähren könnten oder Kommunikation ermöglichen. Alles läuft auf das letzte Wort zu: „Tod". Der Zusammenhalt der Verse erfolgt durch den Sprachrhythmus. (**Tipp:** Das Gedicht laut vorlesen!)

Mörder und Verlorene – Beispiele expressionistischer Prosa

▶ S. 401 Franz Kafka: **Ein Brudermord** (1917)

1 Die Prozesssituation, die die Schülerinnen und Schüler simulieren, sollte keine eindeutigen Motive für den Mord wie Eifersucht oder Neid in den Blick nehmen, sondern kaum nachvollziehbare, irritierende, kafkaeske. Hier liegt auch der entscheidende Unterschied zu Gerichtssendungen, wie sie täglich im Fernsehen zu sehen sind. Die Abgrenzung zu einer solchen Sendung trägt zum Verstehen expressionistischer Prosa, des Themas „Verbrechen und Wahnsinn" bei.

2 Untersuchung von Erzähler und Erzählweise: Der auktoriale Erzähler leitet die Leserin/den Leser durch das Geschehen, er erzählt in der Er-/Sie-Erzählform, Darbietungsweise ist der Erzählbericht, in den der Erzähler Reflexionen einwebt. Er charakterisiert die Figuren, wechselt zuweilen von der Außen- zur Innensicht (z.B. Z. 42 ff.), gibt gelegentlich Kommentare ab (z.B. Z. 25–28). Das Erzählte wirkt wie die Aneinanderreihung von Fakten, die Oberfläche berührend, es wird berichtet. Die Leserin/der Leser geht mit dem Mörder durch die Stadt, wird zum Beobachter/Zeugen des Mordes, der in Einzelheiten geschildert wird. Die Tatsache des Mordes wird im ersten Satz vorweggenommen, die Hintergründe bleiben offen.

(Vgl. auch die Hinweise zu Merkmalen des Expressionismus in Kafkas Text auf S. 425 in diesen Handreichungen)

▶ S. 402 Gottfried Benn: **Gehirne** (1915)

1 a Der Text wirkt irritierend: Erzählt wird von einem jungen Arzt, der an seiner Arbeit anscheinend zerbrochen ist (im Gegensatz zu den Pathologen, die man aus heutigen Krimiserien kennt!). Heute würde man wohl sagen: Er leidet an einem Burn-out-Syndrom („Die letzten Monate tatenlos", Z. 3; „erschöpft", Z. 9).

b Der Titel wird später im Text aufgegriffen: „Was ist es denn mit den Gehirnen?" (Z. 123 f.) – eine Frage Rönnes, die so der Leser selbst beim Lesen des Titels hätte stellen können. Nicht Köpfe, sondern „Gehirne" heißt es, das Innere scheint bloßgelegt – das, was in Rönne arbeitet, was den Menschen von anderen Lebewesen unterscheidet, steht im Mittelpunkt.

2 Figur des Arztes: Rönne arbeitete früher zwei Jahre an einem pathologischen Institut, hat etwa 2000 Leichen seziert (im Plusquamperfekt berichtet); in den letzten Monaten war er „tatenlos" (Z. 3), nun ist er als Arzt in einem Krankenhaus tätig.
Veränderungen des Verhaltens, der Wahrnehmung, der Gefühle werden ab dem zweiten Absatz beschrieben: „Erschüttert saß er eines Morgens vor seinem Frühstückstisch" (Z. 1); der folgende zweimalige Gebrauch des Indefinitpronomens „man" („Man denkt, man ißt", Z. 14) signalisiert eine Entpersönlichung; er fühlt sich als „Opfer" („das Frühstück arbeitet an einem herum", Z. 15). Im Krankenhaus „verrichtete" (Z. 16) er seine Arbeit; das wirkt mechanisch, nicht patientengerecht; er versäumt „hin und wieder" die „ordnungsgemäße" Befragung der Kranken (vgl. Z. 20 ff.). Beim Gang durch die Liegehallen verstärkt sich das Empfinden, dass etwas mit ihm geschieht, der Gebrauch des Passivs steht im Vordergrund – nicht er ist aktiv, sondern es strömt auf ihn ein: „ich […] werde wahrgenommen und bedacht" (Z. 28, vgl. Z. 28–30) Nur in der Form des Präteritums kann er von sich denken: „Ich war vorhanden: fraglos und gesammelt." (Z. 34 f.) Im Präsens stellt er sich die Fragen: „Wo bin ich hingekommen? Wo bin ich?" (Z. 35 ff.)

5.3 EXPRESSIONISMUS (1910–1925)   **425**

Ein Spaziergang in der Natur (ab Z. 39) wird zu einem „Gewalt"-Erlebnis, er spürt ein erhöhtes Ruhe-
bedürfnis, die Sonne blendet ihn, er sucht den Schatten auf, um es auszuhalten. Es kommt zu Unregel-
mäßigkeiten im Dienst, er verliert seine Kommunikationsfähigkeit, bricht schließlich „förmlich zusammen"
(Z. 55). „Er aber mochte nur leise vor sich hinsehn und in seinem Zimmer ruhn." (Z. 58 f.) In der Folgezeit
beschäftigt er sich mit seinen (Mediziner-/Pathologen-)Händen; etwas höhnisch sprich er – in indirekter
Rede mit Konjunktiv – mit der Schwester, ohne dass ein wirkliches Gespräch zu Stande kommt. Er fühlt
sich ohnmächtig: „Er sei keinem Ding mehr gegenüber; er habe keine Macht mehr über den Raum"
(Z. 84 f.), wird im Konjunktiv berichtet. Er liegt, rührt sich kaum (wie ein erstarrter Patient, wie ein Toter),
schließt sich in sein Zimmer ein, verweigert alle Kontakte. „Steif auf dem Rücken" liegt er (wie „seine"
Leichen beim Sezieren). Eines Abends geht er in die Liegehallen, wo die Patienten liegen und schaut nur:
„er blickte die Liegestühle entlang […]; er sah sie an […]; er sah die Halle entlang und ging zurück"
(Z. 104 ff.).
Im Gespräch mit dem Chefarzt thematisiert Rönne sein psychisches Problem: die Reduktion der Patienten
auf ihren Leib, ihre Organe, das Sezieren – und nun das Erforschen des eigenen Gehirns, des eigenen
Ichs.
Der Text endet in expressionistischen Metaphern; die Vogel-Metaphorik ist dem Erstarren entgegen-
gesetzt, das In-die-Lüfte-Schwingen zeigt: Er will hinaus aus seinem Körper, seinen Begrenzungen, er will
sich entgrenzen – „Entschweifungen der Schläfe" (nicht der Seele, hier bleibt er Arzt). Rönne ist nicht nur
in einer beruflichen Krise, sondern in einer vollkommenen Identitätskrise. Es wird von einem Prozess der
Bewegungslosigkeit, des Erstarrens erzählt, von einem Prozess der Selbstauflösung, der Ich-Dissoziation.
Erzählstrategie: Der Text ist personal erzählt, der Leser erfährt nur, was Rönne sieht, hört, denkt, fühlt und
erlebt. Der unmittelbare Wechsel der Pronomen „er" und „ich", der Wechsel von der Er-Erzählung zur Ich-
Erzählung (vgl. Z. 26 ff.), macht auf ein Ineinanderverwobensein aufmerksam. Der Erzähler beleuchtet das
Ich, das sich selbst so gar nicht mehr verorten könnte. Rönne möchte ruhen, nicht sprechen – diese Defi-
zite in der Kommunikation auch mit dem Leser übernimmt der personale Erzähler. Die Wahrnehmung
Rönnes wird durch den Erzähler nachgeahmt (vgl. Z. 95 ff.): Stuhl – Zimmer – Haus – Hügel (die Wieder-
holung dieser Nomen zeugt von der Langsamkeit, dem Abgeschottetsein des Ichs, von der psychischen
Situation). Der Erzähler schildert das „Liegen" (Z. 60 ff.) – Rönne selbst ist „sprach-los".
Sprachlich auffällig ist die expressionistische Sprache und Metaphorik an jenen beiden Stellen, die einen
Wendepunkt signalisieren (Z. 39 ff. und Z. 124 ff.); dort finden sich expressionstische Stilmerkmale wie
Wortneuschöpfungen, das Aufbrechen grammatischer Strukturen, starke, einprägsame Bildlichkeit, Ab-
wendung von der Gegenständlichkeit.

Epochenüberblick – Expressionismus

▶ S. 404

1 Merkmale des Expressionismus in Kafkas „Brudermord" sind die Thematisierung von Verbrechen und
Wahnsinn, die Gestaltung eines Mörders und Verlorenen, hinter denen sich eine apokalyptische Weltsicht
verbergen mag: Die Welt ist aus den Fugen geraten, mit Logik ist ihr nicht beizukommen (vgl. auch die
Hinweise zur Prozesssituation, die die Schülerinnen und Schüler simulieren sollen, S. 424 in diesen Handreichungen); die Hintergründe des Mordes bleiben völlig offen. Das „Fazit" des Mörders Schmar erinnert
auch sprachlich (Ausrufe, Ellipsen, Alliteration, Wiederholungen, starke, ungewohnte Bildlichkeit) an expressionistische Gedichte – allerdings aus der Perspektive des Täters: „Seligkeit des Mordes! Erleichterung, Beflügelung durch das Fließen des fremden Blutes! Wese, alter Nachtschatten, […], versickerst im
dunklen Straßengrund. Warum bist du nicht einfach eine mit Blut gefüllte Blase […]. Was soll die stumme
Frage, die du damit stellst?" (Z. 70–80)

◎ Weiterführendes Material zu diesem Teilkapitel findet sich auf der beiliegenden CD:
- Epochenüberblick: Expressionismus (ca. 1910–ca. 1925) (Folie)

426 C5 DIE MODERNE

Literaturstation: Schönheit und Tod – Ein Motiv der Lyrik

I Das Ophelia-Motiv – Die schöne Wasserleiche

▶ S.405 **Arthur Rimbaud: Ophelia I** (1870)

1 Die Ophelia-Szene aus Shakespeares „Hamlet" (4. Akt, 7. Szene) zum Vergleich:

William Shakespeare: Hamlet (1603) – IV/7

Es neigt sich ein Weidenbaum übern Bach
Und zeigt im klaren Strom sein graues Laub,
Mit welchem sie fantastisch Kränze wand
Von Hahnenfuß, Nesseln, Maßlieb, Kuckucksblumen,
5 Dort, als sie aufklomm, um ihr Laubgewinde
An den gesenkten Ästen aufzuhängen,
Zerbrach ein falscher Zweig, und niederfielen
Die rankenden Trophäen und sie selbst
Ins weinende Gewässer. Ihre Kleider
10 Verbreiteten sich weit und trugen sie
Sirengleich ein Weilchen noch empor,
Indes sie Stellen alter Weisen sang,
Als ob sie nicht die eigne Not begriffe,
Wie ein Geschöpf, geboren und begabt
15 Für dieses Element. Doch lange währt' es nicht,
Bis ihre Kleider, die sich schwer getrunken
Das arme Kind von ihren Melodien
Hinuntergezogen in den schlamm'gen Tod."

(Aus: William Shakespeare: Sämtliche Dramen. Bd. 3: Tragödien. Winkler, München o. J., S. 680 f.)

Ophelia ist in Shakespeares Tragödie Hamlets weibliche Gegenfigur, sie gilt als „Femme fragile", die für ihre Leichtfertigkeit und Liebesglut mit dem Wahnsinn bestraft wird und einen „schlammigen" Tod erleidet. Das Mädchen wird in dieser Szene als naturverbunden dargestellt, Ophelia pflückt Blumen und fällt dabei ins Wasser, singt unerschrocken Lieder und geht eine Verbindung mit dem Element Wasser ein (Einswerdung mit der Natur). Der Vorgang des Ertrinkens ist mit Sanftheit verbunden (Getragenwerden), das Mädchen geht in der Natur auf. Aber die beiden Endzeilen drücken Bedauern aus: „Das arme Kind [...] / Hinuntergezogen in den schlamm'gen Tod".

3 Vergleich von Rimbauds Gedicht mit der Szene aus „Hamlet": Das harmonische Einswerden von Natur und Mensch, wie es sich bei Shakespeare findet, wird von Rimbaud weitergeführt, indem eine gegenseitige Durchdringung des Menschlichen mit der Natur gezeigt wird. Ophelia als das weiße Traumbild weist auf eine Doppeldeutigkeit der Farbe Weiß hin: Reinheit, Freisein von Sünde, Jungfräulichkeit; gleichzeitig ist es die Farbe des Todes (Totenblässe), die auch im Bild der „Lilie" (V. 2) anklingt. Bei Rimbaud werden Tod und Schlaf und Traum inszeniert. Bei Shakespeare singt Ophelia, auch bei Rimbaud wird sie als Sängerin eingeführt, die ihre Melodien nun „schon mehr als tausend Jahre" singt. Sie wird zur Muse, die die Dichter und Künstler über Jahrtausende inspirieren kann; ihr Verfall wird aufgehalten, da sie durch ihre Kunst vor dem Vergessen (auf immer) bewahrt wird.

▶ S.406 **John Everett Millais: Ophelia** (1851/52)

▶ S.406 **Gregory Crewdson: ohne Titel** (1998–2002)

1 a In Millais' Gemälde (als Folie auch auf der CD enthalten) ist Ophelia als sehr junges Mädchen dargestellt mit rötlichen Haaren, blasser, rosafarbener Haut, blassblauen geöffneten Augen mit rotblonden Wimpern, die von leicht geschwungenen Augenbrauen eingerahmt sind. Ihr Mund mit den rötlichen Lippen ist leicht geöffnet, sodass die obere weiße Zahnreihe sichtbar ist. Ophelia wirkt friedlich, beseelt, in sich ruhend: Ästhetisierung des Todes. (Vgl. das ausführliche Material auf der Website der Londoner Tate Gallery www.tate.org.uk/ophelia/subject_detailrealism.htm)

LITERATURSTATION: SCHÖNHEIT UND TOD   **427**

b   Detailvergleich der beiden Bilder – Vorschlag für ein Tafelbild:

	Millais: „Ophelia"	Crewdson: „ohne Titel"
Raum	• Flusslandschaft, im Wasser • treibendes Blütenmeer • Vordergrund links: Schilf; Mittelgrund: die leicht diagonal liegende Tote; Hintergrund rechts: grüne Sträucher am Uferrand mit weißen Blüten • auffällig belebte pflanzliche Natur	• knietief überflutetes Wohnzimmer (Innenraum) • Blumentapete im Hintergrund • Treppe von oben (vom Schlafzimmer?) ragt mitten ins Wohnzimmer hinein; links: Bücherregal mit Uhr (05:05 Uhr oder 17:05 Uhr?) und Plattenspieler; Sofa mit Decke und Kissen, Couchtisch mit Wasserglas und Tablettenbehälter; rechts: Sessel, Telefon, Haustür
Farbgebung	• hervorstechend: verschiedene Grüntöne, zum Teil mit Gelb und warmen Brauntönen gemischt • Ophelias helle Bekleidung hebt sich vom schwarzen Wasser ab, das aber in dieser Umgebung nicht bedrohlich wirkt.	• im Vordergrund Wasser: dunkles Blaugrün bis Schwarz • kaltes Blau drängt nach hinten, gelblich-warm beleuchteter Treppenansatz • Mädchenleiche: hell schimmernde Haut (z. T. violett; lange braune Haare, weißes, durchsichtiges Unterkleid (darunter weiße Unterwäsche); durch Lichtreflexe Orange- bis Violetttöne
Lichtführung	• Besonders das Gesicht Ophelias scheint im Licht zu liegen, auch die aus dem Wasser ragenden Hände sind beleuchtet.	• Grelles Licht fällt auf den leicht bekleideten Körper, v. a. auf die linke Wange, Brust und Lendenbereich, die rechte Hand im Wasser. • Kontrast: Der Raum liegt im Dämmerlicht trotz eingeschalteter Steh- und Wandlampen, die sich im Wasser spiegeln. • Draußen scheint die (Morgen-/Abend-)Sonne (Nebenhauswände werden sichtbar).
Frauenfigur	• schwebend im Wasser, blumenumrankt, beseelt • Schönheit • Harmonie mit Natur	• leerer Blick schräg nach oben; schwebend • schön, jung • Selbstmord durch Tabletten?

2/3   Beide Gemälde zeigen eine sehr schöne, anziehende Wasserleiche. Das beinahe Schwebende wird gleichsam deutlich. Crewdson hat besonders durch die Lichtführung eine moderne Ästhetisierung bewirkt. Angesichts der Attraktivität der Frau fragt sich der Betrachter, ob und wenn ja, warum sie sich wohl mit Tabletten das Leben genommen hat. Hatte sie Liebeskummer? Oder hat ein verschmähter Liebhaber sie umgebracht, mit Tabletten vergiftet? Äußerlich scheint sie unverletzt. Da das Wasser nicht sehr hoch steht, wird sie kaum ertrunken sein. Durch das Wasser, das in einem Innenraum zunächst erstaunlich wirkt (wo kommt es her?), wirkt sie allerdings nicht wie ein Fremdkörper, sondern getragen, eingebettet, leicht, immer noch verführerisch anzusehen. Die Blumentapete im Hintergrund könnte eine kleine Anspielung auf das Blumenmotiv bei Shakespeare, Rimbaud und Millais sein. Der Bezug zu Millais wird durch die Lage der Frauenleiche augenfällig (Kopf auf der linken Seite usw.), die ähnliche Bildaufteilung ist sicher nicht zufällig gewählt. In der weißen Unterbekleidung klingt die „weiße Lilie" Rimbauds an.

II Die Ästhetik des Hässlichen – Eine hässlich-schöne Wasserleiche?

Georg Heym: Ophelia (1910)   ► S. 407

Gottfried Benn: Schöne Jugend (1912)   ► S. 407

1 a/b Ist der Tod Ophelias bei Rimbaud noch geheimnisvoll und ästhetisch, wirkt bei aller Tragik friedlich, so wird dies bei Heym aufgebrochen und schließlich bei Benn vollkommen schockierend in Szene gesetzt. Bei Benn setzt ein Prozess der Entindividualisierung ein durch die anatomische Präzision der Begriffe: „Speiseröhre", „Zwerchfell". Das Ophelia-Motiv wird bis aufs Unerträgliche zugespitzt: Ekelgefühle stellen sich ein, jeglicher Zauber wird zerstört.

428 C 5 DIE MODERNE

2 a Darstellung der Mädchenleiche und der Verfallsprozesse:
   Wortfeldarbeit für Heyms „Ophelia I":
   - Körper: „Haar" – „Nest von jungen Wasserratten" (V. 1): Wasserratten haben sich eingenistet; „die beringten Hände [...] / Wie Flossen" (V. 2 f.): Assoziation: Aufquellen der Finger; „letzte Sonne [...] / Versenkt sich [...] in ihres Hirnes Schrein" (V. 5 f.): die Sonne dringt durch die toten, gebrochenen Augen, durch die Augenhöhlen ins Innere des Schädels;
   - weitere Tiere: „Ein langer, weißer Aal / Schlüpft über ihre Brust" (V. 13 f.); „Ein Glühwurm scheint / Auf ihrer Stirn" (V. 14 f.)
   → Die tierische Natur hat sich ihrer bemächtigt, sie ausgeschlachtet.
   Wortfeldarbeit für Benns „Schöne Jugend":
   - der Mund eines Mädchens („angeknabbert")
   - die Brust (wird aufgebrochen)
   - die Speiseröhre („löcherig")
   - Zwerchfell (darunter: Rattennest)
   - Leber und Niere, „das kalte Blut" (Nahrungsquelle für junge Ratten)
   → Ratten hatten „hier eine schöne Jugend verlebt" (V. 9).

   b Ophelia ist nicht mehr die junge, vom Wahnsinn verwirrte Schönheit, die nach dem Ertrinken eins wird mit der ästhetisierten (schönen) Natur, keine weiße Traumgestalt wie bei Rimbaud, mit der der Dichter den Tod inszeniert, keine Figur, die durch ihren Gesang weiterlebt. Sowohl bei Heym wie auch bei Benn ist Ophelia eine verwesende Wasserleiche. Auch bei Heym ist die Leiche Ophelias Teil der Natur geworden, aber unter ganz anderen Vorzeichen: Die Tierwelt hat sich ihrer bemächtigt, Tiere übernehmen den aktiven Part, während die Leiche dahintreibt; die Szenerie hat hier eher albtraumhafte Züge, die Leiche treibt ewig ziellos umher (wie bei Rimbaud). Inhaltlich werden Zerfallsprozesse ästhetisiert, während das Gedicht formal traditionellen Formen folgt: vier Strophen mit jeweils vier Versen, in den Strophen wechseln Kreuzreim und umarmender Reim.
   In Benns Gedicht wird die pathologische Seite des Ereignisses betont. In zwölf reimlosen Zeilen in freien Rhythmen wird der Verfallsprozess dargestellt. Zunächst positiv konnotierte (und auch erotisch besetzte) Begriffe wie „Mund" und „Brust" werden in schockierende Bilder überführt, sie sind defekt, zerstört. Noch kennt der Leser nicht den Grund dafür. Erst dann erfährt er, dass dieser Zerstörungsprozess auf Ratten zurückzuführen ist. Einleitend verfolgt der Leser die Leichensektion im Berichtston, benennt ein Temporalsatz das Ergebnis der Sektion. Die Mädchenleiche, die „lange im Schilf gelegen hatte" (V. 1), wurde zur Nahrungsquelle von Rattenjungen. Der Titel „Schöne Jugend", der zunächst an das Mädchen denken lässt (und an das Besingen der schönen Jugendzeit in Volksliedern aus dem 19. Jahrhundert erinnert), ist auf das Aufwachsen der Ratten bezogen (vgl. V. 9), doch dabei wird es bleiben, sie werden nicht alt: Denn sie werden bei Auffinden der Leiche ins Wasser geworfen und ertrinken qualvoll (Quietschen der Schnauzen). Das Motiv der schönen Wasserleiche wird eindeutig durch Verwesungsspuren und Rattenfraß ins Hässliche gewendet, der Körper wurde gleichsam ausgeschlachtet.

3 Die Gedichtsammlung „Morgue" enthält z. B. das bekannte Gedicht „Kleine Aster", das in diesem Kontext („Ästhetisierung des Hässlichen") gut passen würde.

▶ S. 408 Bertolt Brecht: **Vom ertrunkenen Mädchen** (1919)

▶ S. 408 Peter Huchel: **Ophelia** (1972)

▶ S. 408 Edvard Munch: **Liebespaar in Wellen** (1896)

1 Munch vereint das Weibliche auf geheimnisvolle Weise mit der Natur (die Haare gehen in Wellen über). Durch die Verbindung von Liebe und Tod, Verderben (dunkle Augenhöhlen, skelettartige Konturen) werden eher düstere, beängstigende Assoziationen geweckt.
   Vieles spricht dafür, das Bild mit dem Gedicht Brechts in Zusammenhang zu bringen: Heißt es dort, es schien, als ob der Himmel „die Leiche begütigen müsse" (V. 4), so macht das Mädchengesicht auf Munchs Gemälde einen besänftigten Eindruck; schreibt Brecht, „Tang und Algen hielten sich an ihr ein" (V. 5), so scheint sich in gleicher Weise der Geliebte auf Munchs Bild an das Mädchen anzuschmiegen, dessen in der Bildgestaltung auffallend heller Körper an den „bleichen Leib" (V. 13) im Gedicht erinnert. Auch die im Gedicht beschriebenen Lichtverhältnisse erinnern an das Bild: Der Himmel „dunkel wie Rauch" (V. 9), „das Licht in Schwebe" (V. 10).

LITERATURSTATION: SCHÖNHEIT UND TOD **429**

Weiterführende Aufgaben
▶ S. 408

1 Der noch junge **Brecht** – 22 Jahre alt, sein Durchbruch als avantgardistischer Bühnenautor steht noch bevor, in seiner vielfältigen Lyrik wird er später in einer ungeheuren Bandbreite formale Elemente aus der gesamten weltliterarischen Lyriktradition aufnehmen – schlägt zunächst sehr behutsame Töne an. Das Licht der Sterne und der Opal des Himmels sind Metaphern für Sympathie und Mitgefühl. Die Beschreibung des Himmelsscheins mit dem Attribut „wundersam" ruft zunächst den Mythos der (ewig schönen) Ophelia hervor. Das Schlüsselwort der ersten Strophe, das Verb „begütigen", meint so viel wie beschwichtigen oder trösten und geht zunächst in dieselbe Richtung. Aber die Aussage wird mit „als ob" eingeleitet, was diesen Trost wieder aufhebt. Unaufhaltsam ist der Verwesungsprozess, da kann auch ein Glaube, da kann auch Gott nichts daran ändern. Jede Leichtigkeit wird dieser Dahintreibenden genommen, wenn sich Pflanzen und Tiere um sie schlingen und sie beschweren auf ihrer letzten Fahrt. Wird der Tod anfangs noch in poetische Worte gekleidet, werden zahlreiche Naturelemente genannt, so bleibt schließlich nur der sachliche Befund: „Dann ward sie Aas in Flüssen mit vielem Aas." Gott hat sie inzwischen allmählich vergessen, einen Körperteil nach dem anderen. Brecht wendet sich in diesem Gedicht gegen eine jenseitsorientierte Christlichkeitsethik. Kein Jenseits wartet auf Ophelia, kein Himmel, kein Paradies. Wie ein Tier hat sie sich in nichts aufgelöst. Schon in diesem Text des jungen Dichters, der als Sanitätshelfer Erfahrungen im Ersten Weltkrieg sammelte, ist der Agnostiker und Materialist Brecht zu erkennen.

Peter **Huchel** arbeitete als Schriftsteller zunächst in der DDR. In seiner Lyrik sind Natur und Geschichte eng verwoben, der Erinnerung kommt zentrale Bedeutung zu. Häufig verbinden sich im poetischen Bild Natur, Geschichte und Politik. Acht Jahre lang wurde Huchel als Regimekritiker in der Isolation im Wilhelmshorst bei Potsdam festgehalten. 1971 konnte er aus der DDR ausreisen und musste damit seine märkische Heimat verlassen, deren Landschaft Heide, Havel, Seen, Teiche, Dörfer, Bauern und Fischer präg(t)en. Eine derartige märkische Landschaft mag in der Räumlichkeit von Huchels „Ophelia" anklingen. Ein Bergungstrupp sucht, stöbert im „seichten Gewässer" nach einer Leiche, Mitgefühl oder Behutsamkeit sind nicht zu spüren, wenn die Männer mit Stangen „stoßen", wenn ein „raues Kommando" geführt wird. Die Nominalisierungen („das Waten von Stiefeln", V. 3; „das Stoßen von Stangen", V. 5) wirken entpersonalisiert, besonders gewalttätig und roh. Die „Stacheldrahtreuse", die als letztes und einziges Wort in V. 8 die erste Strophe beschließt, wird zum Schlüsselwort. Reusen – als Fanggeräte für die Fischer gedacht – werden hier zu „Menschenfängern". Im Stacheldraht verfangen sich (DDR-)Flüchtlinge, sterben womöglich dort. Die „Stacheldrahtreuse" wird zum Bild für eine von bewaffneten DDR-Soldaten bewachte Grenze. Das Wunder, der Zauber bleibt aus, Ophelia wird von einer Kugel getötet. Sie begeht nicht Selbstmord, kein Wahnsinn treibt sie ins Wasser. Sie wird das Opfer der politischen Verhältnisse, diese machen den Wahnsinn aus, der Menschen tötet.

2 Wasser kann beinahe magische Anziehungskraft für jene haben, die melancholisch, depressiv sind, in den Selbstmord flüchten. So heißt es auch: „Jemand geht ins Wasser." Bachelards Bezeichnung des Wassers als Melancholie weckendes Element passt zu den Gedichten von Rimbaud, Heym und Brecht.

3 Es ist interessant, welche Außen- oder auch Innenräume die jugendlichen Schülerinnen und Schüler für eine moderne Ophelia wählen: einen Fluss mit einer Skyline dahinter, die man einer Stadt zuordnen kann (z. B. den Rhein bei Köln, den Main bei Frankfurt), einen abgelegenen See, einen exotischen Strand, ein Schwimmbad u. Ä. Haben diese etwas mit „ihrer Welt" zu tun? Haben sie etwas mit Natur zu tun?

III „All beauty must die" – Das Ophelia-Motiv in der Pop-Musik

Nick Cave: **Where the Wild Roses Grow** (1996)
▶ S. 409

1 a Für das Album „Murder Ballads" schrieb Nick Cave 1996 den Song, für den er sich von einem traditionellen Lied mit dem Titel „The Willow Garden" inspirieren ließ. Im Lied trifft der männliche Sprecher das Mädchen Elisa Day (die weibliche Stimme des Songs), verbringt ein paar Tage mit ihr, bevor er sie am dritten und letzten Tag am Fluss mit einem Stein erschlägt.

- 1. Tag / 1. Strophe: Elisa besticht ihn mit ihrer Schönheit (man nennt sie „the Wild Rose"): ein Augenkontakt, ihr Lächeln, die Farbe ihrer Lippen erinnern ihn an eine Rose, die in Flussnähe wächst: blutig und wild. Für ihn ist sie schöner als jede Frau, die er jemals gesehen hat. Er sucht sie zu Hause auf, für sie ist er der erste Mann, mit seiner besonders sanften Hand wischt er ihre Tränen weg.
- 2. Tag / 2. Strophe: Er schenkt er ihr eine Blume und will sie verführen, die Rose am Fluss zu betrachten.

430   C5 DIE MODERNE

- 3. Tag/3. Strophe: Sie gehen zum Fluss, er zeigt ihr die Rose, küsst sie, sie hört ein letztes
gemurmeltes Wort, dann tötet er sie. Sie liegt am Ufer, der Wind weht, er pflanzt ihr eine Rose
zwischen die Zähne.
Aufgreifen des Ophelia-Motivs:
- Elisa/Ophelia wird von der männlichen Stimme des Gedichts begehrt.
- Schönheit und Sexualität sind verbunden: Ophelia wird sein Opfer.
- Sie liegt am Ende tot am Flussufer, mit einer Rose geschmückt.

b „All beauty must die" – Schönheit ist vergänglich: Das wird hier durch einen gewaltsamen Tod, durch
Mord krass verdeutlicht. Blumen verblühen, verwelken, weibliche Schönheit vergeht im Alter – dem
beugt der Mörder vor. Angeknüpft wird an das Symbol der „schönen Wasserleiche", die mit Blumen
geschmückt ist, hier mit einer Rose (als Symbol für die Liebe). Es ist ein düsteres Lied, keine Liebeserklärung. Die Liebe endet tödlich, durch einen Akt der Gewalt.

Weiterführendes Material zu diesem Teilkapitel findet sich auf der beiliegenden CD:
- *Georg Heym:* Die Tote im Wasser (1910)
- *John Everett Millais:* Ophelia (1851) (Folie)

5.4 Neue Sachlichkeit – Literatur der Weimarer Republik (1919–1933)

► S.410 Otto Dix: **Großstadt** (Triptychon, 1927/28)

1 a In diesem Bild sind wesentliche Erfahrungen der Moderne zusammengefasst. Im Zentrum steht die
moderne Welt der „Roaring Twenties", Musik in einem Jazzclub, modern gekleidete Tänzer und
Tänzerinnen, die aufreizende und blendende Fassade des Vergnügens, der Blasiertheit und des
Spektakels. Saxophonist und farbiger Jazzmusiker sind Bildzeichen des modernen Lebensstils der
zwanziger Jahre in Berlin. Die Beinbewegungen einer Tänzerin zeigen: Man tanzt Charleston. Die
andere Frauenfigur ist mit Modeschmuck behängt, hat den Pagenkopf der „emanzipierten jungen
Frau". Auf der linken Seite hingegen reicht der Blick in eine Nebenstraße der Vorstadt. Ein bettelnder
Kriegsinvalide wird von einem Hund angebellt, zwei Huren scheinen den Kriegsversehrten zu ver-
spotten. Auf dem rechten Flügel sieht man die Halbwelt des Bordellplüschs. Gemeinsam sind der Welt
des Glimmers und des Elends: Kälte und Geschäftigkeit, Bewegung und Hektik – „Berliner Luft" und
Jagd nach dem Vergnügen. Der Titel „Triptychon" erinnert hingegen an Altarbilder. Dix präsentiert ein
„Triptychon der Moderne", eine durch und durch unheilige Lebenswelt. Provozierende Umdeutungen
traditioneller Formen gehören zum Stilwillen der Moderne.

b Dix akzentuiert Nachtleben, Glanz- und Schattenseiten der Halbwelt, er blendet aus: die Welt der
Arbeit: Büros oder Fabriken, die Welt des Verkehrs: Straßenbahnen und Autos, die Natur: Jahreszeiten oder Gärten. Für ihn ist „Großstadt" gleichbedeutend mit der Welt des Vergnügens. Sein Bild
ist eine gemalte Metonymie: Der „pars" Nachtleben steht für das Ganze, die Großstadt.

2 Verismus (italienisch *verismo*) ist ursprünglich die italienische Bezeichnung für die naturalistische Oper,
wurde dann auf die Literatur und auch auf den Film übertragen. Seit den 1920er-Jahren fand der Begriff in
Deutschland auch Eingang in die Kunstkritik. Dix, der zwischen 1925 und 1927 in Berlin lebte, entwickelte
dort seine kritisch-analytische Malerei. Der Stil der Neuen Sachlichkeit (Dix zählte sich zu deren „Erfin-
dern") ist schon daran zu erkennen, dass Dix sein Triptychon durch eine Serie großformatiger Porträts
vorbereitete. Verismus verschließt, wie der Naturalismus, die Augen nicht vor dem Hässlichen der Welt.
Die veristischen Darstellungen sind nicht „wahrheitsgetreu" im Sinne fotografischer Abbildlichkeit, sondern
im Sinne einer analytischen Darstellung, eines Nach-außen-Kehrens des „Inneren" der Gegenstände oder
Figuren.

Das Motiv der Großstadt – Leben, Lust und Leiden

► S.410 Alfred Döblin: **Berlin Alexanderplatz** (1929) – Romanauszug

Döblin hat in seinem Montage-Roman aus der Perspektive unterschiedlicher Figuren und eines neutralen
Erzählers wie eine die Außenwelt registrierende Kamera das verwirrende Gewimmel eines Großstadt-
zentrums und die desorientierten Ideen, Assoziationen und Gedankenspiele der Romanfiguren aufge-
zeichnet (vgl. S. 158 f. in diesen Handreichungen). Auch in dem hier abgedruckten Auszug geht es um eine
registrierende „Erzähl-Kamera".

5.4 NEUE SACHLICHKEIT – LITERATUR DER WEIMARER REPUBLIK (1919–1933)

1 Der Ideenstern visualisiert Döblins Montage simultaner Wirklichkeits- und Bewusstseinsfragmente (Baustelle, Menschen, Verkehr, Geschäfte; Reminiszenzen aus Bibel und Geschichtsunterricht). Beispiel eines Ideensterns zum Thema „Alexanderplatz":

2 Erzähltechnische Besonderheiten Döblins: Der Erzähler taucht im zitierten Abschnitt erst am Ende (mit einem ironischen Kommentar zu dem Beobachteten, Z. 43–62) auf. Zuvor werden verschiedene Wirklichkeitsausschnitte wie in einer Filmmontage zusammengestellt. Die Simultantechnik erlaubt es, heterogene Elemente verbindungslos (aufeinander bezogen nur durch den Ort „Alexanderplatz") hintereinanderzuschalten. Gedanken und Gefühle werden eingestreut („Da stehen die Männer und Frauen und besonders die Jungens und freuen sich", Z. 15 f.).
Sprachliche Besonderheiten: illustrierende Wortmalerei („Rumm rumm" für die Geräusche der Dampframme, Z. 10), Umgangssprache bei der Wiedergabe der Gedanken der Berliner Passanten („Die Berolina stand vor Tietz […], war ein kolossales Weib, sie haben sie weggeschleppt", Z. 23–25), sprunghafter Wechsel aus der Romanerzählung in den Stil eines Sachtextes (Fahrplan der Straßenbahnen, Z. 29–39), Parodie des Predigttons („O liebe Brüder und Schwestern, die ihr", Z. 43 f.).

3 Mögliche Elemente einer im Stile Döblins verfassten Großstadtszene:
- Stichworte zu Verkehr, Konsum, Menschenmengen in Bewegung, Lichtreklame usw.;
- ein verbindendes Thema (ähnlich wie bei Döblin der Baulärm am Alexanderplatz z. B. der Kaufrummel in der Vorweihnachtszeit in einer lebhaften Geschäftsstraße);
- mögliche eingefügte Gedankensplitter: z. B. Reminiszenzen zum Thema moderner Lebensstil, Schattenseiten des Konsumlebens, vielleicht auch desorientierte Tiere im Gewimmel;
- eigenes urteilendes Resümee: Hektik, Flucht in Konsum, Oberflächlichkeit, moderner Lifestyle.

▶ S. 411 **Irmgard Keun: Das kunstseidene Mädchen** (1932) – Romanauszüge

Aus dem Tagebuch des „kunstseidenen" Mädchens Doris erhält der Leser ein Bild der Alltagsmisere einer kleinen Büroangestellten, die vom Leben in Luxus träumt. Doris will ein Filmstar werden, macht sich keinerlei Illusionen über den Kaufwert der Liebe. Vor den Zudringlichkeiten ihres Chefs flieht sie nach Berlin, wird die ausgehaltene Geliebte eines Fabrikanten und Gelegenheitsprostituierte. Sie schreibt naiv, „cool", zuweilen schnoddrig; mit einer stilistischen Mischung aus Sachlichkeit und Sentimentalität gelingt es Keun, ihre Heldin

432 C5 DIE MODERNE

sympathisch wirken zu lassen. 1933/34 werden Irmgard Keuns Bücher verboten, sie geht ins Exil (1936 bis 1940), zunächst nach Holland. In dieser Zeit entstehen zahlreiche Romane, z. B. „Das Mädchen, mit dem die Kinder nicht verkehren durften" (1936) und „Kind aller Länder" (1938). Nach dem Einmarsch der Deutschen in die Niederlande kehrte Keun, die angeblich Selbstmord begangen hatte, heimlich nach Deutschland zurück und lebte dort bis 1945 in der Illegalität.

▶ S. 412 Erich Kästner: **Sachliche Romanze** (1929)

Das Gedicht entstammt Kästners dritter Gedichtsammlung „Lärm im Spiegel", es verbindet großstädtische Sachlichkeit mit einem Hauch Sentimentalität und Melancholie. Der bewusst provozierend eingesetzte Vergleich des Verlusts der Liebe mit dem Verlust eines Stocks oder Huts ist in die Tradition der Heine'schen Desillusionierungen zu stellen. Kästner sah sich als Lyriker selbst als „Enkel Heines". (Vgl. auch die Anmerkungen auf S. 434 in diesen Handreichungen.)

▶ S. 413 Mascha Kaléko: **Großstadtliebe** (1933)

Wie Kästners neusachliche Gedichte über Liebe und Großstadtleben wurden auch Mascha Kalékos Gedichte zuerst berühmt-berüchtigt und dann 1933 in die Aktion der vom nationalsozialistischen Studentenbund organisierten Bücherverbrennung einbezogen. Es sollte nicht wahr sein, was diese neuen „Naturalisten" schrieben.

1 a   Alle drei Texte könnten als „Kommentare" zu dem Triptychon von Otto Dix gelesen werden. In den Jahren nach dem Ersten Weltkrieg gewinnen Büroberufe an Bedeutung. Der Angestellte und die Stenotypistin sind charakteristische Figuren der Zeit: junge, unabhängige und lebenshungrige Singles, die den Genuss der Gegenwart und des Augenblicks schätzen und sich keinen Kopf um Zukunft oder Familie machen möchten. Die beliebtesten Schauplätze, an denen sie (in literarischen Darstellungen) zu finden sind, sind Bars, Tanzclubs, Nachtlokale, Cafés, Sechstagerennen, Vergnügungsfahrten auf Dampfern. Seltener sieht man sie an ihrem Arbeitsplatz. „Man spricht konkret und wird nur selten rot" (V. 20), charakterisiert Kaléko selbst die Sprechweise der Protagonisten. Ergänzend erwähnt sie das Telefon, und auch das charakterisiert die neusachliche Schreibweise. Wie die Naturalisten versuchen die Autoren, die Sprechsprache ihrer Figuren genau zu treffen. Diese ist gekennzeichnet durch:
   - kurze, parataktische und manchmal unvollständige Sätze im Duktus der Sprechsprache (Keun: „Ich bin in Berlin. Seit ein paar Tagen. Mit einer Nachtfahrt und noch neunzig Mark übrig", Z. 1–3; Kästner: „Wie andern Leuten ein Stock oder Hut", V. 4);
   - alltagssprachliches Understatement bei der Rede über Gefühle (Kästner: „sie kannten sich gut", V. 2; Kaléko: „Man lernt sich irgendwo ganz flüchtig kennen", „Man hat sich lieb", „Man trifft sich", „Man küsst sich", „Man schenkt sich" – die jeweiligen Strophenanfänge; Keun: „Ist ja alles nicht so wichtig", Z. 55);
   - Direktheit, Unbekümmertheit und Verletzung von Tabus: Keun: „ich hab so Lust – tanze – das ist die Liebe der Matrosen – wir sind ja doch nur gut aus Liebe und böse oder gar nichts aus Unliebe" (Z. 61–64); Kästner: „Sie waren traurig, betrugen sich heiter, / versuchten Küsse" (V. 5f.); Kaléko: „Man küsst sich dann und wann auf stillen Bänken / – Beziehungsweise auf dem Paddelboot. / Erotik muss auf Sonntag sich beschränken." (V. 16–18)

2   „Sachlichkeit" umfasst hier in erster Linie den Umgang mit Gefühlen. Understatement und eine gewisse Lässigkeit verdecken die emotionale Beteiligung der Sprecher. Man will, würde man in heutiger Redeweise sagen, „cool" erscheinen, um die eigene Verletzlichkeit nicht zu deutlich vorzuzeigen.

▶ S. 413 Hermann Hesse: **Der Steppenwolf** (1927) – Romanauszug

Man kann Hermann Hesses Roman nicht eigentlich der Neuen Sachlichkeit zurechnen. Der Held, Harry Haller, ein Alter Ego des Autors Hermann Hesse, ist eine gespaltene Persönlichkeit. Sein bürgerliches Alltagsleben verläuft in geordneten Bahnen, sein Dasein als „Steppenwolf" ist das Gegenteil, ein Nachtleben, das eigentlich ein Nachtleben seiner Seele ist. Der Romanauszug steht hier im Kontext der Neuen Sachlichkeit zum einen, weil Hesse als Zeitgenosse der neusachlichen Autorinnen und Autoren anzusehen ist und weil einige der Lebensweisen des Harry Haller sehr wohl zum Lebensstil der Helden neusachlicher Romane (etwas Erich Kästners „Fabian") passen. Als in den 1960er- und -70er-Jahren ein Hesse-Boom die Hippie-Bewegung prägte, erzeugte der Roman ähnliche Vorwürfe des Sittenverfalls wie die Texte Kästners oder Tucholskys in den 1920er- und -30er-Jahren. Der Romanauszug steht zum anderen an dieser Stelle im Schülerband, weil Harry Haller eine kritisch-distanzierte Haltung zu all diesem einnimmt, weil er die Menta-

5.4 NEUE SACHLICHKEIT – LITERATUR DER WEIMARER REPUBLIK (1919–1933)   **433**

lität „neusachlicher" Figuren in ihrer Oberflächlichkeit durchschaut und „diese Freuden, die mir ja erreichbar wären und um die tausend andre sich mühen und drängen, nicht versteh[t]" (Z. 20–22). Hesse ist also einerseits Zeitgenosse, andererseits Kritiker des Zeitgeistes, der in den Werken der Neuen Sachlichkeit Gegenstand der Darstellung ist.

1 Der Romantitel verweist auf das Einzelgängerische, das Gefühl des Unbehaustseins des Protagonisten, auf sein Empfinden von Fremdheit in der Welt. Harry Haller leidet an der Zeit und an sich selbst. Er ist auf der Suche nach der „Gottesspur" (Z. 1), die ihn in einer „geistlosen Zeit" (Z. 4) zu einem sinnvollen und erfüllten Leben führt. Er leidet an der Oberflächlichkeit und Aufdringlichkeit der modernen Welt, den über-füllten Cafés, den Korsos, den Sportplätzen (an all dem, was für die neusachlichen Literaten bzw. ihre Figuren Zentrum der Welt ist).

2 Mögliches Dialogbeispiel: Ein offener Brief an Hermann Hesses Harry Haller:
Manchmal ekelt es mich auch. Das oberflächliche Getue, das Dating, das Gehopse bei den Musik-paraden. Aber ist das nicht alles etwas schnell geurteilt, die Abwertung der „schwüle[n] aufdring-liche[n] Musik", der „Bars und Varietés"? Und warum ist eleganter Luxus oder der Besuch auf Sport-plätzen etwas Verachtenswertes? Warum findet man „Wonne, Erlebnis, Ekstase und Erhebung" nur in Dichtungen? Ich glaube wirklich, lieber Harry Haller, Sie sollten sich ernsthaft fragen, ob die „zufriedenen Menschen", auf die Sie herabsehen, nicht doch Recht haben und SIE der Verrückte sind.

Demokratie ohne Demokraten – Ein Thema gesellschaftskritischer Literatur

Heinrich Mann: **Der Untertan** (1918) – Romanauszug   ▶ S. 414

Heinrich Mann erzählt von Diederich Heßling, dem obrigkeitshörigen, feigen Mitläufer und Konformisten. Er erzählt aus ironischer Distanz Heßlings Lebensgeschichte. Diederich Heßling wird dargestellt als Stamm-tischagitator, Chef in einem Betrieb und als Gegner der ihm verhassten Sozialdemokraten. An einer Kette von Lebensstationen zeigt ihn Mann als Tyrannen, dem die gesellschaftliche Hierarchie des Kaiserreichs Macht verschafft, und zugleich als Untertan, der von der Zugehörigkeit zu einem unerbittlichen, menschen-verachtenden Obrigkeitsstaat charakterlich deformiert ist.

Kurt Tucholsky: **Rezension zu Heinrich Manns Roman „Der Untertan"** (1919)   ▶ S. 415

Der Rezensent Tucholsky erkennt klarsichtig das Typische in Heinrich Manns Romanfigur. Er schreibt, Diederich Heßling sei „der" deutsche Mann. In seiner Sucht zu befehlen und zu gehorchen, in Rohheit und Religiosität, seiner „namenlosen Zivilfeigheit" verkörpere er das deutsche Prinzip von bedingungslosem Gehorsam und Herrschsucht.

1 a Es ist zuerst zu klären, ob der angenommene „Reporter" Heßling und sein Verhalten ernst nehmen und auf die Vorbildlichkeit dieses „treuen Untertanen" abheben oder ob er ihn als lächerliche Figur darstellen soll. Letzteres wird den Schülerinnen und Schülern eher einleuchten, ist aber – weder aus der historischen Sicht noch aus der Perspektive Heinrich Manns – sinnvoll. Denn es ist Manns Anlie-gen, die latente Gefährlichkeit des autoritären Charakters zur Darstellung zu bringen. Der Kaiser und „sein Untertan", die sich im abgedruckten Abschnitt „erkennen", sehen, wie sehr sie aufeinander ange-wiesen sind: der Repräsentant und der Nutznießer des autoritären Systems, das Deutschland in den Ersten (und dann bald darauf in den Zweiten) Weltkrieg führte.

   b Das Konzept des autoritären Charakters wurde von Erich Fromm in den 1930er Jahren am Institut für Sozialforschung Max Horkheimers entwickelt. Es benennt ein Bündel von Persönlichkeitseigenschaf-ten, die das Sozialverhalten negativ prägen (Vorurteile, Konformität, extremer Gehorsam gegenüber Autoritäten, Rassismus, Ablehnung fremder Kulturen). Wilhelm Reich hatte zur gleichen Zeit in seiner „Massenpsychologie des Faschismus" die These aufgestellt, es existiere ein fundamentaler Zusam-menhang zwischen autoritärer Triebunterdrückung und faschistischer Ideologie. Die patriarchalische Familie schaffe die Charaktere, die sich der repressiven staatlichen Ordnung, trotz Not und Ernie-drigung, unterwerfen. Theodor W. Adorno publizierte 1950 die in Zusammenarbeit mit Else Frenkel-Brunswick, Daniel J. Levinson und R. Newitt Sanford erstellte Studie „Die autoritäre Persönlichkeit", in der soziologische und psychologische Fragestellungen zusammengeführt werden zu einem Persönlichkeitsbild des „Ethnozentrikers" und potenziellen Faschisten.

434   C5 DIE MODERNE

2   Im Textauszug wird Heßling zunächst von außen gesehen, die Umstände des Staatsbesuchs werden angedeutet. Heßling erscheint eifrig und aktiv. Er drängt sich vor, er schwenkt den Hut, er schreit. Seine Frau lässt er einfach stehen, er steht Durst und Hitze aus, organisiert die Kutschfahrten, um vor dem kaiserlichen Tross am jeweiligen Ort zu sein. Dann kommt es – sekundenweise – zu einer seltsamen Symbiose zwischen Untertan und Monarch. Heinrich Mann will zeigen, dass diese beiden Figuren aufeinander angewiesen sind.
Im Filmbild steht die Geste des beflissenen und unterwürfigen Heßling im Zentrum. Vom Kaiser ist nur ein Stück des Helms mit preußischem Adler zu sehen. Heßling ist glatt wie ein Lakai frisiert, er breitet eilig die Arme aus, läuft gebückt, insgesamt macht er den Eindruck eines gehetzten Dieners.

3   Tucholsky sieht in dem Roman Heinrich Manns eine Analyse seiner Zeit und der diese Zeit prägenden Persönlichkeitsstruktur. Er hebt ab auf das Typische und Repräsentative dieses Diederich Heßling. Er hat noch nicht den Fromm'schen Begriff des autoritären Charakters zur Verfügung, aber er umschreibt ihn sehr genau.

▶ S. 415 **Epochenüberblick – Die Literatur der Weimarer Republik (1919–1933)**

1 a   Kästners Begriff der „Gebrauchslyrik" unterscheidet sich deutlich von dem wertenden Begriffsgebrauch in der Alltagssprache (Lyrik „zum Gebrauch" für Jubiläen und Geburtstagsfeiern). Kästners Begriff erfasst populäre Verse zwischen Volkslied, Chanson und Kabarett, er zielt auf Pointen, eingängige und überzeugende Gedankenführung und gesucht-nachlässige Formulierung, Pointensicherheit. Gebrauchslyrik im Sinne Kästners soll „in Gebrauch genommen werden", um gesellschaftliche Zustände zu charakterisieren und Fehlverhalten aufzuzeigen. Das „Neusachliche" an dieser Textsorte ist ihre ungeschminkte und im positiven Sinne rücksichtslose Offenheit, mit der Dinge zur Sprache gebracht werden.

b   Kästners „Sachliche Romanze" ist nicht zu Unrecht als Prototyp neusachlicher „Gebrauchslyrik" angesehen worden. Zuerst fällt der Sprachgestus auf. Er ist keineswegs das, was man von „lyrischem" Sprechen erwartet, die Aussprache eines das Ich betreffenden Gefühls, sondern es wird von einer abhandengekommenen Liebe erzählt. Und doch ist das Gedicht „lyrisch". Es hat, unter der Oberfläche der sachlichen Kommunikation der ehemals Liebenden, Raum für Gefühle. Die sprachlichen Provokationen (die Liebe kommt „abhanden", V. 3) stoßen auf Verhaltensmuster, die nur allzu bekannt sind (geschlechterspezifische Verhaltensstereotypen, aus Verlegenheit in der Tasse rühren). Beide verdoppeln die Aussage: sie „wussten nicht weiter" (V. 7). Die regelmäßig gereimten, an Heinrich Heines „Verschiedene" erinnernden Verse räumen der Abschiedsszene im Café (Strophe 5) eine formale Besonderheit ein (eine Zeile und ein Reim mehr als in den anderen Strophen). Dieser entspricht der Inhalt, der dem Leser oder Hörer zum „Gebrauch" angeboten wird: Sprach- und Fassungslosigkeit als „Erfahrung" sind in Bild und Form gebracht.

◎   Weiterführendes Material zu diesem Teilkapitel findet sich auf der beiliegenden CD:
- *Kurt Tucholsky:* Zehn Jahre deutsche „Revolution" / November-Umsturz (1928)
- Epochenüberblick: Die Literatur der Weimarer Republik (1918–1933) (Folie)

5.5 Exilliteratur (1933–1945)

▶ S. 417 **John Heartfield: Fotomontage** (1933)

1   Die Fotomontage zeigt den Reichspropagandaminister Joseph Goebbels in der Pose des agitatorischen Redners auf nationalsozialistischen Massenveranstaltungen und im Hintergrund eine Bücherverbrennung (erkennbar sind u. a. der Autorenname Kisch und der Romantitel „Im Westen nichts Neues"). Die Montage zeigt Goebbels als den letztlich auch dafür Verantwortlichen, auch wenn die Verbrennungen selbst nicht vom seinem Ministerium, sondern von seinen willigen und begeisterten Helfern und Anhängern in der Studentenschaft durchgeführt wurden.

2   Mit der „Machtergreifung" – so die nationalsozialistische Sprachregelung für die Bildung einer Koalitionsregierung unter Adolf Hitler als Reichskanzler – begann in Deutschland die systematische Verfolgung von Gegnern des neuen Regimes. In der Nacht zum 28. Februar 1933 brannte der Reichstag. Man beschuldigte die Kommunisten der Brandstiftung. Am nächsten Tag wurde die „Verordnung des Reichspräsidenten zum Schutz von Volk und Staat" erlassen. Die Grundrechte der Weimarer Verfassung waren so prak-

5.5 EXILLITERATUR (1933–1945) **435**

tisch außer Kraft gesetzt, Polizei und SA begannen legal mit Verhaftungen. Im Mai 1933 organisierte der nationalsozialistische Studentenbund im Rahmen einer „Aktion wider den undeutschen Geist" Bücherverbrennungen. Höhepunkt waren die Aktionen am 10. Mai 1933 auf dem Berliner Opernplatz und in 21 anderen deutschen Städten, bei denen zehntausende Werke verfemter Autoren von Studenten, Professoren und SA-Männern ins Feuer geworfen wurden. Es existierten Proskriptionslisten, und Schriftsteller, die darauf standen – zu ihnen gehörten fast alle Autoren der Neuen Sachlichkeit, jüdische Dichterinnen und Dichter, als pazifistisch oder marxistisch angesehene Schriftsteller/innen –, mussten ins Ausland fliehen. Paris, Prag, Amsterdam waren die wichtigsten Orte des ersten Exils, später gefolgt von den USA. Brecht ging zunächst nach Dänemark, Thomas Mann nach Frankreich und dann in die Schweiz. Die ins Exil getriebenen Autoren wurden ausgebürgert, ihr in Deutschland verbliebener Besitz wurde konfisziert. Viele von ihnen waren also völlig mittellos.

Lion Feuchtwanger: Der Schriftsteller im Exil (1943) ▶ S. 417

1 Auch Lion Feuchtwangers Bücher waren verbrannt worden, er selbst lebte zunächst im Exil in Südfrankreich, wurde dort nach der Besetzung Frankreichs durch die Wehrmacht von den Franzosen interniert. Eine abenteuerliche Flucht endete zuletzt in den USA, in Kalifornien. Der Erfolg seiner Bücher im englischsprachigen Raum ermöglichte ihm ein besseres Leben als den meisten Exilierten, über die er in seiner Schilderung spricht. Er betont indes nicht in erster Linie die materiellen Schwierigkeiten, sondern die spezifischen des Schriftstellers, der von seiner Sprache abgeschnitten ist: „Immer und für alles haben wir den Klang der fremden Sprache im Ohr" (Z. 19 f.).

Hilde Domin: Hier (1964) ▶ S. 417

Mascha Kaléko: Der kleine Unterschied (1945) ▶ S. 418

2 Hilde Domins Gedicht spricht aus dem Exil („in diesem Land / wo wir das Fremdsein / zu Ende kosten") heraus über ihre Worte. Wie Feuchtwanger empfindet sie die „Abspaltung" von der Muttersprache (vgl. Feuchtwanger, Z. 11) als Belastung, so als wären die Worte der eigenen Sprache nun „unerwünschte Kinder" oder „Schmetterlinge im Winter". Sie hofft indes, sie schützen und wärmen zu können, auch wenn die Fremde, in der sie sich befinden, ihnen kalt und lichtlos begegnet.
Mascha Kalékos Gedicht lässt sich vielleicht am besten mit dem von Feuchtwanger zitierten Erfahrungen des Dichters Ovid (der vom Kaiser Augustus ans Schwarze Meer verbannt worden war) vergleichen. Ovid bedient sich der fremden Sprache, aber er hat den Eindruck, dass er sich als Dichter in ihr nicht wirklich verständlich machen kann. Kalékos Sprecher, ein deutscher Emigrant, sucht einem gutwilligen Amerikaner zu erklären, warum die unterschiedlichen Sprachen auch unterschiedliche Mentalitäten ausdrücken und warum er in Amerika „happy", aber nicht „glücklich" sein kann. Feuchtwanger hatte von den „Gefühlswerte[n] des fremden Tonfalls" (Z. 30 f.) gesprochen, die es unmöglich machten, in der fremden Sprache gestaltend zu schreiben. Hier geht es um die Gefühlswerte der eigenen Sprache, die eine Einbürgerung in dem fremden Land verhindern. Ein doppeltes „Fremdsein", das „zu Ende gekoste[t]" (Domin, V. 14 f.) werden muss.

3 Schriftsteller in der Verbannung oder im Exil zu verschiedenen Zeiten:
- Ovid (von Kaiser Augustus in die Verbannung geschickt)
- Dante Alighieri (nach Kämpfen der politischen Parteien aus seiner Heimatstadt Florenz verbannt, im Exil in Verona verfasste er wichtige Teile seiner „Divina Commedia")
- Heinrich Heine (lebte seit 1830 in Paris, weil er in Deutschland per Haftbefehl gesucht wurde)
- Victor Hugo (ging als Gegner Napoleons III. ins belgische Exil)
- Maxim Gorki (ging als Gegner des zaristischen Russland ins westeuropäische Exil)
- Alexander Solschenizyn (als Kritiker des Stalinismus in Verbannung geschickt, rehabilitiert, dann als Kritiker stalinistischer Straflager aus der Sowjetunion ausgewiesen, im Exil zeitweise in Deutschland, zeitweise in den USA)

Zu den bekanntesten Autorinnen und Autoren, die vor den Nationalsozialisten fliehen mussten (und die in „Texte, Themen und Strukturen" vorkommen), zählen Bertolt Brecht, Alfred Döblin, Lion Feuchtwanger, Heinrich Mann, Klaus Mann, Thomas Mann, Erich Maria Remarque, Anna Seghers, Franz Werfel. Autoren wie Ernst Toller, Walter Hasenclever, Walter Benjamin, Kurt Tucholsky, Stefan Zweig, und Ernst Weiß begingen Selbstmord im Exil.

436 C5 DIE MODERNE

▶ S. 418 **Bertolt Brecht: Schlechte Zeit für Lyrik** (1939)

In diesem kurz vor Ausbruch des Zweiten Weltkrieges entstandenen Exilgedicht spricht Brecht über die Situation des Dichters im Exil. Das Schreiben von Gedichten über das Schöne im Leben verbietet sich angesichts der politischen und ökonomischen Verhältnisse, die es an seiner Entfaltung hindern.

1 Der Aufbau des Gedichts entspricht einem Gedankengang:
1. Nur der Glückliche gilt auch als schön. Auch die Stimme eines glücklichen Lyrikers würde man gern hören. Nicht nur sein Gesicht, auch sein Gedicht gilt als „schön".
2. Der Unglückliche (der verkrüppelte Baum im Hof – Bild des Lyrikers im Exil) kann zwar die Gründe und Hintergründe seines Elends bezeichnen, aber darum kümmern sich die Vorübergehenden nicht, sie sehen – und zu Recht – die Symptome und fragen nicht weiter.
3. Das gilt beides für die Situation des Exils: Der im Exil lebende Dichter sieht die Schönheit der Gegend nicht, er sieht die Zeichen der Arbeit und des Elends, obwohl er weiß, dass auch hier das Leben schön und lebenswert sein kann. Er weiß, dass er eine Aufgabe hat, und die verhindert ihm den einfachen Lebensgenuss. Im Streit zwischen poetischer und politischer Aufgabe siegt im Exil die letztere. Dennoch: „In den finsteren Zeiten / Wird da auch gesungen werden? / Da wird auch gesungen werden. / Von den finsteren Zeiten", schreibt Brecht in einem etwa gleichzeitig entstandenen anderen Exilgedicht (Motto des zweiten Teils der „Svendborger Gedichte").

2 „Schlechte Zeit für Lyrik" ist in fünf Absätze von unterschiedlicher Zeilenzahl unterteilt. Die metrisch ungebundenen Verse sind reimlos. Bis auf wenige Ausnahmen geht die Syntax über die Zeilengrenze. Insofern ist die Form des Gedichts auch symbolisch zu lesen: In dieser für Lyrik schlechten Zeit kann das Gedicht keine vollkommene lyrische Form gewinnen. Es entsteht das Paradox, dass Brecht in lyrischer Sprache, aber scheinbar „unvollkommen" über die Unmöglichkeit lyrischer Produktion im Exil nachdenkt.

3 Brecht sieht sich in erster Linie als Kämpfer gegen den in Deutschland herrschenden Nationalsozialismus. Das Bild eines engagierten Autors entsteht, der wegen seiner politischen Einstellung im Exil ist und gegen die Mächtigen in seinem Lande schreibt.

4 a Die Lyriker der Moderne lehnen es ab, auf die Einhaltung metrischer oder an den Reim gebundener Vorgaben verpflichtet zu sein. Mascha Kaléko verwendet Reime, aber eher beiläufig und zur Herausarbeitung ihrer Pointe. Hilde Domin gliedert ihren Gedichttext rhythmisch und durch die Zeilengrenzen, aber „poetisch" im klassisch-romantischen Sinn sind ihre Verse nicht. Brechts freihymnische Zeilen sind den ihrigen nahe verwandt. Und doch hat Brechts Gedicht Kadenzen, die Zitate aus der klassischen Lyrik sind. So der Schlussvers, der ein reiner „Adoneus" (Schlussfigur des klassischen Hexameters: Xxx / Xx) ist. Brecht lehnte nicht prinzipiell die traditionellen Gedichtformen ab; er hat Sonette geschrieben, Hymnen und Lieder. Was er ablehnte, war die Verabsolutierung formal-ästhetischer Gesichtspunkte. Er war der Auffassung, dass die Inhalte und die Perspektive, die impliziten und expliziten Wertungen das Entscheidende seien. Die Analyse seiner Gedichte zeigt zudem, dass er als Schreibender sich sehr viel stärker in die Tradition lyrischen Sprechens einfügte, als er es als Theoretiker begründete.

b Es gibt Gedichte, die ohne ihre traditionelle Form keine Leser ansprechen könnten, und es gibt solche, bei denen gerade der Verzicht auf (oder die heimliche Opposition gegen) spezifische Formen des lyrischen Sprechens als angemessen empfunden wird. Goethes Frankfurter „freie Hymnen" etwa („Ganymed", „Prometheus", vgl. S. 272 und 276 f. im Schülerband) oder Paul Celans „Todesfuge" (ebd., S. 425 f.) wären weder in Prosa noch in der gebundenen Form von Sonett oder Terzine vorstellbar.

▶ S. 419 **Anna Seghers: Das siebte Kreuz** (1942) – Romanauszug

Dieser wohl bekannteste Exilroman verschaffte den Leserinnen und Lesern in den USA (eine Übersetzung wurde dort zur gleichen Zeit wie das deutsche Original in Mexiko veröffentlicht) einen Einblick in die Mentalität der deutschen Bevölkerung unter dem Naziregime. Anhand der Wege von sieben aus einem der ersten so genannten „wilden" politischen Konzentrationslager geflohenen Häftlingen, von denen einem die Flucht gelingt, wird eine große Zahl von Schicksalen aufgerollt. Jeder der sieben Flüchtige mit ihren unterschiedlichen Berufen und Biografien steht für eine soziale Gruppe. Auch die Vertreter des Nationalsozialismus, z. B. der Lagerkommandant SA-Scharführer Fahrenberg, verkörpern politische Haltungen in Hitler-Deutschland.

5.5 EXILLITERATUR (1933–1945) **437**

Die abgedruckten Auszüge konzentrieren sich auf zwei Nebenfiguren, das Ehepaar Bachmann, Freunde des entflohenen, später eingefangenen und umgebrachten Kommunisten Wallau, in deren Gartenhaus Wallaus Frau Kleidungsstücke für ihren Mann versteckt hatte, damit der sich auf der Flucht „zivil" einkleiden konnte.

1 a/b Frau Bachmann wartet auf ihren Mann, sie weiß nicht, dass der erneut von der Gestapo verhört worden ist und dabei das Versteck der Kleidung für Wallau verraten hat. Bei seinem Eintreten spürt sie sofort, dass etwas Schlimmes geschehen sein muss. Ihr Mann schweigt, vielleicht weil er sie nicht belasten will, vielleicht weil er sich schämt. Zuletzt sieht sie in seinen Augen, dass stimmt, was er sagt: Er habe „gar nichts", sagt er abwehrend – und sie sieht: „Alles, was er je gehabt hatte, war verloren" (Z. 42 f.). In der nächsten Szene, die die Bachmanns betrifft, erfährt der Leser aus der Sicht des Polizeikommissariats, dass Bachmann Selbstmord begangen hat und seine Frau verhaftet wurde, weil sie geschrien habe und so herausgekommen sei, dass sie in die Sache verwickelt sei. Das persönliche Verhältnis des Ehepaares hat dem Druck, der durch die politischen Verhältnisse, der Angst, die bei Gegnern des Regimes systematisch verbreitet wird, nicht standgehalten. Sie sprechen nicht miteinander und können sich daher auch nicht gegenseitig stützen.

2 Der Roman gehört von der Konzeption her zum so genannten „sozialistischen Realismus", das heißt, die einzelnen Figuren repräsentieren ganze soziale Gruppen (Berufe, Mentalitäten) und unterschiedliche politische Überzeugungen. Der Hauptheld ist ein „positiver Held", ihm gelingt eine abenteuerliche Flucht, aber nur, weil er Helfer unter seinen Genossen, aber auch unter „unpolitischen" Menschen findet. Der Roman hat eine positive Perspektive, insofern als wenigstens einem der Gefangenen die Flucht gelingt. Der letzte Satz des Romans fasst sie zusammen: „Wir fühlten alle, wie tief und furchtbar die äußeren Mächte in den Menschen hineingreifen können, bis in sein Innerstes, aber wir fühlten auch, dass es im Innersten etwas gab, was unangreifbar war und unverletzbar."
In diesem Satz meldet sich auch der Erzähler, der ansonsten neutral und im Hintergrund bleibt. Seine Erzählstrategie ist eher der Moderne zuzurechnen als dem Realismus, denn er erzählt aus der Sicht der beteiligten Figuren. Oft werden deren Gedanken als innere Monologe vorgestellt. Oft arbeitet er mit Leerstellen, an denen sich der Leser selbst denken muss, was in oder zwischen den Personen vorgeht. In den im Schülerband wiedergegebenen Auszügen dominieren filmähnliche Wechsel der Perspektive von Außensicht und Innensicht. Die Szene zwischen Frau Bachmann und ihrem Mann wird aus ihrer Sicht erzählt (was sie sieht, fühlt, hört, denkt, erkennt), die Szene im Polizeikommissariat von einem neutralen Beobachter gesehen. Der Leser hört hier mit, was gesprochen und für die kooperierenden Behörden protokolliert wird.

Epochenüberblick – Exilliteratur (1933–1945)   ▶ S. 421

1 Eine gute Inhaltsangabe des „Siebten Kreuz" findet sich z. B. auf der Homepage www.dieterwunderlich.de/Seghers_kreuz.htm. Zur Symbolik des siebten Kreuzes: Es ist ein Kreuz der Hoffnung. Denn sieben sind ausgebrochen, in sieben Tagen wollte der Kommandant sie eingefangen haben, bei sechsen gelingt ihm das, der Siebte entkommt dank der menschlichen Solidarität vieler Menschen, die in Nazideutschland leben.

2 Als besonders interessant können die Exilbiografien etablierter Autoren wie Lion Feuchtwanger, Bert Brecht, Thomas oder Heinrich Mann, aber auch der „jüngeren Generation" wie Klaus Mann, Anna Seghers, Erich Fried oder Peter Weiss gelten. Wichtig ist, im Kurs wenigstens drei unterschiedliche Typen von Exilbiografien vorstellen zu lassen, denn erst das Spektrum unterschiedlicher Schicksale verschafft den Schülerinnen und Schülern eine Vorstellung von dem Ausmaß der Vertreibung der Intellektuellen, die in der Weimarer Zeit die deutsche literarische und künstlerische Szene geprägt hatten.

Weiterführendes Material zu diesem Teilkapitel findet sich auf der beiliegenden CD:
- *Wilhelm Lehmann:* Signale (1941) / *Bertolt Brecht:* Frühling 1938
- Epochenüberblick: Exilliteratur (1933–1945) (Folie)

Analyse eines literarischen Textes (Dramenauszug) mit anschließender weiterführender Reflexion

Aufgabenstellung

1 Analysieren und interpretieren Sie den folgenden Auszug aus der Schlussszene von Gerhart Hauptmanns Drama „Die Weber". Berücksichtigen Sie dabei auch den zeitgeschichtlichen Hintergrund.
(48 Punkte)

2 Nehmen Sie Stellung zu der Frage nach der Wirksamkeit dieses konstruierten Schlusses (ausgerechnet und einzig der „Pazifist" des Stückes wird von der verirrten Kugel eines preußischen Soldaten tödlich getroffen). Beziehen Sie sich dazu auch auf den nachstehenden Bericht Max Baginskis, eines Freundes des Autors. *(24 Punkte)*

Gerhart Hauptmann: **Die Weber** (1892) – Auszug aus dem 5. Akt

WITTIG *ist, einen Pferdeeimer in der Faust, vom Oberstock gekommen, will hinaus, bleibt im „Hause" einen Augenblick stehen.* Druf! wer de kee Hundsfott sein will, hurra! *Er stürmt hinaus. Eine Gruppe, darunter Luise und Jäger, folgen ihm mit Hurra.*

BÄCKER. Lebt g'sund, Vater Hilse, mir sprechen uns wieder. *Will ab.*

DER ALTE HILSE. Das gloob ich woll schwerlich. Finf Jahr leb' ich ni mehr. Und eher kommste ni wieder raus.

BÄCKER, *verwundert stehen bleibend.* Wo denn her, Vater Hilse?

DER ALTE HILSE. Aus'n Zuchthause; woher denn sonste?

BÄCKER, *wild herauslachend.* Das wär' mir schonn lange recht. Da kriegt ma wenigstens satt Brot, Vater Hilse! *Ab.*

DER ALTE BAUMERT *war in stumpfsinniges Grübeln, auf einem Schemel hockend, verfallen; nun steht er auf.* 's is wahr, Gustav, an kleene Schleuder hab' ich. Aber derwegen bin ich noch klar genug im Kopfe dahier. Du hast deine Meenung von der Sache, ich hab' meine: Ich sag: Bäcker hat Recht, nimmt's a Ende in Ketten und Stricken – im Zuchthause is immer noch besser wie derheeme.

[...]

Es kracht eine Salve.

MUTTER HILSE *ist zusammengeschrocken.* O Jesus Christus, nu donnert's woll wieder!?

DER ALTE HILSE, *die Hand auf der Brust, betend.* Nu, lieber Herrgott im Himmel! schitze die armen Weber, schitz meine armen Brieder!

Es entsteht eine kurze Stille.

DER ALTE HILSE, *für sich hin, erschüttert.* Jetzt fließt Blutt.

GOTTLIEB *ist im Moment, wo die Salve kracht, aufgesprungen und hält die Axt mit festem Griff in der Hand, verfärbt, kaum seiner mächtig vor tiefer innerer Aufregung.* Na, soll man sich etwa jetzt o noch kuschen?

EIN WEBERMÄDCHEN, *vom „Haus" aus ins Zimmer rufend.* Vater Hilse, Vater Hilse, geh vom Fenster weg. Bei uns oben ins Oberstiebl is 'ne Kugel durchs Fenster geflogen. *Verschwindet.*

[...]

EIN ALTER WEBER, *im „Hause".* Passt ock uf, nu nehmen sie's Militär hoch.

EIN ZWEITER WEBER, *fassungslos.* Nee, nu seht bloß de Weiber, seht bloß de Weiber! Wern se ni de Recke hochheben! Wern se ni's Militär anspucken!

EINE WEBERFRAU *ruft herein.* Gottlieb, sieh dir amal dei Weib an, die hat mehr Krien wie du, die springt vor a Bajonettern rum, wie wenn se zur Musicke tanzen tät'.

Vier Männer tragen einen Verwundeten durchs „Haus". Stille. Man hört deutlich eine Stimme sagen 's is d'r Ulbrichs Weber. *Die Stimme nach wenigen Sekunden abermals:* 's wird woll Feierabend sein mit'n; a hat 'ne Prellkugel ins Ohr gekriegt. *Man hört die Männer eine Holztreppe hinaufgehen. Draußen plötzlich:* Hurra, hurra!

STIMMEN IM HAUSE. Wo haben s'n de Steene her? – Nu zieht aber Leine! – Vom Chausseebau. – Nu hattjee, Soldaten. – Nu regnet's Flastersteene.

Draußen Angstgekreisch und Gebrüll sich fortpflanzend bis in den Hausflur. Mit einem Angstruf wird die Haustür zugeschlagen.

STIMMEN IM „HAUSE". Se laden wieder. – Se wern glei wieder 'ne Salve geb'n. – Vater Hilse, geht weg vom Fenster.

GOTTLIEB *rennt nach der Axt.* Was, was, was! Sein mir tolle Hunde!? Solln mir Pulver und Blei fressen statts Brot? *Mit der Axt in der Hand einen Moment lang zögernd, zum Alten:* Soll mir mei Weib derschossen werd'n? Das soll nich geschehen! Im Fortstürmen. Ufgepasst, jetzt komm ich! *Ab.*

DER ALTE HILSE. Gottlieb, Gottlieb!

MUTTER HILSE. Wo ist denn Gottlieb?

DER ALTE HILSE. Beim Teiwel is a.

80 **STIMME,** *vom „Hause".* Geht vom Fenster weg, Vater Hilse!

DER ALTE HILSE. Ich nich! Und wenn ihr alle vollens drehnig werd! *Zu Mutter Hilse mit wachsender Ekstase:* Hie hat mich mei himmlischer Vater 85 hergesetzt. Gell, Mutter? Hie bleiben mer sitzen und tun, was mer schuldig sein, und wenn d'r ganze Schnee verbrennt. *Er fängt an zu weben. Eine Salve kracht. Zu Tode getroffen, richtet sich der alte Hilse hoch auf und plumpt vornüber auf den Webstuhl.* 90 *Zugleich erschallt verstärktes Hurra-Rufen. Mit Hurra stürmen die Leute, welche bisher im Hausflur gestanden, ebenfalls hinaus. Die alte Frau sagt mehrmals fragend:* Vater, Vater, was is denn mit dir?

Das ununterbrochene Hurra-Rufen entfernt sich mehr und mehr. Plötzlich und hastig kommt Mielchen ins 95 *Zimmer gerannt*

MIELCHEN. Großvaterle, Großvaterle, se treiben de Soldaten zum Dorfe naus, se haben Dittrichens Haus gestirmt, se machen's aso wie drieben bei Dreißichern. Großvaterle!? *Das Kind erschrickt, wird aufmerksam,* 100 *steckt den Finger in den Mund und tritt vorsichtig dem Toten näher.* Großvaterle!?

MUTTER HILSE. Nu mach ock, Mann, und sprich a Wort, 's kann een'n ja orntlich angst werd'n.

(Aus: Gerhart Hauptmann: Sämtliche Werke. Hg. von Hans-Egon Hass. Bd. 1. Dramen. © Propyläen Verlag in der Ullstein Buchverlage GmbH, Berlin 1996, S. 473–479)

Max Baginski: **Gerhart Hauptmann unter den schlesischen Webern** (1905)

Max Baginski, der mit Gerhart Hauptmann 1892/93 das Gebiet der Weberaufstände bereiste, veröffentlichte seine Eindrücke in den „Sozialistischen Monatsheften" (Februar 1905) folgendermaßen:

Auf der Rückfahrt kommt die Rede immer wieder auf das Schicksal dieser vom modernen Industrialismus zur Verdammnis verurteilten Weber zurück. Ich frage Hauptmann, welche Wirkung er sich von einem Thea-
5 terstück verspreche, das dieses Schicksal zu drama-tischer künstlerischer Darstellung bringt. Er antwortet, seine Neigungen zögen ihn mehr Sommernachts-träumen, sonnigen Ausblicken entgegen, aber ein harter innerer Druck treibe ihn dazu an, diese Not zum
10 Gegenstand seiner Kunst zu machen. Die erhoffte Wir-kung? Die Menschen sind nicht gefühllos. Auch der Behagliche, Reiche muss sich im Innersten betroffen fühlen, wenn er solche Bilder entsetzlichen Menschen-jammers vor seinen Augen aufsteigen sieht. Alles
15 Menschliche stehe im Zusammenhang. Meinen Einwand, dass das Besitzrecht den darin Wohnenden Scheuklappen vor die Augen zu legen pflegt, will Hauptmann nicht als allgemein berechtigt gelten lassen. Er will das werktätige Mitgefühl in den Gutgestellten wecken. [...] Ich konnte mich dieser 20 Betrachtungsweise nicht anschließen. Den Einfluss, den eine künstlerische Darstellung des Weberelends auf die Besitzenden ausüben konnte, schlug ich sehr gering an. Satter Tugend ist schwer beizukommen. Hingegen stellte ich mir vor, sie müsse eine große 25 aufrüttelnde Wirkung auf die Massen der Leidenden selbst haben.

(Aus: Max Baginski: Gerhart Hauptmann unter den schlesischen Webern. In: Hans Schwab-Felisch: Gerhart Hauptmann: Die Weber. Dichtung und Wirklichkeit. © Ullstein Buchverlage GmbH, Berlin 1963, S. 170)

Autoren:
Karlheinz Fingerhut / Margret Fingerhut

440 ERWARTUNGSHORIZONT

Inhaltliche Leistung

Aufgabe 1

	Anforderungen Die Schülerin / der Schüler	maximal erreichbare Punktzahl (AFB)	erreichte Punktzahl
1	verfasst eine sinnvolle Einleitung (Autor, Textsorte, Thema etc.).	3 (I)	
2	fasst den Inhalt der Szene zusammen, gliedert den Verlauf textentsprechend in Handlungsabschnitte und charakterisiert die einzelnen Abschnitte als „Stationen" einer Entwicklung.	3 (I)	
3	beschreibt die Beziehungen zwischen den Figuren des Dramas angemessen als Abbild gesellschaftlicher und weltanschaulicher Gegensätze. (Hilse glaubt an das Eingreifen einer höheren Gerechtigkeit, seine Schwiegertochter Luise begrüßt den Aufruhr mit fanatischer Begeisterung, sein Sohn Gottlieb greift zur Axt. Die revoltierenden Weber besetzen die Straße. Die Soldaten schießen. Die Weber werfen Steine. Hilse bleibt in seiner Stube und arbeitet weiter. Eine verirrte Kugel trifft ihn tödlich.)	6 (I)	
4	erschließt die Bedeutung der Figurenkonstellation: Durch den Kontrast zwischen Gesinnung (Frömmigkeit) und Schicksal (ausgerechnet Hilse wird erschossen) werden die Weber dem Mitleid der Zuschauer empfohlen, durch die Haltung der Schwiegertochter (sie widersetzt sich aus revolutionärer Begeisterung) wird ebenfalls ein Identifikationsangebot gemacht.	6 (II)	
5	erklärt die Nähe der Dramenfiguren zur historischen Wirklichkeit des Weberaufstands mit der Kunstauffassung des Naturalismus.	3 (II)	
6	deutet die Kontrastierungen in den Charakteren der Figuren (von Gottergebenheit bis zum Aufflackern revolutionärer Gesinnung) als Hauptmanns Konstruktion, durch die er grundsätzliche menschliche Verhaltensweisen vorführen will; erkennt darüber hinaus den gedanklichen Hintergrund (Aufstand als Akt der Verzweiflung – Annahme des Schicksals als Bestandteil schlesischer Frömmigkeit).	9 (III)	
7	erschließt auffällige Gestaltungsmittel, z. B. den Gebrauch der regionalen Umgangssprache auf dem Theater, die besondere Bedeutung der Regieanweisungen.	6 (II)	
8	untersucht die psychologische Ebene des naturalistischen Textes, z. B.: ▪ Typisierung der Figuren ▪ provokative Zuordnungen von Verhaltensmustern zu Geschlechterrollen ▪ Alltagsbezüge zwischen Personen und Alltagsrede ▪ Schwanken zwischen Hoffnung, revolutionärer Begeisterung und Resignation	6 (II)	
9	stellt abschließend in einer kurzen reflektierten Schlussfolgerung die Frage nach dem politischen Gehalt des Stückes.	6 (III)	
10	entwickelt einen weiteren, eigenständigen Gedanken. (Max. 6 Punkte)		
		48	

Autoren:
Karlheinz Fingerhut / Margret Fingerhut

Texte, Themen und Strukturen
Lernerfolgskontrolle 29, S. 3

ERWARTUNGSHORIZONT **441**

Aufgabe 2

	Anforderungen Die Schülerin/der Schüler	maximal erreichbare Punktzahl (AFB)	erreichte Punktzahl
1	verfasst eine angemessene Überleitung.	3 (I)	
2	erkennt und deutet Bezüge zwischen dem Schluss der „Weber" (Tragik) und Hauptmanns Intention, „das werktätige Mitgefühl in den Gutgestellten [zu] wecken" (Baginski, Z. 19 f.).	6 (III)	
3	bezieht die Stellen des Textes, an denen Figuren des Stückes Sprachrohr des Autors sind (Kritik an dem Weberelend und an den politischen Maßnahmen der preußischen Regierung), in die Argumentation ein.	3 (III)	
4	prüft die historischen Hintergründe des Stückes (einerseits der Weberaufstand von 1844, andererseits das immer noch bestehende Elend der Arbeiter im Kaiserreich Wilhelms II. und die erstarkende Sozialdemokratie) und setzt das Geschehen, das in der Szene zur Sprache kommt, in Beziehung zu diesen beiden „Wirklichkeiten" (1844/1893).	6 (III)	
5	setzt sich eigenständig mit der Frage auseinander, inwieweit die Weber Helden eines Dramas sein können, Mitleid durch Identifikationsangebote erwecken und Hilses Schicksal tragisch zu nennen ist.	6 (III)	
6	entwickelt einen weiteren, eigenständigen Gedanken. (Max. 4 Punkte)		
		24	

Darstellungsleistung

	Anforderungen Die Schülerin/der Schüler	maximal erreichbare Punktzahl	erreichte Punktzahl
1	gliedert den Klausurtext schlüssig durch Thesen oder Zwischenüberschriften, sodass ein klarer Gedankengang zu verfolgen ist. Insbesondere bezieht sie/er die Charakteristik der beteiligten Figuren und die Entwicklung der Handlung aufeinander.	6	
2	schreibt fachsprachlich korrekt, benutzt bei der Untersuchung der Szene Kernbegriffe der Dialog- und Dramenanalyse.	6	
3	belegt Aussagen funktional korrekt durch Zitate.	3	
4	formuliert begrifflich differenziert, sprachlich-stilistisch angemessen und präzise. Die zentrale Frage der Textsorte (soziales Drama, Tragödie, Naturalismus) ist begrifflich angemessen thematisiert.	10	
5	schreibt grammatisch und orthografisch korrekt.	3	
		28	

Eine Zuordnung der Punktezahlen zu den Notenstufen findet sich auf S. 46 in diesem Handbuch.

Cornelsen

Autoren:
Karlheinz Fingerhut / Margret Fingerhut

Texte, Themen und Strukturen
Lernerfolgskontrolle 29, S. 4

Analyse eines literarischen Textes (Lyrik) mit anschließender weiterführender Reflexion

Aufgabenstellung

1 Analysieren Sie das Gedicht „Spätherbst in Venedig" von Rainer Maria Rilke aus dem Jahr 1908. Berücksichtigen Sie dabei auch den literaturgeschichtlichen Kontext. *(48 Punkte)*

2 Setzen Sie das Gedicht anschließend in Beziehung zu anderen Ihnen bekannten Texten mit vergleichbaren Motiven. *(24 Punkte)*

Rainer Maria Rilke: Spätherbst in Venedig (1908)

Nun treibt die Stadt schon nicht mehr wie ein Köder,
der alle aufgetauchten Tage fängt.
Die gläsernen Paläste klingen spröder
an deinen Blick. Und aus den Gärten hängt

5   der Sommer wie ein Haufen Marionetten
kopfüber, müde, umgebracht.
Aber vom Grund aus alten Waldskeletten
steigt Willen auf: als sollte über Nacht

der General des Meeres die Galeeren
10 verdoppeln in dem wachen Arsenal,
um schon die nächste Morgenluft zu teeren

mit einer Flotte, welche ruderschlagend
sich drängt und jäh, mit allen Flaggen tagend,
den großen Wind hat, strahlend und fatal[1].

*(Aus: Rainer Maria Rilke: Der neuen Gedichte anderer Teil.
Insel, Leipzig 1918, S. 74)*

[1] **fatal:** hier: schicksalhaft

ERWARTUNGSHORIZONT

Inhaltliche Leistung

Aufgabe 1

	Anforderungen Die Schülerin / der Schüler	maximal erreichbare Punktzahl (AFB)	erreichte Punktzahl
1	verfasst eine sinnvolle Einleitung (Autor, Textsorte, Thema etc.).	3 (I)	
2	fasst den Text kurz zusammen und benennt die zentralen Motive.	3 (I)	
3	untersucht und erläutert die Gedichtstruktur: • Grundmodell: Sonett • Reimschema: abab cdcd efe ggf • Wechsel von weiblich-klingendem und männlich-stumpfem Reim • Rhythmus: fünfhebiger Jambus mit Unregelmäßigkeiten an prägnanten Stellen („Nun", V. 1; „Aber", V. 7) • Abänderung gegenüber der Tradition: keine gedankliche Zäsur nach dem zweiten Quartett, sondern bereits im zweiten Quartett, nach V. 6	6 (II)	
4	erschließt Motive und Situation, z. B.: • Spätherbst und Venedig als Symbole für Schönheit und Vergänglichkeit • Zweiteilung des Sonetts: Untergang des schönen Scheins (V. 1–6), Aufbruch von Venedigs Flotte als Vision (V. 7–14) • Vergleich der Stadt mit einem „Köder" (V. 1): ablehnende Haltung gegenüber dem sommerlichen Tourismus • Synästhesie im Bild des zu Ende gegangenen Sommers, der Herbststimmung (V. 3 f.): sehen („Blick"), hören („klingen") und fühlen („spröder"), um die Faszination Venedigs zu beschreiben • die Stadt wird aus drei Perspektiven gezeigt: Stadt, Paläste (das Attribut „gläsern" weist sie einer Welt des schönen Scheins, der Täuschung zu), Gärten • herbstlicher Verfall, Fremdheit, Zurückweisung des Betrachters, Morbidität, Todesmotiv, auch Anspielung auf Venedig als Stadt des Theaters / der Masken (V. 4–6) • am Sommerende zeigt sich das wahre Venedig: „Aber" (V. 7) markiert den Umschwung, dem Untergang wird ein Aufstieg, ein Wille (V. 8) entgegengesetzt, Tatkraft, Energie • Bilder der Kriegs-/Handelsflotte verweisen auf Stärke, Macht und Reichtum = Vision des wiederauferstandenen historischen Venedig („Morgenluft") • das Partizip („ruderschlagend", V. 12) drückt den aktiven Handlungscharakter aus • Vorstellung von Glanz und Macht („Flaggen" / „groß" / „strahlend und fatal")	9 (II)	

Autorin: Cordula Grunow

Texte, Themen und Strukturen
Lernerfolgskontrolle 30, S. 2

ERWARTUNGSHORIZONT

5	untersucht die sprachlichen und rhetorischen Gestaltungsmittel und deren Funktion, z. B.: • Zweiteilung (Untergang/Aufbruch) findet sich in der Syntax wieder: drei kürzere Sätze, in denen Einzelperspektiven reihend aufgeführt sind (V. 1 f., V. 3 f., V. 4–6), gegenüber einem einzigen, mehrfach verschachtelten Satz mit mehreren Enjambements (V. 7–14): rhythmische Steigerung erzeugt sprachlichen Sog, Aufbruch wird auch durch die formale Gestaltung inszeniert • Synästhesien (s. o.) • ungewohnte Vergleiche und Bilder („Wie ein Köder", V. 1; „wie ein Haufen Marionetten", V. 5), Personifikationen („fängt", V. 2; „in dem wachen Arsenal", V. 10; „die [...] Morgenluft zu teeren", V. 11) • Klimax: („kopfüber, müde, umgebracht", V. 6) • Neologismen („Waldskelette", V. 7) • Wiederholung von Vokalen (z. B. „die gläsernen Paläste", „kopfüber, müde", „Meeres"/„Galeeren"): Bedeutung des Klangs, der Sprachmusik	9 (II)	
6	deutet unter differenzierter Beachtung des Zusammenspiels von Inhalt und sprachlicher Gestaltung die Aussage des Gedichts, z. B.: • die Stadt im Spätherbst wird mit den unbestimmten Zeitadverbien aus der Perspektive des „Nun [...] schon nicht mehr" (V. 1) in Abgrenzung zum Sommer geschildert • der vorherige Zustand („treibt", V. 1) impliziert: a) die visuelle Vorstellung des von fern betrachteten Venedig als einer auf dem Wasser treibenden Stadt; b) eine wertende Bezeichnung des Dahintreibens, Sich-treiben-Lassens, des Müßiggangs • die vergehende Schönheit Venedigs wird durch das politische Venedig der Vergangenheit ersetzt; am Ende schlägt die Vision („als sollte", V. 8) in eine (angebliche) Realität um (Indikativ „hat", V. 14)	9 (III)	
7	deutet das Gedicht unter Einbezug epochentypischer Merkmale (Fin de Siècle/Décadence), z. B.: • Aufgreifen zweier Motive der Décadence: Herbst und Venedig als Symbole des Untergangs, des Verfalls • 1. Teil: Touristen lassen sich durch die Maskenhaftigkeit und Exotik der Stadt blenden • 2. Teil: der Betrachter lässt das alte Venedig aufleben, die Untergangsstimmung wird durch einen Aufschwung/Aufbruch abgefangen, doch nur in der Fantasie des Betrachters; Venedig als Inbegriff des Trotzes und Willens; gerühmt wird eine Bedeutungsschicht des alten Venedig	6 (III)	
8	formuliert eine reflektierte Schlussfolgerung auf der Grundlage der Untersuchungsergebnisse.	3 (III)	
9	entwickelt einen weiteren, eigenständigen Gedanken. (Max. 5 Punkte)		
		48	

ERWARTUNGSHORIZONT **445**

Aufgabe 2

	Anforderungen Die Schülerin / der Schüler	maximal erreichbare Punktzahl (AFB)	erreichte Punktzahl
1	formuliert eine sinnvolle Überleitung.	3 (I)	
2	erläutert den thematischen Kontext, in dem das Gedicht und weitere – konkret zu benennende – Texte aus dem unterrichtlichen Kontext stehen.	3 (II)	
3	erläutert konkrete Vergleichsmomente auf der Ebene von Epoche, Motiven, Struktur, sprachlicher Gestaltung etc.	6 (II)	
4	deutet vergleichend Thema, Motive und Aussageabsichten verschiedener literarischer Texte (intertextueller Deutungsansatz), z. B.: ▪ Schönheit/Anziehungskraft vs. Vergänglichkeit/Tod ▪ Venedig-Schwärmerei	9 (III)	
5	setzt sich reflektiert mit der Bedeutung der Texte auseinander.	3 (III)	
6	entwickelt einen weiteren, eigenständigen Gedanken. (Max. 4 Punkte)		
		24	

Darstellungsleistung

	Anforderungen Die Schülerin / der Schüler	maximal erreichbare Punktzahl	erreichte Punktzahl
1	strukturiert den Klausurtext schlüssig, sinnvoll verknüpft und gedanklich klar.	6	
2	schreibt fachsprachlich korrekt und differenziert zwischen beschreibenden, deutenden und wertenden Aussagen.	6	
3	belegt Aussagen funktional durch korrekte Zitate.	3	
4	formuliert begrifflich präzise und differenziert, sprachlich-stilistisch angemessen, abwechslungsreich und sicher.	10	
5	schreibt sprachlich korrekt.	3	
		28	

Eine Zuordnung der Punktezahlen zu den Notenstufen findet sich auf S. 46 in diesem Handbuch.

Autorin:
Cordula Grunow

Texte, Themen und Strukturen
Lernerfolgskontrolle 30, S. 4

6 Von der Nachkriegszeit bis zur Gegenwart

Konzeption des Kapitels

Auch in der zweiten Hälfte des 20. und zu Beginn des 21. Jahrhunderts bestehen unterschiedliche Strömungen der Literatur und Kunst neben- und gegeneinander. Das Wechselspiel von literarischer Produktion, Kritik und theoretischer Auseinandersetzung ist trotz des tiefen Einschnitts, den die zwölf Jahre Nationalsozialismus und Exil hinterlassen haben, ähnlich dem, das von Naturalismus, Ästhetizismus und Expressionismus her bekannt ist. Dementsprechend soll dieses Kapitel den Schülerinnen und Schülern einen ersten Überblick verschaffen und dabei thematische Schwerpunkte ins Zentrum rücken. Das Raster der zeitlichen Einteilung ist flexibel zu sehen, die thematischen Schwerpunktsetzungen sind Auswahlentscheidungen, die exemplarisch ausgesuchten Beispiele haben zusätzlich die Aufgabe, einen Einblick in die Entwicklung der Gattungen und Schreibstile zu geben.

Im ersten Teilkapitel (**„Nachkriegsliteratur, 1945–1960"**) sind Stichworte zum Wiederbeginn der Literatur in den durch die Besatzungsmächte geschaffenen zwei deutschen Staaten zum einen die Auseinandersetzung mit dem Holocaust, zum anderen die Neuanfänge der „Trümmerliteratur", der „Gruppe 47" und der „konkreten Poesie". Im Zentrum steht die Kurzgeschichte als neue Gattung in der deutschsprachigen Literatur.

Das zweite Teilkapitel (**„Kritische Literatur und Neue Subjektivität, 1960er- bis 1980er-Jahre"**) führt durch ausgewählte Stationen der deutschsprachigen Literatur der 1960er- bis 1980er-Jahre. Die Abschnittsüberschriften verdeutlichen dabei die Auswahlkriterien: Der erste Teil „Umgang mit Verantwortung" stellt anhand von Dramenauszügen von Peter Weiss und Rolf Hochhuth die Sicht des Dokumentartheaters auf den Holocaust dar und kann auch zusammen mit dem Abschnitt „Die Shoah – Gedichte über das Unsagbare" (S. 424 ff. im Schülerband) zu einer thematischen Einheit verbunden werden. Unter der Überschrift „Auflehnung oder Anpassung" sind Beispiele der politischen Lyrik und Prosa aus West und Ost gebündelt mit einer abschließenden Erörterung der Frage „Fortgehen oder bleiben?" im realen Sozialismus. Die dritte Sequenz versammelt Liebes- und Alltagslyrik der Neuen Subjektivität unter dem Titel „Gestörte Beziehungen".

Mit dem dritten Teilkapitel (**„Literatur nach 1989"**) wird der Anschluss an die Gegenwartsliteratur hergestellt, wobei die durch die Wiedervereinigung 1989 in Deutschland hervorgerufene politische Umbruchsituation auch als literaturgeschichtlicher Einschnitt gewählt wurde. Zum einen werden Reaktionen auf die „Wende" thematisiert, die sich in thematisch und motivisch verwandten Gedichten spiegeln. Zum anderen wird unter der Überschrift „Tendenzen in der Literatur – Zwischen Postmoderne und neuem Realismus" einer Literaturlandschaft Rechnung getragen, die verstärkt (post)moderne Lebensgeschichten zum Gegenstand hat und (wieder) realistisches Erzählen bevorzugt. Darüber hinaus gehören zum Spektrum deutschsprachiger Gegenwartsliteratur Schriftsteller/innen mit doppelkulturellen Erfahrungshorizonten; unter der Überschrift „Zweisprachige Schriftsteller/innen – Schreiben in Deutschland" wird dieser Aspekt beleuchtet. Das Teilkapitel liefert Anregungen für die Schülerinnen und Schüler, sich mit Gegenwartsliteratur zu beschäftigen und Antworten auf die Fragen zu finden: Worüber schreiben zeitgenössische Schriftsteller/ innen? Wie bringen sie ihre Themen zur Sprache? Die vorgestellten Romanauszüge können dazu motivieren, sie als Ganzschrift privat oder im Unterricht zu lesen.

Die **„Literaturstation: Novelle – Günter Grass' ,Im Krebsgang‘ "** fordert die Schülerinnen und Schüler dazu heraus, sich eigenständig mit einem bedeutenden deutschen Schriftsteller zu beschäftigen und eine Novelle zu untersuchen, die bei ihrem Erscheinen auf Grund ihrer Thematik intensive Diskussionen (zur Täter-Opfer-Problematik) ausgelöst hat.

Literaturhinweise

Barner, Wilfried (Hg.): Geschichte der deutschen Literatur von 1945 bis zur Gegenwart. C. H. Beck, München 1994

Behringer, Margret / Köster, Juliane: Romane der Gegenwart. Literarisches Schreiben heute. Cornelsen, Berlin 2002 (Kursthemen Deutsch, mit Handreichungen für den Unterricht)

Forster, Heinz / Riegel Paul: Deutsche Literaturgeschichte. Bd. 11: Die Nachkriegszeit 1945–1968. Deutscher Taschenbuch Verlag, München 1995

Fuchs, Herbert / Seiffert, Dieter: Günter Grass: Im Krebsgang. Unterrichtsmodelle mit Kopiervorlagen. Litera Nova. Hg. von Helmut Flad. Cornelsen, Berlin 2004

Lindenhahn, Reinhard (Hg.): Literatur nach 1945. Arbeitsheft zur Literaturgeschichte. Cornelsen, Berlin 2007

Literatur nach 1989. Texte, Themen und Strukturen interaktiv. Literatur und Epochen (mit Handreichungen für den Unterricht). Hg. von Klaus Eilert, Ute Fenske, Cordula Grunow. Cornelsen, Berlin 2005

Mansbügge, Antje: Junge deutschsprachige Literatur mit Tipps, Materialien und Kopiervorlagen für die Unterrichtspraxis. Cornelsen Scriptor, Berlin 2005

Münch, Ingo von (Hg.): Dokumente der Wiedervereinigung Deutschlands. Kröner, Stuttgart 1991

Schnell, Ralf: Geschichte der deutschsprachigen Literatur seit 1945. Metzler, Stuttgart, 2. überarbeitete und erweiterte Auflage 2003

Schwerpunkt Günter Grass. Deutschmagazin (Oldenbourg) 3/2007

Unterrichtsprojekte gestalten. Grass: Im Krebsgang. Texte, Themen und Strukturen interaktiv. Literatur und Gattungen (mit Handreichungen für den Unterricht). Hg. von Klaus Eilert, Ute Fenske, Cordula Grunow. Cornelsen, Berlin 2004

Wehdeking, Volker: Die deutsche Einheit und die Schriftsteller. Literarische Verarbeitung der Wende seit 1989. Kohlhammer, Stuttgart/Berlin/Köln 1995

C6 VON DER NACHKRIEGSZEIT BIS ZUR GEGENWART

	Inhalte	Kompetenzen Die Schülerinnen und Schüler
S. 422	**6 Von der Nachkriegszeit bis zur Gegenwart**	• lesen zeittypische Bilder und Plakate als Zeugnisse einer Epoche und verschaffen sich einen ersten kultursoziologischen bzw. mentalitätsgeschichtlichen Eindruck
S. 424	**6.1 Nachkriegsliteratur (1945–1960)**	
S. 424	**Die Shoah – Gedichte über das Unsagbare** *Nelly Sachs:* Chor der Geretteten *Paul Celan:* Todesfuge	• erarbeiten ein Verständnis für literarische Thematisierungen des Holocaust • erschließen Sprecher und Adressaten, Bilder und Motive der Gedichte
S. 426	**Bestandsaufnahme und Aufbruch – Dichterische Orientierungsversuche** *Günter Eich:* Inventur *Johannes R. Becher:* Auferstanden aus Ruinen *Gottfried Benn:* Nur zwei Dinge *Bertolt Brecht:* Ich habe dies, du hast das	• untersuchen Beschreibungen der Nachkriegssituation in der Lyrik • vergleichen unterschiedliche Schreibintentionen und politische Botschaften • verfassen ein Parallelgedicht
S. 428	**Trümmerliteratur – Die Kurzgeschichte als literarische Neuentdeckung** *Wolfgang Borchert:* Die drei dunklen Könige *Heinrich Böll:* Mein teures Bein	• erfassen Kurzgeschichten der Nachkriegszeit in ihren wesentlichen Merkmalen • füllen den Begriff „Trümmerliteratur" mit Inhalt
S. 432	**Sprachartistik und Zeitkritik – Lyrik ab Mitte der 1950er-Jahre** *Eugen Gomringer:* das schwarze geheimnis / wind *Ingeborg Bachmann:* Anrufung des Großen Bären *Hans Magnus Enzensberger:* An alle Fernsprechteilnehmer	• erschließen die Schreibweise der konkreten Poesie mit Hilfe von deren theoretischem Konzept • stellen Rückbezüge zum Figurengedicht des Barock her • deuten hermetische und politische Lyrik und setzen dabei literarisches Orientierungswissen ein
S. 436	**6.2 Kritische Literatur und Neue Subjektivität (1960er- bis 1980er-Jahre)** Gemälde von *Rainer Fetting*	• beschreiben ein Bild und sammeln dabei ihre Kenntnisse über die Berliner Mauer als Sinnbild der deutschen Teilung
S. 436	**Umgang mit Verantwortung – Das Dokumentartheater** *Peter Weiss:* Die Ermittlung *Rolf Hochhuth:* Der Stellvertreter	• analysieren und vergleichen Dramenauszüge • setzen sich mit typischen Merkmalen des Dokumentartheaters auseinander • erörtern die Wirkung der Dramenauszüge im Vergleich zu anderen Medien • entwerfen Darbietungsmöglichkeiten
S. 440	**Auflehnung oder Anpassung? – Politische Lyrik und Prosa** *Günter Grass:* In Ohnmacht gefallen *Erich Fried:* Gezieltes Spielzeug *Reiner Kunze:* Ordnung *Monika Maron:* Flugasche	• analysieren vergleichend zwei Gedichte zum Vietnamkrieg • stellen historische Sachverhalte und Problemstellungen dar • beurteilen im Vergleich zur heutigen Zeit die Wirkung politischer Lyrik • verfassen selbst ein politisches Gedicht • ordnen die Prosatexte in den historischen Kontext der DDR ein und deuten ihre Intention
S. 443	**Fortgehen oder bleiben?** *Wolf Biermann:* Ballade vom preußischen Ikarus *Volker Braun:* Hinzes Bedingung *Herta Müller:* Herztier	• analysieren Biermanns Ballade inhaltlich und sprachlich • setzen ihr Analyseergebnis in Beziehung zu ihren Recherchen zur Ausbürgerung Biermanns • deuten und bewerten das Verhalten der Protagonisten in beiden Prosatexten in Bezug auf die dort angesprochenen politischen Verhältnisse

S. 445	**Gestörte Beziehungen – Lyrik der Neuen Subjektivität** *Ulla Hahn:* Ich bin die Frau *Karin Kiwus:* Fragile *Jürgen Theobaldy:* Schnee im Büro *Wolf Wondratschek:* Im Sommer *Sarah Kirsch:* Die Luft riecht schon nach Schnee	▪ analysieren Gedichte der Neuen Subjektivität und Alltagsgedichte unterschiedlicher Komplexität ▪ verfassen selbst ein Gedicht nach vorgegebenen Kriterien und finden dazu eine angemessene Vortragsweise
S. 450	**6.3 Literatur nach 1989**	▪ erkennen neue Aufgaben und Strukturen von Literatur und Kunst nach 1989
S. 450	**Reaktionen auf die „Wende" – Beispiele der Lyrik** *Durs Grünbein:* Novembertage I. 1989 *Volker Braun:* Das Eigentum *Sarah Kirsch:* Aus dem Haiku-Gebiet	▪ tragen ihre Vorkenntnisse zum Mauerfall 1989 zusammen und reflektieren den Beginn dieser historischen Umbruchsituation ▪ erarbeiten am Beispiel der Architektur einen ersten Eindruck von Merkmalen der Postmoderne ▪ interpretieren Gedichte zum Thema „Wende" im historischen Kontext
S. 452	**Tendenzen in der Literatur – Zwischen Postmoderne und neuem Realismus** *Hans-Ulrich Treichel:* Der Verlorene *John von Düffel:* Ego *Juli Zeh:* Spieltrieb	▪ setzen sich mit postmodernen Lebensgeschichten auseinander ▪ beschreiben die (gestörte) Familiensituation in Treichels Text ▪ charakterisieren den Ich-Erzähler, analysieren die Erzählweise und die sprachliche Gestaltung ▪ recherchieren den Mythos des Narziss und setzen ihn in Beziehung zum Roman ▪ setzen sich mit den Lebensauffassungen der jugendlichen Protagonisten in Juli Zehs Roman auseinander (Spielermentalität)
S. 458	**Zweisprachige Schriftsteller/innen – Schreiben in Deutschland** *Rafik Schami:* Sieben Doppelgänger *Feridun Zaimoglu:* Leyla	▪ nehmen die Pluralität und Differenz von Kulturen in den Blick ▪ reflektieren Fremdheitserfahrungen ▪ lernen interkulturelle Erfahrungen aus der Perspektive der Migrantinnen/Migranten kennen
S. 461	**Literaturgeschichte im 21. Jahrhundert – Wohin steuert die Literatur?** *Dieter Wellershoff:* Das Schimmern der Schlangenhaut – Zufall, Mehrdeutigkeit, Transzendenz *Thomas Kraft:* 13 Thesen zur Gegenwartsliteratur	▪ gliedern und untersuchen einen literaturwissenschaftlichen Text ▪ setzen Wellershoffs Thesen zu konkreten Literaturbeispielen in Beziehung ▪ reflektieren auf dem Hintergrund eigener Leseerfahrungen die aktuelle literarische Situation ▪ diskutieren Thesen zur Gegenwartsliteratur und führen dazu eine Podiumsdiskussion durch
S. 464	**6.3 Literaturstation: Novelle – Günter Grass' „Im Krebsgang"** **I Flucht und Vertreibung 1945 – Geschichte in Bild- und Textdokumenten**	▪ erarbeiten anhand von Bild- und Textdokumenten und eigenen Recherchen den historischen Hintergrund ▪ setzen sich mit Grass' Haltung zur Täter-Opfer-Debatte auseinander
S. 466	**II „Im Krebsgang" – Drei Novellenausschnitte**	▪ untersuchen die Erzählstrategien, mit denen der historische Stoff dargestellt wird ▪ prüfen, inwieweit der Text als Novelle bezeichnet werden kann
S. 470	**III Einen Autor vorstellen: Günter Grass – Literatur-Nobelpreisträger**	▪ erarbeiten in Gruppen ein Porträt des Autors und bereiten eine geeignete Präsentation vor

6 Von der Nachkriegszeit bis zur Gegenwart

▶ S. 422 Die Schülerinnen und Schüler sollen sich anhand von Plakaten, die als zeittypisch gelten, ein Bild der 1950er-, 60er-/70er- und 80er-Jahre machen können. Dazu sind wesentliche Lebensbereiche durch jeweils eine Folge einschlägiger Plakate aufgegriffen: die Welt der Reklame, der Unterhaltungsindustrie (Film, Musik), der Wohnkultur der Mittelschichtfamilien, der jeweils „alternativen" Jugendkultur. Durch Vergleich lassen sich Entwicklungen in der zweiten Hälfte des 20. Jahrhunderts erkennen.

1 a Der *synchrone Blick* nimmt als „Rahmen" die Slogans, die die Zeitabschnitte charakterisieren, und die Plakate als „Binnendifferenzierungen".

Die 1950er-Jahre – „Keine Experimente"

Der erfolgreiche Wahlkampfslogan der CDU im Wahlkampf 1957 – „Keine Experimente" – trifft gut die Mentalität der Jahre des Wiederaufbaus. Die Schülerinnen und Schüler erkennen als hohe Werte die Bewahrung des Erreichten, das Bedürfnis nach Sicherheit nach den Jahren der Angst und Unsicherheit, zugleich Misstrauen gegenüber dem „Experiment" eines sozialistischen Staates auf deutschem Boden. Die beiden Bilder in der Mitte zeigen (oben) ein „typisches" deutsches Wohnzimmer der 50er-Jahre: enge Plüschbehaglichkeit, Nierentisch und tulpenförmigen Lampenschirm, Blumengardinen und gemusterte Tapete. Man kann von einem Blick in das neue deutsche Biedermeier sprechen. Unten das Urlaubsideal der Zeit: die Fahrt ins Allgäu mit dem eigenen VW-Käfer. Auch diese Urlaubswelt ist klein, begrenzt, biedermeierlich. Die beiden Bilder links zeigen Film und Reklame als erfüllte Träume: Der „Sissi"-Film mit Romy Schneider und Karlheinz Böhm spiegelt die Sehnsüchte (nicht nur der Frauen) nach der Welt vergangener Pracht. Die Ähnlichkeit (der Frisur) von Filmfigur und Reklamefigur belegt die enge Verbindung von Kitsch und Konsum der Zeit. Die beiden Plakate rechts zeigen Film und Schallplatte als Dokumente der Jugendkultur. „Halbstarke" und „Rock 'n' Roll" stehen für Protest und Abgrenzung der Heranwachsenden von der Welt ihrer konformistischen Eltern. Sie zeigen zugleich die Faszination, die die amerikanische Popkultur in Westdeutschland ausstrahlte.

Die 1960er- und 1970er-Jahre – „Mehr Demokratie wagen"

Die fünf Bilder setzen die für die 1950er-Jahre angefangenen Reihen in die 60er- und 70er-Jahre hinein fort. Sie betonen den Wechsel, den Aufbruch als zentrale und innovative Idee. Willy Brandts politische Forderung „Mehr Demokratie wagen" erhält in diesem Kontext eine über das Politische hinausreichende Bedeutung; sie belegt einen Mentalitätswechsel. Es sollte mehr Spontaneität, mehr unangepasste Jugendlichkeit in den Alltag einbezogen werden. Die Beatles (links oben) auf dem blumigen Cover stehen für „Flowerpower" und die Popkultur der großen Festivals, der bunt bemalte VW-Bus für Wohngemeinschaft, Reiselust und Gruppeneuphorie, der Film „Zur Sache Schätzchen" mit Uschi Glas, ein Publikumsschlager der Zeit, für sexuelle Emanzipation (von heute aus gesehen: in durchaus engen Grenzen) und die Entdeckung des Komischen für den neuen deutschen Film. Darunter das Reklameplakat für Coca-Cola mit Girl und Schallplatte zeigt die „Kinder von Marx und Coca-Cola" auf dem Weg in die mediale Zukunft; fröhliche Mediennutzung ist die Parole. Das rechts abgedruckte Filmplakat „Deutschland im Herbst" (eine Koproduktion, an der u. a. die seinerzeit bedeutendsten deutschen Regisseure, Fassbinder, Schlöndorff und Kluge, mitwirkten) spielt auf die Ereignisse Ende der 1970er-Jahre an. Die Folge dokumentarischer Kurzfilme erinnert an die Radikalisierung von Teilen der 68er-Bewegung im Terror der RAF und in der massiven Gegenwehr der „wehrhaften" Demokratie. Der Film rekapituliert, in Bildberichten aufgearbeitet, Entführung, Geiselnahme, gewaltsame Befreiung von Opfern der RAF, den Tod ihrer prominentesten Mitglieder in Stammheim und die politische Radikalisierung des Alltags in den deutschen Städten. Das Plakat ist durchaus symbolisch zu lesen: deutscher Wald – deutsche Gesinnung, Herbst – eine Phase des Zuendegehens.

Die 1980er-Jahre bis heute – „Anything goes"

Die 80er-Jahre stehen unter dem Slogan der Postmoderne: „Anything goes". Die Formel behauptet die grundsätzliche Gleichwertigkeit aller Phänomene, die Betonung der schillernden Oberflächen und den Spott gegenüber Sinnsuche und Orientierung an Normen und Autoritäten. Auch hier zeigen die Plakate, wie Elemente der amerikanischen Popularkultur in die deutsche Gesellschaft übergreifen. Ausgeblendet bleiben in der Bildcollage die politischen Auseinandersetzungen der Zeit: das atomare Wettrüsten, die Friedensbewegung, die Rückwirkungen der so genannten Ostpolitik auf das Denken der Menschen. Auch ein Bild des Mauerfalls, das diese Entwicklung zum Abschluss gebracht hätte, fehlt hier. Der Grund: Mit den Ereignissen der Wiedervereinigung setzt ein neues Kapitel ein, dessen Anfangssignal allerdings nicht ohne die Vorbereitung in den Achtzigern denkbar gewesen wäre.

6.1 NACHKRIEGSLITERATUR (1945–1960)   **451**

Das „moderne" Wohnzimmer mit im Zentrum aufgestelltem Bildschirm, einbeinigem Schalensessel, Designercouch und -teppich sowie insgesamt sparsamer Möblierung und der VW-Roadster belegen die Entwicklung der Gesellschaft hin zu exklusiverem, aber auch sterilerem Luxus. Die beiden Filmplakate oben (in der Mitte und rechts) zeigen den deutschen Film als einen politischen Film, dem es um die Aufarbeitung der Jugenderfahrungen der Generation der „Achtziger" geht. „Goodbye Lenin" (Wolfgang Becker, 2003) rekonstruiert dabei Jugenderfahrungen in der DDR, der Film „Die fetten Jahre sind vorbei" (Hans Weingärtner, 2004) blendet Gegenwart und Erfahrungshintergrund der so genannten „68er" übereinander. Insgesamt setzen die Plakate Assoziationen frei, angefangen von der „Generation Golf" über alternative und Protestszene bis hin zu Idolen der Musikszene wie James Todd Smith (Ladies love Cool J.).

b   Die *diachrone Betrachtung* (der Wohnungseinrichtungen, der Filme, der Reklame, der Musik) zeigt den zunehmenden Anschluss der Kultur der Bundesrepublik an die „westliche" Welt und ihre postmoderne Kultur, während die kulturelle Entwicklung in der DDR unter dem Postulat des politischen Fortschritts in Richtung auf ein sozialistisches Gemeinwesen eher stagnierte und bis weit in die 1980er-Jahre den Wohn- und Lebensstil der 50er beibehielt. Dementsprechend sind in der Bildcollage (anders als in der Zusammenfassung am Ende des Kapitels und im Inhalt der angezeigten Filme wie „Goodbye Lenin") keine speziellen Bildzeichen, die auf die DDR verwiesen, aufgenommen.

6.1 Nachkriegsliteratur (1945–1960)

Die beiden Einstiegsbilder in die Teileinheit zeigen eine Luftaufnahme des von der deutschen Luftwaffe 1940 ▶ S. 424 bombardierten Rotterdam (Hinweis darauf, dass nicht nur deutsche Großstädte getroffen wurden) und eine Plastik des russisch-französischen Malers und Bildhauers Ossip Zadkine (1890–1967) „Die zerstörte Stadt", die als Denkmal in Rotterdam an die Zerstörung erinnert. Damit ist ein wichtiges Stichwort der Unterrichtseinheit, nämlich „Erinnerungskultur", optisch eingeführt und zugleich die ästhetische Verarbeitung schockierender Wirklichkeitserfahrungen durch die moderne Kunstrichtung von Primitivismus und Kubismus angesprochen. Die wesentlichen Vergleichspunkte: Chaos, Trümmer, Häuserskelette auf dem Foto aus der Vogelperspektive stehen gegen Schmerzekstase und Zerrissenheit in der über sechs Meter hohen, imponierenden Bronzeskulptur. Der Kubist Zadkine hat das Thema „Untergang der Stadt Rotterdam" zu einer Art Totentanz stilisiert und lässt die von einer Granate zerfetzte Figur Tanzschritte ausführen.

1 a/b Die Assoziationen, die beim automatischen Schreiben aufs Papier kommen, werden um Zerstörung, Zerbomben der Städte aus der Luft, Erinnerungsspuren an Erzählungen der Großeltern, an Filme und Dokumentationen, auch an Gegenwartsbezüge wie Aufnahmen aus Bagdad, dem Libanon oder Ramallah kreisen. Dann sind Gedanken zu den jeweiligen Hintergründen (Krieg und seine jeweiligen verlogenen Rechtfertigungen in Presseverlautbarungen usw.) zu erwarten, die über das in den Bildern Anschaubare hinausgehen.

c/d Zu der Plastik Zadkines werden Überlegungen angestellt werden, die schon eine längere Tradition im Kunstunterricht haben: Zu Picassos „Guernica" oder zu seinem Doppelbild „Krieg" und „Frieden" stellt man häufig die Frage, wie denn das unendliche und unerhörte Grauen des Krieges und der Zerstörung, des Zynismus der Macht und der Hilflosigkeit der Opfer dargestellt werden könne. Abstraktion und Individualisierung, Konzentration auf den Ausdruck und auf die Visualisierung von Gefühlen heißen hier die Regeln der modernen Kunst. Sie sind in Zadkines Plastik anschaubar. Es wäre sinnvoll, hier noch einige weitere Beispiele (z. B. Bilder von A. R. Penk oder Anselm Kiefer) hinzuzuziehen und Schülergruppen zur Bearbeitung zur Verfügung zu stellen. Von beiden Künstlern gibt es auch programmatische Äußerungen zu ihren Werken als Beiträge zu einer Kultur des Erinnerns und des Pazifismus, auf die man zurückgreifen kann.

Die Shoah – Gedichte über das Unsagbare   ▶ S. 424

Schon die Bildmontage zu den im Krieg angerichteten Zerstörungen hatte die Frage nach der Darstellbarkeit des Grauens aufgeworfen. Adornos Votum zielt auf die Unvergleichbarkeit der in den Vernichtungslagern geschehenen Gräuel als Gegenstand der Kunst, es trifft nicht zu auf Literatur, die sich um die seelische und künstlerische Verarbeitung von Erfahrungen einzelner Menschen oder Gruppen in diesen Lagern bezieht.

452 C 6 VON DER NACHKRIEGSZEIT BIS ZUR GEGENWART

▶ S. 425 **Nelly Sachs: Chor der Geretteten** (1947)

Die „Geretteten" sprechen, und es wird klar, dass sie nicht ohne dauernde Beschädigung „gerettet" sind. Alte Bildmotive sind aufgegriffen (der Tod, der auf einer aus einem Knochen geschnittenen Flöte zum Totentanz aufspielt), um als Metapher der Erfahrung zu dienen, dass das eigene Leben durch die erlebte Todesnähe der Lager gezeichnet ist und bleiben wird. Der künstlerische Begriff des „Nachklangs" wird dazu in einem Wortspiel zum neuen Begriff der „Nach-Klage" der geschundenen Körper umgewandelt. Diese Nach-Klage nennt Symptome der belastenden Erinnerung: die ständige Todesdrohung (der Strick hängt stets vor ihnen in der blauen Luft) und das Wissen darum, dass man nicht mehr lange „durchhalten" kann (Stundenuhren mit tropfendem Blut). Der Chor der Überlebenden wendet sich mit einer Bitte an die Allgemeinheit: „Lasst uns das Leben leise wieder lernen." (V. 17) Die „Geretteten" sind noch nicht wieder ins Leben zurückgekehrt. Sie sind verletzlich, ihr Schmerz ist „schlecht versiegelt" (V. 20). In einer bilderreichen Sprache beschwören die Sprecher ihren labilen Status: Sie sind im Leben nicht gefestigt, eigentlich Abschiednehmende – und insofern in besonderem Maße dem Staub verfallen, aus dem alle stammen und zu dem alle wieder werden müssen.

▶ S. 425 **Paul Celan: Todesfuge** (1948)

Celans berühmtestes und auch umstrittenes Gedicht (der Autor hat es sogar einmal für den Abdruck in Schulbüchern gesperrt, weil er das Gerede darüber nicht ertrug) ist aus einer „absoluten" Metapher heraus entwickelt. „Absolut" heißt hier „abgelöst" und besagt, dass es keine eindeutigen Brücken zwischen den Bildteilen („Milch"/„Frühe") und dem Bedeutungsteil (was wird hier „getrunken") gibt. Auch der später dem Gedichttext gegebene Titel „Todesfuge" kann als eine solche Metapher gelesen werden: eine musikalische Inszenierung des Todes oder aber Flucht, die in den Tod führt, oder Abfolge von Tagen, die im Zeichen des Todes stehen, die die sprechenden „Wir" zu sich nehmen müssen wie Nahrung.
Dann gibt es eine konkretisierende Folge von Metaphern, deren Bedeutung leichter zu entschlüsseln ist: Das „Grab in den Lüften" (V. 4) spielt an auf die Verbrennungsöfen, der nach Hause empfindsame Briefe schreibende Mann verkörpert den Typus des Deutschen, ebenso wie seine Adressatin (Margarete, blond), er wird in seiner Ambivalenz als grausamer Scherge und sentimentaler Briefschreiber gezeigt, „der spielt mit den Schlangen" (V. 13) kann übersetzt werden in „er spielt mit dem Teufel". Sulamith und ihr aschenes Haar stehen für die Juden, deren Vernichtung das Schaufeln des eigenen Grabes vorausging. Auch für das Bild, dass die zum Tode Bestimmten zum Tanz aufspielen mussten, gibt es reale Entsprechungen: In den Konzentrationslagern gab es jüdische Orchester.
Wie in einer barocken Fuge sind die einzelnen Motive durch Wiederholung und Variation im Verlauf des Textes entwickelt. Der letzte Abschnitt des Gedichts entspricht der Engführung der Fuge. Das zentrale Bild lautet: „Der Tod ist ein Meister aus Deutschland" (V. 24, 28, 30, 34). Die Verse 30 und 31 sind durch Reim hervorgehoben.

1   Das Gespräch der Schülerinnen und Schüler über die Wirkung der ersten Lektüre sollte nicht nach einem stillen Lesen, sondern nach aufmerksamem Zuhören erfolgen. Von Celan gibt es eine Aufnahme der „Todesfuge" auf CD.

2   Die formale Erarbeitung der Texte sollte so angelegt sein, dass sie die Nachdenklichkeit, die durch die künstlerische Präsentation und das Gespräch über den Gehalt der Gedichte entstanden ist, nicht wieder zerstört. Die Beobachtungen zu den Figuren, die in den Texten sprechen (in beiden ein „Chor", vergleichbar dem Chor in antiken Tragödien, der das Geschehen kommentiert und implizit bewertet), und zu den inhaltlichen Bausteinen (Motive und Bilder) zeigen jeweils, dass die Autoren nach kulturellen Mustern suchen, in denen sie das Unsagbare sagbar machen können. Die Muster sind archaisch und mythisch: der Totentanz, das Stundenglas, das der Tod in der Hand hält, der schon mit der Muttermilch eingesogene Tod, die Verbrennung als „Grab in den Lüften", der Märchen-Widerspruch zwischen Prinzessin („dein goldenes Haar Margarete") und Aschenputtel („dein aschenes Haar Sulamith"). Auch der Tod als ein „Meister" ist eine archaische Vorstellung, ebenso alt wie die als „Schnitter" oder als „Diener Gottes". Die Verbindung allerdings mit dem politischen Begriff „Deutschland" wurde und wird als Provokation und Hinweis auf die Verantwortlichkeit für das thematisierte Verbrechen empfunden.

3   Andere künstlerische Versuche, die sich für einen Vergleich eignen könnten:
  ▪ Bildwerke: Bilder und Zeichnungen von Kindern aus dem KZ, Bilder verschiedener Gedenkstätten;
  ▪ literarische Texte: Bruno Apitz: „Nackt unter Wölfen" (1958), Jorge Semprun: „Die große Reise" (1963), Peter Weiss: „Die Ermittlung" (1966; vgl. den Textauszug auf S. 436 f. im Schülerband), Jurek Becker: „Jakob der Lügner" (1969), Ruth Klüger: „weiter leben. Eine Jugend" (1992); davon liegen jeweils Taschenbuchausgaben vor. – Man sollte Zurückhaltung üben, zu ausführlich auf die inzwischen

6.1 NACHKRIEGSLITERATUR (1945–1960)   453

umfangreiche Jugendliteratur zum Thema Holocaust zurückzugreifen, das Thema würde sich sehr
schnell verschieben zu der Frage, wie „kindgemäß" es ist. Einige Beispiele: „Das Tagebuch der Anne
Frank" (1959), Myron Levoy: „Der gelbe Vogel" (1977), Uri Orlev: „Die Bleisoldaten" (1999) – alle auch
als Taschenbuch lieferbar.
- Filme: Dokumentarfilme zum Thema NS und Judenverfolgung (z. B. die amerikanische Fernsehdoku-
  mentation „Holocaust, fünfundzwanzig Jahre", darauf aufbauend der Fernsehfilm „Holocaust"); Spielfilme, die die historischen Fakten zu menschlich anrührenden Geschichten verarbeiten (z. B. „Schind-
  lers Liste", Spielfilm, Steven Spielberg, 1993; „Die Geschichte der Familie Weiss", 1976, 2009 auf
  DVD).

Bestandsaufnahme und Aufbruch – Dichterische Orientierungsversuche   ▶ S. 426

In den drei Westzonen, die 1949 die Bundesrepublik werden sollten, gab es – noch unter der Verantwortung
der „Besatzungsmächte" (USA, Großbritannien, Frankreich), die verschiedene Programme demokratischer
Umerziehung der Deutschen initiiert hatten – erste Versuche einer Neuorientierung der deutschen Literatur.
Ein erster, wichtiger Gesichtspunkt war die kritische Bilanzierung, denn so, wie unter der Herrschaft des
Nationalsozialismus mit der deutschen Sprache und Literatur umgegangen worden war, konnte man nicht
weiterschreiben.

Günter Eich: Inventur (1945/46)   ▶ S. 427

„Inventur" ist zunächst eine Form der Bilanzierung im Geschäftsleben, die kaum mit Literatur in Verbindung
zu bringen ist. Dass Literatur sich wie ein Gebrauchsgegenstand erfassen lasse, war Erbe der Neuen Sachlichkeit, die im Dritten Reich verpönt war. Hinzu kam der Gedanke, zu erfassen, was nach der Katastrophe
des Krieges „geblieben" ist. Der Dichter Günter Eich fasste ihn im Gefangenenlager für deutsche Soldaten
bei Remagen.

Johannes R. Becher: Auferstanden aus Ruinen (1949)   ▶ S. 427

Das Lied (Melodie von Hanns Eisler) war explizit als Gegenentwurf zu Hoffmann von Fallerslebens
„Deutschlandlied" konzipiert. Es enthält alle zu Beginn der 1950er-Jahre gültigen programmatischen Punkte
des Neuanfangs in der DDR. „Der Zukunft zugewandt" (V. 2) und „Deutschland, einig Vaterland" (V. 4) waren
politische Programmpunkte, „die Sonne […] / Über Deutschland" (V. 8 f.) war das Versprechen, das in metaphorischer Rede, dann als „Glück und Frieden" (V. 10) in begrifflicher Rede, verbunden wurde mit dem Gedanken einer (sozialistischen) Internationalen und dem Bewusstsein der eigenen Kraft der heranwachsenden
Geschlechter.

1 Die Orientierung der beiden Gedichte in der Nachkriegsituation kann gegensätzlicher nicht gedacht
  werden: Eichs „Inventur" ist eine nüchterne, ärmliche Bilanz, am Ende bleibt dem Sprecher fast nichts als
  die Bleistiftmine, mit der er seine nachts erdachten Verse aufschreibt, während Bechers Hymnus von der
  öffentlichen Funktion der Poesie durchdrungen ist und alle Register der politischen Rhetorik zieht.

2 a Der pathetische Ton, die in die Epoche des Vormärz zurückreichende Metaphorik, der Stolz auf
    Deutschland und die Zukunft zukünftiger Geschlechter verkünden bei Becher den Aufbruch. Bei Eich
    gibt es statt des Blicks in die Zukunft einen kritischen und nüchternen Blick in die Gegenwart. Dezi-
    diert „unpoetisch" ist die Aufzählung der wenigen Habseligkeiten des Sprechers. Nur versteckt in den
    zweihebigen Zeilen finden sich in den Versen der vorletzten Strophe, die von der poetischen Produk-
    tion handelt, traditionsgebundene Verse (die zweite Hälfte eines Hexameters mit einem Adoneus am
    Schluss: „schreibt sie mir Verse / die nachts ich erdacht", V. 23 f.).

  b Als das Politbüro sich 1950 für Bechers Verse als Nationalhymne entschied, gingen dessen Mitglieder
    so vor, wie es diese Aufgabe vorsieht: Improvisierte Chöre trugen das Lied vor, alle Mitglieder mach-
    ten ihre Anmerkungen, schließlich entschied man sich, weil man eine Wirkung wünschte, die den
    Hymnen anderer Nationen ähnlich sei und von der Bevölkerung angenommen würde. Anklänge der
    Musik Eislers an den Schlager „Goodbye Johnny" von Peter Kreuder und das Lied „Freudvoll und
    leidvoll" aus Ludwig van Beethovens „Egmont"-Ouvertüre bilden die Grundlage für die Sangbarkeit.
    Als die Politik der DDR von der Idee eines Gesamtdeutschlands abrückte, wurde die Hymne nicht
    mehr gesungen, nur noch die Melodie von Eisler gespielt.

C6 VON DER NACHKRIEGSZEIT BIS ZUR GEGENWART

▶ S. 428 Gottfried Benn: **Nur zwei Dinge** (1953)

Das Gedicht ist geprägt von den für Gottfried Benn charakteristischen Begriffen: Die ästhetische Form als Merkmal der dichterischen Sprache verschafft der Rede des lyrischen Ichs Abgehobenheit gegenüber der alltäglichen Verkehrssprache; das „fernbestimmte […]: Du mußt" (V. 9) erinnert an Pflichtethik und militärischen Gehorsam; „die Leere / und das gezeichnete Ich" (V. 12 f.) spielen auf Benns Nihilismus und seine Auffassung vom Ich an, das durch die Erfahrungen der Moderne gezeichnet ist. Eine konzise philosophische Position ist nicht zu erkennen, aber es wird ein philosophischer Anspruch erhoben, mit dem eine Aussage zum Sein des Menschen in der Welt gewagt wird.

▶ S. 428 Bertolt Brecht: **Ich habe dies, du hast das** (ca. 1950)

Brecht greift in der ersten Strophe seines Gedicht Alltagsreden aus dem bürgerlichen Zusammenleben auf: Jeder pocht auf seine Rechte, spricht von seinen Erfahrungen, erhebt seine Ansprüche. In der zweiten Strophe spricht der Lehrer der Genossen. Es geht nicht um das „ICH", sondern um eine Gesellschaft, in der das Pochen auf die Ansprüche des Ichs nicht mehr im Zentrum steht.

1 Als Benns Thema kann gelten: Das Ich in der Moderne steht vor dem Nichts. Es ist durch die Erfahrung existenzieller Ausgesetztheit geprägt. Brechts Thema ist das Ich als Zentrum des bürgerlichen Selbstverständnisses. Im Namen des Ichs werden Forderungen erhoben oder zurückgewiesen, werden Aussagen gemacht und verweigert. Dieses Ich-Verständnis wertet Brecht als Egoismus, der in der neuen Gesellschaft überwunden werden soll.

2 Gründe, die für die Benn'sche Definition des Ichs sprechen: Der Dichter greift Gedanken der Philosophie seiner Zeit auf. Dort geht es darum, dass die Abwertung des Einzelnen in der Volkstumsideologie der Nationalsozialisten („Du bist nichts, dein Volk ist alles") durch eine Betonung des Ichs (wie in der idealistischen Philosophie) konterkariert werden sollte. Gegen diese Ich-Betonung setzt Benn seine skeptische Feststellung von dem durch die Erfahrung des Nihilismus gezeichneten Ich. – Gründe, die gegen Benn sprechen: Die lyrischen Sprechweisen (Ich, Wir, Du) und die Frage „Wozu das alles?" haben wenig oder nichts mit der Philosophie des (heroischen) Ertragens, nichts mit Sinnsuche und Pflichtbewusstsein zu tun. Das Gedicht spricht in raunenden Versen bedeutsam durchaus unklare Philosopheme aus.
Gründe, die für die Brecht'sche Definition des Ichs sprechen: Brechts Gedanke ist handfest, alltäglich, praktisch. Der bürgerliche Egoismus kann nicht die Basis der neuen Gesellschaft sein. Es bedarf der Anstrengung aller, diesen Zustand zu ändern. – Gründe, die gegen Brechts Auffassung sprechen: das scheinbar „anthropologisch" vorherbestimmte Verhalten der Menschen: Jeder für sich, Gott für uns alle.

3 Stichworte zu **Gottfried Benns** Biografie: Dr. med. Benn, dessen expressionistische Gedichte mit einiger Sicherheit von den Nationalsozialisten zur „entarteten Kunst" gezählt wurden, flüchtete in die „innere Emigration" der Militärkarriere. Sein Status als Militärarzt schützte ihn nicht vor Diskriminierung und Publikationsverbot. Aber seine anfängliche Begeisterung für den Nationalsozialismus und dessen Elitegedanken hatte ihm die explizite Gegnerschaft der ins Exil gedrängten Schriftstellerkollegen (allen voran Klaus Mann) eingetragen. Nach dem Krieg erlebte Benn einen rasanten Aufstieg, 1949 erschienen vier Bücher von ihm. Mit der Verleihung des Büchner-Preises 1951 fand seine Karriere ihren vorläufigen Höhepunkt. Die „Statischen Gedichte" (1948) brechen mit dem Ton der expressionistischen Frühzeit, schlagen eine Brücke zur Philosophie, entwickeln die Sprache zu einem intensiven spirituellen Erlebnis und betreiben einen Wort- und Formkult, der Dinge der Natur und der Kultur (z. B. Musik) in artistisch komponierte Wort-Werke umsetzt.
Stichworte zu **Bertolt Brecht:** Der Protest gegen die saturierte bürgerliche Gesellschaft in den 1920er-Jahren entwickelte sich in den frühen Dreißigern (verstärkt durch das Studium des Marxismus) zum politischen Kampf gegen Hitler. Auch im Exil waren es die „Reden des Anstreichers" Hitler, die ihn zum Schreibtisch trieben (vgl. „Schlechte Zeit für Lyrik", S. 418 im Schülerband). Brecht entwickelte dazu neue Formen des Theaters, zuerst das Lehrtheater für Arbeiter-Schauspieler, dann das parabolische Theater, in dem das Publikum zum Mitdenken über ökonomische und politische Prozesse angehalten wird. Brecht setzte diese didaktische Theaterarbeit in Ostberlin fort, wo er in einem eigenen Theater die Möglichkeit erhielt, als Lehrer seiner Schauspieler und seines Publikums zu wirken.

6.1 NACHKRIEGSLITERATUR (1945–1960) **455**

Trümmerliteratur – Die Kurzgeschichte als literarische Neuentdeckung ► S. 428

Ausländische Vorbilder der jungen, aus dem Krieg heimgekehrten Autoren waren die amerikanischen Short Storys, deren knapper Stil und deren sachliche, alltägliche Sprache. Besonders die Werke Ernest Hemingways sind hier zu nennen. Einflussreich waren auch französische Autoren des Existenzialismus, Jean-Paul Sartre, Albert Camus. Kurzgeschichten beleuchten in einer realistischen, unpsychologischen und engagierten Prosa ein menschliches Leben immer von einem Zentrum aus, z. B. dem (existenziellen) Augenblick einer Entscheidung. Der Name „Trümmerliteratur" akzentuiert das vorherrschende Thema: die Rückkehr der vom Krieg desillusionierten Soldaten in eine zerstörte Heimat.

Wolfgang Borchert: Die drei dunklen Könige (1946) ► S. 429

Borcherts Kontrafaktur der Weihnachtsgeschichte von den drei Königen erzählt von drei Soldaten, die in der dunklen Vorstadt auf ein armes Paar treffen; die Frau hat eben ein Kind zur Welt gebracht, für das die beiden keine warme Stube und kein gesundes Essen haben. Das charakteristische Merkmal dieser Prosa ist der Erzählstil: Der Erzähler führt mitten ins Geschehen hinein, die Figuren gewinnen erst im Laufe der Geschichte Kontur. Anthropomorphisierungen machen die Umgebung lebendig („der Mond fehlte, und das Pflaster war erschrocken über den späten Schritt […]", Z. 3–9), die menschlichen Figuren werden ganz ohne psychische Tiefe gezeigt, ihre Emotionen (wie im Grimm'schen Märchen) sind in Gesten und in die Redeweise verlegt. Nur manchmal deutet die leitmotivisch eingesetzte symbolische Rede auf ihre innere Verfasstheit hin („Aber er hatte keinen, dem er dafür die Fäuste ins Gesicht schlagen konnte", Z. 36 f., vgl. Z. 42 f., 89 f.). In der unterkühlten Berichtrede des Erzählers ist trotzdem emotionale Beteiligung zu spüren, dann wenn das warme Licht des Ofens auf das „kleine schlafende Gesicht" des Kindes fällt (Z. 101–103).

Heinrich Böll: Mein teures Bein (1950) ► S. 430

Diese Kurzgeschichte Heinrich Bölls hat eindeutig Züge der Satire. Sie konfrontiert – durch eine Erzählung in der Erzählung – den Leser mit den Folgen des Krieges für seine Opfer. Der Titelbegriff „teures Bein" ist doppeldeutig. Der Beamte des Arbeitsamts oder der Rentenkasse sieht „teuer" als Folgekosten, die durch die Kriegsverletzung entstehen, der Ich-Erzähler als Hinweis auf die teuer erkauften Vorteile, die andere aus der Tatsache gewonnen haben, dass dieser auf seinem Posten ausgeharrt hatte. Die „Umkehr" der „Rechnung" des Beamten über die Kosten des Beins (Z. 36–50) in der Gegenrechnung des Ich-Erzählers (Z. 93–108) erfolgt mit den gleichen Formulierungen, sodass man in diesem bitteren Kalkül die indirekte Kommentierung des Erzählten durch den Autor Böll erkennt.

1 a Die Zeit, in der beide Geschichten spielen, ist die unmittelbare Nachkriegszeit. Die Menschen sind in Not. Borcherts Figuren werden nur umrisshaft gezeichnet. Die Gefühle der jungen Frau und die der Soldaten müssen aus ihren Gesten und ihrem Verhalten erschlossen werden. Nur der Mann, der Vater des Kindes, ist andeutungsweise mit seinem ohnmächtigen Zorn sichtbar. Aber auch das erfolgt eher beiläufig, muss aus der Tatsache erschlossen werden, dass der Satz „und er hatte keinen, dem er die Fäuste ins Gesicht schlagen konnte" (Z. 42 f., vgl. Z. 36 f., 89 f.) vom Erzähler mehrfach wiederholt wird.
Das ist bei Böll anders. Zwischen den beiden Geschichten liegt eine gewisse Zeitspanne: „geordnete" Verhältnisse sind eingekehrt, die heimkehrenden Soldaten streunen nicht mehr durch die Vorstädte, es geht um Rentenansprüche und Arbeitsvermittlung. Der Ich-Erzähler scheint seine Geschichte „auf dem Amt" einer weiteren Person zu erzählen, die der Leser nicht kennen lernt. Die Erzählung kopiert eine Art Kneipengespräch. Dadurch erhält sie eine Lässigkeit, die eigentlich nicht zum Inhalt des Erzählten passt. Der Beamte auf dem Sozialamt/der Rentenbehörde/dem Arbeitsamt (das wird nicht klar) ist stereotyp als unsensibler Mängelverwalter gezeichnet. Solche Figuren kennt jeder Leser aus eigener Erfahrung. Der Ich-Erzähler selbst hingegen ist ein interessanter Mensch und er hat eine interessante Geschichte zu erzählen. In dieser werden als weitere Themen der deutsche „Rückzug", das Kriegsende und das Verhalten der Offiziere zur Sprache gebracht, und zwar in einer unterkühlten, ironischen Redeweise, die zu kritischen Kommentaren auffordert.

b Die Ungerechtigkeit (das versteckte Oberthema beider Kurzgeschichten) hat viele Gesichter, und die Anklage ist die gemeinsame Haltung der Trümmerliteratur. Bei Böll ist sie eine andere als die bei Borchert angesprochene. Dort war das ärmliche Weihnachten nach Kriegsende Anlass, um Mitleid zu erregen. Hier ist die Behandlung des Kriegsinvaliden auf dem Amt Anlass, den Zorn, der bei Borchert den Vater des Kindes kennzeichnet, auf den Leser übergehen zu lassen.

456   C6 VON DER NACHKRIEGSZEIT BIS ZUR GEGENWART

2   Typische erzähltechnische Besonderheiten der Kurzgeschichte in den beiden Texten:
- Darstellung eines knappen Wirklichkeitsausschnitts;
- Bezug zur Alltagsszenerie der unmittelbaren Nachkriegszeit;
- einleitungsloser Einstieg des Erzählers ins Geschehen (ohne Exposition);
- unvermitteltes wertendes Eingreifen des Erzählers in das Erzählte;
- für die Bewertung wichtige Aussagen (z. B.: „Rechnen Sie sich bitte aus [...]", Z. 42 f.; „Nun rechnen Sie mal aus", Z. 97 f. in Bölls Geschichte) werden durch Wiederholung und Variation in den Texten hervorgehoben;
- der Erzähler steht unmittelbar „neben" seinen Figuren, beobachtet neutral, aber spricht mitempfindend (vgl. Borchert, Z. 20–31, 60–73);
- Alltagssprache, Sprechsprache;
- symbolische Verallgemeinerungen des erzählten Geschehens durch Leitmotive oder Anspielungen (vgl. das Gesicht des Kindes, Borchert, Z. 24–31, 91–103; die Doppeldeutigkeit von „Heilige" in Z. 86);
- intertextuelle Bezüge (Anspielungen auf bekannte Texte, z. B. die Weihnachtsgeschichte);
- offenes Ende (kein Ausblick auf einen weiteren Fortgang des Geschehens).

3   „Trümmerliteratur" ist eine thematische Bestimmung der Nachkriegsliteratur, die die Lebenssituation der Menschen nach Kriegsende behandelt und indirekt kommentiert. In diesem Sinne sind beide Geschichten „Trümmerliteratur". Heinrich Böll hat in seinem „Bekenntnis zur Trümmerliteratur" 1952 ausdrücklich das „menschlich unbestechliche Auge" der Erzähler hervorgehoben und seine Solidarität mit den Opfern des Krieges als angemessene Haltung des Autors betont. Bei Borchert ist diese Solidarität aus der Analogie seiner Geschichte mit der Weihnachtsgeschichte zu erkennen: Die Analogie entfaltet ein kritisches Urteil über die (ungenannten) Verantwortlichen, denn der Leser vergleicht die allgemeine Vorstellung von Weihnachten als dem Fest der Freude mit dem erzählten Elendsbild. Ein Hoffnungsschimmer bleibt in den unerwartet humanen Gesten der drei Soldaten.

▶ S. 432   **Sprachartistik und Zeitkritik – Lyrik ab Mitte der 1950er-Jahre**

1953 prägte Eugen Gomringer den Begriff „konkrete Poesie" analog zur abstrakten – von ihm konstruktiv genannten – Malerei der Zeit. Die konkrete Poesie verwendet visuelle und akustische Auffälligkeiten der geschriebenen Sprache als literarisches Mittel. Buchstaben treten dem Leser „konkret", d. h. für sich selbst stehend, gegenüber. Eugen Gomringer, Sohn einer Bolivianerin und eines Schweizers, benutzt für seine Bildgedichte das Deutsche, Spanische, Französische und Englische. Grundlage seiner Gedichte ist die Materialität der Schrift. Worte geben, als „Material" erfasst, versteckte „konkrete" Bedeutungen ab. Schon im Barock hatte es Figurengedichte gegeben, bei denen das Schriftbild des Textes einen Gegenstand nachahmt, der in direkter oder symbolischer Beziehung zum Inhalt steht (z. B. Theodor Kornfelds Gedicht „Eine Sand=Uhr" über die Sterblichkeit und das Verfließen der Zeit, vgl. S. 249 im Schülerband). Nun suchten die Autoren durch alle möglichen Formen der Visualisierung der geschriebenen Sprache weitere Bedeutungen abzugewinnen. Die Verfahren der konkreten Poesie sind auf alle Schriftsprachen anzuwenden. Einige pointierte Beispiele sind den Schülerinnen und Schülern aus früheren Jahrgangsstufen bekannt, z. B. Reinhard Döhls Bildgedicht, eine aus dem Wort „APFEL" gebildete Silhouette eines Apfels, darin versteckt das Wort „WURM".

▶ S. 432   **Eugen Gomringer: das schwarze geheimnis (1953) / wind (1960)**

1 a   Das Muster für das Wortbild-Gedicht „das schwarze geheimnis" ist Gomringers berühmtestes Gedicht der gleichen Sammlung: „schweigen", in dem eine leere Fläche, ein „Loch", umrahmt von dem vierzehn Mal wiederholt gedruckten Wortbild „schweigen", das Schweigen, die Abwesenheit von Sprache und Sprechen, symbolisiert. Hier ist die Aussage über ein „schwarzes Geheimnis" visualisiert, indem es wie ein Loch unter und über dem Begriff und zwischen einem chiastisch angeordneten „hier ist / ist hier" angeordnet ist. Der „Sinn" solcher spielerischer Anordnung ist oft eine sprachliche Pointe, die Entdeckung von etwas bisher nicht Beachtetem. So kann auch eine einfache und überraschende figurale Umsetzung der Wortbedeutung in die Wortgestalt eine Frage aufwerfen, etwa die Frage, was denn das hier behauptete „schwarze Geheimnis" eigentlich sei.
Das Bildgedicht „wind" setzt die Vorstellung, die wir mit dem Begriff „Wind" verbinden, in eine aus den Buchstaben gebildete Konstellation um. Man fragt sich, wohin der Wind bläst, welche Wirbel er formt und was einer, der „Wind macht", für seltsame Muster formt. In der Sandwüste finden sich manchmal vom „realen" Wind geformte Figuren, die sich in diesem Buchstabenbild angedeutet wiederfinden.

6.1 NACHKRIEGSLITERATUR (1945–1960)

b **Literaturhinweise zur konkreten Poesie**
- *gomringer, eugen (hg.):* konkrete poesie deutschsprachiger autoren. Reclam, Stuttgart 1972 (Anthologie)
- konkete dichtung. texte und theorien. Bayerischer Schulbuchverlag, München 1972 (Theoretisches und zahlreiche Beispiele)
- Konkrete Poesie I und II. Text + Kritik Nr. 25 und 30, Richard Boorberg, München 1971 (Theoretisches und zahlreiche Beispiele)

2 Den barocken Figurengedichten ähneln die Produkte der konkreten Poesie nur an der Oberfläche. Denn bei diesen ist die figürliche Abbildung eine ästhetische Verdopplung des Themas oder Inhalts; ein Gedicht über die Zustände in Deutschland während des Dreißigjährigen Krieges hat die Form eines Reichsapfels. Die konkreten Gedichte bieten keine Verdopplungen, sondern sie enthalten eine eigene Sprachmaterial-Botschaft. Das Wehen des Windes ist in der Anordnung der Buchstaben anschaubar, das Schweigen als Absenz von Wörtern, als Loch zwischen den Wörtern.

3 Die Gemeinsamkeit zwischen abstrakter Farbfeldmalerei (Mark Rothko schafft großformatige Ölgemälde mit in einander verschwimmenden, monochromen Farbflächen) und konkreter Poesie ist die Betonung der Materialität von Schrift bzw. Farbe. Gemeinsam ist ihnen außerdem, dass im Arrangement der Bausteine oftmals eine Pointe, eine überraschende Wendung, ein Gedankenblitz oder ein Wortspiel zum Tragen kommen. In „Rot, Weiß und Braun" könnten es die politischen Bedeutungen der Farben sein.

4 Beispiel eines Bildgedichts nach dem Vorbild Gomringers:

```
ordnung      ordnung
ordnung      ordnung
ordnung      ordnung
ordnung      ordnung
ordnung      ordnung
ordnung unordn  g
ordnung      ordnung
ordnung      ordnung
ordnung      ordnung
ordnung      ordnung
ordnung      ordnung
```

(Aus: Eugen Gomringer (Hg.): Konkrete Poesie.
Reclam, Stuttgart 1978, S. 142)

Ingeborg Bachmann: Anrufung des Großen Bären (1956)　　　　　　　　　　　　► S. 432

1956 erschien der zweite Gedichtband Ingeborg Bachmanns, „Anrufung des Großen Bären". Die Gedichte seien einfach in ihren Bildern, reine, große Poesie, schreibt der Verleger Siegfried Unseld in einer Neuauflage. Das ist nicht einfach zu bestätigen. Denn die lyrischen Bilder sind doppeldeutig. Ist das Sternbild des Großen Bären gemeint oder ein Raubtier, das die Herden bedroht? Beide Bildebenen sind in einzelnen Metaphern miteinander verschmolzen: „Wolkenpelztier" oder „Sternenkrallen". Hinzu kommt, dass der Bär selbst zeitweilig der lyrische Sprecher ist, wenn dieser wie in mythischen Versen eines alten Epos davon spricht, dass er die von den Tannen gefallenen, aus dem Paradies gestürzten Zapfen packt und im Maul prüft. Das ist eine rätselhafte und anspielungsreiche Sprache. Der Begriff „hermetische Lyrik" passt auf diese Verse. Deutungen erhalten schnell spekulative Züge. Der Große Bär könnte ein indianisches Totemtier sein, ein Himmel und Welt besetzt haltendes metaphysisches Wesen, das die (angeredeten) Menschen, die Schuppen der Tannenzapfen, bedroht, sodass sie wie eine Herde beschützt werden müssen. Religiöse Bilder und Rituale sind untergemischt: Hirt und Herde, das Opfer in dem Klingelbeutel, der Blinde, der diesen Bären wie einen Tanzbär an der Leine hält. Irgendwie scheinen die Bilder, wenn nicht einfach, so doch bekannt zu sein. Nur der Zusammenhang, die Bedeutung bleibt dunkel.

458 C 6 VON DER NACHKRIEGSZEIT BIS ZUR GEGENWART

▶ S. 433 **Hans Magnus Enzensberger: An alle Fernsprechteilnehmer** (1958)

Enzensbergers Gedicht schlägt andere Töne an. Diese Lyrik ist politisch und will mit politischem Bewusstsein gelesen werden. Der Autor ist, wie viele andere Schriftsteller der „Gruppe 47", ein kritischer Kommentator der Adenauer-Ära. Es ist die Zeit des wirtschaftlichen Aufschwungs und der politischen Manipulation der Massen durch die Medien. Im Ton einer Warnung an alle wird eine diffuse Bedrohung angesprochen. Das „Etwas", das sich wie ein nicht wahrnehmbares Gift verbreitet, durchdringt alles. Die Metaphern spannen Konkretes und Abstraktes zusammen, die Nähte der Schuhe und der Zeit, das „Etwas" findet sich im schwelenden Dunst der Kokereien, an den Börsen, es bläht die „blutigen Segel der Hospitäler", mischt sich in das Gemauschel bei der Besetzung von Professorenstellen usw. Opfer dieser diffusen Bedrohung sind die Tiere, die Flüsse, die Fische, das Getreide. Die meisten der Bilder sind eindeutig auflösbar, sie haben den Charakter von Schlagzeilen in der Boulevardpresse, aber der Inhalt ist gegen das „tückische Blei" in den Druckereien gerichtet, gegen die Aufrüstung, die Spekulation an der Börse. Die Warnung richtet sich an die arglos schlafenden Zeitgenossen, die „im brennenden Hemd" Geiseln der Entwicklung sind, die sie nicht einmal wahrnehmen.

1 a   Die diffuse Bedrohung, von der in beiden Gedichten in Form von Bildern gesprochen wird, ist nicht eindeutig und fassbar. Enzensberger spricht von einem „Etwas", das der Leser anhand der Vorschläge, die das Gedicht dann macht, konkretisieren muss; Ingeborg Bachmann scheint eher an eine existenzielle oder metaphysische Bedrohung zu denken. Die einzelnen Bilder können zu Szenen ausgestaltet gedacht werden, aber ob man damit den „Sinn" des Textes angemessen erfasst, bleibt offen. Selbst die in der Aufgabenformulierung vorgegebenen „Übersetzungen" in ein mögliches Gemeintes (die „Welt" als Tannenzapfen, die Menschen als Schuppen daran) sind nur mögliche, aber keineswegs sichere Deutungen.

   b   Die Deutung hermetischer Lyrik und ihrer Chiffren verrätselt die Wirklichkeit eher, als dass sie sie durchleuchtet. Bachmanns dunkle, geheimnisvolle Symbole und Chiffren, paradoxe Wendungen bilden ein kunstvolles Geflecht, von dem eine einheitliche Stimmung ausgeht, das Gefühl einer universellen Bedrohung. Das Dunkle und Rätselhafte dieser Lyrik entstammt einer rigorosen Sprachskepsis. Chiffren enthalten keine klar definierten Inhalte mehr. Enzensbergers Bilder hingegen sind keine Chiffren, sie sind auflösbar, oft Vergleiche, auch die journalistische Rhetorik ist zu spüren in den zahlreichen Alliterationen, den Aufzählungen, den provozierenden Kombinationen von Natur und Gesellschaftlichem, den Formeln („die Minderzahl hat die Mehrheit", V. 14).

   c   Vergleichsgesichtspunkte sind:
   - Beide Gedichte repräsentieren die 1950er- und 1960er-Jahre, indem sie das diffuse Unbehagen an der politischen und gesellschaftlichen Entwicklung, der Stagnation der Verhältnisse kritisch betrachten.
   - Deutlich zu unterscheiden sind die Traditionen, in die die beiden Gedichte gehören. Bachmanns Gedicht zählt zur hermetischen Lyrik, die auch Paul Celan vertritt und deren Ziel es ist, die Sprache aus ihrem alltäglichen Geschäft der Kommunikation freizusetzen und zum Ausdruck subjektiver Erfahrungen der lyrischen Sprecher zu machen. Enzensberger ist ein Vertreter der sich entwickelnden politischen Lyrik. Sein Gedicht ist insofern „zeitgemäßer", als er nicht existenzielle, sondern konkrete gesellschaftliche Bedrohungen thematisiert.
   - Die zentralen Bilder Bachmanns (Chiffren) stammen aus dem Bereich des Archaischen, des Religiösen, des Mythischen. Enzensbergers Konkretisierungen des bedrohlichen abstrakten „Etwas" sind hingegen Gegenstand der täglichen Berichterstattung in den Zeitungen: Börse, Gesundheitssystem, Aufrüstung, Presse, Regierung, Parlament, Verkehr.
   - Dem entsprechen auch Ton und Perspektive der Gedichte. Bei Bachmann wechseln die Sprecherrollen: Der „Bär" wird von einem kollektiven Sprecher, einem „Wir", angerufen, dann spricht der Bär selbst, schließlich wird vor ihm gewarnt. Der lyrische Sprecher in Enzensbergers Gedicht warnt mit kritischem Unterton, er will die Schläfer aufwecken.
   - Eine unterschiedliche Einstellung zur Sprache und ihren Möglichkeiten wird sichtbar: Bachmann teilt Celans Sprachskepsis. Der beschwörende Ton erfasst eine Stimmung, keine Inhalte. Enzensberger kennt diese Sprachskepsis nicht. Seine Sprachbilder sind auflösbar. Wenn er über die Entwicklung der Presse schreibt: „In den Staatsdruckereien / rüstet das tückische Blei auf" (V. 16 f.), weiß man, was er damit meint.

6.2 KRITISCHE LITERATUR UND NEUE SUBJEKTIVITÄT **459**

- Als Schlussgedanke könnte sich eignen: Bachmann hat den Weg der hermetischen Lyrik als „zu Ende gegangen" angesehen und nach der „Anrufung des Großen Bären" keine Gedichte mehr geschrieben, sondern sich ganz auf Prosa konzentriert. Auch Enzensberger hat – später – einmal das Ende der Literatur verkündet, was ihn aber nicht hinderte, immer wieder Gedichte zu schreiben und in ihnen politische, gesellschaftliche, historische und philosophische Gedanken zu formulieren.

Epochenüberblick: Nachkriegszeit (1945 – ca. 1960) ▶ S. 434

1 Informationen zur „Gruppe 47" finden sich im Internet z. B. unter:
- http://de.wikipedia.org/wiki/Gruppe_47
- http://www.kultur-netz.de/archiv/literat/gruppe47.htm

Die „Gruppe 47" wird sowohl in literarhistorischen wie in romanhaften Publikationen vorgestellt. Beispiele wissenschaftlicher/literaturgeschichtlicher Arbeiten und Monografien:
- *Arnold, Heinz Ludwig:* Die Gruppe 47. Rowohlt, Reinbek 2004
- *Lettau, Reinhard (Hg.):* Die Gruppe 47 – Bericht, Kritik, Polemik. Ein Handbuch. Luchterhand, Neuwied und Berlin 1967
- *Schnell, Ralf:* Geschichte der deutschsprachigen Literatur seit 1945. Metzler, Stuttgart ²2003
- *Stein, Peter / Stein, Hartmut:* Chronik der deutschen Literatur – Daten, Texte, Kontexte. Kröner, Stuttgart 2008

Romanhafte Darstellung:
- *Grass, Günter:* Das Treffen in Telgte. Luchterhand, Darmstadt 1979 (verlegt eine Sitzung der „Gruppe 47" in die Zeit des Dreißigjährigen Krieges und lässt die barocken Autoren miteinander umgehen, wie Grass es von denen der „Gruppe 47" her kannte)

2 Borcherts Heimkehrerdrama „Draußen vor der Tür" eignet sich besonders gut für ein Gruppenreferat, weil ein ganzes Spektrum von Teilthemen aufgegriffen werden kann, die als Einzelbeiträge Grundlage der Gruppenarbeit sein können. Einige solcher Teilthemen:
- Beckmanns Heimkehrerschicksal (die Stationen seiner Begegnungen mit Figuren seiner Gegenwart und seiner Vergangenheit);
- Beckmanns zwei „Stimmen" (die Auseinandersetzung um den Freitod als Ausdruck der Ausweglosigkeit und die „Gegenstimme" des Anderen, die zum Durchhalten auffordert);
- naturalistische und expressionistische Züge im Drama (Kontrastierung der kritischen Blicke Beckmanns in die unmittelbare Nachkriegsgesellschaft und der mit fantastischen Elementen arbeitenden „expressionistischen" Traumszenen am Anfang und Ende des Stücks);
- Beckmann und der Theaterdirektor oder die Frage nach der Rolle der Kunst in einer kaputten Welt.

◎ Weiterführendes Material zu diesem Teilkapitel findet sich auf der beiliegenden CD:
- *Peter Huchel:* Der Garten des Theophrast (1962) / *Kurt Hager:* Freude an jedem gelungenen Werk (1963)
- Epochenüberblick: Nachkriegszeit (1945 – ca. 1960) (Folie)

6.2 Kritische Literatur und Neue Subjektivität (1960er- bis 1980er-Jahre)

1 a/b In das Teilkapitel führt ein Gemälde des 1949 geborenen Malers und Bildhauers **Rainer Fetting** ein: ▶ S. 436
„Durchgang Südstern" von 1988. Als eine gelbe Zickzacklinie zieht sich die Berliner Mauer von unten rechts mittig durch das gesamte Bild bis oben an den Horizont. Von einem gedachten erhöhten Blickwinkel schaut der Betrachter auf die Berliner Stadtlandschaft. Diese wirkt trist und grau. Zu erkennen sind am oberen Bildrand der Fernsehturm auf dem Alexanderplatz und links vorn die neugotische evangelische „Kirche am Südstern". Der Südstern ist ein Platz im Berliner Bezirk Kreuzberg. Obwohl es sich um das Bild einer Großstadt handelt, sind Elemente großstädtischen Lebens nicht zu sehen. Auffällig sind die kräftigen Pinselstriche und die expressive Farbgebung, bei der ein schwefliges Gelb (Mauer und Himmel) sowie Schwarzgrau (Häuserfassaden) dominieren. Damit kontrastiert das leuchtend blaue U des Eingangs zur Untergrundbahn.

Das Gemälde kann als modernes Historienbild gedeutet werden, da die Mauer ein Jahr später fiel. Heute erkennen Schülerinnen und Schüler nicht mehr auf Anhieb das Symbol der deutschen Teilung, das früheren Schülergenerationen auch ohne Kenntnis des Titels sofort deutlich war. Der Titel „Durchgang Südstern" bezieht sich nicht auf eine konkrete Grenzübergangstelle (die es an dieser Stelle nicht gab), verweist aber auf die Frage der Unüberwindbarkeit der Mauer und die Folgen der Teilung für die Berliner und ganz Deutschland, was in den Textauszügen der folgenden Seiten immer wieder thematisiert wird.

460 C6 VON DER NACHKRIEGSZEIT BIS ZUR GEGENWART

2 Fetting setzte sich in seinem Werk immer wieder mit der Berliner Mauer auseinander; es gibt weitere themenverwandte und ähnliche Bilder, z. B. „Südstern mit Mauer" (1988).

Umgang mit Verantwortung – Das Dokumentartheater

▶ S. 436 **Peter Weiss: Die Ermittlung** (1965) – Gesang von der Rampe II

Die Uraufführung des Stückes erfolgte am 19. Oktober 1965 in 15 Theatern in der Bundesrepublik, in der DDR, den beiden Teilen Berlins und bei der Royal Shakespeare Company in London. In den Monaten zuvor wurde bereits erregt über das Stück und die Person des Autors diskutiert. Während im Westen vor allem die Frage nach der ästhetischen Dimension („Ist diese Form des Theaters noch Kunst?") im Vordergrund stand, nutzte die DDR die Lesung des Stücks durch den Autor in der Volkskammer dazu, sich wiederholt als anti-faschistischen und daher besseren deutschen Staat ins Licht zu rücken. Die Lesung in der Volkskammer und die aufgewühlten Debatten der Zeit können anhand ausgezeichnet ausgewählter Materialien auf zwei DVDs der Bundeszentrale für politische Bildung nachvollzogen und für diverse Projekte verwendet werden (Auschwitz auf der Bühne. Peter Weiss: „Die Ermittlung" in Ost und West: Bundeszentrale für politische Bildung, Bonn 2008).
Fünf Jahrzehnte nach dem Auschwitz-Prozess ist das Stück im deutschsprachigen Raum von den Theater-bühnen verschwunden. Seine Sprengkraft ist jedoch ungebrochen, wie man an der Adaptation durch Jean Baudrillard („L'instruction") und den ruandischen Autor Dorcy Rugamba mit der Gruppe „Urwintore" in Bezug auf den Völkermord der Hutu an den Tutsi im Ruanda des Jahres 1994 sehen kann (vgl. www.urwintore. wordpress.com). Das Dokumentartheater erlebt seit Ende der 1990er-Jahre eine Renaissance, z. B. in den Inszenierungen der Gruppe „Rimini-Protokoll" (vgl. www.rimini-protokoll.de).

1 Weiss hat sein Stück als „Oratorium in 11 Gesängen" (Anspielung an Dantes „Göttliche Komödie") ver-fasst, das sich durch die Art der Textzusammenstellung jeder emotionalisierenden Inszenierung verwei-gert. Der Autor zeigt nicht den gesamten Prozess, sondern wählt aus den Aussagen der 18 Angeklagten (Angehörige des Aufsichts-, Sanitäts- und Wachpersonals von Auschwitz) sowie der 300 Zeugen einen Bruchteil der Antworten aus. Auf die Schüler machen nach dem ersten Lesen die Passage von der Ankunft an der Rampe (Z. 19 ff.) und die selbst in der nüchternen Sprache der Vorlage noch dramatische „Selektion" den nachhaltigsten Eindruck. Beim zweiten Lesen stehen dann die „Argumente" im Vorder-grund, mit denen die Angeklagten jegliche Schuld und Verantwortung abwehren (Z. 101 ff.).

2 Weiss schafft durch die freien Verse Distanz und eine gewisse Künstlichkeit, damit das Gelesene/Gehörte reflektiert werden kann. Die Sprache ist teilweise rhythmisiert, parataktisch, sachlich-nüchtern und leidenschaftslos. An moderne Lyrik erinnern die fehlende Interpunktion und die vielen Enjambements.

3 Diese Distanz ermöglicht die Konzentration auf das „Tribunal", wie der Autor in dem Textauszug zum dokumentarischen Theater (S. 438 im Schülerband) präzisiert: Die nach dem Krieg als Biedermänner in ihre vormaligen Berufe zurückgekehrten Massenmörder stehen hier in der Person von Franz Johann Hofmann vor dem Theatertribunal. Der Zuschauer/Leser wird durch den letzten Satz des Dramenauszugs (Z. 134 f.) zur Stellungnahme bzw. zum Widerspruch herausgefordert.

◎ Ergänzend kann das weiterführende Material zu Kapitel B2 auf der beiliegenden CD eingesetzt werden:
- *Peter Weiss:* Notizen zum dokumentarischen Theater (1981)

▶ S. 438 **Rolf Hochhuth: Der Stellvertreter** (1963) – I/1

Im Sommer 1942 versucht SS-Oberstumführer Kurt Gerstein in der Botschaft des Vatikans (Nuntiatur) zu Berlin mit Hilfe des Jesuitenpaters Riccardo Fontana den Nuntius zu überzeugen, bei Hitler gegen die Juden-verfolgung zu protestieren. Der Botschafter weigert sich, weil er keine Befugnisse aus Rom habe. Der Aus-zug ist der Beginn des Stückes. Den weiteren Fortgang der Handlung (besonders die Schlüsselszenen zum Schweigen des Papstes) können die Schülerinnen und Schüler selbsttätig recherchieren.
Bei der Strukturierung des Textauszugs empfiehlt sich die Problematisierung der angesprochenen Fragen an der Person des Nuntius:
- Feststellung, dass es in Berlin keine Synagogen mehr gibt (Z. 10);
- eine Vermittlung kommt ohne Erlaubnis aus Rom nicht in Frage (Z. 14);
- Beschränkung auf Proteste gegen offensichtliche Schikanen (Z. 17 ff.);
- Druck des NS-Regimes auf die Kirche, erst die neuen Grenzen (Machtverhältnisse) im von Deutschland beherrschten Europa anzuerkennen (Z. 20 f.);

6.2 KRITISCHE LITERATUR UND NEUE SUBJEKTIVITÄT

- nur getaufte Juden stehen unter dem Schutz der Kirche (Z. 22 f.);
- warten auf eine Entscheidung des Papstes (Stillhalten oder Protest) (Z. 75 ff.);
- Beispiel des erfolgreichen Protestes des Nuntius in der Slowakei (Z. 78 ff.);
- Rolle der Kirche im Wettkampf der Ideologien Faschismus und Kommunismus: viele Bischöfe unterstützen das „kleinere Übel Hitler" gegen das „größere Übel" des Kommunismus (Z. 107 ff.).

1 a Gemeinsamkeiten und Unterschiede im Umgang mit dem Thema der Shoah:
- Gemeinsamkeiten: Beide Auszüge verdeutlichen, dass das Dokumentartheater eine Sonderform des politischen Theaters in den 1960er-Jahren wurde. Bei entsprechenden Lernvoraussetzungen erkennen die Schülerinnen und Schüler, dass es in der Tradition Brechts und seines epischen Theaters steht, das mittels der Bühnenpräsentation dramatischer Werke das Publikum zu politischem Engagement motivieren wollte. Weiss und Hochhuth kleiden ihre Stücke jedoch nicht in die Form der Brecht'schen Parabel, sondern zeigen historisch-authentische Szenen mit einer ihnen eigenen Dramatik. Hauptkritik am Dokumentartheater war, es sei nicht künstlerisch genug, wähle die Originaldokumente zu subjektiv aus und verfälsche dabei ungewollt die historische Wirklichkeit. Positiv wurde hervorgehoben, das dokumentarische Theater thematisiere oftmals verdrängte historische Ereignisse.
- Unterschiede: Die Shoah wird in Weiss' Stück aus der Perspektive des Geschehenen und des späten Prozesses gegen die Verantwortlichen gezeigt. Dabei wird der Zuschauer nicht abgelenkt (ein einziges Bühnenbild, spärliche Ausstattung). Hochhuths Drama hingegen spielt im Zweiten Weltkrieg während der Vernichtungsaktionen und zeigt das Wissen, Nicht-wahrhaben-Wollen und Wegsehen. Hochhuth lässt die Personen auf der Bühne agieren und erzeugt die erwartete Theaterillusion mit Identifikationsangeboten für die Zuschauer.

b In den Gedichten von Nelly Sachs und Paul Celan über die Shoah (vgl. S. 425 f. im Schülerband, S. 451 ff. in diesen Handreichungen) dominiert das „Wir" der direkt Betroffenen, daher ist die Wirkung trotz der sprachlichen Verschlüsselung intensiver.

2 Filme, Bilder und Ausstellungen sind für das Begreifen des Unfassbaren in dieser Altersstufe erfolgreicher; Klassiker des Geschichtsunterrichts zum Thema sind die Dokumentarfilme von Alain Resnais „Nacht und Nebel" (Kommentar gesprochen von Paul Celan) und „Requiem für 500 000" bzw. Auszüge aus Claude Lanzmanns „Shoah".

3 Im Mittelpunkt der Erarbeitung angemessener Darbietungsmöglichkeiten der Dramenauszüge sollten Fragen nach Raumausstattung, Requisiten, Sprache und Bewegung der Akteure stehen.

Auflehnung oder Anpassung – Politische Lyrik und Prosa

Günter Grass: In Ohnmacht gefallen (1967)   ▶ S. 441

Erich Fried: Gezieltes Spielzeug (1966)   ▶ S. 441

In den 1960er-Jahren formierte sich in den USA und in vielen europäischen Ländern eine Protestbewegung gegen den Vietnamkrieg. In den Entstehungsjahren der beiden Gedichte war rund eine halbe Million amerikanischer Soldaten in Vietnam stationiert und trotz immer härterer Kriegführung gab es keine dauerhaften militärischen Erfolge oder Aussichten auf eine Beendigung des Konflikts.

1 Thema bei Grass: ein Gedicht über den amerikanischen Einsatz von Napalm im Vietnamkrieg – Napalm als neuartige Waffe (V. 3 f.), berechtigte Proteste gegen unmenschliche Waffen (V. 5–9), Zynismus (V. 10–14), Ohnmacht angesichts des unwirksamen Protestes (V. 14 ff.), Eskalation von Gewalt und Protest. Thema bei Fried: Zum vietnamesischen Neujahrsfest 1966 warfen US-Flugzeuge Kinderspielzeug ab, was Fried zu einer Stellungnahme in Gedichtform veranlasste. Die Schülerinnen und Schüler erkennen auf Anhieb den ironischen Grundton, dessen Spott zum Sarkasmus gesteigert wird.

2 Grass beschreibt die Eskalation des Krieges durch die Verwendung von Napalm und die Hilflosigkeit der Kriegsgegner („wir kauen Nägel und schreiben Proteste", V. 14). Die sprachliche Analyse kann von der elffachen Verwendung des Personalpronomens „wir" ausgehen, mit dem das lyrische Ich die Leser in die Reihen der Kriegsgegner einbezieht. Proteste stoßen auf „Gummifassaden" (V. 20, Neologismus); Gedichte und Songs, festgehalten in der Personifikation „Ohnmacht legt Platten auf" (V. 21), bleiben folgenlos und prallen an der Staatsmacht ab, die „feinmaschig" (Kontrolle der Protestierenden) und „gelassen"

462   C 6 VON DER NACHKRIEGSZEIT BIS ZUR GEGENWART

(Sicherheit der eigenen Position) reagiert. Das Wortspiel mit dem Begriff „Ohnmacht" aus dem Titel wird in V. 20–23 aufgegriffen. Grass verwendet Alltagssprache in seinen reimlosen Versen, nutzt jedoch vielfältige rhetorische Stilmittel: Wiederholungen und Wortspiele, Inversion, Parenthese, Antithese, Alliteration; was wie eine alliterierende Klimax angelegt ist, ist tatsächlich deren Gegenteil und beweist noch einmal die Machtlosigkeit des Protests, den die Zeitgenossen „verfassen falten frankieren dürfen" (V. 19).

Auch Frieds Gedicht benutzt alltägliche Sprache und kann ebenfalls als Prosa (Reihung von drei Sätzen) vorgetragen werden. Es erhält seinen lyrischen Charakter durch die Art der Zeilenanordnung, den Sarkasmus und den Perspektivwechsel vom neutralen „es" (V. 9) zur persönlichen Betroffenheit in der Aussage „meine zwei Kinder" (V. 17). Auch hier ist der Gedichttitel ein (sarkastisches) Wortspiel.

3 In Kleingruppen kann an unterschiedlichen Orten ein Vortrag eingeübt und die Art der Gestaltung in der Gruppe reflektiert werden.

4 Ob bei den heute relevanten Themen für ein politisches Gedicht bestimmte Inhalte favorisiert oder ausgeschlossen werden, muss je nach Lerngruppe entschieden werden.

▶ S. 442 **Reiner Kunze: Ordnung** (1976) – Auszug aus „Die wunderbaren Jahre"

▶ S. 442 **Monika Maron: Flugasche** (1981) – Romanauszug

Die Prosasammlung „Die wunderbaren Jahre" (der Titel ist ein Zitat aus dem Roman „Die Grasharfe" von Truman Capote) entstand 1974 und wurde 1976 als Buch in der Bundesrepublik publiziert. Die Veröffentlichung im Westen führte zum Herauswurf Kunzes aus dem Schriftstellerverband der DDR; im April 1977 siedelte der Autor in die BRD über. Kunzes zumeist kurze Prosatexte stellen allesamt in kritischer Weise Alltagsszenen aus der DDR dar. Oft stehen Jugendliche im Mittelpunkt, von denen ständig erwartet wird, dass sie sich im Sinne des Sozialismus verdient machen müssen und denen keinerlei abweichendes Verhalten zur Entwicklung ihrer Persönlichkeit erlaubt wird.

Heutige Schülerinnen und Schüler reagieren kopfschüttelnd bis ablehnend auf die Lektüre dieses Auszugs und wollen wissen, „was das denn soll". Mittels der Rekonstruktion der erzählten Ereignisse und eines Bezugs zum Titel „Ordnung" können das Machtgehabe und die Willkür der Polizisten beschrieben und eingeordnet werden.

Ausgehend von der Vorlage können die Schüler/innen selbst einen Prosatext zum Thema „Ordnung" (Machtdemonstration, Demütigung, nutzloser Aufstand) schreiben.

1 a Der Prosatext kann als pointierte Stellungnahme die Funktion einer Glosse wie auch eines Aphorismus erfüllen. Reizvoll ist eine Präsentation des Textes ohne den Schluss (Z. 20–25) – mit der Aufgabe an die Schülerinnen und Schüler, selbst einen Schluss zu finden, der ihrer Meinung nach zum Titel passt.

   b Josefa in dem Auszug aus Marons Roman fühlt sich betrogen, weil sie einen offensichtlichen Umweltskandal nicht publik machen darf und an der Behäbigkeit und Verschleierungsabsicht der Funktionäre scheitert. Ihr politisches Engagement auf Grund guter Recherche und klarer Urteilskraft wird von den Mühlen der Parteifunktionäre durch den Vorwurf von zu viel Ehrlichkeit, Naivität und vorschnellem Urteil (Z. 17 ff.) einer zugegebenermaßen intelligenten jungen Frau zermahlen. An mehreren Stellen wird das isolierte Leben in der DDR deutlich: Josefa kann Reiseverbote akzeptieren und hat sich damit abgefunden, niemals nach Paris (Montmartre), in die Wüste oder in ein Land, wo man frische Austern essen kann, reisen zu dürfen (Z. 8 ff.). Dies sei im Zeitalter der Weltraumforschung zwar anachronistisch, aber Josefa tröstet sich mit dem Hinweis auf die Vorfahren (Z. 12 f.), die auch ohne Reisen „etwas begriffen von ihrer Welt" (Z. 14). Luise relativiert Josefas Wut und Enttäuschung durch den Vergleich mit dem ihrer Meinung nach weitaus schlimmeren Betrug der Jugend während der Epoche des Nationalsozialismus (Z. 28). Luise ist noch vom Enthusiasmus der ersten Jahre der DDR geprägt („leuchtende Augen", Z. 54) und hält an der Utopie fest, die DDR sei der bessere deutsche Staat nach dem Zweiten Weltkrieg. Diese Utopie ist längst in den starren Ritualen der Parteitage und dem immer größeren Auseinanderklaffen zwischen ideologischem Anspruch und planwirtschaftlicher Wirklichkeit seit 1955 zerronnen (Z. 55 ff.).

2 Die Prosatexte von Kunert und Maron setzen sich mit der DDR-Wirklichkeit auseinander. Die implizite Kritik am „Modell Sozialismus" war für Zeitgenossen auf Anhieb erkennbar und erforderte Rücksichtnahmen auf die Zensur. Kunzes Text durfte in der DDR gar nicht erst erscheinen. Grass und Fried leben in einer informationstechnisch gesehen „freien Welt", in der die Menschen „Proteste […] jederzeit ver-

6.2 KRITISCHE LITERATUR UND NEUE SUBJEKTIVITÄT **463**

fassen falten frankieren dürfen" (V. 18 f.), in der bestimmte Ereignisse und Themen jedoch oftmals tabuisiert, der Zugang zu Informationen zensiert wird (im vorliegenden Beispiel die Kriegswirklichkeit in Vietnam). Protest darf zwar artikuliert werden, aber er bleibt wirkungslos. Auch hier empfinden die lyrischen Sprecher Ohnmacht gegenüber den „Mächtigen" „draußen" (Grass, V. 24), es steht die implizite moralische Anklage im Raum, der Westen verrate seine eigenen Prinzipien wie Freiheit, Demokratie und Menschenrechte.

Fortgehen oder bleiben?

Wolf Biermann: Ballade vom preußischen Ikarus (1976) ▶ S. 443

In der Person des Liedermachers Wolf Biermann spiegelt sich die Zerrissenheit der deutschen Kulturnation. Die „Ballade vom preußischen Ikarus" entstand 1976, in dem Jahr, in dem Biermann nach elf Jahren Auftrittsverbot in der Nikolaikirche in Berlin erstmals wieder öffentlich singen durfte und im November während einer Konzertreise in der Bundesrepublik die Nachricht von der Ausbürgerung erhielt. Den historischen Hintergrund können die Schülerinnen und Schüler z. B. über www.jugendopposition.de mit weiterem Klicken auf „Konzert" und „Ausbürgerung" selbsttätig recherchieren. Eine Fülle von Zeugenaussagen und der offene Brief führender DDR-Schriftsteller gegen die Ausbürgerung Biermanns finden sich ebendort.
Aus der Rückschau klingt die kurz vor der Ausbürgerung entstandene Ballade wie eine Vorahnung: Der Dichter vergleicht sich mit der griechischen Mythengestalt Ikarus, der mittels selbst gefertigter Flügel aus der Gefangenschaft flieht und dabei abstürzt. Auch Biermann als ein „In-die-Heimat-Vertriebener" (Heinrich Böll) lässt das Land, in dem er nicht arbeiten darf, hinter sich, ohne ein (nach eigener Auffassung) rettendes Land zu erreichen.

1 Das Gedicht – balladentypisch eine Art „Erzählgedicht" – gliedert sich in drei Teile zu je zwei Strophen mit einem Paarreim in den ersten beiden Versen und umarmendem Reim in den Versen 3 bis 6 jeder Strophe:
  ▪ Teil 1: Ortsbeschreibung mit Personifikation von Straße und Brücke; dort hängt der gusseiserne preußische Adler als „preußischer Ikarus"; in V. 5/6 Wechsel vom angeprochenen „Du" zum lyrischen „Ich";
  ▪ Teil 2: die DDR als Inselland (wie Kreta für Dädalus und Ikarus), umbrandet von bleiernen Wellen, umgürtet mit dem „Drahtverband" von Mauer und Stacheldraht; das Zeichen der Trennung von Ost und West wächst langsam in das Denken der Menschen ein, dennoch identifiziert sich der Sprecher mit dem Land: „unser Land" (V. 17);
  ▪ Teil 3: Viele haben das „halbe Land" DDR verlassen, das lyrische Ich aber will bleiben, bis es der „verhasste Vogel krallt" (V. 29); als Zerren „übern Rand" (V. 30) erscheint die unfreiwillige Ausreise. Im Refrain gibt es nun einen Perspektivwechsel: „Dann steht da der preußische Ikarus" (V. 7, ähnlich V. 19) wird im letzten Teil zu „Ich bin der preußische Ikarus" – der gusseiserne Adler macht nicht schlapp und stürzt nicht ab, während das lyrische Ich in Z. 34 ff. seinen Absturz, sein Scheitern voraussieht.

2 Die Kenntnis der Sage von Ikarus zeigt wichtige Parallelen auf (Streben nach Freiheit, handwerkliches Geschick erlaubt Flucht, Euphorie über die gelungene Flucht mit anschließender Katastrophe). Das Gedicht kann allerdings auch ohne die Kenntnis der Sage angemessen interpretiert werden.

Volker Braun: Hinzes Bedingung (1983) – Aus „Berichte von Hinze und Kunze" ▶ S. 444

Im Mittelpunkt von Brauns Roman stehen der Funktionär Kunze und sein Chauffeur Hinze. Nach sozialistischer Lesart sollen sie – wie Hinz und Kunz in der Redensart des Volksmunds – Gleiche sein, was in der DDR-Realität nicht der Fall ist. Trotz scharfer Widersprüche setzte Braun die Publikation des Romans gegen die Zensur durch und schrieb zu den beschriebenen Zuständen ein listiges „Ich beschreibe es – ich begreife es nicht" ins Vorwort der DDR-Ausgabe (zur Haltung Brauns vgl. auch S. 466 in diesen Handreichungen).
In dem für den Schülerband gewählten Auszug beschreibt Hinze im Ton einer Brecht'schen Kalendergeschichte einen Besuch in der Bundesrepublik („im andern Teil des Landes", Z. 1). Auf das Angebot, doch wegen der Schwierigkeiten in der DDR im Westen zu bleiben, antwortet er im Stil einer Parabel als aufrichtiger Sozialist. Er genieße in der Tat die Schönheit der Landschaft (Z. 7 f.), doch sei ihm Privatbesitz an Produktionsmitteln schlicht widerwärtig (Z. 10 ff.), er sei ihm „physisch zuwider" (Z. 17) und bereite ihm „körperliches Unbehagen" (Z. 18, vgl. „mir bricht der Schweiß aus", Z. 20 f.). Seine Bedingung (so die Überschrift) sei daher die Enteignung der Fabrikbesitzer im Tal. Die Gesprächspartner, die das freundliche Angebot des Bleibens unterbreitet haben, reagieren zunächst mürrisch (Z. 16) und schließlich verlegen (Z. 26). Die Bedingung Hinzes untergräbt das Selbstverständnis seiner Gegenüber – man lässt ihn offenbar gern wieder fahren, und Hinze steigt „ohne weiteres" (Z. 28) in den Zug.

464 C 6 VON DER NACHKRIEGSZEIT BIS ZUR GEGENWART

▶ S. 444 **Herta Müller: Herztier** (1994) – Romanauszug

Im Roman „Herztier" schildert die Autorin stark autobiografisch Menschen, die an der Diktatur in Rumänien zu Grunde gehen. Unterdrückung der Meinungsfreiheit, staatlicher Terror, permanente Bespitzelung, Betrug und Aufrichtigkeit der handelnden Personen sind die kennzeichnenden Züge ihres Romans. Den Protagonisten ist klar, dass sie nicht fliehen wollen (Z. 1) und sich die Frage nicht stellten, wenn der Diktator ginge (Z. 4 f.). Das Gelingen einer Flucht ist aussichtslos (Flussgrenzen und Landgrenzen sind durch Hundestaffeln und Soldaten gesichert, Z. 21–24), daher wird jede Flucht zum „Angebot an den Tod" (Z. 21). Die Bauern mögen die Leichen der gescheiterten Flüchtlinge nicht sehen, da sie sonst Schwierigkeiten mit der Sicherheitspolizei bekommen (Z. 27 ff.). Den Eingesperrten bleibt nur die Hoffnung auf den Tod des Diktators, daher blühen die Gerüchte um seinen Gesundheitszustand (Z. 7 ff., 43 ff.) und verstärken den Überlebenswillen für die Zeit nach dessen ersehntem Tod (Z. 50 f.).

1 Brauns Protagonist hat die Chance, kokettiert mit dem Weggehen – und bleibt seinen sozialistischen Idealen treu. Der Autor wählt dazu die Form einer Parabel, in der Hinze seine Bedingung darstellt und spöttisch-erwartungsvoll auf die erwartete Reaktion seiner Gesprächspartner wartet. Ein Regimekritiker könnte Hinze vorhalten, dass die Bewahrung der reinen (sozialistischen) Lehre blind mache für die Beschreibung der tatsächlichen wirtschaftlichen und politischen Verhältnisse in der DDR. Herta Müllers Figuren leben in ihrem abgeschotteten Land wie Gefangene, sie könnten nur unter Lebensgefahr fliehen. Sie warten aber voll Ungeduld auf den Zusammenbruch des Systems, den sie für unvermeidlich halten.

2 Bedeutung der Krankheitsmetaphorik in Herta Müllers Text: „Schleichvirus des Todes" (Z. 12) ist ein Pars pro Toto für die Situation im gesamten Land, Krankheiten dienen gleichermaßen als Metaphern für die desolaten Verhältnisse unter der Diktatur wie für das nahe und erhoffte Ende des Diktators. Gerüchte befeuern die „Schadenfreude" (Z. 47), Überlebenswille und Fluchtgedanken sind ständig präsent.

▶ S. 445 **Gestörte Beziehungen – Lyrik der Neuen Subjektivität**

Die zu diesem Thema versammelten, sprachlich leicht zugänglichen Gedichte thematisieren Probleme der Alltagskommunikation und (gestörter) zwischenmenschlicher Beziehungen. Sie sollen mit ihrem Parlandoton und der Alltagssprache zu einem kreativen Umgang mit moderner Lyrik anregen, wie er in heutigen Poetry-Slams vielfach Einzug gehalten hat (vgl. das Teilkapitel A 2.3 „Spiegelungen und Brechungen – Einen Poetry-Slam veranstalten, S. 52 f. im Schülerband).

▶ S. 445 **Ulla Hahn: Ich bin die Frau** (1983)

▶ S. 445 **Karin Kiwus: Fragile** (1979)

1 Das Bild „Die Zeit fliegt" der Mexikanerin Frida Kahlo (1907–1954), die als „Malerin der Schmerzen" gilt, kann als Ansatz dienen, von den Schülerinnen und Schülern selbst ein Bild von den Protagonistinnen der Gedichte zeichnen, skizzieren oder beschreiben zu lassen. Wahrscheinlich werden die Schüler/innen finden, dass das Gemälde eher zu dem Gedicht von Ulla Hahn passt: Die auf dem Bild dargestellte Frau wartet, die Zeit (symbolisiert durch die Uhr und das vorbeifliegende Flugzeug) verstreicht, sie steht „auf Abruf" bereit – ganz ähnlich wie die Frau in Ulla Hahns Gedicht, die nur angesichts mangelnder Alternativen angerufen oder eingeladen wird und auf ein erfülltes Leben warten muss.

2 Vergleich der beiden Gedichte:
  - **Hahn: „Ich bin die Frau":** fünf ungereimte Dreizeiler, alle Eröffnungszeilen gleich lautend: „Ich bin die Frau"; bei den ersten vier Strophen folgt ein Relativsatz mit dem unbestimmten Subjekt „man"; in der letzten Strophe wird der Status der Frau geklärt, die als Geliebte, Ersatzfrau, Gesprächspartnerin gelegentlich gern gesehen ist, die aber offenbar nicht taugt für eine Beziehung „fürs Leben" (Inversion, betonte Einzelstellung am Gedichtende).
  - **Kiwus: „Fragile":** ein zerbrechliches, fragiles (vgl. den Titel!) Liebesbekenntnis, Zurückweisen von Forderungen; die Zerbrechlichkeit der Liebe stößt auf fehlende Sensibilität des Gegenübers; zu beachten sind die „wenn-dann"-Struktur und der Gebrauch der Pronomen (1. Strophe: „ich", „dich" und „wir" vs. 2. Strophe: „du", „dich", „deinen"), die den Egoismus des angesprochenen Du zum Ausdruck bringen (vgl. „übergebe ich [...] vorsichtig das Geschenk" vs. „dieses Päckchen ungeduldig an dich reißt"); das lyrische Ich befürchtet, die Liebe könne enden, bevor sie begonnen hat; in der alliterierenden Metapher der „scheppernden Scherben" wird das Ende bereits vorweggenommen. (Vergleichend kann auch das Gedicht „Im ersten Licht" von Karin Kiwus auf S. 189 im Schülerband herangezogen werden.)

6.3 LITERATUR NACH 1989 **465**

3 Mögliche weitere Aufgaben:
- Bei dem Gedicht von Kiwus kann der Titel weggelassen werden, um die Schülerinnen und Schüler selbst nach einer passenden Überschrift suchen zu lassen.
- Eine andere produktionsorientierte Aufgabe: Die Schüler/innen verfassen ein Gedicht mit dem Titel „Ich bin der Mann / der Junge, der …"

Jürgen Theobaldy: Schnee im Büro (1976)　　　　　　　　　　　　　　　　　▶ S. 446

Wolf Wondratschek: Im Sommer (1982)　　　　　　　　　　　　　　　　　　　▶ S. 446

Sarah Kirsch: Die Luft riecht schon nach Schnee (1974)　　　　　　　　　　▶ S. 446

1 Vergleich der drei Gedichte:
- **Theobaldy: „Schnee im Büro":** Die Lyrik von Jürgen Theobaldy schöpft aus den Vorbildern der amerikanischen Pop-Literaten. Das Gedicht wirkt, als könne sich der Autor nicht zwischen Lyrik und Prosa entscheiden, insgesamt bleibt es alltagssprachlich, spröde und lakonisch. Es besteht ein durchgehender Kontrast zwischen der „Sehnsucht nach Palmen" (Evasion, Traum, Vorstellungswelten) und den „acht Stunden im Büro" (Arbeitsalltag, Trennung von der Freundin, kein Telefonkontakt erlaubt).
- **Wondratschek: „Im Sommer":** Hier ist das vorherrschendes Gefühl das der Einsamkeit, des passiven Wartens und Zuschauens statt aktiver Tätigkeit; kontrastiert mit der positiv beschriebenen Natur.
- **Kirsch: „Die Luft riecht schon nach Schnee":** In diesem anspruchsvollsten der drei Gedichte fällt zunächst der Widerstreit von Hitze und Kälte auf: das Glühen der Liebesleidenschaft und ihre Vereisung im Schnee. Der Sommer als Zeit der Liebe (der Begierden und Ekstasen) ist vorbei. Die Ankunft des Winters (Vorausdeutung durch die erste Zeile) ist gleichbedeutend mit der Erwartung eines Abschieds. Das lyrische Ich bettet den Kopf des „schönsten Schneeweißen" in den Schoß (Anspielung auf Mater dolorosa, Pietà-Darstellungen), und doch gibt es keinen Aufschub, denn der „Schlitten" mit dem „Windhundgespann" steht unmittelbar vor der Abfahrt. Das geflüsterte „Darling" ist ein Abschiedswort. Metaphern für die aufziehende Kälte sind die Eisblumen am Fenster. Dazu bilden die „glühenden Kohlen im Herd" den Kontrast (Außenwelt/Innenwelt). Der märchenhafte Ton in der Anrede „Du Schönster Schneeweißer" (V. 6, Anspielung auf „Schneeweißchen und Rosenrot", wo ein fast erfrorener Bär sich am Ofen wärmt und als Freier entpuppt) deutet die gewünschte Aufhebung von Zeit und Raum an, doch es lauern bereits das Ende, die Kälte und die Einsamkeit. Der Winter wird personifiziert als bedrohliche Macht (klagende Wiederholung). Auch das Abschiedswort „Darling" wird bald zu Asche, wird in den Kübeln wie jeder Müll entsorgt. Das Flüstern der Amsel am Schluss deutet die mögliche Wiederkehr der Liebe im nächsten Sommer an. Die stark rhythmisierten Satzreihen werden nur durch Kommata strukturiert.

2 Unterschiede zu herkömmlichen Jahreszeiten-Gedichten (im Schülerband z. B. Georg Philipp Harsdörffer: „Der Frühling", S. 252, Sigmund von Birken: „Willkommen Lenz", S. 252, Johann Wolfgang Goethe: „Maifest", S. 566): Ästhetisierung eines banalen Alltags, Floskelhaftigkeit und Alltagsausdrücke, reimlose und meist parataktische Reihungen, oft keine Sprachmagie, vorherrschend private, tagebuchartige und zuweilen resignative Haltungen. (Siehe den Vergleich der barocken Frühlingsgedichte mit einem neusachlichen von Brecht (S. 253 im Schülerband) auf S. 276 in diesen Handreichungen.)

◎ Weiterführendes Material zu diesem Teilkapitel findet sich auf der beiliegenden CD:
- Epochenüberblick: Deutschsprachige Literatur zwischen 1960 und 1989 (Folie)

6.3 Literatur nach 1989

Reaktionen auf die „Wende" – Beispiele der Lyrik　　　　　　　　　　　　　▶ S. 450

1 Die Fotos bieten Anlass, über das historisch bedeutsame Ereignis von 1989 nachzudenken.

a　Mögliche Eindrücke zum Foto von der Maueröffnung: etwas Starres (Mauer) ist in Bewegung geraten, Trennendes wird überwunden (Menschen auf der Mauer), Befreiungsakt, Zukunftsperspektiven.

b　Der Potsdamer Platz steht symbolisch für das heutige Berlin. Mit seiner postmodernen Architektur sucht Berlin den Anschluss an bedeutende internationale Großstädte. Firmenhochhäuser, Geschäfts- und Büroräume, Luxushotels, Nobelrestaurants, Multiplexkino, Spielhalle etc. bieten beinahe eine Stadt in der Stadt. Glasfassaden kontrastieren auf dem Foto mit mediterranen Stilzitaten, ein sandsteinfarbenes Hochhaus erinnert an Bauten in Manhattan.

466   C6 VON DER NACHKRIEGSZEIT BIS ZUR GEGENWART

2 a   Da für die heutigen Schülerinnen und Schüler „die Wende" bereits ein historisches Datum ist (sie sind „Nach-Wende-Kinder"), ist es wichtig, zumindest einen ersten Eindruck über die Stimmung in Deutschland während der Maueröffnung durch Filmmaterial, das recht gut zugänglich ist, zu vermitteln. Es können auch entsprechende CD-ROMs hinzugezogen werden.

b   Das Anlegen einer Zeitleiste macht den (so plötzlichen) Ablauf der Vorgänge, die rasche Entwicklung anschaulich. Literatur als unmittelbare Reaktion auf ein gesellschaftspolitisches Ereignis spiegelt die durchaus subjektiven Eindrücke und Gefühle wie Freude, Sorgen, Ängste der Menschen.

▶ S. 451   Durs Grünbein: **Novembertage I. 1989** (1999)

▶ S. 451   Volker Braun: **Das Eigentum** (1990)

▶ S. 452   Sarah Kirsch: **Aus dem Haiku-Gebiet** (1991)

1   „Wende-Gedichte" zeugen von Erwartungen, Hoffnungen, Ernüchterung, vom Aufbruch ins Unbekannte, von Ungewissheit, Zweifel, Zukunftssorgen, Enttäuschungen, Verbitterungen, Schwierigkeiten des Zusammenlebens, Selbstbespiegelung, Fremdheitsgefühlen zwischen Ost und West, Entwurzelung, Prüfung von Vergangenem und Gegenwärtigem, Suche nach Klärung, Verstehensproblemen, Fragen nach den Tätern und Opfern als Themen der literaturpolitischen Kontroversen.

2   **Durs Grünbein** wurde 1962 in Dresden geboren; sein erster Lyrikband „Grauzone morgens", der die DDR-Wirklichkeit und die Distanz des Dichters dazu spiegelt, erschien 1988 in der Bundesrepublik. In seinem Gedicht „Novembertage I. 1989" übt Grünbein deutlich Kritik an den politischen Verhältnissen in der DDR. Er thematisiert die Situation während und nach der Pressekonferenz (vgl. das Foto neben dem Gedicht im Schülerband), die alles – im wahrsten Sinn des Wortes – ins Rollen brachte: „ein Stottern" (V. 1), „ein Lesefehler" (V. 2), die Mauer „Geschleift von einem falschen Wort im Protokoll" (V. 14). Das lyrische Ich stellt die Geschehnisse als einen Befreiungsakt dar: „meine Geiselnahme […] beendet" (V. 10); es sah sich als Gefangenen, der sich nie als Bürger der DDR fühlte, der überrascht wird von ihrem Ende. Auffällig stehen Zeitangaben jeweils in Spitzenstellung der Sätze: „An diesem Abend" (V. 1), „In dieser Nacht" (V. 11), „Als gegen Morgen" (V. 20). Sie kennzeichnen formal drei etwa gleich lange Gliederungsabschnitte. Die Situation in der DDR wird als verordneter „Spuk" (V. 4) und lähmender „Bann" (V. 16) bezeichnet; die Stadt sei dreißig Jahre eine „Festung" (V. 13) gewesen. Die Maueröffnung, im Bild der sich öffnenden „Schleusen" (V. 11) veranschaulicht, lässt den „Menschenstrom" (V. 12) nach Westberlin, in den „hellen Teil" (V. 12) der Stadt (jenseits der Festung), der sich mit Boulevards, Kreisverkehr, Kreuzung, Zentrum, Kaufhaus, teurem Pflaster präsentiert. Das Statussymbol der DDR-Bürger/innen, der Trabant, steht verlassen und verbrannt am Rand, der Autoschlüssel ist abgegeben (er hängt am Baum). Orientierungslosigkeit und Stille machen sich breit. Wird tatsächlich vollkommenes Glück, wie es das Freibier gewährte (vgl. V. 22), empfunden? Wird sich der Traum vom „freien Grund" (V. 30) erfüllen?
Volker Braun gehörte zu den auch im Westen hochgeschätzten Vertretern der DDR-Literatur, er wurde in der DDR und in der Bundesrepublik gleichermaßen gedruckt, seine Stücke wurden auf den Bühnen im Westen und im Osten gespielt, er erhielt Literaturpreise in beiden Staaten. Braun übte Kritik an den „realsozialistischen" Verhältnissen, ohne dem Sozialismus als Utopie eine Absage zu erteilen. „Das Eigentum" ist ein Klage-/Selbstanklage-Gedicht. Der Titel ist nicht materiell, sondern ideell gemeint. Das Gedicht dokumentiert die Zerrissenheit, formuliert den schmerzlichen Utopieverlust, denn mit dem Zusammenbruch der DDR wird auch die Utopie des lyrischen Sprechers zerstört. Mauer/Stacheldraht sind niedergerissen, aber das lyrische Ich formuliert seine Verbitterung: „mein Land geht in den Westen" (V. 1). Der Grund der Enttäuschung wird gleich anschließend angeführt (vgl. V. 2): Die Entscheidung für den Westen wird als Widerruf der sozialen Revolution, als Selbstentwürdigung aufgefasst, die Erwartung eines besseren, bis dahin auf die Zukunft vertagten Gesellschaftszustandes somit zerstört. Die Waise (V. 3) sprengt das Schema der Paarreime und drückt Zerrissenheit aus. Resignation, zumindest Sorge scheint am Ende durch: Die Begierde könnte die Solidarität zerstören, die „Kralle" ist die des Kapitalismus, der alles und alle vereinnahmt. Am Schluss steht sogar ein dreifacher Reim mit Betonung auf dem Schlusswort „alle".
Sarah Kirsch gehört zu jenen Lyrikern, die in den 1960er-Jahren einen neuen, subjektiven Ton in die Dichtung der DDR brachten; auch nach der Übersiedlung in den Westen 1977 verbinden ihre Gedichte die Themen Natur und Liebe mit (Selbst-)Reflexion. Der lyrische Sprecher ihres 1991 entstandenen Gedichts „Aus dem Haiku-Gebiet" lebt in einer Übergangs- und Zwischenzeit. Unmittelbarkeit bringt ein lyrisches Ich zum Ausdruck, das allerdings erst in V. 8 hervortritt, wenn es über „meine Heimat" spricht und in V. 13 eine Art Selbstgespräch führt: „Heul, sag ich, heul!" Kirsch benutzt zur Veranschaulichung eine Jahreswechsel-

und Reisemetaphorik: Der Jahreswechsel weist nicht auf Verklärung, Überhöhung der Heimat, des Vergangenen hin, vielmehr scheint die Heimat „erbärmlich" (V. 9). Das „Reinemachen" (V. 18) in der Normannenstraße, am Sitz der DDR-Staatssicherheit, kann das lyrische Ich nur als Beobachter verfolgen („ich sehe […] zu", V. 16 f.). Das Tragen der „Reisekleider" (Schlusswort des Gedichts, betonte Einzelstellung) vermittelt den Einruck, dass das lyrische Ich (noch) nicht angekommen ist, und es wirft Fragen auf: Wohin geht die Reise? Wo liegt der neue Ort, an dem man sich niederlässt? Das lyrische Ich zeigt Unsicherheit im (Lebens-)Wechsel, der gekommen ist wie ein Jahreswechsel – man konnte den Zeitpunkt nicht selbst festlegen, die Reise„zeit" wurde nicht selbst bestimmt. Wie lange dauert das „Noch immer […]" (V. 20)?

Literaturhinweis

Weitere Gedichtbeispiele sowie ein Essay über die „Deutsche Wendezeit" sind zu finden in:
- *Conrady, Karl Otto:* Von einem Land und vom andern. Gedichte zur deutschen Wende. Suhrkamp, Frankfurt/M. 1993

Tendenzen in der Literatur – Zwischen Postmoderne und neuem Realismus

Hans-Ulrich Treichel: Der Verlorene (1998) – Romanauszug　　　　　▶ S. 452

1 a　　Auf den ersten Blick zeigt sich eine „klassische" Familiensituation: Vater, Mutter, Kind. Aber ein vermisster (verlorener) Sohn, der Erstgeborene Arnold, verdeutlicht, dass es sich um eine gestörte, kaputte Familie handelt. Der Mann ist das Oberhaupt der Familie, charakterisiert durch mangelnde emotionale Wärme, Liebe, Nähe; er besitzt kein Mitgefühl. Jeder lebt für sich, mit seinen Problemen, Wünschen – drei vereinzelte, voneinander isolierte Menschen, deren einzige Verbindung das Kind, das fehlt, zu sein scheint.

　　b　　Unter einem Trauma versteht man in der Psychologie eine Störung des seelischen Gleichgewichts, verursacht durch eine tief gehende emotionale Erschütterung in Folge eines schockierenden Erlebnisses (z. B. Krieg, Unfall, Trennungserlebnisse). Die Familienmitglieder sind durch ganz unterschiedliche (traumatische) Erlebnisse geprägt:
Die Mutter ist durch den Verlust ihres Erstgeborenen auf der Flucht traumatisiert. Sie ist voller Schuld-/Schamgefühle, weint häufig. Auffallend ist ihre Rückwärtsgewandtheit: Sie denkt immer nur an den Krieg und die Flucht; ihr Schicksal (Z. 13 ff.) bestimmt die Gegenwart, was sich in ihren mangelnden kommunikativen Fähigkeiten zeigt: Sie ist „in sich versunken, schweigsam und still" (Z. 18), wirkt isoliert, ist „schwermütig" (Z. 53 f.). Ihre körperliche Symptomatik, das Zittern des Kopfes, unterstreicht ihre Unfähigkeit, mit dem Verlust fertigzuwerden. Darüber hinaus ist sie zu unberechenbaren Handlungen fähig (verbrennt eine große Summe Geld). Ihr Zustand bessert sich etwas, als die Aussicht besteht, nach dem Erstgeborenen wieder suchen zu können.
Am Vater zeigen sich die Auswirkungen des Verhaltens der traumatisierten Ehefrau: Der Geschäftsmann flieht in die Arbeit. Bargeld bedeutet ihm alles. Sein Trauma ist der Versuch seiner Frau, die Geldbündel zu verbrennen, mit denen er das neue Statussymbol der Familie, einen Opel Admiral, bezahlen will. Ein traumatisches Erlebnis wäre es für ihn auch, wenn sich sein jüngerer Sohn, dessen Reisekrankheit und Schmerzattacken er mit Unverständnis und Verärgerung begegnet, im neuen Auto erbrechen würde.
Der jüngere Sohn spielt stets nur eine Nebenrolle; er ist eine Art Einzelkind, doch seine Rolle ist durch den Verlust des Bruders bestimmt, er ist und bleibt der Zweitgeborene. Er ist der eigentlich „Verlorene" (wächst im Schatten seines Bruders auf). Auf die Vernachlässigung durch die Mutter und das Unverständnis des Vaters reagiert er mit körperlichen Symptomen: Schmerzattacken, Gesichtslähmung, Reisekrankheit. Sein Trauma scheint die lange Autoreise nach Heidelberg zu sein, wo die Eltern Spuren seines verlorenen Bruders zu entdecken hoffen – im Grunde aber ist es sein Bruder.

　　c　　Der (verlorene) Bruder Arnold ist kein real existierender Mensch, der Jüngere kann mit ihm nicht spielen, nicht reden, nicht streiten – aber er ist immer da, wie ein Phantom, ein Untoter, der bedrohlich wirkt. Arnold nimmt dem Jüngeren gerade in seiner Abwesenheit die Luft zum Leben, es kann ihm nur noch schlecht werden. Die Tabletten gegen die Reisekrankheit empfindet er wie eine Impfung gegen die „Krankheit Arnold", diese Familiensituation macht den Jüngeren krank. Eine Impfung bedeutet, vor etwas geschützt zu sein, sie soll auch helfen, Abwehrkräfte zu entwickeln – immun zu werden gegen Arnold.

468 C6 VON DER NACHKRIEGSZEIT BIS ZUR GEGENWART

2 Der Roman ist aus der personalen Perspektive des (kindlichen) Ich-Erzählers geschrieben, es wird stark monologisch erzählt: keine direkte Rede, manchmal indirekte Rede; das Schreiben der Verwaltung wird konjunktivisch wiedergegeben (Z. 85 ff.). Der Ich-Erzähler ist häufig in der Beobachterrolle und beschreibt akribisch das Verhalten der Erwachsenen, ohne eingreifen zu können. Auffällig sind die realistischen Detailbeschreibungen des Innenraums des Autos. Wie in den Romanen des Realismus handelt es sich um eine bürgerliche Familienkonstellation vor zeitgeschichtlichem Hintergrund.

▶ S. 454 **John von Düffel: Ego** (2001) – Romanbeginn

1 Der Romantitel ist kurz und sprechend: „Ego". Mögliche Assoziationen: Ein starkes Ego haben, Ich-Stärke, Persönlichkeit besitzen; das bedeutet Schutz vor Süchten, Versuchungen, Gruppendruck. Es sind aber auch Ableitungen möglich wie „Egoist", „Egomane", „Egozentriker". Der Romanbeginn lässt für die weitere Geschichte eher auf Letzteres schließen.

2 a Der Ich-Erzähler erscheint vollkommen selbstbezogen, auf Äußerlichkeiten bedacht (in einer Art Auto-erotismus). Die Orientierung auf sich selbst wird hier absolut gesetzt.

b Mögliche andere Überschriften: „Ich bin der Nabel der Welt" – „Nabelschau" – „Unterm Strich zähl ich".

c Der Mythos erzählt von dem schönen Jüngling Narziss, der an einer Quelle sein Spiegelbild betrach-tet. In der Fassung Ovids versucht der Jüngling verzweifelt, sein Spiegelbild zu greifen, und stirbt an der Quelle. Die Selbstbespiegelung bringt Leiden und führt schließlich zum Tod. – Wie Narziss scheint der Ich-Erzähler in diesem Romanauszug in sich selbst verliebt.

3 a Erzählweise und sprachliche Gestaltung:
- Erzählform: Ich-Erzähler als Handlungsträger, erzählt primär von sich selbst;
- Erzählstandort: (unmittelbare) Nähe;
- Sichtweise/Perspektive: Innensicht;
- Erzählhaltung: affirmativ;
- Handlungsebene: wenig und kurze äußere Handlung (Z. 11–14, 22, 66 f.), vor allem Darstellung der inneren Handlung;
- Zeit: äußere Handlung zeitraffend, innere Handlung eher zeitdeckend bzw. zeitdehnend (detaillierte Gedankenwiedergabe);
- Darbietungsform: (selbst-)beschreibendes, reflektierendes, (selbst)kommentierendes Erzählen, innerer Monolog, Bewusstseinsstrom, häufig mit Ellipsen;

Simuliert wird ein Selbstgespräch des Ich-Erzählers am Morgen, dessen Stimmung sich angesichts seines Morgentrainings und seiner Selbstbeobachtungen zum Positiven verändert: Nach anfänglicher Unzufriedenheit (Z. 5) bessert sich seine Laune zusehends (Z. 24), um schließlich in Euphorie umzu-schlagen (Z. 70).

Die „Außensicht" auf den eigenen Körper erfolgt nicht durch einen personalen Erzähler oder eine andere Figur (keinerlei direkte oder indirekte Rede), sondern durch den Ich-Erzähler selbst: Er ist ganz aufs Körperliche bezogen (messen, Millimeterangaben, Blick in den Spiegel, trainieren). Zwei Wortfelder sind sprachlich auffällig:
- Wortfeld „Sport/Fitness": z. B. „Crunches", „Liegestütze", „Fitness-Impuls", „durchtrainiert", „Trainingsstand", „Athlet", „Schwungkraft", „Körperspannung";
- Wortfeld „Körperlichkeit": „Nabel", „Bauchpartie", „Bauchmuskeln", „Nabeltiefe", „Oberarme", „Bizeps", „Trizeps", „Sixpack", „Häutchen" (= „Nabellid"), „schwammig weiche Bauchhöhle", „Nabel mit Kontur", „Körperspannung".

b Mit der Wahl eines auktorialen Erzählers, der die Spiegelszene kommentiert und bewertet, würde sich die Erzählhaltung ändern: Er würde (kritische) Distanz erzeugen, vermutlich (spöttische) Kommentare abgeben, ironisch erzählen, z. B.: „Selbstverliebt schaute er in den Spiegel." Oder: „Während andere Menschen Glücksvorstellungen hegen wie ‚ein Blick aus dem Fenster am Morgen, fröhliche Men-schen, freundlich sein', ist er sehr bescheiden: Es reicht ihm das eigene Spiegelbild." Oder: „Der erste Blick kann trügen. Wie ‚vermessen', ihm vertrauen zu wollen." Oder: „Schon als kleiner Junge stand er am liebsten vor dem Spiegel und betrachtete sich ausführlich."

6.3 LITERATUR NACH 1989   **469**

4 Wie früher der Dorfplatz, so ist heute das Fitness-Center ein Ort der Kommunikation: Man trifft sich, ohne verabredet zu sein, es ist immer jemand da, es gibt die Möglichkeit zum Austausch von Trätsch und Klatsch, der Ort dient als Kennenlernbörse.

Juli Zeh: **Spieltrieb** (2005) – Romanauszug ► S. 456

1 Aus der Perspektive Alevs hat ein Spieler keine Motive, keine Gründe für sein Tun (Z. 114), er lebt seine „echte Freiheit" aus (Z. 125 f.); es herrsche Gleichheit mit den anderen (Mitspielern) auf Grund von Spielregeln (Z. 126 ff.), was auch „Rechtssicherheit" (Z. 129 f.) gewähre. Das Spiel ist für ihn „Inbegriff demokratischer Lebensart", „letzte uns verbliebene Seinsform" (Z. 133 f.). Der Spieltrieb dient als Ersatz für Religiosität (Gott ist tot), er beherrscht Börse, Politik, Justiz, Medien. Der Romantitel scheint dies vorzuführen: Das Spiel beherrscht das Leben.

„Spieltrieb' erzählt über die Unmoral und ihre Folgen, letztlich also eine moralische Geschichte, die den Fortbestand überkommener Wertprinzipien in Frage stellt und sich damit einer der großen Fragen unserer Zeit annimmt: Wer weiß noch, was gut und was böse ist – und woher kann er das wissen? […] Ausgangspunkt der Spielanordnung ist die Gegenwart im Hier und Jetzt der Postmoderne vor dem Hintergrund einer sich im Werteverfall befindlichen politischen Weltordnung, der es an orientierungsfähigen Ideologien mangelt, deren Ordnungssysteme zunehmend aufgeweicht werden (Religion, Politik) und einem alles umfassenden Liberalismus Platz machen. […] In Zeiten, wo der Kampf gegen das Weltbild der Elterngeneration nicht mehr aktuell ist, wo die Fronten von ‚Gut' und ‚Böse' durch die inflationäre Wahrnehmung von Terror durcheinandergeraten, wo die Auseinandersetzung mit den existenziellen Fragen unserer Zeit (Was ist erlaubt, was nicht?) unbeantwortet bleibt, wächst die Bereitschaft, die Grenzen der Moral, des menschlichen Mitgefühls, des vorhersehbaren Verhaltens zu überschreiten. Dieser nihilistischen Versuchung können auch Ada und Alev nicht widerstehen, jedoch treiben sie ihre Ideologie noch weiter: Denn sie verneinen nicht nur die Sinnhaftigkeit der Werte und Normen, sondern auch gleich deren Existenz."
(Aus: Spieltrieb. Nach einem Roman von Juli Zeh. Begleittext zur Theateraufführung im September 2008 in der Uni-Kinderklinik Bonn. Autor: Bernhard Studlar)

2 Vermutlich wird eine Freundschaft mit einem Spieler wie Alev von den Schülerinnen und Schülern problematisiert: Er besitzt kein Mitgefühl, kein Vertrauen, keine Verlässlichkeit, ist völlig auf sich bezogen, die Motivation für sein Handeln ist unerklärlich, seine Handlungsweisen sind nicht nachvollziehbar, er ist unberechenbar, die Sinnhaftigkeit seines Tuns ist fraglich.

3 Beide Romane, „Spieltrieb" wie „Ego", thematisieren – wie andere Werke der Postmoderne – Fragen des menschlichen Daseins: Was ist der Mensch? Welche Mentalität ist prägend? Was macht den Einzelnen aus? Gibt es noch verlässliche Grenzen, Regeln, Werte? Was passiert mit der Gemeinschaft, mit der Freundschaft bei absoluter Individualisierung/Selbstbespiegelung? Insbesondere im Roman von Juli Zeh werden der Verlust alter Ordnungen und die Fragen des Daseins im Sinne einer ewigen Diskrepanz von Ideal und Wirklichkeit thematisiert. Den Auszug aus John von Düffels Roman könnte man als (satirischen) Kommentar zu diesen Fragen deuten; Triviales und Ernstes werden darin in postmoderner Manier nicht mehr getrennt.

Zweisprachige Schriftsteller/innen – Schreiben in Deutschland

Rafik Schami: **Sieben Doppelgänger** (1999) ► S. 458

1 Die Erzählungen, die die Schülerinnen und Schüler verfassen sollen, können unterschiedliche Akzente setzen: Verärgerung oder Belustigung über den Vortrag durch einen Doppelgänger, Thematisierung des Preis-Leistungs-Verhältnisses (dasselbe Eintrittsgeld „für Original und Fälschung"), macht ein „Starkult" Sinn, wenn es sich nur um ein „Double" handelt?

2 Zur Bedeutung des Doppelgänger-Motivs in der Erzählung: Schami selbst führt eine Art „doppeltes Leben" – der 1946 in Damaskus geborene Schriftsteller, der 1971 nach Deutschland kam, lebt in und mit der Zweisprachigkeit.
Im Zeitalter der Vervielfältigung, des Plagiats, des Kopierens und Nachahmens erhält das Doppelgänger-Motiv noch weitere Schattierungen und wirft folgende Fragen auf: Was lässt sich an einem Menschen „kopieren"? Was bleibt „original", d.h. einzigartig? Sprachgewohnheiten (Vorlesen, Betonungen, Sprachwitze, Lieblingswörter) lassen sich – täuschend echt – einstudieren, auch das Erscheinungsbild (Aussehen, Kleidung, Bewegungen, Gesten, Mimik) kann imitiert werden. Aber der Charakter lässt sich nicht kopieren. Doppelgänger bleiben Zerrspiegel.

470 C6 VON DER NACHKRIEGSZEIT BIS ZUR GEGENWART

▶ S. 459 **Feridun Zaimoglu: Leyla** (2006) – Romanende

Feridun Zaimoglu, 1964 in Bolu in der Türkei geboren, kam 1965 mit seinen Eltern nach Deutschland. In seinen literarischen Werken werden oftmals Ausgegrenzte zu Subjekten der Kultur. In seinem ersten Buch „Kanak Sprak" versucht Zaimoglu, die subversive Kraft der Sprache junger türkischstämmiger Männer in Deutschland darzustellen (vgl. dazu S. 533 im Schülerband und S. 550 in diesen Handreichungen).

1 Einige Textbelege für Erinnerungen, Befürchtungen, Hoffnungen und Wünsche, mit denen Leyla nach Deutschland fährt: „Mein bisheriges Leben steckt in zwei Koffern, […], nicht viel, um vor anderen Menschen bestehen zu können." (Z. 5 ff.) „Ich werde auf uns alle aufpassen […], wir stehen alle unter Gottes Schutz." (Z. 9 ff.) „[…] wir haben unsere Festtagskleider angezogen. Ich bin beim Friseur gewesen und habe mich geschminkt. Wir haben gedacht, es gehe auf eine kurze Reise. […] Ich habe wirklich geglaubt, dass der Zug uns sehr schnell hinbringen wird" (Z. 52 ff.).
Leyla hat nicht viel mitgenommen von ihrem früheren Leben, sie will und muss das meiste zurücklassen. In Deutschland muss sie gleichsam bei Null anfangen. Mitgenommen hat sie ihren Gottesglauben, ihr Gottvertrauen. Das Verlassen ihres Landes kann nicht schnell genug gehen. Festtagskleid, Frisur und Schminke sind Zeichen ihres neuen Lebens als Frau in Europa.

2 Leylas erste Eindrücke von Deutschland beziehen sich auf das Verhältnis, den Kontakt zwischen Frauen und Männern: Sie sieht Frauen ohne männliche Begleitung in der Öffentlichkeit; die Frauen tragen Schuhe mit hohen Absätzen, wirken zielstrebig, haben einen blassen Teint, zu Turmfrisuren hochgesteckte Haare, Halstücher in schreiend bunten Farben; sie gehen an Männern achtlos vorbei, die Männer schauen ihnen nicht nach.
Das Wahrgenommene steht einer patriarchalischen Familien- und Gesellschaftsordnung, wie Leyla sie aus der Türkei kennt, vollkommen entgegen. Dort hat sich die Frau dem Manne unterzuordnen, ohne ihn nicht in der Öffentlichkeit zu erscheinen. Dagegen wird an der Kleidung und dem selbstbewussten Auftreten der deutschen Frauen ein für Leyla ungewohntes Frauenbild deutlich: keine in dunklen Farben verhüllte Frauen, die sich vor begehrlichen Blicken der Männer schützen müssen. Ihren Erwartungen gemäß müssten Männer sie als (Lust-)Objekt betrachten, ihnen nachschauen – was aber nicht der Fall ist.

3 Leyla steigt voll „Angst" aus dem Zug (Z. 92), die Wolfs-Metapher verdeutlicht ihre Ängste und den Wunsch, sie zu bekämpfen, einzudämmen, zu bezähmen: Den Wolf, das gefährliche Tier, streicheln zu wollen, ist eine Geste der Zuwendung, der Zuneigung – ein Friedenszeichen. Er wird vielleicht die Hand nicht beißen – darin drückt sich Leylas Hoffnung auf ein Gelingen ihres Lebens in Deutschland, auf ein Bezähmen der Angst, das Bestehen der neuen Situation aus: „Ich will dieses Land lieben" (Z. 134).

Literaturhinweis
Eine Auswahl von Migrantenliteratur, gegliedert nach Anthologien, Prosa/Erzählungen, Romanen, Lyrik und Essays, findet sich auf der Website des Goethe-Instituts unter
www.goethe.de/kue/lit/thm/aug/de3151492.htm.

Literaturgeschichte im 21. Jahrhundert – Wohin steuert die Literatur?

▶ S. 461 **Dieter Wellershoff: Das Schimmern der Schlangenhaut – Zufall, Mehrdeutigkeit, Transzendenz** (1996)

1 a Mögliche Gliederung:
  ▪ Der Ursprung des Lebens – ein Lotteriespiel (Z. 1–26)
  ▪ Das Leben – ein Kartenspiel (Z. 26–47)
  ▪ Destabilisierende Augenblicke als Auslöser für Krisen und Katastrophen – das Schimmern der Schlangenhaut (Z. 47–102)

  b Die Metaphorik des Kartenspiels:
  ▪ Kartenspiel: Modell des Lebens;
  ▪ die blind gemischten, zufällig gezogenen Karten: Möglichkeiten/Optionen des Lebens, Glück/Unglück, Leben/Tod;
  ▪ unpassende Karten ablegen: für das eigene Leben Unpassendes aussortieren, abstreifen, beenden;
  ▪ Versuch, bessere Karten zu ziehen: Sinnvolles auswählen, schaffen, in das eigene Leben integrieren, festhalten;
  ▪ Joker: macht Neues möglich, unlösbare Probleme können lösbar werden.

6.3 LITERATUR NACH 1989 **471**

Insgesamt verdeutlicht die Metaphorik des Kartenspiels die Komplexität des Lebens, die Unvorhersehbarkeit der Möglichkeiten, die Grenzen der Selbstbestimmung.

c Das Bild vom „Schimmern der Schlangenhaut" (Z. 74 f.) verweist auf den Mythos der Schlange, die das Göttliche und das Dämonische zugleich verkörpert, Verführung und tödliche Bedrohung, Leben und Tod, hell und dunkel, eine zweideutige Schönheit. Es verdeutlicht: Das Leben birgt immer Risiken. In bestimmten Augenblicken tritt ein Problem auf, dessen Ausmaß und Folgen nicht absehbar sind; das bisherige – stabile – Lebensmuster kann nicht einfach weitergeführt werden. Es muss revidiert, variiert, verändert werden (Lebenskrisen, aus denen man, bestenfalls, gestärkt hervorgeht) oder bricht im schlimmsten Fall zusammen (absolute Destabilisierung, Katastrophe). Literatur greift genau diese Krisen oder gar Katastrophen auf.

2 Die von Wellershoff gebrauchte Metaphorik lässt sich in vielerlei Hinsicht auf die Romane in diesem Teilkapitel anwenden, z. B.:

- **Treichel: „Der Verlorene":** Die Familie ist seit Jahren in einer krisenhaften Situation. Der Lebens-„augenblick", der alles destabilisiert hat, ist das Fluchterlebnis, bei dem der Erstgeborene verloren ging. Helles (gelungene Flucht) und Dunkles (Zurücklassen des Kindes) fallen zeitlich zusammen (Schimmern der Schlangenhaut). Der Verlust bestimmt das Leben der Familie, das Lebensmuster wird nicht aktiv verändert. Von einer Bewältigung der Krise kann nicht gesprochen werden. Es bleibt offen, ob diese erfolgt oder alles in einer Katastrophe enden wird.

- **Zaimoglu: „Leyla":** Die Katastrophe kann durch die Reise nach Deutschland abgewendet werden; die Übersiedlung nach Deutschland kommt dem Joker gleich, es werden sich neue Optionen bieten, die Karten werden neu gemischt.

▶ S. 463 **Thomas Kraft: 13 Thesen zur Gegenwartsliteratur** (2008)

1 Mögliche Überschriften zu den einzelnen Thesen:
- These 1: Ent-Grenzungen – europaweite Geschichten
- These 2: Das Ende der Pop-Literatur
- These 3: Experimentelles ist „out" (keine breite Leserschaft)
- These 4: Authentisches, Realistisches ist „in" (großes Leseinteresse)
- These 5: Kein Warten mehr auf den „Wende-Roman" oder den „Roman der Einheit"
- These 6: Statt Visionen – Blick in die Vergangenheit (Kindheit, Kriegs-, Nachkriegszeit)
- These 7: „Ost"-Autoren dokumentieren ihre Vergangenheit
- These 8: Bereits junge Autoren schreiben über ihr Leben
- These 9: Schul- und Internatsromane mit neuen Themen
- These 10: Autoren geben Einblicke in die Arbeitswelt der oberen 10.000 (Banken, Medien)
- These 11: Junge Autoren wollen selbstverständlich „unterhalten" (U-Literatur)
- These 12: Statt Thematisierung aktueller Krisenherde nach wie vor Blick zurück (Zweiter Weltkrieg, Nationalsozialismus, Holocaust)
- These 13: Neue Reiseromane als Aneignung von Welt (zum Teil nur im Kopf)

2 Die Thesen bieten hinreichend Anlass, eigene Leseerfahrungen neuerer Literatur einzubringen, dabei persönliche Standpunkte, was Literatur leisten kann und soll, zu thematisieren und einen Blick in die Zukunft zu wagen. Die Methode der Podiumsdiskussion strukturiert einen lebendigen Austausch, erfordert aber eine sorgfältige Vorbereitung.

Weiterführendes Material zu diesem Teilkapitel findet sich auf der beiliegenden CD:
- *Klaus Hübner:* Eine unübersehbare interkulturelle Vielfalt – Migrantenliteratur in Deutschland (2008)

6.3 Literaturstation: Novelle – Günter Grass' „Im Krebsgang"

I Flucht und Vertreibung 1945 – Geschichte in Bild- und Textdokumenten

▶ S. 464 Heinz Schön: **Die Gustloff-Katastrophe. Bericht eines Überlebenden** (1984)

▶ S. 465 Günter Grass: **„Die eigene Leidensgeschichte"** (2002) – Ein Interview

1 Das Schiff, die Gustloff, auf dem linken Foto wirkt pompös, sicher, mächtig; es soll die Lebens-Rettungs-„insel" für die Flüchtlinge werden. Das rechte Foto zeigt das Flüchtlingselend in Ostpreußen: Flüchtlinge, vor allem Frauen und Mädchen, ziehen mit all ihrer Habe, auf Pferdewagen gepackt, eine Straße entlang. Die Zusammenschau der Fotos lässt (noch) nichts von der kommenden Katastrophe ahnen.

2 a Mögliche Erwartungen an eine Dokumentation einer solchen Katastrophe:
 - nüchterne Berichterstattung: Fakten, Daten (klare Beantwortung der W-Fragen: Wer? Wo? Wann? Was? Wie? usw.); geordnete Darstellung der Abläufe unter Beachtung der Reihenfolge; Zeitangaben: „So ist *es* gewesen!" – und nicht anders;
 - oder persönliche Schilderungen: Detailreichtum (aber ausschnitthaft), Gefühlseindrücke: „So habe *ich* es erlebt!" (Ein anderer hat etwas anderes/Ähnliches erlebt.)

 b Es handelt sich bei dem Zeitzeugenbericht von Heinz Schön nicht um einen rein nüchternen, sachlichen Bericht, sondern es werden persönliche Schilderungen eingeflochten, was der Darstellung Authentizität und Unmittelbarkeit verleiht – eine Mischung von Fakten, Beschreibungen und Gefühlseindrücken. Der Bericht nimmt ein Einzelschicksal (mit Name, Alter, Funktion) zum Ausgangspunkt, das dient der Konkretisierung: Der Leser hat ein junges Mädchen vor Augen. Die Besonderheit der Rettung wird gleich zu Beginn hervorgehoben: „Mühe und Glück" (Z. 2), „Es ist ein Wunder" (Z. 5). Schön zitiert dann aus der Erinnerung des Obersteuermanns des Rettungsfahrzeugs (mit Namens- und Funktionsnennung) in wörtlicher Rede, das erhöht die Authentizität. Die schlechten Witterungsverhältnisse werden von diesem detailliert beschrieben: „eisige Nacht, [...] Schneesturm, kalt und bewegte See" (Z. 7 ff.), schlechte Sicht. In die Beschreibung der Ankunft an der Unglücksstelle sind Gefühlseindrücke eingeflochten: „bleibt uns jedes Wort im Halse stecken" (Z. 13 f.), Thiebach empfindet (und spricht dabei in Ich-Form, was die persönliche Betroffenheit verstärkt) ein Grauen jenseits aller Erwartungen: „eine Nacht, wie ich sie nie vorher im Krieg erlebt habe und auch nachher nicht" (Z. 16 ff.). Er vermittelt optische Eindrücke („überall Flöße, leere Rettungsboote", Z. 18 – in einem elliptischen Satz, da es keine Handelnden mehr gibt) und akustische Eindrücke („immer wieder dieser Furcht erregende Todesschrei", Z. 19 f. – auffällig: im Singular). Die eigentliche Rettungsaktion wird knapp benannt: „Tote ins Meer, Lebende an Bord" (Z. 23). Dann greift der zitierte Berichtende wieder den Einzelfall auf: Die 17-jährige Marinehelferin ist die letzte Lebende in einem „Leichenfeld" (Z. 29). Damit endet die wörtliche Wiedergabe der Erinnerungen Thiebachs. Die Situation an Bord des Rettungsfahrzeugs schildert Schön dann mit einem kurzem Dialog zwischen Retter und der Geretteten, um abschließend zu kommentieren: Die Rettung bedeutet auch: Der Fluchtversuch ist gescheitert.

3 a Grass' Position zur „Täter-Opfer-Debatte":
 - Bisher habe die „eigene Leidensgeschichte" – Flucht und Vertreibung – der Deutschen nicht geschrieben werden können, da die von Deutschen zu verantwortenden Verbrechen so „überlastig" (Z. 11) waren und sind.
 - Die Verbrechen der Deutschen blieben auslösendes Moment (= übergeordnetes Unrecht), auch wenn die Flucht aus Ostpreußen eine „einzige Katastrophe" (Z. 20 f.) gewesen sei.
 - Auf Grund der Sprache und der Darstellungskraft der Novelle bestehe nicht die Gefahr einer undifferenzierten, rechtslastigen Interpretation (= der Schiffsuntergang als Kriegsverbrechen).
 - Der Untergang der Gustloff bleibe eine schreckliche Katastrophe, er sei kein Kriegsverbrechen.

 b Möglich ist eine kontroverse Diskussion über die Frage, inwiefern sich ein solches Thema für eine Ästhetisierung eigne. In der Öffentlichkeit wurde bei Erscheinen der Novelle eher der Tabubruch im Hinblick auf die Thematik diskutiert, weniger die ästhetische Gestaltung, das Spiel mit der Fiktionalität.

4 **Literaturhinweis**
 - *Schön, Heinz:* Die Gustloff-Katastrophe. Bericht eines Überlebenden. Motorbuch Verlag Spezial, Stuttgart [6]2002

LITERATURSTATION: NOVELLE – GÜNTER GRASS' „IM KREBSGANG"   **473**

II „Im Krebsgang" – Drei Novellenausschnitte

Der Novellenanfang   ▶ S. 466

1 Mögliche erste Leseeindrücke:
- irritierender erster Satz („jemand, der nicht ich bin") – eine Fragehaltung wird geweckt: Wer ist dieser „Jemand?" (ab Z. 11 Wiedergabe eines Gesprächs mit diesem „Jemand" in indirekter Rede – dem Auftraggeber des Schreibens?);
- Konfusion des Erzählers wird deutlich: Die Reihung von „weil"-Sätzen, die aber keine klaren Begründungszusammenhänge aufdecken, zeugt von der Unfähigkeit zu erzählen, einen Anfang zu finden (Z. 2 ff.);
- auffällige Formulierung: „Noch haben die Wörter Schwierigkeiten mit mir" (Z. 9 f.) – nicht umgekehrt.
- der Ich-Erzähler ist kein Erfolgsjournalist;
- die Vergangenheit bestimmt seine Gegenwart: aber wie? Tragisch?
- als Leser/in bleibt man distanziert, kann sich nur schwer in das Erzählte hineinfinden.

2 Bezug zum Titel „Im Krebsgang" und zum Cover: Pokriefke überlegt, wie er „berichten" soll, „Aber noch weiß ich nicht [...]" (Z. 74 ff.). Er reflektiert den Schreibprozess: Sollen Lebensläufe chronologisch nacheinander „abgespult" (Z. 77) werden, so wie er das gelernt hat (traditionell linear) – oder soll er der Zeit (der eigenen Vergangenheit) „schrägläufig in die Quere kommen" (Z. 78), immer wieder den Rückwärtsgang vortäuschend, um im Grunde vorwärtszukommen (nach Art der Krebse)? Cover und Titel lassen darauf schließen, dass die Antwort für Letzteres ausfallen wird; sie spiegeln eine neue Möglichkeit, mit der eigenen Vergangenheit, der eigenen Geschichte umzugehen, von ihr zu erzählen: netzartig.

3 Der erste Satz und die Erzählstrategie:
- Wer erzählt? Der Ich-Erzähler Pokriefke ist kein allwissender Erzähler, sondern erzählt aus der eingeschränkten Sicht einer fiktiven Figur, bietet sich aber nicht als Identifikationsfigur an;
- Wie? Mittel des Erzählens und Mittel des Berichtens werden eingesetzt, je nachdem, ob es sich um Fiktionales handelt oder um (scheinbar) Nicht-Fiktionales (historisches Material – gebrochen durch die Perspektivfigur); die Erzählweise kann streckenweise mit der Navigation im Internet verglichen werden;
- Was? (Konfuse) Thematisierung der Auftragsarbeit, der eigenen beruflichen (ausbleibenden) Karriere, der Recherche (der Erzähler als Suchender): „diese Geschichte fing lange vor mir an [...]" (doppelte Bedeutung des Begriffs „Geschichte"), Thematisierung des narrativen Plans;
- Erzählzeit/erzählte Zeit: Zunächst ist die Erzählzeit deckungsgleich mit der erzählten Zeit, dann driftet beides auseinander.

„Die Wahrheit im Plural – Die Vielzahl von Wirklichkeiten"   ▶ S. 467

1 a Pokriefke muss als Auftragsarbeit einen Teil der (eigenen) Vergangenheit rekonstruieren und stützt sich dabei auf unterschiedliche Medien, um deren Begrenztheit, Perspektive, Ausschnitthaftigkeit er weiß. Sprachlich werden die Schwierigkeiten der Rekonstruktion durch folgende Begleitsätze/Kurzkommentierungen des Erzählers deutlich: „Ganz sicher bin ich [...]" (Z. 46), „Mag sein, daß [...]" (Z. 48), „So soll [...]" (Z. 54), „[...] schätze ich" (Z. 64), „Wie oft habe ich ihren Satz gehört [...]" (Z. 74 f.), „[...] hörte ich sie sagen" (Z. 79 f.), „Davon hat der Film [...] nichts gezeigt [...]" (Z. 85 ff.), „Dabei steht nicht nur bei Schön, sondern auch im Taschenbuchbericht der Engländer [...]" (Z. 91 ff.), „Wenn ich mich trotzdem frage, ob [...], liegt der Grund für diese an sich sinnlose Erwägung in der verbürgten Tatsache, daß [...]" (Z. 101 ff.), „Wie sich zeigen sollte [...]" (Z. 116). Der Erzähler möchte einer eindimensionalen Rekonstruktion der Wirklichkeit entgegenwirken, indem er verschiedene mediale Wirklichkeiten einbringt, diese sich überschneiden und gegenseitig gegebenenfalls korrigieren, ergänzen lässt. Historisches Ereignis (Hinweise auf Schön und den Taschenbuchbericht der Engländer), filmische („Nacht über Gotenhafen") und erzählte Rekonstruktion (Zitate der Mutter des Ich-Erzählers) werden miteinander vernetzt. Der Wahrheitsbegriff wird fragwürdig, es gibt nicht die eine Wahrheit, es gibt Versionen der Wirklichkeit.

474 C6 VON DER NACHKRIEGSZEIT BIS ZUR GEGENWART

b Mögliche Vermutungen, warum die Figur Konrad (Konny) in der Neonazi-Szene angesiedelt wird:
- Das Gustloff-Unglück gehört zum gemeinsamen Thema in der Familie.
- Die persönlichen Schilderungen seiner Großmutter haben Konrad interessiert, aber anscheinend ein verzerrtes Bild geliefert: Er wird von ihr „in die verengte Welt der Überlebenden eingeführt" (Z. 78 ff.), kommentiert der Ich-Erzähler – die Opferhaltung wird in dieser Welt betont.
- Beschränkung auf eine (ideologische, rechtsradikale) Version der Wirklichkeit.
- Repräsentant für jene Jugendlichen, die von nationalsozialistischem Gedankengut fasziniert sind.

2 „Eigentlich kann man so was Schreckliches gar nicht verfilmen." Mit diesem Satz wird die Problematik von Katastrophenfilmen mit historischem Hintergrund angesprochen. Es besteht die Gefahr eines bloßen „Eventmovies". Die Unvorstellbarkeit und Einmaligkeit des Geschehenen wird unterlaufen, indem man es doch darstellt. Es wird *eine* Wahrheit suggeriert, es läuft ein „bestimmter" Film ab – im doppelten Sinn des Wortes.

Hinweis: Unter Beratung des Augenzeugen Heinz Schön wurde der Untergang der Gustloff im Jahr 2007 neu verfilmt (für zehn Millionen Euro) und im März 2008 im ZDF gezeigt (am Sonntagabend um 20:15 Uhr). 8,45 Millionen Zuschauer (Marktanteil 23,5 Prozent) verfolgten nach Senderangaben den Katastrophenfilm. Die anschließende ZDF-Dokumentation über den Gustloff-Untergang schalteten noch 5,31 Millionen Zuschauer ein.

Implizit ist das Zitat auch ein Hinweis auf die grundsätzliche Problematik, eine solche Katastrophe in einem Kunstwerk darzustellen; daher rühren auch die Schwierigkeiten des Erzählers, die Geschichte zu rekonstruieren.

▶ S. 468 **Weiterführende Aufgaben**

2 Die Zahl der Zeitzeugen, die sich noch an das Jahr 1945 erinnern, nimmt immer mehr ab. Oft fällt es den alten Menschen schwer, über das Erlebte zu berichten. Manche Zeitzeugen haben jahrzehntelang geschwiegen, um nun doch noch – im hohen Alter – ihre Erlebnisse mitzuteilen, was dann mitunter sehr sachlich geschieht. Häufig sind Details des Erlebten in starker Erinnerung geblieben (z. B. persönliche Begegnungen mit Menschen, die ihnen geholfen haben zu überleben).

▶ S. 469 **„Drei" Generationen – „Eine" Geschichte?**

1 a Schwierigkeiten Pokriefkes mit seinem Geburtsdatum: Der Journalist Paul Pokriefke, der als Ich-Erzähler in Erscheinung tritt, ist persönlich betroffen. Der 30. Januar 1945 ist sein Geburtstag. Er wurde zum Erzähler ernannt, weil er geboren wurde, als die Gustloff unterging. Er ist regelrecht traumatisiert. Es ist für ihn ein „verdammte[s]" (Z. 1), „vermaledeite[s]" (Z. 5) Datum mit „dreimal verfluchte[r]" Bedeutung (Z. 13):
- 30. Januar (1895): Geburt Wilhelm Gustloffs in Schwerin; später in der Schweiz lebend gründet er als treuer Gefolgsmann Hitlers den Stützpunkt Davos der NSDAP;
- 30. Januar (1933): Hitler wird Reichskanzler, Tag der so genannten „Machtergreifung" (den heute die Rechtsradikalen „feiern");
- 30. Januar (1945): Untergang der Gustloff.

Für Pokriefke ist Geschichte „ein verstopftes Klo" (Z. 3): Man kann die Geschichte nicht loswerden, „die Scheiße kommt [...] hoch" (Z. 4). Zeitlebens hat er sich geweigert, seinen Geburtstag zu feiern, um nicht in Zusammenhang mit den vergangenen Ereignissen gebracht zu werden.

b Zu den Begriffen „Geschichte", „Geschichtsklitterung" (vgl. Z. 76 f.):
- Geschichte: Historie, das in der Vergangenheit Gewesene, Geschehene. Fragestellungen: Ist sie abgeschlossen? Ist sie einmalig? Kann sie sich wiederholen? Inwiefern beeinflusst sie Gegenwart und Zukunft? Inwiefern kann man sie rekonstruieren? Welche Möglichkeiten der Darstellung gibt es?
- Geschichtsklitterung: fälschende Geschichtsschreibung, sinnentstellende Verwendung geschichtlicher Fakten. Fragestellungen: Wann beginnt diese? Welche Motive gibt es? Was hat jemand davon, Geschichtsklitterung zu betreiben?

c Wie anfangs erwartet, entscheidet sich Pokriefke für das netzartige Erzählen: den Krebsgang. Er erzählt aus seiner eigenen Vergangenheit, dem eigenen Freundeskreis, reflektiert und kommentiert Wortbedeutungen („Umgang mit der Vergangenheit", Z. 19 ff.), schildert seine Beziehung zu seiner Ex-frau, die er als „Gabi, meine Ehemalige" (Z. 31) bezeichnet, beurteilt die Beziehung zwischen Gabi und dem gemeinsamen Sohn Konrad. Auch hier im ganz privaten Bereich fällt auf, dass er sozusagen vernetzt recherchiert, selbst aber wenig – bis auf Kommentierungen – aktiv beteiligt ist und oft nur Vermutungen anstellt: „Ich wurde nicht gefragt […]" (Z. 37 f.), „Selbst der Schulwechsel soll […] glatt gelaufen sein, wenngleich ich mir […] nur schlecht […] vorstellen konnte" (Z. 41 ff.), „[…] so erfuhr ich von der blassen Existenz der Zahnarzthelferin" (Z. 53 ff.), „David, dieser entweder frei erfundene oder irgendwo leibhaftige Stichwortgeber" (Z. 58 ff.), „Gechatte vielstimmig" (Z. 66), „der tatsächliche oder nur ausgedachte David" (Z. 77 f.).

2 Zur Bezeichnung des Erzähltextes „Im Krebsgang" als Novelle vgl. die Definition der Novelle auf S. 395 im Schülerband. Auch in Grass' Text gibt es eine „unerhörte Begebenheit", den Untergang der „Gustloff", um die der Text kreist und die einen Wendepunkt im Leben gleich mehrerer Menschen bedeutet: in dem des Erzählers (der in dieser Nacht geboren wird), in dem seiner Mutter, die die Katastrophe überlebt, und im Leben seines Sohnes Konrad, der womöglich durch die Erzählungen davon zum Neonazi wird.

III Einen Autor vorstellen: Günter Grass – Literatur-Nobelpreisträger

► S. 470

1 Persönlichkeit und Werke des Nobelpreisträgers haben das kulturelle Leben in Deutschland geprägt. Daher ist es für Schülerinnen und Schüler sehr lohnenswert, sich mit diesem Autor intensiver und selbstständig auseinanderzusetzen. Die Gruppen können verschiedene Lebensabschnitte aufgreifen, z. B. „Grass und die Gruppe 47", „Schreiben nach 1989". Denkbar ist auch eine Aufteilung nach künstlerischen Betätigungsfeldern: Grass als Erzähler, als Lyriker, als bildender Künstler.

Literaturhinweis

- *Mayer-Iswandy, Claudia:* Günter Grass. Deutscher Taschenbuch Verlag, München 2002 (dtv portrait)

Analyse eines literarischen Textes mit anschließender weiterführender Reflexion

Aufgabenstellung

1 Analysieren/Interpretieren Sie Heinrich Bölls Prosatext „Abschied" als Beispiel einer Kurzgeschichte der Nachkriegszeit. *(48 Punkte)*

2 Geben Sie Bölls Rechtfertigung der „Trümmerliteratur" in eigenen Worten wieder und prüfen Sie, ob und inwieweit sie auf seine eigene Kurzgeschichte zutrifft. *(24 Punkte)*

Heinrich Böll: Abschied (1950)

Wir waren in jener grässlichen Stimmung, wo man schon lange Abschied genommen hat, sich aber noch nicht zu trennen vermag, weil der Zug noch nicht abgefahren ist. Die Bahnhofshalle war wie alle Bahnhofshallen, schmutzig und zugig, erfüllt von dem Dunst der Abdämpfe und vom Lärm, Lärm von Stimmen und Wagen.

Charlotte stand am Fenster des langen Flurs, und sie wurde dauernd von hinten gestoßen und beiseitegedrängt, und es wurde viel über sie geflucht, aber wir konnten uns doch diese letzten Minuten, diese kostbaren letzten gemeinsamen unseres Lebens nicht durch Winkzeichen aus einem überfüllten Abteil heraus verständigen ...

„Nett", sagte sie schon zum dritten Mal, „wirklich nett, dass du bei mir vorbeigekommen bist."

„Ich bitte dich, wo wir uns schon so lange kennen. Fünfzehn Jahre."

„Ja, ja, wir sind jetzt dreißig, immerhin ... kein Grund ..."

„Hör auf, ich bitte dich. Ja, wir sind jetzt dreißig. So alt wie die russische Revolution ..."

„So alt wie der Dreck und der Hunger ..."

„Ein bisschen jünger ..."

„Du hast Recht, wir sind furchtbar jung." Sie lachte.

„Sagtest du etwas?", fragte sie nervös, denn sie war von hinten mit einem schweren Koffer gestoßen worden ...

„Nein, es war mein Bein."

„Du musst was dran tun."

„Ja, ich tu was dran, es redet wirklich zu viel ..."

„Kannst du überhaupt noch stehen?"

„Ja ...", und ich wollte ihr eigentlich sagen, dass ich sie liebte, aber ich kam nicht dazu, schon seit fünfzehn Jahren ...

„Was?"

„Nichts ... Schweden, du fährst also nach Schweden ..."

„Ja, ich schäme mich ein bisschen ... eigentlich gehört das doch zu unserem Leben, Dreck und Lumpen und Trümmer, und ich schäme mich ein bisschen. Ich komme mir scheußlich vor ..."

„Unsinn, du gehörst doch dahin, freu dich auf Schweden ..."

„Manchmal freu ich mich auch, weißt du, das Essen, das muss herrlich sein, und nichts, gar nichts kaputt. Er schreibt ganz begeistert ..."

Die Stimme, die immer sagt, wann die Züge abfahren, erklang jetzt einen Bahnsteig näher, und ich erschrak, aber es war noch nicht unser Bahnsteig. Die Stimme kündigte nur einen internationalen Zug von Rotterdam nach Basel an, und während ich Charlottes kleines, zartes Gesicht betrachtete, kam der Geruch von Seife und Kaffee mir in den Sinn, und ich fühlte mich scheußlich elend.

Einen Augenblick lang fühlte ich den verzweifelten Mut, diese kleine Person einfach aus dem Fenster zu zerren und hier zu behalten, sie gehörte mir doch, ich liebte sie ja ...

„Was ist?"

„Nichts", sagte ich, „freu dich auf Schweden ..."

„Ja. Er hat eine tolle Energie, findest du nicht? Drei Jahre gefangen in Russland, abenteuerliche Flucht, und jetzt liest er da schon über Rubens."

„Toll, wirklich toll ..."

„Du musst auch was tun, promovier doch wenigstens ..."

„Halt die Schnauze!"

„Was?", fragte sie entsetzt. „Was?" Sie war ganz bleich geworden.

„Verzeih", flüsterte ich, „ich meine nur das Bein, ich rede manchmal mit ihm ..."

Sie sah absolut nicht nach Rubens aus, sie sah eher nach Picasso aus, und ich fragte mich dauernd, warum er sie bloß geheiratet haben mochte, sie war nicht einmal hübsch, und ich liebte sie.

Auf dem Bahnsteig war es ruhiger geworden, alle waren untergebracht, und nur noch ein paar Abschiedsleute standen herum. Jeden Augenblick würde die Stimme sagen, dass der Zug abfahren soll. Jeder Augenblick konnte der letzte sein ...

Autoren:
Karlheinz Fingerhut / Margret Fingerhut

Texte, Themen und Strukturen
Lernerfolgskontrolle 31, S. 1

„Du musst doch etwas tun, irgendetwas tun, es geht so nicht."

„Nein", sagte ich.

Sie war das Gegenteil von Rubens: schlank, hochbeinig, nervös, und sie war so alt wie die russische Revolution, so alt wie der Hunger und der Dreck in Europa und der Krieg …

„Ich kann's gar nicht glauben … Schweden … es ist wie ein Traum …"

„Es ist ja alles ein Traum."

„Meinst du?"

„Gewiss. Fünfzehn Jahre. Dreißig Jahre … Noch dreißig Jahre. Warum promovieren, lohnt sich nicht.

Sei still, verdammt!"

„Redest du mit dem Bein?"

„Ja."

„Was sagt es denn?"

„Horch."

Wir waren ganz still und blickten uns an und lächelten, und wir sagten es uns, ohne ein Wort zu sprechen.

Sie lächelte mir zu: „Verstehst du jetzt, ist es gut?"

„Ja … ja."

„Wirklich?"

„Ja, ja."

„Siehst du", fuhr sie leise fort, „das ist es ja gar nicht, dass man zusammen ist und alles. Das ist es ja gar nicht, nicht wahr?"

Die Stimme, die sagt, wann die Züge abfahren, war jetzt ganz genau über mir, amtlich und sauber, und ich zuckte zusammen, als schwinge sich eine große, graue, behördliche Peitsche durch die Halle.

„Auf Wiedersehen!"

„Auf Wiedersehen!"

Ganz langsam fuhr der Zug an und entfernte sich im Dunkel der großen Halle …

(Aus: Heinrich Böll: Werke. Romane und Erzählungen I. 1947–1952. Hg. von Bernd Balzer. © 1977, 1987 by Verlag Kiepenheuer & Witsch, Köln, S. 218–220)

Heinrich Böll: **Bekenntnis zur Trümmerliteratur** (1952) – Auszug

Unsere Augen sehen täglich viel: Sie sehen den Bäcker, der unser Brot backt, sehen das Mädchen in der Fabrik – und unsere Augen erinnern sich der Friedhöfe, und unsere Augen sehen Trümmer: die Städte sind zerstört, die Städte sind Friedhöfe, und um sie herum sehen unsere Augen Gebäude entstehen, die uns an Kulissen erinnern, Gebäude, in denen keine Menschen wohnen, sondern Menschen verwaltet werden […].

Es ist unsere Aufgabe, daran zu erinnern, dass der Mensch nicht nur existiert, um verwaltet zu werden – und dass die Zerstörungen in unserer Welt nicht nur äußerer Art sind und nicht so geringfügiger Natur, dass man sich anmaßen kann, sie in wenigen Jahren zu heilen.

Der Name Homer ist der gesamten abendländischen Bildungswelt unverdächtig: Homer ist der Stammvater europäischer Epik, aber Homer erzählt vom Trojanischen Krieg, von der Zerstörung Trojas und von der Heimkehr des Odysseus – Kriegs-, Trümmer- und Heimkehrerliteratur –, wir haben keinen Grund, uns dieser Bezeichnung zu schämen.

(Aus: Heinrich Böll: Erzählungen, Hörspiele, Aufsätze. © 1961 by Verlag Kiepenheuer & Witsch, Köln)

478 ERWARTUNGSHORIZONT

Inhaltliche Leistung

Aufgabe 1

	Anforderungen Die Schülerin / der Schüler	maximal erreichbare Punktzahl (AFB)	erreichte Punktzahl
1	verfasst eine sinnvolle Einleitung.	3 (I)	
2	gliedert den Verlauf der Kurzgeschichte textentsprechend in Handlungsabschnitte, charakterisiert die einzelnen Abschnitte als Stationen des Abschiednehmens.	3 (I)	
3	erschließt die Beziehung zwischen den Figuren der Geschichte angemessen als Folge der (ungenannten) gesellschaftlichen Umstände (Krieg, Nachkrieg).	6 (II)	
4	untersucht die Erzählstrategien und entwickelt so Einsicht in die Bedeutung der Realitätsebenen: Durch den Kontrast zwischen Gedanken des Ich-Erzählers (innerer Monolog) und Figurenrede der Abschiednehmenden wird der Leser in das Geschehen hineingezogen, durch die Haltung des Erzählers wird ein Identifikationsangebot gemacht.	6 (II)	
5	erklärt die Nähe der Figuren zur historischen Wirklichkeit der Nachkriegszeit mit der Kunstauffassung des neuen Realismus.	3 (II)	
6	deutet die Unterschiede in den Charakteren der Figuren als Bölls Konstruktion, durch die er grundsätzliche menschliche Verhaltensweisen vorführen will. Erkennt darüber hinaus den gedanklichen Hintergrund der Kurzgeschichte: Eine Situation existenzieller Entscheidung wird „verspielt".	9 (III)	
7	erläutert typische Charakteristika der Kurzgeschichte am Text, z.B. Darstellung eines knappen Wirklichkeitsausschnitts, Bezug zur Alltagsszenerie, unmittelbarer Beginn, neutrales Erzählverhalten, Alltagssprache, offenes Ende.	6 (II)	
8	untersucht die psychologische Ebene des Textes, z.B.: • Typisierung/Individualisierung der Figuren • Zuordnungen von Verhaltensmustern zu Geschlechterrollen • Alltagsbezüge zwischen Personen und Alltagsrede • Schwanken zwischen Hoffnung und Resignation	6 (II)	
9	formuliert die Ergebnisse der Analyse im Sinne einer reflektierten Schlussfolgerung, stellt z.B. die Frage nach dem allgemein menschlichen Gehalt der Erzählung.	6 (III)	
10	entwickelt einen weiteren, eigenständigen Gedanken. (Max. 6 Punkte)		
		48	

Autoren:
Karlheinz Fingerhut / Margret Fingerhut

Texte, Themen und Strukturen
Lernerfolgskontrolle 31, S. 3

ERWARTUNGSHORIZONT 479

Aufgabe 2

	Anforderungen Die Schülerin / der Schüler	maximal erreichbare Punktzahl (AFB)	erreichte Punktzahl
1	verfasst eine angemessene Überleitung.	3 (I)	
2	erschließt und erklärt Bezüge zwischen dem Schluss der Geschichte und Bölls Intention, „die Zerstörungen in unserer Welt[, die] nicht nur äußerer Art sind" (Z. 12 f.), darzustellen.	6 (II)	
3	deutet die Stellen des Textes, an denen Figuren Sprachrohr des Autors sind, z. B. Kritik an den Folgen des Krieges, an (physischer) Zerstörung und (psychischem) Elend und an den Umständen, die hier als „Schicksal" erscheinen.	3 (III)	
4	prüft den historischen Hintergrund des Textes – einerseits Kriegsende, andererseits das Elend und die Folgen für den kriegsverletzten Ich-Erzähler – und bezieht die Situation (die Ausreise der Frau nach Schweden) auf diese historische Wirklichkeit (1945–1952).	6 (III)	
5	formuliert die Ergebnisse der Analyse im Sinne einer reflektierten Schlussfolgerung, setzt sich z. B. eigenständig mit der Frage auseinander, inwieweit die Figuren repräsentativ für Erfahrungen und Lebenssituationen aus der Zeit nach Kriegsende sind, emotionale Betroffenheit der Leser durch die unterkühlte Rede des Erzählers erweckt wird und der Ausgang der Geschichte wirklich „offen" genannt werden kann.	6 (III)	
6	entwickelt einen weiteren, eigenständigen Gedanken. (Max. 4 Punkte)		
		24	

Darstellungsleistung

	Anforderungen Die Schülerin / der Schüler	maximal erreichbare Punktzahl	erreichte Punktzahl
1	gliedert den Klausurtext schlüssig durch Thesen oder Zwischenüberschriften, sodass ein klarer Gedankengang zu verfolgen ist. Insbesondere bezieht sie/er die Charakteristik der beteiligten Figuren und die Entwicklung der Handlung aufeinander.	6	
2	schreibt fachsprachlich korrekt, benutzt bei der Untersuchung des Textes Kernbegriffe der Prosaanalyse, der Textsorte und der Epochenzuordnung (Kurzgeschichte, Heimkehrer-/Trümmerliteratur).	6	
3	belegt Aussagen funktional korrekt durch Zitate.	3	
4	formuliert begrifflich differenziert, sprachlich-stilistisch angemessen und präzise.	10	
5	schreibt grammatisch und orthografisch korrekt.	3	
		28	

Eine Zuordnung der Punktezahlen zu den Notenstufen findet sich auf S. 46 in diesem Handbuch.

Cornelsen

Autoren:
Karlheinz Fingerhut / Margret Fingerhut

Texte, Themen und Strukturen
Lernerfolgskontrolle 31, S. 4

480 C6.3 LERNERFOLGSKONTROLLE/KLAUSURVORSCHLAG

Analyse eines literarischen Textes (Lyrik) mit anschließender weiterführender Reflexion

Aufgabenstellung

1 Analysieren/Interpretieren Sie das Gedicht „Tag X" von Durs Grünbein aus dem Jahr 1991. Berücksichtigen Sie dabei auch den literaturgeschichtlichen Kontext. *(48 Punkte)*

2 Setzen Sie das Gedicht anschließend in Beziehung zu anderen Ihnen bekannten Texten mit vergleichbaren Motiven. *(24 Punkte)*

Durs Grünbein: **Tag X** (1991)

Wohin die Morgen als Pioniergruß[1] zart
    Die Welt in zwei erstarrte Hälften teilte
        Antagonistisch[2] und entlang der Schädelnaht?
Als den Legenden noch die Drohung folgte
5   Es ginge eins im andern auf und sei bestimmt.
        Vom Husten bis zum Abschlusszeugnis, von der Milch
In der noch Wahrheit schwamm bis zum verheilten Selbst
    Hing alles wie nach Plan zusammen. Streng vertraut
        War noch der Zwang, das Salz im Alltag, liebenswert.
10 Durch jedes Fenster flog ein Raumschiff aus Papier
    An Bord den Neuen Menschen im Versuchslabor.
        Und jeder Ist-Satz, vom Diktat der Einfachheit
Befriedigt gab sich selbst den Punkt. Wie beim Appell
    Das helle „Seid bereit!"[3] für den Tag X.

(Für Ilya Kabakov[4])

(Aus: Durs Grünbein: Schädelbasislektion.
Gedichte. Suhrkamp, Frankfurt/M. 1991, S. 55)

[1] **Pioniergruß:** morgendlicher Appell in Schulen der DDR; in Reih und Glied aufgestellt, wurde ein Schwur geleistet auf „Frieden und Sozialismus". Wer den Gruß nicht mitsprach, sei gegen den Frieden und für den Klassenfeind in Westdeutschland, hieß es.
[2] **antagonistisch:** unversöhnlich, gegensätzlich
[3] **„Seid bereit!":** Appell
[4] **Ilya Kabakov:** russischer Künstler (hat in seinen Installationen die Sowjetgesellschaft, ihre Geschichte und ihr Scheitern thematisiert, für seine Kataloge hat Grünbein Texte verfasst)

Autorin:
Cordula Grunow

Texte, Themen und Strukturen
Lernerfolgskontrolle 32, S. 1

ERWARTUNGSHORIZONT

Inhaltliche Leistung

Aufgabe 1

	Anforderungen Die Schülerin / der Schüler	maximal erreichbare Punktzahl (AFB)	erreichte Punktzahl
1	verfasst eine sinnvolle Einleitung (Autor, Textsorte, Thema etc.).	3 (I)	
2	fasst den Inhalt des Gedichts kurz zusammen.	3 (I)	
3	erläutert die Gedichtstruktur: • Grundmodell: Aufgreifen der traditionellen Form der Elegie – Ausdrucksform der lyrischen Subjektivität, (scheinbar) wehmütig klagender Ton („Als […]", V. 4) • vierzehn fünf- und sechshebige jambische Langzeilen, regelmäßig gebildet, Einrückung der Verse • Eingangsfrage, dann Gliederung durch Punkte als Satzschlusszeichen	6 (II)	
4	erschließt Motive/Wortfelder und die Situation, z. B.: • politisches Gedicht: kritischer Rückblick auf das gescheiterte sozialistische Gesellschaftssystem • Sprache der ehemaligen DDR („Pioniergruß", „Plan", „Appell", „Seid bereit!") wird entlarvt: „Legenden" (V. 4) • Verweis auf totalitäres Denken: „Drohung" (V. 4), deterministischer Anspruch (vgl. V. 5) • Metapher für allgegenwärtiges fremdbestimmtes Leben: Apposition „der Zwang, das Salz im Alltag" (V. 9) = „streng vertraut"/„liebenswert"	9 (II)	
5	untersucht die formale und sprachliche Gestaltung, z. B.: • Eingangsvers: eröffnende Frage (Ellipse): „Wohin […]?" (Frage des lyrischen Sprechers nach der Richtung), aufgegriffen in V. 4 f. • Tempus: Präteritum – historischer Rückblick • indirekte Rede im Konjunktiv: „es ginge […]" (V. 5) – Zeichen der Distanzierung • zahlreiche Enjambements, Einschübe, Zäsuren – Verknüpfungen als Orientierungshilfen/Erinnerungshilfen des lyrischen Sprechers	9 (II)	
6	deutet unter differenzierter Beachtung des Zusammenspiels von Inhalt und sprachlicher Gestaltung die Aussage des Gedichts, z. B.: • der Titel verweist doppeldeutig auf den „Tag X", an dem Zukunftserwartungen in Erfüllung gehen/gingen • Verdeutlichung des Selbstverständnisses der DDR: die Welt zerfalle in zwei „erstarrte Hälften" = Freund-(Klassen-)Feind-Schema – in sprachlichem Kontrast zu „Pioniergruß zart" • das „Raumschiff" symbolisiert den täglich verbreiteten Glauben an den technischen Fortschritt; kombiniert mit der Vision vom „Neuen Menschen" wird der gesellschaftliche Anspruch deutlich – ironisch lösen sich Utopismen auf („aus Papier", „im Versuchslabor") • illusionsloser Blick des lyrischen Sprechers; seziert unter Verwendung von medizinischen Motiven („Schädelnaht") den Ort des Denkens und der Wahrnehmung; Reduktion des Bewusstseins auf die physiologische Existenz • die beiden Schlusssätze verweisen auf das (einfach gestrickte) Selbstbild der DDR („Diktat der Einfachheit"), das Motiv des Morgenappells wird wieder aufgegriffen (vgl. V. 1): Zirkelschluss	9 (III)	

Autorin:
Cordula Grunow

Texte, Themen und Strukturen
Lernerfolgskontrolle 32, S. 2

ERWARTUNGSHORIZONT

7	deutet das Gedicht unter Einbezug epochentypischer Merkmale (nach 1989), z. B.: • Reflexion auf eine zeitliche Situation, Erinnerung an eine Gesellschaft, deren Ausrichtung der „Tag X" gewesen ist • Verknüpfung mit dem eigenem Alltag („Vom Husten bis zum Abschlusszeugnis") als Teil der eigenen (vergangenen) Lebensgeschichte • keine Ost-Nostalgie	6 (III)	
8	formuliert eine reflektierte Schlussfolgerung auf der Grundlage der Untersuchungsergebnisse.	3 (III)	
9	entwickelt einen weiteren, eigenständigen Gedanken. (Max. 5 Punkte)		
		48	

Aufgabe 2

	Anforderungen Die Schülerin / der Schüler	maximal erreichbare Punktzahl (AFB)	erreichte Punktzahl
1	formuliert eine sinnvolle Überleitung.	3 (I)	
2	erklärt den thematischen Kontext, in dem das Gedicht und weitere – konkret zu benennende – Texte aus dem unterrichtlichen Zusammenhang stehen (die „Wende" 1989, literarische Auseinandersetzung mit dem DDR-System).	3 (II)	
3	erläutert konkrete Vergleichsmomente auf der Ebene von Epoche, Motiven, Struktur, sprachlicher Gestaltung etc.	6 (II)	
4	deutet vergleichend Thema, Motive und Aussageabsichten verschiedener literarischer Texte (intertextueller Deutungsansatz).	9 (III)	
5	setzt sich reflektiert mit der Bedeutung der Texte für das eigene Verständnis der Zeit unmittelbar nach 1989 auseinander.	3 (III)	
6	entwickelt einen weiteren, eigenständigen Gedanken. (Max. 4 Punkte)		
		24	

Darstellungsleistung

	Anforderungen Die Schülerin / der Schüler	maximal erreichbare Punktzahl	erreichte Punktzahl
1	strukturiert den Klausurtext schlüssig, sinnvoll verknüpft und gedanklich klar.	6	
2	schreibt fachsprachlich korrekt und differenziert zwischen beschreibenden, deutenden und wertenden Aussagen.	6	
3	belegt Aussagen funktional durch korrekte Zitate.	3	
4	formuliert begrifflich präzise und differenziert, sprachlich-stilistisch angemessen, abwechslungsreich und sicher.	10	
5	schreibt sprachlich korrekt.	3	
		28	

Eine Zuordnung der Punktezahlen zu den Notenstufen findet sich auf S. 46 in diesem Handbuch.

Autorin:
Cordula Grunow

Texte, Themen und Strukturen
Lernerfolgskontrolle 32, S. 3

D Sprache, Medien und Rhetorik

Konzeption des Großkapitels

Das Großkapitel D führt in die grundlegenden Teilbereiche der Sprachbetrachtung ein. Entsprechend dem integrativen Prinzip des Lehrwerks stehen den Schülerinnen und Schülern neben theoretischen Sachtexten auch literarische und philosophische Texte sowie politische Reden und satirische Texte zur Verfügung.

D1: Die **Struktur der Sprache** wird erarbeitet am Beispiel des Zeichencharakters der Sprache, der Semantik der Metapher und der fachsprachlichen Begriffsbildung. Das Kapitel erweitert die im Vorkurs-Kapitel A5 erfolgte Einführung in die Funktionen der Sprache (Organon-Modell, Kommunikationsmodelle).

D2: Der Zusammenhang von **Sprache und Medien, Denken, Bewusstsein und Wirklichkeit** wird im Kontext sprach- und medientheoretischer Positionen reflektiert. In literarischen Texten vor allem des Epochenumbruchs 1900 wird der Zusammenhang von Sprachbewusstsein und Wirklichkeit als Krise der Wahrnehmung und Krise der Sprache thematisiert.

D3: Sprache als Ergebnis ontogenetischer, historischer und interlingualer Entwicklungsprozesse ist Schwerpunkt des Kapitels **Sprachentwicklung, Sprachwandel und Spracherwerb.** Hier werden der Ursprung und die Geschichte der deutschen Sprache, die gegenwärtige Anglizismendebatte und der Erst- und Zweitspracherwerb behandelt.

D4: Das Kapitel führt in grundlegende Aspekte **sprachlicher Varietäten** ein: Standardsprache, Umgangssprache, Dialekt, geschlechtsspezifischer Sprachgebrauch, Jugendsprache und Ethnolekt.

D5: Am Beispiel vornehmlich **politischer Reden** aus unterschiedlichen Epochen und Kontexten erarbeiten die Schülerinnen und Schüler die **rhetorischen Funktionen der Sprache.**

	Inhalte	Kompetenzen Die Schülerinnen und Schüler
S.471	**D Sprache, Medien und Rhetorik**	• reflektieren das für sie so selbstverständliche Phänomen Sprache und lernen Sprache als ein komplexes und dynamisches Gebilde kennen

Den Einstieg in die Thematik „Sprache, Medien und Rhetorik" bietet ein Zitat von Ludwig Wittgenstein, das die Schülerinnen und Schüler dazu anregt, sich kreativ gestaltend mit dem für sie so selbstverständlich erscheinenden Phänomen Sprache auseinanderzusetzen.   ► S.471

1 Die Stadt-Metapher in dem Wittgenstein-Zitat eröffnet den Schülerinnen und Schülern einen kreativen Zugang zum Phänomen „Sprache". Ausgehend von ihren eigenen Vorerfahrungen wird ihnen die uns so selbstverständlich erscheinende Sprache als eines der großen Rätsel der Menschheit ins Bewusstsein gehoben.

2 a/b Jede natürliche Sprache ist ein sehr komplexes und dynamisches Gebilde, das nicht das Produkt eines Einzelnen ist, sondern auf einer fast geheimnisvoll anmutenden, stillen Übereinkunft von vielen beruht. Diese Übereinkunft gewinnt noch an Faszination, wenn man sich bewusst macht, dass sich die Sprache unter historischen, sozialen, geografischen und situativen Einflüssen ständig wandelt und differenziert. Entsprechend können die „Sprach-Städte" der Schülerinnen und Schüler gestaltet sein: Alte und neue Sprachviertel repräsentieren Formen des Sprachwandels, verschiedene „Quartiere" legen die Auseinandersetzung mit Sprachvarietäten nahe, Orientierungsmöglichkeiten verweisen auf pragmatische Aspekte usw.

1 Die Struktur der Sprache – Wort und Bedeutung

Konzeption des Kapitels

Im ersten Teilkapitel **(„Der Zeichencharakter der Sprache – Zeichen unterscheiden")** lernen die Schülerinnen und Schüler den Zeichencharakter der Sprache kennen und werden an die Differenzierung sprachlicher Zeichen herangeführt, um schließlich die konstituierenden Elemente eines sprachlichen Zeichens zu reflektieren. Ausgehend von einem Bild des Surrealisten René Magritte erarbeiten sie zunächst die strukturellen Merkmale von Sprache und unterscheiden anschließend künstliche und natürliche Zeichen auf der Basis eines Auszugs aus dem Roman „Der Name der Rose" von Umberto Eco. Ausgangspunkt für die folgenden Überlegungen ist dann ein Auszug aus der „Zeichentheorie" von Ferdinand de Saussure, dem sich Helmut Seifferts Darstellung der Dreidimensionalität des sprachlichen Zeichens anschließt.

Im zweiten Teilkapitel **(„Die Semantik der Metapher – Klassifikationen und Kontexte")** richtet sich dann der Fokus auf die „Semantik der Metapher". Von der Betrachtung der metaphorischen Gestaltung dreier Gedichte werden die Schülerinnen und Schüler zu einer Metapherndefinition, dargestellt in einem Text von Harald Weinrich, herangeführt, um diese dann an Beispielen zu überprüfen und zu modifizieren.

Das dritte Teilkapitel **(„Verständnisprobleme? – Die Fachsprache der Sprachwissenschaft")** beschäftigt sich mit dem Thema „Verständnisprobleme", dargestellt am Beispiel der Fachsprache der Sprachwissenschaft. Dazu werden zwei sprachwissenschaftliche Texte zum Phänomen der „Synonymie" untersucht und miteinander verglichen.

Literaturhinweise

Ernst, Peter: Germanistische Sprachwissenschaft. UTB, Facultas Verlags- und Buchhandels AG, Wien 2004

Gierlich, Heinz / Gerling, Martin: Abrakadabra der Fachsprache: Wissenschaft und Medienöffentlichkeit. Cornelsen, Berlin 2000 (Kursthemen Deutsch. Hg. von Dietrich Erlach und Bernd Schurf)

Metapher. Der Deutschunterricht (Friedrich Verlag) 6/2006

Raddan, Günter: Konzeptuelle Metaphern in der kognitiven Semantik. In: Wolfgang Börner/Klaus Vogel (Hg.): Kognitive Linguistik und Fremdsprachenerwerb. G. Narr, Tübingen 1994, S. 69–74

Saussure, Ferdinand de: Grundfragen der Allgemeinen Sprachwissenschaft. W. de Gruyter, Berlin ²1967

Schurf, Bernd: Linguistik der Metapher. Überlegungen zu einer integrierten Sprachreflexion auf der Sekundarstufe I. In: Der Deutschunterricht 34, 3/1982, S. 6–19

Ulrich, Winfried: Linguistik für den Deutschunterricht. Westermann, Braunschweig 1977

Waldmann, Günter: Produktiver Umgang mit Lyrik. Schneider Verlag Hohengehren, Baltmannsweiler, 6. korrigierte Auflage 1999

	Inhalte	Kompetenzen Die Schülerinnen und Schüler
S. 472	**1 Die Struktur der Sprache – Wort und Bedeutung**	• erkennen, dass Worte einer bestimmten Vorstellung zugeordnet werden und umgekehrt • reflektieren Gesetzmäßigkeiten und Willkürlichkeit dieser Zuordnung
S. 473	**1.1 Der Zeichencharakter der Sprache – Zeichen unterscheiden** *Umberto Eco:* Der Name der Rose *Heinz Erhardt:* ??? / Die Augen *Ferdinand de Saussure:* Die Natur des sprachlichen Zeichens	• verfügen über grundlegende Einsichten in die Struktur von Sprache, insbesondere über den Zeichencharakter von Sprache und die Dreidimensionalität sprachlicher Zeichen (Semantik, Syntax und Pragmatik) • können Arbitrarität und Konventionalität als gleichzeitig wirkende Konstituenten des sprachlichen Zeichens beschreiben
S. 476	**Dimensionen des sprachlichen Zeichens**	• können diese Einsichten für die Erläuterung sprachlicher Phänomene im Alltag und in literarischen Texten nutzen • wenden Lese- und Analysestrategien im Umgang mit Sachtexten an
S. 477	**1.2 Die Semantik der Metapher – Klassifikationen und Kontexte** *Hilde Domin:* Schrift *Joseph von Eichendorff:* Wünschelrute *Erich Fried:* Wörterdämmerung *Harald Weinrich:* Semantik der Metapher	• können im Rahmen der Untersuchung und Gestaltung vornehmlich lyrischer Texte den metaphorischen Charakter der Sprache entdecken und beschreiben • beschreiben die Metapher als Konterdetermination von Bedeutungserwartungen • kennen Bildspender und Bildempfänger als semantisch-syntaktische Pole der Metaphorik • erproben und beurteilen die Tragfähigkeit der Metapherntheorie an einem lyrischen und einem Alltagsbeispiel • wenden Lese- und Analysestrategien im Umgang mit Sachtexten an
S. 479	**1.3 Verständnisprobleme? – Die Fachsprache der Sprachwissenschaft** *John Lyons:* Die Sprache *Peter Ernst:* Germanistische Sprachwissenschaft	• erkennen den Nutzen und die Probleme im Umgang mit Fachsprachen und setzen sich produktiv mit ihnen auseinander

486 D1 WORT UND BEDEUTUNG

1 Die Struktur der Sprache – Wort und Bedeutung

▶ S. 472 **1 a/b** Die von **René Magritte** in seinem Bild „Der Schlüssel der Träume" gestaltete „Enzyklopädie" irritiert, wirkt verrückt: Dem Bild eines Eis wird das Wort „Akazie" zugeordnet, das Bild eines Damenschuhs wird dem Wort „Mond" zugeordnet, das Bild eines Herrenhuts (bei uns als „Melone" bekannt) dem Wort „Schnee", das Bild einer Kerze dem Wort „Decke", das Bild eines Glases dem Wort „Gewitter" sowie dem Bild eines Hammers das Wort „Wüste".

    c Worte werden einer bestimmten Vorstellung zugeordnet und umgekehrt. Wesentliche Elemente der Sprachbetrachtung sind also das Bezeichnete und das Bezeichnende. Magritte präsentiert das fiktionale Modell einer Denkweise, die uns als unlogisch erscheinen muss.

1.1 Der Zeichencharakter der Sprache – Zeichen unterscheiden

▶ S. 473 **Umberto Eco: Der Name der Rose** (1980)

    1 a „Die Welt spricht zu uns wie ein großes Buch, welches Zeichen darbietet, die gelesen werden müssen!" – so könnte der Auftrag des Semiotikers Eco lauten, der uns in seinem Roman „Der Name der Rose" auf Spuren- und Zeichensuche schickt. In der so genannten Brunellus-Episode folgt der Ich-Erzähler des Romans, Adson von Melk, William von Baskerville als dessen junger Adlatus. Er berichtet von einer Begebenheit, in der sein Meister ihn mit seiner großen Kunst des Zeichenlesens verblüfft: Anhand einiger weniger Hinweise vermag Baskerville nicht nur den Aufenthaltsort, sondern auch das Aussehen und den Namen eines entlaufenen Pferdes zu bestimmen. Im folgenden Dialog führt der Meister den Schüler auf seinen Erkenntnisweg des abduktiven Schließens: Zeichen erkennen, unterscheiden und mittels Rückschluss deuten – seien es Spuren im Schnee oder Pferdehaare am Strauch; sie werden ebenso gedeutet wie Wörter, Texte und Bilder.

    b Baskerville bezieht sich dabei sowohl auf natürliche Zeichen (Hufspuren im Schnee weisen die Richtung, die Hufform und der Abstand zwischen den Abdrücken liefern Hinweise auf Rasse, Charakter und ggf. Ausbildungsstand des Pferdes, abgeknickte Zweige dienen als Hinweis für seine Größe) als auch auf künstliche Zeichen, die von Menschen geschaffen werden, um eine Idee zum Ausdruck zu bringen (Brunellus, der Name des Pferdes, der sein besonders edles Wesen verdeutlicht).

    c Die beschriebenen physikalischen Sachverhalte stehen quasi als Folge des Bezeichneten (vgl. „Anzeichen/Index", Aufgabe 2). Wenn ein Zeichen etwas indiziert, kann man aus dem Auftreten dieses Zeichens eine Ursache erschließen, beispielsweise eben aus einem gleichmäßigen Hufabdruck einen gemäßigten Galopp, der wiederum auf die Natur des Pferdes deutet. Auf Grund seiner Erfahrung und seines Wissens über die entsprechenden Sachzusammenhänge kann Baskerville auf diese Ursachen schließen. Adson fehlt es vermutlich an zwei Kompetenzen: Er hat einerseits noch nicht Baskervilles Wissen und Erfahrung, zum anderen fehlt es ihm an der für den abduktiven Schlussmodus nötigen Courage. Wie kühn Baskervilles Rateinstinkt ist, beweist er eindrucksvoll beim Erschließen des Pferdenamens: Sicher hätte das Pferd auch anders heißen können und die angeführte Autorität (Buridan) für die Benennung des Pferdes legt den Namen Brunellus eben nur mit einer gewissen Wahrscheinlichkeit nahe, doch Baskerville wagt – und gewinnt. (→ Kriminalroman!)

    2 Die ergänzte Tabelle könnte etwa folgende Beispiele enthalten:

Anzeichen (Index)	Bildzeichen (Icon)	Sprachzeichen (Symbol)
Rauch, Wasserdampf, Fieber, andere Krankheitssymptome wie rote Flecken etc., Pfützen, Spuren, DNA, Lesezeichen …	Vorfahrtsschild, Abbildungssprachen (z. B. chinesische Schriftzeichen oder Hieroglyphen), Kreis mit durchgestrichener Zigarette („Rauchen-verboten"-Schild) …	Haus, Kreuz, gezeichneter Fisch, zwei sich überlappende Ringe, Herz, weiße Taube auf blauem Grund …

Das **Anzeichen (Index)** steht – wie oben beschrieben – zum Bezeichneten immer in einem kausalen oder Ursache-Folge-Verhältnis.
Ein **Bildzeichen (Icon)** beruht immer auf einer Ähnlichkeit zwischen dem Gegenstand und dem Zeichen, das Zeichen bildet also ab. Für den Betrachter bedeutet dies jedoch, dass er Kenntnis über die Eigenschaften der Gegenstände sowie die Technik der Abbildung besitzen muss, um das Bildzeichen zu

1.1 DER ZEICHENCHARAKTER DER SPRACHE   487

verstehen. In vielen Fällen ist eine gewisse Symbolik des Zeichens nicht übersehbar – in Grafiken oder Kurven wird dies besonders deutlich.

Sprachzeichen und Symbole stehen zwar auch in einer Beziehung zum Gegenstand, im Gegensatz zum Index oder Icon ist diese Verbindung jedoch willkürlich, weist also weder auf ein Ursache-Folge-Verhältnis (Index) noch auf Ähnlichkeit (Icon) hin. Charakteristisch ist hier, dass das Zeichen aber auf Konventionen beruht und dass man diese Konvention kennen muss, um das Zeichen richtig zu verstehen.

Heinz Erhardt: ??? / Die Augen   ▶ S. 474

1 a/b Zunächst erscheinen die Gedichte von Heinz Erhardt (insbesondere das „Eichhörnchen-Gedicht") den Schüler/innen oft als „Nonsens"-Gedichte, erfahrungsgemäß wird aber schnell das Thema „Spielen mit Sprache" angesprochen oder die Erinnerung an das „Teekesselchen"-Spiel geweckt. (Dabei denken sich die einzelnen Spieler ein Wort mit zwei Bedeutungen – das „Teekesselchen" – aus; das „Teekesselchen" ist so zu umschreiben, dass es von den Mitspielern geraten werden kann, z. B. „Mein Teekesselchen kann Feuer speien." „Mein Teekesselchen fliegt im Herbst in den Wind." Lösung: Drachen.)

Die Pointe des ersten Gedichts („???" / „Eichhörnchen"-Gedicht) liegt in der Analyse des Kompositums „Eichhorn", wobei die logische Ableitung des Namens aus seinen Bestandteilen „Eich(e)" und „Horn" widerlegt wird. Vermutlich verdanken die Eichhörnchen ihren Namen ursprünglich nicht der Eiche oder den Eicheln, sondern dem althochdeutschen „aig", was „sich schnell bewegen" bedeutet (vgl. http://de.wikipedia.org, Stichwort „Eichhörnchen"). Zudem trifft das Gedicht ein Kernthema des Kapitels, den Zeichencharakter der Sprache, und führt am Beispiel das Phänomen der Arbitrarität ein, welches dann anhand des Textes von Saussure (ebenfalls S. 474 im Schülerband) reflektiert wird. Im Rückgriff auf die mögliche „Teekesselchen"-Assoziation der Schülerinnen und Schüler könnten am Beispiel des zweiten Gedichts die Homonyme als Gegenteil von Synonymen thematisiert werden, d. h. zwei Wörter unterschiedlicher Herkunft und Bedeutung, die aber gleich ausgesprochen und/oder gleich geschrieben werden (vgl. dazu auch Teilkapitel D1.3 „Verständnisprobleme? – Die Fachsprache der Sprachwissenschaft"). Die Pointe des zweiten Gedichts („Die Augen") besteht im Spiel mit den Homophonen „Lied" / „Lid". Weitere Beispiele für Wörter, die gleich ausgesprochen werden, aber verschiedene Schreibweisen haben: „Lehre"/„Leere", „Rad"/„Rat", „seid"/„seit", „Wahl"/„Wal". Der Cartoon „Ladendiebstahl" erfordert die genaue Bestimmung der Bedeutung, mit der das Wort in unseren Wortschatz lexikalisiert ist, also als „Diebstahl im Laden" (i. e. Präposition „in" + Dativ → Angabe des Ortes); der Cartoon legt die Verknüpfungsmöglichkeit der Morphembedeutungen „Laden" und „Diebstahl" im Sinne von „Diebstahl des Ladens" nahe.

2 Beispiele aus dem Alltag, in denen Wörter oder Sätze mehrdeutig sein können (wobei hier auch nicht perfekte Homonyme enthalten sind; perfekte Homonyme = homograph, homophon, gleiche Wortart und Grammatik):
   - mehrdeutige Wörter („Teekesselchen"): Boxer, Blatt, Birne, Hahn, Schloss, Strauß, Brille, Tor, Schale;
   - Satzbeispiele: „Schau mal, der *bunte* Vogel da!", „Vor der *Barkasse* bildet sich eine lange Schlange."

Ferdinand de Saussure: Die Natur des sprachlichen Zeichens   ▶ S. 474

1 Der vorgeschlagene Lösungsgang (Teilaufgaben a–d) bildet in Kurzform die wesentlichen Schritte der erweiterten „Fünf-Schritt-Lesemethode" zur Erschließung eines komplexen Sachtextes ab (vgl. S. 125–130 im Schülerband). Die Schülerinnen und Schüler werden dabei dazu angeleitet, den Textinhalt möglichst selbstständig zu erarbeiten und sollen das sprachliche Zeichen als „aliquid stat pro aliquo" – etwas Bezeichnendes steht für etwas Bezeichnetes – definieren und den Ausdruck (Lautbild, Bezeichnendes, Signifikant) als physikalisches bzw. physiologisches Element und den Inhalt (Vorstellung, das Bezeichnete, Signifikat) als psychische Konstituente des sprachlichen Zeichens beschreiben können.

2 Vorschlag für ein Tafelbild:

Ausdrucksseite (Bezeichnung)	Bus (dt.)	Bus (engl.)	Möhre/Karotte
Inhaltsseite (Bezeichnetes)	meist eingeschossiges Fahrzeug für die Beförderung einer größeren Anzahl von Fahrgästen	roter Doppeldecker	Gemüsesorte, Doldengewächs
	Abkürzung von „Omnibus": lat. „für alle"		

488 D 1 WORT UND BEDEUTUNG

3 **Arbitrarität und Konventionalität des sprachlichen Zeichens:** Ausdruck und Inhalt des sprachlichen Zeichens stehen in einer beliebigen Verbindung zueinander **(Arbitrarität)**. Begründet wird die Willkürlichkeit der Zuordnung mit der Tatsache, dass dasselbe Objekt der Realität von Sprache zu Sprache verschieden benannt wird. Gleichzeitig bedeutet das aber nicht, dass ein einzelner Sprecher bei der Konstruktion eines sprachlichen Zeichens die Zuordnung frei bestimmen kann. Beim Erwerb einer Sprache und in der Kommunikation mit anderen wird der Zusammenhang zwischen Ausdruck und Inhalt als eine gewohnheitsmäßige Verbindung erlebt, die Zuordnung von Bezeichnendem und Bezeichnetem ist also durch die **Konventionen** einer **Sprachgemeinschaft** determiniert. Arbitrarität bedeutet in diesem Zusammenhang, dass es keinen objektiven Grund gibt, warum konventionell ein Inhalt einem ganz bestimmten Ausdruck zugeordnet ist.

4 a Sprachliche Zeichen sind Symbole und als solche arbiträr. Wenn die Bedeutungen einer identischen Form nichts miteinander zu tun haben, handelt es sich um Homonyme, die als solche auf Arbitrarität hinweisen. Sprachliche Zeichen werden aber immer im Kontext verstanden; die Elemente eines Wortschatzes sind miteinander vernetzt. Mitglieder einer Sprachgemeinschaft einigen sich (meist unbewusst) darüber, welche Bedeutung ein Zeichen in welchem Zusammenhang hat (Konvention!). Beispiele: „Der Schimmel grast auf der Weide"→ weißes Pferd und nicht die gesundheitsgefährdenden Pilzsporen. „Die Birne ist saftig"→ das Obst und eben nicht der Leuchtkörper. „Modern"/ „modern" sind zwar homograph, aber nicht homophon, hier entscheidet die Betonung, mit welcher Bedeutung die Form verknüpft wird. Beim Beispiel „Pferd"→ Tier/Turngerät/Schachfigur liegen zwar unterschiedliche Bedeutungen einer identischen Form vor, die Bedeutungen sind aber miteinander verbunden (Ähnlichkeit mit dem Tier).

b Onomatopöien oder bestimmte grammatische Phänomene belegen, dass der Ausdruck zumindest teilweise durch eine Ähnlichkeit zum Inhalt motiviert sein kann („relative Motiviertheit" des Zeichens bei gleichzeitig prinzipiell bestehender Arbitrarität). Ein Beispiel ist die Pluralbildung durch Reduplikation, z. B. in Indonesien: „buku" → „Buch", „buku buku" → „Bücher"; in Australien (Walpiri): „kurdu" → „Kind", „kurdu kurdu" → „Kinder"; auf den Philippinen: „pusa" → „Katze", „pus pusa" → „Katzen"; in der Gebärdensprache: Gebärde für „Person" → „eine Person", dreimal die Gebärde für „Person" = „Person, Person, Person" → „Menschen".

5 Der Surrealist Magritte thematisiert in seinem Bild „Der Schlüssel der Träume" (S. 472 im Schülerband) die Beziehungen zwischen Ausdruck und Inhalt: Er verwendet einen Gegenstand und versieht ihn mit falschen Beschriftungen. Verdeutlicht wird so die prinzipielle Willkürlichkeit der Zuordnungen und der oben genannte Aspekt der Konventionalität.

6 a/b Das Experiment, den beiden Abbildungen im Schülerband die Bezeichnungen „Maluma" und „Takete" zuzuordnen, geht auf den Psychologen Wolfgang Köhler (1947) zurück: Beide Lautfolgen haben keine Bedeutung, werden aber von Versuchspersonen sprachübergreifend mit signifikanter Übereinstimmung wie folgt zugeordnet: „Maluma" der runden, „Takete" der eckigen grafischen Darstellung. Köhler folgerte hieraus, dass es eine intuitive Verbindung zwischen Sprache und grafischen Darstellungen geben muss, also Laute mit der Wahrnehmung von Formen korrespondieren. Die Laute „a", „u" und „m" werden offensichtlich mit Rundheit und Weichheit in Verbindung gebracht, die Laute „t" und „k" mit Eckigkeit und Härte assoziiert. Diese Ikonizität als wahrgenommener Ähnlichkeit zwischen der Bedeutung und der Form eines Zeichens widerspricht in gewissem Maße der von Saussure beschriebenen Arbitrarität sprachlicher Zeichen.

Dimensionen des sprachlichen Zeichens

▶ S. 476 1 Die Dimensionen des Begriffs „Lächeln" am Beispiel des Satzes „Schenk mir dein Lächeln!" (nach Helmut Seiffert):
- semantische Dimension (vgl. Saussure): „Lächeln"→ ☺;
- syntaktische Dimension (Satzlehre/Grammatik): gegliederte Folge, „Zusammenordnung" von Zeichen, hier: Funktion des Akkusativobjekts;
- pragmatische Dimension: Der Angesprochene soll lächeln, er soll nicht nur die Bedeutung verstehen, sondern ausführen, was ihm durch das Wort (und seinen Kontext) aufgetragen wird.

1.2 DIE SEMANTIK DER METAPHER **489**

2 Analyse der Beispielsätze unter dem Aspekt der Dreidimensionalität sprachlicher Zeichen:
- Der Satz „Rede kein Blech!" ist als eine Aufforderung gemeint (vgl. Ausrufezeichen). Der pragmatische Kontext macht klar, dass die eigentliche Bedeutung von „Blech" (= flaches Walzwerkprodukt aus Metall) nicht gemeint sein kann. Die semantische Veränderung (hier: Metaphorisierung) weist dem Ausdruck einen neuen Inhalt zu: „Blech" heißt jetzt soviel wie „Unsinn", „Nonsens".
- Im zweiten Satz („Da fährt ein Haufen Blech") steht „Blech" für die abschätzige Bezeichnung eines Fahrzeugs.
- Auch der Satz „Sind das echte Perlen?" wird durch seinen pragmatischen Kontext determiniert und kann je nach Intonation, Gestik und Mimik des Sprechers Folgendes ausdrücken: eine sachliche Frage nach Information – Bewunderung – Neid – Zweifel.

Weiterführendes Material zu diesem Teilkapitel findet sich auf der beiliegenden CD:
- *Peter Bichsel:* Ein Tisch ist ein Tisch (1997)

1.2 Die Semantik der Metapher – Klassifikationen und Kontexte

Gedichte von Hilde Domin, Joseph von Eichendorff und Erich Fried   ▶ S. 477

1 a–c Erste Leseeindrücke, Assoziationen zur Schwerpunktsetzung des Kapitels, Diskussion der bildhaften Vorstellung von Sprache, die in den Gedichten zum Ausdruck kommt:
- H. Domin: Schrift als Metapher für das, was ein Mensch dem anderen in einer Partnerschaft bedeutet, als Metapher dafür, wie er ihn prägt;
- J. v. Eichendorff: Sprache, hier das Dichterwort, vermag die in der gesamten Welt verborgene Poesie zu erwecken, die (in den Augen der Romantiker vermeintliche) Trennung von Alltagsrealität und Poesie aufzuheben.
- E. Fried: Kontrast zwischen metaphorischer Konstruktion des Gedichts und Kritik am metaphorischen Sprachgebrauch.

2 a Bedeutungsbereiche, aus denen die Metaphern stammen, und Assoziationen, die sie hervorrufen:
- H. Domin: Erde, Acker vs. vom Wind verwehter Sand → Bodenhaftung, Beständigkeit, Tiefe vs. Flüchtigkeit, Oberflächlichkeit;
- J. v. Eichendorff: Zauber, Märchenhaftes, Magie, Schlaf, Traum → Unendlichkeit, Transzendenz, wahre Schönheit der Welt;
- E. Fried: Feuer, Brand → Katastrophe, Vernichtung.

   b Metapherntypen in den drei Gedichten – Ergänzung der Tabelle:

Metapherntyp	Beispiel
Genitivmetapher	„Brand der Worte" (V. 1), „Flamme der ältesten Worte" (V. 14) (Fried)
Kompositionsmetapher	„Zauberwort" (V. 4, Eichendorff), „geblähte Prunkwörter" (V. 4, Fried)
Prädikationsmetapher	Worte „flackern auf" (V. 2), „qualmen" (V. 3), „platzen" (V. 4), „Begriffe schrumpfen" (V. 5), „Perioden winden sich" (V. 7), „Punkte knistern und sprühen" (V. 8), „Bilder leuchten [...] auf", „Augen fliegen davon" (V. 15) (Fried) ...
Vergleich	„Meine Schrift auf dir / ist wie ein Zeichen im Sand" (V. 3/4, Domin)

3 Untersuchung des Verlaine-Zitats „Votre âme est une paysage choisi":
- Metapherntyp: Prädikationsmetapher („Votre âme **est** [...]") – die Seele wird mit einer erlesenen Landschaft gleichgesetzt.
- Bildspender: „Landschaft" (paysage) – Bildempfänger: „Seele" (âme). Die Wörter geben sich gegenseitig Kontext und reduzieren sich gegenseitig in ihrem Bedeutungsumfang.

490 D1 WORT UND BEDEUTUNG

▶ S. 478 Harald Weinrich: **Semantik der Metapher**

1 Eine Metapher ist nach Weinrich „[…] nie ein einfaches Wort, immer ein – wenn auch kleines – Stück
Text", Z. 15 ff.). Für die Metaphernanalyse folgert er daraus die methodische Konsequenz, dass man von
der Wort- zur Textsemantik übergehen müsse.
Kennzeichen der Metapher ist, dass die übliche, in der Wortbedeutung z. B. von „Landschaft" angelegte
Determinationserwartung (dass nämlich im Folgenden von „Landschaftlichem" die Rede sein wird)
enttäuscht wird. Stattdessen entsteht durch die Verbindung mit „Seele" eine Überraschung, die gedeutet
werden muss. Diesen Vorgang nennt Weinrich „Konterdetermination".

2 a Auch in dem Gedicht Ernst Jandls lässt sich die Metapher als Wort in einem konterdeterminierten
Kontext beschreiben: „Rache", „Sprache" und „Gedicht" stehen in einem überraschenden
Zusammenhang, der einer Deutung bedarf.

  b Die Schülerinnen und Schüler können beim Weiterschreiben des Gedichts z. B. die Metapher auflösen
und erläutern, inwiefern vielleicht gerade sie ein Gedicht als „Rache" empfinden, oder sie können
ausführen, wofür die Sprache „Rache nimmt". Auf formaler Ebene können „Konterdeterminationen" –
Überraschungseffekte – von ihnen selbst konstruiert und in ihrer Wirkung erprobt werden.

3 a/b Der Hörer muss die Äußerung des Radiosprechers, der von einem Fußballspiel berichtet, als eine
metaphorische identifizieren können und der Sprecher muss seine Äußerung als eine metaphorische
gemeint haben. Um diesen Prozess erläutern zu können, muss die auf semantischen Überlegungen
basierende „Konterdeterminationstheorie" Weinrichs um einen pragmatischen Aspekt erweitert
werden.

▶ S. 479 ## 1.3 Verständnisprobleme? – Die Fachsprache der Sprachwissenschaft

1/2 Den Schülerinnen und Schülern wird der Text über Synonymie von Peter Ernst („Germanistische
Sprachwissenschaft") verständlicher erscheinen als der von John Lyons („Die Sprache"), denn Ernst
arbeitet mit anschaulichen Beispielen und verwendet wenige Fachbegriffe. Außerdem veranschaulicht
eine Grafik den komplizierten Sachverhalt.
Lyons geht von einer Festlegung aus, welche Eigenschaften eine Bedeutung haben kann: nämlich
„beschreibend", „ausdrucksbetont" oder „auf gesellschaftliches Miteinander bezogen", und leitet
daraus eine Definition von „Synonymie" ab. Er folgert, dass Worte dann als vollständig synonym
bezeichnet werden können, wenn sie in allen drei Bedeutungseigenschaften identisch sind. Die Darlegungen münden in der Beschreibung, wann Worte absolut synonym sein können, um schließlich
festzustellen, dass „vollständige Synonymie" kaum auftritt und „absolute Synonymie" so gut wie nicht
existiert. – Der Gebrauchswert für die Schülerinnen und Schüler wird hier von vornherein fast ad absurdum geführt. Die Ausführungen werden durch keinerlei Beispiele veranschaulicht und bleiben in
einem schwer verständlichen Fachjargon.
Ernst hingegen geht von einer veranschaulichenden, allgemein gehaltenen Grafik aus und stellt dann
an alltagsnahen Beispielen verständlich dar, dass Synonymie nicht vollständig und absolut sein kann.

3 Argumente in einer Diskussion zur Fachsprachenproblematik für einen weniger fachsprachlichen Text wie
den von Ernst könnten also sein: Verständlichkeit, große Zielgruppe, „Bildung für alle / Emanzipation".
Mögliches Gegenargument: geringeres Abstraktionsniveau.
Für einen stark durch Fachsprache geprägten Text wie den von Lyons könnte sprechen: Fachleute verstehen den Text, bedienen sich exakter Wissenschaftsprache, die entsprechende Gedanken vielleicht erst
ermöglicht („Die Grenzen meiner Sprache sind die Grenzen meiner Welt"), Aspekt der Ökonomie. Kontra-
argumente: elitäre Haltung der Wissenschaft, Abgrenzung, Ausschluss vieler, Gefahr der „Enthumani-
sierung" von Wissenschaft und Forschung.

◎ Weiterführendes Material zu diesem Teilkapitel findet sich auf der beiliegenden CD:
  ▪ Metaphernbaukasten – Metaphernspiel – Geflügelte Worte

D1.2 LERNERFOLGSKONTROLLE/KLAUSURVORSCHLAG

Argumentative Entfaltung eines fachspezifischen Sachverhalts im Anschluss an eine Textvorlage

Aufgabenstellung

1 Legen Sie den Argumentationsgang des vorliegenden Textes knapp dar und untersuchen Sie die These von Kurz, die Metapher sei ein „pragmatisches Phänomen". *(24 Punkte)*

2 Stellen Sie Bezüge zu Ihren Erkenntnissen über das Wesen der Metapher aus dem Unterricht her, gehen Sie dabei vor allem auf den Ansatz von Weinrich ein und belegen Sie Ihre Ergebnisse an Beispielen. *(48 Punkte)*

Gerhard Kurz: **Pragmatik der Metapher** (1976)

Da es immer auf die kommunikative Situation ankommt, in der festgelegt wird, was mit der Bedeutung eines sprachlichen Ausdrucks gemeint ist, ist die Metapher nicht einfach als ein formales semantisches Phänomen beschreibbar. Sie ist ein *pragmasemantisches* Phänomen. Man kann auch kürzer formulieren: Sie ist ein pragmatisches[1] Phänomen. Pragmatik behandelt das Sprechen im Verhältnis zum Verstehen und Handeln dialogischer Partner. [...]

Aus unseren bisherigen Überlegungen können wir auch ableiten, welche Bedingungen gegeben sein müssen, damit wir einen Sprachgebrauch als einen metaphorischen identifizieren.

Eine bestimmte Verwendung eines Wortes in einem Kontext oder in einer Situation wäre dann als metaphorisch zu identifizieren, wenn sie

1. wörtlich, d. h. in einem kategorial[2] festgelegten Sinn, falsch wäre und wenn sie
2. nichtwörtlich sinnvoll ist.

Genauer muss man formulieren: eine Äußerung ist metaphorisch, wenn sie metaphorisch *gemeint* ist, d. h. wenn der Sprecher will, dass er metaphorisch verstanden wird. Der Sprecher will nicht, dass der Hörer glaubt, ihm sei bloß ein Fehler unterlaufen. Seinerseits unterstellt der Hörer, dass der Sprecher dieses Wort in diesem Kontext und in dieser Situation mit Absicht gewählt hat. [...]

Es kommt für die Klärung der Voraussetzungen nicht darauf an, dass der Hörer die besondere Bedeutung der metaphorischen Äußerung versteht, sondern dass er die Äußerung überhaupt als eine Metapher versteht. Dabei stellt der Hörer die sprachlichen Konventionen in Rechnung, die allgemein geteilten Annahmen über die Ordnungsstruktur der Wirklichkeit, die kommunikative Situation, sein Wissen vom Sprecher, die Themen, die das Interesse unmittelbar in Anspruch nehmen. Er unterstellt, dass diese Äußerung von der Absicht motiviert ist, etwas auszudrücken, was anders nicht adäquat ausgedrückt werden kann. Er unterstellt, dass mit dem unkonventionellen Sprachgebrauch etwas Unkonventionelles ausgedrückt werden soll.

Auch wenn es sich um das Verhältnis zwischen einem Leser und einem Text, präziser: zwischen einem Leser und impliziten oder expliziten Sprecher eines Textes handelt, gelten diese kommunikativen Voraussetzungen.

Daher können die beiden Voraussetzungen für die Identifizierung einer Äußerung als eine Metapher expliziter formuliert werden: Eine Äußerung (ein Teil einer Äußerung) ist metaphorisch, wenn sie (er)

1. wörtlich gemeint und verstanden falsch wäre und wenn sie (er)
2. nichtwörtlich gemeint ist und als nichtwörtlich gemeinte verstanden wird.

Wie alle sprachlichen Äußerungen enthält auch die metaphorische Äußerung, und diese in einem spezifischen Grad, eine imperativische Sinnstruktur. Sie enthält implizit einen Interpretationshinweis. Sie sagt sich selbst und fordert eine Interpretation heraus. Diese doppelte Sinnstruktur der Äußerung hat etwa die Form: „Wenn du den Satz richtig verstehen willst, dann interpretiere ihn nicht als wörtlich, sondern als metaphorisch gemeint." Die beiden erarbeiteten Voraussetzungen für die Identifizierung einer metaphorischen Äußerung können mit der Formel resümiert werden, dass eine Äußerung dann als eine Metapher verstanden wird, wenn sie als ein *kalkulierter Verstoß* gegen die Normen des usuellen[3] Sprachsystems und die in ihm vorausgesetzten [...] allgemeinen Annahmen über die Ordnungsstruktur der Wirklichkeit rezipiert wird.

(Aus: Gerhard Kurz/Theodor Pelster: Metapher. Theorie und Unterrichtsmodell. Schwann, Düsseldorf 1976, S. 50–52)

---

[1] **Pragmatik:** linguistische Disziplin, die die Beziehung zwischen sprachlicher Äußerung und Sprecher/Hörer untersucht
[2] **kategorial:** die jeweilige Klasse/Gruppe betreffend, begriffsmäßig
[3] **usuell:** gebräuchlich, üblich

Autorin: Angelika Thönneßen

Texte, Themen und Strukturen
Lernerfolgskontrolle 33, S. 1

492 ERWARTUNGSHORIZONT

Aufgabe 1

	Anforderungen Die Schülerin / der Schüler	maximal erreichbare Punktzahl (AFB)	erreichte Punktzahl
1	verfasst eine themenbezogene Einleitung.	3 (I)	
2	formuliert einen Überblick über die aufgeworfene Fragestellung, mit der sich Kurz in seinem Text auseinandersetzt.	6 (I)	
3	gibt den Gedankengang des Textes knapp wieder, z. B.: • Ausgangsthese: Metaphern sind nur in ihrem kommunikativen Kontext zu verstehen • Definition notwendiger Bedingungen, die die Verwendung eines Wortes in einer bestimmten Situation metaphorisch werden lassen • Differenzierung dieser Bedingungen auf der Sprecher- und Hörerseite • Darstellung der nötigen Fähigkeiten des Hörers: Er muss die Metapher als eine solche erkennen/verstehen • Darstellung der kommunikativen Voraussetzungen für die Identifizierung einer Äußerung als Metapher • Ableitung der imperativischen Struktur einer Metapher • Formel zur Identifizierung einer Metapher: Metapher als „kalkulierter Verstoß" (Z. 67) gegen die Sprachnorm und Wirklichkeitstruktur	6 (I)	
4	untersucht und erläutert die zentrale These von Kurz: Die Metapher als „pragmasemantisches Phänomen" (Z. 5 f.).	6 (II)	
5	formuliert eine reflektierte Schlussfolgerung auf der Grundlage der Untersuchungsergebnisse.	3 (II)	
6	entwickelt einen weiteren, eigenständigen Gedanken. (Max. 4 Punkte)		
		24	

Autorin:
Angelika Thönneßen

Texte, Themen und Strukturen
Lernerfolgskontrolle 33, S. 2

ERWARTUNGSHORIZONT **493**

Aufgabe 2

	Anforderungen Die Schülerin / der Schüler	maximal erreichbare Punktzahl (AFB)	erreichte Punktzahl
1	formuliert eine aufgabenbezogene Überleitung.	3 (I)	
2	beschreibt und erläutert Merkmale/das Wesen der Metapher und nennt dabei Aspekte wie z. B.: ▪ Bedeutungsübertragung ▪ Bildspender und Bildempfänger als semantisch-syntaktische Pole der Metaphorik ▪ Metaphorik in der Lyrik und im Alltag	9 (II)	
3	verdeutlicht seine Ausführungen aus 2 an Beispielen.	6 (II)	
4	erläutert die Metapher im Rückgriff auf die Metapherntheorie von Weinrich als Konterdetermination von Bedeutungserwartungen.	9 (II)	
5	überprüft die Theorie von Weinrich vor dem Hintergrund seiner Untersuchungsergebnisse aus der Teilaufgabe 1 und erläutert wesentliche Unterschiede (z. B. den kommunikativen Kontext als konstituierendes Element → pragmatischer Aspekt).	9 (III)	
6	begründet seine Ergebnisse aus 5 mit Beispielen.	6 (III)	
7	formuliert einen resümierenden Schlussteil / ein Fazit.	6 (III)	
8	entwickelt einen weiteren, eigenständigen Gedanken. (Max. 6 Punkte)		
		48	

Darstellungsleistung

	Anforderungen Die Schülerin / der Schüler	maximal erreichbare Punktzahl	erreichte Punktzahl
1	strukturiert den Klausurtext schlüssig, sinnvoll verknüpft und gedanklich klar.	6	
2	schreibt fachsprachlich korrekt und differenziert zwischen beschreibenden, deutenden und wertenden Aussagen.	6	
3	belegt Aussagen funktional durch korrekte Zitate.	3	
4	formuliert begrifflich präzise und differenziert, sprachlich-stilistisch angemessen, abwechslungsreich und sicher.	10	
5	schreibt sprachlich korrekt.	3	
		28	

Eine Zuordnung der Punktezahlen zu den Notenstufen findet sich auf S. 46 in diesem Handbuch.

Cornelsen

Autorin:
Angelika Thönneßen

Texte, Themen und Strukturen
Lernerfolgskontrolle 33, S. 3

D2 DENKEN, BEWUSSTSEIN UND WIRKLICHKEIT

2 Sprache und Medien – Denken, Bewusstsein und Wirklichkeit

Konzeption des Kapitels

Das erste Teilkapitel (**„Sprache – Denken – Wirklichkeit"**) stellt das sprachphilosophische Thema anhand grundlegender Positionen vor. Benjamin Lee Whorfs „linguistisches Relativitätsprinzip" wird in Texten von Dieter E. Zimmer, David Crystal und Alexander Grau kritisch hinterfragt, mit neuesten Forschungsergebnissen der Kognitionspsychologie und Neurowissenschaften konfrontiert und erweitert. Die Schülerinnen und Schüler untersuchen und bewerten die Argumentation der Sachtexte, beziehen die Positionen auf ihren eigenen Erfahrungs- und Wissenshorizont und erörtern die Sachverhalte.

Im zweiten Teilkapitel (**„Krise der Wahrnehmung – Krise der Sprache"**) lernen die Schülerinnen und Schüler die Sprachnot als ein zentrales Motiv der literarischen Tradition kennen. Dabei reflektieren sie das Thema „Sprache – Denken – Wirklichkeit" in seiner poetischen Umsetzung. Die Relation von Wort, Bedeutung und Ding sowie das Problem der Wahrnehmung im poetischen Sprachgebrauch bilden die Schwerpunkte der Auseinandersetzung. Texte bedeutender Autoren des Epochenumbruchs um 1900 (Musil, Hofmannsthal, Rilke) und der Literatur nach 1945 (Celan, Frisch) sind Gegenstand der Untersuchung. Die Aufgaben bewegen sich zwischen Textanalyse, Problemerörterung und produktiv-gestaltendem Schreiben.

Im dritten Teilkapitel (**„Medien und Realität – Medienkritik"**) werden die Schülerinnen und Schüler mit grundlegenden Mediendefinitionen und der historischen Entwicklung der Medien seit der Antike aus kulturwissenschaftlicher Sicht bekannt gemacht. Eigene Erfahrungen und die weitere Recherche ergänzen die textbasierte Informationsverarbeitung. Am Beispiel der dominanten audiovisuellen Medien Fernsehen und Computer/Internet setzten sich die Schülerinnen und Schüler mit entscheidenden medienkritischen Positionen auseinander. Sie erläutern dazu die Argumentationsstruktur in Sachtexten und erörtern die Problematik in verschiedenen Formaten, z.B. Brainwriting, Pro-/Kontra-Diskussion, Leserbrief. Am Beispiel von Grafiken (Säulendiagramme) werden diskontinuierliche Informationen mit den bekannten Positionen in Beziehung gesetzt.

Literaturhinweise
Zu D2.1 Sprache – Denken – Wirklichkeit
Lehmann, Beat: ROT ist nicht „rot" ist nicht (rot). Eine Bilanz und Neuinterpretation der linguistischen Relativitätstheorie. Gunter Narr, Tübingen 1996
Pinker, Steven: Der Sprachinstinkt. Kindler, München 1996
Schaff, Adam: Einführung in die Semantik. Europäische Verlagsanstalt, Frankfurt/M./Wien 1969, S. 294–321 („Sprache und Wirklichkeit")
Sprache und Denken. Neue Perspektiven. Der Deutschunterricht (Friedrich Verlag) 5/2004
Sprache und Bewusstsein. Der Deutschunterricht (Friedrich Verlag) 4/1994
Werlen, Iwar: Sprachliche Relativität. Eine problemorientierte Einführung. Francke (UTB), Tübingen/Basel 2002
Zu D2.2 Krise der Wahrnehmung – Krise der Sprache
Erlach, Dietrich / Schurf, Bernd (Hg.): Epochenumbruch 1900: Krise der Sprache. Kursthemen Deutsch. Cornelsen, Berlin 2002
Fähnders, Walter: Avantgarde und Moderne. 1890–1933. Metzler, Stuttgart 1998
Mayer, Hans: Das Geschehen und das Schweigen. Aspekte der Literatur. Suhrkamp, Frankfurt/M. 1969
Schulte, Joachim (Hg.): Philosophie der Sprache. Arbeitstexte für den Unterricht. Reclam, Stuttgart 1981
Zu D2.3 Medien und Realität – Medienkritik
Eco, Umberto: Im Krebsgang voran. Heiße Kriege und medialer Populismus. Hanser, München 2007
Enzensberger, Hans Magnus: Mittelmaß und Wahn. Suhrkamp, Frankfurt/M. 1989
Faulstich, Werner: Medienkulturen. Wilhelm Fink, München 2000
Groeben, Norbert / Hurrelmann, Bettina: Medienkompetenz. Voraussetzungen, Dimensionen, Funktionen. Juventa, Weinheim/München 2002
Hörisch, Jochen: Der Sinn und die Sinne. Eine Geschichte der Medien. Die Andere Bibliothek/Eichborn, Frankfurt/M. 2001
Johnson, Steven: Neue Intelligenz. Warum wir durch Computerspiele und TV klüger werden. Kiepenheuer & Witsch, Köln 2006
Medienkommunikation. Der Deutschunterricht (Friedrich Verlag) 2/2002
Merten. K. / Schmidt, S. J. / Weischenberg, S. (Hg.): Die Wirklichkeit der Medien. Eine Einführung in die Kommunikationswissenschaft. Westdeutscher Verlag, Opladen 1994
Pias, Claus u. a. (Hg.): Kursbuch Medienkultur. Die maßgeblichen Theorien von Brecht bis Baudrillard. Deutsche Verlags-Anstalt, Stuttgart 1999
Postman, Neil: Die zweite Aufklärung. Vom 18. ins 21. Jahrhundert. BvT Berliner Taschenbuch Verlags GmbH, Berlin 1999
Schnell, Ralf: Medienästhetik. Zur Geschichte und Theorie audiovisueller Wahrnehmungsformen. Metzler, Stuttgart/Weimar 2000
Spitzer, Manfred: Vorsicht Bildschirm! Deutscher Taschenbuch Verlag, München 2005
Zimmer, Dieter E.: Die Bibliothek der Zukunft. Text und Schrift in Zeiten des Internet. Hoffmann und Campe, Hamburg 2000

D2 DENKEN, BEWUSSTSEIN UND WIRKLICHKEIT 495

	Inhalte	Kompetenzen Die Schülerinnen und Schüler
S. 480	**2 Sprache und Medien – Denken, Bewusstsein und Wirklichkeit** *Ludimar Hermann:* Gitter-Illusion *Nam June Paik:* TV Buddha *René Magritte:* Dies ist keine Pfeife	▪ wenden Verfahren des kooperativen Lernens an, um über Bilder grundlegende Aspekte des komplexen Zusammenspiels von Sprache/ Medien, Bewusstsein und Realität zu erschließen
S. 481	**2.1 Sprache – Denken – Wirklichkeit** *Benjamin Lee Whorf:* Das „linguistische Relativitätsprinzip" *Dieter E. Zimmer:* Wiedersehen mit Whorf *David Crystal:* Sprache und Denken *Alexander Grau:* Das Denken braucht den Raum	▪ kennen die grundlegenden Positionen zum Verhältnis von Sprache, Denken und Wirklichkeit ▪ analysieren und bewerten die Argumentationsstruktur in wissenschaftlichen und journalistischen Sachtexten ▪ erörtern das Pro und Kontra der unterschiedlichen Positionen ▪ erfassen das Thema als Schnittstelle verschiedener wissenschaftlicher Disziplinen, z. B. Linguistik, Psychologie, Philosophie, Biologie
S. 487	**2.2 Krise der Wahrnehmung – Krise der Sprache** **Sprachnot in der Literatur des 20. Jahrhunderts** *Robert Musil:* Die Verwirrungen des Zöglings Törleß *Yves Klein:* Blaues Schwammrelief *Hugo von Hofmannsthal:* Ein Brief *Max Frisch:* Das Unaussprechliche (Stiller) *Rainer Maria Rilke:* Ich fürchte mich so vor der Menschen Wort *Paul Celan:* Weggebeizt *Harald Weinrich:* Linguistische Bemerkungen zur modernen Lyrik	▪ vergleichen die poetische Verarbeitung des Motivs der Sprachnot in verschiedenen literarischen Texten ▪ analysieren komplexe epische und lyrische Texte unterschiedlicher Epochen inhaltlich und sprachlich-formal ▪ setzen ästhetische Gestaltungsweisen des zentralen Themas in Beziehung zu linguistischen Reflexionen ▪ reflektieren den Epochenhintergrund der Sprachkrise um 1900 und in der Literatur nach 1945 ▪ nutzen ein Gemälde und Gedichte zum produktiv-gestaltenden Schreiben
S. 492	**2.3 Medien und Realität – Medienkritik** **Was sind Medien? – Mediengeschichte von der Antike bis heute** *Jochen Hörisch:* Mediendefinitionen *Werner Faulstich:* „Jetzt geht die Welt zugrunde …" – Kulturkritik, „Kulturschocks" und Mediengeschichte. Vom antiken Theater bis zu Multimedia	▪ kennen verschiedene Mediendefinitionen ▪ erfassen die historische Entwicklung der Medien und der Medienkritik seit der Antike ▪ reflektieren Medientheorien und beurteilen sie vergleichend
S. 495	**Fernsehen und Computer – Medienkritische Fallbeispiele reflektieren** *Umberto Eco:* Der Verlust der Privatsphäre *Sascha Lehnartz:* Schlauer schießen *Steven Johnson:* Everything Bad is Good for You *Manfred Spitzer:* Vorsicht Bildschirm!	▪ setzen sich kritisch mit grundlegenden medienkritischen Positionen zu den audiovisuellen Medien Fernsehen und Computer/Internet auseinander ▪ nehmen mündlich und schriftlich in unterschiedlichen Diskursformaten kritisch Stellung
S. 499	**Wirkungen: Medien-/Internetnutzung – Grafiken und Statistiken**	▪ erklären einen diskontinuierlichen Text (Grafik) und setzen ihn in Beziehung zu bekannten Positionen der Medienkritik

496 D2 DENKEN, BEWUSSTSEIN UND WIRKLICHKEIT

2 Sprache und Medien – Denken, Bewusstsein und Wirklichkeit

▶ S. 480 **1/2** Die Schülerinnen und Schüler wenden das Verfahren „Think – Pair – Share" (kooperative Lernmethode: Einzel-, Partner-, Gruppenarbeit) an.

Ludimar Hermann: **Gitter-Illusion**

Beim Betrachten des so genannten Hermann-Gitters glaubt man, im Schnittpunkt der weißen Zwischenräume zwischen den schwarzen Quadraten dunkle Flecken zu sehen. Diese Kontrast-täuschung ist bedeutsam für das Verhältnis der Wirklichkeitswahrnehmung im Sinne von Bewusst-seinsbildung und tatsächlicher Realität. Man nimmt wahr, was objektiv nicht vorhanden ist, und gleichzeitig kann das Wahrgenommene (der dunkle Fleck) nicht gefasst werden (beim Fixieren verschwindet der Fleck). So stellt sich die Frage, inwieweit unsere Wahrnehmung die Wirklichkeit überhaupt angemessen erfassen kann.

René Magritte: **Dies ist keine Pfeife**

Das berühmte Gemälde trifft eine Aussage zum sprachphilosophischen Verhältnis von Ding, Vorstel-lung (Bild) und Wort. Magrittes Bild befremdet durch den scheinbaren Widerspruch zwischen Bildinhalt und Bildtitel. Dass ein realistisches Abbild eben nicht die Wirklichkeit selbst darstellt, verweist auf unsere unreflektierten und ritualisierten Seh- und Wahrnehmungsgewohnheiten.
Magritte schreibt dazu: „Ein Bild ist nicht zu verwechseln mit einer Sache, die man berühren kann. Können Sie meine Pfeife stopfen? Natürlich nicht! Sie ist nur eine Darstellung. Hätte ich auf mein Bild geschrieben, dies ist eine Pfeife, so hätte ich gelogen. Das Abbild einer Marmeladenschnitte ist ganz gewiss nichts Essbares."

Nam June Paik: **TV Buddha**

In Paiks Installation begegnen sich eine fernöstliche Gottheit (eine antike Buddhastatue) und die west-liche, moderne Medienwelt (Fernsehen und Video). Die kontemplative Betrachtung und ihre mediale Spiegelung unterstreichen die Opposition von technischer und transzendenter Wirklichkeit. Das Pro-blem der medialen Wirklichkeitsdarstellung bleibt in einem unendlichen Prozess der Reflexion unlös-bar. Die Schülerinnen und Schüler können diesen Kreislauf erkennen, in dem die Kamera dasjenige Objekt erfasst, welches zugleich Subjekt der Wahrnehmung ist. Objekt (Abbildung der Figur im TV) und Betrachter (Figur vor dem TV) fallen in eins. Es stellt sich die Frage, inwiefern Medien und somit die mediale Wahrnehmung Wirklichkeit erfassen können.

2.1 Sprache – Denken – Wirklichkeit

▶ S. 481 Benjamin Lee Whorf: **Das „linguistische Relativitätsprinzip"**

1 Benjamin Lee Whorf hat die amerikanischen Eingeborenensprachen, insbesondere Hopi, erforscht und die These von der „sprachlichen Relativität" aufgestellt. Sie besagt, dass das linguistische System (die Gram-matik) jeder Sprache Auswirkungen auf das Denken hat. Es ist „nicht nur ein reproduktives Instrument zum Ausdruck von Gedanken", sondern es formt „vielmehr selbst die Gedanken" (Z. 10 ff.).

- Die einführende These lautet, dass die facettenreiche Wirklichkeitswahrnehmung „durch unseren Geist organisiert werden muss", d. h. „von dem linguistischen System in unserem Geist" (Z. 27 ff.).
- Die zentrale These lautet, „dass nicht alle Beobachter durch die gleichen physikalischen Sachverhalte zu einem gleichen Weltbild geführt werden, es sei denn, ihre linguistischen Hintergründe sind ähnlich oder können in irgendeiner Weise auf einen gemeinsamen Nenner gebracht werden" (Z. 57–63).
- Eine weiterführende These überträgt diesen Grundsatz auf Sprachen gleicher Herkunft, z. B. indo-europäische Sprachen (Z. 64–86). Für diese gilt das von Whorf definierte Relativitätsprinzip ebenso.
- Die schlussfolgernde These (Conclusio) besagt, dass moderne Naturwissenschaftler unterschiedlicher Kulturen und Sprachtypen, z. B. Chinesisch, Türkisch oder indogermanische Sprachen (wie Englisch, Französisch, Deutsch), dennoch gleiche wissenschaftliche Denkstrukturen und Erkenntnisse ent-wickeln, weil sie sich allesamt am westlichen Wissenschafts- und damit Sprachsystem orientieren (Z. 92 ff.).

Whorf argumentiert in der Regel thetisch, d. h. er begründet eine Behauptung durch eine weitere.
Im zweiten Teil seiner Ausführungen ab Z. 64 stützt er seine Thesen zu den modernen Naturwissen-schaften durch konkrete Beispiele (Benennung von Sprachen und Kulturen).

2.1 SPRACHE – DENKEN – WIRKLICHKEIT **497**

Diese **fachübergreifende Fragestellung** kann und sollte in Kooperation mit einem naturwissenschaftlichen Fach diskutiert werden. Sie erweist sich im Zeichen der gegenwärtigen Globalisierung als brisant: Gibt es so etwas wie eine gemeinsame „Weltsprache", mit und in der sich alle Sprachgemeinschaften verstehen, oder gibt es so viele unterschiedliche Weltsichten, wie es Sprachen gibt?
Sogar innerhalb einer Sprachgemeinschaft wird ein Sachverhalt ja recht unterschiedlich erfasst und ausgedrückt:
- Der Erdtrabant Mond ist nachts hell am Himmel zu sehen, weil er von der Sonne angestrahlt wird.
- „Der Mond von einem Wolkenhügel / Sah schläfrig aus dem Duft hervor" (Goethe: „Es schlug mein Herz …" / „Willkommen und Abschied").

Somit divergieren die präzise physikalische **Fachsprache** und die metaphorische **poetische Sprache** erheblich, denn physikalisch kann der Mond nicht „sehen". Liegt dieser unterschiedlichen Sprechweise innerhalb einer Sprache schon eine unterschiedliche Weltsicht zu Grunde?
Und was bedeutet es, dass „der" („deutsche") Mond im Italienischen „la luna" heißt, also weiblich ist (außer dem wenig erklärungskräftigen Hinweis, dass das grammatische Geschlecht mit dem natürlichen nicht übereinstimmen muss)?

Auch die **Problematik der Übersetzung** ist wichtig: So gibt es z. B. für das deutsche Wort „Heimat" im Englischen (und in anderen Sprachen?) kein Äquivalent. Wie verdeutlicht also z. B. ein Deutscher im Ausland einem Anderssprachigen den gefühlsbetonten Sachverhalt: „Ich habe Heimweh, ich sehne mich in meine Heimat zurück"? – Schon innerhalb Europas fällt ein unterschiedliches Verhältnis zur Zeit auf: Mit dem Sachverhalt „morgen" (der folgende Tag) verbinden viele Deutsche noch die Empfindung „Was du heute kannst besorgen, das verschiebe nicht auf morgen" (= emotionale, semantische Konnotation), während das „manana" der Spanier oft ein „Das machen wir lieber morgen … oder später …" bedeutet.

2 Whorfs Relativitätsthese legt nahe, dass unser Bild von Welt sich durch Sprache konstituiert. Die Schülerinnen und Schüler setzen sich mit der Frage auseinander, ob die Wahrnehmung der Wirklichkeit auch ohne Sprache funktionieren kann. Mögliche Ideen: bildhaftes Denken (wie z. B. im Traum, in Visionen), intuitive bzw. gewohnheitsmäßige (automatisierte) Entscheidungen (z. B. beim Sport, beim Autofahren), logisch-abstrakte Operationen (z. B. in der Mathematik), kognitive Operationen bei Babys (außersprachliches Denken), Experimente zur Frage „Können Tiere denken?" (z. B. Schimpansen, Raben).

Dieter E. Zimmer: Wiedersehen mit Whorf – Sprache & Denken   ▸ S. 483

David Crystal: Sprache und Denken   ▸ S. 484

1 Der Wissenschaftsjournalist **Dieter E. Zimmer** beurteilt Whorfs „linguistisches Relativitätsprinzip" differenziert. Seine These lautet, dass Whorfs Theorie nur mit Einschränkung richtig sei („Whorfs Hypothese war also keineswegs rundheraus falsch. Aber rundheraus richtig war sie auch nicht.", Z. 59 ff.).
In seiner Argumentation unterscheidet Zimmer zwei Auslegungsarten der Relativismusthese. Die engere („schwache") Version bezieht sich unmittelbar auf Whorfs Erkenntnis, dass die Verschiedenheit der Denkweisen aus der Verschiedenheit der Sprachen resultiere („sprachliches Relativitätsprinzip"). Die weitergehende („starke") Version besagt, dass alles Denken von der Sprache abhängig sei. D. h., Denken außerhalb von Sprache sei nicht möglich („Sprachdeterminismus"). Zimmer relativiert die sprachdeterministische These: Man könne zwar ohne Sprache denken, aber man könne dieses Denken nicht ohne Sprache kommunizieren. Auch könne es ein Denken geben, für das die Sprache keine sprachlichen Zeichen zur Verfügung stellt. Andererseits lägen verschiedenen Sprachen unterschiedliche grammatische Strukturen zu Grunde, sodass nicht jeder Gedanke in allen Sprachen kommunizierbar sei. (Dies ist auch eine Einschränkung von Chomskys Universalismusthese.) Dennoch gibt es nach Zimmer ein allen Sprachen zu Grunde liegendes identisches Grundmuster der Wirklichkeitswahrnehmung, das alltägliche Verständigung ermöglicht. Abschließend weist Zimmer darauf hin, dass die neuere kognitionspsychologische (Hirn-)Forschung zu präziseren Ergebnissen komme (vgl. z. B. Alexander Grau, S. 485 f. im Schülerband).
Nach **Crystals** Auffassung hat Whorfs Relativismusthese in der wissenschaftlichen Diskussion großen Einfluss ausgeübt (Z. 26–41). Sie wird durch Ergebnisse der Spracherwerbsforschung bestätigt. Diese besagen, dass die Art und Weise, wie Begriffe – also Vorstellungen und damit Denken – im frühkindlichen Stadium erlernt werden, vom Sprachvermögen abhängig ist.

2 Ein Vorschlag für ein Tafelbild, das die verschiedenen Ansätze/Schaubilder zur Erklärung der Verbindung von Sprache und Denken zusammenfasst, folgt auf S. 498.

D2 DENKEN, BEWUSSTSEIN UND WIRKLICHKEIT

Zusammenhang von Sprache und Denken		
Thesen	**Schaubild**	**Erläuterung**
These 1	Sprache ← Denken	Die Art, wie wir sprechen, wird durch unsere Denkweise bestimmt.
These 2	Sprache → Denken	Unser Weltbild, unser Denken, ist von unserem Sprachsystem determiniert (Whorf).
These 3	Sprache ←→ Denken	Sprache und Denken bedingen sich wechselseitig. Diese These entspricht der aktuellen wissenschaftlichen Diskussion.
These 4	Sprache = Denken	Dass Sprache und Denken identisch sind, ist eine überholte Überlegung.

Mögliche Diskussionsthemen:

- Welche Probleme ergeben sich, wenn ein von einer kollektiv-patriarchalischen Tradition geprägter Chinese mit einem individualistisch-demokratisch geprägten Westeuropäer über die Themen „Aufklärung" und „Menschenrechte" diskutiert?
- Stellen Sie sich vor, ein beduinischer Karawanenführer, ein tibetischer Mönch und ein gestresster amerikanischer Manager diskutieren über das Problem „Ich habe keine Zeit".

▶ S. 485 **Alexander Grau: Das Denken braucht den Raum**

1 Der Psychologe und Wissenschaftsjournalist Alexander Grau geht in seinem Essay auf die neuesten hirnphysiologischen Forschungen ein, welche die gängigen Theorien zum Verhältnis von Sprache, Denken und Wirklichkeit in Frage stellen und erweitern. Schon die Untersuchungen zum bildhaften Denken deuten darauf hin, dass Denkprozesse außerhalb von Sprache möglich sind.
Ausgehend von den ersten Denkoperationen in der Menschheitsgeschichte, nämlich den Schlüssen, die aus der (Jagd-)Bewegung im Raum gezogen wurden, entwickelt Grau seine zentrale These: „Logische Ableitungen basieren" auf räumlichen Routinehandlungen und damit auf „sinnlicher Erfahrung" (Z. 57 ff., Zitat Z. 73 ff.). Damit vollzögen sich abstrakte Denkoperationen möglicherweise auch unabhängig von Sprache. Gewicht gewinnt diese These dadurch, dass sie sich erstmals auf konkrete Forschungsergebnisse der Evolutionsbiologie und der Neurowissenschaften stützt.

2 Die Expertengruppen sammeln zur Vorbereitung der Pro-/Kontra-Diskussion ihre Argumente zu den verschiedenen sprachtheoretischen Ansätzen auf Karteikarten. Mögliche Argumente und Beispiele:

These	Argument	Beispiel
Denken ist abhängig vom Sprachsystem (linguistisches Relativitätsprinzip).	Eine Vorstellung von einem Gegenstand habe ich erst, wenn ich das Wort kenne und seinen kommunikativen Gebrauch beherrsche.	poetischer und wissenschaftlicher Wortgebrauch bei bestimmten Begriffen, z. B. „Mond" (im physikalischen Kontext, im romantischen Gedicht)
Denken und Sprechen sind wechselseitig abhängig voneinander (Abhängigkeitsthese).	Sprache ist Teil des Denkprozesses. Zugleich ist das Denken Voraussetzung für das Sprechen.	Bei komplexen Schreib- oder Sprechhandlungen (z. B. beim philosophischen Diskurs) ist nicht mehr unterscheidbar, ob sprachliche Formulierungen oder Denkoperationen den Vorrang haben. Auch beim assoziativen Schreiben (z. B. Tagebucheinträge, automatisches Schreiben) bedingen sich beide Prozesse wechselseitig.
Sprache ist abhängig vom Denken.	Denken ist abhängig von Sozialisations- und Kulturkontexten: So, wie ich denke, so spreche ich.	Sprache ist abhängig von Herkunft, Alter, Geschlecht und Bildung (Jugendsprache, Dialekt, Jargon, Fachsprache, Bildungssprache).
Denken ist ohne Sprache möglich.	Man kann denken, bevor man sprechen kann.	Kleinkinder, Tiere entwickeln begriffliche Vorstellungen, ohne sprachliche Zeichen (Wörter) zu beherrschen.

2.2 KRISE DER SPRACHE | **499**

3 Das Thema „Sprache/Medien, Denken, Wirklichkeit" verlangt den Dialog der Fächer. Für umfangreichere Weiterarbeit im Rahmen eines Referats oder einer Facharbeit bieten sich folgende fachbezogene Hinweise an:

- Biologie: Forschungen zu kognitiven Operationen bei Tieren;
- Pädagogik/Psychologie: Jean Piaget, Behaviorismus (z. B. B. F. Skinner), Kognitionspsychologie (z. B. Rolf Oerter, Ronald W. Langacker);
- Philosophie/Linguistik: Ludwig Wittgenstein, Sprechakttheoretiker (z. B. John R. Searle, Bertrand Russell).

Neben diesen Fächern ist eine Vertiefung innerhalb des Faches Deutsch möglich, die auch die sprach-philosophische und literarische Tradition aufgreift, z. B. Herder, Humboldt, Nietzsche, Hofmannsthal. Wichtig ist auch die bahnbrechende neuere Forschung Noam Chomskys (These vom Nativismus und Universalismus).

Weiterführendes Material zu diesem Teilkapitel findet sich auf der beiliegenden CD:

- *Ulrich Schmitz:* Warum geht die Sonne auf? Sprachlicher Relativismus gibt zu denken (2004)

2.2 Krise der Wahrnehmung – Krise der Sprache

Sprachnot in der Literatur des 20. Jahrhunderts

Robert Musil: **Die Verwirrungen des Zöglings Törleß** (1906)   ► S. 487

Der Auszug aus Musils Roman thematisiert ein Grundproblem der Wahrnehmung von Realität. Sie lässt sich zwar im Bereich intellektuell-wissenschaftlicher Diskurse in Worte fassen. Dies kann aber nur einen begrenzten Teil der Welterfahrung abdecken. Wesentlicher für ein vertiefendes Verständnis von Wirklichkeit ist ein anderer Zugang, der die Grenzen normaler sprachlicher Regularität überschreitet. Musil nennt dies den „anderen Zustand", in dem ästhetische Erfahrungen möglich sind. Der Textauszug demonstriert den Übergang in diesen Zustand sehr anschaulich.

1 a/b Die Schülerinnen und Schüler werden ähnlich wie der junge Törleß die Erfahrung gemacht haben, „unbestimmt träumend" (Z. 14) Gedanken nachzugehen. Der Blick in die Weite, z. B. in den Himmel, übers Meer, über Bergrücken hinweg, löst solche Gedanken leicht aus. Der Aufenthalt in der Natur und die Farbe Blau (Symbolfarbe für Tiefe und Vergeistigung) unterstützen den Prozess der Verinner-lichung und gedanklichen Vertiefung, des Übergangs in einen anderen, ästhetischen Zustand.
Das Bild von **Yves Klein** thematisiert die Farbe Blau in ihrer Symbolkraft. Die blaue Fläche und die organischen Strukturen (Assoziation Natur) regen an, den Blick zu vertiefen und sich neue Räume jenseits der greifbaren Welt in Gedanken und Empfindung zu erschließen.
Der assoziative Zugang über die Methode des **automatischen Schreibens** ermöglicht den Schüle-rinnen und Schülern, einen ähnlichen ästhetischen Schreibprozess durchzuführen, wie ihn der Erzähler aus der Perspektive des jungen Törleß gestaltet.

2 a Die Stationen des Reflexionsprozesses sind ein erfolgloses Kreisen: beunruhigende Gedanken (Z. 1, 5), unbestimmte Träume in der Natur liegend (Z. 7 ff., 14), Nachdenken über Beinebergs Worte (Z. 17 ff.), plötzliche Irritation, schlagartige Veränderung der Wahrnehmung (Z. 29 ff.), quälender Versuch, das Wahrgenommene zu erfassen (Z. 32–47), erfolgloser Versuch der vernunftgeleiteten Annäherung an die Bedeutung des Begriffs „das Unendliche" (Z. 50, 60) im Ritual der „Beschwörungs-formel" (Z. 54), Einordnungsversuch in die Mathematik (Z. 60 ff.), Wahrnehmung des Widerspruchs zwischen einem handhabbaren Begriff und einer neuen, fremdartigen und nicht mit dem Verstand fassbaren Bedeutung (Z. 71 ff.).

b Der Zusammenhang von Sprache, Denken und Wirklichkeit lässt sich über den Schlüsselbegriff „das Unendliche" besonders gut darlegen: Einerseits ist er ein denotativ festgelegter Fachbegriff der Mathematik, in dem die Beziehung zwischen Denken und Wirklichkeit über Sprache exakt festgelegt ist. Andererseits enthält der Begriff vielfältige konnotative Bedeutungsnuancen. Diese unterscheiden sich im individuellen und situativen Gebrauch. Im Textauszug wird deutlich, wie die Relationen zwischen Sprache, Denken und Wirklichkeit sich beständig verändern und unbegreifbar werden.

500 D2 DENKEN, BEWUSSTSEIN UND WIRKLICHKEIT

c In der ästhetischen Sprache des „anderen Zustands" gestaltet der Erzähler das Thema der Sprachkrise. Besonders auffällig sind **Personifikationen,** die von der verlebendigten Natur auf die Sprache übergreifen, z. B.: „die Spätherbstsonne legte blasse Erinnerungen" (Z. 3 f.), „in jenem […] leidenden Blau" (Z. 10), „zog sich der blaue, leuchtende Grund zurück" (Z. 38 f.), „die Worte sagten nichts […] als ob sie […] redeten" (Z. 55 ff.), „Da, in diesem Himmel, stand es nun lebendig über ihm und drohte und höhnte." (Z. 79 f.).
Sprachliche Mittel, mit denen der Übergang in den Zustand der „Sprachlosigkeit", in den „anderen Zustand", gestaltet wird:

- auf der Ebene der Syntax **Koppelung von Bedingung und Vergleich** und **Konjunktiv Irrealis:** „Es war wie" (Z. 32), „Ihm war, als müsste" (Z. 35), „Es war, als ob" (Z. 43), „so als ob" (Z. 56 f.), „Es kam ihm vor wie" (Z. 71);
- **adverbiale Signalwörter:** „plötzlich" (Z. 26 f., 29), „Und nun" (Z. 69), „Da" (Z. 79);
- **Oppositionen/Äquivalenzen:** „Unruhe" – „ruhig" (Z. 5, 48), „träumend" – „vernünftig" (Z. 14, 49), „gezähmt" – „entfesselt"/„Wildes" (Z. 72, 74, 75);
- **erlebte Rede:** „Er dachte an Beineberg; wie sonderbar doch dieser Mensch war! […]" (Z. 17 ff.)

▶ S. 488 **Hugo von Hofmannsthal: Ein Brief** (1902)

1 a/b Hofmannsthals fiktiver Brief verweist auf ein Kennzeichen modernen Sprach-, Kunst- und Weltverständnisses. Dem modernen Autor wird die alltägliche Sprache als Gebrauchsmittel der auf Nützlichkeit ausgerichteten bürgerlichen Gesellschaft fragwürdig. Wie alle Dinge ihren eigentlichen Wert verlieren, indem sie bloßen Warencharakter annehmen, wird auch die Sprache als Gebrauchsmittel verschlissen. Besonders die abstrakten Begriffe und die so genannten großen Worte wie „Geist", „Seele" etc., mit denen Phrasen gedroschen werden, mit denen manipuliert und gelogen wird, zerfallen dem Dichter „im Munde wie modrige Pilze" (Z. 59 f.). Er treibt auf eine Sprach- und Kommunikationslosigkeit in der bürgerlichen Alltagswelt zu, die seine Außenseiterposition und seine Isoliertheit erklären. Dafür tritt er auf der Suche nach einer Sprache der Innenwelt mit der Dingwelt in eine ästhetische Kommunikation und versucht, den ursprünglichen Sinn der Dinge zu erfassen und ein mythisches Verständnis der Welt wiederzugewinnen (Z. 104 ff).
Das Problem des Lord Chandos spiegelt nicht nur das Zeitgefühl der Jahrhundertwende um 1900 (Moderne), sondern darüber hinaus auch aktuelle Schwierigkeiten der Erfassung von Wirklichkeit (Postmoderne). Eine modern zersplitterte Welt originär abzubilden, die in bloßen Metareflexionen mit Formen spielt, mag heute ähnlich problematisch sein wie bereits zu Zeiten der Moderne.

2 a Der Zerfall der bezeichnenden Begriffe setzt metaphorische Bilder frei, in denen sich die Worte wie in einer traumhaften Vision verwandeln (Worte schwimmen, gerinnen zu Augen, werden zu Wirbeln, die einen ins Leere, ins Nichts ziehen). Hofmannsthal betont in suggestiven Sprachbildern vor allem die sinnliche Wahrnehmung. Er will in die Dinge eintauchen, sich in ihnen versenken, seinen Geist in sie ergießen („[…] alles dies kann das Gefäß meiner Offenbarung werden", Z. 107 ff.). In der visuellen Sprache der Dinge, der mythisch-traumhaften Bildersprache, sucht er eine Möglichkeit, zum Wesen der Dinge vorzudringen. Das Sehen ist kein rein rezeptiver Vorgang mehr, sondern eine produktive Form der Annäherung an die Dingwelt.

- **Metaphern, Vergleiche und Beispiele des Sehens:** „[…] alle Dinge […] in einer unheimlichen Nähe zu sehen: so wie ich einmal in einem Vergrößerungsglas ein Stück von der Haut meines kleinen Fingers gesehen hatte […]" (Z. 68 ff.); „Es gelang mir nicht mehr, sie mit dem vereinfachenden Blick der Gewohnheit zu erfassen." (Z. 75 ff.); „[…] sie gerannen zu Augen, die mich anstarrten und in die ich wieder hineinstarren muss […] in die hinabzusehen mich schwindelt […]" (Z. 81 ff.); „Augenblick" (Wiederholung des Wortes: Z. 93, 94 f., 98); „[…] über die sonst ein Auge mit selbstverständlicher Gleichgültigkeit hinweggleitet […]" (Z. 110 ff.), „[…] mit ungeblendetem Blick […] geistigen und leiblichen Erscheinungen […]" (Z. 124 ff.)
- **Metaphern, Vergleiche und Beispiele des Schmeckens:** „[…] schäumende laue Milch in mich hineintrank, […] süße und schäumende Nahrung des Geistes in mich sog" (Z. 20, 26 f.); „[…] Worte in den Mund zu nehmen […] (Z. 45 f.); „[…] zerfielen mir im Munde wie modrige Pilze" (Z. 59 f.).

b Der Brief als private Mitteilungsform außerhalb der öffentlichen Kultur ist die einzige Möglichkeit, trotz der beklagten Sprachkrise weiterhin zu schreiben. Der fiktive Brief ist eine Mischform und damit eine Alternative, öffentliches Schweigen und privates Sprechen zu vereinen (vgl. auch Goethes „Werther", S. 274 ff. im Schülerband).

2.2 KRISE DER SPRACHE 501

c Das Paradox des Briefes: Hofmannsthal benutzt virtuos die Möglichkeiten der Sprache, in die er das Vertrauen verloren hat; er behauptet schreibend, nicht mehr schreiben zu können.

3 Hofmannsthal äußert sein Unbehagen an der Sprache und zeigt deren Grenzen auf: Wörter sind lediglich Zeichen für Dinge und nicht die Dinge in ihrer körperhaft-sinnlichen Präsenz selbst. Die Sprache kann deshalb nur ein Abglanz der visuell und leibhaft wahrnehmbaren Realität sein. Auch wenn Sprache und Realität nicht deckungsgleich sind, stellt sich die Frage, wie weit sie sich voneinander entfernen. Die Schülerinnen und Schüler könnten weitere Texte – nicht nur der Epoche um 1900 – daraufhin befragen, ob sie das Problem aufgreifen und durch neue Inhalte und Formen Lösungen zur Annäherung von Realität und Sprache anbieten.

4 Fritz Mauthner (1849–1923) war zunächst als Schriftsteller und Kritiker tätig, bevor er sich ausschließlich dem Thema „Sprache" zuwandte. Der Auszug aus seiner Schrift „Beiträge zu einer Kritik der Sprache" (1901 ff.) versteht sich als eine vernichtende Kritik der Funktion von Sprache als zentrales menschliches Verständigungsmittel. Damit führt Mauthner die Sprachskepsis, die im Epochenumbruch 1900 besonders stark empfunden wurde, weitaus radikaler als Hofmannsthal aus. Sprache ist für ihn kein Medium, das die Menschen untereinander bzw. Mensch und Ding einander näherbringt, sondern eher ein Mittel der Isolation von der Wirklichkeit. Mauthners Sprachkritik ist von einer aggressiven Polemik geprägt, die sich in einer ausdruckshaften, bildlichen Sprache äußert.

Max Frisch: **Das Unaussprechliche (Stiller)** (1954)

▶ S. 490

1 In dem Auszug aus Max Frischs Roman „Stiller" reflektiert der Erzähler die Bedeutung des Schreibprozesses für die Wahrnehmung und Darstellung der Wirklichkeit. Die paradoxe Formulierung „Kommunikation mit dem Unaussprechlichen" (Z. 3 f.) knüpft thematisch an das Motiv der Sprachnot an, wie es zu Beginn der Moderne bei Musil und Hofmannsthal gestaltet wird. Das Schreiben als ästhetischer Akt wird um 1900 als eine herausfordernde Möglichkeit entdeckt, das Paradox zu thematisieren und durch den ästhetischen Sprechakt zugleich einer Lösung anzunähern. Max Frisch nutzt die Möglichkeiten des rhetorischen Mittels Oxymoron, um den Widerspruch sprachspielerisch zu gestalten: „Kommunikation mit dem Unaussprechlichen" (Z. 3 f.), „Wir haben die Sprache, um stumm zu werden" (Z. 7 f.), „Wer schweigt, ist nicht stumm" (Z. 8 f.).
Bei Musil finden sich vergleichbare Formulierungen, wie z. B. „die Worte sagten nichts, oder vielmehr sie sagten etwas ganz anderes" (Z. 54 ff.). Bei Hofmannsthal ist es „eine Sprache, in welcher die stummen Dinge […] sprechen" (Z. 134 f.). Bei Musil und Hofmannsthal besteht das Paradox darin, dass die Versprachlichung des Unaussprechlichen im poetischen Schreibakt möglich ist.

Rainer Maria Rilke: **Ich fürchte mich so vor der Menschen Wort** (1898)

▶ S. 491

Paul Celan: **Weggebeizt** (1967)

▶ S. 491

1 In Rilkes Gedicht klagt das lyrische Ich über die zerstörerische Kraft der menschlichen Sprache, wenn sie in Alltagskommunikation und auch im wissenschaftlichen Diskurs ein zweckorientiertes Mittel der Definition von Wirklichkeit ist („so deutlich", „dieses heißt", „jenes heißt"). Der Mensch wähnt sich sicher, mittels der Sprache die Welt zu erfassen und zu beherrschen. Sowohl die gegenständlichen Dinge („Hund", „Haus") als auch die abstrakten Begriffe („Beginn", „Ende") scheinen dem Sprecher geklärt und enträtselt bis nahe an das Unfassbare, Göttliche heran („grenzt grade an Gott", V. 8). Durch das sprachlich-definitorische Festlegen verlieren die Dinge ihre Aura, d. h. ihre geheimnisvolle eigene Sprache („wunderbar", „singen").
Sprachliche Gestaltung:
- jambischer Auftakt, dann wechselnde Füllung (Anapäst);
- Alliterationen: „Hund" – „Haus", „Spiel" – „Spott", „wissen […], was wird und war", „Garten" – „Gut" – „Gott", „grenzt" – „grade", „will" – „warnen" – „wehren", „starr" – „stumm";
- Wiederholung (Wirkung des Stumpfen): „Und dieses heißt […] und jenes heißt" (V. 3), „und hier ist […] und […] ist dort" (V. 4);
- Opposition: „ich" – „sie" / „ihr" in ihren Flexionsvarianten.

In der Literatur nach 1945 wird das Thema der Sprachnot von Paul Celan in entscheidendem Maße wegweisend für die Gegenwart gestaltet. Er nutzt das Gestaltungsmittel der Chiffre, um seiner fundamentalen Kritik an der Sprache Form zu geben.

502 D2 DENKEN, BEWUSSTSEIN UND WIRKLICHKEIT

Mit „deiner Sprache" (V. 2) ist in dem Gedicht „Weggebeizt" das poetische Sprechen gemeint, welches mit seiner strahlenden Kraft („Strahlenwind") die oberflächliche Alltagssprache („das bunte Gerede"), die sich Wirklichkeit nur aneignet, aber sie nicht durchdringt („Anerlebtes"), wegdrängt („weggebeizt"). Durch Kontaminationen wird die vermeintlich wahre Rede der oberflächlich Sprechenden entlarvt („hundert-züngig" wird mit potenzierter Doppelzüngigkeit assoziiert, „Mein-/gedicht" mit Meineid, „Genicht" mit Nichtigkeit). Celan nutzt das Bildfeld des „Strahlenwinds", um den Weg zu den unerreichbaren Höhen des poetischen Worts frei zu machen. Nur in der Menschenferne, zeitlich und räumlich entrückt („in der Zeiten-schrunde", bei den „Gletscherstuben und -tischen") ist poetisches Sprechen möglich. An diesem fast sakralen Ort „wartet" das poetische Wort als „Zeugnis" einer wahren Sprache („Atemkristall"). Celans kühne Metaphorik schafft reichlich ungewöhnliche Neologismen und Kontaminationen, die in ausgepräg-ten Bildfeldern organisiert sind (Strahlenwind, Eis). Durch die ungewöhnliche Zeilenbrechung werden neue, unerwartete Sinnzusammenhänge eröffnet. Der poetische Text ist inhaltlich und formal so gestaltet, dass er am Ende auf das Schweigen zuläuft.

▶ S. 491 **Harald Weinrich: Linguistische Bemerkungen zur modernen Lyrik**

1 Der Linguist Harald Weinrich demonstriert am Beispiel der Gedichte **Celans,** dass poetische Texte im besonderen Maße geeignet sind, den Leser zu sprachtheoretischen Reflexionen zu animieren. Celans Gedichte, wie z. B. „Weggebeizt", „Wortaufschüttung", „Singbarer Rest" und „Fadensonnen", formulieren eine fundamentale Skepsis gegenüber der Sprache in ihrer kommunikativen und erkenntnisleitenden Funktion. Celan bezweifelt, dass mit dem sprachlichen Zeichen ein Zusammenhang zwischen Wahrneh-mung, Denken und Realität hergestellt werden kann. Seine Gedichte demonstrieren das grundlegende Paradox des „Schweigens durch Sprechen". Weinrichs Überlegungen lassen sich in gleichem Maße auf **Rilkes** Gedicht übertragen. Das Gedicht „Ich fürchte mich so vor der Menschen Wort" eröffnet vielfältige Möglichkeiten, vom Text ausgehend linguistische Reflexionen zum Bedeutungs- und Kommunikations-problem der Sprache durchzuführen. Auch hier ist die menschliche Sprache ohnmächtig gegenüber der „stummen" Sprache der Dinge.

2 Was in den Prosatexten von Musil, Hofmannsthal und Frisch episch, und damit in beschreibenden, schil-dernden, kommentierenden und subjektiv reflektierenden Ausführungen sehr anschaulich und vielschichtig entfaltet wird, ist in den Gedichten in einer konzentrierten Sprache verdichtet. Das poetische Spiel mit Metaphern und Chiffren zeigt in der ungewöhnlichen ästhetischen Sprache zugleich einen Lösungsweg des Problems der Sprachnot.

3 Hinweise für die von den Schülerinnen und Schülern zu verfassenden Gedichte:
- **Geeignete Methoden:** Parallelgedicht, Gegengedicht, Parodie, Weiterschreiben; bestimmte Formen, wie z. B. ungewöhnlicher Zeilenumbruch (wie bei Celan), konventionelle Strophenform (wie bei Rilke), Haiku, Sonett; Entscheidungen für oder gegen Reim und Metrum;
- **bildhafte Sprache:** ungewöhnliche Chiffren, Kontaminationen und Neologismen (wie bei Celan), Personifikationen; Metaphorik in wenigen ausgewählten Bildfeldern;
- Beispiele für **Metaphern zum Begriff „Sprache"**: Wasser/fließen („Fluss der Wörter", „Strudel der Metaphern"), Wind/fliegen („Säuseln/Wirbeln/Schweben der Wörter"), Glanz/Licht („Leuchten/ Schimmern/Flimmern/Strahlen der Wörter", „Glanzwort");
- Beispiele für **Metaphern zum Begriff „Schweigen"**: Stein/Starre („gemeißelte Worte", „betonierte Begriffe", „gefrorene Wörter", „erstarrende Rede"), Dunkelheit („schwarzes Wort", „Finsternis der Sprache", „das Reden verdunkelt", „Dunkelwort");
- Beispiele für **Paradoxa/Oxymora** im Bereich der Begriffe „Sprache und Schweigen": „stummes Reden", „das Schweigen der Wörter", „lautes/beredtes/plauderndes Schweigen", „sprachloses/ schweigsames Sprechen", „stiller Laut".

4 **Literaturhinweis**
Der Band „Epochenumbruch 1900: Krise der Sprache" (Kursthemen Deutsch, hg. von D. Erlach und B. Schurf, Cornelsen, Berlin 2002) enthält vielfältige Materialien und Informationen zur Sprachkrise um 1900, z. B. Texte von Arthur Schnitzler, Hugo von Hofmannsthal, Friedrich Nietzsche, Fritz Mauthner, Karl Kraus, Gedichte von Rilke, Nietzsche, George, Hofmannsthal und Werfel.

Weiterführendes Material zu diesem Teilkapitel findet sich auf der beiliegenden CD:
- *Paul Celan:* Wortaufschüttung, vulkanisch, meerüberrauscht (1967) / Der Meridian (1961)

2.3 Medien und Realität – Medienkritik

Was sind Medien? – Mediengeschichte von der Antike bis heute

Jochen Hörisch: Mediendefinitionen ▶ S. 492

1 a   Mögliches Cluster zum Vorverständnis des Begriffs „Medien":

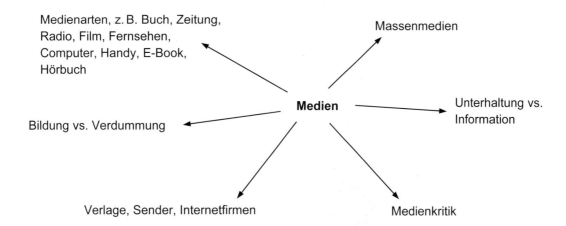

b Wahrscheinlich werden die Schülerinnen und Schüler in ihrer Mediendefinition (Cluster) nicht auf die zentrale Unterscheidung zwischen dem „Was" (Inhalt) und dem „Wie" (Medium als „Transportmittel") kommen. Die Unterscheidung geht auf McLuhans grundlegende Erkenntnis „Das Medium ist die Botschaft" zurück.
Da Kultur sich nach Hörisch wesentlich durch Inhalte definiert, erklärt sich die traditionelle Geringschätzung der Medien und somit der Medienwissenschaft. Das Medium war als Mittel dem Inhalt stets nachgeordnet, bis man erkannt hatte, dass es entscheidend ist, in welchem Medium ein Inhalt vermittelt wird (z. B. „Faust" als Theateraufführung, Film, Comic, Hörspiel etc.).

2 Die Schülerinnen und Schüler werden Hörischs Thesen – „Hochkultur definiert sich über die Verachtung der Medien" und „Die Art des Mediums, das jemand nutzt, ist entscheidender als die Beschäftigung mit dem Inhalt, der über das Medium transoportiert wird" – an aktuelle Debatten anschließen können, z. B. über Computerspiele (Verbote), Castingshows (Bloßstellung), Reality-TV (Verdummung), Yellow Press (Oberflächigkeit).
Im Rahmen des Themas „Sprache und Medien – Denken, Bewusstsein und Wirklichkeit" ist die Erkenntnis entscheidend, dass unsere Wirklichkeitswahrnehmung sehr stark von dem jeweiligen Medium, mit dem wir rezipieren, abhängt. Unsere Bewusstseinskultur ist durch unseren Umgang mit Medien geprägt. Die Medienwissenschaft beschäftigt sich heute auch damit, inwiefern sich der Mediengebrauch in unterschiedlichen kulturellen Zusammenhängen und gesellschaftlichen Schichten auf unser Denken und damit auf unsere Bildung auswirkt.

Werner Faulstich: „Jetzt geht die Welt zugrunde ..." – Kulturkritik, „Kulturschocks" und Mediengeschichte. Vom antiken Theater bis zu Multimedia ▶ S. 493

1 Überblick über die Phasen der Mediengeschichte und die Medien:

Zeit	Medium	(vermeintlich) in Frage gestellte traditionelle Medien/Werte	(behauptete) Gefahren des neuen Mediums
400 v. Chr. (Antike)	Theater	Opferprozessionen und Maskentänze zur Huldigung der Götter (staatserhaltender Kult)	Profanisierung: Das Menschliche rückt an Stelle des Göttlichen in den Mittelpunkt. Nicht die allgemein gültigen göttlichen Gesetze, sondern deren individuelle Auslegung wird auf der Bühne gezeigt.

D2 DENKEN, BEWUSSTSEIN UND WIRKLICHKEIT

Zeit	Medium	(vermeintlich) in Frage gestellte traditionelle Medien/Werte	(behauptete) Gefahren des neuen Mediums
Ausgang des Mittelalters (ca. 1300 bis 1450)	**Fahrende, Spielleute**	Nachrichten aus einer Hand (z. B. Chronist im Auftrag des Hofes, der Kirche) als Garant der herrschenden Systeme	Verbreitung von gesellschaftlich-politischen Neuigkeiten durch unkontrollierbare Einzelne bzw. Gruppen und somit Bedrohung der herrschaftlichen Autorität und ihres Nachrichtenmonopols
Neuzeit (um 1450)	**Buch**	handschriftliche Vervielfältigung und mündliche Verbreitung von theologischen Schriften durch kirchliche und weltliche Herrschaft; Vermittlung der „Wahrheit" durch die kirchliche Hierarchie (z. B. Bibel)	Massenmedium: Verlust der einseitigen Auslegung durch die Kirche; unorganisierte Multiplikation von Wissen und subjektive Auslegung der Bibel und weltlicher Schriften führen zu „Verwirrung", „Spaltung"; Machtverschiebung durch das unkontrollierte Schreiben von Büchern
17. Jahrhundert	**Zeitung**	Informationsmonopol (z. B. Kriegsberichterstattung); Dauerhaftigkeit, Wahrhaftigkeit und Seriosität der Information durch das Buch	Massenmedium: Beeinflussung der öffentlichen Meinung durch Verbreitung von „Lügen", Störung der öffentlichen Ordnung; Förderung von Sensationslust, Personenkult, Parteilichkeit
ab ca. 1840	**Fotografie**	Kunst, originelle Gestaltung des Idealen; Autorität und Aura des Originären (Authentizität, Hier und Jetzt, Natürlichkeit, Tradition); Wahrheit	Massenmedium: Verfügbarkeit des Mediums durch jeden Laien; mechanisches, reproduzierbares Abbild der Wirklichkeit, Verlust von Echtheit und Aura des Originals
ab 1900	**elektronische Medien**	Authentizität, Originalität, Wahrheit, Individualität, Selbstbestimmung vermittelt durch traditionelle Medien wie z. B. Theater, Buch, Zeitung, Kunst	Massenmedien: Verarmung der Kultur, starke Differenz zwischen Kennern und Unkundigen, Rationalisierung des Lebens, Verlust der Privatsphäre, Datenmissbrauch, soziale Vereinsamung, Einschränkung der Wahlmöglichkeiten

Die Schüler/innen können die elektronischen Medien auf Grund eigener Recherchen weiter differenzieren:

Zeit	Medium	(vermeintlich) in Frage gestellte traditionelle Medien/Werte	(behauptete) Gefahren des neuen Mediums
um 1900	**Film**	Literatur und Theater; Suggestion des Wirklichen (Authentizität, Aura, Hier und Jetzt)	Massenmedium, Popularität; Scheinhaftigkeit; Verbreitung von „Schund"
ab ca. 1920	**Radio**	mündliche Sprache (Kontakt zwischen Sprecher und Hörer, Autorität des Sprechenden)	Unterhaltung, weitere Zerstreuung des ohnehin „zersplittert wahrnehmenden" modernen Menschen; Flüchtigkeit, Oberflächlichkeit
ab ca. 1950	**Fernsehen**	öffentliche Kommunikationsformen; tatsächliche, orts- und zeitgebundene Präsenz; Freiheit, Individualität und Humanität	Passivität und Konsum, Manipulation; Warencharakter; Scheinhaftigkeit; Simultanität
ab ca. 1980	**Computer**	Unmittelbarkeit des zwischenmenschlichen Kontakts; Freiheit; Wirklichkeit; Kreativität	Künstlichkeit, Scheinhaftigkeit; Einschränkung unmittelbarer Lebensäußerungen (z. B. lieben, denken)
ab ca. 1990	**Internet**	Zeitung, Radio, Fernsehen; Urheberrecht, Originalität; Wirklichkeit	Informationsflut, Desorientierung; Möglichkeit der Veröffentlichung durch jeden Laien; Verfügbarkeit jeder Information für jeden

2.3 MEDIENKRITIK   505

2   Das Thema eignet sich vorzüglich für eine kritische Auseinandersetzung, da auch die professionellen Meinungen im gegenwärtigen Diskurs gespalten sind. Die großen Befürchtungen, die man in den Anfangszeiten der neuen elektronischen Medien (Computer/Internet) hatte, sind heute zum Teil widerlegt. Man erkennt im Internet und z. B. im Computerspiel durchaus die kreativen, kommunikativ-sozialen Chancen. Soweit man die Medien nicht ausschließlich und exzessiv nutzt, sondern funktional und vielfältig, besteht kaum Gefahr der Manipulation, Regression und Isolation.
Das Brainwriting sichert sowohl die subjektive Meinungsäußerung als auch die kritisch-argumentative Reflexion.

Fernsehen und Computer – Medienkritische Fallbeispiele reflektieren

Umberto Eco: Der Verlust der Privatsphäre ▶ S. 495

1   a   Eco begründet die rasante mediale Entwicklung der Zurschaustellung des Privaten und damit den Umbruch in der seriösen Berichterstattung durch zwei Entwicklungen: Zum einen verschärft sich der Konkurrenzkampf der Medien, zum anderen entwickelt sich die Gesellschaft hin zur so genannten „Ich-Kultur", die in dem grenzenlosen Wunsch des Einzelnen nach öffentlicher Aufmerksamkeit und damit nach Bedeutsamkeit gipfelt.

   b   Beispiel für ein Flussdiagramm, das den Einzug der Privatsphäre in die Massenmedien darstellt:

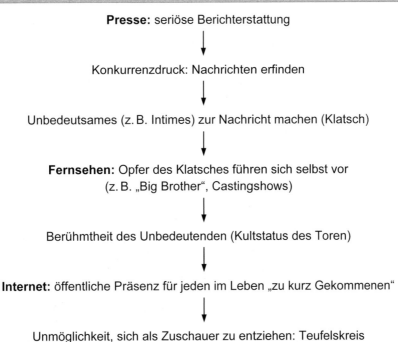

   c   Der Medienwissenschaftler und Medienkritiker **Neil Postman** geht grundsätzlich davon aus, dass die neuen Medien (Fernsehen, Internet) die Qualität des Mediums Buch nicht erreichen. Umberto Eco sieht die neuere Entwicklung in Fernsehen und Internet auch mit großen Bedenken, steht den neuen Medien aber nicht grundsätzlich ablehnend gegenüber.
Um eine Auseinandersetzung mit der berühmten These Postmans anzuregen, das Fernsehen „verschmutze" die Kultur der Meinungsbildung, ist es sinnvoll, die Schülerinnen und Schüler mit Zitaten aus seiner Schrift „Wir amüsieren uns zu Tode. Urteilsbildung im Zeitalter der Unterhaltungsindustrie" (1985) zu konfrontieren. Folgende Zitate (S. 34 in dem genannten Werk) könnten z. B. auf Folie projiziert werden:
   - „Ich bin überzeugt davon, dass die vom Fernsehen erzeugte Epistemologie nicht nur der auf dem Buchdruck beruhenden unterlegen, sondern dass sie auch gefährlich und vernunftwidrig ist."
   - „Ich behaupte, dass eine auf dem Fernsehen beruhende Epistemologie die öffentliche Kommunikation und die sie umgebende Landschaft verschmutzt; ich behaupte nicht, dass sie alles verschmutzt."

   Der Begriff „Epistemologie" müsste ggf. erklärt werden: Erkenntnistheorie, Wissenschaftslehre.

506 D2 DENKEN, BEWUSSTSEIN UND WIRKLICHKEIT

2 a Zur Vorbereitung einer Pro-und-Kontra-Diskussion zum Thema „Öffentliche Darstellung des Privaten in den Medien":

- Beispiele „öffentlicher Selbstausstellung" in den Medien/im Fernsehen: Castingshows (z. B. „Deutschland sucht den Superstar", „Germany's Next Topmodel", „Popstars"), Daily-Talks (z. B. „Britt" auf Sat.1, „Oliver Geissen Show" auf RTL), Realityshows (z. B. „Big Brother", „Girlscamp", Datingshows wie „Der Bachelor", „Dschungelcamp");
- Reiz der Zurschaustellung für das Publikum: Voyeurismus, Schadenfreude, Identifikation;
- Reiz der Zurschaustellung für die Betroffenen: Aufmerksamkeitskonkurrenz, Exhibitionismus.

Mögliche Argumente für die unterschiedlichen Positionen:

	Argument	Beispiel
Pro	Demokratisierung: Jeder kann berühmt sein.	Castingshows wie „DSDS", in denen jeder eine Chance bekommt, sein Talent zu zeigen
	Vom Leben Benachteiligte können für ihre Lebenswelt und ihre Probleme Aufmerksamkeit gewinnen.	Daily-Talks wie die „Oliver Geissen Show" oder Internetpräsenzen wie z. B. „YouTube", in denen jeder zeigen kann, was ihm bedeutsam ist
	Die hierarchische gesellschaftliche Wertestruktur wird aufgehoben.	Die so genannte bildungsferne Schicht wird als trendsetzende soziale Gruppe im Fernsehen repräsentiert.
Kontra	Unterstützung menschenverachtenden Verhaltens	Preisgabe, Schadenfreude, Lächerlichkeit, Psychoterror in und durch Castingshows
	Virtuelle Kontakte fördern eher die soziale Vereinsamung.	Schein-Aufmerksamkeit und Schein-Kontakte (z. B. in webbasierten sozialen Netzwerken wie „schülerVZ")
	Niveauverlust durch das Fehlen von seriösen Vorbildern	Talkmaster, Entertainer stehen in vielen TV-Shows für „Unkultur" und „Blödsinn".

▶ S. 497 Sascha Lehnartz: **Schlauer schießen**

▶ S. 498 Steven Johnson: **Everything Bad is Good for You**

▶ S. 498 Manfred Spitzer: **Vorsicht Bildschirm!**

1 a In Lehnhartz' Text werden die führenden Positionen in der Diskussion um Chancen und Gefahren neuer Medien aufgezeigt:

- **Steven Johnson:** Konservative Kulturkritiker finden immer Gründe gegen neue mediale Entwicklungen. (Argument: Hätte es vor dem Buch Computer-/Videospiele gegeben, so würde sich die Kritik mit durchaus plausiblen Argumenten gegen das Printmedium richten.) Fernsehserien und Computerspiele trainieren das Denken und bereiten aufs Leben vor.
- **David Pfeifer, James Flynn/Patricia M. Greenfield** stützen Johnsons These: Neue Medien machen nicht dümmer, sondern intelligenter. (Argument: Standardisierte Intelligenztests legen nahe, dass Computerspiele abstraktes und räumliches Denken verbessern.)
- **Manfred Spitzer** vertritt die Gegenposition in Form von Thesen: Fernsehen und Computer fördern die Kriminalität. Medienkompetenz hilft nicht, sondern nur Medienentzug. Wissenschaftliche Untersuchungen zeigen, dass neue Medien schaden.
- **Sascha Lehnartz'** Fazit (Conclusio): Die Fronten sind verhärtet. Für jede Position lassen sich Begründungen (z. B. soziologische, neurologische, psychologische Untersuchungen) finden.

b Johnson und Spitzer gehen beide von derselben Grundidee aus: Bei der Nutzung von Bildschirmmedien vollzieht sich im Gehirn ein intensiver Lernprozess. Allerdings sehen beide völlig verschiedene Resultate in diesem Prozess.

- **Johnson** geht davon aus, dass die Massenmedien „wertvolles Futter" für das Gehirn bieten, indem sie immer anspruchsvoller werden. Das Internet z. B. fördere kognitive Kompetenz durch Interaktivität (Teilnahme), kognitive Lösungsfindung (Schnittstellen meistern) und Kommunikation (Kontakte).

2.3 MEDIENKRITIK **507**

- **Spitzer** geht davon aus, dass die Massenmedien gefährliche Lernprozesse im Gehirn initiieren. Durch Nachahmung und Übung würden die Wahrnehmung verändert und aggressive Denk- und Verhaltensmuster erworben.

  Weitere eher kritische Positionen: Umberto Eco (vgl. S. 495 f. im Schülerband, S. 505 in diesen Handreichungen), Neil Postman (vgl. Aufgabe 1c, S. 496 im Schülerband, S. 505 in diesen Handreichungen), Hans Magnus Enzensberger (vgl. S. 126 ff. im Schülerband, S. 135 ff. in diesen Handreichungen).

  Weitere eher positive Positionen: Pfeifer, Flynn/Greenfield (referiert bei Lehnartz, vgl. S. 497 f. im Schülerband, S. 506 in diesen Handreichungen).

2 Zum Leserbrief vgl. Kap. A4.2, S. 83 im Schülerband.

Wirkungen: Medien-/Internetnutzung – Grafiken und Statistiken

▶ S. 499

1 a **Grafik: „Spaß beim Spiel – Schlecht in der Schule":**

Das Säulendiagramm zeigt, dass unter Viertklässlern Videospieler in ihren schulischen Leistungen grundsätzlich – gemessen am Klassenmittel – nach unten abweichen. Bei Jungen ist die Abweichung im Fach Deutsch am größten, bei Mädchen im Fach Mathematik. Abweichungen nach oben gibt es vor allem bei den Nichtspielern. Ausgenommen sind allerdings die Jungen, die auch hier im Fach Deutsch gegenüber anderen Fächern und gegenüber den Mädchen vom Klassenmittel nach unten abweichen.

Unabhängig vom Videospielen bestätigt die Grafik die Annahme, dass Jungen in Mathe bessere Noten erzielen als die Mädchen und diese in Deutsch bessere als die Jungen.

Kritisch muss man bedenken, dass der Mediengebrauch nicht der einzig zu berücksichtigende Faktor bei der Betrachtung der Schulleistung ist. Soziale, familiäre, finanzielle u. a. Aspekte spielen ebenso eine Rolle für schlechte Schulleistungen.

Grafik: „Die Mediengeneration":

Die Medien Fernsehen/Video werden von beiden Geschlechtern in der Altersgruppe der 11- bis 17-Jährigen in etwa gleich stark genutzt und machen den höchsten Prozentsatz in der gesamten Mediennutzung aus. Auffällig ist die unterschiedliche Nutzung von Computer/Internet und Musik. Ersteres nutzen Jungen mehr (ebenso die Spielkonsole), während Mädchen häufiger Musik hören und häufiger das Handy benutzen.

b Bei der ersten Grafik sollten die Schülerinnen und Schüler an ihre Grundschulzeit zurückdenken und prüfen, ob sich die gezeigten Tendenzen in die Adoleszenz fortsetzen.

2 Die Grafiken können die Aussagen Lehnartz' veranschaulichen, der der Frage nachgeht, ob die audiovisuellen Medien ihre Nutzer „intelligenter oder dumpfer" machen.

Der hohe Anteil an Fernseh- und Internetkonsum der Jugendlichen bestätigt die Befürchtungen von Manfred Spitzer, dass die Bildmedien einen enormen Einfluss auf Bewusstseinsbildung und damit letztlich auch auf die Schulleistung haben können.

Die lange Zeitspanne, die täglich vor dem Fernseher verbracht wird, deckt sich mit Ecos Beobachtungen.

Weiterführendes Material zu diesem Teilkapitel findet sich auf der beiliegenden CD:
- *Goedart Palm:* Journalismus und Mediendämmerung – Zum Strukturwandel der virtuell irritierten Öffentlichkeit (2005)

Analyse eines Sachtextes mit anschließender weiterführender Reflexion

Aufgabenstellung

1 Analysieren Sie Mauthners Text „Eine Kritik der Sprache". Berücksichtigen Sie dabei besonders die Argumentationsweise und die sprachlich-rhetorische Gestaltung. *(48 Punkte)*

2 Setzen Sie die Position des Sprachkritikers Mauthner mit der Sprachreflexion in Hugo von Hofmannsthals Chandos-Brief in Bezug. *(24 Punkte)*

Fritz Mauthner: **Eine Kritik der Sprache** (1901)

Die Sprache ist die Peitsche, mit der die Menschen sich gegenseitig zur Arbeit peitschen. Jeder ist Fronvogt und jeder Fronknecht. Wer die Peitsche nicht führen und unter ihren Hieben nicht schreien will, der
5 heißt ein stummer Hund und Verbrecher und wird beiseitegeschafft. Die Sprache ist der Ziehhund, der die große Trommel in der Musikbande des Menschenheeres zieht. Die Sprache ist der Hundsaffe, der Prostituierte, der missbraucht wird für die drei großen
10 Begierden des Menschen, der sich brüllend vor den Pflug spannt als Arbeiter für den Hunger, der sich und seine Familie verkauft als Kuppler für die Liebe, und der sich in all seiner Scheußlichkeit verhöhnen lässt als Folie für die Eitelkeit, und der schließlich noch der
15 Luxusbegierde dient und als Zirkusaffe seine Sprünge macht, damit der Affe einen Apfel kriege und eine Kusshand und damit er selbst Künstler heiße. Die Sprache ist die große Lehrmeisterin zum Laster. Die Sprache hat die Menschheit emporgeführt bis zu der
20 Galgenhöhe von Babylon, Paris, London und Berlin, die Sprache ist die Teufelin, die der Menschheit das Herz genommen hat und Früchte vom Baum der Erkenntnis dafür versprochen. Das Herz hat die Sprache gefressen wie eine Krebskrankheit, aber statt
25 der Erkenntnis hat sie dem Menschen nichts geschenkt als Worte zu den Dingen, Etiketten zu leeren Flaschen, schallende Backpfeifen als Antwort auf die ewige Klage, wie andere Lehrer andere Kinder durch Schlagen zum Schweigen bringen. Erkenntnis haben die
30 Gespenster aus dem Paradies der Menschheit versprochen, als sie die Sprache lehrten. Die Sprache hat die Menschheit aus dem Paradies vertrieben. Hätte die Menschheit aber die Sprache lieber den Affen oder den Läusen geschenkt, so hätten die Affen oder Läuse
35 daran zu tragen, und wir wären nicht allein krank, vergiftet, in der ungeheueren, sprachlosen heilen Natur. Wir wären dann Tiere, wie wir es hochmütig nennen in unserer protzigen Menschensprache, oder wir wären Götter, wie wir es empfinden, wenn ein
40 Blitz uns verstummen macht oder sonst ein Wunder der sprachlosen Natur.

Die Sprache ist geworden wie eine große Stadt. Kammer an Kammer, Fenster an Fenster, Wohnung an Wohnung, Haus an Haus, Straße an Straße, Viertel an
45 Viertel, und das alles ist ineinandergeschachtelt, miteinander verbunden, durcheinandergeschmiert, durch Röhren und Gräben, und wenn man einen Botokuden[1] davorstellt und ihm sagt, das sei ein Kunstwerk, so glaubt es der Esel und hat doch zu Hause die eigene
50 Hütte, rund und frei.
Ist die Sprache aber kein Kunstwerk, so ist sie dafür bis heute die einzige Einrichtung der Gesellschaft, die wirklich schon auf sozialistischer Grundlage beruht. Zwar hat auch die Stadt wie die Sprache ihre
55 Gasröhren, die ein vergiftetes Licht in alle Kammern treiben, die Bleiröhren, die ein verseuchtes Wasser in alle Küchen liefern, die Kanäle, die den Unrat der Million in schöner Symmetrie zu dem oberirdischen Leben munter unter der Erde weiterplätschern lassen
60 nach neuen Gebieten der kommenden Menschheit, den Rieselfeldern. Aber Kohlendunst, Sumpfwasser und Dünger sind noch nicht überall Gemeingut. Der Steuerexekutor steht am Hahn und verlangt Geld. Da ist die Sprache eine weit lustigere Sache. Um es grell
65 auszudrücken: In ihren verrosteten Röhren fließt durcheinander Licht und Gift, Wasser und Seuche und spritzt umsonst überall aus den Fugen, mitten unter den Menschen; die ganze Gesellschaft ist nichts als eine ungeheure Gratiswasserkunst für dieses Gemeng-
70 sel, jeder Einzelne ist ein Wasserspeier, und von Mund zu Mund speit sich der trübe Quell entgegen und vermischt sich trächtig und ansteckend, aber unfruchtbar und niederträchtig, und da gibt es kein Eigentum und kein Recht und keine Macht. Die Sprache ist
75 Gemeineigentum. Alles gehört allen, alle baden darin; alle saufen es, und alle geben es von sich.

(Aus: Fritz Mauthner: Beiträge zu einer Kritik der Sprache. Bd. 1. Reclam, Leipzig ³1923, S. 86 f.)

---

[1] **Botokuden:** brasilianischer Indianerstamm, hier abwertend für ungebildete Menschen mit schlechtem Benehmen

ERWARTUNGSHORIZONT **509**

Aufgabe 1

	Anforderungen Die Schülerin / der Schüler	maximal erreichbare Punktzahl (AFB)	erreichte Punktzahl
1	verfasst eine sinnvolle Einleitung.	3 (I)	
2	benennt das Thema des Essays und fasst den Inhalt kurz zusammen: die fundamentale, polemische Kritik an der Sprache im Rahmen der Sprachkrise um 1900.	3 (I)	
3	beschreibt den Aufbau des Essays, z. B.: • Sprache als willkürliches, Menschen verachtendes Instrument • Verlust der Erkenntnisfunktion der Sprache im biblischen Bildbereich • Sprache als Gemeineigentum im Bildbereich der Stadt	6 (I)	
4	erschließt die zentralen These, dass die Sprache keine Erkenntnisfunktion mehr hat. Der Sprachgebrauch ist zu einem Instrument des oberflächlichen Zugangs zu den Dingen geworden.	6 (II)	
5	erkennt die Argumentationsweise als rein thetisch: Aussagen über die Sprache werden aneinandergereiht, wobei Bilder/Bildfelder Belege und Beispiele einer begründenden Argumentation ersetzen.	3 (II)	
6	erläutert Mauthners Sprachkritik vor dem Hintergrund des Epochen-umbruchs 1900, z. B.: • Sprachkrise und Sprachnot als zentraler mentalitätsgeschichtlicher Diskurs der Jahrhundertwende 1900 • philosophische Prämisse, dass Erkenntnis und Sprache zusammen-hängen (Verhältnis von Sprache, Denken, Wirklichkeit) • Zivilisationskritik: Sprache als künstliches, dirigistisches Instrument, das den Menschen in unterschiedliche Rollenzuweisungen zwingt und miss-braucht; verschiedene Herr-Knecht-Verhältnisse • Verlust von Ursprünglichkeit (Paradies) und Natürlichkeit; Verlust der Erkenntnisfähigkeit durch Sprache: Opposition zur sprachlosen Natur, in der im Verstummen Wahrheit empfunden/erahnt werden könnte • Reduktion der Sprache auf das Negative im Vergleich mit der Stadt bzw. einer sozialistischen Gesellschaftsordnung	9 (II)	
7	erschließt auffällige Gestaltungsmittel, z. B. den aggressiv-polemischen Ton, den Reihungsstil im parallelen Satzbau und in Wiederholungen, Hyperbeln, definitorische Prädikationen.	6 (II)	
8	untersucht maßgebliche Bildfelder der Metaphorik des Textes, z. B.: • Unterdrückung („Peitsche", Z. 1, 3, etc.), abgerichtete Tiere („Ziehhund", Z. 6, „Zirkusaffe", Z. 15) • menschliche Rollen (Arbeiter, Prostituierter, Kuppler, Z. 11, 9, 12) und Verhaltensweisen (Begierde, Eitelkeit, Laster, Hochmut, Protzigkeit) • religiöse Metaphorik („Teufelin", Z. 21, „Baum der Erkenntnis", Z. 22 f., „Paradies", Z. 30, „Götter", Z. 39) • Stadt (labyrinthisches System, Enge, Anonymität, Unrat, Krankheit) • sozialistische Gesellschaftsordnung ohne Recht, Eigentum und Macht	6 (II)	
9	zieht abschließend ein reflektiertes Fazit, dass Mauthners radikale Sprachkritik der Sprache jede Erkenntnis stiftende und kommunikative Funktion abschreibt.	6 (III)	
10	entwickelt einen weiteren, eigenständigen Gedanken. (Max. 6 Punkte)		
		48	

Cornelsen

Autoren:
Bernd Schurf / Andrea Wagener

Texte, Themen und Strukturen
Lernerfolgskontrolle 34, S. 2

510 ERWARTUNGSHORIZONT

Aufgabe 2

	Anforderungen Die Schülerin / der Schüler	maximal erreichbare Punktzahl (AFB)	erreichte Punktzahl
1	verfasst eine angemessene Überleitung.	3 (I)	
2	erläutert zusammenfassend die wesentlichen sprachkritischen Positionen des Chandos-Briefes.	3 (II)	
3	setzt die Positionen Mauthners und Hofmannsthals/Chandos' in Bezug: • Sprache hat bei Mauthner keinerlei bzw. eine nur destruktive Funktion im Hinblick auf Erkenntnisgewinn und zwischenmenschliche Kommunikation. • Hofmannsthals Sprachkritik ist wesentlich differenzierter: Seine Skepsis an der Erkenntnisfunktion der Sprache bezieht sich auf abstrakte Begriffe und Alltagssprache, während dem poetisch-metaphorischem Sprachgebrauch die Möglichkeit der Kommunikation mit den Dingen und damit ursprünglicher Erkenntnis innewohnt.	6 (II)	
4	vergleicht formale Aspekte beider Texte: • polemischer, persönlicher Essay ohne argumentative Begründungen (Mauthner) – fiktiver, persönlicher Brief des Lord Chandos im Essaystil mit argumentativen Begründungen (Hofmannsthal) • bei beiden durchgängig starke bildhafte Sprache (Metaphorik); bei Mauthner abschreckend negativ, bei Hofmannsthal poetisch aufwertend.	6 (II)	
5	nimmt abschließend (u. U. mit Bezug auf ihr/ihm bekannte sprachkritische Texte) eigenständig zum Problem der Erkenntnis stiftenden Funktion von Sprache Stellung.	6 (III)	
6	entwickelt einen weiteren, eigenständigen Gedanken. (Max. 4 Punkte)		
		24	

Darstellungsleistung

	Anforderungen Die Schülerin / der Schüler	maximal erreichbare Punktzahl	erreichte Punktzahl
1	strukturiert den Klausurtext schlüssig, sinnvoll verknüpft und gedanklich klar.	6	
2	schreibt fachsprachlich korrekt und differenziert zwischen beschreibenden, deutenden und wertenden Aussagen.	6	
3	belegt Aussagen funktional durch korrekte Zitate.	3	
4	formuliert begrifflich präzise und differenziert, sprachlich-stilistisch angemessen, abwechslungsreich und sicher.	10	
5	schreibt sprachlich korrekt.	3	
		28	

Eine Zuordnung der Punktezahlen zu den Notenstufen findet sich auf S. 46 in diesem Handbuch.

Autoren:
Bernd Schurf / Andrea Wagener

Texte, Themen und Strukturen
Lernerfolgskontrolle 34, S. 3

D2.3 LERNERFOLGSKONTROLLE/KLAUSURVORSCHLAG

Argumentative Entfaltung eines fachspezifischen Sachverhalts im Anschluss an eine Textvorlage

Aufgabenstellung

1 Geben Sie Gedankengang und Argumentationsweise in Ecos Text „Die Multiplizierung der Medien" knapp wieder und untersuchen Sie die Problemstellung. *(24 Punkte)*

2 Erörtern Sie, inwieweit Sie die Auffassungen des Autors im Hinblick auf neue Medien heute noch für überzeugend halten. Beziehen Sie auch weitere Ihnen bekannte medienkritische Positionen ein. *(48 Punkte)*

Umberto Eco: **Die Multiplizierung der Medien** (1983)

Allerdings muss die Schule (und die Gesellschaft, und nicht allein für die Jugendlichen) auch lernen, neue Fertigkeiten im Umgang mit den Massenmedien zu lehren. Alles, was in den sechziger und siebziger Jahren gesagt worden ist, muss revidiert werden. Damals waren wir allesamt Opfer (vielleicht zu Recht) eines Modells der Massenmedien, das jenes der Machtverhältnisse reproduzierte: ein zentraler Sender mit präzisen politischen und pädagogischen Plänen, kontrolliert von „den Herrschenden", von der ökonomischen und politischen Macht, die Botschaften übermittelt durch erkennbare, technologisch bestimmte Kanäle (Wellen, Drähte, Kabel, identifizierbare Apparate wie Fernseher, Radios, Projektoren, hektografierte[1] Seiten) und die Empfänger als Opfer der ideologischen Indoktrination[2]. Es genügte, diese Empfänger zu lehren, die Botschaften richtig zu „lesen", sie zu kritisieren, vielleicht wäre man so ins Reich der geistigen Freiheit gelangt, ins Zeitalter des kritischen Bewusstseins … Es war auch der Traum von Achtundsechzig[3].

Was heute Radio und Fernsehen sind, wissen wir: unkontrollierbare Pluralitäten von Botschaften, die jeder benutzt, um sich auf den Tasten der Fernbedienung ein eigenes „Programm" zusammenzustellen. Die Freiheit des Benutzers ist damit nicht größer geworden, aber gewiss hat sich die Art und Weise verändert, wie man ihm beibringt, frei und bewusst zu sein. Und im Übrigen haben sich ganz allmählich zwei neue Phänomene herausgebildet, nämlich die Multiplizierung der Medien und die Medien im Quadrat. Was ist heute ein Massenmedium? Eine Sendung im Fernsehen? Auch, gewiss. Aber versuchen wir einmal, uns die folgende nicht unvorstellbare Situation vorzustellen: Eine Firma produziert T-Shirts mit einer aufgedruckten Wiesenstelze und macht dafür Reklame (kein ungewöhnliches Phänomen). Die Jugend fängt an, diese T-Shirts zu tragen. Jeder Träger des T-Shirts macht vermittels der Wiesenstelze auf seiner Brust für das T-Shirt Reklame (so wie jeder Besitzer eines Fiat Panda ein unbezahlter und zahlender Propagandist der Marke Fiat und des Modells Panda ist). Eine Sendung im Fernsehen zeigt, um realistisch zu sein, Jugendliche mit dem Wiesenstelzen-T-Shirt. Die jungen (und alten) Zuschauer sehen die Sendung und kaufen sich neue T-Shirts mit der Wiesenstelze, weil sie „jung macht". Wo ist hier das Massenmedium? Ist es die Werbeanzeige in der Zeitung, ist es die Sendung im Fernsehen, ist es das T-Shirt? Wir haben es hier nicht mit einem, sondern mit zwei, drei und vielleicht noch mehr Massenmedien zu tun, die auf diversen Kanälen agieren. Die Medien haben sich multipliziert, aber einige unter ihnen agieren als Medien von Medien und somit als Medien im Quadrat. Wer sendet jetzt die Botschaft? Der Fabrikant, der das T-Shirt herstellt? Der Käufer, der es trägt? Der Regisseur, der es im Fernsehen zeigt? Wer produziert die Ideologie? Denn zweifellos handelt es sich um Ideologie, man braucht nur die Implikationen des Phänomens zu analysieren: das, was der Fabrikant ausdrücken will, der Träger, der Regisseur. Doch je nachdem, welchen Kanal man ins Auge fasst, ändert sich die Bedeutung der Botschaft und vielleicht auch das Gewicht ihrer Ideologie. Nirgendwo ist mehr „die Macht" zu greifen, die eine und allgewaltige Macht (wie war sie doch tröstlich!). Oder wollen wir sie etwa mit der Macht des Designers identifizieren, der die Idee gehabt hatte, das T-Shirt mit einer Wiesenstelze zu schmücken, oder mit der des Fabrikanten (womöglich irgendwo in der Provinz), der sich entschlossen hat, es auf den Markt zu bringen, und zwar in großem Stil, um Geld zu verdienen, wie er es

---

[1] **hektografieren:** vervielfältigen
[2] **Indoktrination:** ideologische Beeinflussung
[3] **Achtundsechzig:** Um das Jahr 1968 bildeten sich in den USA und in Europa Protestbewegungen gegen staatliche und gesellschaftliche Machtstrukturen.

Autoren: Bernd Schurf / Andrea Wagener

Texte, Themen und Strukturen
Lernerfolgskontrolle 35, S. 1

512 D2.3 LERNERFOLGSKONTROLLE/KLAUSURVORSCHLAG

soll, und seine Arbeiter nicht zu entlassen? Oder mit der des Käufers, der sich legitimerweise bereitfindet, es zu tragen und damit ein Bild von Jugend und Ungezwungenheit oder von Glück zu propagieren? Oder mit der des TV-Regisseurs, der es seinen Schauspielern anzieht, um eine Generation darzustellen? Oder mit der des Rocksängers, der sich von der Herstellerfirma sponsern lässt, um seine Kosten zu decken? Alle sind drin und alle sind draußen, die Macht ist nirgendwo greifbar, und niemand weiß mehr, woher das „Projekt" kommt. Denn ein Projekt liegt zweifellos vor, nur ist es nicht mehr intentional, und folglich trifft man es nicht mehr mit der traditionellen Kritik der Intentionen. Sämtliche Ordinarien[4] für Kommunikationstheorie, die sich an den Texten der frühen sechziger Jahre gebildet haben (ich eingeschlossen), müssten sich arbeitslos melden. Wo sind die Massenmedien? […] Es waren einmal die Massenmedien, sie waren böse, man weiß, und es gab einen Schuldigen. Ferner gab es die Tugendhaften, die ihre Verbrechen anklagten. Und die Kunst (ah, zum Glück), die Alternativen anbot für jene, die nicht Gefangene der Massenmedien sein wollten. Gut, das alles ist nun vorbei. Wir müssen noch einmal ganz von vorne anfangen, uns zu fragen, was läuft.

(Aus: Umberto Eco: Über Gott und die Welt. Hanser, München/Wien 1985, S. 160–162)

[4] **Ordinarien:** Lehrstuhlinhaber

Autoren:
Bernd Schurf / Andrea Wagener

Texte, Themen und Strukturen
Lernerfolgskontrolle 35, S. 2

ERWARTUNGSHORIZONT **513**

Aufgabe 1

	Anforderungen Die Schülerin / der Schüler	maximal erreichbare Punktzahl (AFB)	erreichte Punktzahl
1	verfasst eine sinnvolle Einleitung.	3 (I)	
2	benennt den medienkritischen Ansatz des Textes, insbesondere • den Bezug auf die Medien Fernsehen und Radio; Position der 1980er-Jahre (das Internet gab es noch nicht) • historischer Blick auf die Zeit von 1968; Vorausblick auf die zukünftige Rolle der Medien	3 (I)	
3	erläutert den Gedankengang des Textes, z. B.: • Prämisse: medienkritisches Modell der 1960er-/70er-Jahre, Ideologie-kritik an der Machtrolle der Sender und der Opferrolle der Rezipienten • These: Multiplizierung der Medien in der Gegenwart; Vielfalt und Kontrollverlust einerseits, vermeintliche radikale Freiheit der Rezipienten andererseits • Beispiel: Problem der Verantwortlichkeit und der Funktion der Botschaft am Beispiel multimedial verbreiteter Werbebotschaften in den Massenmedien • Fazit: bisherige Verfahren der Medienkritik reichen nicht mehr hin; medientheoretische Konzepte müssen überdacht und erneuert werden	6 (II)	
4	untersucht die Argumentationsweise des Textes, z. B.: • thetischer Aufbau der Argumentation mit einem ausgeprägten Beispiel mit stützender Funktion • Infragestellung der Reichweite und des Geltungsanspruchs der Thesen zur Pluralität der Massenmedien, zur Freiheit des Benutzers etc.	6 (II)	
5	stellt abschließend in einer kurzen reflektierten Schlussfolgerung die Problemstellung des Textes dar, z. B.: • die Multiplizierung moderner Massenmedien radikalisiert das Problem von Verantwortung und Macht bis zur Unlösbarkeit • kritische Selbstreflexion des medienkritischen Autors	6 (III)	
6	entwickelt einen weiteren, eigenständigen Gedanken. (Max. 6 Punkte)		
		24	

Cornelsen

Autoren:
Bernd Schurf / Andrea Wagener

Texte, Themen und Strukturen
Lernerfolgskontrolle 35, S. 3

514 ERWARTUNGSHORIZONT

Aufgabe 2

Anforderungen Die Schülerin / der Schüler	maximal erreichbare Punktzahl (AFB)	erreichte Punktzahl
1 verfasst eine angemessene Überleitung.	3 (I)	
2 erläutert die Relevanz des Essays für die aktuelle Mediendiskussion.	6 (II)	
3 erklärt Ecos Thesen und Beispiele im Einzelnen, z. B.: ▪ Plausibilität der Opfertheorie in der Medienkritik der 1960er-/70er-Jahre ▪ die „Freiheit des Benutzers" in Bezug auf den Radio- und Fernsehkonsum in den 1970er-/80er-Jahren vor dem Hintergrund der Medienpluralität ▪ Überzeugungskraft des Beispiels (T-Shirt) im Hinblick auf das Problem der Verantwortung, der Bedeutung der Botschaft, der Ideologiekritik ▪ Verlustempfinden angesichts nun fehlender Eindeutigkeit in Bezug auf Machtstrukturen und Schuldzuweisungen; Notwendigkeit eines radikalen medientheoretischen Neuansatzes	9 (II)	
4 prüft Ecos Position vor dem Hintergrund der aktuellen Mediensituation, z. B.: ▪ die Frage, ob die Medienkritik wieder „revidiert werden" (Z. 5) muss ▪ die Rolle von Radio und Fernsehen heute ▪ die Relevanz der These der „Multiplizierung der Medien" (Z. 29 f.) und der „Medien im Quadrat" (Z. 30) in Bezug auf Computer/Internet und auf das Handy	9 (III)	
5 setzt Ecos Position in Beziehung zu weiteren medienkritischen Positionen und erläutert diese im Einzelnen, z. B.: ▪ Mediendefinitionen: „Was sind Massenmedien?" (Hörisch) ▪ historische Sicht auf die Kritik an Massenmedien: Machtstrukturen, Ideologiekritik (Faulstich) ▪ Infragestellung der Freiheit des Mediennutzers, der Demokratisierung durch Massenmedien (Eco) ▪ Diskussion über Chancen und Gefahren der Vervielfältigung und Potenzierung der Medien (Postman, Enzensberger, Lehnartz, Johnson, Spitzer)	9 (II)	
6 beurteilt Ecos Fazit – die Notwendigkeit eines Neuansatzes im Umgang mit den Medien und der Medienkritik – vor dem Hintergrund ihrer/seiner medientheoretischen Kenntnisse und medialen Erfahrungen.	6 (III)	
7 nimmt abschließend begründet abwägend, zustimmend oder ablehnend Stellung und gelangt zu einer eigenständigen Position.	6 (III)	
8 entwickelt einen weiteren, eigenständigen Gedanken. (Max. 4 Punkte)		
	48	

© 2009 Cornelsen Verlag, Berlin. Alle Rechte vorbehalten.

Autoren:
Bernd Schurf / Andrea Wagener

Texte, Themen und Strukturen
Lernerfolgskontrolle 35, S. 4

Darstellungsleistung

	Anforderungen Die Schülerin / der Schüler	maximal erreichbare Punktzahl	erreichte Punktzahl
1	strukturiert den Klausurtext schlüssig, sinnvoll verknüpft und gedanklich klar.	6	
2	schreibt fachsprachlich korrekt und differenziert zwischen beschreibenden, deutenden und wertenden Aussagen.	6	
3	belegt Aussagen funktional durch korrekte Zitate.	3	
4	formuliert begrifflich präzise und differenziert, sprachlich-stilistisch angemessen, abwechslungsreich und sicher.	10	
5	schreibt sprachlich korrekt.	3	
		28	

Eine Zuordnung der Punktezahlen zu den Notenstufen findet sich auf S. 46 in diesem Handbuch.

3 Sprachentwicklung, Sprachwandel und Spracherwerb

Konzeption des Kapitels

Die Beschäftigung mit der Entstehung von Sprache, mit sprachgeschichtlichen Entwicklungen und individuellem Spracherwerb (Phylogenese und Ontogenese) vermittelt den Schülerinnen und Schülern Einsichten über das Wesen der Sprache, ihre Funktion für die Ausdruckbedürfnisse und die Verstandestätigkeit des Menschen und über ihre Bedeutung für sein Verhältnis zur Welt. In der Philosophie- und Wissenschaftsgeschichte wurden Fragen zum Ursprung der Sprache besonders seit dem 18. Jahrhundert entfaltet und immer wieder neu gestellt; seit dem 20. Jahrhundert wird das Spekulative durch wissenschaftlich-empirische Ergebnisse zu erhellen versucht. Das Kapitel zeigt wissenschaftliche Kontroversen auf, die von den Schülerinnen und Schülern mit eigenen Fragen verknüpft werden können.

Zu Beginn des ersten Teilkapitels (**„Sprachgeschichte – Ursprung und Entwicklung von Sprache(n)"**) werden die Schülerinnen und Schüler veranlasst, Fragen zum Ursprung der Sprache, zu ihrer Struktur und Entwicklung zu stellen; danach erarbeiten sie Sprachentstehungstheorien im geistesgeschichtlichen Kontext und vor dem Hintergrund ihrer eigenen Thesen. Bezüge zu den Sachbereichen „Sprache – Denken – Wirklichkeit" und „Mehrsprachigkeit" ergeben sich in der Auseinandersetzung mit den angebotenen Texten von Johann Gottfried Herder, Wilhelm von Humboldt und Umberto Eco.

Im zweiten Teilkapitel (**„Sprachwandel – Anglizismen in Fachsprachen"**) erarbeiten die Schülerinnen und Schüler zunächst die geschichtliche Dimension von Sprache und die in der Geschichte des Deutschen besonders wichtigen Sprachkontakte mit dem Lateinischen, dem Französischen und später dem Englischen bzw. Angloamerikanischen. Aus der diachronen Rekonstruktion von Sprachverwandtschaften und historisch-kulturellen Entwicklungen erschließen sie Prozesse des Bedeutungswandels einzelner Wörter, dem sie in eigenen Recherchen weiter nachspüren können. Am Beispiel der den Jugendlichen besonders vertrauten Computerfachsprache werden Aspekte des Sprachwandels dann unter synchroner Perspektive erarbeitet und im Hinblick auf sprachkritische Kontroversen zur „Anglifizierung" des Deutschen problematisiert. Erfahrungen jugendlicher Sprachteilnehmer greifen auch Aufgaben zur Web-Kommunikation und zum Sprachwandel in der Mediengesellschaft auf.

Bei der Arbeit mit dem dritten Teilkapitel (**„Erst- und Zweitspracherwerb – Wie lernen Kinder sprechen?"**) können die Schülerinnen und Schüler aktuelle Forschungsergebnisse zum Erst- und Zweitspracherwerb mit Wissen aus dem Fach Biologie und mit eigenen lebensweltlichen oder biografischen Beobachtungen verbinden. Sie unterscheiden zentrale Spracherwerbstheorien, erkennen die Chancen interdisziplinärer Forschung und können neurowissenschaftliche Untersuchungsergebnisse für die kontroverse Diskussion über den Spracherwerb (durch „Bioprogramm" oder durch Lernen/Kultur/Interaktion) mit heranziehen.

Literaturhinweise

Berger, Ruth: Warum der Mensch spricht. Eine Naturgeschichte der Sprache. Eichborn, Frankfurt/M. 2008
Böcker, Lisa / Brenner, Gerd: Sprache im Wandel: Sprachkritik und Sprachgeschichte. Cornelsen, Berlin 2003 (Reihe „Kursthemen Deutsch")
Das Geheimnis der Sprache. GEO Wissen, Heft 40/2007
Dittmann, Jürgen: Der Spracherwerb des Kindes. Verlauf und Störungen. C. H. Beck, München 2002
dtv-Atlas zur deutschen Sprache. Deutscher Taschenbuch Verlag, München [16]2007
Eichhoff-Cyrus, Karin M. / Hoberg, Rudolf (Hg.): Die deutsche Sprache zur Jahrtausendwende. Dudenverlag, Mannheim 2000
Ernst, Peter: Deutsche Sprachgeschichte. Facultas Verlags- und Buchhandels AG, Wien 2005
Helbig, Gerhard: Zur Bedeutung der Wörter. Faber & Faber, Leipzig 2004
Legros, Waltraud: Was die Wörter erzählen. Deutscher Taschenbuch Verlag, München [5]1999
Pinker, Steven: Der Sprachinstinkt. Knaur/Kindler, München 1996
Riehl, Claudia Maria: Sprachkontaktforschung. Eine Einführung. Narr, Tübingen 2004
Stedje, Astrid: Deutsche Sprache gestern und heute. Wilhelm Fink, München [4]1999
Steinig, Wolfgang: Als die Wörter tanzen lernten. Ursprung und Gegenwart von Sprache. Elsevier, München [1]2007
Wolff, Gerhard: Deutsche Sprachgeschichte. A. Francke, Tübingen [4]1999
Zimmer, Dieter E.: So kommt der Mensch zur Sprache. Heyne, München [4]1986

Internetadressen

www.cbs.mpg.de (Max-Planck-Institut für Kognitions- und Neurowissenschaften, Leipzig)
http://kontaktstelle-mehrsprachigkeit.uni-mannheim.de
www.gehirn-und-geist.de (Website der Zeitschrift „Gehirn & Geist")

D3 SPRACHENTWICKLUNG, SPRACHWANDEL UND SPRACHERWERB

	Inhalte	Kompetenzen Die Schülerinnen und Schüler
S. 500	**3 Sprachentwicklung, Sprachwandel und Spracherwerb**	▪ formulieren eigene Fragen zu Ursprung und Entwicklung der Sprache sowie zur Mehrsprachigkeit ▪ wenden die Portfolio-Methode an, um ihre Vermutungen festzuhalten und fortlaufend neu zu befragen
S. 501	**3.1 Sprachgeschichte – Ursprung und Entwicklung von Sprache(n)** *Johann Gottfried Herder:* Abhandlung über den Ursprung der Sprache *Wilhelm von Humboldt:* Sprache als Weltansicht – Sprache und Nation *Umberto Eco:* Über den Umgang mit Vielsprachigkeit *Harald Haarmann:* Die Anfänge der Sprachevolution	▪ untersuchen Positionen zum Ursprung der Sprache aus der Sprachphilosophie des 18. Jhs. ▪ analysieren Schlüsselbegriffe, Prämissen und Argumentationszusammenhänge der Texte ▪ erkennen die Bedeutung der Sprache als Ausdrucksmittel für die geistigen Potenziale von Völkern und leiten hieraus Fragen zur Vielsprachigkeit ab ▪ ermitteln fachübergreifend interdisziplinäre Zugänge zum Ursprung der Sprache
S. 505	**Die Entwicklung des Deutschen – Sprache(n) im Kontakt** *Karl-Wilhem Weeber:* Romdeutsch *Claudia Maria Riehl:* Das 18. Jahrhundert – Französisch als Sprache der Höfe	▪ begreifen die geschichtliche Dimension von Sprache ▪ erkennen Aspekte der Sprachgeschichte des Deutschen als Folge von Sprachkontaktsituationen ▪ recherchieren Wortgeschichten und untersuchen den Bedeutungswandel von Wörtern ▪ verbalisieren Schaubildaussagen zur Entwicklung des Neuhochdeutschen ▪ unterscheiden zwischen Fremd- und Lehnwörtern
S. 508	**3.2 Sprachwandel – Anglizismen in Fachsprachen** *Dieter E. Zimmer:* Alles eine Frage des Geschmacks? Von wegen!	▪ setzen sich am Beispiel der (Computer-)Fachsprache und der Web-Kommunikation mit dem Sprachwandel heute auseinander ▪ können für den Sprachwandel externe und interne Faktoren anführen ▪ erklären Prozesse der „inneren Anglifizierung" ▪ unterscheiden zwischen diachronen und synchronen Betrachtungen ▪ beurteilen sprachkritische Positionen in ihren jeweiligen Kontexten
S. 511	**3.3 Erst- und Zweitspracherwerb – Wie lernen Kinder sprechen?**	▪ entwickeln anhand biografiebezogener Recherchen Thesen zum frühkindlichen Spracherwerb ▪ unterscheiden zwischen Phylogenese und Ontogenese
S. 512	**Phasen des Spracherwerbs – Spracherwerbstheorien** *Rosemarie Tracy:* Der Erwerb der deutschen Satzstruktur *Ralf Siedenberg / Gabriel Curio:* Zur Neurobiologie der Sprache *Els Oksaar:* Sprache und soziale Interaktion *Hans Jürgen Heringer:* Interkulturelle Kommunikation	▪ nutzen fachübergreifende Kenntnisse (Biologie, Pädagogik, Philosophie) zum Verstehen der Texte ▪ unterscheiden die vier Ebenen des Erstspracherwerbs ▪ können sachgerecht über die unterschiedlichen Spracherwerbstheorien informieren, die Erklärungsansätze voneinander abgrenzen und ansatzweise in ihrer Plausibilität erörtern ▪ können neurophysiologische Forschungsergebnisse ansatzweise erklären
S. 516	**Zweitspracherwerb – Oder: Gibt es mehrsprachige Gehirne?** *Holger Küls:* Gehirnforschung, Lernen und Spracherwerb – Einige Anmerkungen zum Zweitspracherwerb	▪ reflektieren individuelle und gesellschaftliche Fragen zum Thema „Vielsprachigkeit" ▪ unterscheiden zwischen Erstspracherwerb und Zweit- oder Fremdspracherwerb ▪ beschreiben diese vor dem Hintergrund hirnphysiologischer Forschungen ▪ recherchieren besondere Spracherwerbsbiografien ▪ reflektieren eigene Sprachlernsituationen

518 D3 SPRACHENTWICKLUNG, SPRACHWANDEL UND SPRACHERWERB

3 Sprachentwicklung, Sprachwandel und Spracherwerb

▶ S. 500 **1** In den Zitaten von Schüler/innen und Studierenden zum Thema „Sprachentwicklung, Sprachwandel und Spracherwerb" manifestieren sich altersabhängige Sichtweisen, Verstehensmöglichkeiten und Wissensbestände. Vermutlich wird die enge Verbindung zwischen Buchstabenrepertoire, Wortkörper und -bedeutung in der zweiten Kinderäußerung verwundern sowie das Konkretistische/Aktionistische im ersten Zitat; die Perspektiven auf Wortarten, Mehrsprachigkeit und die Erlernbarkeit der Muttersprache sowie fremder Sprachen sind für alle Kinderzitate kennzeichnend. Erwachsene Lerner und Sprachteilnehmer betonen eher anthropologische und gesellschaftliche Bedürfnisse und nutzen dabei konkrete Wissenshintergründe (Evolution, gesellschaftliche Arbeitsteilung, verbale/nonverbale Kommunikation, situationsunabhängiges Sprechen/Kommunizieren, innere und äußere Mehrsprachigkeit etc.).

2 Portfolio-Beispiel, (weitere) Fragen thematisch gruppiert:

Fragen zum Sprachursprung und zur Vielsprachigkeit:
Wie entstand Sprache? Warum entstand sie? Wann entstand sie?
Wo/Worin liegt ihr Ursprung? Ist er göttlich oder menschlich?
Was ist das Einzigartige in der Struktur menschlicher Sprache, das Wesen der Sprache?
Worin unterscheidet sie sich von der tierischen Kommunikation?
Woher gewinnt der Mensch Wörter zur Bezeichnung von Gegenständen und Vorgängen, Erscheinungen?
Wie entstand Vielsprachigkeit? Warum gibt es sie?
Wie entwickeln sich so genannte Volks- oder Nationalsprachen?
In welche Richtung entwickelt sich das Deutsche? Ist es gefährdet?
Wie verhalten sich Fachsprachen zur Allgemeinsprache?
Wie erlernt ein Kleinkind die Sprache?
Gibt es zwischen der „Gattung Mensch" und dem „Menschen als Individuum" Vergleichbares in Bezug auf die Sprachentwicklung?

Zum fortdauernden Umgang mit den eigenen Portfolio-Fragen vgl. auch Aufgabe 2, S. 505 im Schülerband.

3.1 Sprachgeschichte – Ursprung und Entwicklung von Sprache(n)

▶ S. 502 **Johann Gottfried Herder: Abhandlung über den Ursprung der Sprache** (1771/72)

1/2 Als Einstiegsimpulse können auch zwei weitere Herder-Zitate angeboten werden: „Menschengeschlechter haben sich ihre Sprache selbst gebildet." „Jeder Mensch muss eigentlich seine Sprache erfinden und jeden Begriff in jedem Wort so verstehen, als wenn er ihn erfunden hätte." („Journal meiner Reise", 1769)
Herders Auffassung vom Ursprung der Sprache können die Schülerinnen und Schüler (auch im Rückgriff auf die Autoreninformation, S. 501 im Schülerband) im Zusammenhang mit dem Menschenbild der Aufklärung etwa mit folgenden Stichworten erläutern: Vernunftwesen Mensch – Selbstbestimmung/Emanzipation – Entfaltung von Fähigkeiten/Bildung/Sprache – Lernen und Erziehung – Verwirklichung von Weisheit und Tugend. Herders aufklärerische Gedanken manifestieren sich vorrangig am Anfang des angebotenen Textes, in den Z. 1–28 (vgl. den Gestus des Definierens und Schlussfolgerns dort) und an dessen Ende (Z. 74–78, 84–90).
Zu den Schlüsselbegriffen und zur Argumentation im Mittelteil des Textes: Für Herder ist Sprache als spezifische Leistung des Menschen Ausdruck seiner Natur, seines Wesens („Kraft seiner Seele", Z. 12 f.), das sich, da er „Besonnenheit" (Z. 1) besitzt, abgrenzt von der instinktbezogenen Handlungsweise des Tieres (reine Befriedigung von Lebensfunktionen wie Ernährung, Begattung, gezeigt am Beispiel von Lämmern, Löwen und Wölfen). Der Mensch beantwortet aufgenommene Reize nicht einfach nur mit Handlung, kann mehr Reize aufnehmen als ausschließlich solche, die er unmittelbar mit Handlungen beantworten müsste – er reagiert handelnd mit Sprache. Sprache entsteht aus dem Erstaunen über ein (neuartiges) Erlebnis (blökendes Lamm), ist Ausdruck eines (neuen) Bewusstseinsinhalts und gleichzeitig das Mittel, um „Merkmale" (vgl. Z. 50 f., 89) festzuhalten, ein „innerliches Merkwort" (Z. 73 f.) zu schaffen.

3.1 URSPRUNG UND ENTWICKLUNG VON SPRACHE(N) **519**

Herder akzentuiert also die Benennungs- bzw. Darstellungsfunktion von Sprache (Absonderung eines Merkmals, abstrahierende Begriffsbildung), er spricht mit dem Verweis auf „Besinnung" (Z. 76 f.) indirekt auf die Ausdrucksfunktion von Sprache an. Das Erkennen der Welt und die Wiedergabe des Erkannten sind für ihn vorrangig gegenüber der Verständigung mittels Sprache.

Im Schlussteil des Textes wird emphatisch und appellativ diese Leistung des Menschen noch einmal unterstrichen (mit vorausgehendem Bezug auf das 1. Buch Mose, das Herder zitiert: „Gott führte die Tiere zu ihm [dem Menschen], dass er sähe, wie er sie nennete, und wie er sie nennen würde, so sollten sie heißen." Dieser Bezug verbirgt sich hinter der vorletzten Auslassung im abgedruckten Text).

Wilhelm von Humboldt: **Sprache als Weltansicht – Sprache und Nation** (1830–40)   ▶ S. 503

3 Humboldt entwickelt die Gedanken zum Ursprung der Sprache, zum Verhältnis zwischen Sprache und Wirklichkeit und zur spezifischen Welt(an)sicht in jeder Sprache weiter. Zur geistesgeschichtlichen Einordnung und zur Beschreibung der Nähe zwischen Herder und Humboldt könnte man zunächst sein bekanntes Diktum anführen: „Der Mensch ist nur Mensch durch Sprache; um aber die Sprache zu erfinden, müsste er schon Mensch sein." Zur Einstimmung auf den Bildungsgedanken kann folgendes Zitat dienen: „Durch die Mannigfaltigkeit der Sprachen wächst für uns unmittelbar der Reichtum der Welt und die Mannigfaltigkeit dessen, was wir erkennen." (Zitiert nach: Gedanken über die Sprache. Ausgewählt von Othmar Capellmann. Wilhelm Ennsthaler, Steyr 1960, S. 9)

Mit diesen Zitaten und der Autoreninformation auf S. 501 im Schülerband können die Schülerinnen und Schüler in Humboldts Denkweise so eingeführt werden, dass ihnen als spezifisch aufklärerische Haltungen vielleicht auch die Begriffe „Weltbürgertum" und „Toleranz" in Erinnerung kommen. Ausführlich zu rekonstruieren sind Humboldts Auffassungen zu den beiden im Titel des Textauszugs genannten thematischen Schwerpunkten „Sprache und Weltansicht" sowie „Sprache und Nation".

Das Ende des Mittelteils und der Schlussteil des Textes lassen erkennen, dass Humboldt keine Hierarchievorstellung von einer „Wertigkeit" der Sprachen hegt, vielmehr Gleichheits-, Toleranz- und Bildungsbotschaften verkündet, das Erlernen fremder Sprachen als Bereicherung anregt (vgl. insbes. Z. 28 ff.), dass er aber auch eine gewisse Skepsis formuliert, inwiefern man über das Erlernen fremder Sprachen fremde Weltsichten vollständig und unverfälscht begreifen könne (vgl. Z. 34 ff.). Humboldt betont, dass man Unterschiedlichkeit womöglich sprachlich/metasprachlich gar nicht erfassen, nur erspüren könne („wie ein leiser Hauch", Z. 55). – Mit diesem Gedanken wird die Verbindung hergestellt zum Vergleich zwischen Humboldt und Umberto Eco (Aufgabe 2 a/b auf S. 504 im Schülerband).

Umberto Eco: **Über den Umgang mit Vielsprachigkeit** (1993)   ▶ S. 504

Der Text stammt aus dem Band „Die Suche nach der vollkommenen Sprache", in dem sich Eco in einem ausführlichen Kapitel zum Übersetzen direkt auf Humboldt bezieht (vgl. S. 349 ff. in der deutschen Ausgabe, München 1994).

1 a/b Der erste Textteil bezieht sich (wie die Abbildung auf dem Cover) deutend auf den Mythos um den Turmbau zu Babel und die babylonische Sprachverwirrung; es ist von weiteren historisch-literarischen Zeugnissen aus vielen Kulturen die Rede, die alle die Sprachverwirrung und den Versuch ihrer Überwindung durch Entdeckung oder Erfindung einer allen Menschen gemeinsamen Sprache zum Thema haben. Neben umfangreichen Literaturrecherchen konzentriert sich Eco in seinem Buch auf wissenschaftliche Projekte, in denen die Bestrebungen nach „Vollkommenheit" in der Sprache thematisiert werden. Im Klappentext liest man: „Seit der babylonischen Urkatastrophe träumt die Menschheit den Traum von der Wiedergewinnung der vollkommenen Sprache." Am Ende seiner Studien setzt sich Eco mit der Frage auseinander, ob es „Welthilfssprachen" (vgl. u. a. Esperanto) geben und die weltweite „Anglifizierung" fortschreiten sollte oder nicht. Hierauf spielen die Z. 3 ff., 8–11 und 19–22 des Textauszugs im Schülerband direkt und indirekt an.

2 Die Argumentation von Z. 12 bis zum Ende, die mit dem antithetischen „Doch" beginnt, erinnert deutlich an Humboldts Überlegungen; mit „Geist" (Z. 16) findet sich ein gleiches Schlüsselwort. Bei Humboldt ging es u. a. um die je eigenen Weltansichten in den unterschiedlichen Sprachen und den durch die Sprachen „hervorgebrachte[n] verschiedene[n] Geist" (S. 503 im Schülerband, Z. 53 f.), darum, dass Sprache der Ausdruck der spezifischen geistigen Kraft eines Volkes ist und dass beim Erlernen einer neuen Sprache auch ein neuer Standpunkt, eine Persönlichkeitserweiterung gewonnen werden kann – dass sich aus der Eigenart jeder Sprache aber auch die Problematik jeglicher Übersetzung ergibt. Ecos vergleichbare Thesen lauten: „[…] jede [Sprache], auch die abgelegenste, [drückt] den ‚Geist' einer ethnischen Gruppe

520 D3 SPRACHENTWICKLUNG, SPRACHWANDEL UND SPRACHERWERB

aus [...] und [bleibt] Trägerin einer tausendjährigen Überlieferung" (Z. 16 ff.) Es geht ihm um die „Herausbildung einer [europäischen] Gemeinschaft von Menschen, die in der Lage sind, den Geist, das Aroma,
die Atmosphäre einer anderen Sprache zu erfassen" (Z. 25–28). Polyglotte Europäer sind für ihn
„Menschen, die sich verständigen können, indem jeder die eigene Sprache spricht und die des anderen
versteht, ohne sie fließend sprechen zu können, wobei er, während er sie versteht, wenn auch nur mit
Mühe, zugleich ihren ‚Geist' versteht, das kulturelle Universum, das ein jeder ausdrückt, wenn er die
Sprache seiner Vorfahren und seiner Tradition spricht." (Z. 31–39)

▶ S. 505 **Harald Haarmann: Weltgeschichte der Sprache – Die Anfänge der Sprachevolution**

1/2 Der Text verdeutlicht, dass man sich Sprachentstehung und Sprachentwicklung für die Gattung
Mensch (also die Phylogenese) nur im Kontext langwieriger evolutionärer Prozesse bei der Heraus-
bildung von Sprachstrukturen vorstellen kann. Der Text entstammt Haarmanns „Weltgeschichte der
Sprachen", die den Untertitel trägt „Moderne Universalgeschichte der Sprachen von der Frühzeit des
Menschen bis zur Gegenwart". Der Auszug stellt eine Verbindung zum folgenden Teilkapitel her.
Haarmanns Werk könnte auch für viele der nachfolgenden Rechercheaufträge eine ergiebige Quelle
sein (bes. Kapitel 6 „Die indoeuropäische Sprachfamilie" und Kapitel 10 „Gegenwart und Zukunft der
Sprachen").
Auf das angesprochene Wissen aus dem Biologieunterricht (Aufgabe 1b) sollte fächerverbindend ggf.
durch ein „Expertenreferat" eingegangen werden, bevor abschließend der Rückbezug auf die eigenen
Fragen und Vermutungen zu Beginn der Unterrichtsreihe hergestellt wird (Aufgabe 2).

▶ S. 505 **Die Entwicklung des Deutschen – Sprache(n) im Kontakt**

In diesem Abschnitt wird die Sprachgeschichte des Deutschen knapp skizziert und an ausgewählten Fragestellungen verdeutlicht. Die Geschichte des Deutschen ist seit der Regierungszeit Caesars eine Geschichte
des Sprach(en)kontakts, die „deutsche Sprache" stand zunächst unter lateinischem Einfluss auf den Wortbestand (v. a. Lehnwortbildungen, Ausbau von Wortfamilien, die um lateinische Wortstämme entstanden). Seit
der Zeit des Humanismus wurde über das Lateinische auch griechisches Wortgut entlehnt (heute beispielsweise noch erkennbar in Prä- und Suffixen aktueller deutscher Wörter). Auch arabische Spuren sind für einzelne Begriffe und Wissenschaftstermini seit dieser Zeit zu verfolgen (vgl. den Rechercheauftrag zu „chiffre"/
„Ziffer"/„Null"/„Zero" in Aufgabe 2, S. 507 im Schülerband).
Da es nicht möglich ist, auf die sprachgeschichtlichen Entwicklungen in allen Bereichen des deutschen
Sprachsystems und -gebrauchs, also etwa Phonologie und Grammatik, gleichermaßen intensiv einzugehen,
konzentriert sich das Kapitel auf Aspekte der Lexik und Semantik und spürt einzelnen vermeintlich „deutschen" Wörtern hinsichtlich ihrer „Wanderschaft" nach. Hierzu müssen neben den genannten weitere Kon-
taktsituationen beachtet werden, vor allem mit dem Französischen seit dem 17./18. Jahrhundert und aktuell
mit dem Angloamerikanischen (vgl. das zweite Teilkapitel). Gegenwärtige, durch Migration bedingte
Sprachkontaktsituationen gelangen hier und am Ende des dritten Teilkapitels in den Blick.

1/2 Zur Wortgeschichte von „Kappe" verzeichnet z. B. der „Duden": „mhd. kappe = Mantel mit Kapuze;
Mütze, Kappe, ahd. kappa = Mantel mit Kapuze < spätlat. cappa = (Mantel mit) Kapuze" (vgl. Duden
Studienausgabe: Das große Wörterbuch der deutschen Sprache in 10 Bänden. Bd. 5. Dudenverlag,
Mannheim 1999, S. 2056). Schwedisch „kappa" und englisch „cape" bezeichnen einen Mantel oder
Umhang.
Zur Bedeutung von „Kappe" enthält der „Duden" (s. o.) u. a. folgende Einträge: „1) eng am Kopf anlie-
gende Kopfbedeckung mit od. ohne Schirm [...]; 2 a) Abdeckung od. Schutzvorrichtung an Maschinen
u. Maschinenteilen (z. B. Radkappe); b) abnehmbarer od. aufklappbarer Verschluss von Schachteln,
Flaschen od. anderen Behältnissen; c) (Bergbau, Bauw., Architektur) deckendes Gewölbe über einem
Stollen, [Keller]raum o. Ä. [...]; d) fester [aufgesetzter] Teil vorn u. hinten am Schuh [...]; e) (landsch.)
Anschnitt oder Ende eines Brotes [...]".
Zu dem Stichwort „cap" findet man in „Das große Oxford Wörterbuch für Schule und Beruf. Englisch –
Deutsch/Deutsch – Englisch (Oxford University Press, Oxford/Cornelsen, Berlin 2003) u. a. folgende
Bedeutungen: „1) Schirmmütze [...]; 2) Mütze, Haube, Kappe; 3) Barrett; 4) (BrE Sport) Mütze als
Zeichen der Aufstellung für eine Nationalmannschaft [...]; 5) (BrE Sport) Nationalspieler(in); 6) Deckel,
Verschluss [...]; 7) (bei Ausgaben, Krediten etc.) Obergrenze [...]; 8) Zündplättchen; 9) (BrE) Pessar
[...]".

3.1 URSPRUNG UND ENTWICKLUNG VON SPRACHE(N)

3 Zur Unterscheidung zwischen Lehnwort und Fremdwort kann der Informationskasten auf S. 507 im Schülerband herangezogen werden.
- „Fenster" (zu lat. „fenestra") und „Streik" (zu engl. „strike") sind Lehnwörter: Schreibung und Lautung sind an das Deutsche angepasst.
- „Rhythmus" (griech./lat. „das Fließen") und „Niveau" (frz., „waagerechte, ebene Fläche in bestimmter Höhe)" sind Fremdwörter: Lautung und Schreibung der Herkunftssprachen sind weitgehend beibehalten.

Ergänzend können die Wörter „Frau", „Treue" oder „Abenteuer" anhand etymologischer Wörterbücher untersucht werden.

4 Wie Jugendliche gegenwärtige Sprachkontaktsituationen – etwa mit dem Türkischen, insbesondere in den industriellen Ballungsgebieten – wahrnehmen, wird in Kapitel D4.3 „Jugendsprachen und Ethnolekt – Sprachkontakt und Code-Switching" behandelt (S. 529–533 im Schülerband; vgl. S. 548–550 in diesen Handreichungen).
Harald Haarmann schreibt in seiner „Weltgeschichte der Sprachen": „Zu keiner Zeit hat es in Europa so viele verschiedene Sprachen gegeben wie heute, vor allem durch den Zuzug von immer mehr Menschen aus anderen Teilen der Welt, die in Europa eine andere Heimat gefunden haben. [...] Die Sprachen der vielen Millionen von Immigranten stehen im Kontakt mit den einheimischen Sprachen Europas. Neue Muster von Zweisprachigkeit sind im Entstehen begriffen, und in den Großstädten bilden sich urbane Pidgins heraus. Die Sprachenvielfalt und die Bedingungen mehrsprachiger Kommunikation in unserem Kontinent potenzieren sich [...]." (Harald Haarmann: Weltgeschichte der Sprachen, a. a. O., S. 339)
Typische Beispiele für Erscheinungsformen des „Foreign Talk" bzw. „New German Pidgin" sind das Weglassen von Artikeln, Satzbildung ausschließlich durch Subjekt und Objekt bzw. ohne konjugiertes Verb („Jetzt Pause") oder mit Verb im Infinitiv („Du Bier holen"), Kombinationen mit „machen" („Kickbox machen" = jemanden schlagen), lautliche Adaptionen („Isch schwör", „Kuxu nur") sowie weitere Hybridformen.
Möglicherweise könnten Schüler auch Verarbeitungen von „Foreign Talk", „Kanak Sprak", „New German Pidgin" oder „Kauderdeutsch" in literarischen Veröffentlichungen von Feridun Zaimoglu und Zé do Rock, im Kabarett, in Filmen oder Fernsehsendungen nennen.

Tipp: Es empfiehlt sich, auch den Wanderungsbewegungen deutscher Wörter einmal nachzuspüren. 2007 gab es eine internationale Ausschreibung u. a. des Deutschen Sprachrates zu „ausgewanderten Wörtern" der deutschen Sprache. In der gleichnamigen Veröffentlichung (Hg. von Jutta Limbach. Huber, München 2007) wurden, lexikalisch angeordnet, Beiträge von Sprachexperten und Laien zusammengestellt. Zu den im Ausland unverändert übernommenen und/oder aus der deutschen Sprache entlehnten Wörtern gehören z. B. „Weltanschauung" (im Spanischen und Französischen), „Leitmotiv" (argentinisch, französisch, spanisch), „Blitz" (im Amerikanischen und Italienischen) bzw. „Blitzkri(e)g" (im Russischen), „cyferblatt" (im Polnischen für „Gesicht") und „cetli" (ungarisch für „Zettel") sowie als Bezeichnung für Deutsche „les Krauts" (französisch) und „Aberjetze" (Afrikaans).

5 Zu dem Schaubild über das Deutsche als „indoeuropäische" Sprache: Bei den Periodisierungen ist zu beachten, dass hierbei überwiegend eine phonetische Perspektive eingenommen wird, dass auf genaue Zeitangaben verzichtet wird und die zeitlichen Übergänge zum „Deutschen" nicht detailliert angegeben werden, was grafisch durch die gestrichelte Linie und die Anführungszeichen verdeutlicht ist. (Weitere grafische Darstellungen finden sich im „dtv-Atlas zur deutschen Sprache", bei Peter Ernst, Astrid Stedje und Gerhart Wolff.)
Die Schülerinnen und Schüler sollten darauf hingewiesen werden, dass es sich bei den Oberbegriffen „Indoeuropäische Sprachfamilie"/„indogermanische Sprachen" um ein theoretisches Konstrukt handelt: „Diese Bezeichnung [indoeuropäische (ie.) Sprachen] stammt von Fr. Bopp, der durch den Vergleich von Wortschatz und Flexion Gemeinsamkeiten bzw. Ähnlichkeiten zwischen dem Altindischen (Sanskrit) und europäischen Sprachen herausfand. Solche Ur- oder *Wurzelverwandtschaften* sind besonders deutlich bei häufig benutzten Wortgruppen (Verwandtschaftsbezeichnungen, Namen für Körperteile, Pronomina, Zahlwörter etc.). [...] Man muss sich aber vergegenwärtigen, dass es sich bei der ie. ‚Ursprache' um eine *Rekonstruktion* handelt, um eine sprachwissenschaftliche Abstraktion: ‚Indogermanisch' oder ‚Indoeuropäisch' sind rein linguistische Termini, denen keine historisch-exakt festlegbare politisch-geografische Sprachgemeinschaft entspricht. Deshalb sind auch alle Überlegungen über ein ‚Urvolk' oder eine ‚Urheimat' mehr oder weniger spekulativ." (Gerhart Wolff: Deutsche Sprachgeschichte, a. a. O., S. 39)

522 D3 SPRACHENTWICKLUNG, SPRACHWANDEL UND SPRACHERWERB

▶ S. 506 **Karl-Wilhelm Weeber: Romdeutsch**

▶ S. 507 **Claudia Maria Riehl: Das 18. Jahrhundert – Französisch als Sprache der Höfe**

1 Ergänzende Informationen zum Text von Karl-Wilhelm Weeber – Zeiträume, Wortgruppen und Beispiele für Entlehnungen/Übernahmen („Fremdwörter") aus dem Lateinischen:
- Bis ca. 6. Jahrhundert:
  a) Verwaltung und Handel: „Kaiser" („Caesar"), „Münze" („moneta"), „Straße" („via strata");
  b) Garten und Weinbau: „Frucht" („fructus"), „Kohl" („caulis"), „Most" („mustum");
  c) Hausbau und Wohnen: „Fenster" („fenestra"), „Keller" („cellarium"), „mauer" („murus").
- 7.–10. Jahrhundert (Althochdeutsch)
  a) Glaube, Kirche: „Kloster" („claustrum"), „Kreuz" („crux"/„crucem"), Papst" („papa");
  b) Schule und Wissenschaft: „Brief" („breve"), „Meister" („magister"), „Schule" („schola");
  c) Gartenbau und Heilkunde: „Lorbeer" („laurus"), „Öl" („oleum"), „Rose" („rosa").
- 11.–14. Jahrhundert (Mittelhochdeutsch)
  a) Religion und Kirche: „Absolution", „Bibel", „Hostie", „Kontemplation", „Konzil", „Passion";
  b) Kanzleiwesen: „Advokat", „Bulle", „Dekret", „Jurist", „Provinz", „Prozess";
  c) Wissenschaft: „disputieren", „Doktor", „Element", „Exempel", „Materie", „Student".
- 15.–17. Jahrhundert (Frühneuhochdeutsch)
  a) Religion: „Konfirmation", „Religion", „Reliquie", „Testament";
  b) Bildung: „Auditorium", „Definition", „Examen", „Kolloquium", „Manuskript".

(Zusammengestellt nach: Mechthild Habermann: Latein – Muttersprache Europas. In: Der Deutschunterricht Heft 3/1999, S. 27–28)

Den Text von Claudia Maria Riehl ergänzt das folgende Zitat: „Während der Alamodezeit überfluten eine Unmenge französischer Lehnwörter das Deutsche. Ein Teil ist wieder verschwunden, aber fast die Hälfte hat sich trotz der Bemühungen der Sprachreiniger gehalten. [...] Erst im 19. Jh. verebbt der französische Einfluss. In der Mode ist Frankreich noch lange tonangebend (‚Monokel', ‚Korsett') und Französisch bleibt die Sprache der Diplomatie. Zu den politischen Lehnwörtern der letzten Jahrhunderte gehören ‚Revolution', ‚Sozialist', ‚Bourgeoisie', ‚Reaktionär'. [...] Der Philosoph Gottfried Wilhelm Leibniz (gestorben 1716) schrieb fast nur französisch oder lateinisch. Obwohl er selbst an die Möglichkeiten der Muttersprache glaubte, betrachtete er den Kampf gegen das Französische als aussichtslos. [...] Er hat auf die Sprachforscher des 18. Jh. eingewirkt, u. a. durch seine Empfehlung, die Mundarten zu erforschen." (Astrid Stedje, a. a. O., S. 143 f., 147)

2 Material zu den Fachwortgruppen findet sich in etymologischen Wörterbüchern (z. B. Duden. Das große Wörterbuch der deutschen Sprache in 10 Bänden. Bd. 6. Dudenverlag, Mannheim 1999; Hermann Paul: Deutsches Wörterbuch. Niemeyer, Tübingen 1992); zu „Ziffer"/„Chiffre"/„Null"/„Zero" z. B. in Heinrich Scheffler: Wörter auf Wanderschaft (Neske, Pfullingen [2]1987, S. 319–320) und in Andreas Unger: Von Algebra bis Zucker. Arabische Wörter im Deutschen (Reclam, Stuttgart 2006, S. 239–242).
Die Kurzvorträge sollten ggf. durch Visualisierungen unterstützt werden.

Weiterführendes Material zu diesem Teilkapitel findet sich auf der beiliegenden CD:
- *Wolfgang Steinig:* Als die Wörter tanzen lernten – Ursprung und Gegenwart von Sprache (2007) / *Hans Jürgen Heringer:* Was ist Sprache? (2004)
- *Klaus Bartels:* Wörter leben – Wörter wandern (1998)

3.2 Sprachwandel – Anglizismen in Fachsprachen

1 Weitere Beispiele für die „innere Anglifizierung" in der Computerfachsprache: ▶ S. 508
   - Übernahmen aus dem Angloamerikanischen ohne Veränderung: „Browser", „Chatroom", „Link", „Server" (rudimentär in der Schreibung angepasst: „Recorder"/„Rekorder", „Kode"; in der Aussprache angepasst: „digital");
   - Hybridbildungen (Verschmelzungen von Elementen aus dem Englischen und dem Deutschen): „Homepage-Gestaltung", „Onlineausgabe", „Desktop-Oberfläche";
   - Lehnübersetzung: „Maus" (zu „mouse");
   - deutsche Verben, die zu „Computertermini" wurden: „anklopfen", „hochfahren";
   - Abkürzungen: „PC", „ISDN";
   - Abkürzungen, die in phonetischer Bindung auftreten: „MUD" (Multi User Dungeon);
   - Kürzungen als Silbenwörter mit besonderer Schreibweise: „AdGame" („Advertising Game");
   - Metaphern in Übersetzungen: „Menü", „Viren";
   - Fachwörter, die bereits wieder verschwinden: „Personalcomputer".

2 Zusatzinformation zum ersten und dritten Spiegelstrich (Kontext der dort wiedergegebenen Zitate): „Fachsprachen [sind] keineswegs eine moderne Erscheinung. Sie stellen seit jeher ein dynamisches Element der Sprachentwicklung dar. Oft sind sie übereinzelsprachlich verankert. Insbesondere die Herausbildung wissenschaftlicher Fachsprachen hat zwischen den europäischen Sprachen ein Band geknüpft, das sprachhistorisch tief gegründet ist und die internationale Kommunikation heutzutage einfacher macht. Hinter der Internationalität der Fachsprachen standen früher meistens lateinisch-griechische Ursprünge. Heutzutage erfüllen englische Wörter eine ähnliche Funktion." (Aus: W. P. Klein: Die Spannung zwischen Fach- und Gemeinsprache als Anlass für Sprachreflexion. In: Deutschunterricht, 2/2003, S. 28)
   Beispielwörter lateinischen oder griechischen Ursprungs haben in vielen europäischen Sprachen Ähnlichkeit: „Temperatur", „Barometer", „Elektrizität" u. a. m. Auch in der Computerlexik gibt es – W. P. Klein zufolge – einzelne Wörter mit griechisch-lateinischen Wurzeln („Fenster"), vor allem aber Wörter englischer bzw. angloamerikanischer Herkunft: wegen des neuartigen Sachgebiets und der Tatsache, dass die entsprechende Technologie in international agierenden Unternehmen bedeutsam geworden sei. Auch hinter vermeintlich deutschsprachigen Wörtern würden sich übersetzte englischsprachige Termini verbergen (z. B. „Pfad"/„path", „Treiber"/„driver"). Solche Analogien (Lehnübersetzungen) und die Unkompliziertheit bei solchen lexikalischen Übernahmen ließen sich sprachhistorisch auch aus der englisch-deutschen Sprachverwandtschaft mit ihrem germanischen Ursprung erklären.

Dieter E. Zimmer: Alles eine Sache des Geschmacks? Von wegen! ▶ S. 508

1 Beispiel einer Tabelle, die im Text genannte Sachverhalte, Zimmers Kritik daran und seine Vorschläge für angemessene Verhaltensweisen auflistet:

Sachverhalte	Zimmers Kritik daran	angemessenes Umgehen damit
aktuell besonders starker Sprachwandel im Deutschen (Z. 1 ff.)	Die Wissenschaft/Linguistik hält sich bedeckt, möchte die Sprachwandelprozesse nicht bewerten, verweist auf frühere Prozesse (Z. 14 ff.).	Sprachwandel als Tatsache ansehen
Einstrom von Internationalismen/Anglizismen (Z. 7 ff.)		sich auch wissenschaftlich damit auseinandersetzen
Irritation der Deutschen deswegen, im Positiven wie im Negativen (Z. 9 ff.)		an die Wissenschaft gerichtet: • Sprachnormvorstellungen und Hinweise, wie sich das „Neudeutsch" zum Sprachsystem des Deutschen verhält
Der einzelne Sprachteilnehmer ist verunsichert; die neuen Sprachformen passen nicht in gelernte Muster. (Z. 14 ff.)	Beispielsätze in Z. 28–31; es ist nicht alles nur eine Frage des Geschmacks (s. Titel); der Sprachgebrauch muss die Verstehensbedürfnisse respektieren.	an die Sprachteilnehmer gerichtet: • mit Sprachbewusstsein ein eigenes Urteil fällen (Z. 36 f.) • sich ggf. weigern, bestimmte Sprachformen zu benutzen (Z. 38 ff.)

D3 SPRACHENTWICKLUNG, SPRACHWANDEL UND SPRACHERWERB

Sachverhalte	Zimmers Kritik daran	angemessenes Umgehen damit
Wiederholung: massiver Einstrom von Internationalismen / Anglizismen (Z. 42 ff.)	Verunsicherung, Resignation, Nachgeben, weil die Maßstäbe der Kritik nicht klar sind (Z. 46 ff.), oder Ablehnung mit der falschen Vorstellung einer rein „deutschen" Sprachgeschichte (Z. 44 ff.)	Illusion „sprachrassiger Reinheit" führt in die Irre (Z. 49 ff., vgl. die deutsche Ideologiegeschichte)
Einwanderungsland Deutschland (Z. 51 ff.)		Kriterien für die Akzeptanz „fremder Wörter" formulieren: • grammatische Integrierbarkeit • Bedürfniswortschatz • semantische Nuancierungsmöglichkeit • globale Beweglichkeit und Kommunikationsmöglichkeit Fazit: „Manche dieser Wortimporte sind so notwendig und nützlich, dass man sogar über ihre mangelnde Integrationsneigung hinwegsehen muss." (Z. 70 ff.)

3 Aktuelle Beiträge zu der Debatte sind in den Feuilletons überregionaler Zeitungen und im Internet zu finden.

Weiterführende Literatur
- *Stötzel, Georg / Wengeler, Martin:* Amerikanismen, ausländische Wörter, Deutsch in der Welt. In: dies.: Kontroverse Begriffe. De Gruyter, Berlin 1995, S. 245–283 (Gesamtübersicht über die Debatte)
- *Hoberg, Rudolf:* Sprechen wir bald alle Denglisch oder Germeng? In: Karin M. Eichhoff-Cyrus/Rudolf Hoberg (Hg.): Die deutsche Sprache zur Jahrtausendwende, a. a. O., S. 303–316 (grober Überblick über die Anglizismen- bzw. Sprachschutzdebatte und Vorschläge zum Umgang mit solchen Sprachwandelprozessen)
- *Zimmer, Dieter E.:* Deutsch und anders. Die Sprache im Modernisierungsfieber. Rowohlt, Reinbek 1997 (ausführliche Darlegungen, besonders auch zu linguistischen Details)
- *Haarmann, Harald:* Weltgeschichte der Sprache, a. a. O., S. 353–356 (mit den Schwerpunkten „digitale Kommunikation" und „nationalsprachlich-englische Zweisprachigkeit")

▶ S. 509 **Web-Kommunikation – Sprachwandel durch die Neuen Medien**

1–4 Der Informationskasten und die folgenden Aufgaben lassen sich für ein Projekt etwa mit dem Titel „Sprachwandel in der Mediengesellschaft" oder „Sprachwandel im Kontext der Computerisierung der Gesellschaft" nutzen. Internetrecherchen unter Eingabe dieser Stichworte in Suchmaschinen führen zu entsprechenden (universitären) Forschungsprojekten. Die der Erfahrungswelt der Schülerinnen und Schüler nahen Rechercheaufgaben können arbeitsteilig gelöst werden. Es ist Wert darauf zu legen, dass die herausgestellten sprachlichen Phänomene fachsprachlich richtig bezeichnet werden. Die Schüler/innen sollten hierbei überwiegend Fachwörter aus den Bereichen Syntax und Morphologie benutzen, sich mit dem Verhältnis von Schriftlichkeit und Mündlichkeit auseinandersetzen und vor allem bei der Erläuterung der Hybridformen auf einige ihnen bekannte Sprachnormen des Deutschen (Wortbildung, Flexion etc.) Bezug nehmen. Zur Auseinandersetzung mit dem Sprachgebrauch Jugendlicher und der Haltung dazu in der aktuellen Sprachkritik und -pädagogik liegen möglicherweise auch schon Kenntnisse vom Ende der Sekundarstufe I vor. – Aufgabe 4 zielt auf die produktive Umsetzung des Gelernten ab.

Wenn sich die Beschäftigung mit den Phänomenen als schwierig erweist, kann zunächst mit dem weiterführenden Material von Ulrich Schmitz auf der beiliegenden CD gearbeitet werden.

◎ Weiterführendes Material zu diesem Teilkapitel findet sich auf der beiliegenden CD:
- *Ulrich Schmitz:* Sprache in modernen Medien (2004)

3.3 WIE LERNEN KINDER SPRECHEN? **525**

3.3 Erst- und Zweitspracherwerb – Wie lernen Kinder sprechen?

1–5   Mit den ersten Aufgaben in diesem Teilkapitel sollen die Schülerinnen und Schüler angeregt werden: ▶ S. 511
- zum frühkindlichen Spracherwerb eigene Überlegungen anzustellen und eigene Beobachtungen systematisch zu bearbeiten;
- danach zu forschen, wie man linguistisch, biologisch, psychologisch und sprachpädagogisch bestimmen könnte, was ein Kind wie „erwirbt" oder „lernt";
- Interesse für die widerstreitenden Spracherwerbstheorien zu entwickeln;
- bei der Beschreibung und Erläuterung der Abbildung („Sprachbaum") herauszuarbeiten, welche Bedeutung interaktionale und kulturelle Faktoren für einen gelingenden oder einen gestörten Spracherwerb haben könnten;
- (mit der letzten Aufgabe) sich zu einer grundlegenden Fragestellung eine erste Meinung zu bilden;
- ihr Beschreibungsvokabular für Sprachbeobachtungen zu reaktivieren und zu erweitern;
- die Bereitschaft zu entwickeln, eigene Hypothesen später zu überprüfen, Schlussfolgerungen aus Recherchen und aus der Textarbeit zu ziehen;
- für die nachfolgende Arbeit ein Portfolio mit ersten Thesen anzulegen.

Phasen des Spracherwerbs – Spracherwerbstheorien

Rosemarie Tracy: Der Erwerb der deutschen Satzstruktur   ▶ S. 512

1 a   Die Befragung der eigenen Eltern (oder anderer Bezugspersonen) führt zu interessanten Gesprächen; vielleicht können Dokumente mitgebracht werden, die den Spracherwerb der Schülerinnen und Schüler veranschaulichen (Tagebücher, Tondokumente, die die ersten Laute oder Wörter festhalten).

   b   Die Fokussierung auf den Syntaxerwerb entspricht der Beobachtung, dass Eltern sich am ehesten an morphologisch-syntaktische Phänomene erinnern. Gesprochen werden sollte z. B. auch über begleitende Zeigegesten, über dem Spracherwerb förderliche Situationen und über das Verhältnis zwischen Wort/Bezeichnung und Bezeichnetem (z. B. ein Wort für mehrere Gegenstände im kindlichen Horizont).

2   Im „Schüler-Duden Grammatik" beispielsweise werden auf sechs Seiten die grammatischen Sachverhalte dargestellt.

3   Die Recherchen verlaufen für Schülerinnen und Schüler mit frühkindlichem zwei- oder mehrsprachigem Erstspracherwerb analog zu Aufgabe 1. An die Mühen des späteren Fremdspracherwerbs können sich alle Schüler/innen vermutlich selbst erinnern. Die Antworten auf die gestellten Fragen können nur vorläufig sein.

Ralf Siedenberg / Gabriel Curio: Das Wort „Huhn" riecht nicht wie ein „Huhn" und schmeckt nicht   ▶ S. 513
wie ein „Huhn". Zur Neurobiologie der Sprache

Eine knappe Darstellung der Spracherwerbstheorien des Nativismus, des Kognitivismus und in der Neurobiologie bzw. Hirnphysiologie findet sich in der Information „Spracherwerbstheorien – Forschungsansätze" auf S. 516 im Schülerband.

1   Der Text von Siedenberg/Curio erfasst im ersten Teil eine der Hauptpositionen in der aktuellen Kontroverse um Spracherwerbstheorien, den **Nativismus** (der von einer angeborenen Sprachfähigkeit des Menschen ausgeht). Die Bezüge auf Chomsky und Pinker sind aus dem Text zu rekonstruieren und sollten durch Internetrecherchen zu beiden Theoretikern erweitert werden.

2   Die kognitive Sichtweise wird im Text nur knapp dargestellt, sollte deshalb ebenfalls durch Recherchen erweitert werden (Stichwort „Kognitivismus" oder „Jean Piaget"). Der Kognitivismus geht davon aus, dass das kindliche Denkenlernen, die Reifung des Kindes, mit dem Spracherwerb korrespondiert und in verschiedenen Stadien mit psychischen Verarbeitungsprozessen einhergeht. Gegebenenfalls können Schülerinnen und Schüler ein Expertenreferat zur Entwicklungspsychologie Piagets halten. Zur Primatenforschung (Z. 50 ff.) besitzen sie möglicherweise aus dem Biologieunterricht Vorkenntnisse.

D3 SPRACHENTWICKLUNG, SPRACHWANDEL UND SPRACHERWERB

3 Die Textinformationen zu den „neurologisch begründeten Modelle[n] der Sprachverarbeitung" sind dem dritten großen Textabschnitt zu entnehmen (Z. 55 ff.). Unbekannte Wörter sollten nachgeschlagen werden, ggf. auch im Biologiebuch (Hirnphysiologie). Anschauliche Darstellungen finden sich auf der Website des Max-Planck-Instituts für Kognitions- und Neurowissenschaften (www.cbs.mpg.de).

4 Bei der Lösung dieser Aufgabe kann an die eigenen Hypothesen (vgl. Aufgabe 1–5 auf S. 511 im Schülerband) und an die Erkenntnisse aus der Beschreibung des „Sprachbaums" (ebd.) angeknüpft werden; der Sprachbaum stammt von der Website einer Sprachheilpraktikerin und sieht Sprache sowie Sprachvermögen in erster Linie als Produkt kultureller und sozialer Interaktion.

Vielleicht haben die Schülerinnen und Schüler auf die anfangs gestellten Fragen zur erstaunlichen Leistung von Kindern beim Spracherwerb aber schon mit der Vermutung geantwortet, sie müssten den „Sinn" für Grammatik bzw. Sprachaufbau als biologische Ausstattung ihres Gehirns oder als angeborene Lernfähigkeit mit auf die Welt bringen. Mit solchen Überlegungen wären sie Auffassungen nahegekommen, die vor mehr als 50 Jahren durch den amerikanischen Linguisten Noam Chomsky vertreten wurden. Ihm wird bis heute von Lerntheoretikern, Psychologen und Sprachpädagogen heftig widersprochen, die für die Entwicklung des Sprachvermögens die Bedeutung von außen kommender (externer) Informationen betonen. Erneuten Auftrieb erhielt Chomskys These von angeborenen universal gültigen grammatischen Strukturen allerdings Mitte der 1990er Jahre durch Steven Pinkers Buch „Der Sprachinstinkt", in dem der Autor es strikt ablehnt, das Sprachvermögen als Ergebnis eines sozialen bzw. kulturellen Lernprozesses anzusehen.

Der Vorspann zum Text von Siedenberg/Curio und das Textende sollten abschließend noch einmal zur Kenntnis genommen werden. Zu besprechen sind:

- der sukzessive Erwerb (insbesondere) grammatischer Strukturen (abgeschlossen bis zum 9. Lebensjahr);
- die Lokalisierbarkeit von Grammatik, Semantik und Prosodie in bestimmten Hirnarealen (bereits von der frühen Hirnforschung im 19. Jahrhundert festgestellt);
- die Tatsache, dass automatisierte Vorgänge heute quasi „messbar" geworden sind;
- die Bedeutung der Erkenntnis, dass neurobiologische Gegebenheiten im Gehirn die Sprachverwendung gewährleisten.

▶ S. 514 **Els Oksaar: Sprache und soziale Interaktion**

1 Die von Els Oksaar vertretene Position ist der so genannten interaktionistischen Theorie des Spracherwerbs zuzuordnen, einer Position, die vor allem mit dem Namen Jerome Bruner verbunden ist (vgl. Aufgabe 3a auf S. 515 im Schülerband). Der Text ist so kompakt formuliert, dass die Wiedergabe „in eigenen Worten" vermutlich viele Textzitate enthalten wird.

2 Vorschlag für die vervollständigte Tabelle (vgl. auch die Information „Spracherwerbstheorien – Forschungsansätze" auf S. 516 im Schülerband):

Bezeichnung des Ansatzes (Namen/Vertreter/Institution)	Der Ansatz geht davon aus, dass …	Er unterscheidet sich …
1. Nativismus (Chomsky, Pinker)	… es ein angeborenes Vermögen (als syntaktisches Programm) gibt, eine oder mehrere Sprachen zu erlernen und kreativ im Rahmen der vorhandenen Grammatik zu entwickeln.	… insbesondere vom Interaktionismus, der Sprache als kulturelle Errungenschaft ansieht, die im Spracherwerb über Interaktionen vermittelt wird.
2. Kognitivismus (Piaget)	… das kindliche Denkenlernen, die Reifung des Kindes, mit dem Spracherwerb korrespondiert und mit psychischen Verarbeitungsprozessen einhergeht.	… vom Nativismus, weil dieser eine vorhandene „Universelle Grammatik" annimmt und andere Faktoren (z. B. emotionale Ausdrucksfähigkeit, nonverbale Kommunikation) ausblendet.

Bezeichnung des Ansatzes (Namen/Vertreter/Institution)	Der Ansatz geht davon aus, dass ...	Er unterscheidet sich ...
3. Interaktionismus (Oksaar, Bruner)	.... die sozialen Interaktionen beim Spracherwerb entscheidend sind, für die das vorbildhafte und situationsgerechte Sprechverhalten der Erwachsenen maßgeblich ist; Sprachfähigkeit lässt sich demzufolge nicht auf „richtig" gebildete Sätze reduzieren; in der Frühphase des Spracherwerbs gibt es andere sprachliche Ausdrucksformen zwischen Kind und Eltern.	... vom Nativismus und Kognitivismus durch die besondere Betonung der sozialen Interaktion und der gesellschaftlich-kulturellen Rahmenbedingungen, die bei der Sozialisation des Kindes eine Rolle spielen.
4. Neurobiologie / Gehirnphysiologie	... die Vorgänge im Gehirn bei der Spracherkennung und -produktion eine besondere Rolle spielen (wobei Forschungsgrundlagen zum Nachweis von „aktiven Gehirnarealen" ins späte 19. Jh. zurückgehen und die Forschungs- und Messverfahren inzwischen sehr weit entwickelt sind).	Sie knüpft in etwa an der Auffassung von einer „biologischen Sprachkompetenz" (vgl. Chomsky/Pinker) an, betont aber, dass die Sprachverarbeitung an verschiedenen Stellen im Gehirn stattfindet und dass es nicht leicht ist, sie von „Sequenzierungsfähigkeiten" bei Tieren abzugrenzen, dass man Sprache also nicht als angeborenen „menschlichen Instinkt" bezeichnen kann.

3 a/b Mögliche Argumentationen: Ein von Bezugspersonen ausgeübter fördernder Einfluss auf das fortlaufende Lernen und Kommunizieren – einschließlich der Rückmeldungen auf Normverstöße – wird von den **Nativisten (Chomsky, Pinker)** ausdrücklich in Abrede gestellt. Von Anhängern der **interaktionistischen Theorie (Bruner, Oksaar)** dagegen wird Sprache nicht in erster Linie als genetisches bzw. biologisches Phänomen gesehen, sondern insbesondere als Kommunikationsmittel in sozialen Gemeinschaften und als Lernergebnis aus Interaktionen in einer spezifisch kulturellen Prägung. Das Sprachlernen erfordere Anleitung und Feedback. Pinker könne nicht behaupten, ein Kleinkind brauche aus universal gültigen grammatischen Strukturen (Chomsky) nur das auszuwählen, was in der von ihm gehörten Muttersprache gültig sei. Das Gehirn funktioniere eher wie ein lernfähiger Computer, der in stets neuen Datenströmen „lesen" könne, ohne von Beginn an voll und ganz programmiert zu sein. Der komplexe Vorgang des Bedeutungslernens und der Erwerb von Kommunikationsregeln könne nicht als rein biologischer Prozess begriffen werden. Sprache funktioniere in der Sprachgemeinschaft als sozial tradiertes Kulturgut und als System von Normen und Konventionen.

Hans Jürgen Heringer: Interkulturelle Kommunikation ▸ S. 515

4 a/b Die Schülerinnen und Schüler haben grundlegende Kontroversen in den Spracherwerbstheorien kennen gelernt. Neurophysiologie und Hirnforschung haben den biologisch argumentierenden Theoretikern (Chomsky, Pinker) scheinbar Schützenhilfe geleistet (Position des Nativismus). Die Gegner vorwiegend hirnphysiologisch-biologisch (oder – was im Schülerband nicht weiterverfolgt wird – genetisch) argumentierender Ansätze sind aber nach wie vor der Meinung, der Vorgang des Bedeutungslernens könne nicht „biologisch" angelegt sein. Für einen geglückten Spracherwerb sei die Interaktion zwischen Kind und Umfeld entscheidend, wobei das Kleinkind es beim Sprechen und Verstehen mit Sprachkonventionen zu tun habe, die von Interaktionspartnern an das Kind herangetragen würden. Selbst wenn man zubilligt, dass die Fähigkeit, grammatische Strukturen unbewusst nutzen zu können, eine spezifisch menschliche (ggf. „angeborene") Fähigkeit ist, wird insbesondere Pinker heftig widersprochen, der die Wirkung sozialer Interaktion gar nicht anerkennt und Sprache in keinem Fall als „kulturelles Artefakt" akzeptieren will, sondern darin etwas Instinkthaftes sieht – vergleichbar der Fähigkeit von Spinnen, ein Spinngewebe kunstvoll herzustellen. Heringer stellt in seinen Thesen den Zusammenhang zwischen Phylogenese und Ontogenese explizit her, er betont, dass in der individuellen Sprachentwicklung an der sozial schon existierenden Sprache (vgl. Z. 4 ff.) angeschlossen werde, was sich besonders im Bedeutungslernen manifestiere, das

528 D3 SPRACHENTWICKLUNG, SPRACHWANDEL UND SPRACHERWERB

wiederum durch Kommunikationssituationen und das Orientieren an – in kulturellen Traditionen je spezifisch herausgebildeten – Konventionen seinen Bezugsrahmen findet: „Als Kind lernt man die Reaktionen auf bestimmte Kommunikationsversuche." (Z. 19 ff.) „Die Sprache wird in kultureller Tradition von Generation zu Generation weitergegeben." (Z. 40 ff.) Man müsse den „konventionellen Charakter" von Sprache (Z. 37 f.) in Rechnung stellen, der nicht angeboren sein kann und der sich in jeder konkreten Äußerung zeige.

Von Heringers Thesen ausgehend, kann man auch noch einmal zu Herder und Humboldt zurückkehren.

5 Die noch ungeklärten Details sollten mit den Eingangsfragen und mit den aus der Textarbeit gewonnenen Erkenntnissen ins Verhältnis gesetzt werden und könnten ggf. fachübergreifend weiterverfolgt werden (Expertengespräche / Interviews mit Biologie- und Philosophielehrkräften).

Zweitspracherwerb – Oder: Gibt es mehrsprachige Gehirne?

▶ S. 516 **Holger Küls: Gerhirnforschung, Lernen und Spracherwerb –**
Einige Anmerkungen zum Zweitspracherwerb

1 a Der Text setzt bei hirnphysiologischen Forschungsergebnissen an, benutzt in der Darlegung aber auch Ansichten und Termini aus den bisher erarbeiteten Spracherwerbstheorien und der Einführung in das Kapitelthema (etwa die zentrale Bedeutung von Anregungen durch die Umwelt, Z. 5 ff.), um schließlich eine sprachpädagogische Perspektive einzunehmen.
Wesentliche Unterschiede zwischen dem Erwerb der Erstsprache(n) und dem Erlernen einer Zweitsprache oder einer Fremdsprache – Vorschlag für ein Tafelbild:

Erstspracherwerb	zwei- oder mehr-sprachiger Erstspracherwerb	Zweitspracherwerb (sekundär)	Fremdspracherwerb
▪ in der frühen Kindheit		▪ zumeist in einem späteren Lebensstadium	▪ von Kindern, Jugendlichen und Erwachsenen
▪ in der Umgebungs- bzw. Nationalsprache („Muttersprache")	▪ durch bilinguale Eltern ▪ durch Eltern mit unterschiedlichen Muttersprachen	▪ auf Grund von Migration ▪ wird täglich benutzt ▪ daneben wird eine „Erstsprache"/„Muttersprache" benutzt ▪ „lebensweltliche Zweisprachigkeit" (im Unterschied zur „akademischen")	▪ durch schulischen Unterricht
▪ unbewusste, automatische, schnelle Lernprozesse		▪ gesteuerte und ungesteuerte Lernprozesse vermischen sich	▪ bewusstes Lernen von Regeln und Vokabeln (Küls) ▪ auf der Grundlage von Kompetenzen des Erstspracherwerbs
▪ Prozesse erfolgen in den „Spracharealen" des Gehirns	▪ gleiche Hirnareale für beide Sprachen genutzt ▪ ein einziges neuronales Netz für beide Sprachen	▪ bei älteren Kindern: Entwicklung eines neuen neuronalen Netzwerks	▪ Entwicklung eines neuen neuronalen Netzwerks
			▪ erreicht niemals die Vollkommenheit der ersten Sprache(n)

3.3 WIE LERNEN KINDER SPRECHEN?

Küls' Hauptthese in neurophysiologischer Begründung findet sich in Z. 37–49: „Neuere Forschungen haben ergeben, dass sich beim späteren Lernen einer zweiten Sprache in Teilen ein neues neuronales Netzwerk in den Sprachzentren des Gehirns entwickelt. Dies trifft etwa beim Fremdsprachenunterricht in der Schule zu oder wenn ein Mensch als älteres Schulkind oder später in ein anderes Land mit einer anderen Sprache umsiedelt. Interessanterweise sieht das anders aus, wenn ein Kind in frühem Alter zwei Sprachen lernt, also zweisprachig aufwächst. In diesem Fall entsteht ein einziges neuronales Netzwerk für beide Sprachen."

b Küls' sprachpädagogische Empfehlungen sind auf einen möglichst frühzeitigen Zweit- bzw. Mehrsprachenerwerb ausgerichtet: in einem bilingualen Elternhaus oder in einer Umgebung, in der ein Kind früh und regelmäßig (etwa im Kindergartenalter) mit Sprechern der Sprache des Einwanderungslandes (seiner Zweitsprache) in Kontakt kommt.

Weiterführende Aufgaben/Projektideen ▶ S. 517

1 Recherchen zu Forschungsansätzen/-methoden zum Thema „Zweisprachigkeit" knüpfen direkt an den Text von Holger Küls (S. 516 im Schülerband) an.

2 Die Spracherwerbsbiografien/Lernprozesse könnten auch reflexiv in Tagebuchform festgehalten werden.

3 Empfohlen werden Internetrecherchen zu den genannten Autorinnen und Autoren, insbesondere zu Texten, in denen die in der Aufgabe genannten Perspektiven (Gefühle, Erfahrungen, deren Verarbeitung) deutlich werden. Erste Informationen finden sich u. a. bei Wikipedia. Folgende literarische Werke der Autorinnen/Autoren, Websites und Monografien führen zum Thema hin:
Wladimir Kaminer:
- Helden des Alltags (Manhattan-Goldmann, München 2002)
- Mein deutsches Dschungelbuch (Manhattan-Goldmann, München 2003)
- www.russentext.de/kaminer

Rafik Schami:
- Die Sehnsucht fährt schwarz. Geschichten aus der Fremde. Neuausgabe (Hanser, München 1997)
- Die Sehnsucht der Schwalbe (Hanser, München/Wien 2000)
- Damaskus im Herzen und Deutschland im Blick (Hanser, München 2006)
- Bettina Wild: Rafik Schami (dtv, München 2006. dtv-Portrait)

Franco Biondi:
- Ode an die Freude. Gedichte 1973–1993 (Avlos, Sankt Augustin 1995)
- Giri e rigiri. Gedichte/poesie, zweisprachig (Brandes & Apsel, Frankfurt/M. 2005)
- Karussellkinder. Roman (Brandes & Apsel, Frankfurt/M. 2007)

Emine Sevgi Özdamar:
- Mutterzunge. Erzählungen (Rotbuch, Berlin 1990)
- Das Leben ist eine Karawanserei. Roman (Kiepenheuer & Witsch, Köln 1992)
- Die Brücke vom Goldenen Horn. Roman (Kiepenheuer & Witsch, Köln 1998)

4 Dieser Diskussionsauftrag zielt auf die Beurteilung muttersprachlicher Bildungs- bzw. Unterrichtsangebote ab, d. h. auf den Unterricht in der Herkunftssprache (der Eltern, Großeltern). Dadurch soll die Erstsprache für Kinder und Jugendliche mit Migrationshintergrund auf einem hohen Sprachniveau erhalten, sogar gefördert werden – auch im Hinblick auf ausgebaute Schriftsprachfähigkeit und auf Verstehenskompetenzen für anspruchsvollere (literarische) Texte einschließlich deren soziokultureller Kontexte. Die Verwendung der Erstsprache soll sich nicht auf die mündlich-alltagssprachliche Sprachkompetenz beschränken (Problem der „doppelten Halbsprachigkeit").

Weiterführendes Material zu diesem Teilkapitel findet sich auf der beiliegenden CD:
- *Uta Quasthoff:* Erklärungshypothesen zum Spracherwerb (2003) / *Peter Schlobinski:* Alte und neue Perspektiven der Spracherwerbsforschung (2004)

Analyse eines Sachtextes mit anschließender weiterführender Reflexion

Aufgabenstellung

1 Analysieren Sie den Text von Ruth Berger „Babys, Frauen und die Sprachevolution" im Hinblick auf die Argumentationen zu den im Titel angelegten Zusammenhängen. Berücksichtigen Sie besonders die Art und Qualität der wissenschaftlichen und zugleich popularisierenden Darstellung. *(48 Punkte)*

2 Erläutern Sie die dargestellten Sachverhalte und Theoriebezüge vor dem Hintergrund eigener Kenntnisse zur sprachlichen Onto- und Phylogenese. *(24 Punkte)*

Ruth Berger: Babys, Frauen und die Sprachevolution (2008)

Chomsky hatte recht: Unsere Ein- bis Zweijährigen sind keine Einsteins. Eigentlich scheinen sie intellektuell kaum fähig, etwas so Komplexes wie Sprache ohne angeborenes Vorwissen zu lernen. Was Chomsky jedoch als Schreibtischtäter nicht bedachte: Unsere Kleinsten haben statt des mäßig ausgebildeten Intellekts etwas anderes im Übermaß: Emotionalität – und das Bedürfnis nach Bindung.

Eltern wissen es. Niemand kann so viel quietschende Lebensfreude in ein simples „Da!" hineinlegen wie ein Kind, das gerade sprechen lernt. Und niemand ist emotional so fixiert auf einen anderen Menschen wie ein Kleinkind auf die lebenswichtige Mutter. Kinder sind gefühlsmäßig über den Ton beeinflussbar, bevor sie Sprache verstehen: Sanfter, monotoner Singsang hat eine beruhigende, tröstende Wirkung auf Säuglinge, ähnlich wie das Wiegen oder Umhertragen. Gereizter elterlicher Ton kann Quengeln und Weinen auslösen. Vorsprachliche Babys wissen allein anhand der Satzmelodie, ob die Mama sie gerade lobt oder ihnen das spannende, spitze neue Spielzeug auf dem Küchentisch verbieten will. Jede Mutter weiß auch, dass Kinder lallend und brabbelnd Wort- und Satzmelodien imitieren, bevor sie richtig sprechen lernen. Ab etwa dem vierten Monat schon können Mutter und Säugling sich in zärtlichen, melodiösen „Lall-Duetten" den Ball zuwerfen. Ja, Sie haben richtig gelesen: „Lall-Duette" ist das Fachwort. […] Die Sprache oder Pseudo-Sprache dient in dieser Situation in erster Linie der Kontaktaufnahme und liebevollen Bindung. Sie ist ein dialogisches Ritual – wie der Tanz von Kranichen oder das Schnäbeln sich liebender Papageien […].

Eine populäre These behauptet nun, dass wir hier, bei den brabbelnden Müttern und Kindern, den ersten Ursprung der Sprache vor uns haben! Eine frühe Sprachstufe sozusagen, wie sie vor zwei Millionen Jahren existiert haben könnte. Ist das plausibel?

Von Ernst Haeckel[1] stammt die Annahme, die Entwicklung jedes Individuums wiederhole, was sehr viel langsamer zuvor in der biologischen Stammesentwicklung geschehen sei. Zum Beispiel lässt sich unsere tierische Ahnenreihe von Einzeller über Fisch, frühe Säuger und Affen noch an heranwachsenden Menschenembryonen erahnen. Viele der Schlüsse, die Haeckel hieraus über Verwandtschaftsverhältnisse von Tierarten zog, bestätigten sich später durch fossile Dokumentation oder genetische Untersuchungen.

Allerdings wissen wir heute: Selbst in den frühesten Phasen des menschlichen Keims haben längst unsichtbare Wachstums- und Stoffwechselprozesse eingesetzt, die das werdende Menschlein von seinen einzelligen oder Fisch-Vorfahren unterscheiden. Erst recht gilt das für Kinder außerhalb des Mutterleibs: Ein heutiges menschliches Baby ist ein modernes Menschenbaby, und sein Gehirn ist alles andere als identisch mit den Gehirnen von Frühmenschenbabys. Außerdem ist Sprechenlernen nur bedingt ein biologisches Phänomen: Wir erleben bei unseren Kindern ja einen Lernprozess, der durch die heutige, hoch entwickelte Form menschlicher Sprachen geprägt wird und daher garantiert nicht eins zu eins widerspiegelt, wie die Vor- und Frühformen von Sprache aussahen. Trotzdem müssen wir Haeckel hier aus der Mottenkiste holen. Die „Gesetzmäßigkeiten", die ihm damals

---

[1] **Ernst Haeckel (1834–1919):** deutscher Zoologe und Philosoph, führender Vertreter der Evolutionstheorie in Deutschland im Anschluss an Darwin, forschte zum Zusammenhang von Morphologie und Entwicklungsgeschichte des Menschen. Sein „biogenetisches Grundgesetz", wonach die Individualentwicklung eines Lebewesens eine verkürzte Rekapitulation der Stammesgeschichte darstellt, war/ist umstritten.

aufgefallen waren, die hatten einen Grund. Denn warum beginnt jeder Mensch das Leben als Einzeller, wie der Urahn allen mehrzelligen Lebens? Warum „rekapituliert" die individuelle Entwicklung tatsächlich so oft die Evolutionsgeschichte? Es liegt an simplen, typischen Merkmalen von Entwicklungsprozessen: Das Einfache kommt (meist) vor dem Komplexen. Komplexes setzt sich aus Einfachem zusammen. Neues baut auf Altem auf. Der Aufbau vollzieht sich nicht schlagartig, sondern schrittweise.

So dürfte es auch in der Sprache gewesen sein. Und deshalb ist es für die Sprachevolution sehr wohl von Bedeutung, wenn wir feststellen, dass für Säuglinge melodisches Lauten mit der Mutter ein Bindungsritual ist, wie man es durchaus auch von Tieren kennt.

In den Siebzigerjahren haben die deutsch-britische Anthropologin Doris Jonas und ihr Mann, der Psychiater David Jonas[2], schon eine Hypothese zu den ersten Ursprüngen der Lautsprache angeboten, die in der Mutter-Kind-Bindung den Anfang der Sprachevolution sieht. Diese Hypothese ist heute, dank der neuen [gemeint: hirnphysiologischen] Erkenntnisse, viel plausibler geworden. [...]

Warum aber brauchten unsere Vorfahren solche Mutter-Kind-Bindungssignale? Wahrscheinlich deshalb, weil ihre Babys im Vergleich mit Affenkindern unreifer und hilfloser geboren wurden. Beim Homo ergaster[3] ist der Geburtskanal enger als bei Affen. Die schmalen Hüften sind eine Anpassung an den aufrechten Gang (...), führen aber zu Problemen bei der Geburt, jedenfalls wenn, wie bei Homo ergaster der Fall, zugleich das Gehirn und damit der Kopf des Babys größer ist als zuvor. [...]

Die Ergaster-Babys mussten immer und überallhin getragen werden. Ziemlich lästig für die Spezies, die – das sagt uns ihr Körperbau – große Distanzen zurücklegte. Ein Ergaster-Kind tut gut daran, seine Mutter zum Mitschleppen zu motivieren. Unsere heutigen Kleinen erreichen dies zur Plage mancher hart geprüfter Eltern anfangs hauptsächlich durch strafendes Schreien und Weinen [...]. Doch ab etwa dem dritten Monat [...] beginnt das komplette emotionale System [einschließlich belohnender Bindungsrituale wie Lächeln und Lallen] gut zu funktionieren. [...]

Sicher, manches an der insgesamt wohlbegründeten Theorie des Forscherehepaares wirkt etwas unausgegoren. [...] Um Himmels willen! Aus sinnlosem Baby- und Müttergebrabbel sollte etwas so Edles wie die Sprache hervorgegangen sein? Das konnte man doch nicht ernst nehmen! Der Ansatz geriet in Vergessenheit.

Heute deutet vieles darauf hin, dass die beiden Forscher dicht an der Wahrheit waren. Wir wissen schließlich: Die Sprechmotivation wird aus dem vorderen Gyrus cinguli[4] gesteuert – jenem Areal, das für zwischenmenschliche Bindungen, insbesondere auch die Mutter-Kind-Bindung zuständig ist. [...]

Doch halt: So populär und plausibel die These [...] heute ist – man darf nicht zu euphorisch werden. Sie berücksichtigt nämlich nur einen möglichen sozialen Faktor in der Evolution früher Sprache. Dieser Faktor – lautliche Rituale erweisen sich als nützlich für die Mutter-Kind-Bindung – hat gewiss existiert. Sonst gäbe es die Rituale heute nicht. Aber ob es der wichtigste oder früheste war, das lässt sich nicht belegen.

(Aus: Ruth Berger: Warum der Mensch spricht – Eine Naturgeschichte der Sprache. Eichborn, Frankfurt/M. 2008, S. 208–212)

---

[2] Das Forscherpaar **D. und D. Jonas** stellte fest, dass Mädchen von Sprachstörungen weniger betroffen waren als Jungen; sie folgerten hieraus, dass für Mädchen wegen ihrer Mutterrolle Sprache womöglich wichtiger und im Gehirn stabiler angelegt sein könnte.

[3] **Homo ergaster:** anderer Begriff für Homo erectus, „aufgerichteter Mensch"; lebte vor rd. 500 000 Jahren, älteste Funde auf Java

[4] **Gyrus cinguli:** Teil des limbischen Systems im Gehirn, das als bedeutsam für die Emotionen angesehen wird

Zur Autorin

Ruth Berger (*1967) studierte mehrere Sprachen, allgemeine Sprachwissenschaft und Biologie, arbeitete als Judaistin an Universitäten und lebt heute als freie Schriftstellerin in Frankfurt am Main. Der Klappentext zu ihrem Buch verkündet als Absicht: „Die Sprachwissenschaftlerin Ruth Berger erzählt die spannende Geschichte, wie, wann und warum nur der Mensch zur Sprache kam. Anschaulich vereint sie zum ersten Mal allerneueste Erkenntnisse aus Biologie, Neurologie, Archäologie, Paläoanthropologie sowie Sprachwissenschaft [und erklärt], warum es keine angeborenen Sprachregeln gibt."

ERWARTUNGSHORIZONT

Inhaltliche Leistung

Aufgabe 1

	Anforderungen Die Schülerin / der Schüler	maximal erreichbare Punktzahl (AFB)	erreichte Punktzahl
1	verfasst eine aufgabenbezogene Einleitung.	3 (I)	
2	benennt den – trotz des theoretisch-wissenschaftlichen Sachverhalts – gefälligen Darstellungsmodus des Textes und seine gute Verständlichkeit vor dem Hintergrund der Angaben zur Autorin, dem Veröffentlichungsort und erster eigener Wirkungseindrücke.	3 (I)	
3	benennt als Verstehenshypothese den thematischen Zusammenhang zwischen sprachlicher Ontogenese und Phylogenese – auch im Zusammenhang mit dem referierten interdisziplinären Forschungsansatz und/oder einzelnen Ausführungen.	6 (II)	
4	untersucht den Aufbau des Textes: • Einleitung (Z. 1–8): Bezugnahme auf Chomskys Theorem der (verwunderlichen) frühzeitigen Sprachkompetenz • Z. 9–37: „Lall-Duette" der Mutter-Kind-Kommunikation in der vorsprachlichen Phase und ihre Bedeutung • Z. 38–79: Ernst Haeckels Theorie der Analogie zwischen individueller Entwicklung und biologischer Stammesentwicklung • Z. 80–122: D./D. Jonas' Forschungen zur lautlich-emotionalen Mutter-Kind-Bindung (vgl. Babys des Homo ergaster) • Z. 123–130: Schlussfolgerung mit Bezug auf Textteil 2, Warnung vor Verallgemeinerungen	6 (II)	
5	erschließt die Funktion der Einleitung (Anknüpfen an populären Ansatz Chomskys) und der Mehrgliedrigkeit sowie Antithetik im Argumentationsaufbau des mittleren Textteils sowie dessen Binnenstruktur (Prüfung, Hinterfragung, Einräumung, Bekräftigung o. Ä.), der Rückschlüsse hieraus (Verbindung zwischen Sprache und Emotion/Bindung), die in der Kritik an der Verabsolutierung lautlicher Rituale und insgesamt in der Warnung vor allzu „populären" Plausibilitäten (im Schlussteil) münden.	6 (II)	
6	untersucht im Einzelnen den Gang der Argumentation im Zusammenhang mit den zentralen Thesen und Schlüsselbegriffen sowie die Qualität von Argumenten und Belegen.	6 (II)	
7	untersucht rhetorische Strategien und syntaktische und semantische Mittel des Textes (u. a. kurze und prägnante Sätze häufig zu Beginn und am Ende eines Absatzes, rhetorische Fragen; Antithetik, Wir-Form bei Plausibilitätsargumenten; Wechsel zwischen fach- und allgemeinsprachlichen, abstrakten und plastischen Ausdrucksweisen; Einräumungen, Pointierungen, z. T. umgangssprachlich-saloppe Ausdrücke, Leserbezug).	6 (II)	
8	erschließt aus der vorwiegend populären/leserfreundlichen und gleichzeitig fachwissenschaftlichen Darstellungsweise die Darstellungsabsicht der Verfasserin und formuliert dazu eine reflektierte Schlussfolgerung.	6 (III)	
9	prüft die Sachangemessenheit und Überzeugungskraft der Darstellung von Theorien und Kontroversen im Hinblick auf die Ergebnisse aus der Analyse der Argumentation und der Rhetorik (u. a. schlussfolgernde Verfahrensweise, Antithetik, Vielzahl der Einräumungen, dennoch Pointierung plausibler Erkenntnisse, Nachweis der Debatten im Anschluss veröffentlicher	6 (III)	

Autorin: Lisa Böcker

Texte, Themen und Strukturen
Lernerfolgskontrolle 36, S. 3

ERWARTUNGSHORIZONT

	Forschungsergebnisse, Aktivierung des Leserinteresses, Verdeutlichung der z. T. historisch inzwischen nicht mehr sachgerechten Erkenntnisse, insgesamt der Unabgeschlossenheit des Forschungsprozesses).		
		48	

Aufgabe 2

	Anforderungen Die Schülerin / der Schüler	maximal erreichbare Punktzahl (AFB)	erreichte Punktzahl
1	verfasst eine aufgabenbezogene Überleitung.	3 (I)	
2	setzt die Textaussagen aufgabenbezogen in Verbindung mit Kenntnissen über folgende Sachverhalte: • Spracherwerb als erstaunliche Lernleistung, frühkindlich-vorsprachliche Äußerungsformen des Kindes • sozial-interaktive Spracherwerbstheorie vs. Nativismus Chomskys (vgl. Anspielung zum Textbeginn) • Evolutionsgeschichte des Menschen und seiner Sprachentwicklung in „Schüben"; Abkopplung der Hominiden von den Primaten • die besondere Bedeutung menschlicher Laute und Gesten • neurologische und hirnphysiologische Forschungsergebnisse zu Hirnarealen und ihrem Zusammenwirken, Thesen zum Zusammenhang von Phylo- und Ontogenese und zur Rekonstruktion der Sprachevolution aus heutigen Beobachtungen (vgl. Heringer, Haarmann, Steinig)	12 (II)	
3	bewertet die Komplexität/Plausibilität der Sachdarstellungen der Autorin vor dem Hintergrund des eigenen Wissens über die notwendige Interdisziplinarität der Forschungen bzw. noch offener Fragen.	9 (III)	
4	erfüllt ein weiteres aufgabenbezogenes Kriterium. (Max. 4 Punkte)		
		24	

Darstellungsleistung

	Anforderungen Die Schülerin / der Schüler	maximal erreichbare Punktzahl	erreichte Punktzahl
1	strukturiert den Klausurtext schlüssig, sinnvoll verknüpft und gedanklich klar.	6	
2	schreibt fachsprachlich korrekt und differenziert zwischen beschreibenden, deutenden und wertenden Aussagen.	6	
3	belegt Aussagen funktional durch korrekte Zitate.	3	
4	formuliert begrifflich präzise und differenziert, sprachlich-stilistisch angemessen, abwechslungsreich und sicher.	10	
5	schreibt sprachlich korrekt.	3	
		28	

Eine Zuordnung der Punktezahlen zu den Notenstufen findet sich auf S. 46 in diesem Handbuch.

Autorin: Lisa Böcker

Texte, Themen und Strukturen
Lernerfolgskontrolle 36, S. 4

Analyse eines Sachtextes mit anschließender weiterführender Reflexion

Aufgabenstellung

1 Analysieren Sie den Text von Claus Leggewie und Elke Mühlleitner „Anglais oblige" im Hinblick auf seine zentrale Kritik, den Gang der Argumentation und auffällige sprachlich-rhetorische Gestaltungsmittel. *(42 Punkte)*

2 Nehmen Sie – vor dem Hintergrund eigener Kenntnisse zu historischen und aktuellen Sprachkontaktsituationen für das Deutsche und zur Debatte über die Anglifizierung des Deutschen – Stellung zu den Textaussagen. *(30 Punkte)*

Claus Leggewie / Elke Mühlleitner: Anglais oblige[1]? Englisch als Wissenschaftssprache ist nicht das Problem, sondern der Kotau[2] vor der Wissenschaftssupermacht USA (2007)

Mit dem irren Slogan „Brain up!" garnierte einst die rot-grüne Regierung ihre sehr deutsche Exzellenzinitiative. An der skurrilen Wortschöpfung zeigt sich schon, wer das erste Opfer der in der Wissenschafts-
5 bürokratie grassierenden Anglomanie ist: das Englische. Diese schöne westgermanische Sprache wurde nicht nur von einer um Worte verlegenen Ministerin geschunden, stündlich bramarbasieren[3] bei unzähligen „Meetings", „Panels" und „Roundtables" ungeübte
10 Sprecher in einem seltsamen Dialekt vor einem Auditorium, das alsbald kapituliert und abschaltet.

Wer genussvoll Nachteile des Global English oder Basic American aufzählt, sollte zuerst den Nutzen einer Lingua franca anerkennen, den die lateinisch
15 parlierenden Gelehrten des Mittelalters vorgeführt haben. Ihr Erfolg lag auch am Gegenstand, der Theologie, und der überschaubaren Zahl der Sprecher. Heute ist für knapp 400 Millionen Menschen Englisch Muttersprache, für nicht ganz so viele ist es eine
20 geläufige Zweitsprache, und dank der telekommunikativen und touristischen Vernetzung dürfte irgendwann mehr als die Hälfte der Menschheit des Englischen halbwegs mächtig sein – einfach weil es praktisch ist. Einige der über 6000 sonstigen Sprachen werden auf
25 der Strecke bleiben, andere mit Hilfe der digitalen Medien in der Sprachnische überleben, und neue Kreolsprachen[4] werden ersonnen werden. Kein Verein zur Rettung der Nationalsprachen in Frankreich, Polen oder Deutschland wird die Ausbreitung des „Globish"
30 noch verhindern.

Hat das Englische also das Zeug zu einer neuen Lingua franca, wenigstens in der wissenschaftlichen Weltgemeinschaft? Für Wissenschaftler gilt: *Publish in English or perish in German,* veröffentliche in Globalesisch, oder verkümmere in Provinz-Deutsch. Sogar ein Bildungsminister Frankreichs, wo die kulturelle Ausnahme am zähesten verteidigt wird, befand vor einigen Jahren, Englisch sei keine Fremdsprache mehr. Er dachte an den Wirtschaftsstandort, aber in den Naturwissenschaften gilt längst *Anglais oblige.* Und mal ernsthaft: In welcher Gemeinschaftssprache sonst soll sich die EU austauschen?

Proper English nach Professor Higgins[5] wird auf wissenschaftlichen Versammlungen aber nicht gesprochen, und damit kommen wir zu den unbestreitbaren Kehrseiten der Angli- oder besser: Amerikanisierung. Das Schrumpf-Englisch beschränkt sich nämlich auf ein dürres Grundvokabular von 1000 Wörtern, es lässt sämtliche Idiome und Feinheiten aus, die gutes Englisch auszeichnen, dafür klingen die Herkunftssprachen grausam durch – und eben Sprachungetüme wie „Brain up!", die den armen Muttersprachlern ein Graus sein müssen. Es entfällt alles, was eine Sprache reich macht, nämlich Sarkasmus, Selbstironie und kleine politische Unkorrektheiten, zu Gunsten einer „interkulturellen Kommunikation" auf kleinstem verbalem Nenner. Wo dieses Englisch gesprochen wird, sinken Diskussionen auf Vorschulniveau, verschwindet jede Nuance, spielen Gelehrte Stille Post[6].

---

[1] **Anglais oblige:** Anspielung auf „Nobelesse oblige": Adel verpflichtet
[2] **Kotau:** demütige Ehrerweisung
[3] **bramarbasieren:** aufschneiden, prahlen
[4] **Kreolsprachen:** Sprachen, die aus einer Kontaktsituation mehrerer Sprachen entstehen
[5] **Professor Higgins:** angesehener Sprachprofessor im Musical „My Fair Lady", der die einfache, z. T. vulgäre Sprache des Blumenmädchens Eliza durch „proper English" verbessern will
[6] **Stille Post:** Spiel zur Weitergabe geflüsterter Wörter, die dabei häufig verfälscht werden

Autorin: Lisa Böcker

Texte, Themen und Strukturen
Lernerfolgskontrolle 37, S. 1

Schuld daran ist nicht das von Sprachpuristen dämonisierte Englisch, dessen griffiges Vokabular für luzide Debatten sehr gut geeignet wäre. Es ist paradoxerweise eine auf Internationalisierung fixierte Politik, welche die US-Wissenschaft zur Mutter der Exzellenz und dabei die so genannten Lebenswissenschaften zum Nonplusultra erhebt. Über die Naturwissenschaften, die viele mit den *life sciences* verwechseln, geht die Mär, sie bedürften sprachlicher und stilistischer Nuancierung nicht, weil sie ohnehin nur aus Formeln bestünden. Dass wir nicht mehr von Natur- sondern von Lebenswissenschaften sprechen, ist ein Beispiel für die untergründige Wirkung des *Global English* [...].

Der Sprachverkümmerung abhelfen können nur gute Übersetzungen: erstens nicht englischer Bücher und Artikel in brauchbares und elegantes Englisch, zweitens Übersetzungen wichtiger Texte jeder Provenienz in nicht englische Sprachen. [...] Wenn international gleich monolingual ist, bedeutet das oft nur: In Englisch sind wir dümmer. Aber würden wir in Deutsch wieder klüger? Nicht vom Englischen, dem Esperanto der Weltwissenschaftsgemeinschaft, müssen wir uns distanzieren (es vielmehr besser erlernen), sondern von der Fixierung auf die vermeintliche *scientific superpower* namens USA, die – zum Leidwesen auch der meisten US-Kollegen – erschreckend einsprachig ist und ganze geisteswissenschaftliche Branchen anführt, obwohl sie den Originalton der *funny languages,* in denen ein Sigmund Freud oder Martin Heidegger[7] geschrieben haben, kaum noch versteht. Überdies treiben die USA eine religiös eingefärbte Wissenschaftspolitik, die bisweilen in der Sprache der biblischen Apokalypse[8] einen regelrechten Krieg gegen Wissenschaft und Aufklärung führt. Trotz dieser Selbstverzwergung profitieren Amerikaner im globalen Wissenschaftsbetrieb vom kulturellen Kapital ihrer Muttersprache, die wir Europäer aus freien Stücken zum Exzellenzidiom erheben. Gegen solche Wettbewerbsverzerrung hilft nur eines: Wer amerikanische Kollegen einlädt, sollte fragen, ob sie mindestens eine weitere lebende Sprache beherrschen.

(Aus: Die Zeit, 26.7.2007)

[7] **Martin Heidegger (1889–1976):** dt. Philosoph, bekannt für seine terminologisch eigenwillige Sprache
[8] **Apokalypse:** Untergang, Weltende

Zu den Autoren
Claus Leggewie ist Direktor des Kulturwissenschaftlichen Instituts in Essen, Elke Mühlleitner arbeitet als Psychologin und Wissenschaftshistorikerin in Gießen.

Inhaltliche Leistung

Aufgabe 1

	Anforderungen Die Schülerin / der Schüler	maximal erreichbare Punktzahl (AFB)	erreichte Punktzahl
1	verfasst eine aufgabenbezogene Einleitung.	3 (I)	
2	gibt die Inhalte der Textabschnitte und die sich zuspitzende Kritik am Ende des Textes in eigenen Worten aufgabengerecht und gegliedert wieder.	3 (I)	
3	untersucht, wie die Hauptthese und die zu Grunde gelegte Antithetik „Wissenschaftssprache Englisch vs. USA als Wissenschaftssupermacht", die schon im Untertitel angesprochen ist, mit der Kritik an den Haltungen der Deutschen bzw. Europäer dazu („Verpflichtung", „Kotau") fortlaufend mit den Textabschnitten argumentativ verknüpft wird.	6 (II)	
4	erschließt dabei zentrale Schlüsselbegriffe und einzelne antithetische Teilaussagen/Bewertungen, wie z. B.: • eine englischsprachige Wendung für die Exzellenzinitiative, die selbst „irr", eine skurrile Wortschöpfung und in falschem Englisch formuliert ist • vermeintliche Nachteile des Global English oder Basic American vs. Nutzung einer Lingua franca in den Wissenschaften (wie im Mittelalter das Lateinische) • das global kommunikativ funktionierende Englisch vs. der Verlust der Bedeutsamkeit anderer Sprachen • idiomatisches Hochenglisch vs. „Schrumpf-Englisch" (Z. 47) • notwendigerweise unterschiedlicher Sprachgebrauch in den unterschiedlichen Wissenschaften • Sprachverkümmerung vs. Anstrengungen beim Übersetzen • global agierende Wissenschaftssupermacht USA vs. Einsprachigkeit der US-Wissenschaftler • antithetisch vorgetragene Thesen über das Verhältnis der US-amerikanischen Wissenschaftspolitik (religiös eingefärbt) zu den aufklärerischen Ansprüchen im europäischen Wissenschaftsverständnis im Schlussteil des Textes als Rückgriff auf den Untertitel	9 (II)	
5	untersucht auffällige sprachliche und rhetorische Mittel des Textes in ihrer Funktion (u.a. ironisch-kritisches Aufgreifen aktueller Wendungen und Selbstansprüche, semantisch besonders negativ klingende Adjektive, Verben und Nomen / Wortbildungen; starke Antithesen; Einstreuen vieler Anglizismen; fachsprachlich formulierte Detailinformationen im Wechsel mit umgangssprachlichen Wendungen; Anspielungen auf Bildungswissen und Vorkenntnisse aus Kultur, Wissenschaft, Politik und die Anglifizierungsdebatte selbst [Bezug auf die Leser der „Zeit"]; Bezugnahme auf den eigenen Kontext am Textende mit banal klingender Schlussfolgerung).	9 (II)	
6	erläutert zentrale Aussagen des Textes und die sie bestimmenden Oppositionen.	6 (II)	
7	formuliert eine reflektierte Schlussfolgerung aus den Untersuchungen zum Zusammenspiel von Struktur, Intention und Wirkung des Textes im Rahmen des aktuellen Verstehenshorizontes.	6 (III)	
8	erfüllt ein weiteres aufgabenbezogenes Kriterium. (Max. 4 Punkte)		
		42	

Autorin:
Lisa Böcker

ERWARTUNGSHORIZONT 537

Aufgabe 2

	Anforderungen Die Schülerin / der Schüler	maximal erreichbare Punktzahl (AFB)	erreichte Punktzahl
1	verfasst eine aufgabenbezogene Überleitung.	3 (I)	
2	erschließt die Funktion der Textaussagen im Kontext der Debatte um die Anglifizierung des Deutschen im Zusammenhang mit der Wissenschaftskommunikation, der Internationalisierung und Globalisierung sowie dem Verhältnis zwischen Ländern und Kontinenten.	6 (II)	
3	erläutert den in der Aufgabenstellung verwendeten Begriff „Sprachkontaktsituationen" als zentralen Begriff bei der sprachwissenschaftlichen Auseinandersetzung mit der interlingual geprägten Geschichte des Deutschen (Latein, Französisch) und mit aktuellen Entwicklungstendenzen (Anglifizierung) – auch unter Nutzung linguistischer Kenntnisse und eigener Erfahrungen hinsichtlich des Sprachgebrauchs in ausgewählten Verwendungsbereichen (bes. Fach-/Wissenschaftssprache, Medienkommunikation, ökonomische Globalisierung).	6 (II)	
4	prüft die Thesen des Textes von Leggewie und Mühlleitner mit aus dem Unterricht bekannten ideologisch umstrittenen Auffassungen etwa zur Reinhaltung des Deutschen, mit aktuellen sprachpolitischen, mit allgemein sprachkritischen bzw. -pflegerischen und mit linguistisch eher neutral vorgetragenen Kenntnissen/Bewertungen zur Anglifizierung des Deutschen und zu seiner Entwicklung.	9 (III)	
5	setzt sich mit den Positionen und einzelnen Aussagen des vorgelegten Textes argumentativ differenziert und begründet auseinander und formuliert eine eigene Stellungnahme.	6 (III)	
6	erfüllt ein weiteres aufgabenbezogenes Kriterium. (Max. 4 Punkte)		
		30	

Darstellungsleistung

	Anforderungen Die Schülerin / der Schüler	maximal erreichbare Punktzahl	erreichte Punktzahl
1	strukturiert den Klausurtext schlüssig, sinnvoll verknüpft und gedanklich klar.	6	
2	schreibt fachsprachlich korrekt und differenziert zwischen beschreibenden, deutenden und wertenden Aussagen.	6	
3	belegt Aussagen funktional durch korrekte Zitate.	3	
4	formuliert begrifflich präzise und differenziert, sprachlich-stilistisch angemessen, abwechslungsreich und sicher.	10	
5	schreibt sprachlich korrekt.	3	
		28	

Eine Zuordnung der Punktezahlen zu den Notenstufen findet sich auf S. 46 in diesem Handbuch.

Autorin:
Lisa Böcker

Texte, Themen und Strukturen
Lernerfolgskontrolle 37, S. 4

4 Sprachliche Varietäten

Konzeption des Kapitels

Das Kapitel lenkt die Reflexion über Sprache auf den Umstand, dass es „die" deutsche Sprache eigentlich nicht gibt, sondern dass es – neben den historischen Entwicklungsstufen (vgl. Kapitel D3.1) – unterschiedlichste synchrone Erscheinungsformen zu unterscheiden gilt.

Im ersten Teilkapitel (**„Standardsprache – Umgangssprache – Dialekt"**) werden in diesem Sinne zunächst unterschiedliche Dimensionen der Sprache differenziert, von denen dann eine, nämlich die regionale Dimension, der Dialekt, vertiefend behandelt wird. Bei der textbasierten Diskussion von Vor- und Nachteilen des Dialektgebrauchs sollte die Sprachsituation der jeweiligen Lerngruppe berücksichtigt und angemessen mit einbezogen werden. Gerade wenn die Schülerinnen und Schüler aus wenig dialektgeprägten Kontexten kommen, empfiehlt es sich, auf Tonmaterial zur akustischen Vergegenwärtigung verschiedener Dialekte und ihrer unmittelbaren Wirkung zurückzugreifen. Die Auseinandersetzung mit regionalen Varietäten innerhalb der „eigenen" Sprache kann zu einer größeren Toleranz und Akzeptanz auch gegenüber der Sprachkompetenz von Menschen führen, deren Muttersprache nicht das Deutsche ist.

Auch das zweite Teilkapitel (**„Sprache und Geschlecht – Positionen linguistischer Geschlechterforschung"**) will nicht zuletzt das Bewusstsein für diskriminierendes Sprachverhalten schärfen, hier nun im Blick auf die Verständigung zwischen den Geschlechtern. Die provokativen Impulse am Anfang des Teilkapitels werden in einer informativen Darstellung linguistischer Positionen aufgegriffen. Diese wiederum werden anhand weiterer Textangebote punktuell vertieft. Die Erörterung von Fallbeispielen wie Lösungsangeboten muss nicht zu einhelligen Ergebnissen führen, sollte aber auf jeden Fall die Selbst- und Fremdwahrnehmung der Schülerinnen und Schüler in alltäglichen Kommunikationssituationen sensibilisieren.

Das dritte Teilkapitel (**„Jugendsprachen und Ethnolekt – Sprachkontakt und Code-Switching"**) thematisiert zunächst die Sprachvarietät der „Jugendsprache(n)" und knüpft damit an ein Thema und Kenntnisse aus der Sekundarstufe I an. Ein Text von Nikolaus Nützel fasst hierzu wichtige Erkenntnisse noch einmal auf einem fachlich gehobenen, dabei gut lesbaren Niveau systematisch zusammen und lenkt den Blick auf Ethnolekte, die im gegenwärtigen Sprachgebrauch gerade auch mit den Jugendsprachen vielfältige Verbindungen eingehen. In die Betrachtung dieser Konstellationen sind insbesondere mediale Aspekte mit einzubeziehen, wie sie bereits die in den Unterhaltungsbereich der „Comedy" gehörende Szene zu Beginn dieses Teilkapitels vor Augen führt. Die Schülerinnen und Schüler setzen sich sowohl mit dem ästhetischen Spektrum von medialer bis literarischer Inszenierung als auch mit der wissenschaftlichen Aufarbeitung des Themas, auch in einer entsprechenden fachterminologischen Differenzierung, auseinander.

Literaturhinweise

Denkler, Markus u. a. (Hg.): Frischwärts und unkaputtbar. Sprachverfall oder Sprachwandel im Deutschen. Aschendorff, Münster 2008

Deutschmagazin 4/2008: Schwerpunkt Mundart

die Sprache Deutsch. Hg. von Heidemarie Anderlik / Katja Kaiser. Deutsches Historisches Museum Berlin. Sandstein Verlag, Dresden 2009

Eichhoff-Cyrus, Karin M. (Hg.): Adam, Eva und die Sprache. Beiträge zur Geschlechterforschung. Dudenverlag, Mannheim u. a. 2004

König, Werner: dtv-Atlas Deutsche Sprache. Deutscher Taschenbuch Verlag, München, 16., durchgesehene und aktualisierte Auflage 2007

man spricht Deutsch. Museumsmagazin. Stiftung Haus der Geschichte der Bundesrepublik Deutschland. Sonderausgabe 2008

Neuland, Eva: Jugendsprache. Eine Einführung. Francke UTB, Tübingen 2008

Sprachwandel. Praxis Deutsch 215/2009

Stedje, Astrid: Deutsche Sprache gestern und heute. Einführung in Sprachgeschichte und Sprachkunde. W. Fink UTB, Paderborn [6]2007

D4 SPRACHLICHE VARIETÄTEN **539**

	Inhalte	Kompetenzen Die Schülerinnen und Schüler
S. 518	**4 Sprachliche Varietäten**	▪ veranschaulichen an Beispielen verschiedene Dimensionen einer Sprache und erläutern ihre vielfältigen Zusammenhänge
S. 519	**4.1 Standardsprache – Umgangssprache – Dialekt** *Astrid Stedje:* Die Sprachen in der Sprache *Bernd Dörries:* I schwätz Hochdeutsch *Hans Kratzer:* Dialekt macht schlau *Helga Resch / Tobias Bungter:* Sprachführer Kölsch	▪ erschließen Sachtexte zum Thema „Sprachvarietäten" und bringen deren Aussagen mit dem eigenen Sprachgebrauch in Verbindung ▪ erläutern themenbezogene Fachbegriffe wie „Umgangssprache", „Standardsprache", „Dialekt" u. a. m. ▪ beschreiben und erörtern die Wirkung von Dialektgebrauch anhand von Texten und eigenen Erfahrungen ▪ referieren auf der Grundlage von Texten unterschiedliche Positionen zum Thema „Dialekt" und nehmen selbst dazu Stellung
S. 524	**4.2 Sprache und Geschlecht – Positionen linguistischer Geschlechterforschung** *Friederike Braun:* Reden Frauen anders? Entwicklungen und Positionen in der linguistischen Geschlechterforschung *Deborah Tannen:* Du kannst mich einfach nicht verstehen *Jürgen Budde:* Männlichkeit und gymnasialer Alltag. Doing Gender im heutigen Bildungssystem *Marlis Hellinger:* Empfehlungen für einen geschlechtergerechten Sprachgebrauch im Deutschen	▪ beschreiben und erläutern Entwicklungen und Positionen linguistischer Geschlechterforschung ▪ erkennen geschlechtsspezifischen und geschlechtsdiskriminierenden Sprachgebrauch ▪ referieren unterschiedliche Positionen zum Thema „Frauen-/Männersprache" und nehmen selbst dazu Stellung ▪ erläutern den Begriff „doing gender" und beziehen ihn auf Beispiele aus dem mündlichen/schriftlichen Sprachgebrauch ▪ setzen sich mit Anforderungen an einen geschlechtergerechten Sprachgebrauch kritisch und konstruktiv auseinander
S. 529	**4.3 Jugendsprachen und Ethnolekt – Sprachkontakt und Code-Switching** *Erkan & Stefan:* Duden *Nikolaus Nützel:* Wenn Digger endkrass dissen – Oder: Sprechen Jugendliche eine eigene Sprache? *Jannis Androutsopoulos:* Ultra korregd Alder! Zur medialen Stilisierung und Aneignung von „Türkendeutsch" *Feridun Zaimoglu:* Kanak Sprak	▪ schärfen ihr Bewusstsein für den eigenen Sprachgebrauch und kontrollieren diesen ▪ verwenden korrekt Fachbegriffe wie „Sprachkontakt", „Code-Switching", „sekundärer/tertiärer Ethnolekt" u. a. ▪ referieren wissenschaftliche Aussagen zu Jugendsprache und Ethnolekt und bringen diese mit dem eigenen Sprachgebrauch in Verbindung ▪ unterscheiden die verschiedenen Interessen, die die Unterhaltungsmedien und die Sprachwissenschaft in der Auseinandersetzung mit Jugendsprache und Ethnolekt verfolgen

4 Sprachliche Varietäten

▶ S. 518 **1** Die Elemente der Text-Bild-Collage, mit der in die Themen dieses Kapitels eingeführt wird, sind ganz unterschiedlicher Herkunft: Während die beiden mundartlichen Zitate als veranschaulichende Beiträge auf der Internetplattform „Dialektatlas" der Deutschen Welle zu finden sind (bzw. waren), stammt der Krankenhaus-Cartoon aus einem der unterhaltsamen Reflexion über die medizinische Fachsprache dienenden Wörterbuch „Arzt-Deutsch/Deutsch-Arzt". Den Dachrinnen-Cartoon findet man in einem Heft der Zeitschrift „Praxis Deutsch" im Kontext eines Artikels zur „Gleichberechtigung in der Sprache?". Der Schiedsrichterwitz geht auf eine Anekdote zurück, derzufolge der Wortwechsel zwischen dem Fußballer Willi Lippens und einem Schiedsrichter während eines Spiels stattgefunden und Lippens eine Rote Karte wegen Schiedsrichterbeleidigung eingebracht haben soll. Das Dialektbeispiel links unten gewinnt seinen Reiz durch die Kombination des Dialekts mit Begriffen aus der modernen digitalen Technologie. Der Beitrag im Ruhrpottdeutsch bildet nicht nur den Dialekt ab, sondern reflektiert ihn zugleich.

2 Die Schülerinnen und Schüler sollten dazu angehalten werden, sich nicht nur auf eine Umschreibung des Begriffs „Sprachvarietäten" durch Beispiele zu beschränken, sondern tatsächlich eine Begriffserklärung zu formulieren. Im Schülerband findet sich eine Definition zum Vergleich am Ende des Kapitels, auf S. 533.

4.1 Standardsprache – Umgangssprache – Dialekt

▶ S. 519 **Astrid Stedje: Die Sprachen in der Sprache**

1 Vermutlich werden die Schülerinnen und Schüler eher eine Begriffserklärung der „Umgangssprache" auf stilistischer Ebene suchen – so, wie auch im „Haus der Stile" (S. 610 im Schülerband) der Begriff beschrieben wird („locker wirkende, in Alltagsgesprächen verwendete Ausdrucksweise, die jedoch in offizielleren Gesprächssituationen bereits unangemessen wirkt und in den meisten Textformen vermieden wird"). Stedje siedelt dagegen die Umgangssprache in der regionalen Dimension, zwischen Standardsprache und Dialekt, an.

2 Mögliche Grafiken:

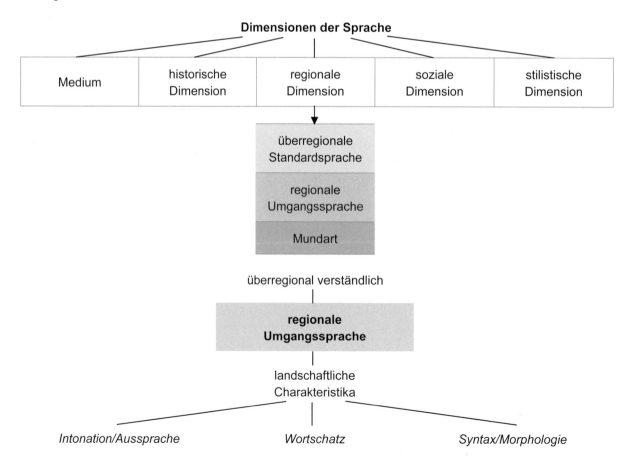

4.1 STANDARDSPRACHE – UMGANGSSPRACHE – DIALEKT

3 a Die Karte auf S. 519 im Schülerband zeigt die „Dialekte in der Bundesrepublik Deutschland" und bezieht sich damit auf Z. 39–64 des Textes. Die Schülerinnen und Schüler können anhand der Karte die eigene Zugehörigkeit zu einem Dialekt klären und auch sehen, zu welcher größeren Dialektgruppe ihre Mundart gehört.
Die „Brötchen-Karte" auf S. 520 im Schülerband veranschaulicht den Begriff „wortgeografische Unterschiede" (Z. 83) im Kontext der Merkmale regionaler Umgangssprachen. Auch hier sollten die Schülerinnen und Schüler vergleichen, ob/wo sie sich mit ihrem Sprachgebrauch wiederfinden.

b Die Schülerinnen und Schüler können beim Sammeln wortgeografischer Unterschiede auf eigene Spracherfahrungen zurückgreifen, wenn sie selbst innerhalb Deutschlands schon einmal umgezogen sind oder Menschen kennen, die aus einer anderen Region stammen; auch Reise- bzw. Urlaubserfahrungen (z. B. aus Österreich oder der Schweiz) können wachgerufen und reflektiert werden. Im Übrigen finden sich im „dtv-Atlas Deutsche Sprache" eine ganze Reihe weiterer Beispiele (Karten), z. B. zu „Frühstück", „Berliner (Pfannkuchen)", „Ferse" etc. sowie zu umgangssprachlichen Unterschieden in der Morphologie und Syntax (vgl. dtv-Atlas Deutsche Sprache, a. a. O., S. 233–243).

4 a Zunächst können in einem Brainstorming unterschiedliche Erklärungsangebote für den Rückgang der Dialekte gesammelt und stichwortartig an der Tafel festgehalten werden. Diese sollten dann nach einer entsprechenden Diskussion auf die drei wahrscheinlichsten Faktoren eingegrenzt und zu präzisen Hypothesen mit kurzen Begründungen ausformuliert werden. Abschließend werden diese mit den Aussagen Stedjes, die im Text ausgelassen wurden, verglichen:
- „Lange wurden die Mundarten sehr abschätzend bewertet. Die Sprachpfleger stellten sie als **Pöbelsprache** dar, der Schulunterricht als **unkorrekt** gegenüber der Hochsprache. Man bemühte sich, nach der Schrift zu sprechen: je höher der soziale Status, umso weniger Dialekt.
- Die Landflucht und die **Binnenwanderung** (Ortswechsel) haben zur Nivellierung der Mundarten beigetragen. Etwa 1/5 der Mundartsprecher ist durch die große Umsiedlung 1941–45 ausgefallen.
- Durch **Massenmedien, Fremdenverkehr und Schule** kann ein Mundartsprecher heute nicht mehr isoliert in seinem sprachlichen Bereich bleiben."
  (Aus: Astrid Stedje: Deutsche Sprache gestern und heute, a. a. O., S. 238)

b Für die „Renaissance" der Mundarten können vor allem mediale Belege herangezogen werden: Es gibt Dialekt-Songs bzw. -Popgruppen, Comics (z. B. „Asterix") und (Fernseh-)Filme in Mundart, Mundartwörterbücher werden herausgegeben (z. B. die Langenscheidt-Reihe „Lilliput" für zahlreiche Dialekte) und bekannte Texte in Mundarten übersetzt (z. B. „Max und Moritz" oder auch das Neue Testament). Mundartenkurse werden angeboten, dazu gibt es entsprechende Lehrbücher (vgl. etwa die Lektion aus einem Kölsch-Lehrwerk auf S. 523 im Schülerband). Auch die Internetpräsenz ist beachtlich, vgl. z. B. den „Dialektatlas" der Deutschen Welle (http://www6.dw-world.de/de/dialekt.php; vgl. dazu auch S. 520 im Schülerband und die Hinweise zu Aufgabe 7).

5 Um die Erörterung der Frage, in welchen Bereichen des privaten und öffentlichen Sprechens der Gebrauch von Dialekt (in)akzeptabel erscheint, auf einen oder mehrere besonders strittige Bereiche einzugrenzen, kann zunächst ein Meinungsbild erhoben werden (auf einem Plakat mit Klebepunkten, an der Tafel mit Kreidestrichen):

Dialektgebrauch in …

	Schule	Medien	Clique	Familie	Universität	Bundestag	Gericht	…
akzeptabel								
inakzeptabel								
kommt drauf an								

6 Erklärung der übrigen vier von Stedje genannten Dimensionen (neben der regionalen) zur Gliederung der Sprache:
- **Medium:** Gesprochene und geschriebene Sprache unterscheiden sich vor allem in Syntax und Wortwahl. Diskutiert werden kann in dieser Dimension z. B. die konzeptionelle Mündlichkeit von schriftlichen Äußerungen in den modernen digitalen Medien (SMS, E-Mail).
- **Historische Dimension:** Vgl. dazu S. 505–507 im Schülerband.

542 D4 SPRACHLICHE VARIETÄTEN

- **Soziale Dimension:** Zur Diskussion dazu Stedje: „Früher war der sprachliche Unterschied zwischen den sozialen Schichten stärker ausgeprägt. Heute muss ein Mensch eine größere Anzahl sprachlicher Varietäten beherrschen. Soziale, regionale und auch stilistische Gliederung überschneiden sich hier." (Stedje, a. a. O., S. 236 f.).
- **Stilistische Dimension:** Vgl. dazu z. B. das „Haus der Stile" (S. 610 im Schülerband).

7 a/b Stand der Abstimmung auf der Internetseite „Dialektatlas" der Deutschen Welle am 1. Mai 2009:

Dialekt in der Schule?		
Ja	52.471 Stimmen	54 %
Nein	42.434 Stimme	44 %
Egal	2.380 Stimmen	2 %

Auffällig ist zum einen die insgesamt hohe Beteiligung – immerhin bis zum 1.5.2009 knapp 100.000 abgegebene Stimmen –, zum anderen das relativ ausgewogene Verhältnis zwischen den beiden Positionen. Der geringe Anteil an „Egal"-Stimmen liegt wahrscheinlich darin begründet, dass diejenigen, die die Internetseite besuchen, auch ein ausgeprägteres Interesse am Thema und damit wahrscheinlich auch eine definierte Meinung dazu haben.
Die sehr reduzierte Form der Multiple-Choice-Befragung verlangt nach Konkretisierungen (z. B.: Wie soll man sich einen „bilingualen" Unterricht vorstellen?), reizt zu Nachfragen (z. B.: Können Dialekte nur mit Hilfe der Schule erhalten bleiben?) und kann damit viele Impulse für eine breite Diskussion in der Lerngruppe geben.

c Eine solche empirische Studie kann auch als **Facharbeitsthema** gestellt werden. Bei der Planung ist vor allem zu überlegen, ob die Untersuchung (wie die Befragung der Deutschen Welle) quantitativen oder qualitativen Charakter haben soll. Im ersten Fall könnte die Multiple-Choice-Frage der DW verwendet werden. Wenn der (ansonsten anonyme) Fragebogen einige Daten der Befragten (z. B. Alter, Schulausbildung, Beruf, regionale Herkunft) erhebt, können die Daten korreliert werden und dadurch an Aussagekraft gewinnen. Für eine qualitative Untersuchung bieten sich Interview-Methoden an.

▶ S. 521 **Bernd Dörries: I schwätz Hochdeutsch**

▶ S. 522 **Hans Kratzer: Dialekt macht schlau**

1 a Vorschlag für ein Tafelbild:

Dialekt in der Schule?	
Pro	**Kontra**

- Dialekt-Regionen stehen im Bildungsvergleich (PISA) im oberen Leistungsniveau (Kratzer, Z. 8–11).
- Dialekt und Standardsprache zu beherrschen, ist eine Form von Zweisprachigkeit und bei dieser entwickelt sich eine größere Sprachkompetenz (Kratzer, Z. 19–26), denn:
  - durch Zweisprachigkeit werden das sprachanalytische Verständnis und das abstrakte Denken trainiert (Kratzer, Z. 29–37);
  - das Sprachzentrum im Gehirn wird dadurch besser ausgebildet (Kratzer, Z. 40–46);
  - Dialektsprecher machen weniger Rechtschreibfehler (Kratzer, Z. 53–58).
	- Im Beruf erweist sich Dialekt häufig als Karrierenachteil (Dörries, Z. 30 f., 45–53).
	- Hochdeutsch klingt kompetenter (Dörries, Z. 21–23), Mundart klingt dümmlich, hinterwäldlerisch (Dörries, Z. 23 f.), gilt als primitiv und unzeitgemäß (Kratzer, Z. 5).
	- Die Leute hören besser zu, wenn Hochdeutsch gesprochen wird.
	
	- Schlechte Rechtschreibleistungen werden von Eltern und Schülern gerne auf den Dialekt (der Lehrkraft) geschoben.

4.1 STANDARDSPRACHE – UMGANGSSPRACHE – DIALEKT

b Während sich der Text von Dörries argumentativ hauptsächlich auf Erfahrungen und darauf fußende Meinungen, nämlich den schlechten Ruf des Dialekts, berufen kann, zeigt sich der Text von Kratzer argumentativ deutlich stärker gewappnet. Hier folgen die Aussagen von Experten und die Ergebnisse von (wissenschaftlichen) Untersuchungen (also Autoritäts- und Faktenargumente) Schlag auf Schlag. Dabei vermeidet der Autor zugleich allzu pauschale oder voreilige Aussagen, indem er immer deutlich macht, wo es sich um Meinungen oder Thesen handelt und welche anderen Erklärungsansätze man im Kontext der angeführten Studien auch berücksichtigen sollte. Wenn man die Argumentation der beiden Texte gegeneinander abwägt, kann man nur zu dem Schluss kommen, dass die Dialekte ganz zu Unrecht einen schlechten Ruf haben und auf jeden Fall als „Zweitsprache" vor allem in der frühen Kindheit gefördert werden sollten.

2 a/b Die Wirkungen verschiedener Dialekte können von den Schülerinnen und Schülern auf der (pseudo-)kognitiven Ebene (un/verständlich – un/gebildet – in/kompetent etc.), vor allem aber auf der affektiven Ebene (erheiternd/witzig – un/angenehm– un/sympathisch – befremdlich/vertraut etc.) beschrieben werden. Diese Hörerfahrungen sollten dann auch den Ausgangspunkt und das Belegmaterial für die Erörterung der These von Willikonsky bilden, dass die klangliche Qualität der Dialekte etwas mit ihrem unterschiedlichen Prestige bzw. ihrer jeweiligen Akzeptanz zu tun habe. Mit einbezogen werden sollte in die Diskussion dieser Position auch die Frage, ob man überhaupt von einem generellen „Prestige" eines Dialekts, von einer pauschalen „Akzeptanz" sprechen kann, oder ob diese nicht immer situations- und eventuell auch personenabhängig sind.

Helga Resch / Tobias Bungter: Sprachführer Kölsch   ▶ S. 523

Zum „Sprachführer Kölsch", der laut Klappentext seine Benutzer „nicht nur sprachlich, sondern auch kulturell auf einen unvergesslichen Aufenthalt in Köln" vorbereiten will, gehört eine CD, auf der die kölschen Lektionen von Tommy Engel gesprochen werden.

1 Analyse der Beispiellektion:
- „Kölsch" = westmitteldeutscher Dialekt, fachsprachlich „Ripuarisch" (vgl. die Karte auf S. 519 im Schülerband);
- für Dialekt eher ungewöhnliche, nämlich berufliche Gesprächssituation → starker Kontrast in der Übertragung, da hier die Standardsprache zusätzlich fachsprachliche Merkmale („Business-Deutsch") aufweist;
- die von Stedje genannten Merkmale der Mundart: „reich an expressiven und anschaulichen Aus-drücken" (Z. 53 f.), „der Wortschatz ist teilweise differenzierter und konkreter als in der Standard-sprache" (Z. 54 ff., S. 519 im Schülerband) lassen sich z. B. mit folgenden Ausdrücken belegen bzw. veranschaulichen: „jeklüngelt" (Z. 11), „verkloppe" (Z. 16 f.), „Heiermann" (Z. 17), „am schödde" (Z. 18 f.), „drop setze blieve" (Z. 23) u. a. m.;
- bezogen auf die akustische Beurteilung, die Willikonsky mit Blick auf andere Mundarten trifft (Z. 54–66, S. 521 im Schülerband), würde man „Kölsch" eher dem Typ „forsch – selbstbewusst" zurechnen;
- „Kölsch" klingt vielleicht etwas „primitiv" (Krätzer, Z. 5, S. 522 im Schülerband), aber durchaus nicht „dümmlich" (Dörries, Z. 23 f., S. 521 im Schülerband).

Kommentar:
- witzige, unterhaltsame, erheiternde Wirkung der Szene insgesamt;
- die beiden Varietäten karikieren sich in der Gegenüberstellung gegenseitig: Auf der kölschen Seite ist es mehr noch als der Dialekt als solcher die darüber transportierte Mentalität zwischen Gemütlichkeit und Cleverness, auf der Seite des „Business-Deutsch" eine gewisse Gestelztheit und künstliche Wichtigkeit, die den Leser/Hörer belustigen.

2 Die komische Wirkung von Mundart kann z. B. begründet werden
- mit den oft besonders plastischen oder auch drastischen Ausdrücken, Redewendungen in den Mundarten;
- damit, dass der Mensch generell auf etwas Fremdes (aber nicht Bedrohliches) mit Lachen reagiert;
- mit einem als witzig empfundenen Kontrast zwischen Gesprächssituation und gewählter Sprachebene.

Weiterführendes Material zu diesem Teilkapitel findet sich auf der beiliegenden CD:
- Gab es eine spezifische „DDR-Sprache"? Die Autorin *Jana Hensel* im Gespräch mit *Ulrike Zander* (2008)

544   D4 SPRACHLICHE VARIETÄTEN

4.2 Sprache und Geschlecht – Positionen linguistischer Geschlechterforschung

▸ S. 524 **1** Die Auseinandersetzung mit den sieben Thesen bzw. Fragen zum weiblichen Sprachverhalten, die sich zwischen Provokation und Kompromiss bewegen, kann als **Schreibgespräch** an Stationen organisiert werden: An sieben Stationen steht jeweils eine der Aussagen auf einem großen Bogen Papier. Die Schülerinnen und Schüler machen an mehreren Tischen nach ihrer Wahl Station und notieren ihre Meinung, Argumente, Belege und Beispiele zu der jeweiligen Aussage. Dabei können sie sich im Verlauf des Schreibgesprächs auch auf bereits niedergeschriebene Gesprächsbeiträge beziehen. Anschließend wird in Gruppen jeweils eine Station ausgewertet und die Ergebnisse der Auswertung werden vorgetragen.

▸ S. 524 **Friederike Braun: Reden Frauen anders? Entwicklungen und Positionen in der linguistischen Geschlechterforschung**

1 **a/b** Der Vergleich kann zunächst zu der Erkenntnis führen, dass das, was im Schreibgespräch auf einer eher persönlich-erfahrungsbezogenen, vielleicht auch spöttisch-witzelnden Ebene verhandelt worden ist, ein wissenschaftlich (linguistisch) ernst genommenes und schon viele Jahrzehnte erforschtes Thema darstellt. Einerseits können dann auf einer synchronen Ebene die im Text an verschiedenen Stellen genannten Merkmale von Frauen-/Männersprache (z. B. Z. 24–32 oder Z. 65–71, 74–86) mit den eigenen Vorstellungen/Erfahrungen verglichen werden (vgl. Aufgabe 2). Andererseits sollte die Beschäftigung mit dem Text deutlich machen, dass es sich bei den Aussagen auch um wissenschaftliche Entwicklungsschritte handelt, also ein Erkenntnisfortschritt ausgedrückt werden soll. Das wirft die Frage auf, inwiefern sich gewisse ältere Anschauungen zu Klischees verfestigt haben, die wissenschaftlich eigentlich längst überholt sind.

2 **a** Zunächst ist das begriffliche und inhaltliche Verständnis der angeführten Textstellen zum männlichen und weiblichen Sprachverhalten sicherzustellen, d. h. Fachtermini wie „parataktischer Satzbau", „Euphemismen" etc. sollten erläutert und mit Beispielen veranschaulicht werden. Insbesondere die Bedeutungen der nur als Schlagworte angeführten Zuschreibungen von Zumbühl müssen geklärt werden (bei Bedarf auch nachzulesen bei: Ursula Zumbühl: „Ich darf noch ganz kurz …": Die männliche Geschwätzigkeit am Beispiel von zwei TV-Diskussionssendungen. In: Senta Trömel-Plötz: Gewalt durch Sprache. Die Vergewaltigung von Frauen in Gesprächen. Fischer, Frankfurt/M. 1984, S. 233–245).
Damit die Aufgabe nicht nur auf der Grundlage eher oberflächlicher Ad-hoc-Beispiele und vager Erinnerungen bearbeitet wird, sollte den Schülerinnen und Schülern eine Phase der bewussten Beobachtung und Materialsammlung eingeräumt werden.
An Stelle solcher „Feldforschungen" kann auch (wie bei Zumbühl) die Analyse von Gesprächsmaterial aus den Medien genutzt werden, z. B. die Aufzeichnung einer Talkshow im Fernsehen oder einer Publikumssendung im Radio. Hier kann es im Unterricht zu aufschlussreichen Diskussionen kommen, wenn dieses Material erst arbeitsteilig von je einem Drittel der Lerngruppe nach Jespersen, Zumbühl oder Trömel-Plötz analysiert wird und die Ergebnisse anschließend verglichen werden.

 b Der Begriff „doing gender" gehört in den Bereich der Gender Studies, der Genderforschung, die eine interdisziplinäre Forschungsrichtung darstellt, an der sowohl Kultur- als auch Sozialwissenschaften und zunehmend auch Naturwissenschaften beteiligt sind. „Gender" meint im Unterschied zu „sex" nicht das biologische Geschlecht, sondern Geschlecht als soziale Kategorie, die als solche nicht genetisch determiniert ist, sondern in Prozessen von Sozialisation und Identitätsbildung erworben, beeinflusst und geändert werden kann. „Doing gender" meint in diesem Sinne die mehr oder weniger bewusste Formung (Performation, Inszenierung) von Geschlecht durch Selbstdarstellung und Handlungen bzw. die wissenschaftliche Analyse von Verhalten unter dieser Perspektive.

3 **a/b** Bei der Analyse der Grafik „Unscharfe Kontraste" muss man sich zunächst klarmachen, dass es keine benannte Größe, keine Maßeinheit für die Darstellung der Unterschiede zwischen Männern und Frauen gibt (und auch nicht geben kann, da hier ja sehr Unterschiedliches abgebildet wird). Aussagen über quantitative Verhältnisse können also immer nur in Relation der Größen zueinander gemacht werden:

4.2 POSITIONEN LINGUISTISCHER GESCHLECHTERFORSCHUNG **545**

Die Grafik bestätigt einerseits, dass es in verschiedenen Bereichen der Sprach- und Kommunikations-kompetenz eine gewisse Überlegenheit der Frauen gibt: sehr gering beim Wortschatz und beim Lese-verständnis, etwas deutlicher beim Verständnis von Gesichtsausdrücken, am deutlichsten bei der Sprachentwicklung (wobei hier zu klären wäre, was genau damit gemeint ist). All diese Unterschiede relativieren sich andererseits in ihrer Bedeutung aber stark, wenn man sie ins Verhältnis setzt zu den Unterschieden bei der Körpergröße: Daran gemessen erscheinen die Unterschiede in der Sprach- und Gesprächskompetenz (wie auch die bei mathematischer Problemlösung und räumlicher Vorstellungs-kraft, bei denen die Männer einen gewissen Vorsprung haben) ausgesprochen unbedeutend, ist doch der Unterschied in der Körpergröße bis zu viermal höher.

Die im Text von Friederike Braun referierten Aussagen bzw. Forschungspositionen geraten damit weitgehend in ein kritisches Licht. Am ehesten scheint sich der unter Punkt 8 genannte Ansatz, der sich auf das „soziale Geschlecht" bezieht, im Lichte der Grafik betrachtet, behaupten zu können. Berechtigt erscheint aber vor allem die in der Einleitung zum Teilkapitel auf S. 524 im Schülerband ebenfalls angeführte Frage zu sein: „Reden Frauen wirklich so anders?" Eine kurze Antwort darauf gibt die Fortsetzung des Textes von Braun, die auf S. 528 im Schülerband abgedruckt ist.

Deborah Tannen: **Du kannst mich einfach nicht verstehen** ▶ S. 526

1 a Diskutabel ist einerseits Tannens Interpretationsansatz, es gehe in der Autofahrtszene nicht um Macht, sondern um Zuwendung, Rücksichtnahme (Z. 13–19), andererseits ihre Wertung, dass der Gesprächsstil von Frau und Mann (in diesem Beispiel) unterschiedlich, aber gleichwertig sei (Z. 20–23). Letzteres läuft auf die Frage zu, was „gutes" Gesprächsverhalten eigentlich ausmacht bzw. ob sich das überhaupt generell bestimmen lässt. Hierbei kann auch auf verschiedene, teilweise vielleicht schon aus früheren Jahrgangsstufen bekannte Kommunikationsmodelle zurückgegriffen werden (vgl. dazu auch Kapitel A5.1, S. 89–96 im Schülerband).

b Es empfiehlt sich bei der Sammlung von Beispielen aus dem Alltag und deren szenischer Umsetzung eine gewisse Form der Anonymisierung und damit Versachlichung: Die Beispielsammlung sollte zu-nächst schriftlich erfolgen, d. h. alle Schülerinnen und Schüler schreiben (am PC, evtl. zu Hause) eine oder mehrere Kommunikationssituationen zwischen Männern/Jungen und Frauen/Mädchen auf, am besten in Dialogform (direkte, wörtliche Rede), ergänzt um eine kurze Beschreibung der Situation, der beteiligten Personen und ggf. nonverbaler Redeanteile. Für eine reichhaltige Beispielsammlung kann es sinnvoll sein, einen gewissen Zeitraum zu gewähren, in dem die Schülerinnen und Schüler auf-gefordert sind, bewusst auf solche zwischengeschlechtlichen Gespräche und Kommunikationsformen zu achten. Die gesammelten Beispiele können dann in Gruppen neu verteilt und szenisch erarbeitet werden. Die Rolle der „Kommunikationsberaterin"/des „Kommunikationsberaters" hat dabei eine Schlüsselfunktion, da sie die Szene sowohl interpretiert als auch Lösungsvorschläge macht, die in einer der szenischen Präsentation folgenden Phase im Plenum diskutiert werden sollten. Ersatzweise kann auf Szenen aus der Literatur (z. B. Loriot: Szenen einer Ehe in Wort und Bild. Diogenes, Zürich 1983 u. ö.) zurückgegriffen werden. Auch in Aufgabe 2 auf S. 92 im Schülerband finden sich verschiedene Anregungen.

2 Diese Aufgabe dient nicht zuletzt der Förderung eines medienkritischen Bewusstseins, indem sie darauf aufmerksam macht, dass auch ein in sich richtiges Zitat durch seine Isolation sinnentstellend verwendet werden kann. Eine methodische Möglichkeit, produktiv-gestaltend mit der Aufgabe umzugehen, ist eine Kommentarkette: Die Autorin schreibt einen Beschwerdebrief an die Redaktion der Zeitung, der Chefre-dakteur bzw. die Chefredakteurin (!) schreibt eine Mahnung an den Redakteur, der erzählt zu Hause von dem Ärger und bekommt auch noch einen Kommentar seiner Ehefrau zu hören.

Jürgen Budde: **Männlichkeit und gymnasialer Alltag. Doing Gender im heutigen Bildungssystem** ▶ S. 527

1 a „Doing gender" setzt in dieser Szene in dem Moment ein, als die Lehrerin den Mangel an weiblichem Interesse an dem Computerkurs beanstandet (Z. 13–15). In der vordergründig geschlechtsneutralen Reaktion von Christine „Wozu kann *man* das denn gebrauchen?" (Z. 16 f.) schwingt nun mit: „Wozu kann *ich als Mädchen* …". In dem folgenden Dialog werden typische Rollenklischees wachgerufen: Rechnen ist für Frauen langweilig, etwas im Haushalt Nützliches dagegen von Interesse. Auch mit der männlichen Berufsbezeichnung „Informatiker" (Z. 23) im Munde der Schülerin werden traditionelle berufliche Rollenverteilungen festgeschrieben. Die Gesprächsbeiträge der Jungen sind vordergründig sachlich, neutral-informativ, profilieren ihre Sprecher aber als Wissende. Erst am Ende des Gesprächs ruft die desavourierende Bemerkung von Jens das alte Klischee von „Frauen und Technik" auf.

D4 SPRACHLICHE VARIETÄTEN

b   Zu Beginn überwiegt das zu erwartende schulische Rollenschema, sprich „doing student" und „doing teacher". Diese Rollenverteilung wird in dem Moment aufgehoben, als die Lehrerin anfängt, von ihren persönlichen Erfahrungen zu erzählen (Z. 17 ff.) und damit „gender" nicht mehr nur thematisiert (so bereits in Z. 13 f.), sondern auch inszeniert und eine neue, von Alter und beruflichem Stand losgelöste Rollenverteilung möglich macht. Die Jungen können sich nun selbstbewusst als Experten in einer vorgeblich männlichen Domäne profilieren, während die weiblichen Beteiligten eine Position der Unsicherheit und Unterlegenheit einnehmen. Dieser Wechsel in den Rollen führt am Ende des Ausschnitts in einen Konflikt, wenn Jens aus der überlegenen Gender-Position heraus mit seiner herablassenden Bemerkung über eine Lehrerin die Grenzen seiner Schülerrolle überschreitet.

2   Auf der **inhaltlichen** Ebene wird zu beobachten sein, ob die Analyse in der Lerngruppe ebenso deutlich wie der professionelle Kommentar die Szene unter dem Vorzeichen von Macht und Überlegenheit gedeutet hat. Auch die „Einteilung in die Sphären rational und emotional" (Z. 11 f.) muss vielleicht noch einmal am Fallbeispiel nachgearbeitet werden.
Auf der **sprachlichen** Ebene kann der kurze Text auch als prägnantes Beispiel für eine fachsprachliche Varietät betrachtet werden. Die Häufung von Fremdwörtern in den wenigen Zeilen ist auffallend (der Satzbau dagegen ist eher übersichtlich). Gefragt werden kann, ob es sich bei den Fremdwörtern auch um Fachbegriffe handelt, und wenn ja, aus welchem Fachbereich (der Autor der Studie ist Erziehungswissenschaftler); auch die Frage, was der Text durch diese Wortwahl gewinnt, darf gestellt werden (zur Fachsprache vgl. auch S. 479 im Schülerband).

3   a/b Möglicherweise werden die Schülerinnen und Schüler in ihren Definitionen das Attribut „sexistisch" in dem Begriff „sexistischer Sprachgebrauch" eher eng auslegen, d.h. mit Konnotationen, die in Richtung (praktizierter) Sexualität, Erotik gehen. Hier kann zunächst eine Begriffserklärung den Horizont öffnen: Unter Sexismus versteht man „[Diskriminierung auf Grund der] Vorstellung, dass eines der beiden Geschlechter dem anderen von Natur aus überlegen sei" (Definition des Dudens). Von hier aus erklären sich dann auch die noch weiter differenzierenden Ausführungen der UNESCO-Richtlinien.

c   Die Aufgabe kann auch als konkreter und arbeitsteiliger Rechercheauftrag verstanden werden: Kleinere Gruppen untersuchen gezielt ein bestimmtes Medium bzw. Genre (z. B. Werbung, Boulevardzeitung, Fußballzeitschrift, Frauenzeitschrift, Computerspiel, Fernsehsoap etc.) oder eine genauer umrissene Gesprächssituation (im Sportverein, in der Clique, im Bekleidungsgeschäft, im Matheunterricht etc.) nach Beispielen sexistischen Sprachgebrauchs. Es sollte darauf hingewiesen werden, dass bei sexistischem Sprachgebrauch nicht zwingend immer die Frauen die Diskriminierten sein müssen, sondern auch Männer davon betroffen sein können.
Listen mit Beispielen zu den in den UNESCO-Richtlinien genannten Kriterien findet man z. B. auch in der ersten deutschen Veröffentlichung zu diesem Thema: Ingrid Guentherodt / Marlis Hellinger / Senta Trömel-Plötz: Richtlinien zur Vermeidung sexistischen Sprachgebrauchs (in: Linguistische Berichte 69/1980, S. 15–21). Anhand dieser fast dreißig Jahre alten Listen kann im Vergleich mit den aktuellen Beispielen sehr schön untersucht werden, welche Forderungen sich mittlerweile durchgesetzt haben, wo aber an anderer Stelle nach wie vor sexistischer Sprachgebrauch einen Raum findet.

4   a   Während der Ansatz des „doing gender" den Akzent eher beim „Sender" setzt (das Individuum inszeniert sich selbst in unterschiedlichem Grad und unterschiedlicher Weise als Mann oder Frau), betont der Textauszug von Friederike Braun auf S. 528 im Schülerband eher die Empfängerseite: Die Zuordnung zu den Kategorien „männlich" oder „weiblich" ist eher ein rezeptiver Akt (vgl. Z. 14–18). Der genderbezogene Ansatz wird hier aber zu Gunsten eines multikategorialen und individuellen Ansatzes grundsätzlich in Frage gestellt, was wiederum zu den Ergebnissen der Grafik auf S. 526 im Schülerband passt.

b   Die Gegenposition kann zum Beispiel durch die bekannte Aussage Sigmund Freuds profiliert werden: „Männlich oder weiblich ist die erste Unterscheidung, die Sie machen, wenn Sie mit einem anderen menschlichen Wesen zusammentreffen."
Die Aufgabe ist auch geeignet als Klausurvorbereitung für die argumentative Entfaltung eines fachspezifischen Sachverhalts im Anschluss an eine Textvorlage und sollte zu diesem Zweck als Hausaufgabe gestellt werden. Eine gruppenweise Diskussion der dabei entstandenen Texte in Schreibkonferenzen (vgl. S. 121 f. im Schülerband) kann sowohl der argumentativen als auch der sprachlichen Verbesserung dienen. Dazu sollten die Informationen zur Erörterung auf S. 601 f. im Schülerband genutzt werden, insbesondere der Kasten „Häufige Fehler in Erörterungsaufsätzen" (S. 602).

4.2 POSITIONEN LINGUISTISCHER GESCHLECHTERFORSCHUNG **547**

Marlis Hellinger: Empfehlungen für einen geschlechtergerechten Sprachgebrauch im Deutschen ▶ S. 528

1 Vorschlag für ein Tafelbild:

Beim Sprachgebrauch auf Gleichberechtigung achten?	
Pro	**Kontra**
Der Sprachgebrauch hat (auch unbewusst) Einfluss auf die gesellschaftliche Wahrnehmung und Realität.	Gleichberechtigung ist gesetzlich verbürgt und muss deshalb nicht über die Sprache erreicht werden.
Sprache kann einen Beitrag zum gesellschaftlichen Wandel leisten.	Sprache ist neutral.
häufig ohne (großen) sprachlichen Aufwand erreichbar	umständliche, stilistisch unschöne und zeit-/platz-raubende Formulierungen
Geschlechtsbewusste Formulierungen machen die Frauen „sichtbar".	Geschlechtsbewusste Formulierungen machen Anliegen der Gleichberechtigung eher lächerlich.

2 a „Generisch" meint als Begriff „das Geschlecht oder die Gattung betreffend" (Definition des Dudens). In der Kombination mit dem grammatischen Begriff „Maskulinum" meint es, dass die männliche Form für weibliche und männliche Personen, also quasi für die Gattung Mensch, in einer verallgemeinernden, neutralisierenden Weise verwendet wird.

  b Strategien zur Vermeidung des generischen Maskulinums:
- Strategie 1 – „Sprachliche ‚Sichtbarmachung' von Frauen": Dies gelingt vor allem durch das so genannte Splitting. Splitting bedeutet in diesem Zusammenhang, dass Personen sowohl in männlicher als auch in weiblicher Person angeführt werden, entweder (in der Langform) durch Konjunktionen wie „und" oder „oder" verbunden (z. B. „Schülerinnen und Schüler", „Spielerinnen und Spieler") oder in der Kurzform mit Schrägstrich (z. B. „Lehrer/Lehrerin"), Klammern (z. B. „Politiker(in)") oder dem so genannten „Binnen-I" (z. B. „GärtnerIn"). Die Langformen sind für die geschriebene und gesprochene Sprache geeignet, die Kurzformen eher für die geschriebene Sprache (vgl. zum Binnen-I auch die folgenden Teilaufgaben).
- Strategie 2 – „Neutralisierung": Es werden geschlechtsneutrale Personenbezeichnungen (z. B. „Studierende", „Jugendliche") oder unpersönliche Funktions-/Amtsbezeichnungen (z. B. „die Schulleitung", „das Ministerium") gewählt oder syntaktische Strukturen verwendet, die eine Personenbezeichnung erübrigen (z. B. Passiv- oder Partizipkonstruktionen: „herausgegeben von").
- Strategie 3 – „kreative Lösung', die mehrere Teilalternativen kombiniert": Gerade für die Lesbarkeit und Verständlichkeit von Texten wird empfohlen, alle Möglichkeiten zu nutzen, variabel und angemessen einzusetzen.

  c Sprachliche Aspekte der Splitting-Form durch Binnen-I:
- Veränderung der männlichen Bezeichung in der Binnen-I-Variante: Arzt, aber **Ä**rzt**I**n; Bot**e**, aber Bot**I**n etc. (empfohlen wird, solche Formen zu vermeiden);
- Auswirkungen auf die übrigen syntaktischen Strukturen, v. a. im Singular: z. B. Artikel (der/die LehrerIn), Folgepronomen (er/sie);
- Binnen-I im Inneren von Wörtern, die selbst schon Ableitungen von Personenbezeichnungen sind (z. B. „DozentInnen**schaft**");
- Nähe zur femininen Form (Lehrerin – LehrerIn), besonders im mündlichen Sprachgebrauch, wenn nicht sehr bewusst die Endung betont wird.
Gesellschaftliche Aspekte:
- nur Sichtbarmachung der Frauen – oder schon mehr als das, also Feminisierung?

548 D4 SPRACHLICHE VARIETÄTEN

d Vorschlag für ein Tafelbild:

Binnen-I?	
Pro	**Kontra**
▪ Neuschöpfung als Ausdruck gesellschaftlichen Umdenkens ▪ kurze, unaufwändige, ökonomische Lösung ▪ auch sonst Tendenz zu Großbuchstaben innerhalb von Komposita („EuroCity") ▪ erfüllt die Forderung nach „Sichtbarmachung" der Frauen	▪ passt nicht ins deutsche Schriftsystem ▪ muss beim Sprechen aufgelöst werden ▪ passt grammatisch nicht immer ▪ hat manchmal komische Effekte ▪ rückt den/die VerwenderIn automatisch in die Rolle einer Feministin/eines Feministen ▪ lenkt vom Inhalt des Begriffs ab

e Die beiden im Schülerband genannten Alternativen stellen eine gern gewählte „Lösung" durch die provokative Umkehrung derselben zur Diskussion, nämlich die Möglichkeit, sich durch das einmalige Bewusstmachen der weiblichen „Anteile" (meist in einer Fußnote) von weiteren lästigen Formulierungsanstrengungen zu befreien. Gegen die „Männer-sind-mitgemeint"-Alternative ist freilich ins Feld zu führen, dass das generische Maskulinum (s. o.) auf eine lange Sprachtradition zurückgreifen kann, während ein generisches Femininum in den meisten Fällen eine absolute Neuerung wäre. Diese wäre allerdings unter quantitativer Perspektive zumindest da in Erwägung zu ziehen, wo die gemeinten Personen ganz oder überwiegend weiblichen Geschlechts sind (z. B. in einer Mädchenschule, in einer gynäkologischen Praxis etc.).
Hellinger lehnt die „Fußnotenlösung" als „[g]änzlich untauglich" ab mit dem Beleg, Forschungen „haben experimentell nachgewiesen, dass eine solche Fußnote die Versuchspersonen keineswegs dazu veranlasst, Frauen gedanklich einzubeziehen, sondern sie im Gegenteil davon entlastet, gegen eine Frauen benachteiligende Wirkung des generischen Maskulinums anzudenken" (in: Eichhoff-Cyrus, a. a. O., S. 289).

3 a/b Diese Aufgaben können – kombiniert oder jede einzeln – auch zu einem Facharbeitsthema ausgeweitet werden.

⊚ Weiterführendes Material zu diesem Teilkapitel findet sich auf der beiliegenden CD:
▪ *Susanne Fröhlich / Constanze Kleis:* Mann-Deutsch / Deutsch-Mann (2005)
▪ Auch das weiterführende Material zu Kapitel A5.1 kann im Zusammenhang dieses Teilkapitels eingesetzt werden: *Wolfgang Eichler / Johannes Pankau:* Kommunikationsstile aus linguistischer Sicht: Gesprächsstile der Geschlechter

4.3 Jugendsprachen und Ethnolekt – Sprachkontakt und Code-Switching

▶ S. 529 Erkan & Stefan: **Duden**

1 a Die Wirkung der Szene kann sich besser entfalten, wenn man sie hört (CD: Best of Erkan & Stefan. ZYX Music, Merenberg 2007, Nr. 15). Wie die Jugendlichen darauf reagieren, hängt davon ab, ob sie das Comedy-Duo (noch) kennen, ob es in der jeweiligen Peergroup vielleicht als „out" gilt, aber natürlich auch von der grundsätzlich witzigen Qualität der sprachlichen Mittel und des inhaltlichen Kontrastes. Dieser beruht hier darauf, dass das Duo sich in seiner alles anderen als normgerechten Sprache ausgerechnet auf „das" sprachliche Norminstrument, den „Duden", bezieht, ihn zitiert, kommentiert und letztlich veralbert. Ein weiterer, Komik spendender Kontrast entsteht durch die relative Kompetenz, Überlegenheit Stefans im Umgang mit dem „Duden" gegenüber dem völlig ignoranten Erkan, der durch seine Missverständnisse für komische Effekte sorgt. Sprachlich ist die Szene ein Paradebeispiel für „sekundären Ethnolekt" (vgl. den Informationskasten auf S. 532 im Schülerband), d. h. Merkmale eines Ethnolekts werden zu Unterhaltungszwecken medial stilisiert. Zu diesen Merkmalen gehören hier u. a.:
▪ elliptischer Satzbau (Wegfall des Artikels: „Mach ich mit Handy", Z. 49);
▪ fehlerhafter Satzbau („Das ist doch die Teile, die was Body vorn dran hat", Z. 29 f.; „Ich kenn auch nicht, wie der mit Vornamen heißt", Z. 41 f.);
▪ ständig verwendete Partikel („Ja", „He", „oder" etc.);
▪ ungewöhnliche Lexik („Pfosten", Z. 12; „fettes Minus", Z. 15), auch Neologismen („Braintornado", Z. 45) und Anglizismen („Body", Z. 30; „check it out", Z. 1).

4.3 JUGENDSPRACHEN UND ETHNOLEKT 549

b Diskutiert werden können folgende Parameter, damit diese Art von Komik ankommt: Alter, Bildung, sozialer Stand, Herkunft des Publikums; außerdem die Rezeptionssituation: wann, wo, mit wem etc. (Hier kann z. B. auch die Frage gestellt werden, ob sich die potenzielle Komik der Szene in einer Deutschstunde in der Schule tatsächlich entfalten kann.)

2 a/b Die Zusammenstellung aktueller Beispiele ist dann lohnenswert, wenn das sprachliche Umfeld der Schülerinnen und Schüler mulitkulturell gekennzeichnet ist, also wahrscheinlich eher in städtischen als in ländlichen Regionen. Um sowohl authentisches wie auch umfangreicheres Material zu gewinnen, sollten die Schülerinnen und Schüler am besten sich selbst (ihre Clique) in natürlichen (privaten, Freizeit-) Sprechsituationen aufnehmen (mit den modernen Handys stellt das ja kein großes Problem dar; aber auch traditionelle Medien wie Kassetten- oder Videoaufnahmen sollten im Bereich des Möglichen liegen); danach sollten sie kurze, aber ergiebige Sequenzen aus diesen Aufnahmen verschriftlichen. Bei der Analyse kann differenziert werden zwischen Anglizismen einerseits und Sprachanteilen aus Migrationssprachen (türkisch, italienisch etc.) andererseits. Auch dialektale Anteile (vgl. Teilkapitel D4.1) können thematisiert werden. Besonders interessant für Schülerinnen und Schüler mit Deutsch als Muttersprache wäre es sicherlich, zu Beispielen für das „Code-Switching" etwa zwischen dem Türkischen und dem Deutschen einmal eine Übersetzung der türkischen Anteile zu bekommen.

Nikolaus Nützel: Wenn Digger endkrass dissen – Oder: Sprechen Jugendliche eine eigene Sprache? ▶ S. 530

1 Die folgenden Beispiele stammen aus: Pons Wörterbuch der Jugendsprache 2009 (Klett, Stuttgart 2008):
 - sondersprachliche Grußformeln: „Zack die Bohne!" (= Schlag ein!), „Kauf dir Freunde!" (= Lass mich in Ruh!);
 - expressive Steigerung durch Präfigierung: „bums-" (= sehr), z. B. „bumsdumm";
 - Entlehnung: „bashen" (= besiegen), „peacy" (= gelassen, cool), „spammen" (= sehr viel reden);
 - diastratisch niedrig markierte Lexeme: „Arschfax" (= Etikett, das aus der Hose hängt), „titte" (= egal);
 - metaphorische Sprechweise: „Blitzableiter" (= Zahnspange), „Hafermoped" (= Pferd);
 - elliptische Sprechweise: „Gehen wir Disko?";
 - Verfremdung, die zu Polysemie führt: „optisch" (= gut aussehend), „anbraten" (= flirten), „Toastbrot" (= blasse Person);
 - paradoxe Superlativbildung: „untergroß" (= dick);
 - Abtönungspartikel: „echt", „voll", „mal";
 - Kopfwörter, Schwanzwörter: „bimo" = (bis morgen!), „GmBh" (= Geh mir Bier holen!), „Mopfer" (= Mobbingopfer), „telen" = telefonieren.

2 a/b Zunächst sollten die entsprechenden Aussagen von Nützel und Androutsopoulos zum „Türkendeutsch" aus den Texten extrahiert und erläutert sowie verglichen werden. Wenn diese Textarbeit auf großen Wandplakaten festgehalten wird, bietet sich die Möglichkeit, Beispiele aus der Alltagserfahrung und den Medien auch über einen längeren Zeitraum zu sammeln und die Plakate kontinuierlich zu einer Wandzeitung zu erweitern. Dieses Medium erlaubt es auch, spontan im Unterricht oder in der Pause aufgeschnapptes passendes Sprachmaterial zu dokumentieren. Die Fachbegriffe „Sprachkontakt" und „Code-Switching" können auf diese Weise induktiv erarbeitet und schließlich als Termini eingeführt und auf die Plakate aufgenommen werden.

Literaturhinweise
 - *Riehl, Claudia Maria:* „Ich mach in beiden Sprachen Fehler". Schülersprachen in mehrsprachigen Gesellschaften. In: Praxis Deutsch 157/1999, S. 59–64
 - *Riehl, Claudia Maria:* Sprachkontaktforschung. Eine Einführung. Narr, Tübingen 2004

Jannis Androutsopoulos: Ultra korregd Alder! Zur medialen Stilisierung und Aneignung von „Türkendeutsch" ▶ S. 532

1 Androutsopoulos ordnet das sprachliche Phänomen „Türkendeutsch" und seine mediale Weiterverarbeitung in größere gesellschaftliche Zusammenhänge und Veränderungen ein: Die Wandlung einer kulturell eher einheitlichen zu einer durch Migration pluriethnischen Gesellschaft in den letzten vierzig Jahren muss von der „Mehrheitsgesellschaft" mental verarbeitet werden. Dazu leisten die Medien einen wichtigen Beitrag. Sie thematisieren die neuen gesellschaftlichen Realitäten in den ihnen zur Verfügung stehenden Genres in unterschiedlicher Weise. Dazu gehört auch die Aufnahme und mediale Umsetzung sprachlicher Veränderungen. In der Rezeption dieser medialen Angebote kann jeder Einzelne sich mit den neuen gesellschaftlichen Bedingungen und Erscheinungsformen (distanzierend, identifizierend, modifizierend) auseinandersetzen.

550 D4 SPRACHLICHE VARIETÄTEN

2 Androutsopoulos selbst nimmt zu der Frage, ob die Wiedergabe medialer Ethnolekte möglicherweise als verdeckter Alltagsrassismus verstanden werden kann, eine abwägende Position ein, die als Ausgangspunkt für eine Erörterung dienen kann: Wenn ein deutscher Muttersprachler ethnolektale Ausdrücke und Wendungen in seiner Sprache benutzt, kann das „sowohl Akzeptanz als auch Ablehnung einer pluriethnischen, mehrsprachigen Gesellschaft signalisieren" (Z. 42 ff.). Von Ablehnung oder „Alltagsrassismus" wäre z. B. dann zu sprechen, wenn man sich mit dieser Sprachverwendung über Migranten lustig machen, sie als sprachlich inkompetent oder asozial herabsetzen will. Von Akzeptanz wäre zu sprechen, wenn man den medialen Ethnolekt aufgreift, um sein eigenes Sprachregister zu erweitern, weil man also im Ethnolekt neue und adäquate Ausdrucksmöglichkeiten findet, weil man vielleicht auch das über den Ethnolekt transportierte Lebensgefühl teilt oder teilen möchte.

▶ S. 533 **Feridun Zaimoglu: Kanak Sprak** – Rahman, 24, „Flohmarktdisco"

1 Versuch (!) einer inhaltlichen Zusammenfassung der Aussagen von Rahman:
Rahman schildert in dieser Passage, welche Bedeutung für ihn und andere Jugendliche die „Flohmarktdisco", ein Freizeitcenter, hat. Hier treffen sich am Abend vor allem die, die schulisch und beruflich wenig Chancen haben. Eine entsprechende Atmosphäre herrscht in der Disco. Der Alkoholkonsum ist erheblich und macht sich bei Rahman auch bereits gesundheitlich bemerkbar, er klagt über körperliche Leiden und äußert Todesgedanken.

2 Sprachliche Merkmale nach Nützel:
- expressive Steigerung durch Präfigierung: „urlange" (Z. 19);
- diastratisch niedrig markierte Lexeme: „scheiße" (Z. 8), „abkacken" (Z. 20 f.);
- metaphorische Sprechweise: „stück kraft schnappen" (Z. 11 f.), „das tote gelbe wasser" (= Getränk, Bier?) (Z. 15 f.), „der hals anschwillt" (Z. 17);
- elliptische Sprechweise: „wo dich wie'n Krüppel stehen lässt" (Z. 21 f.);
- Verfremdung, die zu Polysemie führt: „rau" (Z. 12), „knorrig" (Z. 18), „klima" (Z. 10), „mischen" (Z. 13);
- Abtönungspartikel: „(und/oder) so" (Z. 6, 16, 19, 24);
- Kopfwörter, Schwanzwörter: „hundertpro" (Z. 16).
Außerdem:
- umgangssprachliche bis mundartliche Verkürzungen oder Artikulation: „nischt" (Z. 1, 10), „ne" (Z. 7), „is" (Z. 7), „man'n" (Z. 11) usw.;
- religiöse Wendungen: „alle abende des herrn" (Z. 14 f.), „bei gott" (Z. 16);
- hochsprachlich-poetischer Ausdruck: „dies üble siechen" (Z. 21).

3 Zaimoglus Buch „Kanak Sprak" beruht auf Interviews und Gesprächen mit Jugendlichen türkischer und kurdischer Herkunft, die in Deutschland leben, als Migranten der zweiten oder dritten Generation. Während es in „Kanak Sprak" nur Jungen bzw. Männer sind, die sich zu ihrem Leben, ihren Erfahrungen, Träumen, Ängsten, Aggressionen äußern, kommen in dem 1998 erschienenen „Koppstoff" die Mädchen und Frauen zu Wort. Die „Protokolle" bewegen sich zwischen authentischer und literarisch gestalteter Sprache. Ausführliche Informationen und Unterrichtsvorschläge zu beiden Büchern findet man z. B. in: Antje Mansbrügge: Junge deutschsprachige Literatur. Cornelsen Scriptor, Berlin 2005, S. 223–251.

4 In beiden Fällen – bei Zaimoglu wie auch bei Erkan & Stefan – erscheint der Umgang mit dem Ethnolekt stilisiert: Während bei Erkan & Stefan um der komischen Wirkung willen dieser Sprachstil bewusst „prollig", proletenhaft gestaltet wird (dazu passt ja auch das äußere Erscheinungsbild der beiden), im „Haus der Stile" (vgl. S. 610 im Schülerband) also am unteren Ende zwischen „jargonhaft" und „derb/vulgär" anzusiedeln wäre, erreicht Zaimoglu (bewusst) trotz teilweise vergleichbarer sprachlicher Mittel stellenweise eine beinahe dichterische, literarische Qualität. Dazu trägt außer dem subtilen Einsatz von Satzgliedstellungen (z. B. Inversion), die Einfluss auf den Rhythmus der Sprache haben, einer originellen Metaphorik und Einsprengseln eines gehobenen, poetischen Wortschatzes („dies üble siechen", Z. 21) auch der Inhalt der Texte bei: Hier klingen vor dem Hintergrund persönlicher Erfahrungen letztlich existenzielle und philosophische Fragen an, während Erkan & Stefan meist banale Alltagssituationen aufgreifen.

◉ Weiterführendes Material zu diesem Teilkapitel findet sich auf der beiliegenden CD:
- *Peter Schlobinski:* Denn sie wissen, was sie tun – Das Phänomen „Jugendsprachen" (2008)

D4.1 LERNERFOLGSKONTROLLE/KLAUSURVORSCHLAG

Analyse eines Sachtextes mit anschließender weiterführender Reflexion

Aufgabenstellung

1. Analysieren Sie das Plakat der Berliner Integrationsbeauftragten unter besonderer Berücksichtigung sprachlicher Aspekte. *(42 Punkte)*

2. Nehmen Sie Stellung zu der zentralen Frage des Plakats „Was ist deutsch?" – nun im Sinne von „deutscher Sprache". *(30 Punkte)*

Tannenbäume? Reiseträume? Kühler Verstand? Kaltes Herz? Tiefsinn? Ausländerhaß? Offenheit? Betroffenheit? Baseballschläger? Schinkenhäger? Minderwertigkeitskomplexe? Minderheitenschutz? Geltungssucht? Entwicklungshilfe? Nächstenliebe? Seitenhiebe? Hungerkur? Sauftour? Rostock? Solingen? Vergeßlichkeit? Perfektionismus? Rechthaberei? Luftbrücke? Brathähnchen? Hilfsbereitschaft? Tagesschau? Fahrradklau? Stahlhelm? Sozialhilfe? Wirtschaftswunder? Glücksspirale? Berlinale? Milchzentrale? Tierliebe? Menschlichkeit? Sentimentalität? Reizbarkeit? Autonome? Volkswagen? Volxküche? Doitschland den Doitschen? Eitelkeit? Kinderliebe? Kuhglocken? Tütensuppe? Kampfsportgruppe? Erster Weltkrieg? Zweiter Weltkrieg? Die Mauer? Beifallklatschende Zuschauer? Demokratie? Gleiche Rechte nur für mich? Gleiche Pflichten nur für dich? Faulenzen? Saubermachen? Magersucht? Fußball ist unser Leben? Dichter und Denker? Richter und Henker? Gastfreundschaft? Die Grenzen dicht machen? Sich schlechter machen, als man ist? Sich immer schuldig fühlen? Sich Mut ansaufen? Den Verstand unterlaufen? Familienbande? Bandenkriege? Arbeitswut? Steuerbetrug? Liebesentzug? Großzügig zu eigenen Fehlern stehen? Bei anderen nie die Vorzüge sehen? Fremdes nur mit Vorsicht genießen? Beim Nachbarn mal die Blumen gießen? Hunger aus den harten Zeiten kennen? Bei Elendsberichten die Programmtaste drücken? Oder mal das Scheckbuch zücken? Brandbomben? Heimatliebe? Heimtücke? Kindergärten? Ehrlichkeit? Die Selbstzweifel mit Schnaps wegspülen? Sich danach etwas besser fühlen? Pflichtbewußtsein? Ich? Ohne Fleiß kein Preis? Reisen ins Ausland? Ein Ferienhaus in Spanien? Das Auto aus Japan? Bäuche? Räusche? Herzlichkeit? Schönheit? Toleranz? DIN-Norm? Nonkonform? Hochform? Sich zuhause fühlen? Sich fremd fühlen? Fremde Kulturen anregend finden? Pracowici? Szwaby? Szkopy? Mangiakrauti? Crucco? Patates Alman? Sich über alles aufregen, was anders ist? Auf dem rechten Auge blind sein? Sich damit entschuldigen, daß die Franzosen oder die Italiener oder die Engländer oder die Holländer oder die Amerikaner oder alle anderen auch nicht besser sind? In Weiß heiraten? Immer schwarz sehen? Jede Mode mitmachen? Das Ladenschlußgesetz ehren? TÜV-Kontrolle? Frühlingsrolle? Trauerkloß? Sorglos? Hemmungslos? Seinen Mann stehen? Ausländer zusammen mit Deutschen? Ossis gegen Wessis? Wessis gegen Ossis? BVG? BKA? FKK? MTV? Nachbarschaftshilfe? Neid? Nivea? Fieberabend? Nach etwas Höherem streben? An Vorurteilen kleben? Zupacken? Nichts davon wissen wollen? Anderen davonfahren? Anderen an den Karren fahren? Lothar Matthäus? Anthony Yeboah? Roy Black? Roberto Blanco? Zur Tat schreiten statt etwas tun? Erbsen zählen? Kinder quälen? Auf die Tube drücken? Mit den Reifen quietschen? Am Stammtisch den wilden Stier machen? Reinen Tisch machen? Sich mit anderen an einen Tisch setzen? Auf eine glückliche Zukunft setzen? Angst vor der Zukunft haben? Dem anderen eine Grube graben? Fackelzüge? Bierkrüge? Gelassenheit? Humor? Gute Laune haben? Eine bessere Ausbildung haben? Nie genug haben? Zumachen? Vogel zeigen? Blasmusik? Sich sauwohl fühlen? Sich aufspielen? Bürokratie? Umweltschutz? Datenschutz? Alles wollen? Alles verwalten? Das Vaterland ist das Himmelreich? Wir brauchen niemanden? Wir kommen alleine zurecht? Butterberg? Gartenzwerg? Unter sich bleiben? Aus sich herausgehen? Auswanderungsland? Einwanderungsland? Sauerkraut? Politikverdrossenheit? Unfrieden stiften? Saubermänner? Das Wandern ist des Müllers Lust? Den Nachbarn verklagen? Panikmache? Ehrensache? Uniformen? Willst Du nicht mein Bruder sein, dann schlag ich Dir den Schädel ein? Abrechnen? Mahlzeit sagen? Nicht nachfragen? Vorbild sein? Daneben sein? Schwarzfahren? Blaumachen? Auf Paragraphen reiten? Sich Mühe geben? Nicht locker lassen? Schäferhund? Kritisch sein? Selbstkritisch sein? Lottoschein? Mehr Schein als Sein? Bundesbahn? Autowahn? Käffchen? Bierchen? Gretchen? Grundsätze haben? Ein Grundgesetz haben? Das Verfassungsgericht anrufen? Wir sind die Größten? Unter die Gürtellinie zielen? Über sich hinaus wachsen? Wachsamkeit? Hingabe? Aufgabe? Über seine Verhältnisse leben? Miteinander leben in Berlin. Die Ausländerbeauftragte des Senats, Senatsverwaltung für Soziales, Potsdamer Straße 65, 10785 Berlin, Telefon 26 54 23 57 und 26 54 23 81, Fax 262 54 07.

Was ist deutsch?

R

(Quelle: www.berlin.de/imperia/md/content/lb-integration-migration/publikationen/sonstiges/was_ist_deutsch.pdf,
© Ausländerbeauftragte des Senats Berlin)

Autorin: Angela Mielke

Texte, Themen und Strukturen
Lernerfolgskontrolle 38, S. 1

ERWARTUNGSHORIZONT

Inhaltliche Leistung

Aufgabe 1

	Anforderungen Die Schülerin / der Schüler	maximal erreichbare Punktzahl (AFB)	erreichte Punktzahl
1	verfasst eine sinnvolle Einleitung und berücksichtigt dabei die Informationen am Fuße des Plakates.	3 (I)	
2	beschreibt den Aufbau und die optische Aufmachung des Plakats.	3 (I)	
3	untersucht die Aneinanderreihung der Fragen unter der Frage, ob sich Regelmäßigkeiten oder Prinzipien erkennen lassen.	6 (II)	
4	ordnet eine größere Anzahl von Fragen zu bestimmten (inhaltlichen und/oder sprachlichen) Kategorien, z. B. Redewendungen, Slogans, Schlagwörter, Nomen, verbale Konstruktionen, Lebensmittel etc.	6 (II)	
5	untersucht und erläutert sprachliche Merkmale des Plakats, z. B. Frageform, Reime, dialektale/umgangssprachliche Formen, fremdsprachliche Einsprengsel, Aufzählung, Ellipsen, Redewendungen usw.	6 (II)	
6	erläutert an ausgewählten Beispielen den Zusammenhang zur zentralen Frage.	6 (II)	
7	deutet die Wirkungsabsicht der Plakataktion unter Berücksichtigung ihrer Quelle, also vor allem im Blick auf Integration.	6 (III)	
8	beurteilt differenziert und begründet die Wirksamkeit des Plakates auf Grund seiner optischen, sprachlichen und inhaltlichen Eigenschaften.	6 (III)	
9	entwickelt einen weiteren, eigenständigen Gedanken. (Max. 6 Punkte)		
		42	

Aufgabe 2

	Anforderungen Die Schülerin / der Schüler	maximal erreichbare Punktzahl (AFB)	erreichte Punktzahl
1	verfasst eine angemessene Überleitung.	3 (I)	
2	erläutert die Problematik, von „der" deutschen Sprache zu reden, mit einem grundsätzlichen Hinweis auf sprachliche Varietäten sowie mit einer ausführlichen Darlegung verschiedener Varietäten.	12 (II)	
3	setzt sich mit der Frage auseinander, inwiefern dann überhaupt noch von „deutsch" im Allgemeinen gesprochen werden kann (z. B. Hinweis auf Standardsprache).	6 (III)	
4	setzt sich mit der Frage auseinander, inwiefern die Sprache für eine Kultur oder Nation bedeutsam ist.	6 (III)	
5	gestaltet einen die Argumentation pointiert zusammenfassenden Schluss.	3 (III)	
6	entwickelt einen weiteren, eigenständigen Gedanken. (Max. 6 Punkte)		
		30	

Autorin: Angela Mielke

Texte, Themen und Strukturen
Lernerfolgskontrolle 38, S. 2

ERWARTUNGSHORIZONT **553**

Darstellungsleistung

	Anforderungen Die Schülerin / der Schüler	maximal erreichbare Punktzahl	erreichte Punktzahl
1	strukturiert den Klausurtext schlüssig, sinnvoll verknüpft und gedanklich klar.	6	
2	schreibt fachsprachlich korrekt und differenziert zwischen beschreibenden, deutenden und wertenden Aussagen.	6	
3	belegt Aussagen funktional durch korrekte Zitate.	3	
4	formuliert begrifflich präzise und differenziert, sprachlich-stilistisch angemessen, abwechslungsreich und sicher.	10	
5	schreibt sprachlich korrekt.	3	
		28	

Eine Zuordnung der Punktezahlen zu den Notenstufen findet sich auf S. 46 in diesem Handbuch.

Autorin:
Angela Mielke

Texte, Themen und Strukturen
Lernerfolgskontrolle 38, S. 3

D4.1 LERNERFOLGSKONTROLLE/KLAUSURVORSCHLAG

Argumentative Entfaltung eines fachspezifischen Sachverhalts im Anschluss an eine Textvorlage

Aufgabenstellung

1 Analysieren Sie die Argumentationsweise des Textes „Dialekt", der auf einer Internetplattform für die Vermittlung professioneller Sprecher zu finden ist. *(30 Punkte)*

2 Erörtern Sie die Frage, welchen Stellenwert und welche Wirkung der Dialektgebrauch in unterschiedlichen medialen Kontexten hat. Berücksichtigen Sie dabei insbesondere die digitalen Medien (z. B. Internet, Handy). *(42 Punkte)*

Dialekt

Er ist eigentlich ganz natürlich, denn jeder hat ihn, trotzdem ist er der Feind aller professionellen Sprecher: der Dialekt.

Das Wort „Dialekt" stammt aus dem Griechischen und bedeutet so viel wie „miteinander sprechen". Eindeutschen kann man den Begriff „Dialekt" aber im heutigen Sinne eher mit „Mundart". Letztere, die Mundart, wird auch in der Literatur häufig verwendet – man spricht beispielsweise im Bayerischen von der Mundart- oder Dialektdichtung. Sie ist ein typisches Kennzeichen für eine Region und spiegelt die Lebenshaltung und Lebensweise der Bewohner wider.

Besonderes Kennzeichen für einen Dialekt ist, dass die Ausspracheform vom Standard, nämlich vom eigentlichen Hochdeutsch, abweicht. Der Dialekt steht also in einer Art Kontrast zur Standard- oder Hochsprache.

Bei regionalen TV- oder Radiosendern stellt der Dialekt häufig kein großes Problem dar, das heißt, Sprecher müssen sich zwar weitgehend hochdeutsch ausdrücken, allerdings dürfen gewisse lokale Färbungen in Moderationen oder Unterhaltungen miteingebracht werden. Für manche Geschäftsführer von lokalen Stationen ist eine Art „harmloser" Dialekt, der zur Region passt, sogar Einstellkriterium. So wirkt der Moderator mit Dialekt für die Zuhörer oder Zuschauer des meistens kleinen Sendegebietes sympathischer und wird als „Mensch aus den eigenen Reihen" wahrgenommen.

Bei öffentlich-rechtlichen Stationen, wie den Sendern der ARD, wird hingegen schon seit Jahren heftig diskutiert, ob Sprecher nun eine entsprechende Mundart bzw. einen Dialekt sprechen dürfen oder ob sie dann abgelehnt werden sollten. Während Dialekt-Befürworter argumentieren, die Mundart müsse sogar noch speziell gefördert werden, damit das Kulturgut nicht verloren geht, sind Dialekt-Gegner der Meinung, Mundart könnte toleriert werden, mehr aber auch nicht.

In letzter Zeit ist bei den öffentlich-rechtlichen Anstalten eher ein Rückgang von Dialekt und Mundart zu beobachten. Durch den Druck und die Konkurrenz der Privaten müssen auch sie – egal ob im TV oder Rundfunk – ihr Programm in gewisser Weise „angleichen". Das gilt auch für die Sprecher. Sprachtrainer (Coaches), vor allem die, die bei privaten Stationen eingesetzt werden, kämpfen meist sogar gegen den Dialekt.

Denn oft hat der so seine Eigenarten, die ein neutraler Sprecher (zum Beispiel ein Nachrichtensprecher oder gar eine Station Voice[1]) einfach nicht brauchen kann. Dazu zählt zum Beispiel das „R", mit dem die Bayern so ihre Probleme haben. Sie rollen den Buchstaben häufig zu sehr und werden deshalb „umgepolt" auf das so genannte Zäpfchen-„R".

Generell gibt es keine allgemein gültige Regelung hinsichtlich Dialekt im Radio oder Fernsehen, meistens wird er allerdings – das haben Zuschauer bzw. -hörer auch in Umfragen angegeben, als sympathisch, trotzdem aber oft auch als unprofessionell gedeutet.

Ganz anders hingegen stellt sich die Lage von Hörspiel- oder Synchronsprechern dar. Wenn sie bestimmte Charaktere oder Figuren darstellen müssen, sind oftmals Dialekte im Spiel. Beispiel ist Uter, der kleine Schweizer-Austauschschüler, der in unregelmäßigen Abständen bei den Simpsons immer wieder zu sehen ist. Wer könnte ihn besser sprechen als jemand, der den Schweizer Dialekt bestens beherrscht!? Derartige Synchronisationen mit Dialekten haben den Vorteil, einer Person besonders viel Charme und Aufmerksamkeit zu verleihen, weil sie

---

[1] **Station Voice:** Sprecherin bzw. Sprecher, die/der für einen Hörfunk- oder Fernsehsender Rahmenelemente des Programms spricht (z. B. zur Einleitung einer Sendung/Senderubrik oder um verschiedene Programmelemente zu trennen); die Station Voice sollte nicht in Moderationen oder Produktwerbung auftauchen und wird in der Regel exklusiv für einen Sender eingesetzt.

etwas ganz Spezielles auszeichnet und sie sich dadurch in den Vordergrund bewegt. Abgesehen von diesen „Dialekt-Charakteren" ist aber auch der Hörspiel- und Synchronsprecher an die hochdeutsche Sprache ge-
75 bunden. Oder hätten Sie als Kind gerne einen Benjamin Blümchen mit Hamburger Dialekt gehört?

Kann ein Dialekt vollständig abgelegt werden? Die Antwort lautet Jein. Wie bereits zuvor beschrieben, kann mittels eines Sprachtrainings erreicht werden,
80 dass typische sprachliche Eigenheiten, die der Dialekt mit sich bringt, gemindert werden. Ganz verschwinden werden sie aber nie. Kleiner Trost für alle Schwaben oder Sachsen, die es besonders schwer haben, auf die hochdeutsche Sprache umzusteigen, aber trotzdem zum Rundfunk oder TV wollen: selbst bei Antenne 85 Bayern (siehe Bayern-Reporter) oder RTL (siehe Korrespondenten aus Bayern oder Sachsen) sind oft einige lokale Färbungen zu hören. Solange sie für den Konsumenten, also Zuseher und Zuhörer, nicht störend wirken und das Programm noch gut verständlich ist, ist 90 der Dialekt kein wesentliches Problem.

(Quelle: www.professionelle-sprecher.de/dialekt.php)

ERWARTUNGSHORIZONT

Inhaltliche Leistung

Aufgabe 1

	Anforderungen Die Schülerin / der Schüler	maximal erreichbare Punktzahl (AFB)	erreichte Punktzahl
1	verfasst eine sinnvolle Einleitung.	3 (I)	
2	erläutert den Standpunkt des Textes unter Berücksichtigung seiner Quelle und Adressaten (professionelle Sprecher).	6 (I)	
3	untersucht die verschiedenen Positionen, auf die im Text verwiesen wird (z. B. von regionalen, privaten und öffentlich-rechtlichen Sendern) sowie die Argumente, die ihnen jeweils zugeordnet werden (z. B. sympathische vs. unprofessionelle Wirkung, Identifikationspotenzial etc.).	9 (II)	
4	untersucht die Funktion von Beispielen für die Argumentation des Textes (etwa die Beispiele Uter von den Simpsons oder Benjamin Blümchen: Anknüpfen an frühe Medienerfahrungen; dem Text dadurch eine erheiternde Wirkung verleihen).	6 (II)	
5	beurteilt die argumentative Qualität des Textes.	6 (II)	
6	entwickelt einen weiteren, eigenständigen Gedanken. (Max. 6 Punkte)		
		30	

Aufgabe 2

	Anforderungen Die Schülerin / der Schüler	maximal erreichbare Punktzahl (AFB)	erreichte Punktzahl
1	verfasst eine angemessene Überleitung.	3 (I)	
2	formuliert einen eigenen Standpunkt, z. B. in Form von einer oder mehreren Thesen, bei denen auch schon zwischen verschiedenen Medien unterschieden werden kann.	3 (III)	
3	gliedert den eigenen argumentativen Gedankengang deutlich, nachvollziehbar und strategisch geschickt.	6 (II)	
4	erläutert unter Rückgriff auf Unterrichtswissen und Alltagserfahrung Wirkungsweisen und Ausdrucksmöglichkeiten von Dialekten, differenziert nach verschiedenen Medien.	9 (II)	
5	nimmt kritisch Stellung zu diesen Möglichkeiten, indem sie/er eigene Argumente findet und/oder bekannte Argumente nutzt.	9 (III)	
6	unterstützt ihre/seine Argumentation wirkungsvoll durch passende Belege und Beispiele aus der aktiven und passiven Mediennutzung.	9 (II)	
7	erbringt eine weitere, eigenständige Leistung im Rahmen der Argumentation. (Max. 6 Punkte)		
8	bringt ihre/seine Argumentation zu einem schlüssigen Ende, indem sie/er z. B. ein Fazit, eine Kompromissaussage oder einen Appell formuliert.	3 (III)	
		42	

Autorin: Angela Mielke

ERWARTUNGSHORIZONT **557**

Darstellungsleistung

	Anforderungen Die Schülerin / der Schüler	maximal erreichbare Punktzahl	erreichte Punktzahl
1	strukturiert den Klausurtext schlüssig, sinnvoll verknüpft und gedanklich klar.	6	
2	schreibt fachsprachlich korrekt und differenziert zwischen beschreibenden, deutenden und wertenden Aussagen.	6	
3	belegt Aussagen funktional durch korrekte Zitate.	3	
4	formuliert begrifflich präzise und differenziert, sprachlich-stilistisch angemessen, abwechslungsreich und sicher.	10	
5	schreibt sprachlich korrekt.	3	
		28	

Eine Zuordnung der Punktezahlen zu den Notenstufen findet sich auf S. 46 in diesem Handbuch.

Autorin:
Angela Mielke

Texte, Themen und Strukturen
Lernerfolgskontrolle 39, S. 4

5 Sprache und Rhetorik

Konzeption des Kapitels

Das Kapitel bietet eine Einführung in die Rhetorik über die Auseinandersetzung mit ausgewählten Rede-texten, die in ihrer Gesamtheit das Spektrum rhetorischer Gattungen abdecken und exemplarisch die Rede-kunst unterschiedlicher Zeiten (Antike, Mittelalter, Schwerpunkt im 20. Jahrhundert und in der Gegenwart) vorführen. Induktiv und punktuell ergeben sich aus der Beschäftigung mit den Texten auch begrenzte Ein-blicke in die Systematik der Rhetorik, die in anderen (Teil-)Kapiteln des Schülerbandes ergänzt werden. In diesem Sinne stellt insbesondere das Kapitel E4 („Angewandte Rhetorik") eine wichtige Ergänzung dar.

Die Frage nach dem Zusammenhang zwischen Rhetorik und Aufrichtigkeit, mehr noch: Wahrheit, stellt sich bereits am Anfang der klassisch-abendländischen Tradition der Rhetorik. Im ersten Teilkapitel (**„Der Fall Sokrates – Rhetorik und Aufrichtigkeit"**) wird deshalb die berühmte Apologie des Sokrates in der Kon-frontation mit anderen Aussagen zum Thema „Sprache und Wahrheit" einer genauen Untersuchung unter-zogen und mit der nicht weniger berühmten Verteidigungsrede Luthers in Worms verglichen.

Das zweite Teilkapitel (**„Thema ,Berlin' – Reden in historischen Entscheidungssituationen"**) bietet mit der Verortung in Berlin einen schlüssigen und konkret-anschaulichen Rahmen für eine Reihe von Reden, die für die deutsche Geschichte im 20. Jahrhundert von besonderer Bedeutung waren. Die Indienstnahme der Sprache für ideologische und menschenverachtende Zwecke kann an Beispielen (Goebbels, Ulbricht) eben-so herausgearbeitet werden wie ihre legitime Nutzung zum Erhalt menschlicher Existenz und Grundrechte (Ernst Reuter).

Das dritte Teilkapitel (**„Leitbilder für die Zukunft – Reden der Gegenwart"**) stellt anhand zweier Texte (von Uwe Pörksen und Johannes Rau) die Frage nach der Bedeutung, aber auch nach den Möglichkeiten von Sprache im Rahmen heutiger Politik zur Diskussion. Mit der Rede Angela Merkels zum 50. Jahrestag der Unterzeichung der Römischen Verträge wird nicht nur das Genre der Festrede in einer besonders elabo-rierten Form vorgeführt, sondern in vielfältiger Weise auch noch einmal ein Bogen zum zweiten Teilkapitel geschlagen.

Literaturhinweise

Brüning, Ludger / Saum, Tobias: Mittel, Strukturen und Ziele der Rhetorik. Politische Reden mit Verfahren des kooperativen Lernens erschließen. In: Praxis Deutsch 205/2007, S. 39–49

Historische Reden. Geschichte lernen 85/2002 (dazu: CD Historische Reden). Friedrich, Velber 2002

Kaufhold, Martin: Die großen Reden der Weltgeschichte. Marix, Wiesbaden 2007

Möller, Jürgen: Unterrichtsmodell Rhetorik. Schöningh, Paderborn 2005 (= EinFach Deutsch. Hg. v. Johannes Diekhans)

Sprache und Politik. Der Deutschunterricht 2/2003

Sprache und Politik. Deutschunterricht 5/2002

Ueding, Gert / Steinbrink, Bernd: Grundriss der Rhetorik. Geschichte, Technik, Methode. Metzler, Stuttgart/Weimar, 4., aktualisierte Aufl. 2005

D5 SPRACHE UND RHETORIK

	Inhalte	Kompetenzen Die Schülerinnen und Schüler
S. 534	**5 Sprache und Rhetorik**	▪ reflektieren die Bedeutung von Mimik und Gestik bei einer Rede ▪ erörtern die Frage, was eine gute Rede ausmacht, und formulieren entsprechende Ratschläge
S. 535	**5.1 Der Fall Sokrates – Rhetorik und Aufrichtigkeit** *Platon:* Die Verteidigungsrede des Sokrates *Martin Luther:* Rede auf dem Reichstag zu Worms	▪ diskutieren und beurteilen die Bedeutung des Sprachgebrauchs und der Redekunst für die Wahrheits- und Entscheidungsfindung ▪ unterscheiden die drei Redegattungen Gerichtsrede, politische (Entscheidungs-)Rede, Lob- und Festrede ▪ untersuchen und vergleichen Gerichtsreden, v. a. hinsichtlich ihrer appellativen Funktion ▪ stellen Merkmale von Gerichtsreden zusammen
S. 538	**5.2 Thema „Berlin" – Reden in historischen Entscheidungssituationen** *Joseph Goebbels:* Sportpalastrede *Ernst Reuter:* Schaut auf diese Stadt! *Walter Ulbricht:* An die Bevölkerung der DDR zum Bau der Berliner Mauer	▪ analysieren und bewerten Reden unterschiedlicher Zeiten in ihrer zeitgebundenen und überzeitlichen Aussageform und -kraft ▪ sammeln Informationen zu den historischen Umständen ausgewählter Reden und nutzen diese für das Verständnis und die Beurteilung der Rede ▪ untersuchen Argumentationsgänge und Strategien der Beeinflussung ▪ benennen Leitbegriffe, Fahnen- und Stigmawörter und erläutern deren Funktion und Wirkung ▪ benennen rhetorische Mittel und erläutern deren Funktion und Wirkung ▪ unterscheiden rhetorische Gestaltung und inhaltlich-argumentative Überzeugungskraft bei der Beurteilung von Reden ▪ nutzen bekannte Beispiele historischer Reden, um Grundfragen, Grundkategorien und Entwicklungen in der Rhetorik zu beschreiben und zu erläutern
S. 544	**5.3 Leitbilder für die Zukunft – Reden der Gegenwart** *Uwe Pörksen:* Rednerschulen als Politikwerkstatt *Johannes Rau:* Vertrauen in Deutschland – eine Ermutigung *Angela Merkel:* Zur Feier des 50. Jahrestages der Unterzeichnung der „Römischen Verträge"	▪ nutzen bekannte Beispiele historischer Reden zum Vergleich mit anderen in der (öffentlichen oder unterrichtlichen) Diskussion stehenden Reden ▪ entwickeln eigene Ideen für eine zeitgemäße, werteorientierte und effektive rhetorische Ausbildung ▪ beziehen Stellung zur Frage, in welchem Verhältnis Sprache und Politik zueinander stehen bzw. stehen sollten ▪ setzen sich kritisch mit Machart und Funktion einer Festrede sowie mit dieser Redegattung im Allgemeinen auseinander

560 D 5 SPRACHE UND RHETORIK

5 Sprache und Rhetorik

▶ S. 534 **1** Für die Präsentation der Sprechblasen von Rednern und Zuhörern sollten auch die Bilder aus dem Schülerband auf Folie vorliegen, sodass die Vorschläge unproblematisch am Overheadprojektor vorgeführt werden können.

Zu den Bildern von Luther und Ernst Reuter folgen im Verlauf des Kapitels auch die dazugehörigen Texte (S. 537 bzw. S. 540 f. im Schülerband), die ggf. zum Vergleich herangezogen werden können; oder es kann – eher empfehlenswert – bei der späteren Behandlung der Reden noch einmal auf das Bild und die ersten Assoziationen dazu zurückgegriffen werden.

Bei der Betrachtung des Gemäldes „Luther auf dem Reichstag zu Worms" von Anton von Werner kann thematisiert werden, dass es sich – im Unterschied zu den dokumentarischen Fotos – um eine künstlerische Stilisierung fast 400 Jahre nach der tatsächlichen Redesituation handelt. Weitere Bilder der Reichstagsszene zum Vergleich finden sich z. B. bei Katja Wilhelm: „Hir stehe ich / Ich kann nicht anders / Got Hilffe mir". Luthers geflügeltes Wort von Worms – Zur Verselbstständigung eines Mythos (in: Geschichte lernen 85/2002, S. 28–31).

Methodische Variante: Die besonders auffälligen Handgesten der beiden Redner und der Rednerin werden in Standbildern nachgestellt. Die „Sprechblasen" werden mündlich vorgetragen, indem jeweils nacheinander mehrere Sprecher/innen hinter das Standbild treten und ihren Satz in der Gestik angepasster Weise vortragen (Stimmskulptur).

2 a Im Sinne kooperativen Lernens sollte die Kleingruppenarbeit zur Erstellung von fünf Ratschlägen für eine gute Rednerin / einen guten Redner mit einer Phase des individuellen Brainstormings beginnen, dessen Ergebnisse auf einer Placemat festgehalten werden (zur Placemat-Methode vgl. S. 133 im Schülerband).

b Neben der inhaltlichen Diskussion der Ratschläge sollte auch reflektiert werden, ob die Vorstellungen von einer guten Rede weit auseinandergehen oder ob sich ein klarer Konsens abzeichnet. Dies führt zu der Frage, ob es „universale" Regeln für gute Reden geben kann, oder ob solche Regeln immer nur in Abhängigkeit von bestimmten Voraussetzungen formuliert werden können.

Die selbst erarbeiteten Ratschläge für eine gute Rednerin / einen guten Redner können abschließend mit „professionellen" Regeln aus entsprechender Ratgeberliteratur verglichen werden. Für einen Vergleich bieten sich auch Tucholskys bekannte „Regeln für einen guten Redner" (bzw. sein satirisches Gegenstück „Regeln für einen schlechten Redner") an (vgl. Kurt Tucholsky: Sprache ist eine Waffe. Sprachglossen. Rowohlt, Reinbek 2001, S. 134–136).

c Damit die erarbeiteten Ratschläge präsent bleiben und jederzeit für den Einsatz in den weiteren Unterrichtsstunden zur Verfügung stehen, sollte eine konsensfähige Zusammenstellung von Ratschlägen gut lesbar auf ein Plakat übertragen werden, das im Kursraum aufgehängt wird.

5.1 Der Fall Sokrates – Rhetorik und Aufrichtigkeit

▶ S. 535 **1** Der Austausch über die ersten drei Zitate kann als offene Gesprächsrunde gestaltet werden. Der Kurs bildet einen Gesprächskreis, die Zitate liegen in vergrößerter Abschrift auf dem Boden in der Mitte des Kreises und werden zu Beginn einmal laut vorgetragen. Ein Moderator bringt als Gesprächsimpulse vor allem immer wieder die verschiedenen, in der Aufgabenstellung genannten Redesituationen ins Gespräch. Die Auseinandersetzung mit dem längeren Augustinus-Zitat kann dann als Hausaufgabe gegeben werden.

2 Das Verhältnis von „Wahrheit" und „Sprache" in den Zitaten:
- Mark Twain: Es geht weniger um die Wahrheit als um die Treffsicherheit, die Wirkung des Wortes – ein rezeptionsorientierter Ansatz.
- Henry David Thoreau: ein „Sender-Empfänger-Modell" der Wahrheit: Wahrheit manifestiert sich erst im kommunikativen Prozess.
- Laotse: Die schlichte, sparsame, nicht die kunstvolle, wortreiche Sprache vermittelt die Wahrheit.
- Augustinus: Sprache, Rhetorik soll der Wahrheit dienstbar gemacht werden.

5.1 RHETORIK UND AUFRICHTIGKEIT **561**

Rhetorik – Redegattungen   ▶ S. 535

Beispiele für die Gerichtsrede sind in Teilkapitel 5.1 die Reden von Sokrates und Luther, Beispiele für das *genus deliberativum*, die beratende, politische (Entscheidungs-)Rede die Reden in Teilkapitel 5.2, ein Beispiel für eine Festrede ist die Rede Angela Merkels in Teilkapitel 5.3. Eine genauere Beschreibung der Redegattungen findet man z. B. bei Theodor Pelster: Rede und Rhetorik (Cornelsen, Berlin [14]1987; abgedruckt auch in Möller, a. a. O., S. 125).

Platon: Die Verteidigungsrede des Sokrates (399 v. Chr.)   ▶ S. 535

1a/2a Im Gegensatz zur gängigen Ansicht seiner Zeit sieht Sokrates in der Rhetorik die Möglichkeit, die Wahrheit zu verstellen, Lüge wie Wahrheit aussehen zu lassen, also zu täuschen. Redeschmuck ist unecht (Z. 6–10, 25 ff., 40 f.), hat etwas Manieriertes (Z. 30 ff.) und Selbstgefälliges (Z. 14–20) an sich. Sich rhetorischer Mittel zu bedienen, zeugt nach Sokrates von mangelnder Glaubwürdigkeit und/oder mangelnder menschlich-geistiger Reife („wie ein Jüngling […]", Z. 39 ff.). Das Publikum konnte eine solche Ansicht als Affront gegen bestehende Konventionen verstehen, als Überheblichkeit oder als – ungewollte oder gewollte – mangelnde Einsicht in die Ernsthaftigkeit der Lage.

Obwohl sich die Ankläger des Sokrates sicherlich heftig gegen den Vorwurf der Lüge gewehrt haben, kann man aus Sokrates' Worten schließen, dass sie selbst prinzipiell durchaus um die rhetorischen Möglichkeiten der Manipulation wissen. Denn sie haben selbst das Publikum davor gewarnt, sich von Sokrates' Worten täuschen zu lassen (Z. 11–14). Insofern besteht ein gewisser Konsens hinsichtlich der Frage, in welchem Verhältnis Wahrheit und Rhetorik stehen können – nämlich in einem gegensätzlichen.

1 b Appelle des Sokrates an die Zuhörenden:
- direkte Appelle: Die Zuhörer sollen sich nicht über die Redeweise wundern oder aufregen (Z. 43–50, 60–62), sondern vielmehr auf den *Inhalt*, auf die Richtigkeit des Gesagten achten (Z. 62–64).
- indirekte Appelle: Die Zuhörer sollen die Warnungen der Ankläger vor den rhetorischen Fähigkeiten des Sokrates nicht ernst nehmen (Z. 6–19) und ihm, Sokrates, vertrauensvoll zuhören (Z. 35 f.).

2 b Sokrates differenziert zwischen zwei Erscheinungsweisen von Sprache: einer natürlichen, wie sie jeder Mensch entsprechend seiner Herkunft lernt und im alltäglichen Leben anwendet, und einer künstlichen, die speziell für die Gerichtssituation geschaffen wurde und nur dort angewendet wird. Nach Sokrates unterscheiden sich beide Erscheinungsformen grundlegend in ihrer Aussagekraft; den Vorzug gibt er eindeutig der natürlichen Ausdrucksweise.

Ein „schlichter Vortrag in ungesuchten Worten" (Z. 32 f.) ist Sokrates' Rede aber doch keineswegs – diese Wendung ist eindeutig ein Fall von Understatement. Schon der Anfang zeigt, dass auch Sokrates sich geschickt der Sprache bedient, um sein Publikum davon zu überzeugen, dass er die Wahrheit sagt (vgl. Aufgabe 2c). Zu bedenken bleibt allerdings, dass die Leserin / der Leser hier nicht den Originalton hört, sondern Platons Version der Apologie.

c Rhetorische Mittel und Strategien:
- starke Polarisierung: Gegner/Ankläger = Lüge – Sokrates = Wahrheit, Tatsachen (antithetische Formulierungen: Z. 25–28);
- pejoratives Wortmaterial im Blick auf die Gegner, z. B.: „entblödeten" (Z. 15), „Dreistigkeit" (Z. 20);
- Hinweis auf das eigene hohe Alter (Z. 38–40, 52) → Würde, Weisheit usw.;
- Analogieargument/Captatio benevolentiae: das erste Mal vor Gericht → zu behandeln wie ein Fremder (Z. 51–58);
- höflich-bittende Haltung dem Publikum gegenüber (Z. 42 ff., 59 ff.);
- konsensfähige Definition der jeweiligen Rollen (Z. 62–66).

3 Möglicher Kommentar aus der Sicht des Sokrates zu den Aphorismen von Mark Twain, Thoreau und Laotse (S. 535 im Schülerband):

Mir, Sokrates, leuchtet besonders ein, was Laotse sagt. Dabei muss es nicht unbedingt nur die Zahl der Worte sein, die entscheidend ist, sondern auch ihre Schlichtheit und Aufrichtigkeit sind wichtig. Was mit gedrechselten Wendungen und verziertem Redewerk wortreich erklärt oder begründet werden muss, macht sich als (Un-)Wahrheit verdächtig. Auch Herrn Thoreaus Aussage kann ich aus eigener Erfahrung nur bestätigen. Meine Wahrheit ist leider von nicht genügend Menschen verstanden worden. Vielleicht habe ich also doch nicht, wie Mark Twain es sagt, das richtige Wort getroffen, das Herz und den Kopf meiner Mitbürger nicht mit einem Blitz erhellt. Vielleicht lag es aber

562 D5 SPRACHE UND RHETORIK

auch gar nicht in der Macht meiner Rede, das Todesurteil gegen mich abzuwenden, weil es den Klägern und vielen Geschworenen gar nicht wirklich um die Wahrheit ging, sondern darum, mich, einen für viele lästigen und politisch unliebsamen Mitbürger, aus dem Wege zu schaffen.

4 Anders als Sokrates würde **Augustinus** es rechtfertigen, sich zu Gunsten der Wahrheit rhetorischer Mittel zu bedienen: Die Rhetorik ist nicht als solche gut oder schlecht, sie kann nur zum Guten oder zum Schlechten eingesetzt werden. Deshalb wäre es unsinnig, ihre Möglichkeiten nicht für das Gute dienstbar zu machen.
Auch **Postman** vertritt die Meinung, dass die Wahrheit in angemessener Form vermittelt werden muss, um anerkannt zu werden. Er hätte Sokrates geraten, die kulturellen Gepflogenheiten seiner Zeit zu beachten, um seine Mitbürger von der Wahrheit, von seiner Unschuld zu überzeugen.

5 a/b Die philosophische Diskussion um den Begriff und die Erscheinungsformen von Wahrheit kann hier nicht aufgegriffen werden. Mit Blick auf das Postman-Zitat müssen folgende kurze Überlegungen genügen: In früheren Zeiten wurden vor allem die Lehren der Religionen als wahr erachtet, insbesondere die heiligen Schriften der verschiedenen Religionen oft als direkte Manifestation des Wortes Gottes verstanden (z. B. Bibel, Koran; vgl. auch z. B. die Schwurformel „So wahr mir Gott helfe" und das Schwören auf die Bibel). Heute tritt an diese Stelle nicht selten das Gleichsetzen von Wahrheit mit dem (natur)wissenschaftlich Nachweisbaren, Bewiesenen. Als wahr erscheint das Wahrnehmbare. So wird z. B. auch „dokumentarischen" Fotos und Filmen als scheinbar direkter Abbildung der Wirklichkeit zuweilen mehr als dem geschriebenen oder gesprochenen Wort naiv eine scheinbar unanzweifelbare, weil sichtbare Wahrheit zugeschrieben, während Medienkritiker schon lange auf die Manipulierbarkeit auch dieser Bildmedien bzw. auf die Manipulation durch diese hinweisen.

▶ S. 537 Martin Luther: **Rede auf dem Reichstag zu Worms** (1521)

Weitere Informationen in: Katja Wilhelm: „Hir stehe ich / Ich kann nicht anders / Got Hilffe mir". Luthers geflügeltes Wort von Worms – Zur Verselbstständigung eines Mythos (in: Geschichte lernen 85/2002, S. 28–31)

1 a Mögliche Übertragung in den heutigen Sprachgebrauch:
[…] Nachdem mir gestern Abend eine Bedenkzeit eingeräumt wurde, erscheine ich gehorsam hier zu diesem Termin. Ich hoffe und bitte Gott, dass Eure Kaiserliche Majestät geruhen, diese Sache der Gerechtigkeit und Wahrheit gnädig anzuhören. Falls ich auf Grund meiner mangelnden Erfahrung jemanden nicht mit seinem richtigen Titel anspreche oder gegen höfische Sitten handele, bitte ich, mir dieses gnädig zu verzeihen. Denn ich bin nicht an fürstlichen Höfen erzogen worden, sondern in Mönchswinkeln aufgewachsen. Das zeigt sich auch daran, dass ich bislang in aller Einfalt geschrieben und gelehrt habe, und dass es mir um nichts anderes auf Erden ging als um Gottes Ehre und die Unterweisung der Christgläubigen. […] Weil Eure Kaiserliche Majestät eine schlichte Antwort möchte, so will ich diese Antwort geben, ohne jemanden angreifen zu wollen: Nur wenn ich durch Zeugnisse der Heiligen Schrift oder einleuchtende Gründe widerlegt werde, so bin ich widerlegt, denn die Heilige Schrift wird auch von mir angeführt, und mein Gewissen ist an Gottes Wort gebunden. Denn ich glaube weder dem Papst noch den Konzilien allein, weil es offensichtlich ist, dass sie öfters geirrt und sich selbst widersprochen haben. Deshalb kann und will ich nichts widerrufen, denn gegen das Gewissen zu handeln, ist beschwerlich, unheilsam und gefährlich. […]

c Luther antwortet auf die ihm gestellte Frage, ob er weiterhin zu den unter seinem Namen veröffentlichten Schriften stehe oder nicht besser die darin vertretenen Ansichten widerrufen wolle, mit einer Fallunterscheidung: Wenn man ihn auf der Grundlage der Heiligen Schrift oder durch rational einleuchtende Argumente widerlegen kann, so wird er seine Ansichten widerrufen. Wenn man sich nur auf Äußerungen von Päpsten oder Konzilien berufen kann, kann er nicht widerrufen, da er der festen Ansicht ist, selbst auf dem Grund der Heiligen Schrift zu stehen und deshalb nicht gegen sein Gewissen reden kann. Luther beruft sich also auf die Gewissensfreiheit. Gegen das Gewissen zu handeln, könnte sein Seelenheil gefährden. Außerdem führt er als Argument an, dass Päpste und Konzilien in der Vergangenheit nachweislich geirrt haben (was sich z. B. anhand von Widersprüchen nachweisen ließe), sodass ihre Aussagen keine absolute Gültigkeit beanspruchen können. Luther argumentiert also sowohl rational (Erfahrung, Einsicht) als auch anthropologisch-ethisch (Gewissensfreiheit), eine theologische Argumentation führt er an dieser Stelle nicht, bietet aber einen solchen Diskurs auf der Basis der Heiligen Schrift an.

5.2 REDEN IN HISTORISCHEN ENTSCHEIDUNGSSITUATIONEN **563**

2 Vergleich des Beginns von Luthers Rede mit dem der Apologie des Sokrates:
- **Unterschied:** Sokrates redet seine Richter nur neutral als „athenische Mitbürger" (Z. 1 f.) an, die Anrede „Richter" verwendet er im späteren Verlauf nur für die Geschworenen, die ihn nicht verurteilt haben. D. h. Sokrates disqualifiziert in gewisser Weise seine Ansprechpartner durch die Anrede. Luther dagegen bedient sich nicht nur der erforderlichen Ehrentitel bei der Ansprache, sondern entschuldigt sich sicherheitshalber im Vorhinein schon für den Fall, dass er nicht die gebührenden Titel verwendet. Er will also keinen Zweifel an seiner (äußerlichen) Ehrerbietung aufkommen lassen.
- **Gemeinsamkeit:** Beide Redner bedienen sich in gewisser Weise des Topos der Bescheidenheit, der sich hier auf sprachliche oder zeremonielle Unzulänglichkeiten bezieht. Sokrates verweist auf seine Unerfahrenheit vor Gericht und auch Luther beruft sich auf seine einfache Herkunft und seine „Unerfahrung" (Z. 10), seine mangelnde Erfahrung im Umgang mit den höchsten Standespersonen. Beide Redner appellieren damit an ihre Adressaten, die äußere Form der Rede weniger zu gewichten als die Aussage, um die es geht.

3 Vorschlag für ein Tafelbild:

Merkmale des Typus „Gerichtsrede" (*genus iudiciale*)	
Anlass	ein in der Vergangenheit liegender Sachverhalt (z. B. ein Fehlverhalten, eine Straftat), dessen Beurteilung umstritten ist
Sprecher	der Angeklagte oder sein Verteidiger, ein Ankläger oder sein Vertreter
Adressat	ein oder mehrere Richter, ein für die Urteilsfindung bestimmtes Gremium (Geschworene), das Publikum im Gerichtssaal, ggf. die über Medien beteiligte Öffentlichkeit
Intention	Klärung einer Schuld- oder Verantwortlichkeitsfrage, (Wieder-)Herstellung von Gerechtigkeit, z. B. durch Strafe (oder deren Abwendung), Wiedergutmachung, Entschädigung, Rechtfertigung
rhetorische Anforderungen und Möglichkeiten	überzeugende Argumentation, ggf. Ausgleich/Verdecken von argumentativen Schwachpunkten durch rhetorische Verbrämung, Wecken von der eigenen Intention zuträglichen Affekten bei den Adressaten (z. B. Mitleid, Entsetzen, (Un-)Verständnis etc.)

◎ Weiterführendes Material zu diesem Teilkapitel findet sich auf der beiliegenden CD:
- *Georg Büchner:* Dantons Tod (1835) – III/4, Dantons Verteidigungsrede vor dem Revolutionstribunal

5.2 Thema „Berlin" – Reden in historischen Entscheidungssituationen

Joseph Goebbels: Sportpalastrede (1943) ▶ S. 538

Der vollständige Text der Rede findet sich z. B. in Helmut Heiber (Hg.): Goebbels Reden. Bd. 2. 1939–1945 (Droste, Düsseldorf 1972, S. 172–208).

1 Für die erste Rezeption bietet sich die *Lektüre* des Textes – auch ohne Hinweise auf Publikumsreaktionen, also so, wie sie im Schülerband abgedruckt ist – an, um zunächst allein den Text auf sich wirken lassen zu können. Auch können die Schülerinnen und Schüler dann eigene Vortrags- und Betonungsversuche unternehmen oder bereits vorhandene Erfahrungen mit der Redeweise Goebbels' oder anderer nationalsozialistischer Redner austauschen und auf die Rede applizieren.
Erst auf der Grundlage eines solchen Leseeindrucks sollte die akustische Rezeption einer Tonaufnahme folgen. Ohne Zweifel wird die heutige Wirkung der Rede eine ganz andere sein als damals. Die Schülerinnen und Schüler sollten diese Wirkung so genau wie möglich beschreiben und versuchen zu ergründen, auf welchen Faktoren des Vortrags ihre Reaktionen jeweils beruhen. Dabei sollten neben Inhalt und sprachlichen Formulierungen vor allem auch Stimmführung, Artikulation, Lautstärke u. Ä. beachtet werden.

564 D5 SPRACHE UND RHETORIK

2 a/b Mögliches Schaubild zum Aufbau des Redeauszugs:

Die Sportpalastrede (Schlussteil)

Einleitung des Schlussteils: Ankündigung der Fragen

Fragen 1–5:

„Die Engländer behaupten …" ⟷ „Ich frage euch …"

   1. Glaube an Sieg verloren ⟷ schwerste persönliche Belastungen tragen?

   2. Kampfesmüdigkeit ⟷ Wehrmacht bis zum Sieg unterstützen?

   3. keine Lust auf Kriegsarbeit ⟷ unermüdlicher Arbeitseinsatz?

   4. Widerstand gegen totale Kriegsmaßnahmen ⟷ **„Wollt ihr den totalen Krieg?"**

   5. Vertrauensverlust ⟷ absolute Folgebereitschaft?

Fragen 6–10: „Ich frage euch …"

   6. Menschen und Waffen für die Ostfront?

   7. (Eid:) Moralische Stärkung der Front durch die Heimat?

   8. Einsatz der Frauen zu Gunsten der Kriegsführung?

   9. radikale Maßnahmen (Todesstrafe) für jene, die den Krieg hintertreiben?

  10. gleiche Belastung für alle?

Schlussteil:

- Zusammenfassung von Fragen und Antworten
- Einschwören auf den „Führer" und den Sieg
- Abschlussparole (Zitat)

  c Vgl. hierzu z. B. die Ausführungen von Hans-Jürgen Pandel in „Historische Reden" (vgl. Literaturhinweise auf S. 558 in diesem Handbuch), S. 52: „[…] Die von Goebbels angekündigten Maßnahmen blieben entweder aus oder wurden nur unvollkommen eingesetzt. Die Maschinenlaufzeiten wurden nicht erhöht […]. Die Mobilisierung weiblicher Arbeitskräfte blieb hinter der Englands zurück. […] Alliierte Untersuchungen vom Herbst 1945 ergaben, dass Deutschland seine Arbeitskräfte bei Weitem nicht so effizient genutzt hatte, wie es möglich gewesen wäre […]."

3 Besonders auffällig sind folgende rhetorische Mittel:
- die klare, angekündigte Gliederung in zehn Fragen (vgl. das Schaubild zu Aufgabe 2a);
- rhetorische Fragen und ihre anschließende Beantwortung, die eine das Publikum vereinnahmende Funktion haben;
- der Parallelismus der Redekonstruktion (z. B. die Fragen 1–5: „Die Engländer behaupten […]. Ich frage euch […]"), der in seiner Eindringlichkeit eine „Einpeitscher-Funktion" hat;
- die häufigen Hyperbeln (z. B. „endgültige[r] Sieg", Z. 11; „totale[r] Krieg", Z. 38; „totaler und radikaler", Z. 39; „größer, gläubiger, unerschütterlicher", Z. 45 f. usw.)
- die vereinnahmende Funktion des „wir" (besonders ab Z. 90) sowie die „vertrauliche" Ansprache der Zuhörer/innen (z. B. „meine Zuhörer", Z. 1);
- die Emphase der „Einschwörung" auf den „Führer" (vgl. auch Z. 44 ff.): „Der Führer erwartet von uns […]" (Z. 90 ff.); „Der Führer hat befohlen, wir werden ihm folgen" (Z. 95 f.). Vor allem an diesen Punkt können massenpsychologische und ideologiekritische Erörterungen mit Gegenwartsbezug ansetzen.

Im Kontext des damals Üblichen ist der Einsatz rhetorischer Mittel sicherlich als gelungen zu bezeichnen. Allerdings sollte man bei der Beurteilung der Rede nicht vergessen, dass es sich um ein deutlich parteilich geprägtes Publikum handelte, das für Goebbels' Parolen sowohl inhaltlich wie sprachlich besonders empfänglich war und somit keine schwierige „Aufgabe" für den Redner darstellte.

4 Literaturhinweis: Iring Fetscher: Joseph Goebbels im Berliner Sportpalast 1943. „Wollt ihr den totalen Krieg?" Europäische Verlagsanstalt, Hamburg 1998
Einige kurze Informationen finden sich z. B. auch in: Walter Schafarschik (Hg.): Herrschaft durch Sprache. Politische Reden. Reclam, Stuttgart 1973, S. 36–39

5.2 REDEN IN HISTORISCHEN ENTSCHEIDUNGSSITUATIONEN **565**

Mögliche Übersicht über die Redesituation:

Joseph Goebbels: Sportpalastrede – Redesituation	
Anlass	bewusst geplante Propagandaveranstaltung, nachdem sich die Lage an der deutschen Ostfront extrem verschlechtert hatte und die Stimmung im deutschen Volk zunehmend niedergeschlagen und verzweifelt wurde
Ort/Raumsituation	großer Saal des Sportpalastes, nur wenig geschmückt: Rednertribüne mit Hakenkreuzfahnen, dahinter an der Wand ein einziges Spruchband: „Totaler Krieg – kürzester Krieg"
gesellschaftliches Umfeld/Publikum	nach Goebbels Vorstellungen eigentlich gedacht als „Ausschnitt aus dem ganzen deutschen Volk", tatsächlich aber geladene Gäste, Mitglieder der verschiedenen Parteiorganisationen (ca. 14 000 Menschen!)
Übertragungsmedien	Übertragung gleichzeitig in allen deutschen Rundfunksendern, aber nicht live! Kameraleute waren angewiesen, insbesondere „Prominente" und „Zustimmung" im Bild festzuhalten

5 a Der entsprechende Auszug aus der Rede findet sich z. B. auf der CD „Historische Reden (vgl. Literaturhinweise auf S. 558 in diesem Handbuch).

Die Tonaufnahme macht deutlich, dass der Anteil der Publikumsreaktionen mindestens so viel Zeit umfasst wie die eigentliche Redezeit. Das Publikum reagiert nicht nur mit Antworten auf die expliziten Fragen, sondern auch durch Zwischenrufe, z. B. jeweils bei den Behauptungen der Engländer. Neben den lautstarken, teils einstimmigen, teils vereinzelten verbalen Äußerungen wird geklatscht und mit den Füßen getrampelt. Sprechchöre „Führer, befiehl, wir folgen" werden skandiert.

Die Reaktionen müssen jedoch, wie bereits erwähnt, unter dem Vorzeichen des handverlesenen, regimetreuen Publikums beurteilt werden. Zudem ist zu bedenken, inwiefern die scheinbar spontanen Publikumsreaktionen einer gesteuerten Inszenierung durch bestellte „Anheizer" folgen.

b Zu den Wirkungen der Rede im Ausland finden sich z. B. Informationen bei „Wikiweise" (www.wikiweise.de/wiki/Sportpalastrede%20vom%2018.%20Februar%201943==13==).

Ernst Reuter: Schaut auf diese Stadt! (1948)   ▶ S. 540

1 Vorschlag für ein Tafelbild:

**Rede-
absicht Reuters**

Berlin:
das Durchhaltevermögen stärken;
eine verheißungsvolle, optimistische
Zukunftsperspektive vermitteln

Deutschland:
die Vision eines neuen deutschen Volkes sowie die
Wichtigkeit des aktuellen Ringens um Berlin dafür vermitteln

Welt:
Appell, Berlin nicht aufzugeben, denn: Berlin ist Bollwerk, Vorposten der Freiheit;
Einstehen für die gemeinsamen Ideale (v. a. Freiheit) als Garant für die Zukunft:
Es gibt nur diese eine Möglichkeit für alle gemeinsam.

566 D5 SPRACHE UND RHETORIK

2 Vorschlag für ein Tafelbild:

Argumentative Einbindung von Vergangenheit, Gegenwart und Zukunft in die Rede und damit verbundene Intentionen		
Vergangenheit	**Gegenwart**	**Zukunft**
wird kaum thematisiert, nur aus der Perspektive der → Zukunft: • Rückblick aus der Zukunft auf die „Kümmernisse und Nöte", die „Mühsal" und das „Elend", die man dann überwunden hat (Z. 41 ff.)	Beschwörung des „**Heute**" (Z. 1, 2 f., 4, 10, 26, 31): • **der** entscheidende historische Moment für die → Zukunft	Visionen, Verheißungen: • Sieg über die „Macht der Finsternis" (Z. 35 f., 72 f.) • Wiedererlangen der Freiheit (Z. 44 f., 59 f.) • ein neues deutsches Volk: gewandelt, frei, mündig, stolz, selbstbewusst, gleichberechtigt (Z. 46 ff.)

3 Rhetorische Mittel, Z. 20–30:
- Anapher: „Wer diese Stadt, wer dieses Volk [...]";
- Correctio: „der würde eine Welt [...], noch mehr, er würde sich selber [...]";
- Repetitio/Wiederholung: „preisgeben [...] preisgeben [...] preisgeben";
- in Verbindung mit dem Konjunktiv: „würde" (5 x), „könnten", „stünde";
- Akkumulation: „das Volk von Leibzig, von Halle, von Chemnitz, von Dresden, von all den Städten der Ostzone".

Z. 43–55:
- komplexe Hypotaxe – konditional-temporal: „Wenn [...] dann";
- Parallelismus: „der Tag des Sieges, der Tag der Freiheit"; „neu geworden, neu gewandelt und neu gewachsen";
- Akkumulation: „ein freies, mündiges, stolzes, seines Wertes und seiner Kraft bewusstes Volk";
- Symbol: „werden unsere Züge wieder fahren";
- Periphrase: „nach München, nach Frankfurt, Dresden, Leipzig [...]."

Z. 64–73:
- Apostrophe: „Ihr Völker der Welt, ihr Völker in Amerika, [...]!"
- Imperativ: „Schaut auf diese Stadt und erkennt [...]";
- Correctio: „nicht preisgeben dürft und nicht preisgeben könnt";
- doppelter, verschachtelter Parallelismus: „bis dieser Kampf gewonnen, bis dieser Kampf endlich durch den Sieg über die Feinde, durch den Sieg über die Macht der Finsternis besiegelt ist".

Sowohl die Wichtigkeit des Augenblicks als auch die ungeheure Größe und Breite des Publikums erforderten vom Redner, eine besondere, geradezu beschwörende Eindringlichkeit zu erreichen, der vor allem die Mittel der Anapher, des Parallelismus, der Correctio, der Apostrophe und des Imperativs dienen. Periphrase und Akkumulation erhöhen außerdem die Anschaulichkeit und fördern die Vorstellungskraft. Dies gilt auch für das von Reuter selbst als solches benannte Symbol der Züge, der in beide Richtungen laufenden Gleise – ein konkretes und vor dem Erfahrungshintergrund des Publikums äußerst griffiges Bild für die Freiheit.

► S. 542 Walter Ulbricht: **An die Bevölkerung der DDR zum Bau der Berliner Mauer** (1961)

Längere Ausschnitte aus der äußerst umfangreichen Rede Ulbrichts sind z. B. nachzulesen in: Walter Schafarschik (Hg.): Herrschaft durch Sprache. Politische Reden (Reclam, Stuttgart 1973, S. 100–115).

1 Alternativ kann Expertenwissen über die zeitgeschichtlichen Hintergründe mit der Jigsaw-Methode (Gruppenpuzzle) erarbeitet und ausgetauscht und/oder eine Wandzeitung gestaltet werden.

2 Das Bild auf S. 544 im Schülerband und der dazugehörige Text lassen sich einerseits beziehen auf das anfängliche Lob Ulbrichts für die Soldaten der Nationalen Volksarmee und die anderen am Mauerbau aktiv Beteiligten, deren „großartige[r] Kampfgeist" und „großartige [...] Moral" (Z. 25 f.) sich angesichts des Beispiels von Conrad Schumann fragwürdig darstellen. Vor allem aber bekommen in Anbetracht des in dem kurzen Text skizzierten (beispielhaften) Schicksals des kleinen Mädchens, das von seinen Eltern getrennt wird, Ulbrichts Aussagen zur Menschlichkeit (Z. 64 ff.) und zur Familientrennung bzw. -zusammenführung (Z. 117 ff.) eine viel konkretere Dimension und offenbaren ihren wahren Zynismus.

5.2 REDEN IN HISTORISCHEN ENTSCHEIDUNGSSITUATIONEN

3 Anfang und Ende von Ulbrichts Rede stehen in ihrem Bemühen, eine (wieder) heile Welt vorzugaukeln und gute Stimmung zu befördern, in einem eklatanten Gegensatz zu den hetzerischen und propagandistischen Ausführungen im Zentrum der Rede. Ulbricht versucht, mit Mitteln wie Untertreibung (z.B. „Hier und da gingen die Wogen etwas hoch", Z. 4 f.), Euphemismus (z.B. „Ereignisreiche Tage", Z. 4), Lob und Glückwünschen (die Rede endet im typischen Ton von Feiertagsansprachen) Optimismus, Zuversicht und Zufriedenheit zu suggerieren. Solidarität und Zusammengehörigkeitsgefühl nach innen sollen in den Rahmenteilen in positiver Stimmung befördert werden, während im mittleren Teil der Rede die Abgrenzung nach außen massiv betrieben und emotional extrem negativ aufgeladen wird.

4 a   Leitbegriffe, Fahnen- und Stigmawörter in der Rede – Vorschlag für ein Tafelbild:

Polarisierung	
DDR	**Westdeutschland/Westberlin**
▪ Frieden	▪ Militaristen
weitere Fahnenwörter: ▪ Verantwortung ▪ Moral ▪ Menschlichkeit ▪ Großzügigkeit ▪ Volkswohl	*weitere Stigmawörter:* ▪ Provokateure ▪ Heuchler ▪ Hitler und Goebbels ▪ Aggression ▪ Propagandaschwindel ▪ imperialistische Westmächte

  b   Weitere rhetorische Strategien der Beeinflussung:
  - Beschwichtigung: v.a. am Anfang und Ende der Rede (vgl. die Hinweise zu Aufgabe 3); außerdem Herunterspielen des Einsatzes von bewaffneter Gewalt beim Bau der Mauer (Z. 59–63);
  - Dramatisierung: z.B. durch die Brand-Metapher: „ein äußerst gefährlicher Kriegsbrandherd", (Z. 29 f.; vgl. Z. 35 f., 42 ff.); durch die Metapher des „Verschlingens" (Z. 89 und 92); durch die bedrohliche Vision eines dritten Weltkrieges (Z. 106);
  - Abwertung: insbesondere durch die diffamierenden Bezeichnungen für die Gegner: „Provokateure" (Z. 57), „Menschenhändler" (Z. 66), „die Erpresser, die Lügner und die Verleumder" (Z. 68 f.), „Heuchler" (Z. 72), „die Hitler und Goebbels" (Z. 78), „die deutschen Militaristen" (Z. 88, 96, 117), „Monopolherren und Großgrundbesitzerchen" (Z. 103 f.), „Hitlergenerale" (Z. 104), „Westberliner Frontstadtsumpf" (Z. 135);
  - Aufwertung: der ganze einleitende Abschnitt zum Lob der am Mauerbau Beteiligten (Z. 14–26); Stärkung des Selbstbewusstseins der DDR-Bürger (Z. 107–111).

5 a   Vergleiche mit dem Nationalsozialismus, seien es personen-, handlungs- oder institutionsbezogene Vergleiche, erscheinen heute in der Regel für beide Seiten des Vergleichs untragbar, weil die Ausmaße der Gräuel der von den Nazis begangenen Verbrechen einerseits durch den Vergleich verharmlost, andererseits die mit diesen Gräueltaten und/oder ihren Tätern in Verbindung gebrachten Personen in unverhältnismäßiger Weise stigmatisiert werden. Das Bewusstsein, dass etwas vergleichbar Menschenfeindliches und Leben Zerstörendes wie der Nationalsozialismus niemals wieder entstehen und toleriert werden darf, eint den allergrößten Teil der Gesellschaft über alle Grenzen der politischen Positionen und Parteien hinweg. Deshalb verbietet es sich, diese gemeinsame Front gegen den dunkelsten Teil unserer Geschichte um kleinlicher politischer oder sonstiger Gefechte willen aufzugeben.

  b   Eine aufschlussreiche Zusammenstellung aktueller und diskutabler Fälle aus dem In- und Ausland, aus der Politik und anderen gesellschaftlichen Bereichen, in denen das Tabu des Vergleichs mit dem Nationalsozialismus gebrochen wurde, findet man unter dem Titel „Nazi-Vergleiche. Wie Hitler, wie Auschwitz, wie der Holocaust" auf der Homepage der Süddeutschen Zeitung: www.sueddeutsche.de/politik/846/307796/bilder/?img=0.0.

◎ Weiterführendes Material zu diesem Teilkapitel findet sich auf der beiliegenden CD:
  - *John F. Kennedy:* Rede vor dem Schöneberger Rathaus (26.6.1963)

5.3 Leitbilder für die Zukunft – Reden der Gegenwart

▶ S. 544 **Uwe Pörksen: Rednerschulen als Politikwerkstatt (2004)**

1 a Diese einleitende Aufgabe kann auch als eine Art Stimmungsbarometer fungieren, an dem sich messen lässt, was die Jugendlichen von der Politik halten, wie sie sie gegenwärtig mehr oder weniger bewusst erleben, und welche Rolle, welches Gewicht sie der sprachlichen Seite der Politik zuschreiben.

b Die Schülerinnen und Schüler können ihre Ideen anhand des weiterführenden Materials von Uwe Pörksen: „Akademie zur guten Rede" (auf der beiliegenden CD) mit den recht konkreten Vorstellungen von Pörksen selbst vergleichen.

2 Da die Frage, wofür man in einem demokratischen Staat rhetorische Kenntnisse einsetzen sollte, nicht ohne Weiteres zu beantworten ist, empfiehlt es sich, zunächst in kleinen Gruppen Positionen und Argumente zu erarbeiten und dann in einer Fishbowl-Diskussion auszutauschen.

▶ S. 545 **Johannes Rau: Vertrauen in Deutschland – eine Ermutigung (2004)**

Der Text im Schülerband stellt nur einen Teil der gesamten Rede dar. Diese kann nachgelesen werden unter: www.bundespraesident.de/Anlage/original_600231/Vertrauen-in-Deutschland-Eine-Ermutigung.pdf.

1 Vorschlag für die Unterrichtsorganisation: offenes Gespräch. Die Lerngruppe bildet einen Sitzkreis, der Redetext wird einmal vorgelesen, dann von allen noch einmal still nachgelesen. Eine Moderatorin / ein Moderator (muss nicht die Lehrkraft sein) gibt einen Einstiegsimpuls, es folgt ein ungelenker Austausch über die Wirkung der Rede, bei der jeweils der aktuelle Redner das Wort an die nächste / den nächsten weitergibt. Die Moderatorin / der Moderator fasst das Gespräch abschließend zusammen.

2 a Die Beziehung zwischen Sprache, Politik und Vertrauen in Raus Rede – Vorschlag für ein Tafelbild:

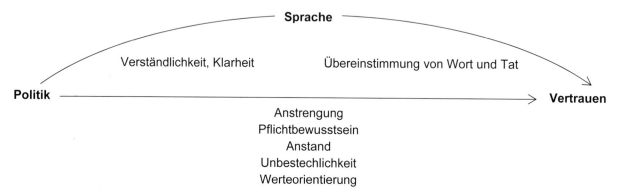

b Die Aussagen Pörksens und Raus fügen sich stimmig zueinander. Man mag sich vorstellen, dass die Politiker, die bei Pörksen rhetorisch ausgebildet worden sind, den Anforderungen Raus an die Politik genügen würden, eben weil es auch Pörksen nicht um eine oberflächenwirksame, sondern um eine verantwortungsbewusste und an höher stehenden Zielen als der Tagespolitik oder dem eigenen politischen Nutzen, dem Machterhalt orientierte Sprachbeherrschung und Sprachverwendung geht.

3 Rhetorische Auffälligkeiten sind in Raus Rede z. B. an folgenden Stellen zu finden:
- Z. 1–7: Das Herauszögern der Nennung des Themas wird in der Gesamtrede noch sehr viel weiter getrieben – ein Mittel der Spannungssteigerung, das zusätzlich unterstützt wird durch Anapher („Ich will") und Alliteration („Vertrauen und Verantwortung");
- Z. 10–20: kumulative Verwendung des Modalverbs „müssen" in parallelen Satzkonstruktionen → Aufbau von Druck, Unausweichlichkeit;
- Z. 22–26: Parallelismus/Anapher („aus Abkürzungen [...], aus halb verdeutschtem Englisch [...], aus Verharmlosung [...]"), auch: Periphrase → anschauliche Umschreibung sprachlicher Unzulänglichkeiten;
- Z. 39/40: Sentenz in Form eines Chiasmus: „Sagen, was man tut, und tun, was man sagt."
→ Eingängigkeit, Merkbarkeit;
- Z. 47–68: umfangreiche Anapher (mit geringen Variationen): „Wir müssen uns darauf verlassen können [...]" → Eindringlichkeit, Eingängigkeit;

5.3 REDEN DER GEGENWART

- Z. 78–91: weitere Anapher: „Politik muss […]", dazu Wiederaufnahme des Modalverbs „müssen"
  → Eindringlichkeit, Aufbau von Druck, Verpflichtung.

Angela Merkel: Zur Feier des 50. Jahrestages der Unterzeichnung der „Römischen Verträge" (2007) ► S. 546

1 a Die Aufgabe zielt darauf ab, dass aus dem bereits vorhandenen Text der Rede zurückgeschlossen wird auf Aspekte bei ihrer Planung, Konstruktion und Ausgestaltung, z. B.:

- „Die Rede darf nicht zu ernst sein – wir brauchen einige Stellen, an denen das Publikum schmunzeln, amüsiert lächeln kann!"
- „Ich möchte der Rede einen persönlichen Ton geben und nicht bloß Allgemeinplätze äußern – schließlich habe ich selbst ja auch Anteil gehabt an der europäischen Geschichte."
- „Wir dürfen nicht aus den Augen verlieren, welche akuten, aktuellen Probleme es in der Welt gerade gibt – auch wenn wir feiern, soll es nicht den Eindruck machen, dass wir die Nöte der anderen vergessen!"
- „Maurice Faure wird da sein, als Einziger, der schon damals bei der Unterzeichnung der Verträge dabei war – den müssen wir unbedingt speziell ansprechen und einbinden."

Auch Entscheidungen der – außerordentlich ausgefeilten – rhetorischen Gestaltung können in diesem Szenario sehr gut aufgearbeitet werden.

b Inhaltsanalyse:

Inhaltliche Gliederung:
- Z. 1–4: Anrede
- Z. 5–12: Berlin – ein symbolträchtiger Ort
- Z. 13–33: Aus der persönlichen Erfahrung wird eine erste Hauptaussage (s. u.) abgeleitet.
- Z. 34–74: Rückblick auf die zurückliegenden 50 Jahre (eher assoziativ, nicht systematisch) – darin eingebettet Aussage zur zentralen Eigenschaft Europas: Toleranz
- Z. 75–86: direkte Ansprache eines anwesenden Zeitzeugens und positives Zwischenfazit, Akklamation
- Z. 87–106: Hinwendung zur Zukunft – Betonung der Freiheit und der Menschenwürde
- Z. 107–139: Abgrenzung gegen feindliche Weltanschauungen und Systeme – Bekenntnis zur Verantwortung Europas für die Welt, exemplifiziert an aktuellen Fällen
- Z. 140–155: Werbung für eine verfassungsmäßige Grundlage, die mehr Handlungsfähigkeit der EU erlaubt
- Z. 157–179: Zwei Anekdoten, mit persönlicher Note
- Z. 180–196: Vision (Europa in 50 Jahren) zum Abschluss der Rede

Hauptaussagen:
- „Nichts muss so bleiben, wie es ist", im Sinne von: Es gibt immer eine Hoffnung, dass Ungerechtigkeiten und Unterdrückung in der Welt beseitigt werden können (Z. 20–29).
- „Wir Bürgerinnen und Bürger der Europäischen Union sind zu unserem Glück vereint." (Z. 84 ff.; vgl. auch Z. 180 ff.)
- „Wir bekennen uns […] dazu, auch weiterhin Demokratie, Stabilität und Wohlstand jenseits der Grenzen der Europäischen Union zu fördern." (Z. 121 ff.)
- Für eine größere Handlungsfähigkeit „ist es wichtig […], die Europäische Union […] auf eine erneuerte gemeinsame Grundlage zu stellen." (Z. 146 ff.)

Weltanschauung/Abgrenzung gegenüber anderen Positionen:
- Bekenntnis zu den Menschenrechten und zum „europäischen Lebensmodell", d. h. zu den Grundwerten westlicher Verfassungen, explizit genannt: Freiheit und Toleranz;
- persönliche Ergänzung: Bekenntnis zu den „jüdisch-christlichen Wurzeln Europas" (Z. 105 f.);
- Abgrenzung gegen „Terrorismus, organisierte Kriminalität und illegale Einwanderung" (Z. 108 f.), gegen „Rassismus, Antisemitismus und Fremdenfeindlichkeit" (Z. 113 f.).

2 Für die Diskussion sollten die Schülerinnen und Schüler zunächst auf eigene Erfahrungen mit Festreden zurückgreifen, z. B. bei Familienfeierlichkeiten oder schulischen Feiern. Aufschlussreich kann es auch sein, sich Musterreden für die verschiedenen festlichen Anlässe in der entsprechenden populären Ratgeberliteratur anzuschauen.

Weiterführendes Material zu diesem Teilkapitel findet sich auf der beiliegenden CD:
- *Uwe Pörksen:* Akademie zur guten Rede (2004)

D5.2 LERNERFOLGSKONTROLLE/KLAUSURVORSCHLAG

Analyse eines Sachtextes mit anschließender weiterführender Reflexion

Aufgabenstellung

1 Analysieren Sie die Rede Wolfgang Schäubles unter besonderer Berücksichtigung ihrer rhetorischen Gestaltung. *(48 Punkte)*

2 Erläutern Sie, inwiefern sich Bezüge zwischen Schäubles Rede und anderen Reden des 20. Jahrhunderts in und zu Berlin herstellen lassen. *(24 Punkte)*

Wolfgang Schäuble: Rede zum Umzug von Parlament und Regierung nach Berlin (1991)

Am 20. Juni 1991 wird im deutschen Bundestag darüber debattiert, ob der Bundestag nach Berlin umziehen und damit Berlin künftig wieder die deutsche Hauptstadt sein soll. Die dramatische Sitzung, in deren Verlauf über 100 Redner das Wort ergreifen, gilt als eine der Sternstunden des deutschen Parlamentarismus. Die Abgeordneten sind nicht an den Fraktionszwang gebunden und streiten in pointierten Reden für ihre Überzeugung. Am Abend wird von Bundestagspräsidentin Rita Süssmuth das knappe Abstimmungsergebnis bekannt gegeben: Mit 338 zu 320 Stimmen wurde für Berlin gestimmt.

Frau Präsidentin!
Meine sehr geehrten Damen und Herren!

Wir sind von manchem in den letzten Monaten überrascht worden. Dass wir im vergangenen Jahr die Einheit Deutschlands in Frieden und Freiheit erreichen würden, hat uns jedenfalls in der zeitlichen Abfolge gewiss überrascht. Dass wir danach so sehr über den Sitz von Parlament und Regierung würden miteinander ringen, hat mich jedenfalls auch überrascht.
Ich glaube, in den 40 Jahren, in denen wir geteilt waren, hätten die allermeisten von uns auf die Frage, wo denn Parlament und Regierung sitzen werden, wenn wir die Wiedervereinigung haben, die Frage nicht verstanden und gesagt: Selbstverständlich in Berlin.
(Beifall bei Abgeordneten der CDU/CSU, der FDP, der SPD und des Bündnisses 90/GRÜNE)
Die Debatte, die wir geführt haben und noch führen, hat natürlich auch dazu beigetragen, dass jeder die Argumente und die Betroffenheit der anderen besser verstanden hat. Auch ich bekenne mich dazu, dass ich die Argumente und die Betroffenheit derer, die für Bonn sind, heute besser verstehe als vor einigen Monaten. Ich will das ausdrücklich sagen und auch meinen Respekt dafür bekunden.
Ich glaube auch, dass es deshalb verdienstvoll war, wenn sich viele – ich auch – bemüht haben, als Grundlage einen Konsens zu finden,
(Beifall bei der CDU/CSU und der FDP sowie bei Abgeordneten der SPD)
um vielleicht zu vermeiden, was bei der einen oder anderen Entscheidung damit notwendigerweise an Folgen verbunden ist. Wir haben den Konsens nicht gefunden. Und auf der anderen Seite ist es vielleicht nun auch gut, dass wir heute entscheiden müssen.
Für mich ist es – bei allem Respekt – nicht ein Wettkampf zwischen zwei Städten, zwischen Bonn und Berlin.
(Zuruf von der FDP: Richtig!)
Es geht auch nicht um Arbeitsplätze, Umzugs- oder Reisekosten, um Regionalpolitik oder Strukturpolitik. Das alles ist zwar wichtig,
(Otto Schily [SPD]: Sehr wahr!)
aber in Wahrheit geht es um die Zukunft Deutschlands. Das ist die entscheidende Frage.
(Beifall bei der CDU/CSU, der FDP, der SPD und dem Bündnis 90/GRÜNE) Mit allem Respekt darf ich einmal sagen: Jeder von uns – ich wohne ja weder in Bonn noch in Berlin; ich wohne auch nicht in Brandenburg oder in Nordrhein-Westfalen, sondern ich wohne ganz im Südwesten an der Grenze zu Frankreich – ist nicht nur Abgeordneter seines Wahlkreises und seines Landes, sondern wir sind Abgeordnete für das gesamte deutsche Volk.
(Anhaltender Beifall bei der CDU/CSU, der FDP, der SPD und dem Bündnis 90/GRÜNE)
Jeder von uns muss sich dieser Verantwortung bewusst sein, wenn er heute entscheidet.
Wir haben die Einheit unseres Volkes im vergangenen Jahr wiedergefunden. Das hat viel Mühe gekostet. Nun müssen wir sie erst noch vollenden. Auch das kostet noch viel Mühe.
Viele haben oft davon gesprochen, dass wir, um die Teilung zu überwinden, zu teilen bereit sein müssen. Das ist wahr. Aber wer glaubt, das sei nur mit Steuern und Abgaben oder Tarifverhandlungen und

D5.2 LERNERFOLGSKONTROLLE/KLAUSURVORSCHLAG 571

Eingruppierungen zu erledigen, der täuscht sich. Teilen heißt, dass wir gemeinsam bereit sein müssen, die Veränderungen miteinander zu tragen, die sich durch die deutsche Einheit ergeben.

70 *(Anhaltender Beifall bei der CDU/CSU, der FDP, der SPD und dem Bündnis 90/GRÜNE)*

Deswegen kann auch in den so genannten elf alten Bundesländern – so alt ist Baden-Württemberg übrigens im Vergleich zu Sachsen nicht – nicht alles so
75 bleiben, wie es war, auch nicht in Bonn und nicht im Rheinland.

(Beifall bei Abgeordneten der CDU/CSU, der FDP, der SPD und des Bündnisses 90/GRÜNE)

Wenn wir die Teilung überwinden wollen, wenn wir
80 die Einheit wirklich finden wollen, brauchen wir Vertrauen und müssen wir uns gegenseitig aufeinander verlassen können. Deshalb gewinnt in dieser Entscheidung für mich die Tatsache Bedeutung, dass in 40 Jahren niemand Zweifel hatte, dass Parlament und
85 Regierung nach der Herstellung der Einheit Deutschlands ihren Sitz wieder in Berlin haben werden.

(Beifall bei Abgeordneten der CDU/CSU, der FDP, der SPD und des Bündnisses 90/GRÜNE)

In diesen 40 Jahren – auch das ist wahr – stand das
90 Grundgesetz, stand die alte Bundesrepublik Deutschland mit ihrer provisorischen Hauptstadt Bonn für Freiheit, Demokratie und Rechtsstaat. Aber sie stand damit immer für das ganze Deutschland. Und das Symbol für Einheit und Freiheit, für Demokratie und
95 Rechtsstaatlichkeit für das ganze Deutschland war wie keine andere Stadt immer Berlin:

(Beifall bei der CDU/CSU, der FDP, der SPD und dem Bündnis 90/GRÜNE)

von der Luftbrücke über den 17. Juni 1953, den
100 Mauerbau im August 1961 bis zum 9. November 1989 und bis zum 3. Oktober im vergangenen Jahr. Die Einbindung in die Einigung Europas und in das Bündnis des freien Westens hat uns Frieden und Freiheit

bewahrt und die Einheit ermöglicht. Aber auch diese Solidarität der freien Welt mit der Einheit und Freiheit 105 der Deutschen hat sich doch nirgends stärker als in Berlin ausgedrückt. Ob wir wirklich ohne Berlin heute wiedervereinigt wären? Ich glaube es nicht.

(Beifall bei Abgeordneten der CDU/CSU, der FDP, der SPD und des Bündnisses 90/GRÜNE) 110

Deutsche Einheit und europäische Einheit bedingen sich gegenseitig. Das haben wir immer gesagt, und das hat sich bewahrheitet. Meine Heimat, ich sagte es, liegt in der Nachbarschaft von Straßburg. Aber Europa ist mehr als Westeuropa. 115

(Beifall bei Abgeordneten der CDU/CSU, der FDP, der SPD und des Bündnisses 90/GRÜNE)

Deutschland, die Deutschen, wir haben unsere Einheit gewonnen, weil Europa seine Teilung überwinden wollte. Deshalb ist die Entscheidung für Berlin auch 120 eine Entscheidung für die Überwindung der Teilung Europas.

(Beifall bei Abgeordneten der CDU/CSU, der FDP, der SPD und des Bündnisses 90/GRÜNE)

Ich sage noch einmal, liebe Kolleginnen und Kollegen: 125 Es geht heute nicht um Bonn oder Berlin, sondern es geht um unser aller Zukunft, um unsere Zukunft in unserem vereinten Deutschland, das seine innere Einheit erst noch finden muss, und um unsere Zukunft in einem Europa, das seine Einheit verwirklichen muss, 130 wenn es seiner Verantwortung für Frieden, Freiheit und soziale Gerechtigkeit gerecht werden will.

Deswegen bitte ich Sie herzlich: Stimmen Sie mit mir für Berlin.

(Langanhaltender Beifall bei Abgeordneten der 135 *CDU/CSU, der FDP, der SPD und des Bündnisses 90/GRÜNE – Abgeordnete der CDU/CSU und der SPD erheben sich – Abg. Willy Brandt [SPD] gratuliert Abg. Dr. Wolfgang Schäuble [CDU/CSU].)*

(Quelle: www.bundestag.de/bau_kunst/debatte/bdr_007.html)

Inhaltliche Leistung

Aufgabe 1

	Anforderungen Die Schülerin / der Schüler	maximal erreichbare Punktzahl (AFB)	erreichte Punktzahl
1	verfasst eine sinnvolle Einleitung und geht dabei auf die Redesituation und den Gegenstand der Bundestagsdebatte ein.	3 (I)	
2	beschreibt die Position des Redners (pro Berlin) und seine grundsätzliche Redeintention (auch andere überzeugen, für Berlin zu stimmen).	3 (I)	
3	beschreibt den Aufbau der Rede, z. B. • das Publikum „einfangende" Einleitung (Z. 3–24) • argumentativer Hauptteil (Z. 25–122) • zusammenfassender und appellativer Schluss (Z. 126–139)	3 (I)	
4	erschließt und erläutert zentrale Argumente der Rede, z. B. • die Grundsätzlichkeit der Entscheidung in Abgrenzung zu persönlichen oder kommunalen Interessen • die symbolische Stellung Berlins auf Grund historischer Ereignisse • die Bedeutung Berlins für Europa auf Grund seiner zentralen Lage	6 (II)	
5	untersucht wichtige Redestrategien, z. B. • Wertschätzung der Gegenseite, Verbindlichkeit, Kollegialität (Brückenbauen, Konsensfindung) • persönliche Bekenntnisaussagen einerseits, wir-Aussagen andererseits • Lob, Ermutigung und identifiziert diese als *offene* Strategien.	9 (II)	
6	benennt und untersucht zentrale Begriffe wie z. B. „Respekt", „Zukunft", „Vertrauen", „Frieden" und „Freiheit" und ordnet diese als positiv besetzte Begriffe, als Fahnenwörter ein.	6 (II)	
7	untersucht die – eher sparsam eingesetzten – rhetorischen Gestaltungsmittel und deren Wirkung, z. B. • Epipher (dreimal „überrascht" im ersten Abschnitt) • Anapher („Wenn wir […], wenn wir […]", Z. 79) • direkte Frage (Z. 107 f.) • u. a. m.	6 (II)	
8	erklärt explizite und erschließt implizite Appelle, z. B.: • für Berlin stimmen • persönliche, kommunale etc. Interessen zurückstellen • verantwortungsbewusst und zukunftsweisend entscheiden • sich als veränderungsbereit, solidarisch und belastbar zeigen	3 (II)	
9	beurteilt sowohl die Überzeugungskraft einzelner Argumente bzw. der Argumentationsstrategien als auch die sprachliche Gestaltung der Rede.	6 (III)	
10	kommt zu einem abschließenden Urteil, indem z. B. abgewogen wird, inwiefern der Erfolg der Rede mehr inhaltlich, sprachlich und/oder situativ zu erklären ist.	3 (III)	
11	entwickelt einen weiteren, eigenständigen Gedanken. (Max. 6 Punkte)		
		48	

ERWARTUNGSHORIZONT

Aufgabe 2

	Anforderungen Die Schülerin / der Schüler	maximal erreichbare Punktzahl (AFB)	erreichte Punktzahl
1	verfasst eine angemessene Überleitung und nutzt dazu den entsprechenden Abschnitt aus Schäubles Rede (Z. 101–108).	3 (I)	
2	benennt verschieden Reden, die sich zu Schäubles Rede in Beziehung setzen lassen, z. B.: • Ernst Reuters Rede 1948 zur Berlinblockade • Walter Ulbrichts Rede an die Bevölkerung der DDR zum Bau der Berliner Mauer 1961 • J. F. Kennedys Rede vor dem Schöneberger Rathaus 1963	3 (I)	
3	vergleicht die verschiedenen Redesituationen und erläutert kurz Inhalt und Intention der herangezogenen Rede(n).	6 (II)	
4	setzt sich damit auseinander, wie zentrale Begriffe und Themen in den verschiedenen Reden behandelt werden, z. B. • Freiheit • Teilung/Einheit Deutschlands • Deutschland und Europa/die Welt	6 (III)	
5	setzt sich mit appellativen Funktionen der Reden auseinander, z. B.: • Aufrufe zu Einschränkungen, Verzicht, Zurückstellung eigener Interessen u. Ä. • Appell an ein Gemeinschaftsgefühl, nationales Bewusstsein	3 (III)	
6	entwickelt einen weiteren, eigenständigen Gedanken. (Max. 6 Punkte)		
7	kommt zu einem abschließenden Urteil, in dem z. B. der historische Stellenwert der Rede Schäubles mit dem der anderen herangezogenen Berlin-Reden abgewogen wird.	3 (III)	
		24	

Darstellungsleistung

	Anforderungen Die Schülerin / der Schüler	maximal erreichbare Punktzahl	erreichte Punktzahl
1	strukturiert den Klausurtext schlüssig, sinnvoll verknüpft und gedanklich klar.	6	
2	schreibt fachsprachlich korrekt und differenziert zwischen beschreibenden, deutenden und wertenden Aussagen.	6	
3	belegt Aussagen funktional durch korrekte Zitate.	3	
4	formuliert begrifflich präzise und differenziert, sprachlich-stilistisch angemessen, abwechslungsreich und sicher.	10	
5	schreibt sprachlich korrekt.	3	
		28	

Eine Zuordnung der Punktezahlen zu den Notenstufen findet sich auf S. 46 in diesem Handbuch.

Autorin: Angela Mielke

Texte, Themen und Strukturen
Lernerfolgskontrolle 40, S. 4

Argumentative Entfaltung eines fachspezifischen Sachverhalts im Anschluss an eine Textvorlage

Aufgabenstellung

1 Erläutern Sie auf der Grundlage einer rhetorischen Analyse die Aussageabsichten des Textes. *(30 Punkte)*

2 Erörtern Sie anschließend das Verhältnis von rhetorischer Sprache und Aufrichtigkeit bzw. Wahrheit, insbesondere im Kontext von Politik. *(42 Punkte)*

Rolf Breitenstein: **Patentrede** (1981)

Wir wissen alle, um was es heute geht. Wir sind stärker gefordert denn je. Dies verschweigen zu wollen hieße, uns selbst Sand in die Augen zu streuen.

Wir müssen auf dem Boden der Tatsachen bleiben.
5 Niemand ist eine Insel, und wir können unsere Zukunft nicht auf Eis legen oder uns mit halben Maßnahmen begnügen.

Wir fordern vielmehr – und, meine Damen und Herren, wir erwarten, dass wir damit das notwendige
10 Gehör finden –, wir fordern eine umfassende Durchführung aller Maßnahmen, die zur Realisierung unserer immer wieder vorgetragenen Zielvorstellungen in diesem unseren Land endlich Platz greifen müssen.

Das möchte ich hier mit allem Nachdruck und mit
15 großer Offenheit aussprechen.

Wer irgendeinen Zweifel haben sollte an der Berechtigung unserer Anliegen, dem rufe ich zu: Dies ist nicht die Stunde der Zweifler! Dies ist die Stunde der Wahrheit, in der die Dinge auf den Tisch gehören und
20 Ross und Reiter genannt werden müssen. Muss ich aufzählen, wie oft wir Geduld bewiesen haben? Wir wissen es. Und wir sind wahrlich keine Extremisten. Aber wir lassen uns nicht länger auf die lange Bank schieben oder mit leeren Versprechungen abspeisen.
25 Was wir wollen, wollen wir nicht für uns, nein – es ist Ausdruck jener Gerechtigkeit, ohne die Menschenwürde nicht denkbar ist. Meine Damen und Herren! Wir können stolz sein auf das, was wir geleistet haben. Jeder an seinem Platz. Jeder von uns hat nach seinen Kräften dazu beigetragen, dass wir heute da stehen, wo
30 wir stehen. Das gab es nicht zum Nulltarif.

Aber das kann für uns nicht der Anlass sein, uns auf irgendwelchen Lorbeeren auszuruhen.

Vielmehr: Jetzt gilt es, die Kontinuität der Entwicklung zu stabilisieren.
35 Es gilt, diese Stabilisierung durch neue Initiativen fruchtbar zu entfalten.

Und es gilt, diese fruchtbare Kontinuität zu entwickeln. Ich weiß, darin sind wir uns einig. Das erfüllt mich mit Stolz. Ich danke Ihnen, meine Damen und
40 Herren, liebe Freunde, dass Sie mir Gelegenheit gegeben haben, mit großer Direktheit und ohne Umschweife das auszusprechen, was uns alle erfüllt und bewegt.

Wir wissen: Auf unserem Weg kommen wir voran in
45 geduldiger Beharrlichkeit.

Es gibt keinen anderen Weg.

Das Ziel lohnt uns die Mühe.

Ich danke Ihnen allen herzlich für Ihre Aufmerksamkeit.
50

(Aus: Uwe Pörksen: Was ist eine gute Regierungserklärung? Grundriss einer politischen Poetik. Wallstein, Göttingen 2004, S. 11–12)

ERWARTUNGSHORIZONT

Inhaltliche Leistung

Aufgabe 1

	Anforderungen Die Schülerin / der Schüler	maximal erreichbare Punktzahl (AFB)	erreichte Punktzahl
1	verfasst eine sinnvolle Einleitung.	3 (I)	
2	erklärt, dass es der Rede an einem direkt angesprochenen Publikum, an einem greifbaren Anlass / einem konkreten Thema und inhaltlich konkreten Aussagen fehlt.	3 (II)	
3	untersucht und erläutert verschiedene pseudo-inhaltliche, formal eingesetzte Argumentationsmuster oder -strategien (v. a. verschiedene Aufwertungsstrategien für den Redner und die Wir-Gruppe, auch: Emotionalisierung, in Ansätzen: Abwehr/Abwertung eines allerdings kaum konkret greifbaren Gegners).	6 (II)	
4	benennt verschiedene Floskeln, Worthülsen sowie sinnentleerte Redewendungen (z. B. „Sand in die Augen […] streuen", Z. 3; „die Stunde der Wahrheit, in der die Dinge auf den Tisch gehören", Z. 18 f.; „Ross und Reiter genannt werden müssen", Z. 20; „Jeder an seinem Platz", Z. 29) und untersucht deren Funktion und Wirkung.	6 (II)	
5	benennt und/oder beschreibt verschiedene rhetorische Mittel und erläutert deren Wirkung und Funktion, z. B. metaphorische Sprache („Niemand ist eine Insel", Z. 5), Weg-Metapher (Z. 45 ff.), Akklamation („dem rufe ich zu […]", Z. 17), rhetorische Frage (Z. 20 f.) etc.	6 (II)	
6	erläutert – unter Einbezug des Titels – die satirische Grundintention der Rede und präzisiert, gegen wen sich die Kritik bzw. der Spott des Autors richten könnte.	6 (II)	
7	entwickelt einen weiteren, eigenständigen Gedanken. (Max. 6 Punkte)		
		30	

Autorin: Angela Mielke

Texte, Themen und Strukturen
Lernerfolgskontrolle 41, S. 2

576 ERWARTUNGSHORIZONT

Aufgabe 2

	Anforderungen Die Schülerin / der Schüler	maximal erreichbare Punktzahl (AFB)	erreichte Punktzahl
1	verfasst eine angemessene Überleitung und nutzt den Text von Breitenstein schlüssig für den Einstieg in die eigene Argumentation.	3 (II)	
2	formuliert einen eigenen Standpunkt, z.B. in Form von einer oder mehreren Thesen.	3 (III)	
3	gestaltet den eigenen argumentativen Gedankengang deutlich, nachvollziehbar und strategisch geschickt.	6 (III)	
4	erläutert unter Rückgriff auf Unterrichtswissen verschiedene Möglichkeiten, Sprache und Wahrheit in Beziehung zueinander zu setzen …	9 (II)	
5	… und nimmt zu diesen Möglichkeiten kritisch Stellung, indem sie/er eigene Argumente findet und/oder bekannte Argumente nutzt.	9 (III)	
6	begründet ihre/seine Argumentation wirkungsvoll durch passende Belege und Beispiele aus Reden oder anderen Texten, die sie/er aus dem Unterricht oder aus privater Medien-/Politikerfahrung kennt.	9 (III)	
7	erbringt eine weitere, eigenständige Leistung im Rahmen der Argumentation. (Max. 6 Punkte)		
8	gestaltet zu ihrer/seiner Argumentation ein schlüssiges Ende, z.B. durch ein Fazit, eine Kompromissaussage oder einen Appell.	3 (III)	
		42	

Darstellungsleistung

	Anforderungen Die Schülerin / der Schüler	maximal erreichbare Punktzahl	erreichte Punktzahl
1	strukturiert den Klausurtext schlüssig, sinnvoll verknüpft und gedanklich klar.	6	
2	schreibt fachsprachlich korrekt und differenziert zwischen beschreibenden, deutenden und wertenden Aussagen.	6	
3	belegt Aussagen funktional durch korrekte Zitate.	3	
4	formuliert begrifflich präzise und differenziert, sprachlich-stilistisch angemessen, abwechslungsreich und sicher.	10	
5	schreibt sprachlich korrekt.	3	
		28	

Eine Zuordnung der Punktezahlen zu den Notenstufen findet sich auf S. 46 in diesem Handbuch.

Autorin:
Angela Mielke

Texte, Themen und Strukturen
Lernerfolgskontrolle 41, S. 3

E Schreiben und Sprechen – Klausuren und Abitur

Neben analytischen Schwerpunkten in verschiedenen thematischen Feldern stehen **Schreibkompetenzen** im Mittelpunkt des Deutschunterrichts der Oberstufe.

Die Kapitel **E1 bis E3** beinhalten eine systematische Auseinandersetzung mit allen klausurrelevanten Schreibprozessen der Sekundarstufe II. Der Schreibprozess ist in einzelne schwerpunktartige Übungsmodule aufgelöst. Diese sind über die Teilkapitel verteilt, sodass die Teilkompetenzen an verschiedenen Stellen unterschiedlich intensiv entwickelt werden. Ähnliches gilt für Kompetenzen der Textanalyse im Vorfeld von Schreibprozessen. Die Aufstellung auf S. 578 f. in diesen Handreichungen gibt einen Überblick über alle Teilkompetenzen der Textanalyse sowie des Verfassens verschiedener Aufsatztypen, die in Kapitel E vermittelt werden. Anhand dieser Übersicht lassen sich bei der Unterrichtsplanung zeitökonomisch spezifische Trainingseinheiten bedarfsgerecht zusammenstellen.

In Kapitel **E4** werden die analytischen Kompetenzen der Schülerinnen und Schüler im Bereich der Rhetorik in Form von Simulationen (mündliche Abiturprüfung und Abiturrede) handlungsorientiert entwickelt.

	Inhalte	Kompetenzen
		Die Schülerinnen und Schüler
S. 549	**E Schreiben und Sprechen – Klausuren und Abitur**	• überblicken Schreibkompetenzen, die in der Sekundarstufe II relevant sind • werten Erfahrungen mit klausurrelevanten Schreibaufgaben aus • reflektieren die Kompetenzanforderungen mündlicher Prüfungen

1/2 Die Auftaktseite des Großkapitels „Schreiben und Sprechen" kann im Sinne einer Diagnostik von Schreibkompetenzen genutzt werden. Die Schülerinnen und Schüler können selbst Stärken und Schwächen ihrer bisherigen Schreibaktivitäten benennen. Zur Fundierung einer solchen Diagnosephase zu Beginn weiterführender Schreibtrainings in der Sekundarstufe II können auch bisherige Klausuren hinzugezogen und ausgewertet werden. Detaillierte Hinweise für eine vertiefende Reflexion des eigenen Schreibens kann man den Schülerinnen und Schülern mit Hilfe der „Übersicht über klausurbezogene Analyse- und Schreibkompetenzen" (S. 578 f. in diesen Handreichungen) geben.

► S. 549

578 E1 KLAUSUREN UND ABITUR

Übersicht über klausurbezogene Analyse- und Schreibkompetenzen

(Die Seitenangaben beziehen sich auf den Schülerband. Eine Kurzversion dieser Übersicht steht im Schülerband auf S. 635 ff. zur Verfügung.)

Aufgabenstellungen
- Klärung der Aufgabenstellung (E1.3, S. 571)
- Muster von Aufgabenstellungen und zugeordnete Methoden der Texterarbeitung
  - Aussagen erschließen (E3.1, S. 596 → herausgestellte Zitate, → Leitfragen, → Marginalien, → Schlüsselwörter)
  - Aussagen gewichten (E3.1, S. 596 → herausgestellte Zitate, → Leitfragen, → Marginalien, → Schlüsselwörter)
  - begründen und urteilen (E3.1, S. 596 f. → Argumentationsbaustein, → Argumentationszirkel)
  - Situation erkennen (E1.4, S. 575 → Mindmap, Strukturdiagramm)
  - Prozess nachvollziehen (E1.4, S. 575, → Flussdiagramm, → Zeitleiste)
  - Übertragen von Gestaltungsentscheidungen (E1.4, S. 575 → Tabelle)
  - vergleichen / aufeinander beziehen (E1.3, S. 568 → Tabelle)
- Operationen im Deutschunterricht / Operatoren (E1.3, S. 567)

Analyse unterschiedlicher Textarten
- Epik
  - Außensicht (E1.4)
  - Atmosphäre/Stimmung (E1.4, S. 576)
  - Figurenkonstellation (E1.4, S. 576)
  - Innensicht (E1.4)
  - Kommunikation (E1.4, S. 576; u. a. Redeanteile, Themensetzung)
  - Leitmotiv (E1.4, S. 576)
  - Ort/Milieu (E1.4, S. 576)
  - Strategien literarischen Erzählens (E1.4, S. 576)
- Dramatik
  - Monolog (E1.2, S. 562 → dramatischer Monolog, → epischer Monolog, → lyrischer Monolog, → Reflexionsmonolog)
  - Soziogramm (E1.2, S. 561)
  - Sprechhandlungen (E1.2, S. 563)
- Interpretieren (E1, S. 550)
- Lesen
  - aktives Lesen (A7.3, S. 129; E1.2, S. 565)
  - Exzerpte (A7.3, S. 130)
  - Fünf-Schritt-Lesemethode (A7.3, S. 125 ff.)
  - Leseabsicht (A7.3, S. 125)
  - Lesestrategien (A7.3, S. 125 ff. → gezieltes/selektives Lesen, → intensives Lesen, → navigierendes Lesen, → überfliegendes/diagonales Lesen
  - Marginalien (A7.3, S. 129)
  - Randglossen (A7.3, S. 129)
- Lyrik (E1.3, S. 566 ff.)
- Methoden der literarischen Analyse
  - werkimmanente Methode (E1.1, S. 557 f.; E1.3, S. 572)
  - werkübergreifende Methoden (E1.1, S. 558 f.; E1.3, S. 573)
    - biografische Methode (E1.1, S. 558)
    - literaturgeschichtliche Methode (E1.1, S. 558)
    - literatursoziologische Methode (E1.1, S. 559)
    - mentalitätsgeschichtliche Methode (E1.1, S. 558)
    - psychoanalytische Methode (E1.1, S. 558)
    - rezeptionsästhetische Methode (E1.1, S. 558)

- Methoden der Texterschließung
  - Figurenkonstellation nachvollziehen (E1.2, S. 561 → Soziogramm)
  - Prozess nachvollziehen → Flussdiagramm (E1.2, S. 561, E1.4, S. 575), → Zeitleiste (E1.4, S. 575)
  - Situation erkennen (E1.4, S. 575 → Mindmap, → Strukturdiagramm)
  - Texte vergleichen (E1.3, S. 568 → zweispaltige – Übersicht, → dreispaltige Tabelle/Matrix)
- Sachtext
  - Argumentationsaufbau (E2.2, S. 588 f.)
  - Argumentationsbausteine (E3.1, S. 596)
  - Argumentationsstruktur (E3.1, S. 597 f.)
  - Argumentationsweise (E2.2, S. 589)
  - Argumentationszirkel (E3.1, S. 596 f.)
  - Argumenttypen und ihre Funktionen (E3.2, S. 608)
  - Feuilleton (E2.1, S. 581)
  - Glosse (E2.1, S. 580 ff.)
  - Intentionen von (Sach-)Texten (E2.1, S. 582 → Adressatenbezug, → Sachbezug, → Selbstausdruck)
  - persuasive Textsignale (E2.1, S. 582 f. → Appell, → Argumentation, → Humor, → Ironie, → Spott, → Polemik)
  - politische Lexik (E2.2, S. 592 → Fahnenwörter, → Stigmawörter, → Emotionalisierung der öffentlichen Meinung)
  - Pro- und Kontra-Tabelle (E3.2, S. 607)
  - Rede / Leitfragen zur Redeanalyse (E2.2, S. 585 ff.)
    - Redeabsicht (E1.2, S. 589)
    - Redeinhalt (E2.2, S. 588)
    - Redesituation (E2.2, S. 588)
  - rhetorische Mittel (E2.2, S. 591)
  - Sachtexttypen und ihre Intentionen (E2.1, S. 582)
  - Strategien der Beeinflussung (E2.2, S. 589 f. → Ablenkung/Beschwichtigung, → Abwertung, → Aufwertung, → Dramatisierung, → Überzeugen)

Schreiben in der Sekundarstufe II
- Erörterung (E3.1, E3.2)
  - Arbeitsplan: Textgebundene Erörterung (E3.1, S. 602 ff.)
  - Argumentationsbausteine (E3.1, S. 596)
  - Argumentationszirkel (E3.1, S. 597)
  - Argumenttypen und ihre Funktion (E3.3, S. 608 → analogisierendes Argument, → Argumentum ad populum, → Autoritätsargument, → Faktenargument, → indirektes Argument, → normatives Argument)
  - Aspekte- und Stoffsammlung (E3.2, S. 607)
  - Aufbauformen (E3.1, S. 601 f.)
    - dialektischer Aufbau (→ im Block [Sanduhr-Prinzip], → fortlaufend, E3.1, S. 601)
    - fortlaufender antithetischer Pro-und-Kontra-Aufbau (Pingpong-Prinzip, E3.1, S. 601)
    - steigernder (linearer) Aufbau (E3.1, S. 601)
  - Formen der Erörterung
    - freie Erörterung / Problemerörterung (E3, S. 594; E3.2, S. 606 ff.)
    - literarische Erörterung (E3.1, S. 594)
    - textgebundene Erörterung (E3.1, S. 594)
  - Formulierungsbausteine
    - Struktur und Sprache einer Argumentation beschreiben (E3.1, S. 598)
    - Sanduhr-Prinzip (E3.1, S. 601)
    - Pingpong-Prinzip (E3.1, S. 601 f.)

- Grundtypen kritischer Texterörterung (E3.1, S. 599 ff.)
  begründeter Widerspruch / kritische Distanzierung
  (E3.1, S. 600)
  teilweise Übereinstimmung (E3.1, S. 600)
  begründete Zustimmung (E3.1, S. 600)
  weiterführende Problematisierung (E3.1, S. 600)
- Interpretationsaufsatz (E1.1)
  - Arbeitsplan (E1.3, S. 571 ff.)
  - Aufbau eines Analyse-/Interpretationsaufsatzes (E1.1, S. 552)
  - Denk- und Formulierungsfehler (E1.1, S. 559)
  - Einordnung von Romanauszügen etc. (E1.1, S. 555)
  - Fazit/Resümee (E1.1, S. 555)
  - Form-Inhalt-Bezug (E1.1, S. 554)
  - Formulierungsbausteine
    Analyse und Deutung (E1.2, S. 563)
    Analyse einer Kurzgeschichte (E1.4, S. 577)
    Benennung der Analyse-/Interpretationsmethode (E1.1, S. 559)
    Einleitungssätze (E1.1, S. 555)
    Inhalt-Form-Bezug (E1.1, S. 554)
    Kontextwissen / Werkübergreifende Interpretationsthese (E1.1, S. 556)
    Schlussgedanken (E1.1, S. 555)
    Vergleich (E1.3, S. 570)
    Verknüpfungssätze (E1.1, S. 554 → Gelenkstelle These – Textbeleg, → Gelenkstelle Textbeleg – Deutung, → Gelenkstelle gedankliche Erschließung – Rückbindung an die These)
  - Gliederung (E1.3, S. 571)
  - grundlegende Probleme lösen (E1.2, S. 565)
  - Hinführung zur Interpretation (E1.1, S. 554 f.)
  - Interpretationsthese (E1.1, S. 552, 553; E1.3, S. 571)
  - Interpretationsthesen ausführen (E1.1, S. 553 → These, → Beleg für die These, → Deutung des Belegs, → Rückbindung an die These)
  - Interpretationsthesen zum Inhalt-Form-Bezug (E1.1, S. 554)
  - Kontextwissen einbeziehen (E1.1, S. 555 f.)
  - Textvergleich (E1.2, S. 560 ff.)
  - Verfahren der Interpretation (E1.1, S. 553 → aspektorientiertes Verfahren, → lineares Verfahren)
- Paraphrasieren (E3.1, S. 597)

- Produktiv-gestaltende Interpretation (E1.4)
  - Gedanken und Äußerungen einer Figur entwickeln (E1.4, S. 578)
  - Anschlusstexte (E1.4, → Brief, S. 577, → Dialog, S. 579, → innerer Monolog, S. 578, → Perspektivenwechsel, S. 579, → Tagebucheintrag, S. 578)
  - Methoden der Ideenfindung (E1.4, S. 577)
  - Methoden der Schreibvorbereitung (E3.1, S. 596 → Abschnittüberschriften/Marginalien, → Argumentationsbaustein, → Argumentationszirkel, → herausgestellte Zitate, → Leitfragen, → Schlüsselwörter, → Tabelle)
- Sachtextanalyse
  - Aufbau einer schriftlichen Sachtextanalyse (E2.1, S. 583 f.)
  - Formulierungsbausteine
    Aussagen mit eigenen Worten wiedergeben (E2.1, S. 581)
    Wiedergabe von Sachtexttypen und ihren Intentionen (E2.1, S. 584 f.)
- Schreibkompetenzen
  - Schreibaufgaben-Wahrnehmung (A7.1, S. 117 ff.)
  - Schreibformen
    analysierendes/interpretierendes Schreiben (A7.1, S. 119 ff.; E1, E2)
    erörterndes Schreiben (A7.1, S. 119; E3)
    produktiv-gestaltendes Schreiben (A7.1, S. 119; E1.4, S. 573 ff.)
  - Schreibplanung (A7.1, S. 119 f.; E1.2, S. 565)
  - Schreibprozess-Reflexion (A7.1, S. 117)
  - Schreibzielklärung (A7.1, S. 117)
- Textüberarbeitung (A7.1, S. 120 ff.; A7.5, E1.1, E1.2, E3.1)
  - Entfaltungsgrad steigern (E1.4, S. 579)
  - Gelenkwörter (Konjunktionen und Adverbien) (E2.2, S. 593)
  - Haus der Stile (E3.2, S. 610 → amtsprachlicher Stil, → bildungssprachlicher Stil, → derber/vulgärer Stil, → dichterischer Stil, → gehobener Stil, → jargonhafter Stil, → normalsprachlicher Stil, → salopper Stil, → umgangssprachlicher Stil)
  - Kohärenz verbessern (E3.1, S. 605)
  - Prägnanz verbessern (E1.4, S. 579)
  - Prüflisten
    Erörterungsaufsatz (E3.1, S. 602)
    weiterführendes gestaltendes Schreiben (E1.4, S. 579)
  - Stimmigkeit herstellen (E1.4, S. 579)
  - Wörterbücher nutzen (E3.2, S. 609 f. → Bedeutungswörterbuch, → Stilwörterbuch, → Synonymwörterbuch)

1 Analysierendes/Interpretierendes Schreiben

Konzeption des Kapitels

Nach wie vor stehen Literaturinterpretationen im Mittelpunkt des Deutschunterrichts der Sekundarstufe II. Neben den gedanklichen Anforderungen, die eine deutende Analyse an die Schülerinnen und Schüler stellt, bedeutet im Deutschunterricht besonders auch die schriftliche Gestaltung von Analyseergebnissen eine Herausforderung. Sowohl das Verfassen von Interpretationsaufsätzen als auch die vorbereitenden Textanalysen sind zentrale Gegenstände dieses Kapitels. Exemplarisch werden Analyse- und Schreibkompetenzen an vier verschiedenen literarischen Gegenständen erarbeitet.

Das erste Teilkapitel (**„Analyse/Interpretation eines epischen Textes – Beispiel: Christa Wolfs ‚Kassandra‘"**) stellt einen Erzähltext aus der zweiten Hälfte des 20. Jahrhunderts in den Mittelpunkt. In diesem Teilkapitel erwerben die Schülerinnen und Schüler grundlegende methodische Kenntnisse der literarischen Interpretation (Aufbau eines Interpretationsbausteins, Verwendung verschiedener Verfahren der literarischen Interpretation, Auseinandersetzung mit Herausforderungen der Verschriftlichung von Analyseergebnissen usw.).

Das zweite Teilkapitel (**„Analyse/Interpretation eines Dramentextes – Beispiel: Johann Wolfgang Goethes ‚Iphigenie auf Tauris‘"**) führt am Beispiel eines klassischen Textes in die schriftliche Dramenanalyse ein. Es macht deutlich, wie das Kontextwissen zu einer literarischen Epoche in einen Aufsatz eingebunden werden kann, und leitet den Vergleich zweier literarischer Figuren an.

Das dritte Teilkapitel (**„Analyse/Interpretation von Gedichten – Gedichtvergleich: Goethe/Brecht"**) führt die Schülerinnen und Schüler in die schriftliche Lyrikanalyse ein. Nachdem in den ersten beiden Teilkapiteln bereits alle Elemente eines Interpretationsaufsatzes erarbeitet worden sind, wird nun die Struktur dieses Aufsatztyps systematisiert. Außerdem wird in diesem Kapitel der in Abiturprüfungen oft gewählte Aufgabentyp des Lyrikvergleichs geübt.

Im vierten Teilkapitel (**„Gestaltendes Interpretieren – Beispiel: Gabriele Wohmanns ‚Flitterwochen, dritter Tag‘"**) lernen die Schülerinnen und Schüler weitere Festlegungen kennen, die eine Autorin/ein Autor in erzählenden Texten zu treffen hat, und gestalten nach einer schriftlichen Darstellung solcher epischer Besonderheiten einen eigenen, die Problematik fortführenden Text.

Literaturhinweise

Berghahn, Klaus L.: „Das Pathetischerhabene". Schillers Dramentheorie. In: Reinhold Grimm (Hg.): Deutsche Dramentheorien. Beiträge zu einer historischen Poetik des Dramas in Deutschland. Athenäum, Frankfurt/M. 1971, S. 214–244

Böcker, Lisa/Brenner, Gerd/Brüning, Beatrix u. a.: Literatur und Gattungen. Texte, Themen und Strukturen interaktiv. Hg. von Klaus Eilert, Ute Fenske und Cordula Grunow. Cornelsen, Berlin 2004

Brenner, Gerd/Brenner, Kira: Fundgrube Methoden I. Für alle Fächer. Cornelsen Scriptor, Berlin 2005

Brenner, Gerd/Gierlich, Heinz/Hellenbroich, Christoph/Schmolke, Philipp: Literarische Texte und Medien: Von der Analyse zur Interpretation. Neue Ausgabe. Hg. von Bernd Schurf und Andrea Wagener. Cornelsen, Berlin 2005

Brenner, Gerd: Fundgrube Methoden II. Für Deutsch und Fremdsprachen, Cornelsen Scriptor, Berlin 2007

Brenner, Gerd/Hußing-Weitz, Renate: Besser in Deutsch – Oberstufe. Texte verfassen. Cornelsen Scriptor, Berlin [4]2007

Conrady. Das Buch der Gedichte. Deutsche Lyrik von den Anfängen bis zur Gegenwart. Neu hg. von Hermann Korte. Cornelsen, Berlin 2006

Echtermeyer. Deutsche Gedichte. Von den Anfängen bis zur Gegenwart. Auswahl für Schulen. Hg. von Elisabeth K. Paefgen zusammen mit Peter Geist. Cornelsen, Berlin [19]2005

Matuschek, Stefan (Hg.): Mythos Iphigenie. Texte von Aischylos bis Volker Braun. Reclam, Leipzig 2006

E 1 ANALYSIERENDES/INTERPRETIERENDES SCHREIBEN

	Inhalte	Kompetenzen Die Schülerinnen und Schüler
S. 550	**1.1 Analyse / Interpretation eines epischen Textes – Beispiel: Christa Wolfs „Kassandra"** Den Aufsatz vorbereiten – Interpretationsthesen erarbeiten Den Aufsatz eröffnen – Von der Einleitung zum Hauptteil Das Fazit – Ein Resümee ziehen Einen weiterführenden Gedanken entwickeln – Kontextwissen einbeziehen Den Schreibprozess reflektieren – Den Analyse-/Interpretationsaufsatz zusammenstellen Den Aufsatz überarbeiten – Denk- und Formulierungsfehler verbessern	▪ erfassen abitur- und klausurrelevante Aufgabenstellungen ▪ erarbeiten den Aufbau eines Analyse-/Interpretationsaufsatzes ▪ beherrschen die Entfaltung einer Interpretationsthese ▪ beziehen außertextliche Informationen sachgerecht in den Interpretationsgang ein ▪ nutzen verschiedene Verfahren der Literaturinterpretation in reflektierter Weise ▪ erörtern den Problemgehalt eines literarischen Textes im Rahmen eines weiterführenden Schreibauftrags ▪ überarbeiten einen Interpretationsaufsatz nach ausgewählten Gesichtspunkten
S. 560	**1.2 Analyse / Interpretation eines Dramentextes – Beispiel: Johann Wolfgang Goethes „Iphigenie auf Tauris"** Den Aufsatz eröffnen – Von der Einleitung zum Hauptteil Schwerpunkte festlegen – Interpretationsthesen ausführen und die Sprache analysieren Werkübergreifende Deutung – Kontextwissen zur Epoche einbeziehen Einen Vergleich planen und ausführen – Figuren verschiedener Werke Den Aufsatz überarbeiten – Strukturprobleme vorbeugen	▪ beschreiben, analysieren und interpretieren eine Dramenszene ▪ ordnen diese in den Handlungszusammenhang des Dramas ein ▪ erarbeiten aspektorientiert werkimmanente Interpretationsansätze ▪ deuten die Dramenszene epochenbezogen ▪ vergleichen werkübergreifend zwei literarische Figuren ▪ unterscheiden Arten des Monologs ▪ identifizieren Sprechhandlungen in Dramen ▪ visualisieren Situationen und Handlungsabläufe in Dramen mit Hilfe von Soziogrammen und Flussdiagrammen ▪ setzen sich mit grundlegenden Problemen auseinander, die in Interpretationsaufsätzen auftreten können
S. 566	**1.3 Analyse/Interpretation von Gedichten – Gedichtvergleich: Goethe/Brecht** *Johann Wolfgang Goethe:* Maifest *Bertolt Brecht:* Erinnerung an die Marie A. Arbeitsvorbereitung – Die Aufgabenstellung verstehen Schwerpunkte festlegen – Interpretationsthesen ausführen Werkübergreifende Deutung – Kontextwissen zur Epoche einbeziehen Den Aufsatz eröffnen – Von der Einleitung zum Hauptteil Einen Vergleich planen und ausführen – Verschiedene Aspekte bedenken Den Analyse-/Interpretationsaufsatz überarbeiten – Ein Arbeitsplan	▪ lernen Aspekte einer Gedichtanalyse kennen ▪ erarbeiten die Deutung eines Gedichts und bringen sie in eine angemessene sprachliche Form ▪ beziehen eine Gedichtaussage auf eine literarische Epoche ▪ entwickeln einen Gedichtvergleich ▪ unterscheiden typische Operationen in Deutschklausuren ▪ lernen das Strukturmuster eines Interpretationsaufsatzes kennen und nutzen es zur Verbesserung eigener Entwürfe

S. 573	**1.4 Gestaltendes Interpretieren – Beispiel: Gabriele Wohmanns „Flitterwochen, dritter Tag"** Arbeitsvorbereitung – Die Aufgabenstellung verstehen Literarisches Erzählen – Strategien und Elemente erkennen und beschreiben Die gestaltende Interpretation vorbereiten und ausführen – Methoden der Ideenfindung Den Text überarbeiten – Stimmigkeit, Entfaltungsgrad, Prägnanz	<ul><li>analysieren und interpretieren eine Kurzgeschichte</li><li>erarbeiten die Situation in der Geschichte mittels Mindmap und Strukturdiagramm</li><li>vollziehen den dargestellten Prozess in einem Flussdiagramm oder einer Zeitleiste nach</li><li>strukurieren Gestaltungsideen in einer Tabelle</li><li>gestalten die Innenwelt einer literarischen Figur weiter aus</li><li>kennen die Herausforderungen unterschiedlicher Aufgaben des produktiv-gestaltenden Interpretierens (innerer Monolog, Tagebucheintrag, Dialog, Perspektivenwechsel)</li></ul>

1.1 ANALYSE/INTERPRETATION EINES EPISCHEN TEXTES **583**

1.1 Analyse/Interpretation eines epischen Textes – Beispiel: Christa Wolfs „Kassandra"

Christa Wolf: Kassandra. Erzählung (1983) – Auszug ▶ S. 550

Den Aufsatz vorbereiten – Interpretationsthesen erarbeiten ▶ S. 552

1/2 Mögliche Aspekte, nach denen sich der Auszug aus „Kassandra" systematisch analysieren/interpretieren lässt:
- patriarchales Männlichkeitskonzept (das Frauen an den Rand drängt)
- Krieg als männliches Dominanzstreben
- weiblicher Blick auf das Geschehen
- feministische Prägung der Ich-Erzählerin
- Versagen/Missbrauch der Sprache
- Besonderheiten der Syntax

3 **Zentrale Interpretationsthese** – mögliche Lösung:
Das von Männern geprägte Kriegsgeschehen stellt die Ich-Erzählerin aus der Perspektive einer feministisch-kritischen, zur Ohnmacht verdammten Frau dar.

Zur Methode „Verfahren der Interpretation – Linear oder aspektorientiert" (S. 553 im Schülerband):
Die Schülerinnen und Schüler können darauf hingewiesen werden, dass das aspektorientierte Verfahren in Klausuren neben den im Schülerband genannten Vorzügen einen weiteren Vorteil bietet: Da es Einsichten sachlogisch bündelt, führt diese Zusammenschau von Einzelheiten unter leitenden Gesichtspunkten zu einer zusätzlichen gedanklichen Dynamik, die sich bei einem linearen Verfahren nicht einstellen würde. Das aspektorientierte Verfahren führt deshalb eher zu vertieften Deutungsansätzen als das lineare. Da das aspektorientierte Verfahren allerdings höhere Herausforderungen an die Schülerinnen und Schüler stellt als das lineare, kann es erst in der Sekundarstufe II zum Standard erklärt werden.

4 Die **Interpretationsthesen für den Hauptteil** sollten die in Aufgabe 3 formulierte zentrale These gedanklich untergliedern. Beispiele:
- Kassandra, die Ich-Erzählerin, wird in dieser Szene in die Rolle einer ohnmächtigen Zuschauerin gedrängt.
- Die innere Distanzierung der Ich-Erzählerin von dem kriegerisch-männlichen Heldentum wird sprachlich klar markiert (z. B. „Achill das Vieh", Z. 130).
- An einigen Stellen unterstreicht die Ich-Erzählerin ihren inneren Erregungszustand mit einem betont hypotaktischen Satzbau oder syntaktischen Auflösungen im Sinne des Stream of Consciousness (vgl. Z. 29–34).
- An anderen Stellen wählt die Ich-Erzählerin eine extreme Verknappung der Syntax, um ihre Angst zum Ausdruck zu bringen (vgl. Z. 45 ff.).

Zu den „Formulierungsbausteinen" (S. 554 ff.): Auf die Formulierungsbausteine in den Kapiteln E1 bis E3 (z. B. für Verknüpfungssätze, Inhalt-Form-Bezug, Einleitungssätze, Schlussgedanken usw.) können Schülerinnen und Schüler zurückgreifen, denen es schwerfällt, verschiedene Aussageebenen eines Textes angemessen sprachlich zu verknüpfen.

5 Beispiel für **Inhalt-Form-Bezug**:
Die Ich-Perspektive mit ihrem eingeschränkten Horizont kann in der dargestellten Kriegsszene genutzt werden, um die Unübersichtlichkeit des Geschehens zu unterstreichen; andererseits öffnet diese Perspektive den Blick ins Innere der Hauptfigur Kassandra.

6 Bei der Ausführung der These können sich die Schülerinnen und Schüler an dem auf S. 553 im Schülerband dargestellten Prozess (vgl. die Information „Interpretationsthesen ausführen") orientieren.

584 E1 ANALYSIERENDES/INTERPRETIERENDES SCHREIBEN

7 Mögliche Lösung für einen weiteren Inhalt-Form-Bezug:
Der Textauszug enthält einige stark subjektiv geprägte Schilderungen des Geschehens und
Erzählformen, die inneres Geschehen wiedergeben können, z. B. erlebte Rede.

8 **Einsatz sprachlicher Mittel, ihre Funktion und Wirkung** – mögliche Untersuchungsaspekte:
- Metaphern („Für immer fielen alle Regeln in den Staub", Z. 96 f. → Regeln werden mit Füßen getreten,
  sind wertlos geworden);
- symbolische Handlungen („Zerbrach, ohne es zu merken, den Tonbecher in meiner Hand", Z. 106 f. →
  Vorahnung des dem Bruder bevorstehenden Todes);
- Parallelismus („Troilos der Bruder fiel. Achill das Vieh war über ihm", Z. 98 f. → unterstreicht den
  Kontrast zwischen den beiden Figuren und die Verteilung von Liebe und Hass);
- Ellipsen („Wurde nicht wahnsinnig. Blieb stehn", Z. 105 → Anzeichen leidenschaftlich erregter Rede).

▶ S. 554 **Den Aufsatz eröffnen – Von der Einleitung zum Hauptteil**

1 Mögliche Lösung für eine Einleitung:
1983, zur Zeit des Kalten Krieges, erschien Christa Wolfs Erzählung „Kassandra". Darin setzt sich
die aus der griechischen Mythologie überlieferte Königstochter Kassandra mit verschiedenen
Erscheinungsformen des Patriarchats auseinander, wobei sie eine betont moderne, feministische
Perspektive einnimmt.

2 **Einordnung des Textauszugs in die Gesamthandlung und Inhaltswiedergabe** – mögliche Lösung:
Zentraler Gegenstand der Erzählung sind Vorgeschichte und Ablauf des viele Jahre lang andauern-
den Trojanischen Krieges, in dem Kassandras Heimatstadt sich in einen Überwachungsstaat verwandelt und nach vielen Verlusten auf beiden Seiten schließlich untergeht. Das Geschehen wird in
der Retrospektive erzählt. Kassandra ringt in einer patriarchalisch geprägten Gesellschaft um
Autonomie; als Seherin weiß sie bereits sehr früh, wie die von männlicher Durchsetzungsdynamik
geprägten kriegerischen Auseinandersetzungen ausgehen werden; aber keiner will ihre Warnungen
hören.
In dem vorliegenden Textauszug wird insbesondere dargestellt, wie Kassandra den Beginn des
Trojanischen Krieges erlebt. Die Handlung spitzt sich zu in dem ungleichen Zweikampf zwischen
Troilos, Kassandras Bruder, und dem Griechenhelden Achill. Dabei stehen Erscheinungsformen und
Antriebskräfte männlicher Aggression im Mittelpunkt; sie werden mit einem betont weiblichen Blick
verfolgt. Die Ich-Erzählerin Kassandra spricht von Achill als einem Vieh, das in seinem maskulinen
Dominanzdrang ihren Bruder erbarmungslos abschlachtet. Kassandra kann die Ereignisse in ihrer
Randposition nur hilflos mitansehen; sie erklärt, sie habe sich seitdem vergeblich bemüht, die Art,
wie ihr Bruder zu Tode gekommen sei, zu vergessen.

3 Bei der schriftlichen Ausführung des Hauptteils kann auf die vorbereitenden Überlegungen zu Aufgabe 4
auf S. 553 im Schülerband (vgl. S. 583 in diesen Handreichungen) zurückgegriffen werden.

▶ S. 555 **Das Fazit – Ein Resümee ziehen**

1 Die Schülerinnen und Schüler sollten darauf hingewiesen werden, dass ein Fazit bisherige Befunde – und
insbesondere die einleitende zentrale Interpretationsthese (vgl. Aufgabe 3, S. 453 im Schülerband; S. 583
in diesen Handreichungen) – nicht bloß wiederholen, sondern einen fortgeschrittenen Erkenntnisstand
zum Ausdruck bringen sollte.

▶ S. 555 **Einen weiterführenden Gedanken entwickeln – Kontextwissen einbeziehen**

Weitere bereits didaktisierte Auszüge aus dem Arbeitstagebuch von Christa Wolf sind zusammengestellt in:
Andreas Zdrallek: Christa Wolf „Kassandra". Texte, Themen und Strukturen. Kopiervorlagen. Hg. von Bernd
Schurf und Andrea Wagener. Cornelsen, Berlin 2008
Ergänzende Informationen zum Kalten Krieg können – bei rechtzeitiger Vorbereitung – in einem
Schülerreferat präsentiert werden.

1.1 ANALYSE/INTERPRETATION EINES EPISCHEN TEXTES

1 Beispiel einer These, die den Auszug aus „Kassandra" und das Material auf S. 556 im Schülerband (Auszug aus Christa Wolf: „Arbeitstagebuch zu ‚Kassandra'" sowie Hanno Drechsler/Wolfgang Hilligen/Franz Neumann: „Kalter Krieg") miteinander verknüpft:

Christa Wolf spiegelt in dem antiken Krieg zwischen Griechen und Trojanern die zugespitzte politisch-militärische Konfliktsituation des Kalten Krieges wider, den sie zur Entstehungszeit der „Kassandra"-Erzählung persönlich als sehr bedrohlich erlebt hat. Damit stehen Leben und Werk der Autorin in einem offensichtlichen Zusammenhang. Es gibt biografische Äußerungen der Autorin, die auf einen solchen zeitgeschichtlichen Hintergrund der Erzählung hinweisen.

Werkübergreifende Interpretationsthese

▶ S. 556

1 Vorbereitung der detaillierten Ausführung der These – mögliche Ergänzung der Tabelle:

Aspekte des (Kalten) Krieges	Zitat aus dem „Arbeitstagebuch"	Parallelen zu „Kassandra" (Textauszug)
Freund-Feind-Logik	„Die Nachrichten beider Seiten bombardieren uns mit der Notwendigkeit von Kriegsvorbereitungen, die auf beiden Seiten Verteidigungsvorbereitungen heißen." (Z. 39–42)	„Krieg durfte er nicht heißen. Die Sprachregelung lautete, zutreffend: Überfall." (Z. 3 f.)
Sinnlosigkeit des Krieges	„Wer als erster zuschlägt, wird als zweiter sterben." (Z. 36 f.)	„Lautlos und entfernt genug, sah ich, sanken die Menschenpuppen um." (Z. 60 f.) „Wer sehen konnte, sah am ersten Tag: Diesen Krieg verlieren wir." (Z. 103 f.)
fehlende Bereitschaft, Verständnis für die Belange der Gegenseite aufzubringen	„[...] Analyse der historischen Situation, die nur Menschen mit historischem Verständnis (das heißt auch: mit Verständnis der historischen Situation der anderen Seite) leisten könnten" (Z. 10–14)	„[...] haben wir uns nicht bemüht, der Griechen Absicht wirklich zu ergründen" (Z. 6–8)
gefährliche Sicherheitsideologie	„Der wahnhafte Irrtum: Sicherheit von einer Maschine abhängig zu machen" (Z. 8 f.)	„Hektors Schwur vertrauend, kein Grieche werde unsern Strand betreten" (Z. 35–37)

2 Mögliche Kriterien, mit deren Hilfe Christa Wolfs Versuch der politischen Bewusstseinsbildung beurteilt werden kann, könnten z. B. sein:
- politische Wirksamkeit von Schriftstellerinnen/Schriftstellern → Schriftsteller/innen als gesellschaftliche „Kassandras"?
- Mobilisierungsfähigkeit von Literatur bei Entscheidungen über Krieg und Frieden → Beispiele aus der Literaturgeschichte (z. B. „Im Westen nichts Neues" von Erich Maria Remarque, 1929 in Buchform erschienen, in 50 Sprachen übersetzt, wurde 1933 bei den nationalsozialistischen Bücherverbrennungen in vielen Exemplaren vernichtet und konnte den Zweiten Weltkrieg nicht verhindern);
- Zugänglichkeit der politischen Klasse in verschiedenen Gesellschaftssystemen für literarische Mahner/innen → Verhältnis von Intellektuellen und politischer Führung.

Den Schreibprozess reflektieren – Den Analyse-/Interpretationsaufsatz zusammenstellen

▶ S. 557

1 Vermutlich werden die Schülerinnen und Schüler neben der werkimmanenten Methode vor allem biografische und literatursoziologische bzw. mentalitätsgeschichtliche Deutungsansätze entwickelt haben.

2 Oft fällt es Schülerinnen und Schülern bis weit in die Sekundarstufe II hinein schwer, die methodologische Metaebene zu beschreiten und ihr methodisches Vorgehen im Rahmen eines Aufsatzes in Worte zu fassen. Die Formulierungsbausteine auf S. 559 im Schülerband sollen dazu einige Fährten legen.

586 E1 ANALYSIERENDES/INTERPRETIERENDES SCHREIBEN

3 Zur Lösung dieser Aufgabe – des Verfassens des gesamten Aufsatzes – können die Schülerinnen und Schüler bisher erarbeitete Textbausteine zusammenfügen und Lücken schließen, sodass sich ein kompletter Aufsatz ergibt.
Alternativ können die Schüler/innen den **Beispielaufsatz** einer Schülerin auf der beiliegenden CD anhand der dort formulierten Aufgaben untersuchen und bewerten.

► S. 559 **Den Aufsatz überarbeiten – Denk- und Formulierungsfehler verbessern**

1 Die Aufsatztexte können auch in Form einer Schreibkonferenz (vgl. S. 121 f. des Schülerbandes) von Mitschülerinnen und Mitschülern überprüft werden.

2 Zur Überprüfung von Rechtschreibung und Zeichensetzung können die Schülerinnen und Schüler die folgenden Hilfsmittel an die Hand bekommen:
- *Brenner, Gerd / Gierlich, Heinz u. a.:* Texte überarbeiten: Von der Rechtschreibung zum sicheren Ausdruck. Neue Ausgabe. Texte, Themen und Strukturen Arbeitsheft. Hg. von Bernd Schurf und Andrea Wagener. Cornelsen, Berlin 2006
- *Senk, Simone:* Duden. Wissen griffbereit – Deutsch. Rechtschreibung und Zeichensetzung. Bibliographisches Institut F. A. Brockhaus, Mannheim 2005
- *Stang, Christian / von Heyl, Julian:* Duden. Richtig schreiben – kurz gefasst. Die 111 häufigsten Stolpersteine der Rechtschreibung. Dudenverlag, Mannheim 2006

◎ Weiterführendes Material zu diesem Teilkapitel findet sich auf der beiliegenden CD:
- Bewertung von Klausurtexten (Beispielaufsatz: Analyse/Interpretation des Auszugs aus Christa Wolfs „Kassandra")
- Analysetraining: Christa Wolfs „Kassandra" – Analyse des Erzählanfangs

1.2 Analyse/Interpretation eines Dramentextes – Beispiel: Johann Wolfgang Goethes „Iphigenie auf Tauris"

► S. 560 **Johann Wolfgang Goethe: Iphigenie auf Tauris** (1787) – Vierter Aufzug. Erster Auftritt

Goethes „Iphigenie auf Tauris" wird auch in Kapitel B2 (S. 170 ff. im Schülerband, S. 172–178 in diesen Handreichungen) behandelt.
Literaturhinweis
- *Fingerhut, Karlheinz / Fingerhut, Margret:* Epochenumbruch 1800: Klassik und Romantik. Kursthemen Deutsch. Hg. von Dietrich Erlach und Bernd Schurf. Cornelsen, Berlin 2005

► S. 561 **Den Aufsatz eröffnen – Von der Einleitung zum Hauptteil**

1 Mögliche Lösung:

Iphigenies Konflikt		
familiäre Bindung	→	← Aufrichtigkeit Thoas gegenüber
Rückkehrwunsch	→	← Aufgabe in der Fremde, Vermittlerin aufklärerisch-humanitärer Ideale
Geschwisterliebe	→	← Festhalten an Idealen
Notwendigkeit, Gefahren abzuwenden	→	← Verzicht auf List und Lüge als unmoralisches Verhalten

2 Mögliche **Einleitung** zu einem Analyse-/Interpretationsaufsatz, in der u. a. Iphigenies Konfliktsituation angegeben wird:
In dem 1787 entstandenen Drama „Iphigenie auf Tauris" von Johann Wolfgang Goethe befindet sich die Protagonistin Iphigenie in einem unlösbar erscheinenden Konflikt zwischen moralischer Integrität und Geschwisterliebe.

3 a Das Soziogramm der für die Szene relevanten Figuren könnte z. B. so aussehen:

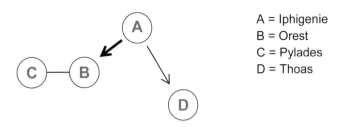

Ausführlichere Informationen zum Soziogramm bei Brenner/Brenner 2005, S. 177 f. (vgl. Literaturhinweise auf S. 580 in diesen Handreichungen)

Einordnung der Szene in das Drama / grafische Umsetzung der Informationen auf S. 175 f. im Schülerband – mögliches Flussdiagramm:

Handlungsfolge bis zu Szene IV/1
Iphigenie, Tochter des ermordeten Griechenkönigs Agamemnon, ist in der Fremde, bei den Tauriern, Priesterin der Diana und sehnt sich nach Hause zurück.
⇩
Iphigenie weist die Werbung des Königs der Taurier, Thoas, ab, kann ihm aber ihre humanitären Ideale nahebringen, sodass z. B. die Menschenopfer abgeschafft werden.
⇩
Iphigenie offenbart Thoas ihre Herkunft aus dem fluchbeladenen Geschlecht des Tantalus, dessen Nachkommen sich immer wieder in Familienmorde verwickeln.
⇩
Iphigenie berichtet, dass sie bei Agamemnons, ihres Vaters, Kriegszug gegen Troja den Göttern geopfert werden sollte und von der Göttin Diana in einer Wolke nach Tauris gebracht wurde.
⇩
Thoas, der weiter um ihre Hand anhält, ist von ihrer Weigerung enttäuscht und will das Menschenopfer wieder einführen.
⇩
Zwei Fremde sind in Tauris gelandet und sollen geopfert werden.
⇩
Iphigenie entdeckt, dass die Fremden ihr Bruder Orest und dessen Freund Pylades sind, die einem göttlichen Befehl folgend nach Tauris gekommen sind.
⇩
Iphigenie erfährt, dass Orest in der Heimat die gemeinsame Mutter Klytämnestra ermordet hat, weil diese mit Hilfe ihres Liebhabers Aigisthos den Vater Agamemnon kurz nach dessen Heimkehr aus Troja aus dem Weg geräumt hatte.
⇩
Iphigenie erfährt, dass Orest auf Geheiß des Gottes Apoll den Muttermord sühnen soll, indem er „die Schwester, die an Tauris' Ufer im Heiligtum wider Willen" lebe, nach Griechenland zurückbringen soll.

588 E 1 ANALYSIERENDES/INTERPRETIERENDES SCHREIBEN

b Art des Monologs: Im Kern handelt es sich bei Iphigenies Gedankengang um einen dramatischen Monolog, da Iphigenie Handlungsmöglichkeiten abwägt und sich schließlich zu einer Entscheidung durchringt. Es finden sich auch Elemente eines lyrischen Monologs, da Iphigenie ihre seelische Situation intensiv zur Sprache bringt.

4 **Zentrale Interpretationsthese** – mögliche Lösung:
In einem schweren inneren Konflikt entscheidet sich Iphigenie für ihre Humanitätsideale.

5 **Beginn des Hauptteils** (Einordnung des Monologs in die Handlung des Dramas) – mögliche Lösung:
Als Priesterin der Göttin Diana fürchtet Iphigenie, im Auftrag des Taurierkönigs Thoas ihren eigenen, unverhofft erschienenen Bruder Orest und dessen Freund Pylades als Menschenopfer töten zu müssen. Diese fühlen sich durch einen Orakelspruch genötigt, dem Taurierkönig die Diana-Statue gewaltsam aus den Händen zu reißen. Der Konflikt ist deswegen von besonderer Brisanz, weil Iphigenie den König in letzter Zeit mit ihren humanistischen Idealen beeindruckt hat und sich ihm und seiner weiteren humanistischen Emanzipation verpflichtet fühlt.

6 **Inhaltswiedergabe** der Szene – mögliche Lösung:
Der Konflikt, in dem Iphigenie sich befindet, spitzt sich in Szene IV,1 zu. In diesem Konfliktmonolog schwankt Iphigenie zwischen familiären Bindungen und der Aufrichtigkeit Thoas gegenüber, zwischen ihrem Wunsch, mit dem Bruder nach Hause zurückzukehren, und ihrer selbst gewählten Aufgabe, in der Fremde aufklärerisch-humanitäre Ideale zu verbreiten, zwischen der Notwendigkeit, Gefahr für Leib und Leben vom Bruder abzuwenden, und der moralischen Pflicht, auf Hinterlist und Lüge zu verzichten. Eine Zeit lang bleibt Iphigenie unentschlossen. Ein Wendepunkt tritt ein, als sie erkennt, dass sie allem Kalkül abschwören und sich ganz auf die Regungen ihrer Seele verlassen muss. „Ich muss mich leiten lassen wie ein Kind", erklärt sie in Vers 35. Am Ende entscheidet sie ich für ihre moralische Integrität, bleibt dabei aber voller Furcht um das Leben von Orest und Pylades.

▶ S. 562 **Schwerpunkte festlegen – Interpretationsthesen ausführen und die Sprache analysieren**

1 a Aspektorientierte **werkimmanente Deutung** – gedankliche Kerne in Iphigenies Monolog:
   - Reflexion ihrer Situation (V. 2 ff.)
   - Anrufung der Götter (V. 15 ff.)
   - Rückerinnerung an das zuvor Geschehene (V. 22 ff.)
   - Antizipation möglicher Ereignisse (V. 28 ff.)
   - Abwägung von außen herangetragener Verhaltenserwartungen und eigener moralischer Impulse (V. 31 ff.)
   - Sorge um den Bruder (V. 45 ff.)

   b Bezug zwischen **Inhalt und Form**: Hier kann z. B. die Entscheidung für den Konfliktmonolog dargestellt und begründet werden (vgl. Aufgabe 3b auf S. 562 im Schülerband und die Hinweise dazu oben auf dieser Seite).

2 a Weiterführende Informationen zu Sprechakten finden sich in: Duden. Die Grammatik. 7., völlig neu bearbeitete und erweiterte Auflage. Dudenverlag, Mannheim 2005, S. 1163.
   In dem Monolog verwendete **Sprechhandlungen** sind u. a.:
   - Bitte („O segnet, Götter, unsern Pylades […]", V. 15);
   - Erinnerung („Mich / Riss er vom Bruder los […]", V. 22 f.);
   - Ausdruck einer Empfindung („Sorg auf Sorge schwankt / Mir durch die Brust", V. 44 f.);
   - Klage („O weh der Lüge!", V. 38);
   - Gewissenserforschung („Ich habe nicht gelernt zu hinterhalten, / Noch jemand etwas abzulisten", V. 36 f.);
   - Entschluss („Ich muss mich leiten lassen wie ein Kind", V. 35).

   b **Sprachniveau**: Das Drama zeichnet sich durch eine gehobene und dichterische Wortwahl aus. Dichterisch sind Formulierungen wie „am fernen Gestade" (V. 11.) oder „sie macht uns nicht getrost" (V. 40), aber auch die metaphernreiche Sprache in V. 38 ff.

1.2 ANALYSE/INTERPRETATION EINES DRAMENTEXTES **589**

c **Rhetorische Figuren** – mögliche Lösung:

kurzes Zitat	rhetorische Figur/ sprachliche Besonderheit	Funktion im Szenenkontext
„Er ist der Arm des Jünglings in der Schlacht" (V. 17)	Metapher	Veranschaulichung einer Tugend des Pylades (Stärke)
„Arm des Jünglings" – „Des Greises leuchtend Aug" (V. 17 f.)	Antithese	zeigt, dass Pylades über ganz unterschiedliche Tugenden verfügt
„leuchtend Aug in der Versammlung" (V. 18)	Pars pro Toto	Hervorhebung einer anderen Eigenschaft des Pylades (Ruhe und Übersicht)
„Ich muss mich leiten lassen" (V. 35)	Alliteration	Hervorhebung des zentralen Entschlusses
„wie ein Kind" (V. 35)	Vergleich	moralische Selbstvergewisserung
„Von der Freude zu Schmerzen/Und von Schmerzen zur Freude" (V. 6 f.)	Chiasmus	unterstreicht das Wechselbad der Gefühle, in dem Iphigenie sich befindet

d Formulierung einer **weiteren Interpretationsthese** und deren Erläuterung unter Benutzung der Formulierungsbausteine im Schülerband – mögliche Lösung:
Goethe unterstreicht den Gedankengang Iphigenies mit einer Reihe rhetorischer Figuren. Als Iphigenie über Pylades spricht, macht sie mit einer antithetischen Konstruktion deutlich, wie sie den Freund des Bruders sieht: „Er ist der Arm des Jünglings in der Schlacht, / Des Greises leuchtend Aug in der Versammlung" (V. 17 f.). Damit wird das weite Tugendspektrum des Pylades zum Ausdruck gebracht. Das „leuchtend Aug" (V. 18), ein Pars pro Toto, steht dabei für seine gelassene Übersicht. Iphigenie lässt damit erkennen, dass sie in Pylades einen guten Ratgeber sieht; zugleich ist er aber auch – mit einem weiteren Pars pro Toto zum Ausdruck gebracht – ein tatkräftiger Unterstützer, ein „Arm des Jünglings in der Schlacht" (V. 17).
Nach der zermürbenden Reflexion ihrer schwierigen Situation kommt Iphigenie in V. 35 zu dem Schluss: „Ich muss mich leiten lassen wie ein Kind." Goethe unterstreicht die Bedeutung dieses Satzes mit zwei rhetorischen Figuren: mit einer Alliteration und einem Vergleich. Der Vergleich mit einem Kind signalisiert, dass Iphigenie die moralische Unschuld eines Kindes dem Kalkül von Erwachsenen vorzieht, sofern dieses mit der moralischen Integrität in Konflikt gerät.

Werkübergreifende Deutung – Kontextwissen zur Epoche einbeziehen ▶ S. 564

1/2 Formale Gestaltung unter Einbezug des Epochenkontextes – Lösungsaspekte:
- in der Regel ein fünfhebiger jambischer Blankvers;
- durch Enjambements zu größeren rhythmischen Einheiten verknüpft;
- am Anfang der Szene, im Zustand größter Verwirrung angesichts der verstörenden Gleichgültigkeit der Götter gegenüber dem menschlichen Schicksal, ein beschleunigteres, dreihebiges daktylisch-trochäisches Versmaß;
- dieser Zustand der Verwirrung wird bald überwunden und in ein geordnetes sprachliches Gleichmaß überführt.

3 Werkübergreifende Interpretationsthese – mögliche Lösung:
Mit dem von ihr auch in extremen Konfliktsituationen konsequent vertretenen Humanitätsideal ist Iphigenie eine typische Figur der Klassik.

590 E1 ANALYSIERENDES/INTERPRETIERENDES SCHREIBEN

▶ S. 564 **Einen Vergleich planen und ausführen – Figuren verschiedener Werke**

1/2 Vergleich der Figuren Iphigenie und Kassandra – Aspekte einer möglichen Lösung:

Iphigenie	Kassandra
▪ kann den Tod des Bruders verhindern	▪ kann den Tod des Bruders (Troilos) nicht verhindern
▪ kann mit ihrem Humanitätsideal andere beeindrucken	▪ wird von anderen nicht ernst genommen
▪ stammt aus Griechenland	▪ stammt aus Troja
▪ wendet sich mit humanitären Idealen erfolgreich gegen männlichen Tötungsdrang	▪ wendet sich vergebens gegen männlichen Tötungsdrang
Gemeinsamkeiten	

▪ entwickelt sich in einer patriarchalischen Gesellschaft zu einer autonomen weiblichen Persönlichkeit
▪ gehört einer Herrscherfamilie an
▪ dient in einem Tempel

3 Die Schülerinnen und Schüler können sich bei der Strukturierung ihres Aufsatzes an dem „Arbeitsplan – Analyse-/Interpretationsaufsatz" auf S. 571 ff. im Schülerband orientieren.

▶ S. 565 **Den Aufsatz überarbeiten – Strukturproblemen vorbeugen**

1 Die Aufgabe soll den Schülerinnen und Schülern klarmachen, dass die in diesem Teilkapitel erarbeitete Aufsatzstruktur einer bestimmten planvollen Schrittigkeit folgt.

2 Diese Aufgabe kann eventuell in Form einer Schreibkonferenz gelöst werden (vgl. S. 121 f. im Schülerband).

◉ Weiterführendes Material zu diesem Teilkapitel findet sich auf der beiliegenden CD:
▪ Hermeneutisches Verfahren (am Beispiel des Auszugs aus Goethes „Iphigenie")

1.3 Analyse/Interpretation von Gedichten – Gedichtvergleich: Goethe/Brecht

▶ S. 566 **Johann Wolfgang Goethe: Maifest** (1775)

▶ S. 567 **Bertolt Brecht: Erinnerung an die Marie A.** (1924)

▶ S. 567 **Arbeitsvorbereitung – Die Aufgabenstellung verstehen**

1 Schlüsselbegriffe (außer Operatoren) in der Aufgabenstellung: Gedicht, Epochenzugehörigkeit, Thematik.

2 Mit dem Operator „analysieren" sind folgende Einzeloperationen auf jeden Fall gemeint:
▪ die Aussage eines Textes erschließen
▪ die Struktur eines Textes untersuchen
▪ stilistisch-rhetorische Elemente eines Textes untersuchen
▪ die Intention eines Textes benennen
▪ eine Textaussage in einen Epochen- oder Genre-Zusammenhang einordnen

3 Zusatzoperationen, die bei einer Analyse genannt werden können, sind:
▪ einen Text bewerten
▪ einen Text mit anderen bekannten oder unbekannten Texten vergleichen
▪ Analyseergebnisse in einen angegebenen fachlichen Zusammenhang einordnen

1.3 ANALYSE/INTERPRETATION VON GEDICHTEN 591

4 Tabelle für den Gedichtvergleich:

Vergleichsaspekte	Goethe: „Maifest"	Brecht: „Erinnerung an die Marie A."

Schwerpunkte festlegen – Interpretationsthesen ausführen
▶ S. 568

1 Weitere, über den Informationskasten „Aspekte einer Gedichtanalyse/-interpretation" hinausgehende Aspekte können sein:
- intertextuelle Bezüge
- verschiedene Epochenkontexte

2 a/b Material zur Lösung der Aufgaben in Stichworten:

Vergleichsaspekte	Goethe: „Maifest"	Brecht: „Erinnerung an die Marie A."
Thema „Liebe"	Stadium akuten Verliebtseins → „O Mädchen, Mädchen, / Wie lieb' ich dich!" (V. 21 f.)	Rückblick auf ein Liebesverhältnis aus größerer zeitlicher Distanz → „Und jene Frau hat jetzt vielleicht das siebte Kind" (V. 25)
Verhältnis zur Natur	innig und gefühlsbetont → „O Lieb', o Liebe, / So golden schön / Wie Morgenwolken / auf jenen Höhn" (V. 13–16) pantheistische Vergöttlichung der Natur Gleichklang zwischen innerem Empfinden und dem Erleben der Natur	nüchtern, ironisch distanziert → „War eine Wolke, die ich lange sah / Sie war sehr weiß und ungeheuer oben / Und als ich aufsah, war sie nimmer da" (V. 7–9)
Jahreszeit	Frühling, Zeit der aufblühenden Natur (Liebe) → „Es dringen Blüten / Aus jedem Zweig" (V. 5 f.)	Spätsommer → „September"
Tageszeit	Morgen → „Morgenwolken" (V. 15), „Morgenblumen" (V. 27)	eher undefinierbar
Stimmung des lyrischen Ichs	Pathos → Ausrufezeichen	Distanziertheit
Reim	Jeweils der 2. und 4. Vers reimen sich.	Jeweils der 2. und 4. sowie der 6. und 8. Vers reimen sich.

Werkübergreifende Deutung – Kontextwissen zur Epoche einbeziehen
▶ S. 569

1 Weitere mögliche Aspekte der Sturm-und-Drang-Epoche in Goethes „Mailied":
- Emotion/Affekt/Gefühl: pathetische Redeweise (Ausrufe etc.), schöpferische Kraft eines emotional geprägten Genies, persönliche Gefühls- und Erlebnisdichtung;
- Mensch und Natur: Vergöttlichung der Natur (Pantheismus), Natur als Lebens- und Kraftspenderin, Naturoptimismus (⇔ Kulturpessimismus);
- Liedform: einfache, individuell gestaltbare Form.

2 Werkübergreifende Interpretationsthese – mögliche Lösung:
Als Dichter der Sturm-und-Drang-Epoche stellt Goethe den Beginn eines Liebesverhältnisses und damit einen Zustand besonderer Emotionalität dar, indem er das lyrische Ich und die belebte Natur in einem Gleichklang der Gefühle zeigt.

3 Sinnvoll ist eine gedankliche Verbindung des Materials zu Aufgabe 2 von S. 569 im Schülerband (s. o.) und zu Aufgabe 1 (werkübergreifende Deutung, s. o.).

592 E1 ANALYSIERENDES/INTERPRETIERENDES SCHREIBEN

▶ S. 569 **Den Aufsatz eröffnen – Von der Einleitung zum Hauptteil**

1 Möglicher Einleitungssatz:
Johann Wolfgang Goethes Gedicht „Maifest", das der Epoche des Sturm und Drang zuzuordnen ist, erschien im Jahr 1775. Das lyrische Ich feiert in diesem Gedicht pathetisch ein aufblühendes Liebesverhältnis; dazu lädt das lyrische Ich eine Frühlingsszenerie in der Natur mit seinen euphorischen Gefühlen auf.

2 Mögliche Bausteine für eine Darstellung von Inhalt und Form:

Vergleichsaspekte	Goethe: „Maifest"	Brecht: „Erinnerung an die Marie A."
Gedichtform und Strophengliederung	Lied (als schlichteste Form der Lyrik zum unmittelbaren Ausdruck von Gefühlen) neun vierzeilige Strophen (Liedstrophe) zwei Hebungen pro Vers	drei Strophen zu je acht Versen fünf Hebungen pro Vers
Inhalt 1. Strophe	Das lyrische Ich ist von der Schönheit der Natur ergriffen.	Das lyrische Ich erinnert sich an ein weit zurückliegendes Liebeserlebnis unter einem Pflaumenbaum und an eine Wolke im Sommerhimmel.
Inhalt 2. Strophe	Es nimmt Einzelheiten einer zum Leben erwachenden Frühlingslandschaft wahr.	Das lyrische Ich kommt mit seinen Gedanken in seiner Gegenwart an, in der es sich nur noch an einen Kuss, aber nicht mehr an das Gesicht der Geliebten erinnern kann.
Inhalt 3. Strophe	Das lyrische Ich gerät in einen ekstatischen Glückszustand.	Am stärksten in Erinnerung geblieben ist jedoch die höchst flüchtige Wolke, unter der sich die beiden Liebenden damals geküsst haben. Das lyrische Ich spekuliert, dass die ehemalige Geliebte inzwischen viele Kinder haben könne.
Inhalt 4. Strophe	Erstmals werden Liebeserfahrungen benannt und mit in der Sonne golden glänzenden Morgenwolken verglichen.	
Inhalt 5. Strophe	Die göttliche Natur und ihre segensreiche Wirkung werden direkt angesprochen.	
Inhalt 6. Strophe	Auch das Mädchen, in das das lyrische Ich verliebt ist, wird nun mit einem Liebesbekenntnis angesprochen …	
Inhalt 7. Strophe	… und mit Elementen der Natur (Lerche, Morgenblumen) verglichen.	
Inhalt 8. Strophe	Das lyrische Ich stellt fest, dass die Geliebte ihm Jugendgefühle vermittelt, …	
Inhalt 9. Strophe	… und es wünscht dieser Liebe ein ewiges Andauern.	

▶ Vgl. auch die Tabelle zu Aufgabe 2 (S. 569 im Schülerband) auf S. 593 in diesen Handreichungen.

1.3 ANALYSE/INTERPRETATION VON GEDICHTEN   593

Einen Vergleich planen und ausführen – Verschiedene Aspekte bedenken   ▶ S. 570

1/2   Mögliche Ergänzung der Tabelle:

Vergleichsaspekte	Goethe: „Maifest"	Brecht: „Erinnerung an die Marie A."
literarische Epoche	▪ Sturm und Drang	▪ Neue Sachlichkeit
Variation des Themas	▪ emphatische Darstellung des Liebesglücks	▪ distanzierte Erinnerung an ein Liebeserlebnis
Nähe des lyrischen Ichs zum Geschehen	▪ distanzlose Nähe, Aufgehen im Natur- und Liebeserleben	▪ zeitlicher Abstand, emotionale Unterkühlung
Naturerleben	▪ intensives Naturerleben	▪ ironischer Umgang mit einer weißen Wolke als Symbol der vergänglichen Liebe
Entfaltungsgrad von Gefühlen	▪ Pathos und Gefühlsüberschwang	▪ gezügelte, mit realistischem Blick gebändigte Gefühle
Wortwahl/Stil	▪ poetischer/gehobener Stil	▪ z. T. bewusst umgangssprachlich („Die weiß ich noch", V. 22)
rhetorische Mittel	▪ Ausrufe ▪ Parallelismen („Wie glänzt die Sonne! / Wie lacht die Flur!", V. 3 f.) ▪ Vergleiche („Wie Morgenwolken / Auf jenen Höhn", V. 15 f.) ▪ Metaphern („Wie blinkt dein Auge", V. 23) ▪ Alliterationen („So liebt die Lerche", V. 25)	▪ konjunktionale Ironie („die […] bleiche Liebe", V. 4) ▪ Alliteration („War eine Wolke", V. 7) ▪ Metaphern („Wolke blühte", V. 26)
Intertextualität		▪ Brecht greift das Bild der Wolke auf und bricht es ironisch.

3/4   Weitere Übungsmöglichkeiten zum Interpretationsaufsatz mit dem Schwerpunkt Gedichtvergleich finden sich in:
- *Brenner/Gierlich/Hellenbroich/Schmolke* 2005, S. 79 f. (Gedichtvergleich J. W. Goethe/Ulla Hahn), S. 83 ff. (Gedichtvergleich J. von Eichendorff/Günter Kunert)
- *Böcker/Brenner/Brüning u. a.* 2004: Gedichtvergleich (A. Gryphius/G. Trakl)
(Vgl. die Literaturangaben auf S. 580 in diesen Handreichungen)

Den Analyse-/Interpretationsaufsatz überarbeiten – Ein Arbeitsplan   ▶ S. 571

1   Der Arbeitsplan ist nicht nur für die Gedichtanalyse relevant, sondern auch für die Analyse epischer und dramatischer Texte. Es empfiehlt sich, die Arbeitsschritte mit den Schülerinnen und Schülern nacheinander an verschiedenen Gegenständen intensiv zu erarbeiten.

1.4 Gestaltendes Interpretieren – Beispiel: Gabriele Wohmanns „Flitterwochen, dritter Tag"

Literaturhinweis
- *Brenner, Gerd:* Kurzprosa: Kreatives Schreiben und Textverstehen. Kursthemen Deutsch. Hg. von Dietrich Erlach und Bernd Schurf. Cornelsen, Berlin 2000

▶ S. 574 **Gabriele Wohmann: Flitterwochen, dritter Tag** (1968)

▶ S. 575 **Arbeitsvorbereitung – Die Aufgabenstellung verstehen**

1 Mögliche Lösung: Entscheidende Schlüsselbegriffe aus der Aufgabenstellung: „Kurzgeschichte", „Ich-Erzählerin", „Brief", „Flitterwochen" sowie als Operatoren „analysieren/interpretieren" und „gestalten".

2 Die Aufgabe dient dazu, das Methodenbewusstsein der Schülerinnen und Schüler zu schärfen und Optionen in den Blick zu nehmen, die gerade auch in Klausursituationen praktikabel sind.

▶ S. 576 **Literarisches Erzählen – Strategien und Elemente erkennen und beschreiben**

1 Mögliche Lösung für einen **Einleitungssatz**, in dem die Geschichte von Gabriele Wohmann kurz vorgestellt wird:
In ihrer Kurzgeschichte „Flitterwochen, dritter Tag", die im Jahr 1968 erstmals erschien, stellt Gabriele Wohmann dar, wie eine frisch vermählte Frau auf der Hochzeitsreise ihr bisher nicht vertraute Eigenschaften an ihrem Mann entdeckt.

2 Mindmap zu der in der Kurzgeschichte entworfenen **Situation** – mögliche Lösung:

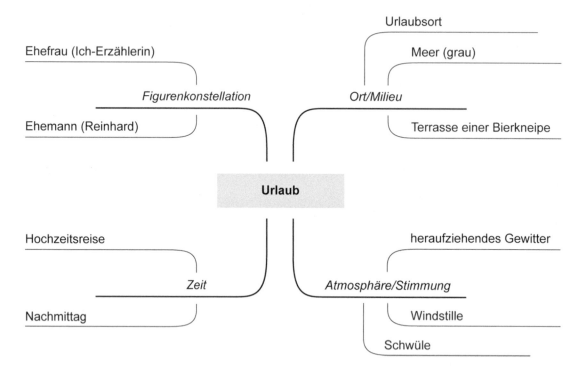

3 Zeitleiste mit den **Handlungsschritten** der Erzählung – mögliche Lösung:

gegen fünf Uhr nachmittags	Reinhard und die Ich-Erzählerin unterhalten sich auf einer Bierkneipenterrasse	beide nehmen mehrere Drinks	Reinhard sucht mit Fernglas den Strand ab („Seitensprünge")	Reinhard zahlt und verstaut das Fernglas	Reinhard verlässt die Terrasse, gefolgt von der Ich-Erzählerin

1.4 GESTALTENDES INTERPRETIEREN

4 Angaben zur Erzählerin und zur Erzählstrategie in Stichworten:
- intensive Innensicht auf die Ich-Erzählerin
- fehlende Innensicht auf den Ehemann
- Fixierung der Ich-Erzählein auf die sie stark beschäftigende Warze ihres Ehemanns
- äußeres Geschehen (Gesprächsbeiträge, Handlungen) auf den Ehemann konzentriert

5 Mögliche Mindmap zur **Kommunikation** zwischen den beiden Figuren:

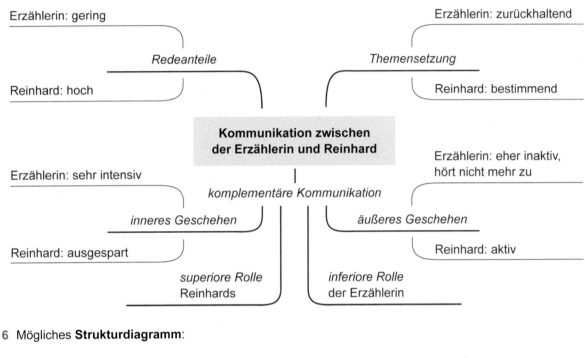

6 Mögliches **Strukturdiagramm**:

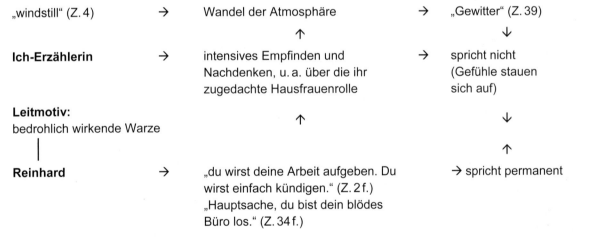

7 a Zusammenfassung der Untersuchungsergebnisse / **zentrale Interpretationsthese** zur Aussage der Kurzgeschichte und zur Wechselwirkung von Inhalt und Form – mögliche Lösung:
   In einer sich zuspitzenden Gewitteratmosphäre sieht sich die Ich-Erzählerin mit der Zumutung konfrontiert, ihr bisheriges berufliches Leben dem Hausfrauendasein zu opfern. Angesichts dieser Zumutung verstummt sie, überlässt ihrem Ehemann das Reden und konzentriert sich auf eine Warze an der Schulter ihres Mannes. Dieses Leitmotiv entfaltet eine symbolische Wirkung; in der Warze verkörpert sich etwas Bedrohliches.

   b Betrachtung von Anfang und Ende des Textes unter dem Aspekt „Kurzgeschichte" – mögliche Stichworte: offener Anfang – offenes Ende – geringe Personenanzahl – wichtiger Moment im Leben der Ich-Erzählerin – Wechselspiel von äußerem und innerem Geschehen (heraufziehendes Gewitter, erkennbares Eheproblem).

596 E1 ANALYSIERENDES/INTERPRETIERENDES SCHREIBEN

Weiteres Übungsmaterial zur schriftlichen Analyse von Kurzgeschichten findet sich in:
- *Brenner/Gierlich/Hellenbroich/Schmolke* 2005, S. 20 ff. (Wolfgang Borchert: „Nachts schlafen die Ratten doch") und S. 24 ff. (Irene Dische: „Fährnisse der Schönheit")
- *Böcker/Brenner/Brüning u. a.* 2004 (u. a. Christa Reinig: „Skorpion", Elisabeth Langgässer: „Saisonbeginn") (Vgl. die Literaturhinweise auf S. 580 in diesen Handreichungen)

▶ S. 577 **Die gestaltende Interpretation vorbereiten und ausführen – Methoden der Ideenfindung**

1/2   Mögliche Lösung:

Anknüpfungsmöglichkeiten	Ideen für den Anschlusstext (Brief)
Äußerungen des Mannes: • „du wirst deine Arbeit aufgeben. Du wirst einfach kündigen" (Z. 2 f.) • „Reinhards Lieblingsgerichte, dann meine" (Z. 21 f.)	Mir wurde schlagartig klar, was mir in dieser Ehe bevorsteht: Dass meine Hauptaufgabe darin bestehen würde, Reinhards Lieblingsgerichte zu kochen, dass er das Sagen haben würde, dass ich von ihm abhängig sein würde …
äußere Gegebenheiten: • „Bierkneipenterrasse" (Z. 2) • „Abwegiges Grau der See" (Z. 27) • „Reinhard schütze wieder mal ein Schiff vor und starrte durchs Fernglas runter auf den Strand." (Z. 37 ff.)	Das triste, graue Meer hatte meine Stimmung zusätzlich eingetrübt. Was steht mir in der Ehe bevor: vielleicht graue Langeweile zu Hause, ein Ehemann, der öfters auch einmal woandershin schaut, die Tatsache, dass ich eigentlich nichts zu sagen habe …?
Reflexionen der Figur: • „Die Warze sah wie ein Polyp aus." (Z. 9) • „Durch die Fangarme sah die Warze einer Narrenkappe ähnlich." (Z. 22 f.)	Reinhard hat mich nun in seinen Fangarmen. Werde ich die Genarrte sein? Werde ich in den Polypenarmen dieser Ehe überhaupt noch Luft bekommen? Hast du eigentlich auch solche bösen Tagträume gehabt, als du geheiratet hast? Bin ich vielleicht etwas zu naiv in diese Falle hineingetappt? Schreib mir bitte, wie du diese Phase erlebt hast. …

3 a   Mögliche Eröffnung des Briefs:
Hallo …,
aus den Flitterwochen erwartest du vermutlich einen ganz anderen Brief von mir. Ich war gestern reichlich schockiert: Reinhard ist für mich für einige Stunden zu einer bedrohlichen Warze zusammengeschrumpft. …

b   Mögliche Pointe am Ende:
Hat es für dich eigentlich auch schon einmal eine solche „Warze" in deinem Eheleben gegeben?

4   Mit Hilfe dieser Übung reflektieren die Schülerinnen und Schüler ihre Gestaltungsentscheidungen und überarbeiten den Text eventuell anschließend.

5   Die Übung bereitet die Schülerinnen und Schüler auf andere Herausforderungen vor, die im Bereich der gestaltenden Interpretation ebenfalls gängig sind. Der Brief hat u. a. den Vorteil, dass die – möglichst genaue – Vorstellung einer Adressatin / eines Adressaten bei den Schüler/innen zusätzliche Ideen generiert. Zu weiteren Verfahren des gestaltenden Interpretierens – Anschlusstext, Rolleninterview, Telefonat – regt das Arbeitsblatt „Texte gestaltend interpretieren" an, das sich auf der beiliegenden CD findet. Zusätzliche Verfahren wie Figurenbiografie, Textsortenwechsel, innerer Monolog, Perspektivenwechsel, Rückerinnerung, Rückwärtsgeschichte, Verzweigung oder Zeitsprung sind dargestellt in Brenner 2007 (vgl. die Literaturhinweise auf S. 580 in diesen Handreichungen).

▶ S. 579 **Den Text überarbeiten – Stimmigkeit, Entfaltungsgrad, Prägnanz**

1   Der Aufsatz kann insgesamt auch mit Hilfe eines Evaluationsbogens bewertet werden, der sich auf der beiliegenden CD findet.

◎   Weiterführendes Material zu diesem Teilkapitel findet sich auf der beiliegenden CD:
- Texte gestaltend interpretieren (Anschlusstext – Rolleninterview – Telefonat einer Hauptfigur)
- Evaluationsbogen für das gestaltende Interpretieren (am Beispiel der Aufgabenstellung auf S. 574 im Schülerband)

Analyse eines literarischen Textes mit anschließender weiterführender Reflexion

Aufgabenstellung

1 Analysieren Sie den Textauszug aus Christa Wolfs „Kassandra". Berücksichtigen Sie dabei vor allem den besonderen Blick der Erzählerin auf das Geschehen. *(42 Punkte)*

2 Setzen Sie die Passage aus Christa Wolfs Roman in Beziehung zu dem Auszug aus Theodor Fontanes „Effi Briest". Berücksichtigen Sie dabei vor dem jeweiligen Zeithintergrund das dargestellte Männlichkeitsprofil und die Beziehung, in welcher die Geschlechter zueinander stehen. *(30 Punkte)*

Christa Wolf: **Kassandra** (1983)

Panthoos kam wieder zu mir, seit ich für gesund galt. In seinen Liebesakten – aber so sollte ich, was er an mir ausübte, nicht nennen, mit Liebe hatte es nichts zu tun – verspürte ich einen neuen Zug von Unterwürfigkeit, die ich nicht wollte, und er gab mir zu, vor meiner Krankheit hätte ich ihn nicht gereizt wie jetzt. Ich hätte mich verändert. Aineias mied mich. Klar, gab er später zu. Du hattest dich verändert.

Der abwesende Paris wurde in Gesängen gefeiert. Die Angst lag in mir auf der Lauer. Nicht nur in mir. Ungebeten deutete ich dem König einen Traum, den er bei der Tafel erzählt hatte: Zwei Drachen, die miteinander kämpften; der eine trug einen goldgehämmerten Brustpanzer, der andre führte eine scharf geschliffene Lanze. Der eine also unverletzlich und unbewaffnet, der andre bewaffnet und haßerfüllt, jedoch verletzlich. Sie kämpften ewig.

Du liegst, sagte ich dem Vater, mit dir selbst im Widerstreit. Hältst dich selbst in Schach. Lähmst dich. Wovon redest du, Priesterin, erwiderte Priamos förmlich. Längst hat mir Panthoos den Traum gedeutet: Der goldgepanzerte Drache bin natürlich ich, der König. Bewaffnen muß ich mich, um meinen tückischen und schwerbewaffneten Feind zu überwältigen. Den Waffenschmieden hab ich schon befohlen, ihre Produktion zu steigern.

Panthoos! rief ich im Tempel. Und? sagte der. Es sind doch alles Bestien, Kassandra. Halb Bestien, halb Kinder. Sie werden ihren Begierden folgen, auch ohne uns. Muß man sich denen in den Weg stelln? Daß sie uns niedertrampeln? Nein. Ich habe mich entschieden. Entschieden hast du dich, die Bestie in dir selbst zu füttern, sie in dir aufzustacheln. Sein grausam maskenhaftes Lächeln. Aber was wußte ich von diesem Mann.

Wann Krieg beginnt, das kann man wissen, aber wann beginnt der Vorkrieg. Falls es da Regeln gäbe, müßte man sie weitersagen. In Ton, in Stein eingraben, überliefern. Was stünde da. Da stünde, unter andern Sätzen: Laßt euch nicht von den Eignen täuschen.

Paris, als er nach Monaten doch noch kam, merkwürdigerweise auf einem ägyptischen Schiff, brachte eine tief verschleierte Person von Bord. Das Volk, wie nun üblich hinter einer Sicherheitskette von Eumelos-Leuten zurückgedrängt, verstummte atemlos. In jedem einzelnen erschien das Bild der schönsten Frau, so strahlend, daß sie ihn, wenn er sie sehen könnte, blenden würde. Schüchtern, dann begeistert kamen Sprechchöre auf: He-le-na. He-le-na. Helena zeigte sich nicht. Sie kam auch nicht zur Festtafel. Sie war von der langen Seereise erschöpft. Paris, ein anderer, überbrachte vom König von Ägypten raffinierte Gastgeschenke, erzählte Wunderdinge. Er redete und redete, ausschweifend, arabesk, mit Schlenkern, die er wohl für witzig hielt. Er hatte viele Lacher, er war ein Mann geworden. Ich mußt ihn immer ansehn. Seine Augen kriegt ich nicht zu fassen. Woher kam der schiefe Zug in sein schönes Gesicht, welche Schärfe hatte seine einst weichen Züge geätzt.

Von den Straßen her drang ein Ton in den Palast, den wir vorher nie gehört hatten, vergleichbar dem bedrohlichen Summen eines Bienenstocks, dessen Volk sich zum Abflug sammelt. Die Vorstellung, im Palast ihres Königs weile die schöne Helena, verdrehte den Leuten die Köpfe. Ich verweigerte mich in dieser Nacht dem Panthoos. Wütend wollte er mich gewaltsam nehmen. Ich rief nach Parthena der Amme, die gar nicht in der Nähe war. Panthoos ging, verzerrten Gesichts stieß er wüste Beschimpfungen aus. Das rohe Fleisch unter der Maske. R

(Aus: Christa Wolf: Kassandra. Erzählung. Suhrkamp, Frankfurt/M. 2008, S. 87–89)

Theodor Fontane: Effi Briest (1894/1895)

Im folgenden Textauszug unterhalten sich Innstetten, der Ehemann von Effi Briest, und sein Vertrauter Wüllersdorf vor einem Duell, in dem Innstetten den vormaligen Liebhaber Effis, Major Crampas, erschießen wird. Zuvor waren Innstetten Briefe bekannt geworden, die eine längst beendete Beziehung zwischen Effi und Major Crampas dokumentiert hatten.

„Wie steht es dann?"

„Es steht so, dass ich unendlich unglücklich bin; ich bin gekränkt, schändlich hintergangen, aber trotzdem, ich bin ohne jedes Gefühl von Hass oder gar von Durst nach Rache. Und wenn ich mich frage, warum nicht, so kann ich zunächst nichts anderes finden als die Jahre. Man spricht immer von unsühnbarer Schuld; vor Gott ist es gewiss falsch, aber vor den Menschen auch. Ich hätte nie geglaubt, dass die Zeit, rein als Zeit, so wirken könne. Und dann als Zweites: Ich liebe meine Frau, ja, seltsam zu sagen, ich liebe sie noch, und so furchtbar ich alles finde, was geschehen, ich bin so sehr im Bann ihrer Liebenswürdigkeit, eines ihr eigenen heiteren Charmes, dass ich mich, mir selbst zum Trotz, in meinem letzten Herzenswinkel zum Verzeihen geneigt fühle."

Wüllersdorf nickte. „Kann ganz folgen, Innstetten, würde mir vielleicht ebenso gehen. Aber wenn Sie so zu der Sache stehen und mir sagen: ‚Ich liebe diese Frau so sehr, dass ich ihr alles verzeihen kann', und wenn wir dann das andere hinzunehmen, dass alles weit, weit zurückliegt, wie ein Geschehnis auf einem andern Stern, ja, wenn es so liegt, Innstetten, so frage ich, wozu die ganze Geschichte?"

„Weil es trotzdem sein muss. Ich habe mir's hin und her überlegt. Man ist nicht bloß ein einzelner Mensch, man gehört einem Ganzen an und auf das Ganze haben wir beständig Rücksicht zu nehmen, wir sind durchaus abhängig von ihm. Ging es, in Einsamkeit zu leben, so könnt ich es gehen lassen; ich trüge dann die mir aufgepackte Last, das rechte Glück wäre hin, aber es müssen so viele leben ohne dies ‚rechte Glück' und ich würde es auch müssen und – auch können. Man braucht nicht glücklich zu sein, am allerwenigsten hat man einen Anspruch darauf, und den, der einem das Glück genommen hat, den braucht man nicht notwendig aus der Welt zu schaffen. Man kann ihn, wenn man weltabgewandt weiterexistieren will, auch laufen lassen. Aber im Zusammenleben mit den Menschen hat sich ein Etwas ausgebildet, das nun mal da ist und nach dessen Paragrafen wir uns gewöhnt haben, alles zu beurteilen, die andern und uns selbst. Und dagegen zu verstoßen geht nicht; die Gesellschaft verachtet uns und zuletzt tun wir es selbst und können es nicht aushalten und jagen uns die Kugel durch den Kopf. Verzeihen Sie, dass ich Ihnen solche Vorlesung halte, die schließlich doch nur sagt, was sich jeder selber hundertmal gesagt hat. Aber freilich, wer kann was Neues sagen! Also noch einmal, nichts von Hass oder dergleichen, und um eines Glückes willen, das mir genommen wurde, mag ich nicht Blut an den Händen haben; aber jenes, wenn Sie wollen, uns tyrannisierende Gesellschafts-Etwas, das fragt nicht nach Charme und nicht nach Liebe und nicht nach Verjährung. Ich habe keine Wahl. Ich muss."

„Ich weiß doch nicht, Innstetten …"

Innstetten lächelte. „Sie sollen selbst entscheiden, Wüllersdorf. Es ist jetzt zehn Uhr. Vor sechs Stunden, diese Konzession will ich Ihnen vorweg machen, hatt' ich das Spiel noch in der Hand, konnt ich noch das eine und noch das andere, da war noch ein Ausweg. Jetzt nicht mehr, jetzt stecke ich in einer Sackgasse. Wenn Sie wollen, so bin ich selber schuld daran; ich hätte mich besser beherrschen und bewachen, alles in mir verbergen, alles im eignen Herzen auskämpfen sollen. Aber es kam mir zu plötzlich, zu stark, und so kann ich mir kaum einen Vorwurf machen, meine Nerven nicht geschickter in Ordnung gehalten zu haben. Ich ging zu Ihnen und schrieb Ihnen einen Zettel und damit war das Spiel aus meiner Hand. Von dem Augenblick an hatte mein Unglück und, was schwerer wiegt, der Fleck auf meiner Ehre einen halben Mitwisser und nach den ersten Worten, die wir hier gewechselt, hat es einen ganzen. Und weil dieser Mitwisser da ist, kann ich nicht mehr zurück."

(Aus: Theodor Fontane: Effi Briest. Cornelsen, Berlin 2008, S. 186–187)

ERWARTUNGSHORIZONT **599**

Inhaltliche Leistung

Aufgabe 1

	Anforderungen Die Schülerin / der Schüler	maximal erreichbare Punktzahl (AFB)	erreichte Punktzahl
1	formuliert eine Überschrift und benennt in der Einleitung Autorin, Titel, Textart und Thema.	3 (I)	
2	stellt die Situation der Erzählfigur dar und ordnet den Textauszug in den Kontext der Erzählung ein.	6 (II)	
3	entwickelt eine plausible übergreifende Deutungsthese.	6 (III)	
4	erschließt den Bewusstwerdungsprozess der Ich-Erzählerin.	6 (II)	
5	erschließt und begründet die feministische Prägung der Ich-Erzählerin, z. B.: • das patriarchale Männlichkeitskonzept mit seinen Panzerungen, Entwicklungsblockaden, Machtansprüchen und Externalisierungen • rollenfixierte Männer als Täter und Opfer • unterschiedlicher Stand der Selbsterkenntnis bei Priamos und Panthoos • Funktion des Traums	9 (III)	
6	untersucht die Erzählstrategien und die sprachlichen Gestaltungsmittel sowie deren Funktion, z. B.: • personales Erzählen, Ich-Erzählerin, erlebte Rede, innerer Monolog (Eindruck von Nähe, Unmittelbarkeit) • Hypotaxen, Ellipsen (Ausdruck von Gefühlsbewegtheit), Parenthesen (Kommentierung) • Personalisierung, Vergleich (Ausdruck von Emotionen) • umgangssprachliche Formulierungen (Eindruck von Nähe)	6 (II)	
7	formuliert ein Fazit in Form einer reflektierten Schlussfolgerung aus den Befunden.	6 (III)	
8	erfüllt ein weiteres aufgabenbezogenes Kriterium. (Max. 5 Punkte)		
		42	

© 2009 Cornelsen Verlag, Berlin. Alle Rechte vorbehalten.

Autor:
Gerd Brenner

Texte, Themen und Strukturen
Lernerfolgskontrolle 42, S. 3

ERWARTUNGSHORIZONT

Aufgabe 2

	Anforderungen Die Schülerin / der Schüler	maximal erreichbare Punktzahl (AFB)	erreichte Punktzahl
1	verfasst eine aufgabenbezogene Überleitung, indem z. B. Männlichkeitsprofile und Frauenrollen herausgestellt werden.	3 (I)	
2	stellt Verhalten und Denkweisen der Figuren Instetten und Wüllersdorff in dem Auszug aus Fontanes Roman dar.	3 (II)	
3	vergleicht und deutet das Rollenverständnis der Figuren in den beiden Textauszügen, z. B.: • Genderkonzept und Verhältnis der Geschlechter zueinander • Männlichkeitsprofile • Rollendistanz	9 (III)	
4	vergleicht die Erzählstrategien und sprachlichen Gestaltungsmittel sowie ihre Funktionen (z. B. personales Erzählen, Ich-Erzählerin [Nähe] bei Wolf, neutrales Erzählen, Figurenrede [Distanz] bei Fontane).	6 (II)	
5	beurteilt das Verhalten der Figuren aus den unterschiedlichen gesellschaftlichen Zusammenhängen und stellt einen Epochenbezug her (DDR-Gesellschaft, Ost-West-Konflikt, Kalter Krieg bei Christa Wolf – Wilhelminismus, bürgerlicher Realismus bei Fontane).	6 (III)	
6	formuliert ein Fazit (mit weiterführendem Gedanken) auf der Grundlage ihrer/seiner Ergebnisse.	3 (III)	
		30	

Darstellungsleistung

	Anforderungen Die Schülerin / der Schüler	maximal erreichbare Punktzahl	erreichte Punktzahl
1	strukturiert den Klausurtext schlüssig, sinnvoll verknüpft und gedanklich klar.	6	
2	schreibt fachsprachlich korrekt und differenziert zwischen beschreibenden, deutenden und wertenden Aussagen.	6	
3	belegt Aussagen funktional durch korrekte Zitate.	3	
4	formuliert begrifflich präzise und differenziert, sprachlich-stilistisch angemessen, abwechslungsreich und sicher.	10	
5	schreibt sprachlich korrekt.	3	
		28	

Eine Zuordnung der Punktezahlen zu den Notenstufen findet sich auf S. 46 in diesem Handbuch.

Ein Beispiel für eine Schülerlösung findet sich auf der beiliegenden CD:
- *Pia Terstappen:* Männlichkeitsprofile und die Beziehung der Geschlechter – Christa Wolf: „Kassandra" / Theodor Fontane: „Effi Briest"

Autor: Gerd Brenner

Texte, Themen und Strukturen
Lernerfolgskontrolle 42, S. 4

Vergleichende Analyse von literarischen Texten (Gedichtvergleich)

Aufgabenstellung

1. Analysieren/Interpretieren Sie das Gedicht „Lied" von Joseph von Eichendorff unter Berücksichtigung seiner Epochenzugehörigkeit. *(36 Punkte)*

2. Analysieren Sie vergleichend das Gedicht „Mit Haut und Haar" von Ulla Hahn im Hinblick auf die Thematik und die Darstellungsmittel. Setzen Sie Ihre Ergebnisse in Bezug zu Eichendorffs Gedicht. *(36 Punkte)*

Joseph von Eichendorff (1788–1857): **Lied** (1813)

In einem kühlen Grunde,
Da geht ein Mühlenrad,
Mein' Liebste ist verschwunden,
Die dort gewohnet hat.

5 Sie hat mir Treu versprochen,
Gab mir ein'n Ring dabei,
Sie hat die Treu gebrochen,
Mein Ringlein sprang entzwei.

Ich möcht als Spielmann reisen
10 Weit in die Welt hinaus
Und singen meine Weisen
Und gehn von Haus zu Haus.

Ich möcht als Reiter fliegen
Wohl in die blut'ge Schlacht,
15 Um stille Feuer liegen
Im Feld bei dunkler Nacht.

Hör ich das Mühlrad gehen,
Ich weiß nicht, was ich will,
Ich möcht am liebsten sterben,
20 Da wär's auf einmal still.

*(Aus: Joseph von Eichendorff: Werke in sechs Bänden.
Bd. 1: Gedichte, Versepen. Hg. von Hartwig Schulz.
Deutscher Klassiker Verlag, Frankfurt/M. 1987)*

Ulla Hahn (geb.1946): **Mit Haut und Haar** (1981)

Ich zog dich aus der Senke deiner Jahre
und tauchte dich in meinen Sommer ein
ich leckte dir die Hand und Haut und Haare
und schwor dir ewig mein und dein zu sein.

5 Du wendetest mich um. Du branntest mir dein Zeichen
mit sanftem Feuer in das dünne Fell.
Da ließ ich von mir ab. Und schnell
begann ich vor mir selbst zurückzuweichen

und meinem Schwur. Anfangs blieb noch Erinnern
10 ein schöner Überrest der nach mir rief.
Da aber war ich schon in deinem Innern
vor mir verborgen. Du verbargst mich tief.

Bis ich ganz in dir aufgegangen war:
da spucktest du mich aus mit Haut und Haar.

*(Aus: Ulla Hahn. Herz über Kopf. © 1981, Deutsche Verlags-Anstalt,
München, in der Verlagsgruppe Random House GmbH)*

Autor: Gerd Brenner

ERWARTUNGSHORIZONT

Inhaltliche Leistung

Aufgabe 1

	Anforderungen Die Schülerin / der Schüler	maximal erreichbare Punktzahl (AFB)	erreichte Punktzahl
1	formuliert eine Überschrift und benennt in der Einleitung Autor, Titel, Textart und Thema.	3 (I)	
2	gibt den Inhalt des Eichendorff-Gedichts in gegliederter Form wieder.	3 (I)	
3	entwickelt eine plausible übergreifende Deutungsthese.	3 (III)	
4	erschließt die Entfaltung der Liebesthematik, z. B.: • Unbeständigkeit der Liebe • Eskapismus • sich steigernde Verzweiflung usw.	9 (II)	
5	untersucht sprachliche und formale Gestaltungsmittel und zeigt Korrespondenzen (bzw. Antithesen) zwischen Inhalt und Form auf, z. B.: • Regelmäßigkeit/Beständigkeit der Gedichtform vs. Unbeständigkeit der Liebe • rhetorische Parallelismen und inhaltliche Antithesen (Ausdruck der Unentschlossenheit) • Symbole (Mühlenrad, Ring)	9 (II)	
6	deutet das Gedicht im Zusammenhang der Epoche der Romantik, z. B.: • Furcht vor Entzauberung der Welt • Eskapismus/Flucht in eine romantisierte Wirklichkeit • Bedeutung der Nacht	6 (III)	
7	formuliert ein Fazit in Form einer reflektierten Schlussfolgerung aus den Befunden.	3 (III)	
8	erfüllt ein weiteres aufgabenbezogenes Kriterium. (Max. 6 Punkte)		
		36	

Autor: Gerd Brenner

Texte, Themen und Strukturen
Lernerfolgskontrolle 43, S. 2

Aufgabe 2

	Anforderungen Die Schülerin/der Schüler	maximal erreichbare Punktzahl (AFB)	erreichte Punktzahl
1	verfasst eine aufgabenbezogene Überleitung, indem z. B. der thematische Zusammenhang dargestellt wird, in dem beide Gedichte stehen.	3 (I)	
2	erschließt und deutet die inhaltliche Gestaltung des Liebesmotivs in Ulla Hahns Gedicht im Vergleich zu Eichendorff, z. B. retrospektive Betrachtung der Liebesbeziehung (beide Gedichte), Scheitern einer Liebe als Vertrauensbruch (Eichendorff) bzw. zunehmend komplementäre Beziehung (Hahn).	12 (III)	
3	untersucht vergleichend sprachliche und formale Gestaltungsmittel in den Gedichten, z. B. Strophen- und Reimform (klar gegliederte Liedstrophen bei Eichendorff, Enjambements bei Hahn), einfache (Eichendorff) bzw. komplexe Syntax (Hahn), Bildlichkeit in Form von Metaphern (Hahn) und symbolischen Orten (Eichendorff) usw.	9 (II)	
4	erläutert und deutet die Unterschiede zwischen den Gedichten vor dem Hintergrund ihrer Entstehungszeit (Romantik: Entwurf einer anderen Wirklichkeit/Postmoderne: egoistische Impulse, Ich-Verlust).	9 (III)	
5	formuliert ein Fazit mit eigener Stellungnahme.	3 (III)	
		36	

Darstellungsleistung

	Anforderungen Die Schülerin/der Schüler	maximal erreichbare Punktzahl	erreichte Punktzahl
1	strukturiert den Klausurtext schlüssig, sinnvoll verknüpft und gedanklich klar.	6	
2	schreibt fachsprachlich korrekt und differenziert zwischen beschreibenden, deutenden und wertenden Aussagen.	6	
3	belegt Aussagen funktional durch korrekte Zitate.	3	
4	formuliert begrifflich präzise und differenziert, sprachlich-stilistisch angemessen, abwechslungsreich und sicher.	10	
5	schreibt sprachlich korrekt.	3	
		28	

Eine Zuordnung der Punktezahlen zu den Notenstufen findet sich auf S. 46 in diesem Handbuch.

Ein Beispiel für eine Schülerlösung findet sich auf der beiliegenden CD:
- *Christina De Nardo:* Vergleichende Analyse zweier Gedichte – „Lied" von Joseph von Eichendorff und „Mit Haut und Haar" von Ulla Hahn

Autor: Gerd Brenner

2 Sachtexte analysieren

Konzeption des Kapitels

Die Sachtextanalyse, so wie sie in den Lehrplänen für die Sekundarstufe II gefordert wird, kann ganz unterschiedliche Textsorten in den Blick nehmen; das Spektrum reicht von der Rezension, der Kritik und Glosse bis hin zu wissenschaftlichen Texten oder Reden. Aus Gründen der Ökonomie konzentriert sich dieses Kapitel auf zwei Textsorten, an denen sich die Herausforderungen einer Sachtextanalyse und der damit verbundenen Aufgabenstellungen umfassend darstellen lassen. Das Fach Deutsch hat in diesem Bereich eine wichtige Servicefunktion für viele andere Fächer, in denen Schülerinnen und Schüler über Kompetenzen verfügen müssen, (auch längere) Sachtexte angemessen zu rezipieren und sich ihre Aussagen für gedankliche Verarbeitungen verfügbar zu machen.

Über die inhaltliche Erarbeitung hinaus bietet das Kapitel auch grundlegende Informationen und Trainingsmöglichkeiten zur Verschriftlichung von Analyseergebnissen. Der in diesem Kapitel erarbeitete Prozess der Sachtextanalyse ist auch für das folgende Kapitel („Erörterndes Schreiben") elementar.

Das erste Teilkapitel (**„Analyse eines journalistischen Textes: Glosse"**) stellt ein – wegen seiner Kürze – für Klausuren gut geeignetes Textformat der Zeitung in den Mittelpunkt. Untersucht werden u. a. Formen der Leseransprache sowie formatspezifische persuasive Textsignale. Außerdem erarbeiten die Schülerinnen und Schüler die Struktur und die sprachliche Bewältigung einer schriftlichen Sachtextanalyse.

Das zweite Teilkapitel (**„Rhetorische Analyse – Eine Rede untersuchen"**) führt mit Hilfe von Leitfragen in die Analyse einer Rede ein. Erarbeitet wird das Zusammenspiel von Redesituation und -intention, Argumentationsaufbau und rhetorischer Gestaltung. Ausführlich werden dabei Strategien der Beeinflussung und ihnen zuzuordnende sprachliche Mittel thematisiert.

Literaturhinweise

Böcker, Lisa/Brenner, Gerd/Brüning, Beatrix u. a.: Texte, Themen und Strukturen interaktiv. Sprache und Rhetorik/Methodentraining. Hg. von Klaus Eilert, Ute Fenske und Cordula Grunow. Cornelsen, Berlin 2007

Brenner, Gerd/Gierlich, Heinz/Hellenbroich, Christoph/Schmolke, Philipp: Umgang mit Sachtexten: Analyse und Erörterung. Hg. von Bernd Schurf und Andrea Wagener. Cornelsen, Berlin 2004

Brenner, Gerd: Texte schreiben: Alles klar! Trainingskurs für die Oberstufe. Cornelsen, Berlin 2004

Brenner, Gerd: Fundgrube Methoden II. Für Deutsch und Fremdsprachen. Cornelsen Scriptor, Berlin 2007

Brenner, Gerd/Hußing-Weitz, Renate: Besser in Deutsch Oberstufe. Texte verfassen. Cornelsen Scriptor, Berlin [4]2007

Burkhardt, Armin/Papa, Kornelia (Hg.): Politik, Sprache und Glaubwürdigkeit. Linguistik des politischen Skandals. Westdeutscher Verlag, Wiesbaden 2003

Burkhardt, Armin: Vom Schlagwort über die Tropen zum Sprechakt. Begriffe und Methoden der Analyse politischer Sprache. In: Der Deutschunterricht 2/2003, S. 10–23

Herrmann, Steffen K./Krämer, Sybille/Kuch, Hannes (Hg.): Verletzende Worte. Die Grammatik sprachlicher Missachtung. Transkript, Bielefeld 2007

Lakoff, George: Auf leisen Sohlen ins Gehirn. Politische Sprache und ihre heimliche Macht. Carl-Auer, Heidelberg 2007

Wulf, Christoph/Göhlich, Michael/Zirfas, Jörg (Hg.): Grundlagen des Performativen. Eine Einführung in die Zusammenhänge von Sprache, Macht und Handeln. Juventa, Weinheim/München 2001

E2 SACHTEXTE ANALYSIEREN   605

	Inhalte	Kompetenzen Die Schülerinnen und Schüler
S. 580	**2.1 Analyse eines journalistischen Textes: Glosse** *Ulrich Greiner:* Lebhafter Grenzverkehr. Wie deutsch ist unsere Literatur?	▪ erschließen den Inhalt eines journalistischen Sachtextes
S. 581	**Das Textverständnis sichern – Fragen und Antworten formulieren**	▪ klären die in einer Aufgabenstellung angelegten Operatoren ▪ wenden ein Verfahren (Zuschreibung von Fragestellungen) an, das einen Sachtext einer distanzierten Betrachtung zugänglich macht
S. 581	**Die Textsorte untersuchen und beschreiben – Intention und Wirkung**	▪ erkennen verschiedene Typen von Sachtexten und ordnen ihnen unterschiedliche Sprachfunktionen zu ▪ benennen überzeugende bzw. überredende Textsignale
S. 583	**Die Stellungnahme vorbereiten – Ideen sammeln**	▪ sammeln Aspekte zum Erörterungsthema und gliedern sie in einer grafischen Übersicht
S. 583	**Eine schriftliche Sachtextanalyse planen und umsetzen – Gewichtung und Aufbau**	▪ erkennen Aufbauformen einer Sachtextanalyse und setzen diese schriftlich um
S. 584	**Eine Sachtextanalyse überarbeiten – Abwechslungsreich formulieren**	▪ nutzen Formulierungsbausteine, um der Intention entsprechend und variantenreich zu schreiben
S. 585	**2.2 Rhetorische Analyse – Eine Rede untersuchen** *Peter Härtling:* Nein!	▪ wenden Leitfragen zur Redeanalyse gezielt an
S. 588	**Wer, worüber, wo, wann? – Thema und Redesituation wiedergeben**	▪ geben die Problemstellung einer Rede präzise an ▪ erkennen Schlüsselaussagen des Redners und paraphrasieren sie angemessen unter Verwendung des Konjunktivs der indirekten Rede
S. 588	**Die Problemstellung erfassen – Den Argumentationsaufbau darstellen**	▪ analysieren den Argumentationsaufbau einer Rede und stellen ihn schriftlich dar
S. 589	**Die Redeabsicht erkennen – Rhetorische Strategien der Beeinflussung darstellen**	▪ erkennen die Redeabsicht und stellen sie fachgerecht dar ▪ analysieren an einem Beispiel Strategien der Beeinflussung
S. 591	**Sprachliche Mittel benennen – Funktionen beschreiben**	▪ erkennen sprachlich-rhetorische Mittel einer Rede sowie Besonderheiten der politischen Lexik und stellen sie dar
S. 592	**Kritisch Stellung nehmen – Eine zentrale Aussage erörtern**	▪ nehmen zu einer zentralen These, die in einer Rede vertreten wird, in geordneter Form schriftlich Stellung
S. 593	**Den Aufsatz überarbeiten – Aussagen verknüpfen**	▪ überprüfen den gedanklich-logischen Aufbau eines Analyseaufsatzes ▪ verbessern die sprachliche Form einer Sachtextanalyse/Redeanalyse, indem sie logische Konnektoren differenziert und präzise einsetzen

E2 SACHTEXTE ANALYSIEREN

2.1 Analyse eines journalistischen Textes: Glosse

▶ S. 580 **Ulrich Greiner: Lebhafter Grenzverkehr. Wie deutsch ist unsere Literatur?**

Ulrich Greiner (*1945), deutscher Journalist und Literaturkritiker. Greiner studierte an den Universitäten in Frankfurt am Main und Tübingen Germanistik, Philosophie und Politikwissenschaft. Von 1970 bis 1980 war er Feuilletonredakteur der „Frankfurter Allgemeinen Zeitung" (FAZ), seit 1974 im Literaturressort der FAZ. 1980 wechselte Greiner zum Feuilleton der „Zeit", 1986 bis 1995 war er Feuilletonchef dieser Wochenzeitung, danach ihr Kulturreporter; seit 1998 ist er verantwortlicher Redakteur des Ressorts Literatur in der „Zeit". Greiner lehrte als Gastprofessor in Hamburg, Essen, St. Louis und Göttingen. Er ist Mitglied des P.E.N.-Zentrums Deutschland und der Freien Akademie in Hamburg.

Weitere Titel deutscher Autoren mit Migrationshintergrund sind z. B.:

- *Brentano, Clemens* (vgl. auch seine Schwester Bettine von Arnim, geb. Brentano, 1785–1859): Des Knaben Wunderhorn (zusammen mit Achim von Arnim), 1806–1808
- *Chamisso, Adelbert von:* Peter Schlemihls wundersame Geschichte, 1814
- *Fatah, Sherko:* Das dunkle Schiff. Roman. Jung und Jung, Salzburg 2008 (vgl. dazu die Rezension von Jens Jessen in „Die Zeit" vom 30.4.2008)
- *Fouqué, Friedrich de La Motte:* Der Held des Nordens, 1808–1810
- *Said:* Wo ich sterbe ist meine Fremde. Peter Kirchheim Verlag, München 1987
- *Schami, Rafik:* Milad – Von einem, der auszog, um einundzwanzig Tage satt zu werden. Hanser, München 1997. Siehe auch den Text „Sieben Doppelgänger" von Rafik Schami auf S. 458 f. im Schülerband.
- *Zaimoglu, Feridun:* Leyla. Roman. Kiepenheuer & Witsch, Köln 2006; ein Auszug aus dem Roman findet sich auf S. 459 ff. im Schülerband. (Zu dem Roman vgl. auch die Rezension von Martin Lüdke in „ZeitLiteratur", März 2006)
- Vgl. auch: *Stiftung Lesen / Robert Bosch Stiftung (Hg.):* Die Türkische Bibliothek. Türkische Literatur in der Schule. Texte und Ideen für den Unterricht. Mainz 2008

Mit dem Thema „Zweisprachige Schriftsteller/innen – Schreiben in Deutschland" beschäftigt sich ein Abschnitt in Kapitel C6.3 (S. 458–461 im Schülerband; vgl. dazu auch S. 469 f. in diesen Handreichungen). Weiterführendes Material zum Thema findet sich auf der beiliegenden CD: Klaus Hübner: Eine unübersehbare interkulturelle Vielfalt – Migrantenliteratur in Deutschland (= weiterführendes Material zu Kapitel C6.3).

▶ S. 581 **Das Textverständnis sichern – Fragen und Antworten formulieren**

1 Unter dem Operator „analysieren" versteht man bei Sachtexten:
- strukturbildende semantische (bedeutungsmäßige) und syntaktische Elemente des Textes unter Berücksichtigung ihrer sprachlichen Funktionen darstellen und erklären;
- den Zusammenhang zwischen Textstruktur und Textintention (mit dem Text verfolgte Absicht) herausarbeiten;
- das Zusammenspiel von Aussagestruktur, Intention und Wirkung des Textes erkennen, in einem historischen bzw. aktuellen Verstehenshorizont reflektieren und Schlussfolgerungen daraus ziehen.

Unter dem Operator „Stellung nehmen" versteht man:
- eine Problemstellung darstellen und einschätzen;
- auf der Grundlage fachlicher Kenntnisse eine Problemlösung erarbeiten;
- dabei verschiedene Positionen sorgfältig abwägen.

2.1 ANALYSE EINES JOURNALISTISCHEN TEXTES: GLOSSE **607**

2 a/b Fragen, die sich der Autor stellt, und Antworten, die der Text darauf gibt:

a Fragen, die sich der Autor stellt	b Aussagen, die Antwort auf die Fragen geben
Welche Autoren gehören zur „deutschen" Literatur? (Z. 1–28)	mehrere Beispiele; z. B.: „[…] die unbedachte Einordnung etwa von Peter Handke oder Max Frisch in die Kategorie ‚deutsche Literatur'" (Z. 3–6)
Was bedeutet „deutsch" im Bereich der Literatur nicht? (Z. 29–47)	„Es ist klar, dass die Bezeichnung ‚deutsch' im Fall der Literatur etwas anderes meint als die nationale Zuschreibung." (Z. 29–32)
Was bedeuten die nationalen Grenzen für die „deutsche" Literatur? (Z. 48–62)	„Kermani will darauf hinaus, dass die Besonderheit der deutschen Literatur gerade darin besteht, solche Grenzen zu überschreiten." (Z. 55–58)
Gibt es eine bessere Bezeichnung als „deutsche" Literatur? (Z. 63–69)	„[…] deshalb werden wir ohne die hässliche, aber exakte Bezeichnung ‚deutschsprachig' vermutlich auch in Zukunft nicht auskommen." (Z. 67–69)

c Die Anregung, zunächst die Fragestellungen, die ein Autor entwickelt, und dann jeweils die von ihm gefundenen Antworten zu referieren, hilft den Schülerinnen und Schülern, eine kritische Distanz zum Text aufzubauen.

Weitere Informationen und Übungsmöglichkeiten zur Wiedergabe von Sachtexten finden sich u. a. bei:
- Brenner u. a. 2004, S. 8 (Fragen an den Text stellen und Vorwissen aktivieren), S. 10 f. (Den Text abschnittweise gedanklich verarbeiten)
- Brenner 2004, S. 68 ff. (Indirekte Rede gestalten)
- Brenner/Hußing-Weitz 2007, S. 90 ff. (Die Autorenschaft eines Gedankens eindeutig angeben)

(Vgl. die Literaturhinweise auf S. 604 in diesen Handreichungen)

Die Textsorte untersuchen und beschreiben – Intention und Wirkung ► S. 581

1 Angesprochen werden im Feuilleton der Wochenzeitung „Die Zeit" eher anspruchsvolle Leser/innen mit einem relativ hohen Bildungsniveau. Das schlägt sich u. a. darin nieder, dass
- die Bekanntheit von Autoren wie Peter Handke, Max Frisch, Wolfram von Eschenbach und Robert Walser vorausgesetzt wird (der Autor spricht expressis verbis von einem „verständige[n] Leser" (Z. 1 f.);
- Geschichtskenntnisse vorausgesetzt werden (Z. 40 ff.; ebenso Z. 33 ff.: „Der deutsche Nationalstaat ist bekanntlich eine späte Erfindung");
- Fach- bzw. Fremdwörter wie „Kategorie" (Z. 5) oder „Etymologie" (Z. 63) verwendet werden;
- der Autor eine eher komplexe Syntax (Hypotaxen) verwendet.

Weitere Informationen zum Feuilleton z. B. in: DIE ZEIT für die Schule (Hg.): Medienkunde. Mit freundlicher Unterstützung von Cornelsen, Ausgabe 2008/2009, S. 55 ff. (Aufbau einer Wochenzeitung).

2 a Eine Glosse beschreibt „oft satirisch, witzig oder bissig ein Thema. Es gibt sie zu ernsten Themen und zu großen weltpolitischen Ereignissen, häufig widmet ein Autor sie aber auch lustigen oder eher nebensächlichen Themen. Glossen finden sich oft auf den Aufschlagseiten der meisten Ressorts. Veröffentlicht ein Autor regelmäßig und an gleich bleibender Stelle seinen Meinungsbeitrag, spricht man auch von einer Kolumne" (DIE ZEIT für die Schule 2008/2009, a. a. O., S. 47).
Die Glosse zeigt im Organon-Modell in etwa die Intentionenmischung eines Kommentars: Sie hat durchaus darstellenden Charakter (Es-Bezug/Sachbezug), setzt beim Leser aber auch Informationen voraus; außerdem stellt sie einen wertenden Meinungsbeitrag dar (Ich-Bezug/Selbstausdruck) und sie appelliert an den Leser, eventuelle andere Positionen kritisch zu überdenken (Du-Bezug/Adressatenbezug).

608 E2 SACHTEXTE ANALYSIEREN

b Mögliche Zuordnungen der Sprachfunktionen zu Sinnbezügen in Greiners Text:
- Sachbezug: „Natürlich weiß man, dass Handke ein Österreicher ist" (Z. 6 ff.); „Aber es gibt keine österreichische oder schweizerische Sprache" (Z. 9 ff.);
- Selbstausdruck: das eigene Ich und den Leser einbeziehendes „Wir": „Wir könnten ihn also einen österreichischen Schriftsteller nennen" (Z. 25 ff.); „[…] und deshalb werden wir […]", Z. 67);
- Adressatenbezug: „verständige Leser" (Z. 1 f.).

3 Greiner verwendet z. B. folgende persuasive (überzeugende und überredende) Textsignale:
- humoristische Formulierungen: „[…] wir würden einen deutsch sprechenden Luxemburger oder Dänen oder Norditalier niemals einen Deutschen nennen. Was aber, wenn er großartige Gedichte schriebe?" (Z. 42 ff.)
- ironische Übertreibung: „Zugespitzt könnte man sogar sagen: Die deutsche Literatur ist mehrheitlich gar nicht von Deutschen geschrieben worden" (Z. 58 ff.);
- Spott: „[…] jedenfalls nicht von denen, die sich für besonders deutsch gehalten haben" (Z. 60 ff.; Anspielung u. a. auf die Exilliteratur und die Naziliteratur);
- Argumentation: „Aber es gibt keine österreichische oder schweizerische Sprache" (Z. 9 ff.); „zumal ihn […] mit Deutschland wenig oder nichts verband" (Z. 27 f.).

4 Weitere Informationen und Übungsmöglichkeiten zur Darstellung von Analyseergebnissen finden sich u. a. bei:
- Brenner u. a. 2004, S. 68 ff. (Eine Argumentation analysieren)
- Brenner/Hußing-Weitz 2007, S. 71 ff. (Wie formuliere ich bessere Texte – Planvoll schreiben)
  (Vgl. die Literaturhinweise auf S. 604 in diesen Handreichungen)

▶ S. 583 **Die Stellungnahme vorbereiten – Ideen sammeln**

1 Mögliche weitere Gesichtspunkte des Erörterungsthemas „Nehmen Sie […] Stellung zur Frage, welche Chancen und Schwierigkeiten Sie für zweisprachige bzw. von zwei verschiedenen Kulturen geprägte Schriftsteller/innen sehen, die in deutscher Sprache schreiben":
- Chancen: kreativerer Umgang mit der deutschen Sprache; Möglichkeit, andere kulturelle Erfahrungen einzubringen;
- Schwierigkeiten: fehlende Kenntnis alter kultureller Traditionen im deutschsprachigen Raum, die sich z. B. in Redewendungen niederschlagen.

2 Die grafischen Unterstützungen auf S. 596 im Schülerband ermöglichen eine schnellere Gliederung des gedanklichen Materials.

▶ S. 583 **Eine schriftliche Sachtextanalyse planen und umsetzen – Gewichtung und Aufbau**

1/2 Damit sich die Schülerinnen und Schüler das Aufbaumuster der Sachtextanalyse mit anschließender Stellungnahme besser einprägen, kann es z. B. stichpunktartig in ein Flussdiagramm übertragen werden.

▶ S. 584 **Eine Sachtextanalyse überarbeiten – Abwechslungsreich formulieren**

1/2/3 Weitere Informationen und Übungsmöglichkeiten zu abwechslungsreichen Formulierungen in Sachtextanalysen finden sich u. a. bei:
- Brenner 2004, S. 64 f. (Den Ausdruck variieren, u. a. Wörterbox „sagen", Wörterbox „sich beschäftigen mit"), S. 66 f. (Zitate einbinden), S. 68 ff. (Indirekte Rede gestalten), S. 77 ff. (Eine Checkliste einsetzen)
- Brenner/Hußing-Weitz 2007, S. 92 ff. (Wie komme ich zum fehlerfreien Text? – Texte überarbeiten)
  (Vgl. die Literaturhinweise auf S. 604 in diesen Handreichungen)

2.2 EINE REDE UNTERSUCHEN   609

2.2 Rhetorische Analyse – Eine Rede untersuchen

Peter Härtling: Nein!
▶ S. 586

Der 1933 geborene Peter Härtling arbeitete zunächst als Journalist und Verlagslektor; seit seinem
40. Lebensjahr widmet er sich als freier Autor ganz dem Schreiben. In seinen Romanen spiegelt er häufig
historische Prozesse in der individuellen Erfahrung. Wiederholt stehen Künstlerfiguren – Hölderlin, Mörike,
Lenau, Franz Schubert, Robert Schumann – im Zentrum seiner Bücher; in andere Werke sind autobiografische Erfahrungen, die Auseinandersetzung mit Nationalsozialismus, Flucht und Vertreibung eingeflossen.
Härtling wurde auch als engagierter Autor von Kinder- und Jugendliteratur bekannt und mit vielen Auszeich-
nungen geehrt; häufig thematisiert er in seinen Jugendbüchern soziale Probleme. Zu gesellschaftspolitischen
Fragen bezieht Peter Härtling immer wieder Position – so auch in der im Schülerband abgedruckten Rede.
Vor der Rede war es in Deutschland zu ausländerfeindlichen und extrem gewalttätigen Ausschreitungen
Rechtsradikaler in Rostock mit Brandanschlägen auf Asylbewerberunterkünfte sowie der Ermordung von
Türken durch einen weiteren Brandanschlag Rechtsradikaler in Mölln (Schleswig-Holstein) gekommen.

Wer, worüber, wo, wann? – Thema und Redesituation wiedergeben
▶ S. 588

1 Das Thema in einem prägnanten Satz:
   Peter Härtling befasst sich mit dem Asylrecht in Deutschland und mit dessen Widersachern.

2 Prüfung der Redesituation anhand von Leitfragen – mögliche Ergebnisse in Stichworten:
   - Anlass der Rede: Frankfurter Buchmesse 1992;
   - gesellschaftliches Umfeld: Anschläge auf ausländische Staatsbürger in Deutschland (u. a. auf
     Asylsuchende);
   - Ort: Frankfurt am Main (Ort, an dem 1848 ein deutsches Parlament zusammentrat, in dem erstmals ein
     Asylrechtsartikel beraten wurde);
   - Raumsituation: Blickkontakt zu den Zuschauerinnen und Zuschauern;
   - Publikum: vermutlich sehr gebildet.

Die Problemstellung erfassen – Den Argumentationsaufbau darstellen
▶ S. 588

1 Die Problemstellung in einem Satz:
   Härtling spricht die Geschichtsvergessenheit vieler Deutscher an, die nicht wahrhaben wollen, dass
   Deutschland eine besondere Verpflichtung, aber auch eine besondere Tradition hat, Fremden Asyl zu
   gewähren.

2 a Schlüsselaussagen und deren gedanklicher Zusammenhang – Mögliche Lösung:

Schlüsselaussage	Wiedergabe in eigenen Worten im gedanklichen Zusammenhang
„Ich stehe hier, um das Elend unserer Geschichte, der einen und zwiefachen deutschen Geschichte, zu be-klagen […] ein Bündel von Verdrängungen, Feigheiten, Aggressionen […]." (Z. 1 ff.)	Härtlings Ausgangsthese ist, dass viele Deutsche aus ihrer problematischen gemeinsamen Geschichte leider nichts gelernt hätten.
„Hier, zwischen ungezählten Büchern, die weniger vergesslich sind als wir." (Z. 9 f.)	Als Literat kann er sich jedoch auf die demokratische Tradition stützen, die in Büchern dokumentiert ist.
„[…] der deutsche Boden ist nicht biedere, ideologisch verengte Heimat, sondern Zufluchtsgrund für jene, die frei sein wollen." (Z. 27 ff.)	Härtling erklärt, in diesen Büchern könne man nach-lesen, dass Deutschland – neben allen ideologischen Verirrungen – auch eine freiheitlich-demokratische Geschichtstradition habe.
„[…] wie rasch und wie folgenlos das Vergessen sein kann." (S. 48 f.)	Zwar habe man nicht nur in der Nazizeit, sondern auch nach dem Zweiten Weltkrieg versagt und die undemo-kratisch-totalitäre Phase des Nationalsozialismus zu schnell vergessen wollen.

E2 SACHTEXTE ANALYSIEREN

Schlüsselaussage	Wiedergabe in eigenen Worten im gedanklichen Zusammenhang
„Da nimmt eine Geschichte aus Gewissen ihr Recht wahr. Dieser Artikel wurde *nicht* abgelehnt." (Z. 64 ff.)	Dennoch sei damals von den Vätern des Grundgesetzes eine wichtige Lehre aus der Geschichte gezogen worden: Das Recht auf Asyl sei im Grundgesetz der Bundesrepublik Deutschland verankert worden.
„Er soll jetzt, nach dreiundvierzig Jahren Verfassungswirklichkeit, zerredet und gestrichen werden." (Z. 67 ff.)	Härtling beklagt, dass dieses Recht auf Asyl mehr als vierzig Jahre später faktisch außer Kraft gesetzt werden solle.
„Nein, Ihr Verdränger, Ihr Vergesslichen!" (Z. 76)	Er wendet sich ganz entschieden gegen eine solche Entwicklung und kritisiert eine asylfeindliche Haltung bei den Älteren im Land,
„Und Nein auch gegen die Jungen, die von Neuem in unserm Land Menschen verfolgen, Schwächere demütigen [...]." (Z. 80 ff.)	aber auch bei den Jüngeren gebe es diese Tendenz, die Schwächsten im Land fallenzulassen.
„So suchten sie, die Schwachgewordenen, ihre Feinde unter den Schwächsten [...]." (Z. 97 ff.)	Härtling vermutet, dass es besonders die gesellschaftlich Benachteiligten seien, die sich gegen die noch Schwächeren, die Asylanten, wendeten.
„Ich rufe uns auf, Menschen Zuflucht zu geben, die verfolgt werden von Folterern, von Ideologen, von Totschlägern, vom Hunger." (Z. 106 ff.)	Zum Schluss ruft der Redner seine Zuhörerinnen und Zuhörer auf, den in ihren Heimatländern an Leib und Leben Bedrohten in Deutschland Asyl zu gewähren.

b   Weitere Analyse von Inhalt und Argumentationsaufbau – einige mögliche Lösungen in Stichworten:

Problemstellung: Asylfeindliche Tendenzen um 1992

Inhaltliche Gliederung der Rede:
I.   Einführung: Klage über die deutschen Zustände/Anklage
II. Hauptteil: Erinnerung an eine gute Vergangenheit (Paulskirchenparlament)
                      Erinnerung an die Nazizeit
                      Erinnerung an die Väter des Grundgesetzes
                      Problematische Tendenzen in der Gegenwart
III. Schluss: Appell an die Zuhörer/innen

Beispiele, die die Aussagen untermauern:
I.   positive: Jacob Grimm (Paulskirchenparlament)
                      Väter des Grundgesetzes
II. negative: der Autor als Pimpf, der sich gegen die Eltern wendet
                      die „furchtbaren Kinder" von Rostock und Wismar

Weltanschauliche Position: die demokratische Tradition seit Jacob Grimm
                      Abgrenzung von geschichtsvergessenen Erwachsenen und
                      jungen Menschen

2.2 EINE REDE UNTERSUCHEN   **611**

Die Redeabsicht erkennen – Rhetorische Strategien der Beeinflussung darstellen ▶ S. 589

1 Peter Härtling verfolgt die Absicht, die Deutschen aufzurütteln, damit sich asylantenfeindliche Tendenzen nicht durchsetzen.

2 a/b Härtling ordnet der Wir-Gruppe Werte wie Freiheit und Gerechtigkeit zu, verwendet solche Zuordnungen jedoch nicht taktisch, sondern leitet sie aus der Geschichte ab. Insofern haben diese Aufwertungen keinen überredenden, sondern eher einen überzeugenden Charakter. Härtling ordnet sich selbst, dem Pimpf der Hitlerzeit, fehlerhaftes Verhalten zu, was nicht zu einer schwarz-weiß malenden Strategie der Gegner-Abwertung passen würde. Zwar verwendet er einige anklagend-emotionalisierende Redewendungen („Nein, Ihr Verdränger, Ihr Vergesslichen!", Z. 76), insgesamt ist seine Rede aber eher nachdenklich. Die eigenen Ziele und Beurteilungsmaßstäbe legt Härtling offen; er will also eher überzeugen. Appelle werden in mahnender Form vorgetragen. Insgesamt ergibt sich so eine Überzeugungsstrategie.

3 Möglicher Lösungsansatz:

Aspekte der Redeabsicht	Zitat	Erläuterung
Anklage	„ein Bündel von Verdrängungen, Feigheiten" (Z. 5f.)	Aufzählung und Metapher („Bündel") unterstützen die Anklage rhetorisch.
Kritik an den zu schnell reingewaschenen Nazis	„Aus meinen nazistischen Vorrednern wurden Patentdemokraten." (Z. 49f.)	Die Antithese und die Metapher („Patentdemokraten", Patent = Berechtigung, eine eigene Erfindung exklusiv zu verwerten) unterstreichen, dass Härtling den raschen Wandel der vormaligen Nazis für unglaubwürdig hält.
Anklage der geschichtsblinden Gegner des Asylrechts	„Nein, Ihr Verdränger, Ihr Vergesslichen! Nein, Ihr von den Erfolgen blank geriebenen Egoisten! Nein!" (Z. 76–79)	Das dreifache „Nein" (anaphorische Wiederholung), Alliterationen („Verdränger", „Vergesslichen") und die Metapher („blank gerieben") unterstreichen die pathetische Anklage.

4 Weitere Informationen und Übungsmöglichkeiten zur Redeanalyse finden sich u. a. bei:
- Böcker u. a. 2007, darin u. a. „Rhetorik: Reden analysieren" und „Rhetorik: Rau, J.: Religionsfreiheit heute (Redeanalyse)"
- Brenner u. a. 2004, S. 39 ff. (Rede)

(Vgl. die Literaturhinweise auf S. 604 in diesen Handreichungen)

Sprachliche Mittel benennen – Funktionen beschreiben ▶ S. 591

1/2 Einige geeignete Leitfragen zur Untersuchung der sprachlichen und rhetorischen Mittel der Härtling-Rede mit entsprechenden Lösungsansätzen:
- Gedankenverbindungen: in den Passagen mit kurzen Wiedergaben geschichtlicher Abläufe (z. B. Z. 14 ff. und Z. 36 ff.) keine logische, sondern in der Regel temporale Verknüpfung (z. B. „als", Z. 55; „jetzt", Z. 67); in anderen Passagen dosierte Verwendung logischer Konnektoren (z. B. konsekutiv: „So", Z. 97; entgegensetzend: „Aber", Z. 54);
- Satzarten: Variationen von Parataxe und Hypotaxe; z. T. auch unvollständige Sätze;
- rhetorische Figuren: Antithese, Metapher, Aufzählung (vgl. die Anmerkungen zu Aufgabe 3 oben), Alliteration („faule Floskel", Z. 112);
- Metaphern: Licht/Dunkelheit („einen leuchtenden Rahmen", Z. 26); Enge/Weite („ideologisch verengte Heimat", Z. 27 f.; „offen", Z. 31), Wirtschaft („Patentdemokraten", Z. 50; „Patentrezept", Z. 91; „Patent für Gedächtnisverlust", Z. 92 f.); Übersättigung („Fresssüchten", Z. 7; „fett in sich selber ruhen", Z. 117 f.);
- Fahnenwörter Härtlings sind u. a. „frei"/Freiheit (z. B. „Uns Freie auf einem freien Boden", Z. 103).

612 E2 SACHTEXTE ANALYSIEREN

3 a/b Die folgenden Aspekte sollten – auch in Bezug zur politischen Lexik (vgl. die Information auf S. 592 im Schülerband) – in der Analyse eine zentrale Rolle spielen:

- Härtling verwendet Leitbegriffe wie „frei"/„Freiheit"/„Freie" (Z. 22, 24, 26, 29, 33, 94, 103,122) und „Würde des Menschen" (z. B. Z. 17 f., 25 f., 106), um damit einen positiven Traditionsstrang der deutschen Geschichte zu betonen. Daher endet seine Rede im Sinne eines Schlussappells mit dem zentralen Leitbegriff „frei". Er will so seine Zuhörer/innen aufrütteln, damit sie sich gegen die in der Rede kritisierten asylantenfeindlichen Tendenzen engagieren.
- Als weiteren Leitbegriff benutzt Härtling den der „Geschichte", und zwar in doppelter Hinsicht: einmal im Sinne von Historie, aber auch im Sinne von Erzählung (Z. 1 f., 2 f., 4, 55, 64 f., 72, 73, 83, 115); damit bezieht er seine Rolle als Schriftsteller rhetorisch mit ein. Härtling unterstreicht mit dem Leitbegriff der Geschichte seine zentrale These, dass viele Deutsche geschichtsvergessen seien und die freiheitliche Tradition der deutschen Geschichte und insbesondere den in ihr angelegten Asylgedanken aufgäben.

4 Hier können die Schülerinnen und Schüler sich mit den inhaltlichen Positionen Härtlings und/oder der rhetorischen Bewältigung seines Anliegens auseinandersetzen.

▶ S. 592 **Kritisch Stellung nehmen – Eine zentrale Aussage erörtern**

1/2 Zur Auseinandersetzung mit der These, dass Dokumente der deutschen Literatur- und Kulturgeschichte das moralische Gedächtnis des Landes besser repräsentieren als die politische Meinung vieler seiner Bewohner, können sich die Schülerinnen und Schüler u. a. auf die Zeilen 1–7 und/oder 9–13 beziehen.

3 a/b Mögliche Fragen, die sich vor dem Hintergrund der Aufgabenstellungen ergeben, und mögliche Lösungen:

Mögliche Fragen	Mögliche Lösungen
deutsche Literaten, die sich für Freiheits- und Menschenrechte eingesetzt haben (Beispiele)	<ul><li>Gotthold E. Lessing (vgl. S. 261, 264 ff., 268, 286 f. im Schülerband)</li><li>Friedrich Schiller (vgl. S. 183 f., 277 ff., 281 ff., 288 ff., 296 ff., 298 im Schülerband)</li><li>Georg Büchner (vgl. S. 340 ff. im Schülerband)</li><li>Bertolt Brecht (vgl. S. 68 f., 171 ff., 418 im Schülerband)</li><li>Heinrich Böll (vgl. S. 430 f. im Schülerband)</li></ul>
geschichtliche Phasen, in denen deutsche Staaten hinter Menschenrechtsstandards zurückgefallen sind (Beispiele)	<ul><li>Restaurationsepoche (1815–1848)</li><li>Nationalsozialismus (1933–1945)</li><li>DDR (1945–1989)</li></ul>
in Büchern festgehaltene Einsichten als Ersatz für eigene Erfahrungen (Argumente)	<ul><li>Die These, Menschenrechtsverletzungen müssten am eigenen Leib erfahren werden, um die Menschenrechte würdigen zu können, wäre zynisch.</li><li>Es gibt viele Einsichten, die sich aus einem Studium der Geschichte ergeben und die man nicht selbst durch eigenes Erleben begründen muss (z. B. die Einsicht, dass kriegerische Konfliktlösungen untauglich sind).</li></ul>

4 Weitere Informationen und Übungsmöglichkeiten zur kritischen Erörterung finden sich bei:
- Böcker u. a. 2007
- Brenner u. a. 2004, S. 62 ff. (Basistraining Erörtern) und S. 75 ff. (Übungen zum Erörtern)
- Brenner 2007, S. 152 (Argumentationsbaustein) und S. 153 (Argumentationsformular)

(Vgl. die Literaturhinweise auf S. 604 in diesen Handreichungen)

2.2 EINE REDE UNTERSUCHEN   **613**

▶ S. 593 **Den Aufsatz überarbeiten – Aussagen verknüpfen**

1/2   Im „Rad der Gelenkwörter" können die Schülerinnen und Schüler zusätzlich alle Konjunktionen und Adverbien markieren, die sie selbst selten oder gar nicht nutzen. Im Sinne einer abwechslungsreicheren und/oder präziseren sprachlichen Markierung logischer Bezüge können sie angehalten werden, diese Konjunktionen und Adverbien in Texten, die zu Hause angefertigt werden, gezielt zu verwenden.

◎ Weiterführendes Material zu diesem Teilkapitel findet sich auf der beiliegenden CD:
- *Ingo Espenhorst:* Rechtsextreme Jugendgewalt (2006)
- *Stefan Willeke:* Mord aus der Mitte der Gesellschaft (2008)

Analyse eines Sachtextes mit anschließender weiterführender Reflexion

Aufgabenstellung

1 Analysieren Sie den Vortrag zum Thema „Was ist deutsch an der deutschen Literatur" von Navid Kermani. *(48 Punkte)*

2 Nehmen Sie anschließend Stellung zu der Frage, was die Kritik von Schriftstellern am eigenen Land für ihr Verhältnis zu den Leserinnen und Lesern bedeutet. *(24 Punkte)*

Navid Kermani: Was ist deutsch an der deutschen Literatur? Kosmopolitisch, selbstkritisch und voll fremder Einflüsse: Über den Sprachraum, in dem ich schreibe (2006)

Die Frage, was deutsch ist an der deutschen Literatur, möchte ich beantworten, indem ich über den exemplarischen deutschen Schriftsteller spreche. Für mich ist es nicht Goethe oder Schiller, nicht Thomas Mann
5 oder Bert Brecht, sondern der Prager Jude Franz Kafka.
Kafka? Sie alle kennen das Foto des jungen Kafka, auf dem er, den Kopf leicht nach vorne gedreht, mit einem vielleicht unsicheren, vielleicht spöttischen Lächeln
10 auf einen Punkt etwas oberhalb der Linse des Fotografen schaut. Es handelt sich um einen Ausschnitt aus dem Verlobungsfoto mit Felice Bauer aus dem Jahr 1917 und ist das berühmteste Bild des Autors, das Bild, das jeder vor Augen hat, geradezu
15 eine Ikone. Ich kann mich genau erinnern, was mir durch den Kopf ging, als ich meine ersten Schritte in Kafkas Welt tat, vierzehn oder fünfzehn Jahre alt werde ich gewesen sein, und auf den Umschlägen täglich in dieses Gesicht blickte: Der sieht gar nicht
20 deutsch aus. Die dunkle Hautfarbe, die starken Augenbrauen über den schwarzen Augen, die kurzen schwarzen Haare, die so tief in die Stirn reichen, dass Schläfen nicht einmal in Ansätzen zu erkennen sind, die orientalischen Gesichtszüge – heute ist das sicher
25 nicht mehr politisch korrekt zu sagen, aber damals war es mein unmittelbarer Eindruck: Der sieht nicht deutsch aus, nicht wie die Deutschen, die ich aus meiner Schule, dem Fernsehen oder der Fußballnationalmannschaft kannte.
30 Damals hat mich die Frage, was Kafka eigentlich ist, nicht weiter beschäftigt. Ich habe seine Bücher verschlungen, ohne darüber nachzudenken, aus welchen kulturellen, sozialen oder religiösen Erfahrungen sie sich zusammensetzen. Aber als ich nun vor der Frage
35 stand, welcher Schriftsteller für mich das Spezifische an der deutschen Literatur verkörpert, war mir klar, dass ich mit Kafka beginnen müsse, mit einem deutschen Schriftsteller, der nicht deutsch war.
Wie wenig Kafka mit Deutschland verband, lässt sich
40 an seinem Tagebuch ablesen, in dem das Land seiner

(Bildquelle: akg-images, Berlin)

Muttersprache kaum je einmal vorkommt. So notierte er, als am 1. August 1914 der Erste Weltkrieg begann, nur zwei Sätze: „Deutschland hat Russland den Krieg erklärt", lautet der erste Satz, und dann: „Nachmittag Schwimmschule." Vier Tage später widmet Kafka 45 dem politischen Geschehen noch einmal einen kleinen Eintrag, als er einen patriotischen Umzug deutschsprachiger Prager erwähnt: „Ich stehe dabei mit meinem bösen Blick." Und danach: so gut wie nichts. Die politischen Entwicklungen in Deutschland interes- 50 sieren Kafka, der sich mit vielen anderen gesellschaftlichen Vorgängen durchaus beschäftigt, nicht weiter. Jedenfalls erwähnt er Deutschland fast nicht, weder in seinen Briefen noch in seinen Tagebüchern, nicht vor, nicht während, nicht nach dem Ersten 55 Weltkrieg.
Selbst als Kafka im September 1923 nach Berlin zieht, bleibt er im Land seiner Muttersprache ein Fremder. In der abgeschiedenen Welt von Stieglitz studiert er

E2.1 LERNERFOLGSKONTROLLE/KLAUSURVORSCHLAG   **615**

Hebräisch, fantasiert über Palästina-Pläne und lebt –
mehr versuchsweise – nach dem jüdischen Gesetz.
Statt in Theatern und Opernhäusern ist er in jüdischen
Lehrhäusern anzutreffen. Kafka lebt in Deutschland,
ohne in Deutschland zu leben – in einer Parallel-
gesellschaft. Die wenigen Fahrten nach Berlin-Mitte
erscheinen Kafka wie ein persönliches „Golgatha“,
nicht weil er Berlin verachtet, sondern weil es ihn
nicht betrifft. „Deutschland hat Russland den Krieg
erklärt. Nachmittag Schwimmschule.“

Kafka hatte, wovor man heute Migrantenkinder in
Deutschland bewahren möchte: eine ausgesprochen
multiple Identität. Als Staatsbürger gehörte er dem
Habsburger Reich an, später der Tschechischen Republik. Für die Tschechen waren Kafka und die
gesamte deutschsprachige Minderheit in Prag einfach
Deutsche. Unter den Prager Deutschen wiederum galt
jemand wie Kafka vor allem als Jude. Nicht einmal
Kafka selbst konnte klar sagen, zu welchem Kollektiv
er gehörte. […]

In Preis- und Festtagsreden wird gern an den Beitrag
der Literatur für die Entstehung der deutschen Nation
erinnert. Tatsächlich war es die Literatur, die im
ausgehenden 18. Jahrhundert den Klein- und Zwerg-
staaten zu einem gemeinsamen, spezifisch „deutschen“
Selbstbewusstsein verhalf. Doch übersehen die meisten Festredner, dass Deutschlands Literaten längst über
Deutschland hinausdachten, als Deutschland sich endlich als ein geistiges und später als politisches Gebilde
herausgeschält hatte: Nicht mehr auf die deutsche,
sondern auf die europäische Einigung haben die
großen deutschen Dichter und Philosophen des späten
18. und des 19. Jahrhunderts – ob Goethe, ob Kant –
geblickt. In Deutschland war die Aufklärung von
Beginn an kein nationales, sondern ein europäisches
Programm. Auch in der Literatur folgte man nicht
etwaigen deutschen Vorbildern, sondern hielt sich an
die außerdeutsche Literatur von Homer[1] über Shakespeare bis Byron[2]. Deutsch wollte die deutsche Literatur gerade nicht sein – und war es dann gerade durch
die Aneignung nicht deutscher Motive und Muster.

„Abriss von den europäischen Verhältnissen der
deutschen Literatur“ nannte August Wilhelm Schlegel
einen 1825 erschienenen Aufsatz über die Eigenheiten
des deutschen Geisteslebens: „Wir sind, darf ich wohl
behaupten, die Kosmopoliten[3] der Europäischen
Cultur.“

Als literarisches wie politisches Projekt sollte Europa
die regionalen und nationalen Besonderheiten nicht
nivellieren, wohl aber die politischen Grenzen zwischen den Nationen auflösen. Mit dieser Vision
widersprachen sie dem deutschnationalen Zeitgeist,
der sie im Rückblick gern für sich vereinnahmt. Der
Widerspruch gegen das Nationale verschärfte sich im
20. Jahrhundert und zumal nach den Erfahrungen des
Ersten Weltkriegs: Es war der Traum von einem
demokratischen Staatenbund Europas, den die Brüder
Mann sowie Hesse, Hofmannsthal, Tucholsky, Zweig,
Roth oder Döblin dem Nationalismus in Deutschland
entgegenhielten. […]

Die Kritik und sogar Absage an Deutschland ist ein
Leitmotiv der deutschen Literaturgeschichte. In ihrer
Schärfe und Durchgängigkeit ist diese nationale
Selbstkritik wohl in keiner anderen Literatur zu finden.
Sie ist keineswegs erst ein Produkt der Nachkriegszeit,
sondern schon lange vor dem Nationalsozialismus
charakteristisch für die deutsche Literatur. So oft man
noch fordern wird, endlich ein „normales“, ein un-
verkrampftes Verhältnis zu Deutschland zu finden –
Deutschlands Dichter zeichneten sich gerade auch
durch ihr angespanntes Verhältnis zu Deutschland aus.
Sie sind große Deutsche, obwohl oder gerade indem
sie mit Deutschland haderten. Anders gesagt: Stolz
darf Deutschland auf jene sein, die nicht stolz waren
auf Deutschland. […]

Bin ich Deutscher? Bei der Weltmeisterschaft im
Fußball halte ich zu Iran, damals, als ich Kafka ent-
deckte, heute, da ich ihn noch immer lese. Zugleich
gibt es für mich keine größere Verpflichtung, als zur
selben Literatur zu gehören wie der Prager Jude Franz
Kafka. Sein Deutschland eint uns.

(Aus: Süddeutsche Zeitung, 21.12.2006, Auszug)

---

[1] **Homer:** der bedeutendste epische Dichter der Antike, wahrscheinlich
8. Jh. v. Chr., gilt als Verfasser der „Ilias“ und der „Odyssee“
[2] **Lord Byron:** englischer Dichter der Romantik, 1788–1824

[3] **Kosmopolit:** griech.: Weltbürger

Der Schriftsteller Navid Kermani wurde 1967 als Iraner in Deutschland geboren und lebt in Köln. Kermani
äußerte sich zum Thema „Was ist deutsch an der deutschen Literatur?“ 2006 im Rahmen einer Vortragsreihe
mit dem Titel „Was eint uns?“ im Konrad-Adenauer-Haus in Berlin. Im gleichen Jahr, in dem er den Vortrag
hielt, erschien Kermanis Roman „Kurzmitteilung“.

Autor:
Gerd Brenner

Texte, Themen und Strukturen
Lernerfolgskontrolle 44, S. 2

Inhaltliche Leistung

Aufgabe 1

	Anforderungen Die Schülerin / der Schüler	maximal erreichbare Punktzahl (AFB)	erreichte Punktzahl
1	verfasst eine sinnvolle Einleitung (Autor, Textsorte, Thema etc.).	3 (I)	
2	benennt das zentrale Thema des Vortrags.	3 (I)	
3	beschreibt die mehrteilige Struktur des Textes, z. B.: • Einstieg über ein ausführliches, autobiografisch angebundenes Beispiel • Präsentation von Thesen zum Nationalcharakter der deutschen Literatur • Schlussfrage und gedankliche Rückbindung an das Ausgangsbeispiel	6 (I)	
4	erschließt zentrale Thesen Kermanis (z. B., dass es in der deutschen Literatur schon immer multiple Identitäten gegeben habe; dass deutsch schreibende Autor(inn)en oft über die nationalen Grenzen hinausgedacht und Europa als Bezugsraum gewählt hätten; dass deutsche Schriftsteller/innen seit Langem in besonderer Weise das eigene Land kritisierten) und erläutert sie in ihrem gedanklichen Zusammenhang.	9 (II)	
5	stellt den vom Autor herausgearbeiteten Unterschied zwischen der Zuschreibung „deutsch" als nationaler und als literarischer/sprachlicher Kategorie dar.	3 (II)	
6	erläutert zentrale Belege/Beispiele (z. B. das Beispiel Kafka, die Brüder Mann, Hesse) und ihre Funktion als Stützung der zentralen Thesen.	6 (II)	
7	analysiert auffällige Gestaltungsmittel, z. B.: • die häufige Verwendung des Leitbegriffs „deutsch" • die häufige Verwendung entgegensetzender Konjunktionen („aber", „sondern"), die die Divergenz zwischen „deutsch" als nationaler und literarischer/sprachlicher Kategorie unterstreichen • Zitate von Autoren, die sich von nationalem Deutschtum distanzieren • meist komplexe Syntax	6 (II)	
8	untersucht stilistisch-rhetorische Elemente des Textes, z. B.: • Antithese („einem deutschen Schriftsteller, der nicht deutsch war", Z. 37 f.) • Wortspiel („Stolz darf Deutschland auf jene sein, die nicht stolz waren auf Deutschland", Z. 132 ff.) • Alliterationen („Deutschlands Dichter", Z. 129)	6 (II)	
9	stellt abschließend im Sinne einer reflektierten Schlussfolgerung den argumentativen Umgang des Autors mit einem aktuellen, gesellschaftlich relevanten Thema dar.	6 (III)	
10	entwickelt einen weiteren, eigenständigen Gedanken. (Max. 5 Punkte)		
		48	

Autor: Gerd Brenner

Texte, Themen und Strukturen
Lernerfolgskontrolle 44, S. 3

ERWARTUNGSHORIZONT

Aufgabe 2

	Anforderungen Die Schülerin / der Schüler	maximal erreichbare Punktzahl (AFB)	erreichte Punktzahl
1	formuliert eine sinnvolle Überleitung.	3 (I)	
2	entwickelt einige Kriterien, die geeignet sind, die Erörterungsfrage zu klären (z. B. aufklärerische Funktion von Autorinnen und Autoren, Literatur als Reflexionsanstoß, Zugang von Autorinnen und Autoren zu allen politischen/ weltanschaulichen Lagern etc.).	6 (II)	
3	nutzt die Kriterien, um das Verhältnis von Schriftsteller(inne)n und Leser(inne)n in einem begründenden Verfahren zu bewerten.	6 (III)	
4	wägt dabei verschiedene Kriterien gegeneinander ab und kommt so zu einer nachvollziehbaren Gewichtung der Entscheidungsgründe.	6 (III)	
5	formuliert ein plausibles Fazit der eigenen Überlegungen.	3 (III)	
6	entwickelt einen weiteren, eigenständigen Gedanken. (Max. 4 Punkte)		
		24	

Darstellungsleistung

	Anforderungen Die Schülerin / der Schüler	maximal erreichbare Punktzahl	erreichte Punktzahl
1	strukturiert den Klausurtext schlüssig, sinnvoll verknüpft und gedanklich klar.	6	
2	schreibt fachsprachlich korrekt und differenziert zwischen beschreibenden, deutenden und wertenden Aussagen.	6	
3	belegt Aussagen funktional durch korrekte Zitate.	3	
4	formuliert begrifflich präzise und differenziert, sprachlich-stilistisch angemessen, abwechslungsreich und sicher.	10	
5	schreibt sprachlich korrekt.	3	
		28	

Eine Zuordnung der Punktezahlen zu den Notenstufen findet sich auf S. 46 in diesem Handbuch.

Mögliche Alternative zu Aufgabe 2: Erörtern Sie kurz die Problematik einer „patriotischen" Nationalliteratur.

Autor: Gerd Brenner

Texte, Themen und Strukturen
Lernerfolgskontrolle 44, S. 4

3 Erörterndes Schreiben

Konzeption des Kapitels

Die Lehrpläne für die Sekundarstufe II sehen verschiedene Formen schriftlicher Leistungen im Bereich der Meinungsbildung vor, die traditionellerweise unter dem Begriff der „Erörterung" zusammengefasst werden. Neben der freien Erörterung, die nicht an eine Textvorlage gebunden ist, und der Sonderform der literarischen Erörterung, die eine Stellungnahme zu einem literaturwissenschaftlichen Problem verlangt, spielt in den Curricula der Sekundarstufe II besonders die Erörterung im Anschluss an einen nichtfiktionalen Text eine Rolle. In diesem Kapitel steht diese Form der Erörterung im Zentrum, wobei der vorgelegte Text sich mit einem literarischen Gegenstand auseinandersetzt. Außerdem wird die freie Erörterung erarbeitet.

Im Mittelpunkt einer Erörterung steht die Auseinandersetzung mit einer *res dubia*, einer in der (Fach-) Öffentlichkeit strittigen Frage, zu der – im Falle der textgebundenen Erörterung – behauptende und argumentative Grundaussagen vorgelegt werden, mit denen sich die Schülerinnen und Schüler auseinanderzusetzen haben. Von der Sachtextanalyse (vgl. Kapitel E2) unterscheidet sich die Erörterung dadurch, dass (im Anschluss an einen vorgelegten Text) eine umfangreichere und eher eigenständige Meinungsbildung erwartet wird. Aspekte der Sachtextanalyse werden in den ersten Teil eines Erörterungsaufsatzes integriert.

Das erste Teilkapitel (**„Die textgebundene Erörterung"**) sichert zunächst das Verständnis eines vorgelegten nichtfiktionalen Textes. Die Schülerinnen und Schüler erhalten Anregungen, die zentrale These und den Argumentationsansatz des Textes gedanklich zu erarbeiten und angemessen wiederzugeben. Es folgt dann die Erörterung eines in der Aufgabenstellung herausgestellten Aspekts. Dazu werden vier verschiedene Grundtypen der kritischen Texterörterung (I Begründeter Widerspruch / kritische Distanzierung – II Teilweise Übereinstimmung – III Begründete Zustimmung – IV Weiterführende Problematisierung) und verschiedene Strukturierungen einer Erörterung (steigernder und dialektischer Aufbau) vorgestellt.

Das zweite Teilkapitel (**„Die freie Erörterung"**) knüpft an Kompetenzen an, die die Schülerinnen und Schüler aus der Sekundarstufe I mitbringen. Schritt für Schritt wird in das Verfahren der Problemerörterung eingeführt, wobei Möglichkeiten der Aspekte- und Stoffsammlung sowie Argumenttypen und ihre Funktionen im Mittelpunkt stehen.

Literaturhinweise

Baurmann, Jürgen: Schreiben – Überarbeiten – Beurteilen. Ein Arbeitsbuch zur Schreibdidaktik. Kallmeyer, Seelze 2002

Böcker, Lisa / Brenner, Gerd / Brüning, Beatrix u. a.: Literatur und Epochen. Texte, Themen und Strukturen interaktiv. Hg. von Klaus Eilert, Ute Fenske und Cordula Grunow. Cornelsen, Berlin 2005

Brenner, Gerd: Methodentraining: Projekt Medien und Meinungsbildung. Kursthemen Deutsch. Hg. von Dietrich Erlach und Bernd Schurf. Cornelsen, Berlin 2002

Brenner, Gerd / Gierlich, Heinz / Hellenbroich, Christoph / Schmolke, Philipp: Umgang mit Sachtexten: Analyse und Erörterung. Hg. von Bernd Schurf und Andrea Wagener. Cornelsen, Berlin 2004

Brenner, Gerd: Fundgrube Methoden II. Für Deutsch und Fremdsprachen. Cornelsen Scriptor, Berlin 2007

Brenner, Gerd / Hußing-Weitz, Renate: Besser in Deutsch – Oberstufe. Texte verfassen. Cornelsen Scriptor, Berlin [4]2007

Gigl, Claus: Abiturwissen Deutsch. Erörterung: Prüfungsrelevanter Stoff auf den Punkt gebracht. Klett, Stuttgart 2005

Schröter-Klaenfoth, Jürgen: PP-Präsentation „Erörterung". Cornelsen, Berlin 2002 (www.cornelsen-teachweb.de/co/tts)

	Inhalte	Kompetenzen Die Schülerinnen und Schüler
S. 594	**3.1 Die textgebundene Erörterung** *Karl Viëtor:* Das Leiden am Leben. Anmerkungen zu „Dantons Tod" von Georg Büchner	
S. 596	**Arbeitsvorbereitung – Die Aufgabenstellung verstehen**	▪ gehen strategisch mit Aufgabenstellungen um, indem sie sie für die Schreibplanung nutzen
S. 597	**Von der zentralen These ausgehen – Aussagen wiedergeben**	▪ setzen gezielt Methoden der Texterschließung ein ▪ paraphrasieren einen Text und verwenden dabei sachgerecht den Konjunktiv der indirekten Rede
S. 597	**Die Argumentationsstruktur untersuchen – Die sprachliche Gestaltung berücksichtigen**	▪ erkennen den Aufbau einer Argumentation und unterscheiden dabei These, Argument, Beispiel, Beleg und Erläuterung
S. 598	**Eine Erörterung vorbereiten – Grundtypen der Texterörterung** *Georg Lukács:* Der faschistisch verfälschte und der wirkliche Georg Büchner	▪ entscheiden sich gezielt für einen Grundtyp der kritischen Texterörterung: I Begründeter Widerspruch / kritische Distanzierung – II Teilweise Übereinstimmung – III Begründete Zustimmung – IV Weiterführende Problematisierung
S. 601	**Den erörternden Teil strukturieren – Einen Schreibplan entwickeln**	▪ entwerfen einen Schreibplan für eine Texterörterung ▪ erschließen sich spezifische Formulierungsmöglichkeiten für erörternde Texte ▪ strukturieren eine Erörterung nach dem steigernden bzw. dialektischen Prinzip
S. 602	**Eine Erörterung überarbeiten – Häufige Fehler, Arbeitsplan**	▪ wenden gezielt Möglichkeiten der Überarbeitung erörternder Texte an, indem sie das Verfahren der Textwiedergabe, die Tempusverwendung, die Zitiertechnik und die logische Verknüpfung von Sätzen überprüfen
S. 606	**3.2 Die freie Erörterung**	
S. 606	**Arbeitsvorbereitung – Die Aufgabenstellung verstehen**	▪ erarbeiten begriffliche Kerne einer Aufgabenstellung
S. 607	**Ideen sammeln und ordnen – Argumenttypen**	▪ bereiten eine Problemerörterung mit Hilfe verschiedener Verfahren der Recherche bzw. der Stoffsammlung vor ▪ setzen verschiedene Argumenttypen funktional ein
S. 609	**Eine freie Erörterung schriftlich ausarbeiten – Selbst argumentieren**	▪ entwickeln einen Schreibplan für eine freie Erörterung
S. 609	**Den Text überarbeiten – Das Haus der Stile**	▪ unterziehen ihre Erörterung einer gezielten Stilanalyse ▪ setzen Stil-, Synonym- und Bedeutungswörterbücher ein, um einen Text zu überarbeiten

620 E3 ERÖRTERNDES SCHREIBEN

3.1 Die textgebundene Erörterung

▶ S. 595 **Karl Viëtor: Das Leiden am Leben. Anmerkungen zu „Dantons Tod" von Georg Büchner** (1934)

Mit den Texten von Karl Viëtor und Georg Lukács (vgl. S. 599 im Schülerband) werden zwei konträre Positionen zu Georg Büchners Drama vorgestellt.

▶ S. 596 **Arbeitsvorbereitung – Die Aufgabenstellung verstehen**

1 Schlüsselbegriffe in der Aufgabenstellung – mögliche Lösung:
- Gedankengang
- Argumentation
- Epochenumbruch 18./19. Jahrhundert
- „Dantons Tod"
- Viëtors Verständnis des Dramas

2 Die vorgeschlagenen Methoden (vgl. den Methodenkasten „Typische Aufgabenstellungen verstehen", S. 596 im Schülerband) können eventuell arbeitsteilig erprobt werden. Anschließend kann dann der Beitrag jeder Methode zur Lösung der Aufgabe kritisch reflektiert werden.

▶ S. 597 **Von der zentralen These ausgehen – Aussagen wiedergeben**

1 Wichtigste These Viëtors – mögliche Lösung:
Das Drama „Dantons Tod" von Georg Büchner vermittelt „keine politische", sondern „eine religiöse Wahrheit" (Z. 28 f.).

2 Unterteilung in Sinnabschnitte mit Abschnittüberschriften – mögliche Lösung:
Z. 1–14   Politisch-revolutionäres Drama als Ursprungsidee
Z. 14–22   Scheitern des „Hessischen Landboten" und damit des eigenen politischen Projekts
Z. 22–31   Hervortreten der religiösen Wahrheit, dass politisches Handeln sinnlos ist
Z. 32–41   Zusammenbruch der revolutionären Begeisterung
Z. 41–49   Typisch deutsche Entwicklung vom politischen Programm zur staatsmännischen Besonnenheit
Z. 49–58   Innere Lähmung des politischen Willens
Z. 58–77   Pessimismus und Fatalismus als Lebenseinstellung

3 Den Text mit eigenen Worten wiedergeben: Paraphrase – mögliche Lösung:
Karl Viëtor führt zunächst aus, dass Georg Bücher das Drama „Dantons Tod" ursprünglich als ein politisch-revolutionäres Stück konzipiert habe, das dem deutschen Bürgertum die politische Kraft der Französischen Revolution habe vor Augen führen sollen. Mit dem Scheitern des „Hessischen Landboten", eines Revolutionsaufrufs, habe Büchner im realen Leben dann aber die schmerzliche Erfahrung machen müssen, dass revolutionäre Impulse von der deutschen Bevölkerung nicht aufgenommen würden. In seinem Drama habe es daraufhin eine deutliche Akzentverschiebung gegeben, und zwar weg von einer politisch-revolutionären und hin zu einer religiösen Aussage. Büchner sei zu der religiösen Erkenntnis gelangt, dass politisches Engagement letztlich keinen Sinn mache. Damit habe sich eine typisch deutsche Entwicklung angebahnt; denn in Büchners Drama gehe Danton den Weg vom politischen Programmatiker zum besonnenen Staatsmann. Die religiöse Erkenntnis habe sich in der Danton-Figur als Lähmung des politischen Willens niedergeschlagen. Die Grundeinsichten, die in dem Drama letztlich vermittelt würden, seien ein aus Einsichten in menschliche Grundbefindlichkeiten gespeister Pessimismus und Fatalismus, der jede politische Aktion sinnlos werden lasse.

3.1 DIE TEXTGEBUNDENE ERÖRTERUNG   **621**

Die Argumentationsstruktur untersuchen – Die sprachliche Gestaltung berücksichtigen   ▶ S. 597

1 a/b Untersuchung der Argumentation – mögliche Lösung:
Viëtor trifft viele thetische Aussagen (z. B. „Auf ein politisches Drama ging Büchners Wille wohl ursprünglich", Z. 1 f.; „‚Dantons Tod' ist ein Drama mit einem politischen Stoff; aber die Wahrheit, die es verkündet, ist von der Art, dass durch sie der Wille zum politischen Handeln gelähmt werden muss", Z. 32 ff.), die anschließend in der Regel erläutert werden (z. B. Z. 2 ff. und 35 ff.). Die Thesen werden kaum durch <u>Argumente</u>, durch begründende Sätze untermauert. Aussagen, die auf den ersten Blick Argumente darstellen, wiederholen oft nur inhaltlich bereits vorher vorgetragene Thesen (Beispiele: „[…] <u>weil</u> er von innen her gelähmt ist und nicht mehr kämpft", Z. 52 f.; „<u>Denn</u> sein Wille ist gelähmt durch das neue pessimistische Wissen von der allgemeinen Beschaffenheit des Lebens", Z. 58 ff.). In Z. 67 ff. wird ein Zitat eines zur Entstehungszeit des Textes bekannten anderen Autors verwendet, das als <u>Autoritätsargument</u> gelten kann. Konkrete Beispiele aus dem Drama, die Viëtors Thesen belegen könnten, werden vom Autor nicht aufgeführt.

2 Beurteilung der Argumentationsweise insgesamt – mögliche Lösung:
Insgesamt ist der Text stark thetisch und wenig argumentativ. Viëtor unternimmt wenig, um den Geltungsanspruch seiner Thesen zu untermauern.

3 Sprachliche Besonderheiten sind z. B.:
- Wörter aus dem „Jargon der Eigentlichkeit", einer zum religiös verbrämten Irrationalismus neigenden Redeweise mit einem Gestus des „tiefen menschlichen Angerührtseins" (Theodor W. Adorno: Jargon der Eigentlichkeit. Zur deutschen Ideologie. Frankfurt/M. 1964, S. 9): „die letzten, ewigen Fragen der Menschheit" (Z. 30 f.), „eine religiöse Wahrheit aus der Geschichte" (Z. 44 f.), „der allgemeinen Beschaffenheit des Lebens" (Z. 59 f.), „die unlösbare Gebrechlichkeit des Seins" (Z. 61 f.), „die unaufhebbare Natur und Schicksalsgebundenheit des Menschen" (Z. 62 f.), „Alles Leben leidet an sich selbst" (Z. 71), „Leid, Schmerz, Tod sind die Herren des Lebens" (Z. 72 f.);
- rhetorische Figuren wie Klimax („Leid, Schmerz, Tod", Z. 72) oder Alliteration („Geist und Gefühl", Z. 75), die das Pathos der Aussage steigern;
- dramatisierendes Präsens (Z. 7–25);
- z. T. stark hypotaktischer Satzbau (z. B. Z. 35–41 oder 53–58).

4 Die Formulierungsvorschläge in dem Kasten „Struktur und Sprache einer Argumentation beschreiben" (S. 598 im Schülerband) bieten zugleich weiterführende gedankliche Impulse.

Eine Erörterung vorbereiten – Grundtypen der Texterörterung   ▶ S. 598

1 Mögliche Stichworte für eine Mindmap zur Epoche des Vormärz:
- Freiheitsdrang
  - Hambacher Fest
  - Hessischer Landbote
  - Verlangen nach dem Ende der Fürstenherrschaft
- Restauration (Wiederherstellung vorrevolutionärer Machtverhältnisse)
  - strenge Zensur
  - Publikationsverbote
- engagierte Literatur

Georg Lukács: Der faschistisch verfälschte und der wirkliche Georg Büchner (1937)   ▶ S. 599

2 Unterschiedliche Sichtweisen Viëtors und Lukács' auf Georg Büchner – mögliche Lösung:

Sichtweise I: Viëtor	Sichtweise II: Lukács
▪ Büchner als enttäuschter Revolutionär ▪ religiöse Einsichten im Zentrum ▪ Aufgabe politisch-revolutionärer Positionen durch Büchner	▪ Büchner als Revolutionär ▪ politische Einsichten im Zentrum ▪ konsequente Weiterentwicklung politisch-revolutionärer Positionen durch Büchner

622 E 3 ERÖRTERNDES SCHREIBEN

3 a Einige Aspekte als Beispiele:
- mögliche Gegenposition zu Viëtor: Büchner stellt (z. B. in den Straßenszenen) das Volk als die treibende Kraft dar, die – auch in ihrer Problematik – von den führenden politischen Figuren begriffen werden muss. Bei Viëtor zeigt sich das Volk als von der Politik unberührt (vgl. Viëtor, Z. 17 f., S. 595 im Schülerband).
- Lukacs' bestätigende Zusatzargumente: Büchner sieht in dem Verhalten Dantons keine „staatsmännische[...] Besonnenheit" (Viëtor, Z. 48 f.), vielmehr erscheint Danton in sich widersprüchlich.
- gedankliche Erweiterungen: Büchner stellt Verirrungen dar, in die revolutionäre Bewegungen geraten können. (Diese sieht Lukács in dem Textauszug nicht.)

b Den Schülerinnen und Schülern sollte verdeutlicht werden, dass jeder der in der Information dargestellten „Grundtypen kritischer Texterörterung" (S. 599 f. im Schülerband) zu einem guten Ergebnis führen kann.

▶ S. 601 **Den erörternden Teil strukturieren – Einen Schreibplan entwickeln**

1 Bei der Entscheidung für die Strukturierung des Erörterungsaufsatzes stellt Modell I – steigernder (linearer) Aufbau – die geringsten Ansprüche an die Schülerinnen und Schüler; für Oberstufenklausuren stellt es daher eher nur eine Einstiegsoption dar. Angemessener sind Modell II (Dialektischer Pro-und-Kontra-Aufbau in Blöcken – „Sanduhr-Prinzip") oder Modell III (Fortlaufender antithetischer Pro-und-Kontra-Aufbau – „Pingpong-Prinzip").

2 Weiterführende Übungsmöglichkeiten zum Erörterungsaufsatz bei:
- Böcker/Brenner/Brüning u. a. 2005 (ausführliche Erarbeitung zweier literaturbezogener Erörterungen)
- Brenner/Gierlich/Hellenbroich/Schmolke 2004, S. 62 ff. (Basistraining Erörtern – Strategien der Argumentation / Die Klausur schreiben) und S. 78 ff. (Übungen zum Erörtern – Literaturwissenschaftliche Interpretation)
(Vgl. die Literaturhinweise auf S. 618 in diesen Handreichungen)

▶ S. 602 **Eine Erörterung überarbeiten – Häufige Fehler, Arbeitsplan**

1/2 Die Aufgaben zur Textüberarbeitung können auch in Form einer Schreibkonferenz (vgl. S. 121 f. im Schülerband) bearbeitet werden.

3 Falls genügend Zeit zur Verfügung steht, kann auch die Überprüfung, ob die allgemeinen Hinweise zur textgebundenen Erörterung (S. 602–605 im Schülerband) in den letzten Aufsätzen beachtet und umgesetzt wurden, in Form einer Schreibkonferenz angegangen werden.

Ein Klausurvorschlag, der an die Erarbeitung der Texte von Karl Viëtor und Georg Lukács anschließt, findet sich auf S. 629 in diesem Handbuch.

◎ Weiterführendes Material zu diesem Teilkapitel findet sich auf der beiliegenden CD:
- Strukturierung einer Erörterung – Steigernder und dialektischer Aufbau (Folie)

3.2 Die freie Erörterung

▶ S. 606 **Arbeitsvorbereitung – Die Aufgabenstellung verstehen**

1 Mögliche Aspekte einer Mindmap zur Epoche der Aufklärung:
- Vernunftfähigkeit/Verstandeskultur/Mündigkeit/Rationalismus
  - Abbau von Unmündigkeit (Lichtenberg: „Lasst euch [...] nichts vordenken und nichts vormeinen [...]", Z. 1–4, S. 263 im Schülerband)
  - Selbstständigkeit des Denkens (Kant: „Sapere aude! Habe Mut, dich deines eigenen Verstandes zu bedienen", Z. 9 ff., S. 257 im Schülerband)
  - öffentlicher Gebrauch der Vernunft
- Empirismus/Vertrauen auf sinnesgestützte Erfahrung (Lichtenberg: „[...] wer Augen hat zu sehen, der sieht", Z. 20 f., S. 263 im Schülerband)
  - Zweifel als Methode

- Freiheit
  - bürgerliche Gleichheitsvorstellungen (gegenüber der feudalen Ständegesellschaft)
  - Menschenrechte (gegenüber dem Machtanspruch des Staates)
  - Toleranz (gegenüber dem Machtanspruch der Kirche)
  - Erziehung

2 Mögliche Fortsetzung der im Schülerband begonnenen Definition und Erläuterung des Begriffs „Mündigkeit" unter Bezug auf Kant und Lichtenberg:
[...] Nach Lichtenberg macht insbesondere auch die Selbstständigkeit des Denkens die Mündigkeit eines Menschen aus. Lichtenberg fordert, keiner solle sich etwas von anderen vordenken oder vormeinen lassen. Zur Stärkung eines kritischen Bewusstseins sei der Zweifel als Methode sehr wirksam; jeder frei geborene Mensch zeichne sich dadurch aus, dass er Meinungen anderer anzweifle und die eigenen Positionen vortrage. Dabei solle man sich besonders auch auf die eigenen Sinneswahrnehmungen verlassen. [...]

Ideen sammeln und ordnen – Argumenttypen

▶ S. 607

1/2 Für die Aspekte- und Stoffsammlung können die Notizen zu Aufgabe 1 auf S. 606 im Schülerband genutzt werden (vgl. S. 622 f. in diesen Handreichungen), zum Stichwort „Mündigkeit" insbesondere die folgenden Stichworte:

Mündig im Sinne der Aufklärung per Internet?	Pro-Argumente	Kontra-Argumente
Freiheit der Information	→ Zugänglichkeit des Internets als eines „demokratischen" Mediums für alle	
selbstständiges Handeln	→ Selbstbestimmung von Suchpfaden → selbstständige Entwicklung von Fragestrategien	
nichts vordenken lassen		←→ ungeprüfte Übernahmen aus dem Internet
nichts vormeinen lassen		←→ ungeprüfte Übernahmen aus dem Internet
eigenständige Fragen		←→ „blindes", oft vom Zufall abhängiges Suchen und Finden von Informationen im Internet
Zweifel als Methode		←→ zu gutgläubige Übernahme von Informationen aus dem Internet
usw.	…	…

Mit „Medien und Realität – Medienkritik" beschäftigt sich auch das Teilkapitel D2.3 (S. 492–499 im Schülerband). Weitere Materialien zum Thema „Medien(kritik)" in Brenner 2002 (vgl. die Literaturhinweise auf S. 618 in diesen Handreichungen).

3 Die Übung hilft den Schülerinnen und Schülern, die unterschiedlichen Plausibilisierungsgrade verschiedener Argumenttypen zu erkennen und eigene Argumente gezielter einzusetzen.

4 Mögliche argumentierende Texte (zum Thema Medien):
- Werner Faulstich: „Jetzt geht die Welt zugrunde …" – Kulturkritik, „Kulturschocks" und Mediengeschichte. Vom antiken Theater bis zu Multimedia (S. 493 ff. im Schülerband)
- Umberto Eco: Der Verlust der Privatsphäre (ebd., S. 495 f.)

624 E3 ERÖRTERNDES SCHREIBEN

5/6 Aussagen, die in der Erörterung als Autoritäts- bzw. Faktenargumente verwendet werden können –
mögliche Beispiele:

- These: Die Nutzer des Internets entmündigen sich selbst, weil sie sogar ihre Privatsphäre aufgeben
  und Privatestes öffentlich zur Schau stellen. → Zitate: „In diese[n] […] Fällen von freiwilligem Verzicht auf Privatheit liegen Abgründe von Verzweiflung" (Umberto Eco: Der Verlust de Privatsphäre,
  S. 496, Z. 78 ff.); „Die Zurschaustellung des Toren bringt das Publikum zu der Überzeugung, dass
  nichts, nicht einmal das schändlichste aller Missgeschicke, das Recht hat, privat zu bleiben" (ebd.,
  Z. 41 ff.).

- These: Das Internet trägt zur Mündigkeit seiner Nutzer bei, weil es das Denkvermögen verbessert.
  → Zitat: „Mit seinem rasanten Aufstieg hat das Internet unseren kognitiven Apparat […] auf Touren
  gebracht. Erstens, weil es zur Teilnahme auffordert. Zweitens, weil es uns gezwungen hat, neue
  Schnittstellen zu meistern, und drittens, weil es uns neue Möglichkeiten bietet, mit anderen
  Menschen in Kontakt zu treten." (Steven Johnson: Everything Bad ist Good für You, S. 498 im
  Schülerband, Z. 16 ff.)

▶ S. 609 **Eine freie Erörterung schriftlich ausarbeiten – Selbst argumentieren**

1 Mögliche zentrale These:
Das Internet ist eher nicht (nur in eingeschränktem Maße) geeignet, die Mündigkeit der Nutzerinnen
und Nutzer zu stärken.

2/3 Zu weiteren Übungsmöglichkeiten vgl. die Materialhinweise zu Aufgabe 2 auf S. 602 des Schülerbandes, S. 622 in diesen Handreichungen.

▶ S. 609 **Den Text überarbeiten – Das Haus der Stile**

1 Zur Überprüfung, ob sie Fachbegriffe in ihrem eigenen Text korrekt verwendet haben, sollten die
Schülerinnen und Schüler insbesondere auf das Orientierungswissen auf S. 618 ff. sowie das Sachregister
auf S. 635 ff. im Schülerband aufmerksam gemacht werden.

2 Die Schülerinnen und Schüler können darauf hingewiesen werden, dass eine geschlossene stilistische
Gestaltung in der Regel ein besonderes Qualitätsmerkmal von Texten ist und dass Stilbrüche eine
besondere Funktion haben oder ganz vermieden werden sollten.

3 Zur Methode der Ersatzprobe vgl. ausführlicher Brenner: Fundgrube Methoden II, 2007, S. 215.
Im gleichen Band finden sich auch weitere Angaben zum Lernpotenzial und zum methodischen Einsatz
des „Hauses der Stile" (S. 231 f.).
(Vgl. die Literaturhinweise auf S. 618 in diesen Handreichungen)

◎ Weiterführendes Material zu diesem Teilkapitel findet sich auf der beiliegenden CD:
- Neue Medien – Segen oder Fluch?

Argumentative Entfaltung eines fachspezifischen Sachverhalts im Anschluss an eine Textvorlage

Aufgabenstellung

1. Erschließen Sie Jens Voss' Position in ihrem gedanklichen Zusammenhang. Stellen Sie dar, mit welchen Argumenten Voss seine Thesen vertritt. *(30 Punkte)*

2. Stellen Sie mit eigenen Worten dar, was Immanuel Kant unter Aufklärung versteht. Erörtern Sie anschließend die Frage, ob das Internet dazu beitragen kann, den Verstand von Schülerinnen und Schülern im Sinne von Kant zu entwickeln. *(42 Punkte)*

Jens Voss: Surfen statt denken (1999)

Büffeln ade, es klingt so schön: Fakten, Formeln, Grafiken – alles auf Festplatte gespeichert oder abrufbereit im Internet. Wissen – nur noch ein technisches Problem in einer Gesellschaft, die sich wortselig „Wissensgesellschaft" nennt. Die Sache hat nur einen Haken: Man weiß nur, was man weiß. Mit diesem lapidaren Satz stört der in Bonn lehrende Erziehungswissenschaftler Volker Ladenthin die Plausibilität der Vorstellung, man könne abgespeicherte Informationen einfach abrufen und dann eben „wissen". „Computer und Internet", spottet der Professor, „sind die letzte Hoffnung darauf, das Lernen zu vermeiden".

Ladenthin warnt nicht nur vor falschen Hoffnungen, er schlägt Alarm: Die Informationsbeschaffung per Mausklick hat Nebenwirkungen für die geistige Verfasstheit ganzer Generationen. Wenn Wissen einfach abgerufen wird, verändert sich schleichend auch das Denken. „Wir sind auf dem Wege", warnt Ladenthin, „keine wissenschaftsorientierte Gesellschaft mehr zu sein."

Gerade das Surfen im Internet zeigt augenfällig, worum es geht. Diese Art der Suche nach Informationen gehorcht einem Prinzip, das im Kern zutiefst wissenschaftsfeindlich ist: dem Zufall. Informationen aus dem Internet häufen sich zu Fakteninseln in einem weiten Meer aus Ahnungslosigkeit. Es fehlt die Systematik der Aneignung, es fehlen bewusst gesteuerte Strategien im Fragen, Suchen und Finden einer Lösung für ein Problem. – Ladenthin: „Schüler und Studenten arbeiten zunehmend ergebnisorientiert und nicht methodenorientiert." Was dabei auf der Strecke bleibt, nennt er „gewusstes Wissen", Wissen also, das um den Weg und die Mühe des Erkennens weiß. Wissen ohne methodisches Wissen aber sei nicht „zukunftsträchtig" – es bleibe stumm für kommende Probleme.

Die Folgen sind für Ladenthin bereits bei seinen Studenten klar ablesbar: Bestimmte Fähigkeiten schwinden, die Fähigkeit etwa, sich über längere Intervalle zu konzentrieren oder Problemlösungsstrategien von einem Gebiet auf ein anderes zu übertragen. Forciert wird diese Tendenz für Ladenthin durch die uferlose Bildlichkeit, die im Fernsehen, im Computer oder im Internet zur Vermittlung von Sachverhalten genutzt wird. Komplexe Zusammenhänge werden visuell so eingängig dargeboten, dass sich die Mühe abstrakten Denkens erübrigt.

(Aus: Rheinische Post, 21.9.1999)

Immanuel Kant (1724–1804): Beantwortung der Frage: Was ist Aufklärung? (1784)

Aufklärung ist der Ausgang des Menschen aus seiner selbst verschuldeten Unmündigkeit. Unmündigkeit ist das Unvermögen, sich seines Verstandes ohne Leitung eines anderen zu bedienen. Selbstverschuldet ist diese Unmündigkeit, wenn die Ursache derselben nicht am Mangel des Verstandes, sondern der Entschließung und des Mutes liegt, sich seiner ohne Leitung eines andern zu bedienen. Sapere aude! Habe Mut, dich deines eigenen Verstandes zu bedienen!, ist also der Wahlspruch der Aufklärung.

(Aus: Immanuel Kant: Beantwortung der Frage: Was ist Aufklärung? In: Werke in 12 Bänden. Hg. von Wilhelm Weischedel. Bd. XI. Suhrkamp, Frankfurt/M. 1977, S. 53 ff.)

Autor: Gerd Brenner

Texte, Themen und Strukturen
Lernerfolgskontrolle 45, S. 1

626 ERWARTUNGSHORIZONT

1 Lösungsskizze:

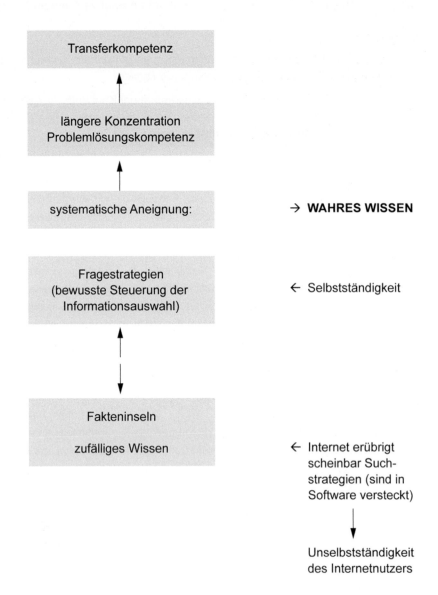

Inhaltliche Leistung

Aufgabe 1

	Anforderungen Die Schülerin / der Schüler	maximal erreichbare Punktzahl (AFB)	erreichte Punktzahl
1	verfasst eine themenbezogene Einleitung, benennt Autor, Titel, Thema und Textart.	3 (I)	
2	formuliert die zentrale These von Jens Voss, dass das Internet eher zu einer unselbstständigen Informationsaufnahme und -verarbeitung führe.	6 (II)	
3	erschließt zentrale Argumente in ihrem gedanklichen Zusammenhang differenziert und präzise, indem sie/er Kernaussagen zueinander in Beziehung setzt (vgl. Skizze).	9 (II)	
4	stellt dar, welche Konsequenzen die internetbezogene Wissensaneignung für das Problemlösungsdenken hat.	6 (III)	
5	deutet Voss' Argumentation als eine fundamentale Kulturkritik.	6 (III)	
6	erfüllt ein weiteres aufgabenbezogenes Kriterium (Max. 4 Punkte)		
		30	

Aufgabe 2

	Anforderungen Die Schülerin / der Schüler	maximal erreichbare Punktzahl (AFB)	erreichte Punktzahl
1	formuliert eine aufgabenbezogene Überleitung.	3 (I)	
2	stellt Kants Aufklärungsbegriff anhand des Textes eigenständig dar.	6 (II)	
3	prüft Voss' strittige Position und entwickelt eine differenzierte eigenständige Argumentation.	9 (III)	
4	gliedert die Argumente in einem sinnvollen Verfahren (transparente Hierarchisierung von Thesen, Argumenten, Beispielen, Erläuterungen und Belegen).	6 (II)	
5	setzt Voss' und Ladenthins Positionen in Beziehung zu Kant.	6 (II)	
6	nimmt kritisch zu Kants Aufklärungsthese und den Thesen Voss' und Ladenthins Stellung.	6 (III)	
7	formuliert auf der Grundlage seiner Ergebnisse ein plausibles Fazit der eigenen Argumentation.	6 (III)	
		42	

Autor:
Gerd Brenner

Texte, Themen und Strukturen
Lernerfolgskontrolle 45, S. 3

628 ERWARTUNGSHORIZONT

Darstellungsleistung

	Anforderungen Die Schülerin / der Schüler	maximal erreichbare Punktzahl	erreichte Punktzahl
1	strukturiert den Klausurtext schlüssig, sinnvoll verknüpft und gedanklich klar.	6	
2	schreibt fachsprachlich korrekt und differenziert zwischen beschreibenden, deutenden und wertenden Aussagen.	6	
3	belegt Aussagen funktional durch korrekte Zitate.	3	
4	formuliert begrifflich präzise und differenziert, sprachlich-stilistisch angemessen, abwechslungsreich und sicher.	10	
5	schreibt sprachlich korrekt.	3	
		28	

Eine Zuordnung der Punktezahlen zu den Notenstufen findet sich auf S. 46 in diesem Handbuch.

Autor:
Gerd Brenner

Texte, Themen und Strukturen
Lernerfolgskontrolle 45, S. 4

E3.1 LERNERFOLGSKONTROLLE/KLAUSURVORSCHLAG **629**

Argumentative Entfaltung eines fachspezifischen Sachverhalts im Anschluss an eine Textvorlage

Aufgabenstellung

1 Stellen Sie den Argumentationsansatz und den Argumentationsgang des Textes von Peter Szondi unter Berücksichtigung der Darstellungsweise dar. *(30 Punkte)*

2 Danton hält sich als Revolutionär an jenes „Glück, das er allen Menschen gönnt, wenngleich er es vor ihnen schon genießt" (Z. 65 f.). Erörtern Sie im Anschluss an dieses Zitat Dantons Glaubwürdigkeit als Politiker. *(42 Punkte)*

Peter Szondi: **Büchner: Dantons Tod** (1961)

Büchners Dichtung ist die Tragödie des Revolutionärs. Denn nicht als Märtyrer der Revolution stirbt Danton, er fällt ihr zum Opfer, vernichtet doch die Revolution selbst den Revolutionär, der zu verhindern sucht, dass
5 sie sich in Tyrannei verkehre. Ihr Verhältnis, das Schöpfung und Zerstörung tragisch eint, gemahnt an jenes zwischen Vater und Sohn, das dem *König Ödipus*[1] zu Grunde liegt. Die mythische Vertiefung des Historischen aber ist schon im Werk Büchners
10 vollzogen. „Die Revolution ist wie Saturn, sie frisst ihre eigenen Kinder"[2], sagt Danton. [...] Die Revolution, die am Anfang vernichtet hat, um helfen zu können, vernichtet schließlich, weil sie nicht helfen kann. „Platz! Platz! Die Kinder schreien, sie haben
15 Hunger. Ich muss sie zusehen machen, dass sie still sind. Platz!", ruft eine Mutter auf dem Revolutionsplatz bei der Hinrichtung Dantons. Die Guillotine sollte die Standesunterschiede abschaffen und die Republik ermöglichen – nun republikanisiert sie einem
20 Wort Merciers[3] zufolge, denn sie macht zwischen den Adligen und Revolutionären als ihren Opfern keinen Unterschied mehr. [...] die Tragik, die dem historischen Geschehen innewohnt, wird durch Büchners Deutung noch verschärft. Der „grässliche Fatalismus
25 der Geschichte", unter dem er sich nach ihrem Studium „wie zernichtet" fühlt, bedeutet zwar nicht, dass die Revolution zum Scheitern verurteilt wäre, weil der Mensch gegen die Macht des Bestehenden nicht ankämpfen kann. Sondern die Revolution
30 scheitert, weil sie sich dem Bann des „Muss" nicht entreißen kann, vielmehr selber darauf beruht, gleich den Zuständen, die sie abschaffen will. Die Revolution, die sich die Freiheit auf die Fahnen geschrieben hat, ist nicht dem freien Entschluss der Revolutionäre

entsprungen. „Wir haben nicht die Revolution, sondern 35 die Revolution hat uns gemacht", sagt Danton, in dessen Saturn-Vergleich sie bereits die Rolle des vernichtenden Schöpfers und nicht die des Geschöpfs spielt. Das Wort zeigt die Tragik Dantons zugleich von einer anderen Seite, denn es stellt die Frage nach dem 40 Menschen, den die Revolution aus ihm gemacht hat. „Danton hat schöne Kleider, Danton hat ein schönes Haus, Danton hat eine schöne Frau, er badet sich in Burgunder, isst das Wildbret von silbernen Tellern und schläft bei euren Weibern und Töchtern, wenn er 45 betrunken ist" – so beschreibt ihn ein Bürger auf dem Platz vor dem Justizpalast, und Dantons Schicksal ist besiegelt, da das Volk darauf ein „Nieder mit dem Verräter!" ruft. Doch die Schilderung schließt mit dem demagogischen argumentum ad hominem[4], damit das 50 Volk nicht merke, dass ihr Anfang durchdrungen ist vom Verlangen nach dem Glück, das die Revolution allen versprochen hat und das Danton schon beschieden scheint. Das Volk „hasst die Genießenden wie ein Eunuch die Männer", sagt Danton. Und was 55 Robespierre sein Laster nennt, ist der maßlose Genuss der Schönheit und des Glücks, von denen Danton und seine Freunde nicht lassen wollen und nach denen das Sehnen des Volkes nicht minder geht. So erliegt Danton nicht bloß der Revolution, sondern auch dem 60 revolutionären Sieg, den er selbst schon errungen hat. Verräter ist er nicht, weil er sich – wie das Volk argwöhnt – mit dem König und dem Ausland verbündet hätte, sondern weil er im Vernichtungstaumel treu geblieben ist jenem Glück, das er allen Menschen 65 gönnt, wenngleich er es vor ihnen schon genießt.

(Aus: Peter Szondi: Versuch über das Tragische. Insel, Frankfurt/M. 1961, S. 103 f.)

---

[1] **König Ödipus:** Dem von seinen Eltern ausgesetzten und in der Fremde aufgewachsenen Königssohn Ödipus wurde geweissagt, dass er seinen Vater töten und seine Mutter heiraten würde. Auf Grund einer Verkettung widriger Umstände trat die Prophezeiung tatsächlich ein.

[2] **Saturn:** römischer Gott des Ackerbaus, der Saat und des Obst- und Weinbaus; entspricht dem griechischen Gott Kronos, der seinen Sohn Jupiter fressen wollte

[3] **Désiré Mercier** (1851–1926), bedeutender Philosoph

[4] **argumentum ad hominem:** Argument, das die Person oder deren Umstände angreift anstatt der von ihr vorgebrachten Argumente, und zwar in der Absicht, das Ansehen der Person herabzusetzen

Autor:
Gerd Brenner

Texte, Themen und Strukturen
Lernerfolgskontrolle 46, S. 1

Inhaltliche Leistung

Aufgabe 1

	Anforderungen Die Schülerin / der Schüler	maximal erreichbare Punktzahl (AFB)	erreichte Punktzahl
1	verfasst eine themenbezogene Einleitung, benennt Autor, Titel, Thema und Textart.	3 (I)	
2	formuliert die zentrale These von Szondi, dass Danton als Revolutionsführer selbst in tragischer Weise vom Gang der Revolution abhängig ist.	6 (II)	
3	erschließt zentrale Argumente des Textes in ihrem gedanklichen Zusammenhang differenziert und präzise, indem sie/er Kernaussagen zueinander in Beziehung setzt.	9 (II)	
4	untersucht die Darstellungsweise des Textes, indem z. B. auf bildungssprachlich-wissenschaftliches Vokabular („mythische Vertiefung des Historischen", Z. 8 f.; „republikanisiert", Z. 19; „Fatalismus", Z. 24; „argumentum ad hominem", Z. 50; „Eunuch", Z. 55), Bezüge zur europäischen Kulturgeschichte (Ödipus, Saturn, Mercier) oder hypotaktischen Stil verwiesen wird.	6 (II)	
5	deutet Szondis Argumentation als eine kritische Auseinandersetzung mit dem Verhältnis von Politikern und Volk.	6 (III)	
6	erfüllt ein weiteres aufgabenbezogenes Kriterium. (Max. 4 Punkte)		
		30	

Aufgabe 2

	Anforderungen Die Schülerin / der Schüler	maximal erreichbare Punktzahl (AFB)	erreichte Punktzahl
1	formuliert eine aufgabenbezogene Überleitung.	3 (I)	
2	deutet das in der Aufgabenstellung vorgelegte Zitat als Problem eines Politikers, der zukunftsgerichtete Glücksverheißungen für eine breite Volksmasse (mit)formuliert und eine Verwirklichung solcher Lebensverhältnisse bereits in der Gegenwart selbst in Anspruch nimmt.	6 (III)	
3	erläutert Szondis Deutung der Danton-Figur, indem er mehrere Textbelege aus dem Drama „Dantons Tod" benennt.	6 (II)	
4	prüft diese Textstellen eingehend im Hinblick auf Dantons Glaubwürdigkeit als Revolutionspolitiker.	9 (III)	
5	entwickelt textübergreifend weitere Kriterien zur Entfaltung und Prüfung der Erörterungsfrage (z. B. Übereinstimmung von Handeln und Tun, Interesse an der Lebenswirklichkeit des Volkes, Bescheidenheit) und prüft auf diesem Hintergrund die Glaubwürdigkeit Dantons als Politiker.	6 (III)	
6	gliedert die Argumente in einem sinnvollen Verfahren (transparente Hierarchisierung von Thesen, Argumenten, Beispielen, Erläuterungen und Belegen).	6 (II)	
7	formuliert auf der Grundlage seiner Ergebnisse ein plausibles Fazit der eigenen Argumentation.	6 (III)	
		42	

ERWARTUNGSHORIZONT   **631**

Darstellungsleistung

	Anforderungen Die Schülerin / der Schüler	maximal erreichbare Punktzahl	erreichte Punktzahl
1	strukturiert den Klausurtext schlüssig, sinnvoll verknüpft und gedanklich klar.	6	
2	schreibt fachsprachlich korrekt und differenziert zwischen beschreibenden, deutenden und wertenden Aussagen.	6	
3	belegt Aussagen funktional durch korrekte Zitate.	3	
4	formuliert begrifflich präzise und differenziert, sprachlich-stilistisch angemessen, abwechslungsreich und sicher.	10	
5	schreibt sprachlich korrekt.	3	
		28	

Eine Zuordnung der Punktezahlen zu den Notenstufen findet sich auf S. 46 in diesem Handbuch.

Autor:
Gerd Brenner

Texte, Themen und Strukturen
Lernerfolgskontrolle 46, S. 3

4 Angewandte Rhetorik

Konzeption des Gesamtkapitels

Anlässe für rhetorisches Sprechen und Schreiben scheint es meist im politischen Raum zu geben, nicht so sehr im Alltag der Schülerinnen und Schüler. Eine Ausnahme bilden die beiden für dieses Kapitel ausgewählten Situationen aus der schulischen Praxis: die mündliche Abiturprüfung und die Abiturrede. Die bereits in früheren Schuljahren erworbenen analytischen Kompetenzen im Bereich der Rhetorik erfahren hier ihre handlungsorientierte Anwendung in Simulationen, die auf reales Handeln vorbereiten.

Im ersten Teilkapitel (**„Die mündliche Abiturprüfung – Vortrag und Prüfungsgespräch"**) steht die mündliche Abiturprüfung im Mittelpunkt. Dabei geht es einerseits um die systematische Vorbereitung des ersten Prüfungsteils auf inhaltlicher Ebene (mündlicher Vortrag der Schülerinnen und Schüler), andererseits um Strategien und Tipps für das Verhalten im zweiten Prüfungsteil (Prüfungsgespräch). Der angebotene Beobachtungsbogen kann in Kopie für beide Prüfungsteile eingesetzt werden und macht ein differenziertes Auswerten der Simulationen möglich.

Das zweite Teilkapitel (**„Eine Abiturrede verfassen und halten – Die IDEMA-Methode"**) nutzt den Redeanlass des Abiturs, um Prinzipien der angewandten Rhetorik zu erproben. Dabei geht es im Sinne der IDEMA-Methode zum einen um den strukturierten Redeaufbau und die sprachliche Ausgestaltung der Abiturrede, zum anderen um Hilfen zum gelungenen Vortrag der Rede. Tipps zum non- und paraverbalen Verhalten der Redner stehen dabei im Vordergrund. Gerade dieses non- und paraverbale Verhalten kann ggf. unterstützend durch Dokumentation mittels Video wiederhol- und beobachtbar gemacht werden.

Der Kompetenzzuwachs, der in den Simulationen und deren Beobachtung erreicht werden kann, ist auch auf andere mündliche Prüfungs- und Redesituationen übertragbar.

Literaturhinweise

Beste, Gisela: Sprechen und Zuhören, Mündlichkeit. In: Kämper-van den Boogaard, Michael (Hg.): Deutschdidaktik. Leitfaden für die Sekundarstufe I und II. Cornelsen Scriptor, Berlin [6]2008, S. 263–273
Molcho, Samy: Körpersprache. Goldmann, München 1996

E4 ANGEWANDTE RHETORIK

	Inhalte	Kompetenzen Die Schülerinnen und Schüler
S.611	**4.1 Die mündliche Abiturprüfung – Vortrag und Prüfungsgespräch** **Die Aufgabenstellung erarbeiten – Den Vortrag vorbereiten** *Joseph von Eichendorff:* Mondnacht	▪ analysieren und interpretieren das Gedicht „Mondnacht" als Simulation für eine mündliche Abiturprüfung ▪ vergleichen ihr Lösungskonzept mit einem vorgegebenen Beispiel
S.612	**Den ersten Prüfungsteil simulieren – Einen Beobachtungsbogen einsetzen**	▪ simulieren den ersten Prüfungsteil der mündlichen Abiturprüfung (Vortrag) ▪ analysieren und bewerten den Vortrag kriteriengestützt mit Hilfe eines Beobachtungsbogens ▪ überarbeiten ihren Vortrag ▪ setzen nonverbales Verhalten bewusst ein
S.613	**Den zweiten Prüfungsteil reflektieren – Das Gesprächsverhalten beobachten**	▪ beobachten und reflektieren Redestrategien im zweiten Prüfungsteil (Prüfungsgespräch) anhand zweier Beispiele ▪ simulieren, beobachten und bewerten den zweiten Prüfungsteil
S.614	**4.2 Eine Abiturrede verfassen und halten – Die IDEMA-Methode** **Von der Inventio zur Dispositio – Sammeln und gliedern**	▪ strukturieren eigene Ideen zu einer Abiturrede ausgehend von Cluster oder Mindmap ▪ reflektieren anhand von Beispielen den Beginn einer Abiturrede und leiten daraus Konsequenzen für die eigene Rede ab
S.615	**Die Elocutio – Den Redetext verbessern und ausarbeiten**	▪ untersuchen und korrigieren fehlerhafte Auszüge aus Abiturreden ▪ verfassen eine eigene Abiturrede und verbessern sie in Schreibkonferenzen
S.616	**Memoria und Actio – Die Rede souverän vortragen**	▪ erkennen ausgehend von Illustrationen und Tipps die Bedeutung des non- und paraverbalen Verhaltens beim Vortrag einer Rede ▪ wenden diese Erkenntnisse bei ihrem eigenen Vortrag bewusst an ▪ beobachten das eigene Redeverhalten (ggf. mittels Video)

634 E4 ANGEWANDTE RHETORIK

4.1 Die mündliche Abiturprüfung – Vortrag und Prüfungsgespräch

▶ S. 611 **Die Aufgabenstellung erarbeiten – Den Vortrag vorbereiten**

1/2 Zur Interpretation des Gedichts „Mondnacht" von Joseph von Eichendorff vgl. S. 344 in diesen Handreichungen sowie die Lösungshinweise zur Kopiervorlage „Günter Kunert: Mondnacht (Vergleich mit Eichendorffs Gedicht ‚Mondnacht')" auf der CD. Für die Vorbereitung auf den Vortrag in der mündlichen Abiturprüfung sollte besonderer Wert auf die Strukturierung der Informationen gelegt werden, wie sie auf S. 611 im Schülerband vorgeschlagen wird. Die Aufgabe kann als vorbereitende Hausaufgabe gestellt werden, um die Unterrichtszeit zu entlasten. Dabei muss die Zeitvorgabe strikt eingehalten werden. Möglich ist es, in Partnerarbeit vor allem die Interpretationsthesen zu verifizieren.

▶ S. 612 **Den ersten Prüfungsteil simulieren – Einen Beobachtungsbogen einsetzen**

1 a **Tipp:** Den Beobachtungsbogen vergrößert kopieren (als Folie auf der CD!), dann ist mehr Platz für die Notizen. Soll der Vortrag tatsächlich zu Hause beobachtet werden, sollten die Schülerinnen und Schüler mehrere (vier) Beobachtungsbögen bekommen.

b–d Im Sinne einer differenzierten und genauen Auswertung sollte arbeitsteilig und aspektorientiert vorgegangen werden. Dabei kommt es logischerweise zu Überschneidungen der einzelnen Beobachtungsbereiche. Die Unterrichtenden sollten dennoch darauf achten, dass die Beobachtungen strukturiert vorgetragen werden.

2 Insbesondere zur Analyse des nonverbalen Verhaltens kann die Möglichkeit der Wiederholung sinnvoll genutzt werden.

▶ S. 613 **Den zweiten Prüfungsteil reflektieren – Das Gesprächsverhalten beobachten**

1/2 Beobachtung und Bewertung der beiden im Schülerband wiedergegebenen Prüfungsgespräche:
- Beispiel A: Der Schüler weicht aus, um von den eigenen Defiziten abzulenken und Themenbereiche einzubringen, in denen er sich sicher(er) fühlt. Er erscheint fahrig und unkonzentriert, was auch an den Gesprächspausen deutlich wird. Statt präzise zu antworten, flüchtet er sich in Floskeln.
- Beispiel B: Der Schüler zeigt Nachdenklichkeit: Er rückversichert sich auf einer Metaebene über die Fragestellung, sodass er selbst Zeit zum Nachdenken gewinnt. Außerdem verweist er vorausschauend auf Inhalte, die er später noch ausführen möchte. Auf diese Weise gelingt es ihm, das Gespräch souverän mitzusteuern.

3 Möglichkeiten des Vorgehens, wenn man in einer mündlichen Prüfung auf eine Frage keine Antwort weiß – Vorschlag für ein Tafelbild:

	Stichwort	Beispiel/Verhalten	Bewertung*
Lösung 1	**Ehrlichkeit**	„Ich weiß das nicht."	Vorteil: Man kann hoffen, dass das Thema gewechselt wird.
Lösung 2	**Nachfragen**	„Ich verstehe Ihre Frage wahrscheinlich nicht richtig; könnten Sie sie bitte noch einmal anders stellen?"	Vorteil: Zeitgewinn und ggf. variierte Fragestellung.
Lösung 3	**Ablenken/Ausweichen**	Der Prüfling versucht, an das Themengebiet anknüpfende Inhalte anzusteuern.	Vorteil: Wenn es gelingt, kann man sein Wissen darstellen.
Lösung 4	**Raten**	Der Prüfling äußert Dinge, von denen er selbst überhaupt nicht weiß, ob sie zutreffen.	Nachteil: Wenn dem Prüfer diese Strategie auffällt, wirkt sie negativ.

* Die Bewertung der Strategie ist auch abhängig von der Person des Prüfers.

4.2 EINE ABITURREDE VERFASSEN UND HALTEN **635**

4 Fragen, die im simulierten Prüfungsgespräch gestellt werden sollten, können in Gruppen erarbeitet werden; die Anregungen im Schülerband sind nur als Beispiel zu verstehen. Wesentlich ist es, die Schülerinnen und Schüler auf die Bestimmungen zum mündlichen Abitur hinzuweisen, nach denen eine Aneinanderreihung von Einzelfragen ohne thematischen Rahmen unzulässig ist. Hilfreich für eine häusliche Simulation ist es auch, zentrale Stichworte zur Lösung niederzuschreiben. Die Simulation sollte an einem leeren Tisch durchgeführt werden, um eine möglichst authentische Prüfungssituation zu konstruieren.

Weiterführendes Material zu diesem Teilkapitel findet sich auf der beiliegenden CD:
- Beobachtungsbogen für mündliche Prüfungen (Folie)

4.2 Eine Abiturrede verfassen und halten – Die IDEMA-Methode

In seinem an Brutus gerichteten Werk „Orator" („Der Redner") skizziert Cicero 46 v. Chr. den aus seiner Sicht ► S. 614 vollkommenen Redner. Im Laufe seiner Ausführungen behandelt Cicero neben den Arbeitsstadien Themenfindung (Inventio) und Stoffanordnung (Dispositio) vor allem die stilistische Formulierung (Elocutio). Zusammen mit Memoria (Einprägen der Rede) und Actio (Redevortrag) bestimmen diese Stadien seit der Antike die europäische Rhetorik.

Faktoren, die beim Verfassen und Halten einer Abiturrede zu berücksichtigen sind, können vorab unter der Überschrift „Redesituation" mit den Schülerinnen und Schülern gesammelt und wie folgt strukturiert werden:

Zeitlicher Rahmen: Da es bei der Abiturfeier sicher weitere Reden (z. B. Schulleitung, Elternvertreter), evtl. auch andere Programmpunkte gibt und die „Prozedur" der Zeugnisausgabe ihre Zeit benötigt, sollte die Schülerrede nicht zu lang sein; andererseits sind es die Abiturientinnen/Abiturienten, die im Mittelpunkt stehen, deshalb haben sie auch einen berechtigten Anspruch, sich ausführlich zu äußern. 10–20 Minuten erscheinen angemessen – auf jeden Fall sollte die Dauer der Rede getestet werden.

Thema/Gegenstand: Ende der Schulzeit: Rückblick und Ausblick; an Wichtiges, Spaßiges, Schlimmes erinnern; evtl. besondere Leistungen hervorheben; Kritik/Dank ausdrücken

Redner/in = ein oder mehrere Abiturientinnen/Abiturienten, stellvertretend für alle – keine persönliche, sondern repräsentative Haltung; Intention: fair, aber ehrlich sein

Medien: evtl. Diaprojektor oder OHP für visuelle Präsentation (z. B. Fotos, Abschlussfahrt)

Publikum = Lehrer, Schulleitung, Eltern, Verwandte, Freunde, evtl. „Honoratioren" – unterschiedliche Kenntnisse über abgelaufene Schulzeit; Beziehung zu den Abiturientinnen/Abiturienten teils persönlich, teils nur entfernt; Erwartungen: Unterhaltung gewünscht, Kritik/Polemik gefürchtet

Räumlicher Rahmen: entweder ein bekannter Raum (z. B. Aula) innerhalb der Schule oder ein für diese Gelegenheit angemieteter Raum (Festsaal); Akustik und Optik müssen auf jeden Fall ausprobiert werden (Mikrofon notwendig? Rednerpult? Bühne o. Ä.?)

636 E4 ANGEWANDTE RHETORIK

▶ S. 614 **Von der Inventio zur Dispositio – Sammeln und gliedern**

1 Hier sollten inhaltliche Ideen weiter ausdifferenziert werden, z. B. durch Wortfelder, Bildbereiche usw., etwa „Zug", „Schiff", „Reise", „Haus".

2 a/b Untersuchung der beiden Redeanfänge im Schülerband:
- Beispiel 1: Ausgehend vom Wort „Abitur" werden – im Stile eines Akrostichons – zentrale Begriffe zu den Buchstaben von A bis R assoziiert, die zum Thema „Abitur" passen. Diese Grundidee bestimmt auch die logische Struktur der Rede.
- Beispiel 2: Ausgehend vom dem Wortspiel („tABIsco" statt „Tabasco") wird ein zentrales Merkmal („Schärfe") markiert und im Folgenden chronologisch-rückblickend in verschiedenen Erfahrungsbereichen der Schule entfaltet.

3 Vorsicht: Ein eng gewählter Bildbereich führt möglicherweise zu einer gezwungen wirkenden, weil eng geführten Rede.

▶ S. 615 **Die Elocutio – Den Redetext verbessern und ausarbeiten**

1 a/b Eine verbesserte Fassung könnte so aussehen:
(1) […] Und auch ~~Wissen,~~ Aggressionen, Depressionen, Freundschaft, Spaß, Zuversicht und noch vieles mehr haben wir in der Schule spüren ~~und lernen~~ dürfen ~~wo nirgends sonst~~, wie kaum an einem anderen Ort.
Man kann sagen, die Schule hat uns den Weg für eine erfolgreiche Zukunft geebnet. Doch was bedeutet Erfolg? Laut Wikipedia heißt es: „Erfolg ist ~~als ein~~ ein positiv empfundenes Resultat eigenen Handelns." Wir haben also ein Ziel erreicht und scheinen glücklich zu sein. Jedoch müssen wir uns fragen: Ist dieses Ziel immer noch dasselbe, ~~dass~~ das wir bei Schulbeginn vor Augen hatten? [Pause]
Nein, bestimmt nicht! ~~Das Ziel, der Erfolg, das Abitur~~ Unsere Vorstellung vom Ziel, auch vom Erfolg hat sich auf den letzten Metern verändert: [Doppelpunkt statt Punkt] Wir sehen, dass wir das nicht alles allein geschafft haben. Zudem empfinden wir vielleicht gar nicht mehr das Bedürfnis, das so lang erwartete Ziel endlich zu erreichen. Denn ein Ziel erreichen heißt auch: loslassen!
Wir sind eine Gemeinschaft geworden! Die ganzen Aufs und Abs haben uns zusammengeschweißt, und doch heißt es heute Abend Abschied nehmen. Abschied nehmen von Freunden, aber auch von ~~Leuten~~ Menschen, mit denen man sich nicht so gut verstanden hat. Abschied nehmen von Mitschülern, ~~die sich trotz des zentral gestellten Abiturs zu ihrem Abitur gekämpft haben~~ die allen Schwierigkeiten zum Trotz das zentral gestellte Abitur geschafft haben und denen jetzt die ganze Welt offensteht. Es heißt ja so schön: „So, Kinder, jetzt beginnt der Ernst des Lebens." ~~Wobei~~, wobei ich mich immer frage: „Wer ist dieser Ernst und was zum Teufel will der von mir?" […]

(2) […] Auch möchten wir uns ganz herzlich bei Frau T. und allen Lehrern bedanken, die ~~bei Austauschprogrammen~~ bei den Austauschprogrammen beteiligt ~~sind~~ waren~~, bedanken~~. Unsere Schule bietet ~~Austausche~~ Austauschprogramme mit Frankreich, England und Australien an. Besonders die ~~toll~~ perfekt organisierte ~~Australien-Rundreise~~ Australienrundreise ~~ist~~ war ein einmaliges Erlebnis, das ~~auch vom Preis her sehr gut ist~~ zudem auch noch bezahlbar war. ~~Diese Möglichkeit wird allerdings nur an unsere Schule angeboten~~ Australienreisen für Schüler bietet nur unsere Schule, worauf wir sehr stolz sein können.
Ebenso ~~werden~~ wird bei uns eine große Vielfalt an AGs angeboten, wie zum Beispiel Chor und Orchester, ~~die auch immer tolle Aufführungen bieten~~ deren Aufführungen stets imponieren. Hierbei möchte ich Herrn M. nennen. […]

(3) […] Unsere Stufenleiterinnen gingen mit uns durch ~~dick und dünn~~ Dick und Dünn und führten mit uns immer wieder aufmunternde Gespräche, die uns ~~dazu brachten~~ darin bestärkten, bis zum Abitur durchzuhalten. ~~Schließlich stehen wir nun hier am Ende mit unseren Zeugnissen.~~ Jetzt stehen wir hier und halten unsere Abschlusszeugnisse in unseren Händen. Schülerinnen und Schüler, seid stolz~~, denn wir sind der diesjährige Abiturjahrgang dieser Schule~~. Viele Jahre Schule ~~liegt~~ liegen hinter uns, nun beginnt der Ernst des Lebens. […]

4.2 EINE ABITURREDE VERFASSEN UND HALTEN **637**

2 Zur Methode der Schreibkonferenz vgl. S. 121 f. im Schülerband.

Memoria und Actio – Die Rede souverän vortragen ► S. 616

1 Keine der in den drei Zeichnungen dargestellten Haltungen erscheint für eine Abiturrede angemessen: Bild 1 zeigt den Redner in allzu pathetischer Pose, Bild 2 erscheint für den Redeanlass als zu kämpferisch, im Bild 3 wirkt der Redner sehr verschlossen.

2 a/b Vgl. im Schülerband die Vortragstipps auf S. 616 und den Abschnitt „Mediengestützt Referieren I – Auswahl der Vortragsweise" auf S. 104–108.

4 a/b Hinweis: Wenn man eine Rede mehrfach geprobt hat, besteht die Gefahr, dass man sie in der eigentlichen Redesituation nur noch „herunterleiert"; dem kann entgegengewirkt werden, wenn man sich vor dem Halten der Rede bewusst macht, dass das Auditorium diese Rede zum allerersten Mal hört.

Weitere Bestandteile des Lehrwerks neben diesen Handreichungen für den Unterricht sind:

- der Schülerband
  ISBN 978-3-464-69082-6
- die Arbeitsheftreihe
  „Trainingsprogramm Deutsch Oberstufe"
  Heft 1: Texte überarbeiten: Von der
  Rechtschreibung zum sicheren Ausdruck
  ISBN 978-3-464-60008-5
  Heft 2: Literarische Texte und Medien:
  Von der Analyse zur Interpretation
  ISBN 978-3-464-60009-2
  Heft 3: Umgang mit Sachtexten:
  Analyse und Erörterung
  ISBN 978-3-464-60188-4
  Heft 4: Die Facharbeit: Von der Planung
  zur Präsentation
  ISBN 978-3-464-60177-8
  Abiturvorbereitung Deutsch
  mit Lösungsheft und CD-ROM:
  ISBN 978-3-464-60088-7
  ohne CD-ROM:
  ISBN 978-3-464-60087-0
- die lehrwerksbegleitende Unterrichtssoftware
  „Texte, Themen und Strukturen interaktiv" in vier
  thematischen Modulen:
  Modul 1: Literatur und Gattungen
  netzwerkfähige Lizenz:
  ISBN 978-3-464-63700-5
  Modul 2: Literatur und Epochen
  netzwerkfähige Lizenz:
  ISBN 978-3-464-63704-3
  Modul 3: Sprache und Kommunikation/Medien
  netzwerkfähige Lizenz:
  ISBN 978-3-464-63708-1
  Modul 4: Sprache und Rhetorik/Methodentraining
  netzwerkfähige Lizenz:
  ISBN 978-3-464-63712-8

Redaktion: Christa Jordan, Eltville
Umschlaggestaltung: Rosendahl Grafikdesign, Berlin
Technische Umsetzung: zweiband.media, Berlin

Dieses Werk berücksichtigt die Regeln der reformierten Rechtschreibung und Zeichensetzung.
Bei den mit R gekennzeichneten Texten haben die Rechteinhaber einer Anpassung widersprochen.

www.cornelsen.de

Die Links zu externen Webseiten Dritter, die in diesem Lehrwerk angegeben sind,
wurden vor Drucklegung sorgfältig auf ihre Aktualität geprüft. Der Verlag übernimmt
keine Gewähr für die Aktualität und den Inhalt dieser Seiten oder solcher, die mit ihnen verlinkt sind.

1. Auflage, 2. Druck 2010

© 2009 Cornelsen Verlag, Berlin

Das Werk und seine Teile sind urheberrechtlich geschützt.
Jede Nutzung in anderen als den gesetzlich zugelassenen Fällen
bedarf der vorherigen schriftlichen Einwilligung des Verlages.
Hinweis zu den §§ 46, 52 a UrhG: Weder das Werk noch seine Teile dürfen ohne
eine solche Einwilligung eingescannt und in ein Netzwerk eingestellt oder sonst öffentlich
zugänglich gemacht werden.
Dies gilt auch für Intranets von Schulen und sonstigen Bildungseinrichtungen.
Die Kopiervorlagen dürfen für den eigenen Unterrichtsgebrauch in der jeweils
benötigten Anzahl vervielfältigt werden.

Druck: CS-Druck CornelsenStürtz, Berlin

ISBN 978-3-464-69087-1

 Inhalt gedruckt auf säurefreiem Papier aus nachhaltiger Forstwirtschaft.

Lektüre-Assistenten

Kopiervorlagen zu Texte, Themen und Strukturen

Einmal quer durch den Lektüre-Kanon und weitere Themen für das Zentralabitur – die beliebte Reihe wächst stetig weiter.

Die Arbeitsblätter erleichtern Ihnen die Vorbereitung und die ausführliche Behandlung der Ganzschriften in 5–6 thematischen Sequenzen – mit Lösungen und Klausurvorschlägen. Dabei berücksichtigen sie auch Einzel-, Partner- und Gruppenarbeit, Hausaufgaben oder Vertretungsunterricht.

Methodische Grundsätze sind Lesemotivation, Differenzierung, selbst gesteuertes und kooperatives Lernen – vor allem im Hinblick auf die Selbstevaluation und die geforderten Kompetenzen der Textanalyse, -interpretation und -rezeption.

Alle Lektüren werden in ihrem politischen, kulturellen und biographischen Kontext erarbeitet – so finden die Schüler rasch auch einen emotionalen Zugang.

Friedrich Schiller: Maria Stuart
Kopiervorlagen, 48 Seiten
978-3-06-060173-8

Thomas Mann: Die Buddenbrooks
Kopiervorlagen, 56 Seiten
978-3-06-060178-3

Die aktuellen Preise und weitere Titel finden Sie im Katalog Deutsch oder im Internet unter www.cornelsen.de

Cornelsen Verlag • 14328 Berlin
www.cornelsen.de

Willkommen in der Welt des Lernens

Dies ist meine Mütze ...

Gedichte, Romanauszüge, Dramenszenen, Reden – Prägnantes aus allen Epochen liefert die Hörbuch-CD zu *Texte, Themen und Strukturen*. Der Bogen spannt sich von Walther von der Vogelweide bis Durs Grünbein. Dazwischen u. a. Goethe, Büchner, Fontane, Brecht und Günter Eich mit seiner *Inventur*.

- Bekannte Sprecherinnen und Sprecher – wie Will Quadflieg, Gustav Gründgens, Eberhard Esche – tragen die Texte vor; Kästner und Celan sind selbst zu hören.
- Die akustischen Interpretationen lenken die Aufmerksamkeit auf die Wirkung der Sprech- und Redeweise, schärfen das Hörverstehen und Hörempfinden: So regen sie zur weiteren Auseinandersetzung mit den Texten an.
- Das beiliegende Booklet erleichtert die Unterrichtsvorbereitung durch didaktisch-methodische Hinweise und Höraufträge zum Text.

Texte, Themen und Strukturen · Hörbuch-CD
Alle Texte sind im Schülerbuch abgedruckt, Laufzeit ca. 75 Min.
(Frühjahr 2011)
978-**3-06-062624-3**

Den aktuellen Preis finden Sie im Katalog Deutsch oder im Internet unter www.cornelsen.de

Cornelsen Verlag • 14328 Berlin
www.cornelsen.de

Willkommen in der Welt des Lernens